金税四期下小企业会计准则与税收操作实务

杜春法 栾庆忠 主编

陈晨 林浩钊 副主编

立信会计出版社

LIXIN ACCOUNTING PUBLISHING HOUSE

图书在版编目(CIP)数据

金税四期下小企业会计准则与税收操作实务 / 杜春法,栾庆忠主编. —上海:立信会计出版社,2022.7
ISBN 978 - 7 - 5429 - 7079 - 4

Ⅰ.①金… Ⅱ.①杜…②栾… Ⅲ.①中小企业-会计准则-中国②中小企业-税收管理-中国 Ⅳ.①F279.243.52 ②F812.423

中国版本图书馆 CIP 数据核字(2022)第 110939 号

策划编辑　张巧玲
责任编辑　秦思慧

金税四期下小企业会计准则与税收操作实务
JINSHUI SIQIXIA XIAOQIYE KUAIJI ZHUNZE YU SHUISHOU CAOZUO SHIWU

出版发行	立信会计出版社		
地　　址	上海市中山西路 2230 号	邮政编码	200235
电　　话	(021)64411389	传　　真	(021)64411325
网　　址	www.lixinaph.com	电子邮箱	lixinaph2019@126.com
网上书店	http://lixin.jd.com		http://lxkjcbs.tmall.com
经　　销	各地新华书店		
印　　刷	固安华明印业有限公司		
开　　本	890 毫米×1240 毫米	1/16	
印　　张	37.5		
字　　数	1034 千字		
版　　次	2022 年 7 月第 1 版		
印　　次	2022 年 7 月第 1 次		
书　　号	ISBN 978 - 7 - 5429 - 7079 - 4/F		
定　　价	129.00 元		

如有印订差错,请与本社联系调换

前　言

第四次全国经济普查(2019年1月1日)显示,2018年年末,全国共有企业法人单位1 857万个,小微企业在全部企业中占比达到98.5％。小型企业和微型企业在增加就业、促进经济增长、科技创新、增加税收与社会和谐稳定等方面有着极其重要的作用,促进小企业又好又快发展,是保持国民经济平稳较快发展的重要基础,是关系国计民生和社会稳定的重大战略任务。

党中央、国务院高度重视小微企业发展,2019年以来国家出台了一系列面向小微企业的税费优惠政策,政策力度在不断加码,政策效应也逐步显现。一是增值税小规模纳税人起征点不断提高。增值税小规模纳税人起征点在2019年从月销售额3万元提到10万元的基础上,2021年进一步提高到15万元。二是增值税小规模纳税人征收率大幅降低,小规模纳税人征收率由3％降到1％。三是小型微利企业所得税实际税率持续降低。国家在2019年将小型微利企业所得额不超过100万元的部分减半征收所得税的基础上,再减半征收,实际税率只有2.5％。这些税费优惠政策措施持续落地生根,有力促进了小微企业纾困发展,取得了"一减两升"的积极成效。"一减",即税收负担减轻,"两升",即吸纳就业人数和市场创业活力双提升。

一个小企业从注册开始,一直到注销或者宣布破产,在企业的生命周期中,都在跟"税""会"打交道。小企业开门做生意,会计和税收是小微企业发展壮大永远绕不开的话题,做好"税""会"工作,一定要考虑四件事。一是如何赚钱,即企业财务价值最大化。二是赚钱的方式是否合法,即企业社会价值最大化。三是赚了多少钱,即企业资金效能最大化。四是赚到的钱要在企业与政府之间分配,做到企业利润留存最大化。这四个问题都是会计和税务需要处理的"棘手"问题。同时,近期的"四新"叠加,给小企业会计和税务带来了新挑战。一是"新业态",疫情常态化,电子商务、新零售快速发展,网络运输平台、劳务众包平台、员工福利平台、共享员工等新概念不断涌现。二是"新税法",18个实体法的立法过程虽一波三折,但还是取得了重大进步,以个人所得税、企业所得税、契税为代表的12个税种已经完成立法。三是"新发票",伴随我国企业二十余年的纸质专用发票退出历史舞台,这标志着原始凭证全部实现电子化。四是"新征管",金税三期掀起的税收征管手段现代化风潮还未过去,金税四期也将如期而至,大数据、人工智能、以数治税的不断成熟,税收征管手段再次提升。个人所得税ITS系统、大数据风控系统、电子增值税专用发票系统等依托全新技术手段发展的新软件为"金税四期"的全面展开奠定了底层基础。

做好小企业"税""会"工作,至少要满足三个层面要求,才算做好。第一层次叫作"该交的税一分钱都不能少",即风险控制,这是基础。第二层次叫作"不该交的税一分钱都不能多",即税负管理,这是科学。第三层次叫作"让监管部门相信你是对的",即稽查应对,这是艺术。作为中间层的税负管理,游走于风险与监管之间,务必满足合规与降负的双重要求,应以最"优"而不是最

"低"为追求目标。这绝不是哪个机构或哪项"税筹产品"可以简单解决的,它要求企业管理人员以科学的态度面对,建立一套符合新时代要求的小企业会计与税收管理体系。这是一项系统的工程,它考验小企业财务人员对会计和税务的整体把控能力。

税务和会计实务虽然有一定的法律、法规和规章可遵循,但在具体操作时,由于需要结合具体的交易实质、当事人的想法、税务机关可能的理解等各项因素,它就变成了一项比较有挑战性的工作。为了解决小企业遇到的会计与税收棘手问题,迎接会计与税收的新挑战,我们组织编写了《金税四期下小企业会计准则与税收操作实务》一书,真心实意地帮助小企业最大限度地享受减税降费政策红利,最大限度地降低纳税风险,最大限度地提升小企业内部管理水平,最大限度地促进小企业的长期健康、可持续发展,真心实意地助力小企业早日跨入大中型企业乃至上市企业行列。

《金税四期下小企业会计准则与税收操作实务》与小企业经营紧密结合,与最新小企业会计准则和国家税费政策相融合,体系完整、内容全面。全书包括小企业会计准则与税收基础、小企业财税实务、小企业财税热点等20章内容,涵盖小企业会计基础、纳税规范、会计与税收操作实务、疑点难点等热点问题处理,既包括《小企业会计准则》所有条款的详细注解和实务应用,也包括税务系统征收的16个税种的最新政策和涉税处理,还包括社保费和非税收入的政策与处理,同时对于如何享受减税降费红利进行了系统讲解。本书引用的税收政策都是现行有效的政策,时间截至2022年3月。《金税四期下小企业会计准则与税收操作实务》立足于基础,着眼于实务,放眼于发展,做好纳税遵从与依法纳税的基础规范是做好实务的前提,处理好实务是做好小企业会计税收之本,促进小企业发展是本书之希望。《金税四期下小企业会计准则与税收操作实务》以解决问题为突破口、以不断提高解决问题能力为目的,实务和热点中的每个章节都列出了小企业需解决的问题,以及解决问题的方法,以解决问题为核心,不断提高会计人员和办税人员解决实际问题的能力。

本书由杜春法、栾庆忠主编,杜春法负责全书撰写,栾庆忠、陈晨、林浩钊负责全书税收及会计案例的补充修订。本书经多次审核,还特别邀请了税务会计讲师张弘和注册会计师林建仁共同为本书的内容进行审定。由于时间仓促,编者水平有限,书中如有不足和疏漏之处,恳请广大读者批评指正。如有疑问或建议可以发送至邮箱:hezhenxing1970@163.com。谢谢大家!

本书作者

2022年8月

目　录

第一章

小企业会计准则与纳税基础规范

第一节　小企业会计准则规范

政策依据：

《中华人民共和国会计法》（以下简称《会计法》）（六届全国人大常委会第九次会议通过,八届全国人大常委会第五次会议修正,九届全国人大常委会第十二次会议修订,第十二届全国人大常委会第三十次会议修正）；

《中华人民共和国税收征管法》及实施细则；

《中华人民共和国企业所得税法》（以下简称《企业所得税法》,中华人民共和国主席令2007年第63号）；

《企业财务会计报告条例》（国务院令第287号）；

《中华人民共和国企业所得税法实施条例》（以下简称《企业所得税法实施条例》,国务院第512号令）；

《企业会计准则——基本准则》（财政部令第33号）；

《会计基础工作规范》（财政部令第98号）；

《会计档案管理办法》（财政部令、国家档案局令第79号）；

《小企业会计准则》（财会〔2011〕17号）；

《关于贯彻实施小企业会计准则的指导意见》（财会〔2011〕20号）；

《个体工商户会计制度（试行）》（财会字〔1997〕19号）；

《个体工商户建账管理暂行办法》（国家税务总局令第17号公布,国家税务总局令第44号修正）。

一、小企业适用的会计标准

> **《小企业会计准则》条文及主旨：**
>
> 第一条　为了规范小企业会计确认、计量和报告行为,促进小企业可持续发展,发挥小企业在国民经济和社会发展中的重要作用,根据《中华人民共和国会计法》及其他有关法律和法规,制定本准则。
>
> 【条文主旨】本条是关于制定宗旨即制定目的及法律依据的规定。

《中华人民共和国会计法》第8条规定,国家实行统一的会计制度。2011年10月18日,财政部以财会〔2011〕17号文件发布了《小企业会计准则》,自2013年1月1日起在小企业范围内施行。

小企业会计准则体系由《小企业会计准则》和应用指南两个部分组成,主要规范小企业通常发生的交易或事项的确认、计量和报告行为,为小企业处理会计实务问题提供具体而统一的标准。它采用章节体例,分为总则、资产、负债、所有者权益、收入、费用、利润、外币业务、财务报表、附则共10章,具体规定了小企业会计确认、计量和报告的全部内容。应用指南主要规定会计科目的设置、主要账务处理、财务报表的种类、格式及编制说明,为小企业执行小企业会计准则提供操作性规范。

(一) 小企业的界定

政策依据：

> 《工业和信息化部 国家统计局 国家发展和改革委员会 财政部关于印发中小企业划型标准规定的通知》(工信部联企业〔2011〕300号)；
>
> 《统计上大中小微型企业划分办法(2017)》(国统字〔2017〕213号)。

《小企业会计准则》从定性和定量两个角度界定小企业，其中，定性标准参照《中小主体国际财务报告准则》中"不承担公众责任"的概念，定量标准采用《关于印发中小企业划型标准规定的通知》(工信部联企业〔2011〕300号)中《中小企业划型标准规定》所规定的小型企业标准。

根据《中华人民共和国中小企业促进法》和《国务院关于进一步促进中小企业发展的若干意见》(国发〔2009〕36号)，相关部门制定了《中小企业划型标准规定》(工信部联企业〔2011〕300号)。2017年6月30日，《国民经济行业分类》(GB/T 4754—2017)正式颁布。2017年8月29日，国家统计局印发《关于执行新国民经济行业分类国家标准的通知》(国统字〔2017〕142号)，规定从2017年统计年报和2018年定期统计报表起，统一使用新分类标准。为此，国家统计局对2011年印发的《统计上大中小微型企业划分办法》进行修订，以国统字〔2017〕213号文件公布了《统计上大中小微型企业划分办法(2017)》。划分标准如表1-1所示。

需要说明的是，小微企业普惠性减税，不论是小规模纳税人免税还是小型微利企业减免所得税，与《中小企业划型标准规定》中的小微企业没有直接对应关系。

表1-1 统计上大中小微型企业划分标准

行业名称	指标名称	计量单位	大型	中型	小型	微型
农、林、牧、渔业	营业收入(Y)	万元	Y≥20 000	500≤Y<20 000	50≤Y<500	Y<50
工业*	从业人员(X)	人	X>1 000	300≤X<1 000	20≤X<300	X<20
工业*	营业收入(Y)	万元	Y≥40 000	2 000≤Y<40 000	300≤Y<2 000	Y<300
建筑业	营业收入(Y)	万元	Y≥80 000	6 000≤Y<80 000	300≤Y<6 000	Y<300
建筑业	资产总额(Z)	万元	Z≥80 000	5 000≤Z<80 000	300≤Z<5 000	Z<300
批发业	从业人员(X)	人	X≥200	20≤X<200	5≤X<20	X<5
批发业	营业收入(Y)	万元	Y≥40 000	5 000≤Y<40 000	1 000≤Y<5 000	Y<1 000
零售业	从业人员(X)	人	X≥300	50≤X<300	10≤X<50	X<10
零售业	营业收入(Y)	万元	Y≥20 000	500≤Y<20 000	100≤Y<500	Y<100
交通运输业*	从业人员(X)	人	X≥1 000	300≤X<1 000	20≤X<300	X<20
交通运输业*	营业收入(Y)	万元	Y≥30 000	3 000≤Y<30 000	200≤Y<3 000	Y<200
仓储业*	从业人员(X)	人	X≥200	100≤X<200	20≤X<100	X<20
仓储业*	营业收入(Y)	万元	Y≥30 000	1 000≤Y<30 000	100≤Y<1 000	Y<100
邮政业	从业人员(X)	人	X≥1 000	300≤X<1 000	20≤X<300	X<20
邮政业	营业收入(Y)	万元	Y≥30 000	2 000≤Y<30 000	100≤Y<2 000	Y<100
住宿业	从业人员(X)	人	X≥300	100≤X<300	10≤X<100	X<10
住宿业	营业收入(Y)	万元	Y≥10 000	2 000≤Y<10 000	100≤Y<2 000	Y<100
餐饮业	从业人员(X)	人	X≥300	100≤X<300	10≤X<100	X<10
餐饮业	营业收入(Y)	万元	Y≥10 000	2 000≤Y<10 000	100≤Y<2 000	Y<100
信息传输业*	从业人员(X)	人	X≥2 000	100≤X<2 000	10≤X<100	X<10
信息传输业*	营业收入(Y)	万元	Y≥100 000	1 000≤Y<100 000	100≤Y<1 000	Y<100
软件和信息技术服务业	从业人员(X)	人	X≥300	100≤X<300	10≤X<100	X<10
软件和信息技术服务业	营业收入(Y)	万元	Y≥10 000	1 000≤Y<10 000	50≤Y<1 000	Y<50
房地产开发经营	营业收入(Y)	万元	Y≥200 000	1 000≤Y<200 000	100≤Y<1 000	Y<100
房地产开发经营	资产总额(Z)	万元	Z≥10 000	5 000≤Z<10 000	2 000≤Z<5 000	Z<2 000

行业名称	指标名称	计量单位	大型	中型	小型	微型
物业管理	从业人员（X）	人	X≥1 000	300≤X<1 000	100≤X<300	X<100
	营业收入（Y）	万元	Y≥5 000	1 000≤Y<5 000	500≤Y<1 000	Y<500
租赁和商务服务业	从业人员（X）	人	X≥300	100≤X<300	10≤X<100	X<10
	资产总额（Z）	万元	Z≥120 000	8 000≤Z<120 000	100≤Z<8 000	Z<100
其他未列明行业*	从业人员（X）	人	X≥300	100≤X<300	10≤X<100	X<10

（1）大型、中型和小型企业须同时满足所列指标的下限，否则下划一档；微型企业只须满足所列指标中的一项即可。

（2）附表中各行业的范围以《国民经济行业分类》（GB/T 4754—2017）为准。带＊的项为行业组合类别，其中，工业包括采矿业、制造业，电力、热力、燃气及水生产和供应业；交通运输业包括道路运输业，水上运输业，航空运输业，管道运输业，多式联运和运输代理业、装卸搬运，不包括铁路运输业；仓储业包括通用仓储、低温仓储、危险品仓储，谷物、棉花等农产品仓储，中药材仓储和其他仓储业；信息传输业包括电信、广播电视和卫星传输服务，互联网和相关服务；其他未列明行业包括科学研究和技术服务业、水利、环境和公共设施管理业、居民服务、修理和其他服务业，社会工作，文化、体育和娱乐业，以及房地产中介服务，其他房地产业等，不包括自有房地产经营活动。

（3）企业划分指标以现行统计制度为准。

① 从业人员，是指期末从业人员数，没有期末从业人员数的，采用全年平均人员数代替。

② 营业收入，工业、建筑业、限额以上批发和零售业、限额以上住宿和餐饮业以及其他设置主营业务收入指标的行业，采用主营业务收入；限额以下批发与零售业企业采用商品销售额代替；限额以下住宿与餐饮业企业采用营业额代替；农、林、牧、渔业企业采用营业总收入代替；其他未设置主营业务收入的行业，采用营业收入指标。

③ 资产总额，采用资产总计代替。

（二）小企业会计准则的适用范围

《小企业会计准则》条文及主旨：

第二条 本准则适用于在中华人民共和国境内依法设立的、符合《中小企业划型标准规定》所规定的小型企业标准的企业。

下列三类小企业除外：

（一）股票或债券在市场上公开交易的小企业。

（二）金融机构或其他具有金融性质的小企业。

（三）企业集团内的母公司和子公司。

前款所称企业集团、母公司和子公司的定义与《企业会计准则》的规定相同。

【条文主旨】本条是关于本准则适用范围的规定。

《小企业会计准则》（以下简称"本准则"）适用在中华人民共和国境内依法设立的、符合《中小企业划型标准》所规定的小型企业标准的企业。不论小企业的所有制性质、经营范围、组织形式如何，只要在规模上属于小型企业，就属于本准则所适用的范围。

合伙制小企业应当执行本准则，按照本准则的规定进行会计处理。

按规定需要建账的个体工商户执行《个体工商户会计制度（试行）》（财会字〔1997〕19号）。

1. 不执行本准则的三类特殊小企业

根据本准则第2条规定，下列三类小企业应当执行《企业会计准则》，不得执行本准则。

（1）股票或债券在市场上公开交易的小企业。股票或债券在市场上公开交易的小企业，实际上已经成为公众公司，承担着社会公众受托责任，受到法律和政府的监管，其财务报表的外部使用者主要是投资者、债权人和社会公众等。根据我国有关股票或债券公开发行和交易的规定，这类企业应当报送依据《企业会计准则》编制的财务报告，并且定期向社会公开按照《企业会计准则》编制的财务报告。这类小企业具体包括以下五种类型：

① 已经在深圳证券交易所中小板和创业板上市的小企业。

② 已经在上海证券交易所和深圳证券交易所发行公司债券的小企业。

③ 已经发行企业债券的小企业。

④ 已经在境外股票上市的小企业。

⑤ 预期在上海证券交易所、深圳证券交易所、北京证券交易所或境外上市的小企业和预期发行企业债券或公司债券的小企业。

（2）金融机构或其他具有金融性质的小企业。金融机构或其他具有金融性质小企业实质上具有金融业务性质，其共同的特点是：以不同方式受托持有和管理他人的资金，并且对委托人都负有保证资金安全和收益的责任和义务，受到法律和政府的监管，其财务报表的外部使用者主要是投资者、债权人和社会公众。这类小企业具体包括非上市小型金融机构，具有金融性质的小型基金，如小型投资基金等。

（3）企业集团内的母公司和子公司。企业集团、母公司和子公司的定义与企业会计准则的规定相同。为了提高母公司所编制的合并财务报表的质量,同时减轻子公司在母公司编制合并财务报表时的成本,避免编制两套报表,本准则要求企业集团内的母公司和子公司均应执行《企业会计准则》。本准则所称企业集团内的母公司和子公司均指在中华人民共和国境内依法设立的企业,不涉及在中华人民共和国境外依照国外法律设立的企业。

2. 微型企业参照执行小企业会计准则

> 《小企业会计准则》条文及主旨:
>
> 第八十九条　符合《中小企业划型标准规定》所规定的微型企业标准的企业参照执行本准则。
>
> 【条文主旨】本条是关于微型企业执行本准则要求的规定。

> 《小企业会计准则》条文及主旨:
>
> 第三条　符合本准则第二条规定的小企业,可以执行本准则,也可以执行《企业会计准则》。
>
> (一) 执行本准则的小企业,发生的交易或者事项本准则未作规范的,可以参照《企业会计准则》中的相关规定进行处理。
>
> (二) 执行《企业会计准则》的小企业,不得在执行《企业会计准则》的同时,选择执行本准则的相关规定。
>
> (三) 执行本准则的小企业公开发行股票或债券的,应当转为执行《企业会计准则》;因经营规模或企业性质变化导致不符合本准则第二条规定而成为大中型企业或金融企业的,应当从次年1月1日起转为执行《企业会计准则》。
>
> (四) 已执行《企业会计准则》的上市公司、大中型企业和小企业,不得转为执行本准则。
>
> 【条文主旨】本条是关于小企业在执行本准则和企业会计准则关系方面的规定。
>
> 第四条　执行本准则的小企业转为执行《企业会计准则》时,应当按照《企业会计准则第38号——首次执行企业会计准则》等相关规定进行会计处理。
>
> 【条文主旨】本条是关于本准则转换为《企业会计准则》的衔接规定。

相对于本准则,《企业会计准则》的规定更全面、要求更高、生成的会计信息质量更高。考虑到小企业特点,第三条规定,符合本准则规定的小企业可以执行本准则,也可以执行《企业会计准则》,本准则给小企业提出了"自由选择、单项标准、一以贯之"的执行原则。"自由选择",是指允许小企业在符合本准则第2条规定的前提下,自行确定执行本准则还是企业会计准则。"单项标准",是指小企业只能在本准则和《企业会计准则》两者中选择其一并且是完整的规定,不能在两套标准中选择性执行其中的部分规定。"一以贯之",是指小企业无论选择执行本准则还是《企业会计准则》,都必须各期保持一致,一直执行下去,不得随意变换。

微型企业是符合《中小企业划型标准规定》所规定的微型企业。微型企业的划型标准具体参见表1-1。

根据中小企业划型标准规定中有关微型企业的规定来看,微型企业的人数通常都在20人以下,营业收入通常都在300万元以下,资产总额通常都在300万元以下,相对于小型企业,微型企业的规模非常小。根据目前我国微型企业的实际情况,为了促进和规范微型企业发展,同时不增加微型企业的负担,小企业会计准则不对微型企业执行提出强制性要求,而是要求微型企业参照执行小企业会计准则。

(三) 小企业会计准则适用中的特殊规定

1. 执行本准则的小企业,发生的交易或者事项本准则未作规范的,可以参照《企业会计准则》中的相关规定进行处理,待财政部做出具体规定时从其规定

本准则根据我国小企业的实际情况,规定了小企业在日常经营管理中可能涉及的各类和各项业务,小企业可能不会遇到的业务未作规定。为了保证本准则的稳定性,同时解决小企业的实际问题,本准则规定,小企业一旦发生了本准则未规范的交易或者事项,允许小企业参照执行《企业会计准则》中的相关规定。

2. 执行《企业会计准则》的小企业,不得在执行《企业会计准则》的同时,选择执行本准则的相关规定

这项规定体现了"单项标准"执行原则的要

求。在应用本原则时,需要注意以下两个问题:

(1) 本准则和《企业会计准则》对同一项交易规定了不同的会计政策,小企业不得在其中进行选择。比如,长期股权投资在本准则和《企业会计准则》中都有规定,但是,执行本准则的小企业不得因为《企业会计准则》中规定了权益法,就突破本准则的规定,对长期股权投资采用权益法核算;执行《企业会计准则》的小企业也不得因为本准则只规定了成本法,就突破《企业会计准则第 2 号——长期股权投资》的规定,对所有长期股权投资都采用成本法。

(2) 本准则和《企业会计准则》都对同一项交易作出了规定,小企业也不得在其中进行选择。例如,本准则和《企业会计准则第 1 号——存货》都对存货的会计处理作出了规定,但是,执行本准则的小企业不得因为《企业会计准则》也规定了存货的会计处理,就直接执行《企业会计准则第 1 号——存货》的规定;执行《企业会计准则》的小企业也不得因为本准则规定了存货的会计处理,而直接执行本准则第 11 条至第 15 条的规定。

3. 执行本准则的小企业公开发行股票或债券的,应当转为执行《企业会计准则》

这项规定实际上是与本准则第 2 条的规定相呼应,同时明确了两个问题:

(1) 明确了应执行的会计标准。根据本准则第 2 条的规定,股票或债券在市场上公开交易的小企业应当执行《企业会计准则》,而不是本准则。

(2) 明确了转换时点。执行本准则的小企业公开发行股票或债券应当转为执行《企业会计准则》。其转换的时点应当符合本准则第 2 条的相关规定。

4. 因经营规模或企业性质变化导致不符合本准则第二条规定而成为大中型企业或金融企业的,应当从次年 1 月 1 日起转为执行《企业会计准则》

这项规定是有关小企业因经营规模或企业性质变化所带来的会计标准转换的规定,同时明确了两个问题:

(1) 明确了转换的前提条件。"中小企业是大企业的摇篮"。本准则的目的是促进小企业规范、可持续发展。小企业通过努力经营,经营规模达

到了中小企业划型标准所规定的中型企业的标准,或者小企业的性质变为金融企业,无论规模大小,在这两种情况下,该企业都应当停止执行本准则,转为执行《企业会计准则》。

(2) 明确了转换的时点。为了便于做好转换工作和保证会计信息质量不因会计标准转换出现下降,本准则统一要求从出现这两种情况的次年 1 月 1 日起转为执行《企业会计准则》。

5. 已执行《企业会计准则》的上市公司、大中型企业和小企业,不得转为执行本准则

这项规定实际上体现了本准则所遵循的"从高不就低"原则。《企业会计准则》相对于本准则,要求更高、会计信息质量更高。基于这一考虑,本准则规定,已执行《企业会计准则》的上市公司、大中型企业和小企业,不得转为执行本准则。其中包含两种情况:

(1) 根据《企业会计准则》规定,我国所有大中型企业和上市公司都应当执行《企业会计准则》,不得选择。小企业可以选择执行《企业会计准则》。但是,这些企业一旦执行了《企业会计准则》,就不得再转为执行本准则。

(2) 即使大中型企业和上市公司由于生产经营变化,从经营规模上变为小企业,或从上市公司变为非上市的小企业,都不得从《企业会计准则》转为执行本准则。

6. 执行《小企业会计准则》的小企业转为执行《企业会计准则》时,应当按照《企业会计准则第 38 号——首次执行企业会计准则》等相关规定进行会计处理

本准则的宗旨在于促进小企业可持续发展,因此,必须要为小企业将来发展壮大或经营性质发生变化转为执行《企业会计准则》作出相关制度安排,以实现本准则与《企业会计准则》有序衔接和平稳过渡,从而促进企业可持续发展。小企业在首次执行《企业会计准则》或由本准则转为执行《企业会计准则》时,应当按照《企业会计准则第 38 号——首次执行企业会计准则》(财会〔2006〕3 号)和《企业会计准则解释第 1 号》(财会〔2007〕14 号)的规定做好新旧衔接转换工作。

(四)《小企业会计准则》的特点

按照我国企业会计改革的总体框架,《企业会

计准则——基本准则》(以下简称"基本准则")是纲,是会计准则制定的出发点,也是制定《企业会计准则》和《小企业会计准则》的基础,在整个会计准则体系中处于统驭地位,因此基本准则适用于在中华人民共和国境内设立的所有企业,小企业也应当遵循基本准则的基本规定。

《企业会计准则》和《小企业会计准则》是目,是基本准则框架下的两个子系统,分别适用于大中型企业和小企业。《小企业会计准则》是在遵循基本准则的大前提下,在借鉴《中小主体国际财务报告准则》简化处理的核心理念基础上,充分考虑了我国小企业规模较小、业务较为简单、会计基础工作较为薄弱、会计信息使用者的信息需求相对单一等实际情况,对小企业的会计确认、计量和报告进行了简化处理,减少了会计人员职业判断的内容与空间。

有别于《企业会计准则》,本准则以规则导向为主,以原则导向为辅,规范了小企业(含微型企业,下同)的会计确认、计量和报告行为,体现了下列四个突出特点。

1. 简化核算要求

(1) 统一采用历史成本计量。在会计计量方面,《企业会计准则》规定,企业可以根据实际需要选用历史成本、重置成本、可变现净值、现值或公允价值等会计计量属性对会计要素进行计量。而《小企业会计准则》仅要求小企业采用历史成本对会计要素进行计量。

① 对小企业的资产要求按照成本计量,不再要求计提资产减值准备,资产实际损失的确定参照了《企业所得税法》中的有关认定标准。

② 对小企业的长期债券投资不再要求按照公允价值入账,而是要求按照成本(购买价款加上相关税费减去实际支付价款中包含的已到付息期但尚未领取的债券利息)入账;对长期债券投资的利息收入不再要求在债务人应付利息日按照其摊余成本和实际利率计算,而是要求在债务人应付利息日按照债券本金和票面利率计算。

③ 对小企业融资租入固定资产的入账价值不再要求按照租赁开始日租赁资产公允价值与最低租赁付款额现值两者中较低者作为会计计量基础,而是要求按照租赁合同约定的付款总额和在

签订租赁合同过程中发生的相关税费等确定。

④ 对小企业的负债不再要求按照公允价值入账,而是要求按照实际发生额入账;对小企业借款利息不再要求按照借款摊余成本和借款实际利率计算,而是要求按照借款本金和借款合同利率计算。

⑤ 在收入确认方面,不再要求遵循实质重于形式的原则,而是要求小企业采用发出商品或者提供劳务交易完成和收到货款或取得收款权利作为标准,减少关于控制权转移的职业判断,同时就几种常见的销售方式明确规定了收入确认的时点。在收入计量方面,不再要求小企业按照从购买方已收或应收的合同或协议价款,应收的合同、协议价款的公允价值确定收入的金额,而是要求按照从购买方已收或应收的合同或协议价款确定收入的金额。

(2) 统一采用直线法摊销债券的折价或者溢价。在长期债券投资(或持有至到期投资)中的债券折价或者溢价的摊销方面,《企业会计准则》规定,债券的折价或者溢价在债券存续期间内于确认相关债券利息收入时采用实际利率法进行摊销。而《小企业会计准则》规定,债券的折价或者溢价在债券存续期间内于确认相关债券利息收入时采用直线法进行摊销。

(3) 统一采用成本法核算长期股权投资。在长期股权投资的后续计量方面,《企业会计准则》规定,长期股权投资在持有期间,根据投资企业对被投资单位的影响程度及是否存在活跃市场、公允价值能否可靠取得等情况,分别采用成本法和权益法进行会计处理。而《小企业会计准则》则要求小企业统一采用成本法对长期股权投资进行会计处理。

(4) 固定资产折旧年限和无形资产摊销期限的确定应当考虑税法的规定。《企业会计准则》规定,企业应当根据固定资产的性质和使用情况,合理确定固定资产的使用寿命和预计净残值,而不必考虑税法的规定。而本准则规定,小企业应当根据固定资产的性质和使用情况,并考虑税法的规定,合理确定固定资产的使用寿命和预计净残值。

《企业会计准则》规定,企业应当于取得无形

资产时分析判断其使用寿命；使用寿命有限的无形资产，其应摊销金额应当在使用寿命内系统合理摊销；企业摊销无形资产，应当自无形资产可供使用时起，至不再作为无形资产确认时止。而本准则规定，无形资产的摊销期自其可供使用时开始至停止使用或出售时止；有关法律规定或合同约定了使用年限的，可以按照规定或约定的使用年限分期摊销；小企业不能可靠估计无形资产使用寿命的，摊销期不得低于 10 年。

（5）长期待摊费用的核算内容和摊销期限与税法保持一致。《企业会计准则》规定，"长期待摊费用"科目核算企业已经发生但应由本期和以后各期负担的分摊期限在 1 年以上的各项费用，如以经营租赁方式租入的固定资产发生的改良支出等，其核算内容、摊销期限与《企业所得税法》及其实施条例存在较大的差异。而本准则对长期待摊费用的核算内容、摊销期限均与《企业所得税法》及其实施条例的规定完全一致。《小企业会计准则》规定，小企业的长期待摊费用包括已提足折旧的固定资产的改建支出、经营租入固定资产的改建支出、固定资产的大修理支出和其他长期待摊费用等；长期待摊费用应当在其摊销期限内采用年限平均法进行摊销。

（6）资本公积仅核算资本溢价（或股本溢价）。《企业会计准则》规定，资本公积包括资本溢价（或股本溢价）和其他资本公积。而本准则规定，资本公积仅包括资本溢价（或股本溢价）。资本溢价是指小企业收到的投资者出资额超过其在注册资本或股本中所占份额的部分。

（7）采用应付税款法核算所得税。《企业会计准则》要求企业采用资产负债表债务法核算所得税，在计算应交所得税和递延所得税的基础上，确认所得税费用。而本准则要求企业采用应付税款法核算所得税，将计算的应交所得税确认为所得税费用大大简化了所得税的会计处理。

（8）取消了外币财务报表折算差额。《企业会计准则》规定，企业对境外经营的财务报表进行折算时，应当遵循下列规定：

① 资产负债表中的资产和负债项目，采用资产负债表日的即期汇率折算，所有者权益项目除"未分配利润"项目外，其他项目采用发生时的即期汇率折算。

② 利润表中的收入和费用项目，采用交易发生日的即期汇率折算，也可以采用按照系统合理的方法确定的、与交易发生日即期汇率近似的汇率折算。

按照上述①、②折算产生的外币财务报表折算差额，在资产负债表中所有者权益项目下单独列示。而本准则要求小企业对外币财务报表进行折算时，应当采用资产负债表日的即期汇率对外币资产负债表、利润表和现金流量表的所有项目进行折算。这样，小企业既不会产生外币财务报表折算差额，也减少了外币财务报表折算的工作量。

（9）简化了财务报表的列报和披露。小企业的财务报表至少应当包括资产负债表、利润表、现金流量表和附注四个组成部分，小企业不必编制所有者权益（或股东权益）变动表。考虑到小企业会计信息使用者的需求，本准则对现金流量表也进行了适当简化，无需披露将净利润调节为经营活动现金流量、当期取得或处置子公司及其他营业单位等信息。此外，小企业财务报表附注的披露内容大幅减少，披露要求也有所降低。

（10）统一采用未来适用法对会计政策变更和会计差错更正进行会计处理。《企业会计准则》要求企业根据具体情况对会计政策变更采用追溯调整法或未来适用法进行会计处理，对前期差错更正采用追溯重述法或未来适用法进行会计处理；对会计估计变更采用未来适用法进行会计处理。而本准则要求小企业对会计政策变更、会计估计变更和会计差错更正均应当采用未来适用法进行会计处理，大大简化了会计政策变更和会计差错更正的会计处理方法。

2. 与所得税法保持协调

税务部门是小企业主要的外部会计信息使用者之一。税务部门主要利用小企业会计信息作出税收决策，包括是否给予税收优惠政策，采取何种税收征管方式、应征税额等，他们更多希望减少小企业会计与税法的差异。为满足这些税收征管信息需求，本准则大大减少了职业判断的内容，基本消除了小企业会计与税法的差异。

在实施本准则后，小企业除会计与税法之间

不可能消除的永久性差异,只有在少数情况下才可能产生暂时性差异。例如,小企业在收到与资产相关的政府补助、收到用于补偿小企业以后期间相关费用或亏损的其他政府补助时,本准则要求确认为递延收益,而税法要求在收到政府补助时一次性计入当期收入或者在符合条件的情况下作为不征税收入,导致小企业会计与税法存在差异。

由于本准则基本消除了小企业会计与税法的差异,需要小企业进行纳税调整的交易或事项较少,因此《小企业会计准则》要求小企业在财务报表附注中增加纳税调整的说明,披露"对已在资产负债表和利润表中列示项目与企业所得税法规定存在差异的纳税调整过程"。

3. 与《企业会计准则》有序衔接

本准则和《企业会计准则》虽适用范围不同,但适应小企业发展壮大的需要,又要相互衔接,从而发挥会计准则在小企业发展中的政策效应。为此,本准则对于小企业不经常发生甚至基本不可能发生的交易或事项未作规范,这些交易或事项一旦发生,可以参照《企业会计准则》中的相关规定进行会计处理;对于小企业今后公开发行股票或债券的,或者因经营规模或企业性质变化导致不符合小企业标准而成为大中型企业或金融企业的,应当自次年1月1日起转为执行《企业会计准则》;小企业转为执行《企业会计准则》时,应当按照《企业会计准则第38号——首次执行企业会计准则》等相关规定进行会计处理。

4. 充分借鉴《中小主体国际财务报告准则》理念并与之相协调

《小企业会计准则》内容设计既符合我国小企业发展实际,也符合国际倡导的《中小主体国际财务报告准则》需要符合各国实际加以应用的理念。

综上所述,《小企业会计准则》以国际趋同为努力方向,更立足我国小企业发展的实际,在简化

核算要求、与我国税法保持协调、与《企业会计准则》有序衔接等方面体现了极其鲜明的特色,是一部为我国小企业"量身定做"的企业会计标准。它的贯彻实施,将有效地促进我国小企业持续健康发展,也可以充分发挥小企业在我国国民经济和社会发展中的重要作用。

(五)《小企业会计准则》执行时间规定

> 《小企业会计准则》条文及主旨:
> 第九十条　本准则自2013年1月1日起施行。财政部2004年发布的《小企业会计制度》(财会〔2004〕2号)同时废止。
> 【条文主旨】本条是关于本准则的施行时间和《小企业会计制度》的废止时间的规定。

根据《财政部关于印发〈小企业会计准则〉的通知》(财会〔2011〕17号)的规定,《小企业会计准则》自2013年1月1日起在小企业范围内施行,鼓励小企业提前执行。财政部于2004年4月27日发布的《小企业会计制度》同时废止。

二、小企业会计科目设置规范

(一)小企业会计准则会计科目

小企业在不违反会计准则中确认、计量和报告规定的前提下,可以根据本企业的实际情况自行增设、分拆、合并会计科目。小企业不存在的交易或者事项,可不设置相关会计科目。对于明细科目,小企业可以比照本附录中的规定自行设置。会计科目编号供小企业填制会计凭证、登记会计账簿、查阅会计账目、采用会计软件系统参考,小企业可结合本企业的实际情况自行确定其他会计科目的编号。

执行本准则的小企业,应按照本准则的规定,设置和使用会计科目,常用的会计科目按照资产、负债、所有者权益、成本、损益分成五大类,共有66个一级科目,小企业会计科目名称和编号见表1-2。

表1-2　小企业会计科目名称和编号

顺序号	编号	会计科目名称	顺序号	编号	会计科目名称	顺序号	编号	会计科目名称
		一、资产类	3	1012	其他货币资金	6	1122	应收账款
1	1001	库存现金	4	1101	短期投资	7	1123	预付账款
2	1002	银行存款	5	1121	应收票据	8	1131	应收股利

（续表）

顺序号	编号	会计科目名称	顺序号	编号	会计科目名称	顺序号	编号	会计科目名称
9	1132	应收利息	30	1702	累计摊销	49	3104	利润分配
10	1221	其他应收款	31	1801	长期待摊费用			四、成本类
11	1401	材料采购	32	1901	待处理财产损溢	50	4001	生产成本
12	1402	在途物资			二、负债类	51	4101	制造费用
13	1403	原材料	33	2001	短期借款	52	4301	研发支出
14	1404	材料成本差异	34	2201	应付票据	53	4401	工程施工
15	1405	库存商品	35	2202	应付账款	54	4403	机械作业
16	1407	商品进销差价	36	2203	预收账款			五、损益类
17	1408	委托加工物资	37	2211	应付职工薪酬	55	5001	主营业务收入
18	1411	周转材料	38	2221	应交税费	56	5051	其他业务收入
19	1421	消耗性生物资产	39	2231	应付利息	57	5111	投资收益
20	1501	长期债券投资	40	2232	应付利润	58	5301	营业外收入
21	1511	长期股权投资	41	2241	其他应付款	59	5401	主营业务成本
22	1601	固定资产	42	2401	递延收益	60	5402	其他业务成本
23	1602	累计折旧	43	2501	长期借款	61	5403	税金及附加
24	1604	在建工程	44	2701	长期应付款	62	5601	销售费用
25	1605	工程物资			三、所有者权益类	63	5602	管理费用
26	1606	固定资产清理	45	3001	实收资本	64	5603	财务费用
27	1621	生产性生物资产	46	3002	资本公积	65	5711	营业外支出
28	1622	生产性生物资产累计折旧	47	3101	盈余公积	66	5801	所得税费用
29	1701	无形资产	48	3103	本年利润			

（二）个体工商户会计科目

1. 一般会计科目

个体工商户应按《个体工商户会计制度（试行）》的规定设置和使用会计科目，在不影响会计核算要求和正确计算个人所得税的前提下，可以根据实际情况自行增加、减少或合并某些会计科目。个体工商户会计科目见表1-3。

表1-3 个体工商户会计科目表

顺序号	编号	科目名称	顺序号	编号	科目名称	顺序号	编号	科目名称
		一、资产类	10	154	在建工程	18	312	留存利润
1	101	库存现金	11	161	无形资产			四、成本类
2	102	银行存款			二、负债类	19	401	生产成本
3	111	应收款项	12	201	借入款项			五、损益类
4	121	存货	13	211	应付款项	20	501	营业收入
5	131	待摊费用	14	212	应付工资	21	502	营业成本
6	141	待处理财产损失	15	213	应交税费	22	503	营业税金
7	151	固定资产			三、业主权益类	23	504	营业费用
8	152	累计折旧	16	301	业主投资	24	511	营业外收支
9	153	固定资产清理	17	311	本年应税所得	25	521	税后列支费用

2. 简易会计科目

规模特别小的个体工商户可以选用简易会计科目,个体工商户简易会计科目见表1-4。

表1-4　个体工商户简易会计科目表

顺序号	编　号	科目名称
1	01	现金及存款
2	02	应收款项
3	03	存货
4	06	长期资产
5	10	应付款项
6	11	应交税费
7	21	业主资金
8	22	本年应纳所得
9	31	营业收入
10	32	营业费用

三、财务会计制度及核算软件备案报告

(一) 备案报告规定

根据《中华人民共和国税收征收管理法》的规定,从事生产、经营的纳税人应当自领取税务登记证件之日起15日内,将其财务、会计制度或者财务、会计处理办法报送主管税务机关备案。纳税人使用计算机记账的,应当在使用前将会计电算化系统的会计核算软件、使用说明书及有关资料报送主管税务机关备案。纳税人建立的会计电算化系统应当符合国家有关规定,并能正确、完整核算其收入或者所得。

(二) 税会差异处理规定

根据《中华人民共和国税收征收管理法》《中华人民共和国企业所得税法》《中华人民共和国个人所得税法》等法律规定,纳税人、扣缴义务人的财务、会计制度或者财务、会计处理办法与国务院或者国务院财政、税务主管部门有关税收的规定不一致时,纳税人应以财务、会计制度和具体的财务、会计处理办法,进行会计核算,但是在计算应纳税额时,依照国务院或者国务院财政、税务主管部门有关税收的规定计算应纳税款、代扣代缴和代收代缴税款。

(三) 处罚规定

根据《中华人民共和国税收征收管理法》第六十条的规定,未按规定将财务、会计制度或财务会计处理办法报送国家税务机关备查的,可以处2 000元以下的罚款;情节严重的,处2 000元以上10 000元以下的罚款。

另外,纳税人未准确填报适用的财务会计制度的,还将影响财务会计报告报送等事项的办理。

第二节　小企业纳税基础规范

政策依据:

《中共中央办公厅　国务院办公厅关于进一步深化税收征管改革的意见》(以下简称《意见》);

《中华人民共和国税收征收管理法》(以下简称《税收征管法》);

《中华人民共和国税收征收管理法实施细则》(以下简称《税收征管法实施细则》);

《中华人民共和国个人所得税法》(以下简称《个人所得税法》);

《中华人民共和国个人所得税法实施条例》(以下简称《个人所得税法实施条例》);

《关于加快推进"多证合一"改革的指导意见》(国办发〔2017〕41号);

《关于实施个体工商户营业执照和税务登记证"两证整合"的意见》(工商个字〔2016〕167号);

《中华人民共和国市场主体登记管理条例》(国务院令第746号);

《全国税收征管规范2.0》(国家税务总局2019版);

《全国税务机关纳税服务规范(3.0版)》(国家税务总局2019版);

《国家税务总局关于明确跨区域涉税事项报验管理相关问题的公告》(国家税务总局公告2018年第38号);

《企业所得税核定征收办法(试行)》(国税发〔2008〕30号);

《个体工商户税收定期定额征收管理办法》(国家税务总局令第16号,国家税务总局令第44号修正);

《国家税务总局关于企业所得税若干政策征管口径问题的公告》(国家税务总局公告2021年第17号)。

一、税(费)种认定规范

目前,在全国范围内有效征收的税种共有18个,税收征收管理机关有税务机关和海关。税务机关负责征收国内增值税、国内消费税、企业所得税、个人所得税、资源税(含水资源税)、城镇土地使用税、城市维护建设税、印花税、土地增值税、房产税、车船税、车辆购置税、烟叶税、耕地占用税、契税、环境保护税。出口产品退税(增值税、消费税)由税务机关负责办理,非税收入和社会保险费的征收也由税务机关负责。海关负责征收和管理关税、船舶吨税,进口环节的增值税、消费税由海关代征。

税(费)种认定是指纳税人已完成身份信息报告或签订委托协议,并进行首次纳税(费)申报时提供的税种信息,以及税收征管工作中依法取得的其他相关信息,通过建立后台数据模型,对纳税人的税(费)认定有效期、申报期限、纳税(费)期限、税率或单位税额、预算分配比例等税(费)种征收属性进行自动化认定的工作。税(费)种认定完成后,税务机关向纳税人发放《税务事项通知书》(税、费种认定通知)。

二、账簿凭证税务管理规范

账簿凭证既是重要的会计档案,也是重要的税收档案。对于账簿凭证的管理,会计法和税收征管法都做出了规定。账簿凭证管理也就是实务中所说的建账建制问题。纳税人、扣缴义务人应按照有关法律、行政法规和国务院财政税务主管部门的规定设置账簿,根据合法、有效凭证记账,进行核算。小企业的账簿凭证管理主要包括账簿设立、记账核算、账簿保管、税收证明管理和违规责任。

(一)小企业账簿设置规范

小企业建账建制要以《中华人民共和国会计法》《中华人民共和国税收征管法》及其实施细则和国务院财政、税务主管部门的规定为依据,依法设置账簿,根据合法、有效凭证记账,进行核算。

1. 手工账设账规范

小企业应当在领取营业执照之日起15日内按照规定设置总账、明细账、日记账以及其他辅助性账簿,其中总账、现金日记账和银行存款日记账必须采用订本式账簿。不得用银行对账单或者其他方法代替日记账。

作为扣缴义务人的,小企业应当自税收法律、行政法规规定的扣缴义务发生之日起10日内,按照所代扣、代收的税种,分别设置代扣代缴、代收代缴税款账簿。

生产经营规模小且无建账能力的个体工商户,可以聘请注册会计师或者经主管国家税务机关认可的财会人员代理建账和办理账务;聘请注册会计师或者经主管国家税务机关认可的财会人员有实际困难的,经县(市)以上税务局批准,可以按照税务机关的规定,建立收支凭证粘贴簿、进货销货登记簿等代为账簿使用。

2. 计算机账设账规范

纳税人、扣缴义务人采用电子计算机记账的,对于会计制度健全,能够通过电子计算机正确、完整地计算其收入、所得的,其电子计算机储存和输出的会计记录,可视同会计账簿,但需要按期打印成书面记录并完整保存;对于会计制度不健全,不能通过电子计算机正确、完整反映其收入和所得的,应当建立总账和与纳税或者代扣代缴、代收代缴税款有关的其他账簿。实行会计电算化的单位,用计算机打印的会计账簿必须连续编号,经审核无误后装订成册,并由记账人员和会计机构负责人、会计主管人员签字或者盖章。

(二)个体工商户建账规范

为规范和加强个体工商户税收征收管理,促进个体工商户加强经济核算,国家税务总局发布

《个体工商户建账管理暂行办法》[国家税务总局令第 17 号,根据 2018 年 6 月 15 日《国家税务总局关于修改部分税务部门规章的决定》(国家税务总局令第 44 号修正)],凡从事生产、经营并有固定生产、经营场所的个体工商户,应当按照法律、行政法规和本办法的规定设置、使用和保管账簿及凭证,并根据合法、有效凭证记账核算。

《中华人民共和国个人独资企业法》第 21 条规定,个人独资企业应当依法设置会计账簿,进行会计核算。个人独资企业的税款征收管理比照个体工商户税收定期定额征收管理办法执行。

1. 应当设置复式账的情形

符合下列情形之一的个体工商户,应当设置复式账。

(1) 注册资金在 20 万元以上的。

(2) 销售增值税应税劳务、应税服务的纳税人月销售额在 40 000 元以上;从事货物生产的增值税纳税人月销售额在 60 000 元以上;从事货物批发或零售的增值税纳税人月销售额在 80 000 元以上的。上述所称纳税人月销售额,是指个体工商户上一个纳税年度月平均销售额;新办的个体工商户为业户预估的当年度经营期月平均销售额。

(3) 省税务机关确定应设置复式账的其他情形。

达到本建账标准的个体工商户,应当设置复式账,并报主管税务机关备案。账簿方式一经确定,在一个纳税年度内不得进行变更。

设置复式账的个体工商户应按《个体工商户会计制度(试行)》的规定设置总分类账、明细分类账、日记账等,进行财务会计核算,如实记载财务收支情况。成本、费用列支和其他财务核算规定按照《个体工商户个人所得税计税办法(试行)》执行。复式账簿中现金日记账、银行存款日记账和总分类账必须使用订本式,其他账簿可以根据业务的实际发生情况选用活页账簿。

设置复式账的个体工商户在办理纳税申报时,应当按照规定向当地主管税务机关报送财务会计报表和有关纳税资料。月度会计报表应当于月份终了后 10 日内报出,年度会计报表应当在年度终了后 30 日内报出。

2. 应当设置简易账的情形

符合下列情形之一的个体工商户,应当设置简易账,并积极创造条件设置复式账。

(1) 注册资金在 10 万元以上 20 万元以下的。

(2) 销售增值税应税劳务、应税服务的纳税人月销售额在 15 000 元至 40 000 元;从事货物生产的增值税纳税人月销售额在 30 000 元至 60 000 元;从事货物批发或零售的增值税纳税人月销售额在 40 000 元至 80 000 元的。上述所称纳税人月销售额,是指个体工商户上一个纳税年度月平均销售额;新办的个体工商户为业户预估的当年度经营期月平均销售额。

(3) 省税务机关确定应当设置简易账的其他情形。达到本建账标准的个体工商户,应设置简易账,并报主管税务机关备案。账簿方式一经确定,在一个纳税年度内不得进行变更。

设置简易账的个体工商户应当设置经营收入账、经营费用账、商品(材料)购进账、库存商品(材料)盘点表和利润表,以收支方式记录、反映生产、经营情况并进行简易会计核算。简易账簿均应采用订本式。

3. 达不到建账标准的个体工商户

达不到上述建账标准的个体工商户,经县以上税务机关批准,可按照税收征管法的规定,建立收支凭证粘贴簿、进货销货登记簿或者使用税控装置。按照税务机关规定的要求使用税控收款机的个体工商户,其税控收款机输出的完整的书面记录,可以视同经营收入账。

(三)账簿登记规范

1. 记账规范

根据《会计基础工作规范》第 60 条的规定,会计人员应当根据审核无误的会计凭证登记会计账簿。

2. 错账更正规范

根据《会计基础工作规范》第 61 条的规定,账簿记录发生错误,不准涂改、挖补、刮擦或者用药水消除字迹,不准重新抄写,必须按照规定方法进行更正。

3. 对账规范

根据《会计基础工作规范》第 62 条的规定,小企业应当定期对会计账簿记录的有关数字与库存实物、货币资金、有价证券、往来单位或者个人等进行相互核对,保证账证相符、账账相符、账实相符。对账工作每年至少进行一次。

4. 结账规范

根据《会计基础工作规范》第63条的规定，小企业应当按照规定要求定期结账。

（四）会计凭证规范

1. 原始凭证规范

根据《会计基础工作规范》第48条、第49条的规定，原始凭证的内容必须具备：凭证的名称；填制凭证的日期；填制凭证单位名称或者填制人姓名；经办人员的签名或者盖章；接受凭证单位名称；经济业务内容；数量、单价和金额。

从外单位取得的原始凭证，必须盖有填制单位的公章；从个人取得的原始凭证，必须有填制人员的签名或者盖章。自制原始凭证必须有经办单位领导人或者其指定的人员签名或者盖章。对外开出的原始凭证，必须加盖本单位公章。

凡填有大写和小写金额的原始凭证，大写与小写金额必须相符。购买实物的原始凭证，必须有验收证明。支付款项的原始凭证，必须有收款单位和收款人的收款证明。一式几联的原始凭证，应当注明各联的用途，只能以一联作为报销凭证。发生销货退回的，除填制退货发票外，还必须有退货验收证明；退款时，必须取得对方的收款收据或者汇款银行的凭证，不得以退货发票代替收据。

原始凭证不得涂改、挖补。原始凭证有错误的，应当由开出单位重开或者更正，更正处应当加盖开出单位的公章。

2. 记账凭证规范

根据《会计基础工作规范》第50条、第51条的规定，会计机构、会计人员要根据审核无误的原始凭证填制记账凭证。记账凭证的内容必须具备：填制凭证的日期；凭证编号；经济业务摘要；会计科目；金额；所附原始凭证张数；填制凭证人员、稽核人员、记账人员、会计机构负责人、会计主管人员签名或者盖章。收款和付款记账凭证还应当由出纳人员签名或者盖章。以自制的原始凭证或者原始凭证汇总表代替记账凭证的，也必须具备记账凭证应有的项目。实行会计电算化的小企业，对于机制记账凭证，要认真审核，做到会计科目使用正确，数字准确无误。打印出的机制记账凭证要加盖制单人员、审核人员、记账人员及会计机构

负责人、会计主管人员印章或者签字。

3. 电子会计凭证报销入账规范

电子会计凭证，是指单位从外部接收的电子形式的各类会计凭证，包括电子发票、财政电子票据、电子客票、电子行程单、电子海关专用缴款书、银行电子回单等电子会计凭证。根据《财政部 国家档案局关于规范电子会计凭证报销入账归档的通知》（财会〔2020〕6号）的规定，来源合法、真实的电子会计凭证与纸质会计凭证具有同等法律效力。除法律和行政法规另有规定外，同时满足下列条件的，单位可以仅使用电子会计凭证进行报销入账归档：

（1）接收的电子会计凭证经查验合法、真实。

（2）电子会计凭证的传输、存储安全、可靠，对电子会计凭证的任何篡改能够及时被发现。

（3）使用的会计核算系统能够准确、完整、有效接收和读取电子会计凭证及其元数据，能够按照国家统一的会计制度完成会计核算业务，能够按照国家档案行政管理部门规定格式输出电子会计凭证及其元数据，设定了经办、审核、审批等必要的审签程序，且能有效防止电子会计凭证重复入账。

（4）电子会计凭证的归档及管理符合《会计档案管理办法》（财政部、国家档案局令第79号）等要求。

单位以电子会计凭证的纸质打印件作为报销入账归档依据的，必须同时保存打印该纸质件的电子会计凭证。

（五）账簿凭证保管规范

根据《会计档案管理办法》（财政部、国家档案局令第79号）的规定，小企业应当加强账簿凭证等会计档案管理工作，建立和完善会计档案的收集、整理、保管、利用和鉴定销毁等管理制度，采取可靠的安全防护技术和措施，保证会计档案的真实、完整、可用、安全。《会计档案管理办法》规定的会计档案保管期限见表1-5。

表1-5　会计档案保管期限表

序号	档案名称	保管期限	备注
一	会计凭证		
1	原始凭证	30年	
2	记账凭证	30年	

（续表）

序号	档案名称	保管期限	备注
二	会计账簿		
3	总账	30年	
4	明细账	30年	
5	日记账	30年	
6	固定资产卡片		固定资产报废清理后保管5年
7	其他辅助性账簿	30年	
三	财务会计报告		
8	月度、季度、半年度财务会计报告	10年	
9	年度财务会计报告	永久	
四	其他会计资料		
10	银行存款余额调节表	10年	
11	银行对账单	10年	
12	纳税申报表	10年	
13	会计档案移交清册	30年	
14	会计档案保管清册	永久	
15	会计档案销毁清册	永久	
16	会计档案鉴定意见书	永久	

《税收征管法实施细则》第 29 条规定，账簿、记账凭证、报表、完税凭证、发票、出口凭证以及其他有关涉税资料应当合法、真实、完整。账簿、记账凭证、报表、完税凭证、发票、出口凭证以及其他有关涉税资料应当保存 10 年；但是，法律、行政法规另有规定的除外。

（六）违反账簿、凭证管理的法律责任

1. 伪造、变造会计凭证、会计账簿，编制虚假财务会计报告行为的法律责任

根据《中华人民共和国会计法》（以下简称《会计法》）第 43 条的规定，伪造、变造会计凭证、会计账簿，编制虚假财务会计报告，构成犯罪的，依法追究刑事责任。尚不构成犯罪的，由县级以上人民政府财政部门予以通报，可以对单位并处 5 000 元以上 10 万元以下的罚款；对其直接负责的主管人员和其他直接责任人员，可以处 3 000 元以上 50 000 元以下的罚款；属于国家工作人员的，还应当由其所在单位或者有关单位依法给予撤职直至开除的行政处分；其中的会计人员，5 年内不得从事会计工作。

根据《税收征管法》第 60 条的规定，未按照规定设置、保管账簿或者保管记账凭证和有关资料的，可以处 2 000 元以下的罚款；情节严重的，处 2 000 元以上 10 000 元以下的罚款。

2. 隐匿或者故意销毁依法应当保存的会计凭证、会计账簿、财务会计报告行为的法律责任

根据《会计法》第 44 条的规定，隐匿或者故意销毁依法应当保存的会计凭证、会计账簿、财务会计报告，构成犯罪的，依法追究刑事责任。尚不构成犯罪的，由县级以上人民政府财政部门予以通报，可以对单位并处 5 000 元以上 10 万元以下的罚款；对其直接负责的主管人员和其他直接责任人员，可以处 3 000 元以上 50 000 元以下的罚款；属于国家工作人员的，还应当由其所在单位或者有关单位依法给予撤职直至开除的行政处分；其中的会计人员，5 年内不得从事会计工作。

根据《中华人民共和国刑法》第 162 条第 2 款的规定，隐匿或者故意销毁依法应当保存的会计凭证、会计账簿、财务会计报告，情节严重的处 5 年以下有期徒刑或者拘役，并处或者单处 20 000 元以上 20 万元以下罚金。单位犯前款罪的，对单位判处罚金，并对其直接负责的主管人员和其他直接责任人员，依照前款的规定处罚。

3. 授意、指使、强令会计机构、会计人员及其他人员伪造、变造会计凭证、会计账簿，编制虚假财务会计报告或者隐匿、故意销毁依法应当保存的会计凭证、会计账簿、财务会计报告行为的法律责任

根据《会计法》第 45 条的规定，授意、指使、强令会计机构、会计人员及其他人员伪造、变造会计凭证、会计账簿，编制虚假财务会计报告或者隐匿、故意销毁依法应当保存的会计凭证、会计账簿、财务会计报告，构成犯罪的，依法追究刑事责任；尚不构成犯罪的，可以处 5 000 元以上 50 000 元以下的罚款；属于国家工作人员的，还应当由其所在单位或者有关单位依法给予降级、撤职、开除的行政处分。

4. 账簿凭证管理类行政处罚

《国家税务总局关于发布第一批税务行政处罚权力清单的公告》（国家税务总局公告 2015 年第 10 号），公布了账簿凭证管理类 3 项处罚权力事项，见表 1-6。税务行政处罚权力清单同时明确，

根据《中华人民共和国行政处罚法》第 20 条的规定,税务行政处罚由违法行为发生地具有行政处罚权的主管税务机关管辖,法律、行政法规另有规定的除外。

表 1-6　第一批税务行政处罚权力清单(账簿凭证管理类)

违法行为		处罚依据	处罚内容	处罚主体	备注
1. 未按规定设置、保管账簿资料,报送财务、会计制度办法核算软件,安装使用税控装置。	纳税人未按照规定设置、保管账簿或者保管记账凭证和有关资料。	《中华人民共和国税收征收管理法》第六十条	责令限期改正,可以处 2 000 元以下的罚款;情节严重的,处 2 000 元以上 1 万元以下的罚款。	税务机关	
	纳税人未按照规定将财务、会计制度或者财务、会计处理办法和会计核算软件报送税务机关备查。		责令限期改正,可以处 2 000 元以下的罚款;情节严重的,处 2 000 元以上 1 万元以下的罚款。	税务机关	
	纳税人未按照规定安装、使用税控装置,或者损毁、擅自改动税控装置。		责令限期改正,可以处 2 000 元以下的罚款;情节严重的,处 2 000 元以上 1 万元以下的罚款。	税务机关	
2. 扣缴义务人未按照规定设置、保管代扣代缴、代收代缴税款账簿或者保管代扣代缴、代收代缴税款记账凭证及有关资料。		《中华人民共和国税收征收管理法》第六十一条	责令限期改正,可以处 2 000 元以下的罚款;情节严重的,处 2 000 元以上 5 000 元以下的罚款。	税务机关	
3. 非法印制、转借、倒卖、变造或者伪造完税凭证。		《中华人民共和国税收征收管理法实施细则》第九十一条	责令改正,处 2 000 元以上 1 万元以下的罚款;情节严重的,处 1 万元以上 5 万元以下的罚款。	税务机关	构成犯罪的,依法追究刑事责任。

三、小企业查账征收基础规范

(一)查账征收的含义

查账征收也称"查账计征"或"自报查账",纳税人在规定的纳税期限内根据自己财务报表列明的经营所得,向税务机关申报其所得额,经税务机关审核,由纳税人限期向当地代理金库的银行缴纳税款的一种所得税征收方式。

(二)查账征收情形

查账征收方式适用于账簿、凭证、财务核算制度比较健全,能够据以如实核算,反映生产经营成果,正确计算应纳税款的纳税人。

(三)查账征收建账标准

小企业应按照相关法律法规的规定健全账制、规范核算,满足下列标准:

(1)按照《会计法》的规定设置会计机构和配备会计人员及进行相关方面管理:

① 按照规定配备会计人员。

② 无专职或者兼职会计人员按规定委托中介机构代理记账。

③ 应单独设置会计核算机构。

④ 企业会计资料应由取得会计从业资格证书的会计人员所产生。

(2)按照《会计法》的规定,进行账簿、会计凭证等方面的设置、登记管理。

① 按照规定要求建账,税务机关实施查账征收企业的基本建账标准见表 1-7。

表 1-7　查账征收小企业建账标准

序号	会计科目	标　准
	一、资产类	
1	库存现金	小企业应设置"现金日记账",由出纳人员根据收付款凭证,按照业务的发生顺序逐笔登记。每日终了,应计算当日的现金收入合计数、现金支出合计数和结余数,并将结余数与实际库存数核对,做到账款相符。
2	银行存款	小企业应按开户银行和其他金融机构、存款种类等,分别设置"银行存款日记账",由出纳人员根据收付款凭证,按照业务的发生顺序逐笔登记,每日终了应结出余额。"银行存款日记账"应定期与"银行对账单"核对,至少每月核对一次。月份终了,小企业账面结余与银行对账单余额之间如有差额,必须逐笔查明原因进行处理,并应按月编制"银行存款余额调节表",调节相符。

（续表）

序号	会计科目	标　准
3	应收账款	本科目核算小企业因销售商品、提供劳务等经营活动应收取的款项。应按不同的债务人设置明细账。
4	预付账款	本科目核算小企业按照合同规定预付的款项。预付款项情况不多的，也可以不设置本科目，将预付的款项直接记入"应付账款"科目。本科目可按供货单位进行明细核算。
5	其他应收款	小企业应按其他应收款的项目分类，并按不同的债务人设置明细账。
6	原材料	本科目核算小企业库存的各种材料，包括原料及主要材料、辅助材料、外购半成品（外购件）、修理用备件（备品备件）、包装材料、燃料包装物等的实际成本。本科目应按照材料及包装物的保管地点（仓库）、材料的类别、品种和规格设置明细账。材料明细账根据收料凭证和发料凭证逐笔登记。
7	周转材料	本科目核算小企业周转材料的实际成本，包括包装物、低值易耗品。企业的包装物、低值易耗品，也可以单独设置"包装物""低值易耗品"科目。本科目可按周转材料的种类，分"在库""在用"和"摊销"进行明细核算。
8	库存商品	本科目核算小企业库存的各种商品的实际成本（或进价）或计划成本（或售价）。本科目应按库存商品、产成品的种类、品种和规格设置明细账。
9	固定资产	小企业应设置"固定资产登记簿"和"固定资产卡片"，按固定资产类别、使用部门和每项固定资产进行明细核算。临时租入的固定资产，应另设备查簿进行登记，不在本科目核算。
10	累计折旧	本科目核算小企业固定资产的累计折旧。本科目可按固定资产的类别或项目进行明细核算。
11	固定资产清理	本科目小企业应按被清理的固定资产设置明细账。
12	无形资产	本科目核算小企业持有的无形资产成本，包括专利权、非专利技术、商标权、著作权、土地使用权等。本科目可按无形资产项目进行明细核算。
13	累计摊销	本科目核算企业对使用寿命有限的无形资产计提的累计摊销。本科目可按无形资产项目进行明细核算。
14	长期待摊费用	本科目核算小企业已经发生但应由本期和以后各期负担的分摊期限在1年以上的各项费用，如以经营租赁方式租入的固定资产发生的改良支出等。本科目可按费用项目进行明细核算。
	二、负债类	
15	短期借款	本科目核算小企业向银行或其他金融机构等借入的期限在1年以下（含1年）的各种借款。本科目可按借款种类、贷款人和币种进行明细核算。
16	应付账款	本科目核算小企业因购买材料、商品和接受劳务等经营活动应支付的款项。本科目可按债权人进行明细核算。
17	预收账款	本科目核算小企业按照合同规定预收的款项。预收账款情况不多的，也可以不设置本科目，将预收的款项直接记入"应收账款"科目。本科目可按购货单位进行明细核算。
18	应付职工薪酬	本科目核算小企业根据有关规定应付给职工的各种薪酬。本科目可按"工资""职工福利""社会保险费""住房公积金""工会经费""职工教育经费"等进行明细核算。
19	应交税费	本科目核算小企业按照税法等规定计算应缴纳的各种税费，包括增值税、消费税、企业所得税、资源税、土地增值税、城市维护建设税、房产税、城镇土地使用税、车船税、教育费附加、地方教育费附加等。小企业代扣代缴的个人所得税等，也通过本科目核算。本科目可按应交的税费项目进行明细核算。应交增值税还应分别"进项税额""销项税额""出口退税""进项税额转出""已交税金"等设置专栏。
20	应付股利	本科目核算经股东大会或类似机构审议批准的应分配的现金股利或利润。该科目贷方反映小企业分配给投资者的利润额，借方反映小企业实际支付给投资者的利润额；期末余额一般在贷方，反映已经分配但尚未支付给投资者的利润。
21	其他应付款	本科目核算小企业应付、暂收其他单位或个人的款项，如应付租入固定资产和包装物的租金、存入保证金等，应按应付和暂收款项的类别和单位或个人设置明细账。
	三、所有者权益类	
22	实收资本	本科目核算小企业接受投资者投入的实收资本。股份有限公司应将本科目改为"股本"科目。本科目可按投资者进行明细核算。
23	资本公积	本科目核算小企业收到投资者出资额超出其在注册资本或股本中所占份额的部分。直接计入所有者权益的利得和损失，也通过本科目核算。本科目应当按"资本溢价（股本溢价）""其他资本公积"进行明细核算。

序号	会计科目	标　准
24	盈余公积	本科目核算小企业从净利润中提取的盈余公积。本科目应当按"法定盈余公积""任意盈余公积"进行明细核算。
25	本年利润	本科目核算小企业当期实现的净利润（或发生的净亏损）。年度终了，应将本年收入和支出相抵后结出的本年实现的净利润，转入"利润分配"科目，结转后本科目应无余额。
26	利润分配	本科目核算小企业利润的分配（或亏损的弥补）和历年分配（或弥补）后的余额。本科目应当按"提取法定盈余公积""提取任意盈余公积""应付现金股利或利润""转作股本的股利""盈余公积补亏"和"未分配利润"等进行明细核算。
四、成本类		
27	生产成本	本科目核算小企业进行工业性生产发生的各项生产成本，本科目可按基本生产成本和辅助生产成本进行明细核算。基本生产成本应当分别按照基本生产车间和成本核算对象（产品的品种、类别、订单、批别、生产阶段等）设置明细账（或成本计算单，下同），并按照规定的成本项目设置专栏。
28	制造费用	本科目核算小企业生产车间（部门）为生产产品和提供劳务而发生的各项间接费用。本科目可按不同的生产车间、部门和费用项目进行明细核算。除季节性的生产性企业外，本科目期末应无余额。
五、损益类		
29	主营业务收入	本科目核算小企业确认的销售商品、提供劳务等主营业务的收入。本科目可按主营业务的种类进行明细核算。期末，应将本科目的余额转入"本年利润"科目，结转后本科目应无余额。
30	主营业务成本	本科目核算小企业确认销售商品、提供劳务等主营业务收入时应结转的成本。本科目可按主营业务的种类进行明细核算。期末，应将本科目的余额转入"本年利润"科目，结转后本科目应无余额。
31	税金及附加	本科目核算小企业经营活动发生的消费税、城市维护建设税、资源税、房产税、车船税、城镇土地使用税、印花税和教育费附加等相关税费。期末，应将本科目余额转入"本年利润"科目，结转后本科目无余额。
32	其他业务收入	本科目核算小企业确认的除主营业务活动以外的其他经营活动实现的收入，包括出租固定资产、出租无形资产、出租包装物和商品、销售材料等实现的收入。本科目可按其他业务收入种类进行明细核算。期末，应将本科目余额转入"本年利润"科目，结转后本科目应无余额。
33	其他业务成本	本科目核算小企业确认的除主营业务活动以外的其他经营活动所发生的支出，包括销售材料的成本、出租固定资产的折旧额、出租无形资产的摊销额、出租包装物的成本或摊销额等。本科目可按其他业务成本的种类进行明细核算。期末，应将本科目余额转入"本年利润"科目，结转后本科目应无余额。
34	销售费用	本科目核算小企业销售商品和材料、提供劳务的过程中发生的各种费用，本科目可按费用项目进行明细核算。期末，应将本科目余额转入"本年利润"科目，结转后本科目无余额。
35	管理费用	本科目核算小企业为组织和管理企业生产经营所发生的管理费用，本科目可按费用项目进行明细核算。期末，应将本科目的余额转入"本年利润"科目，结转后本科目无余额。
36	财务费用	本科目核算小企业为筹集生产经营所需资金等而发生的筹资费用，本科目可按费用项目进行明细核算。期末，应将本科目余额转入"本年利润"科目，结转后本科目无余额。
37	营业外收入	本科目核算小企业发生的各项营业外收入，主要包括非流动资产处置利得、非货币性资产交换利得、债务重组利得、政府补助、盘盈利得、捐赠利得等。本科目可按营业外收入项目进行明细核算。期末，应将本科目余额转入"本年利润"科目，结转后本科目应无余额。
38	营业外支出	本科目核算小企业发生的各项营业外支出，包括非流动资产处置损失、非货币性资产交换损失、债务重组损失、公益性捐赠支出、非常损失、盘亏损失等。本科目可按支出项目进行明细核算。期末，应将本科目余额转入"本年利润"科目，结转后本科目无余额。
39	所得税费用	本科目核算小企业确认的应从当期利润总额中扣除的所得税费用。期末，应将本科目的余额转入"本年利润"科目，结转后本科目无余额。
40	以前年度损益调整	本科目核算小企业本年度发生的调整以前年度损益的事项以及本年度发现的重要前期差错更正涉及调整以前年度损益的事项。本科目的余额转入"利润分配——未分配利润"科目后应无余额。

②　按照规定保管账簿或者保管记账凭证和有关资料。

③　按照规定进行会计账簿登记。

（3）按照《会计法》《小企业会计准则》和有关加强企业会计核算的法律法规的规定，进行会计核算管理。

①　按照规定要求进行会计核算及处理。

②　收入总额、成本费用支出、利润及税金应正

确核算；及时、准确确认收入；合理计算、结转相应成本；真实归集、分摊期间费用；正确计算各种税金；正确核算会计利润；应按业务发生所属期及时进行账务处理；应遵守国家统一会计制度的其他相关规定。

企业违反上述所列情形之一的，视为会计核算不规范或未按规定设置账簿、账目混乱，由税务机关按照《税收征管法》第35条和《国家税务总局关于印发〈企业所得税核定征收办法(试行)〉的通知》(国税发〔2008〕30号)对实行查账征收企业所得税的企业取消查账征收资格，实行核定征收。

四、小企业核定征收基础规范

(一)核定征收的含义

核定征收税款是指由于纳税人的会计账簿不健全，资料残缺难以查账，或者其他原因难以准确确定纳税人应纳税额时，由税务机关采用合理的方法依法核定纳税人应纳税款的一种征收方式，简称核定征收。

(二)核定征收企业所得税的情形

根据《税收征管法》第35条、《企业所得税核定征收办法(试行)》(国税发〔2008〕30号)第3条的规定，具有下列情形之一的居民企业纳税人，税务机关有权核定其应纳所得税额：

(1)依照法律、行政法规的规定可以不设置账簿的。

(2)依照法律、行政法规的规定应当设置账簿但未设置的。

(3)擅自销毁账簿或者拒不提供纳税资料的。

(4)虽设置账簿，但账目混乱或者成本资料、收入凭证、费用凭证残缺不全，难以查账的。

(5)发生纳税义务，未按照规定的期限办理纳税申报，经税务机关责令限期申报，逾期仍不申报的。

(6)纳税人申报的计税依据明显偏低，又无正当理由的。

(7)符合条件的跨境电商企业试行核定征收企业所得税。(国家税务总局公告2019年第36号)

对上述规定之外的企业，主管税务机关要严格按照规定的范围和标准确定企业所得税的征收方式，不得违规扩大核定征收企业所得税范围；对

其中达不到查账征收条件的企业核定征收企业所得税，并促使其完善会计核算和财务管理，达到查账征收条件后要及时转为查账征收。(国税函〔2009〕377号)

(三)不适用核定征收企业所得税的范围(国税函〔2009〕377号)

(1)享受《企业所得税法》及其实施条例和国务院规定的一项或几项企业所得税优惠政策的企业(不包括仅享受《企业所得税法》第26条规定免税收入优惠政策的企业第28条规定的符合条件的小型微利企业)。

(2)汇总纳税企业的总机构及其成员企业。

(3)上市公司。

(4)银行、信用社、小额贷款公司、保险公司、证券公司、期货公司、信托投资公司、金融资产管理公司、融资租赁公司、担保公司、财务公司、典当公司等金融企业。

(5)会计、审计、资产评估、税务、房地产估价、土地估价、工程造价、律师、价格鉴证、公证机构、基层法律服务机构、专利代理、商标代理以及其他经济鉴证类社会中介机构(拍卖公司、工程监理、质量监督、招标代理机构受雇于国办发〔2000〕51号规定的经济鉴证类社会中介机构的经营范围)。

(6)专门从事股权(股票)投资业务的企业。(国家税务总局公告2012年第27号)

(四)权益性投资经营所得不适用核定征收个人所得税

持有股权、股票、合伙企业财产份额等权益性投资的个人独资企业、合伙企业(以下简称"独资合伙企业")，一律适用查账征收方式计征个人所得税。独资合伙企业应自持有上述权益性投资之日起30日内，主动向税务机关报送持有权益性投资的情况；公告实施前独资合伙企业已持有权益性投资的，应当在2022年1月30日前向税务机关报送持有权益性投资的情况。税务机关接到核定征收独资合伙企业报送持有权益性投资情况的，调整其征收方式为查账征收。(财政部、税务总局公告2021年第41号)

(五)核定征收的种类

根据《企业所得税核定征收办法(试行)》(国

税发〔2008〕30 号）第 4 条的规定，税务机关应根据纳税人具体情况，对核定征收企业所得税的纳税人，核定应税所得率或者核定应纳所得税额。

1. 核定应税所得率

具有下列情形之一的，核定其应税所得率：

（1）能正确核算（查实）收入总额，但不能正确核算（查实）成本费用总额的。

（2）能正确核算（查实）成本费用总额，但不能正确核算（查实）收入总额的。

（3）通过合理方法，能计算和推定纳税人收入总额或成本费用总额的。

2. 核定应纳所得税额

纳税人不属于以上情形的，核定其应纳所得税额。

（六）核定征收方法

根据《税收征管法》第 47 条、《企业所得税核定征收办法（试行）》（国税发〔2008〕30 号）第 5 条的规定，税务机关采用下列方法核定征收企业所得税：

（1）参照当地同类行业或者类似行业中经营规模和收入水平相近的纳税人的税负水平核定。

（2）按照应税收入额或成本费用支出额定率核定。

（3）按照耗用的原材料、燃料、动力等推算或测算核定。

（4）按照其他合理方法核定。

采用前款所列一种方法不足以正确核定应纳税所得额或应纳税额的，可以同时采用两种以上的方法核定。采用两种以上方法测算的应纳税额不一致时，可按测算的应纳税额从高核定。纳税人对税务机关采取本条规定的方法核定的应纳税额有异议的，应当提供相关证据，经税务机关认定后，调整应纳税额。对纳税人变更纳税定额的核准是《国家税务总局关于简化税务行政许可事项办理程序的公告》（国家税务总局公告 2017 年第 21 号）的 7 项税务行政许可事项之一，审批部门为主管税务机关。

（七）应税所得率的确定

根据《企业所得税核定征收办法（试行）》（国税发〔2008〕30 号）第 4 条的规定，不同行业应税所得率见表 1-8。

表 1-8　不同行业应税所得率

行业	应税所得率	行业	应税所得率
农、林、牧、渔业	3%～10%	建筑业	8%～20%
制造业	5%～15%	饮食业	8%～25%
批发和零售贸易业	4%～15%	娱乐业	15%～30%
交通运输业	7%～15%	其他行业	10%～30%

实行应税所得率方式核定征收企业所得税的纳税人，经营多业的，无论其经营项目是否单独核算，均由税务机关根据其主营项目确定适用的应税所得率。主营项目应为纳税人所有经营项目中，收入总额或者成本（费用）支出额或者耗用原材料、燃料、动力数量所占比重最大的项目。（国税发〔2008〕30 号第 7 条）

（七）应纳所得税额的计算

采用应税所得率方式核定征收企业所得税的，应纳所得税额计算公式如下：

$$应纳所得税额＝应纳税所得额×适用税率$$

$$应纳税所得额＝应税收入额×应税所得率$$

$$或：应纳税所得额＝\frac{成本（费用）支出额}{1－应税所得率}×应税所得率$$

$$应税收入额＝收入总额－不征税收入－免税收入$$

（八）纳税申报

按月或者按季预缴，年终汇算清缴，适用企业所得税 B 类申报表。

（九）核定征收转为查账征收后事宜处理

1. 企业所得税核定征收改为查账征收后有关资产的税务处理问题

随着纳税人核算水平提高，有些核定征税的小企业逐步改为查账征税，为便于此类小企业规范核算，依法纳税，保护其合法税收权益，《国家税务总局关于企业所得税若干政策征管口径问题的公告》（国家税务总局公告 2021 年第 17 号）第 4 条做出了具体规定。

（1）企业能够提供资产购置发票的，以发票载明金额为计税基础；不能提供资产购置发票的，可以凭购置资产的合同（协议）、资金支付证明、会计核算资料等记载金额，作为计税基础。

（2）企业核定征税期间投入使用的资产，改为查账征税后，按照税法规定的折旧、摊销年限，扣除该资产投入使用年限后，就剩余年限继续计提折旧、摊销额并在税前扣除。

2. 亏损弥补问题

采用应税所得率方式核定征收企业所得税

的,应纳税所得额的计算依据是收入总额或成本费用总额,不考虑弥补以前年度亏损弥补问题。原采取核定征收方式改为查账征收方式的企业,其改为核定征收方式以前年度发生的亏损可以结转,用以后采取查账征收方式年度取得的所得弥补,但结转年限应连续计算,最长不得超过5年。上述可结转以后年度弥补的亏损额为经主管税务机关通过纳税评估、税收检查等手段对亏损额的真实性、准确性核实后的数额。

(十) 核定征收企业所得税重大变化报告

根据《企业所得税核定征收办法(试行)》(国税发〔2008〕30号)第4条的规定,纳税人的生产经营范围、主营业务发生重大变化,或者应纳税所得额或应纳税额增减变化达到20%的,应及时向税务机关申报调整已确定的应纳税额或应税所得率。

税务机关应在规定时间前对上年度实行核定征收企业所得税的纳税人依据主营项目正确核定主营行业进行重新鉴定,及时调整应税所得率,重新计算应补(退)所得税额。重新鉴定工作完成前,纳税人可暂按上年度的核定征收方式预缴企业所得税;重新鉴定工作完成后,按重新鉴定的结果进行调整。报送材料为核定征收企业生产经营范围、主营业务发生重大变化等情况说明1份。

(十一) 核定征收和查账征收对比

核定征收和查账征收对比见表1-9。

表1-9　核定征收和查账征收对比表

项目	查账征收	核定征收
财务要求	要求较高	要求较低
应税所得	应税所得=收入-成本-费用-税金-损失	应税所得=应税收入额×应税所得率 或=成本(费用)支出额÷(1-应税所得率)×应税所得率
亏损是否缴税	否	是
税负影响	对利润率低于核定应税所得率的微利企业可降低税负	对利润率高于核定应税所得率的企业及由于行业特点难以取得支出发票的企业可降低税负

五、小企业纳税申报规范

纳税申报是指纳税人按照税法规定定期或按次就计算缴纳税款的有关事项向税务机关提出的书面报告,是税收征收管理的一项重要制度。小企业应根据《税收征管法》及其实施细则规定,做好纳税申报及相关管理工作。

(一) 报送资料

纳税人、扣缴义务人必须依照法律、行政法规规定或者税务机关依照法律、行政法规的规定确定的申报期限、申报内容如实办理纳税申报,报送纳税申报表、财务会计报表以及税务机关根据实际需要要求纳税人报送的其他纳税资料:

(1) 财务会计报表及其说明材料。

(2) 与纳税有关的合同、协议书及凭证。

(3) 税控装置的电子报税资料。

(4)《跨区域涉税事项报告表》和异地完税凭证。

(5) 境内或者境外公证机构出具的有关证明文件。

(6) 税务机关规定应当报送的其他有关证件资料。

(二) 申报方式

经税务机关批准,纳税人、扣缴义务人可以直接到税务机关办理纳税申报或者报送代扣代缴、代收代缴税款报告表,也可以按照规定采取邮寄、数据电文方式办理纳税申报。

(三) 具体要求

(1) 纳税人、扣缴义务人,不论当期是否发生纳税义务,除经税务机关批准外,均应按规定办理纳税申报或者报送代扣代缴、代收代缴税款报告表。

(2) 实行定期定额方式缴纳税款的纳税人,可以实行简易申报、简并征期等申报纳税方式。

(3) 纳税人享受减税、免税待遇的,在减税、免税期间应当按照规定办理纳税申报。享受减税、免税优惠的纳税人,减税、免税期满,应当自期满次日起恢复纳税;减税、免税条件发生变化的,应当在纳税申报时向税务机关报告;不再符合减税、免税条件的,应当依法履行纳税义务;未依法纳税的,税务机关应当予以追缴。

(4) 纳税人因有特殊困难,不能按期缴纳税款的,经省、自治区、直辖市税务局批准,可以延期缴纳税款,但是最长不得超过3个月。特殊困难是指:

① 因不可抗力,纳税人发生较大损失,正常生产经营活动受到较大影响的。

② 当期货币资金在扣除应付职工工资、社会保险费后,不足以缴纳税款的。

（5）纳税人需要延期缴纳税款的,应当在缴纳税款期限届满前提出申请,并报送下列材料:申请延期缴纳税款报告,当期货币资金余额情况及所有银行存款账户的对账单,资产负债表,应付职工工资和社会保险费等税务机关要求提供的支出预算。

税务机关应当自收到申请延期缴纳税款报告之日起20日内作出批准或者不予批准的决定;不予批准的,从缴纳税款期限届满之日起加收滞纳金。

（6）纳税人未按照规定期限缴纳税款的,扣缴义务人未按照规定期限解缴税款的,税务机关除责令限期缴纳外,从滞纳税款之日起,按日加收滞纳税款万分之五的滞纳金。

（四）对纳税人延期申报的核准

1. 申请条件

（1）因无法预见、无法避免、无法克服的自然灾害,如水灾、火灾、风灾、地震等不可抗力,不能按期办理纳税申报或者报送代扣代缴、代收代缴税款报告表的,可以延期办理。但应当在不可抗力情形消除后立即向税务机关报告。

（2）因财务处理上的特殊原因,账务未处理完毕,不能计算应纳税额,按照规定的期限办理纳税申报或者报送代扣代缴、代收代缴税款报告表确有困难,需要延期的。

2. 设定依据

（1）《税收征管法》第27条第1款。

（2）《税收征管法实施细则》第37条。

3. 注意事项

（1）纳税人、扣缴义务人因不可抗力,不能按期办理纳税申报或者报送代扣代缴、代收代缴税款报告表的,应当在不可抗力情形消除后立即向税务机关报告;因其他原因,按照规定的期限办理纳税申报或者报送代扣代缴、代收代缴税款报告表确有困难,需要延期的,在申报期限内申请。

（2）经核准延期办理前款规定的申报、报送事项的,应当在纳税期内按照上期实际缴纳的税额

或者税务机关核定的税额预缴税款,并在核准的延期内办理税款结算。

（3）预缴税额大于实际应纳税额的,税务机关结算退税但不向纳税人计退利息,预缴税额小于应纳税额的,在结算补税时不加收滞纳金。

（4）纳税人、扣缴义务人经核准延期办理纳税申报的,其随本期申报的财务会计报表报送期限可以顺延。

（五）对纳税人延期缴纳税款的核准

1. 申请条件

纳税人因有特殊困难,不能按期缴纳税款的,经省、自治区、直辖市、计划单列市税务局批准,可以延期缴纳税款,但是最长不得超过3个月。纳税人有下列情形之一的,属于特殊困难:

（1）因不可抗力,导致纳税人发生较大损失,正常生产经营活动受到较大影响的。

（2）当期货币资金在扣除应付职工工资、社会保险费后,不足以缴纳税款的。

2. 设定依据

（1）《税收征管法》第31条第2款。

（2）《税收征管法实施细则》第41条、第42条第1款。

3. 注意事项

（1）"不可抗力"是指人们无法预见、无法避免、无法克服的自然灾害,如水灾、火灾、风灾、地震等。

（2）纳税人需要延期缴纳税款的,应当在缴纳税款期限届满前提出申请。税务机关作出不予行政许可决定的,从缴纳税款期限届满之日起加收滞纳金。

（3）税务行政许可实施机关与申请人不在同一县(市、区、旗)的,申请人可在规定的申请期限内,选择由其主管税务机关代为转报申请材料。主管税务机关在核对申请材料后向申请人出具材料接收清单,并向税务行政许可实施机关转报。代办转报一般应当在5个工作日内完成。

（六）申报错误更正

1. 申请条件

纳税人、缴费人、扣缴义务人办理纳税申报后,发现申报表存在错误,完成修改更正或作废。申报错误更正时(除个人所得税)只能全量更正或

者申报作废,不允许差额更正或补充申报。

2. 设定依据

《税收征管法》第25条第1款。

3. 注意事项

(1) 纳税人未按照规定的期限办理纳税申报和报送纳税资料的,将影响纳税信用评价结果,并依照《税收征管法》有关规定承担相应法律责任。

(2) 作废申报表只能在对应申报当期的申报期限之内,且未开具完税凭证或划缴税款的情况下进行,否则不能作废申报表,只能对已申报的申报表进行更正处理。

(3) 个人所得税允许增量更正和部分更正:

① 如纳税人已完成年度申报,不允许更正预缴申报。

② 年度综合所得申报中有上年度的结转时,如更正上年度的综合所得年度申报,应提醒纳税人一并更正本年年度综合所得申报。

③ 同一扣缴义务人连续性综合所得已有下期预缴申报的,可采用部分、增量更正方式进行更正,更正时需采集扣缴义务人更正申报的原因等信息,如年中更正预缴的,也需连带更正后期的预缴申报,并作相应的更正提示,对未进行后期更正的,不允许进行正常预缴申报,对更正涉及的纳税人,在更正完成后通知相应的纳税人更正

的情况。

④ 限售股已进行清算时,不能更正该人的限售股的扣缴申报。

(4) 社保费申报错误需要更正时,在满足条件的情况下,可以通过作废原申报表,重新申报。针对企业申报后的是否已开票或入库的不同情况,能否作废的规定如下:

① 当月已申报未开票未入库的,可以作废申报。

② 当月已申报已开票未入库的,应当作废已开票信息,再进行作废申报。

③ 当月已申报已开票已入库的,不可以作废申报,可以补充申报。

(8) 申报错误更正后,如涉及补缴税款,税务机关按规定加收滞纳金。

(七) 纳税申报类行政处罚

《国家税务总局关于发布第一批税务行政处罚权力清单的公告》(国家税务总局公告2015年第10号)公布了纳税申报类2项处罚权力事项,见表1-10。税务行政处罚权力清单同时明确,根据《中华人民共和国行政处罚法》第20条的规定,税务行政处罚由违法行为发生地具有行政处罚权的主管税务机关管辖。法律、行政法规另有规定的除外。

表1-10 第一批税务行政处罚权力清单(纳税申报类)

违法行为	处罚依据	处罚内容	处罚主体
4. 未按规定期限办理纳税申报和报送纳税资料。	纳税人未按照规定的期限办理纳税申报和报送纳税资料。	责令限期改正,可以处2 000元以下的罚款;情节严重的,可以处2 000元以上1万元以下的罚款。	税务机关
	扣缴义务人未按照规定的期限向税务机关报送代扣代缴、代收代缴税款报告表和有关资料。《中华人民共和国税收征收管理法》第62条	责令限期改正,可以处2 000元以下的罚款;情节严重的,可以处2 000元以上1万元以下的罚款。	税务机关
5. 纳税人、扣缴义务人编造虚假计税依据。	《中华人民共和国税收征收管理法》第64条	责令限期改正,并处5万元以下的罚款。	税务机关

第三节 小企业发票管理规范

政策依据：

《中华人民共和国发票管理办法》(以下简称《发票管理办法》)；

《中华人民共和国发票管理办法实施细则》(以下简称《发票管理办法实施细则》)；

《关于修订〈增值税专用发票使用规定〉的通知》(国税发〔2006〕156号)；

《国家税务总局关于全面推开营业税改征增值税试点有关税收征收管理事项的公告》(国家税务总局公告2016年第23号)；

《增值税发票开具指南》(税总货便函〔2017〕127号)；

《关于在新办纳税人中实行增值税专用发票电子化有关事项的公告》(国家税务总局公告2020年第22号)；

《关于异常增值税扣税凭证管理等有关事项的公告》(国家税务总局公告2019年第38号)；

《关于增值税发票综合服务平台等事项的公告》(国家税务总局公告2020年第1号)；

《关于加强增值税征收管理若干问题的通知》(国税发〔1995〕192号)；

《关于纳税人对外开具增值税专用发票有关问题的公告》(国家税务总局公告2014年第39号)。

一、发票领用

发票是在购销商品、提供或者接受服务以及从事其他经营活动中开具、收取的收付款凭证。它是经营活动收付款的法定凭证，是核算纳税人经营活动相关业务的原始凭证，也是税务管理和税务稽查的重要依据。

(一)增值税发票综合服务平台

根据《国家税务总局关于增值税发票综合服务平台等事项的公告》(国家税务总局公告2020年第1号)的规定，国家税务总局将增值税发票选择确认平台升级为增值税发票综合服务平台，为纳税人提供发票用途确认、风险提示、信息下载等服务。纳税人取得增值税专用发票、机动车销售统一发票、收费公路通行费增值税电子普通发票后，如需用于申报抵扣增值税进项税额或申请出口退税、代办退税，应当登录增值税发票综合服务平台确认发票用途。增值税发票综合服务平台登录地址由国家税务总局各省(自治区、直辖市和计划单列市)税务局(以下简称"各省税务局")确定并公布。

纳税人应当按照发票用途确认结果申报抵扣增值税进项税额或申请出口退税、代办退税。纳税人已经申报抵扣的发票，如改用于出口退税或代办退税，应当向主管税务机关提出申请，由主管税务机关核实情况并调整用途。纳税人已经确认用途为申请出口退税或代办退税的发票，如改用于申报抵扣，应当向主管税务机关提出申请，经主管税务机关核实该发票尚未申报出口退税，并将发票电子信息退回后，由纳税人调整用途。

(二)税控系统专用设备

防伪税控系统是国家金税工程的重要组成部分，通过数字密码、电子存储技术和强化发票防伪功能，加强增值税征收管理，遏制偷税漏税现象。防伪税控系统集计算机、微电子、光电技术以及数据加密等技术为一体，以增值税发票为核心，为发售发票时的源头控制，发票填开时的防伪与计税到发票抵扣时的识伪及抄报税等各个环节提供了强有力的监控手段。无论是税务端的还是企业端的防伪税控系统，都以专用设备提供了数据存储、安全性和保密性等方面的保障。税控专用设备包括金税盘(税控盘)、报税盘和税务Ukey。

(三)发票票种核定

1.申请条件

纳税人办理税务登记后需领用发票的，向主管税务机关申请办理发票领用手续。主管税务机关根据纳税人的经营范围和规模,确认领用发票的种类、数量、开票限额等事宜。已办理发票票种核定的纳税人,当前领用发票的种类、数量或者开票限额不能满足经营需要的,可以向主管税务机关提出调整。

2. 设定依据

《发票管理办法》第15条。

3. 注意事项

(1)领用增值税专用发票的增值税一般纳税人和纳入自行开具增值税专用发票范围的增值税小规模纳税人,在完成票种核定后,还需办理增值税专用发票(增值税税控系统)最高开票限额审批事项。

(2)纳入自行开具增值税专用发票试点范围的小规模纳税人发生增值税应税行为,需要开具增值税专用发票的,可以自愿使用增值税发票管理系统自行开具。

(3)纳税信用A级的纳税人可一次领取不超过3个月的增值税发票用量,纳税信用B级的纳税人可一次领取不超过2个月的增值税发票用量。以上两类纳税人生产经营情况发生变化,需要调整增值税发票用量,手续齐全的,按照规定即时办理。

(4)符合《国家税务总局关于新办纳税人首次申领增值税发票有关事项的公告》(国家税务总局公告2018年第29号)中规定的新办纳税人首次申领增值税发票条件的,主管税务机关应当自受理申请之日起2个工作日内办结。新办纳税人首次申领增值税发票主要包括发票票种核定、增值税专用发票(增值税税控系统)最高开票限额审批、增值税税控系统专用设备初始发行、发票领用等涉税事项。自2018年8月1日起,首次申领增值税发票的新办纳税人办理发票票种核定,增值税专用发票最高开票限额不超过10万元,每月最高领用数量不超过25份;增值税普通发票最高开票限额不超过10万元,每月最高领用数量不超过50份。各省税务机关可以在此范围内结合纳税人税收风险程度,自行确定新办纳税人首次申领增值税发票票种核定标准。

(5)增值税电子普通发票的开票方和受票方需要纸质发票的,可以自行打印增值税电子普通发票的版式文件,其法律效力、基本用途、基本使用规定等与税务机关监制的增值税普通发票相同。增值税电子普通发票的发票代码为12位,编码规则:第1位为0,第2~5位代表省、自治区、直辖市和计划单列市,第6~7位代表年度,第8~10位代表批次,第11~12位代表票种(11代表增值税电子普通发票)。发票号码为8位,按年度、分批次编制。电子发票的号段,由税务后台征管系统同步至增值税电子发票系统,通过增值税电子发票系统赋予纳税人。

(6)纳税人领用电子发票时需使用电子发票服务平台。电子发票服务平台应提供电子发票版式文件的生成、打印查询和交付等服务。自建和第三方建设的电子发票服务平台应报税务机关备案。

(7)按照《国家税务总局关于小规模纳税人免征增值税征管问题的公告》(国家税务总局公告2021年第5号)规定,已经使用金税盘、税控盘等税控专用设备开具增值税发票的小规模纳税人,月销售额未超过15万元的,可以继续使用现有设备开具发票,也可以自愿向税务机关免费换领税务Ukey开具发票。

(8)对于实行纳税辅导期管理的增值税一般纳税人,领用增值税专用发票实行按次限量控制,可以根据纳税人的经营情况核定每次专用发票的供应数量,但每次发放专用发票数量不得超过25份。对纳税信用评价为D级的纳税人,增值税专用发票领用按辅导期一般纳税人政策办理,普通发票的领用实行交(验)旧供新、严格限量供应。

(9)临时到本省、自治区、直辖市以外从事经营活动的单位或者个人,凭所在地税务机关的证明,向经营地税务机关领用经营地的发票。税务机关对外省、自治区、直辖市来本辖区从事临时经营活动的单位和个人领用发票的,可以要求其提供保证人或者根据所领用发票的票面限额以及数量交纳不超过1万元的保证金,并限期缴销发票。按期缴销发票后,解除保证人的担保义务或者退还保证金。提供保证人或者交纳保证金的具体范围由省税务机关规定。

(10)自2020年2月1日起,小规模纳税人(其他个人除外),可以自愿使用增值税发票管理系统自行开具增值税专用发票,对于选择自行开具增值税专用发票的小规模纳税人,也可以按规定领用增值税专用发票。

(11) 税务机关向需使用增值税税控系统的每一位纳税人发放《增值税税控系统安装使用告知书》(以下简称《使用告知书》),告知纳税人有关政策规定和享有的权利。服务单位凭《使用告知书》向纳税人销售专用设备,提供售后服务,严禁向未持有《使用告知书》的纳税人发售专用设备。

(四) 最高开票限额审批

1. 申请条件

一般纳税人和选择自行开具增值税专用发票的小规模纳税人在初次申请使用增值税专用发票以及变更增值税专用发票限额时,向主管税务机关申请办理增值税专用发票(增值税税控系统)最高开票限额审批。

2. 设定依据

《国务院对确需保留的行政审批项目设定行政许可的决定》附件第 236 项。

3. 注意事项

(1) 办理该事项的纳税人,需事先办理发票票种核定事项。

(2) 符合《国家税务总局关于新办纳税人首次申领增值税发票有关事项的公告》(国家税务总局公告 2018 年第 29 号)中规定的新办纳税人首次申领增值税发票条件的,主管税务机关应当自受理申请之日起 2 个工作日内办结。

新办纳税人首次申领增值税发票主要包括发票票种核定、增值税专用发票(增值税税控系统)最高开票限额审批、增值税税控系统专用设备初始发行、发票领用等涉税事项。自 2018 年 8 月 1 日起,首次申领增值税发票的新办纳税人办理发票票种核定,增值税专用发票最高开票限额不超过 10 万元,每月最高领用数量不超过 25 份;增值税普通发票最高开票限额不超过 10 万元,每月最高领用数量不超过 50 份。各省税务机关可以在此范围内结合纳税人税收风险程度,自行确定新办纳税人首次申领增值税发票票种核定标准。

(3) 该事项办结后,纳税人还需办理增值税税控系统专用设备的初始发行或变更发行。

(4)《国家税务总局关于简化增值税发票领用和使用程序有关问题的公告》(国家税务总局公告 2014 年第 19 号)规定,主管税务机关受理纳税人申请以后,根据需要进行实地查验,但一般纳税人申请增值税专用发票最高开票限额不超过 10 万元的,主管税务机关不需事前进行实地查验。

(5) 实行纳税辅导期管理的小型商贸批发企业,领购专用发票的最高开票限额不得超过 10 万元;其他一般纳税人专用发票最高开票限额应根据企业实际经营情况重新核定。

(五) 发票领用

1. 申请条件

纳税人在发票票种核定的范围(发票的种类、领用数量、开票限额)内领用发票。

2. 设定依据

《发票管理办法》第 15 条。

3. 注意事项

(1) 使用增值税发票管理系统的纳税人,非首次领用发票前,应联网上传发票开具信息,或到税务机关抄报增值税发票数据,方便进行发票验旧。自 2014 年 5 月 1 日起,取消增值税发票手工验旧。税务机关应用发票税控系统报税数据,通过信息化手段实现增值税发票验旧工作。

(2) 纳税信用 A 级的纳税人可一次领取不超过 3 个月的增值税发票用量。纳税信用 B 级的纳税人可一次领取不超过 2 个月的增值税发票用量。

(3) 开具发票的单位和个人应当按照税务机关的规定存放和保管发票,不得擅自损毁。已经开具的发票存根联和发票领用簿,应当保存 5 年。

(4) 对于实行纳税辅导期管理的增值税一般纳税人,一个月内多次领用专用发票的,应从当月第二次领用专用发票起,按照上一次已领用并开具的专用发票销售额的 3% 预缴增值税,未预缴增值税的,主管税务机关不得向其发放专用发票。对于实行纳税辅导期管理的增值税一般纳税人领用的专用发票未使用完而再次领用的,主管税务机关发放专用发票的份数不得超过核定的每次领用专用发票份数与未使用完的专用发票份数的差额。

(5) 纳税信用 D 级的纳税人,增值税专用发票领用按辅导期一般纳税人政策办理,普通发票领用实行交(验)旧供新、严格限量供应。

（6）小规模纳税人选择自行开具增值税专用发票。当小规模纳税人自愿选择使用增值税发票管理系统自行开具增值税专用发票时，应向税务机关申请其领用发票的票种增加增值税专用发票，同时确定增值税专用发票的最高开票限额和每月最高领用数量。

（7）纳税人后续领用发票，可以通过"非接触式"方式办理，即纳税人可登录电子税务局后通过选择"我要办税"，在电子税务局中选择对应功能办理，或直接选择"发票套餐"办理。

（8）纳税人在运用增值税发票管理系统开具发票时，应认真检查系统中的发票代码、号码与纸质发票是否一致。如发现税务机关错填发票代码、号码的电子信息，应持纸质发票和增值税税控系统专用设备到税务机关办理退回手续。

二、纳税人自行开具发票基本规定

（一）开票软件

1. 增值税发票开票软件

根据《国家税务总局关于全面推开营业税改征增值税试点有关税收征收管理事项的公告》（国家税务总局公告 2016 年第 23 号，国家税务总局公告 2018 年第 31 号修改）的规定，增值税一般纳税人使用增值税发票开票软件开具增值税专用发票、增值税普通发票、机动车销售统一发票、二手车销售统一发票。纳入增值税发票开票软件推行范围的小规模纳税人，使用增值税发票开票软件开具增值税普通发票、机动车销售统一发票、二手车销售统一发票。

根据《国家税务总局关于增值税发票管理等有关事项的公告》（国家税务总局公告 2019 年第 33 号）第 5 条的规定，自 2020 年 2 月 1 日起，所有增值税小规模纳税人（其他个人除外）发生增值税应税行为，需要开具增值税专用发票的，均可自愿使用增值税发票开票软件自行开具。选择自行开具增值税专用发票的小规模纳税人，税务机关不再为其代开增值税专用发票。

2. 电子发票服务平台

根据《国家税务总局关于增值税发票综合服务平台等事项的公告》（国家税务总局公告 2020 年第 1 号）第 2 条的规定，电子发票服务平台是向单位或个人提供电子发票开具、打印、查询、交付及其他相关服务的信息系统。电子发票服务平台按照税务部门对发票填开的相关要求，通过开票设备及开票接口服务开具电子发票。发票开具完成后，由开票设备自动将发票信息上传至税务机关信息系统。电子发票服务平台可为开票方和受票方两方提供服务。

纳税人可自愿选择自建电子发票服务平台、第三方运营机构建设的电子发票服务平台依法依规开具电子发票，也可以使用税务部门提供的增值税电子发票公共服务平台开具电子发票。增值税电子发票公共服务平台为纳税人提供免费的电子发票开具、打印、交付、查询等公共服务。第三方电子发票服务平台应免费提供电子发票版式文件的生成、打印、查询和交付等基础服务。纳税人通过增值税电子发票公共服务平台开具的增值税电子普通发票，采用电子签名代替发票专用章，其版式文件格式为 OFD 格式。单位和个人可以登录全国增值税发票查验平台（https：//inv-veri. chinatax.gov.cn）下载增值税电子发票版式文件阅读器查阅增值税电子普通发票。

3. 增值税电子发票开票软件(税务 UKey 版)

实行专票电子化的新办纳税人可向税务机关免费领取税务 UKey，通过电子税务局、办税服务厅等渠道申请电子专票票种核定，在国家税务总局增值税发票查验平台（https：//inv-veri. chinatax.gov.cn）上下载并安装增值税发票开票软件(税务 UKey 版)后，便可以开具纸质或电子发票。开票完成后，纳税人可以通过电子邮件、二维码等方式，远程交付电子专票给受票方。

（二）在线开票规范

纳税人应在互联网连接状态下在线使用增值税发票开票软件开具增值税发票，增值税发票开票软件可自动上传已开具的发票明细数据。

纳税人因网络故障等原因无法在线开票的，在税务机关设定的离线开票时限和离线开具发票总金额范围内仍可开票，超限将无法开具发票。纳税人开具发票次月仍未连通网络上传已开具发票明细数据的，也将无法开具发票。纳税人需连通网络上传发票数据，若仍无法连通网络的需携带专用设备到税务机关上传发票数据，然后方可开票。

纳税人已开具未上传的增值税发票为离线发票。离线开票时限是指自第一份离线发票开具时间起开始计算可离线开具的最长时限。离线开票总金额是指可开具离线发票的累计不含税总金额，离线开票总金额按不同票种分别计算。

按照有关规定不使用网络办税或不具备网络条件的特定纳税人，以离线方式开具发票，不受离线开票时限和离线开具发票总金额限制。

自 2020 年 2 月 1 日起，经税务总局、省税务局大数据分析发现存在涉税风险的纳税人，不得离线开具发票，其开票人员在使用开票软件时，应当按照税务机关指定的方式进行人员身份信息实名验证。（国家税务总局公告 2019 年第 38 号第 4 条）

自 2020 年 2 月 1 日起，新办理增值税一般纳税人登记的纳税人，自首次开票之日起 3 个月内不得离线开具发票，按照有关规定不使用网络办税或不具备风险条件的特定纳税人除外。（国家税务总局公告 2019 年第 38 号第 5 条）

对于已经由税务机关按照政策规定和流程解除非正常户的纳税人，主管税务机关应当在 2 个工作日内恢复其税控系统开票功能，保障纳税人正常开具发票。（税总函〔2019〕64 号第 1 条）〔注：根据《国家税务总局关于税收征管若干事项的公告》（国家税务总局公告 2019 年第 48 号）的规定，自 2020 年 3 月 1 日起，接受处罚、缴纳罚款，并补办申报，无需专门申请解除。〕

纳税人应在纳税申报期内将上月开具发票汇总情况通过增值税发票管理新系统进行网络报税。

（三）编码开票规范

国家税务总局编写了《商品和服务税收分类与编码（试行）》，并在增值税发票开票软件中增加了商品和服务税收分类与编码相关功能。纳税人应选择相应的商品和服务税收分类与编码开具增值税发票。

根据《国家税务总局关于全面推开营业税改征增值税试点有关税收征收管理事项的公告》（国家税务总局公告 2016 年第 23 号）第 4 条、《国家税务总局关于增值税发票管理若干事项的公告》（国家税务总局公告 2017 年第 45 号第 1 条）、《国家税

务总局关于统一小规模纳税人标准等若干增值税问题的公告》（国家税务总局公告 2018 年第 18 号）第 10 条等规定，自 2016 年 5 月 1 日起，纳入新系统推行范围的试点纳税人及新办增值税纳税人，应使用新系统选择相应的编码开具增值税发票。自 2018 年 1 月 1 日起，纳税人开具增值税发票时，商品和服务税收分类编码对应的简称会自动显示并打印在发票票面"货物或应税劳务、服务名称"或"项目"栏次中。

对未按规定规范使用税收分类编码的纳税人，主管税务机关将依照《发票管理办法》第 22 条和《增值税专用发票使用规定》第 11 条，纳税人不选择商品和服务税收分类与编码的，属于发票栏目填写不全，主管税务机关将依照《发票管理办法》第 35 条第一款处理，由税务机关责令改正，可以处 1 万元以下罚款，并公开处罚情况。

对经税务机关通过编码智能匹配助手和人工复核发现纳税人选择的编码不符合规定的，主管税务机关将责令纳税人限期改正。逾期不更正的，视为恶意选择编码。纳税人恶意选择编码的，属于开具与实际经营业务情况不符的发票，主管税务机关将依照《发票管理办法》第 37 条第 1 款处理，没收违法所得，虚开金额在 1 万元以下的，可以并处 5 万元以下罚款；虚开金额超过 1 万元的，并处 5 万元以上 50 万元以下的罚款；构成犯罪的，依法追究刑事责任。

（四）纳税人识别号或统一社会信用代码普票填写规范

自 2017 年 7 月 1 日起，购买方为企业（包括公司、非公司制企业法人、企业分支机构、个人独资企业、合伙企业和其他企业）的，索取增值税普通发票时，应向销售方提供纳税人识别号或统一社会信用代码；销售方为其开具增值税普通发票时，应在"购买方纳税人识别号"栏填写购买方的纳税人识别号或统一社会信用代码。不符合规定的发票，不得作为税收凭证。（国家税务总局公告 2017 年第 16 号）

个人消费者购买货物、劳务、服务、无形资产或不动产，索取增值税普通发票时，不需要向销售方提供纳税人识别号、地址电话、开户行及账号信息，也不需要提供相关证件或其他证明材料。

（五）销售平台系统与增值税发票税控系统后台对接规范

《发票管理办法》规定，销售方开具发票时，应如实开具与实际经营业务相符的发票。购买方取得发票时，不得要求变更品名和金额。但是目前发现部分销售方允许购买方可通过其销售平台，自行选择需要开具发票的商品服务名称等内容，并按照购买方的要求开具与实际经营业务不符的发票。对此问题，《国家税务总局关于增值税发票开具有关问题的公告》（国家税务总局公告2017年第16号）第2条再次明确，销售方开具增值税发票时，发票内容应按照实际销售情况如实开具，不得根据购买方要求填开与实际交易不符的内容。销售方开具发票时，通过销售平台系统与增值税发票税控系统后台对接，导入相关信息开票的，系统导入的开票数据内容应与实际交易相符，如不相符应及时修改完善销售平台系统。

（六）开票方、受票方与发票内容规范

根据《发票管理办法》及其实施细则规定，开票方、受票方与发票内容规定如下：

（1）销售商品、提供服务以及从事其他经营活动的单位和个人，对外发生经营业务收取款项，收款方应当向付款方开具发票。下列特殊情况下，由付款方向收款方开具发票：

① 收购单位和扣缴义务人支付个人款项时；

② 国家税务总局认为其他需要由付款方向收款方开具发票的。

（2）所有单位和从事生产、经营活动的个人在购买商品、接受服务以及从事其他经营活动支付款项，应当向收款方取得发票。取得发票时，不得要求变更品名和金额。不符合规定的发票，不得作为财务报销凭证，任何单位和个人有权拒收。

增值税纳税人购买货物、劳务、服务、无形资产或不动产，索取增值税专用发票时，须向销售方提供购买方名称（不得为自然人）、纳税人识别号或统一社会信用代码、地址电话、开户行及账号信息，不需要提供营业执照、税务登记证、组织机构代码证、开户许可证、增值税一般纳税人资格登记表等相关证件或其他证明材料。

（3）在开具发票时，应当按照规定的时限，做到按照号码顺序填开，填写项目齐全，内容真实，字迹清楚，开具发票应当使用中文。民族自治地方可以同时使用当地通用的一种民族文字，并在发票联和抵扣联加盖发票专用章。销售方开具增值税发票时，发票内容应按照实际销售情况如实开具，不得根据购买方要求填写与实际交易不符的内容。任何单位和个人不得有下列虚开发票行为：

① 为他人、为自己开具与实际经营业务情况不符的发票。

② 让他人为自己开具与实际经营业务情况不符的发票。

③ 介绍他人开具与实际经营业务情况不符的发票。

（4）填开发票的单位和个人应在发生经营业务确认营业收入时开具发票。

（5）不符合规定的发票，不得作为税收凭证用于办理涉税业务，如计税、退税、抵免等。

（七）备注栏填写规范

发票"备注"栏下方有"销货单位（章）"，发票专用章应该盖在此处，即"备注"栏。其最大可容纳230个字符或115个汉字。增值税发票备注栏的信息不可以手写。无论是纳税人自行开具还是税务机关代开增值税专用发票，备注栏需填写的内容都有明确规定，若没按要求填写则属不合规发票不能作为抵扣和扣除凭证。营改增后，发票备注栏填写规范见表1-11。

表1-11　发票备注栏填写规范

序号	业务种类	备注栏、备注信息	政策依据	执行时间
1	税务代开专用发票。	代开纳税人名称和税号。	国税发〔2004〕153号。	2005年1月1日
2	税局代开销售不动产和其他个人出租不动产发票。	销售或出租不动产纳税人名称、税号、不动产详细地址。	税总函〔2016〕145号。	2016年5月1日
3	差额征税代开发票。	打印"差额征税"。	税总函〔2016〕145号。	2016年5月1日
4	代开发票核定计税价格征税。	注明"核定计税价格，实际成交含税金额××元"。	税总函〔2016〕145号。	2016年5月1日

（续表）

序号	业务种类	备注栏、备注信息	政策依据	执行时间
5	税务为跨区不动产租赁、建筑服务代开发票。	自动打印"YD"。	税务总局公告 2016 年第 23 号。	2016 年 5 月 1 日
6	税务为个人保险代理人汇总代开发票。	注明"个人保险代理人汇总代开"。	税务总局公告 2016 年第 45 号。	2016 年 7 月 7 日
7	为小规模纳税人货运代开。	注明起运地、到达地、车种车号以及运输货物信息等内容,内容较多可另附清单。	税总函〔2019〕405 号。	2020 年 1 月 1 日
8	增值税普通发票开具收购发票。	发票左上角自动打印"收购"。	税务总局公告 2015 年第 19 号。	2015 年 4 月 1 日
9	中铁货运服务。	填写铁路运输企业受托代征的印花税款信息(开具的铁路货票、运费杂费收据可作为发票清单使用)。	税务总局公告 2015 年第 99 号。	2015 年 11 月 1 日
10	货物运输服务。	填写起运地、到达地、车种车号以及运输货物信息等内容。	税务总局公告 2015 年第 99 号。	2016 年 1 月 1 日
11	差额征税。	自动打印"差额征税"字样。	税务总局公告 2016 年第 23 号。	2016 年 5 月 1 日
12	建筑服务。	建筑服务发生地县(市、区)名称及项目名称。	税务总局公告 2016 年第 23 号。	2016 年 5 月 1 日
13	销售不动产。	不动产名称及房屋产权证书号码(无房屋产权证书的可不填写),"单位"栏填写面积单位,备注栏注明不动产的详细地址。	税务总局公告 2016 年第 23 号。	2016 年 5 月 1 日
14	出租不动产。	注明不动产的详细地址。	税务总局公告 2016 年第 23 号。	2016 年 5 月 1 日
15	预付卡。	注明"收到预付卡结算款",不得开具增值税专用发票。	税务总局公告 2016 年第 53 号。	2016 年 5 月 1 日
16	保险公司收取保费时代收车船税。	注明代收车船税税款信息。具体包括:保险单号、税款所属期(详细至月)、代收车船税金额、滞纳金金额、金额合计等。	税务总局公告 2016 年第 51 号。	2016 年 5 月 1 日
17	生产企业向外综服企业开具出口货物的专用发票。	注明"代办退税专用"。	税务总局公告 2017 年第 35 号。	2017 年 11 月 1 日
18	出口货物开具增值税普通发票。	合同号、贸易方式、结算方式、外币金额、汇率等可在备注中填写,如果票面开具的是 CIF 价则在备注栏注明 FOB 价。	—	—

三、增值税专用发票开具规范

为加强增值税征收管理,国家税务总局专门制定并修订了《增值税专用发票使用规定》(国税发〔2006〕156 号),以此规范增值税专用发票使用行为。

(一)专用发票开具范围

一般纳税人和自愿选择自行开具增值税专用发票的小规模纳税人销售货物、劳务和服务,应向索取增值税专用发票的购买方开具专用发票。自 2020 年 2 月 1 日起,增值税小规模纳税人(其他个人除外)发生增值税应税行为,需要开具增值税专用发票的,可以自愿使用增值税发票管理系统自行开具。选择自行开具增值税专用发票的小规模

纳税人,税务机关不再为其代开增值税专用发票。

1. 不得领用专用发票的基本情形

根据《国家税务总局关于修订〈增值税专用发票使用规定〉的通知》(国税发〔2006〕156 号)第 8 条的规定,一般纳税人有下列情形之一的,不得领购开具专用发票:

(1)会计核算不健全,不能向税务机关准确提供增值税销项税额、进项税额、应纳税额数据及其他有关增值税税务资料的。上列其他有关增值税税务资料的内容,由省、自治区、直辖市和计划单列市税务局确定。

(2)应当办理一般纳税人资格登记而未办理的。

(3)有《税收征管法》规定的税收违法行为,拒

不接受税务机关处理的。

（4）有下列行为之一，经税务机关责令限期改正而仍未改正的：

① 虚开增值税专用发票。

② 私自印制专用发票。

③ 向税务机关以外的单位和个人买取专用发票。

④ 借用他人专用发票。

⑤ 未按本规定第十一条开具专用发票。

⑥ 未按规定保管专用发票和专用设备。

⑦ 未按规定申请办理防伪税控系统变更发行。

⑧ 未按规定接受税务机关检查。

上述第⑥项未按规定保管专用发票和专用设备是指：未设专人保管专用发票和专用设备；未按税务机关要求存放专用发票和专用设备，未将认证相符的专用发票抵扣联、《认证结果通知书》和《认证结果清单》装订成册；未经税务机关查验，擅自销毁专用发票基本联次。

（5）销售的货物全部属于免税项目者。

2. 不得使用开具专用发票的具体情形

（1）属于个人消费的产品及劳务不得开具的情形：

① 向消费者个人销售货物、劳务、服务、无形资产或者不动产，不得开具增值税专用发票。（《增值税暂行条例》第 21 条）

② 增值税小规模纳税人销售其取得的不动产以及其他个人出租不动产，购买方或承租方不属于其他个人的，纳税人缴纳增值税后可以向税务局申请代开增值税专用发票。不能自开增值税普通发票的小规模纳税人销售其取得的不动产，以及其他个人出租不动产，可以向税务局申请代开增值税普通发票。这意味着其他个人不得申请代开增值税专用发票，除非自然人出租或者销售不动产且承租方或者购买方，不属于其他个人的。（税总函〔2016〕145 号第 4 项）

③ 纳税人向其他个人转让其取得的不动产，不得开具或申请代开增值税专用发票。（国家税务总局公告 2016 年第 14 号第 11 条）

④ 纳税人向其他个人出租不动产，不得开具或申请代开增值税专用发票。（国家税务总局公

告 2016 年第 16 号第 12 条）

⑤ 房地产开发企业向其他个人销售自行开发的房地产项目，不得开具增值税专用发票。（国家税务总局公告 2016 年第 18 号第 18 条）

⑥ 商业企业一般纳税人零售烟、酒、食品、服装、鞋帽（不包括劳保专用部分）、化妆品等消费品，不得开具增值税专用发票。但根据《中华人民共和国增值税暂行条例》（以下简称《增值税暂行条例》国务院令第 691 号）第 21 条的规定，只限定"应税销售行为的购买方为消费者个人的"不得开具增值税专用发票，按照上位法优于下位法原则，如果向非个人销售上述商品可以开具增值税专用专票。（国税发〔2006〕156 号第 10 条）

⑦ 金融机构所属分行、支行、分理处、储蓄所等销售实物黄金时，应当向购买方开具国家税务总局统一监制的普通发票，不得开具银行自制的金融专业发票。（国税发〔2005〕178 号）

⑧ 城镇公共供水企业缴纳的水资源税对应的水费收入，不计征增值税，按"不征税自来水"项目开具增值税普通发票。（国家税务总局公告 2017 年第 47 号）

⑨ 其他个人不得申请代开增值税专用发票，其中，其他个人出租或者销售不动产且购买方或承租方不属于其他个人的除外。

⑩ 将货物用于集体福利或个人消费。

⑪ 向小规模纳税人销售应税项目，可以不开具增值税专用发票。

（2）免征项目、非应税项目以及零税率等特殊情形：

① 适用免征增值税项目不得开具增值税专用发票（国有粮食购销企业销售免税农产品除外），比如从事学历教育的学校提供的教育服务。（《增值税暂行条例》第 21 条）

② 实行增值税退（免）税办法的增值税零税率应税服务，不得开具增值税专用发票。（国家税务总局公告 2014 年第 11 号第 7 条）

③ 不征收增值税项目不得开具增值税发票，比如融资性售后回购、存款利息等。（国家税务总局公告 2016 年第 53 号）

④ 出口货物劳务除输入特殊区域的水电气外，出口企业和其他单位不得开具增值税专用发

票。(财税〔2012〕39号第4条第10款)

⑤纳税人发生跨境应税行为免征增值税的,应单独核算跨境应税行为的销售额,准确计算不得抵扣的进项税额,其免税收入不得开具增值税专用发票。(国家税务总局公告2016年第29号第7条)

⑥向委托方收取的政府性基金或者行政事业性收费,不得开具增值税专用发票。(财税〔2016〕36号附件1第10条)

⑦对收取的农村电网维护费免征增值税,不得开具增值税专用发票。(国税函〔2009〕591号)

⑧纳税人销售免税的有机肥产品,应按规定开具普通发票,不得开具增值税专用发票。(财税〔2008〕56号)

⑨纳税人销售免税的滴灌带和滴灌管产品,应一律开具普通发票,不得开具增值税专用发票。(财税〔2007〕83号)

⑩纳税人销售饲料级磷酸二氢钙产品,不得开具增值税专用发票;凡开具专用发票的,不得享受免征增值税政策,应照章全额缴纳增值税。(国税函〔2007〕10号)

⑪钻石出口不得开具增值税专用发票。(国税发〔2006〕131号)

(3)部分适用增值税简易征收政策规定的:

①增值税一般纳税人的单采血浆站销售非临床用人体血液选择简易计税的。(国税函〔2009〕456号)

②纳税人销售旧货,按简易办法依3%征收率减按2%征收增值税的。(国家税务总局公告2014年第36号)

③纳税人销售自己使用过的固定资产,适用按简易办法依3%征收率减按2%征收增值税政策的。小规模纳税人销售自己使用过的固定资产,适用简易办法依3%征收率减按2%征收增值税政策的,不得向税务机关申请代开增值税专用发票。

纳税人销售自己使用过的固定资产,适用简易办法依照3%征收率减按2%征收增值税政策的,可以放弃减税,按照简易办法依照3%征收率缴纳增值税,并可以开具增值税专用发票。(国家税务总局公告2015年第90号)

(4)预付款未消费情形:

①单用途卡发卡企业或者售卡企业销售单用途卡,或者接受单用途卡持卡人充值取得的预收资金,可以向购卡人、充值人开具增值税普通发票,不得开具增值税专用发票。单用途卡销售方与售卡方不是同一纳税人的,销售方收到售卡方结算的销售款时,不得开具增值税专用发票。(国家税务总局公告2016年第53号第3款)

②支付机构销售多用途卡(支付机构预付卡)取得资金或者接受多用途卡持卡人充值取得的充值资金,支付机构可以向购卡人、充值人开具增值税普通发票,不得开具增值税专用发票。(国家税务总局公告2016年第53号第4款)

③发售加油卡、加油凭证销售成品油的纳税人(以下简称"预售单位")在售卖加油卡、加油凭证时,应按预收账款方法作相关账务处理,不征收增值税。

(5)营改增差额纳税不允许开具专用发票的扣除项目:

①提供融资性售后回租服务,向承租方收取的有形动产价款本金。(财税〔2016〕36号附件2)

②提供旅游服务,向旅游服务购买方收取并支付给其他单位或者个人的费用。(财税〔2016〕36号附件2)

③经纪代理服务,向委托方收取的政府性基金或者行政事业性收费。(财税〔2016〕36号附件2)

④提供劳务派遣服务,向用工单位收取用于支付给劳务派遣员工工资、福利和为其办理社会保险及住房公积金的费用。(财税〔2016〕47号)

⑤提供人力资源外包服务,向委托方收取并代为发放的工资和代理缴纳的社会保险、住房公积金。(财税〔2016〕47号)

⑥提供安全保护服务,向用工单位收取用于支付给安全保护员工工资、福利和为其办理社会保险及住房公积金的费用。(财税〔2016〕68号)

⑦提供武装守护押运服务,向用工单位收取用于支付给武装守护押运员工工资、福利和为其办理社会保险及住房公积金的费用。(财税〔2016〕140号)

⑧教育部考试中心及其直属单位代为收取并支付给境外单位的考试费。(国家税务总局公告

2016 年第 69 号）

提供签证代理服务，向服务接受方收取并代为支付的签证费、认证费。（国家税务总局公告 2016 年第 69 号）

⑨ 代理进口按规定免征进口增值税的货物，向委托方收取并代为支付的款项。（国家税务总局公告 2016 年第 69 号）

⑩ 电信企业为公益性机构接受捐款，其接受的捐款。（财税〔2016〕39 号）

⑪ 试点纳税人提供有形动产融资性售后回租服务，向承租方收取的有形动产价款本金，不得开具增值税专用发票，可以开具普通发票。（财税〔2016〕36 号附件 2）

⑫ 航空运输销售代理企业就取得的全部价款和价外费用，向购买方开具行程单，或开具增值税普通发票。（国家税务总局公告 2018 年第 42 号）

⑬ 金融商品转让按照卖出价扣除买入价后的余额为销售额，不得开具增值税专用发票。（财税〔2016〕36 号）

（二）专用发票开具一般要求

根据《国家税务总局关于修订〈增值税专用发票使用规定〉的通知》（国税发〔2006〕156 号）第 11 条的规定，增值税专用发票应按下列要求开具：

（1）项目齐全，与实际交易相符。

（2）字迹清楚，不得压线、错格。

（3）发票联和抵扣联加盖发票专用章。

（4）按照增值税纳税义务的发生时间开具。

不符合上列要求的增值税专用发票，购买方有权拒收。

根据《国家税务总局关于修订〈增值税专用发票使用规定〉的通知》（国税发〔2006〕156 号）第 12 条的规定，一般纳税人销售货物、提供加工修理修配劳务和发生应税行为可汇总开具增值税专用发票。汇总开具增值税专用发票的，同时使用增值税发票开票软件开具《销售货物或者提供应税劳务清单》，并加盖发票专用章。

（三）专用发票的作废处理（国税发〔2006〕156 号）

根据《国家税务总局关于修订〈增值税专用发票使用规定〉的通知》（国税发〔2006〕156 号）第 13 条的规定，纳税人在开具增值税专用发票当月，

发生销货退回、开票有误等情形，收到退回的发票联、抵扣联符合作废条件的，按作废处理；开具时发现有误的，可即时作废。作废增值税专用发票须在增值税发票开票软件中将相应的数据电文按"作废"处理，在纸质增值税专用发票（含未打印的增值税专用发票）各联次上注明"作废"字样，全联次留存。

根据《国家税务总局关于修订〈增值税专用发票使用规定〉的通知》（国税发〔2006〕156 号）第 20 条的规定，同时具有下列情形的，为本条所称作废条件：

（1）收到退回的发票联、抵扣联，且时间未超过销售方开票当月。

（2）销售方未抄税且未记账。

（3）购买方未认证，或者认证结果为"纳税人识别号认证不符""增值税专用发票代码、号码认证不符"。

四、增值税电子发票开具规范

增值税电子发票指按照税务机关要求的格式，使用税务机关确定的开票软件开具的电子收付款凭证，电子发票包括增值税电子普通发票和增值税电子专用发票。电子专票与纸质发票的异同点见表 1-12。

表 1-12　电子专票与纸质专票的异同点

区别点	纸质专票	电子专票
发票名称	××增值税专用发票。	××增值税电子专用发票。
监制章	国家税务总局××省税务局监制。	统一为国家税务总局监制。
发票联次	一般为三联，记账联，发票联，抵扣联。	只有一联。
发票代码	发票代码为 10 位，发票号码为 8 位。	发票代码为 12 位。
摘要品名	栏次名称为货物或应税劳务、服务名称。	栏次名称改为项目名称。
发票签章	加盖发票专用章。	采用电子签名代替发票专用章。

（一）增值税电子普通发票开具规范

1. 一般的增值税电子普通发票开具

（1）增值税电子普通发票的生成。增值税电子普通发票包括电子数据和电子发票版式两种存

在形式。纳税人开具的增值税电子普通发票,在其单机版或服务器版的税控开票系统完成增值税电子普通发票的开具及电子数据的生产。电子发票版式文件则是在电子发票服务平台生成,若电子发票服务平台是纳税人自建的,电子发票的版式文件可在纳税人的税控开票系统(企业端)直接生成;若电子发票服务平台由第三方建设提供,需将电子发票数据传递给第三方电子发票服务平台后生成。自 2020 年 1 月起纳税人通过增值税电子发票公共服务平台开具的增值税电子普通发票生成电子发票的版式文件。

(2)增值税电子普通发票的作废或开具红字发票。增值税电子发票系统不支持作废操作,发生退货、电子发票开具有误等情况,开票人应通过开具红字发票进行冲减。

(3)增值税电子普通发票数据传送税务机关。电子发票明细数据通过增值税电子发票系统实时传送税务机关,进入发票电子底账库。

(4)增值税电子普通发票的纸质发票。增值税电子普通发票的开票方和受票方需要纸质发票的,可以自行打印增值税电子普通发票的版式文件。打印的增值税电子普通发票,属于税务机关监制的发票,采用电子签名代替发票专用章,其法律效力、基本用途、基本使用规定等与税务机关监制的增值税普通发票相同。购买方向开具增值税电子普通发票的纳税人当场索取纸质普通发票的,纳税人应当免费提供电子发票版式文件打印服务。受票方可以通过开票方使用的电子发票服务平台查询、下载电子发票的版式文件,随着技术进步,有些纳税人开具的增值税电子普通发票的版式文件,也通过邮件、微信等途径获取。

2. 收费公路通行费增值税电子普通发票开具

收费公路通行费增值税电子普通发票(以下简称"通行费电子发票")开具等有关规定由交通运输部和国家税务总局联合制订,有其行业特殊性。为进一步规范收费公路通行费电子票据开具,便利 ETC 客户和受票单位电子票据财务处理,推进物流业降本增效,交通运输部、财政部、国家税务总局、国家档案局联合发布《关于收费公路通行费电子票据开具汇总等有关事项的公告》(交通运输部　财政部　国家税务总局　国家档案局公

告 2020 年第 24 号),将收费公路通行费电子票据开具汇总等有关事项进行了规范。

(1)收费公路通行费电子发票开具流程。

① 发票服务平台账户注册。客户登录发票服务平台网站 http://www.txffp.com 或"票根"APP,凭手机号码、手机验证码免费注册,并按要求设置购买方信息。客户如需变更购买方信息,应当于发生充值或通行交易前变更,确保开票信息真实准确。

② 绑定 ETC 卡。客户登录发票服务平台,填写 ETC 卡办理时的预留信息(开户人名称、证件类型、证件号码、手机号码等),经校验无误,完成ETC 卡绑定。

③ 发票开具。客户登录发票服务平台,选取需要开具发票的充值或消费交易记录,申请生成通行费电子发票。发票服务平台免费向客户提供通行费电子发票及明细信息下载、转发、预览、查询等服务。

(2)收费公路通行费电子发票开具规定。

① ETC 后付费客户索取发票的,通过经营性收费公路的部分,在发票服务平台取得由收费公路经营管理单位开具的征税发票;通过政府还贷性收费公路的部分,在发票服务平台取得暂由ETC 客户服务机构开具的不征税发票。

② ETC 预付费客户可以自行选择在充值后索取发票或者实际发生通行费用后索取发票。

在充值后索取发票的,在发票服务平台取得由 ETC 客户服务机构全额开具的不征税发票,实际发生通行费用后,ETC 客户服务机构和收费公路经营管理单位均不再向其开具发票。

客户在充值后未索取不征税发票,在实际发生通行费用后索取发票的,通过经营性收费公路的部分,在发票服务平台取得由收费公路经营管理单位开具的征税发票;通过政府还贷性收费公路的部分,在发票服务平台取得暂由 ETC 客户服务机构开具的不征税发票。

③ 客户使用 ETC 卡通行收费公路并交纳通行费的,可以在实际发生通行费用后第 10 个自然日起,登录发票服务平台,选择相应通行记录取得通行费电子发票;客户可以在充值后实时登录发票服务平台,选择相应充值记录取得通行费电子

发票。

(3) 通行费电子票据其他规定。

① 通行费电子票据作为电子会计凭证具有与纸质会计凭证同等法律效力,是单位财务收支和会计核算的原始凭证。在满足相关条件基础上,单位可以仅使用通行费电子票据进行报销入账归档,不再打印纸质件。具体报销入账和归档管理按照《财政部 国家档案局关于规范电子会计凭证报销入账归档的通知》(财会〔2020〕6 号)执行。

② 收费公路通行费增值税进项抵扣事项按照现行增值税政策有关规定执行。增值税一般纳税人申报抵扣的通行费电子发票进项税额,在纳税申报时应当填写在《增值税纳税申报表附列资料(二)》(本期进项税额明细)中"认证相符的增值税专用发票"相关栏次。

③ 纳税人取得通行费电子发票后,应当登录增值税发票综合服务平台确认发票用途。国家税务总局通过增值税发票综合服务平台为纳税人提供通行费电子发票批量选择确认服务。

④ 单位和个人可以登录全国增值税发票查验平台(https://inv-veri.chinatax.gov.cn),对通行费电子发票信息进行查验。单位和个人可以登录全国财政电子票据查验平台(http://pjcy.mof.gov.cn),对通行费财政电子票据信息进行查验。

(二)增值税电子专票开具规范

1. 开具电子专票

第一步,下载并安装开票软件,该软件在全国增值税发票查验平台中下载。

第二步:进行初始化设置。

第三步:发票申领,增值税专用发票最高开票限额不得超过 10 万元,每月最高领用数量不超过 25 份。

第四步:发票开具,可以开具纸质普票、电子普票、纸质专票、电子专票、纸质机动车发票和纸质二手车发票。当客户由于自身管理的需要可能仍然需要纸质专票,如果遇到对方需要纸质发票的时候,应当开具纸质发票。电子发票和纸质发票同一个业务只能选择一个开具,不能同时开具。

第五步:数据管理,汇总上传。上报汇总前,需要确认该 UKey 是否在同一个电脑上开票,如果在多台电脑上开过票,就要点击"发票同步"按钮,将税务 UKey 中的发票同步到本地电脑,以确保统计的准确性;税务 UKey 日期大于数据报送起始日期才能上报,其中"开票截止时间"显示为次月报税期表示反写成功,汇总上传已完成。

2. 受票方查验电子专票真伪

电子专票采用可靠的电子签名代替原发票专用章,采用经过税务数字证书签名的电子发票监制章代替原发票监制章,更好适应了发票电子化改革的需要。

纳税人可以通过全国增值税发票查验平台(https://inv-veri.chinatax.gov.cn)下载增值税电子发票版式文件阅读器,查阅电子专票并验证电子签名以及电子发票监制章有效性。

验证电子签名具体方法如下:通过增值税电子发票版式文件阅读器打开已下载的电子专票版式文件,鼠标移动到左下角"销售方"相关信息处,点击鼠标右键,再点击提示框中的"验证"按钮,即弹出验证结果。

如验证结果为"该签章有效! 受该签章保护的文档内容未被修改。该签章之后的文档内容无变更",表明销售方的电子签名有效。

验证电子发票监制章具体方法如下:通过增值税电子发票版式文件阅读器打开已下载的电子专票版式文件,鼠标右键点击发票上方椭圆形的发票监制章,选择"验证",即显示验证结果。

此外,纳税人还可以在全国增值税发票查验平台上通过录入发票代码、发票号码、开票日期、发票校验码等字段,对电子专票信息进行查验。

3. 收到电子专票后申请抵扣增值税进项税额或出口退税、代办退税

受票方取得电子专票用于申报抵扣增值税进项税额或申请出口退税、代办退税的,应当登录增值税发票综合服务平台确认发票用途,登录地址由各省税务局确定并公布。

(1) 发票抵扣勾选时的注意事项:

① 请关注抵扣勾选功能界面的当前税款所属期和申报截止日期,您勾选的发票将归属于当前税款所属期。

② 异常发票(发票状态为已作废、已失控、已红冲等,管理状态为非正常)不能进行勾选操作。

③ 对于勾选为抵扣的发票,默认是全额抵扣,

如实际情况为不全额申报抵扣,您可自行调整有效抵扣税额,已勾选的发票,支持撤销勾选。

④ 所属期内申请统计和确认签名后允许多次撤销和重新申请/确认签名。

⑤ 扫描认证的发票默认勾选为抵扣,并支持撤销勾选操作,再次勾选时将属于当前税款所属期。

⑥ "抵扣勾选统计"功能支持对当前税款所属期勾选数据的统计,并支持对历史属期统计数据的查询及认证明细数据的导出。

⑦ 在申报期内,在"抵扣勾选统计"模块进行申请统计,系统将锁定当期的勾选操作;如需继续勾选发票,可在撤销统计成功后继续进行发票勾选或撤销勾选操作。

⑧ 在申报期内,如已完成当前税款所属期发票的勾选操作,您需要在"抵扣勾选统计"功能中进行签名确认操作。

⑨ 如已取得的发票在发票抵扣勾选时查询不到,请前往进项发票查询模块进行查询核实。

(2)发票退税勾选时的注意事项:

① 外贸企业、外综服企业可以进行发票退税勾选,勾选确认的发票归属于当前自然月。

② 勾选成功后,还需要通过"退税确认勾选"功能对已勾选为退税用途的发票进行确认,确认成功后方可完成退税发票的认证。

③ 对于已勾选未确认的发票,支持撤销勾选操作,已确认的发票不支持撤销勾选操作。

④ 每个自然月内可以进行多次勾选和确认操作。

⑤ 异常发票(发票状态为已作废、已失控、已红冲等,管理状态为非正常)不能进行勾选操作。

⑥ 如已取得的发票在发票退税勾选时查询不到,请前往进项发票查询模块进行查询核实。

(3)发票代办退税勾选时的注意事项:

① 外综服企业可以使用代办退税勾选功能,代办退税勾选功能勾选即确认且不可撤销。

② 代办退税勾选功能目前只适用于有"代办退税专用"标识的增值税专用发票。

③ 除发票状态、管理状态为正常外,其他异常发票均不可作为代办退税凭证进行勾选。

④ 已取得的发票在发票代办退税勾选模块查

询不到时,请前往进项发票查询模块进行查询。

(4)进项发票查询的注意事项:

① 本平台提供近期、未到勾选日期(还未到认证抵扣期的发票)、出口转内销发票的发票查询功能。

② 查询出的结果,包含发票基本信息以及发票勾选认证情况。

③ 本平台无法查询到销方离线开具的发票,在销方上传发票至税务局端后,方可体现在本平台中。

④ 若上述情况均不存在,仍然查询不到该张发票,先确认是否为增值税发票,在全国发票查验平台中查询发票是否存在。

五、红字增值税发票开具规范

(一)红字增值税专用发票开具规范

1. 政策规定

根据《国家税务总局关于红字增值税发票开具有关问题的公告》(国家税务总局公告 2016 年第 47 号)第 1 条的规定,纳税人开具增值税专用发票后,发生销货退回、开票有误、应税服务中止等情形但不符合发票作废条件,或者因销货部分退回及发生销售折让,需要开具红字增值税专用发票的,按以下方法处理:

(1)购买方取得增值税专用发票已用于申报抵扣的,购买方可在增值税发票开票软件中填开并上传《开具红字增值税专用发票信息表》(以下简称《信息表》),在填开《信息表》时不填写相对应的蓝字增值税专用发票信息,应暂依《信息表》所列增值税税额从当期进项税额中转出,待取得销售方开具的红字增值税专用发票后,与《信息表》一并作为记账凭证。

购买方取得增值税专用发票未用于申报抵扣、但发票联或抵扣联无法退回的,购买方填开《信息表》时应填写相对应的蓝字增值税专用发票信息。

销售方开具增值税专用发票尚未交付购买方,以及购买方未用于申报抵扣并将发票联及抵扣联退回的,销售方可在增值税发票开票软件中填开并上传《信息表》。销售方填开《信息表》时应填写相对应的蓝字增值税专用发票信息。

（2）主管税务机关通过网络接收纳税人上传的《信息表》，系统自动校验通过后，生成带有"红字发票信息表编号"的《信息表》，并将信息同步至纳税人端系统中。

（3）销售方凭税务机关系统校验通过的《信息表》开具红字增值税专用发票，在增值税发票开票软件中以销项负数开具。红字增值税专用发票应与《信息表》一一对应。

（4）纳税人也可凭《信息表》电子信息或纸质资料到税务机关对《信息表》内容进行系统校验。

（5）纳税人填报《信息表》有误的，可网上办理撤销。

2. 红字增值税专用发票开具申请业务处理

（1）申请条件：

① 红字增值税专用发票开具申请，纳税人开具增值税专用发票后，发生销货退回、开票有误、应税服务中止以及发票抵扣联、发票联均无法认证等情形但不符合作废条件，或者因销货部分退回及发生销售折让，需要开具红字专用发票的，需取得税务机关系统校验通过的《信息表》。

② 作废开具红字发票信息表《信息表》填开错误且尚未使用的，纳税人可申请作废。

（2）设定依据：

①《发票管理办法实施细则》（国家税务总局令第 25 号公布，国家税务总局令第 37 号、国家税务总局令第 44 号、国家税务总局令第 48 号修改）第 27 条。

②《国家税务总局关于红字增值税发票开具有关问题的公告》（国家税务总局公告 2016 年第 47 号）。

（3）注意事项：

① 购买方取得专用发票已用于申报抵扣的，购买方可在增值税发票管理系统中填开并上传《信息表》，在填开《开具红字增值税专用发票信息表》时不填写相对应的蓝字专用发票信息，应暂依《信息表》所列增值税税额从当期进项税额中转出，待取得销售方开具的红字专用发票后，与《信息表》一并作为记账凭证。

购买方取得专用发票未用于申报抵扣、但发票联或抵扣联无法退回的，购买方填开《信息表》时应填写相对应的蓝字专用发票信息。销售方开具专用发票尚未交付购买方，以及购买方未用于申报抵扣并将发票联及抵扣联退回的，销售方可在增值税发票管理系统中填开并上传《信息表》。销售方填开《信息表》时应填写相对应的蓝字专用发票信息。

② 纳税人已使用增值税发票管理系统的，可在开票系统中申请并获取校验结果，即在开票系统中通过上传《信息表》（也可凭《信息表》电子信息或纸质资料到税务机关申请校验），系统自动校验通过后，生成带有"红字发票信息表编号"的《信息表》，并将信息同步至纳税人端系统中。

③ 销售方凭税务机关系统校验通过的《信息表》开具红字专用发票，在增值税发票管理系统中以销项负数开具。红字专用发票应与《信息表》一一对应。

④ 纳税人开业设立至认定或登记为一般纳税人期间，未取得生产经营收入，未按照销售额和征收率简易计算应纳税额申报缴纳增值税的，其在此期间取得的增值税扣税凭证在认定或登记为一般纳税人后，可以抵扣进项税额。购买方纳税人取得的增值税专用发票，按照《国家税务总局关于推行增值税发票系统升级版有关问题的公告》（国家税务总局公告 2014 年第 73 号）规定的程序，由销售方纳税人开具红字增值税专用发票后重新开具蓝字增值税专用发票。购买方纳税人按照国家税务总局公告 2014 年第 73 号规定填开《开具红字增值税专用发票信息表》或《开具红字货物运输业增值税专用发票信息表》时，选择"所购货物或劳务、服务不属于增值税扣税项目范围"或"所购服务不属于增值税扣税项目范围"。

⑤ 一般纳税人转登记为小规模纳税人，在一般纳税人期间发生的增值税应税销售行为，发生销售折让、中止或者退回等情形，需要开具红字发票的，按照原蓝字发票记载的内容开具红字发票；开票有误需要重新开具的，先按照原蓝字发票记载的内容开具红字发票后，再重新开具正确的蓝字发票。

⑥ 自行开具增值税专用发票的小规模纳税人以及税务机关为小规模纳税人代开增值税专用发票，需要开具红字专用发票的，按照一般纳税人开具红字专用发票的方法处理。

3. 一般纳税人开具红字专用发票要领

一般纳税人开具红字专用发票要领见表1-13。

表1-13　一般纳税人开具红字专用发票要领

当事人	情形	操作要领
购买方	取得专用发票已用于申报抵扣的。	购买方可在增值税发票管理新系统（简称"新系统"）中填开并上传《信息表》，在填开《信息表》时不填写相对应的蓝字专用发票信息，应暂依《信息表》所列增值税税额从当期进项税额中转出，待取得销售方开具的红字专用发票后，与《信息表》一并作为记账凭证。红字发票是不需要认证的。
	取得专用发票未用于申报抵扣，但发票联或抵扣联无法退回的。	购买方填开《信息表》时应填写相对应的蓝字专用发票信息。
销售方	开具专用发票尚未交付购买方，以及购买方未用于申报抵扣并将发票联及抵扣联退回的。	销售方可在新系统中填开并上传《信息表》，销售方填开《信息表》时应填写相对应的蓝字专用发票信息。
主管税务机关		通过网络接收纳税人上传的《信息表》，系统自动校验通过后，生成带有"红字发票信息表编号"的《信息表》，并将信息同步至纳税人端系统中。
销售方		凭税务机关系统校验通过的《信息表》开具红字专用发票，在新系统中以销项负数开具，红字专用发票应与《信息表》一一对应。
纳税人		也可凭《信息表》电子信息或纸质资料到税务机关对《信息表》内容进行系统校验。

（二）红字增值税普通发票开具规范

纳税人开具增值税普通发票后，如发生销货退回、开票有误、应税服务中止等情形但不符合发票作废条件，或者因销货部分退回及发生销售折让，需要开具红字发票的，应收回原发票并注明"作废"字样或取得对方有效证明。

纳税人需要开具红字增值税普通发票的，可以在所对应的蓝字发票金额范围内开具多份红字发票。红字机动车销售统一发票需与原蓝字机动车销售统一发票一一对应。

（三）红字增值税电子专票的开具

根据《国家税务总局关于在新办纳税人中实行增值税专用发票电子化有关事项的公告》（国家税务总局公告2020年第22号）第7条的规定，纳税人开具电子专票后，发生销货退回、开票有误、应税服务中止、销售折让等情形，需要开具红字电子专票的，按照以下规定执行：

（1）购买方已将电子专票用于申报抵扣的，由购买方在增值税发票管理系统中填开并上传《信息表》，填开《信息表》时不填写相对应的蓝字电子专票信息。

购买方未将电子专票用于申报抵扣的，由销售方在发票管理系统中填开并上传《信息表》，填开《信息表》时应填写相对应的蓝字电子专票信息。

（2）税务机关通过网络接收纳税人上传的《信息表》，系统自动校验通过后，生成带有"红字发票信息表编号"的《信息表》，并将信息同步至纳税人端系统中。

（3）销售方凭税务机关系统校验通过的《信息表》开具红字电子专票，在发票管理系统中以销项负数开具。红字电子专票应与《信息表》一一对应。

（4）购买方已将电子专票用于申报抵扣的，应当暂依《信息表》所列增值税税额从当期进项税额中转出，待取得销售方开具的红字电子专票后，与《信息表》一并作为记账凭证。

需要说明的是，对于购买方已将电子专票用于申报抵扣的情形，因购买方开具《信息表》与销售方开具红字电子专票可能存在一定时间差，购买方应当暂依《信息表》所列增值税税额从当期进项税额中转出，待取得销售方开具的红字电子专票后，与《信息表》一并作为记账凭证。

六、增值税特别项目发票开具规范

（一）不征收增值税项目发票开具

随着经济形势的发展变化，新的经营业态、方式和模式不断涌现，出现了不少收取款项但未发生经营业务，又需要开具发票的情形，由此产生收取款项未发生销售行为开具的发票。这类发票应开具编码为"6 未发生销售行为的不征税项目"的增值税普通发票，发票税率栏应填写"不征税"，不

得开具增值专用发票,也无需进行增值税纳税申报。(国家税务总局公告 2016 年第 53 号第 9 条第 11 款)

未发生销售行为的不征税项目,截至目前是 16 项,具体政策依据见表 1-15。

表 1-15　不征税发票一览表

编号及项目		政策依据
601	"预付卡销售和充值"	国家税务总局公告 2016 年第 53 号
602	"销售自行开发的房地产项目预收款"	财税〔2016〕36 号、国家税务总局公告 2016 年第 18 号
603	"已申报缴纳营业税未开票补开票"	国家税务总局公告 2016 年第 23 号、国家税务总局公告 2017 年第 11 号
604	"代收印花税"	国家税务总局公告 2016 年第 77 号、国家税务总局公告 2013 年第 24 号
605	"代收车船税"	国家税务总局公告 2016 年第 51 号
606	"融资性售后回租业务中承租方出售资产"	国家税务总局公告 2010 年第 13 号、财税〔2016〕36 号
607	"资产重组涉及不动产"	国家税务总局公告 2011 年第 13 号、财税〔2016〕36 号
608	"资产重组涉及的土地使用权"	国家税务总局公告 2011 年第 13 号、财税〔2016〕36 号
609	"代理进口免税货物货款"	国家税务总局公告 2016 年第 69 号
610	"有奖发票奖金支付"	税总函〔2017〕158 号
611	"不征税自来水"	国家税务总局公告 2017 年第 47 号
612	"建筑服务预收款"	财税〔2017〕58 号
613	"代收民航发展基金"	财税〔2016〕36 号附件 2
614	"拍卖行受托拍卖文物艺术品"	国家税务总局公告 2020 年第 9 号规定的免税艺术品
615	"与销售行为不挂钩的财政补贴收入"	国家税务总局公告 2019 年第 45 号
616	"资产重组涉及的货物"	国家税务总局公告 2011 年第 13 号

另外,还存在一种通行费电子发票的不征税发票,即发票左上角无"通行费"字样,且税率栏次显示"不征税"的通行费电子发票。这种发票目前都在发票服务平台暂由 ETC 客户服务机构开具,主要适用两种情形:一是 ETC 后付费客户和用户卡客户通过政府还贷性收费公路部分的通行费;二是 ETC 预付费客户选择在充值后索取发票的预付款。

(二)免征增值税发票开具

纳税人对免征增值税项目开具增值税普通发票、机动车销售统一发票时,应在税率栏次填写"免税"字样。税务机关代开增值税普通发票时,对免征增值税的,"税率"栏自动打印"＊＊＊"。

自 2021 年 4 月 1 日至 2022 年 12 月 31 日,月销售额未超过 15 万元(按季 45 万元)的小规模纳税人自行开具或向税务机关申请代开的增值税专用发票,税率栏次显示为适用的征收率;向税务机关申请代开增值税普通发票,月代开发票金额合计未超过 15 万元,税率栏次显示"＊＊＊"。

开具增值税普通发票时正确的方法是:享受免征增值税政策的,应当在税率或征收率栏次填写"免税"字样。享受减按 1% 征收率征收政策的,应当在税率或征收率栏次填写"1%"字样。今后,纳税人应当按照上述规定开具增值税普通发票。月销售额 10 万元以下免征增值税的优惠政策,由于纳税人月初开票时并不知晓销售额是否会超过额度、能否享受免税政策,因此应按照正确的征收率开具增值税普通发票。由于旅客运输增值税电子普通发票具有抵扣功能,因此提供公共交通运输服务,按照《财政部 税务总局关于支持新型冠状病毒感染的肺炎疫情防控有关税收政策的公告》(财政部 税务总局公告 2020 年第 8 号)规定享受免征增值税政策的,在向客户开具增值税电子普通发票时,应当在税率或征收率栏次填写"免税"字样。

(三)差额征收发票开具

按照现行政策规定适用差额征税办法缴纳增值税,且不得全额开具增值税发票的(财政部、税务总局另有规定的除外），纳税人自行开具或者税务机关代开增值税发票时，通过增值税发票管理系统中差额征税开票功能，录入含税销售额（或含税评估额）和扣除额，系统自动计算税额和不含税

金额，备注栏自动打印"差额征税"字样，发票开具不应与其他应税行为混开。差额征税发票开具视具体情况可以采用三种开票方式，具体见表1-16。

表1-16 差额征税三种开票方式

开票方式1	开票方式2	开票方式3
通过增值税发票管理新系统差额开票功能，选择差额开票方式开具一张专用发票。 该功能主要针对必须开具一张专用发票，且销项税中有一部分是不允许抵扣的情况，如果收票方坚持要一票结算，可以使用该功能，如转让不动产。 在理解和操作中须把握一条原则：明确规定扣除部分不得开具增值税专用发票的，如果开具增值税专用发票时，必须差额开票把扣除部分给"差额"掉。	通过增值税发票管理新系统中正常开票功能，开具两张发票。扣除部分开具一张普通发票，不得开具专用发票；余额部分开具一张增值税专用发票。虽然多开一张发票，但是开票准确，申报简便。具体包括经纪代理服务、旅游服务、劳务派遣、融资租赁和融资性售后回租业务等服务。	通过增值税发票管理新系统中正常开票功能，开具一张增值税普通发票。 如果收票方完全不需要进行抵扣，那么此时只需要开具一张全额、全税的增值税普通发票即可。下一步差额的扣除，都可以通过增值税及附加税费申报表附列资料（三）结转至增值税及附加税费申报表附列资料（一）。

纳税人或者税务机关通过增值税发票开票软件中差额征税开票功能开具增值税发票时，录入含税销售额（或含税评估额）和扣除额，系统自动计算税额和不含税金额，备注栏自动打印"差额征税"字样，发票开具不应与其他应税行为混开。实务中差额开具专用发票的情形，主要限定两项业务：一是销售取得（不含自建）的不动产，适用（或选择适用）简易计税方法；二是京沪广深的个人，将购买2年以上（含2年）的非普通住房对外销售。在办理这两项业务时，既可选择差额征税功能开票，也可选择全额开普票。其他差额征税项目，如果文件规定扣除项目不得开具专用发票的，可开具两张发票，不得开专票的扣除部分开具普票，余额部分开具专票，也可以全额开具普票；凡文件未标明不得开具增值税专用发票情形的，均可以全额开具且全额计算销项税额的发票，不必通过差额征税模块开具。无论选择其中哪一种开票方式，均要保证增值税的应纳税额和可抵扣的进项税额是一致的。

（四）预付卡业务发票开具

1. 单用途商业预付卡（以下简称"单用途卡"）

根据《国家税务总局关于营改增试点若干征管问题的公告》（国家税务总局公告2016年第53号）第3条的规定，单用途卡业务按照以下规定执行：

（1）单用途卡发卡企业或者售卡企业（以下统称"售卡方"）销售单用途卡，或者接受单用途卡持卡人充值取得的预收资金，不缴纳增值税。售卡

方可按照规定，向购卡人、充值人开具增值税普通发票，不得开具增值税专用发票。

（2）持卡人使用单用途卡购买货物或服务时，货物或者服务的销售方应按照现行规定缴纳增值税，且不得向持卡人开具增值税发票。

（3）销售方与售卡方不是同一个纳税人的，销售方在收到售卡方结算的销售款时，应向售卡方开具增值税普通发票，并在备注栏注明"收到预付卡结算款"，不得开具增值税专用发票。

售卡方从销售方取得的增值税普通发票，作为其销售单用途卡或接受单用途卡充值取得预收资金不缴纳增值税的凭证，留存备查。

2. 支付机构预付卡（以下简称"多用途卡"）

根据《国家税务总局关于营改增试点若干征管问题的公告》（国家税务总局公告2016年第53号）第4条的规定，多用途卡业务按照以下规定执行：

（1）支付机构销售多用途卡取得的等值人民币资金，或者接受多用途卡持卡人充值取得的充值资金，不缴纳增值税。支付机构可按照规定，向购卡人、充值人开具增值税普通发票，不得开具增值税专用发票。

（2）持卡人使用多用途卡，向与支付机构签署合作协议的特约商户购买货物或服务，特约商户应按照现行规定缴纳增值税，且不得向持卡人开具增值税发票。

（3）特约商户收到支付机构结算的销售款时，应向支付机构开具增值税普通发票，并在备注栏

注明"收到预付卡结算款",不得开具增值税专用发票。

支付机构从特约商户取得的增值税普通发票,作为其销售多用途卡或接受多用途卡充值取得预收资金不缴纳增值税的凭证,留存备查。

3. 发售加油卡、加油凭证

发售加油卡、加油凭证销售成品油的纳税人(以下简称"预售单位")在售卖加油卡、加油凭证时,应按预收账款方法作相关账务处理,不征收增值税。

预售单位在发售加油卡或加油凭证时可开具普通发票,如购油单位要求开具增值税专用发票,待用户凭卡或加油凭证加油后,根据加油卡或加油凭证回笼记录,向购油单位开具增值税专用发票。接受加油卡或加油凭证销售成品油的单位与预售单位结算油款时,接受加油卡或加油凭证销售成品油的单位根据实际结算的油款向预售单位开具增值税专用发票。

(五)开具原适用税率发票规范

根据《国家税务总局关于国内旅客运输服务进项税抵扣等增值税征管问题的公告》(国家税务总局公告 2019 年第 31 号)第 13 条的规定,自 2019 年 9 月 20 日起,纳税人需要通过增值税发票开票软件开具 17%、16%、11%、10%税率蓝字发票的,应向主管税务机关提交《开具原适用税率发票承诺书》,办理临时开票权限。临时开票权限有效期限为 24 小时,纳税人应在获取临时开票权限的规定期限内开具原适用税率发票。纳税人办理临时开票权限,应保留交易合同、红字发票、收讫款项证明等相关材料,以备查验。纳税人未按照规定开具原适用税率发票的,主管税务机关应按照现行有关规定进行处理。

1. 政策规定

(1)《开具原适用税率发票承诺书》的主要内容:对开具原适用税率发票的具体情形进行选择,主要包括以下四种情形:

① 一般纳税人在税率调整前开具的发票有误需要重新开具,且已按照原适用税率开具了红字发票,现重新开具正确的蓝字发票。

② 一般纳税人在税率调整前发生增值税应税销售行为,且已申报缴纳税款但未开具增值税发

票,现需要补开原适用税率增值税发票。

③ 转登记纳税人在一般纳税人期间开具的适用原税率发票有误需要重新开具,且已按照原适用税率开具了红字发票,现重新开具正确的蓝字发票。

④ 转登记纳税人在一般纳税人期间发生增值税应税销售行为,且已申报缴纳税款但未开具增值税发票,现需要补开原适用税率增值税发票。

(2)临时开票权限有效期限为 24 小时,纳税人应在获取临时开票权限的规定期限内开具原适用税率发票。

(3)纳税人办理临时开票权限,应保留交易合同、红字发票、收讫款项证明等相关材料,以备查验。

(4)若纳税义务发生时间在 2019 年 4 月 1 日前,未进行申报而开具发票的,纳税人应进行补充申报或者更正申报,涉及缴纳滞纳金的,按规定缴纳;若纳税义务发生时间在 2019 年 4 月 1 日后,不得开具原适用税率发票,已经开具的,按规定作废,不符合作废条件的,按规定开具红字发票后,按照新适用税率开具正确的蓝字发票。

2. 临时开票权限业务办理

(1)申请条件:自 2019 年 9 月 20 日起,纳税人需要通过增值税发票管理系统开具 17%、16%、11%、10%税率蓝字发票的,应向主管税务机关办理临时开票权限。

(2)设定依据:《国家税务总局关于国内旅客运输服务进项税抵扣等增值税征管问题的公告》(国家税务总局公告 2019 年第 31 号)第 13 条。

(3)注意事项:

① 临时开票权限有效期限为 24 小时,纳税人应在获取临时开票权限的规定期限内开具原适用税率发票。

② 纳税人办理临时开票权限,应保留交易合同、红字发票、收讫款项证明等相关材料,以备查验。

③ 若纳税义务发生时间在 2019 年 4 月 1 日前,未进行申报而开具发票的,纳税人应进行补充申报或者更正申报,涉及缴纳滞纳金的,按规定缴纳;若纳税义务发生时间在 2019 年 4 月 1 日后,不得开具原适用税率发票,已经开具的,按规定作废,不符合作废条件的,按规定开具红字发票后,

按照新适用税率开具正确的蓝字发票。

七、特殊货物、劳务销售发票开具规范

(一) 成品油发票开具规范

自 2018 年 3 月 1 日起,所有成品油发票均须通过增值税发票开票软件中成品油发票开具模块开具。成品油发票专指销售汽油、柴油、航空煤油、石脑油、溶剂油、润滑油、燃料油等成品油所开具的增值税专用发票(以下称"成品油专用发票")和增值税普通发票。纳税人需要开具成品油发票的,由主管税务机关开通成品油发票开具模块。(国家税务总局公告 2018 年第 1 号)

开具成品油发票时,应遵守以下规则:

(1) 正确选择商品和服务税收分类编码。

(2) 发票"单位"栏应选择"吨"或"升",蓝字发票的"数量"栏为必填项且不为"0"。

(3) 开具成品油专用发票后,发生销货退回、开票有误以及销售折让等情形的,应按规定开具红字成品油专用发票。

销货退回、开票有误等原因涉及销售数量的,应在《开具红字增值税专用发票信息表》中填写相应数量,销售折让的不填写数量。

(4) 成品油经销企业某一商品和服务税收分类编码的油品可开具成品油发票的总量,应不大于所取得的成品油专用发票、海关进口消费税专用缴款书对应的同一商品和服务税收分类编码的油品总量。

成品油经销企业开具成品油发票前,应登陆增值税发票综合服务平台对取得的成品油专用发票、海关进口专用缴款书信息进行选择确认,作为开具成品油发票油品总量。

(二) 收购发票开具规范

纳税人向农业生产者个人购买自产农产品,可以向主管税务机关申请领用收购发票。主管税务机关根据纳税人的经营项目和经营规模,对其领用发票的种类、数量、版面金额以及领用方式按规定予以确认。农业生产者个人,是指从事种植业、养殖业、林业、牧业、水产业生产的其他个人。

(1) 纳税人向农业生产者个人购买自产农产品,开具收购发票;纳税人向农业生产者个人以外的单位和个人购买农产品,应当向对方索取增值税专用发票或普通发票,不得开具收购发票。

(2) 纳税人通过增值税发票管理新系统,使用增值税普通发票开具收购发票,系统在发票左上角自动打印"收购"字样。

(3) 纳税人开具收购发票应按照号码顺序填开,填写内容真实,字迹清楚,应准确填写销售方的姓名、货物名称、规格型号、单位、数量、单价、金额,在收购发票销方纳税人"地址、电话"一栏应准确填写农产品生产地址和销售方电话号码,在收购发票销方纳税人"纳税人识别号"一栏应准确填写销售方的身份证号码;全部联次一次打印,内容完全一致。纳税人不得按多个销售方汇总开具收购发票。

(三) 机动车销售统一发票开具规范

(1) 纳税人从事机动车(旧机动车除外)零售业务须开具机动车销售统一发票。

① "纳税人识别号"栏内打印购买方纳税人识别号,如购买方需要抵扣增值税税款,该栏必须填写,其他情况可为空。

② 填写"购买方名称及身份证号码/组织机构代码"栏时,"身份证号码/组织机构代码"应换行打印在"购买方名称"的下方。

③ "完税凭证号码"栏内打印代开机动车销售统一发票时对应开具的增值税完税证号码,自开机动车销售统一发票时此栏为空。

④ 纳税人销售免征增值税的机动车,通过新系统开具时应在机动车销售统一发票"增值税税率或征收率"栏选填"免税",机动车销售统一发票"增值税税率或征收率"栏自动打印显示"免税","增值税税额"栏自动打印显示"＊＊＊";机动车销售统一发票票面"不含税价"栏和"价税合计"栏填写金额相等。

⑤ 如发生退货的,应在价税合计的大写金额第一字前加"负数"字,在小写金额前加"一"号。

⑥ 开具机动车销售统一发票时应在发票联加盖财务专用章或发票专用章,抵扣联和报税联不得加盖印章,对于是否在注册登记联加盖开票单位印章的问题未作明确规定。自 2006 年 10 月 1 日起,机动车销售统一发票注册登记联一律加盖开票单位印章。

(2) 纳税人丢失机动车销售统一发票的,如在

办理车辆登记和缴纳车辆购置税手续前丢失的，应先按照以下程序办理补开机动车销售统一发票的手续，再按已丢失发票存根联的信息开红字发票。补开机动车销售统一发票的具体程序为：

① 丢失机动车销售统一发票的消费者到机动车销售单位取得机动车销售统一发票存根联复印件（加盖销售单位发票专用章）。

② 到机动车销售方所在地主管税务机关盖章确认并登记备案。

③ 由机动车销售单位重新开具与原机动车销售统一发票存根联内容一致的机动车销售统一发票。

（四）二手车销售发票开具规范

《二手车流通管理办法》（商务部 公安部 工商总局 税务总局令 2005 年第 2 号）及《关于统一二手车销售发票式样问题的通知》（国税函〔2005〕693 号）要求，二手车经销企业在销售二手车收取款项时，必须按规定向买方开具税务机关监制的《二手车销售统一发票》。

二手车销售统一发票"车价合计"栏次仅注明车辆价款。二手车交易市场、二手车经销企业、经纪机构和拍卖企业在办理过户手续过程中收取的其他费用，应当单独开具增值税发票。

自 2018 年 4 月 1 日起，二手车交易市场、二手车经销企业、经纪机构和拍卖企业应当通过增值税发票管理新系统开具二手车销售统一发票。（国家税务总局公告 2017 年第 45 号）

自 2020 年 5 月 1 日至 2023 年 12 月 31 日，从事二手车经销的纳税人销售其收购的二手车，由原按照简易办法依 3% 征收率减按 2% 征收增值税，改为减按 0.5% 征收增值税。（财政部、税务总局公告 2020 年第 17 号）

八、特殊行业发票开具规范

（一）交通运输服务发票开具规范

1. 备注栏填写规范

根据《国家税务总局关于停止使用货物运输业增值税专用发票有关问题的公告》（国家税务总局公告 2015 年第 99 号）的规定，自 2016 年 1 月 1 日起，一般纳税人提供货物运输服务，使用增值税专用发票和增值税普通发票，开具发票时应将起运地、到达地、车种车号以及运输货物信息等内容填写在发票备注栏中，如内容较多可另附清单。其中铁路运输企业受托代征的印花税款信息，可填写在发票备注栏中。

2. 铁路运输企业发票开具规范

根据《国家税务总局关于停止使用货物运输业增值税专用发票有关问题的公告》（国家税务总局公告 2015 年第 99 号）的规定，铁路运输企业受托代征的印花税款信息，可填写在发票备注栏中。中国铁路总公司及其所属运输企业（含分支机构）提供货物运输服务，可自 2015 年 11 月 1 日起使用增值税专用发票和增值税普通发票，所开具的铁路货票、运费杂费收据可作为发票清单使用。中国铁路总公司及其所属运输企业（含分支机构）提供货物运输服务，可自 2015 年 11 月 1 日起使用增值税专用发票和增值税普通发票，所开具的铁路货票、运费杂费收据可作为发票清单使用。

3. 货物运输业小规模纳税人异地代开增值税专用发票备案业务办理

（1）申请条件。

① 货物运输业小规模纳税人在境内提供公路或内河货物运输服务，需要开具增值税专用发票的，可在税务登记地、货物起运地、货物到达地或运输业务承揽地（含互联网物流平台所在地）中任何一地，就近向税务机关申请代开增值税专用发票。纳税人应当将营运资质和营运机动车、船舶信息向主管税务机关备案。

② 申请代开增值税专用发票货物运输业小规模纳税人，应符合以下条件：

第一，在中华人民共和国境内提供公路或内河货物运输服务，并办理了工商登记和税务登记。

第二，提供公路货物运输服务的（4.5 吨及以下普通货运车辆从事普通道路货物运输经营的除外），取得《中华人民共和国道路运输经营许可证》和《中华人民共和国道路运输证》；提供内河货物运输服务的，取得《国内水路运输经营许可证》和《船舶营业运输证》。

第三，在税务登记地主管税务机关按增值税小规模纳税人管理。

（2）设定依据。

《货物运输业小规模纳税人申请代开增值税

专用发票管理办法》(国家税务总局公告 2017 年第 55 号)第 4 条。

4. 互联网物流平台企业代开增值税专用发票试点发票开具规范

为进一步优化纳税服务,提高货物运输业小规模纳税人使用增值税专用发票的便利性,国家税务总局下发了《关于开展网络平台道路货物运输企业代开增值税专用发票试点工作的通知》(税总函〔2019〕405 号)。

(1)自 2020 年 1 月 1 日起,经国家税务总局各省、自治区、直辖市和计划单列市税务局批准,纳入试点的网络平台道路货物运输企业可以为同时符合以下条件的货物运输业小规模纳税人代开增值税专用发票,并代办相关涉税事项:

① 在中华人民共和国境内提供公路或内河货物运输服务,以自己的名义对外经营,并办理了税务登记(包括临时税务登记)。

② 提供公路货物运输服务的,取得《中华人民共和国道路运输经营许可证》和《中华人民共和国道路运输证》(4.5 吨及以下普通货运车辆从事普通道路货物运输经营的除外)。

③ 未做增值税专用发票票种核定。

④ 注册为该平台会员。

(2)试点企业的条件。要求平台方具备相关线上服务能力,对物流信息各环节全过程、透明化动态管理,数据与交运部监控系统有效对接;要求会员单位必须税务登记。试点企业应当同时符合以下条件:

① 按照《网络平台道路货物运输经营管理暂行办法》(交运规〔2019〕12 号)规定,取得经营范围中注明"网络货运"的《道路运输经营许可证》。

② 具备与开展业务相适应的相关线上服务能力,包括信息数据交互及处理能力,物流信息全程跟踪、记录、存储、分析能力,实现交易、运输、结算等各环节全过程、透明化动态管理,对实际承运驾驶员和车辆的运输轨迹实时展示,并记录含有时间和地理位置信息的实时运输轨迹数据。

③ 与省级交通运输主管部门建立的网络货运信息监测系统实现有效对接,按照要求完成数据上传。

④ 对会员相关资质进行审查,保证提供运输服务的实际承运车辆具备合法有效的营运证,驾驶员具有合法有效的从业资格证。

试点企业代开增值税专用发票不得收取任何费用,否则将取消其试点企业资格。

(3)试点企业按照以下规定代开增值税专用发票。按照 3% 为会员(实际承运人)代开专票,发票备注栏注明会员的纳税人名称、纳税人识别号、起运地、到达地、车种车号以及运输货物信息。

① 仅限于为会员通过本平台承揽的货物运输服务代开增值税专用发票。

② 应与会员签订委托代开增值税专用发票协议。协议范本由各省税务局制定。

③ 使用自有增值税发票税控开票软件,按照征收率代开增值税专用发票,并在发票备注栏注明会员的纳税人名称、纳税人识别号、起运地、到达地、车种车号以及运输货物信息。如内容较多,可另附清单。

④ 代开增值税专用发票的相关栏次内容,应与会员通过本平台承揽的运输服务,以及本平台记录的物流信息保持一致。平台记录的交易、资金、物流等相关信息应统一存储,以备核查。

⑤ 试点企业接受会员提供的货物运输服务,不得为会员代开专用发票。试点企业可以按照《货物运输业小规模纳税人申请代开增值税专用发票管理办法》(国家税务总局公告 2017 年第 55 号)的相关规定,代会员向试点企业主管税务机关申请代开专用发票。

⑥ 试点企业代开增值税专用发票不得收取任何费用,否则将取消其试点企业资格。

(4)涉税事项的办理。平台代会员缴纳增值税,收入归属会员,由会员申报缴纳所得税。

① 试点企业代开增值税专用发票应当缴纳的增值税,由试点企业按月代会员向试点企业主管税务机关申报缴纳,并将完税凭证转交给会员。

② 试点企业办理增值税纳税申报时,代开增值税专用发票对应的收入不属于试点企业的增值税应税收入,无须申报。试点企业应按月将代开增值税专用发票和代缴税款情况向主管税务机关报备,具体报备的有关事项由各省税务局确定。

③ 会员应按照其主管税务机关核定的纳税期

限,按规定计算增值税应纳税额,抵减已由试点企业代为缴纳的增值税后,向主管税务机关申报纳税。

(二)建筑服务发票开具规范

1. 备注栏填写规范

根据《国家税务总局关于全面推开营业税改征增值税试点有关税收征收管理事项的公告》(国家税务总局公告 2016 年第 23 号)第 4 条的规定,提供建筑服务,纳税人自行开具或者税务机关代开增值税发票时,应在发票的备注栏注明建筑服务发生地县(市、区)名称及项目名称。

《纳税人跨县(市、区)提供建筑服务增值税征收管理暂行办法》规定:纳税人从取得的全部价款和价外费用中扣除支付的分包款,应当取得符合法律、行政法规和国家税务总局规定的合法有效凭证,否则不得扣除。从分包方取得的 2016 年 5 月 1 日后开具的,备注栏注明建筑服务发生地所在县(市、区)、项目名称的增值税发票。(国家税务总局公告 2016 年第 17 号)

未在发票的备注栏注明建筑服务发生地县(市、区)名称及项目名称,不得计入土地增值税扣除项目金额。(国家税务总局公告 2016 年第 70 号)

2. 小规模纳税人提供建筑服务异地发票代开规范

根据《国家税务总局货物和劳务税司关于做好增值税发票使用宣传辅导有关工作的通知》(税总货便函〔2017〕127 号)的规定,小规模纳税人提供建筑服务,应以取得的全部价款和价外费用扣除支付的分包款后的余额为销售额,按照 3% 的征收率计算应纳税额。

小规模纳税人跨县(市、区)提供建筑服务,不能自行开具增值税发票的,可向建筑服务发生地主管税务机关按照其取得的全部价款和价外费用申请代开增值税发票。纳税人提供建筑服务,申请代开增值税发票时,应提供建筑服务发生地县(市、区)名称及项目名称。

自 2021 年 4 月 1 日至 2022 年 12 月 31 日,按照规定应当预缴增值税税款的小规模纳税人,凡在预缴地实现的月销售额未超过 15 万元的,当期无需预缴税款。

为跨县(市、区)提供建筑服务的小规模纳税

人(不包括其他个人)代开增值税发票时,在发票备注栏中自动打印"YD"字样。

(三)现代服务发票开具规范

1. 物业管理服务发票开具规范

根据《国家税务总局关于物业管理服务中收取的自来水水费增值税问题的公告》(国家税务总局公告 2016 年第 54 号)的规定,自 2016 年 8 月 19 日起,提供物业管理服务的纳税人,向服务接受方收取的自来水水费,以扣除其对外支付的自来水水费后的余额为销售额,按照简易计税办法依 3% 征收率计算缴纳增值税。纳税人可以按 3% 向服务接受方开具增值税专用发票或增值税普通发票。

$$应纳税额 = \frac{收取的自来水水费(含税) - 对外支付的自来水水费(含税)}{1+3\%} \times 3\%$$

其中,收取的自来水水费和对外支付的自来水水费均为含税价。

2. 劳务派遣发票开具规范

劳务派遣服务,是指劳务派遣公司为满足用工单位对于各类灵活用工的需求,将员工派遣至用工单位,接受用工单位管理并为其工作的服务。

(1)一般纳税人。一般纳税人提供劳务派遣服务,可以按照《财政部 国家税务总局关于全面推开营业税改征增值税试点的通知》(财税〔2016〕36 号)的有关规定,以取得的全部价款和价外费用为销售额,按照一般计税方法计算缴纳增值税;也可以选择差额纳税,以取得的全部价款和价外费用,扣除代用工单位支付给劳务派遣员工的工资、福利和为其办理社会保险及住房公积金后的余额为销售额,按照简易计税方法依 5% 的征收率计算缴纳增值税。选择差额纳税的纳税人,向用工单位收取用于支付给劳务派遣员工工资、福利和为其办理社会保险及住房公积金的费用,不得开具增值税专用发票,可以开具普通发票。

(2)小规模纳税人。小规模纳税人提供劳务派遣服务,可以按照《财政部 国家税务总局关于全面推开营业税改征增值税试点的通知》(财税〔2016〕36 号)的有关规定,以取得的全部价款和价外费用为销售额,按照简易计税方法依 3% 的征收率计算缴纳增值税;也可以选择差额纳税,以取得

的全部价款和价外费用,扣除代用工单位支付给劳务派遣员工的工资、福利和为其办理社会保险及住房公积金后的余额为销售额,按照简易计税方法依5%的征收率计算缴纳增值税。选择差额纳税的纳税人,向用工单位收取用于支付给劳务派遣员工工资、福利和为其办理社会保险及住房公积金的费用,不得开具增值税专用发票,可以开具普通发票。

3. 安全保护服务发票开具规范

安全保护服务,是指提供保护人身安全和财产安全,维护社会治安等的业务活动。它包括场所住宅保安、特种保安、安全系统监控以及其他安保服务。

根据《财政部　国家税务总局关于进一步明确全面推开营改增试点有关再保险、不动产租赁和非学历教育等政策的通知》(财税〔2016〕68号)第4条的规定,纳税人提供安全保护服务,比照劳务派遣服务政策执行。

4. 武装守护押运服务发票开具规范

安全保护服务,是指提供保护人身安全和财产安全,维护社会治安等的业务活动。它包括场所住宅保安、特种保安、安全系统监控以及其他安保服务。

根据《财政部　国家税务总局关于明确金融房地产开发　教育辅助服务等增值税政策的通知》(财税〔2016〕140号)第14条的规定,纳税人提供武装守护押运服务,按照"安全保护服务"缴纳增值税。

5. 人力资源外包服务发票开具规范

根据《财政部　国家税务总局关于进一步明确全面推开营改增试点有关劳务派遣服务、收费公路通行费抵扣等政策的通知》(财税〔2016〕47号)第3条的规定,纳税人提供人力资源外包服务,按照经纪代理服务缴纳增值税,其销售额不包括受客户单位委托代为向客户单位员工发放的工资和代理缴纳的社会保险、住房公积金。纳税人提供人力资源外包服务,向委托方收取并代为发放的工资和代理缴纳的社会保险、住房公积金,不得开具增值税专用发票,可以开具增值税普通发票。

6. 经纪代理服务发票开具规范

根据《营业税改征增值税试点有关事项的规定》(财税〔2016〕36号附件2)的规定,经纪代理服务,以取得的全部价款和价外费用,扣除向委托方收取并代为支付的政府性基金或者行政事业性收费后的余额为销售额。向委托方收取并代为支付的政府性基金或者行政事业性收费不得开具增值税专用发票,但可以开具增值税普通发票。

根据《国家税务总局关于在境外提供建筑服务等有关问题的公告国家税务总局公告》(国家税务总局公告2016年第69号)第7条的规定,纳税人提供签证代理服务,以取得的全部价款和价外费用,扣除向服务接受方收取并代为支付给外交部和外国驻华使(领)馆的签证费、认证费后的余额为销售额。纳税人向服务接受方收取并代为支付的签证费、认证费,不得开具增值税专用发票,可以开具增值税普通发票。

根据《国家税务总局关于在境外提供建筑服务等有关问题的公告国家税务总局公告》(国家税务总局公告2016年第69号)第8条的规定,纳税人代理进口按规定免征进口增值税的货物,其销售额不包括向委托方收取并代为支付的货款。向委托方收取并代为支付的款项,不得开具增值税专用发票,可以开具增值税普通发票。

(四)生活服务发票开具规范

1. 旅游服务发票开具规范

根据《营业税改征增值税试点有关事项的规定》(财税〔2016〕36号附件2)的规定,全面推开营业税改征增值税试点纳税人提供旅游服务,可以选择以取得的全部价款和价外费用,扣除向旅游服务购买方收取并支付给其他单位或者个人的住宿费、餐饮费、交通费、签证费、门票费和支付给其他接团旅游企业的旅游费用后的余额为销售额。选择上述办法计算销售额的试点纳税人,向旅游服务购买方收取并支付的上述费用,不得开具增值税专用发票,可以开具增值税普通发票。

2. 教育辅助服务发票开具规范

根据《国家税务总局关于在境外提供建筑服务等有关问题的公告》(国家税务总局公告2016年第69号)第6条的规定,境外单位通过教育部考试中心及其直属单位在境内开展考试,教育部考试中心及其直属单位应以取得的考试费收入扣除支付给境外单位考试费后的余额为销售额,按提供

"教育辅助服务"缴纳增值税;就代为收取并支付给境外单位的考试费统一扣缴增值税。教育部考试中心及其直属单位代为收取并支付给境外单位的考试费,不得开具增值税专用发票,可以开具增值税普通发票。

九、销售不动产及不动产租赁发票开具规范

(一)"货物或应税劳务、服务名称"栏及备注栏填写规范

根据《国家税务总局关于全面推开营业税改征增值税试点有关税收征收管理事项的公告》(国家税务总局公告2016年第23号)第4条的规定,销售不动产,纳税人自行开具或者税务机关代开增值税发票时,应在发票"货物或应税劳务、服务名称"栏填写不动产名称及房屋产权证书号码(无房屋产权证书的可不填写),"单位"栏填写面积单位,备注栏注明不动产的详细地址。出租不动产,纳税人自行开具或者税务机关代开增值税发票时,应在备注栏注明不动产的详细地址。

(二)不动产租赁业务发票开具规范

个人出租住房,应按照5%的征收率减按1.5%计算应纳税额。

纳税人自行开具或者税务机关代开增值税发票时,通过增值税发票开票软件中征收率减按1.5%征收,录入含税销售额,系统自动计算税额和不含税金额,发票开具应与其他应税行为区分开来。

第二章

小企业货币资金财税处理

第一节　小企业资产概述

政策依据：

> 《企业会计准则——基本准则》（财政部令第33号）；
>
> 《小企业会计准则》（财会〔2011〕17号）。

一、小企业资产的定义

> 《小企业会计准则》条文及主旨：
>
> 第五条　资产，是指小企业过去的交易或者事项形成的、由小企业拥有或者控制的、预期会给小企业带来经济利益的资源。小企业的资产按照流动性，可分为流动资产和非流动资产。
>
> 【条文主旨】本条是关于资产的定义和资产的分类的规定。

《小企业会计准则》第5条规定，资产是指小企业过去的交易或者事项形成的、由小企业拥有或者控制的、预期会给小企业带来经济利益的资源。

《企业所得税法实施条例》第56条规定，企业的各项资产包括固定资产、生物资产、无形资产、长期待摊费用、投资资产、存货等，以历史成本为计税基础。其中，投资资产包括交易性金融资产、持有至到期投资和长期股权投资。

二、小企业资产的特征

小企业的资产同时具有三个特征。

（一）资产预期会给小企业带来经济利益

经济利益是指直接或者间接地流入小企业的现金或现金等价物。资产预期会给小企业带来经济利益，是指资产直接或者间接导致现金流入小企业的潜力。这种潜力可以来自小企业日常的生产经营活动，也可以是非日常活动；带来经济利益的形式可以是现金形式，也可以是能转化为现金形式，或者是可以减少现金流出的形式。

资产预期会为小企业带来经济利益是资产的本质特征。例如，小企业采购的原材料、购置的固定资产等可以用于生产经营过程，制造商品或者提供劳务，对外出售后收回货款，货款即小企业所获得的经济利益。如果某一项目预期不能给小企业带来经济利益，那么就不能将其确认为小企业的资产。前期已经确认为资产的项目，如果不能再为小企业带来经济利益，也不能再确认为小企业的资产。例如，待处理财产损失与开办费等，由于不符合资产定义，均不应当确认为资产。

（二）资产应为小企业拥有或者控制的资源

资产作为一项资源，应当由小企业拥有或者控制，具体是指小企业享有某项资源的所有权，或者虽然不享有所有权，但该资源能被小企业所控制。

拥有是指由小企业拥有资产的所有权。控制是指虽然没有拥有所有权但能够在实质上控制该资源，并承担其主要风险和报酬。小企业享有资产的所有权，通常表明小企业能够排他性地从资产中获取经济利益。一般而言，在判断资产是否存在时，所有权是考虑的首要因素。有些情况下，资产虽然不为小企业所拥有，即小企业并不享有其所有权，但小企业控制了这些资产，同样表明小企业能够从资产中获取经济利益，符合会计上对资产的定义。例如，某小企业以融资租赁方式租入一项固定资产，尽管小企业并不拥有其所有权，但是如果租赁合同规定的租赁期相当长，接近于该资产的使用寿命，表明小企业控制了该资产的使用及其所能带来的经济利益，应当将其作为小企业资产予以确认、计量和报告。

（三）资产是小企业在过去的交易或者事项中形成的

资产应当由小企业过去的交易或者事项所形成。小企业过去的交易或者事项包括购买、生产、建造行为或其他交易或者事项。资产必须是现实的资产，并不是潜在的资产、预期的资产。例如，小企业有购买原材料的意愿或者计划，但是购买行为尚未发生，就不符合资产的定义，不能因此而确认存货资产。

三、小企业资产的确认条件

将一项资源确认为资产，要符合资产定义，并同时满足以下两个条件。

（一）与该资源有关的经济利益很可能流入小企业

从资产的定义来看，能够带来经济利益是资产的一个本质特征，但在现实生活中，由于经济环境瞬息万变，与资源有关的经济利益能否流入小企业或者能够流入多少实际上具有不确定性。因此，资产的确认还应与经济利益流入的不确定性程度的判断结合起来。如果根据编制财务报表时所取得的证据，与资源有关的经济利益很可能流入企业，那么应当将其作为资产予以确认；反之，则不能确认为资产。

（二）该资源的成本或价值能够可靠地计量

只有当有关资源的成本或者价值能够可靠地计量时，资产才能予以确认。在实务中，小企业取得的许多资产都是发生了实际成本的，例如，小企业购买或者生产的存货，企业购置的厂房或者设备等。对于这些资产，只要实际发生的购买成本或者生产成本能够可靠计量，就视为符合资产确认的可计量条件。

四、小企业资产的计量

《小企业会计准则》条文及主旨：

第六条　小企业的资产应当按照成本计量，不计提资产减值准备。

【条文主旨】本条是关于小企业资产计量属性的规定。

《企业会计准则——基本准则》第42条规定："会计计量属性主要包括历史成本、重置成本、可变现净值、现值和公允价值。"第43条规定："企业在对会计要素进行计量时，一般应当采用历史成本，采用重置成本、可变现净值、现值、公允价值计量的，应当保证所确定的会计要素金额能够取得并可靠计量。"

《企业所得税法》第10条第7款规定，在计算应纳税所得额时，未经核定的准备金支出不得扣除。《企业所得税法实施条例》第55条规定、《企业所得税法》第10条第7项所称未经核定的准备金支出，是指不符合国务院财政、税务主管部门规定的各项资产减值准备、风险准备等准备金支出。第56条规定，"企业的各项资产，包括固定资产、生物资产、无形资产、长期待摊费用、投资资产、存货等，以历史成本为计税基础。"历史成本，是指企业取得该项资产时实际发生的支出。企业持有各项资产期间资产增值或者减值，除国务院财政、税务主管部门规定可以确认损益外，不得调整该资产的计税基础。

在小企业的生产经营活动过程中，资产实际上始终处于变动状态之中，为了简化核算，便于小企业实务操作，减轻纳税调整的负担，满足汇算清缴的需要，《小企业会计准则》第6条规定，小企业的资产应当按照成本进行计量，不计提资产减值准备。《小企业会计准则》和《企业会计准则》的很大不同之处就是小企业在资产后续计量时放弃资产减值准备操作。《小企业会计准则》选择放弃资产减值准备操作主要出于以下三个方面因素的考虑。

（1）资产减值对于小企业来说难度较大。资产减值操作要经过减值迹象的判断、可回收金额的估计、资产减值损失的确定等环节。估计可回收金额时要比较资产的公允价值和预计未来现金流量现值。难以对单项资产的可回收金额进行估计的，还要以该资产所属的资产组为基础确定资产组的可回收金额。这些对于小企业来说都有很大的操作难度。

（2）小企业基本不具备正确实施资产减值准备操作的能力。小企业会计业务一般相对简单，会计人员也缺少复杂业务方面的锻炼，而资产减值工作是一项比较复杂的会计业务。

（3）与税法的操作协调一致。《企业所得税法》第56条规定："企业的各项资产，包括固定资产、生物资产、无形资产、长期待摊费用、投资资产、存货等，以历史成本为计税基础。历史成本，是指企业取得该项资产时实际发生的支出。企业持有各项资产期间资产增值或者减值，除国务院财政、税务主管部门规定可以确认损益外，不得调整该资产的计税基础。"为了简化核算，便于小企业实务操作，减轻纳税调整的负担，满足汇算清缴的需要，《小企业会计准则》规定小企业不计提资产减值准备，这既与企业所得税法一致，尽可能避免由于资产计价不同带来的纳税调整，同时也符合基本准则以历史成本为主要计量属性的规定。

《小企业会计准则》对资产的处理，既与企业所得税法相一致，尽可能避免由于资产计价不同带来的纳税调整，同时也符合基本准则以历史成本为主要计量属性的规定。本条的规定，可以从以下几个方面来理解：

（1）取得资产时，按照实际发生的支出作为历史成本。支出可能表现为现金形式，也可能是非现金形式，如通过资产交换取得的某项资产，其历史成本应按照所换出资产的市场价格或评估价值确定。支出既包括货款，也包括按照税法规定不可抵扣的相关税费。

（2）在持有资产期间，资产的增值或减值在会计上不进行调整，仍维持取得时的历史成本金额。

（3）对固定资产、无形资产和长期待摊费用等资产计提折旧或进行摊销，与按照历史成本计量并不矛盾，事实上是这类非流动资产区别于流动资产的一个重要体现，都是以取得时的历史成本为基础在持有资产的期间内进行合理的分摊。

（4）资产实际发生损失时，根据本准则的规定确认资产损失，并进行相关会计处理。

（5）在实际执行中，本条规定应与本准则第86条有关对短期投资、应收账款、存货、固定资产项目说明的规定结合起来应用。在日常账务处理上执行本条规定，但在对外提供年度财务报表时，对短期投资的市场价格、存货的市场价格、应收账款的账龄情况和固定资产的折旧情况还应当在附注中进行单独披露，从而弥补由于历史成本计量

可能不能真实反映资产质量的不足。这就要求小企业对于在这四类资产的相关账户中无法直接提供的会计信息，应当建立备查簿，按照本准则第86条的规定连续、完整地记录市场价格的信息。

五、小企业资产的列示和分类

《小企业会计准则》条文及主旨：
第七条 小企业的流动资产，是指预计在1年内（含1年，下同）或超过1年的一个正常营业周期内变现、出售或耗用的资产。小企业的流动资产包括：货币资金、短期投资、应收及预付款项、存货等。
【条文主旨】本条是关于流动资产的定义和构成的规定。

符合资产定义和资产确认条件的项目，应当列入资产负债表；符合资产定义但不符合资产确认条件的项目，不应当列入资产负债表。

（一）资产分为流动资产和非流动资产

小企业资产按其流动性不同，可分为流动资产和非流动资产。《小企业会计准则》第7条规定，小企业的流动资产，是指预计在1年内（含1年，下同）或超过1年的一个正常营业周期内变现、出售或耗用的资产。在资产负债表中，对资产按流动性进行分类，具体分为流动资产和非流动资产。《企业会计准则第30号——财务报表列报》第13条规定，资产满足下列条件之一的，应当归类为流动资产：

（1）预计在一个正常营业周期中变现、出售或者耗用。

（2）主要为交易目的而持有（如交易性质的股票、债券等）。

（3）预计在自资产负债表日起1年内变现。

（4）自资产负债表日起1年内，用于交换其他资产或清偿负债的能力不受限制的现金或现金等价物。

流动资产是小企业资产中必不可少的组成部分，由于其流动性较强的特点，加强流动资产的核算与管理，不仅有利于保证小企业生产经营活动的顺利进行，有利于提高企业流动资金的利用效果，而且有利于保持企业资产结构的流动性，提高偿债能力，维护企业信誉。

(二) 关于正常营业周期

正常营业周期是指小企业从购买用于加工的资产起至最终实现现金或现金等价物的期间。正常营业周期通常短于 1 年，在 1 年内有几个营业周期。但是，部分企业也存在正常营业周期长于 1 年的情况，如小企业（房地产开发经营）开发用于出售的商品房等，从购买原材料进入生产到制造出产品出售并收回现金，这一周期往往超过 1 年。在这种情况下，与生产循环相关的产成品、应收账款、原材料尽管是超过 1 年才变现、出售或耗用，但仍应作为流动资产列示。当正常营业周期不能确定时，应当以 1 年（12 个月）作为正常营业周期。

(三) 关于变现、出售和耗用

(1) 变现一般针对应收及预付款项、短期投资等而言，是指将资产变为现金。

(2) 出售一般针对产品等存货而言，是指将小企业的产成品、商品、原材料、半成品等对外销售。

(3) 耗用一般是指将存货由一种形态（如原材料）转变成另一种形态（如产成品）的过程。

(四) 流动资产的构成

小企业的流动资产包括货币资金、短期投资、应收及预付款项、存货等。其中，货币资金包括库存现金、银行存款和其他货币资金。

(五) 非流动资产的构成

小企业非流动资产主要包括长期债券投资、长期股权投资、固定资产账面价值、在建工程、工程物资、固定资产清理、生产性生物资产、无形资产、开发支出、长期待摊费用、其他非流动资产。

第二节　支付结算规范

政策依据：

《中华人民共和国票据法》（以下简称《票据法》）；

《票据管理实施办法》（中国人民银行令〔1997〕第 2 号，国务院令第 588 号修订）；

《人民币银行结算账户管理办法》（中国人民银行令〔2003〕第 5 号，中国人民银行令〔2020〕第 2 号修订）；

《人民币银行结算账户管理办法实施细则》（银发〔2005〕16 号，中国人民银行公告〔2020〕第 3 号修订）；

《支付结算办法》（银发〔1997〕393 号）；

《企业银行结算账户管理办法》（银发〔2019〕41 号）；

《银行卡业务管理办法》（银发〔1999〕17 号）；

《国内信用证结算办法》（中国人民银行、中国银行业监督管理委员会公告〔2016〕第 10 号）；

《中国人民银行关于开展大额现金管理试点的通知》（银发〔2020〕105 号）；

《金融机构客户尽职调查和客户身份资料及交易记录保存管理办法》（中国人民银行、中国银行保险监督管理委员会、中国证券监督管理委员会令〔2022〕第 1 号，以下简称《办法》）。

支付结算是指单位、个人在社会经济活动中使用不同结算工具进行货币给付及其资金清算的行为。支付结算的工具包括现金、银行卡、票据、网上支付、第三方支付，以及汇兑、委托收款、国内信用证、预付卡等非票据结算工具。在结算过程中，银行（指银行业金融机构，下同）是支付结算和资金清算的中介机构，未经中国人民银行批准的非银行金融机构和其他单位不得作为中介机构办理支付结算业务。

一、支付结算工具

传统的人民币非现金支付工具主要包括"三票一卡"和其他结算方式。"三票一卡"是指汇票、本票、支票和银行卡；其他结算方式是指汇兑、托收承付和委托收款。票据和汇兑是我国经济活动中不可或缺的重要支付工具，被广大单位和个人广泛使用,并在大额支付中占据主导地位;银行卡、第三方支付在小额支付中占据主导地位;托收承付使用量越来越少,本书不再讲述。近年来,随着互联网技术的发展,网上银行、第三方支付等电子化支付方式得到快速发展。我国已形成了以票据和银行卡为主体、以电子支付为发展方向的非现金支付工具体系。

二、支付结算原则

《支付结算办法》(银发〔1997〕393号)第16条的规定,单位、个人和银行办理支付结算必须遵守下列原则:

(1)恪守信用,履约付款。

(2)谁的钱进谁的账,由谁支配。

(3)银行不垫款。

三、支付结算纪律

结算纪律是银行、单位和个人办理支付结算业务所应遵守的基本规定。《支付结算办法》规定,单位和个人办理支付结算,不准签发没有资金保证的票据或远期支票,套取银行信用;不准签发、取得和转让没有真实交易和债权债务的票据,套取银行和他人资金;不准无理拒绝付款,任意占用他人资金;不准违反规定开立和使用账户。

银行办理支付结算,不准以任何理由压票、任意退票、截留挪用客户和他行资金;不准无理拒绝支付应由银行支付的票据款项;不准受理无理拒付、不扣少扣滞纳金;不准违章签发、承兑、贴现票据,套取银行资金;不准签发空头银行汇票、银行本票和办理空头汇款;不准在支付结算制度之外规定附加条件,影响汇路畅通;不准违反规定为单位和个人开立账户;不准拒绝受理、代理他行正常结算业务。

(一)凭证合规

单位、个人和银行办理支付结算,必须使用按中国人民银行统一规定印制的票据和结算凭证。

(二)账户合规

单位、个人和银行应当按照《人民币银行结算账户管理办法》和《企业银行结算账户管理办法》的规定开立、使用账户。在银行开立存款账户的单位和个人办理支付结算,账户内须有足够的资金保证支付。银行依法为单位、个人在银行开立的存款账户内的存款保密,维护其资金的自主支配权。除国家法律、行政法规另有规定外,银行不得为任何单位或者个人查询账户情况,不得为任何单位或者个人冻结、扣划款项,不得停止单位、个人存款的正常支付。

(三)签章真实

票据和结算凭证上的签章和其他记载事项应当真实,不得伪造、变造。

1. 伪造

所谓"伪造",是指无权限人假冒他人或者虚构他人名义签章的行为。

(1)单位、银行在票据上的签章和单位在结算凭证上的签章,为该单位、银行的盖章加其法定代表人或其授权的代理人的签名或盖章。

(2)个人在票据和结算凭证上的签章,应为本人的签名或盖章。

2. 变造

所谓"变造",是指无权更改票据内容的人,对票据上签章以外的记载事项加以改变的行为。变造票据的方法多是在合法票据的基础上对票据加以剪接、挖补、覆盖、涂改。

(1)出票金额、出票日期、收款人名称不得更改,更改的票据无效;更改的结算凭证,银行不予受理。

(2)对票据和结算凭证上的其他记载事项,原记载人可以更改,更改时应当由原记载人在更改处签章证明。

(四)填写规范

1. 收款人名称

名称应当记载全称或者规范化简称,简称要有排他性,例如,"中国银行保险监督管理委员会"的简称为"银保监会"。

2. 出票日期

(1)出票日期必须使用中文大写(壹、贰、叁、肆、伍、陆、柒、捌、玖、壹拾)。

(2)为防止变造票据的出票日期,企业在填写月、日时,月为"壹""贰"和"壹拾"的,日为"壹"至"玖"和"壹拾""贰拾""叁拾"的,应在它的前面加"零";日为"拾壹"至"拾玖"的,应在它的前面加"壹"。如1月15日,应写成"零壹月壹拾伍日";再如10月20日,应写成"零壹拾月零贰拾日"。

（3）日期不得更改。

3. 金额

票据和结算凭证金额以中文大写和阿拉伯数码同时记载，两者必须一致，两者不一致的票据无效；两者不一致的结算凭证，银行不予受理。

四、客户尽职调查

客户尽职调查见表2-1。

表 2-1　客户尽职调查

中国人民银行　中国银行保险监督管理委员会 中国证券监督管理委员会令〔2022〕第 1 号	中国人民银行　银保监会 证监会暂缓施行公告
为完善反洗钱监管机制，进一步提升我国洗钱和恐怖融资风险防范能力，中国人民银行、中国银行保险监督管理委员会、中国证券监督管理委员会日前联合印发《金融机构客户尽职调查和客户身份资料及交易记录保存管理办法》，自 2022 年 3 月 1 日起施行。 　　（一）开发性金融机构、政策性银行、商业银行、农村合作银行、农村信用合作社、村镇银行等金融机构和从事汇兑业务的机构在办理以下业务时，应当开展客户尽职调查，并登记客户身份基本信息，留存客户有效身份证件或者其他身份证明文件的复印件或者影印件： 　　（1）以开立账户或者通过其他协议约定等方式与客户建立业务关系的； 　　（2）为不在本机构开立账户的客户提供现金汇款、现钞兑换、票据兑付、实物贵金属买卖、销售各类金融产品等一次性交易且交易金额单笔人民币 5 万元以上或者外币等值 1 万美元以上的。 　　（二）商业银行、农村合作银行、农村信用合作社、村镇银行等金融机构为自然人客户办理人民币单笔 5 万元以上或者外币等值 1 万美元以上现金存取业务的，应当识别并核实客户身份，了解并登记资金的来源或者用途。	原定 2022 年 3 月 1 日起施行的《金融机构客户尽职调查和客户身份资料及交易记录保存管理办法》（中国人民银行银保监会证监会令〔2022〕第 1 号）因技术原因暂缓施行。相关业务按原规定办理。

第三节　库存现金财税处理

政策依据：

> 《现金管理暂行条例》（国务院令第 12 号，国务院令第 588 号修订）；
>
> 《小企业会计准则》（财会〔2011〕17 号）；
>
> 《企业所得税法》及其实施条例；
>
> 《财政部　国家税务总局关于企业资产损失税前扣除政策的通知》（财税〔2009〕57 号）；
>
> 《企业资产损失所得税税前扣除管理办法》（国家税务总局公告 2011 年第 25 号）。

库存现金是指通常存放于小企业财会部门、由出纳人员经管的可随时用于支付的货币，包括人民币现金和外币现金。库存现金是小企业流动性最强的资产，小企业应当严格遵守国家有关现金管理制度，正确进行现金收支的核算，监督现金使用的合法性与合理性，保护现金的安全完整。

一、库存现金管理制度

根据国务院发布的《现金管理暂行条例》规定，库存现金管理制度主要包括以下内容：

（一）现金的使用范围

（1）职工工资、津贴。

（2）个人劳务报酬。

（3）根据国家规定颁发给个人的科学技术、文化艺术、体育比赛等各种奖金。

（4）各种劳保、福利费用以及国家规定的对个人的其他支出。

（5）向个人收购农副产品和其他物资的价款。

（6）出差人员必须随身携带的差旅费。

（7）结算起点（1 000 元）以下的零星支出。

（8）中国人民银行确定需要支付现金的其他支出。

除企业可以现金支付的款项中的第（5）项、第（6）项外，开户单位支付给个人的款项，超过使用现金限额的部分，应当以支票或银行本票等方式支付；确需全额支付现金的，经开户行审核后予以现金支付。

（二）现金的限额

现金的限额是指为了保证小企业日常零星开

支的需要,允许单位留存现金的最高数额。这一限额由开户银行根据单位的实际需要核定,一般按照单位 3～5 天日常零星开支的需要确定,偏远地区和交通不便地区开户单位的库存现金限额,可按多于 5 天但不超过 15 天的日常零星开支的需要确定。

(三)现金收支日常管理规定

(1)小企业现金收入应于当日送存开户银行,当日送存银行有困难的,由开户银行确定送存时间。

(2)小企业支付现金,可以从小企业库存现金限额中支付或者从开户银行提取,不得从小企业的现金收入中直接支付(坐支)。因特殊情况需要坐支现金的,应当事先报开户银行审查批准,由开户银行核定坐支范围和限额。小企业应定期向银行报送坐支金额和使用情况。

(3)小企业从开户银行提取现金,应当写明用途,由本单位财会部门负责人签字盖章,经开户银行审核后,予以支付现金。

(4)小企业因采购地点不固定、交通不便以及其他特殊情况必须使用现金的,应向开户银行提出申请,经开户银行审核后,予以支付现金。

(5)不准用不符合制度的凭证顶替库存现金,即不得"白条顶库";不准谎报用途套取现金;不准用银行账户代其他单位和个人存入或支取现金;不准用单位收入的现金以个人名义存储;不准保留账外公款,不得设置"小金库"等。

(四)库存现金保管制度

(1)超过库存限额以外的现金应在下班前送存银行。

(2)为加强对现金的管理,除工作时间需要的小量备用金可放在出纳人员的抽屉内外,其余则应放入出纳专用的保险柜内,不得随意存放。

(3)限额内的库存现金当日核对清楚后,一律放在保险柜内,不得放在办公桌过夜。

(4)库存现金的纸币和铸币,应实行分类保管。出纳人员应对库存票币分别按照纸币的票面金额和铸币的币面金额,以及整数(大数)和零数(小数)分类保管。

(五)库存现金管理内部控制制度

1. 钱账分管制度

钱账分管制度,也就是岗位分工制度。应明确相关部门和岗位的职责权限,确保不相容岗位相互分离、制约和监督。该制度的宗旨是不得由一人办理货币资金业务的全过程。货币资金的岗位分工制度要求建立出纳人员、审批人员、专用签章的保管人员、会计人员、稽核人员、会计档案保管人员以及货币资金清查人员的责任制度,包括:

(1)现金的收付及保管应由被授权的出纳人员负责,其他人员不得接触。

(2)出纳人员不得负责总分类账的登记和保管。

(3)出纳人员不得负责非现金账户的记账工作。

(4)出纳人员应与负责现金清查盘点人员和负责与银行对账的人员相分离。

2. 库存现金开支审批制度

库存现金开支审批制度,即库存现金的授权审批制度,包括:

(1)明确本单位库存现金开支范围。

(2)明确各种报销凭证,规定各种库存现金支付业务的报销手续和办法。

(3)确定各种现金支出的审批权限等。

3. 库存现金日清月结制度

"库存现金日记账"要做到日清,是指出纳人员应对当日的库存现金收付业务全部登记库存现金日记账,结出当日发生额和账面余额,并与库存现金的实存金额进行核对,做到账款相符;月结,是指出纳人员必须对库存现金日记账按月核对。

4. 定额备用金制度

小企业可以对日常开支、零星采购或小额差旅费等需用的现金,建立定额备用金制度来加以控制。备用金是指为了满足小企业内部各部门和职工个人生产经营活动的需要而暂付给有关部门和职工个人使用的备用现金。

采用定额备用金制度的小企业,由会计部门根据实际情况拨出一笔固定金额的现金,并规定使用范围。备用金由专人经管,经管人员必须妥善保存有关支付备用金的收据、发票等各种报销凭证,并设置备用金登记簿记录各项零星开支。经管人员按规定的间隔日期或在备用金不够周转时,凭有关凭证向会计部门报销,补足至备用金的规定金额。

5. 库存现金清查制度

为了保证现金的安全完整,小企业应当按规

定对库存现金进行定期和不定期的清查。现金清查一般采用实地盘点法,清查的结果应当编制成"库存现金盘点报告单"。如果存在挪用现金、白条顶库的情况,应及时予以纠正;超限额留存的现金应及时送存银行。如果账款不符,发现有待查明原因的现金短缺或溢余,须通过"待处理财产损溢"科目核算,按管理权限经批准后进行账务处理,做到账实相符。

二、科目与账户设置

(一)设置科目

《小企业会计准则》应用指南

1001 库存现金

一、本科目核算小企业的库存现金。

小企业有内部周转使用备用金的,可以单独设置"1004 备用金"科目。

二、库存现金的主要账务处理。

小企业增加库存现金,借记本科目,贷记"银行存款"等科目;减少库存现金,做相反的会计分录。

三、小企业应当设置"库存现金日记账",由出纳人员根据收付款凭证,按照业务发生顺序逐笔登记。每日终了,应当计算当日的现金收入合计额、现金支出合计额和结余额,将结余额与实际库存额核对,做到账款相符。

有外币现金的小企业,还应当分别按照人民币和外币进行明细核算。

四、每日终了结算现金收支、财产清查等发现的有待查明原因的现金短缺或溢余,应通过"待处理财产损溢"科目核算:属于现金短缺,应按照实际短缺的金额,借记"待处理财产损溢——待处理流动资产损溢"科目,贷记本科目;属于现金溢余,按照实际溢余的金额,借记本科目,贷记"待处理财产损溢——待处理流动资产损溢"科目。

五、本科目期末借方余额,反映小企业持有的库存现金。

(二)设置账簿

小企业应当设置"库存现金日记账"(三栏式、订本账),用来核算和监督库存现金每天的收入、支出和结存情况,其格式有三栏式和多栏式两种。无论采用三栏式还是多栏式库存现金日记账,都必须使用订本账。

(三)登记账簿

库存现金日记账由出纳人员根据收付款凭证,按照业务发生顺序逐日逐笔登记。每日终了,应当在库存现金日记账上计算出当日的现金收入合计额、现金支出合计额和余额,并将库存现金日记账的余额与实际库存现金金额相核对,保证账款相符。月度终了,库存现金日记账的余额应当与库存现金总账的余额核对,做到账账相符。

三、账务处理

(一)业务 2-1 库存现金收支业务的核算

(1)当库存现金增加时,借记"库存现金"科目,贷记"银行存款"等相关科目。

借:库存现金
　　贷:银行存款

(2)当库存现金减少时,借记"银行存款"等相关科目科目,贷记"库存现金"科目。

借:银行存款
　　贷:库存现金

【例 2-1】 甲公司执行小企业会计准则,为增值税一般纳税人(以下例题中的甲公司均为此),2022 年 3 月发生如下业务:

(1)1 日,签发现金支票、提取现金 2 000 元备用,编制会计分录如下。

借:库存现金　　　　　　　　　2 000
　　贷:银行存款　　　　　　　　　2 000

(2)5 日,职工刘丽预借差旅费 500 元,以现金支付,编制会计分录如下。

借:其他应收款——刘丽　　　　　500
　　贷:库存现金　　　　　　　　　　500

(3)以现金支付临时职工工资 3 000 元,编制会计分录如下。

借:应付职工薪酬　　　　　　　3 000
　　贷:库存现金　　　　　　　　　3 000

【例 2-2】 2022 年 3 月 1 日,甲公司核定销售部备用金定额为 10 000 元,以现金拨付,并规定每月月底由备有金专门经管人员凭有关凭证向会计部门报销,补足备用金。月末,销售部报销日常业务支出 8 000 元。甲公司应编制如下会计分录:

（1）拨付备用金。

借：其他货币资金——备用金　　　10 000
　　贷：库存现金　　　　　　　　　　　　　10 000

（2）报销日常业务支出，补足备用金。

借：销售费用　　　　　　　　　　8 000
　　贷：库存现金　　　　　　　　　　　　　8 000

（二）业务 2-2　库存现金清查业务的核算

经实地盘点，编制"库存现金盘点报告单"。

（1）如果账款不符，发现有待查明原因的现金短缺或溢余，应先通过"待处理财产损溢"科目核算。

① 现金短缺。

借：待处理财产损溢——待处理流动资产损溢
　　贷：库存现金

② 现金溢余。

借：库存现金
　　贷：待处理财产损溢——待处理流动资产损溢

（2）按管理权限报经批准，分别以下列情况处理。

① 如为现金短缺，属于应由责任人赔偿或保险公司赔偿的部分，计入其他应收款；属于无法查明的其他原因，计入管理费用。

借：其他应收款/管理费用
　　贷：待处理财产损溢——待处理流动资产损溢

② 如为现金溢余，属于应支付给有关人员或单位的，计入其他应付款；属于无法查明原因的，计入营业外收入。

借：待处理财产损溢——待处理流动资产损溢
　　贷：其他应付款/营业外收入

【例 2-3】 甲公司 2022 年 3 月 31 日现金清查时发现现金短缺 2 000 元，4 月 5 日查明原因，其中 500 元属于出纳李娟保管不善造成的损失，另外 1 500 元短缺原因不明。企业决定由李娟赔偿 500 元。李娟于 4 月 15 日交纳现金赔款。甲公司账务处理如下。

（1）2022 年 3 月 31 日，发现现金短缺时：

借：待处理财产损溢——待处理流动资产损溢
　　　　　　　　　　　　　　　　　2 000
　　贷：库存现金——现金短缺　　　　　2 000

（2）2022 年 4 月 5 日，查明原因时：

借：其他应收款——出纳李娟　　　500
　　管理费用　　　　　　　　　　1 500
　　贷：待处理财产损溢——待处理流动资产损溢
　　　　　　　　　　　　　　　　　　　2 000

（3）2022 年 4 月 15 日，李娟交纳现金赔款时：

借：库存现金　　　　　　　　　　500
　　贷：其他应收款——出纳李娟　　　　500

四、库存现金损失的税务处理

《财政部　国家税务总局关于企业资产损失税前扣除政策的通知》（财税〔2009〕57 号）第 2 条规定，企业清查出的现金短缺减除责任人赔偿后的余额，作为现金损失在计算应纳税所得额时扣除。

（一）损失原因

现金短缺、假币收缴、涉及现金的刑事犯罪。

（二）税前扣除条件

（1）外部证据是否具有法律效力，内部证据是否符合企业内部有关规章，是否合理。

（2）损失是否已作会计账务处理。

（3）损失金额是否准确。

（三）申报方式

库存现金等货币资产损失采取专项申报方式。

（四）留存备查资料（损失证据）

企业清查出的现金短缺、收取的假币扣除责任人赔偿后的余额，确认为现金损失。《企业资产损失所得税税前扣除管理办法》（国家税务总局公告 2011 年第 25 号）第 20 条的规定，企业库存现金损失专项申报应留存备查资料：

（1）现金保管人确认的现金盘点表（包括倒推至基准日的记录）。

（2）现金保管人对于短缺的说明及相关核准文件。

（3）对责任人由于管理责任造成损失的责任认定及赔偿情况的说明。

（4）董事会等权力机构决议或上级公司批复或由董事会、上级公司授权的部门的批复（国有企业还需提供国有资产监管机构或由其授权的部门的批复）。

（5）涉及刑事犯罪的，应有司法机关出具的相关材料。

（6）金融机构出具的假币收缴证明。

（7）资产损失的会计处理凭证。

（8）税务机关所需的其他材料。

第四节　银行存款财税处理

银行存款是指小企业存入银行或其他金融机构的各种款项。凡实行独立核算的小企业都应当根据业务需要，按照规定在其所在地银行开设账户，运用所开设的账户，进行存款、取款以及各种收支转账业务的结算。企业超限额现金必须送存银行，超限额现金使用范围开支必须转账结算。银行存款的收付应严格执行中国人民银行结算制度的规定。

一、银行账户的设立及结算制度

《人民币银行结算账户管理办法》（中国人民银行令〔2003〕第5号）的规定，银行结算账户是指银行为存款人开立的办理资金收付结算的活期存款账户。其中，"银行"是指在中国境内经批准经营支付结算业务的银行业金融机构；"存款人"是指在中国境内开立银行结算账户的机关、团体、部队、企业、事业单位、其他组织（以下统称"单位"）、个体工商户和自然人。

银行结算账户按存款人不同分为单位银行结算账户和个人银行结算账户。存款人单位名称开立的银行结算账户为单位银行结算账户。单位银行结算账户按用途分为基本存款账户、一般存款账户、专用存款账户、临时存款账户。个体工商户凭营业执照以字号或经营者姓名开立的银行结算账户纳入单位银行结算账户管理。

根据《企业银行结算账户管理办法》（银发〔2019〕41号）的规定，企业开立、变更、撤销基本存款账户、临时存款账户实行备案制。银行应当按规定履行客户身份识别义务，落实账户实名制，不得为企业开立匿名账户或者假名账户，不得为身份不明的企业提供服务或者与其进行交易。银行应当全面、独立承担企业银行结算账户合法合规主体责任，对企业银行结算账户实施全生命周期管理，防范不法分子利用企业银行结算账户从事违法犯罪活动。

二、银行存款核算范围

并非所有在银行的存款都通过"银行存款"科目核算，外埠存款、银行汇票存款、银行本票存款、在途货币资金、信用证存款等虽然属于小企业的存款，但不在"银行存款"科目核算，而是通过"其他货币资金"科目核算。

三、科目与账户设置

（一）设置科目

> **《小企业会计准则》应用指南**
>
> **1002　银行存款**
>
> 一、本科目核算小企业存入银行或其他金融机构的各种款项。
>
> 二、银行存款的主要账务处理。
>
> 小企业增加银行存款，借记本科目，贷记"库存现金""应收账款"等科目；减少银行存款，做相反的会计分录。
>
> 三、小企业应当按照开户银行和其他金融机构、存款种类等设置"银行存款日记账"，由出纳人员根据收付款凭证，按照业务的发生顺序逐笔登记。每日终了，应结出余额。
>
> "银行存款日记账"应定期与"银行对账单"核对，至少每月核对一次。小企业银行存款账面余额与银行对账单余额之间如有差额，应编制"银行存款余额调节表"调节相符。
>
> 有外币银行存款的小企业，还应当分别按照人民币和外币进行明细核算。
>
> 四、本科目期末借方余额，反映小企业存在银行或其他金融机构的各种款项。

（二）设置账簿

小企业应该设置银行存款总账和银行存款日记账（三栏式和订本账），分别进行银行存款的总分类核算和序时、明细分类核算。无论采用三栏式还是多栏式银行存款日记账，都必须使用订本账。

小企业可按开户银行和其他金融机构、存款

种类等设置银行存款日记账,根据收付款凭证,按照业务的发生顺序逐笔登记。

(三)登记账簿

由小企业出纳人员根据收付款凭证,按照业务的发生顺序逐笔登记。每日终了,应结出余额。"银行存款日记账"应定期与"银行对账单"核对,至少每月核对一次。做到日清月结。

四、银行存款对账

"银行存款日记账"应定期与"银行对账单"核对,至少每月核对一次。企业银行存款账面余额与银行对账单余额之间如有差额,应编制"银行存款余额调节表"调节,如没有记账错误,调节后的双方余额应相等。银行存款余额调节表只是为了核对账目,不能作为调整银行存款账面记录的记账依据。

五、账务处理

(一)业务2-3 银行存款收支业务的核算

小企业在通过上述"银行存款"账户核算的结算方式下,根据有关的原始凭证编制银行存款的收付款凭证,记入小企业的"银行存款"科目。

(1)小企业将款项存入银行或其他金融机构时,借记"银行存款"科目,贷记"库存现金"或有关科目。

借:银行存款
　　贷:库存现金

(2)提取或支付在银行或其他金融机构中的存款时,借记"库存现金"或有关科目,贷记"银行存款"科目。

借:库存现金
　　贷:银行存款

【例2-4】 甲公司2022年4月发生的部分业务如下:

(1)1日,将库存多余现金6 000元送存银行。根据企业编制的经银行盖章的送款单回单联,编制会计分录如下:

借:银行存款　　　　　　　　　　6 000
　　贷:库存现金　　　　　　　　　　6 000

(2)2日,企业管理部门报销差旅费、办公用品费8 000元,取得普通发票,通过开具现金支票支付。根据原始发票和企业开出的现金支票存根,编制会计分录如下:

借:管理费用　　　　　　　　　　8 000
　　贷:银行存款　　　　　　　　　　8 000

(二)业务2-4 银行存款余额调节表的编制

未达账项,是由于结算凭证在企业与银行之间或收付款银行之间传递需要时间,造成企业与银行之间入账的时间差,一方收到凭证并已入账,另一方未收到凭证因而未能入账而形成的入账差异。它包括四种类型:

(1)企业已收,银行未收。

(2)企业已付,银行未付。

(3)银行已收,企业未收。

(4)银行已付,企业未付。

未达账项并非错账,应编制"银行存款余额调节表"进行核对,如果没有发生记账错误,调节后的双方余额应相等。如果调节后的银行存款余额仍不相符,则应进一步逐笔核对,发现错账、漏账,立即予以纠正。

需要注意的是,"银行存款余额调节表"只是为了核对账目,并不能作为调整银行存款账面余额的记账依据,应待有关结算凭证到达后入账。"银行存款余额调节表"应同对账单装订在一起,加以保存,以备日后查阅。

【例2-5】 2022年3月31日,甲公司银行存款日记账的账面余额为312 460元,银行对账单余额是314 400元,经查对发现,有以下未达账项:

(1)3月27日企业送存银行的转账支票17 200元,银行尚未入账。

(2)3月31日银行代付电费1 500元,企业尚未收到付款通知。

(3)3月31日企业委托银行收款13 800元,银行已收到入账,企业尚未收到收款通知。

(4)3月31日企业开出转账支票6 840元,持票单位尚未到银行办理结算手续。

根据以上未达账项,编制银行存款余额调节表如表2-2所示。

调节后的余额相等,说明双方记账都无错误。调节后的余额324 760元是甲公司银行存款的实有数额。

表2-2　银行存款余额调节表　单位：元

项目	金额	项目	金额
银行对账单余额	314 400	企业银行存款日记账余额	312 460
加：企业已收，银行未收款 27日银行未入账的转账支票	17 200	加：银行已收，企业未收款 31日银行收到的款项	13 800
减：企业已付，银行未付款 31日银行未入账的转账支票	6 840	减：银行已付，企业未付款 31日银行代付的电费	1 500
调节后的存款余额	324 760	调节后的存款余额	324 760

六、银行存款损失的财税处理

（一）会计处理

银行存款损失往往出于企业外界的一些偶发因素，而并非企业自身管理上的原因，应通过"营业外支出"核算。

（二）税务处理

《财政部　国家税务总局关于企业资产损失税前扣除政策的通知》（财税〔2009〕57号）第3条规定，企业将货币性资金存入法定具有吸收存款职能的机构，因该机构依法破产、清算，或者政府责令停业、关闭等原因，确实不能收回的部分，作为存款损失在计算应纳税所得额时扣除。

1. 损失原因

金融机构清算。

2. 税前扣除条件

（1）外部证据是否具有法律效力，内部证据是否符合企业内部有关规章，是否合理。

（2）损失是否已作会计账务处理。

（3）损失金额是否准确。

3. 申报方式

银行存款等货币资产损失采取专项申报方式。

4. 留存备查资料（损失证据）

银行存款损失为法定资产损失，即应清算未清算超过36个月的，企业可将该款项确认为资产损失。这里应当是全额确认资产损失，如果以后收回部分清算资产，再作为收回年度应纳税所得额。根据《企业资产损失所得税税前扣除管理办法》（国家税务总局公告2011年第25号）第21条的规定，企业存款损失专项申报应留存备查的材料：

（1）企业存款类资产的原始凭据复印件。

（2）金融机构破产、清算的法律文件。

（3）金融机构清算后剩余资产分配情况资料（若属金融机构应清算而未清算超过36个月的，应有法院或破产清算管理人出具的未完成清算证明）。

（4）金融机构清算后剩余资产分配情况资料。

（5）董事会等权力机构决议或上级公司批复或由董事会、上级公司授权的部门的批复文件（国有企业还需提供国有资产监管机构或由其授权的部门的批复）。

（6）资产损失的会计处理凭证。

（7）税务机关所需的其他材料。

第五节　其他货币资金财税处理

一、其他货币资金的内容

其他货币资金是指企业除库存现金、银行存款以外的其他各种货币资金，主要包括银行汇票存款、银行本票存款、信用卡存款、信用证保证金存款、存出投资款和外埠存款等。其他货币资金的存放地点分散、用途多样，存放、使用的手续制度要求各有不同，受经营业务活动性质影响，其安全管理难度大，要求企业会计部门和经营业务经办部门相互配合，明确经办责任，严格履行申请、审批、经办等手续制度，对于业务收支经办结束的项目应及时办理清理手续和相应的会计处理，会计部门应当加强相应的明细核算和监督管理，避免不合理延期，防止债权债务纠纷发生而给企业造成损失等不利影响。

二、科目设置

> **《小企业会计准则》应用指南**
> **1012　其他货币资金**
>
> 一、本科目核算小企业的银行汇票存款、银行本票存款、信用卡存款、信用证保证金存款、外埠存款、备用金等其他货币资金。
>
> 二、本科目应按照银行汇票或本票、信用卡发放银行、信用证的收款单位,外埠存款的开户银行,分别"银行汇票""银行本票""信用卡""信用证保证金""外埠存款"等进行明细核算。
>
> 三、其他货币资金的主要账务处理。
>
> 小企业增加其他货币资金,借记本科目,贷记"银行存款"科目;减少其他货币资金,做相反的会计分录。
>
> 四、本科目期末借方余额,反映小企业持有的其他货币资金。

三、账务处理

(一)业务2-5　银行汇票存款的核算

银行汇票存款,是指企业为取得银行汇票按照规定存入银行的款项。银行汇票,是指由出票银行签发的,由其在见票时按照实际结算金额无条件支付给收款人或者持票人的票据。

(1)企业填写银行汇票申请书,款项交存银行:

借:其他货币资金——银行汇票
　　贷:银行存款

(2)发生采购业务:

借:原材料、材料采购、库存商品等
　　应交税费——应交增值税(进项税额)
　　贷:其他货币资金——银行汇票

(3)采购完毕,收回余款:

借:银行存款
　　贷:其他货币资金——银行汇票

【例2-6】　甲公司为增值税一般纳税人,2022年3月5日向银行申请办理银行汇票用以购买原材料,将款项250 000元交存银行转作银行汇票存款。根据银行盖章退回的申请书存根联,甲公司应编制如下分录:

借:其他货币资金——银行汇票　　250 000
　　贷:银行存款　　　　　　　　　250 000

2022年3月10日,甲公司购入原材料一批已验收入库,取得的增值税专用发票上注明的价款为200 000元,增值税税额为26 000元,已用银行汇票办理结算,多余款项24 000元退回开户银行,公司已收到开户银行转来的银行汇票第四联(多余款收账通知)。甲公司应编制如下会计分录:

(1)用银行汇票结算材料价款和增值税税款时:

借:原材料　　　　　　　　　　　　200 000
　　应交税费——应交增值税(进项税额)26 000
　　贷:其他货币资金——银行汇票　　226 000

(2)收到退回的银行汇票的多余款项时:

借:银行存款　　　　　　　　　　　24 000
　　贷:其他货币资金——银行汇票　　240 00

(4)销货企业收到银行汇票、填制进账单到开户银行办理款项入账手续时,根据进账单及销货发票等确认增值税:

借:银行存款
　　贷:主营业务收入
　　　　应交税费——应交增值税(销项税额)

(二)业务2-6　银行本票存款的核算

银行本票存款,是指企业为了取得银行本票按规定存入银行的款项。银行本票,是指银行签发的,承诺自己在见票时无条件支付确定的金额给收款人或持票人的票据。银行本票的提示付款期限自出票日起最长不得超过两个月。持票人超过付款期限提示付款的,银行不予受理。

(1)企业填写银行本票申请书,款项交存银行:

借:其他货币资金——银行本票
　　贷:银行存款

(2)发生采购业务:

借:原材料、材料采购、库存商品等
　　应交税费——应交增值税(进项税额)
　　贷:其他货币资金——银行本票

【例2-7】　甲公司为增值税一般纳税人,2022年4月,为取得银行本票,向银行填交"银行本票申请书",并将11 300元银行存款转作银行本票存款。公司取得银行本票后,应根据银行盖章退回的银行本票申请书存根联填制银行付款凭证。甲公司应编制如下会计分录:

借：其他货币资金——银行本票　　　 11 300
　　贷：银行存款　　　　　　　　　　 11 300

甲公司用银行本票购买办公用品 10 000 元，增值税专用发票上注明的增值税税额为 1 300 元。甲公司应编制如下会计分录：

借：管理费用　　　　　　　　　　　 10 000
　　应交税费——应交增值税（进项税额）1 300
　　贷：其他货币资金——银行本票　　11 300

（3）销货企业收到银行本票、填制进账单，到开户银行办理款项入账手续，根据进账单及销货发票等，编制如下会计分录：

借：银行存款
　　贷：主营业务收入
　　　　应交税费——应交增值税（销项税额）

（三）业务 2-7　信用卡存款的核算

信用卡存款，是指企业为取得信用卡而存入银行信用卡专户的款项。信用卡是银行卡的一种。单位卡账户的资金一律从其基本账户转账存入，不得交存现金，不得将销货收入的款项存入其账户。

（1）企业申领信用卡应填制"信用卡申请表"连同支票和有关资料一并送存发卡银行，根据银行盖章退回的进账单第一联：

借：其他货币资金——信用卡
　　贷：银行存款

（2）企业用信用卡购物或支付有关费用：

借：管理费用等
　　应交税费——应交增值税（进项税额）
　　贷：其他货币资金——信用卡

（3）企业信用卡在使用过程中，需要向其账户续存资金的：

借：其他货币资金——信用卡
　　贷：银行存款

（4）销卡时，款项退回：

借：银行存款
　　贷：其他货币资金——信用卡

【例 2-8】　甲公司于 2022 年 3 月 24 日向银行申请信用卡，向银行交存 50 000 元。2022 年 4 月 10 日，该公司用信用卡向新华书店支付购书款 3 000 元，取得增值税免税发票一张。甲公司编

制如下分录：

借：其他货币资金——信用卡　　　　 50 000
　　贷：银行存款　　　　　　　　　　 50 000
借：管理费用　　　　　　　　　　　　3 000
　　贷：其他货币资金——信用卡　　　　3 000

（四）业务 2-8　信用证保证金存款的核算

信用证保证金存款，是指采用信用证结算方式的企业为开具信用证而存入银行信用证保证金专户的款项。信用证，是指银行依照申请人的申请开立的，对相符交单予以付款的承诺。

（1）企业填写"信用证申请书"，将信用证保证金交存银行时，应根据银行盖章退回的"信用证申请书"回单：

借：其他货币资金——信用证保证金
　　贷：银行存款

（2）企业接到开证行通知，根据供货单位信用证结算凭证及所附发票账单（使用时）：

借：材料采购/原材料/库存商品
　　应交税费——应交增值税（进项税额）
　　贷：其他货币资金——信用证保证金

（3）将未用完的信用证保证金存款余额转回开户银行时：

借：银行存款
　　贷：其他货币资金——信用证保证金

【例 2-9】　2022 年 4 月 6 日，甲公司向银行申请开具信用证 2 000 000 元，用于支付境外采购材料价款。甲公司已向银行缴纳保证金，并收到银行盖章退回的进账单第一联。甲公司编制如下会计分录：

借：其他货币资金——信用证保证金　2 000 000
　　贷：银行存款　　　　　　　　　2 000 000

4 月 27 日，甲公司收到银行转来的境外销货单位信用证结算凭证以及所附发票账单、海关进口增值税专用缴款书等有关凭证，材料价款 1 500 000 元，增值税税额为 195 000 元。甲公司编制如下会计分录：

借：原材料　　　　　　　　　　　1 500 000
　　应交税费——应交增值税（进项税额）
　　　　　　　　　　　　　　　　　195 000
　　贷：其他货币资金——信用证保证金 1 695 000

4月28日，收到银行退回的信用证保证金余款，甲公司编制如下会计分录：

借：银行存款　　　　　　　　　305 000

　　贷：其他货币资金——信用证保证金　305 000

（五）业务2-9　存出投资款的核算

存出投资款，是指企业为购买股票、债券、基金等根据有关规定存入在证券公司指定银行开立的投资款专户的款项。

（1）企业向证券公司划出资金时，应按实际划出的金额：

借：其他货币资金——存出投资款

　　贷：银行存款

（2）购买股票、债券、基金等时：

借：短期投资

　　贷：其他货币资金——存出投资款

【例2-10】　2022年4月6日，甲公司向证券公司划出资金500 000元，准备投资于上市公司股票。甲公司编制如下会计分录：

借：其他货币资金——存出投资款　500 000

　　贷：银行存款　　　　　　　　　500 000

4月8日，买入A公司股票100 000股，每股4.8元，相关税费5 000元，剩余款项退回。甲公司编制如下会计分录：

借：短期投资——A公司股票　485 000

　　银行存款　　　　　　　　15 000

　　贷：其他货币资金——存出投资款　500 000

（六）业务2-10　外埠存款的核算

外埠存款是指企业为了到外地进行临时或零星采购，而汇往采购地银行开立采购专户的款项。

（1）企业将款项汇往外地开立采购专用账户，根据汇出款项凭证编制付款凭证时：

借：其他货币资金——外埠存款

　　贷：银行存款

（2）收到采购人员转来供应单位发票账单等报销凭证时：

借：材料采购/原材料/库存商品

　　应交税费——应交增值税（进项税额）

　　贷：其他货币资金——外埠存款

（3）采购完毕收回剩余款项时，根据银行的收账通知：

借：银行存款

　　贷：其他货币资金——外埠存款

【例2-11】　甲公司为临时到外地采购原材料，2022年3月5日委托开户银行汇款100 000元到采购地设立采购专户。3月20日，采购员交来从采购专户付款购入材料的有关凭证，增值税专用发票上的原材料价款为88 000元，增值税税额为11 440元。3月28日，收到开户银行的收款通知，该采购专户中的结余款项已经转回。甲公司应编制如下会计分录：

（1）汇出款项：

借：其他货币资金——外埠存款　100 000

　　贷：银行存款　　　　　　　　100 000

（2）采购原材料：

借：原材料　　　　　　　　　88 000

　　应交税费——应交增值税（进项税额）11 440

　　贷：其他货币资金——外埠存款　　99 440

（3）转回余款：

借：银行存款　　　　　　　　　560

　　贷：其他货币资金——外埠存款　560

第六节　应收及预付款项财税处理

《小企业会计准则》条文及主旨：

第九条　应收及预付款项，是指小企业在日常生产经营活动中发生的各项债权。包括：应收票据、应收账款、应收股利、应收利息、其他应收款等应收款项和预付账款。

应收及预付款项应当按照发生额入账。

【条文主旨】本条是关于应收及预付款项定义、构成和会计处理的规定。

一、应收及预付款项的构成、特征和计量原则

（一）应收及预付款项的构成

应收及预付款项是指小企业在日常生产经营过程中发生的各项债权，包括应收款项和预付款项。应收款项包括应收票据、应收账款、应收股利、应收利息和其他应收款等；预付款项则是指小企业按照合同规定预付的款项，如根据合同规定预付的购货款、租金以及外包工程的工程款等。

（二）应收及预付款项特征

（1）应收及预付款项是小企业日常生产经营活动中发生的，如销售产成品或商品、外购原材料或商品过程中发生的应收账款或预付账款；又如职工因公或因私向本企业借款产生的其他应收款等。

（2）应收及预付款项的本质是债权。但是，应收款项最终会收到货币资金，预付账款则是收到所购物资或劳务。

（三）应收及预付款项的计量原则

应收及预付款项应当按照实际发生额入账。实务中，小企业应当根据合同、协议、发票等凭证列示的金额记录应收款项或预付账款，对应收及预付款项发生的减值不计提坏账准备。

二、应收票据

（一）应收票据的内容

应收票据中的"票据"仅指商业汇票，是小企业因销售商品（产成品或材料，下同）、提供劳务等日常生产经营活动而收到的商业汇票。企业申请使用银行承兑汇票时，应向其承兑银行按票面金额的万分之五交纳手续费。出票人于汇票到期前未能足额交存票款时，承兑银行除凭票向持票人无条件付款外，对出票人尚未支付的汇票金额按照每天万分之五计收利息。

根据承兑人的不同，商业汇票分为商业承兑

汇票和银行承兑汇票，均通过"应收票据"科目进行核算。各种票据对应的会计科目见表2-3。

表2-3　各种票据对应的会计科目

票据种类	收到票据方	开出票据方
商业汇票	应收票据	应付票据
银行汇票/银行本票	银行存款	其他货币资金
支票（普通、转账、现金）	银行存款	银行存款

（二）应收票据的财务管理

应收票据核算小企业因销售商品（产成品或材料，下同）收到的商业汇票，包括商业承兑汇票和银行承兑汇票。

（1）应收票据的取得和贴现必须经由保管票据以外的主管人员书面批准。

（2）小企业在接受应收票据时，财务人员要按照《票据法》和《支付结算办法》等规定，仔细审核票据的真实性、合法性，防止以假乱真，避免或减少应收票据风险。

（3）票据的贴现须经主管人员审核和批准，以防伪造。

（4）应收票据的保管需要注意：

① 小企业应设专人保管应收票据，且保管人员不得经办会计记录。

② 对已贴现的票据应在备查簿中登记，以便日后追踪管理。

③ 对于即将到期的应收票据，应及时向付款人提出付款。

④ 小企业应当设置"应收票据备查簿"，逐笔登记每一商业汇票的种类、号数和出票日期、票面金额、交易合同号和付款人、承兑人、背书人的姓名或单位名称、到期日期和利率以及收款日期和收回金额等资料，商业汇票到期结清票款后，应在备查簿内逐笔注销。

（三）应收票据的核算

1. 科目和账簿设置

《小企业会计准则应用指南》

1121　应收票据

一、本科目核算小企业因销售商品（产成品或材料，下同）、提供劳务等日常生产经营活动而收到的商业汇票（银行承兑汇票和商业承兑汇票）。

二、本科目应按照开出、承兑商业汇票的单位进行明细核算。

三、应收票据的主要账务处理。

(一)小企业因销售商品、提供劳务等而收到开出、承兑的商业汇票,按照商业汇票的票面金额,借记本科目,按照确认的营业收入,贷记"主营业务收入"等科目。涉及增值税销项税额的,还应当贷记"应交税费——应交增值税(销项税额)"科目。

(二)持未到期的商业汇票向银行贴现,应按照实际收到的金额(即减去贴现息后的净额),借记"银行存款"科目,按照贴现息,借记"财务费用"科目,按照商业汇票的票面金额,贷记本科目(银行无追索权情况下)或"短期借款"科目(银行有追索权情况下)。

(三)将持有的商业汇票背书转让以取得所需物资,按照应计入取得物资成本的金额,借记"材料采购"或"原材料""库存商品"等科目,按照商业汇票的票面金额,贷记本科目,如有差额,借记或贷记"银行存款"等科目。涉及按照税法规定可抵扣的增值税进项税额的,还应当借记"应交税费——应交增值税(进项税额)"科目。

(四)商业汇票到期,应按照实际收到的金额,借记"银行存款"科目,贷记本科目。

因付款人无力支付票款,或到期不能收回应收票据,应按照商业汇票的票面金额,借记"应收账款"科目,贷记本科目。

四、小企业应当设置"应收票据备查簿",逐笔登记商业汇票的种类、号数和出票日、票面金额、交易合同号和付款人、承兑人、背书人的姓名或单位名称、到期日、背书转让日、贴现日、贴现率和贴现净额以及收款日期和收回金额、退票情况等资料。商业汇票到期结清票款或退票后,在备查簿中应予注销。

五、本科目期末借方余额,反映小企业持有的商业汇票的票面金额。

2. 账务处理

业务 2-11 取得应收票据的核算。

应收票据取得的原因不同,其会计处理亦有所区别。

(1)因债务人抵偿前欠货款而取得的应收票据:

借:应收票据
　　贷:应收账款

(2)因小企业销售商品、提供劳务等而收到开出、承兑的商业汇票:

借:应收票据
　　贷:主营业务收入
　　　　应交税费——应交增值税(销项税额)

(3)商业汇票到期收回款项时,按实际收到的金额:

借:银行存款
　　贷:应收票据

【例 2-12】 2022 年 3 月 10 日,甲公司向乙公司(增值税一般纳税人)销售一批产品,货已发出,货款 50 000 元,增值税税额为 6 500 元,收到乙公司一张面额 56 500 元 3 个月到期的不带息商业承兑汇票。甲公司应作如下账务处理:

借:应收票据　　　　　　　　　56 500
　　贷:主营业务收入　　　　　　　　50 000
　　　　应交税费——应交增值税(销项税额)　6 500

业务 2-12 带息应收票据利息的核算。

如果小企业收到的是带息应收票据,除按照上述不带息票据进行核算外,还应于期末(半年末和年末)进行利息的处理。

(1)按应收票据的票面价值和确定的利率计算计提票据利息,并增加应收票据的账面余额,同时冲减"财务费用":

借:应收票据
　　贷:财务费用

(2)到期收回票据本息:

借:银行存款
　　贷:应收票据(面值＋已提利息)
　　　　财务费用(剩余的未提利息)

(3)如果票据到期债务人无力支付票款:

借:应收账款
　　贷:应收票据(面值＋已提利息)
　　　　财务费用(剩余的未提利息)

(4)到期不能收回的带息应收票据,转入"应收账款"科目核算后,期末不再计提利息,其所包含的利息在有关备查簿中进行登记,待实际收到时再冲减收到当期的财务费用。

【例2-13】 2022年3月1日,甲公司赊销商品给乙公司,售价100万元,增值税税率为13%。当天乙公司开出并承兑商业汇票一张,面值为113万元,期限为6个月,票面利率为6%。

(1)2022年3月1日,销售产品取得商业汇票:

借:应收票据　　　　　　　　1 130 000
　　贷:主营业务收入　　　　　　1 000 000
　　　　应交税费——应交增值税(销项税额)130 000

(2)2022年6月30日,计提3~6月利息22 600元(1 130 000×6%×4÷12)。

借:应收票据　　　　　　　　22 600
　　贷:财务费用　　　　　　　　22 600

(3)2022年9月1日,票据到期收到票款:

借:银行存款(1 130 000+1 130 000×6%×6÷12)
　　　　　　　　　　　　　　1 163 900
　　贷:应收票据(1 130 000+22 600)　1 152 600
　　　　财务费用(1 130 000×6%×2÷12)　1 1300

业务2-13 应收票据背书转让的核算。

背书的内容及规定见本章第一节部分。小企业将持有的商业汇票背书转让以取得所需物资,按照应计入取得物资成本的金额,借记“材料采购”或“原材料”“库存商品”等科目,按应计入取得物资成本的价值,借记“在途物资”“原材料”“库存商品”等科目,按专用发票上注明的增值税税额,借记“应交税费——应交增值税(进项税额)”科目,按照商业汇票的票面金额,贷记“应收票据”科目,如有差额,借记或贷记“银行存款”等科目。

借:原材料、材料采购、库存商品等
　　应交税费——应交增值税(进项税额)
　　银行存款(收到的补价)
　　贷:应收票据
　　　　银行存款(支付的补价)

【例2-14】 2022年9月1日,甲公司向乙公司销售一批产品,货款为1 500 000元,尚未收到,已办妥托收手续,适用的增值税税率为13%。

借:应收账款　　　　　　　　1 695 000
　　贷:主营业务收入　　　　　　1 500 000
　　　　应交税费——应交增值税(销项税额)195 000

(2)9月15日,甲公司收到乙公司寄来的一张3个月到期的商业承兑汇票,面值为1 695 000元,抵付产品货款。

借:应收票据　　　　　　　　1 695 000
　　贷:应收账款　　　　　　　　1 695 000

(3)10月15日,甲公司将上述应收票据背书转让,以取得生产经营所需的A种材料。该材料价款为1 500 000元,适用的增值税税率为13%。

借:原材料——A　　　　　　1 500 000
　　应交税费——应交增值税(进项税额)
　　　　　　　　　　　　　　195 000
　　贷:应收票据　　　　　　　　1 695 000

业务2-14 应收票据贴现的核算。

票据贴现及计算见本章第一节内容。根据票据到期债务人未能偿还时银行是否享有追索权,应收票据贴现的会计处理区分以下两种情况。

1. 不附有追索权的应收票据贴现

如果小企业与贴现银行签订的协议中规定,在贴现的应收票据到期,债务人未按期偿还,申请贴现的小企业不负有任何偿还责任时,即银行无追索权的,应视同应收债权的出售处理。

小企业持未到期的商业汇票向银行贴现,应根据银行盖章退回的贴现凭证第4联收账通知,按照实际收到的金额(即减去贴现息后的净额),借记“银行存款”科目,按照贴现息,借记“财务费用”科目,按照商业汇票的票面金额,贷记“应收票据”科目。

借:银行存款(票据到期值－贴现息后的净额)
　　财务费用
　　贷:应收票据(票面金额)

票据到期,不论承兑人是否付款,贴现人均不做任何处理。

2. 附有追索权的应收票据贴现

如果小企业与贴现银行签订的协议中规定,在贴现的应收票据到期,债务人未按期偿还时,申请贴现的小企业负有向贴现银行还款的责任,即银行有追索权的,应视同以票据为质押取得银行借款。因为这类协议从实质上看,与所贴现商业汇票有关的风险和报酬并未发生实质性转移,商业汇票可能产生的风险仍由申请贴现的企业承担。

小企业持未到期的商业汇票向银行贴现，应根据银行盖章退回的贴现凭证第4联收账通知，按照实际收到的金额（即减去贴现息后的净额），借记"银行存款"科目，按照贴现息，借记"财务费用"科目，按照商业汇票的票面金额，贷记"短期借款"科目。

借：银行存款（票据到期值－贴现息后的净额）
　　财务费用
　　贷：短期借款（票据到期值）

票据到期，如果承兑人还款，则账务处理如下：

借：短期借款
　　贷：应收票据

票据到期，如果承兑人未付款，则账务处理如下：

借：短期借款
　　贷：银行存款

同时：

借：应收账款
　　贷：应收票据

3. 应收票据贴现在核算中应注意的问题

（1）到期价值可理解为本金加利息，如为不带息，则为本金（面值）。

（2）贴现息的计算基础是票据到期价值，而不是面值。

（3）做会计分录时，收到的贴现所得金额计入银行存款，转平应收票据的账面价值，差额则计入"财务费用"。

【例2-15】 2022年10月1日，因销售商品收到面值为100万元（含税），4个月期限，年利率为6%的商业承兑汇票。

（1）2022年10月1日收到票据时：

借：应收票据　　　　　　1 000 000
　　贷：主营业务收入　　　　884 956
　　　　应交税费——应交增值税（销项税额）115 044

（2）如果11月1日将此应收票据贴现，贴现率为8%，则：

到期值＝本金＋利息＝100＋100×（6%÷12)×4＝100＋2＝102（万元）。

贴现息＝到期值×贴现率×贴现期限＝102×（8%÷12)×3＝2.04（万元）。

贴现所得金额＝到期值－贴现息＝102－2.04＝99.96（万元）。

借：银行存款　　　　　　999 600
　　财务费用　　　　　　　400
　　贷：短期借款或应收票据　1 000 000

业务2-14　应收票据收回的核算。

（1）商业汇票到期，应按照实际收到的金额：

借：银行存款
　　贷：应收票据

（2）因付款人无力支付票款，或到期不能收回应收票据，应按照商业汇票的票面金额：

借：应收账款
　　贷：应收票据

【例2-16】 承接[例2-12]，2022年3月10日，甲公司收到乙公司开具的商业汇票款56 500元，存入银行。甲公司应作如下账务处理：

借：银行存款　　　　　　56 500
　　贷：应收票据　　　　　　56 500

三、应收账款

（一）应收账款的核算范围

应收账款是小企业因销售商品、提供劳务等日常生产经营活动应收取的款项。应收账款的核算范围如下：

（1）应收账款是小企业因销售商品提供劳务活动引起的债权，主要包括企业销售商品或提供劳务等应向有关债务人收取的价款及代购货单位垫付的包装费、运杂费等。分期收款销售商品款也在应收账款核算，不包括应收职工欠款、应收债务人的利息等应收款项。

（2）应收账款是指本企业应收客户的款项，凡不是因销售活动而发生的应收款项，不应列入应收账款，如企业付出的各类存出保证金——投标保证金和租入包装物保证金等。

（3）应收账款是指流动资产性质的债权，不包括长期的债权（如购买的长期债券等）。

（二）小企业应收账款财务管理

小企业为加强对应收账款的管理，在总分类账的基础上,需要按信用客户的名称设置明细分类账,详细地、序时记载与各信用客户的往来情况。小企业财务部门在应收账款管理中的职能如下:

(1)全部赊销业务都应正确、及时、详细记入有关客户的明细分类账,随时反映每个客户的赊欠情况,根据需要还可设置销货日记账,以反映赊销情况。

(2)赊销业务的全过程应分工执掌,如登记明细账、填制赊欠客户的赊欠账单、向赊欠客户交送或邮寄账单和处理客户收入的现金等,都应分派专人负责。

(3)明细账应定期同总账核对。

(4)业务经办人、经办部门应设立应收款台账,并定期与财务部核对并及时清账和追收。

(5)财务部应由专人负责定期编制《应收款项账龄分析表》,供相关人员催收款项,并评估各类应收款项的可收回性,以此确定积极或者消极的收账政策。

(6)期末财务部应当编制《往来款对账单》,发送至本公司和客户,主动进行账款核对。同时对于核对差异及时查找原因,必要时进行账务调整。客户签章确认后的《往来款对账单》由财务部存档管理。

(三)应收账款的入账时间

应收账款通常是由赊销业务产生的,因此,应收账款应在确认销售商品和提供劳务收入的同时确认。

(四)应收账款的入账金额

小企业的应收账款通常按照买卖双方成交时的实际金额计价入账,不考虑折现值。通常情况下,应收账款的入账价值包括销售商品或提供劳务的价款、增值税款,以及代购货方垫付的包装费、运杂费等。另外,还应考虑商业折扣、现金折扣等因素。

1. 商业折扣

商业折扣又称折扣销售,是指在商品交易时从价目单所列售价中给与的价格扣除。商业折扣作为一种最常见的促销和定价手段,在交易发生时即已确定,因此,对应收账款和营业收入均不产生实质影响,不需要在买卖双方任何一方的账面上反映。因此,在存在商业折扣的情况下,小企业应收账款入账金额应按扣除商业折扣以后的实际销售净额确认。

2. 现金折扣

现金折扣又称销货折扣,是指债权人为鼓励债务人在规定的期限内付款,而向债务人提供的债务扣除。现金折扣通常发生在以赊销方式销售商品及提供劳务的交易中,一般用符号"折扣/付款期限"表示,如"2/10,1/10,n/30"表示:买方在10天内付款可按售价给予2%的折扣;在20天内付款按售价给予1%的折扣;在30天内全价付款无折扣,信用期限为30天。

存在现金折扣的情况下,应收账款入账金额的确认有两种方法:一种是总价法,另一种是净价法。我国小企业会计准则和税法都规定只能采用总价法核算。

(1)总价法,是在销售业务发生时,应收账款和销售收入以未扣减现金折扣前的实际售价作为入账价值,实际发生的现金折扣作为对客户提前付款的鼓励性支出视为融资的理财费用,作为财务费用处理。总价法的缺点是会虚增资产、虚增收入。

(2)净价法,是将扣除现金折扣后的金额作为应收账款和销售收入的入账价值。这种方法是把客户取得现金折扣视为正常现象,认为一般客户都会提前付款,把因客户超过折扣期限付款而多收的款项,视为提供信贷获得的收入,于收到账款时作为其他收入或直接冲减财务费用处理。

商业折扣与现金折扣的对比见表2-4。

表2-4　商业折扣与现金折扣对比表

项目	商业折扣(折扣销售)	现金折扣(销售折扣)
业务实质	购货数量大,给购货方的价格优惠。	销货方为及早收款,付出的代价。
发生原因	鼓励购买者多买。	鼓励购买者尽快付款。
发生时间	销货当时。	赊销之后。

项目	商业折扣(折扣销售)	现金折扣(销售折扣)
处理方法	按照扣除商业折扣后的金额确定销售商品收入金额。 无专门会计处理。	按照扣除现金折扣前的金额确定销售商品收入金额。现金折扣在实际发生时计入当期财务费用。
与增值税关系	折后计税。	与增值税销售额无关系。

3. 商业折扣与现金折扣的税务处理

商业折扣与现金折扣的税务处理主要体现在增值税和企业所得税处理上,商业折扣与现金折扣的税法规定见表2-5。

表2-5　商业折扣与现金折扣的税法规定比较表

项目	增值税规定(增值税条例及细则)	所得税处理(国税函〔2008〕875号)
商业折扣	在同一发票金额栏内注明的按扣除商业折扣后的金额计提销项税额。	商品销售涉及商业折扣的,应当按照扣除商业折扣后的金额确定销售商品收入金额。
现金折扣	总价法:按扣除现金折扣前的金额确定销售额计提销项税额。	总价法:按扣除现金折扣前的金额确定销售商品收入金额,现金折扣在实际发生时作为财务费用扣除。

(五) 应收账款的账务处理

1. 科目设置

> 《小企业会计准则应用指南》
>
> **1122　应收账款**
>
> 一、本科目核算小企业因销售商品、提供劳务等日常生产经营活动应收取的款项。
>
> 二、本科目应按照对方单位(或个人)进行明细核算。
>
> 三、应收账款的主要账务处理。
>
> (一) 小企业因销售商品或提供劳务形成应收账款,应当按照应收金额,借记本科目,按照税法规定应交纳的增值税销项税额,贷记"应交税费——应交增值税(销项税额)"科目,按照其差额,贷记"主营业务收入"或"其他业务收入"科目。
>
> (二) 收回应收账款,借记"银行存款"或"库存现金"科目,贷记本科目。
>
> (三) 按照小企业会计准则规定确认应收账款实际发生的坏账损失,应当按照可收回的金额,借记"银行存款"等科目,按照其账面余额,贷记本科目,按照其差额,借记"营业外支出"科目。
>
> 四、本科目期末借方余额,反映小企业尚未收回的应收账款。

预收账款情况不多,不单独设置"预收账款"科目的小企业,预收的账款也可以在"应收账款"科目核算。贷方登记向购货单位预收的款项,借方登记和预付款单位实际结算的款项。期末贷方余额,反映小企业预收的款项。在这种情况下,本科目按照预付款单位进行明细核算。

2. 账务处理

业务2-15　发生应收账款,没有商业折扣。

企业发生的应收账款,在没有商业折扣的情况下,按应收的全部金额入账。

借:应收账款
　　贷:主营业务收入
　　　　应交税费——应交增值税(销项税额)

【例2-17】 甲公司销售产品一批,价值总计58 000元,适用的增值税税率为13%,代购货单位垫付杂费2 000元(符合不作为价外费用条件),已办妥银行收款手续。甲公司会计处理如下:

借:应收账款　　　　　　　　　　　　67 540
　　贷:主营业务收入　　　　　　　　　　58 000
　　　　应交税费——应交增值税(销项税额)　7 540
　　　　银行存款　　　　　　　　　　　　2 000

收到货款时:

借:银行存款　　　　　　　　　　　　67 540
　　贷:应收账款　　　　　　　　　　　　67 540

业务 2-16　**发生应收账款,有商业折扣。**

企业发生的应收账款,在有商业折扣的情况下,应按扣除商业折扣后的金额入账。

借:应收账款
　　贷:主营业务收入
　　　　应交税费——应交增值税(销项税额)

【例 2-18】 2022 年 3 月,甲公司销售一批产品,按价目表标明的价格计算,金额为 20 000 元。由于是成批销售,销货方给购货方 10% 的商业折扣,金额为 2 000 元,销货方应收账款的入账金额为 18 000 元,适用增值税税率为 13%。销售额和折扣额在同一专用发票上注明。甲公司会计处理如下:

借:应收账款　　　　　　　　　20 340
　　贷:主营业务收入　　　　　　　18 000
　　　　应交税费——应交增值税(销项税额)　2 340

收到货款时:

借:银行存款　　　　　　　　　20 340
　　贷:应收账款　　　　　　　　　20 340

业务 2-17　**发生应收账款,有现金折扣。**

企业发生的应收账款在有现金折扣的情况下,采用总价法入账,发生的现金折扣作为财务费用处理。计提现金折扣的基数由购销双方商定,做题时如果没有说明,按应收账款总额(价税合计)计算。

(1)销售实现,确认销售收入:

借:应收账款
　　贷:主营业务收入
　　　　应交税费——应交增值税(销项税额)

(2)折扣期内发生现金折扣,计入财务费用:

借:银行存款
　　财务费用
　　贷:应收账款

(3)折扣期后未发生现金折扣,全额收款:

借:银行存款
　　贷:应收账款

【例 2-19】 2022 年 3 月 1 日,甲公司销售产品 10 000 元,规定的现金折扣条件为"2/10,n/30",适用的增值税税率为 13%,产品交付并办妥托收手续。甲公司会计处理如下:

借:应收账款　　　　　　　　　11 300
　　贷:主营业务收入　　　　　　　10 000
　　　　应交税费——应交增值税(销项税额)　1 300

2022 年 3 月 10 日,发生 2% 现金折扣,收到货款 11 074 元。甲公司会计处理如下:

借:银行存款　　　　　　　　　11 074
　　财务费用　　　　　　　　　　226
　　贷:应收账款　　　　　　　　　11 300

2022 年 5 月 26 日,超过现金折扣期限,收到货款 11 300 元。甲公司会计处理如下:

借:银行存款　　　　　　　　　11 300
　　贷:应收账款　　　　　　　　　11 300

业务 2-18　**债务重组下应收账款的核算。**

按照《小企业会计准则》的规定,小企业应收账款发生债务重组,应按照债务重组相关准则进行会计处理。2019 年 5 月 16 日,财政部发布了《关于印发修订〈企业会计准则第 12 号——债务重组〉的通知》(财会〔2019〕9 号),对《企业会计准则第 12 号——债务重组》(以下简称"新债务重组准则")进行了修订。修订后的新债务重组准则自 2019 年 6 月 17 日开始生效,企业应对 2019 年 1 月 1 日至生效日发生的债务重组交易,按照新债务重组准则规定进行调整;2019 年 1 月 1 日之前发生的债务重组交易不需追溯调整。

债务重组是指在不改变交易对方的情况下,经债权人和债务人协定或法院裁定,就清偿债务的时间、金额或方式等重新达成协议的交易。按新债务重组准则第 6 条规定,放弃债权公允价值与账面价值之间的差额,作为金融资产终止确认损益,记入"投资收益"科目。

借:固定资产
　　原材料
　　长期股权投资
　　贷:应收账款
　　　　投资收益

【例 2-20】 2022 年 5 月,甲公司原持有 B 公司应收账款账面价值 600 万元。甲公司与 B 公司当月达成协议,B 公司以其持有的一套房产抵偿对甲公司的债务。B 公司原将该房产作为固定资产核算,当月账面价值为 350 万元。其中,原值为

500万元,已计提累计折旧150万元。经评估,该房产当月公允价值为550万元。双方于当月完成该房产产权转移手续。甲公司发生转入房产相关税费10万元,B公司发生转出房产相关税费15万元。具体会计分录如下(单位:万元):

借:固定资产——原值(550+10)   560
　　投资收益   50
　　贷:应收账款——原值   600
　　　　银行存款   10

《小企业会计准则应用指南》

1123 预付账款

一、本科目核算小企业按照合同规定预付的款项。包括:根据合同规定预付的购货款、租金、工程款等。

预付款项情况不多的小企业,也可以不设置本科目,将预付的款项直接计入"应付账款"科目借方。

小企业进行在建工程预付的工程价款,也通过本科目核算。

二、本科目应按照对方单位(或个人)进行明细核算。

三、预付账款的主要账务处理。

(一)小企业因购货而预付的款项,借记本科目,贷记"银行存款"等科目。

收到所购物资,按照应计入购入物资成本的金额,借记"在途物资"或"原材料""库存商品"等科目,按照税法规定可抵扣的增值税进项税额,借记"应交税费——应交增值税(进项税额)"科目,按照应支付的金额,贷记本科目,补付的款项,借记本科目,贷记"银行存款"等科目;退回多付的款项,做相反的会计分录。

(二)出包工程按照合同规定预付的工程价款,借记本科目,贷记"银行存款"等科目。按照工程进度和合同规定结算的工程价款,借记"在建工程"科目,贷记本科目、"银行存款"等科目。

(三)按照小企业会计准则规定确认预付账款实际发生的坏账损失,应当按照可收回的金额,借记"银行存款"等科目,按照其账面余额,贷记本科目,按照其差额,借记"营业外支出"科目。

四、本科目期末借方余额,反映小企业预付的各种款项。

(二)账务处理

业务2-19 预付货款的核算。

(1)根据购货合同的规定向供应单位预付款项。

借:预付账款
　　贷:银行存款

(2)企业收到所购物资和结算发票。

借:原材料/库存商品等
　　应交税费——应交增值税(进项税额)
　　贷:预付账款(发票注明价税合计金额)

(3)当预付货款小于采购货物所需支付的款项,需要补付差额。

借:预付账款
　　贷:银行存款

(4)当预付货款大于采购货物所需支付的款

四、预付账款

预付账款是指小企业按照合同规定预付的款项,包括根据合同规定预付的购货款、租金、工程款等。小企业预付货款后,有权要求对方按照购货合同规定发货。

(一)科目设置

项,需要收回多余款项。

借:银行存款
　　贷:预付账款

【例2-21】 2022年4月10日,甲公司向乙公司(一般纳税人)采购材料5 000吨,单价10元,所需支付的款项总额为50 000元。按照合同规定向乙公司预付货款的50%,验收货物后补付其余款项,甲公司会计处理如下:

(1)4月10日,预付货款25 000元:

借:预付账款——乙公司   25 000
　　贷:银行存款   25 000

(2)4月20日,收到乙公司发来的5 000吨材料,验收无误,增值税专用发票记载的货款为50 000元,增值税税额为6 500元。甲公司以银行存款补付所欠款项31 500元。甲公司会计处理如下:

借：原材料   50 000

  应交税费——应交增值税（进项税额） 6 500

   贷：预付账款——乙公司   56 500

借：预付账款——乙公司   31 500

   贷：银行存款   31 500

业务 2-20　预付工程款的核算。

小企业因出包工程而发生预付账款。小企业进行在建工程预付的工程价款，也通过"预付账款"科目核算。

（1）出包工程按照合同规定预付的工程价款。

借：预付账款

   贷：银行存款

（2）按照工程进度和合同规定结算的工程价款。

借：在建工程

  应交税费——应交增值税（进项税额）

   贷：预付账款、银行存款等

【例 2-22】　甲公司将一车间的建造工程出包给 M 施工公司，2022 年 4 月 7 日，预付工程价款 360 万元。10 月 24 日工程完工交付使用时，收到承包单位账单，其中，建造该车间共计支出 400 万元，准予抵扣的增值税税额 52 万元，补付工程款 92 万元。甲公司有关会计处理如下（单位：万元）：

（1）4 月 7 日，预付工程价款：

借：预付账款——建筑工程   360

   贷：银行存款   360

（2）10 月 24 日工程完工交付使用：

借：在建工程   400

  应交税费——应交增值税（进项税额） 52

   贷：预付账款——建筑工程 360

    银行存款   92

同时结转完工工程：

借：固定资产   400

   贷：在建工程   400

五、应收股利和应收利息

（一）应收股利

应收股利，是指小企业因股权投资而应收取的现金股利以及应收其他单位分配的利润，包括企业买入股票实际支付的款项中所包含的已宣告发放但尚未领取的现金股利和企业买入对外投资应分得的现金股利或利润等。

1. 科目设置

《小企业会计准则应用指南》

1131　应收股利

一、本科目核算小企业应收取的现金股利或利润。

二、本科目应按照被投资单位进行明细核算。

三、应收股利的主要账务处理。

（一）小企业购入股票，如果实际支付的购买价款中包含已宣告但尚未发放的现金股利，应当按照实际支付的购买价款和相关税费扣除已宣告但尚未发放的现金股利后的金额，借记"短期投资"或"长期股权投资"科目，按照应收的现金股利，借记本科目，按照实际支付的购买价款和相关税费，贷记"银行存款"科目。

（二）在短期投资或长期股权投资持有期间，被投资单位宣告分派现金股利或利润，应当按照本企业应享有的金额，借记本科目，贷记"投资收益"科目。

（三）小企业实际收到现金股利或利润，借记"银行存款"等科目，贷记本科目。

四、本科目期末借方余额，反映小企业尚未收到的现金股利或利润。

---

2. 账务处理

业务 2-21　应收股利的核算。

（1）小企业购入股票，如果实际支付的购买价款中包含已宣告但尚未发放的现金股利，应当按照实际支付的购买价款和相关税费扣除已宣告但尚未发放的现金股利后的金额，借记"短期投资"或"长期股权投资"科目，按照应收的现金股利，借记"应收股利"科目，按照实际支付的购买价款和相关税费，贷记"银行存款"科目。

借：短期投资、长期股权投资

  应收股利

   贷：银行存款

（2）小企业在短期投资或长期股权投资持有期间，被投资单位宣告分派现金股利或利润应当

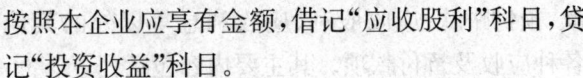

按照本企业应享有金额,借记"应收股利"科目,贷记"投资收益"科目。

借:应收股利
　　贷:投资收益

(3)小企业实际收到现金股利或利润时,借记"银行存款"等科目,贷记"应收股利"科目。

借:其他货币资金——存出投资款
　　银行存款
　　贷:应收股利

需要说明的是,小企业收到被投资单位分配的现金股利或利润,应贷记"应收股利"科目,但对于应借记的会计科目,应区别两种情况分别进行处理:对于企业通过证券公司购入上市公司股票所形成的股权投资取得的现金股利,应借记"其他货币资金——存出投资款"科目;对于企业持有的其他股权投资取得的现金股利或利润,应借记"银行存款"科目。

【例2-23】 甲公司持有丙上市公司股票,作为短期投资进行管理和核算。2022年5月10日,丙上市公司发放2021年现金股利,甲公司按其持有该上市公司股份计算确定的应分得的现金股利为200 000元。假定不考虑相关税费。甲公司应编制如下会计分录:

借:应收股利——丙上市公司　　　　200 000
　　贷:投资收益——丙上市公司　　　　　　200 000

2022年5月30日,甲公司收到丙上市公司发放的现金股利200 000元,款项已存入股票账户。假定不考虑相关税费。甲公司应编制如下会计分录:

借:其他货币资金——存出投资款　　200 000
　　贷:应收股利——丙上市公司　　　　　　200 000

(二)应收利息
1.科目设置

> **《小企业会计准则应用指南》**
>
> **1132　应收利息**
>
> 一、本科目核算小企业债券投资应收取的利息。
>
> 购入的一次还本付息债券投资持有期间的利息收入,在"长期债券投资"科目核算,不在本科目核算。
>
> 二、本科目应按照被投资单位进行明细核算。
>
> 三、应收利息的主要账务处理。
>
> (一)小企业购入债券,如果实际支付的购买价款中包含已到付息期但尚未领取的债券利息,应当按照实际支付的购买价款和相关税费扣除应收的债券利息后的金额,借记"短期投资"或"长期债券投资"科目,按照应收的债券利息,借记本科目,按照实际支付的购买价款和相关税费,贷记"银行存款"科目。
>
> (二)在长期债券投资持有期间,在债务人应付利息日,按照分期付息、一次还本债券投资的票面利率计算的利息收入,借记本科目,贷记"投资收益"科目;按照一次还本付息债券投资的票面利率计算的利息收入,借记"长期债券投资——应计利息"科目,贷记"投资收益"科目。
>
> (三)实际收到债券利息,借记"银行存款"等科目,贷记本科目。
>
> 四、本科目期末借方余额,反映小企业尚未收到的债券利息。

2.账务处理
业务2-22　应收利息的核算。

(1)小企业购入债券,如果实际支付的购买价款中包含已到付息期但尚未领取的债券利息,应当按照实际支付的购买价款和相关税费扣除应收的债券利息后的金额,借记"短期投资"或"长期债券投资"科目,按照应收的债券利息,借记"应收利息"科目,按照实际支付的购买价款和相关税费,贷记"银行存款"科目。

借:短期投资、长期债券投资
　　应收利息
　　贷:银行存款

(2)在长期债券投资持有期间,在债务人应付利息日,按照分期付息、一次还本债券投资的票面利率计算的利息收入,借记"应收利息"科目,贷记"投资收益"科目;按照一次还本付息债券投资的票面利率计算的利息收入,借记"长期债券投资——应计利息"科目,贷记"投资收益"科目。

借：应收利息
　　长期债券投资——应计利息
　　　贷：投资收益

（3）实际收到债券利息，借记"银行存款"等科目，贷记本科目。

借：银行存款等
　　　贷：应收利息

【例 2-24】 2022 年 6 月 1 日，甲公司以 50 150 元（此款中含有应收利息 150 元）购入 A 公司 5 月 1 日发行的面值为 50 000 元的半年期债券，月利率为 0.3%，按月付息，到期还本。甲公司会计处理如下：

（1）2021 年 6 月 1 日，甲公司购买债券。

借：短期投资　　　　　　　　　　50 000
　　应收利息　　　　　　　　　　　　150
　　　贷：银行存款　　　　　　　　50 150

（2）2022 年 6 月 6 日，甲公司收到 150 元的债券利息。

借：银行存款　　　　　　　　　　　　150
　　　贷：应收利息　　　　　　　　　150

（3）2022 年 7 月 1 日，债券产生利息 150 元。

借：应收利息　　　　　　　　　　　　150
　　　贷：投资收益　　　　　　　　　150

（4）2022 年于 8 月 6 日收到这部分利息。

借：银行存款　　　　　　　　　　　　150
　　　贷：应收利息　　　　　　　　　150

六、其他应收款

（一）其他应收款的核算内容

其他应收款是指小企业除应收票据、应收账款、预付账款、应收股利、应收利息等以外的其他各种应收及暂付款项。其主要内容包括：

（1）小企业应收的各种赔款、罚款，如因小企业财产等遭受意外损失而应向有关保险公司收取的赔款等。

（2）小企业应收的出租包装物租金。

（3）小企业应向职工收取的各种垫付款项，如为职工垫付的水电费、应由职工负担的医药费、房租费等。

（4）小企业存出保证金，如租入包装物支付的押金。

（5）小企业出口产品或商品按照税法规定应予退回的增值税款。

（6）小企业其他各种应收、暂付款项。

（二）小企业其他应收款财务管理

（1）向员工收取的各种垫付款项，财务人员负责在规定的时间内办理收款手续；财务人员有权通知借款滞报人员及时报账。

（2）工作人员因公出差或工作需要须备用现金的，应填写借款单，注明使用时间用途，经领导批准后方能借用公款。借款金额应严格控制，不得超过工作范围多借现金。

（3）借款人员必须及时还款或拿合法票据到财务部报销，一般情况下当月结清，特殊情况下于次月办理完毕，但最迟不得跨年。

（4）若小企业实行定额备用金制度，对于领用的备用金应当定期向财务部门报销。财务部门根据报销数用现金补足备用金定额，报销数和拨补数都不再通过"其他应收款"科目核算。

（三）科目设置

《小企业会计准则应用指南》

1221　其他应收款

一、本科目核算小企业除应收票据、应收账款、预付账款、应收股利、应收利息等以外的其他各种应收及暂付款项。包括：各种应收的赔款、应向职工收取的各种垫付款项等。

小企业出口产品或商品按照税法规定应予退回的增值税款，也通过本科目核算。

二、本科目应按照对方单位（或个人）进行明细核算。

三、其他应收款的主要账务处理。

（一）小企业发生的其他各种应收款项，借记本科目，贷记"库存现金""银行存款""固定资产清理"等科目。

出口产品或商品按照税法规定应予退回的增值税款,借记本科目,贷记"应交税费——应交增值税(出口退税)"科目。

(二)收回其他各种应收款项,借记"库存现金""银行存款""应付职工薪酬"等科目,贷记本科目。

(三)按照小企业会计准则规定确认其他应收款实际发生的坏账损失,应当按照可收回的金额,借记"银行存款"等科目,按照其账面余额,贷记本科目,按照其差额,借记"营业外支出"科目。

四、本科目期末借方余额,反映小企业尚未收回的其他应收款项。

(四)账务处理

业务2-23　其他应收款的核算。

(1)小企业发生的其他各种应收款项,借记"其他应收款"科目,贷记"库存现金""银行存款""固定资产清理"等科目。

借:其他应收款
　　贷:库存现金、银行存款、固定资产清理等

(2)出口产品或商品按照税法规定应予退回的增值税款,借记"其他应收款"科目,贷记"应交税费——应交增值税(出口退税)"科目。

借:其他应收款
　　贷:应交税费——应交增值税(出口退税)

(3)收回其他各种应收款项,借记"库存现金""银行存款""应付职工薪酬"等科目,贷记"其他应收款"科目。

借:库存现金、银行存款、应付职工薪酬等
　　贷:其他应收款

【例2-25】　2022年4月10日,甲公司以银行存款替副总经理垫付应由其个人负担的医疗费5 000元,拟从其工资中扣回。甲公司会计处理如下:

(1)垫支时:

借:其他应收款——副总经理　　5 000
　　贷:银行存款　　　　　　　　　　5 000

(2)扣款时:

借:应付职工薪酬　　　　　　　5 000
　　贷:其他应收款——副总经理　　　5 000

【例2-26】　2022年4月16日,甲公司向丁公司租入包装物一批,以银行存款向出租方支付押金10 000元。甲公司会计处理如下:

借:其他应收款——存出丁公司保证金　10 000
　　贷:银行存款　　　　　　　　　　　10 000

七、应收及预付款项坏账损失税会差异分析

(一)坏账损失的概念

小企业的各项应收及预付款项可能会因购货人拒付、破产、死亡等原因而无法收回。这类无法收回的应收及预付款项就是坏账。因坏账而遭受的损失为坏账损失。对坏账损失的会计处理方法有两种,即直接转销法和备抵法。

(二)坏账损失的会计处理方法

对坏账损失的会计处理方法有两种,即直接转销法和备抵法。按照小企业会计准则的规定,小企业坏账损失采用直接转销法核算。两种方法的比较见表2-6。

表2-6　直接转销法和备抵法对比表

项目	直接转销法	备抵法
处理方法	日常核算中应收款项可能发生的坏账损失不予考虑,只有在实际发生坏账时,才作为损失计入当期损益,同时冲销应收款项,即借记"营业外支出"科目,贷记"应收账款"科目。	根据实际情况合理估计坏账损失,计入当期损失,同时建立坏账准备,待坏账实际发生时,冲销已提的坏账准备和相应的应收款项。
优点	账务处理简单、实用。	符合资产的定义和权责发生制的要求,坏账损失计入同一期间的损益,避免了企业虚盈实亏;在资产负债表上列示应收款项账面价值,使财务报表使用者能了解企业应收款项的可收回金额。

（续表）

项目	直接转销法	备抵法
缺点	不符合资产的定义和权责发生制的要求。在这种方法下，只有坏账已经发生时，才能将其确认为当期损失，导致各期利润不实；另外，在资产负债表上，应收账款是按其账面余额而不是按账面价值反映，这在一定程度上歪曲了期末的财务状况。	对职业判断要求较高，且与企业所得税法规定存在差异，需要进行纳税调整。由于企业发生坏账损失带有很大的不确定性，所以只能以过去的经验为基础，参照当前的信用政策、市场环境和行业惯例，估计每期应收款项未来现金流量现值，从而确定当期减值损失金额，计入当期损益。

（三）坏账损失会计确认条件

《小企业会计准则》条文及主旨：

第十条　小企业应收及预付款项符合下列条件之一的，减除可收回的金额后确认的无法收回的应收及预付款项，作为坏账损失：

（一）债务人依法宣告破产、关闭、解散、被撤销，或者被依法注销、吊销营业执照，其清算财产不足清偿的。

（二）债务人死亡，或者依法被宣告失踪、死亡，其财产或者遗产不足清偿的。

（三）债务人逾期3年以上未清偿，且有确凿证据证明已无力清偿债务的。

（四）与债务人达成债务重组协议或法院批准破产重整计划后，无法追偿的。

（五）因自然灾害、战争等不可抗力导致无法收回的。

（六）国务院财政、税务主管部门规定的其他条件。

应收及预付款项的坏账损失应当于实际发生时计入营业外支出，同时冲减应收及预付款项。

【条文主旨】本条是关于应收及预付款项坏账损失的认定条件及会计处理的规定。

1. 坏账损失确认的时点

坏账损失应在实际发生时确认，而不是预计或预期发生时确认。

2. 坏账损失的认定条件

小企业应收及预付款项符合本准则第10条任一条件的，应确认相应的坏账损失。

3. 坏账损失金额的确定

小企业的应收及预付款项出现上述所列条件之一时，应当积极与债务人进行协商，努力收回相关款项，如果确实无法再收回，应将该项应收及预付款项的账面余额扣除可收回的金额后的净额，作为坏账损失的金额。

（四）坏账损失的账务处理

业务2-24　应收账款坏账的核算。

（1）小企业的应收及预付款项发生的坏账损失采用实际核销法核算。应收及预付款项的坏账损失应当于实际发生时计入营业外支出，同时冲减应收及预付款项。

① 按照小企业会计准则规定确认应收账款实际发生的坏账损失，应当按照可收回的金额，借记"银行存款"等科目，按照其账面余额，贷记"应收账款"科目，按照其差额，借记"营业外支出"科目。

借：银行存款
　　营业外支出
　　贷：应收账款

② 按照小企业会计准则规定确认预付账款实际发生的坏账损失，应当按照可收回的金额，借记"银行存款"等科目，按照其账面余额，贷记"预付账款"科目，按照其差额，借记"营业外支出"科目。

借：银行存款
　　营业外支出
　　贷：预付账款

③ 按照小企业会计准则规定确认其他应收款实际发生的坏账损失，应当按照可收回的金额，借记"银行存款"等科目，按照其账面余额，贷记"其他应收款"科目，按照其差额，借记"营业外支出"科目。

借：银行存款
　　营业外支出
　　贷：其他应收款

（2）已确认并转销的应收款项以后又收回的，应当按照实际收到的金额，借记"银行存款"科目，贷记"营业外收入"科目。

借：银行存款

　　贷：营业外收入

【例2-27】 甲公司应收X公司（小企业）应收账款3 000元，已超过5年，因X公司财务状况发生恶化，且有确凿证据证明目前已无力清偿债务，企业权力部门确定作为坏账处理。2022年12月甲公司会计处理如下：

借：营业外支出　　　　　　　　　3 000

　　贷：应收账款——X企业　　　　　　3 000

【例2-28】 2023年4月20日，甲公司收到2022年已转销的坏账3 000元，已存入银行。甲公司应作会计处理如下：

借：银行存款　　　　　　　　　　3 000

　　贷：营业外收入　　　　　　　　　3 000

（五）坏账损失的税务处理

企业所得税法对应收及预付款项的坏账损失作了规定。《企业所得税法》第10条第7款规定："在计算应纳税所得额时，未经核定的准备金支出不得扣除。"《企业所得税法实施条例》第55条规定，《企业所得税法》第10条第7项所称未经核定的准备金支出，是指不符合国务院财政、税务主管部门规定的各项资产减值准备、风险准备等准备金支出。

1. 坏账损失税前扣除条件

《财政部　国家税务总局关于企业资产损失税前扣除政策的通知》（财税〔2009〕57号）第4条规定，企业除贷款类债权外的应收、预付账款符合下列条件之一的，减除可收回金额后确认的无法收回的应收、预付款项，可以作为坏账损失在计算应纳税所得额时扣除：

（1）债务人依法宣告破产、关闭、解散、被撤销，或者被依法注销、吊销营业执照，其清算财产不足清偿的。

（2）债务人死亡，或者依法被宣告失踪、死亡，其财产或者遗产不足清偿的。

（3）债务人逾期3年以上未清偿，且有确凿证据证明已无力清偿债务的。

（4）与债务人达成债务重组协议或法院批准破产重整计划后，无法追偿的。

（5）因自然灾害、战争等不可抗力导致无法收回的。

（6）国务院财政、税务主管部门规定的其他条件。

2. 坏账损失税前扣除证据

根据《企业资产损失所得税税前扣除管理办法》（国家税务总局公告2011年第25号第）第22条的规定，企业应收及预付款项坏账损失应依据以下相关证据材料确认：

（1）相关事项合同、协议或说明。

（2）属于债务人破产清算的，应有人民法院的破产、清算公告。

（3）属于诉讼案件的，应出具人民法院的判决书或裁决书或仲裁机构的仲裁书，或者被法院裁定终（中）止执行的法律文书。

（4）属于债务人停止营业的，应有工商部门注销、吊销营业执照证明。

（5）属于债务人死亡、失踪的，应有公安机关等有关部门对债务人个人的死亡、失踪证明。

（6）属于债务重组的，应有债务重组协议及其债务人重组收益纳税情况说明。

（7）属于自然灾害、战争等不可抗力而无法收回的，应有债务人受灾情况说明以及放弃债权申明。

企业逾期3年以上的应收款项在会计上已作为损失处理的，可以作为坏账损失税前扣除，但应说明情况并出具专项报告。（国家税务总局公告2011年第25号第23条）

企业逾期1年以上，单笔数额不超过5万或者不超过企业年度收入总额1‰的应收款项，会计上已经作为损失处理的，可以作为坏账损失税前扣除，但应说明情况并出具专项报告。（国家税务总局公告2011年第25号第24条）

3. 坏账损失留存备查资料

根据《国家税务总局关于企业所得税资产损失资料留存备查有关事项的公告》（国家税务总局公告2018年第15号）的规定，2017年度及以后年度企业所得税汇算清缴时，企业向税务机关申报扣除资产损失，仅需填报企业所得税年度纳税申报表《资产损失税前扣除及纳税调整明细表》，不再报送资产损失相关资料。相关资料由企业留存备查。企业应当完整保存资产损失相关资料，保证资料的真实性、合法性。不同原因坏账损失的　留存备查资料见表2-7。

表 2-7　坏账损失留存备查资料

损失原因	留存备查资料（损失证据）
债务人依法宣布破产、关闭、解散、撤销、被依法注销、吊销营业执照，诉讼案件	1. 应收、预付账款发生的原始凭据，包括相关事项合同、协议或说明，以及会计凭证。 2. 属于债务人破产清算的，应有人民法院的破产、清算公告。 3. 属于债务人停止营业的，应有工商部门注销、吊销营业执照证明。 4. 属于诉讼案件的，应出具人民法院的判决书或裁决书或仲裁机构的仲裁书，或者被法院裁定终（中）止执行的法律文书。（上述文书不包括法院或其他调解机构主持调解作出的调解协议和债权人、债务人自愿达成的和解协议。） 5. 涉及与其关联企业发生的坏账损失，应作专项说明，同时出具中介机构出具的专项报告及其相关的证明材料。 6. 资产损失的会计处理凭证。
债务人失踪、死亡	1. 应收、预付账款发生的原始凭据，包括相关事项合同、协议或说明以及会计凭证。 2. 公安机关等有关部门对债务人个人的死亡、失踪证明。 3. 涉及与其关联企业发生的坏账损失，应作专项说明，同时出具中介机构出具的专项报告及其相关的证明凭证。 4. 资产损失的会计处理凭证。
逾期3年以上的应收款项	1. 应收、预付账款发生的原始凭据，包括相关事项合同、协议或说明，以及会计凭证。 2. 催收磋商记录。 3. 出具专项报告说明情况，包括债务人及担保人是否具有经济偿还能力等情况。 4. 涉及与其关联企业发生的坏账损失，应同时出具中介机构出具的专项报告及其相关的证明材料。 5. 资产损失的会计处理凭证。
逾期1年以上的应收款项	1. 应收、预付账款发生的原始凭据，包括相关事项合同、协议或说明以及会计凭证。 2. 出具专项报告说明情况，包括催收追索等情况。 3. 关于金额的具体说明，如不超过企业年度收入总额1‰的，应提供具体的计算过程。 4. 涉及与其关联企业发生的坏账损失，应同时出具中介机构出具的专项报告及其相关的证明材料。 5. 资产损失的会计处理凭证。
债务重组	1. 应收、预付账款发生的原始凭据，包括相关事项合同、协议或说明以及会计凭证。 2. 债务重组协议或法院批准的破产重整计划，债务人重组收益纳税情况说明以及债务人发生财务困难的证明材料。 3. 涉及与其关联企业发生的债务重组损失，应作专项说明，同时出具中介机构出具的专项报告及其相关的证明材料。 4. 资产损失的会计处理凭证。
因自然灾害、战争等不可抗力因素	1. 应收、预付账款发生的原始凭据，包括相关事项合同、协议或说明以及会计凭证。 2. 气象、地震等政府职能部门出具的灾害情况证明。 3. 债务人受灾情况说明以及放弃债权申明。 4. 涉及与其关联企业发生的坏账损失，应作专项说明，同时出具中介机构出具的专项报告及其相关的证明材料。 5. 资产损失的会计处理凭证。
担保损失：因被担保人不能按期偿还债务而承担连带责任，经追索，被担保人无偿还能力	1. 担保合同。 2. 被担保方不能按期偿还债务的证明。 3. 向被担保方清查和追索证明。 4. 承担担保损失实际支付证明。 5. 属于向关联企业提供担保而形成的债权损失，企业应作专项说明，同时出具中介机构出具的专项报告及其相关的证明材料。 6. 与本企业生产经营活动有关的情况说明。 7. 资产损失的会计处理凭证。

(六) 坏账损失税会差异分析

（1）为简化小企业会计核算、减少所得税纳税调整，小企业会计准则采取了与税法完全一致的坏账损失认定条件和处理方法，即直接转销法。

（2）小企业应当注意正确处理好与税收征管的关系，认真按照税收征管的要求作好相关申报工作。

小企业发生的应收及预付款项坏账损失，应当在向主管税务机关提供证据资料证明其已符合法定资产损失确认条件，且会计上已作损失处理的年度申报扣除。坏账损失应按规定的程序和要求向主管税务机关申报后方能在税前扣除，未经申报的损失，不得在税前扣除。

第三章

小企业存货财税处理

政策依据：

《小企业会计准则》(财会〔2011〕17号)；

《企业所得税法》及其实施条例；

《增值税暂行条例》及其实施细则；

《营业税改征增值税试点实施办法》(财税〔2016〕36号附件1)；

《财政部　国家税务总局关于企业资产损失税前扣除政策的通知》(财税〔2009〕57号)；

《企业资产损失所得税税前扣除管理办法》(国家税务总局公告2011年第25号)。

第一节　小企业存货概述

一、存货的概念和范围

《小企业会计准则》条文及主旨：

第十一条　存货，是指小企业在日常生产经营过程中持有以备出售的产成品或商品、处在生产过程中的在产品、将在生产过程或提供劳务过程中耗用的材料和物料等，以及小企业(农、林、牧、渔业)为出售而持有的、或在将来收获为农产品的消耗性生物资产。

小企业的存货包括：原材料、在产品、半成品、产成品、商品、周转材料、委托加工物资、消耗性生物资产等。

(一)原材料，是指小企业在生产过程中经加工改变其形态或性质并构成产品主要实体的各种原料及主要材料、辅助材料、外购半成品(外购件)、修理用备件(备品备件)、包装材料、燃料等。

(二)在产品，是指小企业正在制造尚未完工的产品。包括：正在各个生产工序加工的产品，以及已加工完毕但尚未检验或已检验但尚未办理入库手续的产品。

(三)半成品，是指小企业经过一定生产过程并已检验合格交付半成品仓库保管，但尚未制造完工成为产成品，仍需进一步加工的中间产品。

(四)产成品，是指小企业已经完成全部生产过程并已验收入库，符合标准规格和技术条件，可以按照合同规定的条件送交订货单位，或者可以作为商品对外销售的产品。

(五)商品，是指小企业(批发业、零售业)外购或委托加工完成并已验收入库用于销售的各种商品。

(六)周转材料，是指小企业能够多次使用、逐渐转移其价值但仍保持原有形态且不确认为固定资产的材料。包括：包装物、低值易耗品、小企业(建筑业)的钢模板、木模板、脚手架等。

(七)委托加工物资，是指小企业委托外单位加工的各种材料、商品等物资。

(八)消耗性生物资产，是指小企业(农、林、牧、渔业)生长中的大田作物、蔬菜、用材林以及存栏待售的牲畜等。

【条文主旨】本条是关于存货的定义及构成的规定。

(一)存货的概念

存货，是指小企业在日常生产经营过程中持有以备出售的产成品或商品、处在生产过程中的在产品、将在生产过程或提供劳务过程中耗用的材料和物料等,以及小企业(农、林、牧、渔业)为出售而持有的、或在将来收获为农产品的消耗性生物资产。

《企业所得税法实施条例》第72条规定,存货是指企业持有以备出售的产品或者商品、处在生产过程中的在产品、在生产或者提供劳务过程中耗用的材料和物料等。小企业会计准则采用了与企业所得税法基本一致的概念。

存货区别于固定资产、无形资产等非流动资产的最基本的特征是,小企业持有存货的最终的目的是出售,包括可供直接销售的产成品、商品,以及需经过进一步加工后出售的原材料等。同时,存货相对于非流动资产周转速度较快,通常在1年内变现、出售或耗用。存货还具有发生潜在损失的可能性,但由于管理不当或其他原因,有可能形成积压物资或需降价出售,从而造成损失。

(二) 存货的确认

存货除了必须在符合定义的前提下,还应当符合存货确认的两个条件:一是与该存货有关的经济利益很可能流入小企业,二是该存货的成本能够可靠地计量。

1. 与该存货有关的经济利益很可能流入小企业

小企业在确认存货时,需要判断与该项存货相关的经济利益是否很可能流入小企业。在实际工作中,拥有存货的所有权是判断有关经济利益很可能流入小企业的一个重要标志。例如,根据销售合同已经售出(取得现金或收取现金的权利)的存货,其所有权已经转移,与其相关的经济利益已不能再流入本企业,此时,即使该项存货尚未运离本企业,也不能再确认为本企业的存货;又如委托代销商品,由于其所有权并未转移至受托方,因而委托代销的商品仍应当确认为委托企业存货的一部分。总之,小企业在判断与存货相关的经济利益能否流入企业时,主要结合该项存货所有权的归属情况进行分析确定。

2. 该存货的成本能够可靠地计量

作为小企业资产的组成部分,要确认存货,小企业必须能够对其成本进行可靠的计量。存货的成本能够可靠地计量必须以取得确凿、可靠的证据为依据并且具有可验证性。如果存货成本不能

可靠地计量,则不能确认为一项存货。例如,小企业承诺的订货合同,由于并未实际发生,不能可靠确定其成本,因此就不能确认为购买企业的存货;又如,小企业预计发生的制造费用,由于并未实际发生,不能可靠地确定其成本,因此不能计入产品成本。

(三) 存货的范围

小企业的存货包括原材料、在产品、半成品、产成品、商品、周转材料、委托加工物资、委托代销商品、消耗性生物资产等。

1. 原材料

原材料,是指小企业在生产过程中经加工改变其形态或性质并构成产品主要实体的各种原料及主要材料、辅助材料、外购半成品(外购件)、修理用备件(备品备件)、包装材料、燃料等。

原材料这类存货主要是针对工业类小企业而言的。为建造固定资产等工程而储备的各种材料,虽然同属于材料,但是由于用于建造固定资产等各项工程,不符合存货的定义,因此不能作为小企业存货,应计入工程物资。

2. 在产品

在产品,是指小企业正在制造尚未完工的产品,包括正在各个生产工序加工的产品,以及已加工完毕但尚未检验或已检验但尚未办理入库手续的产品。

在产品是相对产成品而言的,属于中间在制品。

3. 半成品

半成品,是指小企业经过一定生产过程并已检验合格交付半成品仓库保管,但尚未制造完工成为产成品,仍需进一步加工的中间产品。

半成品与在产品在生产制造方面有所类似,都属于在制品,等待下一步继续加工。不同之处在于会计核算方面:一是半成品已交付半成品仓库保管,而在产品仍停留在生产车间而不是专门的保管仓库。二是有些半成品可以单独对外出售或委托外单位进行加工,也有必要在会计核算上区别于在产品进行单独核算。

4. 产成品

产成品,是指小企业(工业)已经完成全部生产过程并已验收入库,符合标准规格和技术条件,可以按照合同规定的条件送交订货单位,或者可

以作为商品对外销售的产品。小企业接受来料加工制造的代制品和为外单位加工修理的代修品，制造和修理完成验收入库后，应视同小企业的产成品进行管理和核算。

5. 商品

商品，是指小企业（批发业、零售业）外购或委托加工完成并已验收入库用于销售的各种商品。

商品与产成品都是小企业的存货，但是也存在区别，主要有两点：一是针对企业主体不同，商品这类存货主要是针对批发业和零售业等商品流通类小企业而言，产成品这类存货主要是针对农、林、牧、渔业，工业，房地产开发经营等工业制造类小企业而言；二是形成方式不同，商品主要是外购的，由外单位完成了生产制造过程，产成品主要是自制的，由本单位完成生产制造过程。

6. 周转材料

周转材料，是指小企业能够多次使用、逐渐转移其价值但仍保持原有形态且不确认为固定资产的材料，包括包装物、低值易耗品、小企业（建筑业）的钢模板、木模板、脚手架等。其中，包装物是指为了包装本企业商品而储备的各种包装容器，如桶、箱、瓶、坛、袋等；低值易耗品是指不符合固定资产确认条件的各种用具物品，如工具、管理用具、玻璃器皿、劳动保护用品以及在经营过程中周转使用的容器等。

需要注意的是，这里的周转材料首先要排除固定资产，如果这些辅助性材料符合固定资产确认条件的，就不应该再被作为周转材料来管理和核算，而应当作为固定资产进行管理和核算。

7. 委托加工物资

委托加工物资，是指小企业委托外单位加工的各种材料、商品等物资。委托加工物资在工业制造类和商品流通类小企业都可能存在。

8. 委托代销商品

委托代销商品，是指小企业委托其他单位代销的商品。

9. 消耗性生物资产

消耗性生物资产，是指小企业（农、林、牧、渔业）为出售而持有的，或在将来收获为农产品的生物资产，包括生长中的大田作物、蔬菜、用材林以及存栏待售的牲畜等。具体内容见本书第五章生物资产部分。

（四）理解存货概念和范围应注意的问题

在理解存货概念和范围时，应注意以下几个问题：

（1）存货以所有权属进行确认，由此会产生两种情形：一是"不在库作为存货"，如在途商品、委托代销商品、尚未符合收入确认条件的发出商品属于企业的存货，在途商品应作为购货方的存货而不应再作为销货方的存货；二是"在库不作为存货"，如符合收入确认条件但尚未发出的商品不属于企业的存货。

受托方的"受托代销商品"不属于受托代销方的存货，相应的"代销商品款"也不属于受托代销方的负债，在编制资产负债表时，同时计入存货项目并相互抵销。

（2）建筑施工企业正在施工中的建造工程，相当于工业企业的在产品，属于建筑施工企业的存货。非建筑业工程用材料属于工程物资，不能作为存货进行核算。

（3）提供劳务的企业，期末劳务成本如有余额，应计入存货中。例如，甲公司为乙公司提供技术咨询服务，该项目的总收入为 30 万元，至 2022 年 1 月末，如果"劳务成本"账户账面余额为 10 万元，则应计入存货项目。可见，存货不一定具有传统意义上的实物形态。

（4）农、林、牧、渔业的消耗性生物资产通常是一次性消耗并终止其服务能力或未来经济利益，在一定程度上具有存货的特征，应当作为存货在资产负债表中列报。

二、存货的初始计量

《小企业会计准则》条文及主旨：

第十二条　小企业取得的存货，应当按照成本进行计量。

（一）外购存货的成本包括：购买价款、相关税费、运输费、装卸费、保险费以及在外购存货过程发生的其他直接费用，但不含按照税法规定可以抵扣的增值税进项税额。

（二）通过进一步加工取得存货的成本包括：直接材料、直接人工以及按照一定方法分配的制造费用。

经过1年期以上的制造才能达到预定可销售状态的存货发生的借款费用,也计入存货的成本。

前款所称借款费用,是指小企业因借款而发生的利息及其他相关成本。包括:借款利息、辅助费用以及因外币借款而发生的汇兑差额等。

(三)投资者投入存货的成本,应当按照评估价值确定。

(四)提供劳务的成本包括:与劳务提供直接相关的人工费、材料费和应分摊的间接费用。

(五)自行栽培、营造、繁殖或养殖的消耗性生物资产的成本,应当按照下列规定确定:

1. 自行栽培的大田作物和蔬菜的成本包括:在收获前耗用的种子、肥料、农药等材料费、人工费和应分摊的间接费用。

2. 自行营造的林木类消耗性生物资产的成本包括:郁闭前发生的造林费、抚育费、营林设施费、良种试验费、调查设计费和应分摊的间接费用。

3. 自行繁殖的育肥畜的成本包括:出售前发生的饲料费、人工费和应分摊的间接费用。

4. 水产养殖的动物和植物的成本包括:在出售或入库前耗用的苗种、饲料、肥料等材料费、人工费和应分摊的间接费用。

(六)盘盈存货的成本,应当按照同类或类似存货的市场价格或评估价值确定。

【条文主旨】本条是关于取得存货成本确定的规定。

企业所得税法对存货成本的确定也作出了规定,《企业所得税法实施条例》第72条规定,存货按照以下方法确定成本:(1)通过支付现金方式取得的存货,以购买价款和支付的相关税费为成本;(2)通过支付现金以外的方式取得的存货,以该存货的公允价值和支付的相关税费为成本;(3)生产性生物资产收获的农产品,以产出或者采收过程中发生的材料费、人工费和分摊的间接费用等必要支出为成本。

为了简化核算,便于小企业实务操作,减轻纳税调整负担,满足汇算清缴的需要,小企业会计准则有关存货的成本确定与企业所得税法实施条例的规定基本一致。

(一)存货的计量原则

根据小企业会计准则第12条的规定,小企业取得的存货应当按照成本进行计量。存货的成本包括采购成本、加工成本和其他成本,但是取得存货的来源不同,其成本的构成内容不尽相同。

小企业在日常核算中,按照存货的管理要求,存货的核算可以采用实际成本计价核算,也可以采用计划成本法(或标准成本法、售价法等)进行核算,但资产负债表日(月报、季报、年报)均应调整为按实际成本计价。在计划成本法下,通过"材料成本差异"或"产品成本差异"账户将原材料或产成品的计划成本调整为实际成本;在售价金额核算法下,通过"商品进销差价"账户将商品的售价调整为实际进价成本。

(二)外购存货成本的确定

小企业外购的存货主要包括材料和商品,其成本主要由采购成本构成。

外购存货的成本,是指小企业物资从采购到入库前所发生的全部支出,包括购买价款、相关税费、运输费、装卸费、保险费以及在外购存货过程中发生的其他直接费用。

1. 购买价款

购买价款,是指小企业购入的材料或商品的发票账单上列明的价款,但不包括按照税法规定可以抵扣的增值税进项税额。

进项税额,是指纳税人购进货物、加工修理修配劳务、服务、无形资产或者不动产,支付或者负担的增值税额。详细规定见第十章第二节"一般纳税人应交增值税财税处理"部分。

2. 相关税费

在小企业会计准则中,相关税费统一是指小企业在交易过程中按照有关规定应负担的各种税款、行政事业性收费以及手续费、佣金等。实务中,相关税费体现为小企业购买、自制或委托加工存货发生的进口关税、消费税、资源税和不能抵扣的增值税进项税额等应计入存货采购成本的税费。

3. 其他直接费用

在外购存货过程中发生的其他直接费用,是指除上述各项以外的可归属于存货采购成本的费用,如在存货采购过程中发生的仓储费、包装费、运输途中的合理损耗、入库前的挑选整理费用等。这些费用能分清负担对象的,应直接计入存货的采购成本;不能分清负担对象的,应选择合理的分配方法,分配计入有关存货的采购成本,可按所购存货的数量或采购价格比例进行分配。

批发业、零售业小企业在购买商品过程中发生的费用,包括运输费、装卸费、包装费、保险费、运输途中的合理损耗和入库前的挑选整理费等,在"销售费用"科目核算,不构成商品采购成本。

对于采购过程中发生的物资毁损、短缺等,除合理的途中损耗应当作为其他可归属于存货采购成本的费用计入采购成本外,应区别不同情况进行会计处理:

(1)从供货单位、外部运输机构等收回的物资短缺或其他赔款,应冲减所购物资的采购成本。

(2)因遭受自然灾害等发生的损失或尚待查明原因的途中损耗,暂作为待处理财产损溢进行核算,待查明原因后再作处理。在本准则中,自然灾害等是指干旱等气象灾害、地震等地质灾害、海啸等海洋灾害、森林草原火灾、重大生物灾害等自然灾害,以及物资自燃、运输工具着火、交通意外事故等。

(三)自制存货成本的确定

产成品、在产品、半成品、委托加工物资等通过进一步加工而取得存货的成本包括耗用材料的采购成本(直接材料)、加工成本(直接人工＋制造费用)和其他成本。

1. 采购成本

通过进一步加工取得的存货成本中采购成本是由所使用或消耗的原材料采购成本转移而来的,具体确定方法和外购存货采购成本一样。

2. 加工成本

存货的加工成本是指在存货的加工过程中发生的直接人工以及按照一定方法分配的制造费用,其实质是小企业在加工存货的过程中追加发生的生产成本,不包括直接由材料存货转移来的价值。其中,直接人工,是指小企业在生产产品过程中直接从事产品生产的工人的职工薪酬。直接人工和间接人工的划分依据通常是生产工人是否与所生产的产品直接相关(即可否直接确定其服务的产品对象)。制造费用,是指小企业生产车间(部门)为生产产品和提供劳务而发生的各项间接费用。制造费用是一种间接生产成本,包括小企业生产车间(部门)管理人员的职工薪酬、折旧费、

机物料消耗、固定资产修理费、办公费、水电费、劳动保护费、季节性和修理期间的停工损失等。有关直接人工和制造费用的具体会计处理详见第14章第2节"成本核算原理"部分。

3. 其他成本

自制存货的其他成本是指除采购成本、加工成本以外的,使存货达到目前场所和状态所发生的其他支出。

(1)小企业经过1年期以上的制造才能达到预定可销售状态的存货发生的借款费用,计入自制存货成本。借款费用,是指小企业因借款而发生的利息及其他相关成本,包括借款利息、辅助费用以及因外币借款而发生的汇兑差额等。借款费用资本化金额的确定详见本书第11章"长期负债"部分,本章不再赘述。

(2)小企业设计产品发生的设计费用通常应计入当期损益,但是为特定客户设计产品所发生的、可直接确定的设计费用应计入存货的成本。

下列费用不应计入存货成本,而应在其发生时计入当期损益:

(1)非正常消耗的直接材料、直接人工和制造费用,应在发生时计入当期损益,不应计入存货成本。如由于自然灾害而发生的直接材料、直接人工和制造费用,由于这些费用的发生无助于使该存货达到目前场所和状态,不应计入存货成本,而应确认为当期损益。

(2)仓储费用,指小企业在存货采购入库后发生的储存费用,应在发生时计入当期损益。但是,在生产过程中为达到下一个生产阶段所必需的仓储费用应计入存货成本。如某种酒类产品生产小企业为使生产的酒达到规定的产品质量标准,而必须发生的仓储费用,应计入酒的成本,而不应计入当期损益。

(3)不能归属于使存货达到目前场所和状态的其他支出,应在发生时计入当期损益,不得计入存货成本。

(四)提供劳务成本的确定

有些小企业的日常生产经营活动主要是对外提供劳务,如从事建筑安装、修理修配、交通运输、仓储租赁、邮电通信、咨询经纪、文化体育、科学研究、技术服务、教育培训、餐饮住宿、中介代理、卫

生保健、社区服务、旅游、娱乐、加工以及其他劳务服务活动取得的收入。

小企业在提供这些劳务服务时与工业类小企业生产产品一样也会发生各种成本。在相关劳务收入没有完成之前,这些劳务成本类似于工业类小企业的在产品或产成品,也构成了这类小企业的存货。有关劳务的范围、各项劳务的具体内涵见第13章第3节"提供劳务收入财税处理"部分。

提供劳务的成本包括:与劳务提供直接相关的人工费、材料费和应分摊的间接费用。

(1) 直接相关的人工费。

(2) 直接相关的材料费。

由于劳务通常是无形的,与生产实物产品有很大差别。因此,在确定构成劳务成本时尤其要强调直接相关性原则。只有与某项劳务提供直接相关的人工费和材料费才能计入劳务的成本,否则,应当计入当期管理费用。其中,人工费是指小企业在提供劳务过程中直接从事劳务提供的人员(含管理人员)的职工薪酬。如果同一拨人或同一批材料同时提供多项劳务,这些人工费和材料费同样符合本条规定所强调的直接相关性原则的要求,但应当采用科学合理一致的方法在这几项劳务中进行分配。分配方法一经确定,不得随意变更。

(3) 应分摊的间接费用。

提供劳务发生的间接费用,是指除直接相关的人工费和材料费以外的其他与该项劳务提供的有关费用,主要包括所使用固定资产的折旧费、修理费等。对于这些间接费用,也应当采用科学合理一致的方法在相关劳务中进行分配。分配方法一经确定,不得随意变更。

(五) 投资者投入存货成本的确定

根据《公司法》的规定,投资者既可以用货币出资,也可以用实物出资,并且应当评估作价,不得高估或者低估作价。其中,实物包括了可能构成接受投资方的存货和固定资产。因此,遵照公司法的规定,投资者投入的存货、固定资产或无形资产都应当按照评估价值确定其成本。如果涉及增值税进项税额和其他相关税费,还应按照税法规定进行相应会计处理。

在小企业会计准则中,凡涉及评估价值的,该评估价值应当符合国家有关资产评估的规定。

(六) 盘盈存货成本的确定

盘盈存货的成本,应当按照同类或类似存货的市场价格或评估价值确定。

1. 市场价格的确定原则

市场是商品等价交换的场所,商品在市场上通过交易价格发现自身的价值,因此市场价格具有客观性和公平性。市场价格可以理解为熟悉情况的买卖双方在公平交易的条件下所确定的价格,或无关联的双方在公平交易的条件下一项资产可以达成的交易价格。在实务中,市场价格有多种表现形式,如股票的开盘价和收盘价、钢材在甲地和乙地的销售价格、电视机的购买价格和销售价格、含增值税的市场价格和不含增值税的市场价格等。为了便于客观、公正、统一地确定这类存货的成本,本准则规定市场价格通常指存货在接受投资方(即小企业)所在地的、不含增值税的购买价格。在这一前提下,小企业通常应当按照下列三个层次的顺序确定盘盈存货的成本:

第一层次:该项存货的市场价格;

第二层次:该类存货的市场价格;

第三层次:类似存货的市场价格。

小企业接受投资者投入的存货,采用市场价格确定其成本时,首先应当选择该项存货的市场价格;如果该项存货不存在市场价格,其次应当选择该类存货的市场价格;如果该类存货也不存在市场价格,最后应当选择类似存货的市场价格。

2. 评估价值的使用

如果盘盈的存货不存在市场价格,无法按照上述市场价格的确定原则确定其金额,在这种情况下,应当采用评估价值确定。

需要强调的是,本准则中涉及使用同类或类似资产的市场价格或评估价值时,都遵循与本条相一致的原则,即市场价格优先,如果无法取得市场价格再退其次使用评估价值。但是,如果国家的法律、法规和部门规章对此作了专门规定的,从其规定。

(七) 通过非货币性资产交换、债务重组、企业合并等方式取得的存货的成本

企业通过非货币性资产交换、债务重组、企业合并等方式取得的存货,其成本应当分别按照《企业会计准则第7号——非货币性资产交换》

《企业会计准则第 12 号——债务重组》和《企业会计准则第 20 号——企业合并》等的规定确定。但是,其后续计量和披露应当执行小企业会计准则的规定。

其中,非货币性资产交换取得的存货按换出资产的公允价值为基础确定,债务重组取得的存货按放弃债权的公允价值为基础确定。

三、发出存货的计价方法

《小企业会计准则》条文及主旨:

第十三条 小企业应当采用先进先出法、加权平均法或者个别计价法确定发出存货的实际成本。计价方法一经选用,不得随意变更。

对于性质和用途相似的存货,应当采用相同的成本计算方法确定发出存货的成本。

对于不能替代使用的存货、为特定项目专门购入或制造的存货以及提供的劳务,采用个别计价法确定发出存货的成本。

对于周转材料,采用一次转销法进行会计处理,在领用时按其成本计入生产成本或当期损益;金额较大的周转材料,也可以采用分次摊销法进行会计处理。出租或出借周转材料,不需要结转其成本,但应当进行备查登记。

对于已售存货,应当将其成本结转为营业成本。

【条文主旨】本条是关于发出存货会计处理的规定。

小企业购入材料是为了生产产品、购入商品是为了销售,但是从使用材料生产完成产品、从购买商品到最终销售商品都会涉及存货在小企业内部转化形态、转移位置,这些日常生产经营活动从会计核算角度来看,都表现为发出存货。发出存货通常指小企业购入材料、商品到最终生产完成向外销售这段期间内发生的价值转移和变化。

小企业应当根据各类存货的实物流转方式、小企业管理的要求、存货的性质等实际情况,合理地确定发出存货成本的计算方法,以及当期发出存货的实际成本。对于性质和用途相似的存货,应当采用相同的成本计算方法确定发出存货的成本。

(一)小企业发出存货成本允许使用的方法

日常核算中,小企业发出的存货,可以按实际成本核算,也可以按计划成本核算。如采用计划成本核算,会计期末应调整为实际成本。在实际成本核算方式下,小企业应当采用先进先出法、加权平均法或者个别计价法确定发出存货的实际成本。其中,加权平均法还可进一步分为移动加权平均法和月末一次加权平均法。

1. 先进先出法

业务 3-1 先进先出法应用。

先进先出法是指以先购入的存货应先发出(销售或耗用)这样一种存货实物流动假设为前提,对发出存货进行计价的一种方法。采用这种方法,先购入的存货成本在后购入存货成本之前转出,据此确定发出存货和期末存货的成本。具体方法是,收入存货时,逐笔登记收入存货的数量、单价和金额;发出存货时,按照先进先出的原则逐笔登记存货的发出成本和结存金额。

先进先出法可以随时结转存货发出成本,但较繁琐;如果存货收发业务较多、且存货单价不稳定时,其工作量较大。在物价持续上升时,期末存货成本接近于市价,而发出成本偏低,会高估小企业当期利润和库存存货价值;反之,会低估小企业存货价值和当期利润。

【例 3-1】 2022 年 4 月,甲公司 A 种存货明细账见表 3-1。

在明细账中,采用先进先出法计算发出存货和期末存货的成本。

表 3-1 材料明细账

材料类别:原料及主要材料　　　　计量单位:千克　　　　材料编号:127

材料名称:A　　　　　　　　　　最低储量:　　　　　　最高存量:

2022 年		摘要	收　入			发　出			结　存		
月	日		数量	单价	金额	数量	单价	金额	数量	单价	金额
4	1	期初余额							300	50	15 000
	10	购入	900	60	54 000				300	50	15 000
									900	60	54 000

2022年		摘要	收 入			发 出			结 存		
月	日		数量	单价	金额	数量	单价	金额	数量	单价	金额
	11	发出				300	50	15 000			
						500	60	30 000	400	60	24 000
	18	购入	600	70	42 000				400	60	24 000
									600	70	42 000
	20	发出				400	60	24 000			
						400	70	28 000	200	70	14 000
	23	购入	200	80	16 000				200	70	14 000
									200	80	16 000
4	30	本月发生额及月末余额	1 700	—	112 000	1 600	—	97 000	200	70	14 000
									200	80	16 000

2. 月末一次加权平均法

业务 3-2 月末一次加权平均法应用。

月末一次加权平均法,是指以当月全部进货数量加上月初存货数量作为权数,去除当月全部进货成本加上月初存货成本,计算出存货的加权平均单位成本,以此为基础计算当月发出存货的成本和期末存货的成本的一种方法。计算公式如下:

$$存货单位成本=\frac{月初结存存货成本+本月各批进货成本合计}{月初结存存货数量+本月各批进货数量合计}$$

$$本月发出存货成本=本月发出存货数量×存货单位成本$$

$$月末结存存货成本=月末结存存货数量×存货单位成本$$

【例 3-2】 仍以[例 3-1]甲公司 A 种存货明细账,采用加权平均法计算其存货成本如下:

A 存货加权平均单位成本=
$$\frac{15\ 000+54\ 000+42\ 000+16\ 000}{300+900+600+200}=63.5(元)。$$

本月发出存货成本=1 600×63.5=101 600(元)。

月末结存存货成本=400×63.5=25 400(元)。

采用加权平均法,只在月末一次计算加权平均单价,比较简单,而且在市场价格上涨或下跌时所计算出来的单位成本平均化,对存货成本的分摊较为折中。但是,这种方法平时无法从账上提供发出和结存存货的单价及金额,不利于加强对存货的日常管理与控制。

3. 移动加权平均法

业务 3-3 移动加权平均法应用。

移动加权平均法,是指以每次进货的成本加上原有库存存货的成本,除以每次进货数量与原有库存存货的数量之和,据以计算加权平均单位成本,作为在下次进货前计算各次发出存货成本的依据。计算公式如下:

$$存货加权单位成本=\frac{原有库存存货的实际成本+本次进货的实际成本}{原有库存存货数量+本次进货数量}$$

$$本次发货成本=本次发货数量×存货加权单位成本$$

$$本月月末库存存货成本=月末库存存货的数量×本月月末存货单位成本$$

【例 3-3】 仍以[例 3-1]甲公司 A 种存货明细账,采用移动平均法计算其存货成本如下:

第一批收货后的平均单位成本=(15 000+54 000)÷(300+900)=57.5(元)。

第一批发货的存货成本=800×57.5=46 000(元)。

当时结存的存货成本=400×57.5=23 000(元)。

第二批收货后的平均单位成本=(23 000+42 000)÷(400+600)=65(元)。

第二批发货的存货成本=800×65=52 000(元)。

当时结存的存货成本=200×65=13 000(元)。

第三批收货后的平均单位成本=(13 000+16 000)÷(200+200)=72.5(元)。

该存货月末结存 400 件,月末结存成本为 400×72.5=29 000(元);本月发出存货成本合计为46 000＋52 000＝98 000(元)。

移动加权平均法的优点在于能使管理当局及时了解存货的结存情况,而且计算的平均单位成本以及发出和结存的成本比较客观。但采用这种方法,每次收货都要计算一次平均单价,计算工作量较大,对收发货较频繁的企业不适用。

4. 个别计价法

业务 3-4 个别计价法应用。

个别计价法,也称个别认定法、具体辨认法、分批实际法,其特征是注重所发出存货具体项目的实物流转与成本流转之间的联系,逐一辨认各批发出存货和期末存货所属的购进批别或生产批别,分别按其购入或生产时所确定的单位成本计算各批发出存货和期末存货的成本,即把每一种存货的实际成本作为计算发出存货成本和期末存货成本的基础。在实际工作中,越来越多的企业采用计算机信息系统进行会计处理,个别计价法可以广泛应用于发出存货的计价,并且个别计价法确定的存货成本最为准确。

小企业会计准则规定,对于不能替代使用的存货、为特定项目专门购入或制造的存货以及提供的劳务,采用个别计价法确定发出存货的成本。

【例 3-4】 2022 年 5 月,甲公司为特定项目专门购入 D 商品,本期发出存货的单位成本如下:

5 月 11 日发出的 200 件存货中,100 件系期初结存存货,单位成本为 10 元,另外 100 件为 5 月 5 日购入存货,单位成本为 12 元。

5 月 20 发出的 100 件存货系 5 月 16 日购入,单位成为 14 元。

5 月 27 日发出的 100 件存货中,50 件为期初结存,单位成本为 10 元,50 件为 5 月 23 日购入,单位成本为 15 元。

则按照个别计价法,甲公司 5 月份 D 商品收入、发出与结存情况如表 3-2 所示。

表 3-2 收入、发出与结存情况   计量单位:千克

日期		摘要	收入			发出			结存		
月	日		数量	单价	金额	数量	单价	金额	数量	单价	金额
5	1	期初余额							150	10	1 500
	5	购入	100	12	1 200				150 100	10 12	1 500 1 200
	11	销售				100 100	10 12	1 000 1 200	50	10	500
略											
	31	本期合计	400	—	5 500	400	—	4 850	100 50	14 15	1 400 750

由表 3-2 可知:甲公司本期发出存货成本及期末结存存货成本如下:

本期发出存货成本＝100×10＋100×12＋100×14＋50×10＋50×15＝4 850(元)。

期末结存存货成本＝期初结存存货成本＋本期收入存货成本－本期发出存货成本＝150×10＋100×12＋200×14＋100×15－4 850＝2 150(元)。

(二)选择发出存货成本的方法应遵循的基本原则

小企业应当根据各类存货的实物流转方式、企业管理的要求、存货的性质等实际情况,合理地选择发出存货成本的计算方法,以合理确定当期发出存货的实际成本。

(三)选择发出存货成本的方法应遵循的具体原则

第一,对于性质和用途相似的存货,应当采用相同的成本计算方法确定发出存货的成本。

本原则实质上是对成本计算方法适用对象一致性的要求。这一具体原则包含了两方面的意思:

① 对于性质和用途相似的存货,小企业用于确定其发出存货成本的方法应当相同,不得采用不同的方法。

② 如果存货的性质或用途发生了变化,原来采用的成本计价方法出现了不符合基本原则要求的情形,允许小企业对该存货改变成本计价方法。

第二,计价方法一经选用,不得随意变更。

本原则实质上是对成本计算方法同一会计年度各月一致性和前后各年一致性的要求。

小企业会计准则规定的四种成本计价方法,小企业根据实际情况都可以选择使用,既可以使用其中的一种方法,也可以四种方法全部使用,但是,无论采用了其中一种方法还是四种方法,这些计价方法对性质和用途相似的存货来讲,一经选用,不得随意变更。

第三,对于不能替代使用的存货,为特定项目专门购入或制造的存货以及提供的劳务,采用个别计价法确定发出存货的成本。

本原则实际上是对个别计价法适用性的要求。也就是说,个别计价法通常适用于以下四种存货,以合理确定相关存货的成本:

① 不能替代使用的存货,实际上反映了存货的专用性。

② 为特定项目专门购入的存货,以合理确定所购入存货的成本和该特定项目的成本。

③ 为特定项目制造的存货,以合理确定该特定项目所制造的存货的成本。

④ 提供的劳务,以合理确定所提供劳务发生的成本。

第四,对于周转材料,采用一次转销法进行会计处理,在领用时按其成本计入生产成本或当期损益;金额较大的周转材料,也可以采用分次摊销法进行会计处理。出租或出借周转材料,不需要结转其成本,但应当进行备查登记。

本原则实质上是对周转材料这类特殊存货确定计价方法的要求。本准则考虑到周转材料是一类介于存货和固定资产之间的特殊存货,因此作了专门规定,具体包括以下三种情况:

① 基本原则。对于周转材料,采用一次转销法进行会计处理,在领用时按其成本计入生产成本或当期损益。

小企业通常都应当采用一次转销法核算周转材料,也就是说,在领用时一次性将成本按照其受益对象计入生产成本或当期损益,如管理费用、销售费用等。

② 例外原则。对于金额较大的周转材料,也可以采用分次摊销法进行会计处理。

对金额较大的周转材料,本准则允许小企业可以根据其可使用的次数按照受益对象平均计入生产成本或当期损益,而不是在领用时一次性结转成本。至于“金额较大”的标准,由小企业根据实际情况自行确定,但是一经确定,在同一会计年度的各月和前后各年度不得随意变更。

③ 特殊原则:出租或出借周转材料,不需要结转其成本,但应当进行备查登记。

小企业出于提高资产使用效率的目的,偶尔会将暂时不用的周转材料用于出租或出借。本准则考虑到周转材料是小企业的一种存货,其成本应当在领用时一次进行结转,出租或出借周转材料是小企业的一种偶发行为,因此不要求对出租或出借的周转材料结转其成本,这种处理原则一是符合存货核算的要求,二是简化核算。也正是基于这种考虑,本准则规定小企业出租周转材料取得的租金作为营业外收入而不是其他业务收入进行核算。但是,从加强实物管理的角度,小企业对出租或出借的周转材料,应当建立备查簿,进行备查登记。

第五,对于已售存货,应当将其成本结转为营业成本。

本原则实质上体现了配比原则的要求。也就是说,小企业对外销售产成品、商品、材料或对外提供劳务时,如果已经根据本准则收入的规定确认了营业收入(即主营业务收入或其他业务收入),应当同时将与其相关的存货成本进行结转,确认为营业成本(即主营业务成本或其他业务成本);如果没有确认营业收入,则不应当结转相关的成本,继续保留在存货中。

(四) 存货计价方法对企业财务状况、盈亏情况的影响

发出存货计价方法的不同,对企业财务状况、盈亏情况会产生不同的影响,主要表现在:

(1)期末存货计价(估价)如果过低,当期的收益可能因此而相应减少。

(2)期末存货计价(估价)如果过高,当期的收益可能因此而相应增加。

（3）期初存货计价如果过低,当期的收益可能因此而相应增加。

（4）期初存货计价如果过高,当期的收益可能因此而相应减少。

第二节 原材料财税处理

原材料是指小企业在生产过程中经过加工改变其形态或性质并构成产品主要实体的各种原料、主要材料和外购半成品,以及不构成产品实体但有助于产品形成的辅助材料。其核算内容具体包括原料及主要材料、辅助材料、外购半成品(外购件)、修理用备件(备品备件)、包装材料、燃料等。原材料的日常收发及结存,可以采用实际成本核算,也可以采用计划成本核算。具体采用哪一种方法,由小企业根据具体情况自行决定。

一、原材料采用实际成本核算

材料按实际成本计价核算时,原材料的收发及结存,无论总分类核算还是明细分类核算,均按照实际成本计价。平时可以只登记"原材料明细账"进行明细核算,月末汇总后登记"原材料"总账进行总分类核算。原材料按实际成本计价核算,不存在成本差异的计算与结转问题,但反映不出材料成本是节约还是超支,不便于反映和考核物资采购业务的经营成果。实务中,通常适用于材料收发业务较少的小企业。

(一)科目设置

1."在途物资"科目(区别计划成本使用的科目)

《小企业会计准则》应用指南

1402 在途物资

一、本科目核算小企业采用实际成本进行材料、商品等物资的日常核算、尚未到达或尚未验收入库的各种物资的实际采购成本。

小企业(批发业、零售业)在购买商品过程中发生的费用(包括:运输费、装卸费、包装费、保险费、运输途中的合理损耗和入库前的挑选整理费等),在"销售费用"科目核算,不在本科目核算。

二、本科目应当按照供应单位和物资品种进行明细核算。

三、在途物资的主要账务处理。

(一)小企业外购材料、商品等物资,应当按照发票账单所列购买价款、运输费、装卸费、保险费以及在外购材料过程发生的其他直接费用,借记本科目,按照税法规定可抵扣的增值税进项税额,借记"应交税费——应交增值税(进项税额)"科目,按照购买价款、相关税费、运输费、装卸费、保险费以及在外购物资过程发生的其他直接费用,贷记"库存现金""银行存款""其他货币资金""预付账款""应付账款"等科目。

材料已经收到、但尚未办理结算手续的,可暂不作会计分录;待办理结算手续后,再根据所付金额或发票账单的应付金额,借记本科目,贷记"银行存款"等科目。

应向供应单位、外部运输机构等收回的材料或商品短缺或其他应冲减材料或商品采购成本的赔偿款项,应根据有关的索赔凭证,借记"应付账款"或"其他应收款"科目,贷记本科目。因自然灾害等发生的损失和尚待查明原因的途中损耗,先记入"待处理财产损溢"科目,查明原因后再作处理。

(二)月末,应将仓库转来的外购材料或商品收料凭证,按照材料或商品并分别下列不同情况进行汇总:

1. 对于收到发票账单的收料凭证(包括本月付款或开出、承兑商业汇票的上月收料凭证),应当按照汇总金额,借记"原材料""周转材料""库存商品"等科目,贷记本科目。

2. 对于尚未收到发票账单的收料凭证,应分别材料或商品,并按照估计金额暂估入账,借记"原材料""周转材料""库存商品"等科目,贷记"应付账款——暂估应付账款"科目,下月初用红字做同样的会计分录予以冲回,以便下月收到发票账单等结算凭证时,按照正常程序进行账务处理。

四、本科目期末借方余额,反映小企业已经收到发票账单、但材料或商品尚未到达或尚未验收入库的在途材料、商品等物资的采购成本。

"在途物资"科目核算小企业采用实际成本进行材料、商品等物资的日常核算、货款已结算但尚未到达或尚未验收入库的各种物资的实际采购成本。借方登记支付或承付的材料价款和运杂费等；贷方登记已经付款或已开出承兑商业汇票并已验收入库的材料的采购成本，应向供应单位、运输单位收回的材料物资短缺或其他应增减采购成本的索赔款项，需要报经批准或尚待查明原因处理的途中短缺和毁损，以及由于意外事故造成的非常损失。

（1）小企业根据合同规定预付给供应单位的购货定金或部分货款，应作为预付购货款在"预付账款"科目核算，不应将预付的账款作为材料价款在"在途物资"科目核算。只有在收到购货发票和账单后，才能根据发票账单所列金额据以登记"在途物资"科目，同时结转预付的购货款。

（2）企业对外进行来料加工装配业务而收到的原材料、零件等，应单独设置备查簿进行登记。

（3）委托外单位加工的材料、商品的加工成本，直接在"委托加工物资"科目核算。

（4）企业购入的在建工程所需要的材料、机器设备等，在"工程物资"科目核算。

2. "原材料"总账科目

《小企业会计准则》应用指南

1403 原材料

一、本科目核算小企业库存的各种材料。包括：原料及主要材料、辅助材料、外购半成品（外购件）、修理用备件（备品备件）、包装材料、燃料等的实际成本。

购入的工程用材料，在"工程物资"科目核算，不在本科目核算。

二、本科目应按照材料的保管地点（仓库）、材料的类别、品种和规格等进行明细核算。

三、原材料的主要账务处理。

（一）小企业购入并已验收入库的材料，按照实际成本，借记本科目，贷记"在途物资""应付账款"等科目。涉及按照税法规定可抵扣的增值税进项税额的，还应当借记"应交税费——应交增值税（进项税额）"科目。

购入的材料已经到达并已验收入库，但在月末尚未办理结算手续的，可按照暂估价值入账，借记本科目、"周转材料"等科目，贷记"应付账款——暂估应付账款"科目；下月初用红字做同样的会计分录予以冲回，以便下月收到发票账单等结算凭证时，按照正常程序进行账务处理。

（二）自制并已验收入库的材料，按照实际成本，借记本科目，贷记"生产成本"科目。

（三）取得投资者投入的原材料，应当按照评估值，借记本科目，贷记"实收资本""资本公积"科目。涉及增值税进项税额的，还应进行相应的账务处理。

（四）生产经营领用材料，按照实际成本，借记"生产成本""制造费用""销售费用""管理费用"等科目，贷记本科目。

出售材料结转成本，按照实际成本，借记"其他业务成本"科目，贷记本科目。

发给外单位加工的材料，按照实际成本，借记"委托加工物资"科目，贷记本科目。外单位加工完成并已验收入库的材料，按照加工收回材料的实际成本，借记本科目，贷记"委托加工物资"科目。

（五）清查盘点，发现盘盈、盘亏、毁损的原材料，按照实际成本（或估计价值），借记或贷记本科目，贷记或借记"待处理财产损溢——待处理流动资产损溢"科目。

四、本科目期末借方余额，反映小企业库存材料的实际成本。

"原材料"科目核算小企业库存的各种材料的实际成本。本科目的借方登记入库材料的实际成本，贷方登记发出材料的实际成本，期末余额在借方，反映小企业库存材料的实际成本。本科目应按照材料的保管地点（仓库）、材料的类别、品种和规格等进行明细核算。

3. 原材料明细科目

（1）仓库和财会部门按材料品种、规格合设一套"数量金额式材料明细账"，由仓库管理员根据收料凭证和发料凭证逐笔登记收、发数量，并逐日结出结存数，材料会计定期到仓库稽核、标价、结出金额。为便于对账，在每本材料明细账前可设置"汇总账页"，汇总账页定期或月终根据稽核后的收发料凭证登记，汇总账页的结存金额，应与该材料明细账的结存金额之和核对相符。

（2）财会部门为掌握各类材料的收、发、存动态,按材料大类设置材料二级账,采用三栏式或多栏式账页,通常是定期或月终汇总登记,可以按收发料凭证直接汇总登记,也可以根据"收料凭证汇总表"和"发料凭证汇总表"汇总登记,还可以通过编制"材料收发结存汇总表"月终时汇总登记,材料二级账只进行金额核算。

(3)为便于材料二级账与所属各明细账的核对,可于月终根据各材料明细账的汇总账页编制"库存材料分类月报表",作为中间媒介使总账与各明细账的核对便于进行。

(二)外购材料收入(入库)的核算

1. 在途原材料的核算

业务3-5 在途原材料的核算。

月份内,小企业外购材料、商品等物资时,应当按照发票账单所列购买价款、运输费、装卸费、保险费以及在外购材料过程发生的其他直接费用,借记"在途物资"科目,按照税法规定可抵扣的增值税进项税额,借记"应交税费——应交增值税(进项税额)"科目,按照购买价款、相关税费、运输费、装卸费、保险费以及在外购物资过程发生的其他直接费用,贷记"库存现金""银行存款""其他货币资金""预付账款""应付账款"等科目。

材料已经收到、但尚未办理结算手续的,可暂不作会计分录;待办理结算手续后,再根据所付金额或发票账单的应付金额,借记"在途物资""应交税费——应交增值税(进项税额)"科目,贷记"银行存款"等科目。

借:在途物资——××单位
　应交税费——应交增值税(进项税额)
　贷:库存现金、银行存款、其他货币资金、预付账
　　　款、应付账款等

由企业运输部门以自备运输工具,将外购的原材料运回企业,计算购入原材料应分担的运输费用时,借记"在途物资"科目,贷记"生产成本"等科目。

借:在途物资——××单位
　贷:生产成本——辅助生产成本

【例3-5】 乙公司为增值税一般纳税人,采用实际成本进行材料日常核算。2022年4月,原材料购进业务如下,分别作出会计处理:

(1)4月10日,购入C材料一批,增值税专用

发票上注明的价款为500 000元,增值税税额为65 000元,发生包装费1 000元,取得普通发票,全部款项已用转账支票付讫,材料已验收入库。

借:原材料——C材料　　　　　　501 000
　应交税费——应交增值税(进项税额) 65 000
　贷:银行存款　　　　　　　　　　　566 000

本例属于货款已经支付或开出、承兑商业汇票,同时材料已验收入库(钱货两清)情形,企业材料已验收入库,因此,应通过"原材料"科目核算,对于增值税专用发票上注明的可抵扣的进项税额,应借记"应交税费——应交增值税(进项税额)"科目。

(2)4月15日,乙公司采用汇兑结算方式购入F材料一批,发票及账单已收到,增值税专用发票上注明的价款为20 000元,增值税税额2 600元,支付保险费1 000元,增值税税额60元,材料尚未到达。甲公司为增值税一般纳税人,采用实际成本进行材料日常核算。

借:在途物资——F材料　　　　　　21 000
　应交税费——应交增值税(进项税额) 2 660
　贷:银行存款　　　　　　　　　　　23 660

如上述购入F材料已收到,并验收入库。

借:原材料——F材料　　　　　　　21 000
　贷:在途物资——F材料　　　　　　21 000

本例属于货款已经支付或已开出、承兑商业汇票,材料尚未到达或未验收入库(货未到钱已付)情形,应通过"在途物资"科目核算;待材料到达、入库后,再根据收料单,由"在途物资"科目转入"原材料"科目核算。

(3)4月20日,乙公司采用托收承付结算方式购入G材料一批,增值税专用发票上注明的价款为50 000元,增值税税额6 500元,支付包装费1 000元,取得普通发票。银行转来的结算凭证已到,款项尚未支付,材料已验收入库。

借:原材料——G材料　　　　　　　51 000
　应交税费——应交增值税(进项税额) 6 500
　贷:应付账款　　　　　　　　　　　57 500

本例属于货款尚未支付,材料已经验收入库(货到钱未付)情形,应通过"应付账款"科目核算。如发票账单未到难以确定实际成本,期末应按照暂估价

值入账,但在下月初,用红字冲销原暂估入账金额,待收到发票账单后再按照实际金额记账,需要注意的是,不得将增值税的进项税额暂估入账。

(4)4月25日,乙公司购入H材料一批,材料已验收入库。月末发票账单尚未收到也无法确定其实际成本,暂估价值为30 000元。月末,做暂估入账处理。

借:原材料——H材料　　　　　30 000
　　贷:应付账款——暂估应付账款　　30 000

下月月初,用红字冲销原暂估入账金额:

借:原材料——H材料　　　　30 000(红字)
　　贷:应付账款——暂估应付账款　30 000(红字)

上述购入的H材料于次月收到发票账单,增值税专用发票上注明的价款为31 000元,增值税额为4 030元,已用银行存款付讫。

借:原材料——H材料　　　　　　　31 000
　　应交税费——应交增值税(进项税额)　4 030
　　贷:银行存款　　　　　　　　　　35 030

(5)根据与某钢厂的购销合同规定,4月11日,甲公司购买J材料,向该钢厂预付100 000元货款的80%,计80 000元。已通过汇兑方式汇出。4月16日,乙公司收到该钢厂发运来的J材料,已验收入库。有关发票账单记载,该批货物的货款100 000元,增值税税额13 000元,支付包装费4 000元,取得普通发票,所欠款项以银行存款付讫。4月20日,余款以银行存款支付。

①4月11日预付货款时:

借:预付账款——××钢厂　　　80 000
　　贷:银行存款　　　　　　　　80 000

②4月16日材料入库时:

借:原材料——J材料　　　　　　　104 000
　　应交税费——应交增值税(进项税额)　13 000
　　贷:预付账款　　　　　　　　　　117 000

③4月20日补付货款时:

借:预付账款　　　　　　　　37 000
　　贷:银行存款　　　　　　　　37 000

本例属于货款已经预付,材料尚未验收入库(预付方式)情形,应通过"预付账款"科目核算。

(6)4月5日,从丙公司(一般纳税人)购入A、B两种材料。

①A材料价款30 000元,B材料价款20 000元,增值税税率为13%,材料未到,款项以商业承兑汇票付讫。

借:在途物资——A材料　　　　30 000
　　　　　　　——B材料　　　　20 000
　　应交税费——应交增值税(进项税额)　6 500
　　贷:应付票据　　　　　　　　　56 500

②4月6日,丙公司开出转账支票支付上述甲乙材料运杂费3 000元(取得增值税专用发票,税率9%),企业规定按买价分配采购费用。

分配率＝3 000÷(30 000＋20 000)＝6%。
甲材料分摊运杂费＝30 000×6%＝1 800(元)。
乙材料分摊运杂费＝20 000×6%＝1 200(元)。

借:在途物资——A材料　　　　　1 800
　　　　　　　——B材料　　　　　1 200
　　应交税费——应交增值税(进项税额)　270
　　贷:银行存款　　　　　　　　　3 270

③月末A、B材料验收入库,结转上述入库材料采购成本。

借:原材料——A材料　　　　　31 800
　　　　　　——B材料　　　　　21 200
　　贷:在途物资——A材料　　　　31 800
　　　　　　　　　——B材料　　　　21 200

本例属于购买多种材料需要分摊采购费用的账务处理,对于不能直接归属于某一种材料的采购费用要按照一定的标准在几种材料之间按照购入材料买价、重量或体积进行分摊。

2. 原材料入库的核算

业务3-6　原材料入库的核算。

仓库定期编制"收料凭证汇总表"(见表3-3),按照材料或商品并分别下列不同情况进行汇总。月末,财会部门应将仓库转来的外购材料或商品收料凭证,进行原材料的总分类核算:

(1)对于收到发票账单的收料凭证(包括本月付款或开出、承兑商业汇票的上月收料凭证),应当按照汇总金额,借记"原材料""周转材料""库存商品"等科目,贷记"在途物资"科目。

表 3-3　收料凭证汇总表

年　　月份

账户	原　材　料								总计
	原料及主要材料	辅助材料	外购半成品	修理用备件	周转材料	包装材料	燃料	合计	
在途物资 1—10 日 11—20 日 21—31 日 应付账款(暂估应付账款)									
合计									

借：原材料、周转材料、库存商品等

　　贷：在途物资——××单位

（2）对于尚未收到发票账单的收料凭证，应分别材料或商品，并按照估计金额暂估入账，借记"原材料""周转材料""库存商品"等科目，贷记"应付账款——暂估应付账款"科目，下月月初用红字做同样的会计分录予以冲回，以便下月收到发票账单等结算凭证时，按照正常程序进行账务处理。

月末，按材料的暂估价值：

借：原材料

　　贷：应付账款——暂估应付账款

下月月初做相反的会计分录予以冲回：

借：原材料（红数）

　　贷：应付账款——暂估应付账款（红数）

将来付款或开出、承兑商业汇票后，按正常程序：

借：在途物资

　　应交税费——应交增值税（进项税额）

　　贷：银行存款、应付票据等

【例 3-6】　丁小企业为增值税一般纳税人，原材料按实际成本计价核算，2022 年 6 月发生有关 A 材料的购进业务如下：

（1）6 月 8 日，从本市甲单位购入 A 材料 200 千克，增值税专用发票注明价款 15 000 元，增值税税额 1 950 元，货款未付。

（2）6 月 16 日，从外地乙单位购入 A 材料 600 千克，增值税专用发票上注明的价款为 48 000 元，增值税税额为 6 240 元，另发生运输费 400 元，增值税额 36 元，各种款项已用银行存款支

付，材料尚未入库。

（3）6 月 26 日，从外地丙单位采购 B 原材料 50 吨，增值税专用发票上注明的原材料价款 200 万元，增值税额为 26 万元。双方商定采用银行承兑汇票结算方式支付货款，付款期限为 3 个月，本企业已开出经银行承兑的商业汇票。

（4）月终，经仓库汇总，8 日从本市购入的 A 材料当日如数入库，16 日从外地购入的 A 材料本月 24 日如数入库，26 日从外地采购的 B 原材料 50 吨尚未到达本企业。29 日，验收入库 C 材料 10 吨，月末尚未收到发票账单，货款未付，该批材料从外地丁单位购入，合同作价 45 万元。

① 丁企业 6 月外购材料的日常账务处理：

A. 6 月 8 日，从本市购入 A 材料。

借：在途物资——本市甲单位　　　　15 000

　　应交税费——应交增值税（进项税额）　1 950

　　贷：应付账款　　　　　　　　　　16 950

B. 6 月 16 日，从外地购入 A 材料。

借：在途物资——外地乙单位　　　　48 400

　　应交税费——应交增值税（进项税额）　6 276

　　贷：银行存款　　　　　　　　　　54 676

C. 6 月 26 日，从外地采购 B 原材料。

借：在途物资——外地丙单位　　　2 000 000

　　应交税费——应交增值税（进项税额）

　　　　　　　　　　　　　　　　　260 000

　　贷：应付票据　　　　　　　　　2 260 000

D. 材料入库时登记材料明细账，8 日入库从本市甲单位购入的 A 材料 200 千克，24 日入库从外地乙单位购入的 A 材料 600 千克。29 日，入库

C材料10吨,月末尚未收到发票。

②月末进行原材料入库的核算:

A. 对于收到发票账单的A材料。

借:原材料　　　　　　　　　　63 400

　　贷:在途物资——本地甲单位　　15 000

　　　　　　　　——外地乙单位　　48 400

B. 对于尚未收到发票账单的C材料,按材料的暂估价值:

借:原材料　　　　　　　　　　450 000

　　贷:应付账款——暂估应付账款　450 000

3. 存货采购过程中发生短缺毁损的处理

业务3-7　存货采购过程中发生短缺毁损的处理。

外购材料发生短缺和毁损,必须认真查明原因,分清责任,区别情况进行会计处理:

(1)凡是途中合理损耗发生的短缺,相应提高入库材料实际成本,不另作账务处理。

(2)由供货单位造成的短缺,在货款尚未支付的情况下,办理部分货款拒付手续,将原发票联、抵扣联主动退回销货方,由销货方按实际数量重新开具专用发票,按实际付款金额作正常购进处理。在货款已经结算,并记入"在途物资"科目的情况下,应当填写"赔偿请求单"请求赔偿。入库部分作正常处理,短缺部分作如下处理:

借:应付账款

　　应交税费——应交增值税(进项税额)(负数)

　　贷:在途物资

(3)凡能确定短缺和毁损应由运输单位、保险公司或其他过失人赔偿的:

借:其他应收款

　　贷:在途物资

　　　　应交税费——应交增值税(进项税额转出)

(4)属于自然灾害等非常原因造成的损失,应当将减去残料价值和保险公司赔款后的净损失,转入"营业外支出——非常损失"科目。

借:其他应收款

　　营业外支出——非常损失

　　贷:在途物资

(5)尚待查明原因的途中损耗,暂作为待处理

财产损溢进行核算,查明原因后再作处理。

①发现短缺毁损时:

借:待处理财产损溢——待处理流动资产损溢

　　贷:在途物资

　　　　应交税费——应交增值税(进项税额转出)

根据《增值税暂行条例》第10条的规定,非正常损失的购进货物,其进项税额不得抵扣。

《营业税改征增值税试点实施办法》(财税〔2016〕36号附件1)第28条规定,非正常损失,是指因管理不善造成货物被盗、丢失、霉烂变质,以及因违反法律法规造成货物或者不动产被依法没收、销毁、拆除的情形。

②小企业存货发生毁损,处置收入、可收回的责任人赔偿和保险赔款,扣除其成本、相关税费后的净额,应当计入营业外支出。

借:其他应收款

　　营业外支出

　　贷:待处理财产损溢——待处理流动资产损溢

【例3-7】　2022年4月,甲公司从KD公司购进A种材料3 000千克,增值税专用发票注明,单价每千克15元,货款45 000元,增值税税额5 850元。货款已付,材料在途中。

(1)支付货款及税款:

借:在途物资——KD公司　　　　　　　45 000

　　应交税费——应交增值税(进项税额)　5 850

　　贷:银行存款　　　　　　　　　　　　50 850

(2)材料运达企业验收入库2 000千克,短缺1 000千克,原因待查,按实收部分入库:

借:原材料——A材料　　　　　　30 000

　　贷:在途物资——KD公司　　　30 000

(3)经查明,短缺1 000千克中,运输部门应赔偿200千克,自然灾害造成短缺800千克,保险公司承诺赔偿其中的50%,净损失经批准列营业外支出。

借:其他应收款——运输部门　　　3 390

　　　　　　　　——保险公司　　　6 000

　　营业外支出——非常损失　　　6 000

　　贷:在途物资——KD公司　　　15 000

　　　　应交税费——应交增值税(进项税额转出)

390

4.购料退出及折让的处理

业务 3-8　购料退出及折让的处理。

根据《关于红字增值税发票开具有关问题的公告》(国家税务总局公告 2016 年第 47 号)的规定,购买方取得专用发票已用于申报抵扣的,购买方可在增值税发票管理新系统中填开并上传《开具红字增值税专用发票信息表》(以下简称《信息表》),在填开《信息表》时不填写相对应的蓝字专用发票信息,应暂依《信息表》所列增值税税额从当期进项税额中转出,待取得销售方开具的红字专用发票后,与《信息表》一并作为记账凭证。购买方取得专用发票未用于申报抵扣,但发票联或抵扣联无法退回的,购买方填开《信息表》时应填写相对应的蓝字专用发票信息。购买方收到红字专用发票后,应将红字专用发票所注明的增值税额从当期进项税额中扣减。如不扣减,造成不纳税或少纳税的属于偷税行为。

(1)购进原材料时。

　　借:在途物资
　　　应交税费——应交增值税(进项税额)
　　　贷:银行存款、应收账款等

(2)凭红字专用发票和信息表做退出及折让的处理。

　　借:银行存款、应收账款等
　　　贷:在途物资
　　　　应交税费——应交增值税(进项税额转出)

【例 3-8】　2022 年 3 月,甲公司购买材料,取得一份增值税专用发票,发票上注明金额 100 万元,税额 13 万元。当月发现入库前该材料物资有质量问题,要求全部退回货物,则账务处理为(单位:万元):

(1)当月在增值税发票查询平台对该发票进行了勾选确认。

　　借:在途物资　　　　　　　　　　　100
　　　应交税费——应交增值税(进项税额)　13
　　　贷:银行存款　　　　　　　　　　113

(2)全部退回货物,但已认证相符的增值税专用发票的发票联和抵扣联不应退还销售方。原始凭证是取得的红字专用发票和信息单。

　　借:应收账款　　　　　　　　　　　113
　　　贷:在途物资　　　　　　　　　　100
　　　　应交税费——应交增值税(进项税额转出)13

【例 3-9】　2022 年 4 月,A 工厂从 B 公司购入某种材料 10 吨,每吨净货价 800 元,已收到 B 公司开来的专用发票,注明货款 8 000 元,增值税税额 1 040 元,款项尚未支付。材料入库时发现部分材料有质量问题,经与 B 公司交涉:

第一种情况:B 公司为防止退货,同意给予 A 工厂货款 10%的折让。此时,A 工厂尚未记账。A 工厂应将原发票联、税款抵扣联退回 B 公司,B 公司重新给 A 工厂开具专用发票,货款 7 200 元,增值税税额 936 元。A 工厂作如下账务处理:

　　借:在途物资　　　　　　　　　　7 200
　　　应交税费——应交增值税(进项税额)936
　　　贷:应付账款　　　　　　　　　8 136

　　借:原材料　　　　　　　　　　　7 200
　　　贷:在途物资　　　　　　　　　7 200

第二种情况:B 公司同意折让货款 10%,但此时 A 工厂已作如下账务处理:

　　借:在途物资　　　　　　　　　　8 000
　　　应交税费——应交增值税(进项税额)1 040
　　　贷:应付账款　　　　　　　　　9 040

A 工厂须根据 B 公司开具的红字专用发票,作如下账务处理:

　　借:在途物资　　　　　　　　　　(800)
　　　应交税废——应交增值税(进项税额)(104)
　　　贷:应付账款　　　　　　　　　(904)

第三种情况:B 公司不同意折让货款,A 工厂决定退货。此时,A 工厂尚未做账务处理,A 工厂只需将材料连同发票退还 B 公司,不作账务处理。

第四种情况:B 公司不同意折让货款,A 工厂只好退货,但已做账务处理。A 工厂须根据 B 公司开具的红字专用发票,冲销原会计处理:

　　借:在途物资　　　　　　　　　　(8 000)
　　　应交税费——应交增值税(进项税额)
　　　　　　　　　　　　　　　　　　(1 040)
　　　贷:应付账款　　　　　　　　　(9 040)

(三)自制或委托加工完成的原材料

业务 3-9　自制或委托加工完成的原材料。

自制或委托外单位加工完成的并已验收入库的原材料,按实际成本,借记"原材料"科目,贷记"生产成本"科目或"委托加工物资"科目。其中,

自行制造的原材料,会计处理如下:

借:原材料
　　贷:生产成本——辅助生产成本
　　　　委托加工物资

委托加工完成的原材料,见本章第四节内容。

(四)投资者投入的原材料

业务 3-10 投资者投入的原材料。

投资者投入的原材料,应当按照评估价值,借记"原材料"科目,按专用发票上注明的增值税额,借记"应交税费——应交增值税(进项税额)"科目,按其在注册资本中所占有的份额,贷记"实收资本"(或"股本")等科目,按其差额,贷记"资本公积"科目。

借:原材料
　　应交税费——应交增值税(进项税额)
　　贷:实收资本
　　　　资本公积

【例 3-10】 2022 年 4 月 1 日,甲公司收到乙公司投入的一批原材料,增值税专用发票上注明的原材料增值税额为 31 200 元,双方确认的价值为 240 000 元,投资各方确认按照该金额作为乙股东的投入资本,甲公司股本总额为 300 000 元,乙公司占 70%。甲公司的会计处理如下:

借:原材料　　　　　　　　　　　　 240 000
　　应交税费——应交增值税(进项税额) 31 200
　　贷:实收资本　　　　　　　　　　　 210 000
　　　　资本公积　　　　　　　　　　　　61 200

(五)接受捐赠的原材料

业务 3-11 接受捐赠的原材料。

企业接受捐赠的原材料,按其公允价值和支付的相关税费,借记"原材料"科目,按可抵扣的增值税进项税额,借记"应交税费——应交增值税(进项税额)"科目,按实际支付或应付的相关税费,贷记"银行存款""应交税费"等科目,按借贷方差额,贷记"营业外收入"。

借:原材料
　　应交税费——应交增值税(进项税额)
　　贷:营业外收入
　　　　银行存款

【例 3-11】 A 公司于 2022 年 4 月取得 B 公司捐赠的一批材料,根据 B 公司提供的有关凭据,该批接受捐赠商品的市场价格为 260 万元,B 公司同时为 A 公司开具了增值税专用发票,注明的增值税税额为 33.8 万元。A 公司为取得受赠材料支付运输费 1 000 元,增值税 90 元。

借:原材料　　　　　　　　　　　　　2 601 000
　　应交税费——应交增值税(进项税额)
　　　　　　　　　　　　　　　　　　　 338 090
　　贷:银行存款　　　　　　　　　　　　 1 090
　　　　营业外收入　　　　　　　　　　2 938 000

(六)原材料发出(出库)的核算

业务 3-12 原材料发出(出库)的核算。

工业企业在生产过程中,发出材料非常频繁,为了简化手续,平时只根据领发料凭证逐笔登记材料明细账,不登记总分类账。月末,将各种领发料凭证,按领料部门和用途进行归类汇总,编制"发料凭证汇总表"(格式见表 3-4),据以进行发出材料的总分类核算。发出材料实际成本的确定,可以由小企业从前述个别计价法、先进先出法、月末一次加权平均法、移动加权平均法等方法中选择。计价方法一经确定,不得随意变更。如需变更,应在附注中予以说明。

表 3-4 发料凭证汇总表
年　　月份

科目		生产成本		制造费用	管理费用	销售费用	在建工程	其他业务成本	应付职工薪酬	总计
		基本生产成本	辅助生产成本							
原材料	原料及主要材料									
	辅助材料									
	外购半成品									
	修理用备件									

(续表)

科目		生产成本		制造费用	管理费用	销售费用	在建工程	其他业务成本	应付职工薪酬	总计
		基本生产成本	辅助生产成本							
原材料	周转材料——包装物									
	包装材料									
	燃料									
合　计										

不同用途的材料应计入不同的科目,直接用于产品生产的材料应计入"生产成本——基本生产成本"科目;直接用于辅助生产的材料应计入"生产成本——辅助生产成本"科目;用于生产车间一般耗用的材料应计入"制造费用"科目;为销售产品领用的材料应计入"销售费用"科目;厂部经营管理耗用的材料应计入"管理费用"科目;用于在建工程的材料应计入"在建工程"科目;用于职工集体福利的材料应计入"应付职工薪酬——非货币性福利"科目;对外销售材料的成本应计入"其他业务成本"科目。用于不动产在建工程、集体福利和非货币性福利的外购材料,除结转材料的成本外,还应负担购入材料时交纳的增值税。

根据"发料凭证汇总表"编制记账凭证,进行原材料发出的总分类核算,作如下分录:

借:生产成本——基本生产成本
　　　　　　——辅助生产成本
　　制造费用
　　销售费用
　　管理费用
　　在建工程
　　应付职工薪酬——非货币性福利
　　其他业务成本
　　贷:原材料
　　　　应交税费——应交增值税(进项税额转出)

【例3-12】 2022年4月,甲公司原材料——K材料发出汇总如下:基本生产车间领用K材料500 000元,辅助生产车间领用K材料40 000元,车间管理部门领用K材料5 000元,企业行政管理部门领用K材料4 000元,销售部门耗用400元,出售材料600元,合计550 000元。

借:生产成本——基本生产成本　　500 000
　　　　　　——辅助生产成本　　 40 000
　　制造费用　　　　　　　　　　 5 000
　　管理费用　　　　　　　　　　 4 000
　　销售费用　　　　　　　　　　　 400
　　其他业务成本　　　　　　　　　 600
　　贷:原材料——K材料　　　　　 550 000

二、采用计划成本核算

材料按计划成本计价的核算,是指在材料总账、二级账和明细账中,对材料的收入、发出和结存都按预先规定的计划成本计价,来组织原材料的总分类核算和明细核算。实际成本与计划成本之间的差异,单独通过"材料成本差异"科目核算,月终,将本月发出材料和月末结存材料通过材料成本差异率调整为实际成本。

(一)材料按计划成本计价核算的基本程序

(1)企业应先制定各种存货的计划成本目录,规定存货的分类、各种存货的名称、规格、编号、计量单位和计划单位成本。计划单位成本在年度内一般不作调整。

(2)平时收到存货时,应按计划单位成本计算出收入存货的计划成本填入收料单内,并将实际成本与计划成本之间的差异,作为"材料成本差异"分类记账。

(3)平时领用、发出的材料,都按计划成本计算,月终再将本月发出存货应负担的成本差异进行分摊,随同本月发出存货的计划成本计入有关账户,将发出存货的计划成本调整为实际成本。发出存货应负担的成本差异,必须按月分摊,不得在季末或年末一次计算,不得任意多摊、少摊或不摊。

（二）材料按计划成本计价核算的优点

1. 简化会计处理工作

在计划成本法下，材料明细账平时只计收入、发出和结存数量，将数量乘以计划单价，可以随时求得收入、发出和结存金额，通过"材料成本差异"科目计算和调整发出及结存材料的实际成本，简便易行。

2. 有利于考核采购部门和生产部门的业绩

有了合理的计划成本以后，将实际成本与计划成对比，可以对采购部门进行考核，促使降低采购成本；对于车间等耗料部门，可以踢除价格变动对产品成本的影响，合理考核其物耗水平。

（三）科目设置

原材料按计划成本计价进行核算，仍需设置"原材料"科目，但均应按照计划成本入账。由于材料的计划成本与实际成本之间必然会产生差异，为了正确计算材料的采购成本和考核采购业务成果，还需要增设"材料采购"和"材料成本差异"两个资产类科目。

1. "材料采购"科目（计划成本核算专设科目）

《小企业会计准则》应用指南

1401 材料采购

一、本科目核算小企业采用计划成本进行材料日常核算、购入材料的采购成本。

采用实际成本进行材料日常核算的，购入材料的采购成本，在"在途物资"科目核算。

委托外单位加工材料、商品的加工成本，在"委托加工物资"科目核算。

二、本科目应按照供应单位和材料品种进行明细核算。

三、材料采购的主要账务处理。

（一）小企业外购材料，应当按照发票账单所列购买价款、运输费、装卸费、保险费以及在外购材料过程发生的其他直接费用，借记本科目，按照税法规定可抵扣的增值税进项税额，借记"应交税费——应交增值税（进项税额）"科目，按照购买价款、相关税费、运输费、装卸费、保险费以及在外购材料过程发生的其他直接费用，贷记"库存现金""银行存款""其他货币资金""预付账款""应付账款"等科目。

材料已经收到、但尚未办理结算手续的，可暂不作会计分录；待办理结算手续后，再根据所付金额或发票账单的应付金额，借记本科目，贷记"银行存款"等科目。

应向供应单位、运输机构等收回的材料短缺或其他应冲减材料采购成本的赔偿款项，应根据有关的索赔凭证，借记"应付账款"或"其他应收款"科目，贷记本科目。因自然灾害等发生的损失和尚待查明原因的途中损耗，先记入"待处理财产损溢"科目，查明原因后再作处理。

（二）月末，应将仓库转来的外购收料凭证，分别列不同情况进行处理：

1. 对于收到发票账单的收料凭证（包括本月付款或开出、承兑商业汇票的上月收料凭证），应按照实际成本和计划成本分别汇总，并按照计划成本，借记"原材料""周转材料"等科目，贷记本科目；将实际成本大于计划成本的差异，借记"材料成本差异"科目，贷记本科目；实际成本小于计划成本的差异做相反的会计分录。

2. 对于尚未收到发票账单的收料凭证，应按照计划成本暂估入账，借记"原材料""周转材料"等科目，贷记"应付账款——暂估应付账款"科目，下月初用红字做同样的会计分录予以冲回，以便下月收到发票账单等结算凭证时，按照正常程序进行账务处理。

四、本科目期末借方余额，反映小企业已经收到发票账单、但材料尚未到达或尚未验收入库的在途材料的采购成本。

"材料采购"科目用于核算企业采用计划成本进行材料日常核算而购入材料的采购成本，借方登记采购材料的实际成本；贷方登记入库材料的计划成本，应向供应单位、运输单位收回的材料物资短缺或其他应增减采购成本的索赔款项，需要报经批准或尚待查明原因处理的途中短缺和毁损，以及由于意外事故造成的非常损失。借方大于贷方表示超支，从本科目贷方转入"材料成本差异"科目的借方；贷方大于借方表示节约，从本科目借方转入"材料成本差异"科目的贷方；期末借方余额，反映小企业在途材料的采购成本。本科目应按照供应单位和材料品种设置明细账，进行明细核算。

2. "原材料"科目

《小企业会计准则》应用指南

1403 原材料

一、本科目核算小企业库存的各种材料。包括：原料及主要材料、辅助材料、外购半成品(外购件)、修理用备件(备品备件)、包装材料、燃料等的计划成本。

购入的工程用材料,在"工程物资"科目核算,不在本科目核算。

二、本科目应按照材料的保管地点(仓库)、材料的类别、品种和规格等进行明细核算。

三、原材料的主要账务处理。

采用计划成本进行材料日常核算的小企业,日常领用、发出原材料均按照计划成本记账。

月末,按照发出各种原材料的计划成本计算应负担的成本差异,借记"生产成本""制造费用""销售费用""管理费用""委托加工物资""其他业务成本"等科目,贷记"材料成本差异"科目;实际成本小于计划成本的差异做相反的会计分录。

四、本科目期末借方余额,反映小企业库存材料的计划成本。

"原材料"科目用于核算小企业库存的各种材料的计划成本。借方登记入库材料的计划成本,贷方登记发出材料的计划成本,期末余额在借方,反映小企业库存材料的计划成本。本科目应按照材料的保管地点(仓库)、材料的类别、品种和规格等进行明细核算。

3. "材料成本差异"科目(计划成本核算专设科目)

《小企业会计准则》应用指南

1404 材料成本差异

一、本科目核算小企业采用计划成本进行日常核算的材料计划成本与实际成本的差额。

小企业也可以在"原材料""周转材料"等科目设置"成本差异"明细科目。

二、本科目可以分别"原材料""周转材料"等,按照类别或品种进行明细核算。

三、材料成本差异的主要账务处理。

(一)小企业验收入库材料发生的材料成本差异,实际成本大于计划成本的差异,借记本科目,贷记"材料采购"科目;实际成本小于计划成本的差异做相反的会计分录。

入库材料的计划成本应当尽可能接近实际成本。除特殊情况外,计划成本在年度内不得随意变更。

(二)结转发出材料应负担的材料成本差异,按照实际成本大于计划成本的差异,借记"生产成本""管理费用""销售费用""委托加工物资""其他业务成本"等科目,贷记本科目;实际成本小于计划成本的差异做相反的会计分录。

发出材料应负担的成本差异应当按月分摊,不得在季末或年末一次计算。发出材料应负担的成本差异,除委托外部加工发出材料可按照月初成本差异率计算外,应使用本月的实际成本差异率;月初成本差异率与本月实际成本差异率相差不大的,也可按照月初成本差异率计算。计算方法一经确定,不得随意变更。

材料成本差异率的计算公式如下:

本月材料成本差异率=(月初结存材料的成本差异+本月验收入库材料的成本差异)÷(月初结存材料的计划成本+本月验收入库材料的计划成本)×100%

月初材料成本差异率=月初结存材料的成本差异÷月初结存材料的计划成本×100%

发出材料应负担的成本差异=发出材料的计划成本×材料成本差异率

四、本科目期末借方余额,反映小企业库存材料等的实际成本大于计划成本的差异;贷方余额反映小企业库存材料等的实际成本小于计划成本的差异。

"材料成本差异"科目用于核算小企业已入库各种材料的实际成本与计划成本的差异,借方登记实际成本大于计划成本的超支差异及发出材料应负担的节约差异,贷方登记材料实际成本小于计划成本的节约差异及发出材料应负担的超支差异。期末借方余额反映企业库存材料的实际成本

大于计划成本的差异,贷方余额反映企业库存材料的实际成本小于计划成本的差异。该科目应当分别"原材料""周转材料"等进行明细核算,并分别计算成本差异率。

企业根据具体情况,可以单独设置"材料成本差异"科目,也可以在"原材料""周转材料"等科目下设置"成本差异"明细科目进行核算。

入库材料的计划成本应当尽可能接近实际成本。除特殊情况外,计划成本在年度内不得随意变更。调整减少库存材料计划成本的数额,记入本科目的借方;调整增加库存材料计划成本的数额,记入本科目的贷方。原材料按计划成本核算会计科目的对应关系见图 3-1。

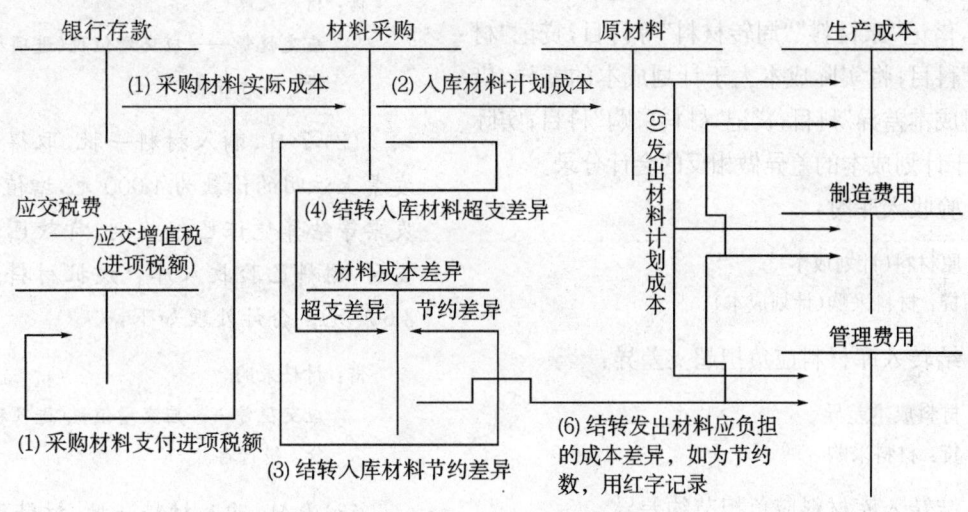

图 3-1 原材料按计划成本核算会计科目的对应关系

(四) 材料采购的核算

业务 3-13 计划成本核算下材料采购的核算。

采用计划成本核算的原材料采购业务,不管结算方式如何,一律通过"材料采购"科目核算材料采购成本。

(1)企业购入原材料收到发票账单时,按应计入材料采购成本的金额,借记"材料采购"科目,按可抵扣的增值税额,借记"应交税费——应交增值税(进项税额)"科目,按实际支付或应付的款项,贷记"银行存款""库存现金""其他货币资金""应付账款""应付票据""预付账款"等科目。

借:材料采购
　　应交税费——应交增值税(进项税额)
　　贷:银行存款、库存现金、其他货币资金、应付账款、应付票据、预付账款等

(2)材料已经收到、但尚未办理结算手续的,可暂不作会计分录;待办理结算手续后,再根据所付金额或发票账单的应付金额,借记"材料采购"

科目,贷记"银行存款"等科目。

【例 3-13】 2022 年 5 月 10 日,甲公司采用汇兑结算方式购入一批化工材料,专用发票上记载的货款为 200 000 元,增值税税额为 26 000 元,发票账单已收到,计划成本 180 000 元,材料尚未入库。5 月 15 日,该小企业收到材料后,经验收发现有待查明原因的途中损耗 3 000 元。5 月 30 日,材料入库。甲公司会计处理如下:

(1)2022 年 5 月 10 日,购入材料时:

借:材料采购　　　　　　　　　　200 000
　　应交税费——应交增值税(进项税额) 26 000
　　贷:银行存款　　　　　　　　　226 000

(2)2022 年 5 月 15 日,发现材料损耗时:

借:待处理财产损溢——带出来流动资产损溢
　　　　　　　　　　　　　　　　3 000
　　贷:材料采购　　　　　　　　　3 000

(3)2022 年 5 月 30 日,材料入库:

借:原材料　　　　　　　　　　　177 000
　　材料成本差异　　　　　　　　　20 000
　　贷:材料采购　　　　　　　　　197 000

(五)材料入库的核算

业务 3-14 计划成本核算下材料入库的核算。

月末,应将仓库转来的外购收料凭证,分别下列不同情况进行处理:

第一,对于收到发票账单的收料凭证(包括本月付款或开出、承兑商业汇票的上月收料凭证),应按照实际成本和计划成本分别汇总,并按照计划成本,借记"原材料""周转材料"等科目,贷记"材料采购"科目;将实际成本大于计划成本的差异,借记"材料成本差异"科目,贷记"材料采购"科目;实际成本小于计划成本的差异做相反的会计分录。

① 验收入库时:

借:原材料(计划成本)
  贷:材料采购(计划成本)

② 结转入库材料应负担超支差异:

借:材料成本差异
  贷:材料采购

③ 结转入库材料应负担节约差异:

借:材料采购
  贷:材料成本差异

第二,对于尚未收到发票账单的收料凭证,应按照计划成本暂估入账,借记"原材料""周转材料"等科目,贷记"应付账款——暂估应付账款"科目,下月月初用红字做同样的会计分录予以冲回,以便下月收到发票账单等结算凭证时,按照正常程序进行账务处理。

① 月末,按材料的计划成本:

借:原材料
  贷:应付账款——暂估应付账款

② 下月月初作相反的会计分录予以冲回:

借:原材料(红数)
  贷:应付账款——暂估应付账款(红数)

③ 将来付款或开出、承兑商业汇票后,按正常程序:

借:材料采购
  应交税费——应交增值税(进项税额)
  贷:银行存款、应付票据等

【例 3-14】 乙小企业为一般纳税人,原材料按计划成本核算,2022 年 4 月,该企业发生的材料采购业务如下:

(1)5 日,购入材料一批,取得的增值税专用发票上注明的价款为 8 000 元,增值税税额为 1 040 元,发票等结算凭证已经收到,货款已通过银行转账支付。材料已验收入库,该批材料的计划成本为 7 000 元。会计处理如下:

借:材料采购   8 000
  应交税费——应交增值税(进项税额) 1 040
  贷:银行存款   9 040

(2)7 日,购入材料一批,取得的增值税专用发票上注明的价款为 4 000 元,增值税税额为 520 元,发票等结算凭证已经收到,货款已通过银行转账支付,材料已验收入库。该批材料的计划成本为 3 600 元。会计处理如下:

借:材料采购   4 000
  应交税费——应交增值税(进项税额) 520
  贷:银行存款   4 520

(3)9 日,购入材料一批,材料已经运到,并已验收入库,但发票等结算凭证尚未收到,货款尚未支付。该批材料的计划成本为 5 000 元。月末仍未收到发票等结算凭证,按计划成本估价入账。会计处理如下:

借:原材料   5 000
  贷:应付账款——暂估应付账款 5 000

下月月初用红字(负数)将上述分录予以冲回:

借:原材料   -5 000
  贷:应付账款——暂估应付账款 -5 000

收到有关发票等结算凭证并支付货款时,按正常程序记账。取得的增值税专用发票上注明的价款为 6 000 元,增值税税额为 780 元。会计处理如下:

借:材料采购   6 000
  应交税费——应交增值税(进项税额) 780
  贷:银行存款   6 780

(4)15 日,购进一批材料,取得的增值税专用发票上注明的价款为 10 000 元,增值税税额为 1 300 元。双方商定采用商业承兑汇票结算方式支付货款,付款期限为 3 个月。材料已经到达并验收入库,已开出、承兑商业汇票。该批材料的计划成本为 9 000 元。会计处理如下:

借:材料采购　　　　　　　　　　10 000

　　应交税费——应交增值税(进项税额)　1 300

　　贷:应付票据　　　　　　　　　　11 300

(5)月末,汇总本月已经付款或已开出、承兑商业汇票的入库材料的计划成本为 19 600 元。会计处理如下:

借:原材料　　　　　　　　　　19 600

　　贷:材料采购　　　　　　　　　19 600

月末结转本月已经付款或已开出承兑商业汇票的入库材料的材料成本差异,其实际成本为 22 000 元,材料成本差异额为 2 400 元(22 000−19 600)(超支额),有关会计处理如下:

借:材料成本差异　　　　　　　　2 400

　　贷:材料采购　　　　　　　　　2 400

(六)材料发出(出库)的核算

业务 3-15　材料发出(出库)的核算。

1. 发出材料的明细核算

按计划成本核算的小企业,平时发出材料只进行明细核算,登记发出材料的数量。

2. 发出材料计划成本的结转

月末,小企业根据领料单等编制"发料凭证汇总表"结转发出材料的计划成本,应当根据所发出材料的用途,按计划成本分别记入"生产成本""制造费用""销售费用""管理费用"等科目。

借:生产成本——基本生产成本

　　　　　　——辅助生产成本

　　制造费用

　　管理费用等

　　贷:原材料

3. 结转发出材料应负担的成本差异

根据小企业会计准则的规定,小企业日常采用计划成本核算的,发出的材料成本应由计划成本调整为实际成本。

实际成本=计划成本±成本差异

材料成本差异随着材料的入库而形成,包括外购材料、自制材料、委托加工完成材料入库等;

同时也随着材料出库而减少,如领用材料、出售材料、消耗材料等。期初和当期形成的材料成本差异,应在当期已发出材料和期末结存材料之间进行分配,属于已消耗材料应分配的材料成本差异,从"材料成本差异"科目转入有关科目。企业应当在月份终了时计算材料成本差异率,据以分配当月形成的材料成本差异。材料成本差异率的计算公式如下:

$$本月材料成本差异率=\frac{月初结存材料成本差异+本月收入材料成本差异}{月初结存材料计划成本+本月收入材料计划成本}\times100\%$$

或者:

$$上月材料成本差异率=\frac{月初结存材料成本差异}{月初结存材料计划成本}\times100\%$$

$$本月发出材料应负担差异=发出材料的计划成本\times材料成本差异率$$

(1)结转发出材料应负担的超支差异。

借:生产成本——基本生产成本

　　　　　　——辅助生产成本

　　制造费用

　　管理费用等

　　贷:材料成本差异

(2)结转发出材料应负担的节约差异。

借:材料成本差异

　　贷:生产成本——基本生产成本

　　　　　　　　——辅助生产成本

　　　　制造费用

　　　　管理费用等

【例 3-15】 乙小企业为一般纳税人,原材料按计划成本核算,2022 年 3 月"原材料"科目某类材料的期初余额 5.6 万元,"材料成本差异"科目期初借方余额 4 500 元,原材料单位计划成本 12 元,本月 10 日进货 1 500 千克,进价 10 元;20 日进货 2 000 千克,进价 13 元,本月 15 日和 25 日车间分别领用材料 2 000 千克。

根据上述资料进行如下会计处理:

(1)3 月 10 日进货,支付材料货款 15 000 元,材料进项税额 1 950 元(材料增值税率为 13%),运杂费 465 元,取得普通发票。会计处理如下:

借：材料采购　　　　　　　　15 465

　　应交税费——应交增值税（进项税额）1 950

　　　贷：银行存款　　　　　　　　17 415

（2）3月20日进货，支付材料货款26 000元，材料进项税额3 380元（材料增值税税率为13%）运杂费930元，取得普通发票。会计处理如下：

借：材料采购　　　　　　　　26 930

　　应交税费——应交增值税（进项税额）3 380

　　　贷：银行存款　　　　　　　　30 310

（3）月份内，原材料的入库和出库只登记数量进行明细核算。

（4）月末，根据"收料凭证汇总表"，结转入库材料的计划成本42 000元[（1 500+2 000）×12]：

借：原材料　　　　　　　　　42 000

　　　贷：材料采购　　　　　　　　42 000

（5）月末，计算结转入库材料成本差异：

① 3月10日入库差异＝15 465－1 500×12＝－2 535（元）。

② 3月20日入库差异＝26 930－2 000×12＝

2 930（元）。

当月入库材料成本差异＝－2 535＋2 930＝395（元）。

借：材料成本差异　　　　　　395

　　　贷：材料采购　　　　　　　　395

（6）月末，根据"发料凭证汇总表"，结转发出材料的计划成本48 000元[（2 000+2 000）×12]：

借：生产成本　　　　　　　　48 000

　　　贷：原材料　　　　　　　　　48 000

（7）月末，计算分摊本月领用材料的成本差异。

本月材料成本差异率＝$\frac{4\,500-2\,535+2\,930}{56\,000+18\,000+24\,000}$×100%＝4.99%。

本月领用材料应负担的成本差异＝48 000×4.99%＝2 398（元）。

借：生产成本　　　　　　　　2 398

　　　贷：材料成本差异　　　　　　2 398

将上述会计分录转入"原材料"和"材料成本差异"科目，并结出余额，如图3-2所示。

原材料

月初余额	56 000		
（4）	42 000	（7）	48 000
月末余额	50 000		

材料成本差异

月初余额	4 500		
（5）	395	（7）	2 398
月末余额	2 497		

图3-2　结转过程

（七）计划成本核算应注意的问题

在采用计划成本法核算时，应注意以下问题：

（1）入库材料的计划成本应当尽可能接近实际成本。除特殊情况外，计划成本在年度内不得随意变更。

（2）计算材料成本差异率时，分母不包括暂估入账材料的计划成本。企业材料入库，期末对于发票未到而暂估入账时，一般而言是按计划成本暂估价。由于当期暂估入账的材料并不存在成本差异，分母中本月收入材料的计划成本不包括暂估入账材料的计划成本。当然，对于估价入账的存货，由于发票到达时还要对差异进行调整，从总体上看不会影响成本的波动。

（3）盘盈的材料按计划成本入账，入库时不需

要计算该盘盈材料的材料成本差异，因为企业无法找回盘盈材料的实际成本。盘亏的材料按计划成本计价，盘亏的材料按照计划成本在账面上登记减少，应类似于材料的使用，需要结转材料成本差异。同时，按税法规定应转出增值税进项税额。

（4）材料成本差异率在实务中往往采用分类差异率，一般不能使用一个综合差异率来分摊发出存货和结存存货应负担的材料成本差异。

（5）发出材料应负担的成本差异应当按月分摊，不得在季末或年末一次计算。发出材料应负担的成本差异，除委托外部加工发出材料可按照月初成本差异率计算外，应使用本月的实际成本差异率；月初成本差异率与本月实际成本差异率相差不大的，也可按照月初成本差异率计算。计

算方法一经确定,不得随意变更。

第三节　周转材料财税处理

周转材料,是指小企业能够多次使用、逐渐转移其价值但仍保持原有形态且不确认为固定资产的材料,包括包装物、低值易耗品、小企业(建筑业)的钢模板、木模板、脚手架等。周转材料符合固定资产定义和确认条件的,应当作为固定资产核算。

一、包装物

(一)包装物的核算内容

包装物是指为了包装本小企业商品而储备的

各种包装容器,如桶、箱、瓶、坛、袋等。其核算内容包括:

(1)生产过程中用于包装产品作为产品组成部分的包装物。

(2)随同商品出售而不单独计价的包装物。

(3)随同商品出售而单独计价的包装物。

(4)出租或出借给购买单位使用的包装物。

(二)科目设置

> **《小企业会计准则》应用指南**
>
> **1411　周转材料**
>
> 一、本科目核算小企业库存的周转材料的实际成本或计划成本。包括:包装物、低值易耗品,以及小企业(建筑业)的钢模板、木模板、脚手架等。
>
> 各种包装材料,如纸、绳、铁丝、铁皮等,应在"原材料"科目内核算;用于储存和保管产品、材料而不对外出售的包装物,应按照价值大小和使用年限长短,分别在"固定资产"科目或本科目核算。
>
> 小企业的包装物、低值易耗品,也可以单独设置"1412　包装物""1413　低值易耗品"科目。
>
> 包装物数量不多的小企业,也可以不设置本科目,将包装物并入"原材料"科目核算。
>
> 二、本科目应按照周转材料的种类,分别"在库""在用"和"摊销"进行明细核算。
>
> 三、周转材料的主要账务处理。
>
> (一)小企业购入、自制、委托外单位加工完成并验收入库的周转材料,以及对周转材料的清查盘点,比照"原材料"科目的相关规定进行账务处理。
>
> (二)生产、施工领用周转材料,通常采用一次转销法,按照其成本,借记"生产成本""管理费用""工程施工"等科目,贷记本科目。
>
> 随同产品出售但不单独计价的包装物,按照其成本,借记"销售费用"科目,贷记本科目。
>
> 随同产品出售并单独计价的包装物,按照其成本,借记"其他业务成本"科目,贷记本科目。
>
> 金额较大的周转材料,也可以采用分次摊销法,领用时应按照其成本,借记本科目(在用),贷记本科目(在库);按照使用次数摊销时,应按照其摊销额,借记"生产成本""管理费用""工程施工"等科目,贷记本科目(摊销)。
>
> (三)周转材料采用计划成本进行日常核算的,领用等发出周转材料,还应结转应分摊的成本差异。
>
> 四、本科目的期末余额,反映小企业在库、出租、出借周转材料的实际成本或计划成本以及在用周转材料的摊余价值。

"周转材料——包装物"科目核算小企业包装物的增减变动及其价值损耗、结存等情况。借方登记购入、自制、委托外单位加工完成并验收入库包装物的实际成本或计划成本;贷方登记发出包装物的实际成本或计划成本,以及采用分次摊销法摊销的成本。本科目的期末借方余额,反映小企业在库、出租、出借包装物的实际成本或计划成

本以及在用包装物的摊余价值。本科目应按照包装物的种类,分别"在库""在用"和"摊销"进行明细核算。

小企业的包装物,也可以单独设置"1412　包装物"科目。

包装物数量不多的小企业,也可以不设置本科目,将包装物并入"原材料"科目核算。各种包

装材料,如纸、绳、铁丝、铁皮等,应在"原材料"科目内核算。计算上单独列作企业商品产品的自制包装物,应作为"库存商品"处理。

小企业购入、自制、委托外单位加工完成并验收入库的包装物,以及对包装物的清查盘点,比照"原材料"科目的相关规定进行账务处理。周转材料采用计划成本进行日常核算的,领用等发出周转材料,还应结转应分摊的成本差异。

(三)账务处理

1. 生产领用包装物

业务 3-16　生产领用包装物的核算。

生产领用包装物,应按照领用包装物的实际成本,借记"生产成本"科目,贷记"周转材料——包装物"科目。

借:生产成本
　　贷:周转材料——包装物

【例 3-16】　乙公司对包装物采用计划成本核算,2022 年 4 月,生产产品领用包装物的计划成本为 100 000 元,材料成本差异率为—3%。会计处理如下:

借:生产成本　　　　　　　　　97 000
　　材料成本差异　　　　　　　 3 000
　　贷:周转材料——包装物　　　　　 100 000

2. 随同产品出售的包装物

(1)随同产品出售不单独计价包装物的核算。

业务 3-17　随同产品出售不单独计价包装物的核算。

随同产品出售不单独计价的包装物,其费用应由销货单位负担,作为销售包装费用。

借:销售费用
　　贷:周转材料——包装物

【例 3-17】　乙公司对包装物采用计划成本核算,2022 年 4 月,销售商品领用不单独计价包装物的计划成本为 50 000 元,材料成本差异率为 3%。会计处理如下:

借:销售费用　　　　　　　　　51 500
　　贷:周转材料——包装物　　　　　 50 000
　　　　材料成本差异　　　　　　　　 1 500

(2)随同产品出售单独计价包装物的核算。

业务 3-18　随同产品出售单独计价包装物的核算。

随同产品出售单独计价包装物,应同材料出售一样,其收入记入"其他业务收入"科目,其成本(费用)记入"其他业务成本"科目。

① 包装物收入:

借:银行存款
　　贷:其他业务收入
　　　　应交税费——应交增值税(销项税额)

② 包装物成本:

借:其他业务成本
　　贷:周转材料——包装物

③ 计提消费税:

借:税金及附加
　　贷:应交税费——应交消费税

【例 3-18】　乙公司对包装物采用计划成本核算,2022 年 4 月,销售商品领用单独计价包装物的计划成本为 80 000 元,销售收入为 10 0000 元,取得的增值税专用发票上注明的增值税税额为 13 000 元,款项已存入银行。该包装物的材料成本差异率为—3%。会计处理如下:

(1)出售单独计价包装物时:

借:银行存款　　　　　　　　　 113 000
　　贷:其他业务收入　　　　　　　　 100 000
　　　　应交税费——应交增值税(销项税额)　13 000

(2)结转所售单独计价包装物的成本:

借:其他业务成本　　　　　　　 77 600
　　材料成本差异　　　　　　　 2 400
　　贷:周转材料——包装物　　　　　　 80 000

3. 出租、出借周转使用的包装物

(1)小企业出租、出借包装物不需要结转成本。

根据《小企业会计准则》第 13 条的规定,小企业出租或出借周转材料,不需要结转其成本,待出租出借包装物报废时一并处理。小企业对出租或出借的周转材料,应当建立备查簿进行备查登记,加强实物管理。

(2)小企业出租包装物(商品)取得的租金收入确认为营业外收入。

在不结转周转材料成本的前提下，出租收入成了一项净收入，是没有相应的成本和其进行配比的，这样一来，这项收入更加符合营业外收入的定义，是一项纯收入、一项利得，以净额列示，不可能也不需要有关费用进行配比。

小企业出租包装物（商品）取得的租金收入，应按照有形动产租赁征收增值税，税率为13%。会计处理为：

借：银行存款
贷：营业外收入
应交税费——应交增值税（销项税额）

4. 出租、出借包装物押金的处理

（1）收取押金时：

借：银行存款
贷：其他应付款

（2）退还押金时：

借：其他应付款
贷：银行存款

（3）没收押金时：

借：其他应付款
贷：应交税费——应交增值税（销项税额）
营业外收入

（4）如为消费税产品，没收押金计提的消费税：

借：税金及附加
贷：应交税费——应交消费税

（5）出租、出借包装物报废时：

借：原材料（残料价值）
营业外支出（出租）
销售费用（出借）
贷：周转材料——包装物

【例3-19】 甲公司存货按照实际成本计价核算，出租、出借包装物采用一次摊销法摊销，2022年4月，有关包装物收发的经济业务（不考虑消费税），应作的会计处理如下：

（1）生产车间领用包装物一批，实际成本2 000元。

借：生产成本——基本生产成本　2 000
贷：周转材料——包装物　2 000

（2）企业销售产品时，领用不单独计价的包装

物，其实际成本为1 000元。

借：销售费用　1 000
贷：周转材料——包装物　1 000

（3）企业销售产品时，领用单独计价的包装物，其实际成本为500元。

借：其他业务成本　500
贷：周转材料——包装物　500

（4）在销售过程中，企业出租一批包装物，实际成本5 000元，收到租金500元，增值税65元，存入银行。

借：银行存款　565
贷：营业外收入　500
应交税费——应交增值税（销项税额）　65

（5）在销售过程中，企业出借一批包装物，实际成本3 000元，收到押金1 000元存入银行。

借：银行存款　1 000
贷：其他应付款　1 000

（6）出借包装物逾期未退，按规定没收其押金1 000元。

借：其他应付款——存入保证金　1 000
贷：营业外收入——包装物出租　885
应交税费——应交增值税（销项税额）　115

（7）出租包装物收回后，不能继续使用而报废，该包装物价值5 000元。

借：营业外支出　5 000
贷：周转材料——包装物　5 000

（四）税务处理

1. 增值税、消费税处理

（1）纳税人为销售货物而出租出借包装物收取的押金，单独记账核算的，不并入销售额征税。但对因逾期未收回包装物不再退还的押金，应按该包装货物的适用税率征收增值税。所谓"逾期"，是以1年为限。无论包装物周转使用期限长短，超过1年（含1年）以上仍不退还的均并入销售额征税。[《国家税务总局关于取消包装物押金逾期期限审批后有关问题的通知》（国税函〔2004〕827号、《国家税务总局关于〈增值税若干具体问题的规定〉的通知》（国税发〔1993〕154号）]

（2）从1995年6月1日起，对销售除啤酒、黄

酒外的其他酒类产品而收取的包装物押金,无论是否返还以及会计上如何核算,均应并入当期销售额征税。[《国家税务总局关于加强增值税征收管理若干问题的通知》(国税发〔1995〕192号)]

(3)应税消费品连同包装物销售的,无论包装物是否单独计价以及在会计上如何核算,均应并入应税消费品的销售额中缴纳消费税。如果包装物不作价随同产品销售,而是收取押金,此项押金则不应并入应税消费品的销售额中征税(注:酒类产品生产企业销售酒类产品而收取的包装物押金除外,财税字〔1995〕53号)。但对因逾期未收回的包装物不再退还的或者已收取的时间超过12个月的押金,应并入应税消费品的销售额,按照应税消费品的适用税率缴纳消费税。

对既作价随同应税消费品销售,又另外收取押金的包装物的押金,凡纳税人在规定的期限内没有退还的,均应并入应税消费品的销售额,按照应税消费品的适用税率缴纳消费税。(《消费税暂行条例实施细则》)

2. 企业所得税处理

(1)租金收入,是指企业提供固定资产、包装物或者其他有形资产的使用权取得的收入。租金收入,按照合同约定的承租人应付租金的日期确认收入的实现。(《企业所得税法实施条例》第19条)

(2)逾期未退包装物押金收入属于其他收入并入收入总额,计征企业所得税。(《企业所得税法实施条例》第22条)

(3)企业提供固定资产、包装物或者其他有形资产的使用权取得的租金收入,应按交易合同或协议规定的承租人应付租金的日期确认收入的实现。其中,如果交易合同或协议中规定租赁期限跨年度,且租金提前一次性支付的,根据企业所得税法实施条例第9条规定的收入与费用配比原则,出租人可对上述已确认的收入,在租赁期内,分期均匀计入相关年度收入。[《国家税务总局关于贯彻落实企业所得税法若干税收问题的通知》(国税函〔2010〕79号)第1条]

(4)小企业营业外收入中的包装物租金收入作为计算业务招待费、广告费和业务宣传费税前扣除限额基数。

企业所得税法规定,包装物出租收入属于其他业务收入,而主营业务收入、其他业务收入以及视同销售收入作为计算业务招待费、广告费和业务宣传费支出扣除限额的计算基数。《企业所得税法》第21条规定,在计算应纳税所得额时,企业财务、会计处理办法与税收法律、行政法规的规定不一致的,应当依照税收法律、行政法规的规定计算。

二、低值易耗品

(一)低值易耗品的核算内容

低值易耗品是指不能作为固定资产的各种用具物品,如工具、管理用具、玻璃器皿,以及在经营过程中周转使用的包装容器等,具体包括:

(1)一般工具。一般工具是指生产各种产品时通用的工具,如刀具、夹具、装配工具等。

(2)专用工具。专用工具是指为了制造某种产品所专用的工具,如专用的模具、卡具等。

(3)劳动保护用品。劳动保护用品是指为了保证安全生产发给工人的工作服、工作鞋和其他防护用品等。

(4)管理用具。管理用具是指企业在管理中使用的各种家具用品和办公用具,如办公桌、椅和办公柜等。

(5)替换设备。替换设备指容易磨损或为制造不同产品需要替换使用的各种设备,如轧制钢材用的轧辊、浇铸钢锭用的钢锭模等。

(6)其他用具。低值易耗品由于价值低、容易损耗,为便于核算和管理,在会计上把它归为存货类进行管理。在实际工作中,小企业应根据划分固定资产与低值易耗品的标准,编制"低值易耗品"目录。在"低值易耗品目录"中详细列明低值易耗品的类别、名称、规格、编号、计量单位和计划单位成本等项目,作为划分和管理的具体标准。

(二)科目设置

小企业应当设置"周转材料——低值易耗品"科目,核算低值易耗品的增减变动及其价值损耗、结存等情况。借方登记购入、自制、委托外单位加工完成并验收入库低值易耗品的实际成本或计划成本;贷方登记发出低值易耗品的实际成本或计划成本,以及采用分次摊销法摊销的成本。本科目的期末借方余额,反映小企业在库、出租、出借低值易耗品的实际成本或计划成本以及在用低值易耗品的摊余价值。本科目应按照低值易耗品的种类,分别"在库""在用"和"摊销"进行明细核算。

该科目借方登记低值易耗品的增加,贷方登记低值易耗品的减少,期末余额在借方,通常反映小企业期末结存低值易耗品的金额。

小企业的低值易耗品,也可以单独设置"1413 低值易耗品"科目。

用于储存和保管产品、材料而不对外出售的包装物,应按照价值大小和使用年限长短,分别在"固定资产"科目或"周转材料——低值易耗品"科目核算。

(三)账务处理

1. 低值易耗品验收入库的核算

小企业购入、自制、委托外单位加工完成并验收入库的低值易耗品,以及对低值易耗品的清查盘点,比照"原材料"科目的相关规定进行账务处理。周转材料采用计划成本进行日常核算的,领用等发出周转材料,还应结转应分摊的成本差异。

2. 低值易耗品价值摊销的核算

业务 3-19 低值易耗品价值摊销的核算。

(1)一次转销法。采用一次转销法摊销低值易耗品,在领用低值易耗品时,将其价值一次、全部计入有关资产成本或者当期损益,主要适用于价值较低或极易损坏的低值易耗品的摊销,但在以后收回使用过的低值易耗品时,应加强实物管理,并在备查簿上进行登记。

【例 3-20】 甲公司基本生产车间领用一般工具一批,实际成本为 3 000 元,全部计入当期制造费用。甲公司应作如下会计处理:

借:制造费用　　　　　　　　　3 000
　　贷:周转材料——低值易耗品　　　　3 000

(2)分次摊销法。采用分次摊销法摊销低值易耗品,低值易耗品在领用时摊销其账面价值的单次平均摊销额。分次摊销法适用于可供多次反复使用的低值易耗品。在采用分次摊销法的情况下,需要单独设置"周转材料——低值易耗品(在用)""周转材料——低值易耗品(在库)"和"周转材料——低值易耗品(摊销)"明细科目。

【例 3-21】 甲公司的基本生产车间领用一批

专用工具,实际成本为 100 000 元,不符合固定资产定义,采用分次摊销法进行摊销。该专用工具的估计使用次数为 2 次。会计处理如下:

(1)领用专用工具:

借:周转材料——低值易耗品(在用)　100 000
　　贷:周转材料——低值易耗品(在库)　　100 000

(2)第 1 次领用时摊销其价值的一半:

借:制造费用　　　　　　　　　50 000
　　贷:周转材料——低值易耗品(摊销)　　50 000

(3)第 2 次领用时摊销其价值的一半:

借:制造费用　　　　　　　　　50 000
　　贷:周转材料——低值易耗品(摊销)　　50 000

同时:

借:周转材料——低值易耗品(摊销)　100 000
　　贷:周转材料——低值易耗品(在用)　　100 000

在本例中,由于采用实际成本核算,需要说明的,一是在领用低值易耗品时,应在周转材料——低值易耗品"明细科目中进行明细结转,由"在库"转为"在用";二是在第二次摊销低值易耗品时,由于已经全部摊销完毕,因此,需要将"周转材料——低值易耗品"明细科目中的"摊销"明细科目的贷方余额与"在用"明细科目的借方余额进行相互抵销,从而结平"周转材料——低值易耗品"明细科目的余额,使其余额为 0。

【例 3-22】 承[例 3-21],假设甲公司对低值易耗品采用计划成本核算,某月基本生产车间领用一批专用工具,实际成本为 101 000 元,计划成本为 100 000 元,不符合固定资产定义,采用分次摊销法进行摊销。该专用工具的估计使用次数为 2 次,该专用工具的材料成本差异率为 1%。甲公司会计处理如下:

(1)领用专用工具时:

借:周转材料——低值易耗品(在用)　100 000
　　贷:周转材料——低值易耗品(在库)　　100 000

(2)第 1 次领用时摊销其价值的一半:

借:制造费用　　　　　　　　　50 000
　　贷:周转材料——低值易耗品(摊销)　　50 000

同时:

借：制造费用   500
     贷：材料成本差异——低值易耗品   500

（3）第2次领用时摊销其价值的一半：

借：制造费用   50 000
     贷：周转材料——低值易耗品（摊销）   50 000

同时：

借：制造费用   500
     贷：材料成本差异——低值易耗品   500
借：周转材料——低值易耗品（摊销）   100 000
     贷：周转材料——低值易耗品（在用）   100 000

在本例中，由于采用计划成本核算，需要说明

的，一是在领用低值易耗品时，应在"周转材料——低值易耗品"明细科目中进行明细结转，由"在库"转入"在用"；二是在每次领用低值易耗品按照计划成本摊销的同时，还应结转材料成本差异，从而将领用低值易耗品的计划成本调整为实际成本；三是在第二次摊销低值易耗品时，由于已经全部摊销完毕，因此需要将"周转材料——低值易耗品"明细科目中的"摊销"明细科目的贷方余额与"在用"明细科目的借方余额进行相互抵销，从而结平"周转材料——低值易耗品"明细科目的余额，使其余额为0。

第四节　委托加工物资的财税处理

一、委托加工物资的含义

委托加工物资，是指由委托方提供原料和主要材料，受托方只收取加工费和代垫部分辅助材料的加工方式。与材料或商品销售不同，委托加工材料发出后，虽然其保管地点发生位移，但材料或商品仍属于企业存货范畴。经过加工，材料或商品不仅实物形态、性能和使用价值可能发生变化，加工过程中也要消耗其他材料，发生加工费、税费，导致被加工材料或商品的成本增加。

二、委托加工物资的税法规定

《中华人民共和国消费税暂行条例》（以下简称《条例》）第4条规定，纳税人生产的应税消费品，于纳税人销售时纳税。纳税人自产自用的应税消费品，用于连续生产应税消费品的，不纳税；用于其他方面的，于移送使用时纳税。

《中华人民共和国消费税暂行条例实施细则》第7条规定，《条例》第4条第2款所称委托加工的应税消费品，是指由委托方提供原料和主要材料，受托方只收取加工费和代垫部分辅助材料加工的应税消费品。对于由受托方提供原材料生产的应税消费品，或者受托方先将原材料卖给委托方，然后再接受加工的应税消费品，以及由受托方以委托方名义购进原材料生产的应税消费品，不论在财务上是否作销售处理，都不得作为委托加工应税消费品，而应当按照销售自制应税消费品缴纳

消费税。委托加工的应税消费品直接出售的，不再缴纳消费税。委托个人加工的应税消费品，由委托方收回后缴纳消费税。

对于由受托方提供原料，或者受托方先将原材料卖给委托方，然后再接受加工，以及由受托方以委托方名义购进原材料的生产，税法规定均不得作为委托加工物资处理，只能根据自产自销处理。因为委托加工仅就其应税劳务征收增值税，消费税由受托方代收代缴，但纳税人委托个体经营者加工税消费品，一律与委托方收回后在委托方所在地交纳消费税。

三、委托加工物资的实际成本

企业发出委托外单位加工的物资，只是改变了物资的存放地点，仍属于企业存货的范畴，委托加工物资的实际成本包括：

（1）加工中耗用材料的实际成本。

（2）支付的加工费用。

（3）支付的税金：包括委托加工材料负担的增值税，如加工物资属于应税消费品，还应负担消费税。

① 加工材料应负担的增值税：凡符合抵扣条件的作为进项税额处理，不计入加工材料的成本；凡不符合抵扣条件的，应将这部分增值税计入加工材料的成本。

② 由受托方代收代缴的消费税：委托加工的应税消费品委托方收回后，继续生产加工应税消

费品的,按规定准予抵扣的,委托方应将受托方代收代缴的消费税计入"应交税费——应交消费税"科目的借方,待该消费品连续生产完工销售后,按规定抵扣其已交的委托加工环节的消费税。委托加工的应税消费品委托方收回后,不再继续生产加工应税消费品,而是直接对外销售,或用于其他方面,因已由受托方代收代缴了消费税,所以不需要再缴纳消费税,而将委托加工环节已缴纳的消费税计入委托加工物资的成本。

(4)支付的往返运输费、装卸费和途中保险费等费用。其中符合抵扣条件的增值税可以计入进项税额抵扣。

商品流通小企业加工的商品,以商品的进货原价、加工费用和按规定应计入成本的税金,作为实际成本。往返运输费、装卸费和途中保险费等费用直接计入销售费用。

四、科目设置

《小企业会计准则》应用指南

1408　委托加工物资

一、本科目核算小企业委托外单位加工的各种材料、商品等物资的实际成本。

二、本科目应按照加工合同、受托加工单位以及加工物资的品种等进行明细核算。

三、委托加工物资的主要账务处理。

(一)小企业发给外单位加工的物资,按照实际成本,借记本科目,贷记"原材料""库存商品"等科目;按照计划成本或售价核算的,还应同时结转材料成本差异或商品进销差价。

(二)支付加工费、运杂费等,借记本科目,贷记"银行存款"等科目;需要交纳消费税的委托加工物资,由受托方代收代缴的消费税,借记本科目(收回后用于直接销售的)或"应交税费——应交消费税"科目(收回后用于继续加工的),贷记"应付账款""银行存款"等科目。

(三)加工完成验收入库的物资和剩余的物资,按照加工收回物资的实际成本和剩余物资的实际成本,借记"原材料""库存商品"等科目,贷记本科目。

(四)采用计划成本或售价核算的,按照计划成本或售价,借记"原材料"或"库存商品"科目,按照实际成本,贷记本科目,按照实际成本与计划成本或售价之间的差额,借记或贷记"材料成本差异"或贷记"商品进销差价"科目。

采用计划成本或售价核算的,也可以采用上月材料成本差异率或商品进销差价率计算分摊本月应分摊的材料成本差异或商品进销差价。

四、本科目期末借方余额,反映小企业委托外单位加工尚未完成物资的实际成本。

小企业应当设置"委托加工物资"科目,核算小企业委托外单位加工的各种材料、商品等物资的实际成本。借方登记委托加工物资的实际成本,贷方登记加工完成验收入库的物资的实际成本和剩余物资的实际成本。本科目期末借方余额,反映小企业委托外单位加工尚未完成物资的实际成本。本科目应按照加工合同、受托加工单位以及加工物资的品种等进行明细核算。

五、账务处理

业务 3-20　委托加工物资的核算。

1. 拨付委托加工物资

企业发给外单位加工的物资,应将物资的实际成本:

借:委托加工物资
　　贷:原材料

企业向外单位发出加工物资时,如果采用计划成本或售价核算的,还应同时结转材料成本差异或商品进销差价,贷记或借记"材料成本差异"科目,或借记"商品进销差价"科目。

2. 支付加工费、增值税等

企业支付的加工费、应负担的运杂费,一是计入委托加工物资的成本,借记"委托加工物资"科目;二是将支付的、可抵扣的增值税进项税额,计入"应交税费——应交增值税(进项税额)"科目单独核算。

借:委托加工物资
　　应交税费——应交增值税(进项税额)
　　贷:银行存款等

3. 缴纳的消费税

需要缴纳消费税的委托加工物资,其由受托方代收代缴的消费税,应分别以下情况处理:

(1)委托加工的物资收回后用于连续生产应税消费品,按规定准予抵扣的:

借:应交税费——应交消费税

　　贷:应付账款、银行存款等

(2)委托加工的物资收回后,不是用于连续生产应税消费品,或尽管用于连续生产应税消费品但按规定不准予抵扣的,委托方应将受托方代收代缴的消费税计入委托加工物资的成本:

借:委托加工物资

　　贷:应付账款、银行存款等

4. 加工完成收回加工物资

加工完成验收入库的物资和剩余物资,按加工收回物资的实际成本和剩余物资的实际成本:

借:库存商品、原材料等

　　贷:委托加工物资

采用计划成本或售价核算的,按计划成本或售价,借记"原材料"或"库存商品"账户,按实际成本,贷记"委托加工物资"账户,按实际成本与计划成本或售价之间的差额,借记或贷记"材料成本差异"或贷记"商品进销差价"账户。

采用计划成本或售价核算的,也可以采用上期材料成本差异率或商品进销差价率计算分摊本期应分摊的材料成本差异或商品进销差价。

【例3-22】 甲公司委托乙企业加工一批材料(属于应税消费品),原材料成本为 10 000 元,支付的加工费为 8 000 元(不含增值税),消费税税率为 10%,材料加工完成验收,加工费用等已经支付。

双方适用的增值税税率为 13%。甲公司按实际成本对原材料进行日常核算,有关会计处理如下:

(1)发出委托加工材料。

借:委托加工物资　　　　　　　　　10 000

　　贷:原材料　　　　　　　　　　　　　10 000

(2)支付加工费用。

$$消费税组成计税价格 = \frac{10\ 000 + 8\ 000}{1 - 10\%} = 20\ 000(元)$$

(受托方)代收代缴的消费税 = 20 000 × 10% = 2 000(元)

应交增值税 = 8 000 × 13% = 1 040(元)

① 甲公司收回加工后的材料用于连续生产应税消费品时:

借:委托加工物资　　　　　　　　　　8 000

　　应交税费——应交增值税(进项税额) 1 040

　　　　　　——应交消费税　　　　　　2 000

　　贷:银行存款　　　　　　　　　　　11 040

② 甲公司收回加工后的材料直接用于销售时:

借:委托加工物资　　　　　　　　　10 000

　　应交税费——应交增值税(进项税额) 1 040

　　贷:银行存款　　　　　　　　　　　11 040

(3)加工完成收回委托加工材料。

① A公司收回加工后的材料用于连续生产应税消费品时:

借:原材料　　　　　　　　　　　　18 000

　　贷:委托加工物资　　　　　　　　　18 000

② 甲公司收回加工后的材料直接用于销售时:

借:原材料　　　　　　　　　　　　20 000

　　贷:委托加工物资　　　　　　　　　20 000

第五节　库存商品财税处理

小企业的库存商品包括库存自制产成品、收获农产品、外购商品、存放在门市部准备出售的商品、发出展览的商品、寄存在外的商品等。不同行业的表现形式和核算要求不尽相同。

一、制造业库存商品的核算

(一)制造业库存商品的范围

制造业的库存商品主要指产成品,在特殊情

况下,也有少量的外购商品。

产成品是指企业已经完成全部生产过程并已验收入库合乎标准规格和技术条件,可以按照合同规定的条件送交订货单位,或者可以作为商品对外销售的产品。产成品包括用自备原材料加工制成的商品产品;企业接受外来原材料加工制造的代制品和为外单位加工修理的代修品,制造和修理完成验收入库后,视同企业的产成品;可以降价出售的不合格品,也应作为产成品管理,但应当与合格商品分开记账,单独保管。产成品的范围包括:库存的产成品、存放在门市部准备出售的商品、发出展览的产成品,委托其他单位代销的产成品,以及虽已发出但尚未实现销售的产成品等。

(二)科目设置

《小企业会计准则》应用指南

1405 库存商品

一、本科目核算小企业库存的各种商品的实际成本或售价。包括:库存产成品、外购商品、存放在门市部准备出售的商品、发出展览的商品以及寄存在外的商品等。

接受来料加工制造的代制品和为外单位加工修理的代修品,在制造和修理完成验收入库后,视同小企业的产成品,也通过本科目核算。

可以降价出售的不合格品,也在本科目核算,但应与合格产品分开记账。

已经完成销售手续,但购买单位在月末未提取的库存产成品,应作为代管产品处理,单独设置代管产品备查簿,不再在本科目核算。

小企业(农、林、牧、渔业)可将本科目改为"1405 农产品"科目。

小企业(批发业、零售业)在购买商品过程中发生的费用(包括:运输费、装卸费、包装费、保险费、运输途中的合理损耗和入库前的挑选整理费等),在"销售费用"科目核算,不在本科目核算。

二、本科目应按照库存商品的种类、品种和规格等进行明细核算。

三、库存商品的主要账务处理。

(一)小企业生产的产成品的入库和出库,平时只记数量不记金额,月末计算入库产成品的实际成本。生产完成验收入库的产成品,按照其实际成本,借记本科目,贷记"生产成本"等科目。

对外销售产成品,借记"主营业务成本"科目,贷记本科目。

(二)购入商品到达验收入库后,按照商品的实际成本或售价,借记本科目,贷记"库存现金""银行存款""在途物资"等科目。涉及增值税进项税额的,还应进行相应的处理。按照售价与进价之间的差额,贷记"商品进销差价"科目。

购入的商品已经到达并已验收入库,但尚未办理结算手续的,可按照暂估价值入账,借记本科目,贷记"应付账款——暂估应付账款"科目;下月初用红字做同样的会计分录予以冲回,以便下月收到发票账单等结算凭证时,按照正常程序进行账务处理。

对外销售商品结转销售成本或售价,借记"主营业务成本"科目,贷记本科目。月末,分摊已销商品的进销差价,借记"商品进销差价"科目,贷记"主营业务成本"科目。

四、本科目期末借方余额,反映小企业库存商品的实际成本或售价。

小企业(工业)应当设置"库存商品"科目,用于核算库存产成品的增减变动及其结存情况。借方登记验收入库产成品的实际成本,贷方登记发出产成品的实际成本。期末借方余额,反映小企业各种库存产成品的实际成本。本科目应按照库存商品的种类、品种和规格等进行明细核算。

存放在本企业所属门市部准备销售的商品,送交展览会展出的商品,以及已发出尚未办理托收手续的商品,都应在本科目下单设明细账进行核算。

已经完成销售手续,但购买单位在月末未提取的库存产成品,应作为代管产品处理,单独设置代管产品备查簿,不再在"库存商品"科目核算。

(三)账务处理

业务3-21 制造业产成品的核算。

小企业会计准则规定,制造业的产成品按照实际成本进行核算。在这种情况下,产成品的收入、发出和销售,平时进行明细核算,只登记数量不登记金额;月度终了进行总分类核算,登记入库和发出产成品的实际成本。

1. 验收入库产成品

当小企业产成品生产完成并验收入库时,平时只登记入库产成品的数量,月末,根据"产成品入库单"及"产品成本计算单(表)",编制"产成品入库汇总表",据以登记入库产成品实际成本。

借:库存商品
　　贷:生产成本——基本生产成本

2. 发出销售产成品

当小企业发出销售产成品时,平时只登记出库产成品的数量,月末,根据"产成品出库单"及"产品销售成本计算单(表)",编制"产成品发出销售汇总表",据以登记发出销售产成品实际成本。对发出销售产成品成本的计算,可以采用先进先出法、加权平均法或者个别计价法等方法确定。核算方法一经确定,不得随意变更。如需变更,应在会计报表附注中予以说明。

借:主营业务成本、委托代销商品等
　　贷:库存商品

【例 3-23】 2022 年 4 月,甲公司月末"产成品入库汇总表"记载,某月已验收入库 Y 产品 1 000 台,实际单位成本 5 000 元,计 5 000 000 元;Z 产品 2 000 台,实际单位成本 1 000 元,计 2 000 000 元。甲公司应作如下会计处理:

借:库存商品——Y 产品　　　5 000 000
　　　　　　　——Z 产品　　　2 000 000
　　贷:生产成本——基本生产成本(Y 产品)
　　　　　　　　　　　　　　　5 000 000
　　　　　　——基本生产成本(Z 产品)
　　　　　　　　　　　　　　　2 000 000

【例 3-24】 2022 年 4 月,甲公司月末"产成品发出销售汇总表"记载,当月已实现销售的 Y 产品有 500 台,Z 产品有 1 500 台。该月 Y 产品实际单位成本 5 000 元,Z 产品实际单位成本 1 000 元。在结转其销售成本时,甲公司应作如下会计处理:

借:主营业务成本　　　　　　　4 000 000
　　贷:库存商品——Y 产品　　　2 500 000
　　　　　　　——Z 产品　　　1 500 000

3. 代制品代修品的核算

业务 3-22 制造业代制品代修品的核算。

(1)受托方接受委托,为外单位加工代制品、修理代修品,按加工成本记账,通过"生产成本"科目核算。

(2)接受的材料只在备查簿单方面登记,进行表外核算。

(3)代制品、代修品加工完成后需入库的,通过"库存商品"科目核算。从车间完工后直接移交给客户的,可不通过"库存商品"科目核算,其代

制、代修支出待移交结算后,直接从"生产成本"科目转入"主营业务成本"或"其他业务支出"科目。

【例 3-25】 2022 年 4 月,甲公司接受乙公司委托(甲、乙企业均为一般纳税人),为其代制应税消费品一批,乙企业发来原材料 100 000 元,甲企业加工过程中代垫辅助材料 4 500 元,分配工人工资 2 480 元,共收取加工费 12 000 元,增值税 1 560 元,开具增值税专用发票,按组成计税价格收取消费税(税率 30%)4 800 元,乙企业已将委托加工物资提走,款项全部用支票结清。

(1)收到的材料,在"受托加工材料备查簿"登记收入材料 100 000 元,发出材料在"受托加工材料备查簿"登记发出材料 100 000 元。

(2)发生的加工费用和代垫辅助材料:

借:生产成本——××代制品　　　6 980
　　贷:原材料　　　　　　　　　　4 500
　　　　应付职工薪酬——工资　　　2 480

(3)加工完成验收入库:

借:库存商品——××代制品　　　6 980
　　贷:生产成本——××代制品　　　6 980

(4)收取加工费、增值税和消费税:

借:银行存款　　　　　　　　　　61 560
　　贷:主营业务收入　　　　　　　12 000
　　　　应交税费——应交增值税(销项税额)　1 560
　　　　应交税费——应交消费税　　48 000

(5)结转销售成本:

借:主营业务成本　　　　　　　　6 980
　　贷:库存商品——××代制品　　　6 980

二、商贸企业(批发业、零售业)库存商品的核算

商贸企业(批发业、零售业)的库存商品,主要包括外购或委托加工完成验收入库用于销售的各种商品。根据商贸企业的经营特点,其库存商品可以采用进价核算,也可以采用售价核算。

(一)采用进价核算的库存商品的核算

业务 3-24 商贸企业采用进价核算的库存商品的核算。

小企业(批发业、零售业)应设置"在途物资"科目,核算小企业外购商品的采购进价成本;设置

"销售费用"科目核算小企业采购商品发生的进货和销货费用;设置"委托加工物资"科目核算委托其他企业加工商品的实际成本;设置"库存商品"科目,核算库存商品的实际进价成本。

"库存商品"科目借方登记入库商品的实际进价成本,贷方登记发出商品的实际进价成本,期末借方余额为库存商品的实际进价成本。本科目按库存商品的种类、品种和规格设置明细科目。

(1)外购商品结算货款时:

借:在途物资
　应交税费——应交增值税(进项税额)
　　贷:库存现金、银行存款、其他货币资金、应付票据、应付账款、预付账款等

(2)外购商品发生的进货费用:

小企业(批发业、零售业)购入商品抵达仓库前发生的包装费、运杂费、运输存储过程中的保险费、装卸费、运输途中的合理损耗和入库前的挑选整理费用等采购费用直接计入当期销售费用。

借:销售费用
　应交税费——应交增值税(进项税额)
　　贷:银行存款等

(3)委托外单位加工的商品,其成本包括发出商品的成本,支付的加工费用及应计入成本的税金,往返运杂费计入"销售费用"科目。其账务处理比照工业企业进行。

(4)商品入库:

① 小企业已采购的商品到达验收入库后:

借:库存商品
　　贷:在途物资

② 小企业委托外单位加工收回的商品:

借:库存商品
　　贷:委托加工物资

③ 购入的商品已经到达并已验收入库,尚未收到发票账单的,按暂估价值入账:

借:库存商品
　　贷:应付账款——暂估应付账款

下月初用红字作同样的记录,予以冲回,以便下月付款或开出承兑商业汇票后,做正常购进和入库进行处理。

(5)企业销售发出的商品,结转销售成本时,可按先进先出法、加权平均法、个别计价法、毛利率法等方法计算已销商品的销售成本,核算方法一经确定,不得随意变更。如需变更,应在会计报表附注中予以说明。

月末,企业结转发出商品的成本时:

借:主营业务成本
　　贷:库存商品

【例3-26】 2022年4月,某商贸公司(小企业一般纳税人)从外地某企业购进一批商品,专用发票注明货款200 000元,增值税26 000元,支付运输费1 000元,专用发票注明增值税90元,支付杂费1 000元,取得普通发票,款项通过转账方式验货付款。

(1)购进时:

借:在途物资　　　　　　　　　　　200 000
　应交税费——应交增值税(进项税额) 26 090
　销售费用　　　　　　　　　　　　 2 000
　　贷:银行存款　　　　　　　　　228 090

(2)入库时:

借:库存商品　　　　　　　　　　　200 000
　　贷:在途物资　　　　　　　　　200 000

(二)毛利率法的运用

业务3-24　商贸企业毛利率法的运用。

毛利率法是根据上季度(或本季度计划)毛利率匡算出本月销售毛利,倒挤出本期销货成本的一种方法。其计算公式如下:

毛利率 = 销售毛利 ÷ 销售净额 × 100%
销售净额 = 商品销售收入 − 销售退回与折让
销售毛利 = 销售净额 × 毛利率
销售成本 = 销售净额 − 销售毛利
期末存货成本 = 期初存货成本 + 本期购货成本 − 本期销售成本

【例3-27】 某批发商场(小企业)2022年11月乙类商品库存100 000元,本月购进50 000元,本月销售收入106 000元,发生销售折让6 000元,上季该类商品的毛利率为20%,计算本月已销商品和月末库存商品的成本。

本月销售净额 = 106 000 − 6 000 = 100 000(元)。
销售毛利 = 100 000 × 20% = 20 000(元)。

本月销售成本＝100 000－20 000＝80 000（元）。

库存商品成本＝100 000＋50 000－80 000＝70 000（元）。

上述销售成本的计算公式可以简化为：

销售成本＝销售净额×（1－销售毛利率）＝100 000×（1－20％）＝80 000（元）。

借：主营业务成本　　　　　　　　80 000

　　贷：库存商品　　　　　　　　　　80 000

毛利率法在商业批发企业较为常见，若按每种商品计算并结转销售成本，工作量较为繁重，而且商业企业的同类商品毛利率大致相同，采用毛利率法比较接近工作实际。

采用毛利率法，商品销售成本按商品大类销售额计算，在大类商品账上结转成本，计算手续简便，商品明细账中平时只记数量，不记金额，每季末的最后一个月再根据月末结存数量，先计算月末库存商品成本，然后再计算该季度的商品销售成本，用该季度的商品销售成本减去前两个月已结转的销售成本，计算第三个月应结转的销售成本，从而对前两个月用毛利率法计算的成本进行调整。

（三）采用售价核算的库存商品的核算
1. 科目设置

《小企业会计准则》应用指南

1407　商品进销差价

一、本科目核算小企业采用售价进行日常核算的商品售价与进价之间的差额。

二、本科目应按照库存商品的种类、品种和规格等进行明细核算。

三、商品进销差价的主要账务处理。

（一）小企业购入、加工收回以及销售退回等增加的库存商品，按照商品售价，借记"库存商品"科目，按照商品进价，贷记"银行存款""委托加工物资"等科目，按照售价与进价之间的差额，贷记本科目。

（二）月末，分摊已销商品的进销差价，借记本科目，贷记"主营业务成本"科目。

销售商品应分摊的商品进销差价，按照以下公式计算：

$$商品进销差价率 = \frac{月末分摊前本科目贷方余额}{\left(\text{"库存商品"科目月末借方余额} + \text{本月"主营业务收入"科目贷方发生额}\right)} \times 100\%$$

本月销售商品应分摊的商品进销差价＝本月"主营业务收入"科目贷方发生额×商品进销差价率

小企业的商品进销差价率各月之间比较均衡的，也可以采用上月商品进销差价率计算分摊本月的商品进销差价。年度终了，应对商品进销差价进行复核调整。

四、本科目的期末贷方余额，反映小企业库存商品的商品进销差价。

小企业（批发业、零售业）应设置"在途物资"科目，核算小企业外购商品的采购进价成本；设置"销售费用"科目核算小企业采购商品发生的进货和销货费用；设置"委托加工物资"科目核算委托其他企业加工商品的实际成本；设置"库存商品"科目，核算库存商品的售价成本。库存商品售价与进价之间的差额，通过"商品进销差价"科目核算。

"库存商品"科目借方登记入库商品的售价，贷方登记发出商品的售价，期末借方余额为库存商品的售价。本科目按库存商品的种类、品种和规格设置明细科目。

"商品进销差价"科目核算采用售价进行日常核算的商品售价与进价之间的差额。贷方登记入库商品、溢余商品的进销差价，借方登记发出商品、短缺商品应分摊的进销差价，期末贷方余额，反映库存商品的进销差价。期末编制资产负债表存货项目中库存商品部分时，用"库存商品"账户期末借方余额减去"商品进销差价"账户期末贷方余额的差额列示。"商品进销差价"科目应按商品种类、品种和规格或实物负责人设置明细账，进行明细核算。

2. 账务处理

业务 3-25　商贸企业售价核算法的运用。

售价核算法广泛适用于商品零售企业，由于零售企业的顾客大多是消费者个人，按税法规定将货物用于个人消费不得开具专用发票。因此，零售企业在定价确定售价时，采用含税价格，商品进销差价就是含税零售价与不含税进价之间的差价，不是真正意义上的进销差价。

（1）外购商品、委托加工商品同进价核算的企业。

（2）在商品到达验收入库时：

借：库存商品
　　贷：在途物资
　　　　委托加工物资
　　　　商品进销差价

（3）库存商品发生溢余：期末库存商品的进销差价：

借：库存商品
　　贷：营业外收入
　　　　商品进销差价

（4）库存商品发生损失、短缺：

借：其他应收款、营业外支出
　　商品进销差价
　　贷：库存商品
　　　　应交税费——应交增值税（进项税额转出）

（5）企业销售发出的商品，平时结转销售成本时可按商品售价结转：

借：主营业务成本
　　贷：库存商品

（6）月度终了，应按商品进销差价率计算分摊本月已销商品应分摊的进销差价：

借：商品进销差价
　　贷：主营业务成本

已销商品应分摊的进销差价，按以下方法计算：

差价率＝月末分摊前"商品进销差价"科目余额÷（月末"库存商品"科目余额＋月末"受托代销商品"科目余额＋本月"主营业务收入"科目贷方发生额）×100%

本月销售商品应分摊的进销差价＝本月"主营业务收入"科目贷方余额×差价率

上述所称的"主营业务收入"，是指采用售价核算的商品所取得的收入。

企业的商品进销差价率各月之间比较均衡的，也可采用上月的差价率计算分摊本月已销商品应负担的进销差价。企业无论是采用当月的差价率还是采用上月的差价率计算并分摊进销差价，均应在年度终了，对商品的进销差价进行一次核实调整。

委托代销商品可用上月的差价率计算应分摊的进销差价。

【例 3-28】 某百货商店（小企业）2022 年 3 月期初库存商品进价成本 100 000 元，售价总额 146 250 元（含税）；本期购进商品成本 450 000 元，售价总额 610 200 元（含税），本期销售商品含税收入 678 000 元。

（1）购进商品时：

借：在途物资　　　　　　　　　　450 000
　　应交税费——应交增值税（进项税额）58 500
　　贷：银行存款　　　　　　　　　508 500

（2）商品入库时：

借：库存商品　　　　　　　　　　610 200
　　贷：在途物资　　　　　　　　　450 000
　　　　商品进销差价　　　　　　　160 200

（3）商品销售时：

借：银行存款　　　　　　　　　　678 000
　　贷：主营业务收入　　　　　　　600 000
　　　　应交税费——应交增值税（销项税额）78 000

（4）结转销售成本时：

借：主营业务成本　　　　　　　　678 000
　　贷：库存商品　　　　　　　　　678 000

（5）计算结转本月已销商品应分摊的进销差价：

商品进销差价率＝（46 250＋160 200）÷（146 250＋610 200）×100%＝27.29%。

本月已销商品应分摊的进销差价＝678 000×27.29%＝185 026（元）。

借：商品进销差价　　　　　　　　185 026
　　贷：主营业务成本　　　　　　　185 026

本期商品实际销售成本＝678 000－185 026＝492 974（元）。

上述业务记账后，"库存商品"和"商品进销差价"账户的账面记录如下：

库存商品			
期初余额	146 250		
本期购货	610 200	本期销货	678 000
期末余额	78 450		

商品进销差价			
		期初余额	46 250
本期转销	185 026	本期增加	160 200
		期末余额	21 424

期末编制资产负债表"存货"项目中"库存商品"的实际成本为 57 026 元(用"库存商品"账户期末借方余额 78 450,减去"商品进销差价"账户期末贷方余额 21 424)。

第六节 存货清查财税处理

《小企业会计准则》条文及主旨:

第十五条 存货发生毁损,处置收入、可收回的责任人赔偿和保险赔款,扣除其成本、相关税费后的净额,应当计入营业外支出或营业外收入。

盘盈存货实现的收益应当计入营业外收入。

盘亏存货发生的损失应当计入营业外支出。

【条文主旨】本条是关于存货清查会计处理的规定。

会计期末,小企业在编制资产负债表时,为客观、真实、准确地反映期末存货的价值,必须对期末存货数量进行盘存。

一、存货盘存制度

企业存货盘存制度有两种:一种是实地盘存制,另一种是永续盘存制。

(一)实地盘存制

"实地盘存制"又称"定期盘存制",是指平时只在账簿中登记存货的增加数,不记减少数,期末根据清点所得的实存数,计算本期存货的减少数。这一方法适用于工业企业,被称为"以存计耗"或"盘存计耗",用于商品流通企业,被称为"以存计销"或"盘存计销"。

"以存计耗"和"以存计销"的计算依据是:

期初存货+本期购货=本期耗用或销货+期末存货

那么:$\frac{本期耗用或}{销货成本} = \frac{期初存}{货成本} + \frac{本期购}{货成本} - \frac{期末存}{货成本}$

使用这种方法平时的核算工作比较简便,但不能随时反映各种物资的收发结存情况,不能随时结转成本,并把物资的自然和人为短缺数隐含

在发出数量之内;同时由于缺乏经常性资料,不便于对存货进行计划和控制,实地盘存制的实用性较差。通常仅适用于一些单位价值较低、自然损耗大、数量不稳定、进出频繁的特定货物。

(二)永续盘存制

"永续盘存制"又称"账面盘存制",是指企业设置各种数量金额的存货明细账,根据有关凭证,逐日逐笔登记材料、产品、商品等的收发领退数量和金额,随时结出账面结存数量和金额。采用永续盘存制,可随时掌握各种存货的收发、结存情况,有利于存货管理。

为了核对存货账面记录,永续盘存制亦要求进行存货的实物盘点。盘点可定期或不定期进行,通常在生产经营活动的间隙盘点部分或全部存货;会计年度终了,应进行一次全面的盘点清查,并编制盘点表,保证账物相符,如有不符应查明原因及时处理。

(三)实地盘存制和永续盘存制的比较

实地盘存制和永续盘存制作为确定存货数量的两种方法,各有其优缺点和适用性。

实地盘存制的主要优点是简化存货的日常核算工作,但加大了期末工作量。不仅如此,实地盘存制还存在如下三个致命弱点:一是不能随时反映存货收入、发出和结存动态;二是容易掩盖存货管理中存在的人为损失,削弱了对存货的控制;三是只能到期末盘点后结转耗用或销货成本。鉴于此,实地盘存制的适用性较差,其仅适用于那些自然消耗大、数量不稳定,采用永续盘存制有困难的存货。

永续盘存制的优点是有利于加强存货的管理。在存货明细账中,通过存货记录,可以随时反

映每一存货的收入、发出和结存动态；通过实地盘点，账实核对，可以查明盈亏的数量和原因；便于加强存货的库存管理，及时组织货源，加速资金周转。永续盘存制的缺点是存货明细记录的工作量大，存货品种繁多的企业尤其如此。

小企业可根据存货类别和管理要求，存货的数量核算一般采用永续盘存制。但不论采用何种方法，前后各期应保持一致。

存货盘点应由仓库管理人员及独立的会计记账人员和科室存货保管人员共同进行。存货盘点清查一方面要核对实物的数量，看其是否与相关记录相符、是否账实相符；另一方面也要关注实物的质量，看其是否有明显的损坏。

二、存货实物清查的常用方法

（一）实地盘点法

这种方法是指在财产物资存放现场逐一清点或用计量器确定其实存数的一种方法。其适用范围较广，大多数财产物资的清查都可以采用这种方法。

（二）技术推算盘点法

采用这种方法，是指利用技术方法推算财产物资的实存数的方法。这种方法只适用大量的难以逐一清点的财产物资的清查。

对于实物的质量，应根据不同的实物采用不同的检查方法，如有的采用物理方法，有的采用化学方法来检查实物的质量。

为了明确经济责任，盘点时，实物保管人员必须在场，并参加盘点。对于盘点结果，应将数量和质量情况，如实登记在"盘存单"上，并由盘点人员和实物保管人员签章。"盘存单"是记录盘点结果的书面证明，也是反映财产物资实存数的原始凭证。其一般格式，如表3-4所示。

表3-4　盘存单

单位名称：　　　　　　　　盘点时间：　　　编号：
财产类别：　　　　　　　　存放地点：

编号	名称	计量单位	数量	单价	金额	备注

盘点人：　　　　　　　　　　　　　　　　保管人：

为了查明实存数与账存数是否相符，确定盘盈盘亏情况，应根据"盘存单"和有关账簿记录编制"实存账存对比表"。"实存账存对比表"是用以调整账簿记录的重要原始凭证，也是分析产生差异的原因，明确经济责任的依据。在实际工作中，

为了简化编表工作，"实存账存对比表"通常只填列账实不符的物资，对于账实完全相符的财产物资并不列入。这样的"实存账存对比表"主要是反映盘盈、盘亏情况，所以也称为"盘点盈亏报告表"。"实存账存对比表"的一般格式，如表3-5所示。

表3-5　实存账存对比表

单位名称：　　　　　　　年　月　日

编号	类别及名称	计量单位	单价	实存		账存		对比结果				备注
				数量	金额	数量	金额	盘盈		盘亏		
								数量	金额	数量	金额	

（三）存货的保管、盘点与处置控制

1. 小企业存货保管制度

小企业应当建立存货保管制度，定期对存货进行检查，重点关注下列事项：

（1）存货在不同仓库之间流动时应当办理出入库手续。

（2）应当按仓储物资所要求的储存条件贮存，并健全防火、防洪、防盗、防潮、防病虫害和防变质等管理规范。

（3）加强生产现场的材料、周转材料、半成品等物资的管理，防止浪费、被盗和流失。

（4）代管、代销、暂存、受托加工的存货，应单独存放和记录，避免与本单位存货混淆。

（5）结合企业实际情况，加强存货的保险投保，保证存货安全，合理降低存货意外损失风险。

2. 存货盘点与处置控制

小企业应当制定并选择适当的存货盘点制度，明确盘点范围、方法、人员、频率、时间等。制订详细的盘点计划，合理安排人员、有序摆放存货、保持盘点记录的完整，及时处理盘盈、盘亏。对于特殊存货，可以聘请专家采用特定方法进行盘点。

存货盘点应当及时编制盘点表，盘盈、盘亏情况要分析原因，提出处理意见，经相关部门批准后，在期末结账前处理完毕。

（四）科目设置

《小企业会计准则》应用指南

1901　待处理财产损溢

一、本科目核算小企业在清查财产过程中查明的各种财产盘盈、盘亏和毁损的价值。

所采购物资在运输途中因自然灾害等发生的损失或尚待查明的损耗，也通过本科目核算。

二、本科目应按照待处理流动资产损溢和待处理非流动资产损溢进行明细核算。

三、待处理财产损溢的主要账务处理。

（一）盘盈的各种材料、产成品、商品、现金等，应当按照同类或类似存货的市场价格或评估价值，借记"原材料""库存商品""库存现金"等科目，贷记本科目（待处理流动资产损溢）。盘亏、毁损、短缺的各种材料、产成品、商品、现金等，应当按照其账面余额，借记本科目（待处理流动资产损溢），贷记"材料采购"或"在途物资""原材料""库存商品""库存现金"等科目。涉及增值税进项税额的，还应进行相应的账务处理。

盘盈的固定资产，按照同类或类似固定资产的市场价格或评估价值扣除按照该项固定资产新旧程度估计的折旧后的余额，借记"固定资产"科目，贷记本科目（待处理非流动资产损溢）。盘亏的固定资产，按照该项固定资产的账面价值，借记本科目（待处理非流动资产损溢），按照已计提的累计折旧，借记"累计折旧"科目，按照其原价，贷记"固定资产"科目。

（二）盘亏、毁损、报废的各项资产，按照管理权限经批准后处理时，按照残料价值，借记"原材料"等科目，按照可收回的保险赔偿或过失人赔偿，借记"其他应收款"科目，按照本科目余额，贷记本科目（待处理流动资产损溢、待处理非流动资产损溢），按照其借方差额，借记"营业外支出"科目。

盘盈的各种材料、产成品、商品、固定资产、现金等，按照管理权限经批准后处理时，按照本科目余额，借记本科目（待处理流动资产损溢、待处理非流动资产损溢），贷记"营业外收入"科目。

四、小企业的财产损溢，应当查明原因，在年末结账前处理完毕，处理后本科目应无余额。

小企业应当设置"待处理财产损益——待处理流动资产损溢"科目，核算小企业在财产清查中查明的各种存货的盘盈、盘亏和毁损情况。借方登记存货的盘亏、毁损金额及盘盈的转销金额，贷方登记存货的盘盈金额及盘亏的转销金额。小企业清查的各种存货损益，应在期末结账前处理完毕，期末处理后，本科目应无余额。

待处理财产损溢账户，不允许保留余额，期末必须处理完毕，对未经审批的，会计先按小企业会计准则规定自行处理，处理结果和将来审批数不一致的，调整会计报表项目期初数。

（五）存货盘盈的核算

业务 3-26　存货盘盈的处理。

盘盈存货即存货的实存数大于账存数，增加了小企业的经济利益，但又不是生产经营活动所直接产生的，基于此，本准则将其计入营业外收入,而不是冲减管理费用或主营业务成本。这一规定,有利于减轻小企业纳税调整的负担。

（1）小企业盘盈的各种材料、产成品、商品等,应当按照同类或类似存货的市场价格或评估价值:

借:原材料、库存商品等

　　贷:待处理财产损溢——待处理流动资产损溢

（2）盘盈的各种材料、产成品、商品,在按管理权限报经批准后处理时:

借:待处理财产损溢——待处理流动资产损溢

　　贷:营业外收入

（3）《企业所得税法实施条例》第 22 条规定,小企业资产盈余收入属于企业所得税其他收入,计征企业所得税。

【例 3-29】 2022 年 4 月,甲公司在财产清查中盘盈 J 材料 1 000 千克,实际单位成本 60 元,经查属于材料收发计量方面的错误。会计处理如下:

① 批准处理前:

借:原材料　　　　　　　　　　60 000

　　贷:待处理财产损溢——待处理流动资产损溢

　　　　　　　　　　　　　　　　60 000

② 批准处理后:

借:待处理财产损溢——待处理流动资产损溢

　　　　　　　　　　　　　　　　60 000

　　贷:营业外收入　　　　　　　60 000

（六）存货盘亏毁损的核算

业务 3-27 存货盘亏毁损的处理。

1. 存货毁损的内涵

小企业会计准则中,存货毁损是一个很宽泛的概念,是指各种原因造成的存货实存数小于账存数的所有情形,主要包括财产清查过程中发生的存货盘亏,自然灾害等以及人为原因造成的存货毁坏,技术标准、质量要求、人为操作等原因造成的存货报废以及企业被盗造成的存货灭失等。

2. 存货毁损损失的确定

存货发生毁损后,小企业应当及时进行会计处理,并按照本准则的规定确定给企业造成的损失。存货毁损损失是一个净损失的概念,基于此,本准则将其计入营业外支出。

在确定存货毁损损失时,应当综合考虑以下因素:

（1）该存货的成本,即账面余额。

（2）相关税费,如不得从增值税销项税额中抵扣的进项税额。

（3）处置收入,如所毁坏或报废存货的残料收入。

（4）责任人的赔偿。

（5）保险公司的保险赔款。

需要说明的是,如果综合考虑以上因素,存货毁损损失最终确定为净收益而不是净损失,则计入营业外收入,而不是冲减营业外支出。

3. 存货毁损的会计处理

（1）小企业盘亏、毁损、短缺的各种材料、产成品、商品等,应当按照其账面余额,借记"待处理财产损溢——待处理流动资产损溢"科目,贷记"材料采购"或"在途物资""原材料""库存商品""库存现金"等科目。涉及增值税进项税额的,还应进行相应的账务处理。

借:待处理财产损溢——待处理流动资产损溢

　　贷:材料采购、在途物资、原材料、库存商品等

　　　　应交税费——应交增值税(进项税额转出)

（2）盘亏、毁损、报废的各项资产,按照管理权限经批准后处理时,按照残料价值,借记"原材料"等科目,按照可收回的保险赔偿或过失人赔偿,借记"其他应收款"科目,按照本科目余额,贷记"待处理财产损溢——待处理流动资产损溢"科目(待处理流动资产损溢、待处理非流动资产损溢),按照其借方差额,借记"营业外支出"科目。

借:原材料

　　其他应收款

　　营业外支出

　　贷:待处理财产损溢——待处理流动资产损溢

【例 3-30】 2022 年 4 月,甲公司在财产清查中发现毁损 L 材料 300 千克,实际成本为 30 000 元,相关增值税专用发票上注明的增值税税额为 3 900 元。经查属于材料保管员的过失造成的,按规定由其个人赔偿 20 000 元。甲公司会计处理如下:

（1）批准处理前:

借：待处理财产损溢——待处理流动资产损溢

           33 900

 贷：原材料   30 000

  应交税费——应交增值税(进项税额转出)

            3 900

（2）批准处理后：

① 由过失人赔款部分：

借：其他应收款   20 000

 贷：待处理财产损溢——待处理流动资产损溢

           20 000

② 材料毁损净损失：

借：管理费用   13 900

 贷：待处理财产损溢——待处理流动资产损溢

           13 900

【例3-31】 2022年4月，甲公司，因台风造成一批库存材料毁损，实际成本为70 000元，相关增值税专用发票上注明的增值税税额为9 100元。根据保险合同约定，应由保险公司赔偿50 000元。甲公司会计处理如下：

（1）批准处理前：

借：待处理财产损溢——待处理流动资产损溢

           70 000

 贷：原材料   70 000

（2）批准处理后：

借：其他应收款   50 000

 营业外支出——非常损失 20 000

 贷：待处理财产损溢——待处理流动资产损溢

           70 000

（七）存货盘亏毁损的税务处理

1. 增值税进项税额转出的处理

根据《营业税改征增值税试点实施办法》（财税〔2016〕36号附件1）第27条的规定，非正常损失的购进货物，以及相关的加工修理修配劳务和交通运输服务的进项税额不得从销项税额中抵扣；非正常损失的在产品、产成品所耗用的购进货物（不包括固定资产）、加工修理修配劳务和交通运输服务的进项税额不得从销项税额中抵扣。

非正常损失，是指因管理不善造成货物被盗、丢失、霉烂变质，以及因违反法律法规造成货物或者不动产被依法没收、销毁、拆除的情形。

一般来说，管理不善属于主观原因，企业是可以避免发生的，但企业还是发生该类损失，则企业应该自己承担责任，税收上不应鼓励。如果一些原因是企业难以控制的，如自然灾害损失等不可抗力形成的资产损失，纳税人已经尽到保护的义务，国家则不应再加重其负担。另外市场环境的突然变化，大量存货滞销导致产品过期而导致的损失，并非由于管理不善引起的，也应属于正常损失。建筑企业在建筑工地搭建的临时建筑完工后被拆除，不属于非正常损失。餐饮企业购进的新鲜食材不易保管，还没用完就过期或变质了，这是由于行业特点造成的，不属于非正常损失。超市销售的食品过了保质期还没有卖掉就销毁了，不属于非正常损失。

2. 存货和工程物资损失的所得税处理

（1）政策规定见表3-6。

表3-6 政策规定

《关于企业资产损失税前扣除政策的通知》（财税〔2009〕57号）	《企业资产损失所得税税前扣除管理办法》（国家税务总局公告2011年第25号）
七、对企业盘亏的存货，以该存货的成本减除责任人赔偿后的余额，作为存货盘亏损失在计算应纳税所得额时扣除。 八、对企业毁损、报废存货，以该存货的成本减除残值、保险赔款和责任人赔偿后的余额，作为存货毁损、报废损失在计算应纳税所得额时扣除。	第二十五条 企业非货币资产损失包括存货损失、固定资产损失、无形资产损失、在建工程损失、生产性生物资产损失等。 第二十六条 存货盘亏损失，为其盘亏金额扣除责任人赔偿后的余额，应依据以下证据材料确认： （一）存货计税成本确定依据； （二）企业内部有关责任认定、责任人赔偿说明和内部核批文件； （三）存货盘点表； （四）存货保管人对于盘亏的情况说明。 第二十七条 存货报废、毁损或变质损失，为其计税成本扣除残值及责任人赔偿后的余额，应依据以下证据材料确认：

（续表）

《关于企业资产损失税前扣除政策的通知》（财税〔2009〕57号）	《企业资产损失所得税税前扣除管理办法》（国家税务总局公告2011年第25号）
九、对企业被盗的存货，以该存货的成本减除保险赔款和责任人赔偿后的余额，作为存货被盗损失在计算应纳税所得额时扣除。 十、企业因存货盘亏、毁损、报废、被盗等原因不得从增值税销项税额中抵扣的进项税额，可以与存货损失一起在计算应纳税所得额时扣除。	（一）存货计税成本的确定依据； （二）企业内部关于存货报废、毁损、变质、残值情况说明及核销资料； （三）涉及责任人赔偿的，应当有赔偿情况说明； （四）该项损失数额较大的（指占企业该类资产计税成本10%以上，或减少当年应纳税所得、增加亏损10%以上，下同），应有专业技术鉴定意见或法定资质中介机构出具的专项报告等。 　　第二十八条　存货被盗损失，为其计税成本扣除保险理赔以及责任人赔偿后的余额，应依据以下证据材料确认： （一）存货计税成本的确定依据； （二）向公安机关的报案记录； （三）涉及责任人和保险公司赔偿的，应有赔偿情况说明等。 　　第三十三条　工程物资发生损失，可比照本办法存货损失的规定确认。

小企业发生的存货损失，应按规定的程序和要求向主管税务机关申报后方能在税前扣除，未经申报的损失，不得在税前扣除。

（1）将消耗性生物资产损失归类为存货类予以扣除。工程物资损失比照存货损失的条件确认。

（2）对企业盘亏的存货，以该存货的计税成本减除责任人赔偿后的余额，作为存货盘亏损失在计算应纳税所得额时扣除。存货盘亏应以实际盘亏数（不抵减盘盈）申报税前扣除资产损失。

（3）对企业毁损、报废和变质的存货，以该存货的计税成本减除残值、保险赔款和责任人赔偿后的余额，作为存货毁损、报废和变质损失在计算应纳税所得额时扣除。

（4）对企业被盗的存货，以该存货的计税成本减除保险赔款和责任人赔偿后的余额，作为存货被盗损失在计算应纳税所得额时扣除。

（5）企业因存货盘亏、毁损、报废、被盗等原因不得从增值税销项税额中抵扣的进项税额，可以与存货损失一起在计算应纳税所得额时扣除。

（2）存货和工程物资损失具体证据。企业向税务机关申报扣除资产损失，仅需填报企业所得税年度纳税申报表《资产损失税前扣除及纳税调整明细表》，不再报送资产损失相关资料。相关资料由企业留存备查。企业应当完整保存资产损失相关资料，保证资料的真实性、合法性。具体证据见表3-7。（国家税务总局公告2018年第15号）

表3-7　具体证据

类别	损失原因	税前扣除条件	留存备查资料（损失证据）
存货和工程物资损失	盘亏	1. 是否已减除责任人赔偿。 2. 其他同现金损失税前扣除条件。	1. 存货计税基础确定依据。 2. 企业内部有关责任认定、责任人赔偿说明和内部核批文件。 3. 存货盘点表。 4. 存货保管人对于盘亏的情况说明。 5. 涉及不得抵扣的增值税进项税额转出的会计处理凭证。 6. 资产损失的会计处理凭证。
	报废、毁损和变质损失	1. 是否减除残值、保险赔偿、责任人赔偿。 2. 损失数据是否较大（指占企业该类资产计税成本10%以上，或减少当年应纳税所得、增加亏损10%以上）。 3. 其他同现金损失税前扣除条件。	1. 存货计税基础的确定依据。 2. 企业内部关于存货报废、毁损、变质、残值情况说明及核销资料。 3. 涉及责任人（包括保险公司）赔偿的，应当有赔偿情况说明。 4. 企业内部关于存货报废、毁损、变质情况说明及审批文件。 5. 损失数据较大应有专业技术鉴定意见或法定资质中介机构出具的专项报告等。 6. 涉及不得抵扣的增值税进项税额转出的会计处理凭证。 7. 资产损失的会计处理凭证。
	被盗	1. 是否已减除责任人赔偿。 2. 其他同现金损失税前扣除条件。	1. 存货计税基础的确定依据。 2. 向公安机关的报案记录。 3. 涉及责任人和保险公司赔偿的，应有赔偿情况说明等。 4. 涉及不得抵扣的增值税进项税额转出的会计处理凭证。 5. 资产损失的会计处理凭证。

企业存货损失专项申报应留存备查的材料：

1. 存货损失已记入损益的记账凭证复印件。

2. 董事会等权力机构决议或上级公司批复或由董事会、上级公司授权的部门的批复（国有企业还需提供国有资产监管机构或由其授权的部门的批复）。

3. 属于盘亏的存货损失，应提供下列证据：

（1）存货计税基础的确定依据。

（2）企业内部有关责任认定、责任人赔偿说明和内部核批文件。

（3）存货盘点表。

（4）存货保管人对于盘亏的情况说明。

4. 属于报废、毁损和变质的存货损失，应相应提供下列证据：

（1）存货计税基础的确定依据。

（2）企业内部关于存货报废、毁损、变质、残值情况说明及核销资料。

（3）涉及责任人赔偿的，应当有赔偿情况说明。

（4）若该项损失数额较大的[指占企业该类资产计税基础10%以上，或减少当年应纳税所得、增加亏损10%以上，或损失金额100万元以上（含100万元）]，应有专业技术鉴定报告或法定资质中介机构出具的专项报告等。

5. 属于被盗的存货损失，应相应提供下列证据：

（1）存货计税基础的确定依据。

（2）向公安机关的报案记录。

（3）涉及责任人和保险公司赔偿的，应有赔偿情况说明等。

6. 属于企业由于未能按时赎回抵押资产，使抵押资产被拍卖或变卖，其计税基础大于变卖价值的差额部分损失，应提供下列证据：

（1）抵押合同或协议书。

（2）拍卖或变卖证明、清单。

（3）会计核算资料等其他相关证据材料。

第四章

小企业固定资产财税处理

政策依据：

《小企业会计准则》（财会〔2011〕17 号）；

《企业所得税法》及其实施条例；

《增值税暂行条例》及其实施细则；

《营业税改征增值税试点实施办法》（财税〔2016〕36 号附件 1）；

《中华人民共和国车辆购置税法》；

《关于企业资产损失税前扣除政策的通知》（财税〔2009〕57 号）；

《企业资产损失所得税税前扣除管理办法》（国家税务总局公告 2011 年第 25 号）。

第一节　小企业固定资产概述

一、固定资产的概念

> 《小企业会计准则》条文及主旨：
>
> 第二十七条　固定资产，是指小企业为生产产品、提供劳务、出租或经营管理而持有的，使用寿命超过 1 年的有形资产。小企业的固定资产包括：房屋、建筑物、机器、机械、运输工具、设备、器具、工具等。
>
> 【条文主旨】本条是关于固定资产定义和内容的规定。

固定资产，是指小企业为生产产品、提供劳务、出租或经营管理而持有的，使用寿命超过 1 年的有形资产。小企业的固定资产包括：房屋、建筑物、机器、机械、运输工具、设备、器具、工具等。

增值税法对固定资产的税务处理也进行了规定。《增值税暂行条例实施细则》第 21 条规定，固定资产是指使用期限超过 12 个月的机器、机械、运输工具以及其他与生产经营有关的设备、工具、器具等。

企业所得税法对固定资产的税务处理也进行了规定。《企业所得税法实施条例》第 57 条规定，固定资产是指企业为生产产品、提供劳务、出租或者经营管理而持有的、使用时间超过 12 个月的非货币性资产，包括房屋、建筑物、机器、机械、运输工具以及其他与生产经营活动有关的设备、器具、工具等。

本条有关固定资产的定义与企业所得税法规定相一致。现行增值税法规规定的固定资产仅限于动产（即增值税货物），其范围较小。增值税和所得税的固定资产都强调与生产经营有关，与生产经营无关的计税基础等于零。

二、固定资产的特征

固定资产是小企业从事生产经营活动的必要条件，代表着小企业的生产能力，一个小企业拥有的固定资产的规模、质量、先进程度，决定着该企业产品的质量以及产品在市场上的竞争能力。作为小企业主要的劳动资料，固定资产的经济特征决定了其核算特点，固定资产的经济特征与会计核算特点见表 4-1：

表 4-1　固定资产经济特征与会计核算特点

经济特征	会计核算特点
使用期限超过 1 年,能长期反复的参加企业生产经营活动。	固定资产属于非流动资产,随着使用和磨损,通过计提折旧方式逐渐减少账面价值。因此,对固定资产计提折旧是对固定资产进行后续计量的重要内容。 购置建造固定资产在竣工决算前的支出列为资本性支出。
使用过程中保持其实物形态不变,即使用价值不变而价值逐步减少转移。	根据各期生产经营受益程度将其损耗以折旧费形式逐步结转到相应的成本费用中。
持有目的是为生产商品、提供劳务、出租或经营管理,而非以出售为目的。	固定资产处置损溢作为营业外收入或营业外支出处理。 小企业以经营租赁方式出租的建筑物也属于固定资产,这不同于大中型企业根据企业会计准则的有关规定需将其单独划分为投资性房地产的会计处理。

三、固定资产的分类

企业应选择适当的分类标准对其固定资产进行分类,以满足其经营管理的需要。固定资产的分类标准一般有以下 3 种,见表 4-2。

表 4-2　固定资产分类表

分类标准	分类结果
固定资产的经济用途	生产经营用固定资产和非生产经营用固定资产。
固定资产的使用情况	使用中固定资产,未使用固定资产和不需用固定资产。
固定资产的产权归属	自有固定资产和租赁固定资产。

会计实务中常见的是根据以上标准采用综合分类方法将固定资产分为以下 7 类:

(1) 生产经营用固定资产:指直接服务于小企业生产经营过程的各种固定资产,如生产经营部门和管理部门所使用的房屋建筑物、机器设备、仪器仪表、器具工具等。

(2) 非生产经营用固定资产:指不直接服务于企业生产经营活动,而是在非生产经营领域内使用的固定资产,如职工宿舍、食堂、浴室、理发室等使用的房屋、设备和其他固定资产等。

(3) 租出固定资产:指以经营租赁的方式出租给外单位使用的固定资产。

(4) 未使用固定资产:指已完工或已购建的尚未投入使用的新增固定资产及因改扩建等原因暂停使用的固定资产。

(5) 不需用固定资产:指本企业多余或不适用,拟处理的固定资产。

(6) 融资租入固定资产:指以融资租赁方式租入的固定资产,在租赁期内应视同自有固定资产进行管理。

(7) 土地:指过去已估价并单独入账的土地,而不包括企业取得的土地使用权及因征用土地而支付的补偿费。小企业取得的土地使用权,应作为无形资产管理,不作为固定资产管理。因征地而支付的补偿费,应计入与土地有关的房屋、建筑物的价值内,不单独作为土地价值入账。

小企业应当根据固定资产定义,根据国家发布的《固定资产分类与代码》(GB/T 14885—2010)以及《企业所得税法实施条例》对固定资产的规定要求,结合本企业的具体情况,制定适合于本企业的固定资产目录、分类方法、每类或每项固定资产的折旧年限、折旧方法,作为进行固定资产核算的依据。

在税务管理中,一般应认可企业会计账簿对固定资产和低值易耗品的分类,如果企业分类明显不合理的,税务机关有权调整。建议企业依据国家标准《固定资产分类与代码》(GB/T 14885—2010)文件执行,编制本企业《固定资产目录》,以增强实务中的操作性,并减少各方理解上的分歧,便于资产计税价值的管理。

小企业制定的固定资产目录、分类方法、每类或每项固定资产的预计使用年限、预计净残值、折旧方法等,应当编制成册,并按照管理权限,经企业权力机构批准,按照法律、行政法规的规定报送有关各方备案,同时备置于企业所在地,以供投资者等有关各方查阅。小企业已经确定并对外报送,或备置于企业所在地的有关固定资产目录、分类方法、预计净残值、预计使用年限、折旧方法等，一经确定不得随意变更，如需变更，仍然应当按照上述程序，经批准后报送有关各方备案，并在会计报表附注中予以说明。

未作为固定资产管理的工具、器具等，作为低值易耗品核算。小企业的环保设备和安全设备等资产，虽然不能直接为企业带来经济利益，却有助于企业从相关资产获得经济利益，也应当确认为固定资产。

固定资产的各组成部分，如果各自具有不同的使用寿命或者以不同的方式为企业提供经济利益，从而适用不同的折旧率或折旧方法的，应当单独确认为固定资产。

四、固定资产的确认

固定资产在符合定义的前提下，应当同时满足以下两个条件，才能加以确认。

(一) 与该固定资产有关的经济利益很可能流入企业

资产最重要的特征是预期会给企业带来经济利益。企业在确认固定资产时，需要判断与该项固定资产有关的经济利益是否很可能流入企业。如果与该项固定资产有关的经济利益很可能流入企业，并同时满足固定资产确认的其他条件，那么企业应将其确认为固定资产；否则，不应将其确认为固定资产。

(二) 该固定资产的成本能够可靠地计量

成本能够可靠地计量是资产确认的一项基本条件。企业在确定固定资产成本时必须取得确凿证据，但是，有时需要根据所获得的最新资料，对固定资产的成本进行合理的估计。比如，企业对于已达到预定可使用状态但尚未办理竣工决算的固定资产，需要根据工程预算、工程造价或者工程实际发生的成本等资料，按估计价值确定其成本，办理竣工决算后，再按照实际成本调整原来的暂估价值。

《财政部 国家税务总局关于完善固定资产加速折旧企业所得税政策的通知》（财税〔2014〕75 号）第 3 条规定，对所有行业企业持有的单位价值不超过 5 000 元的固定资产，允许一次性计入当期成本费用在计算应纳税所得额时扣除，不再分

年度计算折旧。财税〔2014〕75 号文件的规定只是一个税收优惠政策，企业既可以享受，也可以不用，自行决定。实务中，单价确定多少作为固定资产的标准，需结合小企业的实际情况决定，但最好参照财税〔2014〕75 号所规定的 5 000 元标准。从最大限度减少税会差异的角度考虑，无论确定多少，都应尽可能地让入账价值和计税基础保持一致，在折旧方法上也尽可能地选择一致的口径。

五、固定资产的计价基础和价值构成

《小企业会计准则》条文及主旨：

第二十八条 固定资产应当按照成本进行计量。

（一）外购固定资产的成本包括：购买价款、相关税费、运输费、装卸费、保险费、安装费等，但不含按照税法规定可以抵扣的增值税进项税额。

以一笔款项购入多项没有单独标价的固定资产，应当按照各项固定资产或类似资产的市场价格或评估价值比例对总成本进行分配，分别确定各项固定资产的成本。

（二）自行建造固定资产的成本，由建造该项资产在竣工决算前发生的支出（含相关的借款费用）构成。

小企业在建工程在试运转过程中形成的产品、副产品或试车收入冲减在建工程成本。

（三）投资者投入固定资产的成本，应当按照评估价值和相关税费确定。

（四）融资租入的固定资产的成本，应当按照租赁合同约定的付款总额和在签订租赁合同过程中发生的相关税费等确定。

（五）盘盈固定资产的成本，应当按照同类或者类似固定资产的市场价格或评估价值，扣除按照该项固定资产新旧程度估计的折旧后的余额确定。

【条文主旨】本条是关于取得固定资产成本确定的规定。

(一) 固定资产的计价基础

《小企业会计准则》第 28 条规定，固定资产应当按照成本进行计量，以取得固定资产发生的全部相关支出作为成本。这里的成本是指历史成本，也称原始价值。由于固定资产价值较大，其价值会随着服务能力的降低而逐渐减少，还需揭示其折余价值。因此，固定资产主要有以下两种计

价基础：

1. 原始价值

原始价值即固定资产的历史成本，是指小企业购建某项固定资产竣工决算前所发生的一切合理、必要的支出。企业新增固定资产的计价、确定折旧的基数都采用原始价值计价。其主要优点是具有可验证性和可操作性。

2. 折余价值

折余价值即固定资产的净值，是指固定资产的原始价值或重置完全价值减去已提折旧后的余额。反映企业实际占用在固定资产上的资金数额和固定资产的新旧程度。固定资产的盘盈、盘亏、毁损按折余价值计算其损益。

（二）固定资产价值（成本）的构成

固定资产的价值构成是指固定资产价值所包括的范围。固定资产的来源不同，其价值构成也有所差异。

1. 外购固定资产成本的确定

小企业外购固定资产的成本包括购买价款、相关税费、运输费、装卸费、保险费、安装费等，但不含按照税法规定可以抵扣的增值税进项税额。

（1）购买价款，这是外购固定资产成本的主体构成部分，是指小企业为购买固定资产所支付的直接对价物。

（2）相关税费，包括小企业为购买固定资产而缴纳的税金、行政事业性收费等，如购买车辆而支付的车辆购置税、签订购买合同而缴纳的印花税等，但不包括按照税法规定可以抵扣的增值税进项税额。

（3）相关的其他支出，是指使固定资产达到预定可使用状态前所发生的可直接归属于该项资产的其他支出，如购买固定资产过程中发生的相关运输费、装卸费、安装费、专业人员服务费等。

（4）小企业以一笔款项购入多项没有单独标价的固定资产，则应当按照各项固定资产市场价格或类似资产的市场价格比例对总成本进行分配，分别确定各项固定资产的成本。如果以一笔款项购入的多项资产中还包括固定资产以外的其他资产，也应按类似的方法予以处理。

（5）小企业在法院拍卖资产过程中竞拍购置资产，凡拍卖公告中约定由买受人承担相关税费

才能办理过户手续的，买受人缴纳的税费可计入该资产计税基础，计算折旧或摊销扣除。

2. 自行建造固定资产成本的确定

自行建造固定资产的成本，由建造该项资产在竣工决算前发生的支出构成，包括建造固定资产所需的原材料费用、人工费、管理费、缴纳的相关税费、应予资本化的借款费用等。小企业借款费用的处理详见本书第11章"长期负债"部分。

只要是固定资产竣工决算之前所发生的，为建造固定资产所必须的、与固定资产的形成具有直接关系的支出，都应作为固定资产成本的组成部分。另外，小企业在建工程在试运转过程中形成的产品、副产品或试车收入冲减在建工程成本。

3. 投资者投入固定资产成本的确定

根据《公司法》的规定，投资者既可以用货币出资，也可以用实物、知识产权、土地使用权出资，并且应当评估作价，不得高估或者低估作价。因此，投资者投入固定资产的成本，应当按照评估价值和相关税费确定。

4. 融资租入的固定资产成本的确定

融资租赁，是指实质上转移了与资产所有权有关的全部风险和报酬的租赁。虽然融资租赁状态下，融资租赁物的所有权最终可能转移，也可能不转移，但是租赁人实际上负担了租赁物的绝大部分风险，是租赁物实质上的所有人，与租赁人所有的其他资产的性质类似。

小企业会计准则采取了简化的处理方式，即融资租入固定资产的成本，按照租赁合同约定的付款总额和在签订租赁合同过程中发生的相关税费等确定。这里，付款总额是指租赁合同中承租人与出租人双方协议约定的付款总额。相关税费包括承租人为融资租入固定资产发生的印花税、增值税等税费；另外，承租人为租入固定资产支付的佣金、律师费、差旅费、谈判费、运输费、装卸费、保险费、安装调试费也应计入固定资产成本。

5. 盘盈固定资产成本的确定

盘盈的固定资产是指盘点中发现的账外固定资产。由于固定资产单位价值较高、使用时限较长，对于管理规范的小企业而言，盘盈固定资产的情况应当比较少见。一旦发现，应当立即补登会计账簿。由于盘盈的固定资产往往在小企业以前

的会计账簿上没有记载或者记载的相关资料不全等原因,无法有效确定其历史成本,所以小企业会计准则规定盘盈固定资产的成本,应当按照同类或者类似固定资产的市场价格或评估价值,扣除按照该项固定资产新旧程度估计的折旧后的余额确定,相当于采用重置成本计量。

有关市场价格和评估价值的确定参见本书第四章"存货盘盈"部分的讲解。

6. 接受捐赠固定资产成本的确定

接受捐赠的固定资产,应按以下规定确定其入账价值:

(1)捐赠方提供了有关凭据的,按凭据上标明的金额加上应支付的相关税费,作为固定资产的成本。

(2)如果捐赠方未提供有关凭据,则按其市价或同类、类似固定资产的市场价格或评估价值,加上由企业负担的运输费、保险费、安装调试费等作为固定资产成本。

7. 非货币性资产交换、债务重组取得固定资产成本的确定

非货币性资产交换、债务重组取得的固定资产的成本,应当分别按照《企业会计准则第7号——非货币性资产交换》《企业会计准则第12号——债务重组》的规定处理。其中,非货币性资产交换取得的固定资产按换出资产的公允价值为基础确定,债务重组取得的固定资产按放弃债权的公允价值为基础确定。

固定资产的入账价值中,还应当包括小企业为取得固定资产而交纳的契税、耕地占用税、车辆购置税等相关税费。

小企业购置计算机硬件所附带的、未单独计价的软件,应与所购置的计算机硬件一并作为固定资产管理。对于购置计算机硬件所附带的、单独计价的软件,应作为无形资产核算,并按准则规定的期限平均摊销。

(三)固定资产成本可以调整的情况

小企业固定资产的成本确定入账以后,一般不得进行调整,但是在一些特殊情况下,对于入账的固定资产的成本可进行调整。这些情况主要包括:

(1)根据国家规定对固定资产价值重新估价。

(2)增加补充设备或改良装置。

(3)将固定资产的一部分拆除。

(4)根据实际价值调整原来的暂估价值。

(5)发现原固定资产价值有错误。

(四)固定资产计税基础及差异分析

1. 税法规定

企业所得税法对固定资产的税务处理也进行了规定。《企业所得税法实施条例》第58条规定,固定资产按照以下方法确定计税基础:

(1)外购的固定资产,以购买价款和支付的相关税费以及直接归属于使该资产达到预定用途发生的其他支出为计税基础。

(2)自行建造的固定资产,以竣工结算前发生的支出为计税基础。

(3)融资租入的固定资产,以租赁合同约定的付款总额和承租人在签订租赁合同过程中发生的相关费用为计税基础,租赁合同未约定付款总额的,以该资产的公允价值和承租人在签订租赁合同过程中发生的相关费用为计税基础。

(4)盘盈的固定资产,以同类固定资产的重置完全价值为计税基础。

(5)通过捐赠、投资、非货币性资产交换、债务重组等方式取得的固定资产,以该资产的公允价值和支付的相关税费为计税基础。

2. 差异分析

为了简化核算,便于小企业实务操作,减轻纳税调整负担,满足汇算清缴的需要,本条有关固定资产取得成本的规定与企业所得税法基本一致,从而,小企业固定资产的初始入账成本与其计税基础尽可能一致。与企业会计准则存在的差异:一是取消关于固定资产达到预定可使用状态的判断,自行建造固定资产相关支出(包括借款费用)资本化的时点以固定资产竣工决算为准;二是简化延期付款或分期付款购买固定资产的会计处理,不考虑其中内含的融资费用;三是简化借款费用的会计处理,资本化金额按照资本化期间内借款费用的实际发生额计算确定,也就是说,借款费用资本化金额的确定,仅限定了借款费用资本化的起止时点(包括暂停资本化的情况),而不考虑购建支出的进度,借款费用资本化金额的确定不与资产支出挂钩;四是简化融资租入固定资产的会计处理,统一按租赁付款额及相关费用确定固定资产成本,由于有合同参照,不需要确定折现率和计算现值,因此这种处理更为直观、简单。

六、固定资产核算科目设置

为了核算小企业固定资产,小企业一般需要设置"固定资产""累计折旧""在建工程""工程物资""固定资产清理"等科目,核算固定资产取得、计提折旧、处置等情况。

《小企业会计准则》应用指南

1601 固定资产

一、本科目核算小企业固定资产的原价(成本)。

小企业应当根据小企业会计准则规定的固定资产标准,结合本企业的具体情况,制定固定资产目录,作为核算依据。

小企业购置计算机硬件所附带的、未单独计价的软件,也通过本科目核算。

小企业临时租入的固定资产和以经营租赁租入的固定资产,应另设备查簿进行登记,不在本科目核算。

二、本科目应按照固定资产类别和项目进行明细核算。

小企业根据实际情况设置"固定资产登记簿"和"固定资产卡片"。

三、固定资产的主要账务处理。

(一)小企业购入(含以分期付款方式购入)不需要安装的固定资产,应当按照实际支付的购买价款、相关税费(不包括按照税法规定可抵扣的增值税进项税额)、运输费、装卸费、保险费等,借记本科目,按照税法规定可抵扣的增值税进项税额,借记"应交税费——应交增值税(进项税额)"科目,贷记"银行存款""长期应付款"等科目。

购入需要安装的固定资产,先记入"在建工程"科目,安装完成后再转入本科目。

自行建造固定资产完成竣工决算,按照竣工决算前发生相关支出,借记本科目,贷记"在建工程"科目。

取得投资者投入的固定资产,应当按照评估价值和相关税费,借记本科目或"在建工程"科目,贷记"实收资本""资本公积"科目。

融资租入的固定资产,在租赁期开始日,按照租赁合同约定的付款总额和在签订租赁合同过程中发生的相关税费等,借记本科目或"在建工程"科目,贷记"长期应付款"等科目。

盘盈的固定资产,按照同类或类似固定资产的市场价格或评估价值扣除按照新旧程度估计的折旧后的余额,借记本科目,贷记"待处理财产损溢——待处理非流动资产损溢"科目。

(二)在固定资产使用过程中发生的修理费,应当按照固定资产的受益对象,借记"制造费用""管理费用"等科目,贷记"银行存款"等科目。

固定资产的大修理支出,借记"长期待摊费用"科目,贷记"银行存款"等科目。

(三)对固定资产进行改扩建时,应当按照该项固定资产账面价值,借记"在建工程"科目,按照其已计提的累计折旧,借记"累计折旧"科目,按照其原价,贷记本科目。

(四)因出售、报废、毁损、对外投资等原因处置固定资产,应当按照该项固定资产账面价值,借记"固定资产清理"科目,按照其已计提的累计折旧,借记"累计折旧"科目,按照其原价,贷记本科目。

盘亏的固定资产,按照该项固定资产的账面价值,借记"待处理财产损溢——待处理非流动资产损溢"科目,按照已计提的折旧,借记"累计折旧"科目,按照其原价,贷记本科目。

四、本科目期末借方余额,反映小企业固定资产的原价(成本)。

1602 累计折旧

一、本科目核算小企业固定资产的累计折旧。

二、本科目可以进行总分类核算,也可以进行明细核算。

需要查明某项固定资产的已计提折旧,可以根据"固定资产卡片"上所记载的该固定资产原价、折旧率和实际使用年数等资料进行计算。

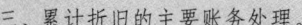

三、累计折旧的主要账务处理。

（一）小企业按月计提固定资产的折旧费，应当按照固定资产的受益对象，借记"制造费用""管理费用"等科目，贷记本科目。

（二）因出售、报废、毁损、对外投资等原因处置固定资产，应当按照该项固定资产账面价值，借记"固定资产清理"科目，按照其已计提的累计折旧，借记本科目，按照其原价，贷记"固定资产"科目。

四、本科目期末贷方余额，反映小企业固定资产的累计折旧额。

（一）固定资产账簿体系

固定资产账簿体系见表4-3。

表4-3 小企业固定资产账簿体系

固定资产目录	总账	二级明细账	三级明细账
小企业应当根据《小企业会计准则》规定的固定资产标准，结合本企业的具体情况，制定固定资产目录，作为核算依据。	"固定资产"总账 "累计折旧"总账	按固定资产类别设置"固定资产登记簿"，按保管和使用部门进行二级核算。	按每一固定资产项目设"固定资产卡片"进行三级核算。

（1）小企业应设置"固定资产"科目，核算小企业固定资产的原价（成本）。小企业取得固定资产时按其原价（成本）计入借方，固定资产减少时注销其原价（成本）计入贷方，期末借方余额反映小企业固定资产的原价（成本）。小企业应按照固定资产类别和项目进行明细核算，根据实际情况设置"固定资产登记簿"和"固定资产卡片"。

（2）小企业应"累计折旧"科目，核算小企业固定资产的累计折旧情况。"累计折旧"科目属于"固定资产"的备抵调整科目，按月计提的折旧额计入贷方，固定资产因出售、报废、毁损、对外投资等原因处置减少时注销已提折旧额计入借方，期末贷方余额反映小企业固定资产的累计折旧额。本科目可只进行总分类核算，也可以进行明细核算。需要查明某项固定资产的已提折旧，可以根据"固定资产卡片"上所记载的该项固定资产原价、折旧率和实际使用年数等资料进行计算。

"固定资产"原价－"累计折旧"＝固定资产折余价值（净值）

（二）"在建工程"与"工程物资"科目

《小企业会计准则》应用指南

1604 在建工程

一、本科目核算小企业需要安装的固定资产、固定资产新建工程、改扩建等所发生的成本。

小企业购入不需要安装的固定资产，在"固定资产"科目核算，不在本科目核算。

小企业已提足折旧的固定资产的改建支出和经营租入固定资产的改建支出，在"长期待摊费用"科目核算，不在本科目核算。

二、本科目应按照在建工程项目进行明细核算。

三、在建工程的主要账务处理。

（一）小企业购入需要安装的固定资产，应当按照实际支付的购买价款、相关税费（不包括按照税法规定可抵扣的增值税进项税额）、运输费、装卸费、保险费、安装费等，借记本科目，按照税法规定可抵扣的增值税进项税额，借记"应交税费——应交增值税（进项税额）"科目，贷记"银行存款"等科目。

融资租入的固定资产，在租赁期开始日，按照租赁合同约定的付款总额和在签订租赁合同过程中发生的相关税费等，借记本科目或"固定资产"科目，贷记"长期应付款"科目。

固定资产安装完成，借记"固定资产"科目，贷记本科目。

（二）自营工程领用工程物资，借记本科目，贷记"工程物资"科目。

在建工程应负担的职工薪酬,借记本科目,贷记"应付职工薪酬"科目。

在建工程使用本企业的产品或商品,应当按照成本,借记本科目,贷记"库存商品"科目。同时,按照税法规定应交纳的增值税额,借记本科目,贷记"应交税费——应交增值税(销项税额)"科目。

在建工程在竣工决算前发生的借款利息,在应付利息日应当根据借款合同利率计算确定的利息费用,借记本科目,贷记"应付利息"科目。办理竣工决算后发生的利息费用,在应付利息日,借记"财务费用"科目,贷记"应付利息"等科目。

在建工程在试运转过程中发生的支出,借记本科目,贷记"银行存款"等科目;形成的产品或者副产品对外销售或转为库存商品的,借记"银行存款""库存商品"等科目,贷记本科目。

自营工程办理竣工决算,借记"固定资产"科目,贷记本科目。

(三)出包工程,按照工程进度和合同规定结算的工程价款,借记本科目,贷记"银行存款""预付账款"等科目。

工程完工收到承包单位提供的账单,借记"固定资产"科目,贷记本科目。

(四)对固定资产进行改扩建时,应当按照该项固定资产账面价值,借记本科目,按照其已计提的累计折旧,借记"累计折旧"科目,按照其原价,贷记"固定资产"科目。

在改扩建过程中发生的相关支出,借记本科目,贷记相关科目。

改扩建完成办理竣工决算,借记"固定资产"科目,贷记本科目。

四、本科目期末借方余额,反映小企业尚未完工或虽已完工,但尚未办理竣工决算的工程成本。

1605　工程物资

一、本科目核算小企业为在建工程准备的各种物资的成本。包括:工程用材料、尚未安装的设备以及为生产准备的工器具等。

二、本科目应按照"专用材料""专用设备""工器具"等进行明细核算。

三、工程物资的主要账务处理。

(一)小企业购入为工程准备的物资,应当按照实际支付的购买价款和相关税费,借记本科目,贷记"银行存款"等科目。

(二)工程领用工程物资,借记"在建工程"科目,贷记本科目。工程完工后将领出的剩余物资退库时做相反的会计分录。

工程完工后剩余的工程物资转作本企业存货的,借记"原材料"等科目,贷记本科目。

四、本科目期末借方余额,反映小企业为在建工程准备的各种物资的成本。

(1)小企业"在建工程"科目,核算小企业需要安装的固定资产、固定资产新建工程、改扩建等所发生的成本。借方登记小企业各项在建工程的实际支出(包括试运转过程中发生的支出),贷方登记完工工程转出的成本以及在试运转过程中形成的产品、副产品或试车收入冲减的在建工程成本,期末借方余额反映小企业尚未达到预定可使用状态的在建工程的成本。本科目期末借方余额,反映小企业尚未完工或虽已完工,但尚未办理竣工决算的工程成本。

小企业购入不需要安装的固定资产,在"固定资产"科目核算,不在"在建工程"科目核算。小企

业已提足折旧的固定资产的改建支出和经营租入固定资产的改建支出,在"长期待摊费用"科目核算,不在"在建工程"科目核算。

(2)小企业应设置"工程物资"科目,核算小企业为在建工程准备的各种物资的成本。包括:工程用材料、尚未安装的设备以及为生产准备的工器具等。该科目借方登记小企业购入工程物资的成本,贷方登记领用工程物资的成本以及工程完工后剩余的工程物资转作本企业存货的成本,期末借方余额,反映小企业为在建工程准备的各种物资的成本。本科目应按照"专用材料""专用设备""工器具"等进行明细核算。

(三)"固定资产清理"科目

《小企业会计准则》应用指南

1606　固定资产清理

一、本科目核算小企业因出售、报废、毁损、对外投资等原因处置固定资产所转出的固定资产账面价值以及在清理过程中发生的费用等。

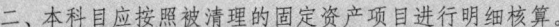

　　二、本科目应按照被清理的固定资产项目进行明细核算。

　　三、固定资产清理的主要账务处理。

　　（一）小企业因出售、报废、毁损、对外投资等原因处置固定资产，应当按照该项固定资产的账面价值，借记本科目，按照其已计提的累计折旧，借记"累计折旧"科目，按照其原价，贷记"固定资产"科目。

　　同时，按照税法规定不得从增值税销项税额中抵扣的进项税额，借记本科目，贷记"应交税费——应交增值税（进项税额转出）"科目。

　　（二）清理过程中应支付的相关税费及其他费用，借记本科目，贷记"银行存款""应交税费"等科目。取得出售固定资产的价款、残料价值和变价收入等处置收入，借记"银行存款""原材料"等科目，贷记本科目。应由保险公司或过失人赔偿的损失，借记"其他应收款"等科目，贷记本科目。

　　（三）固定资产清理完成后，如为借方余额，借记"营业外支出——非流动资产处置净损失"科目，贷记本科目。如为贷方余额，借记本科目，贷记"营业外收入——非流动资产处置净收益"科目。

　　四、本科目期末借方余额，反映小企业尚未清理完毕的固定资产清理净损失；本科目期末贷方余额，反映小企业尚未清理完毕的固定资产清理净收益。

　　小企业应设置"固定资产清理"科目，核算小企业因出售、报废、毁损、对外投资等原因处置固定资产所转出的固定资产账面价值以及在清理过程中发生的费用等。该科目借方登记转出的固定资产价值、清理过程中应支付的相关税费以及按照税法规定不得从增值税销项税额中抵扣的进项税额，清理完成后，贷方登记结转的固定资产清理净损失，借方登记结转的固定资产清理净收益。本科目期末借方余额，反映小企业尚未清理完毕的固定资产清理净损失；本科目期末贷方余额，反映小企业尚未清理完毕的固定资产清理净收益。该科目应按被清理的固定资产项目设置明细账，进行明细核算。

第二节　固定资产取得财税处理

一、外购固定资产

（一）外购固定资产初始计量

　　《小企业会计准则》第28条规定，外购固定资产的成本包括：购买价款、相关税费、运输费、装卸费、保险费、安装费等，但不含按照税法规定可以抵扣的增值税进项税额。小规模纳税人购买固定资产支付的增值税计入固定资产成本。

　　《企业所得税法实施条例》第58条规定，外购的固定资产，以购买价款和支付的相关税费以及直接归属于使该资产达到预定用途发生的其他支出为计税基础。外购的固定资产，其计税基础由两部分组成：首先是购买价款，这是固定资产计税基础的主体构成部分，是指企业通过货币形式，为购买固定资产所支付的直接对价物。其次是支付的相关税费，包括企业为购买固定资产而缴纳的税金、行政事业性收费等，如购买车辆而支付的车辆购置税、签订购买合同而缴纳的印花税等；相关费用，是指使固定资产达到预定可使用状态而发生的可归属于该项资产的运输费、装卸费、安装费和专业人员服务费等。企业购置房产缴纳的房屋维修基金应作为资本化支出，随同房产一并计算确定该资产的计税成本以及计提折旧或摊销扣除，但是维修基金在使用时按规定分摊到业主账户中的支出，不得再次扣除。需要注意的是，税务上对于外购固定资产发生的支出必须强调要有合法的票据，否则即便是实际支出了也不能作为计税基础。

　　企业外购固定资产或工程物资发生的手续费及佣金，允许税前扣除的佣金及手续费不得超过合同金额的5%，除委托个人代理外，企业以现金等非转账方式支付的手续费及佣金不得在税前扣除。（财税〔2009〕29号）

（二）外购固定资产账务处理

1. 购入不需要安装的固定资产

　　业务4-1　购入不需要安装固定资产的处理。

　　小企业购入（含以分期付款方式购入）不需要

安装的固定资产,应当按照实际支付的购买价款、相关税费(不包括按照税法规定可抵扣的增值税进项税额)、运输费、装卸费、保险费等,借记"固定资产"科目,按照税法规定可抵扣的增值税进项税额,借记"应交税费——应交增值税(进项税额)"科目,贷记"银行存款""长期应付款"等科目。

借:固定资产
　　应交税费——应交增值税(进项税额)
　　　贷:银行存款、长期应付款、应付票据等

根据《财政部 国家税务总局关于全国实施增值税转型改革若干问题的通知》(财税〔2008〕170号)的规定,自2009年1月1日起,增值税一般纳税人购进(包括接受捐赠、实物投资,)或者自制(包括改扩建、安装)固定资产发生的进项税额准予抵扣。

根据《营业税改征增值税有关事项规定》(财税〔2016〕36号附件2)的自2013年8月1日起,增值税一般纳税人自用的应征消费税的摩托车、汽车、游艇,其进项税额准予从销项税额中抵扣。适用一般计税方法的试点纳税人,2016年5月1日后取得并在会计制度上按固定资产核算的不动产或者2016年5月1日后取得的不动产在建工程,其进项税额应自取得之日起分2年从销项税额中抵扣,第1年(第1个月)抵扣比例为60%,第2年(第13个月)抵扣比例为40%。

根据《财政部 税务总局 海关总署关于深化增值税改革有关政策的公告》(财政部 税务总局 海关总署公告2019年第39号)的规定,自2019年4月1日起,纳税人取得不动产或者不动产在建工程的进项税额不再分2年抵扣。此前按照上述规定尚未抵扣完毕的待抵扣进项税额,可自2019年4月税款所属期起从销项税额中抵扣。

【例4-1】2022年5月12日,甲公司购入一台不需要安装即可投入使用的设备,取得的增值税专用发票上注明的价款为30 000元,增值税税额为3 900元,另支付装卸费并取得增值税专用发票,注明装卸费700元,税率6%,增值税税额42元,款项以银行存款支付。甲公司会计处理如下:

借:固定资产　　　　　　　　　　30 700
　　应交税费——应交增值税(进项税额)　3 942
　　　贷:银行存款　　　　　　　　　34 642

2. 购买机动车

业务4-2　购买机动车的处理。

自2013年8月1日起,增值税一般纳税人自用的应征消费税的摩托车、汽车、游艇,其进项税额准予从销项税额中抵扣。(财税〔2013〕37号)

根据《车辆购置税法》的规定,车购税应税车辆包括汽车、有轨电车、汽车挂车、排气量超过150毫升的摩托车。车辆购置税的税率为10%。

购买汽车发生的购买价款、车辆购置税、牌照费一般计入"固定资产"科目;汽车保险等费用一般计入"管理费用"科目。

借:固定资产
　　应交税费——应交增值税(进项税额)
　　管理费用
　　　贷:银行存款

【例4-2】2022年8月,甲公司从汽车4S店(增值税一般纳税人)购买2.0升排量的乘用车,支付价款169 500元(含增值税),另支付汽车4S店代办保险费3 000元,代办车辆牌照费600元。会计处理如下:

应纳车辆购置税=169 500÷(1+13%)×10%=15 000(元)。

借:固定资产　　　　　　　　　　165 600
　　应交税费——应交增值税(进项税额)　19 500
　　管理费用　　　　　　　　　　　3 000
　　　贷:银行存款　　　　　　　　　188 100

3. 购入需要安装的固定资产

业务4-3　购入需要安装固定资产的处理。

购入需要安装的固定资产,应在购入的固定资产取得成本的基础上加上安装调试成本等,作为购入固定资产的成本,先通过"在建工程"科目核算,待安装完毕达到预定可使用状态时,再由"在建工程"科目转入"固定资产"科目。

(1)购入时:

借:在建工程
　　应交税费——应交增值税(进项税额)
　　　贷:银行存款

(2)支付安装费用等时:

借:在建工程
　　应交税费——应交增值税(进项税额)
　　　贷:银行存款

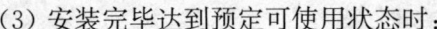

（3）安装完毕达到预定可使用状态时：

借：固定资产
　　贷：在建工程

【例4-3】　2022年5月15日，甲公司用银行存款购入一台需要安装的设备，取得的增值税专用发票上注明的价款为200 000元，增值税税额为26 000元，支付安装费并取得增值税专用发票，注明安装费40 000元，税率9%，增值税税额3 600元。甲公司会计处理如下：

（1）购入进行安装时。

借：在建工程　　　　　　　　　200 000
　　应交税费——应交增值税（进项税额）26 000
　　　贷：银行存款　　　　　　　　　226 000

（2）支付安装费时。

借：在建工程　　　　　　　　　　40 000
　　应交税费——应交增值税（进项税额）3 600
　　　贷：银行存款　　　　　　　　　43 600

（3）设备安装完毕交付使用时。

该设备的成本＝200 000＋40 000＝240 000（元）

借：固定资产　　　　　　　　　240 000
　　贷：在建工程　　　　　　　　　240 000

4. 一笔款项购入多项没有单独标价的固定资产

业务4-4　一笔款项购入多项没有单独标价固定资产的处理。

小企业基于产品价格等因素的考虑，可能以一笔款项购入多项没有单独标价的固定资产。如果这些资产均符合资产定义，并满足固定资产的确认条件，则应将各项资产单独确认为固定资产，并按各项固定资产公允价值的比例对总成本进行分配，分别确定各项固定资产的成本。

【例4-4】　2022年7月1日，甲公司向乙公司一次购进了三台不同型号且具有不同生产能力的设备A、B、C，取得增值税专用发票上注明的价款为1 000万元，增值税税额130万元，另支付装卸费75万元，增值税税额4.5万元，全部以银行存款转账支付，假设设备A、B、C均满足资产的定义及确认条件，公允价值分别为450万元、385万元、165万元。不考虑其他相关税费，甲公司为增值税

一般纳税人。

（1）应计入固定资产的成本＝1 000＋75＝1 075（万元）。

（2）确定设备A、B、C的价值分配比例：

A、B、C的公允价值合计＝450＋385＋165＝1 000（万元）。

A设备应分配的固定资产价值比例＝450÷1 000×100%＝45%。

B设备应分配的固定资产价值比例＝385÷1 000×100%＝38.5%。

C设备应分配的固定资产价值比例＝165÷1 000×100%＝16.5%。

（3）确定A、B、C设备各自的成本：

A设备的成本＝1 075×45%＝483.75（万元）

B设备的成本＝1 075×38.5%＝413.875（万元）

C设备的成本＝1 075×16.5%＝177.375（万元）

借：固定资产——A设备　　　　4 837 500
　　　　　　　——B设备　　　　4 138 750
　　　　　　　——C设备　　　　1 773 750
　　应交税费——应交增值税（进项税额）
　　　　　　　　　　　　　　　1 345 000
　　贷：银行存款　　　　　　　12 095 000

二、自行建造固定资产

通过在建工程形成的固定资产即自建固定资产，是指小企业自行建造厂房、办公楼、机器、设备等，包括固定资产新建工程、改扩建工程等。通过在建工程形成的固定资产，应按建造该项资产在竣工决算前所发生的必要支出，作为固定资产的成本。自行建造固定资产的成本，由建造该项资产在竣工决算前发生的支出构成，包括建造固定资产所需的原材料费用、人工费、管理费、缴纳的相关税费、应予资本化的借款费用，等等。只要是固定资产竣工决算之前所发生的，为建造固定资产所必需的、与固定资产的形成具有直接关系的支出，都应作为固定资产成本的组成部分。此外，小企业在建工程在试运转过程中形成的产品、副产品或试车收入冲减在建工程成本。自行建造的固定资产按照实施方式的不同可以分为自营工程和出包工程两种。

（一）自营工程

业务4-5　自营工程的处理。

自营工程是指小企业自行组织工程物资采购、自行组织施工人员施工的建筑工程、安装工程和改扩建工程等。购入工程物资时，借记"工程物资""应交税费——应交增值税（进项税额）"科目，贷记"银行存款"等科目。领用工程物资时，借记"在建工程"科目，贷记"工程物资"科目。不动产在建工程领用本小企业原材料时，借记"在建工程"科目，贷记"原材料"科目。不动产在建工程领用本小企业生产的商品时，借记"在建工程"科目，贷记"库存商品"科目。

自营工程应负担的职工薪酬，借记"在建工程"科目，贷记"应付职工薪酬"科目。在建工程在竣工决算前发生的借款利息，在应付利息日应当根据借款合同利率计算确定的利息费用，借记"在建工程"科目，贷记"应付利息"科目。办理竣工决算后发生的利息费用，在应付利息日，借记"财务费用"科目，贷记"应付利息"等科目。发生的其他费用，借记"在建工程"科目，贷记"银行存款"科目。

在建工程在试运转过程中发生的支出，借记"在建工程"科目，贷记"银行存款"等科目；形成的产品或者副产品对外销售或转为库存商品的，借记"银行存款""库存商品"等科目，贷记"在建工程"科目。

自营工程办理竣工决算，借记"固定资产"科目，贷记"在建工程"科目。

（1）购入工程物资：

借：工程物资

　　应交税费——应交增值税（进项税额）

　　贷：银行存款

（2）领用工程物资：

借：在建工程

　　贷：工程物资

（3）领用本企业外购的原材料、本企业生产的商品：

借：在建工程

　　贷：原材料/库存商品等（成本价、不视同销售）

（4）自营工程发生的其他费用（如人员工资等）：

借：在建工程

　　贷：银行存款/应付职工薪酬等

（5）自营工程达到预定可使用状态：

借：固定资产

　　贷：在建工程

【例4-5】　甲公司自行建造厂房一幢，2022年6月1日，购入为工程准备的各种物资500 000元，增值税专用发票上注明的增值税税额为65 000元，全部用于工程建设。领用本企业生产的水泥一批，实际成本为400 000元，应计工程人员工资100 000元，支付的其他费用并取得增值税专用发票，注明安装费30 000元，税率为9%，增值税税额2 700元。工程完工并达到预定可使用状态。甲公司会计处理如下：

（1）购入工程物资时：

借：工程物资　　　　　　　　　　500 000

　　应交税费——应交增值税（进项税额）65 000

　　贷：银行存款　　　　　　　　　　565 000

（2）工程领用工程物资时：

借：在建工程　　　　　　　　　　500 000

　　贷：工程物资　　　　　　　　　　500 000

（3）工程领用本企业生产的水泥：

借：在建工程　　　　　　　　　　400 000

　　贷：库存商品　　　　　　　　　　400 000

（4）分配工程人员工资时：

借：在建工程　　　　　　　　　　100 000

　　贷：应付职工薪酬　　　　　　　　100 000

（5）支付工程发生的其他费用时：

借：在建工程　　　　　　　　　　30 000

　　应交税费——应交增值税（进项税额）2 700

　　贷：银行存款　　　　　　　　　　32 700

（6）工程完工：

借：固定资产　　　　　　　　　1 030 000

　　贷：在建工程　　　　　　　　　1 030 000

（二）出包工程

业务4-6　出包工程的处理。

出包工程是指小企业通过招标等方式将工程项目发包给建造承包商，由建造承包商组织施工的建筑工程和安装工程。小企业采用出包方式进行的固定资产工程,其工程的具体支出主要由建造承包商核算。

1. 科目设置

小企业进行在建工程预付的工程价款通过"预付账款"科目核算,与建造承包商办理工程价款的结算通过"在建工程"科目核算。

2. 账务处理

小企业按合同规定,预付给建造承包商的工程款借记"预付账款"科目,贷记"银行存款"科目。按照工程进度和合同规定结算的工程价款,借记"在建工程"科目,贷记"预付账款""银行存款"科目;工程完工收到承包单位提供的账单,借记"固定资产"科目,贷记"在建工程"科目。

(1) 按进度支付进度款:

借:预付账款
　　贷:银行存款

补付工程款:

分录同上。

(2) 结算工程价款:

借:在建工程
　　应交税费——应交增值税(进项税额)
　　贷:预付账款
　　　　银行存款等

(3) 工程达到预定可使用状态:

借:固定资产
　　贷:在建工程

【例4-6】 2022年6月,甲公司将一幢厂房的建造工程出包给丙公司承建,按合同规定预付工程款400 000元,当年11月主体工程完工,按照工程进度和合同规定结算的工程价款为600 000元,工程完工后,收到丙公司有关工程结算单据,工程总造价650 000元,增值税58 500元,补付工程款308 500元。甲公司会计处理如下:

(1) 按合同规定预付工程款:

借:预付账款　　　　　　　　400 000
　　贷:银行存款　　　　　　　　400 000

(2) 按照工程进度和合同规定结算工程价款:

借:在建工程　　　　　　　　600 000
　　贷:预付账款　　　　　　　　600 000

(3) 补付工程款时:

借:在建工程　　　　　　　　　50 000
　　预付账款　　　　　　　　　200 000
　　应交税费——应交增值税(进项税额)58 500
　　贷:银行存款　　　　　　　　308 500

(4) 工程竣工交付使用时:

借:固定资产　　　　　　　　650 000
　　贷:在建工程　　　　　　　　650 000

(三) 自行建造固定资产的税务处理

企业自行建造的固定资产如果属于使用期限超过12个月的机器、机械、运输工具以及其他与生产经营有关的设备,为建造固定资产购进的工程物资如果取得了增值税扣税凭证,其进项税额可以抵扣。建造过程中领用生产用原材料,不作进项税额转出处理;建造过程中领用本企业生产的产品的,按增值税法、企业所得税法规定,均不作视同销售处理。

《企业所得税法实施条例》第58条规定,自行建造的固定资产,以竣工结算前发生的支出为计税基础。《国家税务总局关于贯彻落实企业所得税法若干税收问题的通知》(国税函〔2010〕79号)规定,企业固定资产投入使用后,由于工程款项尚未结清未取得全额发票的,可暂按合同规定的金额计入固定资产计税基础计提折旧,待发票取得后进行调整。但该项调整应在固定资产投入使用后12个月内进行。

(四) 在建工程试运行收入的财税处理

《小企业会计准则》第28条规定,小企业在建工程在试运转过程中形成的产品、副产品或试车收入冲减在建工程成本。在税务处理上,在建工程试运行过程中产生的收入,应作为销售商品,计征增值税。企业所得税采用收入总额概念,不考虑是正常收入还是试运行收入,在申报所得税时,应将在建工程试运行收入扣除试运行所发生的净支出后的差额,确认当期所得。

(五) 在建工程和工程物资损失的所得税处理

2017年度及以后年度企业所得税汇算清缴时,企业应按照《企业资产损失所得税税前扣除管理办法》(国家税务总局公告2011年第25号)有关规定,对资产损失相关资料进行收集、整理、归集,并妥善保管,不需在申报环节向税务机关报送。企业应当完整保存资产损失相关资料,保证资料的真实性、合法性,否则要承担《中华人民共和国税收征收管理法》等法律、行政法规规定的法律责任。根据《税收征管法》及其实施细则规定,有关涉税资料保管期为10年。

1. 在建工程损失证据

根据《企业资产损失所得税税前扣除管理办法》(国家税务总局公告2011年第25号)第32条的规定,在建工程停建、报废损失,为其工程项目投资账面价值扣除残值后的余额,应依据以下证据材料确认:

(1) 工程项目投资账面价值确定依据。

(2) 工程项目停建原因说明及相关材料。

(3) 因质量原因停建、报废的工程项目和因自然灾害和意外事故停建、报废的工程项目,应出具专业技术鉴定意见和责任认定、赔偿情况的说明等。

(4) 工程物资发生损失,可比照存货损失的规定确认,具体要求见本书第4章内容。

2. 在建工程损失专项申报留存备查材料

企业在建工程损失专项申报应留存备查的材料:

(1) 在建工程损失已计入损益的记账凭证复印件。

(2) 董事会等权力机构决议或上级公司批复或由董事会、上级公司授权的部门的批复(国有企业还需提供国有资产监管机构或由其授权的部门的批复)。

(3) 工程项目投资账面价值确定依据。

(4) 工程项目停建原因说明及相关材料。

(5) 因质量原因停建、报废的工程项目和因自然灾害和意外事故停建、报废的工程项目,应出具专业技术鉴定报告和责任认定、赔偿情况的说明等。

三、其他渠道增加的固定资产

(一)投资者投入的固定资产

业务 4-7　投资者投入固定资产的处理。

企业对投资者投入的固定资产,一方面反映本企业固定资产的增加,另一方面要反映投资者

投资额的增加。《小企业会计准则》第28条规定,投资者投入的固定资产应当按照评估价值和相关税费作为入账价值记账。《企业所得税法实施条例》第58条规定,通过投资方式取得的固定资产,以该资产的公允价值和支付的相关税费为计税基础。两者规定一致。

借:固定资产、在建工程
　　应交税费——应交增值税(进项税额)
　　贷:实收资本
　　　　资本公积

【例4-7】 2022年6月,甲公司收到A公司投资转入的一台设备,A公司的账面价值原值为100 000元,已提折旧10 000元;甲公司接受投资时,双方同意按评估机构的评估价值80 000元确认投资额,并以此价格开具专用发票,增值税税额10 400元。该设备预计尚可使用年限为6年。

借:固定资产　　　　　　　　　　　80 000
　　应交税费——应交增值税(进项税额) 10 400
　　贷:实收资本——A公司　　　　　　　　90 400

业务 7-8　自然人个人投资入股固定资产的税务处理。

1. 增值税处理

(1) 设备入股。《增值税暂行条例》第15条规定,销售的自己使用过的物品免征增值税,《增值税暂行条例实施细则》第35条明确,自己使用过的物品是指其他个人自己使用过的物品。

《增值税暂行条例实施细则》第4条第6规定,单位或个体经营者将自产、委托加工或者购进的货物作为投资,提供给其他单位或者个体工商户,视同销售属于增值税范围。目前,自然人个人以设备投资入股则不属于增值税范围。

(2) 不动产和无形资产入股。根据《营业税改征增值税试点实施办法》(财税〔2016〕36号附件1)的规定,投资者(包含自然人)以不动产和无形资产投资,投资人获得了股权投资,属于"其他经济利益",是正常销售行为,应按销售不动产和无形资产缴纳增值税。

2. 个人所得税处理

根据《财政部　国家税务总局关于个人非货币性资产投资有关个人所得税政策的通知》(财税

〔2015〕41号）的规定：

（1）个人以非货币性资产投资，属于个人转让非货币性资产和投资同时发生。对个人转让非货币性资产的所得，应按照"财产转让所得"项目，依法计算缴纳个人所得税。

（2）个人以非货币性资产投资，应按评估后的公允价值确认非货币性资产转让收入。非货币性资产转让收入减除该资产原值及合理税费后的余额为应纳税所得额。个人以非货币性资产投资，应于非货币性资产转让、取得被投资企业股权时，确认非货币性资产转让收入的实现。

（3）个人应在发生上述应税行为的次月15日内向主管税务机关申报纳税。纳税人一次性缴税有困难的，可合理确定分期缴纳计划并报主管税务机关备案后，自发生上述应税行为之日起不超过5个公历年度内（含）分期缴纳个人所得税。

3. 企业所得税处理

根据《企业所得税法实施条例》第58条的规定，通过投资方式取得的固定资产，以该资产的公允价值和支付的相关税费为计税基础，按公允价值入账并计提折旧。根据《企业所得税税前扣除凭证管理办法》（国家税务总局公告2018年第28号）的规定，缴纳增值税的行为应凭发票扣除固定资产折旧费用。非缴纳增值税的行为，企业可以把个人缴税完税凭证复印件、《非货币性资产投资分期缴纳个人所得税备案表》以及资产评估报告（如果有的话）作为设备扣除的资料凭证。

4. 会计处理

《中华人民共和国公司法》（以下简称《公司法》）第27条规定，对作为出资的非货币财产应当评估作价，核实财产，不得高估或者低估作价……《公司法》第28条规定，以非货币财产出资的，应当依法办理其财产权的转移手续。股东不按照前款规定缴纳出资的，除应当向公司足额缴纳外，还应当向已按期足额缴纳出资的股东承担违约责任。因此，其投资的固定资产应如期过户到公司名下，并作如下会计处理：

借：固定资产
　　贷：实收资本
　　　　资本公积

（二）租入的固定资产

根据租赁的目的，以与租赁资产所有权有关的风险和报酬归属于出租人或承租人的程度为依据，将其分为融资租赁和经营租赁两类。也就是说，承租人和出租人应视租赁的经济实质而不是其法律形式对租赁进行分类。融资租赁是指实质上转移了与资产所有权有关的全部风险和报酬的租赁，所有权最终可能转移，也可能不转移；经营租赁，指除融资租赁以外的其他租赁。

1. 经营租入的固定资产

业务4-9 经营租入固定资产的处理。

在经营租赁下，与租赁资产所有权有关的风险和报酬并没有实质上转移给承租人，承租人不承担租赁资产的主要风险，承租人对经营租赁的会计处理主要是解决应支付的租金与计入当期费用的关系。承租人在经营租赁下发生的租金应当在租赁期内的各个期间按直线法确认为费用；在出租人提供了免租期的情况下，应将租金总额在整个租赁期内，而不是在租赁期扣除免租期后的期间内进行分摊；在出租人承担了承租人的某些费用的情况下，应将该费用从租金总额中扣除，并将租金余额在租赁期内进行分摊。其会计处理为：确认各期租金费用时，借记"销售费用""管理费用"等，贷记"其他应付款"等科目。

借：销售费用、管理费用等
　　贷：其他应付款、预付账款等

实际支付租金时，借记"其他应付款"等科目，贷记"银行存款""库存现金"等科目。

借：其他应付款、预付账款等
　　贷：银行存款

此外，为了保证租赁资产的安全和有效使用，承租人应设置"经营租赁资产"备查簿作备查登记，以反映和监督租赁资产的使用、归还和结存情况

【例4-8】 丙公司（小企业）由于季节性生产经营的需要，每年9～12月的农产品收购季节，需租入汽车以满足进货之需，假设2022年9月租入汽车10辆，租期为4个月，每月租金40 000元，共160 000元，租金于开始时一次性支付，取得普通发票。丙公司处理如下：

（1）预付租金：

借：预付账款　　　　　　　　　160 000
　　贷：银行存款　　　　　　　　　　160 000

（2）分期摊销：

借：销售费用　　　　　　　　　40 000
　　贷：预付账款　　　　　　　　　　40 000

【例4-9】 2022年1月1日,甲公司从乙租赁公司采用经营租赁方式租入一台办公设备。租赁合同规定：租赁期开始日为2022年1月1日,租赁期为3年,租金总额为270 000元（不含增值税）,租赁开始日,甲公司先预付租金200 000元,第3年年末再支付租金70 000元和3年增值税税款；租赁期满,乙租赁公司收回办公设备。甲公司在每年年末确认租金费用,发票在租赁期内每年年末开具,税率为13%。甲公司会计处理如下：

（注：实务中,不规范开具发票的情况普遍存在。本例乙租赁公司开票不规范。按规定,乙公司应在预收租金200 000元的当期全额开具发票。此时,甲公司会计处理有兴趣的读者可以思考下。）

（1）2022年1月1日,预付租金。

借：预付账款——乙租赁公司　　200 000
　　贷：银行存款　　　　　　　　　　200 000

（2）2022年12月31日,确认本年租金费用。

借：管理费用　　　　　　　　　90 000
　　应交税费——应交增值税（进项税额）11 700
　　贷：预付账款——乙租赁公司　　　101 700

确认租金费用时,不能依据各期实际支付的租金的金额来确定,而应采用直线法分摊确认,此项租赁租金总额270 000元,按直线法计算,每年应分摊的租金费用为90 000元。

（3）2023年12月31日,确认本年租金费用。

借：管理费用　　　　　　　　　90 000
　　应交税费——应交增值税（进项税额）11 700
　　贷：预付账款——乙租赁公司　　　101 700

（4）2024年12月31日,支付第3期租金并确认本年租金费用。

借：管理费用　　　　　　　　　90 000
　　应交税费——应交增值税（进项税额）11 700
　　预付账款——乙租赁公司　　　3 400
　　贷：银行存款　　　　　　　　　　105 100

2. 融资租入的固定资产

业务4-10　融资租入固定资产的处理。

融资租入的固定资产的成本,应当按照租赁合同约定的付款总额和在签订租赁合同过程中发生的相关税费等确定。

小企业应在租赁开始日,按租赁协议或者合同确定的价款、运输费、途中保险费、安装调试费以及融资租入固定资产交付使用前发生的借款费用等,借记"固定资产（融资租入固定资产）"科目,按租赁协议或者合同确定的设备价款,贷记"长期应付款——应付融资租赁款"科目,按支付的其他费用,贷记"银行存款"等科目。

借：固定资产（融资租入固定资产）
　　应交税费——应交增值税（进项税额）
　　贷：长期应付款——应付融资租赁款

租赁期满,如合同规定将固定资产所有权转归承租企业,应进行转账,将固定资产从"融资租入固定资产"明细科目转入"生产经营用固定资产"等有关明细科目。

【例4-10】 丁公司（小企业）为增值税一般纳税人,2022年4月,采用融资租赁方式租入生产线一条,其账面价值为150 000元,按租赁协议确定的租赁价款为计180 000元（包括租赁期结束购买该生产线应付的价款,不含增值税）,合同约定支付租赁费时开具专用发票；另付保险费、运杂费20 000元,取得普通发票,以银行存款支付。租赁价款分5年每年年底平均支付。丁公司会计处理如下：

（1）租入生产线时：

借：固定资产——融资租入固定资产　200 000
　　贷：长期应付款——应付融资租赁款　180 000
　　　　银行存款　　　　　　　　　　20 000

（2）每年支付租赁费：

借：长期应付款——应付融资租赁款（180 000÷5）
　　　　　　　　　　　　　　　　36 000
　　应交税费——应交增值税（进项税额）　4 680
　　贷：银行存款　　　　　　　　　　40 680

（3）计提折旧（假设在租赁期内平均折旧,不考虑残值）：

借：制造费用(200 000÷5)　　　　40 000
　　贷：累计折旧　　　　　　　　　　40 000

(4) 租赁期满,资产产权留归承租企业：

借：固定资产——生产经营用固定资产　200 000
　　贷：固定资产——融资租入固定资产　200 000

(三) 接受捐赠的固定资产

业务 4-11　接受捐赠固定资产的处理。

(1) 捐赠方提供了有关凭据的,按凭据上标明的金额加上应支付的相关税费,作为固定资产的成本。

(2) 如果捐赠方未提供有关凭据,则按其市价或同类、类似固定资产的市场价格或评估价值,加上由企业负担的运输费、保险费、安装调试费等作为固定资产成本。

借：固定资产
　　应交税费——应交增值税(进项税额)
　　贷：营业外收入
　　　　银行存款等

【例 4-11】 丁公司(小企业)为增值税一般纳税人,2022 年 4 月,接受捐赠一台设备,增值税专用发票注明价款 400 000 元,增值税税额 52 000 元。接受捐赠过程中支付运费 1 000 元,增值税税额 90 元。设备交付车间投入使用。丁公司会计处理如下：

借：固定资产　　　　　　　　　　401 000
　　应交税费——应交增值税(进项税额)52 090
　　贷：营业外收入　　　　　　　　452 000
　　　　银行存款　　　　　　　　　　1 090

(四) 盘盈的固定资产

业务 4-12　盘盈固定资产的处理。

(1) 发现盘盈时,按照同类或类似固定资产的市场价格或评估价值扣除按照新旧程度估计的折旧后的余额：

借：固定资产
　　贷：待处理财产损溢——待处理非流动资产损溢

(2) 确认的盘盈收益：

借：待处理财产损溢——待处理非流动资产损溢
　　贷：营业外收入

【例 4-12】 丁公司(小企业)为增值税一般纳税人,2022 年 4 月,在固定资产清查过程中,发现没有入账的设备一台,其同类固定资产的市场价格为 20 000 元,估计折旧为 6 000 元。经批准,该盘盈固定资产作为营业外收入处理。

(1) 发现盘盈时,按照同类或类似固定资产的市场价格或评估价值扣除按照新旧程度估计的折旧后的余额：

借：固定资产　　　　　　　　　　14 000
　　贷：待处理财产损溢——待处理非流动资产损溢
　　　　　　　　　　　　　　　　　14 000

(2) 确认的盘盈收益：

借：待处理财产损溢——待处理非流动资产损溢
　　　　　　　　　　　　　　　　　14 000
　　贷：营业外收入　　　　　　　　14 000

第三节　固定资产折旧财税处理

政策依据：

《企业所得税法》及其实施条例；

《关于企业固定资产加速折旧所得税处理有关问题的通知》(国税发〔2009〕81 号)；

《关于进一步鼓励软件产业和集成电路产业发展所得税政策的通知》(财税〔2012〕27 号)；

《关于企业所得税应纳税所得额若干问题的公告》(国家税务总局公告 2014 年第 29 号)；

《关于完善固定资产加速折旧企业所得税政策的通知》(财税〔2014〕75 号)；

《关于固定资产加速折旧税收政策有关问题的公告》(国家税务总局公告 2014 年第 64 号)；

《关于进一步完善固定资产加速折旧企业所得税政策的通知》(财税〔2015〕106 号)；

《关于进一步完善固定资产加速折旧企业所得税政策有关问题的公告》（国家税务总局公告 2015 年第 68 号）；

《关于设备器具扣除有关企业所得税政策的通知》（财税〔2018〕54 号）；

《关于设备器具扣除有关企业所得税政策执行问题的公告》（国家税务总局公告 2018 年第 46 号）；

《企业所得税优惠政策事项办理办法》（国家税务总局公告 2018 年第 23 号）；

《关于扩大固定资产加速折旧优惠政策适用范围的公告》（财政部 税务总局公告 2019 年第 66 号）；

《关于支持新型冠状病毒感染的肺炎疫情防控有关税收政策的公告》（财政部 税务总局公告 2020 年第 8 号）；

《关于海南自由贸易港企业所得税优惠政策的通知》（财税〔2020〕31 号）；

《关于延长部分税收优惠政策执行期限的公告》（财政部 税务总局公告 2021 年第 6 号）；

《关于延续实施应对疫情部分税费优惠政策的公告》（财政部 税务总局公告 2021 年第 7 号）。

一、固定资产折旧概述

《小企业会计准则》条文及主旨：

第二十九条　小企业应当对所有固定资产计提折旧，但已提足折旧仍继续使用的固定资产和单独计价入账的土地不得计提折旧。

固定资产的折旧费应当根据固定资产的受益对象计入相关资产成本或者当期损益。

前款所称折旧，是指在固定资产使用寿命内，按照确定的方法对应计折旧额进行系统分摊。应计折旧额，是指应当计提折旧的固定资产的原价（成本）扣除其预计净残值后的金额。预计净残值，是指固定资产预计使用寿命已满，小企业从该项固定资产处置中获得的扣除预计处置费用后的净额。已提足折旧，是指已经提足该项固定资产的应计折旧额。

【条文主旨】本条是关于固定资产折旧定义、应计提折旧的固定资产范围、折旧费分配的规定。

（一）固定资产折旧的性质

固定资产折旧是指小企业在固定资产的使用寿命内，按照确定的方法对应计折旧额进行的系统分摊。其中，应计折旧额，是指应当计提折旧的固定资产的原价（成本）扣除其预计净残值后的金额。关于折旧的定义，会计与税法不存在差异。

固定资产的损耗分为有形损耗和无形损耗两种：有形损耗是指固定资产受使用和自然力的影响而引起的固定资产价值的损失；无形损耗则是指由科学技术进步和劳动生产率的提高等引起的固定资产价值的损失。

（二）影响固定资产折旧的因素

影响折旧的因素至少有：固定资产原价、预计净残值、使用寿命以及折旧方法等。固定资产原价是固定资产初始计量时确定的，后三个因素则是后续计量时需要考虑的。

1. 折旧的基数

折旧的基数即固定资产的账面原价。小企业在计提折旧时，一般以月初应计折旧固定资产原值为依据。已达到预定可使用状态但尚未办理竣工决算的固定资产，应当按照估计价值确定其成本，并计提折旧；待办理竣工决算后，再按实际成本调整原来的暂估价值，但不需要调整原已计提的折旧额。

2. 固定资产净残值

固定资产的预计净残值，是指固定资产预计使用寿命已满，小企业从该项固定资产处置中获得的扣除预计处置费用后的金额。通俗地讲，它是固定资产在报废时预计残料变价收入扣除清理费用后的净值。需要注意的是，无论小企业会计准则还是企业所得税法都没有规定固定资产净残值率，或者是限定一个所有固定资产均适用的净残值率下限，而是将确定固定资产净残值的权利交给了企业。因为每一项固定资产净残值的确定需要考虑很多因素，企业无疑最具有发言权。小企业应当根据固定资产实际情况进行合理的估计，并在固定资产使用寿命内一贯应用。一经确定，不得随意变更。

固定资产净残值＝预计报废残值－预计清理费用

3. 固定资产使用寿命

固定资产的使用寿命,通常是指小企业使用固定资产的预计期间,有时也指固定资产的工作量。小企业会计准则要求小企业应当根据固定资产的性质和使用情况,并考虑企业所得税法的规定,合理确定固定资产的使用寿命。所谓资产性质主要是指固定资产属于房屋、建筑物,还是生产用机器设备等。使用情况主要考虑下列因素:该项资产预计生产能力或实物产量;该项资产预计有形损耗,如设备使用中发生磨损、房屋建筑物受到自然侵蚀等;该项资产预计无形损耗,如因新技术的出现而使现有的资产技术水平相对陈旧、市场需求变化使产品过时等;法律或者类似规定对该项资产使用的限制。

《企业所得税法实施条例》第60条规定,除国务院财政、税务主管部门另有规定外,固定资产计算折旧的最低年限如下:

(1) 房屋、建筑物,为20年。

(2) 飞机、火车、轮船、机器、机械和其他生产设备,为10年。

(3) 与生产经营活动有关的器具、工具、家具等,为5年。

(4) 飞机、火车、轮船以外的运输工具,为4年。

(5) 电子设备,为3年。

企业所得税法则从维护国家税收利益的角度出发,对不同类别的固定资产的折旧年限作了一个最基本的强制规定,即明确了各类固定资产计算折旧的最低年限。具体会计处理时,一方面为了保证相关会计信息的质量,避免因过分延长固定资产折旧年限可能导致的固定资产账面价值虚高;另一方面为了便于小企业实务操作,减轻纳税调整负担,小企业在根据实际情况合理估计的前提下,可以直接采用企业所得税法规定的折旧最低年限作为相关固定资产的折旧年限,也可以根据固定资产的属性和使用情况,在比本条规定的相关资产最低折旧年限更长的时限内计提折旧。折旧年限一经确定,不得随意变更。

需要说明的是小企业会计准则虽然没有规定统一的固定资产使用寿命和预计净残值,交由小企业自行确定,但是小企业不得由此而随意确定。通常,小企业应当制定本企业固定资产核算和管理制度,以书面形式明确规定各项固定资产的折旧方法、使用寿命和预计净残值,并且一以贯之地加以执行。固定资产的折旧方法、使用寿命、预计净残值一经确定,不得随意变更。如果固定资产使用过程中所处环境、使用情况等发生重大变化,导致其折旧方法、使用寿命或者预计净残值确需变更的,应当作为会计估计变更处理。

4. 税法允许缩短折旧年限的情形

(1)《关于企业固定资产加速折旧所得税处理有关问题的通知》(国税发〔2009〕81号)。

企业采取缩短折旧年限方法的,对其购置的新固定资产,最低折旧年限不得低于《企业所得税法实施条例》第60条规定的折旧年限的60%;若为购置已使用过的固定资产,其最低折旧年限不得低于《实施条例》规定的最低折旧年限减去已使用年限后剩余年限的60%。最低折旧年限一经确定,一般不得变更。

(2)《关于进一步鼓励软件产业和集成电路产业发展所得税政策的通知》(财税〔2012〕27号)。

① 企业购进软件,凡符合固定资产或无形资产确认条件的,可以按照固定资产或无形资产进行核算,其折旧或摊销年限可以适当缩短,最短可为两年。

② 集成电路生产企业的生产性设备,经主管税务机关核准,其折旧年限可以适当缩短,最短可为3年。

(3)《关于完善固定资产加速折旧企业所得税政策的通知》(财税〔2014〕75号)。

对生物药品制造业,专用设备制造业,铁路、船舶、航空航天和其他运输设备制造业,计算机、通信和其他电子设备制造业,仪器仪表制造业,信息传输、软件和信息技术服务业等行业企业(以下简称"六大行业"),2014年1月1日后购进的固定资产(包括自行建造),允许按不低于企业所得税法规定折旧年限的60%缩短折旧年限,或选择采取双倍余额递减法或年数总和法进行加速折旧。企业采取缩短折旧年限方法的,对其购置的新固定资产,最低折旧年限不得低于《企业所得税法实施条例》第60条规定的折旧年限的60%;企业购置已使用过的固定资产,其最低折旧年限不得低于实施条例规定的最低折旧年限减去已使用年限后剩余年限的 60％。最低折旧年限一经确定，一般不得变更。

（4）《关于进一步完善固定资产加速折旧企业所得税政策的通知》（财税〔2015〕106 号）。

对轻工、纺织、机械、汽车等四个领域重点行业（以下简称四个领域重点行业）企业 2015 年 1 月 1 日后新购进的固定资产（包括自行建造，下同），允许缩短折旧年限或采取加速折旧方法。企业按规定缩短折旧年限的，对其购置的新固定资产，最低折旧年限不得低于《企业所得税实施条例》第 60 条规定的折旧年限的 60％；对其购置的已使用过的固定资产，最低折旧年限不得低于实施条例规定的最低折旧年限减去已使用年限后剩余年限的 60％。最低折旧年限一经确定，不得改变。

5. 购入旧固定资产的预计折旧年限

企业所得税没有旧固定资产的定义，不妨借鉴增值税法规中"使用过的固定资产"的概念，使用过的固定资产是指纳税人根据财务会计制度已经计提折旧的固定资产。企业购入已提足折旧的固定资产继续使用的，如该项支出属于资本性支出，可凭合法凭证，并按照该项固定资产的尚可使用年限计提折旧，不得一次性将购置支出税前扣除。以下方法一经确定，不得变更：

（1）小企业购买已使用过的固定资产，凡出售方能够提供该项资产原始资料（包括发票和固定资产使用卡片或相关资料）复印件（加盖单位公章或财务专用章）的，可按税法规定该项资产的剩余年限计算折旧。

（2）小企业购买已使用过的固定资产，出售方虽不能提供该项资产原始资料复印件，但企业经有资质的中介机构对该项资产进行了评估，且评估报告中列明了该项资产的已使用年限和尚可使用年限，若该项资产整体使用年限（已使用年限＋尚可使用年限）不低于税法规定的最低折旧年限，企业可选择按照资产评估报告中列明的该项资产尚可使用年限计算折旧金额或者按照税法规定该类资产最低折旧年限减除已使用年限作为该项资产的剩余折旧年限计算折旧。上述方法一经选择，不得随意改变。对资产整体使用年限低于税法规定的该类资产最低折旧年限的，按税法规定最低折旧年限减除已使用年限作为该项资产的剩余折旧年限计算折旧。

（3）小企业购买已使用过的固定资产，出售方不能提供该项资产原始资料复印件，也不能提供有资质的中介机构对该项资产评估报告的，应按照税法规定的折旧年限计算折旧。

（4）小企业购买已使用过的固定资产如符合《关于完善固定资产加速折旧企业所得税政策的通知》（财税〔2014〕75 号）、《关于进一步完善固定资产加速折旧企业所得税政策的通知》（财税〔2015〕106 号）、《关于设备器具扣除有关企业所得税政策的通知》（财税〔2018〕54 号）和《关于扩大固定资产加速折旧优惠政策适用范围的公告》（财政部 税务总局公告 2019 年第 66 号）规定条件的，可以选择一次性扣除或缩短折旧年限。其中，采取缩短折旧年限加速折旧的，其最低折旧年限不得低于实施条例规定的最低折旧年限减去已使用年限后剩余年限的 60％。最低折旧年限一经确定，一般不得变更。

小企业接受投资、受赠的固定资产按上述规定执行。

6. 折旧年限的税会差异协调（国家税务总局公告 2014 年第 29 号）

相关差异协调见表 4-4。

表 4-4　折旧年限的税会差异协调

政策规定	税会差异协调
（1）企业固定资产会计折旧年限如果短于税法规定的最低折旧年限，其按会计折旧年限计提的折旧高于按税法规定的最低折旧年限计提的折旧部分，应调增当期应纳税所得额；企业固定资产会计折旧年限已期满且会计折旧已提足，但税法规定的最低折旧年限尚未到期且税收折旧尚未足额扣除，其未足额扣除的部分准予在剩余的税收折旧年限继续按规定扣除。	（1）企业会计折旧年限短于税法最低折旧年限的协调。企业会计折旧提足后，在剩余的税收折旧年限已没有会计折旧，但由于前期已提折旧按税法规定进行了纳税调增，也就是说，税收与会计之间差异部分已实际进行了会计处理，因此，应当准予将前期纳税调增的部分在后期按税法规定进行纳税调减。这样处理，符合企业所得税税前扣除基本原则，也与《关于企业所得税应纳税所得额若干税务处理问题的公告》（国家税务总局公告 2012 年第 15 号）第 8 条规定不冲突。

（续表）

政策规定	税会差异协调
（2）企业固定资产会计折旧年限如果长于税法规定的最低折旧年限，其折旧应按会计折旧年限计算扣除，税法另有规定除外。	（2）企业会计折旧年限长于税法最低折旧年限的协调。如果企业固定资产采用的会计折旧年限长于税法规定的最低折旧年限，视同税会无差异，按《关于企业所得税应纳税所得额若干税务处理问题的公告》（国家税务总局公告2012年第15号）规定应按会计年限计算折旧扣除，不需要在年度汇算清缴时进行纳税调减。这样处理，大大减少纳税调整成本，符合《关于企业所得税应纳税所得额若干税务处理问题的公告》（国家税务总局公告2012年第15号）的立法精神。

（三）固定资产折旧范围和相关规定

1. 小企业会计准则折旧范围

《小企业会计准则》第29条规定，除下列情况外，小企业应对所有固定资产计提折旧：

（1）已提足折旧仍继续使用的固定资产。固定资产提足折旧后，不论能否继续使用，均不再计提折旧；提前报废的固定资产，也不再补提折旧。所谓提足折旧，是指已经提足该项固定资产的应计折旧额。

（2）按照规定单独计价作为固定资产入账的土地。

2. 企业所得税折旧范围

企业所得税法对固定资产折旧的税务处理也进行了规定。《企业所得税法》第11条规定，在计算应纳税所得额时，企业按照规定计算的固定资产折旧，准予扣除。下列固定资产不得计算折旧扣除：

（1）房屋、建筑物以外未投入使用的固定资产。

（2）以经营租赁方式租入的固定资产。

（3）以融资租赁方式租出的固定资产。

（4）已足额提取折旧仍继续使用的固定资产。

（5）与经营活动无关的固定资产。

（6）单独估价作为固定资产入账的土地。

（7）其他不得计算折旧扣除的固定资产。

3. 折旧范围的税会差异协调

关于计提折旧的固定资产范围，会计与税法有着不同的出发点。会计上要求固定资产不论是否投入使用、是否与经营活动相关，均应当计提折旧，这有助于企业充分利用固定资产、及时处置不需用的固定资产。而税收上允许固定资产折旧扣除，则要考虑相关费用的发生是否有助于应税收入的形成，因此，规定房屋、建筑物以外未投入使用的固定资产、与经营活动无关的固定资产计提的折旧不得扣除。本条从会计原则出发，规定小企业应当对所有固定资产计提折旧，已提足折旧仍继续使用的固定资产和单独计价入账的土地除外。与企业所得税法存在的差异：未投入使用的固定资产、与经营活动无关的固定资产在会计上也应计提折旧。

4. 固定资产折旧其他相关规定

企业对固定资产进行更新改造时，应将更新改造的固定资产账面价值转入在建工程，并在此基础上核算经更新改造后的固定资产原价。处于更新改造过程而停止使用的固定资产，因已转入在建工程，因此不计提折旧，待更新改造项目竣工转为固定资产后，再按重新确定的折旧方法和该项固定资产尚可使用年限计提折旧。

企业因更新改造等原因而调整固定资产价值的，应当根据调整后价值，预计尚可使用年限和净残值，按选用的折旧方法计提折旧。

因进行大修理而停用的固定资产，应当照提折旧，计提的折旧应计入相关成本费用。因机器检修暂时停产，通常认为是企业生产经营过程中的必经程序，在停工期间机器设备计提的折旧可以税前扣除。

对于接受捐赠旧的固定资产，企业应当按照确定的固定资产入账价值、预计尚可使用年限，预计净残值，按选用的折旧方法计提折旧。

融资租入的固定资产，应当采用与自有应计折旧资产相一致的折旧政策。能够合理确定租赁期届满时将会取得租赁资产所有权的，应当在租赁资产尚可使用年限内计提折旧；无法合理确定租赁期届满时能够取得租赁资产所有权的，应当在租赁期与租赁资产尚可使用年限两者中较短的期间内计提折旧。

二、固定资产折旧方法

《小企业会计准则》条文及主旨：

第三十条　小企业应当按照年限平均法(即直线法,下同)计提折旧。小企业的固定资产由于技术进步等原因,确需加速折旧的,可以采用双倍余额递减法和年数总和法。

小企业应当根据固定资产的性质和使用情况,并考虑税法的规定,合理确定固定资产的使用寿命和预计净残值。

固定资产的折旧方法、使用寿命、预计净残值一经确定,不得随意变更。

【条文主旨】本条是关于固定资产折旧方法选择以及使用寿命和预计净残值确定的规定。

小企业应当根据与固定资产有关的经济利益的预期实现方式,合理选择固定资产折旧方法。可选用的折旧方法包括年限平均法(又称直线法)、工作量法、双倍余额递减法和年数总和法等。固定资产的折旧方法一经确定,不得随意变更。

(一)年限平均法

业务 4-13　固定资产折旧的年限平均法。

平均年限法又称直线法,是将固定资产的应计折旧额在固定资产整个预计使用年限内平均分摊的折旧方法。这种方法计算的每期折旧额均是相等的。计算公式如下：

$$\frac{固定资产}{年折旧率} = \frac{1-预计净残值率}{预计使用年限} \times 100\%$$

月折旧率＝年折旧率÷12

月折旧额＝固定资产原始价值×月折旧率

【例4-13】甲公司办公楼原值为1 400 000元,预计使用年限为40年,预计残值64 000元,预计清理费用8 000元,按年限平均法计提折旧,则：

净残值＝64 000－8 000＝56 000(元)。

年折旧率＝(1－56 000÷1 400 000)÷40＝2.4%。

月折旧率＝2.4%÷12＝0.2%。

月折旧额＝1 400 000×0.2%＝2 800(元)。

(二)工作量法

业务 4-14　固定资产折旧的工作量法。

工作量法是指根据实际工作量计算固定资产每期应计提折旧额的一种方法。这种方法计算的每一工作量折旧额是相等的。计算公式如下：

单位工作量折旧额＝固定资产原价×(1－预计净残值率)÷预计总工作量

某项固定资产月折旧额＝该项固定资产当月工作量×单位工作量折旧额

【例4-14】甲公司的一辆运货卡车的原价为600 000元,预计总行驶里程为500 000千米,预计报废时的净残值率为5%,本月行驶4 000千米。

该辆汽车的月折旧额计算如下：

应计折旧额＝600 000×(1－5%)＝570 000(元)。

单位里程折旧额＝570 000÷500 000＝1.14(元/千米)。

本月折旧额＝4 000×1.14＝4 560(元)。

(三)双倍余额递减法

业务 4-15　固定资产折旧的双倍余额递减法。

双倍余额递减法,是指在不考虑固定资产预计净残值的情况下,根据每期期初固定资产原价减去累计折旧后的金额和双倍的直线法折旧率计算固定资产折旧的一种方法。计算公式如下：

年折旧率＝2÷预计使用寿命(年)×100%

月折旧率＝年折旧率÷12

月折旧额＝每月月初固定资产账面净值×月折旧率

实行双倍余额递减法计提折旧的固定资产,一般应在固定资产使用寿命到期前两年内,将固定资产账面净值扣除预计净残值后的净值平均摊销。

【例4-15】甲公司一项固定资产原值50 000元,预计净残值为200元,使用年限为5年,按双倍余额递减法计提折旧,则见表4-5。

表4-5　双倍余额递减法折旧计算表　　　　　　　　　　单位:元

年次	固定资产原值	年折旧率	年折旧额	累计折旧	折余价值
1	50 000	40%	20 000	20 000	30 000
2	50 000	40%	12 000	32 000	18 000

（续表）

年次	固定资产原值	年折旧率	年折旧额	累计折旧	折余价值
3	50 000	40%	7 200	39 200	10 800
4	50 000		5 300	44 500	5 500
5	50 000		5 300	49 800	200
合计			49 800		

注意：折旧年度并不是指会计年度（即1月份至12月份）。如果是年度中期开始计提折旧，那么整年的计算是从开始计提折旧的月份至下一年度该月份的一年作为计算年折旧率的期间即一个折旧年度，对这一期间的固定资产按照相同的月折旧率计算，即在双倍余额递减法和年数总和法下，当折旧年度与会计年度不一致时，会计年度折旧额应分段计算。

（四）年数总和法

业务4-16　固定资产折旧的年数总和法。

年数总和法又称年限合计法，是指将固定资产的原价减去预计净残值后的余额，乘以一个逐年递减的分数计算每年的折旧额，这个分数的分子代表固定资产尚可使用寿命，分母代表预计使用寿命逐年数字总和。计算公式如下：

年折旧率＝（预计使用寿命－已使用年限）÷[预计使用寿命×（预计使用寿命＋1）÷2]×100%

年折旧率＝尚可使用年限÷预计使用寿命的年数总和×100%

月折旧率＝年折旧率÷12

月折旧额＝（固定资产原价－预计净残值）×月折旧率

【例4-16】 承[例4-15]，按年数总和法计提折旧，结果见表4-6：

表4-6　年数总和法折旧计算表　　　　　　　　　　　　　　单位：元

年次	固定资产原值	净残值	应计折旧总额	年折旧率	年折旧额
1	50 000	200	49 800	5/15	16 600
2	50 000	200	49 800	4/15	13 280
3	50 000	200	49 800	3/15	9 960
4	50 000	200	49 800	2/15	6 640
5	50 000	200	49 800	1/15	3 320
合计					49 800

表4-7　三种折旧方法的比较

方法	计提依据	折旧率	特点	净残值
直线法	原值	（1－净残值率）/预计年限	每期相等（不考虑减值）	考虑
双倍余额递减法	期初账面净值	2/预计年限	递减	不考虑
年数总和法	原值－净残值	尚可使用年限/预计年限总和	递减	考虑

（五）折旧方法的税会差异协调

1. 税法规定

企业所得税法对固定资产折旧的税务处理也进行了规定，见表4-7。

（1）《企业所得税法》第32条。

企业的固定资产由于技术进步等原因，确需加速折旧的，可以缩短折旧年限或者采取加速折旧的方法。

（2）《企业所得税法实施条例》第98条。《企业所得税法》第32条所称可以采取缩短折旧年限

或者采取加速折旧的方法的固定资产,包括:

① 由于技术进步,产品更新换代较快的固定资产。

② 常年处于强震动、高腐蚀状态的固定资产。

采取缩短折旧年限方法的,最低折旧年限不得低于本条例第 60 条规定折旧年限的 60%;采取加速折旧方法的,可以采取双倍余额递减法或者年数总和法。

(3)《企业所得税法实施条例》第 59 条。固定资产按照直线法计算的折旧,准予扣除。企业应当自固定资产投入使用月份的次月起计算折旧;停止使用的固定资产,应当自停止使用月份的次月起停止计算折旧。企业应当根据固定资产的性质和使用情况,合理确定固定资产的预计净残值。固定资产的预计净残值一经确定,不得变更。

(4)《财政部 国家税务总局关于完善固定资产加速折旧企业所得税政策的通知》(财税〔2014〕75 号)、《财政部 国家税务总局关于进一步完善固定资产加速折旧企业所得税政策的通知》(财税〔2015〕106 号)、《财政部 税务总局关于设备、器具扣除有关企业所得税政策的通知》(财税〔2018〕54 号)、《财政部 税务总局关于扩大固定资产加速折旧优惠政策适用范围的公告》(财政部、税务总局公告 2019 年第 66 号)、《财政部 税务总局关于支持新型冠状病毒感染的肺炎疫情防控有关税收政策的公告》(财政部、税务总局公告 2020 年第 8 号)。

符合规定的固定资产可以一次性进入成本费用。

2. 加速折旧方法财税差异协调(表 4-8)

表 4-8 差异协调

国家税务总局公告 2012 年第 15 号第 8 条	国家税务总局公告 2014 年第 29 号第 5 条
对企业依据财务会计制度规定,并实际在财务会计处理上已确认的支出,凡没有超过《企业所得税法》和有关税收法规规定的税前扣除范围和标准的,可按企业实际会计处理确认的支出,在企业所得税前扣除,计算其应纳税所得额。 解读:根据国家税务总局公告 2012 年第 15 号(以下简称 15 号公告)的普遍理解,如果企业在会计记账时未按加速折旧处理,表明企业不愿对固定资产实行加速折旧,在汇算清缴时也就不能按税收上的加速折旧规定作调减应纳税所得额的处理。	企业按税法规定实行加速折旧的,其按加速折旧办法计算的折旧额可全额在税前扣除。 解读:由于加速折旧属于税收优惠范畴,国家税务总局公告 2014 年第 29 号公告(以下简称 29 号公告)第 5 条做出了重新规定:为保证会计利润,企业会计上可以按照平均年限法计提折旧,税法上可以用加速折旧进行纳税调减处理,而不必按国家税务总局公告 2012 年第 15 号规定看会计上是否已按加速折旧处理。

差异协调: 15 号公告协调的是税会差异,29 号公告协调的是税收优惠。税会差异的调整基础仍然是会计处理,税收优惠的调整基础是税收政策规定。会计未采取"加速折旧"方法,符合税法加速折旧条件的,可以按 29 号公告对税法加速折旧进行纳税调减,而不再按 15 公告规定看会计上是否已按加速折旧处理。也就是说,企业会计处理是否采取加速折旧方法,不影响企业享受加速折旧税收优惠政策,企业在享受加速折旧税收优惠政策时,不需要会计上也同时采取与税收上相同的折旧方法。

为了简化核算,便于小企业实务操作,减轻纳税调整负担,满足汇算清缴的需要,小企业有关固定资产折旧方法选择的规定与企业所得税法基本一致,要求小企业通常按照年限平均法计提折旧,由于技术进步等原因确需加速折旧的,可以采用双倍余额递减法和年数总和法。这样规定的目的是简便计算,同时尽可能避免小企业由于固定资产折旧方法不同而带来的所得税纳税调整。一般认为,年限平均法能够真实反映不同类型企业的生产经营活动实际情况,况且只要确定一个规则统一适用于所有小企业,对小企业来说相对是公平的,会计信息也是相对可比的。

不同固定资产性质不同、使用方式各异,其使用寿命和预计净残值有所不同。如果统一规定固定资产的使用寿命、净残值率,难免过于主观、不切实际。因此,为如实反映小企业财务状况和经营成果,应当由小企业根据自身具体情况进行合理的估计。企业所得税法则是从保障国家税收的角度出发,限定了固定资产最低折旧年限,因此,本条兼顾了小企业实际情况和企业所得税法两方面的要求,规定小企业估计使用寿命和预计净残值时,既要根据固定资产性质和使用情况,也要充分考虑税法的规定。

三、税法加速折旧新政运用

政策依据：

《关于完善固定资产加速折旧企业所得税政策的通知》(财税〔2014〕75 号)；

《关于固定资产加速折旧税收政策有关问题的公告》(国家税务总局公告 2014 年第 64 号)；

《关于进一步完善固定资产加速折旧企业所得税政策的通知》(财税〔2015〕106 号)；

《关于进一步完善固定资产加速折旧企业所得税政策有关问题的公告》(国家税务总局公告 2015 年第 68 号)；

《关于设备、器具扣除有关企业所得税政策的通知》(财税〔2018〕54 号)；

《关于设备、器具扣除有关企业所得税政策执行问题的公告》(国家税务总局公告 2018 年第 46 号)；

《关于扩大固定资产加速折旧优惠政策适用范围的公告》(财政部　税务总局公告 2019 年第 66 号)；

《关于支持新型冠状病毒感染的肺炎疫情防控有关税收政策的公告》(财政部、税务总局公告 2020 年第 8 号)；

《关于延长部分税收优惠政策执行期限的公告》(财政部、税务总局公告 2021 年第 6 号)；

《关于海南自由贸易港企业所得税优惠政策的通知》(财税〔2020〕31 号)；

《关于延长部分税收优惠政策执行期限的公告》(财政部、税务总局公告 2021 年第 6 号)；

《关于延续实施应对疫情部分税费优惠政策的公告》(财政部、税务总局公告 2021 年第 7 号)；

《关于中小微企业设备器具所得税税前扣除有关政策的公告》(财政部、税务总局公告 2022 年第 12 号)。

(一) 享受加速折旧新政的范围

1. 六大行业企业(财税〔2014〕75 号,财政部、税务总局公告 2019 年第 66 号,见表 4-9)

表 4-9　六大行业企业

行业	条件	折旧政策
六大行业的企业	2014 年 1 月 1 日后新购进的固定资产(包括自行建造)。	可缩短折旧年限或采取加速折旧的方法。
六大行业的小型微利企业	2014 年 1 月 1 日后新购进的单位价值不超过 100 万元的研发和生产经营共用的仪器、设备。	允许一次性计入当期成本费用在计算应纳税所得额时扣除,不再分年度计算折旧。
	2014 年 1 月 1 日后新购进的单位价值超过 100 万元的研发和生产经营共用的仪器、设备。	可缩短折旧年限或采取加速折旧的方法。

自 2019 年 1 月 1 日起,适用《关于完善固定资产加速折旧企业所得税政策的通知》(财税〔2014〕75 号)规定固定资产加速折旧优惠的行业范围,扩大至全部制造业领域。

2. 四个领域重点行业企业(财税〔2015〕106 号,财政部、税务总局公告 2019 年第 66 号,见表 4-10)

表 4-10　四个领域重点行业企业

行业	条件	折旧政策
四个领域重点行业的企业	2015 年 1 月 1 日后新购进的固定资产。	可缩短折旧年限或采取加速折旧的方法。

(续表)

行业	条件	折旧政策
四个领域重点行业的小型微利企业	2015年1月1日后新购进的单位价值不超过100万元的研发和生产经营共用的仪器、设备。	允许一次性计入当期成本费用在计算应纳税所得额时扣除,不再分年度计算折旧。
	2015年1月1日后新购进的单位价值超过100万元的研发和生产经营共用的仪器、设备。	可缩短折旧年限或采取加速折旧的方法。

自2019年1月1日起,适用《关于进一步完善固定资产加速折旧企业所得税政策的通知》(财税〔2015〕106号)规定固定资产加速折旧优惠的行业范围,扩大至全部制造业领域。

3. 所有行业企业(财税〔2014〕75号,财税〔2018〕54号,财政部、税务总局公告2021年第6号,见表4-11)

表4-11　所有行业企业

行业	条件	折旧政策
所有行业企业	2014年1月1日后新购进的单位价值不超过100万元的专门用于研发的仪器、设备。	允许一次性计入当期成本费用在计算应纳税所得额时扣除,不再分年度计算折旧。
	2014年1月1日后新购进的单位价值超过100万元的专门用于研发的仪器、设备。	可缩短折旧年限或采取加速折旧的方法。
所有行业企业	持有的单位价值不超过5 000元的固定资产。	允许一次性计入当期成本费用在计算应纳税所得额时扣除,不再分年度计算折旧。企业在2013年12月31日前持有的单位价值不超过5 000元的固定资产,其折余价值部分,2014年1月1日以后可以一次性在计算应纳税所得额时扣除。
所有行业企业	2018年1月1日至2023年12月31日新购进的设备器具(除房屋、建筑物以外的固定资产),单位价值不超过500万元。	允许一次性计入当期成本费用在计算应纳税所得额时扣除,不再分年度计算折旧。

4. 全部制造业企业(财政部、税务总局公告2019年第66号,见表4-12)

表4-12　全部制造业企业

政策规定	政策解读
为支持制造业企业加快技术改造和设备更新,现就有关固定资产加速折旧政策公告如下: 一、自2019年1月1日起,适用《关于完善固定资产加速折旧企业所得税政策的通知》(财税〔2014〕75号)和《关于进一步完善固定资产加速折旧企业所得税政策的通知》(财税〔2015〕106号)规定固定资产加速折旧优惠的行业范围,扩大至全部制造业领域。 二、制造业按照国家统计局《国民经济行业分类与代码(GB/4754－2017)》确定。今后国家有关部门更新国民经济行业分类与代码,从其规定。 三、本公告发布前,制造业企业未享受固定资产加速折旧优惠的,可自本公告发布后在月(季)度预缴申报时享受优惠或在2019年度汇算清缴时享受优惠。	固定资产加速折旧的优惠政策,之前有三个主要的文件:一是《关于完善固定资产加速折旧企业所得税政策的通知》(财税〔2014〕75号),二是《关于进一步完善固定资产加速折旧企业所得税政策的通知》(财税〔2015〕106号),三是《关于设备、器具扣除有关企业所得税政策的通知》(财税〔2018〕54号)。 前两个文件的优惠针对部分行业,优惠内容分为两部分,特定金额以下一次性进费用,特定金额以上加速折旧。第三个文件基本上就覆盖了前两个文件一次性进费用的优惠,因为它是针对全行业的,对所有企业新购进的设备器具,只要单位价值不超过500万元的,都允许一次性计入当期成本费用。但对于单位价值超过500万元的固定资产,按照75号和106号文件规定,还是只有文件中提到行业可以享受加速折旧,没有提到的行业则必须按企业所得税法规定的折旧年限计提折旧。财政部、税务总局公告2019年第66号出台扩展了加速折旧的行业范围,所有制造业企业均可按规定加速折旧。

企业汇算清缴时需关注以下两点:一是除六大行业和四个领域重点行业中的制造业企业外,其余制造业企业适用加速折旧政策的固定资产应是2019年1月1日以后新购进的;二是新购进的固定资产包括以货币形式购进或自行建造两种形式,企业购进使用过的固定资产也可适用加速折旧政策。

5. 疫情防控重点保障物资生产企业（财政部、税务总局公告 2020 年第 8 号,财政部、税务总局公告 2020 年第 28 号,财政部、税务总局公告 2021 年第 7 号,见表 4-13）

表 4-13 疫情防控重点保障物资生产企业

政策规定	政策解读
一、对疫情防控重点保障物资生产企业为扩大产能新购置的相关设备,允许一次性计入当期成本费用在企业所得税税前扣除。 疫情防控重点保障物资生产企业名单,由省级及以上发展改革部门、工业和信息化部门确定。 六、本公告自 2020 年 1 月 1 日起实施,截止日期视疫情情况另行公告。 本公告规定的税费优惠政策执行至 2020 年 12 月 31 日。（财政部 税务总局公告 2020 年第 28 号） 本法规规定的税收优惠政策凡已经到期的,执行期限延长至 2021 年 3 月 31 日。（财政部、税务总局公告 2021 年第 7 号）	（1）适用主体:对疫情防控重点保障物资生产企业。生产企业名单,由省级及以上发展改革部门、工业和信息化部门确定。 （2）适用范围:为扩大产能新购置的相关设备。一是文件明确是"新购置的设备"不是"购置新设备",所以只要符合条件的企业购进相关设备,即使是购进二手设备也可以一次性计入当期成本费用在企业所得税税前扣除。二是没有 500 万元以下的金额限制。 （3）优惠政策:为扩大产能新购置的相关设备,允许一次性计入当期成本费用在企业所得税税前扣除,即可以选择一次性计入当期成本费用在企业所得税税前扣除,也可以选择按规定年限分期计提折扣税前扣除。 （4）管理要求同国家税务总局公告 2018 年第 46 号规定,见下述。

发改办财金〔2020〕145 号明确了疫情防控重点保障物资中生活物资和部分医疗应急物资的具体范围清单。

疫情防控重点保障物资生产企业按照财政部、税务总局公告 2020 年第 8 号第一条规定,适用一次性企业所得税税前扣除政策的,在优惠政策管理等方面参照《国家税务总局关于设备器具扣除有关企业所得税政策执行问题的公告》（2018 年第 46 号）的规定执行。企业在纳税申报时将相关情况填入企业所得税纳税申报表"固定资产一次性扣除"行次。（国家税务总局公告 2020 年第 4 号第 9 条）

6. 在海南自由贸易港设立的企业（财税〔2020〕31 号,见表 4-14）

表 4-14 海南自贸区设立的企业

政策规定	政策解读
三、对在海南自由贸易港设立的企业,新购置（含自建、自行开发）固定资产或无形资产,单位价值不超过 500 万元（含）的,允许一次性计入当期成本费用在计算应纳税所得额时扣除,不再分年度计算折旧和摊销;新购置（含自建、自行开发）固定资产或无形资产,单位价值超过 500 万元的,可以缩短折旧、摊销年限或采取加速折旧、摊销的方法。	本条所称固定资产,是指除房屋、建筑物以外的固定资产。 四、本通知自 2020 年 1 月 1 日起执行至 2024 年 12 月 31 日。

7. 中小微企业（见表 4-15）

表 4-15 中小微企业

财政部 税务总局公告 2022 年第 12 号	《企业所得税法实施条例》第 60 条
（1）中小微企业在 2022 年 1 月 1 日至 2022 年 12 月 31 日期间新购置的设备、器具,单位价值在 500 万元以上的,按照单位价值的一定比例自愿选择在企业所得税税前扣除。其中,企业所得税法实施条例规定最低折旧年限为 3 年的设备器具,单位价值的 100% 可在当年一次性税前扣除;最低折旧年限为 4 年、5 年、10 年的,单位价值的 50% 可在当年一次性税前扣除,其余 50% 按规定在剩余年度计算折旧进行税前扣除。 企业选择适用上述政策当年不足扣除形成的亏损,可在以后 5 个纳税年度结转弥补,享受其他延长亏损结转年限政策的企业可按现行规定执行。 （2）中小微企业是指从事国家非限制和禁止行业,且符合以下条件的企业: ①信息传输业、建筑业、租赁和商务服务业:从业人员 2 000 人以下,或营业收入 10 亿元以下或资产总额 12 亿元以下; ②房地产开发经营:营业收入 20 亿元以下或资产总额 1 亿元以下; ③其他行业:从业人员 1 000 人以下或营业收入 4 亿元以下。 （3）本政策所称设备、器具,是指除房屋、建筑物以外的固定资产;所称从业人数,包括与企业建立劳动关系的职工人数和企业接受的劳务派遣用工人数。 从业人数和资产总额指标,应按企业全年的季度平均值确定。具体计算公式如下: 季度平均值=（季初值＋季末值）÷2 全年季度平均值＝全年各季度平均值之和÷4 年度中间开业或者终止经营活动的,以其实际经营期作为一个纳税年度确定上述相关指标。 （4）中小微企业可按季（月）在预缴申报时享受上述政策。本公告发布前企业在 2022 年已购置的设备、器具,可在本公告发布后的预缴申报、年度汇算清缴时享受。 （5）中小微企业可根据自身生产经营核算需要自行选择享受上述政策,当年度未选择享受的,以后年度不得再变更享受。	除国务院财政、税务主管部门另有规定外,固定资产计算折旧的最低年限如下: （1）房屋、建筑物,为 20 年; （2）飞机、火车、轮船、机器、机械和其他生产设备,为 10 年; （3）与生产经营活动有关的器具、工具、家具等,为 5 年; （4）飞机、火车、轮船以外的运输工具,为 4 年; （5）电子设备,为 3 年。

8. 一次性计入当期成本费用在计算应纳税所得额时扣除的 6 种情形,见表 4-16

表 4-16 6 种情形

(1) 六大行业(2019 年 1 月 1 日起,全部制造业)的小型微利企业 2014 年 1 月 1 日后新购进的研发和生产经营共用的仪器、设备,单位价值不超过 100 万元的。 四个领域重点行业(2019 年 1 月 1 日起,全部制造业)的小型微利企业 2015 年 1 月 1 日后新购进的研发和生产经营共用的仪器、设备,单位价值不超过 100 万元的。 (2) 所有行业企业 2014 年 1 月 1 日后新购进的专门用于研发的仪器、设备,单位价值不超过 100 万元的。 (3) 所有行业企业持有的单位价值不超过 5 000 元的固定资产。	(4) 企业在 2018 年 1 月 1 日至 2023 年 12 月 31 日新购进的设备、器具,单位价值不超过 500 万元的。 (5) 2020 年 1 月 1 日起,对疫情防控重点保障物资生产企业为扩大产能新购置的相关设备,允许一次性计入当期成本费用在企业所得税前扣除,截止日期为 2021 年 3 月 31 日。(无金额限制) (6) 中小微企业在 2022 年 1 月 1 日至 2022 年 12 月 31 日新购置的电子设备,自愿选择在企业所得税前一次性扣除。

申报审核:允许符合条件的固定资产在企业购入当期一次性税前扣除,其实质上将企业发生的固定资产支出在当期费用化处理,不再通过分年度计算折旧的方式在税前扣除。企业研发完成,对外销售专用设备时,应按照销售收入全额计入当期应纳税所得额,但无需追回已享受的加速折旧优惠。

(二)加速折旧"新"政要求和处理

1. 享受加速折旧"新"政的行业范围见表 4-17

表 4-17 行业范围

六大行业的范围 (国家税务总局公告 2014 年 第 64 号)	四大领域重点行业 (国家税务总局公告 2015 年 第 68 号)	全部制造业企业 (财政部 税务总局公告 2019 年第 66 号)
(1)生物药品制造业。 (2)专用设备制造业。 (3)铁路、船舶、航空航天和其他运输设备制造业。 (4)计算机、通信和其他电子设备制造业。 (5)仪器仪表制造业。 (6)信息传输、软件和信息技术服务业。	四个领域重点行业按照财税〔2015〕106 号附件"轻工、纺织、机械、汽车四个领域重点行业范围"确定。今后国家有关部门更新国民经济行业分类与代码,从其规定。	制造业按照国家统计局《国民经济行业分类与代码》(GB/4754—2017)确定。今后国家有关部门更新国民经济行业分类与代码,从其规定。

六大行业、四个领域重点行业及制造业企业是指以上述行业业务为主营业务,其固定资产投入使用当年主营业务收入占企业收入总额 50%(不含)以上的企业。所称收入总额,是指企业所得税法第六条规定的收入总额。企业在生产经营过程中,收入占比可能发生变化,为了简便可行,应以固定资产开始用于生产经营当年的数据为准,以后发生变化的,也不影响企业享受优惠政策。即当年不达标,当年和以后年度均不得享受;当年达标,当年和以后年度均享受。

2. 六大行业和四大领域"新"政要求和处理(国家税务总局公告 2014 年第 64 号、国家税务总局公告 2015 年第 68 号,见表 4-18)

表 4-18 要求和处理

政策要求	企业所得税处理
(1) 缩短折旧年限的,最低折旧年限不得低于《企业所得税法实施条例》第 60 条规定折旧年限的 60%,企业购置已使用过的固定资产,其最低折旧年限不得低于实施条例规定的最低折旧年限减去已使用年限后剩余年限的 60%,最低折旧年限一经确定,一般不得变更;采取加速折旧方法的,可采取双倍余额递减法或者年数总和法,加速折旧方法一经确定,一般不得变更。 (2) 用于研发活动的仪器、设备范围口径,按照国税发〔2015〕119 号规定执行。企业专门用于研发活动的仪器、设备已享受上述优惠政策,在享受研发费加计扣除时,按照国税发〔2015〕119 号的规定,就已经进行会计处理的折旧、费用等金额进行加计扣除。 (3) 小型微利企业,是指企业所得税法第 28 条规定的小型微利企业。 (4) 企业的固定资产既符合《国家税务总局关于固定资产加速折旧税收政策有关问题的公告》(国家税务总局公告 2014 年第 64 号)、《国家税务总局关于进一步完善固定资产加速折旧企业所得税政策有关问题的公告》(国家税务总局公告 2015 年第 68 号)优惠政策条件,同时又符合《关于企业固定资产加速折旧所得税处理有关问题的通知》(国税发〔2009〕81 号)、《关于进一步鼓励软件产业和集成电路产业发展企业所得税政策的通知》(财税〔2012〕27 号)中相关加速折旧政策条件的,可由企业选择其中一最优惠的政策执行,且一经选择,不得改变。(不能叠加享受)	(1) 企业固定资产采取一次性税前扣除、缩短折旧年限或加速折旧方法的,预缴申报时,须同时报送《固定资产加速折旧(扣除)明细表》,年度申报时,实行事后备案管理,并按要求报送相关资料。企业应将购进固定资产的发票、记账凭证等有关凭证、凭据(购入已使用过的固定资产,应提供已使用年限的相关说明)等资料留存备查,并应建立台账,准确核算税法与会计差异情况。 (2) 企业应将购进固定资产的发票、记账凭证等有关资料留存备查,并建立台账,准确反映税法与会计差异情况。 (3) 主管税务机关应对享受固定资产加速折旧优惠政策的企业加强后续管理,对预缴申报时享受了优惠政策的企业,年终汇算清缴时应对企业全年主营业务收入占企业收入总额的比例进行重点审核。 (4) 按照企业所得税法及其实施条例有关规定,企业根据自身生产经营需要,也可选择不实行加速折旧政策。(财税〔2015〕106 号) (5) 企业 2015 年前 3 季度按本公告规定未能享受加速折旧优惠的,可将前 3 季度应享受的加速折旧部分,在 2015 年第 4 季度企业所得税预缴申报时享受,或者在 2015 年度企业所得税汇算清缴时统一享受。

要点提示：

(1) 财税〔2014〕75 号文件规定了固定资产加速折旧的税务处理，企业固定资产折旧仍按会计规定处理。并根据国家税务总局公告 2014 年第 29 号第 5 条规定做纳税调整，即会计未采取"加速折旧"方法，税法可以加速折旧进行纳税调减。也就是说，企业会计处理上是否采取加速折旧方法，不影响企业享受加速折旧税收优惠政策，企业在享受加速折旧税收优惠政策时，不需要会计上也同时采取与税收上相同的折旧方法。

(2) 加速折旧虽然是一项税收优惠，但只是形成暂时性差异，只能延迟纳税，不能减少纳税。如企业正处于"三免三减半"的免税期选择加速折旧就不适宜。享受税收优惠是纳税人的一项权利，纳税人可以自主选择是否享受优惠。为此，财税〔2015〕106 号文件规定，企业根据自身生产经营需要，也可以选择不享受加速折旧优惠政策。

(3) 根据国家税务总局公告 2014 年第 64 号第 2 条第 3 款的规定，尽管企业享受加速折旧政策时不需要进行会计处理，但对享受研发费加计扣除的折旧、费用等必须已经进行了相应的会计处理，所以，企业如果还需要享受研发费加计扣除，则必须同时对加速折旧进行相应的会计处理，否则无法享受加计扣除优惠。小型微利企业研发和生产经营共用的仪器、设备所发生的折旧、费用等金额，不能享受研发费用加计扣除政策。

(3) 企业研发完成后，对外销售该仪器和设备时，应依照销售收入全额计入当期应纳税所得额中，但无需追回已享受的加速折旧优惠。

(4) 对小型微利企业当年购置固定资产已按照政策享受加速折旧优惠的，即使以后年度企业不再符合小型微利企业标准，该固定资产的折旧方法也不再调整。

(5) 固定资产加速折旧企业所得税政策中的"固定资产"范围包括房屋、建筑物在内，只是房屋、建筑物不能享受一次性扣除。

3. 设备、器具一次性扣除(国家税务总局公告 2018 年第 46 号，财政部、税务总局公告 2021 年第 6 号，见表 4-19 和表 4-20)

表 4-19　一次性扣除相关规定

要点	内容
执行时间	2018 年 1 月 1 日至 2023 年 12 月 31 日
固定资产范围	除房屋、建筑物外的新购进固定资产
购进时间	2018 年 1 月 1 日至 2023 年 12 月 31 日
购进方式	货币购买、自建
扣除金额	货币购买：价款＋税费＋可使用状态前支出
	自建：竣工结算前支出
购进时点	一次性付款：发票时点
	分期付款或赊销：到货时点
	自建：竣工结算报告时点
扣除时点	投入使用次月
备查文件	发票、台账、合同、竣工结算报告
会税差异	可以不一致
当年未选	以后年度不得再选

表 4-20　一次性扣除相关规定

政策规定	政策解读
一、企业在 2018 年 1 月 1 日至 2023 年 12 月 31 日新购进的设备、器具，单位价值不超过 500 万元的，允许一次性计入当期成本费用在计算应纳税所得额时扣除，不再分年度计算折旧(以下简称"一次性税前扣除政策")。	**(一)明确设备、器具一次性税前扣除政策** 2018 年 1 月 1 日至 2023 年 12 月 31 日，企业新购进的单位价值不超过 500 万元的设备、器具可一次性在税前扣除。考虑到本次政策受惠面比较广，企业享受意愿强，为增强政策确定性，便于具体操作，《国家税务总局关于设备、器具扣除有关企业所得税政策执行问题的公告》(国家税务总局公告 2018 年第 46 号，以下简称《公告》)对有关执行口径进行了明确： **一是明确"购进"的概念。**取得固定资产包括外购、自行建造、融资租入、捐赠、投资、非货币性资产交换、债务重组等多种方式。《公告》明确"购进"包括以货币形式购进或自行建造两种形式。将自行建造也纳入享受优惠的范围，主要是考虑到自行建造固定资产所使用的材料实际也是购进的，因此把自行建造的固定资产也看作是"购进"的。此外，"新购进"中的"新"字，只是区别于原已购进的固定资产，不是规定非要购进全新的固定资产，因此，《公告》明确以货币形式购进的固定资产包括企业购进的使用过的"旧"固定资产。

政策规定	政策解读
（一）所称设备、器具，是指除房屋、建筑物以外的固定资产（以下简称"固定资产"）；所称购进，包括以货币形式购进或自行建造，其中以货币形式购进的固定资产包括购进的使用过的固定资产；以货币形式购进的固定资产，以购买价款和支付的相关税费以及直接归属于使该资产达到预定用途发生的其他支出确定单位价值，自行建造的固定资产，以竣工结算前发生的支出确定单位价值。 （二）固定资产购进时点按以下原则确认：以货币形式购进的固定资产，除采取分期付款或赊销方式购进外，按发票开具时间确认；以分期付款或赊销方式购进的固定资产，按固定资产到货时间确认；自行建造的固定资产，按竣工结算时间确认。 二、固定资产在投入使用月份的次月所属年度一次性税前扣除。 三、企业选择享受一次性税前扣除政策的，其资产的税务处理可与会计处理不一致。 四、企业根据自身生产经营核算需要，可自行选择享受一次性税前扣除政策。未选择享受一次性税前扣除政策的，以后年度不得再变更。 五、企业按照《企业所得税优惠政策事项办理办法》（国家税务总局公告 2018 年第 23 号）的规定办理享受政策的相关手续，主要留存备查资料如下： （一）有关固定资产购进时点的资料（如以货币形式购进固定资产的发票，以分期付款或赊销方式购进固定资产的到货时间说明，自行建造固定资产的竣工决算情况说明等）。 （二）固定资产记账凭证。 （三）核算有关资产税务处理与会计处理差异的台账。 六、单位价值超过 500 万元的固定资产，仍按照企业所得税法及其实施条例、财税〔2014〕75 号、财税〔2015〕106 号、国家税务总局公告 2014 年第 64 号）、国家税务总局公告 2015 年第 68 号等相关规定执行。	二是明确"单位价值"的计算方法。此前的政策文件中未对单位价值的计算方法进行明确。《财政部 税务总局关于设备器具扣除有关企业所得税政策的通知》（财税〔2018〕54 号）下发后，不少企业询问如何确定固定资产的单位价值，如是否包含安装费等。为统一政策执行口径，《公告》对单位价值的计算方法进行了明确。单位价值的计算方法与《企业所得税法实施条例》第 58 条规定的固定资产计税基础的计算方法保持一致，具体为：以货币形式购进的固定资产，以购买价款和支付的相关税费以及直接归属于使该资产达到预定用途发生的其他支出确定单位价值；自行建造的固定资产，以竣工结算前发生的支出确定单位价值。 三是明确购进时点的确定原则。设备、器具一次性税前扣除政策的执行时间为 2018 年 1 月 1 日至 2023 年 12 月 31 日，因此，需要依据设备、器具的购进时点确定其是否属于可享受优惠政策的范围。《公告》明确，以货币形式购进的固定资产，以发票开具时间确认购进时点，但考虑到分期付款可能会分批开具发票，赊销方式会在销售方取得货款后才开具发票的特殊情况，《公告》对这两种情况进行了例外规定，以固定资产到货时间确认购进时点。对于自行建造的固定资产，以竣工结算时间确认购进时点。 四是一次性扣除固定资产销售后不需追回。国家税务总局所得税司有关负责人 2015 年 11 月解读完善固定资产加速折旧企业所得税政策时明确，允许单位价值在 100 万元以下的专门用于研发的仪器和设备在企业购入当期一次性税前扣除，其实质上将企业发生的固定资产支出在当期费用化处理，不再通过分年度计算折旧的方式在税前扣除。企业研发完成，对外销售专用设备时，应按照销售收入全额计入当期应纳税所得额，但无需追回已享受的加速折旧优惠。 （二）明确一次性税前扣除的时点 《企业所得税法实施条例》规定，企业应当自固定资产投入使用月份的次月起计算折旧。固定资产一次性税前扣除政策仅仅是固定资产税前扣除的一种特殊方式，因此，其税前扣除的时点应与固定资产计算折旧的处理原则保持一致。《公告》对此进行了相应规定。比如，某企业于 2018 年 12 月购进了一项单位价值为 300 万元的设备并于当月投入使用，则该设备可在 2019 年一次性税前扣除（而不是 2018 年度）。 （三）明确固定资产税务处理可与会计处理不一致 企业会计处理上是否采取一次性税前扣除方法，不影响企业享受一次性税前扣除政策，企业在享受一次性税前扣除政策时，不需要会计上也同时采取与税收上相同的折旧方法。 （四）明确企业可自主选择享受一次性税前扣除政策，但未选择的不得变更 实行一次性税前扣除政策后，纳税人可能会由于税前扣除的固定资产与财务核算的固定资产折旧费用不同，而产生复杂的纳税调整问题，加之一些固定资产核算期限较长，也会增加会计核算负担和遵从风险。对于短期无法实现盈利的亏损企业而言，选择实行一次性税前扣除政策会进一步加大亏损，且由于税法规定的弥补期限的限制，该亏损可能无法得到弥补，实际上减少了税前扣除额。 此外，企业在定期减免税期间往往不会选择一次性税前扣除政策。考虑到享受税收优惠是纳税人的一项权利，纳税人可以自主选择是否享受优惠。因此，《公告》规定企业根据自身生产经营需要，可自行选择享受一次性税前扣除政策。为避免恶意套取税收优惠，《公告》明确企业未选择享受的，以后年度不得再变更。需要注意的是，以后年度不得再变更的规定是针对单个固定资产而言，单个固定资产未选择享受的，不影响其他固定资产选择享受一次性税前扣除政策。 （五）明确企业享受一次性税前扣除政策的管理要求 享受主体仅限查账居民企业，为保证优惠政策的准确执行，《公告》明确按照《企业所得税优惠政策事项办理办法（国家税务总局公告 2018 年第 23 号）的规定办理有关手续。此外，在国家税务总局公告 2018 年第 23 号规定的"固定资产加速折旧或一次性扣除"优惠事项主要留存备查资料的基础上，对留存备查资料的相关内容进行了调整，具体为：有关固定资产购进时点的资料（如以货币形式购进固定资产的合同、发票，以分期付款或赊销方式购进固定资产的到货时间说明，自行建造固定资产的竣工决算情况说明等）、固定资产记账凭证、核算有关资产税务处理与会计处理差异的台账。 （六）明确单位价值超过 500 万元的固定资产税务处理 为保证政策的完整性，公告明确单位价值超过 500 万元的固定资产，仍按照《企业所得税法》及其实施条例、财税〔2014〕75 号、财税〔2015〕106 号、国家税务总局公告 2014 年第 64 号和国家税务总局公告 2015 年第 68 号等相关规定执行。

（续表）

要点提示：

疫情防控重点保障物资生产企业按照财政部、税务总局公告 2020 年第 8 号第 1 条规定,适用一次性企业所得税税前扣除政策的,在优惠政策管理等方面参照国家税务总局公告 2018 年第 46 号的规定执行。企业在纳税申报时将相关情况填入企业所得税纳税申报表"固定资产一次性扣除"行次。（国家税务总局公告 2020 年第 4 号第 9 条）

对选择享受一次性税前扣除政策的企业,可在制定有关资产税务处理与会计处理差异台账时,详细设计涵盖资产名称、编号、原值、购置时间、折旧开始时间、折旧完成时间等有关栏目,并分年度统计折旧金额和纳税调整金额,达到既可让固定资产会计岗位在会计处理时及时完整填报,又便于税收会计岗位在进行年度企业所得税申报时准确地进行纳税调整。享受一次性税前扣除政策的设备、器具,发生提前报废、非货币性交易、无偿划转、有偿转让等特殊事项时,做好会计与税务处理,避免出现纳税调整不当的税收风险。

对于房屋、建筑物,无论价值大小都不可以一次性扣除。制造业,信息传输、软件和信息技术服务业:新购进的房屋、建筑物可以选择缩短折旧年限或加速折旧。

4. "新购进"的理解和把握见表 4-21

表 4-21　理解和把握

取得方式	购进时点	确认时间	已使用的固定资产
购进包括以货币形式购进或自行建造两种形式。将自行建造也纳入享受优惠的范围,主要是考虑到自行建造固定资产所使用的材料实际也是购进的,因此把自行建造的固定资产也看作是"购进"的。	除六大行业和四个领域重点行业中的制造业企业外,其余制造业企业适用加速折旧政策的固定资产应是 2019 年 1 月 1 日以后新购进的;六大行业新购进指 2014 年 1 月 1 日以后新购进的;四个领域新购进指 2015 年 1 月 1 日以后新购进的。	(1) 以货币形式购进的固定资产,除采取分期付款或赊销方式购进外,按发票开具时间确认。 (2) 以分期付款或赊销方式购进的固定资产,按固定资产到货时间确认。 (3) 自行建造的固定资产,按竣工结算时间确认。	"新购进"中的"新"字,只是区别于原已购进的固定资产,不是指非要购进全新的固定资产,因此企业购进的使用过的固定资产也可适用加速折旧政策。

（三）一次性扣除的税会处理见表

相关税会处理见表 4-22。

表 4-22　税会处理

会计处理	所得税处理
(1) 根据《小企业会计准则》的规定,企业应当根据与固定资产有关的经济利益的预期实现方式,合理选择固定资产折旧方法。 (2) 会计处理需要按照固定资产折旧方法计提折旧,企业所得税处理"一次性计入当期成本费用",产生的税会差异。	(1) "允许一次性计入当期成本费用"并不是多扣除,是指"提前扣除","一次性"扣除当期纳税调减,后折旧摊销期间都进行纳税调增。 (2) 企业享受固定资产加速折旧政策时,不强制要求企业税收和会计处理一致,允许存在税会差异。

（四）优惠事项管理（国家税务总局公告 2018 年第 23 号）

相关事项管理见表 4-23。

表 4-23　优惠事项管理

主要留存备查资料	享受优惠时间	后续管理要求
(1) 企业属于重点行业、领域企业的说明材料[以某重点行业业务为主营业务,固定资产投入使用当年主营业务收入占企业收入总额 50%(不含)以上]。 (2) 购进固定资产的发票、记账凭证(购入已使用过的固定资产,应提供已使用年限的相关说明)。 (3) 核算有关资产税法与会计差异的台账。	预缴享受	由省税务机关(含计划单列市税务机关)规定。

（五）加速折旧优惠的理性选择

1. 加速折旧优惠的实质

从税收优惠的类型上来说,一次性税前扣除或者加速折旧政策,应属于递延纳税,而不是税收减免。对于企业而言,既可以采用保守的方式核算会计利润,也可以在税收上采用一次性扣除或者加速折旧的方式改善现金流,相当于国家提供了一笔无息贷款,等于政府以损失了一部分税收

收入的"时间价值"为代价,换取减轻企业的资金压力,支持企业的发展。因此,加速折旧的税收优惠的实质主要是两种情形:

一是提前扣除,获得所得税延期缴纳的时间性优惠,加速折旧在总体上虽然没有所得税整体优惠,但可以获得资金流动性的优惠。

二是对于符合加计扣除的规定时,可以获得实质性加计扣除优惠,从而可以依法少缴纳所得税。

2. 加速折旧的理性选择

对于小企业来说,固定资产折旧是否采用加速折旧办法是有选择权的,但是除特殊的规定情形外,一经选择是不得改变的。因此,小企业在选择是否采用加速折旧时有必要考虑以下几种情形的分析:

(1)加速折旧必须是对于在未享受加速折旧的情况下,有所得税计税所得额的,并且加速折旧额足以在税前足额扣除的,那么选择加速折旧自然是合算的。

(2)对于固定资产购入年度,如果没有加速折旧时处于微利状态,加速折旧后可能导致所得税计税所得额小于零,但能够在以后的 5 年内弥补的,那么,企业可以考虑选择,但需要谨慎。

(3)对于企业暂时处于起步期,若干年度内处于小型微利状态的,或者企业正在处于所得税税收优惠期间的,选择加速折旧的结果就可能会导致加速折旧部分也因为享受税收优惠而不能充分按照法定税率扣除,到优惠期结束后可能就自然减少了可以税前扣除的折旧,本质上就少享受了所得税税收优惠政策。当然,这里还有必要考虑获得的资金流的收益与减少税收优惠享受之间的权衡关系。

(4)企业处于亏损弥补期限内的选择。如果企业暂时处于阶段性亏损期或者存在比较充足的待弥补亏损期,选择加速折旧后就可能出现在 5 年弥补亏损的期限内无法进行充分弥补的问题,如果超期后就不能再用于所得税税前弥补亏损,从而可能造成以后的税收损失。

(5)企业因某种业绩体现需要,不适宜选择加速折旧。比如,企业为了贷款、融资(如上市)等需要,有必要体现经营业绩,以利于获取比暂时性少

缴的税款更多的利益,这时,可以考虑放弃加速折旧的选择。企业也可以通过财务上不作加速处理,税收处理上作加速折旧的税会差异办法处理。

(6)企业用于符合条件的研发活动的固定资产,如果企业处于盈利模式下,或者短期内预计可以获得高盈利的,对其采用加速折旧是有叠加的税收优惠好处的:按规定用于研发的固定资产的加速折旧也可以参与加计扣除,这是属于实质性好处,特别是对于符合条件的共用设备的加速折旧。需要注意的是:可以享受研发费加计扣除的加速折旧必须是在财务核算上也是进行加速折旧的,不可以进行税会差异核算。

(7)加速折旧与加计扣除的衔接。根据《国家税务总局关于研发费用税前加计扣除归集范围有关问题的公告》(国家税务总局公告 2017 年第 40 号)的规定,企业用于研发活动的仪器、设备,符合税法规定且选择加速折旧优惠政策的,在享受研发费用税前加计扣除政策时,就税前扣除的折旧部分计算加计扣除。

总之,从本质上看,固定资产加速折旧的税收优惠政策,除用于研发项目可以获得实质性扣除优惠外,只是一种递延纳税的优惠,本质上仅仅是一种资金流的优惠,即相当于融资性优惠。企业在选择是否进行加速折旧时需要综合考虑多种因素,切不可轻易以为是税收优惠而选择。税务机关应该尊重企业的选择,不应该以落实税收优惠政策为名而强力推行,放手让企业自己选择为好。

当企业采用财务上不作加速折旧处理、所得税上作加速折旧处理的税会差异方式时,企业要做好备查账登记,特别是在会计岗位人员调动,办理交接时要交代清楚,以免发生重复税前扣除,引发税收风险。

(六)加速折旧税务管理

为使政策及时落地,企业在预缴时就可以享受加速折旧政策。六大行业和四个领域重点行业的企业在预缴申报企业所得税时,由于无法取得主营业务收入占收入总额的比重数据,可以由企业合理预估,先行享受。到年底时如果不符合规定比例,则在汇算清缴时一并进行纳税调整。按照《企业所得税优惠政策事项办理办法》(国家税务总局公告 2018 年第 23 号),符合条件且选择一

次性扣除政策或加速折旧扣除政策的企业准备相关资料留存备查，包括：(1)有关固定资产购进时点的资料(如以货币形式购进固定资产的发票，以分期付款或赊销方式购进固定资产的到货时间说明，自行建造固定资产的竣工决算情况说明等)。(2)固定资产记账凭证。(3)核算有关资产税务处理与会计处理差异的台账。

依据《企业所得税税前扣除凭证管理办法》(国家税务总局公告 2018 年第 28 号)的规定，允许扣除的折旧，其固定资产必须取得合法有效的凭据。但需注意，如增值税发票应于纳税年度汇算清缴期满后开具，则当年度折旧扣除无需取得发票。企业在汇算清缴期满前应取得而未取得税前扣除凭证(符合规定的发票及其他外部凭证)，暂不允许税前扣除折旧，需作纳税调增处理；企业在汇算清缴期满后 5 年内自行取得补开或换开税前扣除凭证的，允许追补扣除；汇算清缴期满后税务机关发现企业应取得而未取得税前扣除凭证并告知企业限期补开、换开期限届满仍未取得的，折旧不得在税前扣除。

四、固定资产折旧的账务处理

> 《小企业会计准则》条文及主旨：
> 第三十一条 小企业应当按月计提折旧，当月增加的固定资产，当月不计提折旧，下月起计提折旧；当月减少的固定资产，当月仍计提折旧，从下月起不计提折旧。
> 【条文主旨】本条是关于固定资产计提折旧具体时限的规定。

(一)税会差异协调

小企业应当按月计提折旧，当月增加的固定资产，当月不计提折旧，从下月起计提折旧；当月减少的固定资产，当月仍计提折旧，从下月起不计提折旧。固定资产提足折旧后，不论能否继续使用，均不再提取折旧；提前报废的固定资产，也不再补提折旧。

企业所得税法对固定资产折旧的税务处理也进行了规定。《企业所得税法实施条例》第 59 条规定，企业应当自固定资产投入使用月份的次月起计算折旧；停止使用的固定资产，应当自停止使用月份的次月起停止计算折旧。

为了简化核算，便于小企业实务操作，本条有关固定资产计提折旧具体时限的规定与企业会计准则、企业所得税法实施条例相一致。

(二)开始和停止折旧时点税会差异协调

1. 固定资产折旧期的计算方法是"算尾不算头"

"算头不算尾"即减少该项固定资产的当月但不包括增加该项固定资产的当月。具体来讲，当月增加的固定资产当月不计提折旧，从下月起按月计提折旧；当月减少的固定资产当月继续计提折旧，从下月起停止计提折旧。这样，将计提折旧开始和结束时间前后对应，便于操作，对小企业而言也是公平的。

2. 当月增加的固定资产的内涵

所谓当月增加的固定资产，包括小企业通过外购、自行建造、投资者投入、融资租入、盘盈等方式新增加的固定资产。其中，自行建造固定资产的，应当于完成竣工决算时将竣工决算前发生的相关支出自"在建工程"科目结转至"固定资产"科目，视为新增加的固定资产。

开始折旧时点：会计上强调是"增加"，只要增加了，无论是否使用，均要折旧；税务上强调"使用"，如果仅仅是"增加"了而没有投入"使用"，不得在税前扣除折旧。

3. 当月减少的固定资产的内涵

所谓当月减少的固定资产，包括小企业因出售、报废、毁损、对外投资等原因而减少的固定资产，即固定资产的处置。这些固定资产一旦处置，即意味着在以后期间不能再给小企业带来经济利益，因此也就不应再对其继续计提折旧了。

停止折旧时点：会计上强调的是"减少"，只有"减少"了，次月才停止折旧；税务上强调的是"停止使用"，虽然没有"减少"，只要是"停止使用"，税务的折旧就要在次月停止。

(三)固定资产折旧的核算

业务 4-17 固定资产折旧的账务处理。

固定资产应当按月计提折旧，以月初应提取折旧的固定资产的账面原值为依据。计提的折旧通过"累计折旧"科目核算，并根据用途计入相关资产的成本或当期损益。

(1)生产用固定资产折旧费计入"制造费用"科目，不能是"生产成本"科目。

（2）行政办公用固定资产折旧费计入"管理费用"科目。

（3）经营租赁方式租出的固定资产折旧费计入"其他业务成本"科目。

（4）专设销售机构固定资产的折旧费计入"销售费用"科目。

（5）未使用、不需用固定资产折旧费计入"管理费用"科目。但税前不能扣除，需要纳税调整。

（6）自营工程施工中使用自己的设备折旧费计入"在建工程"科目。

（7）对因进行大修理而停用的固定资产计提

的折旧计入相关资产成本或当期损益。

借：在建工程（建造固定资产过程中使用）
　　其他业务成本（出租）
　　制造费用（非专用生产设备）
　　销售费用（销售部门设备）
　　管理费用（管理部门设备）
　　贷：累计折旧

会计实务中，各月计提折旧的工作一般是通过编制"固定资产折旧计算表"来完成。

【例4-17】 甲公司2022年4月的固定资产折旧计算如表4-24所示。

表4-24　固定资产折旧计算表　　　　　　　　　　　　　　单位：元

使用部门	固定资产折旧项目	上月折旧额	上月增加固定资产		上月减少固定资产		本月折旧	分配费用
			原价	折旧额	原价	折旧额		
A车间	厂房	3 000					3 000	制造费用
	设备	15 000					15 000	
B车间	厂房	2 000					2 000	
	设备	12 000	40 000	200			12 200	
厂部	房屋	1 200					1 200	管理费用
	车辆	1 500			30 000	900	600	
合计		34 700	40 000	200	30 000	900	34 000	

根据上述固定资产折旧计算表编制会计分录：

借：制造费用——A车间　　　　　　18 000
　　　　　　——B车间　　　　　　14 200
　　管理费用——厂部管理部门　　　 1 800
　　贷：累计折旧　　　　　　　　　　　　34 000

第四节　固定资产的后续支出财税处理

固定资产的后续支出是指固定资产在使用过程中发生的更新改造支出、修理费用等。小企业的固定资产投入使用后，由于各个组成部分耐用程度不同或者使用的条件不同，因而往往发生固定资产的局部损坏。为了保持固定资产的正常运转和使用，充分发挥其使用效能，必须对其进行必要的后续支出。固定资产的更新改造等后续支出，包括房屋建筑物等固定资产改建支出、机器设

备等固定资产改良支出、机器设备等固定资产大修理支出和日常修理支出等。

后续支出的会计处理原则为：符合固定资产确认条件的，应当计入固定资产成本，同时将被替换部分的账面价值扣除；不符合固定资产确认条件的，应当计入当期损益。

一、固定资产改建支出

《小企业会计准则》条文及主旨：

第三十三条　固定资产的改建支出，应当计入固定资产的成本，但已提足折旧的固定资产和经营租入的固定资产发生的改建支出应当计入长期待摊费用。

前款所称固定资产的改建支出,是指改变房屋或者建筑物结构、延长使用年限等发生的支出。

【条文主旨】本条是关于固定资产后续支出会计处理的规定,本条规定了改建支出的会计处理。

小企业固定资产的改建支出,是指改变房屋或者建筑物结构、延长使用年限等发生的支出。如果房屋建筑物的折旧没有提足,应当追加房屋建筑物的价值,应将该固定资产的原价、已计提的累计折旧转销,将其账面价值转入在建工程,并停止计提折旧。在房屋建筑物发生的改建支出完工并竣工时,再从在建工程转为固定资产,并按重新确定的使用寿命、预计净残值和折旧方法计提折旧。如果改建后的房屋建筑物能够延长寿命的,应当适当延长房屋建筑物的折旧年限。

如果房屋建筑物已经提足折旧的改建支出,应当计入"长期待摊费用"科目,按尚可使用年限进行摊销。

(一)尚未提足折旧固定资产改建支出的会计处理

业务 4-18 尚未提足折旧的固定资产改建支出的会计处理。

一般情况下,固定资产改建支出应当计入固定资产的成本。在对固定资产进行改扩建时,小企业应将该固定资产的原价、已计提的累计折旧转销,将固定资产的账面价值转入在建工程,并停止计提折旧。改扩建过程中发生的相关支出,通过"在建工程"科目核算。企业发生的某些固定资产后续支出可能涉及替换原固定资产的某组成部分,当发生的后续支出符合固定资产确认条件时,应将其计入固定资产成本,同时将被替换部分的账面价值扣除。改扩建完成办理竣工决算时,再从在建工程转为固定资产,并按重新确定的使用寿命、预计净残值和折旧方法计提折旧。改扩建活动延长固定资产使用寿命的,应适当延长该固定资产的折旧年限。

(1)将固定资产的账面价值转入在建工程:

借:在建工程

  累计折旧

  贷:固定资产

(2)发生改建支出:

借:在建工程

  应交税费——应交增值税(进项税额)

  贷:银行存款、原材料、库存商品等

(3)处置替换部件:

借:银行存款

  原材料(残料价值)

  营业外支出(净损失)

  贷:在建工程(被替换部分的账面价值)

企业发生的某些固定资产后续支出可能涉及替换原固定资产的某组成部分,当发生的后续支出符合固定资产确认条件时,应将其计入固定资产成本,同时将被替换部分的账面价值扣除。

(4)改扩建工程达到预定可使用状态:

借:固定资产

  贷:在建工程

【例 4-18】 甲公司有一仓库原值 200 000 元,已提折旧 180 000 元,因陈旧不实用,对其就地推倒重置,重置过程中发生改建支出 300 000 元,取得增值税专用发票注明的增值税 27 000 元,改建完成,新仓库交付使用。

(1)固定资产转入清理:

借:固定资产清理   20 000

  累计折旧   180 000

  贷:固定资产   200 000

(2)将固定资产净值转入在建工程成本:

借:在建工程   20 000

  贷:固定资产清理   20 000

(3)发生改建支出:

借:在建工程   300 000

  应交税费——应交增值税(进项税额)27 000

  贷:银行存款   327 000

(4)新仓库竣工交付使用:

借:固定资产   320 000

  贷:在建工程   320 000

（二）固定资产改建支出的税务处理

1. 增值税处理

2016年全面营改增后，不动产和不动产在建工程纳入抵扣范围，特别是2019年4月1日起，《关于深化增值税改革有关政策的公告》（财政部 税务总局 海关总署公告2019年第39号）实施后，不动产和不动产在建工程不再分期抵扣，而是一次性抵扣。固定资产改建支出中发生的增值税应税行为，凡符合抵扣条件的，全部予以抵扣。

2. 企业所得税处理

（1）固定资产改建支出税会差异，见表4-25。

表4-25　企业所得税处理

《小企业会计准则》第33条	《企业所得税法》	《企业所得税法实施条例》
固定资产的改建支出，应当计入固定资产的成本，但已提足折旧的固定资产和经营租入的固定资产发生的改建支出应当计入长期待摊费用。 前款所称固定资产的改建支出，是指改变房屋或者建筑物结构、延长使用年限等发生的支出。	第十三条　在计算应纳税所得额时，企业发生的下列支出作为长期待摊费用，按照规定摊销的，准予扣除： （一）已足额提取折旧的固定资产的改建支出。 （二）租入固定资产的改建支出。 （三）固定资产的大修理支出。 （四）其他应当作为长期待摊费用的支出。	第五十八条　改建的固定资产，除企业所得税法第十三条第（一）项和第（二）项规定的支出外，以改建过程中发生的改建支出增加计税基础。 第六十八条　企业所得税法第十三条第（一）项和第（二）项所称固定资产的改建支出，是指改变房屋或者建筑物结构、延长使用年限等发生的支出。 企业所得税法第十三条第（一）项规定的支出，按照固定资产预计尚可使用年限分期摊销；第（二）项规定的支出，按照合同约定的剩余租赁期限分期摊销。 改建的固定资产延长使用年限的，除企业所得税法第十三条第（一）项和第（二）项规定外，应当适当延长折旧年限。

差异分析：为了简化核算，便于小企业实务操作，减轻纳税调整负担，满足汇算清缴的需要，本条有关固定资产改建支出的会计处理与企业所得税法相一致。与企业会计准则存在的差异：不要求对固定资产后续支出资本化或者费用化进行职业判断，而是将未提足折旧的固定资产的改建支出计入固定资产成本，已提足折旧的固定资产的改建支出计入长期待摊费用。

（2）房屋建筑物改建的具体涉税处理。《国家税务总局关于企业所得税若干问题的公告》（国家税务总局公告2011年第34号）规定，企业对房屋、建筑物固定资产在未足额提取折旧前进行改扩建的，如属于推倒重置的，该资产原值减除提取折旧后的净值，应并入重置后的固定资产计税成本，并在该固定资产投入使用后的次月起，按照税法规定的折旧年限，一并计提折旧；如属于提升功能、增加面积的，该固定资产的改扩建支出，并入该固定资产计税基础，并从改扩建完工投入使用后的次月起，重新按税法规定的该固定资产折旧年限计提折旧，如该改扩建后的固定资产尚可使用的年限低于税法规定的最低年限的，可以按尚可使用的年限计提折旧，具体见表4-26和表4-27。

表4-26　具体处理

推倒重置	提升功能，增加面积
企业对房屋、建筑物固定资产在未足额提取折旧前进行改扩建的，如属于推倒重置的，该资产原值减除提取折旧后的净值，应并入重置后的固定资产成本，并在该固定资产投入使用后的次月起，按规定的折旧年限，一并计提折旧。	如属于提升功能、增加面积的，该固定资产的改扩建支出，并入该固定资产成本，并从改扩建完工投入使用后的次月起，重新按规定的折旧年限或者按尚可使用年限计提折旧。

表4-27　具体处理

改建类型	改建后的计税基础	折旧方式
推倒重置	净值＋重置计税成本	重新按规定确定折旧年限
提升功能、增加面积	改扩建支出＋计税基础	重新按规定确定折旧年限或者按尚可使用年限

(三) 已提足折旧的固定资产改建支出的会计处理

对于已提足折旧的固定资产,账面价值仅剩了净残值。也就是说,该项固定资产的可利用价值已全部转移,这时候在这些资产上发生的改建支出,是不能将其计入固定资产成本的,因为此时固定资产的价值形式已经消失,后续支出也已失去了可以附着的载体。所以,应将其作为长期待摊费用,在固定资产预计尚可使用年限内分期摊销。

具体业务处理见本书第八章内容。

(四) 经营租入固定资产改建支出的会计处理

对于经营租入的固定资产与该资产相关的风险和报酬并没有转移给承租方,资产的所有权仍属于出租方,承租方只在协议规定的期限内拥有对该资产的使用权,因而对以经营租赁方式租入的固定资产发生的改建支出,不能计入固定资产成本,只能计入长期待摊费用,在合同约定的剩余租赁期限内分期摊销。

具体业务处理见本书第八章内容。

二、自有房屋的装修支出

装修一般不会改变房屋或者建筑物结构,也不会延长使用年限。如果改变房屋或者建筑物结构、延长使用年限,则属于房屋建筑物的改建支出。房屋装修也很难界定为大修理支出。

业务 4-18　自有房屋的装修支出的处理。

固定资产装修如果满足固定资产的确认条件,装修费用应当计入固定资产账面价值,否则在"长期待摊费用"科目下单设"固定资产装修"明细科目进行核算,在两次装修间隔期间与固定资产尚可使用年限两者中较短的期间内,采用合理的方法单独计提折旧。如果在下次装修时,与该项固定资产相关的"固定资产装修"明细科目仍有账面价值,应将该账面价值一次摊销。

借:长期待摊费用——固定资产装修
　　应交税费——应交增值税(进项税额)
　　贷:银行存款等

【例4-18】 2022年4月,甲公司对办公楼进行装修,取得用于装修该办公楼而购买材料、设备及配套设施增值税专用发票和设计服务、建筑服务的增值税专用发票,价款260万元,增值税税款26.5万元,当月装修完毕。

借:长期待摊费用——固定资产装修　　2 600 000
　　应交税费——应交增值税(进项税额)
　　　　　　　　　　　　　　　　　265 000
　　贷:银行存款　　　　　　　　　2 865 000

三、固定资产的大修理支出

企业对机器设备、运输车辆等固定资产进行定期检查,需要进行大修理的,发生的大修理费用作为长期待摊费用处理。

具体业务处理见第七章第二节"长期待摊费用财税处理"部分。

四、固定资产日常修理

> **《小企业会计准则》条文及主旨:**
> 第三十二条　固定资产的日常修理费,应当在发生时根据固定资产的受益对象计入相关资产成本或者当期损益。
> **【条文主旨】** 本条是关于固定资产后续支出会计处理的规定,本条规定了日常修理费的会计处理。

(一) 账务处理

一般情况下,固定资产投入使用之后,由于固定资产磨损、各组成部分耐用程度不同,可能导致固定资产的局部损坏,为了维护固定资产的正常运转和使用、充分发挥其使用效能,小企业需要对固定资产进行必要的维护,发生一些日常修理费。

业务 4-19　固定资产日常修理费的处理。

固定资产日常修理费,是指为了维护固定资产的正常运转和使用,充分发挥其使用效能,小企业对该固定资产进行必要维护时所发生的相关支出,应当在发生时根据固定资产的受益对象计入相关资产成本或者当期损益。固定资产的一般修理支出,企业所得税将不被作为长期待摊费用,而被当作收益性支出当期予以扣除。

小企业生产车间(部门)固定资产的修理费计入制造费用,管理部门固定资产的修理费计入管理费用,销售部门固定资产的修理费计入销售费用,经营租出固定资产的修理费计入其他业务成本。

借：制造费用、管理费用、销售费用、其他业务成本
　　应交税费——应交增值税（进项税额）
　　　贷：银行存款等

【例4-19】 2022年6月，甲公司对加工车间现有的一台机械设备进行日常修理，修理过程中发生的材料费100 000元，应支付的维修人员工资为20 000元。对其现有的一台管理部门使用的设备进行修理，修理过程中发生支付维修人员工资为4 000元，以银行存款支付修理费1 000元，增值税税额为130元，取得专用发票。会计处理如下：

借：制造费用　　　　　　　　　　　　　120 000
　　管理费用　　　　　　　　　　　　　　 5 000
　　应交税费——应交增值税（进项税额）　　 130
　　　贷：原材料　　　　　　　　　　　　 100 000
　　　　　应付职工薪酬　　　　　　　　　　24 000
　　　　　银行存款　　　　　　　　　　　　 1 130

（二）税会差异分析

企业所得税法对固定资产修理支出的税务处理也进行了规定。《企业所得税法》第13条第3项规定，固定资产的大修理支出作为长期待摊费用，按照规定摊销的，准予扣除。《企业所得税法实施条例》第69条进一步规定：《企业所得税法》第13条第3项所称固定资产的大修理支出，是指同时符合下列条件的支出：

（1）修理支出达到取得固定资产时的计税基础50%以上。

（2）修理后固定资产的使用年限延长2年以上。《企业所得税法》第13条第3项规定的支出，按照固定资产尚可使用年限分期摊销。根据上述税法规定，固定资产的一般修理支出，将不被作为长期待摊费用，而被当作收益性支出当期予以扣除。

为了简化核算，便于小企业实务操作，减轻纳税调整负担，满足汇算清缴的需要，本条有关固定资产改建支出的会计处理与企业所得税法相一致。不要求对固定资产后续支出资本化或者费用化进行职业判断，而是统一规定固定资产日常修理费在发生时根据受益对象计入相关资产成本或者当期损益，未提足折旧的固定资产的改建支出计入固定资产成本，已提足折旧的固定资产的改建支出计入长期待摊费用。

第五节　固定资产处置财税处理

《小企业会计准则》条文及主旨：

第三十四条　处置固定资产，处置收入扣除其账面价值、相关税费和清理费用后的净额，应当计入营业外收入或营业外支出。

前款所称固定资产的账面价值，是指固定资产原价（成本）扣减累计折旧后的金额。

盘亏固定资产发生的损失应当计入营业外支出。

【条文主旨】本条是关于处置固定资产会计处理的规定。

一、固定资产终止确认的条件

处置固定资产，是指由于各种原因造成固定资产减少的所有情形，主要包括对外出售固定资产，因技术、法律、经济等原因造成报废固定资产以及将固定资产用作对外投资等。

固定资产满足下列条件之一的，应当予以终止确认。

（1）该固定资产处于处置状态。固定资产处置包括：固定资产的出售、转让、报废或毁损、对外投资、非货币性资产交换、债务重组等。处于处置状态的固定资产不再用于生产商品、提供劳务、出租或经营管理，因此不再符合固定资产的定义，应予终止确认。

（2）该固定资产预期通过使用或处置不能产生经济利益的确认条件之一是"与该固定资产有关的经济利益很可能流入企业"，如果一项固定资产预期通过使用或处置不能产生经济利益，那么它就不再符合固定资产的定义和确认条件，应予终止确认。

二、固定资产处置的核算

对于固定资产处置事项在进行会计核算时，

应按规定程序办理有关手续,结转固定资产的账面价值,计算固定资产清理损益等。处置固定资产应通过"固定资产清理"科目核算。具体包括以下几个环节:

(一) 固定资产转入清理

小企业因出售、报废、毁损、对外投资、非货币性资产交换、债务重组等转出的固定资产,按该项固定资产的账面价值,借记"固定资产清理"科目,按已计提的累计折旧,借记"累计折旧"科目,按其账面原价,贷记"固定资产"科目。

借:固定资产清理
　　累计折旧
　　贷:固定资产

(二) 发生的清理费用等

固定资产清理过程中应支付的相关税费及其他费用,借记"固定资产清理""应交税费"等科目,贷记"银行存款"等科目。

借:固定资产清理
　　应交税费——应交增值税(进项税额)
　　贷:银行存款等

(三) 收回出售固定资产的价款、残料价值和变价收入等

收回出售固定资产的价款和税款,借记"银行存款"科目,按增值税专用发票上注明的价款,贷记"固定资产清理"科目,按增值税专用发票上注明的增值税销项税额(残料入库不涉及),贷记"应交税费——应交增值税(销项税额)"科目。残料入库,按残料价值,借记"原材料"等科目,贷记"固定资产清理"科目。

借:原材料
　　银行存款等
　　贷:固定资产清理
　　　　应交税费——应交增值税(销项税额)

(四) 责任赔偿等的处理

小企业计算或收到的应由保险公司或过失人赔偿的损失,应冲减清理支出,借记"其他应收款""银行存款"等科目,贷记"固定资产清理"科目。

借:其他应收款
　　贷:固定资产清理

(五) 结转清理净损益

固定资产清理完成后,对清理净损益,应区分不同情况进行账务处理:

(1) 因固定资产已丧失使用功能或因自然灾害发生毁损等原因而报废清理产生的利得或损失应计入营业外收支。属于生产经营期间报废清理产生的处理净损失,借记"营业外支出——非流动资产处置损失"(正常原因)或"营业外支出——非常损失"(非正常原因)科目,贷记"固定资产清理"科目。

借:营业外支出——非流动资产处置损失(正常原因丧失使用功能)
　　　　　　　　——非常损失(自然灾害等)
　　贷:固定资产清理

如为净收益,借记"固定资产清理"科目,贷记"营业外收入——非流动资产处置利得"科目。

借:国家资产清理
　　贷:营业外收入——非流动资产处置利得

(2) 因出售、转让等原因产生的固定资产处置利得或损失应计入资产处置收益。确认处置净损失,借记"资产处置损益"科目,贷记"固定资产清理"科目;如为净收益,借记"固定资产清理"科目,贷记"资产处置损益"科目。

借:固定资产清理
　　贷:资产处置损益(利得)

借:资产处置损益(损失)
　　贷:固定资产清理

业务 4-20　不动产转让处置的处理。

【例 4-20】 甲公司为增值税一般纳税人,2022 年 4 月 30 日出售一座建筑物(系 2016 年 6 月 1 日自建完工的新项目),原价(成本)200 万元,已计提折旧 150 万元,实际出售价格为 120 万元,增值税税率 9%,增值税税额为 10.8 万元,款项已存入银行。会计处理如下:

(1) 将出售固定资产转入清理时:

借:固定资产清理　　　　　　　　500 000
　　累计折旧　　　　　　　　　1 500 000
　　贷:固定资产　　　　　　　　　　2 000 000

(2) 收回出售固定资产的价款时:

借：银行存款 1 308 000
　　贷：固定资产清理 1 200 000
　　　　应交税费——应交增值税(销项税额)108 000

(3) 结转出售固定资产实现的利得时：

借：固定资产清理 700 000
　　贷：营业外收入——固定资产清理收益 700 000

本例中，固定资产清理完毕时，"固定资产清理"科目为贷方余额 700 000 元(1 200 000－500 000)，属于处置净收益，应结转至"营业外收入——固定资产清理收益"科目的贷方，结转后"固定资产清理"科目无余额。

业务 4-21　动产转让处置的处理。

【例 4-21】 乙公司为增值税一般纳税人，现有一台设备由于性能等原因决定提前报废，原价为 500 000 元，已计提折旧 450 000 元。取得报废残值变价收入为 20 000 元，增值税税额为 2 600 元。报废清理过程中发生自行清理费用 3 500 元。有关收入、支出均通过银行办理结算。乙公司会计处理如下：

(1) 将报废固定资产转入清理时：

借：固定资产清理 50 000
　　累计折旧 450 000
　　贷：固定资产 500 000

(2) 收回残料变价收入时：

借：银行存款 22 600
　　贷：固定资产清理 20 000
　　　　应交税费——应交增值税(销项税额) 2 600

(3) 支付清理费用时：

借：固定资产清理 3 500
　　贷：银行存款 3 500

(4) 结转报废固定资产发生的净损失时：

借：营业外支出——非流动资产处置损失 33 500
　　贷：固定资产清理 33 500

本例中，固定资产清理完毕时，"固定资产清理"科目为借方余额 33 500 元(50 000－20 000＋3 500)，由于属于生产经营期间正常的处置净损失，应结转至"营业外支出——非流动资产处置损

失"科目的借方，结转后"固定资产清理"科目无余额。

业务 4-22　不动产毁损的处理。

【例 4-22】 丙公司为增值税一般纳税人，因遭受台风袭击而毁损一座仓库，该仓库原价 400 万元，已计提折旧 100 万元。其残料估计价值 5 万元，残料已办理入库。发生的清理费用并取得增值税专用发票，注明的装卸费为 2 万元，增值税税额为 0.12 万元，全部款项以银行存款支付。收到保险公司理赔款 150 万元，存入银行。假定不考虑其他相关税费，丙公司会计处理如下(单位：万元)：

(1) 将毁损的仓库转入清理时(转账面)。

借：固定资产清理 300
　　累计折旧 100
　　贷：固定资产 400

(2) 残料入库时(贷收益)。

借：原材料 5
　　贷：固定资产清理 5

(3) 支付清理费用时(借费用)。

借：固定资产清理 2
　　应交税费——应交增值税(进项税额) 0.12
　　贷：银行存款 2.12

(4) 收到保险公司理赔款项时(贷收益)。

借：银行存款 150
　　贷：固定资产清理 150

(5) 结转毁损固定资产发生的损失时(余额反向去结转)。

借：营业外支出——非常损失 147
　　贷：固定资产清理 147

本例中，固定资产清理完毕时，"固定资产清理"科目为借方余额 147 万元(300－5＋2－150)，由于属于自然灾害等非正常原因造成的清理净损失，应结转至"营业外支出——非常损失"科目的借方，结转后"固定资产清理"科目无余额。

第六节　固定资产盘亏和损失财税处理

固定资产是一种单位价值较高、使用期限较长的有形资产,因此,对于管理规范的小企业而言,盘盈、盘亏的固定资产较为少见。小企业应当健全制度,加强管理,定期或者至少于每年年末对固定资产进行清查盘点,以保证固定资产核算的真实性和完整性,充分挖掘企业现有固定资产的潜力。如果清查中发现固定资产的损益应及时查明原因,在期末结账前处理完毕。

一、固定资产盘亏的核算

业务 4-23　固定资产盘亏的处理。

小企业在财产清查中盘亏的固定资产,按盘亏固定资产的账面价值,借记"待处理财产损溢——待处理非流动资产损溢"科目,按已计提的累计折旧,借记"累计折旧"科目,按固定资产的原价,贷记"固定资产"科目。按管理权限报经批准后处理时,按可收回的保险赔偿或过失人赔偿,借记"其他应收款"科目,按应计入营业外支出的金额,借记"营业外支出——盘亏损失"科目,贷记"待处理财产损溢"科目。

(1) 企业在财产清查中盘亏的固定资产:

借:待处理财产损溢(盘亏的账面价值)
　　累计折旧
　　贷:固定资产
　　　　应交税费——应交增值税(进项税额转出)

自然灾害造成的盘亏损失及购进时未抵扣增值税的不做进项税额转出处理。

(2) 按管理权限报经批准后处理时:

借:其他应收款(保险赔偿或过失人赔偿)
　　营业外支出——盘亏损失
　　贷:待处理财产损溢

【例 4-23】　甲公司为增值税一般纳税人,2022 年 12 月 31 日进行财产清查时,发现短缺一台笔记本电脑,原价为 10 000 元,已计提折旧 7 000 元,购入时增值税税额为 1 300 元。会计处理如下:

(1) 盘亏固定资产时:

借:待处理财产损溢　　　　　　　　3 000
　　累计折旧　　　　　　　　　　　7 000
　　贷:固定资产　　　　　　　　　　　10 000

(2) 转出不可抵扣的进项税:

借:待处理财产损溢　　　　　　　　　390
　　贷:应交税费——应交增值税(进项税额转出)
　　　　　　　　　　　　　　　　　　　390

(3) 报经批准转销时:

借:营业外支出——盘亏损失　　　　3 390
　　贷:待处理财产损溢　　　　　　　　3 390

本例中,该笔记本电脑因盘亏,其购入时的增值税进项税额中不可从销项税额中抵扣的金额为:$(10\,000 - 7\,000) \times 13\% = 390$(元),应借记"待处理财产损溢"科目,贷记"应交税费——应交增值税(进项税额转出)"科目。

二、固定资产损失的税务处理

(一)增值税处理

根据现行增值税制度规定,购进货物及不动产发生非正常损失,其负担的进项税额不得抵扣,其中购进货物包括被确认为固定资产的货物。但是,如果盘亏的是固定资产,应按其账面净值(即固定资产原价-已计提折旧)乘以适用税率计算不可以抵扣的进项税额。

(二)企业所得税处理

1. 损失认定

《企业所得税法实施条例》第 32 条规定,企业在生产经营活动中发生的固定资产盘亏、毁损、报废损失、自然灾害等不可抗力因素造成的损失以及其他损失。企业发生的损失,减除责任人赔偿和保险赔款后的余额,依照国务院财政、税务主管部门的规定扣除。

根据《财政部　国家税务总局关于企业资产损失税前扣除政策的通知》(财税〔2009〕57 号)第 7 条至第 10 条的规定,对企业盘亏的固定资产,以该固定资产的账面净值减除责任人赔偿后的余额,作为固定资产盘亏损失在计算应纳税所得额时扣除。对企业毁损、报废的固定资产，以该固定资产的账面净值减除残值、保险赔款和责任人赔偿后的余额，作为固定资产毁损、报废损失在计算应纳税所得额时扣除。对企业被盗的固定资产，以该固定资产的账面净值减除保险赔款和责任人赔偿后的余额，作为固定资产被盗损失在计算应纳税所得额时扣除。企业因固定资产盘亏、毁损、报废、被盗等原因不得从增值税销项税额中抵扣的进项税额，可以与存货损失一起在计算应纳税所得额时扣除。

2. 损失申报

小企业应当注意正确处理好与税收征管的关系，认真按照税收征管的要求做好相关申报工作。小企业发生的固定资产损失，应按规定的程序和要求向主管税务机关申报后方能在税前扣除，未经申报的损失，不得在税前扣除。根据《企业资产损失所得税税前扣除管理办法》（国家税务总局公告 2011 年第 25 号）第 9 条、第 10 条的规定，企业固定资产达到或超过使用年限而正常报废清理的损失，应以清单申报的方式向税务机关申报扣除；除此以外的固定资产损失应以专项申报的方式向税务机关申报扣除。

3. 损失证据

（1）固定资产盘亏、丢失损失。根据《企业资产损失所得税税前扣除管理办法》（国家税务总局公告 2011 年第 25 号）第 29 条的规定：固定资产盘亏、丢失损失，为其账面净值扣除责任人赔偿后的余额，应依据以下证据材料确认：

① 企业内部有关责任认定和核销资料。

② 固定资产盘点表。

③ 固定资产的计税基础相关资料。

④ 固定资产盘亏、丢失情况说明。

⑤ 损失金额较大的，应有专业技术鉴定报告或法定资质中介机构出具的专项报告等。

（2）固定资产报废、毁损损失。根据《企业资产损失所得税税前扣除管理办法》（国家税务总局公告 2011 年第 25 号）第 30 条的规定，固定资产报废、毁损损失，为其账面净值扣除残值和责任人赔偿后的余额，应依据以下证据材料确认：

① 固定资产的计税基础相关资料。

② 企业内部有关责任认定和核销资料。

③ 企业内部有关部门出具的鉴定材料。

④ 涉及责任赔偿的，应当有赔偿情况的说明。

⑤ 损失金额较大的或自然灾害等不可抗力原因造成固定资产毁损、报废的，应有专业技术鉴定意见或法定资质中介机构出具的专项报告等。

（3）固定资产被盗损失。根据《企业资产损失所得税税前扣除管理办法》（国家税务总局公告 2011 年第 25 号）第 31 条的规定，固定资产被盗损失，为其账面净值扣除责任人赔偿后的余额，应依据以下证据材料确认：

① 固定资产计税基础相关资料。

② 公安机关的报案记录，公安机关立案、破案和结案的证明材料。

③ 涉及责任赔偿的，应有赔偿责任的认定及赔偿情况的说明等。

4. 留存备查资料

根据《企业资产损失所得税税前扣除管理办法》（国家税务总局公告 2011 年第 25 号）的规定，企业固定资产损失专项申报应留存备查的材料：

（1）《固定资产损失（专项申报）税前扣除申报表》。

（2）固定资产损失已记入损益的记账凭证复印件。

（3）董事会等权力机构决议或上级公司批复或由董事会、上级公司授权的部门的批复（国有企业还需提供国有资产监管机构或由其授权的部门的批复）。

（4）属于盘亏、丢失的固定资产损失，应提供下列证据：

① 企业内部有关责任认定和核销资料。

② 固定资产盘点表。

③ 固定资产的计税基础相关资料。

④ 固定资产盘亏、丢失情况说明。

⑤ 损失金额较大的，指占企业该类资产计税基础 10% 以上，或减少当年应纳税所得、增加亏损 10% 以上，或单项损失金额 100 万元以上（含 100 万元），应有专业技术鉴定报告或法定资质中介机构出具的专项报告等。

（5）属于报废、毁损的固定资产损失，应相应提供下列证据：

① 固定资产的计税基础相关资料。

② 企业内部有关责任认定和核销资料。

③ 企业内部有关部门出具的鉴定材料。

④ 涉及责任赔偿的,应当有赔偿情况的说明。

⑤ 若该损失金额较大的,指占企业该类资产计税基础 10％以上,或减少当年应纳税所得、增加亏损 10％以上,或单项损失金额 100 万元以上(含 100 万元)或自然灾害等不可抗力原因造成固定资产毁损、报废的,应有专业技术鉴定报告或法定资质中介机构出具的专项报告等。

(6) 属于被盗的固定资产损失,应相应提供下列证据:

① 固定资产的计税基础相关资料。

② 公安机关的报案记录,公安机关立案、破案和结案证明材料。

③ 涉及责任赔偿的,应有赔偿责任的认定及赔偿情况的说明。

(7) 属于企业由于未能按时赎回抵押资产,使抵押资产被拍卖或变卖,其计税基础大于变卖价值的差额部分损失,应提供下列证据:

① 抵押合同或协议书。

② 拍卖或变卖证明、清单。

③ 会计核算资料等其他相关证据材料。

第五章

小企业生物资产财税处理

政策依据：

《小企业会计准则》（财会〔2011〕17号）；

《企业所得税法》及其实施条例；

《增值税暂行条例》及其实施细则；

《财政部　国家税务总局关于部分货物适用增值税低税率和简易办法征收增值税政策的通知》（财税〔2009〕9号，部分条款已修订）；

《财政部　国家税务总局关于印发〈农业产品征税范围注释〉的通知》（财税字〔1995〕52号）；

《财政部　国家税务总局关于农民专业合作社有关税收政策的通知》（财税〔2008〕81号，部分条款已废止）；

《国家税务总局关于纳税人采取"公司＋农户"经营模式销售畜禽有关增值税问题的公告》（国家税务总局公告2013年第8号）；

《关于企业资产损失税前扣除政策的通知》（财税〔2009〕57号）；

《企业资产损失所得税税前扣除管理办法》（国家税务总局公告2011年第25号）。

第一节　小企业生物资产概述

生物资产是指与农业生产相关的有生命的（即活的）动物和植物。生物资产与企业的存货、固定资产等一般资产不同，其具有特殊的自然增值性，因此导致其在会计确认、计量和相关信息披露等方面的特殊性。尤其是对于农业企业而言，生物资产通常是其资产的重要组成部分，对生物资产进行正确的确认、计量和相关信息披露，将有助于如实反映农业小企业的财务状况和经营成果。

一、生物资产会计核算的特征

（一）生物资产是有生命的动物或植物

有生命的动物和植物具有能够进行生物转化的能力。生物转化，是指导致生物资产质量或数量发生变化的生长、蜕化、生产和繁殖的过程。其中，生长是指动物或植物体积、重量的增加或者质量的提高，如农作物从种植开始到收获前的过程；

蜕化是指动物或植物产出量的减少或质量的退化，如奶牛产奶能力的不断下降；生产是指动物或植物本身产出农产品，如蛋鸡产蛋、奶牛产奶、果树产水果等；繁殖是指产生新的动物或植物，如奶牛产牛犊、母猪生小猪等。

这种生物转化能力是其他资产（如存货、固定资产、无形资产等）所不具有的，也正是生物资产的特性。因此，生物资产的形态、价值以及产生经济利益的方式，都会随着自身的出生、成长、衰老、死亡等自然规律和生产经营活动不断变化，尽管其在所处生命周期中的不同阶段而具体有类似于不同资产类别（存货或固定资产）的特点。但是其会计处理与存货、固定资产等常规资产有所不同，因此有必要对生物资产的确认、计量和披露等会计处理进行单独规范，以更准确地反映企业的生物资产信息。

将生物资产定义为"有生命的动物和植物"，

以为这一旦原有动植物停止其生命活动就不再是"生物资产"。这一界定对生物资产和农产品进行了本质的区分。农产品与生物资产密不可分,当其附着在生物资产上时,作为生物资产的一部分,不需要单独进行会计处理,而当其从生物资产上收获时开始,离开生物资产这一母体,一般具有鲜活、易腐的特点,因此应该区别于工业企业一般意义上的产品单独核算。基于此,生物资产准则对收获后时点的农产品的会计处理进行了规范,即应该采用规定的方法,从消耗性生物资产或生产性生物资产生产成本中转出,确认为收获时点的农产品的成本;而收获时点之后的农产品的会计处理,应当适用存货的会计处理。

(二) 生物资产与农业生产密切相关

生物资产对应的"农业"是广义的范畴,包括种植业、畜牧养殖业、林业和水产业等行业。企业从事农业生产就是要增强生物转化能力,最终获得更多的符合市场需要的农产品。例如,种植业作物的生长和收获而获得稻谷、小麦等农产品的活动过程;畜牧养殖业试验和收获而获得仔猪、肉猪、鸡蛋、牛奶等畜产品的活动过程;林业中用材料的生产和管理获得林产品、经济林木的生产和管理获得水果等的活动过程;水产业中的养殖获得水产品等活动过程,都属于将生物资产转化为农产品的活动。

农业生产与收获时点的农产品相关,但必须与对收获后的农产品进行加工的活动(以下简称"加工活动")严格区分。农业生产活动针对的是有生命的生物资产,而加工活动针对的是收获后的农产品,例如,将绵羊产出的羊毛加工成毛毯,将收获的甘蔗加工成蔗糖,将奶牛产出的牛奶加工成奶酪,将从果树采摘的水果加工成水果罐头,将用材林采伐下的原木用于盖厂房等。因此,加工活动并不包含在生物资产核算所指的农业生产范畴之内。

二、生物资产的分类

根据生物资产核算规定,生物资产通常分为消耗性生物资产、生产性生物资产和公益性生物资产三大类。

(一) 消耗性生物资产

消耗性生物资产,是指为出售而持有的或在将来收获为农产品的生物资产。消耗性生物资产是劳动对象,包括小企业(农、林、牧、渔业)生长中的大田作物、蔬菜、用材林以及存栏待售的牲畜等。消耗性生物资产通常是一次性消耗并终止其服务能力或未来经济利益,在一定程度上具有存货的特征,应当作为存货在资产负债表中列报。

(二) 生产性生物资产

生产性生物资产,是指为产出农产品、提供劳务或出租等目的而持有的生物资产。生产性生物资产具备自我生长性,能够在持续的基础上予以消耗并在未来的一段时间内保持其服务能力或未来经济利益,包括经济林、薪炭林、产畜和役畜等。

与消耗性生物资产相比较,生产性生物资产的最大不同在于,生产性生物资产具有能够在生产经营中长期、反复使用,从而不断产出农产品或者是长期使用的特征。消耗性生物资产收获农产品之后,该资产就不复存在;而生产性生物资产产出农产品之后,该资产仍然保留,并可以在未来期间继续产出农产品。因此,通常认为生产性生物资产在一定程度上具有固定资产的特征,例如果树每年产出水果、奶牛每年产奶等。

一般而言,生产性生物资产通常需要生长到一定阶段才开始具备生产的能力。根据其是否具备生产能力(即是否达到预定生产经营目的),可以对生产性生物资产进行进一步的划分。所谓达到预定生产经营目的,是指生产性生物资产进入正常生产期,可以多年连续稳定产出农产品、提供劳务或出租。由此,生产性生物资产可以划分为未成熟和成熟两类,前者指尚未达到预定生产经营目的,还不能够多年连续稳定产出农产品、提供劳务或出租的生产性生物资产,如尚未开始挂果的果树、尚未开始产奶的奶牛等;后者则指已经达到预定生产经营目的的生产性生物资产。

(三) 公益性生物资产

公益性生物资产,是指以防护、环境保护为主要目的的生物资产,包括防风固沙林、水土保持林和水源涵养林等。

公益性生物资产与消耗性生物资产和生产性生物资产有本质不同。后两者的目的是直接给企业带来经济利益,而公益性生物资产主要是出于防护、环境保护等目的,尽管其不能直接给企业带来经济利益,但具有服务潜能,有助于企业从相关资产获得经济利益,如防风固沙林和水土保持林能带来防风固沙、保持水土的效能,风景林具有美化环境、休闲游览的效能等,因此应当确认为生物资产,并且应当单独核算。

三、生物资产的确认条件

生物资产同时满足以下条件,才能予以确认。

(一)企业因过去的交易或者事项而拥有或者控制该生物资产

上述条件包含两层含义:一是生物资产是为企业所拥有的,或者即使不为企业所拥有也是由企业所控制的;二是生物资产必须是现实的生物资产,即由过去交易或事项形成的,而不是预期的生物资产。

(二)与该生物资产有关的经济利益或服务潜能很可能流入企业

该生物资产所包含的经济利益流入企业的可能性超过 50%。实务中依据与该生物资产所有权相关的风险和报酬是否转移到企业来判断生物资产包含的经济利益或服务潜能是否很可能流入企业。

(三)该生物资产的成本能够可靠地计量

在对生物资产进行确认时,必须区分生产性生物资产和消耗性生物资产,这是因为其有不同的特点,而且在管理上也有所不同。

第二节 消耗性生物资产财税处理

一、消耗性生物资产概念

《小企业会计准则》条文及主旨:

第十一条存货,是指小企业在日常生产经营过程中持有以备出售的产成品或商品、处在生产过程中的在产品、将在生产过程或提供劳务过程中耗用的材料和物料等,以及小企业(农、林、牧、渔业)为出售而持有的、或在将来收获为农产品的消耗性生物资产。

小企业的存货包括:原材料、在产品、半成品、产成品、商品、周转材料、委托加工物资、消耗性生物资产等。

(八)消耗性生物资产,是指小企业(农、林、牧、渔业)生长中的大田作物、蔬菜、用材林以及存栏待售的牲畜等。

【条文主旨】本条第八项是关于自消耗性生物资产的定义。

依据《小企业会计准则》第 11 条的规定,消耗性生物资产,是指小企业(农、林、牧、渔业)为出售而持有的或在将来收获为农产品的生物资产,包括生长中的大田作物、蔬菜、用材林以及存栏待售的牲畜等。

二、农产品免税规定

(一)增值税

1. 免税政策

《增值税暂行条例》第 15 条规定,农业生产者销售的自产农产品免征增值税。《增值税暂行条例实施细则》第 35 条对免税农产品的范围做出了限定,所称农业,是指种植业、养殖业、林业、牧业、水产业;农业生产者,包括从事农业生产的单位和个人;农产品,是指初级农产品,具体范围由财政部、国家税务总局确定。

根据《财政部 国家税务总局关于部分货物适用增值税低税率和简易办法征收增值税政策的通知》(财税〔2009〕9 号,部分条款已修订)的规定,农产品是指种植业、养殖业、林业、牧业、水产业生产的各种植物、动物的初级产品。具体征税范围暂继续按照《农业产品征税范围注释》(财税字〔1995〕52 号)及现行相关规定执行。

《财政部 国家税务总局关于印发〈农业产品征税范围注释〉的通知》(财税字〔1995〕52 号)规定,从 1995 年 7 月 1 日起,农业生产者销售的自产农业产品,是指直接从事植物的种植、收割和动物的饲养、捕捞的单位和个人销售的注释所列的自产农业产品;对上述单位和个人销售的外购的农业产品,以及单位和个人外购农业产品生产、加工后销售的仍然属于注释所列的农业产品,不属于免税的范围,应当按照规定税率征收增值税。

《财政部　国家税务总局关于农民专业合作社有关税收政策的通知》(财税〔2008〕81号,部分条款已废止)规定,自2008年7月1日起,对农民专业合作社销售本社成员生产的农业产品,视同农业生产者销售自产农业产品免征增值税;增值税一般纳税人从农民专业合作社购进的免税农业产品,可按13%的扣除率计算抵扣增值税进项税额;对农民专业合作社向本社成员销售的农膜、种子、种苗、农药、农机,免征增值税。

《国家税务总局关于纳税人采取"公司＋农户"经营模式销售畜禽有关增值税问题的公告》(国家税务总局公告2013年第8号)规定,自2013年4月1日起,纳税人采取"公司＋农户"的经营模式从农户手中回收再销售畜禽产品,属于农业生产者销售自产农产品,应根据现行增值税的有关规定免征增值税。

2. 风险提示

直接从事植物的种植、收割和动物的饲养、捕捞的单位和个人销售的自产农业产品,免征增值税;对上述单位和个人外购后再转售的,不免增值税。农业,是指种植业、养殖业、林业、牧业、水产业。农业生产者,包括从事农业生产的单位和个

人。农产品,是指初级农产品,具体范围由《农业产品征税范围注释》(财税字〔1995〕52号)确定。单位和个人销售的外购的农业产品,以及单位和个人外购农业产品生产、加工后销售的仍然属于注释所列的农业产品,不属于免税的范围,应当按照规定税率征收增值税。

3. 发票开具

享受免税政策,通过增值税发票综合服务平台开具免税发票。选择放弃免税后,通过增值税发票综合服务平台开具应税发票。具体开票要求见第一章第三节"小企业发票管理规范"部分。

4. 享受优惠政策办理流程和手续

根据《关于进一步优化增值税优惠政策办理程序及服务有关事项的公告》(国家税务总局公告2021年第4号)的规定,单位和个体工商户(以下统称纳税人)适用增值税减征、免征政策的,在增值税纳税申报时按规定填写申报表相应减免税栏次即可享受,相关政策规定的证明材料留存备查。除另有规定外,纳税人不再符合增值税优惠条件的,应当自不符合增值税优惠条件的当月起,停止享受增值税优惠。

(二)企业所得税

1. 企业从事下列项目的所得免征企业所得税

相关项目见表5-1。

表5-1　具体免征项目

《企业所得税法实施条例》第86条第1款	国家税务总局公告2011年第48号
(1)蔬菜、谷物、薯类、油料、豆类、棉花、麻类、糖料、水果、坚果的种植(但不包括生水果和坚果等的采集)。 (2)农作物新品种的选育。 (3)中药材的种植(但不包括用于杀虫和杀菌目的植物的种植)。 (4)林木的培育和种植。 (5)牲畜、家禽的饲养(但不包括鸟类的饲养和其他珍禽如山鸡、孔雀等的饲养)。 (6)林产品的采集(但不包括咖啡、可可等饮料作物的采集)。 (7)灌溉、农产品初加工、兽医、农技推广、农机作业和维修等农林牧渔服务业项目(农、林、牧、渔服务业项目不包括水利工程的建设、水利工程的管理;兽医服务不包括对动物的检疫)。 (8)远洋捕捞。	(1)企业从事农作物新品种选育的免税所得,是指企业对农作物进行品种和育种材料选育形成的成果,以及由这些成果形成的种子(苗)等繁殖材料的生产、初加工、销售一体化取得的所得。 (2)企业从事林木的培育和种植的免税所得,是指企业对树木、竹子的育种和育苗、抚育和管理以及规模造林活动取得的所得,包括企业通过拍卖或收购方式取得林木所有权并经过一定的生长周期,对林木进行再培育取得的所得。 (3)猪、兔的饲养,按"牲畜、家禽的饲养"项目处理;饲养牲畜、家禽产生的分泌物、排泄物,按"牲畜、家禽的饲养"项目处理。 (4)对取得农业部颁发的"远洋渔业企业资格证书"并在有效期内的远洋渔业企业,从事远洋捕捞业务取得的所得免征企业所得税。 (5)企业对外购茶叶进行筛选、分装、包装后进行销售的所得,不享受农产品初加工的优惠政策。

风险提示:企业从事农、林、牧、渔业项目,凡属于《产业结构调整指导目录(2011年版)》(国家发展和改革委员会令第9号)中限制和淘汰类的项目,不得享受《企业所得税法实施条例》第86条规定的优惠政策。

2. 企业从事下列项目的所得减半征收企业所得税

减半征收项目见表 5-2。

表 5-2　减半征收项目

《企业所得税法实施条例》第 86 条第 2 款	国家税务总局公告 2011 年第 48 号
（1）花卉、茶以及其他饮料作物和香料作物的种植。 （2）海水养殖、内陆养殖。	（1）观赏性作物的种植，按"花卉、茶及其他饮料作物和香料作物的种植"项目处理。 （2）"牲畜、家禽的饲养"以外的生物养殖项目，按"海水养殖、内陆养殖"项目处理。 （3）企业从事实施条例第八十六条第（二）项适用企业所得税减半优惠的种植、养殖项目，并直接进行初加工且符合农产品初加工目录范围的，企业应合理划分不同项目的各项成本、费用支出，分别核算种植、养殖项目和初加工项目的所得，并各按适用的政策享受税收优惠。
风险提示：企业从事农、林、牧、渔业项目，凡属于《产业结构调整指导目录（2011 年版）》《国家发展和改革委员会令第 9 号）中限制和淘汰类的项目，不得享受《企业所得税法实施条例》第 86 条规定的优惠政策。	

3. 购入农产品进行再种植、养殖的税务处理（国家税务总局公告 2011 年第 48 号，见表 5-3）

表 5-3　税务处理

政策规定	政策解读
企业将购入的农、林、牧、渔产品，在自有或租用的场地进行育肥、育秧等再种植、养殖，经过一定的生长周期，使其生物形态发生变化，且并非由于本环节对农产品进行加工而明显增加了产品的使用价值的，可视为农产品的种植、养殖项目享受相应的税收优惠。 主管税务机关对企业进行农产品的再种植、养殖是否符合上述条件难以确定的，可要求企业提供县级以上农、林、牧、渔业政府主管部门的确认意见。	对什么是再种植、养殖，经过多长的生长周期等公告没有明确，但公告本款的规定可以减少或避免税企双方在税收执法中引起的争议。 由于所涉及的种植、养殖品种种类不同，其生长周期也会长短不一，需要差别化对待。因此，国家税务总局在相关规定中没有对"一定的生长周期"划定统一标准。在具体操作掌握中，应主要依据生物形态是否发生显著变化或其使用价值是否明显增加等因素，来确定其是否符合"一定生长周期"的要求。

4. "公司＋农户"经营模式享受税收优惠

税收优惠见表 5-4。

表 5-4　税收优惠

国家税务总局公告 2010 年第 2 号	国家税务总局公告 2013 年第 8 号
自 2010 年 1 月 1 日起，以"公司＋农户"经营模式从事农、林、牧、渔业项目生产的企业，可以按照《企业所得税法实施条例》第 86 条的有关规定，享受减免企业所得税优惠政策。	自 2013 年 4 月 1 日起，纳税人采取"公司＋农户"经营模式从事畜禽饲养，即公司与农户签订委托养殖合同，向农户提供畜禽苗、饲料、兽药及疫苗等（所有权属于公司），农户饲养畜禽苗至成品后交付公司回收，公司将回收的成品畜禽用于销售模式下，纳税人回收再销售畜禽，属于农业生产者销售自产农产品免征增值税。

5. 委托受托农产品初加工享受税收优惠

税收优惠见表 5-5。

表 5-5　税收优惠

国家税务总局公告 2011 年第 48 号	政策解读
企业根据委托合同，受托对符合《财政部　国家税务总局关于发布享受企业所得税优惠政策的农产品初加工范围（试行）的通知》（财税〔2008〕149 号）和《财政部 国家税务总局关于享受企业所得税优惠的农产品初加工有关范围的补充通知》（财税〔2011〕26 号）规定的农产品进行初加工服务，其所收取的加工费，可以按照农产品初加工的免税项目处理。 企业委托其他企业或个人从事《企业所得税法实施条例》第 86 条规定农、林、牧、渔业项目取得的所得，可享受相应的税收优惠政策。 企业受托从事《企业所得税法实施条例》第 86 条规定农、林、牧、渔业项目取得的收入，比照委托方享受相应的税收优惠政策。	公告将农产品初加工拓展到"农产品进行初加工服务"项目，将对农产品初加工"收取的加工费"纳入免税范围免征企业所得税。

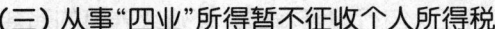

（三）从事"四业"所得暂不征收个人所得税

税收优惠见表5-6。

表5-6 "四业"所得暂不征收个人所得税

财税字〔1994〕20号	财税〔2004〕30号
一、关于对个体工商户的征税问题 　（二）个体工商户或个人专营种植业、养殖业、饲养业、捕捞业，其经营项目属于农业税（包括农业特产税，下同）、牧业税征税范围并已征收了农业税、牧业税的，不再征收个人所得税；不属于农业税、牧业税征税范围的，应对其所得征收个人所得税。兼营上述四业并四业的所得单独核算的，比照上述原则办理，对于属于征收个人所得税的，应与其他行业的生产、经营所得合并计征个人所得税；对于四业的所得不能单独核算的，应就其全部所得计征个人所得税。	一、自2004年1月1日起，农村税费改革试点期间，取消农业特产税、减征或免征农业税后，对个人或个体户从事种植业、养殖业、饲养业、捕捞业，且经营项目属于农业税（包括农业特产税）、牧业税征税范围的，其取得的"四业"所得暂不征收个人所得税。

　（1）对个人或个体户从事种植业、养殖业、饲养业、捕捞业，且经营项目属于农业税（包括农业特产税）、牧业税征税范围的，其取得的"四业"所得暂不征收个人所得税。

　（2）对个人或个体户从事种植业、养殖业、饲养业、捕捞业，不属于农业税、牧业税征税范围的，应对其所得征收个人所得税。兼营上述四业并四业的所得单独核算的，比照上述原则办理，对属于征收个人所得税的，应与其他行业的生产、经营所得合并计征个人所得税；对于四业的所得不能单独核算的，应就其全部所得计征个人所得税。

三、消耗性生物资产初始计量

（一）外购的消耗性生物资产

1. 成本构成

无论是消耗性生物资产、生产性生物资产还是公益性生物资产，外购的生物资产的成本包括购买价款、相关税费、运输费、保险费以及可直接归属于购买该资产的其他支出。其中，可直接归属于购买该资产的其他支出包括场地整理费、装卸费、栽植费、专业人员服务费等。

2. 科目设置

《小企业会计准则》应用指南

1421 消耗性生物资产

　一、本科目核算小企业（农、林、牧、渔业）持有的消耗性生物资产的实际成本。

　二、本科目应按照消耗性生物资产的种类、群别等进行明细核算。

　三、消耗性生物资产的主要账务处理。

　（一）外购的消耗性生物资产，按照应计入消耗性生物资产成本的金额，借记本科目，贷记"银行存款""应付账款"等科目。

　（二）自行栽培的大田作物和蔬菜，应按照收获前发生的必要支出，借记本科目，贷记"银行存款"等科目。

　自行营造的林木类消耗性生物资产，应按照郁闭前发生的必要支出，借记本科目，贷记"银行存款"等科目。

　自行繁殖的育肥畜、水产养殖的动植物，应按照出售前发生的必要支出，借记本科目，贷记"银行存款"等科目。

　（三）产畜或役畜淘汰转为育肥畜的，应按照转群时的账面价值，借记本科目，按照已计提的累计折旧，借记"生产性生物资产累计折旧"科目，按照其账面余额，贷记"生产性生物资产"科目。

　育肥畜转为产畜或役畜的，应按照其账面余额，借记"生产性生物资产"科目，贷记本科目。

　（四）择伐、间伐或抚育更新性质采伐而补植林木类消耗性生物资产发生的后续支出，借记本科目，贷记"银行存款"等科目。

　林木类消耗性生物资产达到郁闭后发生的管护费用等后续支出，借记"管理费用"科目，贷记"银行存款"等科目。

　（五）农业生产过程中发生的应归属于消耗性生物资产的费用，按照应分配的金额，借记本科目，贷记"生产成本"科目。

　（六）消耗性生物资产收获为农产品时，应按照其账面余额，借记"农产品"科目，贷记本科目。

　（七）出售消耗性生物资产，应按照实际收到的金额，借记"银行存款"等科目，贷记"主营业务收入"等科目。按照其账面余额，借记"主营业务成本"等科目，贷记本科目。

　四、本科目期末借方余额，反映小企业（农、林、牧、渔业）消耗性生物资产的实际成本。

3. 账务处理

业务 5-1　外购的消耗性生物资产的处理。

企业外购的生物资产,按应计入生物资产成本的金额,借记"消耗性生物资产""生产性生物资产"或"公益性生物资产"科目,贷记"银行存款""应付账款""应付票据"等科目。企业一笔款项一次性购入多项生物资产时,购买过程中发生的相关税费、运输费、保险费等可直接归属于购买该资产的其他支出,应当按照各项生物资产的价款比例进行分配,分别确定各项生物资产的成本。

借:消耗性生物资产
　　贷:银行存款

【例 5-1】 2022 年 2 月,丙农业企业从市场上一次性购买了 6 头种牛、15 头种猪和 600 头猪苗,单价分别为 4 000 元、1 400 元和 250 元,支付的价款共计 195 000 元,此外,发生的运输费为 4 500 元,保险费为 3 000 元,装卸费为 2 250 元,款项全部以银行存款支付。有关计算如下:

(1) 确定应分摊的运输费、保险费和装卸费。

分摊比例 = (4 500 + 3 000 + 2 250) ÷ 195 000 = 5%。

因此,6 头种牛应分摊:

6 × 4 000 × 5% = 1 200(元)。

15 头种猪应分摊:

15 × 1 400 × 5% = 1 050(元)。

600 头猪苗应分摊:

600 × 250 × 5% = 7 500(元)。

(2) 确定种牛、种猪和猪苗的入账价值。

6 头种牛的入账价值:

6 × 4 000 + 1 200 = 25 200(元)。

15 头种猪的入账价值:

15 × 1 400 + 1 050 = 22 050(元)。

600 头猪苗的入账价值:

600 × 250 + 7 500 = 157 500(元)。

丙农业企业的会计处理如下:

借:生产性生物资产——种牛　　　25 200
　　　　　　　　　　——种猪　　　22 050
　　消耗性生物资产——猪苗　　　157 500
　　贷:银行存款　　　　　　　　　　204 750

(二)自行栽培、营造、繁殖或养殖的消耗性生物资产

> **《小企业会计准则》条文及主旨:**
>
> 第十二条　小企业取得的存货,应当按照成本进行计量。
>
> (五)自行栽培、营造、繁殖或养殖的消耗性生物资产的成本,应当按照下列规定确定:
>
> 1. 自行栽培的大田作物和蔬菜的成本包括:在收获前耗用的种子、肥料、农药等材料费、人工费和应分摊的间接费用。
>
> 2. 自行营造的林木类消耗性生物资产的成本包括:郁闭前发生的造林费、抚育费、营林设施费、良种试验费、调查设计费和应分摊的间接费用。
>
> 3. 自行繁殖的育肥畜的成本包括:出售前发生的饲料费、人工费和应分摊的间接费用。
>
> 4. 水产养殖的动物和植物的成本包括:在出售或入库前耗用的苗种、饲料、肥料等材料费、人工费和应分摊的间接费用。
>
> 【条文主旨】本条第五项是关于自行栽培、营造、繁殖或养殖的消耗性生物资产的成本的确定。

1. 成本构成

自行栽培、营造、繁殖或养殖的消耗性生物资产通常是针对小企业(农、林、牧、渔业)而言的,主要包括生长中的大田作物、蔬菜、用材林以及存栏待售的牲畜等。在确定这类存货的成本时应重点把握两个原则:一是直接相关性原则,表现为成本的构成内容;二是时间性原则,表现为成本发生的截止时点。

(1) 成本的构成内容。按照自行繁殖或营造(即培育)过程中发生的直接相关的支出确定,既包括直接材料、直接人工、其他直接费用等直接费用,也包括应分摊的间接费用。其中,直接人工是指小企业(农、林、牧、渔业)在生产过程中直接从事农业生产的工人和管理人员的职工薪酬。

(2) 成本发生的截止时点。在确定这类存货的成本时,成本发生的截止时点是至关重要的。针对不同的存货生长的特点,主要包括这些时点:在收获前、在郁闭前、在出售前、在入库前。也就是说,在这些时点之前发生的支出可以计入存货的成本,否则,应计入当期管理费用。

(3) 自行栽培的大田作物和蔬菜成本的确定。

自行栽培的大田作物和蔬菜的成本包括：在收获前耗用的种子、肥料、农药等材料费、人工费和应分摊的间接费用。其中，直接人工，是指小企业（农、林、牧、渔业）在生产过程中直接从事农业生产的工人和管理人员的职工薪酬。应分摊的间接费用主要包括应负担的农业机械的折旧费、修理费，灌溉发生的水电费等。

（4）自行营造的林木类消耗性生物资产成本的确定。自行营造的林木类消耗性生物资产的成本包括：郁闭前发生的造林费、抚育费、营林设施费、良种试验费、调查设计费和应分摊的间接费用。其中，应分摊的间接费用主要包括应负担的林业机械的折旧费、修理费，灌溉发生的水电费，工人和管理人员的职工薪酬等。

郁闭是林木类消耗性生物资产成本确定中的一个重要界限。郁闭为林学概念，通常是指一块林地上的林木的树干、树冠生长达到一定标准，林木成活率和保持率达到一定的技术规程要求。郁闭通常指林木类消耗性资产的郁闭度达 0.20 以上（含 0.20）。郁闭度是指森林中乔木树冠遮蔽地面的程度，它是反映林分密度的指标，以林地树冠垂直投影面积与林地面积之比表示，以十分数表示，完全覆盖地面为 1。根据联合国粮农组织规定，郁闭度达 0.20 以上（含 0.20）的为郁闭林[其中一般以 0.20—0.70（不含 0.70）为中度郁闭，0.70（含 0.70）为密郁闭；0.20 以下（不含 0.20）的为疏林（即未郁闭林）]。

不同林种、不同林分等对郁闭度指标的要求有所不同，比如，生产纤维原料的工业原材料林一般要求郁闭度相对较高；而以培育珍贵大径材为主要目标的林木要求郁闭度相对较低。企业应当结合历史经验数据和自身实际情况，确定林木类消耗性生物资产的郁闭度及是否达到郁闭。各类林木类消耗性生物资产的郁闭度一经确定，不得随意变更。

郁闭是判断消耗性生物资产相关支出（包括借款费用）资本化或者是费用化的时点。郁闭之前的林木类消耗性生物资产处在培植阶段，需要发生较多的造林费、抚育费、营林设施费、良种试验费、调查设计费等相关支出，这些支出应予以资本化计入存货成本；郁闭之后的林木类消耗性生

物资产进入稳定的生长期，基本上可以比较稳定地成活，主要依靠林木本身的自然生长，一般只需要发生较少的管护费用，从重要性和谨慎性考虑应当计入当期管理费用。

（5）自行繁殖的育肥畜成本的确定。自行繁殖的育肥畜的成本包括出售前发生的饲料费、人工费和应分摊的间接费用。其中，人工费，是指小企业（农、林、牧、渔业）在养殖过程中直接从事养殖的工人和管理人员的职工薪酬。应分摊的间接费用主要包括应负担的固定资产（如猪圈、鸡舍、羊圈、牛棚、马厩等）的折旧费、修理费，水电费，卫生防疫费等。

（6）水产养殖的动物和植物成本的确定。水产养殖的动物和植物的成本包括在出售或入库前耗用的苗种、饲料、肥料等材料费、人工费和应分摊的间接费用。其中，人工费是指小企业（农、林、牧、渔业）在养殖过程中直接从事养殖的工人和管理人员的职工薪酬。应分摊的间接费用主要包括应负担的固定资产（如网箱等）的折旧费、修理费、水电费、捕捞费等。

2. 账务处理

业务 5-2　自行繁殖、营造的消耗性生物资产的处理。

科目设置见本节上述内容。

对自行繁殖、营造的消耗性生物资产而言，其成本确定的一般原则是按照自行繁殖或营造（即培育）过程中发生的必要支出确定，既包括直接材料、直接人工、其他直接费，也包括应分摊的间接费用。

（1）自行栽培的大田作物和蔬菜的成本，包括在收获前耗用的种子、肥料、农药等材料费、人工费和应分摊的间接费用等必要支出。自行栽培的大田作物和蔬菜，应按收获前发生的必要支出，借记"消耗性生物资产"，贷记"银行存款"等科目。

借：消耗性生物资产
　　贷：银行存款等

（2）自行营造的林木类消耗性生物资产的成本，包括郁闭前发生的造林费、抚育费、营林设施费、良种试验费、调查设计费和应分摊的间接费用等必要支出。自行营造的林木类消耗性生物资产，应按郁闭前发生的必要支出，借记"消耗性生物资产"，贷记"银行存款"等科目。

借：消耗性生物资产

　　贷：银行存款等

（3）自行繁殖的育肥畜的成本,包括出售前发生的饲料费、人工费和应分摊的间接费用等必要支出。

自行繁殖的育肥畜、水产养殖的动植物,应按出售前发生的必要支出,借记"消耗性生物资产",贷记"银行存款"等科目。

借：消耗性生物资产

　　贷：银行存款等

农业生产过程中发生的应归属于消耗性生物资产的费用,按应分配的金额借记"消耗性生物资产",贷记"生产成本"科目。

借：消耗性生物资产

　　贷：生产成本等

【例5-2】　2022年3月,丙公司(农业企业)使用一台拖拉机翻耕土地100万平方米用于小麦和玉米的种植,其中60万平方米种植玉米、40万平方米种植小麦。该拖拉机原值为60 300元,预计净残值为300元,按照工作量法计提折旧,预计可以翻耕土地6 000万平方米。有关计算如下：

应当计提的拖拉机折旧＝(60 300－300)÷6 000×100＝1 000(元)。

玉米应当分配的机械作业费＝1 000÷(60＋40)×60＝600(元)。

小麦应当分配的机械作业费＝1 000÷(60＋40)×40＝400(元)。

丙公司的会计处理如下：

借：消耗性生物资产——玉米　　600

　　　　　　　　　——小麦　　400

　　贷：累计折旧　　　　　　　　　1 000

【例5-3】　2022年3月,丙公司(农业企业)为改善农作物的生长环境,在农地周围种植林木,其中造林费40 000元,营林设施费用800元,调查设计费300元,其他杂费400元。丙企业会计处理如下：

借：消耗性生物资产　　　　　　41 500

　　贷：生产成本　　　　　　　　　41 500

【例5-4】　丙农业企业准备对其圈养的奶牛进行出售,养殖过程中发生饲料费用10 000元,职

工工资4 000元,其他杂费6 000元。丙企业会计处理如下：

借：消耗性生物资产　　　　　　20 000

　　贷：原材料　　　　　　　　　　10 000

　　　　应付职工薪酬　　　　　　　4 000

　　　　银行存款　　　　　　　　　6 000

四、消耗性生物资产后续计量

(一)消耗性生生物资产郁闭或达到预定生产经营目的后的管护费用

业务5-3　消耗性生物资产郁闭或达到预定生产经营目的后的管护费用处理。

生物资产在郁闭或达到预定生产经营目的之前,经过培植或饲养,其价值能够继续增加,因此饲养、管护费用应资本化计入生物资产成本;而生物资产在郁闭或达到预定生产经营目的后,为了维护或提高其使用效能,需要对其进行管护、饲养等,但此时的生物资产能够产出农产品,带来现实的经济利益,因此所发生的这类后续支出应当予以费用化,计入当期损益。借记"管理费用"科目,贷记"银行存款"等科目。

管护费用是指为了维持郁闭后的消耗性林木资产或公益性生物资产的正常存在,为了维持已经达到预定生产经营目的的成熟生产性生物资产进行正常生产而发生的有关费用,如为果树剪枝发生的费用、为果树灭虫发生的人工和药物费用、对产奶奶牛的饲养管理费用等。

借：管理费用

　　贷：银行存款等

【例5-5】　丙农业企业养的肉鸡已经成熟,可以对外出售。但是由于市场上鸡肉价格持续走高,丙企业决定暂缓出售计划,继续饲养肉鸡。3个月后,市场上鸡肉价格开始回落,丙企业决定出售这批肉鸡。这3个月中,肉鸡的饲养费是4 000元,饲养人员的工资是6 000元,应摊销的折旧费用是500元。丙企业会计处理如下：

借：管理费用　　　　　　　　　10 500

　　贷：原材料　　　　　　　　　　4 000

　　　　应付职工薪酬　　　　　　　6 000

　　　　累计折旧　　　　　　　　　500

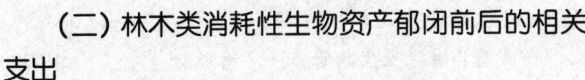

（二）林木类消耗性生物资产郁闭前后的相关支出

业务 5-4　林木类消耗性生物资产郁闭前后的相关支出的处理。

郁闭是判断消耗性生物资产相关支出（包括借款费用）资本化或者是费用化的时点。郁闭之前的林木类消耗性生物资产处在培植阶段，需要发生较多的造林费、抚育费、营林设施费、良种试验费、调查设计费相关支出，这些支出应予以资本化计入成本；郁闭之后的林木类消耗性生物资产进入稳定的生长期，基本上可以比较稳定地成活，主要依靠林木本身的自然生长，一般只需要发生较少的管护费用，从重要性和谨慎性考虑应当计入当期费用。

借：消耗性生物资产
　　管理费用
　　贷：银行存款等

【例 5-6】　丁林业有限责任公司下属的乙林班统一组织培植管护一片森林，2022 年 3 月，发生森林管护费用共计 40 000 元，其中人员工资为 20 000 元，尚未支付；使用库存肥料为 16 000 元；管护设备折旧为 4 000 元。管护总面积为 5 000 万平方米，其中作为用材林的杨树林共计 4 000 万平方米，已郁闭的占 75%，其余的尚未郁闭；作为水土保持林的马尾松共计 1 000 万平方米，全部已郁闭。假定管护费用按照森林面积比例进行分配。有关计算如下：

未郁闭杨树林应分配共同费用的比例＝4 000×(1−75%)÷5 000＝0.2。

已郁闭杨树林应分配共同费用的比例＝4 000×75%÷5 000＝0.6。

已郁闭马尾松应分配共同费用的比例＝1 000÷5 000＝0.2。

未郁闭杨树林应分配的共同费用＝40 000×0.2＝8 000（元）。

已郁闭杨树林成应分配的共同费用＝40 000×0.6＝24 000（元）。

已郁闭马尾松应分配的共同费用＝40 000×0.2＝8 000（元）。

丁公司会计处理如下：

借：消耗性生物资产——用材林（杨树）　　8 000
　　管理费用　　　　　　　　　　　　　　32 000
　　贷：应付职工薪酬　　　　　　　　　　　　　20 000
　　　　原材料　　　　　　　　　　　　　　　　16 000
　　　　累计折旧　　　　　　　　　　　　　　　 4 000

（三）林木类生物资产补植

业务 5-5　林木类生物资产补植的处理。

在林木类生物资产的生长过程中，为了使其更好地生长，往往需要进行择伐、间伐或抚育更新性质采伐（这些采伐并不影响林木的郁闭状态），并且在采伐之后进行相应的补植。上述情况下发生的后续支出，应当予以资本化，计入林木类生物资产的成本。借记"消耗性生物资产""生产性生物资产"或"公益性生物资产"科目，贷记"库存现金""银行存款""其他应付款"等科目。

借：消耗性生物资产、生产性生物资产、公益性生物资产
　　贷：库存现金、银行存款、其他应付款等

【例 5-7】　2022 年 5 月，丙林业有限责任公司对乙林班用材林择伐迹地进行更新造林，应支付临时人员工资 15 000 元，领用材料 20 000 元。丙企业会计处理如下：

借：消耗性生物资产——用材林　　　　　35 000
　　贷：应付职工薪酬　　　　　　　　　　　　　15 000
　　　　原材料　　　　　　　　　　　　　　　　20 000

五、消耗性生物资产出售的核算

业务 5-6　消耗性生物资产出售的处理。

消耗性生物资产出售时，小企业应按照实际收到的金额，借记"银行存款"等科目，贷记"主营业务收入"等科目；应按其账面余额，借记"主营业务成本"等科目，贷记"消耗性生物资产"等科目。

(1) 借：银行存款
　　　　贷：主营业务收入

(2) 借：主营业务成本
　　　　贷：消耗性生物资产

【例 5-8】　丙畜牧养殖公司于 2022 年 6 月将育成的 40 头仔猪出售给乙食品加工厂，价款总额为 20 000 元，货款尚未收到。出售时仔猪的账面余额为 12 000 元。丙公司会计处理如下：

借：应收账款——乙公司	20 000		借：主营业务成本	12 000
贷：主营业务收入	20 000		贷：消耗性生物资产——育肥猪	12 000

第三节　生产性生物资产财税处理

一、生产性生物资产的概念

《小企业会计准则》条文及主旨：

第三十五条　生产性生物资产，是指小企业(农、林、牧、渔业)为生产农产品、提供劳务或出租等目的而持有的生物资产。包括：经济林、薪炭林、产畜和役畜等。

【条文主旨】本条是关于生产性生物资产定义及构成的规定。

(一)生产性生物资产的概念与构成

生产性生物资产，是指小企业(农、林、牧、渔业)为生产农产品、提供劳务或出租等目的而持有的生物资产，包括经济林、薪炭林、产畜和役畜等。生产性生物资产具备自我生长性，能够在持续的基础上予以消耗并在未来的一段时间内保持其服务能力或未来经济利益，属于劳动手段，包括经济林、薪炭林、产畜和役畜等。

企业所得税法对生产性生物资产的税务处理也进行了规定。《企业所得税法实施条例》第62条规定，生产性生物资产，是指企业为生产农产品、提供劳务或者出租等而持有的生物资产，包括经济林、薪炭林、产畜和役畜等。

小企业会计准则关于生产性生物资产的定义及构成的规定与企业会计准则和企业所得税法的规定完全一致。本准则对生物资产的核算分散在不同章节中予以规范，其中消耗性生物资产作为存货处理，公益性生物资产实际上将相关支出直接费用化，没有特别规定，生产性生物资产放在此处具体规定。

(二)生产性生物资产的划分

一般而言，生产性生物资产通常需要生长到一定阶段才开始具备生产的能力。根据其是否具备生产能力(即是否达到预定生产经营目的)，可以对生产性生物资产进行进一步的划分。所谓达到预定生产经营目的，是指生产性生物资产进入正常生产期，可以多年连续稳定产出农产品、提供劳务或出租。由此，生产性生物资产可以划分为未成熟和成熟两类，前者指尚未达到预定生产经营目的；还不能够多年连续稳定产出农产品、提供劳务或出租的生产性生物资产，如尚未开始挂果的果树、尚未开始产奶的奶牛等，后者则指已经达到预定生产经营目的的生产性生物资产。

二、科目设置

《小企业会计准则》应用指南

1621　生产性生物资产

一、本科目核算小企业(农、林、牧、渔业)持有的生产性生物资产的原价(成本)。

二、本科目应按照"未成熟生产性生物资产"和"成熟生产性生物资产"，分别生物资产的种类、群别等进行明细核算。

三、生产性生物资产的主要账务处理。

(一)小企业外购的生产性生物资产，按照购买价款和相关税费，借记本科目，贷记"银行存款"等科目。涉及按照税法规定可抵扣的增值税进项税额的，还应当借记"应交税费——应交增值税(进项税额)"科目。

(二)自行营造的林木类生产性生物资产，达到预定生产经营目的前发生的造林费、抚育费、营林设施费、良种试验费、调查设计费和应分摊的间接费用等必要支出，借记本科目(未成熟生产性生物资产)，贷记"原材料""银行存款""应付利息"等科目。

（三）自行繁殖的产畜和役畜，达到预定生产经营目的前发生的饲料费、人工费和应分摊的间接费用等必要支出，借记本科目（未成熟生产性生物资产），贷记"原材料""银行存款""应付利息"等科目。

（四）未成熟生产性生物资产达到预定生产经营目的时，按照其账面余额，借记本科目（成熟生产性生物资产），贷记本科目（未成熟生产性生物资产）。

（五）育肥畜转为产畜或役畜，应当按照其账面余额，借记本科目，贷记"消耗性生物资产"科目。

产畜或役畜淘汰转为育肥畜，应按照转群时其账面价值，借记"消耗性生物资产"科目，按照已计提的累计折旧，借记"生产性生物资产累计折旧"科目，按照其原价，贷记本科目。

（六）择伐、间伐或抚育更新等生产性采伐而补植林木类生产性生物资产发生的后续支出，借记本科目（未成熟生产性生物资产），贷记"银行存款"等科目。

生产性生物资产发生的管护、饲养费用等后续支出，借记"管理费用"科目，贷记"银行存款"等科目。

（七）因出售、报废、毁损、对外投资等原因处置生产性生物资产，应当按照取得的出售生产性生物资产的价款、残料价值和变价收入等处置收入，借记"银行存款"等科目，按照已计提的累计折旧，借记"生产性生物资产累计折旧"科目，按照其原价，贷记本科目，按照其差额，借记"营业外支出——非流动资产处置净损失"科目或贷记"营业外收入——处置非流动资产处置净收益"科目。

四、本科目期末借方余额，反映小企业（农、林、牧、渔业）生产性生物资产的原价（成本）。

1622　生产性生物资产累计折旧

一、本科目核算小企业（农、林、牧、渔业）成熟生产性生物资产的累计折旧。

二、本科目应按照生产性生物资产的种类、群别等进行明细核算。

三、生产性生物资产累计折旧的主要账务处理。

小企业按月计提成熟生产性生物资产的折旧，借记"生产成本""管理费用"等科目，贷记本科目。

处置生产性生物资产还应同时结转生产性生物资产累计折旧。

四、本科目期末贷方余额，反映小企业成熟生产性生物资产的累计折旧额。

（1）小企业应设置"生产性生物资产"科目，核算小企业（农、林、牧、渔业）持有的生产性生物资产的原价（成本）。借方登记取得增加生产性生物资产发生的实际成本，贷方登记处置生产性生物资产注销的成本。期末借方余额，反映小企业（农、林、牧、渔业）生产性生物资产的原价（成本）。本科目应按照"未成熟生产性生物资产"和"成熟生产性生物资产"，分别生物资产的种类、群别等进行明细核算。

（2）小企业应设置"生产性生物资产累计折旧"科目，核算小企业（农、林、牧、渔业）成熟生产性生物资产的累计折旧。贷方登记小企业按月计提成熟生产性生物资产的折旧，借方登记处置生产性生物资产还应同时结转生产性生物资产累计折旧。期末贷方余额，反映小企业成熟生产性生物资产的累计折旧额。本科目应按照生产性生物资产的种类、群别等进行明细核算。

三、生产性生物资产初始计量

《小企业会计准则》条文及主旨：

第三十六条　生产性生物资产应当按照成本进行计量。

（一）外购的生产性生物资产的成本，应当按照购买价款和相关税费确定。

（二）自行营造或繁殖的生产性生物资产的成本，应当按照下列规定确定：

1. 自行营造的林木类生产性生物资产的成本包括：达到预定生产经营目的前发生的造林费、抚育费、营林设施费、良种试验费、调查设计费和应分摊的间接费用等必要支出。

2. 自行繁殖的产畜和役畜的成本包括：达到预定生产经营目的前发生的饲料费、人工费和应分摊的间接费用等必要支出。

前款所称达到预定生产经营目的，是指生产性生物资产进入正常生产期，可以多年连续稳定产出农产品、提供劳务或出租。

【条文主旨】本条是关于取得生产性生物资产成本确定的规定。

小企业会计准则规定,生产性生物资产应当按照成本进行计量,以取得生产性生物资产发生的全部相关支出作为成本。但是,对于不同方式取得的生产性生物资产,其成本构成不尽相同。小企业取得生产性生物资产方式主要包括:外购、自行营造或者繁殖。

(一) 外购的生产性生物资产

业务 5-7 外购生产性生物资产的处理。

外购的生产性生物资产的成本,应当按照购买价款和相关税费确定,包括小企业为购买生产性生物资产支付的价款、缴纳的税金和行政事业性收费、运输费、保险费、场地整理费、装卸费、栽植费、专业人员服务费等。

小企业一笔款项一次性购入多项生物资产时,购买过程中发生的相关税费、运输费、保险费等可直接归属于购买该资产的其他支出,应当按照各项生物资产的价款比例进行分配,分别确定各项生物资产的成本。

小企业外购的生产性生物资产,按照购买价款和相关税费,借记"生产性生物资产"科目,贷记"银行存款"等科目。涉及按照税法规定可抵扣的增值税进项税额的,还应当借记"应交税费——应交增值税(进项税额)"科目。

借:生产性生物资产
　　应交税费——应交增值税(进项税额)
　　　贷:银行存款等

【例 5-9】 2022 年 4 月 2 日,丙公司(农业企业)从市场上购买了 8 头种牛和 10 头种羊,单价分别为 3 500 元和 2 400 元,共支付价款 52 000 元,另支付运输费 3 000 元,装卸费 120 元,全部价款以银行存款付清。

运输费和装卸费的分摊比例＝(3 000＋120)÷52 000×100＝6%。

种牛应分摊＝8×3 500×6%＝1 680(元)。

种羊应分摊＝10×2 400×6%＝1 440(元)。

借:生产性生物资产——种牛(8×3 500＋1 680)
　　　　　　　　　　　　　　　　　　　29 680
　　　　　　　　——种羊(10×2 400＋1 440)
　　　　　　　　　　　　　　　　　　　25 440
　　贷:银行存数　　　　　　　　　　　55 120

(二) 自行繁殖、营造的生产性生物资产

业务 5-8 自行繁殖、营造的生产性生物资产的处理。

对自行营造或繁殖的生产性生物资产而言,如小企业自己繁育的奶牛、种猪,自行营造的橡胶树、果树、茶树等,其成本确定的一般原则是按照其达到预定生产经营目的前发生的必要支出确定,包括直接材料、直接人工、其他直接费用和应分摊的间接费用。

(1) 自行营造的林木类生产性生物资产的成本,包括达到预定生产经营目的前发生的造林费、抚育费、营林设施费、良种试验费、调查设计费和应分摊的间接费用等必要支出。

(2) 自行繁殖的产畜和役畜的成本,包括达到预定生产经营目的(成龄)前发生的饲料费、人工费和应分摊的间接费用等必要支出。

生产性生物资产在达到预定生产经营目的之前发生的必要支出在"生产性生物资产——未成熟生产性生物资产"科目归集。

借:生产性生物资产——未成熟生产性生物资产
　　贷:银行存款、原材料、应付利息等

达到预定生产经营目的,是指生产性生物资产进入正常生产期,可以多年连续稳定产出农产品、提供劳务或出租。达到预定生产经营目的是区分生产性生物资产成熟和未成熟的分界点,同时也是判断其相关费用停止资本化的时点,是区分其是否具备生产能力,从而是否计提折旧的分界点,企业应当根据具体情况结合正常生产期的确定,对生产性生物资产是否达到预定生产经营目的进行判断。例如,一般就海南橡胶园而言,同林段内离地 100 厘米处、树围 50 厘米以上的芽接胶树,占林段总株数的 50% 以上时,该橡胶园就属于进入正常生产期,即达到预定生产经营目的。

生产性生物资产在达到预定生产经营目的之前,其用途一般是已经确定的,如尚未开始挂果的果树、未开始产奶的奶牛等;但是,如果其未来用途不确定,应当作为消耗性生物资产核算和管理,待确定用途后,再按照用途转换进行处理。

(3) 未成熟生产性生物资产达到预定生产经营目的时,按其账面余额,借记"生产性生物

资产——未成熟生产性生物资产"科目，贷记"生产性生物资产——未成熟生产性生物资产"科目。

借：生产性生物资产——成熟生产性生物资产
　　贷：生产性生物资产——未成熟生产性生物资产

【例5-10】　丙公司（小企业）自2022年开始自行营造100万平方米橡胶树，当年发生种苗费189 000元，平整土地和定植所需的机械作业费55 500元，定植当年抚育发生肥料及农药费250 500元、人员工资等450 000元。该橡胶树达到正常生产期为6年，从定植后至2027年共发生管护费用2 415 000元，以银行存款支付。丙公司会计处理如下：

借：生产性生物资产——未成熟生产性生物资产
　　（橡胶树）　　　　　　　　　　945 000
　　贷：原材料——种苗　　　　　　　189 000
　　　　　　　——肥料及农药　　　　250 500
　　　　应付职工薪酬　　　　　　　　450 000
　　　　累计折旧　　　　　　　　　　 55 500
借：生产性生物资产——未成熟生产性生物资产
　　（橡胶树）　　　　　　　　　 2 415 000
　　贷：银行存款　　　　　　　　　2 415 000

因此，该100万平方米橡胶树的成本为：
189 000＋55 500＋250 500＋450 000＋2 415 000＝3 360 000（元）

借：生产性生物资产——成熟生产性生物资产
　　（橡胶树）　　　　　　　　　 3 360 000
　　贷：生产性生物资产——未成熟生产性生物资产
　　　　（橡胶树）　　　　　　　　3 360 000

（三）生物资产转换

业务5-9　生物资产转换的处理。

（1）产畜或役畜淘汰转为育肥畜，或者林木类生产性生物资产转为林木类消耗性生物资产时，按转群或转变用途时的账面价值，借记"消耗性生物资产"科目，按已计提的累计折旧，借记"生产性生物资产累计折旧"科目，按其账面余额，贷记"生产性生物资产"科目。

借：消耗性生物资产
　　生产性生物资产累计折旧
　　贷：生产性生物资产——成熟生产性生物资产

（2）育肥畜转为产畜或役畜，或者林木类消耗性生物资产转为林木类生产性生物资产时，应按其账面余额，借记"生产性生物资产"科目，贷记"消耗性生物资产"科目。

借：生产性生物资产——成熟生产性生物资产
　　贷：消耗性生物资产

【例5-11】　2022年4月，丙公司（小企业）自行繁殖的50头种猪转为育肥猪，此批种猪的账面原价为500 000元，已经计提的累计折旧为200 000元。丙公司会计处理如下：

借：消耗性生物资产——育肥猪　　　　300 000
　　生产性生物资产累计折旧　　　　　200 000
　　贷：生产性生物资产——成熟生产性生物资产
　　　　（种猪）　　　　　　　　　　500 000

（四）生产性生物资产成本税会差异

企业所得税法也对生产性生物资产的税务处理作了规定。《企业所得税法实施条例》第62条规定，生产性生物资产按照以下方法确定计税基础：

（1）外购生产性生物资产，以购买价款和支付的相关税费为计税基础。

（2）通过捐赠、投资、非货币性资产交换、债务重组等方式取得的生产性生物资产，以该资产的公允价值和支付的相关税费为计税基础。

为了在账面上完整反映小企业生产性生物资产的价值、充分体现小企业的生产经营能力，小企业会计准则采用了与企业会计准则相一致的初始计量原则。同时，考虑到小企业取得生产性生物资产通常有外购和自行营造或繁殖两种途径，本条分别对这两种取得方式规定了生产性生物资产的成本确定原则。与企业所得税法存在的主要差异：企业所得税法没有对企业自行营造或者繁殖的生产性生物资产的计税基础作出规定，也就是说，对于自行营造或者繁殖的生产性生物资产在营造或者繁殖的过程中所发生的成本，税法允许计入当期费用税前扣除。

四、生产性生物资产折旧

> 《小企业会计准则》条文及主旨：
> 第三十七条　生产性生物资产应当按照年限平均法计提折旧。

小企业（农、林、牧、渔业）应当根据生产性生物资产的性质和使用情况，并考虑税法的规定，合理确定生产性生物资产的使用寿命和预计净残值。

生产性生物资产的折旧方法、使用寿命、预计净残值一经确定，不得随意变更。

小企业（农、林、牧、渔业）应当自生产性生物资产投入使用月份的下月起按月计提折旧；停止使用的生产性生物资产，应当自停止使用月份的下月起停止计提折旧。

【条文主旨】本条是关于生产性生物资产折旧会计处理的规定。

成熟的生产性生物资产进入正常生产期，可以多年连续稳定产出农产品、提供劳务或出租。因此，应当按期计提折旧，以确定小企业所实际发生的成本并与其给企业带来的经济利益流入相配比。

生产性生物资产的折旧，是指在生产性生物资产的使用寿命内，按照确定的方法对应计折旧额进行系统分摊。其中，应计折旧额是指应当计提折旧的生产性生物资产的原价扣除预计净残值后的余额。预计净残值是指预计生产性生物资产使用寿命结束时，在处置过程中所发生的处置收入扣除处置费用后的余额。

（一）需要计提折旧的生产性生物资产的范围

当期增加的成熟生产性生物资产应当计提折旧，一旦提足折旧，不论能否继续使用，均不再计提折旧。小企业应对所有投入使用的生产性生物资产都计提折旧。需要注意的是，以融资租赁租入的生产性生物资产和以经营租赁方式租出的生产性生物资产，应当计提折旧；以融资租赁租出的生产性生物资产和以经营租赁方式租入的生产性生物资产，不应计提折旧。

（二）生产性生物资产使用寿命的确定

小企业确定生产性生物资产的使用寿命，应当考虑下列因素：（1）该资产的预计产出能力或实物产量。（2）该资产的预计有形损耗，如产畜和役畜衰老、经济林老化等。（3）该资产的预计无形损耗，如因新品种的出现而使现有的生产性生物资产的产出能力和产出农产品的质量等方面相对下降、市场需求的变化使生产性生物资产产出的农产品相对过时等。

具体会计处理时，一方面为了保证相关会计信息的质量，避免因过分拉长生产性生物资产折旧年限可能导致的生产性生物资产账面价值虚高；另一方面为了便于小企业实务操作，减轻纳税调整负担，小企业在根据实际情况合理估计的前提下，可以直接采用企业所得税法规定的折旧最低年限作为相关生产性生物资产的折旧年限。

实务中，小企业应在考虑这些因素的基础上，结合不同生产性生物资产的具体情况作出判断，例如，在考虑林木类生产性生物资产的使用寿命时，可以考虑诸如温度、湿度和降雨量等生物特征、灌溉特征、嫁接和修剪程序、植物的种类和分类、植物的株间距、所使用初生主根的类型、采摘或收割的方法、所生产产品的预计市场需求等。在相同的环境下，同样的生产性生物资产的预计使用寿命应该基本相同。

（三）生产性生物资产预计净残值的确定

生产性生物资产的预计净残值，是指生产性生物资产预计使用寿命已满，小企业从该项生产性生物资产处置中获得的扣除预计处置费用后的金额。需要注意的是，无论是小企业会计准则还是企业所得税法都没有规定生产性生物资产净残值率，或者是限定一个所有生产性生物资产均适用的净残值率下限，而是将确定生产性生物资产净残值的权利交给了企业。因为每一项生产性生物资产净残值的确定需要考虑很多因素，企业无疑最具有发言权。小企业应当根据生产性生物资产的实际使用情况进行合理的估计，并在生产性生物资产使用寿命内一贯应用。

（四）生产性生物资产的折旧方法

生物资产准则规定了企业可选用的折旧方法，包括年限平均法、工作量法、产量法等。在具体运用时，企业应当根据生产性生物资产的具体情况，合理选择相应的折旧方法。

（五）合理确定生产性生物资产的使用寿命、预计净残值和折旧方法

实务中，小企业（农、林、牧、渔业）应当结合本企业的具体情况，根据生产性生物资产的类别，制定适合本企业的生产性生物资产目录、分类方法。对于投入使用的生产性生物资产，还应根据生产性生物资产的性质、使用情况，并考虑税法的规定,合理确定生产性生物资产的使用寿命和预计净残值,作为进行生产性生物资产核算的依据。

需要说明的是,小企业会计准则虽然没有规定统一的生产性生物资产使用寿命和预计净残值,交由小企业自行确定,但是小企业不得由此而随意确定。通常,小企业应当制定本企业生产性生物资产的核算和管理制度,以书面形式明确规定各项生产性生物资产的折旧方法、使用寿命和预计净残值,并且一以贯之地加以执行。

生产性生物资产的使用寿命、预计净残值一经确定,不得随意变更。如果生产性生物资产使用过程中所处环境、使用情况等发生重大变化,导致其使用寿命或者预计净残值确需变更的,应当作为会计估计变更处理。

(六) 生产性生物资产计提折旧的账务处理

业务 5-10　生产性生物资产计提折旧的处理。

小企业应当按期对达到预定生产经营目的的生产性生物资产计提折旧,并根据受益对象分别计入相关资产成本(如将收获的农产品成本、劳务成本、出租费用等)或当期损益。对成熟生产性生物资产按期计提折旧时,借记"生产成本""劳务成本""管理费用"等科目,贷记"生产性生物资产累计折旧"科目。

生产性生物资产的折旧期自其投入使用时开始至停止使用或出售时止。其计算方法是"算尾不算头",即不包括投入使用的当月但包括停止使用的当月。投入使用的生产性生物资产当月不计提折旧,从下月起按月计提折旧;停止使用的生产性生物资产当月继续计提折旧,从下月起停止计提折旧。

借:生产成本、劳务成本、管理费用等
　　贷:生产性生物资产累计折旧

【例 5-12】 丙农业企业 2022 年 4 月计提生产性生物资产累计折旧 62 000 元。会计处理如下:

借:生产成本　　　　　　　　62 000
　　贷:生产性生物资产累计折旧　　　62 000

(七) 生产性生物资产计提折旧的税会差异

企业所得税法也对生产性生物资产的税务处理作了规定。《企业所得税法实施条例》第 63 条至

第 64 条规定,生产性生物资产按照直线法计算的折旧,准予扣除。企业应当自生产性生物资产投入使用月份的次月起计算折旧;停止使用的生产性生物资产,应当自停止使用月份的次月起停止计算折旧。企业应当根据生产性生物资产的性质和使用情况,合理确定生产性生物资产的预计净残值。生产性生物资产的预计净残值一经确定,不得变更。生产性生物资产计算折旧的最低年限如下:(1)林木类生产性生物资产,为 10 年;(2)畜类生产性生物资产,为 3 年。

为简化小企业会计核算,减轻小企业纳税调整的负担,本条的规定与企业所得税法基本一致,要求生产性生物资产一律按照年限平均法计提折旧,同时要求小企业在估计生产性生物资产使用寿命和预计净残值时,不仅要考虑相关资产的性质和使用情况,还要考虑税法的规定。与企业会计准则存在的主要差异:一是统一要求采用年限平均法摊销,不允许选用工作量法、产量法等其他摊销方法;二是不要求对生产性生物资产计提减值准备,因此生产性生物资产的应计折旧额为其原价扣除预计净残值后的余额,不必考虑减值因素;三是不要求至少在每年年度终了对生产性生物资产的使用寿命、预计净残值和折旧方法进行复核。

五、生产性生物资产相关的后续支出

业务 5-11　生产性生物资产相关后续支出的处理。

一是择伐、间伐或抚育更新等生产性采伐而补植林木类生产性生物资产发生的后续支出,借"生产性生物资产(未成熟生产性生物资产)"科目,贷记"银行存款"等科目。

借:生产性生物资产——未成熟生产性生物资产
　　贷:银行存款等

二是生产性生物资产发生的管护、饲养费用等后续支出,借记"管理费用"科目,贷记"银行存款"等科目。

借:管理费用
　　贷:银行存款等

【例 5-13】 丙公司(小企业)购买该批种牛和

种羊后又发生了饲养费用 78 000 元,以及在橡胶树抚育期间共支付了 850 000 元。这些后续支出均用银行存款付清。丙公司会计处理如下:

(1)支付种牛和种羊的饲养费用:

借:管理费用　　　　　　　78 000
　　贷:银行存款　　　　　　　78 000

(2)橡胶树的后续支出:

借:生产性生物资产——未成熟生产性生物资产
　　　　　　　　　　　　850 000
　　贷:银行存款　　　　　　850 000

六、生产性生物资产的处置

(一)账务处理

业务5-12 生产性生物资产处置的处理。

因出售、报废、毁损、对外投资等原因处置生产性生物资产,应按照取得的出售生产性生物资产的价款、残料价值和变价收入等处置收入,借记"银行存款"等科目,按照已计提的累计折旧,借记"生产性生物资产累计折旧"科目,按照其原价,贷记"生产性生物资产"科目,按照其差额,借记"营业外支出——非流动资产处置净损失"科目或贷记"营业外收入——处置非流动资产处置净收益"科目。

借:银行存款等
　　生产性生物资产累计折旧
　　营业外支出(差额)
　　贷:生产性生物资产
　　　　营业外收入(差额)

【例5-14】 丙公司(小企业)于 2022 年 6 月 5 日出售了 4 头种牛和 5 头种羊,取得收入 35 000 元。账面价值分别为 16 000 元和 15 000 元,累计已计提折旧 8 000 元。丙公司会计处理如下:

借:银行存款　　　　　　　35 000
　　生产性生物资产累计折旧　8 000
　　贷:生产性生物资产——种牛　16 000
　　　　　　　　　　——种羊　15 000
　　　　营业外收入——非流动资产处置净收益
　　　　　　　　　　　　12 000

(二)处置损失税务处理

1. 税会差异分析

根据《企业所得税法实施条例》第 32 条的规

定,企业在生产经营活动中发生的生产性生物资产和消耗性生物资产以及农产品的盘亏、毁损、报废损失,自然灾害等不可抗力因素造成的损失以及其他损失。企业发生的损失,减除责任人赔偿和保险赔款后的余额,依照国务院财政、税务主管部门的规定扣除。

为了简化核算,便于小企业实务操作,减轻纳税调整负担,满足汇算清缴的需要,小企业会计准则有关处置生产性生物资产的会计处理与企业所得税法实施条例相一致。

2. 损失申报

小企业应当注意正确处理好与税收征管的关系,认真按照税收征管的要求做好相关申报工作。小企业发生的固定资产损失,应按规定的程序和要求向主管税务机关申报后方能在税前扣除,未经申报的损失,不得在税前扣除。根据《企业资产损失所得税税前扣除管理办法》(国家税务总局公告 2011 年第 25 号)第 9 条、第 10 条的规定,企业固定资产达到或超过使用年限而正常报废清理的损失,应以清单申报的方式向税务机关申报扣除;除此以外的固定资产损失应以专项申报的方式向税务机关申报扣除。

3. 损失证据

(1)生产性生物资产盘亏损失。《企业资产损失所得税税前扣除管理办法》(国家税务总局公告 2011 年第 25 号)第 34 条规定:生产性生物资产盘亏损失,为其账面净值扣除责任人赔偿后的余额,应依据以下证据材料确认:

① 生产性生物资产盘点表。

② 生产性生物资产盘亏情况说明。

③ 生产性生物资产损失金额较大的,企业应有专业技术鉴定意见和责任认定、赔偿情况的说明等。

(2)因森林病虫害、疫情、死亡而产生的生产性生物资产损失。《企业资产损失所得税税前扣除管理办法》(国家税务总局公告 2011 年第 25 号)第 35 条规定:因森林病虫害、疫情、死亡而产生的生产性生物资产损失,为其账面净值扣除残值、保险赔偿和责任人赔偿后的余额,应依据以下证据材料确认:

① 损失情况说明。

② 责任认定及其赔偿情况的说明。

③ 损失金额较大的,应有专业技术鉴定意见。

(3) 对被盗伐、被盗、丢失而产生的生产性生物资产损失。《企业资产损失所得税税前扣除管理办法》(国家税务总局公告 2011 年第 25 号)第 36 条规定:对被盗伐、被盗、丢失而产生的生产性生物资产损失,为其账面净值扣除保险赔偿以及责任人赔偿后的余额,应依据以下证据材料确认:

① 生产性生物资产被盗后,向公安机关的报案记录或公安机关立案、破案和结案的证明材料。

② 责任认定及其赔偿情况的说明。

4. 留存备查资料

根据《企业资产损失所得税税前扣除管理办法》(国家税务总局公告 2011 年第 25 号)的规定,企业生产性生物资产损失专项申报应留存备查的材料:

(1)《生产性生物资产损失(专项申报)税前扣除申报表》。

(2) 生产性生物资产损失已记入损益的记账凭证复印件。

(3) 董事会等权力机构决议或上级公司批复或由董事会、上级公司授权的部门的批复(国有企业还需提供国有资产监管机构或由其授权的部门的批复)。

(4) 属于森林病虫害、疫情、死亡的生产性生物资产损失,应相应提供下列证据:

① 损失情况说明。

② 责任认定及其赔偿情况的说明。

③ 损失金额较大的,指占企业该类资产计税基础 10% 以上,或减少当年应纳税所得、增加亏损 10% 以上,或损失金额 100 万元以上(含100 万元),应有专业技术鉴定报告。

(5) 属于被盗伐、被盗、丢失的生产性生物资产损失,应相应提供下列证据:

① 生产性生物资产被盗后,向公安机关的报案记录或公安机关立案、破案和结案的证明材料。

② 责任认定及其赔偿情况的说明。

第四节　农业企业农产品财税处理

一、农产品的范畴

农产品按照所处行业,一般可以分为种植业产品(如小麦、水稻、玉米、棉花、糖料、叶等)、畜牧养殖业产品(如牛奶、羊毛、肉类、禽蛋等)、林产品(如苗木、原木、水果等)和水产品(如鱼、虾、贝类等)。

二、科目设置

(一)"农产品"科目

小企业(农、林、牧、渔业)"1405　农产品"科目相当于一般企业"库存商品"科目。

(二)"农业生产成本"科目

小企业(农、林、牧、渔业)"农业生产成本"科目相当于一般企业"生产成本"科目。小企业应当按照成本核算对象(消耗性生物资产、生产性生物资产、公益性生物资产和农产品)设置明细账,并按成本项目设置专栏,进行明细分类核算。

三、收获农产品的会计处理

(一)消耗性生物资产收获农产品

业务 5-13　消耗性生物资产收获农产品的处理。

收获,是指消耗性生物资产生长过程的结束,如收割小麦、采伐用材林等,以及农产品从生产性生物资产上分离,如从苹果树上采摘下苹果、奶牛产出牛奶、绵羊产出羊毛等。

从消耗性生物资产上收获农产品后,消耗性生物资产自身完全转为农产品而不复存在,如肉猪宰杀后的猪肉、收获后的蔬菜、用材林采伐后的木材等,企业应当将收获时点消耗性生物资产的账面价值结转为农产品的成本,借记"农产品"科目,贷记"消耗性生物资产"科目。

借:农产品

　　贷:消耗性生物资产

对于不通过入库直接销售的鲜活产品等,按实际成本,借记"主营业务成本",贷记"消耗性生物资产"科目。

借:主营业务成本
　　贷:消耗性生物资产

【例 5-15】 丙种植企业 2022 年 6 月入库小麦 20 吨,成本为 12 000 元。丙企业会计处理如下:

借:农产品——小麦 12 000
　　贷:消耗性生物资产——小麦 12 000

(二)生产性生物资产收获农产品

生产性生物资产具备自我生长性,能够在生产经营中长期、反复使用,从而不断产出农产品。从生产性生物资产上收获农产品后,生产性生物资产这一母体仍然存在,如奶牛产出牛奶、从果树上采摘下水果等。农业生产过程中发生的各项生产费用,按照经济用途可以分为直接材料、直接人工等直接费用以及间接费用,企业应当区别处理:

1. 农产品收获过程中发生的直接费用

业务 5-14　农产品收获过程中发生直接费用的处理。

农产品收获过程中发生的直接材料、直接人工等直接费用,直接计入相关成本核算对象,借记"农业生产成本——农产品"科目,贷记"库存现金""银行存款""原材料""应付职工薪酬""生产性生物资产累计折旧"等科目。

借:农业生产成本——农产品
　　贷:银行存款等

【例 5-16】 丁奶牛养殖企业 2022 年 4 月发生奶牛(已进入产奶期)的饲养费用如下:领用饲料 5 000 千克,计 1 200 元,应付饲养人员工资 3 000 元,以现金支付防疫费 500 元。甲企业的账务处理如下:

借:生产成本——农业生产成本(牛奶) 4 700
　　贷:原材料 1 200
　　　　应付职工薪酬 3 000
　　　　库存现金 500

2. 农产品收获过程中发生的间接费用

业务 5-15　农产品收获过程中发生间接费用的处理。

农产品收获过程中发生的间接费用,如材料

费、人工费、生产性生物资产的折旧费等应分摊的共同费用,应当在生产成本归集,借记"农业生产成本——共同费用"科目,贷记"库存现金""银行存款""原材料""应付职工薪酬""生产性生物资产累计折旧"等科目;在会计期末按一定的分配标准,分配计入有关的成本核算对象,借记"农业生产成本——农产品"科目,贷记"农业生产成本——共同费用"科目。

借:农业生产成本——农产品
　　贷:农业生产成本——共同费用

实务中,常用的间接费用分配方法通常以直接费用或直接人工为基础,直接费用比例法以生物资产或农产品相关的直接费用为分配标准,直接人工比例法以直接从事生产的工人工资为分配标准,其公式为:

$$间接费用分配率 = 间接费用总额 \div 分配标准(即直接费用总额或直接人工总额) \times 100\%$$

$$某项生物资产或农产品应分配的间接费用额 = 该项资产相关的直接费用或直接人工 \times 间接费用分配率$$

除此之外,还可以直接材料、生产工时等为基础进行分配,企业可以根据实际情况加以选用。例如蔬菜的温床费用分配计算公式如下:

$$蔬菜应分配的温床(温室)费用 = [温床(温室)费用总数 \div 实际使用的格日(平方米日)总数] \times 该种蔬菜占用的格日(平方米日)数$$

其中,温床格日数是指某种蔬菜占用温床格数和在温床生产日数的乘积,温室平方米日数是指某种蔬菜占用的平方米数和在温室生长日数的乘积。

【例 5-17】 甲农场利用温床培育丝瓜、西红柿两种秧苗,温床费用为 3 200 元,其中丝瓜占用温床 40 格,生长期为 30 天;西红柿占用温床 10 格,生长期为 40 天。秧苗育成移至温室栽培后,发生温室费用 15 200 元,其中丝瓜占用温室 1 000 平方米,生长期为 70 天;西红柿占用温室 1 500 平方米,生长期为 80 天。两种蔬菜发生的直接生产费用为 3 000 元,其中丝瓜 1 360 元,西红柿 1 640 元。应负担的间接费用共计 4 500 元,采用直接费用比例法分配。丝瓜和西红柿两种蔬菜的

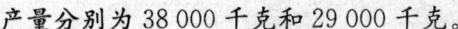

产量分别为 38 000 千克和 29 000 千克。

有关计算如下：丝瓜应分配的温床费用＝
3 200÷(40×30+10×40)×40×30＝2 400(元)。

丝瓜应分配的温室费用＝15 200÷(1 000×
70+1 500×80)×1 000×70＝5 600(元)。

丝瓜应分配的间接费用＝4 500÷(1 360+
1 640)×1 360＝2 040(元)。

西红柿应分配的温床费用＝3 200÷(40×
30+10×40)×10×40＝800(元)。

西红柿应分配的温室费用＝15 200÷(1 000×
70+1 500×80)×1 500×80＝9 600(元)。

西红柿应分配的间接费用＝4 500÷(1 360+
1 640)×1 640＝2 460(元)。

四、农产品成本结转方法

业务 5-16 农产品成本结转的处理。

在收获时点企业应当将该时点归属于某农产品生产成本的账面价值结转为农产品的成本，借记"农产品"科目，贷记"农业生产成本——农产品"科目。具体的成本结转方法包括加权平均法、个别计价法、蓄积量比例法、轮伐期年限法等。企业可以根据实际情况选用合适的成本结转方法，但是一经确定，不得随意变更。

借：农产品
　　贷：农业生产成本——农产品

【例 5-18】 2022 年 5 月末，甲公司(畜牧养殖小企业)养殖的肉猪账面余额为 24 000 元，共计 40 头；6 月 6 日花费 7 000 元新购入一批肉猪养殖，共计 10 头；6 月 30 日屠宰并出售肉猪 20 头，支付临时工屠宰费用 100 元，出售取得价款 16 000 元；6 月共发生饲养费用 500 元(其中，应付专职饲养员工资 300 元，饲料 200 元)。甲企业采用移动加权平均法结转成本。甲公司会计处理如下：

平均单位成本＝(24 000+7 000+500)÷(40+10)＝630(元)。

出售猪肉的成本＝630×20＝12 600(元)。

借：消耗性生物资产——肉猪　　　　　7 000
　　贷：银行存款　　　　　　　　　　　　7 000

借：消耗性生物资产——肉猪　　　　　　500
　　贷：应付职工薪酬　　　　　　　　　　300
　　　　原材料　　　　　　　　　　　　　200

借：农产品——猪肉　　　　　　　　12 700
　　贷：消耗性生物资产　　　　　　　12 600
　　　　库存现金　　　　　　　　　　　100

借：库存现金　　　　　　　　　　　16 000
　　贷：主营业务收入　　　　　　　　16 000

借：主营业务成本　　　　　　　　　12 700
　　贷：农产品——猪肉　　　　　　　12 700

第六章

小企业无形资产财税处理

政策依据：

《小企业会计准则》（财会〔2011〕17号）；

《企业所得税法》及其实施条例；

《增值税暂行条例》及其实施细则；

《关于企业加强研发费用财务管理的若干意见》（财企〔2007〕194号）；

《中华人民共和国车辆购置税法》；

《关于企业资产损失税前扣除政策的通知》（财税〔2009〕57号）；

《企业资产损失所得税税前扣除管理办法》（国家税务总局公告2011年第25号）。

第一节　小企业无形资产概述

一、无形资产的概念与特征

《小企业会计准则》条文及主旨：

第三十八条　无形资产，是指小企业为生产产品、提供劳务、出租或经营管理而持有的、没有实物形态的可辨认非货币性资产。

小企业的无形资产包括土地使用权、专利权、商标权、著作权、非专利技术等。

自行开发建造厂房等建筑物，相关的土地使用权与建筑物应当分别进行处理。外购土地及建筑物支付的价款应当在建筑物与土地使用权之间按照合理的方法进行分配；难以合理分配的，应当全部作为固定资产。

【条文主旨】本条是关于无形资产的定义及构成的规定。

（一）无形资产的概念

无形资产，是指小企业为生产产品、提供劳务、出租或经营管理而持有的、没有实物形态的可辨认非货币性资产。小企业的无形资产包括土地使用权、专利权、商标权、著作权、非专利技术等。

（二）无形资产的特征

无形资产具有三个主要特征。

1. 无形资产不具有实物形态

无形资产通常表现为某种权利、某项技术或是某种获取超额利润的综合能力，它们不具有实物形态，如土地使用权、非专利技术等。需要指出的是，某些无形资产的存在有赖于实物载体，比如，计算机软件需要存储在介质中，但这并不改变无形资产本身不具有实物形态的特性。在确定一项包含无形和有形要素的资产是属于固定资产还是属于无形资产时，需要通过判断来加以确定，通常以哪个要素更重要作为判断的依据。例如，计算机控制的机械工具没有特定计算机软件就不能运行时，则说明该软件构成相关硬件不可缺少的组成部分，该软件应作为固定资产处理；如果计算机软件不是相关硬件不可缺少的组成部分，则该软件应作为无形资产处理。

2. 无形资产具有可辨认性

资产满足下列条件之一的，符合无形资产定义中的可辨认性标准：

（1）能够从小企业中分离或者划分出来，并能单独或者与相关合同、资产或负债一起，用于出售、转让、授予许可、租赁或者交换。

（2）源自合同性权利或其他法定权利，无论这些权利是否可以从小企业或其他权利或义务中转移或者分离。如一方通过与另一方签订特许权合同而获得的特许使用权，通过法律程序申请获得的商标权、专利权等。

商誉的存在无法与小企业自身分离，不具有可辨认性，不属于本章小企业所指无形资产。

3. 无形资产属于非货币性长期资产

非货币性资产是指企业持有的货币资金和将以固定或可确定的金额收取的资产以外的其他资产。无形资产在持有过程中为企业带来未来经济利益的情况不确定，不属于以固定或可确定的金额收取的资产，属于非货币性资产。

二、无形资产的内容构成

小企业的无形资产包括土地使用权、专利权、商标权、著作权、非专利技术等。

（一）土地使用权

土地使用权，是指国家准许某企业在一定期间内对国有土地享有开发、利用、经营的权利。根据《土地管理法》的规定，我国土地实行公有制，任何单位和个人不得侵占、买卖或者以其他形式非法转让。企业取得土地使用权的方式大致包括行政划拨取得、外购取得及投资者投资取得。

小企业会计准则对土地使用权有特别规定，土地使用权的会计处理应把握以下几项原则：

（1）小企业取得的土地使用权应确认为无形资产。

（2）土地使用权用于自行开发建造厂房等建筑物，相关的土地使用权不与地上建筑物合并计算其成本，而仍作为无形资产进行核算，土地使用权与地上建筑物分别进行摊销和计提折旧。

（3）小企业（房地产开发经营）将土地使用权用于建造对外出售的房屋建筑物，相关的土地使用权应当计入所建造的房屋建筑物的成本。

（4）小企业外购的房屋建筑物，实际支付的价款中包含了土地和建筑物的价值，应当按照合理的方法在建筑物和土地使用权之间进行分配；如果确实无法合理分配，应当全部作为固定资产。合理的分配方法通常是按照土地使用权和建筑物的市场价格或评估价值的相应比例进行分配。小企业自行开发建造厂房等建筑物，相关的土地使用权与建筑物应当分别进行处理。外购土地及建筑物支付的价款应当在建筑物与土地使用权之间按照合理的方法进行分配；难以合理分配的，应当全部作为固定资产。

（二）专利权

专利权，是指国家专利主管机关依法授予发明创造专利申请人，对其发明创造在法定期限内所享有的专有权利，包括发明专利权、实用新型专利权和外观设计专利权。发明，是指对产品、方法或者其改进所提出的新的技术方案。实用新型，是指对产品的形状、构造或者其结合所提出的适用于实用的新技术方案。外观设计，是指对产品的形状、图案或者其结合以及色彩与形状、图案的结合所作出的富有美感并适用于工业应用的新设计。发明专利权的期限为 20 年，实用新型专利权和外观设计专利权的期限为 10 年，均自申请日起计算。

（三）商标权

商标是用来辨认特定的商品或劳务的标记。商标权指专门在某类指定的商品或产品上使用特定的名称或图案的权利。商标经过注册登记，就获得了法律上的保护。《中华人民共和国商标法》明确规定，经商标局核准注册的商标为注册商标，商标注册人享有商标专用权，受法律的保护。注册商标的有效期为 10 年，自核准注册之日起计算。注册商标有效期满，需要继续使用的，应当在期满前 12 个月内申请续展注册；在此期间未能提出申请的，可以给予 6 个月的宽展期。宽展期满仍未提出申请的，注销其注册商标。每次续展注册的有效期为 10 年。

小企业自创的商标并将其注册登记，所花费用一般不大，是否将其资本化并不重要。能够给拥有者带来获利能力的商标，往往是通过多年的广告宣传和其他传播商标名称的手段，以及客户的信赖等树立起来的。广告费一般不作为商标权的成本，而是在发生时直接计入当期损益。按照《中华人民共和国商标法》的规定，商标可以转让，但受让人应保证使用该注册商标的产品质量。如果小企业购买他人的商标，一次性支出费用较大的,可以将其资本化,作为无形资产管理。

(四)非专利技术

非专利技术也称专有技术,是指先进的、未公开的、未申请专利、在生产经营活动中已采用了的、不享有法律保护的、可以带来经济效益的各种技术和诀窍。主要包括:一是工业专有技术,即在生产上已经采用,仅限于少数人知道,不享有专利权或发明权的生产、装配、修理、工艺或加工方法的技术知识;二是商业(贸易)专有技术,即具有保密性质的市场情报、原材料价格情报以及用户、竞争对象的情况和有关知识;三是管理专有技术,即生产组织的经营方式、管理方式、培训职工方法等保密知识。

小企业的非专利技术,有些是自己开发研究的,有些是根据合同规定从外部购入的。如果是小企业自己开发研究的,应将符合《小企业会计准则》规定的开发支出资本化条件的,确认为无形资产。对于从外部购入的非专利技术,应将实际发生的支出予以资本化,作为无形资产入账。

(五)著作权

著作权又称版权,是指作者对其创作的文学、科学和艺术作品依法享有的某些特殊权利。著作权包括作品署名权、发表权、修改权和保护作品完整权,还包括复制权、发行权、出租权、展览权、表演权、放映权、广播权、信息网络传播权、摄制权、改编权、翻译权、汇编权以及因授权他人使用作品而获得经济利益的权利。

(六)特许权

特许权又称经营特许权、专营权,是指企业在某一地区经营或销售某种特定商品的权利或是一家企业接受另一家企业使用其商标、商号、技术秘密等的权利。通常有两种形式:一种是由政府机构授权,准许企业使用或在一定地区享有经营某种业务的特权,如水、电、邮电通信等专营权、烟草专卖权等;另一种指企业间依照签订的合同,有限期或无限期使用另一家企业的某些权利,如连锁店分店使用总店的名称等。

三、无形资产的确认

无形资产应当在符合定义的前提下,同时满足以下两个确认条件时,才能予以确认。

(一)与该资产有关的经济利益很可能流入小企业

作为无形资产确认的项目,必须具备产生的经济利益很可能流入小企业。通常情况下,无形资产产生的未来经济利益可能包括在销售商品、提供劳务的收入中,或者小企业使用该项无形资产而减少或节约的成本中,或体现在获得的其他利益中。例如,生产加工企业在生产工序中使用了某种知识产权,使其降低了未来生产成本,而不是增加了未来收入。实务中,要确定无形资产创造的经济利益是否很可能流入企业,需要进行职业判断。在进行这种判断时,需要对无形资产在预计使用寿命内可能存在的各种经济因素做出合理估计,并且应当有明确的证据支持。比如,企业是否有足够的人力资源、高素质的管理队伍、相关的硬件设备、相关的原材料等来配合无形资产为企业创造经济利益,同时更重要的是关注一些外界因素的影响,如是否存在相关的新技术、新产品冲击与无形资产相关的技术或据其生产的产品的市场等。在进行判断时,小企业的管理当局应对无形资产的预计使用寿命内存在的各种因素做出最稳健的估计。

(二)该无形资产的成本能够可靠地计量

成本能够可靠地计量是资产确认的一项基本条件。对于无形资产来说,这个条件相对更为重要。比如,小企业内部产生的品牌、报刊名等,因其成本无法可靠计量,因此不作为无形资产确认;又如,一些高新科技企业的科技人才假定其与企业签订了服务合同,且合同规定其在一定期限内不能为其他企业提供服务。在这种情况下,虽然这些科技人才的知识在规定的期限内预期能够为企业创造经济利益,但由于这些技术人才的知识难以辨认,且形成这些知识所发生的支出难以计量,因而不能作为企业的无形资产加以确认。

无论是会计政策还是《企业所得税法》,对无形资产入账的单价标准均无明确规定,小企业可根据经营实际结合上述规定自行确定。

四、无形资产确认税会差异分析

企业所得税法对无形资产的税务处理也进行了规定。《企业所得税法实施条例》第 65 条规定:

"企业所得税法第12条所称无形资产,是指企业为生产产品、提供劳务、出租或者经营管理而持有的、没有实物形态的非货币性长期资产,包括专利权、商标权、著作权、土地使用权、非专利技术、商誉等。"

小企业会计准则关于无形资产的定义及构成的规定与企业会计准则和企业所得税法的基本一致,所不同是无形资产中不包括商誉,但包括了投资性房地产中的用于出租的土地使用权。

一是关于商誉。由于商誉的存在无法与企业自身分离,不具有可辨认性,在会计上不作无形资产处理,由于商誉属于没有实物形态的非货币性长期资产,在税法中作为无形资产处理。

二是已出租的土地使用权、持有并准备增值后转让的土地使用权。在小企业会计准则和税务处理上,企业为取得土地使用权支付给国家或其他纳税人的土地出让价款、无偿取得的土地使用权,都作为无形资产处理。

三是关于计算机软件。在会计处理上,主要是根据计算机软件的重要性来确定是否作为无形资产核算。在税务处理上,主要是根据计算机软件是否单独计价来确定是否作为无形资产管理。一般来说,企业购买计算机应用软件,凡随同计算机硬件一起购入的,计入固定资产价值;单独购入的,作为无形资产管理。

第二节　无形资产取得财税处理

《小企业会计准则》条文及主旨:

第三十九条　无形资产应当按照成本进行计量。

(一)外购无形资产的成本包括:购买价款、相关税费和相关的其他支出(含相关的借款费用)。

(二)投资者投入的无形资产的成本,应当按照评估价值和相关税费确定。

(三)自行开发的无形资产的成本,由符合资本化条件后至达到预定用途前发生的支出(含相关的借款费用)构成。

【条文主旨】本条是关于取得无形资产成本确定的规定。

无形资产的取得即初始计量,小企业会计准则规定,无形资产应当按照成本进行计量,以取得无形资产发生的全部支出作为成本。但是,对于不同方式取得的无形资产,其成本构成不尽相同。

小企业取得无形资产方式主要有三种,分别为外购、投资者投入和自行开发。

一、科目设置

《小企业会计准则》应用指南

1701　无形资产

一、本科目核算小企业持有的无形资产成本。

二、本科目应按照无形资产项目进行明细核算。

三、无形资产的主要账务处理。

(一)小企业外购无形资产,应当按照实际支付的购买价款、相关税费和相关的其他支出(含相关的利息费用),借记本科目,贷记"银行存款""应付利息"等科目。

(二)自行开发建造厂房等建筑物,外购土地及建筑物支付的价款应当在建筑物与土地使用权之间按照合理的方法进行分配,其中属于土地使用权的部分,借记本科目,贷记"银行存款"等科目。

(三)收到投资者投入的无形资产,应当按照评估价值和相关税费,借记本科目,贷记"实收资本""资本公积"科目。

（四）开发项目达到预定用途形成无形资产的，按照应予资本化的支出，借记本科目，贷记"研发支出"科目。

（五）因出售、报废、对外投资等原因处置无形资产，应当按照取得的出售无形资产的价款等处置收入，借记"银行存款"等科目，按照其已计提的累计摊销，借记"累计摊销"科目，按照应支付的相关税费及其他费用，贷记"应交税费——应交增值税（销项税额）""银行存款"等科目，按照其成本，贷记本科目，按照其差额，贷记"营业外收入——非流动资产处置净收益"科目或借记"营业外支出——非流动资产处置净损失"科目。

（1）小企业应该设置"无形资产"科目，核算小企业持有的无形资产成本。借方登记取得增加无形资产的成本，贷方登记处置无形资产转销的成本。期末借方余额，反映小企业拥有无形资产的成本。本科目应按照无形资产项目进行明细核算。

（2）小企业应该设置"累计摊销"科目，核算小企业对无形资产计提的累计摊销。贷方登记按月采用年限平均法计提无形资产的摊销额，借方登记处置无形资产同时结转的累计摊销额。期末借方余额，反映小企业无形资产的累计摊销额。本科目应按照无形资产项目进行明细核算。

"无形资产"期末余额－"累计摊销"期末余额＝无形资产期末账面价值

（3）小企业应该设置"研发支出"科目，核算小企业进行研究与开发无形资产过程中发生的各项支出。借方登记小企业自行研究开发无形资产发生归集的研发支出，包括费用化支出和资本化支出，贷方登记月末转出的费用化支出以及结转无形资产的资本化支出。期末借方余额，反映小企业正在进行的无形资产开发项目满足资本化条件的支出。本科目应按照研究开发项目，分别"费用化支出""资本化支出"进行明细核算。

二、外购无形资产

（一）外购无形资产成本的确定

外购无形资产的成本包括购买价款、相关税费和相关的其他支出。相关税费，即在购买无形资产的过程中发生的直接相关的税费，如购买土地使用权时交纳的契税、商标权的注册费等。其中，相关税费不包括按照现行增值税制度规定，可以从销项税额中抵扣的增值税进项税额。相关的其他支出包括使无形资产达到预定用途所发生的借款费用、专业服务费用、测试无形资产是否能够

正常发挥作用的费用等，但不包括为引入新产品进行宣传发生的广告费、管理费用及其他间接费用，也不包括在无形资产已经达到预定用途以后发生的费用。借款费用资本化金额的确定详见本书第十一章"借款费用"部分。

（二）账务处理

业务 6-1 外购无形资产的处理。

外购无形资产，取得增值税专用发票的，按注明的价款及增值税进项税额，借记"无形资产""应交税费——应交增值税（进项税额）"科目；取得增值税普通发票的，按照注明的价税合计金额作为无形资产的成本，其进项税额不可抵扣。

借：无形资产
　　应交税费——应交增值税（进项税额）
　　　贷：银行存款等

【例 6-1】 甲公司为增值税一般纳税人，2022 年 4 月，购入一项非专利技术，取得的增值税专用发票上注明的价款为 900 000 元，税率 6%，增值税税额 54 000 元，以银行存款支付。甲公司会计处理如下：

借：无形资产——非专利技术　　　　　900 000
　　应交税费——应交增值税（进项税额） 54 000
　　　贷：银行存款　　　　　　　　　　　954 000

对于一并购入的无形资产和其他资产，其成本通常应按该无形资产和其他资产的公允价值相对比例确定。

自行开发建造厂房等建筑物，外购土地及建筑物支付的价款应当在建筑物与土地使用权之间按照合理的方法进行分配，其中属于土地使用权的部分：

借：无形资产——土地使用权
　　应交税费——应交增值税（进项税额）
　　　贷：银行存款等

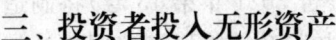

三、投资者投入无形资产

(一) 投资者投入无形资产成本的确定

根据《公司法》的规定,投资者既可以用货币出资,也可以用实物、知识产权、土地使用权出资,并且应当评估作价,不得高估或者低估作价。其中,知识产权和土地使用权构成了接受投资方的无形资产。因此,遵照公司法的规定,投资者投入的无形资产应当按照评估价值确定其成本。如果涉及相关税费,还应按照税法规定进行相应会计处理。

(二) 账务处理

业务 6-2　投资者投入无形资产的处理。

投资者投入的无形资产,取得增值税专用发票的,按注明的价款及增值税进项税额,借记"无形资产""应交税费——应交增值税(进项税额)"科目;取得增值税普通发票的,按照注明的价税合计金额作为无形资产的成本,其进项税额不可抵扣。按照投资合同或协议约定的价值贷记"实收资本""资本公积"科目。

借:无形资产
　应交税费——应交增值税(进项税额)
　　贷:实收资本
　　　资本公积

【例 6-2】 因乙公司创立的商标已有较好的声誉,甲公司预计使用乙公司商标后可使其未来利润增长 30%。为此,甲公司与乙公司协议商定,乙公司以其商标权投资于甲公司,双方协议价格(等于公允价值)为 500 万元,甲公司另支付增值税 30 万元、印花税等相关税费 2 万元,款项已通过银行转账支付。甲公司会计处理如下:

借:无形资产——商标权　　　　 5 020 000
　应交税费——应交增值税(进项税额)
　　　　　　　　　　　　　　 300 000
　　贷:实收资本　　　　　　 5 000 000
　　　银行存款　　　　　　　 320 000

四、自行开发的无形资产

自行开发的无形资产的成本,由符合资本化条件后至达到预定用途前发生的支出(含相关的借款费用)构成。研究开发项目达到预定用途形成无形资产的,按"研发支出——资本化支出"的余额,借记"无形资产"科目,贷记"研发支出——资本化支出"科目。

借:无形资产
　　贷:研发支出——资本化支出

自行开发无形资产的具体规定见下节内容。

五、非货币性资产交换、债务重组取得无形资产成本的确定

非货币性资产交换、债务重组取得的无形资产的成本,应当分别按照《企业会计准则第 7 号——非货币性资产交换》《企业会计准则第 12 号——债务重组》的规定处理。其中,非货币性资产交换取得的无形资产按换出资产的公允价值为基础确定,债务重组取得的无形资产按放弃债权的公允价值为基础确定。

六、税务处理及税会差异分析

(一) 增值税处理

根据《营业税改征增值税试点实施办法》(财税〔2016〕36 号附件 1)的规定,销售无形资产缴纳增值税,税率为 6%(土地专用权 9%),取得无形资产支付的增值税,符合条件的予以抵扣。

(二) 企业所得税

1. 计税基础确定

《企业所得税法实施条例》第 66 条规定,无形资产按照以下方法确定计税基础:(1)外购的无形资产,以购买价款和支付的相关税费以及直接归属于使该资产达到预定用途发生的其他支出为计税基础;(2)自行开发的无形资产,以开发过程中该资产符合资本化条件后至达到预定用途前发生的支出为计税基础;(3)通过捐赠、投资、非货币性资产交换、债务重组等方式取得的无形资产,以该资产的公允价值和支付的相关税费为计税基础。

为简化小企业会计核算,减轻小企业纳税调整的负担,小企业会计准则的规定与企业所得税法基本一致。

2. 加计扣除规定

研发费用加计扣除是指企业为开发新技术、新产品、新工艺发生的研究开发费用,可以在计

算应纳税所得额时,在实际发生支出数额的基础上,再加计一定比例,作为计算应纳税所得额时的扣除数额进行加计扣除。研发费用加计扣除政策是促进企业技术进步的一项重要税收优惠政策。

一般企业实际发生的研发费用,在允许据实扣除的基础上,可以再按实际发生的研发费用的75%在税前加计扣除。《财政部 税务总局关于进一步完善研发费用税前加计扣除政策的公告》(财政部、税务总局公告 2021 年第 13 号)将制造业企业研发费用加计扣除政策将研发费用加计扣除比例由 75% 提高到 100%。2022 年政府工作报告明确,将科技型中小企业加计扣除比例从 75% 提高到 100%,加大研发费用加计扣除政策实施力度,对企业基础研究投入实行税收优惠。

研发费用加计扣除的处理见本章第四节"研发费用加计扣除财税处理"部分。

第三节 内部研究开发财税处理

一、研究与开发阶段的确认

对于小企业自行进行的研究开发项目,应当区分研究阶段与开发阶段分别进行核算。关于研究阶段与开发阶段的具体划分,小企业应当根据自身实际情况以及相关信息加以判断。

(一)研究阶段

研究阶段,是指为了获取并理解新的科学或技术知识等进行的独创性、有计划的调查。研究活动的例子包括:意在获取知识而进行的活动;研究成果或其他知识的应用研究、评价和最终选择;材料、设备、产品、工序、系统或服务替代品的研究;以及新的或经改进的材料、设备、产品、工序、系统或服务的可能替代品的配制、设计、评价和最终选择等。

(二)开发阶段

开发阶段,是指在进行商业性生产或使用前,将研究成果或其他知识应用于某项计划或设计,以生产出新的或具有实质性改进的材料、装置、产品等。开发活动的例子包括:生产前或使用前的原型和模型的设计、建造和测试;含新技术的工具、夹具、模具和冲模的设计;不具有商业性生产经济规模的试生产设施的设计、建造和运营;新的或经改造的材料、设备、产品、工序、系统或服务所选定的替代品的设计、建造和测试等。

二、研究开发支出的计量

(1)自行研究开发项目在研究阶段的支出全部费用化。

研究阶段的成果是否会形成无形资产具有很大的不确定性,企业也无法证明其能够带来未来经济利益的无形资产的存在,因此,研究阶段的有关支出在发生时,应当予以费用化计入当期损益(管理费用)。

(2)自行研究开发项目在开发阶段的支出符合资本化条件的,计入无形资产的成本;不符合资本化条件的,计入当期损益(管理费用)。

由于开发阶段相对于研究阶段更进一步,且很大程度上形成一项新产品或新技术的基本条件已经具备,所发生的支出如果符合资本化的条件,应当资本化,即确认为无形资产的成本。

内部开发活动形成的无形资产的成本,由可直接归属于该资产的创造、生产并使该资产能够以管理层预定的方式运作的所有必要支出组成。可直接归属成本包括:开发该无形资产时耗费的材料、劳务成本、注册费、在开发该无形资产过程中使用的其他专利权和特许权的摊销、按照借款费用的处理原则可以资本化的利息费用等。在开发无形资产过程中发生的,除上述可直接归属于无形资产开发活动之外的其他销售费用、管理费用等间接费用,无形资产达到预定用途前发生的可辨认的无效和初始运作损失,为运行该无形资产发生的培训支出等不构成无形资产的开发成本。

值得强调的是,内部开发无形资产的成本仅包括在满足资本化条件的时点至无形资产达到预定用途前发生的支出总和,对于同一项无形资产在开发过程中达到资本化条件之前已经费用化计入当期损益的支出不再进行调整。

（3）在达到预定用途后发生的支出全部费用化，计入当期损益（管理费用）。

三、开发阶段资本化支出的条件

第四十条　小企业自行开发无形资产发生的支出，同时满足下列条件的，才能确认为无形资产：

（一）完成该无形资产以使其能够使用或出售在技术上具有可行性；

（二）具有完成该无形资产并使用或出售的意图；

（三）能够证明运用该无形资产生产的产品存在市场或无形资产自身存在市场，无形资产将在内部使用的，应当证明其有用性；

（四）有足够的技术、财务资源和其他资源支持，以完成该无形资产的开发，并有能力使用或出售该无形资产；

（五）归属于该无形资产开发阶段的支出能够可靠地计量。

【条文主旨】本条是关于自行研究开发无形资产在开发阶段有关支出资本化条件的规定。

企业所得税法也对无形资产开发支出的税务处理作了规定。《企业所得税法实施条例》第66条第2款规定，自行开发的无形资产，以开发过程中该资产符合资本化条件后至达到预定用途前发生的支出为计税基础。为简化小企业会计核算，减轻小企业纳税调整的负担，本条的规定与企业所得税法相一致。小企业自行开发无形资产发生的支出，在开发阶段同时满足下列条件的，才能确认为无形资产。

（一）完成该无形资产以使其能够使用或出售在技术上具有可行性

这一条件实质上是关于自行开发无形资产技术上可行性的要求。判断无形资产的开发在技术上是否具有可行性，应当以目前阶段的成果为基础，并提供相关证据和材料，证明企业进行开发所需的技术条件等已经具备，不存在技术上的障碍或其他不确定性。比如，小企业已经完成了全部计划、设计和测试活动，这些活动是使资产能够达到设计规划书中的功能、特征和技术所必需的活动或经过专家鉴定等。

（二）具有完成该无形资产并使用或出售的意图

这一条件实质上是关于自行开发无形资产企业管理层意图的要求。小企业自行开发无形资产的意图有两种：一是自用，二是对外出售。

小企业开发某项产品或专利技术等，通常是根据企业管理层对该项研发活动的目的或者意图加以确定。也就是说，研发项目形成成果以后，是通过自身使用获取经济利益还是通过对外出售获取经济利益，应当以企业管理层的决定为依据。因此，小企业的管理层应当明确表明其拟开发无形资产的目的，并具有完成该项无形资产开发使其能够使用或出售的可能性。

（三）能够证明运用该无形资产生产的产品存在市场或无形资产自身存在市场，无形资产将在内部使用的，应当证明其有用性

这一条件实质上是关于自行开发无形资产的经济性或有用性的要求。小企业自行开发无形资产的目的是实现经济利益，实现的方式主要有三种：一是用于生产产品，通过使用该无形资产生产产品、销售所生产的产品最终实现经济利益；二是出售，就是通过直接将所开发的无形资产对外出售实现经济利益；三是自用，而不是直接用于生产产品。前两种方式的一个共同特点是最终都需借助市场来完成。

如果有关的无形资产开发完成后是用于形成新产品或新工艺，小企业应对运用该无形资产生产的产品市场情况进行估计，应能够证明所生产的产品存在市场，能够带来经济利益的流入；如果有关的无形资产开发以后是用于对外出售，则小企业应能够证明市场上存在对该类无形资产的需求，开发以后存在外在的市场可以出售并带来经济利益的流入；如果无形资产开发以后不是用于生产产品，也不是用于对外出售，而是在小企业内部使用，则小企业应能够证明在小企业内部使用时对小企业的有用性。

（四）有足够的技术、财务资源和其他资源支持，以完成该无形资产的开发，并有能力使用或出售该无形资产

这一条件实质上是关于自行开发无形资产相关资源支持性的要求。具体包括以下内容：

1. 为完成该项无形资产开发具有技术上的可靠性

开发无形资产并使其形成成果在技术上的可靠性是继续开发活动的关键。因此,必须有确凿证据证明小企业继续开发该项无形资产有足够的技术支持和技术能力。

2. 财务资源和其他资源支持

财务资源和其他资源支持是能够完成该项无形资产开发的经济基础,因此,小企业必须能够说明为完成该项无形资产的开发所需的财务和其他资源,如资金、专业技术人员、实验室、试验场等,是否能够足以支持完成该项无形资产的开发。

小企业应证明能够获取在开发过程中所需的技术、财务和其他资源,以及小企业获得这些资源的相关计划等。比如,在小企业自有资金不足以提供支持的情况下,是否存在外部其他方面的资金支持,如银行或风险投资基金等方面愿意

为该无形资产的开发提供所需资金的声明等来证实。

3. 有能力使用或出售该无形资产,以获取经济利益

这一要求实质上反映了小企业对所开发无形资产的控制力。

(五)归属于该无形资产开发阶段的支出能够可靠计量

这一条件实质上是关于自行开发无形资产成本可计量性的要求。小企业对于研究开发活动发生的支出应单独核算,如发生的研究开发人员的职工薪酬、材料费等,所发生的开发支出同时用于支持多项开发活动的,应按照一定的标准在各项开发活动之间进行分配,无法合理分配的,应予费用化计入当期损益(管理费用),不计入无形资产的成本。

四、内部研发的财税处理

(一)科目设置

> **《小企业会计准则》应用指南**
>
> **4301　研发支出**
>
> 一、本科目核算小企业进行研究与开发无形资产过程中发生的各项支出。
>
> 二、本科目应按照研究开发项目,分别"费用化支出""资本化支出"进行明细核算。
>
> 三、研发支出的主要账务处理。
>
> (一)小企业自行研究开发无形资产发生的研发支出,不满足资本化条件的,借记本科目(费用化支出),满足资本化条件的,借记本科目(资本化支出),贷记"原材料""银行存款""应付职工薪酬""应付利息"等科目。
>
> (二)研究开发项目达到预定用途形成无形资产的,应按本科目(资本化支出)的余额,借记"无形资产"科目,贷记本科目(资本化支出)。
>
> 月末,应将本科目归集的费用化支出金额转入"管理费用"科目,借记"管理费用"科目,贷记本科目(费用化支出)。
>
> 四、本科目期末借方余额,反映小企业正在进行的无形资产开发项目满足资本化条件的支出。

不管是研究费用还是开发费用,都应该通过"研发支出"科目核算,"研发支出"科目下设"费用化支出"与"资本化支出"两个明细科目,其中"研发支出——费用化支出"科目金额应于期末转入

管理费用,"研发支出——资本化支出"科目金额应于无形资产达到预定用途后转入无形资产。

(二)研发费用财务管理规定

政策依据:

《关于企业加强研发费用财务管理的若干意见》(财企〔2007〕194号);

《企业会计准则解释第15号》(财会〔2021〕35号)。

具体政策内容见表6-1。

表6-1　政策依据

财企〔2007〕194号	财会〔2021〕35号
一、企业研发费用(即原"技术开发费"),是指企业在产品、技术、材料、工艺、标准的研究、开发过程中发生的各项费用,包括: (一)研发活动直接消耗的材料、燃料和动力费用。 (二)企业在职研发人员的工资、奖金、津贴、补贴、社会保险费、住房公积金等人工费用以及外聘研发人员的劳务费用。 (三)用于研发活动的仪器、设备、房屋等固定资产的折旧费或租赁费以及相关固定资产的运行维护、维修等费用。 (四)用于研发活动的软件、专利权、非专利技术等无形资产的摊销费用。 (五)用于中间试验和产品试制的模具、工艺装备开发及制造费,设备调整及检验费,样品、样机及一般测试手段购置费,试制产品的检验费等。 (六)研发成果的论证、评审、验收、评估以及知识产权的申请费、注册费、代理费等费用。 (七)通过外包、合作研发等方式,委托其他单位、个人或者与之合作进行研发而支付的费用。 (八)与研发活动直接相关的其他费用,包括技术图书资料费、资料翻译费、会议费、差旅费、办公费、外事费、研发人员培训费、培养费、专家咨询费、高新科技研发保险费用等。 二、企业应当明确研发费用的开支范围和标准,严格审批程序,并按照研发项目或者承担研发任务的单位,设立台账归集核算研发费用。 企业依法取得知识产权后,在境内外发生的知识产权维护费、诉讼费、代理费、"打假"及其他相关费用支出,从管理费用据实列支,不应纳入研发费用。 企业研发机构发生的各项开支纳入研发费用管理,但同时承担生产任务的,要合理划分研发与生产费用。 三、对技术要求高、投资数额大、单个企业难以独立承担的研发项目,或者研发力量集中在集团公司、由其统筹管理集团研发活动的,集团公司可以在所属全资及控股企业范围内集中使用研发费用。 集团公司集中使用的研发费用总额,原则上不超过集团合并会计报表年营业收入的2%。使用后的年末余额连续3年超过当年集中总额20%或者出现赤字的,集团公司应当调整集中的标准。 集团公司集中使用研发费用的,应当按照权责利一致等原则,确定研发费用集中收付方式以及研发成果的分享办法,维护所属全资及控股企业的合法权益。 四、企业可以建立研发准备金制度,根据研发计划及资金需求,提前安排资金,确保研发资金的需要,研发费用按实际发生额列入成本(费用)。 五、企业应当在年度财务会计报告中,按规定披露研发费用相关财务信息,包括研发费用支出规模及其占销售收入的比例,集中收付研发费用情况等。会计师事务所在审计企业年度会计报表时,应当对企业研发费用的使用和管理情况予以关注。 六、本意见所称企业研发人员,指从事研究开发活动的企业在职和外聘的专业技术人员以及为其提供直接服务的管理人员。 本意见所称企业研发机构,指按照《国家认定企业技术中心管理办法》(国家发展改革委令第53号)认定的企业技术中心及分中心,企业按照国家有关规定组建的国家(重点、工程)实验室、国家工程(技术)研究中心及其他形式的研发机构,以及企业内部设置的、经当地市级以上有关主管部门认定的研发中心、研究院所,与高等院校及科研机构联合设立的博士后站、中试基地、实验室等。	企业研发过程中产出的产品或副产品对外销售(以下统称试运行销售)的,应当按照《企业会计准则第14号——收入》《企业会计准则第1号——存货》等规定,对试运行销售相关的收入和成本分别进行会计处理,计入当期损益,不应将试运行销售相关收入抵销相关成本后的净额冲减研发支出。试运行产出的有关产品或副产品在对外销售前,符合《企业会计准则第1号——存货》规定的应当确认为存货,符合其他相关企业会计准则中有关资产确认条件的应当确认为相关资产。

(三)研发支出辅助账设置

政策依据:

《关于完善研究开发费用税前加计扣除政策的通知》(财税〔2015〕119号);

《关于企业研究开发费用税前加计扣除政策有关问题的公告》(国家税务总局公告2015年第97号);

《国家税务总局关于进一步落实研发费用加计扣除政策有关问题的公告》(国家税务总局公告2021年第28号)。

1. 2015 年版研发支出辅助账

相关政策依据见表6-2。

表6-2 政策依据

财税〔2015〕119号	国家税务总局公告2015年第97号
三、会计核算与管理 1. 企业应按照国家财务会计制度要求,对研发支出进行会计处理;同时,对享受加计扣除的研发费用按研发项目设置辅助账,准确归集核算当年可加计扣除的各项研发费用实际发生额。企业在一个纳税年度内进行多项研发活动的,应按照不同研发项目分别归集可加计扣除的研发费用。 2. 企业应对研发费用和生产经营费用分别核算,准确、合理归集各项费用支出,对划分不清的,不得实行加计扣除。 五、管理事项及征管要求 1. 本通知适用于会计核算健全、实行查账征收并能够准确归集研发费用的居民企业。 2. 企业研发费用各项目的实际发生额归集不准确、汇总额计算不准确的,税务机关有权对其税前扣除额或加计扣除额进行合理调整。	五、核算要求 企业应按照国家财务会计制度要求,对研发支出进行会计处理。研发项目立项时应设置研发支出辅助账,由企业留存备查;年末汇总分析填报研发支出辅助账汇总表,并在报送《年度财务会计报告》的同时随附注一并报送主管税务机关。研发支出辅助账、研发支出辅助账汇总表可参照本公告所附样式(见附件)编制。 (1)自主研发"研发支出"辅助账。 (2)委托研发"研发支出"辅助账。 (3)合作研发"研发支出"辅助账。 (4)集中研发"研发支出"辅助账。 (5)"研发支出"辅助账汇总表。 (6)研发项目可加计扣除研究开发费用情况归集表。

研发支出辅助账样式的定位是为企业享受加计扣除政策提供一个参照使用的样本,不强制执行。因此,2021版研发支出辅助账样式发布后,2015版研发支出辅助账样式继续有效。纳税人既可以选择使用2021版研发支出辅助账样式,也可以继续选择2015版研发支出辅助账样式。需要说明,企业继续使用2015版研发支出辅助账样式的,可以参考2021版研发支出辅助账样式对委托境外研发费用、其他相关费用限额的计算公式等进行相应调整。

为保证企业准确归集可加计扣除的研发费用,且与《研发费用加计扣除优惠明细表》(A107012)的数据项相匹配,小企业自行设计的辅助账样式,应当至少包括2021版研发支出辅助账样式所列数据项,且逻辑关系一致。

2. 2021 年版研发支出辅助账的变化

与2015版研发支出辅助账样式相比,2021版研发支出辅助账样式主要在以下方面进行了优化简化:

一是简并辅助账样式。2015版研发支出辅助账样式包括自主研发、委托研发、合作研发、集中研发等4类辅助账和辅助账汇总表样式,共"4张辅助账加1张汇总表"。2021版研发支出辅助账将4类辅助账样式合并为一类,共"1张辅助账加1张汇总表",总体上减少辅助账样式的数量。

二是精简辅助账信息。2015版研发支出辅助账样式要求填写人员人工等六大类费用的各项明细信息,并要求填报"借方金额""贷方金额"等会计信息。2021版研发支出辅助账样式仅要求企业填写人员人工等六大类费用合计,不再填写具体明细费用,同时删除了部分会计信息,减少了企业填写工作量。

三是调整优化操作口径。2015版研发支出辅助账样式未体现2015年之后的政策变化情况,如未明确委托境外研发费用的填写要求,企业需自行调整样式或分析填报。2021版研发支出辅助账样式,充分考虑了税收政策的调整情况,增加了委托境外研发的相关列次,体现其他相关费用限额的计算方法的调整。《国家税务总局关于进一步落实研发费用加计扣除政策有关问题的公告》(国家税务总局公告2021年第28号)还对填写口径进行了详细说明,便于纳税人准确归集核算。

无论是2015年版,还是2021年版辅助感样式,其定位都是供纳税人参照使用。因此2021年版辅助账样式发布以后,2015年版辅助账样式仍然有效,小企业可根据自身情况选择使用。由于2021年版辅助账体现了后续政策调整完善情况,如果小企业选择使用2015年版,建议可参考2021版研发支出辅助账样式对委托境外研发费用、其他相关费用限额的计算公式等进行相调整。此外,纳税人也可自行设计辅助账样式。自行设计的辅助账样式至少要包含2021年版研发支出辅助账样式所列数据项,且逻辑关系一致,这样要求是为了与年度纳税申报表《研发费用加计扣除优惠明细表》数据项相匹配,便于企业准确进行汇算清缴。

为使年度纳税申报表与2021年版辅助账相面

接,2021年新修订的年度纳税申报表还进行了相应调整:基础信息表中增加了研发支出辅助账样式的选项,选择2021年版和自行设计的则《研发费用加计扣除优惠明细表》中相关明细行次可以不填写,选择2015年版的需要填写全部行次。小企业在年度纳税申报时,要准确选用采用的形式,并根据要求填写申报。

3. 2021年版研发支出辅助账

业务9-3　研发支出辅助账的设置及填写。

2021年版研发支出辅助账样式见表6-3。

表6-3　2021版研发支出辅助账(样式)

项目编号:　　　项目名称:　　　完成情况:　　　支出类型:　　　金额单位:元

凭证信息				会计凭证记载金额	税法规定的归集金额	费用明细(税法规定)						
						人员人工费用	直接投入费用	折旧费用	无形资产摊销	新产品设计费等	其他相关费用	委托研发费用	
日期	种类	号数	摘要									委托境内机构或个人进行研发活动所发生的费用	委托境外机构进行研发活动所发生的费用
合计金额													

会计主管:　　　　　　　　　　　　　　　　　　　　　　　　　　　　录入人:

填写说明:

① 对享受加计扣除的研发费用按项目设置研发支出辅助账,用于归集已按照国家财务会计制度进行会计处理,且属于税前加计扣除归集范围的研发费用。

对于单个研发项目涉及多种研发形式的,该研发项目只需建立一套辅助账,无需再按不同研发形式分别设置辅助账。例如,某一研发项目一部分采取自主研发形式,另一部分采取委托研发形式,企业不必分别设置自主研发和委托研发两套辅助账,对同时包括两种及两种以上研发形式的支出,统一在一套辅助账中归集。

② 项目编号:企业可自行对本企业的研发项目进行编号,并据此填写本栏次。

③ 项目名称:根据企业研发项目计划书或立项决议文件等据实填写。

④ 完成情况:根据项目完成进度,选填"未结束"或"已结束"。其中:对于跨年度的研发项目,截至所属期末尚未完成的项目,填写"未结束";对于企业确认研发失败的项目,填写"已结束"。

⑤ 支出类型:根据会计处理情况,选填"费用化"或"资本化"。其中:"费用化"是研发支出直接计入当期损益,在发生年度一次性扣除;"资本化"是指相关研发支出计入无形资产的成本,待其研发成功后,从无形资产可供使用时起,通过分期摊销的方式跨年度扣除。

需要说明:一是对于单个研发项目涉及费用化支出和资本化支出两个阶段的,应当按照费用化支出和资本化支出分别设置辅助账。具体操作方法:当研发项目在研发初期采取费用化方式时,支出类型填写"费用化",按规定设置辅助账。当该项目进入资本化阶段,费用化辅助账完成情况选择"已结束";同时对该项目新设辅助账,将支出类型选择为"资本化",按规定归集该项目的资本化支出。二是对于支出类型为"资本化"的跨年度研发项目,可仅设置一套辅助账,在形成无形资产年度再将相关数据填写汇总表;若企业根据自身核算方式,选择每年新设辅助账的,可在辅助账中自行新增"期初余额"行次,实现每个年度资本化金额的结转,在形成无形资产年度再将相关数据填写到汇总表。

⑥ 凭证信息中有关日期、种类、号数、摘要等信息:按照每一张可以加计扣除的研发费用的会计凭证信息填写。采用会计电算化的企业,通过软件导出的明细数据,可以视同相关凭证信息,不再重复填写。

⑦ 会计凭证记载金额:按照国家财务会计制度规定核算的金额填写。每张会计凭证对应一个行次,若一张会计凭证

上记载了多项不同类型的费用的,如既记载了人员人工费用,又记载了其他相关费用,可填写在同一行,无需再分行填写。

⑧ 税法规定的归集金额:填写对应的会计凭证中,可纳入加计扣除范围的研发费用的金额。

⑨ 费用明细(税法规定):按不同费用类型分项填写可加计扣除范围的研发费用数额。对于同一凭证涉及多个研发项目的费用的,按合理方法在不同研发项目之间分配后填写。合理方法由企业根据实际情况具体确定。

人员人工费用。填写会计凭证中,可纳入加计扣除范围的人员人工费用,具体包括:直接从事研发活动人员的工资薪金、基本养老保险费、基本医疗保险费、失业保险费、工伤保险费、生育保险费和住房公积金,以及外聘研发人员的劳务费用。其中,对于研发人员的股权激励支出,如在税前扣除的当年,该人员仍从事研发工作,则可将可加计扣除的金额填入本栏次;对于该人员不再从事研发活动的,对其应归属于研发费用的部分不再填写本表,直接填入《2021版研发支出辅助账汇总表》"其中:其他事项"行"人员人工费用"列。

直接投入费用。填写会计凭证中,可纳入加计扣除范围的直接投入费用,具体包括:研发活动直接消耗的材料、燃料和动力费用,用于中间试验和产品试制的模具、工艺装备开发及制造费,不构成固定资产的样品、样机及一般测试手段购置费,试制产品的检验费,用于研发活动的仪器、设备的运行维护、调整、检验、维修等费用,以及通过经营租赁方式租入的用于研发活动的仪器、设备租赁费。

折旧费用。填写会计凭证中,可纳入加计扣除范围的折旧费用,具体是指用于研发活动的仪器、设备的折旧费。

无形资产摊销。填写会计凭证中,可纳入加计扣除范围的无形资产摊销费用,具体是指用于研发活动的软件、专利权、非专利技术(包括许可证、专有技术、设计和计算方法等)的摊销费用。

新产品设计费等。填写会计凭证中,可纳入加计扣除范围的新产品设计费、新工艺规程制定费、新药研制的临床试验费、勘探开发技术的现场试验费。

其他相关费用。填写会计凭证中,可纳入加计扣除范围的与研发活动直接相关的其他费用,具体包括:技术图书资料费、资料翻译费、专家咨询费、高新科技研发保险费,研发成果的检索、分析、评议、论证、鉴定、评审、评估、验收费用,知识产权的申请费、注册费、代理费,差旅费、会议费,职工福利费、补充养老保险费、补充医疗保险费。

委托研发费用。填写会计凭证中,可纳入加计扣除范围的委托研发费用,具体填写委托方实际支付给受托方的金额。对于研发项目仅涉及委托研发一种研发形式的,其他栏次无需填写。

表内表间关系:

① 合计金额:根据各行数据汇总填写。

② 税法规定的归集金额:根据费用明细(税法规定)各列数据汇总填写。

③ 所属期间的费用化项目、已结束的资本化项目的辅助账,按项目编号、项目名称、完成情况、支出类型等表头信息和表中"合计金额"行的相关栏次金额填至《2021版研发支出辅助账汇总表》中。

4. 2021版研发支出辅助账汇总表

业务9-4 研发支出辅助账汇总表的设置及填写。

(1) 2021版研发支出辅助账汇总表(样式)见表6-4。

表6-4 2021版研发支出辅助账汇总表(样式)

纳税人识别号(统一社会信用代码):　　　　　纳税人名称:　　　　　属期:　　　　　金额单位:元

项目编号	项目名称	完成情况	支出类型	允许加计扣除金额合计	人员人工费用	直接投入费用	折旧费用	无形资产摊销	新产品设计费等	前五项小计	其他相关费用及限额		委托研发费用及限额			
											其他相关费用合计	经限额调整后的其他相关费用	委托境内机构或个人进行研发活动所发生的费用	允许加计扣除的委托境内机构或个人进行研发活动所发生的费用	委托境外机构进行研发活动所发生的费用	经限额调整后的委托境外机构进行研发活动所发生的费用
				1	2	3	4	5	6	7.1	7.2	8.1	8.2	8.3	8.4

项目编号	项目名称	完成情况	支出类型	允许加计扣除金额合计	人员人工费用	直接投入费用	折旧费用	无形资产摊销	新产品设计费等	前五项小计	其他相关费用及限额		委托研发费用及限额			
											其他相关费用合计	经限额调整后的其他相关费用	委托境内机构或个人进行研发活动所发生的费用	允许加计扣除的委托境内机构或个人进行研发活动所发生的费用	委托境外机构进行研发活动所发生的费用	经限额调整后的委托境外机构进行研发活动所发生的费用
				1	2	3	4	5	6		7.1	7.2	8.1	8.2	8.3	8.4
资本化金额小计																
费用化金额小计																
其中：其他事项																
金额合计																

法定代表人（签章）：

填写说明：

① 本表根据所属期间的费用化、已结束的资本化项目的《2021 版研发支出辅助账》中项目编号、项目名称、完成情况、支出类型等表头信息和"合计金额"行的相应栏次金额填写、计算。

② "其中：其他事项"行次填写符合研发费用加计扣除条件，但不能归集到具体研发项目的支出，例如：接受股权激励的研发人员，在税前扣除当年不再从事研发活动的，将股权激励支出直接填入"其中：其他事项"行次。

（3）表内表间关系：

① "资本化金额小计"行：汇总填写所属期间已结束的资本化项目的合计金额。

② "费用化金额小计"行：汇总填写所属期间费用化项目及"其中：其他事项"行的合计金额。

③ "金额合计"行＝"资本化金额小计"行＋"费用化金额小计"行。

④ "允许加计扣除金额合计"列＝第 6 列＋第 7.2 列＋第 8.2 列＋第 8.4 列。

⑤ "前五项小计"列＝第 1 列＋第 2 列＋第 3 列＋第 4 列＋第 5 列。

⑥ 第 7.2 列"经限额调整后的其他相关费用"按以下规则填写：

"金额合计"行：第 7.2 列根据第 7.1 列合计数与第 6 列×10%÷(1−10%)孰小值填写。

除费用化项目以外的其他行：第 7.2 列＝("金额合计"行第 7.2 列÷"金额合计"行第 7.1 列)×相应行第 7.1 列，主要是将允许加计扣除的其他相关费用分摊至每一资本化项目，以便其以后年度采取摊销方式加计扣除。

⑦ 第 8.2 列＝第 8.1 列×80%。

⑧ 第 8.4 列"经限额调整后的委托境外机构进行研发活动所发生的费用"按以下原则填写：

"金额合计"行：第 8.4 列根据(第 6 列＋第 7.2 列＋第 8.2 列)×2÷3 与第 8.3 列×80%的孰小值填写。

除费用化项目以外的其他行：第 8.4 列＝("金额合计"行第 8.4 列÷"金额合计"行第 8.3 列)×相应行第 8.3 列，主要是将允许加计扣除的委托境外研发费用分摊至每一资本化项目，以便其以后年度采取摊销方式加计扣除。

⑨ 企业享受研发费用加计扣除优惠时，将本表"金额合计"行全部栏次、"资本化金额小计"行及"费用化金额小计"行对应的"允许加计扣除金额合计"栏次，填写至《研发费用加计扣除优惠明细表》(A107012)相应栏次。

5. 2021 年版辅账样式需要特别关注的几个口径

（1）关于填写口径。

为提高填写口径的统一性和确定性，避免实际操作过程中的误解，2021 年版辅助账样式对每列填写口径进行了明确说明：辅助账中除"会计凭证记载金额"列按会计口径填写外，其余涉及金额的列次均按税法口径填写。辅助账汇总表与辅助账存在着关联关系，其各列金额均是由辅助账税法口径汇总而成，因此也是税收口径金额，可以直接计算得出各类费用可加计扣除金额，填入年度纳税申报表。

（2）资本化项目委托境外研发费用，其他相关费用可加计扣除金额的计算。

委托境外研发费用、其他相关费用均采取限额管理的方式,按照现行政策规定,其限额均是全部研发项目统一计算,进而得出全部项目的可加计扣除额。由于资本化项目涉及以后年度摊销的问题,在计算出全部项目的可加计扣除额的基础上,还须准确计算出每个资本化项目的可加计扣除的委托境外研发费用、其他相关费用。其具体计算步骤如下:

第一步,按当年全部费用化项目和当年已结束的资本化项目统一计算出当年全项目委托境外研发项目、其他相关费用额。

第二步,比较委托境外研发费用限额、其他相关费用限额及其实际发生数的大小,确定可加计扣除的委托境外研发费用、其他相关费用金额。

第三步,用可加计扣除的委托境外研发费用、其他相关费用金额除以全部项目实际发生的委托境外研发费用、其他相关费用,得出可加计扣除比例。

第四步,用可加计扣除比例乘以每个资本化项目实际发生的委托境外研发费用、其他相关费用,得出单个资本化项目可加计扣除的委托境外研发费用、其他相关费用,与该项目其他可加计扣除的研发费用一并在以后年度摊销。

2021年版辅助账样式在委托境外研发费用、其他相关费用列次详细写明了计算公式,按公式计算即可。采用2015年版或自行设计辅助账样式的企业,也可按照上述步骤或2021年版的计算公式进行计算。

(3)股权激励的计算口径。

按照现行规定,研发人员对应的股权激励支出,在行权年度税前扣除并加计扣除。实务中会出现某员工在股权授予年度从事研发,但是在行权年度不再从事研发活动的情况,该员工所对应的股权激励在行权年度无法归属到具体的研发项目。2021年辅助账样式对于这种情况,给出了处理口径:将该员工对应的股权激励支出直接填入辅助账汇总表"其中:其他事项"行次,进而纳入行权年度的研发费用可加计扣除额,无须填入具体某一项目的研发支出辅助账。

(四) 账务处理

业务6-5 研发支出的处理。

(1)企业自行开发无形资产发生的研发支出:

借:研发支出——费用化支出
      ——资本化支出
  贷:银行存款(为研发项目支付的款项)
    原材料(研发项目消耗的材料费)
    应付职工薪酬(研发项目的人工费)
    累计摊销(研发项目使用其他无形资产的摊销费)
    累计折旧(研发项目使用固定资产的折旧费)

注意:对用于研发新产品领用的材料,属于企业生产经营业务,其进项税额不需要转出。

对研究开发费用实行专账管理:一般有两种方式:一种是单独设立账套核算研究开发费用;另一种是在原有账套的基础上设立明细科目核算,明细科目设置与《研发支出辅助账》《研发支出辅助账汇总表》的项目保持一致,便于专门归集研究开发费用。

(2)月末,对费用化支出转入管理费用:

借:管理费用
  贷:研发支出——费用化支出

(3)对资本化支出部分,则等到该无形资产达到预定用途时:

借:无形资产
  贷:研发支出——资本化支出

(4)对于已形成无形资产的研究开发费,从其达到预定用途的当月起,按直线法摊销:

借:管理费用
  贷:累计摊销

【例6-3】 2022年1月1日,甲公司经董事会批准研发某项新产品专利技术。该公司董事会认为,研发该项目具有可靠的技术和财务等资源的支持,并且一旦研发成功将降低该公司的生产成本。该公司在研发过程中发生材料费用50万元(不含进项税),人工工资10万元,其他费用40万元,总计发生研发支出100万元,其中,符合资本化条件的支出为60万元。该公司开发形成的无形资产在2022年10月20日达到预定用途。假设甲公司对该新技术采用直线法,按10年摊销,无残值。

分析:首先,甲公司经董事会批准研发某项新产品专利技术,并认为完成该项新型技术无论从技术上还是财务等方面能够得到可靠的资源支持,并且一旦研究成功将降低公司的生产成本,因此,符合条件的开发费用可以资本化。其次,甲公司在开发该项新型技术时,累计发生100万元的研究与开发支出,其中符合资本化条件的开发支出60万元,符合"归属于该无形资产开发阶段的支出能够可靠地计量"的条件。甲公司账务处理如下:

(1)发生研发支出:

借:研发支出——××技术——资本化支出

　　　　　　　　　　　　　　　600 000

　　　——××技术——费用化支出

　　　　　　　　　　　　　　　400 000

　　贷:原材料　　　　　　　　500 000

　　　应付职工薪酬　　　　　100 000

　　　银行存款　　　　　　　400 000

(2)2022年10月20日,该专利技术达到预定可使用状态:

借:管理费用　　　　　　　　400 000

　　无形资产　　　　　　　　600 000

　　贷:研发支出——××技术——资本化支出

　　　　　　　　　　　　　　　600 000

　　　——××技术——费用化支出

　　　　　　　　　　　　　　　400 000

(3)2022年12月末摊销,摊销金额的计算:$60 \div 10 \times 3 \div 12 = 1.5$(万元)。

借:管理费用——无形资产摊销　15 000

　　贷:累计摊销　　　　　　　15 000

【例6-4】 甲公司自行研究、开发一项技术,截至2021年12月31日,发生研发支出合计2 000 000元。经测试,该项研发活动完成了研究阶段,从2022年1月1日开始进入开发阶段。2022年1~9月共发生开发支出300 000元,假定符合小企业会计准则规定的开发支出资本化条件,取得增值税专用发票上注明的增值税税额为39 000元。2022年9月30日,该项研发活动结束,最终开发出一项非专利技术,达到预定可使用

状态。假设甲公司对法人非专利技术采用直线法,按10年摊销无残值。甲公司会计处理如下:

(1)2021年发生的研发支出。

借:研发支出——费用化支出　2 000 000

　　贷:银行存款等　　　　　　2 000 000

(2)2021年12月31日,结转研究阶段的支出。

借:管理费用　　　　　　　　2 000 000

　　贷:研发支出——费用化支出　2 000 000

(3)2022年,确认符合资本化条件的开发支出。

借:研发支出——资本化支出　300 000

　　应交税费——应交增值税(进项税额)39 000

　　贷:银行存款等　　　　　　339 000

(4)2022年9月30日,该技术研发完成并形成无形资产。

借:无形资产　　　　　　　　300 000

　　贷:研发支出——资本化支出　300 000

(5)2022年12月末摊销,摊销金额的计算:$300 000 \div 10 \times 4 \div 12 = 10 000$(元)。

借:管理费用——无形资产摊销　10 000

　　贷:累计摊销　　　　　　　10 000

(五) 研发支出的会计处理注意事项

对研发支出的会计处理应当注意以下几点:

(1)企业对研究开发的支出应当首先通过"研发支出"科目单独核算,期末或待研发项目达到预定用途时再由该科目分别转入"管理费用"或"无形资产"科目。"研发支出"的期末余额,填制在资产负债表中的"开发支出"项目。

(2)同时从事多项研究开发活动的,所发生的研发支出应当按照合理的标准在各项研究开发活动之间进行分配;无法合理分配的,应当计入管理费用。

(3)无法区分研究阶段和开发阶段的支出,应当在发生时全部作为管理费用。

(4)为简化小企业会计核算,减轻小企业纳税调整的负担,小企业会计准则的规定与企业所得税法相一致,并采用了企业会计准则开发支出资本化的条件。

第四节　研发费用加计扣除财税处理

政策依据:

《企业所得税法》及其实施条例;

《关于完善研究开发费用税前加计扣除政策的通知》(财税〔2015〕119号);

《关于企业研究开发费用税前加计扣除政策有关问题的公告》(国家税务总局公告2015年第97号);

《关于研发费用税前加计扣除归集范围有关问题的公告》(国家税务总局公告2017年第40号);

《关于企业委托境外研究开发费用税前加计扣除有关政策问题的通知》(财税〔2018〕64号);

《关于提高研究开发费用税前加计扣除比例的通知》(财税〔2018〕99号);

《企业所得税优惠政策事项办理办法》(国家税务总局公告2018年第23号);

《关于延长部分税收优惠政策执行期限的公告》(财政部　税务总局公告2021年第6号);

《关于进一步完善研发费用税前加计扣除政策的公告》(财政部　税务总局公告2021年第13号);

《关于进一步落实研发费用加计扣除政策有关问题的公告》(国家税务总局公告2021年第28号)。

一、研发费用加计扣除优惠政策内容

(一)基本政策

企业开发新技术、新产品、新工艺发生的研究开发费用,可以在计算企业所得税应纳税所得额时加计扣除。上述所称研究开发费用的加计扣除,是指企业为开发新技术、新产品、新工艺发生的研究开发费用,未形成无形资产计入当期损益的,在按照规定据实扣除的基础上,按照研究开发费用的50%加计扣除;形成无形资产的,按照无形资产成本的150%摊销。(《企业所得税法实施条例》第95条)

企业为获得创新性、创意性、突破性的产品进行创意设计活动而发生的相关费用,可以按照研发费用加计扣除政策的规定进行税前加计扣除。(财税〔2015〕119号)

(二)延续执行研发费用加计扣除75%的政策

2018年1月1日至2023年12月31日,企业开展研发活动中实际发生的研发费用,未形成无形资产计入当期损益的,在按规定据实扣除的基础上,按照本年度实际发生额的75%,从本年度应纳税所得额中扣除。企业开展研发活动中实际发生的研发费用形成无形资产的,按照无形资产成本的175%在税前摊销。(财税〔2018〕99号,财政部、税务总局公告2021年第6号)

(三)制造业企业研发费用加计扣除比例提高到100%

制造业企业开展研发活动中实际发生的研发费用,未形成无形资产计入当期损益的,在按规定据实扣除的基础上,自2021年1月1日起,再按照实际发生额的100%在税前加计扣除;形成无形资产的,自2021年1月1日起,按照无形资产成本的200%在税前摊销。享受100%加计扣除的制造业企业,是指以制造业业务为主营业务,享受优惠当年主营业务收入占收入总额的比例达到50%以上的企业。制造业的范围按照《国民经济行业分类》(GB/T 4574—2017)确定,如国家有关部门更新《国民经济行业分类》,从其规定。收入总额按照《企业所得税法》第六条规定执行。(财政部、税务

总局公告 2021 年第 13 号)

1. 关于资本化费用的适用时点问题

提高制造业研发费用加计扣除比例的政策从 2021 年开始执行。费用化研发费用仅涉及发生这一时点，因此自 2021 年执行对费用化研发费用是没有异议的，即 2021 年及以后年度发生的费用化研发费用均能适用政策。但是对于资本化的研发费用，存在着发生、形成无形资产、摊销三个时点。自 2021 年开始执行具体指哪个时点，是政策顶层设计时面临的一个问题。13 号公告出于可操作性的考虑，以摊销时点来判断是否可以适用政策，与其他提高研发费用加计扣除比例的政策口径保持一致。例如。某制造业企业在 2018—2020 年发生了研发费用并进行资本化，在 2020 年 7 月结转形成无形资产，2020 年 7 月开始摊销，那么按照文件规定，该企业研发费用发生和形成资产的时点虽然在 2021 年以前，但按照摊销时点判断，2021 年及以后年度如果符合条件，则可以按 200% 进行摊销，2020 年度的摊销由于摊销时点在 2021 年以前，则按普适性政策规定的 175% 进行摊销。

2. 关于制造业的判断问题

对于制造业的判断，与固定资产加速折旧政策一致，采取的主营业务收入占比＋国民经济行业分类的办法，具体为：一是主营业务收入占收入总额的比例要达到 50% 以上。考虑到企业存在多业经营的实际情况，政策明确企业主要从事制造业业务，即主营业务收入占比达到 50% 以上即可享受。收入总额按照《企业所得税法》第 6 条规定执行，按照规定，企业取得免税收入、不征税收入也属于收入总额的计算范围。应作为计算主营业务收入占比的基数。二是按照国民经济行业分类确定制造业。这也是税收政策在判断行业时普遍采用的方法，现行的国民经济行业分类于 2017 年发布，如果以后有新的版本发布，则按新版本执行。

此外，如上文所述，资本化研发费用涉及多个时点，具体以哪个时点所属年度判断企业行业，也是在政策执行中面临的问题。为保持政策的一致性，判断制造业的时点也应以摊销点为准。在上文的例子中，2021 年企业摊销的比例取决于企业在 2021 年是否符合制造业的条件，如符合则按 200% 摊销，不符合则按 175% 摊销，与发生年度和形成资产年度是否属于制造业无关。同时，2021 年企业行业性质只能决定企业 2021 年摊销比例，以后年度摊销比例仍取决于摊销当年是否属于制造业。

（四）研发费用加计扣除优惠政策可在 10 月份预缴申报享受

2021 年度，企业 10 月份预缴申报第 3 季度（按季预缴）或 9 月份（按月预缴）企业所得税时，可以自主选择就前三季度研发费用享受加计扣除优惠政策。对 10 月份预缴申报期未选择享受优惠的，可以在 2022 年办理 2021 年度企业所得税汇算清缴时统一享受。（国家税务总局公告 2021 年第 28 号）

以后年度预缴时，研发费用加计扣除按国家税务总局规定申报享受。

（五）追溯享受规定

企业符合研发费用加计扣除条件而在 2016 年 1 月 1 日以后未及时享受该项税收优惠的，可以追溯享受，追溯期限最长为 3 年。例如，2019 年度发生了研发支出未享受加计扣除优惠的，最迟需在 2022 年度汇缴期内，也就是 2023 年 5 月 31 日前更正申报 2019 年度企业所得税汇缴申报，追溯享受研发优惠的同时做好有关资料的留存备查。（财税〔2015〕119 号）

二、优惠办理方式

业务 6-6 研发费用加计扣除优惠办理方式。

企业享受研发费用加计扣除优惠政策，采取"真实发生、自行判别、申报享受、相关资料留存备查"办理方式。（国家税务总局公告 2021 年第 28 号）

（一）真实发生

享受研发费用加计扣除优惠政策的前提是企业真实发生了可加计扣除的研发费用。

（二）自行判别

企业在享受研发费用加计扣除优惠政策前，首先需要依据上述政策文件规定对自身是否符合条件进行综合判断，再选择适用正确的研发费用加计扣除政策。下面会详细介绍享受研发费用加计扣除的条件。

(三) 申报享受

1. 预缴享受

(1) 办理流程。企业享受研发费用加计扣除政策采取"真实发生、自行判别、申报享受、相关资料留存备查"的办理方式,由企业依据实际发生的研发费用支出,自行计算加计扣除金额,填报《中华人民共和国企业所得税月(季)度预缴纳税申报表(A类)》享受税收优惠,并根据享受加计扣除优惠的研发费用情况填写《研发费用加计扣除优惠明细表》(A107012)。《研发费用加计扣除优惠明细表》(A107012)与政策规定的其他资料一并留存备查。

企业预缴享受研发费用加计扣除政策的,只需在《中华人民共和国企业所得税月(季)度预缴纳税申报表(A类)》(A200000)第7行"减:免税收入、减计收入、加计扣除"项下的明细行次填报有关事项及加计扣除金额即可。由于制造业企业和非制造业企业加计扣除比例不同,企业在填报时需要注意:符合条件的制造业企业,填报事项为"企业开发新技术、新产品、新工艺发生的研究开发费用加计扣除(制造业企业按100%加计扣除)";其他行业企业,填报事项为"企业开发新技术、新产品、新工艺发生的研究开发费用加计扣除(非制造业企业按75%加计扣除)"。采用网络方式申报的纳税人,可以直接在下拉菜单中选择,无需人工填写。在预缴时享受研发费用加计扣除优惠政策基本流程见图6-1。

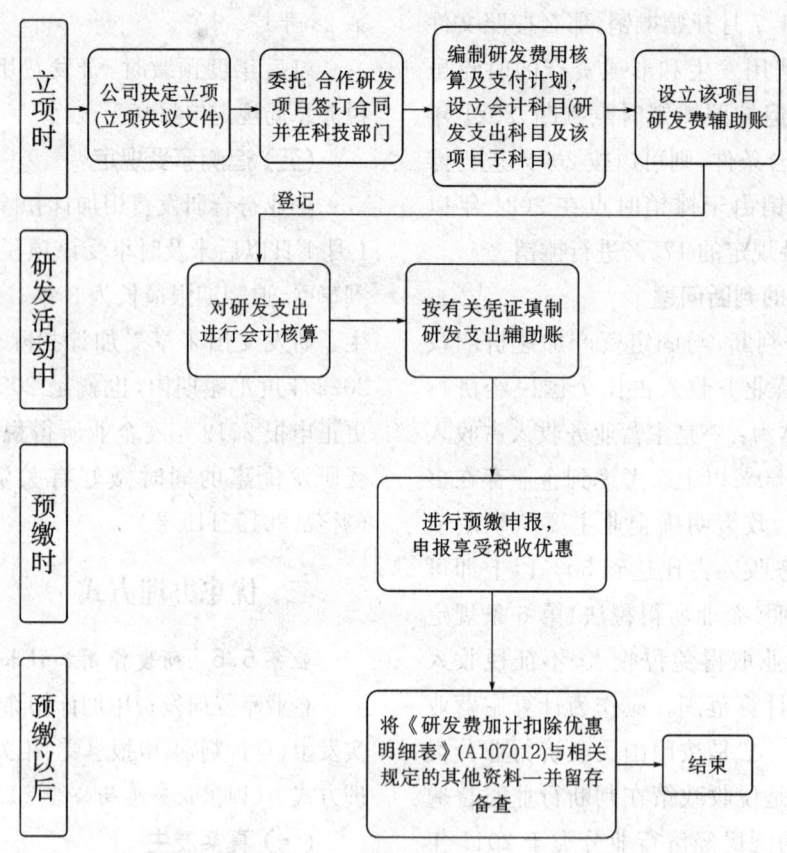

图6-1 预缴享受研发费用加计扣除流程图

(2) 办理渠道。电子税务局或办税服务厅。

(3) 注意问题。

① 企业预缴阶段申报享受研发优惠无需报送《研发费用加计扣除优惠明细表》(A107012),该表与政策规定的其他资料一并留存备查。

② 企业申报享受研发费用加计扣除政策无需报送《研发项目可加计扣除研究开发费用情况归集表》《"研发支出"辅助账汇总表》,《"研发支出"辅助账汇总表》由企业留存备查。

2. 汇缴享受

（1）办理流程。享受研发费加计扣除优惠的企业需填报 A107010《免税、减计收入及加计扣除优惠明细表》和 A107012《研发费用加计扣除优惠明细表》，其中，企业须先自行填报 A107012《研发费用加计扣除优惠明细表》，填报完成后有关数据会自动带入表 A107010《免税、减计收入及加计扣除优惠明细表》对应行次。同时，按照《企业所得税优惠政策事项办理办法》（国家税务总局公告 2018 年第 23 号）及《关于进一步落实研发费用加计扣除政策有关问题的公告》（国家税务总局公告 2021 年第 28 号）的规定归集和留存相关资料备查。在汇缴时享受研发费用加计扣除优惠政策基本流程见图 6-2。

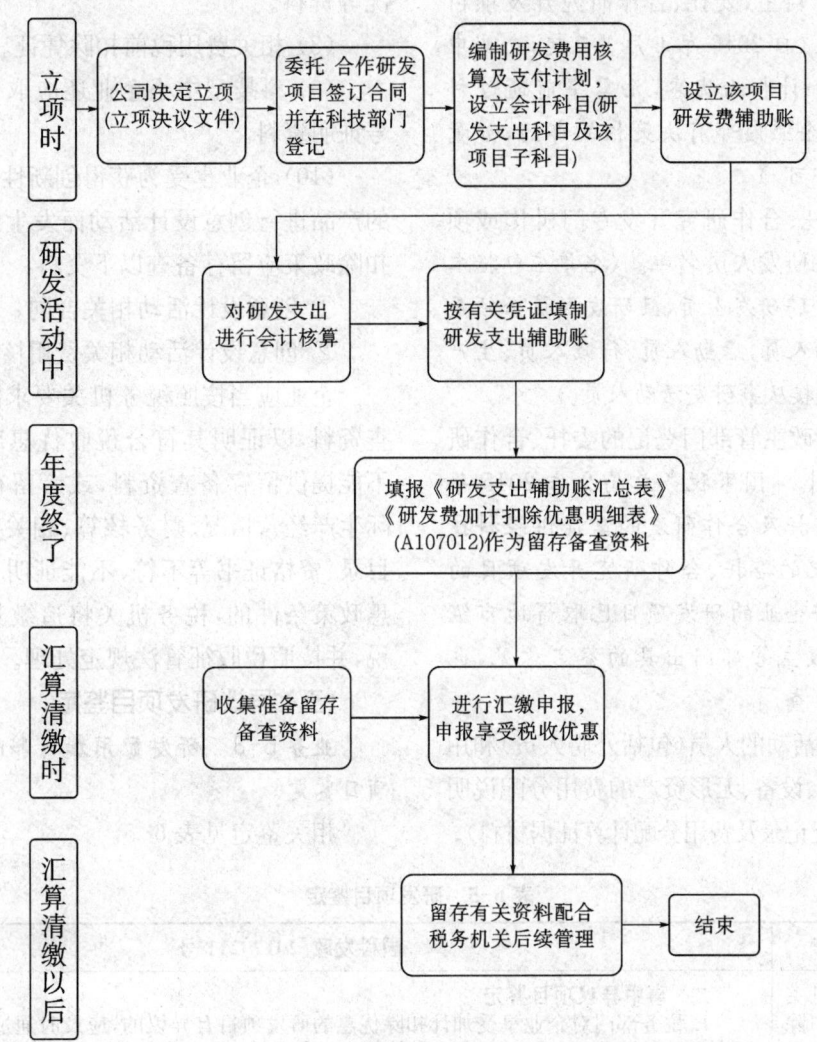

图 6-2　汇缴享受研发费用加计扣除流程图

（2）办理渠道。电子税务局或办税服务厅。

（3）注意问题。

① 企业预缴阶段暂未选择享受研发费加计扣除的，可在次年办理汇算清缴时统一享受。

② 盈利企业和亏损企业都可以享受加计扣除政策。

③ 企业既符合享受研发费用加计扣除政策条件，又符合享受其他优惠政策条件的，可以同时享受有关优惠。（财税〔2009〕69 号）

（四）留存备查资料

业务 6-7　研发费用加计扣除优惠留存备查资料。

根据《关于进一步落实研发费用加计扣除政策有关问题的公告》（国家税务总局公告 2021 年第 28 号）的规定，企业需准备研发支出辅助账，据此填写《研发费用加计扣除优惠明细表》（A107012），与相关政策规定的其他资料一并留存备查。其他资料主要指的是《企业所得税优惠事项管理目录(2017年版)》(国家税务总局公告2018年第23号)中"开发新技术、新产品、新工艺发生的研究开发费用加计扣除"事项规定的主要留存备查资料,具体包括:

(1) 自主、委托、合作研究开发项目计划书和企业有权部门关于自主、委托、合作研究开发项目立项的决议文件。(自2016年1月1日起,企业申报享受研发费用加计扣除优惠,无需事前通过科技部门鉴定,只需企业内部有决策权的部门,如董事会等做出决议即可。)

(2) 自主、委托、合作研究开发专门机构或项目组的编制情况和研发人员名单。(名单应包括本企业研发人员和外聘研发人员,且研发人员必须是直接从事研发活动人员,后勤人员、行政人员、生产工人不能计算为直接从事研发活动人员。)

(3) 经科技行政主管部门登记的委托、合作研究开发项目的合同。[国家税务总局公告2015年第97号文规定,委托及合作研发的需提供经科技行政主管部门登记的委托、合作研究开发项目的合同留存备查。若企业的研发项目已取得地市级(含)以上科技行政主管部门出具的鉴定意见,也应作为资料留存备查。]

(4) 从事研发活动的人员(包括外聘人员)和用于研发活动的仪器、设备、无形资产的费用分配说明(包括工作使用情况记录及费用分配计算证据材料)。

(5) 集中研发项目研发费决算表、集中研发项目费用分摊明细情况表和实际分享收益比例等资料。

(6) "研发支出"辅助账及汇总表。

(7) 委托境外进行研发活动发生的研究开发费用,需留存委托境外研发银行支付凭证和受托方开具的收款凭据和当年委托研发项目的进展情况等资料。

(8) 相关费用税前扣除凭证。

(9) 科技型中小企业还应取得的入库登记编号证明资料。

(10) 企业享受为获得创新性、创意性、突破性的产品进行创意设计活动而发生的相关费用加计扣除政策应留存备查以下资料:

① 创意设计活动相关合同。

② 创意设计活动相关费用核算情况的说明。

企业应当按照税务机关要求限期提供留存备查资料,以证明其符合税收优惠政策条件。企业不能提供留存备查资料,或者留存备查资料与实际生产经营情况、财务核算、相关技术领域、产业、目录、资格证书等不符,不能证明企业符合税收优惠政策条件的,税务机关将追缴其已享受的减免税,并按照税收征管法规定处理。

(五)异议研发项目鉴定

业务6-8 研发费用加计扣除优惠异议研发项目鉴定。

相关鉴定见表6-5。

表6-5 研发项目鉴定

财税〔2015〕119号	国科发政〔2017〕211号
第五条 税务机关对企业享受加计扣除优惠的研发项目有异议的,可以转请地市级(含)以上科技行政主管部门出具鉴定意见,科技部门应及时回复意见。企业承担省部级(含)以上科研项目的,以及以前年度已鉴定的跨年度研发项目,不再需要鉴定。	二、事中异议项目鉴定 1. 税务部门对企业享受加计扣除优惠的研发项目有异议的,应及时通过县(区)级科技部门将项目资料送地市级(含)以上科技部门进行鉴定;由省直接管理的县/市,可直接由县级科技部门进行鉴定(以下统称"鉴定部门")。 2. 鉴定部门在收到税务部门的鉴定需求后,应及时组织专家进行鉴定,并在规定时间内通过原渠道将鉴定意见反馈税务部门。鉴定时,应由3名以上相关领域的产业、技术、管理等专家参加。 3. 税务部门对鉴定部门的鉴定意见有异议的,可转请省级人民政府科技行政管理部门出具鉴定意见。 4. 对企业承担的省部级(含)以上科研项目,以及以前年度已鉴定的跨年度研发项目,税务部门不再要求进行鉴定。 三、事后核查异议项目鉴定 税务部门在对企业享受的研发费用加计扣除优惠开展事后核查中,对企业研发项目有异议的,可按照本通知第二条的规定送科技部门鉴定。
开展企业研发项目鉴定,不得向企业收取任何费用,所需要的工作经费应纳入部门经费预算给予保障。	

三、优惠享受条件

业务6-8　研发费用加计扣除优惠条件判断。

在研发费用实际发生后,企业需根据《财政部 国家税务总局 科技部关于完善研究开发费用税前扣除政策的通知》(财税〔2015〕119号)规定的条件,自行判别,申报享受,证明符合条件的相关资料留存备查。

(一)不适用加计扣除的情形

1. 不适用税前加计扣除政策的行业(财税〔2015〕119号)

烟草制造业、住宿和餐饮业、批发和零售业、房地产业、租赁和商务服务业、娱乐业及财政部和国家税务总局规定的其他行业属于负面清单行业的,不能享受研发费用加计扣除。这里所说的负面清单,仅是针对享受研发费用加计扣除政策而言,政策规定,负面清单行业,是指以上述业务为主营业务,研发费用发生当年的主营业务收入占企业按《企业所得税法》第6条规定计算的收入总额减去不征税收入和投资收益余额后,占比在50%(不含)以上的企业。上述行业以《国民经济行业分类与代码(GB/4754—2017)》为准,并随之更新。

【例6-5】某食品贸易公司2022年度取得收入3 500万元,其中零售收入2 000万元,兼营生产烘烤食品取得销售收入500万元,取得投资收益800万元,取得作不征税收入200万元。

零售收入占比=2 000÷(3 500-800-200)=80%,投资收益、不征税收入不计算在主营业务收入中,因此,该企业属于批发零售行业,不得享受研发费加计扣除政策优惠。

2. 不适用税前加计扣除政策的企业(财税〔2015〕119号)

享受优惠的主体应是会计核算健全、实行查账征收并能够准确归集研发费用的居民企业。依法在中国境内成立的企业,包括依照中国法律、行政法规在中国境内成立的企业、事业单位、社会团体以及其他取得收入的组织。下列企业不适用研发费用加计扣除:

(1)会计核算不健全,不能够准确归集研发费用的企业。

(2)核定征收的企业。

(3)非居民企业。

3. 不适用税前加计扣除的活动(财税〔2015〕119号)

研发活动是指企业为获得科学和技术新知识,创造性运用科学技术新知识,或实质性改进技术、产品(服务)、工艺(俗称新技术、新产品、新工艺)而持续进行的具有明确目标的系统性活动。下列活动不适用税前加计扣除政策:

(1)企业产品(服务)的常规性升级。

(2)对某项科研成果的直接应用,如直接采用公开的新工艺、材料、装置、产品、服务或知识等。

(3)企业在商品化后为顾客提供的技术支持活动。

(4)对现存产品、服务、技术、材料或工艺流程进行的重复或简单改变。

(5)市场调查研究、效率调查或管理研究。

(6)作为工业(服务)流程环节或常规的质量控制、测试分析、维修维护。

(7)社会科学、艺术或人文学方面的研究。

(二)优惠享受条件

1. 核算要求

(1)小企业应按照国家财务会计制度要求,对研发支出进行会计处理,详细处理见本章第三节内容;同时,对享受加计扣除的研发费用按研发项目设置辅助账,准确归集核算当年可加计扣除的各项研发费用实际发生额。企业在一个纳税年度内进行多项研发活动的,应按照不同研发项目分别归集可加计扣除的研发费用。

(2)小企业应对研发费用和生产经营费用分别核算,准确、合理归集各项费用支出,对划分不清的,不得实行加计扣除。

2. 研发费用辅助账合规

2015年,国家税务总局发布《关于企业研究开发费用税前加计扣除政策有关问题的公告》(国家税务总局公告〔2015〕97号),明确了研发支出辅助账和汇总表样式(以下简称"2015版研发支出辅助账样式"),供企业参照使用,帮助企业规范研发费用核算。但是,部分中小微型企业在一定程度上财务核算水平较低,难以准确核算,填写辅助账有一定困难。为进一步做好研发费用税前加计扣除优惠政策贯彻落实工作,国家税务总局公告2021年第28号制发了2021版研发支出辅助账和汇总表样式(以下简称"2021版研发支出辅助账样式"),对其样式进行了大幅简化优化,有利于帮助企业进一步做好研发费用归集核算。2021版研发支出辅助账样式及填写见第九章第三节内容。

3. 委托、合作研发方面要求

(1)企业委托境内机构或个人研发。外部机构或个人进行研发活动所发生的费用,按照费用实际发生额的80%计入委托方研发费用并计算加计扣除。研发活动所发生的费用是指委托方实际支付给受托方的费用。无论委托方是否享受研发费用税前加计扣除政策,受托方均不得加计扣除。

委托外部研究开发费用实际发生额应按照独立交易原则确定。委托方与受托方存在关联关系的,受托方应向委托方提供研发项目费用支出明细情况。委托境内个人进行研发的,应凭个人出具的发票等合法有效凭证计算税前加计扣除。

(2)企业委托境外机构研发。委托境外进行研发活动所发生的费用,按照费用实际发生额的80%计入委托方的委托境外研发费用。委托境外研发费用不超过境内符合条件的研发费用三分之二的部分,可以按规定在企业所得税前加计扣除。研发活动所发生的费用是指委托方实际支付给受托方的费用。上述费用实际发生额应按照独立交易原则确定。委托境外进行研发活动不包括委托境外个人进行的研发活动。

委托境外进行研发活动应签订技术开发合同,并由委托方到科技行政主管部门进行登记。相关事项按技术合同认定登记管理办法及技术合同认定规则执行。

【例6-6】 A现代轻工纺织企业2022年境内符合条件研发费110万元,委托境外研发费用100万元,其中80万元(100×80%)计入委托境外研发费,委托境外研发费不超过73.33万元(110×2/3)的部分可以税前加计扣除,因此A企业2022年可加计扣除的委托境外研发费用为73.33万元。

(3)委托关联方和非关联方。委托方委托关联方开展研发活动的,受托方需向委托方提供研发过程中实际发生的研发项目费用支出明细情

况。委托非关联方研发,考虑到涉及商业秘密等原因,《财政部 国家税务总局 科技部关于完善研究开发费用税前加计扣除政策的通知》(财税〔2015〕119号)规定,除关联方外委托方加计扣除时不再需要提供研发项目的费用支出明细情况。

【例6-7】 2022年,A纺织制造企业委托其关联企业B研发,假设该研发符合研发费用加计扣除的相关条件。A企业实际支付给B企业100万元;B企业实际发生费用90万元(其中按可加计扣除口径归集的费用为85万元),利润10万元。2022年,A企业可加计扣除的金额为100×80%×100%=80(万元),B企业应向A企业提供实际发生费用90万元的支出明细情况。

(4)共同合作开发的项目。企业共同合作开发的项目,由合作各方就自身实际承担的研发费用分别计算加计扣除。可以享受研发费用加计扣除优惠政策的合作方应该拥有合作研发项目成果的所有权。合作各方应直接参与研发活动,而非仅提供咨询、物质条件或其他辅助性活动。

4. 集中研发方面要求

企业集团根据生产经营和科技开发的实际情况,对技术要求高、投资数额大,需要集中研发的项目,其实际发生的研发费用,可以按照权利和义务相一致、费用支出和收益分享相配比的原则,合理确定研发费用的分摊方法,在受益成员企业间进行分摊,由相关成员企业分别计算加计扣除。企业应留存集中研发项目研发费决算表、集中研发项目费用分摊明细情况表和实际分享收益比例等资料备查。

5. 费用归集口径方面要求

(1)研发费用归集的口径及差异比较。目前研发费用归集有三个口径,一是会计核算口径,由《财政部关于企业加强研发费用财务管理的若干意见》(财企〔2007〕194号)规范;二是高新技术企业认定口径,由《科技部 财政部 国家税务总局关于修订印发〈高新技术企业认定管理工作指引〉的通知》(国科发火〔2016〕195号)规范;三是加计扣除税收政策口径,由《财政部 国家税务总局 科技部关于完善研究开发费用税前加计扣除政策的通知》(财税〔2015〕119号)、《国家税务总局关于企业研究开发费用税前加计扣除政策有关问题的公

告》(国家税务总局公告2015年第97号)和《国家税务总局关于研发费用税前加计扣除归集范围有关问题的公告》(国家税务总局公告2017年第40号)等文件规范。三个研发费用归集口径相比较,存在一定差异,形成差异的主要原因如下:

① 会计口径的研发费用,其主要目的是准确核算研发活动支出,而企业研发活动是企业根据自身生产经营情况自行判断的,除该项活动应属于研发活动外,并无过多限制条件。

② 高新技术企业认定口径的研发费用,其主要目的是判断企业研发投入强度、科技实力是否达到高新技术企业标准,因此对人员费用、其他费用等方面有一定的限制。

③ 研发费用加计扣除政策口径的研发费用,其主要目的是细化哪些研发费用可以享受加计扣除政策,引导企业加大核心研发投入,可加计扣除范围针对企业核心研发投入,主要包括研发直接投入和相关性较高的费用,对其他费用有一定的比例限制。应关注的是,允许扣除的研发费用范围采取的是正列举方式,即政策规定中没有列举的加计扣除项目,不可以享受加计扣除优惠。

(2) 人员人工费用见表6-6。

表6-6 人员人工费用相关规定

财税〔2015〕119号	国家税务总局公告2017年第40号
1. 人员人工费用。 直接从事研发活动人员的工资薪金、基本养老保险费、基本医疗保险费、失业保险费、工伤保险费、生育保险费和住房公积金,以及外聘研发人员的劳务费用。	一、人员人工费用 指直接从事研发活动人员的工资薪金、基本养老保险费、基本医疗保险费、失业保险费、工伤保险费、生育保险费和住房公积金,以及外聘研发人员的劳务费用。 (一)直接从事研发活动人员包括研究人员、技术人员、辅助人员。研究人员是指主要从事研究开发项目的专业人员;技术人员是指具有工程技术、自然科学和生命科学中一个或一个以上领域的技术知识和经验,在研究人员指导下参与研发工作的人员;辅助人员是指参与研究开发活动的技工。外聘研发人员是指与本企业或劳务派遣企业签订劳务用工协议(合同)和临时聘用的研究人员、技术人员、辅助人员。 接受劳务派遣的企业按照协议(合同)约定支付给劳务派遣企业,且由劳务派遣企业实际支付给外聘研发人员的工资薪金等费用,属于外聘研发人员的劳务费用。 (二)工资薪金包括按规定可以在税前扣除的对研发人员股权激励的支出。 (三)直接从事研发活动的人员、外聘研发人员同时从事非研发活动的,企业应对其人员活动情况做必要记录,并将其实际发生的相关费用按实际工时占比等合理方法在研发费用和生产经营费用间分配,未分配的不得加计扣除。

注意事项:后勤人员、行政人员、生产工人不能归为直接从事研发活动人员,该部分人员的相关费用不得计入研发费加计扣除的人员人工费。

表6-7 相关规定

会计核算	高新技术企业认定	加计扣除税收规定
企业**在职研发人员**的工资、奖金、津贴、补贴、社会保险费、住房公积金等人工费用以及外聘研发人员的劳务费用。	企业**科技人员**的工资薪金、基本养老保险费、基本医疗保险费、失业保险费、工伤保险费、生育保险费和住房公积金,以及外聘科技人员的劳务费用。	**直接从事研发活动**人员的工资薪金、基本养老保险费、基本医疗保险费、失业保险费、工伤保险费、生育保险费和住房公积金,以及外聘研发人员的劳务费用。

差异如表6-7所示,本项费用的会计核算口径大于加计扣除税收规定口径。加计扣除税收规定口径中可加计扣除人员人工费用归集对象是直接从事研发活动人员,分为研究人员、技术人员和辅助人员三类。研究开发人员既可以是本企业的员工,也可以是外聘研发人员。外聘研发人员是指与本企业或劳务派遣企业签订劳务用工协议(合同)和临时聘用的研究人员、技术人员、辅助人

员。而高新技术企业认定口径中人员人工费用归集对象是直接从事研发和相关技术创新活动,以及专门从事上述活动的管理和提供直接技术服务的科技人员,并且在企业累计实际工作时间在183天以上,包括在职、兼职和临时聘用人员。

例如,高新技术企业如果存在累计工作时间未达到183天的直接从事研发活动的研发人员,其发生的工资薪金等费用,不计入高新技术企业研发费口径,但该部分人员从事研发工作所发生的工资薪金等费用可以享受加计扣除税收优惠,企业应注意将该部分人员费用按照会计核算受益原则计入研发费用。

(3)直接投入费用见表6-8。

表6-8 直接投入费用相关规定

财税〔2015〕119号	国家税务总局公告2017年第40号
2. 直接投入费用。 (1) 研发活动直接消耗的材料、燃料和动力费用。 (2) 用于中间试验和产品试制的模具、工艺装备开发及制造费,不构成固定资产的样品、样机及一般测试手段购置费,试制产品的检验费。 (3) 用于研发活动的仪器、设备的运行维护、调整、检验、维修等费用,以及通过经营租赁方式租入的用于研发活动的仪器、设备租赁费。	二、直接投入费用 指研发活动直接消耗的材料、燃料和动力费用;用于中间试验和产品试制的模具、工艺装备开发及制造费,不构成固定资产的样品、样机及一般测试手段购置费,试制产品的检验费;用于研发活动的仪器、设备的运行维护、调整、检验、维修等费用,以及通过经营租赁方式租入的用于研发活动的仪器、设备租赁费。 (一)以经营租赁方式租入的用于研发活动的仪器、设备,同时用于非研发活动的,企业应对其仪器设备使用情况做必要记录,并将其实际发生的租赁费按实际工时占比等合理方法在研发费用和生产经营费用间分配,未分配的不得加计扣除。 (二)企业研发活动直接形成产品或作为组成部分形成的产品对外销售的,研发费用中对应的材料费用不得加计扣除。 产品销售与对应的材料费用发生在不同纳税年度且材料费用已计入研发费用的,可在销售当年以对应的材料费用发生额直接冲减当年的研发费,不足冲减的,结转以后年度继续冲减。

表6-9 相关规定

会计核算	高新技术企业认定	加计扣除税收规定
(1) 研发活动直接消耗的材料、燃料和动力费用。	(1) 研发活动直接消耗的材料、燃料和动力费用。	(1) 研发活动直接消耗的材料、燃料和动力费用。
(2) 用于中间试验和产品试制的模具、工艺装备开发及制造费,样品、样机及一般测试手段购置费,试制产品的检验费等。	(2) 用于中间试验和产品试制的模具、工艺装备开发及制造费,不构成固定资产的样品、样机及一般测试手段购置费,试制产品的检验费。	(2) 用于中间试验和产品试制的模具、工艺装备开发及制造费,不构成固定资产的样品、样机及一般测试手段购置费,试制产品的检验费。
(3) 用于研发活动的仪器、设备、房屋等固定资产的租赁费,设备调整及检验费,以及相关固定资产的运行维护、维修等费用。	(3) 用于研发活动的仪器、设备的运行维护、调整、检验、检测、维修等费用,以及通过经营租赁方式租入的用于研发活动的固定资产租赁费。	(3) 用于研发活动的仪器、设备的运行维护、调整、检验、维修等费用,以及通过经营租赁方式租入的用于研发活动的仪器、设备租赁费。

差异如表6-9所示,本项费用几个口径的主要差异在于房屋的租赁费、运行维护、维修等费用是否归集。会计核算口径中,用于研发活动的固定资产(包括房屋)的租赁费、运行维护、维修等费用可以计入研发费用;对高新技术企业认定口径,房屋等固定资产的运行维护、维修等费用不计入,通过经营租赁租入的用于研发活动的固定资产租赁费计入高新技术企业认定研发费口径;房屋等固定资产的租赁费、运行维护、调整、检验、维修等费用不计入加计扣除税收规定。

例如:企业以经营租赁方式租入的办公场所、实验室、试制车间等能合理分摊研发项目与非研发项目,其租金可计入高新技术企业认定口径的研发费用范畴,但不可享受加计扣除政策。

（4）折旧费用见表6-10。

表6-10　折旧费用相关规定

财税〔2015〕119号	国家税务总局公告2017年第40号
3. 折旧费用。 用于研发活动的仪器、设备的折旧费。	三、折旧费用 指用于研发活动的仪器、设备的折旧费。 （一）用于研发活动的仪器、设备，同时用于非研发活动的，企业应对其仪器设备使用情况做必要记录，并将其实际发生的折旧费按实际工时占比等合理方法在研发费用和生产经营费用间分配，未分配的不得加计扣除。 （二）企业用于研发活动的仪器、设备，符合税法规定且选择加速折旧优惠政策的，在享受研发费用税前加计扣除政策时，就税前扣除的折旧部分计算加计扣除。

表6-11　相关规定

会计核算	高新技术企业认定	加计扣除税收规定
用于研发活动的仪器、设备、**房屋**等固定资产的折旧费。	用于研究开发活动的仪器、设备和在用建筑物的折旧费。 研发设施的改建、改装、装修和修理过程中发生的**长期待摊费用**。	用于研发活动的仪器、设备的折旧费。

差异如表6-11所示，会计核算口径中，研发使用的房屋折旧费计入研发支出，但房屋折旧费不计入加计扣除税收规定口径。此外，在用建筑物的折旧费研发设施的改建、改装、装修和修理过程中发生的长期待摊费用等可计入高新技术企业认定口径，但不计入加计扣除税收规定口径。

【例6-8】　2021年12月，C企业购入并投入使用一专门用于研发活动的设备，单位价值1200万元，会计处理按8年折旧，税法上规定的最低折旧年限为10年，不考虑残值。C企业对该项设备选择缩短折旧年限的加速折旧方式，折旧年限缩短为10×60%＝6（年）。2021年企业会计处理计提折旧额1200÷8＝150（万元），税收上因享受加速折旧优惠可以扣除的折旧额是1200÷6＝200（万元）。若该设备6年内用途未发生变化，每年均符合加计扣除政策规定，则C企业在6年内每年直接就其税前扣除"仪器、设备折旧费"200万元进行加计扣除，不需比较会计、税收折旧孰小，也不需要根据会计折旧年限的变化而调整享受加计扣除的金额，计算方法大为简化。

注意事项：研发费加计扣除折旧费不包括房屋建筑物的折旧费。空调等设备可作为研发活动的设备进行折旧费归集，但中央空调等不可随意移动的附属设备和配套设施，根据《国家税务总局关于进一步明确房屋附属设备和配套设施计征房产税有关问题的通知》（国税发〔2005〕173号）的规定，应计入房产原值，作为房屋建筑物的一部分进行折旧，不能归集入研发费加计扣除的折旧费。

（5）无形资产摊销见表6-12。

表6-12　摊销相关规定

财税〔2015〕119号	国家税务总局公告2017年第40号
4. 无形资产摊销。 用于研发活动的软件、专利权、非专利技术（包括许可证、专有技术、设计和计算方法等）的摊销费用。	四、无形资产摊销费用 指用于研发活动的软件、专利权、非专利技术（包括许可证、专有技术、设计和计算方法等）的摊销费用。 （一）用于研发活动的无形资产，同时用于非研发活动的，企业应对其无形资产使用情况做必要记录，并将其实际发生的摊销费按实际工时占比等合理方法在研发费用和生产经营费用间分配，未分配的不得加计扣除。 （二）用于研发活动的无形资产，符合税法规定且选择缩短摊销年限的，在享受研发费用税前加计扣除政策时，就税前扣除的摊销部分计算加计扣除。

表 6-13　相关规定

会计核算	高新技术企业认定	加计扣除税收规定
用于研发活动的软件、**专利权**、非专利技术(包括专有技术、许可证、设计和计算方法等)等无形资产的摊销费用。	用于研究开发活动的软件、**知识产权**、非专利技术(包括专有技术、许可证、设计和计算方法等)的摊销费用。	用于研发活动的软件、**专利权**、非专利技术(包括许可证、专有技术、设计和计算方法等)的摊销费用。

差异如表 6-13 所示,会计核算口径和加计扣除税收规定口径的研发费用包含"专利权"摊销,而高新技术企业认定口径的研发费用包含"知识产权"摊销,两者存在一定差异。

(6)设计试验等费用见表 6-14。

表 6-14　费用相关规定

财税〔2015〕119 号	国家税务总局公告 2017 年第 40 号
5. 新产品设计费、新工艺规程制定费、新药研制的临床试验费、勘探开发技术的现场试验费。	**五、新产品设计费、新工艺规程制定费、新药研制的临床试验费、勘探开发技术的现场试验费** 指企业在新产品设计、新工艺规程制定、新药研制的临床试验、勘探开发技术的现场试验过程中发生的与开展该项活动有关的各类费用。

表 6-15　相关规定

会计核算	高新技术企业认定	加计扣除税收规定
符合会计核算常规的设计试验费用	符合条件的设计费用、**装备调试费用**、试验费用(包括新药研制的临床试验费、勘探开发技术的现场试验费、**田间试验费**等)。	新产品设计费、新工艺规程制定费、新药研制的临床试验费、勘探开发技术的现场试验费。

差异如表 6-15 所示,会计核算口径中,根据会计核算的相关性原则,研发活动发生的相关支出在研发支出核算。高新技术企业认定口径的研发费用包含装备调试费用和田间试验费,而加计扣除税收规定口径的研发费用范围限于正列举范围。

(7)其他相关费用见表 6-16。

表 6-16　其他相关费用

财税〔2015〕119 号	国家税务总局公告 2017 年第 40 号
6. 其他相关费用 与研发活动直接相关的其他费用,如技术图书资料费、资料翻译费、专家咨询费、高新科技研发保险费,研发成果的检索、分析、评议、论证、鉴定、评审、评估、验收费用,知识产权的申请费、注册费、代理费,差旅费、会议费等。此项费用总额不得超过可加计扣除研发费用总额的 10%。	**六、其他相关费用** 指与研发活动直接相关的其他费用,如技术图书资料费、资料翻译费、专家咨询费、高新科技研发保险费,研发成果的检索、分析、评议、论证、鉴定、评审、评估、验收费用,知识产权的申请费、注册费、代理费,差旅费、会议费,职工福利费、补充养老保险费、补充医疗保险费。 此类费用总额不得超过可加计扣除研发费用总额的 10%。

表 6-17　相关规定

会计核算	高新技术企业认定	加计扣除税收规定
与研发活动直接相关的其他费用,包括技术图书资料费、资料翻译费、会议费、差旅费、**办公费**、**外事费**、研发人员**培训费**、**培养费**、专家咨询费、高新科技研发保险费用等。研发成果的论证、评审、验收、评估以及知识产权的申请费、注册费、代理费等费用。	与研究开发活动直接相关的其他费用,包括技术图书资料费、资料翻译费、专家咨询费、高新科技研发保险费,研发成果的检索、论证、评审、鉴定、验收费用,知识产权的申请费、注册费、代理费,会议费、差旅费、通讯费等。**此项费用一般不得超过研究开发总费用的** 20%,另有规定的除外。	与研发活动直接相关的其他费用,如技术图书资料费、资料翻译费、专家咨询费、高新科技研发保险费,研发成果的检索、分析、评议、论证、鉴定、评审、评估、验收费用,知识产权的申请费、注册费、代理费,差旅费、会议费,职工福利费、补充养老保险费、补充医疗保险费。**此项费用总额不得超过可加计扣除研发费用总额的** 10%。

差异如表 6-17 所示，会计核算口径中，其他相关费用包括办公费、外事费、研发人员培训费、培养费等，且对其他相关费用总额无比例限制。高新技术企业认定口径中对其他相关费用总额的限制比例为 20%。加计扣除税收规定口径中对其他相关费用总额的限制比例为 10%，并且加计扣除研发费用范围限于正列举范围。

《国家税务总局关于进一步落实研发费用加计扣除政策有关问题的公告》（国家税务总局公告 2021 年第 28 号）调整优化了限额的计算方法，允许多个项目限额调剂使用，总体上提高了可加计扣除的金额。

① 企业在一个纳税年度内同时开展多项研发活动的，由原来按照每一研发项目分别计算"其他相关费用"限额，改为统一计算全部研发项目"其他相关费用"限额。

企业按照以下公式计算"其他相关费用"的限额，其中资本化项目发生的费用在形成无形资产的年度统一纳入计算。

全部研发项目的其他相关费用限额 = 全部研发项目的人员人工等 5 项费用之和 $\times 10\% \div (1-10\%)$。

② 当"其他相关费用"实际发生数小于限额时，按实际发生数计算税前加计扣除额；当"其他相关费用"实际发生数大于限额时，按限额计算税前加计扣除额。

【例 6-9】 甲公司 2022 年度有 A 和 B 两个研发项目。项目 A 人员人工等 5 项费用之和为 90 万元，其他相关费用为 12 万元；项目 B 人员人工等 5 项费用之和为 100 万元，其他相关费用为 8 万元。

（1）旧计算方法（2016 年度至 2020 年度）：

项目 A 的其他相关费用限额为 10 万元 $[90\times 10\% \div (1-10\%)]$，按照孰小原则，可加计扣除的其他相关费用为 10 万元。

项目 B 的其他相关费用限额为 11.11 万元 $[100\times 10\% \div (1-10\%)]$，按照孰小原则，可加计扣除的其他相关费用为 8 万元。两个项目可加计扣除的其他相关费用合计为 18 万元。

（2）新计算方法（2021 年度起）：

两个项目的其他相关费用限额为 21.11 万元 $[(90+100)\times 10\% \div (1-10\%)]$，可加计扣除的其他相关费用为 20 万元 $(12+8)$，大于 18 万元，且仅需计算一次，减轻了工作量。

6. 其他事项的税务规定

（1）财政性资金用于研发形成研发费用的处理。

① 税务处理。根据《国家税务总局关于企业研究开发费用税前加计扣除政策有关问题的公告》（国家税务总局公告 2015 年第 97 号）的规定，企业取得作为不征税收入处理的财政性资金用于研发活动所形成的费用或无形资产，不得计算加计扣除或摊销。企业取得财政性资金若作为应税收入处理的，用于研发活动所形成的费用或者无形资产，可以计算加计扣除或摊销。企业可自行选择最适宜自身的处理方式。

【例 6-10】 乙公司是制造企业，2022 年发生研发支出 200 万元，取得政府补助 50 万元（符合不征税收入条件），若乙公司选择作不征税收入处理，则税前加计扣除金额为 $150 \times 100\% = 150$（万元）；若企业选择将取得的 50 万元政府补助按应税收入处理，则税前加计扣除金额为 $200 \times 100\% = 200$（万元）。

② 注意事项。《国家税务总局关于研发费用税前加计扣除归集范围有关问题的公告》（国家税务总局公告 2017 年第 40 号）规定，企业取得的政府补助，会计处理时采用直接冲减研发费用方法且税务处理时未将其确认为应税收入的，应按冲减后的余额计算加计扣除金额。《企业会计准则第 16 号——政府补助》（财会〔2017〕15 号）在总额法的基础上，新增了净额法，将政府补助作为相关成本费用扣减。按照企业所得税法的规定，企业取得的政府补助应确认为收入，计入收入总额。净额法产生了税会差异。企业在税收上将政府补助确认为应税收入，同时增加研发费用，加计扣除应以税前扣除的研发费用为基数。但企业未进行相应调整的，税前扣除的研发费用与会计的扣除金额相同，应以会计上冲减后的余额计算加计扣除金额。

（2）特殊收入的处理。《国家税务总局关于研发费用税前加计扣除归集范围有关问题的公告》（国家税务总局公告 2017 年第 40 号）规定，企业取得研发过程中形成的下脚料、残次品、中间试制品等特殊收入，在计算确认收入当年的加计扣除研发费用时，应从已归集研发费用中扣减该特殊收入，不足扣减的，加计扣除研发费用按零计算。

【例6-11】 丙制造企业2022年研发某工艺技术，发生费用化的研发费用500万元（均符合加计扣除相关规定），当年处置以前年度研发过程中形成下脚料、残次品、中间试制品一批，取得收入100万元，则2022年度该公司可加计扣除的研发费用为400万元（500-100），加计扣除额为400万元（400×100%）。

（3）直接形成产品或作为组成部分形成产品对外销售的处理。《国家税务总局关于研发费用税前加计扣除归集范围有关问题的公告》（国家税务总局公告2017年第40号）文规定，企业研发活动直接形成产品或作为组成部分形成的产品对外销售，产品所耗用的料、工、费全部计入研发费用加计扣除不符合政策鼓励本意，考虑到材料费用占比较大且易于计量，企业研发活动直接形成产品或作为组成部分形成的产品对外销售的，研发费用中对应的材料费用不得加计扣除。

产品销售与对应的材料费用发生在不同纳税年度且材料费用已计入研发费用的，可在销售当年以对应的材料费用发生额直接冲减当年的研发费用，不足冲减的，结转以后年度继续冲减。

【例6-12】 2020年11月，制造企业B与客户甲公司签订合同生产某设备。该设备某项关键技术需要进行研发，B企业对该研发项目进行自主研发项目立项（X项目）。假设生产周期为3年。

2021年B企业发生研发支出100万元，其中X项目领用材料30万元。假设全部费用化，不考虑其他因素。2021年B企业可加计扣除的研发费用为100万元，当期实际加计扣除额100×100%=100（万元）。

2022年B企业发生研发支出80万元，其中X项目领用材料20万元（研发成功并交付生产部门）。假设全部费用化，不考虑其他因素。2022年B企业可加计扣除研发费用为80万元，当期实际加计扣除额80×100%=80（万元）。

2023年10月完工并按合同约定交付给甲公司，取得设备价款1000万元。当年B企业发生研发支出150万元。假设全部费用化，不考虑其他因素。2023年B企业可加计研发费用为150-30-20=100（万元），当期实际加计扣除额100×100%=100（万元）。

（4）失败研发活动发生研发费用的处理。出于以下几点的考虑，小企业失败的研发活动所发生的研发费用也可享受加计扣除政策：一是企业的研发活动具有一定的风险和不可预测性，既可能成功也可能失败，政策是对研发活动予以鼓励，并非单纯强调结果；二是失败的研发活动也并不是毫无价值的，在一般情况下的"失败"是指没有取得预期的结果，但可以积累经验，取得其他有价值的成果；三是许多研发项目的执行是跨年度的，在研发项目执行当年，其发生的研发费用就可以享受加计扣除，不是在项目执行完成并取得最终结果以后才申请加计扣除，在享受加计扣除时实际无法预知研发成果，如强调研发成功才能加计扣除，将极大地增加企业享受优惠的成本，降低政策激励的有效性。

（5）共用的人员、仪器、设备、无形资产的处理。小企业直接从事研发活动的人员、外聘研发人员同时从事非研发活动的，企业应对其人员活动情况做必要记录，并将其实际发生的相关费用按实际工时占比等合理方法在研发费用和生产经营费用间分配，未分配的不得加计扣除。用于研发活动的仪器、设备，同时用于非研发活动的，企业应对其仪器设备使用情况做必要记录，并将其实际发生的折旧费按实际工时占比等合理方法在研发费用和生产经营费用间分配，未分配的不得加计扣除。（以经营租赁方式租入的用于研发活动的仪器、设备同时用于非研发活动的，企业应对其仪器设备使用情况做必要记录，并将其实际发生的租赁费按实际工时占比等合理方法在研发费用和生产经营费用间分配，未分配的不得加计扣除。）用于研发活动的无形资产，同时用于非研发活动的，企业应对其无形资产使用情况做必要记录，并将其实际发生的摊销费按实际工时占比等合理方法在研发费用和生产经营费用间分配，未分配的不得加计扣除。

四、案例解析

以纺织企业为例，甲企业财务会计核算健全，企业所得税为查账征收方式,经营范围包括生产、加工、销售:服装、鞋、手袋、床上用品,销售:纺织品等。2022 年开始研发 RD18《有色超细涤锦复合纤维舒适超柔软牛仔裤》项目。

(一)立项阶段

1. 市场调查

经过市场调研,分析得出:目前的超细涤锦复合纤维产品均是以定比例的涤纶和锦纶为原料,通过复合纺丝,假捻变形或拉伸工艺制得,这种纤维产品能满足高档纺织产品独特的超强吸水去污性能、超柔软性能和超仿真性能等风格的要求,并且还具备合成纤维共有的高弹性、高强度及耐磨耐腐蚀等物理性能。但由于已有技术中的超细涤锦复合纤维均为白色的,在将其进一步加工成纺织产品后必须通过染色才能得到用户所需的各种色泽的纺织产品,从而造成以下两个方面的不足:一是作为以超细涤锦复合纤维为原料的纺织产品,其开纤后的单丝纤度仅为 0.08dtex 左右,由于单丝纤度极细,所以染色色牢度及颜色的鲜艳度均达不到一些高档的深色纺织产品及鲜艳纺织产品的要求,使产品的应用范围存在着局限性;二是任何纺织产品在后处理染色过程中,会产生大量的工业废气及污水,严重污染环境,危害健康。

在此背景下,根据企业的产品定位以及设计风格,决定对生产工艺技术进行立项研究,主要内容是研发超细涤锦复合纤维的纺前着色技术,利用此技术织造的有色超细涤锦复合纤维舒适超柔软牛仔裤,无需进行染色而能满足色牢度、颜色鲜艳度要求并且无三废污染,为社会带来长期效益。

2. 项目可行性研究

项目申请配备约 85 万元作为研发经费,具体预算见表 6-18。

表 6-18　具体预算　　单位:万元

序号	项目支持	经费
1	人员费	35
2	设备费	10
3	材料费	25
4	其他费用	15
5	合计	85

3. 项目立项

经董事会评审决议,最终立项,研发部编制出立项任务书。因该项目为自主研发项目,不需要在科技部门登记备案。项目计划安排见表 6-19。

表 6-19　计划安排

阶段	完成项目	成果输出
第一阶段	市场调查,项目可行性分析,组织研发团队等前期准备工作。	项目可行立项。
第二阶段	超细涤锦复合纤维的纺前着色技术研究。	有色超细涤锦复合纤维舒适超柔软牛仔裤实现。
第三阶段	试验改进阶段。	根据试验结果不断改进优化,使着色达到最优效果,保证产品质量。
第四阶段	项目总结、验收。	验收合格、专利申请。

4. 立项阶段发生费用情况:

(1)本阶段发生费用情况如下:

① 市场调研环节中市场调查费用 1.5 万元,市场需求情况分析调查报告支出 0.5 万元,销售部门人员工资 2 万元,"五险一金"0.8 万元,差旅费 0.5 万元。

② 直接从事研发人员工资 5 万元、"五险一金"1 万元;职工福利费 0.5 万元;补充养老保险费和补充医疗保险费合计 0.8 万元;差旅费、会议费、专家咨询费等其他费用 2 万元。

③ 行政和后勤保障人员工资 2 万元。

④ 办公用品费、通讯费、业务招待费合计 0.6 万元。

(2)立项阶段费用加计扣除情况如下:

① 允许加计扣除的研发费用:

A. 人员人工费用:直接从事研发人员工资 5 万元,"五险一金"1 万元;

B. 其他相关费用:职工福利费 0.5 万元,补充养老保险费和补充医疗保险费合计 0.8 万元,差旅费、会议费、专家咨询等其他费用 2 万元。

② 不适用加计扣除的费用:

A. 市场调查研究研究活动不适用税前加计扣除政策,因此企业在市场调查活动中发生的相关费用作销售费用处理,不列入研发费用,包括市场调研环节中市场调查费用 1.5 万元,市场需求情况分析调查报告支出 0.5 万元,销售部门人员工资 2 万元,"五险一金"0.8 万元,差旅费 0.5 万元。

B. 未直接从事研发活动的行政和后勤保障人员,其人员工资 2 万元,不属于适用加计扣除的范围。

C. 办公用品费、通讯费、业务招待费合计 0.6 万元不在《国家税务总局关于研发费用税前加计扣除归集范围有关问题的公告》(国家税务总局公告 2017 年第 40 号)"其他相关费用"的列举范围,不得加计扣除。

(二)研究阶段

本阶段,根据前期市场调查报告,分析调查群体抽样质量和是否具备代表性、研发产品的时效性、市场竞争力等;根据立项报告中明确的利用超细涤锦复合纤维的纺前着色技术织造有色超细涤锦复合纤维舒适超柔软牛仔裤的研发项目要求,对研发的技术问题进行分析研究,探索超细涤锦复合纤维纺前着色的有效途径。通过咨询专家,组织研发人员进行研讨等方式,对设计理念进行全面设计,研究涤纶切片、锦纶切片、涤纶色母粒、锦纶色母粒等原料的份比,设计生产工艺流程等,充分利用友商的资源,与面料厂、洗水厂等进行战略合作,对面料织造工艺、洗水方法、机器设备等进行研究改良,确定最终的设计方案。

(1)本阶段发生费用情况。

① 直接从事研发人员工资 8 万元,"五险一金"2 万元,职工福利费 1 万元,补充养老保险费和补充医疗保险费 1 万元,外聘研发人员的劳务费用 1 万元;差旅费、会议费、技术图书资料费、资料翻译费、专家咨询费等其他费用合计 1 万元。

② 发生新产品设计费用 2 万元。

③ 行政和后勤保障人员工资 3 万元。

④ 业务招待费、办公用品费等 1 万元。

(2)研究阶段费用加计扣除情况。

① 允许加计扣除的研发费用:

A. 人员人工费用:直接从事研发人员工资 8 万元,"五险一金"2 万元,外聘研发人员的劳务费用 1 万元。

B. 新产品设计费用 2 万元。

C. 其他相关费用:职工福利费 1 万元,补充养老保险费和补充医疗保险费 1 万元,差旅费、会议费等合计 1 万元。

② 不适用加计扣除的费用:

A. 未直接从事研发活动的行政和后勤保障人员工资 3 万元不属于可加计扣除的范围。

B. 业务招待费、办公用品费等 1 万元不在《国家税务总局关于研发费用税前加计扣除归集范围有关问题的公告》(国家税务总局公告 2017 年第 40 号)"其他相关费用"的列举范围,不得加计扣除。

(三)开发阶段

企业在本阶段主要是根据设计研究方案,采购设备、原材料等投入试制研发活动中,按步骤进行开发,包括将原材料涤纶和锦纶切片,经过结晶干燥机将其干燥,通过注色机将有色母粒添加到结晶干燥机进行干燥,将经过干燥后的涤纶切片、锦纶切片以及有色母粒通过螺旋挤压机进行熔断,通过纺丝油剂计量泵和纺丝计量泵控制熔体的体积等。在开发过程中,同时对分散染料、活性染料、匀染剂的类型、分量和染色工艺进行改进。之后按比例复合纺丝、牵伸或拉伸假捻变形制成涤锦复合纤维,加捻形成纱线,编织成小卷布进行测试。最后根据企业的牛仔裤设计款式打样,利用有色超细涤锦复合纤维进行制作,做退浆和洗浮色处理,测试色牢度、舒适度等。

(1)开发阶段发生的相关费用。

① 直接从事研发人员工资 8 万元,"五险一金"2 万元,职工福利费 1 万元,补充养老保险费和补充医疗保险费 1 万元,外聘研发人员的劳务费用 1 万元;发生差旅费、会议费等其他费用合计 1 万元。

② 研究消耗材料费用 12 万元,消耗动力费 2 万元。

③ 专用于研发活动的仪器、设备折旧费用 6 万元,专用于研发活动的软件摊销费用 1 万元,假设会计折旧、摊销金额与按税法规定的折旧摊销金额一致。

④ 行政和后勤保障人员工资 3 万元,生产工人工资 1 万元。

(2)开发阶段加计扣除情况。

① 允许加计扣除的研发费用:

A. 人员人工费用：直接从事研发人员工资8万元，"五险一金"2万元，外聘研发人员的劳务费用1万元。

B. 直接投入费用：研究消耗材料费用12万元，消耗动力费用2万元。

C. 折旧费用：企业专用于研发活动的仪器、设备，就税前扣除的折旧部分6万元计算加计扣除。

D. 无形资产摊销费用：企业专用于研发活动的软件，就税前扣除的摊销部分1万元计算加计扣除。

E. 其他相关费用：职工福利费1万元，补充养老保险费和补充医疗保险费1万元，差旅费、会议费等1万元。

② 不适用加计扣除的费用：未直接从事研发活动的行政和后勤保障人员、生产工人工资4万元不属于可加计扣除的范围。

（四）其他阶段

本阶段进行后续跟踪，企业对有色超细涤锦复合纤维舒适超柔软牛仔裤的色牢度、颜色鲜艳度、舒适度等方面模拟客户使用情况进行试验测试其稳定性和性能是否达到预定目标，并将效果反馈给研发部门，解决存在的技术问题；之后以不同的款式设计做开发样板，进行小批量产品推广，根据市场反馈进行再优化、评估；当试生产完成后、量化生产前，客户认证后，企业对项目进行验收，开展相关专利的申请工作，安排专业人员编写专利底稿，确保对该开发产品享有专利权。

（1）本阶段发生的相关费用。

① 销售部门人员工资2万元，"五险一金"0.5万元，职工福利费0.3万元，发生差旅费、展会费等其他费用1万元。

② 直接从事研发人员工资4万元，"五险一金"1万元，聘请专家发生劳务费1万元，职工福利费0.5万元，差旅费、会议费等其他费用1万元。

③ 行政和后勤保障人员工资2万元，生产工人工资2万元。

④ 研发部门消耗材料费用6万元，消耗动力费用2万元；企业试产形成的部分样品直接对外销售，该部分样品对应的材料费用2万元已计入研发费用。

⑤ 研发成果评审、验收费用等2万元，专利权申请费、注册费、代理费1万元。

（2）本阶段加计扣除情况。

① 允许加计扣除的研发费用：

A. 人员人工费用：直接从事研发人员工资4万元，"五险一金"1万元，外聘研发人员的劳务费用1万元。

B. 直接投入费用：研究消耗材料费用6万元，消耗动力费用2万元。

C. 其他相关费用：研发人员职工福利费0.5万元，差旅费、会议费1万元，专利产权申请费等1万元，研发成果评审、验收费用2万元。

② 不适用加计扣除的费用：

A. 未直接从事研发活动的行政和后勤保障人员、生产工人工资4万元，销售部门发生的相关费用3.8万元不属于可加计扣除的范围；

B. 企业研发活动直接形成产品对外销售的，研发费用中对应的材料费用不得加计扣除，合计2万元。

C. 注意企业产品（服务）的常规性升级、企业在商品化后为顾客提供的技术支持活动不适用税前加计扣除政策。

（五）整个研发流程其他相关费用

2022年该研发项目执行完毕，各项费用情况汇总如下：

人员人工费用：$6+11+11+6=34$（万元）。

直接投入费用：$14+8=22$（万元）。

折旧费用：6万元。

无形资产摊销费用：1万元。

新产品设计费用：2万元。

其他相关费用：$3.3+3+3+4.5=13.8$（万元）。

企业研发活动直接形成产品对外销售的，研发费用中对应的材料费用不得加计扣除：2万元。

其他相关费用不得超过可加计扣除研发费用总额的10%。

其他相关费用限额＝$(34+22+6+1+2-2)\times10\%\div(1-10\%)=7$万元；因为限额7万元小于实际发生额13.8万元，所以允许扣除的其他费用金额为7万元。

综上，企业该项目本年允许扣除的研发费用金额＝$34+22+6+1+2-2+7=70$（万元），研发费用加计扣除总额＝70×100％＝70(万元)。

因牛仔服装是需要通过水洗来体现风格,满足服用要求的,该项目是企业根据市场需求,以及在产品使用过程中存在的弱点出发,进行自主立项、自主研发,实现了纤维和染色的同步生产,减少了后序染色加工的污染,节能减排,并且织成的面料色牢度高、颜色鲜艳、色泽均匀企业对

该项目研发费用进行专项归集,辅助费用以及共同费用按照一定的规则进行分摊处理,例如,研发人员同时兼顾几个项目的,由项目负责人根据该名员工对本项目的服务工时进行人工成本的分配与归集,正确申报享受了研发费用的加计扣除。

第五节　无形资产摊销财税处理

《小企业会计准则》条文及主旨:

第四十一条　无形资产应当在其使用寿命内采用年限平均法进行摊销,根据其受益对象计入相关资产成本或者当期损益。

无形资产的摊销期自其可供使用时开始至停止使用或出售时止。有关法律规定或合同约定了使用年限的,可以按照规定或约定的使用年限分期摊销。

小企业不能可靠估计无形资产使用寿命的,摊销期不得低于10年。

【条文主旨】本条是关于无形资产摊销会计处理的规定。

小企业持有无形资产的目的是实现经济利益,实现的方式主要是自用,自用就涉及无形资产的摊销问题。小企业拥有的无形资产,应在规定的摊销年限内采用系统合理的方法对应摊销金额进行摊销,其中应摊销金额是指无形资产的成本扣除残值后的金额。

一、摊销年限的确定

业务6-9　无形资产摊销期限的确定。

(一)有关法律规定或合同约定了使用年限

1. 无形资产摊销期的依据是法律规定和合同约定

有关法律规定或合同约定了使用年限的,可以按照规定或约定的使用年限分期摊销。

(1)源自法律法定权利取得的无形资产,其摊销年限按照法律规定的年限确定。法律规定的无形资产期限如下:

发明专利权的期限为20年,实用新型专利权和外观设计专利权的期限为10年。

注册商标的有效期为10年,应当在期满前6个月内申请续展注册,给予6个月的宽展期,每次续展注册的有效期为10年。

居住用地70年,工业用地50年,教育、科技、文化、卫生、体育用地50年,商业、旅游、娱乐用地40年,综合或其他用地50年。

(2)源自合同性权利取得的无形资产,按照合同约定的年限作为摊销期。比如,小企业的某投资者以土地使用权出资,投资合同约定,该小企业的合作经营期为20年,则小企业取得的该土地使用权的摊销期应为20年。

(3)如果既有法律规定又有合同约定,通常按照孰短的原则来掌握。

既然遵循了法律的规定和合同的约定,其摊销期就不受10年的限制,可以长于10年,也可以短于10年。

2. 小企业不能可靠估计无形资产使用寿命的,摊销期不得低于10年

(1)不能可靠估计无形资产的使用寿命,是指没有法律规定和合同约定无形资产的使用年限。

(2)在这种情况下,摊销期最短为10年。

(3)如果无合理的技术、法律、经济的理由和确凿的证据,小企业会计准则建议对该类无形资产的摊销期选定为10年,以提高该类资产的质量,避免虚计资产。

(二)摊销期的确定

无形资产的摊销期自其可供使用时开始至停止使用或出售时止。其计算方法是"算头不算尾",即包括可供使用的当月但不包括停止使用或出售的当月。具体应用时应把握好以下几个方面:

（1）可供使用时，是指无形资产达到了技术上、法律上、经济上可以使用的时点，通常是指达到可供使用的当月。这一点与固定资产计提折旧的起始点不同，当月增加的固定资产，当月不计提折旧，从下月起计提折旧。

（2）停止使用时，是指无形资产由于技术、法律、经济等方面的原因已经不能再给小企业带来经济利益的时点，通常是指某项无形资产的法律保护期已经失效、某项无形资产由于技术进步导致落后淘汰等。既然停止使用无形资产了，也就不应再对其继续进行摊销了。

（3）出售时，是指无形资产由自用转为对外出售的时点，某项无形资产一旦对外出售，即意味着在以后期间不能再给小企业带来经济利益，因此，就不存在对其进行摊销的问题。

（4）在计算确定摊销期时，均不包括停止使用和出售的当月。在这一点上，它与固定资产计提折旧停止的时点不相同。当月减少的固定资产，当月仍计提折旧，从下月起不计提折旧。

（三）摊销期限的税会差异分析

企业所得税法也对无形资产摊销的税务处理作了规定。《企业所得税法实施条例》第 67 条规定，无形资产按照直线法计算的摊销费用，准予扣除。无形资产的摊销年限不得低于 10 年。作为投资或者受让的无形资产，有关法律规定或者合同约定了使用年限的，可以按照规定或者约定的使用年限分期摊销。

为简化小企业会计核算，减轻小企业纳税调整的负担，本条的规定与企业所得税法一致。与企业会计准则存在的主要差异：一是在无形资产分类上，没有区分使用寿命有限的无形资产和使用寿命不确定的无形资产；二是规定无法合理估计使用寿命的无形资产按照不低于 10 年的期间摊销；三是统一要求采用年限平均法摊销，不允许选用产量法等其他摊销方法。

二、摊销方法及要求

（一）摊销方法

小企业无形资产的摊销方法只有一种：年限平均法，又称直线法。主要考虑是这种方法计算简便，便于小企业实务操作。

（二）摊销要求

（1）所有的无形资产都应当进行摊销。

（2）无形资产的残值通常为零，因此，无形资产的应摊销额就是其成本。在这一点上，与固定资产不同，固定资产由于存在实体，通常会保留预计净残值。

三、账务处理

（一）科目设置

> **《小企业会计准则》应用指南**
>
> **1702　累计摊销**
>
> 一、本科目核算小企业对无形资产计提的累计摊销。
>
> 二、本科目应按照无形资产项目进行明细核算。
>
> 三、累计摊销的主要账务处理。
>
> 小企业按月采用年限平均法计提无形资产的摊销，应当按照无形资产的受益对象，借记"制造费用""管理费用"等科目，贷记本科目。
>
> 处置无形资产还应同时结转累计摊销。
>
> 四、本科目期末借方余额，反映小企业无形资产的累计摊销额。

（二）会计处理

业务 6-10　无形资产摊销的会计处理。

小企业无形资产摊销，根据其受益对象计入相关资产成本或者当期损益。如专门用于生产某种产品的专利技术，其摊销金额应构成所生产产品成本的一部分，计入制造该产品的"制造费用"；内部研发无形资产归属于资本化支出的部分，计入"研发支出"；让渡无形资产使用权（出租）的计入"其他业务成本"；如果用于建造某项固定资产，则其摊销额应计入该固定资产的"在建工程"成本，用于日常行政管理和其他无形资产摊销计入"管理费用"。

借：制造费用
　　研发支出
　　其他业务成本
　　在建工程
　　管理费用
　　贷：累计摊销

【例 6-13】 2022 年 4 月，甲公司无形资产应摊销数额计算如表 6-18 所示。

Table 6-18 甲公司无形资产摊销表　单位：元

项目	入账价值	摊销月数	本月摊销额
专利权A	9 000	60	150
专利权B	180 000	180	1 000
商标权	210 000	60	3 500
土地使用权	360 000	360	1 000
合计	759 000		5 650

会计处理如下：

借：管理费用——无形资产摊销　5 650
　贷：累计摊销——专利权A　150
　　　　　　——专利权B　1 000
　　　　　　——商标权　3 500
　　　　　　——土地使用权　1 000

第六节　无形资产出租处置财税处理

一、无形资产出租

小企业将所拥有的无形资产的使用权让渡给他人，并收取租金，属于与企业日常活动相关的其他经营活动取得的收入，在满足收入准则规定的确认标准的情况下，应确认相关的收入及成本。

如果合同、协议规定使用费一次支付，且不提供后期服务的，应该视同该项资产的销售一次确认收入；如果提供后期服务的，应在合同、协议规定的有效期内分期确认收入；如果合同规定分期支付使用费的，应按合同规定的收款时间和金额或合同规定的收费方法计算的金额分期确认收入。

业务6-11　无形资产出租的会计处理。

小企业出租无形资产时，取得的租金收入，借记"银行存款"等科目，贷记"其他业务收入""应交税费——应交增值税（销项税额）"等科目；摊销出租无形资产的成本并发生与转让有关的各种费用支出时，借记"其他业务成本"科目，贷记"累计摊销"等科目。

（1）取得租金收入：

借：银行存款
　贷：其他业务收入
　　　应交税费——应交增值税（销项税额）

（2）发生租赁成本：

借：其他业务成本
　　应交税费——应交增值税（进项税额）
　贷：累计摊销
　　　银行存款等

【例6-14】　2022年1月，甲公司将一项专利技术出租给另外一个企业使用，该专利技术账面余额为

5 000 000元，摊销期限为10年，出租合同规定，承租方每销售一件用该专利生产的产品，必须付给出租方10元专利技术使用费。假定承租方当年销售该产品10万件。

假定不考虑其他相关税费，出租方账务处理如下：

（1）2022年租赁收入：

借：银行存款　1 060 000
　贷：其他业务收入　1 000 000
　　　应交税费——应交增值税（销项税额）　60 000

（2）2022年租赁成本：

借：其他业务成本　500 000
　贷：累计摊销　500 000

二、无形资产处置

> 《小企业会计准则》条文及主旨：
>
> 第四十二条　处置无形资产，处置收入扣除其账面价值、相关税费等后的净额，应当计入营业外收入或营业外支出。
>
> 前款所称无形资产的账面价值，是指无形资产的成本扣减累计摊销后的金额。
>
> 【条文主旨】本条是关于处置无形资产会计处理的规定。

（一）无形资产处置内涵

小企业会计准则中，处置无形资产是一个很宽泛的概念，是指由于各种原因造成无形资产减少的所有情形，主要包括对外出售无形资产，由技

术、法律、经济等原因造成报废无形资产以及将无形资产用作对外投资等。

(二) 无形资产处置原则

由于小企业持有无形资产的目的主要是自用,尽管有时可能对外出售,因此无形资产不同于存货。基于这种考虑,处置无形资产产生的损益是一个净额的概念,小企业会计准则将其计入营业外收入或营业外支出。

(三) 无形资产处置账务处理

业务 6-12　无形资产处置的会计处理。

小企业因出售、报废、对外投资等原因处置无形资产,应当按照取得的出售无形资产的价款等处置收入扣除该无形资产账面价值以及出售相关税费后的差额计入营业外收入或营业外支出。在确定处置无形资产损益时,应当综合考虑以下因素:

(1) 该无形资产的账面价值,即无形资产的成本扣减累计摊销后的金额。在实务中,无形资产的成本体现在"无形资产"科目,其对应的累计摊销体现在"累计摊销"科目。

(2) 相关税费,即在处置无形资产过程中发生的相关税费。

(3) 处置收入,即出售无形资产的价款、用于对外投资的无形资产的评估价值,通常报废的无形资产没有处置的价值,可以理解为处置收入为 0。

借:银行存款(出售价款)
　　累计摊销(已计提的累计摊销)
　　营业外支出——非流动资产处置净损失(差额)
　　贷:无形资产(成本)
　　　　营业外收入——非流动资产处置净收益(差额)
　　　　应交税费——应交增值税(销项税额)

【例 6-15】 2022 年 8 月,甲公司将其购买的一专利权转让给乙公司,该专利权的成本为 600 000 元,已摊销 220 000 元,实际取得的转让价款为 500 000 元,税率 6%,款项已存入银行。不考虑增值税外其他税费,甲公司会计处理如下:

借:银行存款　　　　　　　　　　　　　500 000
　　累计摊销　　　　　　　　　　　　　220 000
　　贷:无形资产　　　　　　　　　　　600 000
　　　　应交税费——应交增值税(销项税额) 30 000
　　　　营业外收入——非流动资产处置利得 90 000

【例 6-16】 甲公司的某项专利技术,其账面余额为 600 000 元,摊销期限为 10 年,采用直线法进行摊销,已摊销了 5 年,假定该项专利权的残值为 0。2022 年 8 月以后用其生产的产品没有市场,应予转销。假定不考虑其他相关因素,其账务处理如下:

借:累计摊销　　　　　　　　　　　　300 000
　　营业外支出——处置无形资产损失　300 000
　　贷:无形资产——专利权　　　　　600 000

三、无形资产处置税会差异分析

(一) 增值税处理

根据《营业税改征增值税试点过渡政策的规定》(财税〔2016〕36 号附件 3)的规定,纳税人提供技术转让、技术开发和与之相关的技术咨询、技术服务免征增值税。

(二) 企业所得税处理

1. 技术转让所得减免所得税

《企业所得税法》第 27 条第 4 项规定,符合条件的技术转让所得免征、减征企业所得税。《企业所得税法实施条例》第 90 条明确,一个纳税年度内,居民企业技术转让所得不超过 500 万元的部分,免征企业所得税;超过 500 万元的部分,减半征收企业所得税。

《国家税务总局关于技术转让所得减免企业所得税有关问题的通知》(国税函〔2009〕212 号)规定了技术转让所得的计算,公式如下:

$$技术转让所得 = 技术转让收入 - 技术转让成本 - 相关税费$$

技术转让收入是指当事人履行技术转让合同后获得的价款,不包括销售或转让设备、仪器、零部件、原材料等非技术性收入。不属于与技术转让项目密不可分的技术咨询、技术服务、技术培训等收入,不得计入技术转让收入。技术转让成本是指转让的无形资产的净值,即该无形资产的计税基础减除在无形资产使用期间按照规定计算的摊销扣除额后的余额。相关税费是指技术转让过程中实际发生的有关税费,包括除企业所得税和允许抵扣的增值税以外的各项税金及其附加、合同签订费、律师费等相关费用及其他支出。

2. 无形资产损失

为了简化核算,便于小企业实务操作,减轻纳税调整负担,满足汇算清缴的需要,小企业会计准则有关处置无形资产的会计处理与《企业所得税法实施条例》相一致。

(1) 损失证据。小企业应当注意正确处理好与税收征管的关系,认真按照税收征管的要求做好相关申报工作。根据《企业资产损失所得税税前扣除管理办法》(国家税务总局公告 2011 年第 25 号)第 38 条的规定,被其他新技术所代替或已经超过法律保护期限,已经丧失使用价值和转让价值,尚未摊销的无形资产损失,应取得以下证据:

① 会计核算资料。

② 企业内部核批文件及有关情况说明。

③ 技术鉴定意见和企业法定代表人、主要负责人和财务负责人签章证实无形资产已无使用价值或转让价值的书面申明。

④ 无形资产的法律保护期限文件。

(2) 留存备查资料。根据《企业资产损失所得税税前扣除管理办法》(国家税务总局公告 2011 年第 25 号)的规定,企业无形资产损失专项申报扣除应留存备查的资料:

① 《无形资产损失(专项申报)税前扣除申报表》。

② 无形资产损失已记入损益的记账凭证复印件。

③ 董事会等权力机构决议或上级公司批复或由董事会、上级公司授权的部门的批复(国有企业还需提供国有资产监管机构或由其授权的部门的批复)。

④ 企业有关无形资产损失情况说明。

⑤ 属于被其他新技术所代替的,应提供技术鉴定报告和企业法定代表人、主要负责人和财务负责人签章证实无形资产已无使用价值或转让价值的书面申明。

⑥ 属于超过法律保护期限的,应提供无形资产的法律保护期限文件。

第七章

小企业长期待摊费用财税处理

第一节　小企业长期待摊费用概述

政策依据：

《小企业会计准则》(财会〔2011〕17 号)；

《企业所得税法》及其实施条例；

《增值税暂行条例》及其实施细则；

《关于企业资产损失税前扣除政策的通知》(财税〔2009〕57 号)；

《企业资产损失所得税税前扣除管理办法》(国家税务总局公告 2011 年第 25 号)。

一、长期待摊费用的内容

《小企业会计准则》条文及主旨：

第四十三条　小企业的长期待摊费用包括：已提足折旧的固定资产的改建支出、经营租入固定资产的改建支出、固定资产的大修理支出和其他长期待摊费用等。

前款所称固定资产的大修理支出，是指同时符合下列条件的支出：

（一）修理支出达到取得固定资产时的计税基础50%以上；

（二）修理后固定资产的使用寿命延长 2 年以上。

【条文主旨】本条是关于长期待摊费用构成的规定。

会计上，长期待摊费用是指小企业已经发生，但摊销期限在 1 年以上（不含 1 年）的各项费用，包括已提足折旧的固定资产的改建支出、经营租入固定资产的改建支出、固定资产的大修理支出和其他长期待摊费用等。

企业所得税法也对长期待摊费用的税务处理作了规定。《企业所得税法》第 13 条规定，在计算应纳税所得额时，企业发生的下列支出作为长期待摊费用，按照规定摊销的，准予扣除：(1)已足额提取折旧的固定资产的改建支出；(2)租入固定资产的改建支出；(3)固定资产的大修理支出；(4)其他应当作为长期待摊费用的支出。《企业所得税法实施条例》第 68 条规定，《企业所得税法》第 13 条第 1 项和第 2 项所称固定资产的改建支出，是指改变房屋或者建筑物结构、延长使用年限等发生的支出。

为了简化核算，便于小企业实务操作，减轻纳税调整负担，满足汇算清缴的需要，本条有关长期待摊费用的构成和界定标准与企业所得税法相一致。与《企业会计准则》相比，执行《小企业会计准则》的企业，不得将大修理支出作待摊处理，并且大修理支出的认定标准也不同。

二、长期待摊费用确认

(一) 已提足折旧的固定资产的改建支出

对于已提足折旧的固定资产来说，其账面价值仅剩下预计净残值。也就是说，该项固定资产除预计净残值外的价值已全部转移至生产成本或各期损益，这时候在这些资产上发生的改建支出，不能计入原固定资产的成本，由于此时固定资产的价值形式已经消失，这些支出也已失去了可以附着的载体。基于这一考虑，小企业会计准则将其作为长期待摊费用，以区别于原来的固定资产和对未提足折旧的固定资产进行的改建支出。此种情形的改建支出仅指改变房屋或者建筑物结构、延长使用年限等发生的支出。否则，发生的相关支出不得作为长期待摊费用，而应直接计入发生当期的损益(管理费用或销售费用)。

(二)经营租入固定资产的改建支出

小企业作为承租人以经营租赁方式租入的固定资产,仍属于出租人的固定资产,小企业仅拥有在租赁期内对该项固定资产的使用权,因而对以经营租赁方式租入的固定资产发生的改建支出,小企业会计准则规定不得计入固定资产成本,作为固定资产核算,否则就会出现同一项固定资产在出租人和承租人双方同作核算的问题。但是,这项改建支出能给承租人带来经济利益,因此,小企业会计准则将其单独作为长期待摊费用进行核算,以区别于固定资产。此种情形的改建支出仅指改变房屋或者建筑物结构、延长使用年限等发生的支出。否则,发生的相关支出不得作为长期待摊费用,而应直接计入发生当期的损益(管理费用或销售费用)。

(三)固定资产的大修理支出

1. 固定资产的大修理支出的认定条件

固定资产的大修理支出的认定条件有两个,并且必须同时满足,缺一不可:

(1)修理支出达到取得固定资产时的计税基础50%以上。

(2)修理后固定资产的使用寿命延长2年以上。

2. 实务中应把握的问题

(1)固定资产的修理支出,是指在已持有固定资产的过程中由于对该项固定资产的使用而发生的支出,包括日常修理费和其他修理支出。

(2)发生的日常修理费应当按照本准则第32条的规定进行会计处理,即固定资产的日常修理费应当在发生时根据固定资产的受益对象计

入相关资产成本或者当期损益。

(3)对于其他修理支出,如果其金额达到了该项固定资产取得的计税基础的50%以上,则符合了作为固定资产大修理支出的第一个条件,否则,也应当比照日常修理费进行会计处理。

(4)计税基础是一个企业所得税法概念。《企业所得税法实施条例》第五十六条规定:企业的各项资产,以历史成本为计税基础。因此,本条中所称的计税基础实际上就是固定资产成本或原价。

(5)修理支出通常是一次性发生的,而不是多次发生的累计金额,但是分步骤完成的可以视同为一次性发生。

(6)固定资产的修理支出,往往旨在维持固定资产的使用寿命或延长固定资产的使用寿命,提高其使用价值。作为长期待摊费用的固定资产大修理支出,根据本条件的规定,必须是使固定资产经过修理后,其使用寿命延长2年以上,否则就不被当作固定资产大修理支出,而应当比照日常修理费进行会计处理。

(四)其他长期待摊费用

这一个兜底规定,以应对小企业在实务中未来可能会出现的除了上述已提足折旧的固定资产的改建支出、经营租入固定资产的改建支出、固定资产的大修理支出以外的其他情况而作的规定。为了便于小企业实务操作,小企业会计准则允许小企业根据国务院财政、税务主管部门的相关规定加以具体认定。从目前来讲,小企业会计准则作为长期待摊费用核算的仅限于已提足折旧的固定资产的改建支出、经营租入固定资产的改建支出和固定资产的大修理支出这三种情况。

第二节　小企业长期待摊费用财税处理

一、科目设置

> **《小企业会计准则》应用指南**
>
> **1801　长期待摊费用**
>
> 一、本科目核算小企业已提足折旧的固定资产的改建支出、经营租入固定资产的改建支出、固定资产的大修理支出和其他长期待摊费用等。
>
> 二、本科目应按照支出项目进行明细核算。

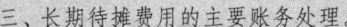

> 三、长期待摊费用的主要账务处理。
>
> （一）小企业发生的长期待摊费用，借记本科目，贷记"银行存款""原材料"等科目。
>
> （二）按月采用年限平均法摊销长期待摊费用，应当按照长期待摊费用的受益对象，借记"制造费用""管理费用"等科目，贷记本科目。
>
> 四、本科目期末借方余额，反映小企业尚未摊销完毕的长期待摊费用。

小企业应该设置"长期待摊费用"科目，核算小企业长期待摊费用的发生和摊销情况。借方登记小企业发生的长期待摊费用，贷方登记按月摊销的长期待摊费用。期末借方余额，反映小企业尚未摊销完毕的长期待摊费用，本科目应按照支出项目进行明细核算。

二、账务处理

（一）长期待摊费用发生

业务 7-1　长期待摊费用发生的处理

企业发生的长期待摊费用，借记"长期待摊费用"科目，确认当期可抵扣的增值税进项税额，借记"应交税费——应交增值税（进项税额）"科目，贷记"原材料""银行存款"等科目。

借：长期待摊费用
　　应交税费——应交增值税（进项税额）
　　　　贷：原材料、银行存款等

【例 7-1】　2022 年 4 月 1 日，甲公司对其以经营租赁方式新租入的办公楼进行装修，发生以下有关支出：领用生产用材料 585 000 元；辅助生产车间为该装修工程提供的劳务支出为 180 000 元；有关人员工资等职工薪酬 435 000 元。2023 年 11 月 30 日，该办公楼装修完工，达到预定可使用状态并交付使用，按租赁期 10 年开始进行摊销。假定不考虑其他因素，甲公司会计处理如下：

（1）装修领用原材料。

借：长期待摊费用——租入办公楼装修　585 000
　　　　贷：原材料　　　　　　　　　　　　585 000

（2）辅助生产车间为装修工程提供劳务。

借：长期待摊费用——租入办公楼装修　180 000
　　　　贷：生产成本——辅助生产成本　　　180 000

（3）确认工程人员职工薪酬。

借：长期待摊费用——租入办公楼装修　435 000
　　　　贷：应付职工薪酬　　　　　　　　　435 000

（二）长期待摊费用的摊销

> 《小企业会计准则》条文及主旨：
>
> 第四十四条　长期待摊费用应当在其摊销期限内采用年限平均法进行摊销，根据其受益对象计入相关资产的成本或者管理费用，并冲减长期待摊费用。
>
> （一）已提足折旧的固定资产的改建支出，按照固定资产预计尚可使用年限分期摊销。
>
> （二）经营租入固定资产的改建支出，按照合同约定的剩余租赁期限分期摊销。
>
> （三）固定资产的大修理支出，按照固定资产尚可使用年限分期摊销。
>
> （四）其他长期待摊费用，自支出发生月份的下月起分期摊销，摊销期不得低于 3 年。
>
> 【条文主旨】本条是关于长期待摊费用摊销会计处理的规定。

1. 长期待摊费用的摊销方法

长期待摊费用应当在其摊销期限内采用年限平均法进行摊销，根据其受益对象计入相关资产的成本或者管理费用，并冲减长期待摊费用。

2. 长期待摊费用的摊销期限

长期待摊费用自支出发生月份的下月起开始进行摊销。其计算方法是"算尾不算头"，与固定资产的折旧起始点相同。

为了便于小企业实务操作，小企业会计准则区分以下四种情况规定了长期待摊费用的摊销期。

（1）已提足折旧的固定资产的改建支出，按照固定资产预计尚可使用年限分期摊销。

这是因为通过改变房屋或者建筑物的结构，延续了其使用价值和年限，又能为小企业带来一定的经济利益流入，所以应按照该被改建的固定资产预计尚可使用的年限分期摊销改建支出。

（2）经营租入固定资产的改建支出，按照合同约定的剩余租赁期限分期摊销。

此类固定资产所有权仍然属于出租人，而不是作为承租人的改建方，因此，其受益期只能局限于合同约定的剩余租赁期限内，其改建支出也只能在剩余租赁期限内摊销。

（3）固定资产的大修理支出，按照固定资产尚可使用年限分期摊销。

该固定资产的尚可使用年限通常是指大修理时剩余折旧年限加上由于大修理而延长的折旧年限之和。

（4）其他长期待摊费用，自支出发生月份的下月起分期摊销，摊销期不得低于3年。

在这种情况下，摊销期最短为3年。但是，如果无合理的技术、法律、经济的理由和确凿的证据，小企业会计准则建议对该类无形资产的摊销期选定为3年，以提高该类资产的质量，避免虚计资产。

3. 账务处理

业务7-2　长期待摊费用摊销的处理

摊销长期待摊费用，借记"管理费用""销售费用"等科目，贷记"长期待摊费用"科目。

借：管理费用
　　贷：长期待摊费用

【例7-2】承接[例7-1]，甲公司2023年12月摊销装修支出，办公楼装修支出共计120万元，每月摊销10 000元。甲公司会计处理如下：

借：管理费用　　　　　　　　　　　　10 000
　　贷：长期待摊费用——租入办公楼装修　　10 000

4. 税会差异分析

长期待摊费用作为小企业的一项非流动资产，能够在超过1年的期间为小企业带来经济利益，因此，其价值应在摊销期内进行摊销，并由其受益对象进行承担。

企业所得税法也对长期待摊费用摊销的税务处理作了规定。《企业所得税法实施条例》第68条至第70条规定，企业所得税法第13条第1项规定的支出，按照固定资产预计尚可使用年限分期摊销；第2项规定的支出，按照合同约定的剩余租赁期限分期摊销。《企业所得税法》第13条第3项规定的支出，按照固定资产尚可使用年限分期摊销。《企业所得税法》第13条第4项所称其他应当作为长期待摊费用的支出，自支出发生月份的次月起，分期摊销，摊销年限不得低于3年。

为了简化核算，便于小企业实务操作，减轻纳税调整负担，满足汇算清缴的需要，小企业会计准则有关长期待摊费用摊销的会计处理与企业所得税法相一致。

第八章

小企业对外投资财税处理

政策依据：

- 《小企业会计准则》(财会〔2011〕17号)；
- 《企业所得税法》及其实施条例；
- 《增值税暂行条例》及其实施细则；
- 《营业税改征增值税试点实施办法》(财税〔2016〕36号附件1)；
- 《关于企业资产损失税前扣除政策的通知》(财税〔2009〕57号)；
- 《企业资产损失所得税税前扣除管理办法》(国家税务总局公告2011年第25号)。

第一节 小企业短期投资财税处理

一、短期投资概念和特征

《小企业会计准则》条文及主旨：

第八条 短期投资，是指小企业购入的能随时变现并且持有时间不准备超过1年(含1年，下同)的投资，如小企业以赚取差价为目的从二级市场购入的股票、债券、基金等。

短期投资应当按照以下规定进行会计处理：

(一)以支付现金取得的短期投资，应当按照购买价款和相关税费作为成本进行计量。

实际支付价款中包含的已宣告但尚未发放的现金股利或已到付息期但尚未领取的债券利息，应当单独确认为应收股利或应收利息，不计入短期投资的成本。

(二)在短期投资持有期间，被投资单位宣告分派的现金股利或在债务人应付利息日按照分期付息、一次还本债券投资的票面利率计算的利息收入，应当计入投资收益。

(三)出售短期投资，出售价款扣除其账面余额、相关税费后的净额，应当计入投资收益。

【条文主旨】本条是关于短期投资定义及会计处理的规定，具体包括取得短期投资、持有期间取得现金股利或利息、出售短期投资等交易和事项的会计处理。

(一)短期投资的概念

投资首先按照投资对象的可变现性和投资目的分类，分为短期投资和长期投资，其目的是通过这种划分将投资进行归类并分别核算；其次将长期投资划分为长期股权投资和长期债券投资，其目的是与会计核算方法相联系，长期股权投资涉及权益性投资问题，要求采用成本法核算；长期债券投资与长期股权投资的会计核算不同，长期债券投资在会计核算时涉及债券利息的计提和溢折价的摊销等。通过这种划分，可以较清晰地反映小企业不同变现能力的投资和不同性质投资在会计核算中的特殊性。

短期投资，是指小企业购入的能随时变现并且持有时间不准备超过1年(含1年，下同)的投资，如小企业以赚取差价为目的从二级市场购入的股票、债券、基金等。

小企业有时会将持有的富余资金用于对外短期投资,如从二级市场上购买股票、债券、基金等。这种投资在很大程度上是为了暂时存放剩余资金,并通过这种投资取得高于银行存款利率的利息收入或价差收入,待需要现金时即可兑换成现金。加强短期投资的会计核算和管理,有利于提高资金使用效率,增加小企业回报。

（二）短期投资的特征

短期投资相对于长期债券投资和长期股权投资,通常具有以下三个特征:

(1) 投资目的很明确,是小企业为了提高暂时闲置资金的使用效率和效益而进行对外投资,也包括以赚取差价为目的。

(2) 投资时间比较短,小企业通常是为了提高暂时闲置资金的使用效率和效益,其持有时间往往会较短,通常不超过 1 年。

(3) 投资品种易变现,短期投资为了能够实现及时变现的目的,通常投资于二级市场上公开交易的股票、债券、基金等,这些资产在市场上极易变现。这些资产既可能是债权性的,也可能是股权性的。

（三）税务上投资资产的概念及税会差异分析

投资资产也是企业所得税法所规范的重要内容之一。《企业所得税法实施条例》第 71 条规定,企业所得税所称投资资产,是指企业对外进行权益性投资和债权性投资形成的资产。这里说的投资资产包括小企业会计准则的短期投资、长期债券投资和长期股权投资。

根据《企业所得税法》第 14 条的规定,企业对外投资期间,投资资产的成本在计算应纳税所得额时不得扣除。《国家税务总局关于企业所得税若干政策征管口径问题的公告》(国家税务总局公告 2021 年第 17 号)第 5 条规定,企业购买的文物、艺术品用于收藏、展示、保值增值的,作为投资资产进行税务处理。文物、艺术品资产在持有期间,计提的折旧、摊销费用,不得税前扣除。

二、短期投资初始投资成本

（一）短期投资初始投资成本的确定

短期投资的初始投资成本是指为获得一项短期投资而付出的代价。小企业的短期投资通常都是以支付现金方式购买取得的。

1. 以支付现金取得的短期投资

以支付现金取得的短期投资,应当按照购买价款和相关税费作为初始投资成本进行计量。相关税费统一是指小企业在交易过程中按照有关规定应负担的各种税款、行政事业性收费以及手续费、佣金等。

2. 实际支付价款中包含的已宣告但尚未发放的现金股利或已到付息期但尚未领取的债券利息

如果在取得短期投资时,实际支付的价款中包含的已宣告但尚未发放的现金股利或已到付息期但尚未领取的债券利息,属于购买时暂时垫付的资金,并且在当今社会这些信息都属于公开信息极易取得。因此,不得计入短期投资的成本,应当作为应收股利或应收利息单独核算,即按照扣除所含现金股利或利息收入后的金额作为短期投资的成本。

（二）短期投资初始投资成本的税会差异

《企业所得税法实施条例》第 71 条规定,投资资产按照以下方法确定成本:

(1) 通过支付现金方式取得的投资资产,以购买价款为成本;

(2) 通过支付现金以外的方式取得的投资资产,以该资产的公允价值和支付的相关税费为成本。

企业所得税法上以实际支付的全部价款(含相关交易费用)作为初始成本,即企业所得税法与小企业会计准则对交易费用的处理方法是相同的。

根据小企业资产按成本计量的原则,同时,为了保持与企业所得税法有关规定相一致,小企业会计准则规定短期投资按成本计量,不考虑持有期间的市价波动,持有期间的投资收益按被投资单位宣告分派的现金股利或债务人应付利息日按照票面利率计算的利息收入确认。在企业短期投资环节,包含已经宣告但尚未发放的现金股利或已到付息期但尚未领取的债券利息,不会导致税法和会计上对于短期投资确认成本上的差异,会计和税法对于这部分已经宣告但尚未发放的现金股利已到付息期但尚未领取的债券利息处理上是一致的。

三、短期投资的核算

(一)科目设置

《小企业会计准则》应用指南

1101 短期投资

一、本科目核算小企业购入的能随时变现并且持有时间不准备超过1年(含1年,下同)的投资。

二、本科目应按照股票、债券、基金等短期投资种类进行明细核算。

三、短期投资的主要账务处理。

(一)小企业购入各种股票、债券、基金等作为短期投资的,应当按照实际支付的购买价款和相关税费,借记本科目,贷记"银行存款"科目。

小企业购入股票,如果实际支付的购买价款中包含已宣告但尚未发放的现金股利,应当按照实际支付的购买价款和相关税费扣除已宣告但尚未发放的现金股利后的金额,借记本科目,按照应收的现金股利,借记"应收股利"科目,按照实际支付的购买价款和相关税费,贷记"银行存款"科目。

小企业购入债券,如果实际支付的购买价款中包含已到付息期但尚未领取的债券利息,应当按照实际支付的购买价款和相关税费扣除已到付息期但尚未领取的债券利息后的金额,借记本科目,按照应收的债券利息,借记"应收利息"科目,按照实际支付的购买价款和相关税费,贷记"银行存款"科目。

(二)在短期投资持有期间,被投资单位宣告分派的现金股利,借记"应收股利"科目,贷记"投资收益"科目。

在债务人应付利息日,按照分期付息、一次还本债券投资的票面利率计算的利息收入,借记"应收利息"科目,贷记"投资收益"科目。

(三)出售短期投资,应当按照实际收到的出售价款,借记"银行存款"或"库存现金"科目,按照该项短期投资的账面余额,贷记本科目,按照尚未收到的现金股利或债券利息,贷记"应收股利"或"应收利息"科目,按照其差额,贷记或借记"投资收益"科目。

四、本科目期末借方余额,反映小企业持有的短期投资成本。

5111 投资收益

一、本科目核算小企业确认的投资收益或投资损失。

二、本科目应按照投资项目进行明细核算。

三、投资收益的主要账务处理。

(一)对于短期股票投资、短期基金投资和长期股权投资,小企业应当按照被投资单位宣告分派的现金股利或利润中属于本企业的部分,借记"应收股利"科目,贷记本科目。

(二)在长期债券投资或短期债券投资持有期间,在债务人应付利息日,按照分期付息、一次还本的长期债券投资或短期债券投资的票面利率计算的利息收入,借记"应收利息"科目,贷记本科目;按照一次还本付息的长期债券投资票面利率计算的利息收入,借记"长期债券投资——应计利息"科目,贷记本科目。

在债务人应付利息日,按照应分摊的债券溢折价金额,借记或贷记本科目,贷记或借记"长期债券投资——溢折价"科目。

(三)出售短期投资、处置长期股权投资和长期债券投资,应当按照实际收到的价款或收回的金额,借记"银行存款"或"库存现金"科目,按照其账面余额,贷记"短期投资""长期股权投资""长期债券投资"科目,按照尚未领取的现金股利或利润、债券利息收入,贷记"应收股利""应收利息"科目,按照其差额,贷记或借记本科目。

四、月末,可将本科目余额转入"本年利润"科目,本科目结转后应无余额。

1."短期投资"科目

"短期投资"科目核算小企业购入能随时变现并且持有时间不准备超过1年(含1年,下同)的股票、债券、基金等投资的增减变动及结存情况。该科目借方登记小企业购入债券、股票以及其他投资的投资成本;贷方登记小企业处置债券、股票以及其他短期投资的投资成本;期末余额在借方,表示短期投资的结存额。在"短期投资"科目下,应按投票、债券、基金等短期投资种类进行明细核算。

2."应收股利"科目

"应收股利"科目核算小企业应收取的现金股利或利润情况。该科目借方登记小企业购入股票支付的购买价款中包含已宣告但尚未发放的现金股利及在短期投资或长期股权投资持有期间被投资单位宣告分派现金股利或利润;贷方登记小企业实际收到现金股利或利润;期末余额在借方,反映小企业尚未收到的现金股利或利润。在"应收股利"科目下,应按被投资单位进行明细核算。

3."应收利息"科目

"应收利息"科目核算小企业债券投资应收取的利息情况。该科目借方登记小企业购入债券支付的购买价款中包含已到付息期但尚未领取的债券利息及在长期债券投资或短期债券投资持有期间,在债务人应付利息日,按照分期付息、一次还本的长期债券投资或短期债券投资的票面利率计算的利息收入;贷方登记小企业实际收到的债券利息;期末余额在借方,反映小企业尚未收到的债券利息。在"应收利息"科目下,应按被投资单位进行明细核算。

4."投资收益"科目

"投资收益"科目核算小企业确认的投资收益或投资损失情况。该科目贷方登记小企业按照被投资单位宣告分派的现金股利或利润中属于本小企业的部分,以及在长期债券投资或短期债券投资持有期间,在债务人应付利息日,按照分期付息、一次还本的长期债券投资或短期债券投资的票面利率计算的利息收入;在债务人应付利息日,按照应分摊的债券溢折价金额,借记或贷记"投资收益"科目;出售短期投资、处置长期股权投资和长期债券投资的净损益借记或贷记"投资收益"科目;月末,将本科目余额转入"本年利润"科目,本科目结转后应无余额。在"投资收益"科目下,应按照投资项目进行明细核算。

(二)取得短期投资的账务处理

业务 8-1 取得短期投资的会计处理。

企业购入债券、股票、基金或取得其他投资,应以付款时间确认为短期投资的入账时间,并以初始投资成本作为取得短期投资的入账价值。

借:短期投资
  应收股利、应收利息
  贷:其他货币资金——存出投资款

【例 8-1】 大华公司 2022 年短期投资购入债券和股票的有关业务及账务处理如下:

(1)1 月 1 日,购入准备随时变现的甲公司即日发行的债券一批,该债券面值 50 000 元,期限 3 年,到期还本付息,年利率为 3%,手续费 100 元,用银行存款实际支付价款 50 100 元。

借:短期投资——甲公司债券　　　50 100
　贷:其他货币资金——存出投资款　　　50 100

(2)4 月 1 日,以 268 750 元的价格购入乙公司 2021 年 1 月 1 日发行的面值为 250 000 元 5 年期债券,该债券到期一次还本付息,年利率 6%,另支付相关税费 2 000 元,大华公司购入该债券准备随时变现,不准备长期持有。

支付的价款中包含的到期还本付息债券利息为 18 750 元($250\,000×6\%×15÷12$),包括在初始投资成本中,短期投资的初始投资成本为 270 750 元($268\,750+2\,000$)。

借:短期投资——乙公司债券　　　270 750
　贷:其他货币资金——存出投资款　　　270 750

(3)7 月 1 日,以 204 000 元的价格购入丙公司 2022 年 1 月 1 日发行的 5 年期债券,该债券利息于每年发行日收取,到期收回本金,面值 200 000 元,年利率 4%,另支付相关税费 1 500 元,大华公司购入该债券准备随时变现,不准备长期持有。

支付的价款中包含的分期付息债券利息为 4 000 元($200\,000×4\%×6÷12$),短期投资的初始投资成本为 201 500 元($204\,500+1\,500-4\,000$)。

借:短期投资——丙公司债券　　　201 500
　应收股息——丙公司　　　4 000
　贷:其他货币资金——存出投资款　　　205 500

(4)4 月 5 日,银河公司宣告分派现金股利,每 10 股派 1 元现金股利(含税),4 月 20 日在册的股东均享有该项现金股利,并定于 4 月 21 日为股权除权日。2022 年 4 月 10 日,大华公司以每股 25 元的价格购入 2 500 股,交纳相关税费 400 元,购入的股票准备随时变现。

支付的价款中包含的已宣告但尚未领取的现金股利 250 元 (2 500÷10×1)，短期投资的初始投资成本为 62 650 元 (2 500×25＋400－250)。

借：短期投资——银河公司股票   62 650
      应收股利——银河公司   250
      贷：其他货币资金——存出投资款   62 900

(三) 短期投资持有期间的现金股利和利息的处理

业务 8-2 短期投资持有期间的现金股利和利息的会计处理。

(1) 短期投资取得时实际支付的价款中包含的已宣告但尚未领取的现金股利，或已到付息期但尚未领取的债券的利息，因属于在购买时暂时垫付的资金，是在投资时所取得的一项债权，因此，在实际收到时冲减已记录的"应收股利"和"应收利息"，不确认为投资收益。

借：银行存款
    贷：应收股利、应收利息

(2) 在短期投资持有期间，被投资单位宣告分派现金股利或利润，应当按照本企业应享有的金额确认为应收股利和投资收益：

借：应收股利
    贷：投资收益

(3) 在债务人应付利息日，按照分期付息、一次还本债券投资的票面利率计算的利息收入确认为投资收益：

借：应收利息
    贷：投资收益

【例 8-2】 2023 年 1 月 1 日，甲公司实际收到丙公司债券利息 8 000 元存入银行。甲公司会计处理如下：

借：银行存款   8 000
    贷：应收利息——丙公司   4 000
        短期投资——丙公司债券   4 000

【例 8-3】 银河公司于 2022 年 5 月 20 日发放现金股利，每 10 股派 1 元，甲公司实际收到银河公司现金股利 250 元。甲公司会计处理如下：

借：银行存款   250
    贷：应收股利——银河公司   250

(四) 持有期间短期投资收益的税会差异分析

会计上，在短期投资持有期间，被投资单位宣告分派的现金股利或在债务人应付利息日按照分期付息、一次还本债券投资的票面利率计算的利息收入，应当计入投资收益。

根据《企业所得税法》第 26 条的规定，国债利息收入以及符合条件的居民企业之间的股息、红利等权益性投资收益免税。《企业所得税法实施条例》第 17 条规定，股息、红利等权益性投资收益，是指企业因权益性投资从被投资方取得的收入。股息、红利等权益性投资收益，除国务院财政、税务主管部门另有规定外，按照被投资方作出利润分配决定的日期确认收入的实现。《企业所得税法实施条例》第 18 条规定，利息收入是指企业将资金提供他人使用但不构成权益性投资，或者因他人占用本企业资金取得的收入，包括存款利息、贷款利息、债券利息、欠款利息等收入。利息收入，按照合同约定的债务人应付利息的日期确认收入的实现。

根据小企业资产按成本计量的原则，同时，为了保持与企业所得税法有关规定相一致，小企业会计准则规定短期投资按成本计量，不考虑持有期间的市价波动，持有期间的投资收益按被投资单位宣告分派的现金股利或债务人应付利息日按照票面利率计算的利息收入确认。小企业根据本条规定对短期投资进行会计处理时，会计上要求计入投资收益但税法上允许免税的，需要进行所得税纳税调整。例如，小企业因购买国债所取得的利息收入、直接投资于其他居民企业取得的符合条件的股息或红利等权益性收益，按照税法规定作为免税收入，但按照小企业会计准则规定应计入投资收益，两者构成永久性差异。

(五) 短期投资出售的核算

业务 8-3 短期投资出售的会计处理。

1. 出售短期投资实现的投资收益的确定

小企业出售短期投资时，应当将出售价款扣除该短期投资的账面余额 (即成本)、出售过程中支付的相关税费的净额计入出售当期的投资收益。

借：银行存款、库存现金 (出售价款)
    投资收益 (差额)
    贷：短期投资 (账面余额)
        应收股利 (尚未收到的现金股利或债券利息)
        投资收益 (差额)

2. 出售短期投资成本的结转

出售短期投资时,其成本分别不同情况进行结转:一次性全部出售某项短期投资,其成本为短期投资的账面余额;部分出售某项短期投资,可以比照《小企业会计准则》第13条有关发出存货成本的方法进行计算结转,如采用先进先出法、加权平均法或者个别计价法结转其所出售短期投资的成本。

【例8-4】 2022年2月5日,甲公司购入乙公司股票作为短期投资,实际支付价款为555万元,其中已宣告尚未领取的现金股利5万元(乙公司实际分派现金股利的时间为2022年3月10日)。甲公司于2022年2月20日将上述股票全部出售,获得价款560万元。

甲公司购入乙公司股票时:

借:短期投资   5 500 000
    应收股利   50 000
  贷:银行存款   5 550 000

出售股票应交增值税 = $(560-555) \times 6\% = 0.3$(万元)。

出售短期股票投资应确认的投资收益 = $560-(550+5)=5$(万元)。

借:银行存款   5 600 000
  贷:应收股利   50 000
    短期投资   5 500 000
    应交税费——转让金融商品应交增值税
                    3 000
    投资收益   47 000

(六)短期投资处置的税会差异分析

1. 增值税处理

根据《营业税改征增值税试点实施办法》(财税〔2016〕36号附件1)规定,股票、债券、基金等金融商品转让,按售价减去买价后的差额缴纳增值税,转让金融商品出现的正负差,按盈亏相抵后的余额为销售额。若相抵后出现负差,可结转下一纳税期与下期转让金融商品销售额相抵,但年末时仍出现负差的,不得转入下一个会计年度。金融商品的买入价,可以选择按照加权平均法或者移动加权平均法进行核算,选择后36个月内不得变更。金融商品转让,不得开具增值税专用发票。

2. 企业所得税处理

小企业转让股票、债券、基金等金融商品,确认转让财产收入,计征企业所得税。发生转让损失允许税前扣除。小企业短期投资的会计处置收益和税法转让收益一致,不存在差异。

第二节 小企业长期债券投资财税处理

<blockquote>
《小企业会计准则》条文及主旨:

第十七条 长期债券投资,是指小企业准备长期(在1年以上,下同)持有的债券投资。

【条文主旨】本条是关于长期债券投资定义的规定。
</blockquote>

一、债券的发行与长期债券投资

(一)长期债券投资的特征

债券是政府、金融机构、工商企业等直接向社会借债筹措资金时,向投资者发行,承诺按一定利率支付利息并按约定条件偿还本金的债权债务凭证。

债券的发行是为了筹集资金,债券的购买即债券投资。

长期债券投资是长期债权投资的一种,是指小企业准备长期(在1年以上,下同)持有的债券投资。债券投资,包括企业购入并准备持有至到期的国家发行的中央政府债券、地方政府发行的地方政府债券、铁路部门发行的铁路债券、金融部门发行的金融债券、企业发行的公司债券等。

相对于短期投资和长期股权投资,长期债券投资目的不是为了获得另一企业的剩余资产,而是为了获取高于银行储蓄存款利率的利息收入,并保证到期收回本金和利息;投资时间比较长,通常会超过1年;投资品种不易变现或持有意图长于1年。

企业所得税法所称投资资产,是指企业对外进行权益性投资和债权性投资形成的资产。

（二）债券的发行与投资

由于债券的利息通常是事先确定的，债券是固定利息证券（定息证券）的一种。债券虽有不同种类，但基本要素却是相同的，主要包括债券面值、债券价格、债券还本期限与方式和债券利率四个要素。

债券的发行方式有三种，即面值（平价）发行、溢价发行和折价发行，相对于投资方来说，就是面值（平价）购入、溢价购入和折价购入。发行价格或购入价格取决于债券票面利率（名义利率）的高低，假定其他条件不变，如果债券的票面利率与市场利率相等，发行企业可按债券票面价值发行，称为面值发行或平价发行，对投资方来说就是面值购入或平价购入。

如果债券的票面利率高于市场利率，表明债券发行企业未来实际支付的利息将高于按市场利率计算的利息，发行企业可按照高于债券票面价值的价格发行，称为溢价发行，对购买单位而言则为溢价购入。溢价是发行企业为以后多付利息而事先得到的补偿，对投资者而言，是为以后多得利息而事先付出的代价。

如果债券的票面利率低于市场利率，表明债券发行企业未来实际支付的利息将低于按市场利率计算的利息，发行企业可按照低于债券票面价值的价格发行，称为折价发行，对于购买单位而言，是折价购入。折价是发行企业今后少付利息而事先付出的代价，对投资者而言，是为今后少得利息而事先得到的补偿。

溢价或折价是债券发行企业在债券存续期间对利息费用的调整，对投资方而言，是对投资期间投资收益（利息收入）的调整。

长期债券投资溢价或折价按以下公式计算：

$$\text{债券投资溢价或折价}=\left(\text{债券初始投资成本}-\text{未到付息期债券利息}\right)-\text{债券面值}$$

二、长期债券投资确认

> 《小企业会计准则》条文及主旨：
> 第十八条　长期债券投资应当按照购买价款和相关税费作为成本进行计量。
> 实际支付价款中包含的已到付息期但尚未领取的债券利息，应当单独确认为应收利息，不计入长期债券投资的成本。
> 【条文主旨】本条是关于取得长期债券投资会计处理的规定。

（一）初始投资成本的确定

小企业会计准则规定，长期债券投资应当按照购买价款和相关税费作为初始投资成本进行计量。

相关税费，是指小企业在交易过程中按照有关规定应负担的各种税款、行政事业性收费以及手续费、佣金等。

实际支付价款中包含的已到付息期但尚未领取的债券利息，属于购买时暂时垫付的资金，应当单独确认为应收利息，不计入长期债券投资的成本。如果实际支付的价款中包含尚未到期的债券利息，构成长期债券初始投资成本，计入长期债券投资中的"应计利息"明细科目单独核算。

（二）长期债券投资的计税基础

《企业所得税法实施条例》第71条规定，投资资产是指企业对外进行权益性投资和债权性投资形成的资产。投资资产按照以下方法确定成本：

（1）通过支付现金方式取得的投资资产，以购买价款为成本；

（2）通过支付现金以外的方式取得的投资资产，以该资产的公允价值和支付的相关税费为成本。税法中所称的公允价值是指按照市场价格确定的价值。

关于长期债券投资成本的计量，小企业会计准则与企业所得税法存在的差异是，取得投资时实际支付的价款中包含的已到付息期但尚未领取的债券利息，会计上单独确认为应收利息，不计入投资成本，即按照扣除所含利息收入后的金额作为长期债券投资的成本。而税法上作为购买价款的组成部分计入长期债券投资的计税基础。

三、长期债券投资核算

（一）长期债券投资科目设置

> **《小企业会计准则》应用指南**
>
> **1501 长期债券投资**
>
> 一、本科目核算小企业准备长期（在1年以上，下同）持有的债券投资。
>
> 二、本科目应按照债券种类和被投资单位，分别"面值""溢折价""应计利息"进行明细核算。
>
> 三、长期债券投资的主要账务处理。
>
> （一）小企业购入债券作为长期投资，应当按照债券票面价值，借记本科目（面值），按照实际支付的购买价款和相关税费，贷记"银行存款"科目，按照其差额，借记或贷记本科目（溢折价）。
>
> 如果实际支付的购买价款中包含已到付息期但尚未领取的债券利息，应当按照债券票面价值，借记本科目（面值），按照应收的债券利息，借记"应收利息"科目，按照实际支付的购买价款和相关税费，贷记"银行存款"科目，按照其差额，借记或贷记本科目（溢折价）。
>
> （二）在长期债券投资持有期间，在债务人应付利息日，按照分期付息、一次还本的长期债券投资票面利率计算的利息收入，借记"应收利息"科目，贷记"投资收益"科目；按照一次还本付息的长期债券投资票面利率计算的利息收入，借记本科目（应计利息），贷记"投资收益"科目。
>
> 在债务人应付利息日，按照应分摊的债券溢折价金额，借记或贷记"投资收益"科目，贷记或借记本科目（溢折价）。
>
> （三）长期债券投资到期，收回长期债券投资，应当按照收回的债券本金或本息，借记"银行存款"等科目，按照其账面余额，贷记本科目（成本、溢折价、应计利息），按照应收未收的利息收入，贷记"应收利息"科目。
>
> 处置长期债券投资，应当按照处置收入，借记"银行存款"等科目，按照其账面余额，贷记本科目（成本、溢折价），按照应收未收的利息收入，贷记"应收利息"科目，按照其差额，贷记或借记"投资收益"科目。
>
> （四）按照小企业会计准则规定确认实际发生的长期债券投资损失，应当按照可收回的金额，借记"银行存款"等科目，按照其账面余额，贷记本科目（成本、溢折价），按照其差额，借记"营业外支出"科目。
>
> 四、本科目期末借方余额，反映小企业持有的分期付息、一次还本债券投资的成本和到期一次还本付息债券投资的本息。

为了核算小企业持有的各种长期债券性质的投资，应设置"长期债券投资"总账科目，并按照债券种类和被投资单位，分别设置"面值""溢折价""应计利息"三个进行明细科目。借方登记企业购入债券的投资成本，包括债券面值和购入债券溢价额，买价中包含的未到付息期债券的应计利息，购入折价发行债券当期应分摊的折价额；贷方登记购入债券折价额，债券到期收回的本息，购入溢价发行债券应当分摊的溢价额，以及转让、出售债券的账面价值；本科目期末借方余额，反映小企业持有的分期付息、一次还本债券投资的成本和到期一次还本付息债券投资的本息。

（二）购入债券的处理

业务8-4 购入债券的会计处理。

小企业购入债券作为长期投资，应当按照债券票面价值，借记"长期债券投资"科目（面值），按照实际支付的购买价款和相关税费，贷记"银行存款"科目，按照其差额，借记或贷记"长期债券投资"（溢折价）。

销售国债、地方债免征增值税，销售信用债按照票面利率的6%征收增值税，但不得开具专用发票。

借：长期债券投资——面值
  长期债券投资——溢折价（差额）
 贷：银行存款
  长期债券投资——溢折价（差额）

如果实际支付的购买价款中包含已到付息期但尚未领取的债券利息，应当按照债券票面价值，借记"长期债券投资"（面值），按照已到付息期应收的债券利息，借记"应收利息"科目，按照实际支付的购买价款和相关税费,贷记"银行存款"科目,按照其差额,借记或贷记"长期债券投资"(溢折价)。

借:长期债券投资——面值
　　长期债券投资——溢折价
　　应收利息
　　贷:银行存款
　　　长期债券投资——溢折价

1. 面值购入

【例 8-5】　甲公司于 2022 年 1 月 1 日购入 2020 年 1 月 1 日发行的国债一批,该债券面值 100 000 元,票面年利率为 3.5％,5 年到期时一次性还本付息。企业购入该批债券时用银行存款实际支付价款 107 000 元,其中包括购入时已实现的利息为 7 000 元(100 000×3.5％×2)。

借:长期债券投资——面值　　　100 000
　　　　　　　　——应计利息　　7 000
　　贷:银行存款　　　　　　　　107 000

2. 溢价购入

【例 8-6】　仍以[例 8-5]为资料,若购入该批国债的实际支付价款为 110 000 元,其他情况不变。则该企业购入该批债券为溢价购入。

借:长期债券投资——面值　　　100 000
　　　　　　　　——溢折价　　　3 000
　　　　　　　　——应计利息　　7 000
　　贷:银行存款　　　　　　　　110 000

3. 折价购入

【例 8-7】　仍以[例 8-5]资料,企业购入该债券的实际支付价款为 104 000 元,其他情况不变。则甲公司购入该批债券为折价购入。

借:长期债券投资——面值　　　100 000
　　　　　　　　——应计利息　　7 000
　　贷:银行存款　　　　　　　　104 000
　　　长期债券投资——溢折价　　3 000

(三) 债券利息收入及溢折价摊销的处理

《小企业会计准则》条文及主旨:

第十九条　长期债券投资在持有期间发生的应收利息应当确认为投资收益。

(一)分期付息、一次还本的长期债券投资,在债务人应付利息日按照票面利率计算的应收未收利息收入应当确认为应收利息,不增加长期债券投资的账面余额。

(二)一次还本付息的长期债券投资,在债务人应付利息日按照票面利率计算的应收未收利息收入应当增加长期债券投资的账面余额。

(三)债券的折价或者溢价在债券存续期间内于确认相关债券利息收入时采用直线法进行摊销。

【条文主旨】本条是关于长期债券投资持有期间会计处理的规定。

业务 8-5　债券利息收入及溢折价摊销的会计处理。

1. 长期债券投资利息的处理

(1)分期付息、一次还本的长期债券投资,在债务人应付利息日按照票面利率计算的应收未收利息收入应当确认为应收利息,并确认当期投资收益,不增加长期债券投资的账面余额。

借:应收利息
　　贷:投资收益

(2)一次还本付息的长期债券投资,在债务人应付利息日按照票面利率计算的应收未收利息收入应当增加长期债券投资的账面余额,并确认当期投资收益。

借:长期债券投资——××债券(应计利息)
　　贷:投资收益

(3)实际收到的分期付息长期债权投资利息,冲减已计的"应收利息";实际收到的一次还本付息债权利息,冲减"长期债券投资"的账面余额。

借:银行存款
　　贷:应收利息
　　　长期债券投资——××债券(应计利息)

2. 债券溢折价的摊销

溢价或折价购入的债券,其溢价或折价应在债券购入后至到期前的期间内于确认相关债券利息收入时摊销,摊销方法有直线法、实际利率法等。

小企业会计准则规定,债券的溢价或折价在债券存续期间内于确认相关债券利息收入时采用直线法进行摊销。直线法是将债券的溢折价按债券的还款期限(或付息期数)平均分摊。直线法下,每期溢折价的摊销数额相等。溢价或折价的摊销,应与确认相关债券利息收入同时进行,并作为计提的利息收入的调整。在债务人应付利息日按照债券面值和票面利率计算的应收利息扣除当期摊销的溢价确认为投资收益,或在债务人应付利息日按照债券面值和票面利率计算的应收利息与当期摊销的折价的合计额确认为投资收益。

一次还本付息的长期债券投资,意味着债券持有期间不进行摊销,待到期应付利息日一次性摊销。

在采用直线法摊销溢折价时,每期溢折价的摊销数额相等。

(1)溢价的摊销:

借:投资收益
 贷:长期债券投资——××债券(溢折价)

(2)折价的摊销:

借:长期债券投资——××债券(溢折价)
 贷:投资收益

【例 8-8】 承接[例 8-6][例 8-7]资料,于 2024 年该债券到期时,一次性确认持有期间的投资收益,并将债券溢价一次性摊销。

(1)确认利息收入:

借:长期债券投资——应计利息　10 500
 贷:投资收益　10 500

(2)溢价摊销:

借:投资收益　3 000
 贷:长期债券投资——溢折价　3 000

【例 8-9】 承接[例 8-6][例 8-7]资料,于 2024 年该债券到期时,一次性确认持有期间的投资收益,并将债券折价一次性摊销。

(1)确认利息收入:

借:长期债券投资——应计利息　10 500
 贷:投资收益　10 500

(2)折价摊销:

借:长期债券投资——溢折价　3 000
 贷:投资收益　3 000

【例 8-10】 2022 年 1 月 1 日,甲小企业购入时代公司 2021 年 1 月 1 日溢价发行的债券,面值 100 000 元,期限 5 年,年利率 6%,每年 12 月 31 日支付当年利息,企业实际支付银行存款 108 000 元,其中包括应收利息 6 000 元,溢价额 2 000 元。溢价采用直线法摊销,见表 8-1。

每年应摊销溢价额为:2 000÷4=500(元)

表 8-1　债券溢价摊销表(直线法)　单位:元

计息日期	应计(收)利息	投资收益	溢价摊销	账面价值
2022.1.1				102 000
2022.12.31	6 000	5 500	500	101 500
2023.12.31	6 000	5 500	500	101 500
2024.12.31	6 000	5 500	500	100 500
2025.12.31	6 000	5 500	500	100 000
合　计	24 000	22 000	2 000	—

甲企业每年年末编制会计分录如下:

借:长期债券投资——时代公司债券(应计利息)
     6 000
 贷:长期债券投资——时代公司债券(溢折价)
     500
  投资收益　5 500

长期债券投资存续期间各期的投资收益,为每期按票面利率计算的应计(收)利息与债券溢价摊销之差。债券投资的账面价值(面值和未摊销溢价之和)随着溢价的摊销逐期减少,到债券到期时,正好调整到账面价值。

【例 8-11】 甲公司于 2022 年 1 月 6 日债券发行日,购入新纪元公司发行的债券,面值 300 000 元,期限 3 年,年利率 4%,每年到期日支付当年利息,企业实际支付银行存款 294 000 元,折价额 6 000 元。折价采用直线法摊销,见表 8-2。

每年应摊销折价额为:6 000÷3=2 000(元)。

表 8-2　债券折价摊销表(直线法)　单位:元

计息日期	应计(收)利息	折价摊销	投资收益	账面价值
2022.1.6				294 000
2022.12.31	12 000	2 000	14 000	296 000

（续表）

计息日期	应计(收)利息	折价摊销	投资收益	账面价值
2023.12.31	12 000	2 000	14 000	298 000
2024.12.31	12 000	2 000	14 000	300 000
合　　计	36 000	6 000	42 000	—

甲公司每年年末编制会计分录如下：

借：长期债券投资——新纪元公司债券（应计利息）
　　　　　　　　　　　　　　　　　12 000

　　长期债券投资——新纪元公司债券（溢折价）
　　　　　　　　　　　　　　　　　2 000

　贷：投资收益　　　　　　　　　　14 000

长期债券投资存续期间各期的投资收益，为每期按票面利率计算的应计（收）利息与债券折价摊销之和。债券投资的账面价值（面值和未摊销溢价之和）随着溢价的摊销逐期增加，到债券到期时，正好调整到账面价值。

采用直线法，每期摊销的溢价或折价是相等且固定的，因此，各期的实际投资收益（利息收入）也是相等的、固定的。其优点是通俗易懂、计算简便。

（四）债券利息税会差异分析

《企业所得税法实施条例》第18条规定，利息收入是指企业将资金提供他人使用但不构成权益性投资，或者因他人占用本企业资金取得的收入，包括存款利息、贷款利息、债券利息、欠款利息等收入。利息收入，按照合同约定的债务人应付利息的日期确认收入的实现。

小企业会计准则与企业所得税法存在的差异是：按照企业所得税法规定，企业利息收入金额按照合同名义利率（即债券票面利率）计算确定；而在会计上，如果小企业按照高于或低于债券面值的价格购入长期债券投资时，需要在投资持有期间逐期分摊溢折价金额，作为投资收益的调整，利息收入＝应计利息－溢价摊销，或利息收入＝应计利息＋折价摊销。面值（平价）购入的情况下，小企业会计准则和企业所得税法对债券利息收入的确认一致。

（五）长期债券投资的到期收回

> **《小企业会计准则》应用指南**
>
> 　　第二十条　长期债券投资到期，小企业收回长期债券投资，应当冲减其账面余额。
>
> 　　处置长期债券投资，处置价款扣除其账面余额、相关税费后的净额，应当计入投资收益。

业务8-6　到期收回长期债券投资的会计处理。

长期债券投资通常都有到期日，小企业在长期债券投资到期日收回长期债券投资，应当冲减该项长期债券投资的账面余额。由于长期债券投资的账面余额中还包含当初取得时支付的相关税费，因此，在债券投资到期时，收回本金或本息，如果该项长期债券投资还存在余额，应将该余额作为投资损失，结转至投资收益。

借：银行存款
　贷：长期债券投资——××债券（面值）
　　　　　　　　　　——××债券（应计利息）
　　应收利息

【例8-12】 承接[例8-5]，到期收回债券本息时：

借：银行存款　　　　　　　　117 500
　贷：长期债券投资——面值　　100 000
　　　　　　　　　　——应计利息　17 500

（六）长期债券投资处置

业务8-7　长期债券投资处置的会计处理。

长期债券投资的处置泛指在债券投资到期前减少长期债券投资的一切行为，包括出售、转让、债券本身发生损失等情形。

小企业在长期债券投资到期前处置债券投资时，应当将处置价款扣除该项长期债券投资的账面余额（即成本）、处置过程中支付的相关税费后的净额计入处置当期的投资收益。

借：银行存款
　　投资收益（差额）
　　长期债券投资——××债券（溢折价）
　贷：长期债券投资——××债券（面值）
　　　　　　　　　　——××债券（应计利息）
　　　　　　　　　　——××债券（溢折价）
　　投资收益（差额）

【例8-13】 2022年1月1日,企业因资金紧张,急于将已持有3年的2024年1月1日到期的债券出售给A公司,售价为520 000元,该债券的账面余额为550 000元(面值为500 000元,应计利息为50 000元)。

借:银行存款　　　　　　　　　520 000

　　投资收益　　　　　　　　　　30 000

　　贷:长期债券投资——面值　　　　500 000

　　　　　　　　　——应计利息　　 50 000

四、委托贷款的处理

业务8-8　委托贷款的会计处理。

小企业如果有多余资金,可委托金融企业对外贷款,委托贷款视为投资,但在具体核算时又有别于短期和长期债权投资。其核算有如下特点:

(1)单独设置"委托贷款"科目,核算小企业按规定委托金融机构向其他单位贷出的款项。小企业按规定委托金融机构贷出的款项,应按规定的程序办理,并按实际委托的贷款金额入账。并在"委托贷款"科目下设置"本金""应计利息"等明细科目。"委托贷款"科目的期末余额,即委托贷款的本金和应收利息。

(2)委托贷款按期限计提应收利息,增加"委托贷款"科目的账面价值,并确认投资收益(利息收入),计入损益。但是,如果委托贷款应收利息到期未收回的,应立即将已确认的利息收入予以冲回,并在备查簿中登记冲回的利息金额。其后,收回已冲减利息收入的利息时,首先冲减委托贷款本金。委托贷款和其他资产一样不计提坏账准备。

(3)在资产负债表中,委托贷款按其长短期性质,分别在"短期投资"或"其他非流动资产"项目中反映。

【例8-14】 甲企业于2022年7月1日,委托银行贷款给乙企业300万元,年利率为6%,贷款期限2年,利息于每季度终了后次月的15日支付。至2022年12月31日,甲公司尚未收到第3季度利息(甲公司于季末计提利息)。甲公司会计处理如下:

(1)第三季度计提利息=300×6%×25%=4.5(万元)。

借:委托贷款——应计利息　　　　45 000

　　贷:投资收益——委托贷款利息收入　 45 000

(2)甲公司10月15日未收到利息,冲减已确认的利息:

借:投资收益——委托贷款利息收入　 45 000

　　贷:委托贷款——应计利息　　　　45 000

(3)年度终了,小企业不计提委托贷款本金减值准备,不做账务处理。

五、长期债券投资损失

《小企业会计准则》条文及主旨:

第二十一条　小企业长期债券投资符合本准则第十条所列条件之一的,减除可收回的金额后确认的无法收回的长期债券投资,作为长期债券投资损失。

长期债券投资损失应当于实际发生时计入营业外支出,同时冲减长期债券投资账面余额。

【条文主旨】本条是关于长期债券投资损失认定条件和会计处理的规定。

(一)长期债券投资损失会计处理

业务8-9　长期债券投资损失的处理。

小企业持有长期债券投资可能会因发行人(即债务人)资不抵债、现金短缺、破产、清算等原因而无法收回本金和收到利息。这类无法收回的长期债券投资而产生的损失为长期债券投资损失。

《小企业会计准则》第21条规定:小企业长期债券投资符合本准则第10条所列条件之一的,减除可收回的金额后确认的无法收回的长期债券投资,作为长期债券投资损失。

长期债券投资损失应当于实际发生时计入营业外支出,同时冲减长期债券投资面余额。

1. 长期债券投资损失的确认时点

长期债券投资损失的确认时点是实际发生时,而不是预计或预期发生时。

2. 长期债券投资损失的认定条件

小企业长期债券投资损失实际上也是坏账损失的一种,因此其认定条件与坏账损失的认定条件完全相同。小企业长期债券投资符合下列条件之一的,减除可收回的金额后确认的无法收回的

应收及预付款项,作为长期债券投资损失:

(1)债务人依法宣告破产、关闭、解散、被撤销,或者被依法注销、吊销营业执照,其清算财产不足清偿的。

(2)债务人死亡,或者依法被宣告失踪、死亡,其财产或者遗产不足清偿的。

(3)债务人逾期3年以上未清偿,且有确凿证据证明已无力清偿债务的。

(4)与债务人达成债务重组协议或法院批准破产重整计划后,无法追偿的。

(5)因自然灾害、战争等不可抗力导致无法收回的。

(6)国务院财政、税务主管部门规定的其他条件。

3. 长期债券投资损失金额的确定及账务处理

小企业的长期债券投资出现上述所列条件之一时,应当积极与债务人进行协商,努力收回相关款项。如果确实无法再收回,应将该长期债券投资的账面余额减除可收回的金额后的净额,确认为长期债券投资损失,计入营业外支出。小企业应当按照可收回的金额,借记"银行存款"等科目,按照其账面余额,贷记"长期债券投资"科目(成本、溢折价),按照其差额,借记"营业外支出"科目。

借:银行存款
　　营业外支出
　　长期债券投资——××债券(溢折价)
　　贷:长期债券投资——××债券(面值)
　　　　　　　　　　　——××债券(应计利息)
　　　　　　　　　　　——××债券(溢折价)

【例8-15】 2022年12月31日,企业持有的A公司3年期债券到期,该债券面值1 000 000元,票面年利率为8%,到期一次还本付息。该债券的账面余额为1 160 000元(面值1 000 000元,应计利息160 000元)。但是由于A公司在2022年11月因遭遇台风发生重大损失致使其无法全额支付到期债券金额,只能支付应付款项980 000元。根据上述经济业务,应作会计处理如下:

(1)计提当期利息:

借:长期债券投资——应计利息　　　　80 000
　　贷:投资收益　　　　　　　　　　　　80 000

(2)确认实际发生的长期债券投资损失:

借:银行存款　　　　　　　　　　　980 000
　　营业外支出　　　　　　　　　　260 000
　　贷:长期债券投资——面值　　　1 000 000
　　　　　　　　　　　——应计利息　　240 000

(二)长期债券投资损失的税务处理

1. 损失认定

《财政部　国家税务总局关于企业资产损失税前扣除政策的通知》(财税〔2009〕57号)第4条规定,企业除贷款类债权外的应收、预付账款符合下列条件之一的,减除可收回金额后确认的无法收回的应收、预付款项,可以作为坏账损失在计算应纳税所得额时扣除:

(1)债务人依法宣告破产、关闭、解散、被撤销,或者被依法注销、吊销营业执照,其清算财产不足清偿的。

(2)债务人死亡,或者依法被宣告失踪、死亡,其财产或者遗产不足清偿的。

(3)债务人逾期3年以上未清偿,且有确凿证据证明已无力清偿债务的。

(4)与债务人达成债务重组协议或法院批准破产重整计划后,无法追偿的。

(5)因自然灾害、战争等不可抗力导致无法收回的。

(6)国务院财政、税务主管部门规定的其他条件。

为简便小企业会计核算、减少所得税纳税调整,小企业会计准则采取了与税法完全一致的长期债券投资损失认定条件和处理方法,即直接转销法。这一点与企业会计准则的规定有差异,小企业应当予以注意。

2. 损失申报

小企业发生的长期债券投资损失,应按规定的程序和要求向主管税务机关申报后方能在税前扣除,未经申报的损失,不得在税前扣除。根据《企业资产损失所得税税前扣除管理办法》(国家税务总局公告2011年第25号)的规定,长期债券投资损失采取专项申报方式。

3. 损失证据

根据《企业资产损失所得税税前扣除管理办法》(国家税务总局公告2011年第25号)第40条

的规定,企业债权投资损失应依据投资的原始凭证、合同或协议、会计核算资料等相关证据材料确认。下列情况债权投资损失的,还应出具相关证据材料:

(1)债务人或担保人依法被宣告破产、关闭、被解散或撤销、被吊销营业执照、失踪或者死亡等,应出具资产清偿证明或者遗产清偿证明。无法出具资产清偿证明或者遗产清偿证明,且上述事项超过3年的,或债权投资(包括信用卡透支和助学贷款)余额在300万元以下的,应出具对应的债务人和担保人破产、关闭、解散证明、撤销文件、工商行政管理部门注销证明或查询证明以及追索记录等(包括司法追索、电话追索、信件追索和上门追索等原始记录)。

(2)债务人遭受重大自然灾害或意外事故,企业对其资产进行清偿和对担保人进行追偿后,未能收回的债权,应出具债务人遭受重大自然灾害或意外事故证明、保险赔偿证明、资产清偿证明等。

(3)债务人因承担法律责任,其资产不足归还所借债务,又无其他债务承担者的,应出具法院裁定证明和资产清偿证明。

(4)债务人和担保人不能偿还到期债务,企业提出诉讼或仲裁的,经人民法院对债务人和担保人强制执行,债务人和担保人均无资产可执行,人民法院裁定终结或终止(中止)执行的,应出具人民法院裁定文书。

(5)债务人和担保人不能偿还到期债务,企业提出诉讼后被驳回起诉的、人民法院不予受理或不予支持的,或经仲裁机构裁决免除(或部分免除)债务人责任,经追偿后无法收回的债权,应提交法院驳回起诉的证明,或法院不予受理或不予支持证明,或仲裁机构裁决免除债务人责任的文书。

(6)经国务院专案批准核销的债权,应提供国务院批准文件或经国务院同意后由国务院有关部门批准的文件。

4. 留存备查资料

根据《企业资产损失所得税税前扣除管理办法》(国家税务总局公告2011年第25号)的规定,企业固定资产损失专项申报应留存备查的材料:

(1)《债权性投资损失(贷款损失除外)(专项申报)税前扣除申报表》。

(2)债权性投资合同(或贷款合同)以及债权性投资(或发放贷款、还款)的相关凭证复印件。

(3)债权性投资(或贷款)损失已计入损益的记账凭证复印件。

(4)董事会等权力机构决议、上级公司(或企业总机构)批复、国有资产监管机构批复或国有资产监管机构授权的部门的批复。

(5)属于债务人或担保人依法被宣告破产、关闭、被解散或撤销、被吊销营业执照、失踪或者死亡等,应出具资产清偿证明或者遗产清偿证明。无法出具资产清偿证明或者遗产清偿证明,且上述事项超过3年的,或债权投资(包括信用卡透支和助学贷款)余额在300万元以下的,应出具对应的债务人和担保人破产、关闭、解散证明、撤销文件、工商行政管理部门注销证明或查询证明以及追索记录等(包括司法追索、电话追索、信件追索和上门追索等原始记录)。

(6)属于债务人遭受重大自然灾害或意外事故,企业对其资产进行清偿和对担保人进行追偿后,未能收回的债权,应出具债务人遭受重大自然灾害或意外事故证明、保险赔偿证明、资产清偿证明等。

(7)属于债务人因承担法律责任,其资产不足归还所借债务,又无其他债务承担者的,应出具法院裁定证明和资产清偿证明。

(8)属于债务人和担保人不能偿还到期债务,企业提出诉讼或仲裁的,经人民法院对债务人和担保人强制执行,债务人和担保人均无资产可执行,人民法院裁定终结或终止(中止)执行的,应出具人民法院裁定文书。

(9)属于债务人和担保人不能偿还到期债务,企业提出诉讼后被驳回起诉的、人民法院不予受理或不予支持的,或经仲裁机构裁决免除(或部分免除)债务人责任,经追偿后无法收回的债权,应提交法院驳回起诉的证明,或法院不予受理或不予支持证明,或仲裁机构裁决免除债务人责任的文书。

(10)属于经国务院专案批准核销的债权,应提供国务院批准文件或经国务院同意后由国务院有关部门批准的文件。

（11）属于按独立交易原则向关联企业转让资产而发生的损失，或向关联企业提供借款、担保而形成的债权损失的，应作专项说明，同时出具法定资质中介机构出具的专项报告及其相关的证明材料（债权性投资交易双方没有关联关系的，债权人提供没有关联关系的承诺书）。

第三节　小企业长期股权投资财税处理

一、小企业长期股权投资概述

> 《小企业会计准则》条文及主旨：
> 第二十二条　长期股权投资，是指小企业准备长期持有的权益性投资。
> 【条文主旨】本条是关于长期股权投资定义的规定。

（一）长期股权投资的概念

小企业长期股权投资，是指小企业准备长期持有的权益性投资。《企业会计准则第2号——长期股权投资》所规范的长期股权投资包括对子公司投资、对合营企业投资和对联营企业投资三类。

企业所得税法没有区分长期投资和短期投资，而只有投资资产这一概念，进而对投资资产的计税基础，以及权益性投资收益和债权性投资利息收入计入应纳税所得额等有关问题作出了规范。《企业所得税法实施条例》第71条规定，《企业所得税法》第14条所称投资资产，是指企业对外进行权益性投资和债权性投资形成的资产。

为简化小企业会计核算，小企业会计准则仅从小企业准备持有时间角度对权益性投资进行了划分，准备长期持有（在1年以上）的权益性投资为长期股权投资，准备短期持有的为短期投资。这样的划分，无需考虑对被投资单位的影响力，也无需考虑其是否有活跃市场报价、公允价值能否可靠计量。

（二）长期股权投资的性质

长期股权投资的性质为权益性投资，在被投资单位享有股份或出资比例和所有者权益份额，可以以投资者身份从被投资单位获取净利润的分配，通常没有到期日，因而显著地不同于债券投资。

（三）长期股权投资的期限

长期股权投资相对于短期投资，其期限会超过1年，不包括1年，即符合非流动资产的定义。

二、长期股权投资初始成本的确定

> 《小企业会计准则》条文及主旨：
> 第二十三条　长期股权投资应当按照成本进行计量。
> （一）以支付现金取得的长期股权投资。应当按照购买价款和相关税费作为成本进行计量。
> 实际支付价款中包含的已宣告但尚未发放的现金股利，应当单独确认为应收股利，不计入长期股权投资的成本。
> （二）通过非货币性资产交换取得的长期股权投资，应当按照换出非货币性资产的评估价值和相关税费作为成本进行计量。
> 【条文主旨】本条是关于取得长期股权投资成本确定的规定。

（一）长期股权投资计量的基本原则

企业会计准则将长期股权投资区分同一控制下的企业合并和非同一控制下的企业合并分别确定投资成本。考虑到小企业对外投资相对较少、取得方式较为单一，小企业会计准则在企业会计准则的基础上进行了简化处理，按照成本进行计量。

（二）长期股权投资计税基础

企业所得税法也对投资资产的税务处理作了规定。《企业所得税法实施条例》第71条规定，《企业所得税法》第14条所称投资资产，是指企业对外进行权益性投资和债权性投资形成的资产。企业在转让或者处置投资资产时，投资资产的成本，准予扣除。投资资产按照以下方法确定成本：

（1）通过支付现金方式取得的投资资产，以购买价款为成本。

（2）通过支付现金以外的方式取得的投资资产，以该资产的公允价值和支付的相关税费为成本。

（三）税会差异分析

《小企业会计准则》与《企业所得税法》存在的差异是,取得投资时实际支付的价款中包含的已宣告但尚未发放的现金股利,会计上单独确认为应收股利,不计入投资成本,而税法上作为购买价款的组成部分计入投资成本。

三、长期股权投资取得的核算

（一）科目设置

> **《小企业会计准则》应用指南**
>
> **1511　长期股权投资**
>
> 一、本科目核算小企业准备长期持有的权益性投资。
>
> 二、本科目应当按照被投资单位进行明细核算。
>
> 三、长期股权投资的主要账务处理。
>
> （一）小企业以支付现金取得的长期股权投资,如果实际支付的购买价款中包含已宣告但尚未发放的现金股利,应当按照实际支付的购买价款和相关税费扣除已宣告但尚未发放的现金股利后的金额,借记本科目,按照应收的现金股利,借记"应收股利"科目,按照实际支付的购买价款和相关税费,贷记"银行存款"科目。
>
> 通过非货币性资产交换取得的长期股权投资,应当按照非货币性资产的评估价值与相关税费之和,借记本科目,按照换出非货币性资产的账面价值,贷记"固定资产清理""无形资产"等科目,按照支付的相关税费,贷记"应交税费"等科目,按照其差额,贷记"营业外收入"或借记"营业外支出"等科目。
>
> （二）在长期股权投资持有期间,被投资单位宣告分派的现金股利或利润,应当按照应分得的金额,借记"应收股利"科目,贷记"投资收益"科目。
>
> （三）处置长期股权投资,应当按照处置价款,借记"银行存款"等科目,按照其成本,贷记本科目,按照应收未收的现金股利或利润,贷记"应收股利"科目,按照其差额,贷记或借记"投资收益"科目。
>
> （四）根据小企业会计准则规定确认实际发生的长期股权投资损失,应当按照可收回的金额,借记"银行存款"等科目,按照其账面余额,贷记本科目,按照其差额,借记"营业外支出"科目。
>
> 四、本科目期末借方余额,反映小企业持有的长期股权投资的成本。

（二）以支付现金取得的长期股权投资

业务 8-10　以支付现金取得长期股权投资的会计处理。

以支付现金取得的长期股权投资,应当按照购买价款和相关税费作为初始投资成本进行计量。实际支付价款中包含的已宣告但尚未发放的现金股利,应当单独确认为应收股利,不计入长期股权投资的初始投资成本。

【例 8-16】 甲公司于 2022 年 1 月 1 日,自公开市场购买 B 公司 5% 的股份,实际支付价款 80 万元,同时支付手续费等相关费用 3 万元。A 公司购买日的会计处理如下:

　　借:长期股权投资——B 公司　　　　830 000
　　　贷:银行存款　　　　　　　　　　　　830 000

（三）通过非货币性资产交换取得的长期股权投资

业务 8-11　通过非货币性资产交换取得长期股权投资的会计处理。

1. 会计处理

通过非货币性资产交换取得的长期股权投资,根据《公司法》的规定,实际上是一种用非货币性资产出资的行为,应当对其价值进行评估,因此,小企业会计准则要求应当按照换出非货币性资产的评估价值和相关税费之和作为长期股权投资的成本。

这种处理方式实际上是采用了两笔交易观,视同先将非货币性资产按照市场价格出售,再以所取得的对价购入一项新的资产即长期股权投资。因此,换出非货币性资产为存货的,应当视同商品销售处理,按照评估价值确认为销售商品收入,同时按照其账面余额结转销售商品成本。换出非货币性资产为固定资产、无形资产的,应当视同固定资产或无形资产处置处理,换出资产按照评估价值计价,与其账面余额之间的差额计入营业外收入或营业外支出。换出非货币性资产为投资资产的,应当视同投资资产处置处理,换出资产按照评估价值计价,与其账面余额之间的差额计入投资收益。

换入长期股权投资与换出非货币性资产涉及相关税费的,应按照上述原则区别不同情况进行会计处理:换出资产视同销售应计算销项税额。

小企业以非货币性资产对外投资,不区分有无商业实质,也不区分对被投资企业有无控制、共同控制或重大影响,均以换出非货币性资产的评估价值为基础确定长期股权投资成本。

通过非货币性资产交换取得的长期股权投资,应当按照非货币性资产的评估价值与相关税费之和,借记"长期股权投资"科目,按照换出非货币性资产的账面价值,贷记"固定资产清理""无形资产"等科目,按照支付的相关税费,贷记"应交税费——应交增值税(销项税额)"等科目,按照其差额,贷记"营业外收入"或借记"营业外支出"等科目。

借:长期股权投资
　　累计摊销
　　营业外支出(差额)
　　贷:原材料
　　　　固定资产清理
　　　　无形资产
　　　　应交税费——应交增值税(销项税额)
　　　　营业外收入(差额)

2. 税务处理

对外投资资产,视同销售计算相应增值税等税金。

纳税人提供技术转让、技术开发和与之相关的技术咨询、技术服务,免征增值税,即技术投资免征增值税。(财税〔2016〕36 号)

自 2014 年 1 月 1 日起,居民企业以非货币性资产对外投资确认的非货币性资产转让所得,可在不超过 5 年的期限内,分期均匀计入相应年度的应纳税所得额,按规定计算缴纳企业所得税。(财税〔2014〕116 号)

自 2016 年 9 月 1 日起,企业或个人以技术成果投资入股到境内居民企业,被投资企业支付的对价全部为股票(权)的,企业或个人可选择继续按现行有关税收政策执行,也可选择适用递延纳税优惠政策。选择技术成果投资入股递延纳税政策的,经向主管税务机关备案,投资入股当期可暂不纳税,允许递延至转让股权时,按股权转让收入减去技术成果原值和合理税费后的差额计算缴纳所得税。(财税〔2016〕101 号)

【例 8-17】　甲公司于 2022 年 2 月以固定资产对乙企业进行投资,投出资产系 2020 年 5 月购进并投入使用,购进固定资产增值税已抵扣,账面原价为 400 000 元,至投资月份已提折旧为 200 000 元,该项固定资产评估价值(市价)156 000 元,评估价值等于增值税销售额。另外,支付固定资产清理费用 20 000 元。甲企业应作如下会计处理:

(1)投资资产转入固定资产清理。

借:固定资产清理　　　　　　　　　　240 280
　　累计折旧　　　　　　　　　　　　200 000
　　贷:固定资产　　　　　　　　　　　400 000
　　　　银行存款　　　　　　　　　　　 20 000
　　　　应交税费——应交增值税(销项税额) 20 280

(2)取得长期股权投资。

长期股权投资的初始投资成本 = 156 000 + 40 280 = 196 280(元)。

借:长期股权投资——乙企业　　　　　196 280
　　营业外支出　　　　　　　　　　　 44 000
　　贷:固定资产清理　　　　　　　　　240 280

【例 8-18】　甲公司于 2022 年 2 月以原材料对乙企业投资,投出原材料的账面余额为 300 000 元,该项原材料的评估价值和增值税计税价格为 400 000 元,按规定计提销项税额为 52 000 元。甲企业对该项投资计划长期持有,投资合同约定占乙企业注册资本的 5%。(假设不考虑其他相关税费)

初始投资成本 = 400 000 + 52 000 = 452 000(元)。

借:长期股权投资——乙企业　　　　　452 000
　　贷:原材料　　　　　　　　　　　　300 000
　　　　应交税费——应交增值税(销项税额) 52 000
　　　　营业外收入　　　　　　　　　　100 000

(四)以债务重组方式取得的长期股权投资

业务 8-12　以债务重组方式取得的长期股权投资的会计处理。

企业接受的债务人以债务重组方式取得的长期股权投资,或以应收款项换入长期股权投资,按应收债权的账面价值加上应支付的相关税费,作为初始投资成本。如涉及补价的,按以下规定确定受让的长期股权投资的初始投资成本:

(1)收到补价的,按应收债权的账面价值减去补价,加上应支付的相关税费,作为初始投资成本。

（2）支付补价的,按应收债权的账面价值加上支付的补价和应支付的相关税费,作为初始投资成本。

【例 8-19】 甲公司应收乙公司账款的账面余额为 208 000 元,由于乙企业无法偿付应付账款,经双方协商同意,乙企业以其股份偿还债务,假设乙公司同意以 208 000 元股份抵偿该项债务(不考虑相关税费)。

借：长期股权投资　　　　　 208 000
　　贷：应收账款　　　　　　　　 208 000

四、长期股权投资持有期间的核算

《小企业会计准则》条文及主旨:

第二十四条　长期股权投资应当采用成本法进行会计处理。

在长期股权投资持有期间,被投资单位宣告分派的现金股利或利润,应当按照应分得的金额确认为投资收益。

【条文主旨】本条是关于长期股权投资持有期间会计处理的规定。

(一)小企业长期股权投资采用成本法核算

业务 8-13　小企业长期股权投资成本法核算处理。

小企业的对外投资,在长期股权投资持有期间,不区分对被投资企业有无控制、共同控制或重大影响,均采用成本法核算。

成本法是指投资按成本计价的方法,即长期股权投资以取得时的初始投资成本计价,不因被投资单位净资产的增减变动而调整投资账面余额的方法。其后,除了投资企业追加投资、收回投资等情形外,长期股权投资的初始投资成本应当保持不变。

在长期股权投资持有期间,被投资单位宣告分派的现金股利或利润,应当按照应分得的金额确认为投资收益。

借：应收股利
　　贷：投资收益

【例 8-20】 甲公司于 2022 年 4 月 2 日购入 C 公司股份 50 000 股,每股价格 12.12 元,另支付相关税费 3 200 元,甲公司购入 C 公司股份占 C 公司

有表决权资本的 3%,并准备长期持有。C 公司于 2022 年 5 月 2 日宣告分派 2021 年度的现金股利,每股 0.2 元。2022 年年末,C 公司实现净利润 500 000 元。2023 年 5 月 1 日,C 公司宣告分派 400 000 元的现金股利。C 公司会计处理如下:

（1）计算初始投资成本:

成交价(50 000×12.12)　　　　 606 000
加：税费　　　　　　　　　　　 3 200
初始投资成本　　　　　　　　 609 200

（2）购入时的会计分录:

借：长期股权投资——C 公司　　 609 200
　　贷：银行存款　　　　　　　　 609 200

（3）C 公司宣告分派 2021 年股利:

借：应收股利(50 000×0.2)　　 10 000
　　贷：投资收益　　　　　　　　 10 000

（4）C 公司宣告分派 2022 年股利:

借：应收股利(400 000×3%)　　 12 000
　　贷：投资收益　　　　　　　　 12 000

(二)成本法优缺点

1. 成本法的优点

第一,投资账户能够反映投资的成本;第二,核算简便;第三,能反映企业实际获得的利润或现金股利的情况;第四,与法律上企业法人的概念相符,即投资企业与被投资企业是两个法人实体,被投资企业实现的净利润或发生的净亏损,不会自动成为投资企业的利润或亏损;第五,成本法所确认的投资收益,与我国税法上确认应纳税所得额是对投资收益的确认时间是一致的;第六,成本法的核算比较稳健,即投资账户只反映投资成本,投资收益只反映实际获得的利润或现金股利。

2. 成本法的缺点

第一,成本法下,长期股权投资账户停留在初始或追加投资时的投资成本上,不能反映投资企业在被投资企业中的权益;第二,当投资企业能够控制被投资企业,或对被投资企业施加重大影响的情况下,投资企业能够支配被投资企业的利润分配政策,或对被投资企业的利润分配政策施加重大影响,但成本法下投资收益不能真正反映应当获得的投资收益。

（三）成本法税会差异分析

企业所得税法也对长期股权投资的税务处理作了规定。《企业所得税法实施条例》第17条规定，股息、红利等权益性投资收益，是指企业因权益性投资从被投资方取得的收入。股息、红利等权益性投资收益，除国务院财政、税务主管部门另有规定外，按照被投资方作出利润分配决定时间确认收入的实现。也就是说，税法中对于长期股权投资并没有权益法的概念，投资持有期间取得的股息、红利等收益计入收入总额，转让或处置投资时准予扣除其成本。

为了简化核算，便于小企业实务操作，减轻纳税调整负担，满足汇算清缴的需要，本条有关长期股权投资持有期间投资收益的规定与企业所得税法基本一致，即要求小企业长期股权投资一律采用成本法核算。实务工作中，可能需要进行纳税调整的事项：一是根据企业所得税法规定，居民企业直接投资于其他居民企业取得的股息、红利等权益性投资收益为免税收入，即作为投资企业，其在未来期间自被投资单位分得的有关现金股利或利润符合一定条件时，这部分现金股利或利润免税，但会计上仍应当如实地反映投资所取得的收益。二是税法中所称的股息、红利收入包括现金股利和股票股利两种形式，其中，现金股利又称派股，是指企业以现金形式分配给股东的股利；股票股利又称送红股，是指企业以增发股份的方式代替现金方式向股东派息，通常是按照股东所持股份比例分配新股数量，以防止企业的资金流失，保证股东所获得的利润继续作为企业的投资部分，用于扩大再生产等。也就是说，投资企业分得的股票股利，如不符合免税条件的，应当计入应纳税所得额中，但会计上投资企业无需进行会计处理，仅作备查登记。

五、长期股权投资处置的核算

> 《小企业会计准则》条文及主旨：
> 第二十五条　处置长期股权投资，处置价款扣除其成本、相关税费后的净额，应当计入投资收益。
> 【条文主旨】本条是关于处置长期股权投资会计处理的规定。

业务8-14　长期股权投资处置的会计处理

（一）处置长期股权投资损益的确定

小企业处置长期股权投资，应当将处置价款扣除该投资的账面余额（即成本）、出售过程中支付的相关税费的净额计入处置当期的投资收益。

借：银行存款（处置价款）
　　投资收益（差额）
　　贷：长期股权投资（成本）
　　　　应收股利（应收未收的现金股利或利润）
　　　　投资收益（差额）

【例8-21】　甲公司将其作为长期投资持有的远海股份有限公司15 000股股票，以每股10元的价格卖出，支付相关税费1 000元，取得价款149 000元，款项已由银行收妥。该长期股权投资账面价值为140 000元。甲公司应作如下会计处理：

借：银行存款　　　　　　　　　　149 000
　　贷：长期股权投资——远海股份　　140 000
　　　　投资收益　　　　　　　　　　9 000

（二）所处置长期股权投资成本的结转

处置长期股权投资时，其成本分别不同情况进行结转：

（1）一次性全部处置某项长期股权投资，其成本为长期股权投资的账面余额；

（2）部分处置某项长期股权投资，可以比照《小企业会计准则》第13条有关发出存货成本的方法进行计算结转，如采用先进先出法、加权平均法或者个别计价法结转其所处置投资的成本。

（三）长期股权投资处置税会差异分析

企业所得税法对处置长期股权投资的税务处理也进行了规定。《企业所得税法实施条例》第71条规定，企业在转让或者处置投资资产时，投资资产的成本，准予扣除。

小企业会计准则有关长期股权投资处置的规定与企业所得税法相一致。与企业会计准则存在的差异：一是由于不要求计提长期股权投资减值准备，因此处置长期股权投资时所结转的长期股权投资账面价值不考虑减值因素；二是由于小企业长期股权投资一律采用成本法核算，因此也不存在原计入所有者权益的部分相应结转的问题。

六、混合型投资的所得税处理

政策依据：

《国家税务总局关于企业混合性投资业务企业所得税处理问题的公告》（国家税务总局公告 2013 年第 41 号）；

《国家税务总局关于企业所得税若干政策征管口径问题的公告》（国家税务总局公告 2021 年第 17 号）。

（一）境内混合型投资

1. 混合性投资应具备的条件

混合性投资业务，是指兼具权益和债权双重特性的投资业务。混合性投资应同时具备 5 个条件：

（1）被投资企业接受投资后，需要按投资合同或协议约定的利率定期支付利息（或定期支付保底利息、固定利润、固定股息，下同）。

（2）有明确的投资期限或特定的投资条件，并在投资期满或者满足特定投资条件后，被投资企业需要赎回投资或偿还本金。

（3）投资企业对被投资企业净资产不拥有所有权。

（4）投资企业不具有选举权和被选举权。

（5）投资企业不参与被投资企业日常生产经营活动。

2. 混合性投资的所得税处理（国家税务总局公告 2013 年第 41 号）

2013 年 9 月 1 日起，同时符合上述条件的混合性投资业务，企业所得税处理如下：

（1）对于被投资企业支付的利息，投资企业应于被投资企业应付利息的日期，确认收入的实现并计入当期应纳税所得额；被投资企业应于应付利息的日期，确认利息支出，并按税法和《国家税务总局关于企业所得税若干问题的公告》（国家税务总局公告 2011 年第 34 号）第一条的规定，进行税前扣除。

（2）对于被投资企业赎回的投资，投资双方应于赎回时将赎价与投资成本之间的差额确认为债务重组损益，分别计入当期应纳税所得额。

（二）跨境混合型投资处理

境外投资者在境内从事混合性投资业务，满足《国家税务总局关于企业混合性投资业务企业所得税处理问题的公告》（国家税务总局公告 2013 年第 41 号）规定条件的，可以按照境内混合性投资的规定进行企业所得税处理，但同时符合以下两种情形的除外：

（1）该境外投资者与境内被投资企业构成关联关系。

（2）境外投资者所在国家（地区）将该项投资收益认定为权益性投资收益，且不征收企业所得税。

同时符合上述第 1 项和第 2 项规定情形的，境内被投资企业向境外投资者支付的利息应视为股息，不得进行税前扣除。（国家税务总局公告 2021 年第 17 号）

七、长期股权投资损失的核算

《小企业会计准则》条文及主旨：

第二十六条 小企业长期股权投资符合下列条件之一的，减除可收回的金额后确认的无法收回的长期股权投资，作为长期股权投资损失：

（一）被投资单位依法宣告破产、关闭、解散、被撤销，或者被依法注销、吊销营业执照的。

（二）被投资单位财务状况严重恶化，累计发生巨额亏损，已连续停止经营 3 年以上，且无重新恢复经营改组计划的。

（三）对被投资单位不具有控制权，投资期限届满或者投资期限已超过 10 年，且被投资单位因连续 3 年经营亏损导致资不抵债的。

（四）被投资单位财务状况严重恶化，累计发生巨额亏损，已完成清算或清算期超过 3 年的。

（五）国务院财政、税务主管部门规定的其他条件。

长期股权投资损失应当于实际发生时计入营业外支出，同时冲减长期股权投资账面余额。

【条文主旨】本条是关于长期股权投资实际发生损失时会计处理的规定。

（一）长期股权投资损失确认的时点和条件

长期股权投资损失应在实际发生时确认，而不是预计或预期发生时确认。小企业长期股权投资符合本准则第 26 条规定的任一条件的，应确认相应的长期股权投资损失。

（二）长期股权投资损失金额的确定

小企业长期股权投资符合本准则第 26 条规定

的任一条件的,应将该项长期股权投资的账面余额减除可收回的金额后的净额,作为长期股权投资损失的金额。

持有期间长期股权投资损失区别于处置长期股权投资所产生的净损失,前者是长期股权投资在持有过程中由于投资环境的变化、被投资单位财务状况严重恶化等原因,部分或全部长期股权投资无法收回而实际发生的投资损失,对投资企业而言,可认为是一种"被动"的损失,因此,损失金额应计入营业外支出。后者是小企业处置部分或全部长期股权投资,由于所取得价款不足以补偿投资成本及相关税费而发生的净损失,对投资企业而言,可认为是一种"主动"的损失,因此,损失金额应计入投资收益。

(三) 长期股权投资损失的账务处理

业务 8-15 **长期股权投资损失的会计处理。**

小企业实际发生长期股权投资损失时,应当按照可收回的金额,借记"银行存款"等科目,按照长期股权投资的账面余额,贷记"长期股权投资"科目,按照其差额,借记"营业外支出"科目。

借:银行存款(可收回的金额)
    营业外支出(差额)
    贷:长期股权投资(账面余额)
        应收股利(应收未收的现金股利或利润)

【例 8-22】 甲公司 2010 年对 M 公司长期股权投资,投资成本 200 000 元,近几年 M 公司因财务状况恶化,资不抵债。2022 年 3 月,M 公司因破产被撤销。甲公司会计处理如下:

借:营业外支出   200 000
  贷:长期股权投资——M 公司   200 000

(四) 长期股权投资损失的税务处理

1. 损失认定

为了简化核算,便于小企业实务操作,减轻纳税调整负担,本条有关长期股权投资发生损失的条件及其处理的规定与企业所得税法相一致。《财政部 国家税务总局关于企业资产损失税前扣除政策的通知》(财税〔2009〕57 号)第 6 条规定,企业的股权投资符合下列条件之一的,减除可收回金额后确认的无法收回的股权投资,可以作为股权投资损失在计算应纳税所得额时扣除:

(1) 被投资方依法宣告破产、关闭、解散、被撤

销,或者被依法注销、吊销营业执照的。

(2) 被投资方财务状况严重恶化,累计发生巨额亏损,已连续停止经营 3 年以上,且无重新恢复经营改组计划的。

(3) 对被投资方不具有控制权,投资期限届满或者投资期限已超过 10 年,且被投资单位因连续 3 年经营亏损导致资不抵债的。

(4) 被投资方财务状况严重恶化,累计发生巨额亏损,已完成清算或清算期超过 3 年的。

(5) 国务院财政、税务主管部门规定的其他条件。

《企业资产损失所得税税前扣除管理办法》(国家税务总局公告 2011 年第 25 号)第 46 条规定,下列股权和债权不得作为损失在税前扣除:

(1) 债务人或者担保人有经济偿还能力,未按期偿还的企业债权。

(2) 违反法律、法规的规定,以各种形式、借口逃废或悬空的企业债权。

(3) 行政干预逃废或悬空的企业债权。

(4) 企业未向债务人和担保人追偿的债权。

(5) 企业发生非经营活动的债权。

(6) 其他不应当核销的企业债权和股权。

2. 损失申报

小企业应当注意正确处理好与税收征管的关系,认真按照税收征管的要求做好相关申报工作。小企业发生的长期股权投资损失,应按规定的程序和要求向主管税务机关申报后方能在税前扣除,未经申报的损失,不得在税前扣除。

3. 损失证据

《企业资产损失所得税税前扣除管理办法》(国家税务总局公告 2011 年第 25 号)第 41 条规定,小企业股权投资损失应依据以下相关证据材料确认:

(1) 股权投资计税基础证明材料。

(2) 被投资企业破产公告、破产清偿文件。

(3) 工商行政管理部门注销、吊销被投资单位营业执照文件。

(4) 政府有关部门对被投资单位的行政处理决定文件。

(5) 被投资企业终止经营、停止交易的法律或其他证明文件。

（6）被投资企业资产处置方案、成交及入账材料。

（7）企业法定代表人、主要负责人和财务负责人签章证实有关投资（权益）性损失的书面申明。

（8）会计核算资料等其他相关证据材料。被投资企业依法宣告破产、关闭、解散或撤销、吊销营业执照、停止生产经营活动、失踪等，应出具资产清偿证明或者遗产清偿证明。

上述事项超过3年且未能完成清算的，应出具被投资企业破产、关闭、解散或撤销、吊销等的证明以及不能清算的原因说明。

4. 留存备查资料

根据《企业资产损失所得税税前扣除管理办法》（国家税务总局公告2011年第25号）的规定，小企业股权（权益）性投资损失专项申报应留存的材料：

（1）《股权（权益）性投资损失（专项申报）税前扣除申报表》。

（2）对外投资的协议书（合同）、被投资单位公司章程、验资报告复印件。

（3）股权（权益）性初始投资、追加投资的相应投资凭证和股权（权益）性投资明细账户复印件。

（4）股权（权益）性投资损失已记入损益的记账凭证复印件。

（5）企业法定代表人、主要负责人和财务负责人签章证实有关投资（权益）性损失的书面声明。

（6）董事会等权力机构决议或上级公司批复或由董事会、上级公司授权的部门的批复（国有企业还需提供国有资产监管机构或由其授权的部门的批复）。

（7）属于被投资企业依法宣告破产、关闭、解散或撤销、吊销营业执照、停止生产经营活动、失踪等，应留存备查以下资料：

① 被投资企业破产公告、破产清偿文件。

② 工商行政管理部门注销、吊销被投资单位营业执照文件。

③ 政府有关部门对被投资单位的行政处理决定文件。

④ 被投资企业终止经营、停止交易的法律或其他证明文件。

⑤ 资产清偿证明（若上述事项超过3年且未能完成清算的，应出具被投资企业破产、关闭、解散或撤销、吊销等的证明以及不能清算的原因说明）。

第九章

小企业流动负债财税处理

政策依据：

《小企业会计准则》（财会〔2011〕17 号）；

《企业所得税法》及其实施条例；

《关于企业加强职工福利费财务管理的通知》（财企〔2009〕242 号）；

《中华人民共和国社会保险法》；

《降低社会保险费率综合方案》（人社部发〔2019〕35 号）；

《关于全面推进生育保险和职工基本医疗保险合并实施的意见》（国办发〔2019〕10 号）；

《关于阶段性减免企业社会保险费的通知》（人社部发〔2020〕11 号）；

《关于延长阶段性减免企业社会保险费政策实施期限等问题的通知》（人社部发〔2020〕49 号）。

第一节　小企业负债概述

《小企业会计准则》条文及主旨：

第四十五条　负债，是指小企业过去的交易或者事项形成的，预期会导致经济利益流出小企业的现时义务。小企业的负债按照其流动性，可分为流动负债和非流动负债。

【条文主旨】本条是关于负债的定义和分类的规定。

第四十六条　小企业的流动负债，是指预计在 1 年内或者超过 1 年的一个正常营业周期内清偿的债务。小企业的流动负债包括：短期借款、应付及预收款项、应付职工薪酬、应交税费、应付利息等。

【条文主旨】本条是流动负债的定义和构成的规定。

第四十七条　各项流动负债应当按照其实际发生额入账。小企业确实无法偿付的应付款项，应当计入营业外收入。

【条文主旨】本条是关于流动负债的计量原则和确实无法偿付的应付款项的会计处理的规定。

第五十一条　小企业的非流动负债，是指流动负债以外的负债。小企业的非流动负债包括：长期借款、长期应付款等。

【条文主旨】本条是关于非流动负债的定义和构成的规定。

第五十二条　非流动负债应当按照其实际发生额入账。

【条文主旨】本条是关于非流动负债计量的规定。

一、负债的定义

《小企业会计准则》第 45 条规定，负债是指小企业过去的交易或者事项形成的，预期会导致经济利益流出小企业的现时义务。

为了保证国家税收收入，企业所得税法和企业所得税法实施条例主要是从收入、扣除和资产的税务处理几个方面对应纳税所得额进行了规定，对有关负债的规定实质上主要是体现在费用上。

二、负债的特征

小企业的负债同时具有三个特征。

(一)负债是小企业承担的现时义务

负债所引起的经济利益流出小企业的义务是现时已经存在的。其中,现时义务是指小企业在现行条件下已承担的义务。未来发生的交易或者事项形成的义务,不属于现时义务,不应当确认为负债。这里所指的义务可以是法定义务,也可以是推定义务。其中,法定义务,是指具有约束力的合同或者法律法规规定的义务,通常必须依法执行。比如,小企业购买原材料形成应付账款,向银行借入款项形成借款,按照税法规定应当交纳的税款等,均属于小企业承担的法定义务,需要依法予以偿还。推定义务,是指根据小企业多年来的习惯做法、公开的承诺或者公开宣布的政策而导致小企业将承担的责任,这些责任也使有关各方形成了小企业将履行义务解脱责任的合理预期。

(二)负债预期会导致经济利益流出小企业

负债通常需要在未来某个时点用经济利益偿付,从而引起小企业经济利益的流出。预期会导致经济利益流出小企业也是小企业负债的一个本质特征,只有小企业在履行义务时会导致经济利益流出小企业的,才符合小企业负债的定义。小企业在履行现时义务清偿负债时,导致经济利益流出的形式多种多样。负债一般用资产偿还,还可以通过提供劳务偿还。发生财务困难时,经债权人让步可以进行债务重组,将负债转为资本等;无法偿还的债务,在报经批准后转为当期损益(营业外收入)。

(三)负债是因过去的交易或者事项发生所引起的

小企业过去的交易或者事项包括购买、生产、建造行为或其他交易或者事项。小企业预期未来发生的交易或事项将产生的债务,不能确认为小企业的负债。负债应当由小企业过去的交易或者事项所形成。或者说,只有过去的交易或者事项才形成负债,小企业将在未来发生的承诺、签订的合同等交易或者事项,不形成负债。

三、负债的确认条件

将一项义务确认为负债,既要符合负债定义,并同时满足以下两个条件:

(一)与该义务有关的经济利益很可能流出小企业

从小企业负债的定义来看,负债预期会导致经济利益流出小企业,但是履行义务所需流出的经济利益带有不确定性,尤其是与推定义务相关的经济利益通常需要依赖于大量的估计。因此,小企业负债的确认应当与经济利益流出的不确定性程度的判断结合起来。如果有确凿证据表明,与现时义务有关的经济利益很可能流出小企业,就应当将其作为负债予以确认;反之,如果小企业承担了现时义务,但是导致经济利益流出小企业的可能性若已不复存在,就不符合负债的确认条件,不应将其作为负债予以确认。

(二)未来流出的经济利益能够可靠地计量

小企业负债的确认在考虑经济利益流出小企业的同时,对于未来流出的经济利益的金额应当能够可靠计量。对于与法定义务有关的经济利益流出金额,通常可以根据合同或者法律规定的金额予以确定,考虑到经济利益流出的金额通常在未来期间,有时未来期间较长,有关金额的计量需要考虑货币时间价值等因素的影响。对于与推定义务有关的经济利益流出金额,小企业应当根据履行相关义务所需支出的最佳估计数进行估计,并综合考虑有关货币时间价值、风险等因素的影响。

四、负债的列示和分类

小企业负债按其流动性不同,可分为流动负债和非流动负债。小企业的流动负债,是指预计在1年内或者超过1年的一个正常营业周期内清偿的债务。小企业的非流动负债,是指流动负债以外的负债。小企业的非流动负债包括长期借款、长期应付款等。

流动负债的判断标准与流动资产的判断标准相类似。负债的流动性,一般可以理解为负债偿还速度或偿还时间的长短。《小企业会计准则》第46条规定,小企业的流动负债,是指预计在1年内或者超过1年的一个正常营业周期内清偿的债务。《企业会计准则第30号——财务报表列报》第15条规定:负债满足下列条件之一的,应当归类为流动负债：

（1）预计在一个正常营业周期中清偿。

（2）主要为交易目的而持有。

（3）自资产负债表日起 1 年内到期应予以清偿。

（4）企业无权自主地将清偿推迟至资产负债表日后 1 年以上。

符合负债定义和负债确认条件的项目，应当列入资产负债表；符合负债定义、但不符合负债确认条件的项目，不应当列入资产负债表。

流动负债主要包括短期借款、应付票据、应付账款、预收账款、应付职工薪酬、应交税费、应付利息、应付股利、其他流动负债。非流动负债主要包括长期借款、长期应付款、专项应付款、递延收益、其他非流动负债。

五、负债的计量

对负债的计量，一般存在两种计量模式：一是按照实际发生额计量，二是按照公允价值计量。考虑到小企业规模较小、核算内容较为简单，本准则对负债的计量仅要求按照实际发生额入账。

（一）流动负债的计量原则

本准则第 47 条规定，小企业各项流动负债应当按照其实际发生额入账，即小企业所发生的流动负债，不需要考虑时间价值因素和市价因素，只需按照实际发生额入账。小企业的流动负债一旦入账，在流动负债的存续期间不允许按照市价或其他公允价值进行调整。

在市场经济条件下，小企业应当诚实守法经营，小企业发生的各种应付款项应当按期予以偿还或支付。但是，一旦出现了确实无法支付的情况，就可能会产生确定无法偿付的应付款项，从而构成小企业的营业外收入。企业所得税法将确实无法偿付的应付款项作为其他收入计入收入总额。对此，小企业会计准则与企业所得税法规定相一致。

（二）非流动负债的计量原则

本准则第 52 条规定，小企业各项非流动负债应当按照其实际发生额入账，即小企业所发生的非流动负债，不需要考虑时间价值因素和市价因素，只需按照实际发生额入账。小企业的非流动负债一旦入账，在非流动负债的存续期间不允许按照市价或其他公允价值进行调整。

第二节　小企业短期借款财税处理

一、短期借款的确认

短期借款是指小企业向银行或其他金融机构等借入的期限在 1 年（含 1 年）以内的各种借款。短期借款通常是为了满足正常生产经营的需要，从金融机构借入的生产周转借款、临时借款、结算借款、票据贴现借款、买方信贷借款、预购定金借款和专项储备借款等。小企业的短期借款有如下几个特征：

（1）其债权人不仅包括银行，还包括其他金融机构，如小额贷款公司等。如果在实务中，小企业存在向第三方（如个人）借入的款项并且应负担利息费用，也视同短期借款进行会计处理，但如果期限超 1 年，则应视同长期借款进行会计处理。

（2）借款期限较短，为 1 年以内（含 1 年）。

（3）不仅应偿还借款本金，根据货币时间价值，还应支付相应的利息费用。

（4）短期借款不仅包括人民币借款，还包括外币借款。

二、短期借款的核算

在会计核算上，小企业要及时如实地反映短期借款的借入、利息的发生和本金及利息的偿还情况。

（一）科目设置

《小企业会计准则》应用指南

2001　短期借款

一、本科目核算小企业向银行或其他金融机构等借入的期限在 1 年内的各种借款。

二、本科目应按照借款种类、贷款人和币种进行明细核算。

三、短期借款的主要账务处理。

（一）小企业借入的各种短期借款，借记"银行存款"科目，贷记本科目；偿还借款，做相反的会计分录。

银行承兑汇票到期，小企业无力支付票款的，按照银行承兑汇票的票面金额，借记"应付票据"科目，贷记本科目。

持未到期的商业汇票向银行贴现，应当按照实际收到的金额（即减去贴现息后的净额），借记"银行存款"科目，按照贴现息，借记"财务费用"科目，按照商业汇票的票面金额，贷记"应收票据"科目（银行无追索权情况下）或本科目（银行有追索权情况下）。

（二）在应付利息日，应当按照短期借款合同利率计算确定的利息费用，借记"财务费用"科目，贷记"应付利息"等科目。

四、本科目期末贷方余额，反映小企业尚未偿还的短期借款本金。

小企业应通过"短期借款"科目，核算短期借款的取得及偿还情况。该科目贷方登记取得借款的本金数额、无力支付到期银行承兑汇票转入"短期借款"金额以及持未到期的银行有追索权情况下商业汇票的贴现金额，借方登记偿还借款的本金数额。期末贷方余额反映小企业尚未偿还的短期借款本金。本科目可按借款种类、贷款人和币种进行明细核算。

（二）账务处理

《小企业会计准则》条文及主旨：

第四十八条　短期借款应当按照借款本金和借款合同利率在应付利息日计提利息费用，计入财务费用。

【条文主旨】本条是关于短期借款利息费用会计处理的规定。

业务9-1　短期借款的会计处理。

（1）小企业从银行或其他金融机构取得短期借款时，借记"银行存款"科目，贷记"短期借款"科目。

借：银行存款
　　贷：短期借款

（2）小企业银行承兑汇票到期，无力支付票款的，按照银行承兑汇票的票面金额，借记"应付票据"科目，贷记"短期借款"科目。

借：应付票据
　　贷：短期借款

（3）持未到期的商业汇票向银行贴现，在银行有追索权情况下，按照实际收到的金额（即减去贴现息后的净额），借记"银行存款"科目，按照贴现利息，借记"财务费用"科目，按照商业汇票的票面金额，贷记"短期借款"科目。

借：银行存款
　　财务费用
　　贷：短期借款

（4）小企业短期借款应当按照借款本金和借款合同利率在应付利息日计提利息费用，计入财务费用。对于短期借款利息费用的会计处理，关键把握两点：

一是短期借款利息费用的计提时点。借款合同所约定的应付利息日这一时点既不是实际支付利息日，也不是资产负债表日（如月末、季末、年末），即不需要预提利息费用。小企业不再按照权责发生制每月预提短期借款利息。

二是短期借款利息费用全部费用化。短期借款利息费用全部费用化计入财务费用，即不需要考虑借款费用资本化的问题。

借：财务费用
　　贷：应付利息

（5）小企业短期借款到期偿还本金时，借记"短期借款"科目，贷记"银行存款"科目。

借：短期借款
　　贷：银行存款

【例9-1】　甲公司于2022年1月1日向银行借入一笔生产经营用短期借款，共计120 000元，期限为9个月，年利率4%。根据甲公司与银行签署的借款协议，该项借款的本金到期后一次归还，利息按季支付。有关会计处理如下：

（1）1月1日借入短期借款时：

借：银行存款　　　　　　　　　　120 000
　　贷：短期借款　　　　　　　　　　120 000

（2）3月末，计提第1季度应计利息时：

借：财务费用　　　　　　　　　　1 200

　　贷：应付利息　　　　　　　　　　　1 200

本季应计提的利息金额＝120 000×4％÷12×3＝1 200（元）。

3月末支付第1季度银行借款利息时：

借：应付利息　　　　　　　　　　1 200

　　贷：银行存款　　　　　　　　　　　1 200

（3）第2季度、第3季度利息的计提与支付的处理与第1季度相同。

（4）10月1日偿还银行借款本金时：

借：短期借款　　　　　　　　　120 000

　　贷：银行存款　　　　　　　　　　120 000

【例9-2】　2022年4月，甲公司将其持有的尚未到期的商业汇票向银行贴现，票面金额为135 000元，实际收到的金额为130 000元，银行具有追索权。甲公司会计处理如下：

借：银行存款　　　　　　　　　130 000

　　财务费用　　　　　　　　　　5 000

　　贷：短期借款　　　　　　　　　　135 000

三、短期借款利息费用的税会差异分析

（一）小企业会计准则规定

小企业会计准则将短期借款利息，在应付利息日全部计入财务费用。

（二）企业所得税规定

《企业所得税法实施条例》第37条规定，企业在生产经营活动中发生的合理的不需要资本化的借款费用，准予扣除。《企业所得税法实施条例》第38条规定，企业在生产经营活动中发生的下列利息支出，准予扣除：

（1）非金融企业向金融企业借款的利息支出、金融企业的各项存款利息支出和同业拆借利息支出、企业经批准发行债券的利息支出。

（2）非金融企业向非金融企业借款的利息支出，不超过按照金融企业同期同类贷款利率计算的数额的部分。

根据《国家税务总局关于企业所得税若干问题的公告》（国家税务总局公告2011年第34号）的规定，小企业在按照合同要求首次支付利息并进行税前扣除时，应提供"金融企业的同期同类贷款利率情况说明"，以证明其利息支出的合理性。"金融企业的同期同类贷款利率情况说明"中，应包括在签订该借款合同当时，本省任何一家金融企业提供同期同类贷款利率情况。该金融企业应为经政府有关部门批准成立的可以从事贷款业务的企业，包括银行、财务公司、信托公司等金融机构。"同期同类贷款利率"是指在贷款期限、贷款金额、贷款担保以及企业信誉等条件基本相同下金融企业提供贷款的利率。它既可以是金融企业公布的同期同类平均利率，也可以是金融企业对某些企业提供的实际贷款利率。

（三）税会差异分析

为简便小企业会计核算、减轻所得税纳税调整负担，本条采取了与企业所得税法相一致的规定，即在应付利息日计提利息费用。这一点与企业会计准则的规定有差异，小企业应当注意。

第三节　小企业应付及预收款项财税处理

小企业应付及预收款包括应付票据、应付账款、预收账款、应付利息、应付股利和其他应付款。

一、应付票据

应付票据是指小企业购买材料、商品和接受劳务供应等日常生产经营活动等开出、承兑的商业汇票，包括商业承兑汇票和银行承兑汇票。纸质商业汇票的付款期限最长不超过6个月，电子商业汇票的付款期限最长不超过1年，在会计上应作为流动负债管理和核算，小企业会计实务中一般均按照开出、承兑的应付票据的面值（实际发生额）入账。

（一）科目设置

2201　应付票据

一、本科目核算小企业因购买材料、商品和接受劳务等日常生产经营活动开出、承兑的商业汇票（银行承兑汇票

和商业承兑汇票)。

二、本科目应按照债权人进行明细核算。

三、应付票据的主要账务处理。

(一)小企业开出、承兑商业汇票或以承兑商业汇票抵付货款、应付账款等,借记"材料采购"或"在途物资""库存商品"等科目,贷记本科目。涉及增值税进项税额的,还应进行相应的账务处理。

(二)支付银行承兑汇票的手续费,借记"财务费用"科目,贷记"银行存款"科目。支付票款,借记本科目,贷记"银行存款"科目。

(三)银行承兑汇票到期,小企业无力支付票款的,按照银行承兑汇票的票面金额,借记本科目,贷记"短期借款"科目。

四、小企业应当设置"应付票据备查簿",详细登记商业汇票的种类、号数和出票日期、到期日、票面金额、交易合同号和收款人姓名或单位名称以及付款日期和金额等资料,商业汇票到期结清票款后,在备查簿中应予注销。

五、本科目期末贷方余额,反映小企业开出、承兑的尚未到期的商业汇票的票面金额。

小企业应当设置"应付票据"科目,核算应付票据的发生、偿付等情况。该科目贷方登记开出、承兑汇票的票面金额,借方登记支付票据的金额,期末贷方余额,反映小企业开出、承兑的尚未到期的商业汇票的票面金额。本科目应按照债权人进行明细核算,并应设置"应付票据备查簿",详细登记商业汇票的种类、号数和出票日期、到期日、票面余额、交易合同号和收款人姓名或单位名称以及付款日期和金额等资料。商业汇票到期结清票款后,应当在备查簿内予以注销。

(二)账务处理

业务9-2 应付票据的会计处理。

(1)小企业因购买材料、商品和接受劳务供应等而开出、承兑的商业汇票或以承兑商业汇票抵付货款、应付账款等。

借:材料采购、在途物资、库存商品、周转材料、固定资产等
　　应付账款
　　应交税费——应交增值税(进项税额)
　　贷:应付票据

(2)小企业支付银行承兑汇票的手续费,借记"财务费用"科目,贷记"银行存款"科目。

借:财务费用
　　贷:银行存款

(3)小企业银行承兑汇票到期,如企业无力支付票款,由于商业汇票已经失效,企业应将应付票据按账面余额转作应付账款,借记"应付票据"科目,贷记"应付账款"科目。

借:应付票据
　　贷:应付账款

应付银行承兑汇票到期,如企业无力支付票款,则由承兑银行代为支付并作为付款企业的贷款处理,企业应将应付票据的账面余额转作短期借款,借记"应付票据"科目,贷记"短期借款"科目。

借:应付票据
　　贷:短期借款

(4)应付票据到期支付票款时,应按票面余额予以结转,根据开户银行的付款通知,借记"应付票据"科目,贷记"银行存款"科目。

借:应付票据
　　贷:银行存款

【例9-3】 甲公司于2022年2月6日开出一张面值为56 500元、期限5个月的银行承兑汇票,用以采购一批材料,交纳承兑手续费29.25元。增值税专用发票上注明的材料价款为50 000元,增值税额为6 500元。会计处理如下:

借:材料采购(或在途物资)　　　　　50 000
　　应交税费——应交增值税(进项税额)　6 500
　　贷:应付票据　　　　　　　　　　　　56 500

借:财务费用　　　　　　　　　　　29.25
　　贷:银行存款　　　　　　　　　　　　29.25

2022年7月6日,甲公司于2月6日开出的商业汇票到期。甲公司通知其开户银行以银行存款支付票款。会计处理如下:

借：应付票据　　　　　　　　56 500
　　贷：银行存款　　　　　　　　　　56 500

假设上述商业汇票为银行承兑汇票，该汇票到期时甲公司无力支付票款。甲企业的有关会计处理如下：

借：应付票据　　　　　　　　56 500
　　贷：短期借款　　　　　　　　　　56 500

三、应付账款

应付账款是指企业因购买材料、商品或接受劳务供应等经营活动而应付给供应单位的款项。实务中，为了使所购入材料、商品的金额、品种、数量和质量等与合同规定的条款相符，避免因验收时发现所购材料、商品的数量或质量存在问题而对入账的材料商品或应付账款金额进行改动，在材料、商品和发票账单同时到达的情况下，一般在所购材料、商品验收入库后，根据发票账单登记入账，确认应付账款。在所购材料、商品已经验收入库，但是发票账单未能同时到达的情况下，企业应付材料、商品供应单位的债务已经成立，在会计期末，为了反映企业的负债情况，需要将所购材料、商品和相关的应付账款暂估入账，待下月月初用红字将上月月末暂估入账的应付账款予以冲销。

（一）科目设置

> **《小企业会计准则》应用指南**
>
> **2202　应付账款**
>
> 一、本科目核算小企业因购买材料、商品和接受劳务等日常生产经营活动应支付的款项。
>
> 二、本科目应按照对方单位(或个人)进行明细核算。
>
> 三、应付账款的主要账务处理。
>
> （一）小企业购入材料、商品等未验收入库，货款尚未支付，应当根据有关凭证(发票账单、随货同行发票上记载的实际价款或暂估价值)，借记"在途物资"科目，按照可抵扣的增值税进项税额，借记"应交税费——应交增值税(进项税额)"科目，按照应付的价款，贷记本科目。
>
> 接受供应单位提供劳务而发生的应付未付款项，应当根据供应单位的发票账单，借记"生产成本""管理费用"等科目，贷记本科目。
>
> （二）偿付应付账款，借记本科目，贷记"银行存款"等科目。
>
> 小企业确实无法偿付的应付账款，借记本科目，贷记"营业外收入"科目。
>
> 四、本科目期末贷方余额，反映小企业尚未支付的应付账款。

小企业应设置"应付账款"科目，核算应付账款的发生、偿还、转销等情况。该科目贷方登记发生的应付账款，借方登记偿还的应付账款，或开出商业汇票抵付应付账款的款项，或已冲销的无法支付的应付账款。期末贷方余额反映小企业尚未支付的应付账款。本科目应按照对方单位(或个人)进行明细核算。

应付账款是指企业因购买材料、商品或接受劳务供应等经营活动而应付给供应单位的款项。实务中，为了使所购入材料、商品的金额、品种、数量和质量等与合同规定的条款相符，避免因验收时发现所购材料、商品的数量或质量存在问题而对入账的材料商品或应付账款金额进行改动，在材料、商品和发票账单同时到达的情况下，一般在所购材料、商品验收入库后，根据发票账单登记入账，确认应付账款。在所购材料、商品已经验收入库，但是发票账单未能同时到达的情况下，企业应付材料、商品供应单位的债务已经成立，在会计期末，为了反映企业的负债情况，需要将所购材料、商品和相关的应付账款暂估入账，待下月月初用红字将上月月末暂估入账的应付账款予以冲销。

（二）账务处理

业务9-3　应付账款的会计处理。

1. 发生应付账款

小企业购入材料、商品等或接受劳务所产生的应付账款，应按应付金额入账。购入材料、商品等验收入库，但货款尚未支付，根据有关凭证(发票账单、随货同行发票上记载的实际价款或暂估价值)，借记"材料采购""在途物资"等科目，按照增值税专用发票上注明的可抵扣的增值税进项税额，借记"应交税费——应交增值税(进项税额)"科目，按应付的价款，贷记"应付账款"科目。

借：材料采购、在途物资、库存商品、周转材料、固定资产等

应交税费——应交增值税（进项税额）

贷：应付账款

小企业接受供应单位提供劳务而发生的应付未付款项，根据供应单位的发票账单，借记"生产成本""管理费用"等科目，按照增值税专用发票上注明的可抵扣的增值税进项税额，借记"应交税费——应交增值税（进项税额）"科目，贷记"应付账款"科目。

借：生产成本

管理费用

贷：应付账款

（1）应付账款的入账金额。应付账款一般应按应付金额入账，而不按到期应付金额的现值入账，还需要考虑商业折扣和现金折扣等因素。如果购入的资产在形成一笔应付账款时存在商业折扣，应付账款入账金额应按扣除商业折扣后的实际价款确认；如果购入的资产在形成一笔应付账款时附带现金折扣条件的，应付账款入账金额应按发票上记载的应付金额的总额（即不扣除现金折扣确认，付款时获得的现金折扣，冲减财务费用处理）。

（2）应付账款的入账时间。应付账款，一般应在与所购买物资所有权相关的主要风险和报酬已经转移，或者所购买的劳务已经接受时确认。实务中，为了使所购入物资的金额、品种、数量和质量等与合同规定的条款相符，避免因验收时发现所购物资存在数量或质量问题而对入账的物资或应付账款金额进行改动，在物资和发票账单同时到达的情况下，一般在所购物资验收入库后，再根据发票账单登记入账，确认应付账款。在所购物资已经验收入库，但是发票账单未能同时到达的情况下，小企业应付物资供应单位的债务已经成立，在会计期末，为了反映小企业的负债情况，需要将所购物资和相关的应付账款暂估入账，待下月月初作相反分录予以冲回。

2. 偿还应付账款

小企业偿还应付账款或开出商业汇票抵付应付账款时，借记"应付账款"科目，贷记"银行存款""应付票据"等科目。

借：应付账款

贷：银行存款

应付票据

3. 转销应付账款

应付账款一般在较短期限内支付，但有时由于债权单位撤销或其他原因而使应付账款无法清偿。小企业对于确实无法支付的应付账款应予以转销，按其账面余额计入营业外收入，借记"应付账款"科目，贷记"营业外收入"科目。

借：应付账款

贷：营业外收入

【例9-4】 A公司存货按实际成本计价核算，2022年4月向B企业（一般纳税人）购入材料一批，价目表标明的不含税价格为50 000元，由于是成批购入，B企业给予A公司5%的商业折扣，该材料适用增值税率为13%，B企业按实际不含税售价47 500元向A公司开具增值税专用发票，付款条件为2/10，n/30。材料已验收入库，货款暂欠。A公司会计处理如下：

借：在途物资　　　　　　　　　　47 500

应交税费——应交增值税（进项税额）　6 175

贷：应付账款　　　　　　　　　53 675

若A公司在10天内付款，获得现金折扣，少付货款1 073.5元（53 675×2%），会计处理如下：

借：应付账款　　　　　　　　　53 675.0

贷：银行存款　　　　　　　　52 610.5

财务费用　　　　　　　　1 073.5

【例9-5】 乙百货商场于2022年4月2日从A公司购入一批家电产品并已验收入库。增值税专用发票上列明，该批家电的价款为100万元，增值税为13万元。按照购货协议的规定，乙百货商场如在15天内付清货款，将获得1%的现金折扣（约定计算现金折扣时需考虑增值税）。乙百货商场的有关会计分录如下：

借：库存商品　　　　　　　　　1 000 000

应交税费——应交增值税（进项税额）

1 130 000 ~~1~~ 130 000 　　　　　　　　　　　　130 000

贷：应付账款——A公司　　　　1 130 000

乙百货商场于2022年4月10日按照扣除现金折扣后的金额，用银行存款付清了所欠A公司

货款。乙百货商场会计处理如下：

借：应付账款——A公司　　　　　1 130 000
　　贷：银行存款　　　　　　　　　　1 118 700
　　　　财务费用　　　　　　　　　　　11 300

本例中，乙百货商场在4月10日（即购货后的第8天）付清所欠A公司的货款，按照购货协议可以获得现金折扣。乙百货商场获得的现金折扣＝1 130 000×1‰＝11 300（元），实际支付的货款＝1 130 000－1 130 000×1‰＝1 118 700（元）。

【例9-6】 2022年12月31日，甲公司董事会确定一笔应付账款4 000元为无法支付的款项，应予转销。会计处理如下：

借：应付账款　　　　　　　　　　4 000
　　贷：营业外收入　　　　　　　　　4 000

实务中，企业外购电力、燃气等动力一般通过"应付账款"科目核算，即在每月付款时先作暂付款处理，按照增值税专用发票上注明的价款，借记"应付账款"科目，按照增值税专用发票上注明的可抵扣的增值税进项税额，借记"应交税费——应交增值税（进项税额）"科目，贷记"银行存款"等科目；月末按照外购动力的用途分配动力费时，借记"生产成本""制造费用""管理费用"等科目，贷记"应付账款"科目。

【例9-7】 根据供电部门结算通知，2022年4月20日，甲公司收到银行转来市电力公司供电部门开具的增值税专用发票，应支付电费48 000元，增值税6 240元。月末，经计算，生产车间电费32 000元，企业行政管理部门电费16 000元。甲公司会计处理如下：

（1）支付外购动力费。

借：应付账款——××电力公司　　48 000
　　应交税费——应交增值税（进项税额）　6 240
　　贷：银行存款　　　　　　　　　　54 240

（2）月末分配外购动力费。

借：制造费用　　　　　　　　　　32 000
　　管理费用　　　　　　　　　　　16 000
　　贷：应付账款——××电力公司　　48 000

四、预收账款

预收账款是指小企业按照合同规定预收的款项，包括预收的购货款、工程款等。与应付账款不同，预收账款所形成的负债不是以货币偿付，而是以货物偿付。有些购销合同规定，销货企业可向购货企业预先收取一部分货款，待向对方发货后再收取其余货款。小企业在发货前收取的货款，表明了小企业承担了会在未来导致经济利益流出小企业的应履行的义务，就成为小企业的一项负债。

（一）科目设置

> **《小企业会计准则》应用指南**
>
> **2203　预收账款**
>
> 一、本科目核算小企业按照合同规定预收的款项。包括：预收的购货款、工程款等。
>
> 预收账款情况不多的，也可以不设置本科目，将预收的款项直接记入"应收账款"科目贷方。
>
> 二、本科目应按照对方单位（或个人）进行明细核算。
>
> 三、预收账款的主要账务处理。
>
> （一）小企业向购货单位预收的款项，借记"银行存款"等科目，贷记本科目。
>
> （二）销售收入实现时，按照实现的收入金额，借记本科目，贷记"主营业务收入"科目。涉及增值税销项税额的，还应进行相应的账务处理。
>
> 四、本科目期末贷方余额，反映小企业预收的款项；期末如为借方余额，反映小企业尚未转销的款项。

预收账款应视小企业的具体情况而设置会计科目。预收账款比较多的小企业可以设置"预收账款"科目，预收账款不多的小企业也可以不设置"预收账款"科目，将预收的款项直接记入"应收账款"科目贷方。"预收账款"科目核算预收账款的取得、偿付等情况，贷方登记发生的预收账款的数额和购货单位补付账款的数额，借方登记小企业向购货方发货后结算冲销的预收账款数额和退回购货方多付账款的数额。期末贷方余额，反映小企业预收的款项；期末如为借方余额，反映小企业尚未转销的款项。本科目应按照对方单位（或个人）进行明细核算。在编制资产负债表时，"预收账款"科目中属于超过1年期的预收账款的贷方余额应当在"其他非流动负债"项目列示，而不在"预收账款"项目列示。

（二）账务处理

业务9-4 预收账款的会计处理。

（1）小企业向购货单位预收款项时，借记"银行存款"科目，贷记"预收账款"科目。

借：银行存款
　　贷：预收账款

（2）销售收入实现时，按照实现的收入金额，借记"预收账款"科目，贷记"主营业务收入"科目，按照增值税专用发票上注明的增值税额，贷记"应交税费——应交增值税（销项税额）"等科目。

借：预收账款
　　贷：主营业务收入
　　　　应交税费——应交增值税（销项税额）

（3）小企业收到购货单位补付的款项，借记"银行存款"科目，贷记"预收账款"科目。

借：银行存款
　　贷：预收账款

（4）小企业向购货单位退回其多付的款项时，借记"预收账款"科目，贷记"银行存款"科目。

借：预收账款
　　贷：银行存款

【例9-8】 丙公司为增值税一般纳税人，适用的增值税税率为13%。2022年7月1日，丙公司与丁公司签订经营租赁（非主营业务）吊车合同，向丁公司出租吊车3台，期限为6个月，三台吊车租金（含税）共计67 800元。合同约定，合同签订日预付租金（含税）22 600元，合同到期结清全部租金余款。合同签订日，丙公司收到租金并存入银行，开具的增值税专用发票注明租金20 000元、增值税2 600元。租赁期满日，丙公司收到租金余款及相应的增值税。丙公司会计处理如下：

（1）收到乙公司预付租金。

借：银行存款　　　　　　　　22 600
　　贷：预收账款——丁公司　　　　20 000
　　　　应交税费——应交增值税（销项税额）　2 600

（2）每月月末确认租金收入。

借：预收账款——丁公司　　　　10 000
　　贷：其他业务收入　　　　　　　10 000

（3）租赁期满收到租金余款及增值税：

借：银行存款　　　　　　　　45 200
　　贷：预收账款——丁公司　　　　40 000
　　　　应交税费——应交增值税（销项税额）　5 200

【例9-9】 承[例9-8]假设丙公司不设置"预收账款"科目，其预收的款项通过"应收账款"科目核算。丙公司会计处理如下：

（1）收到预付租金。

借：银行存款　　　　　　　　22 600
　　贷：应收账款——丁公司　　　　20 000
　　　　应交税费——应交增值税（销项税额）　2 600

（2）每月月末确认租金收入。

借：应收账款——丁公司　　　　10 000
　　贷：其他业务收入　　　　　　　10 000

（3）租赁期满收到租金余款及增值税。

借：银行存款　　　　　　　　45 200
　　贷：应收账款——丁公司　　　　40 000
　　　　应交税费——应交增值税（销项税额）　5 200

五、应付利息和应付利润

（一）应付利息的核算

1. 应付利息的内容

应付利息，是指小企业按照合同约定应支付的利息费用，包括预提短期借款利息、分期付息到期还本的长期借款等应支付的利息。小企业使用了他人的资金只要按照合同约定应负担利息费用，不论是银行等金融机构借款还是向第三方借款，也不论是长期借款还是短期借款，都应当作为应付利息进行核算和管理。

从经济意义来看，应付利息这项负债实质上反映了小企业与资金提供者之间由资金借贷所产生资金成本承担和支付的关系。

2. 科目设置

> **《小企业会计准则》应用指南**
>
> **2231 应付利息**
>
> 一、本科目核算小企业按照合同约定应支付的利息费用。
>
> 二、本科目应按照贷款人等进行明细核算。
>
> 三、应付利息的主要账务处理。

（一）在应付利息日，小企业应当按照合同利率计算确定的利息费用，借记"财务费用""在建工程"等科目，贷记本科目。

（二）实际支付的利息，借记本科目，贷记"银行存款"等科目。

四、本科目期末贷方余额，反映小企业应付未付的利息费用。

小企业应设置"应付利息"科目，核算小企业按照合同约定应支付的利息费用。贷方登记应付利息的增加数，借方登记实际支付的利息。期末贷方余额，反映小企业应付未付的利息费用。本科目应按照贷款人等进行明细核算。

3. 账务处理

业务9-5 应付利息的会计处理。

（1）在应付利息日，小企业应当按照合同利率计算确定的利息费用，借记"财务费用""在建工程"等科目，贷记"应付利息"科目。

借：财务费用、在建工程等
　　贷：应付利息

（2）实际支付的利息，借记"应付利息"科目，贷记"银行存款"等科目。

借：应付利息
　　贷：银行存款

【例9-10】 甲公司借入3年期到期还本每年付息的长期借款500 000元，合同约定年利率为6.5%，假定不符合资本化条件。甲公司会计处理如下：

（1）每年计算确定利息费用时：

借：财务费用　　　　　　32 500
　　贷：应付利息　　　　　　32 500

小企业每年应支付的利息＝500 000×6.5%＝32 500（元）

（2）每年实际支付利息时：

借：应付利息　　　　　　32 500
　　贷：银行存款　　　　　　32 500

（二）应付利润的核算

1. 应付利润的内容

应付利润，是指小企业在接受股份投资或联营、合作期间，按协议或合同约定应支付给投资者或者合作伙伴的利润。小企业对其实现的经营成果，除了按照税法及有关法规规定缴纳税费，还必须给投资者一定的回报，向投资者分配利润。利润在尚未实际支付以前，构成企业的一项流动负债。

应付利润与应付利息的区别在于，应付利润是针对投资者而言，其来源是小企业实现的净利润；应付利息是针对债权人而言，其来源是小企业实现的营业利润。

从经济意义来看，应付利润这项负债实质上反映了小企业与投资者之间分配和取得投资回报的关系。

2. 科目设置

《小企业会计准则》应用指南

2232 应付利润

一、本科目核算小企业向投资者分配的利润。

二、本科目应按照投资者进行明细核算。

三、应付利润的主要账务处理。

（一）小企业根据规定或协议确定的应分配给投资者的利润，借记"利润分配"科目，贷记本科目。

（二）向投资者实际支付利润，借记本科目，贷记"库存现金""银行存款"科目。

四、本科目期末贷方余额，反映小企业应付未付的利润。

小企业应设置"应付利润"科目，核算小企业向投资者分配的利润。贷方登记应分配给投资者的利润，借方登记向投资者实际支付的利润。期末贷方余额，反映小企业应付未付的利润。本科目应按照投资者进行明细核算。

3. 账务处理

业务9-5 应付利润的会计处理。

（1）小企业根据规定或协议确定的应分配给投资者的利润，借记"利润分配"科目，贷记"应付利润"科目。

借：利润分配——应付利润
　　贷：应付利润

（2）向投资者实际支付利润，借记"应付利润"科目，贷记"库存现金""银行存款"科目。

借：应付利润
　　贷：银行存款

【例 9-11】 甲公司 2022 年度实现净利润 800 000 元,经过董事会批准,决定 2022 年度分配现金股利 500 000 元。股利已经用银行存款支付。

借:利润分配——应付利润　　　　500 000
　　贷:应付利润　　　　　　　　　　500 000

借:应付利润　　　　　　　　　　500 000
　　贷:银行存款　　　　　　　　　　500 000

六、其他应付款

(一)其他应付款的内容

其他应付款是小企业除应付票据、应付账款、预收账款、应付职工薪酬、应交税费、应付利息、应付利润等经营活动以外的其他各项应付、暂收的款项,具体包括:

(1)应付经营租入固定资产和包装物租金。

(2)存入保证金(如收入包装物押金等)。

(3)应付、暂收所属单位、个人的款项。

(4)其他应付、暂收款项。

从经济意义来看,其他应付款这项负债实质上反映了小企业与除资金提供者、销货方、国家、投资者以外的其他方之间发生的结算关系。

(二)科目设置

《小企业会计准则》应用指南

2241　其他应付款

一、本科目核算小企业除应付账款、预收账款、应付职工薪酬、应交税费、应付利息、应付利润等以外的其他各项应付、暂收的款项,如应付租入固定资产和包装物的租金、存入保证金等。

二、本科目应按照其他应付款的项目和对方单位(或个人)进行明细核算。

三、其他应付款的主要账务处理。

(一)小企业发生的其他各种应付、暂收款项,借记"管理费用"等科目,贷记本科目。

(二)支付的其他各种应付、暂收款项,借记本科目,贷记"银行存款"等科目。

小企业无法支付的其他应付款,借记本科目,贷记"营业外收入"科目。

四、本科目期末贷方余额,反映小企业应付未付的其他应付款项。

小企业应设置"其他应付款"科目,核算小企业其他应付款的发生和支付情况。贷方登记其他应付款的发生数,借方登记支付数。期末贷方余额,反映小企业应付未付的其他应付款项。本科目应按照其他应付款的项目和对方单位(或个人)进行明细核算。

(三)账务处理

业务 9-6　其他应付款的会计处理。

(1)小企业发生的其他各种应付、暂收款项,借记"管理费用"等科目,贷记"其他应付款"科目。

借:管理费用等
　　贷:其他应付款

(2)支付的其他各种应付、暂收款项,借记"其他应付款"科目,贷记"银行存款"等科目。

借:其他应付款
　　贷:银行存款

(3)小企业无法支付的其他应付款,借记"其他应付款"科目,贷记"营业外收入"科目。

借:其他应付款
　　贷:营业外收入

【例 9-12】 甲公司从 2022 年 1 月 1 日起,以经营租赁方式租入管理用办公设备一批,每月租金 8 000 元,按季支付。3 月 31 日,甲公司以银行存款支付应付租金。会计处理如下:

(1)1 月 31 日计提应付经营租入固定资产租金。

借:管理费用　　　　　　　　　　8 000
　　贷:其他应付款　　　　　　　　　8 000

2 月底计提应付经营租入固定资产租金的会计处理同上。

(2)3 月 31 日支付租金 24 000 元,增值税 3 120 元。

借:其他应付款　　　　　　　　　16 000
　　管理费用　　　　　　　　　　8 000
　　应交税费——应交增值税(进项税额)　3 120
　　贷:银行存款　　　　　　　　　27 120

第四节 应付职工薪酬财税处理

一、应付职工薪酬确认

《小企业会计准则》条文及主旨：

第四十九条 应付职工薪酬，是指小企业为获得职工提供的服务而应付给职工的各种形式的报酬以及其他相关支出。

小企业的职工薪酬包括：

（一）职工工资、奖金、津贴和补贴。

（二）职工福利费。

（三）医疗保险费、养老保险费、失业保险费、工伤保险费和生育保险费等社会保险费。

（四）住房公积金。

（五）工会经费和职工教育经费。

（六）非货币性福利。

（七）因解除与职工的劳动关系给予的补偿。

（八）其他与获得职工提供的服务相关的支出等。

【条文主旨】本条是关于应付职工薪酬的定义和职工薪酬的构成的规定。

（一）职工界定的税会差异

1. 小企业会计准则界定的职工

职工是指与小企业订立劳动合同的所有人员，含全职、兼职和临时职工。按照《中华人民共和国劳动法》和《中华人民共和国劳动合同法》的规定。小企业作为用人单位与劳动者应当订立劳动合同。因此，小企业的职工包括与小企业订立了固定期限、无固定期限和以完成一定的工作为期限的劳动合同的所有人员。

从经济意义来看，应付职工薪酬这项负债实质上反映了小企业与职工之间提供服务和支付报酬的关系。

职工提供的服务，是指职工在小企业内部所从事的具体工作和岗位，即职工为小企业提供的服务是通过从事具体工作和岗位来体现和实现的。具体工作包括生产产品、销售产品或商品、对外提供劳务、管理生产经营活动、建造固定资产、自行研发无形资产等。

报酬的表现为货币和非货币两种形式。

2. 税法界定的职工

《企业所得税法实施条例》第 34 条规定，工资薪金支出的对象是在本单位任职或受雇的员工，税法强调存在"任职或雇佣关系"。

《国家税务总局关于个人兼职和退休人员再任职取得收入如何计算征收个人所得税问题的批复》（国税函〔2005〕382 号）明确，所谓任职或雇佣关系，一般是指所有连续性的服务关系，提供服务的任职者或雇员的主要收入或很大一部分收入来自任职的企业，并且这种收入基本上代表了提供服务人员的劳动。根据《企业所得税法》及《企业所得税法实施条例》以及《中华人民共和国劳动法》《中华人民共和国劳动合同法》等法律法规，企业税前扣除工资薪金应提供企业与其员工存在任职或受雇关系依法签订书面劳动合同，并建立职工名册备查。从个人所得税角度来说，工资薪金来源于非独立性劳务，劳务报酬来源于独立性劳务。

3. 差异分析

会计所称的"职工"比较宽泛，税法对"职工"范围的规定明显小于会计上的范围：尚未实行分离办社会职能的小企业，其内设福利部门人员的工资等按职工福利费规定进行税前扣除；劳务派遣用工分为两类，其中企业直接支付给员工个人的报酬才可以直接以"工资薪金"在税前扣除，否则只能以劳务费在税前扣除；对于临时工或兼职的报酬，会计上都是属于职工薪酬的范围，但是税务上要根据情况进行区分，可能部分是要按劳务费进行税前扣除；企业提供给职工配偶、子女、受赡养人、已故员工遗属及其他受益人等的福利不能以"工资薪金"进行税前扣除，如果符合税法相关规定的，其合理支出可以职工福利费等进行税前扣除。

4. 特殊职工薪酬的扣除

（1）临时工、季节工。企业因雇用临时工所实际发生的费用应区分为工资薪金支出和职工福利费支出，并按《企业所得税法》规定在企业所得税前扣除。其中属于工资薪金支出的，准予计入企

业工资薪金总额的基数,作为计算其他各项相关费用扣除的依据。(国家税务总局公告 2012 年第 15 号)

(2)返聘离、退休人员。将企业支付给离、退休人员的相关费用区分为工资薪金支出和职工福利费支出后,按税法的规定进行税前扣除。其中属于工资薪金支出的,准予计入企业工资薪金总额的基数,作为计算其他各项相关费用扣除的依据。(国家税务总局公告 2012 年第 15 号)

退休人员再任职取得的收入,在减除按个人所得税法规定的费用扣除标准后,按"工资、薪金所得"应税项目缴纳个人所得税。(国税函〔2005〕382 号)

(3)实习生。企业因雇用实习生所实际发生的费用应区分为工资薪金支出和职工福利费支出,并按《企业所得税法》规定在企业所得税前扣除。其中属于工资薪金支出的,准予计入企业工资薪金总额的基数,作为计算其他各项相关费用扣除的依据。(国家税务总局公告 2012 年第 15 号)

(4)劳务派遣用工(接受方)。企业接受外部劳务派遣用工所实际发生的费用应分两种情况按规定在税前扣除:按照协议(合同)约定直接支付给劳务派遣公司的费用,应作为劳务费支出。按照协议(合同)约定直接支付给员工个人的费用,应作为工资薪金支出和职工福利费支出。其中属于工资薪金支出的费用,准予计入企业工资薪金总额的基数,作为计算其他各项相关费用扣除的依据。(国家税务总局公告 2015 年第 34 号)

(5)其他特殊政策。小型微利企业接受的劳务派遣用工人数应计入本企业从业人数。(财税〔2019〕13 号)

接受劳务派遣的企业按照协议(合同)约定支付给劳务派遣企业,且由劳务派遣企业实际支付给外聘研发人员的工资薪金等费用,属于外聘研发人员的劳务费用,可以享受加计扣除的税收优惠。(国家税务总局公告 2017 年第 40 号)

以劳务派遣形式就业的残疾人,属于劳务派遣单位的职工,享受残疾人员工资 100% 加计扣除。(国家税务总局公告 2015 年第 55 号)

高新技术企业认定中符合条件的外聘科人员可以计入企业从事研发和相关技术创新活动的科技人员总数,外聘人员的劳务费用符合条件的应归集到人员人工费用中。(国科发火〔2016〕195 号)

用人单位依法以劳务派遣方式接受残疾人在本单位就业的,由派遣单位和接受单位通过签订协议的方式协商一致后,将残疾人数计入其中一方的实际安排残疾人就业人数和在职职工人数,不得重复计算。(财政部公告 2019 年第 98 号)

(二)应付职工薪酬构成内容差异

会计上应付职工薪酬,是指小企业为获得职工提供的服务而应付给职工的各种形式的报酬以及其他相关支出,包括企业为职工在职期间和离职后提供的全部货币性薪酬和非货币性福利。企业提供给职工配偶、子女或其他被赡养人的福利等,也属于职工薪酬。

企业所得税法没有使用"职工薪酬"的概念,而是对会计上的职工薪酬分解为工资薪金、职工福利费、工会经费、职工教育经费、基本养老保险、基本医疗保险、失业保险、工伤保险、生育保险、住房公积金、补充养老报销、补充医疗保险、人身安全保险、企业为投资者或职工支付的商业保险等,分别作出了规定。

小企业会计准则与企业所得税法对应付职工薪酬构成项目对比见表 9-1。

表 9-1　构成项目对比

小企业会计准则	企业所得税法
(1)职工工资、奖金、津贴和补贴	工资薪金支出
(2)职工福利费	职工福利费支出
(3)医疗保险费、养老保险费、失业保险费、工伤保险费和生育保险费等社会保险费	各类基本社会保障性缴款
(4)住房公积金	住房公积金
(5)工会经费和职工教育经费	工会经费支出、职工教育经费支出
(6)非货币性福利	职工福利费支出
(7)因解除与职工的劳动关系给予的补偿	其他
(8)其他与获得职工提供的服务相关的支出等	其他

1. 工资薪金构成内容税会差异

(1) 财务会计规定。小企业工资薪金是指职工工资、奖金、津贴和补贴，按照国家统计局《关于职工工资总额组成的规定》(国家统计局令第1号)的规定，工资总额由以下六部分构成：

① 计时工资，是指按计时工资标准和工作时间支付给职工的劳动报酬。

② 计件工资，是指对已做工作按计件单价支付的劳动报酬。

③ 奖金，是指支付给职工的超额劳动报酬和增收节支的劳动报酬，如生产奖，包括超产奖、质量奖、安全奖、考核各项经济指标的综合奖、年终奖、劳动分红等，又如劳动竞赛奖，包括发给劳动模范、先进个人的各种奖金和实物奖励等。

④ 津贴和补贴，是指为了补偿职工特殊或额外的劳动消耗和因其他特殊原因支付给职工的津贴，以及为了保证职工工资水平不受物价影响支付的物价补贴，包括补偿职工特殊或额外劳动消耗的津贴(如高空津贴、井下津贴等)、保健津贴、技术性津贴、工龄津贴及其他津贴(如直接支付的伙食津贴、合同制职工工资性补贴及书报费等)。

⑤ 加班加点工资，是指小企业按规定支付给职工的加班工资和加点工资。

⑥ 特殊情况下支付的工资，是指根据国家法律、法规和政策规定，小企业在职工因病、工伤、产假、计划生育假、婚丧假、事假、探亲假、定期休假、停工学习、执行国家或社会义务等特殊情况下，按照计时工资或计件工资标准的一定比例支付的工资，也属于工资总额范畴，在职工休假或缺勤时，不应当从工资总额中扣除。

小企业应当按照劳动工资制度的规定，根据考勤记录、工时记录、产量记录、工资标准、工资等级等资料编制"工资结算单"(也称工资单、工资表等)。会计部门应将"工资结算单"进行汇总，编制"工资结算汇总表"，办理工资的结算和发放。

(2) 税法规定。

① 扣除依据。《企业所得税法实施条例》第34条规定，企业发生的合理的工资薪金支出，准予扣除。工资薪金是指企业每一纳税年度支付给在本企业任职或者受雇的员工的所有现金形式或者非现金形式的劳动报酬，包括基本工资、奖金、津贴、补贴、年终加薪、加班工资，以及与员工任职或者受雇有关的其他支出。工资薪金及职工福利费扣除的政策，《国家税务总局关于企业工资薪金及职工福利费扣除问题的通知》(国税函〔2009〕3号)做出了具体规定。

税法口径上的工资薪金体现为资产负债表上的实际发放数，与利润表上的费用化金额、主营业务成本中包括的金额没有必然的联系。

2014年度及以后年度企业所得税汇算清缴时，企业在年度汇算清缴结束前向员工实际支付的已预提汇缴年度工资薪金(包括奖金)，准予在汇缴年度按规定扣除。(国家税务总局公告2015年第34号)

② 工资薪金合理性的判定。根据《国家税务总局关于企业工资薪金和职工福利费等支出税前扣除问题的公告》(国家税务总局公告2015年第34号)的规定，合理的工资薪金是指企业按照股东大会、董事会、薪酬委员会或相关管理机构制订的工资薪金制度规定实际发放给员工的工资薪金。税务机关在对工资薪金进行合理性确认时，可按以下五个原则掌握：

第一，企业制订了较为规范的员工工资薪金制度。

第二，企业所制订的工资薪金制度符合行业及地区水平。

第三，企业在一定时期所发放的工资薪金是相对固定的，工资薪金的调整是有序进行的。

第四，企业对实际发放的工资薪金，已依法履行了代扣代缴个人所得税义务。

第五，有关工资薪金的安排，不以减少或逃避税款为目的。

③ 扣除范围。工资薪金总额是指企业按照本通知第一条规定实际发放的工资薪金总和，不包括企业的职工福利费、职工教育经费、工会经费以及养老保险费、医疗保险费、失业保险费、工伤保险费、生育保险费等社会保险费和住房公积金。属于国有性质的企业，其工资薪金不得超过政府有关部门给予的限定数额；超过部分，不得计入企业工资薪金总额，也不得在计算企业应纳税所得额时扣除。(国家税务总局公告2015年第34号)

2014年度起，列入企业员工工资薪金制度、固定与工资薪金一起发放的福利性补贴,符合《国家税务总局关于企业工资薪金及职工福利费扣除问题的通知》(国税函〔2009〕3号)第1条的,可作为企业发生的工资薪金支出,按规定在税前扣除。(国家税务总局公告2015年第34号)

④ 加计扣除。《企业所得税法实施条例》第96条规定,小企业安置残疾人员的,在按照支付给残疾职工工资据实扣除的基础上,按照支付给残疾职工工资的100%加计扣除。残疾人员的范围适用《中华人民共和国残疾人保障法》的有关规定。

根据《财政部 国家税务总局关于安置残疾人员就业有关企业所得税优惠政策问题的通知》(财税〔2009〕70号)的规定,企业享受安置残疾职工工资100%加计扣除应同时具备如下条件:

第一,依法与安置的每位残疾人签订了1年以上(含1年)的劳动合同或服务协议,并且安置的每位残疾人在企业实际上岗工作。

第二,为安置的每位残疾人按月足额缴纳了企业所在区县人民政府根据国家政策规定的基本养老保险、基本医疗保险、失业保险和工伤保险等社会保险。

第三,定期通过银行等金融机构向安置的每位残疾人实际支付了不低于企业所在区县适用的经省级人民政府批准的最低工资标准的工资。

第四,具备安置残疾人上岗工作的基本设施。

第五,支付给残疾人的工资薪金必须通过银行转账方式支付。

(3)差异分析。小企业会计准则参照企业会计准则中关于职工薪酬的规定对小企业的应付职工薪酬进行了界定,并根据小企业的实际情况进行了适当简化,但是与企业所得税法的规定仍有些差异,因为企业所得税法实施条例强调税前扣除的工资薪金是"实际支付的""合理"的工资薪金支出。这一点应引起小企业的关注。

企业发生的合理的职工工资薪金支出准予在税前扣除。该项规定可以从以下几方面来理解:必须是实际发生的工资薪金支出;工资薪金的发放对象是在本企业任职或者受雇的员工;工资薪金的标准应该限于合理的范围和幅度;企业支付给其员工的工资薪金,名目繁多,称呼各异,如基本工资、奖金、津贴、补贴、年终加薪、加班工资等,凡是这类支出是因员工在企业任职或者受雇于企业,即是因其提供劳动而支付的,就属于工资薪金支出,不拘泥于形式上的名称。

对于工资薪金,会计上按照权责发生制计入发生期的成本费用,税法强调实际支付的收付实现制原则。在申报所得税时,对于上述应纳入工资薪金支出范围的金额,按照实际支出数扣除,仅计提的应付工资支出不发放给职工不允许在税前扣除,应调增应纳税所得额。如果当期实际发放金额多于当期账载金额的,要确定之前年度相应是否有纳税调整情形的存在。当年在成本中列支的工资薪金超过实际发放额(合理的工资支出范围内的)的差额,当年应调增应纳税所得额,次年实际发放时,可作纳税调减处理。企业以"职工储蓄计划"等方式预提的工资薪酬费用,不得在税前扣除,应待实际支付时再按税法规定扣除。

2. 职工福利费税会差异

(1)财务会计规定。根据《财政部关于企业加强职工福利费财务管理的通知》(财企〔2009〕242号)的规定,企业职工福利费是指企业为职工提供的除职工工资、奖金、津贴、纳入工资总额管理的补贴、职工教育经费、社会保险费和补充养老保险费(年金)、补充医疗保险费及住房公积金以外的福利待遇支出,包括发放给职工或为职工支付的以下各项现金补贴和非货币性集体福利:

① 为职工卫生保健、生活等发放或支付的各项现金补贴和非货币性福利,包括职工因公外地就医费用、暂未实行医疗统筹企业职工医疗费用、职工供养直系亲属医疗补贴、职工疗养费用、自办职工食堂经费补贴或未办职工食堂统一供应午餐支出、符合国家有关财务规定的供暖费补贴、防暑降温费等。

② 企业尚未分离的内设集体福利部门所发生的设备、设施和人员费用,包括职工食堂、职工浴室、理发室、医务所、托儿所、疗养院、集体宿舍等集体福利部门设备、设施的折旧、维修保养费用以及集体福利部门工作人员的工资薪金、社会保险费、住房公积金、劳务费等人工费用。

③ 职工困难补助,或者企业统筹建立和管理的专门用于帮助、救济困难职工的基金支出。

④ 离退休人员统筹外费用，包括离休人员的医疗费及离退休人员其他统筹外费用。企业重组涉及的离退休人员统筹外费用，按照《财政部关于企业重组有关职工安置费用财务管理问题的通知》（财企〔2009〕117号）执行。国家另有规定的，从其规定。

⑤ 按规定发生的其他职工福利费，包括丧葬补助费、抚恤费、职工异地安家费、独生子女费、探亲假路费，以及符合企业职工福利费定义但没有包括在本通知各条款项目中的其他支出。

以下两种情况，小企业不应作职工福利费管理，而应纳入职工工资总额：

① 企业为职工提供的交通、住房、通信待遇，已经实行货币化改革的，按月按标准发放或支付的住房补贴、交通补贴或者车改补贴、通信补贴；尚未实行货币化改革的，企业发生的相关支出作为职工福利费管理，但根据国家有关企业住房制度改革政策的统一规定，不得再为职工购建住房。

② 企业给职工发放的节日补助、未统一供餐而按月发放的午餐费补贴，应当纳入工资总额管理。

企业女职工妇科疾病检查应视同企业职工一般的体检，检查费用由企业职工福利费开支，不得列入劳动保护费用。（财工字〔1997〕469号）

（2）税法规定。小企业将货物、财产、劳务用于职工奖励或职工福利的应视同销售，应按照被移送资产的公允价值确定销售收入。（国税函〔2008〕828号、国家税务总局公告2016年第80号）

《企业所得税法实施条例》第43条规定，小企业发生的职工福利费支出，不超过工资薪金总额14%的部分，准予扣除。

《国家税务总局关于企业工资薪金及职工福利费扣除问题的通知》（国税函〔2009〕3号）要求，小企业发生的职工福利费，应该单独设置账册，进行准确核算。没有单独设置账册准确核算的，税务机关应责令企业在规定的期限内进行改正。逾期仍未改正的，税务机关可对企业发生的职工福利费进行合理的核定。国税函〔2009〕3号文件规定，企业职工福利费，包括以下内容：

① 尚未实行分离办社会职能的企业，其内设福利部门所发生的设备、设施和人员费用，包括职工食堂、职工浴室、理发室、医务所、托儿所、疗养院等集体福利部门的设备、设施及维修保养费用和福利部门工作人员的工资薪金、社会保险费、住房公积金、劳务费等。

② 为职工卫生保健、生活、住房、交通等所发放的各项补贴和非货币性福利，包括企业向职工发放的因公外地就医费用、未实行医疗统筹企业职工医疗费用、职工供养直系亲属医疗补贴、供暖费补贴、职工防暑降温费、职工困难补贴、救济费、职工食堂经费补贴、职工交通补贴等。

③ 按照其他规定发生的其他职工福利费，包括丧葬补助费、抚恤费、安家费、探亲假路费等。

（3）差异分析。企业在财务会计处理上按照《财政部关于企业加强职工福利费财务管理的通知》（财企〔2009〕242号）执行，在所得税处理上按照国税函〔2009〕3号文件执行。

自2008年1月1日起，税务处理不允许预提，按实际发生额计入有关成本费用，每一年度准予扣除的福利费不能超过工资总额的14%。

税法明确了职工福利费税前列支的额度不得超过工资薪金总额的14%，超过部分作为纳税调整处理，且为永久性差异。可以税前扣除的职工福利费必须同时符合两个条件：一是必须是实际发生的福利费。二是在工资薪金总额14%以内的部分。与原规定的不论福利费用是否真实发生，对企业按计税工资14%计提的福利费均可税前扣除的规定有着本质的区别。纳税人申报年度企业所得税税前扣除职工福利费超过工资薪金支出的14%，可能存在未按规定列支职工福利费的风险。

小企业计提的职工福利费不得直接在税前扣除，在一个纳税年度内，提取数大于实际发生数，应当调增应纳税所得额，提取数小于实际发生数，应当予以补提；小企业实际发生的职工福利费支出，如果超过工资薪金总额的14%，那么将形成永久性差异，不得结转到以后年度扣除，超过部分应当调增应纳税所得额。

（4）财企〔2009〕242号与国税函〔2009〕3号差异协调：

① 财企〔2009〕242号文件属于企业职工福利费财务管理规定，国税函〔2009〕3号文件属于税收

方面的规定,在计算企业所得税应纳税所得额时,企业职工福利费管理与税收法律、行政法规的规定不一致的,应当依照税收法律、行政法规的规定计算纳税。

② 国税函〔2009〕3 号文件对"合理工资薪金"明确了确认的原则。企业应按照国税函〔2009〕3 号文件提供把这些费用纳入工资或福利费的相关证据;在税前扣除时,应按照国税函〔2009〕3 号文件精神结合企业提供的相关证据,明确工资和福利费的边界和转换条件,并根据实际情况进行判断。

③ 国税函〔2009〕3 号第 3 条仅列举了职工福利费的部分内容,没有列举到的费用项目,如确实是为企业全体属于职工福利性质的费用支出目的,且符合企业所得税法规定的权责发生制原则,以及对支出税前扣除合法性、真实性、相关性、合理性和确定性要求的,可以作为职工福利费按规定在企业所得税前扣除,如单位每年组织员工进行体检(含新员工入职体检)实际支付的体检费用等。企业为职工提供住宿而发生的租金凭房屋租赁合同及合法凭证在职工福利费中列支;企业为职工报销个人租房费,可凭出租方开具的发票(发票抬头可为企业职工个人)在职工福利费中列支。

3. 社会保险费税会差异

社会保险是指小企业根据国务院和省级人民政府规定缴纳的养老保险费、医疗保险费、失业保险费、工伤保险费和生育保险费等社会保险费。

基本社会保险费扣除的对象包括基本医疗保险费、基本养老保险费、失业保险费、工伤保险费和生育保险费等基本社会保险费,除此之外的保险费支出,都不能纳入本项范围予以税前扣除。扣除的范围和标准以国务院有关主管部门或者省级人民政府的规定为依据,超出这个范围和标准的部分,不得在税前扣除。

(1)会计按规定比例和标准的计提数核算,而企业所得税法强调只有实际缴纳的金额方可扣除。当计入当期损益的基本社保费实际发生数大于实际缴纳数时,应作纳税调增,反之,不作任何纳税调整。

(2)对于社会保险,税法在坚持权责发生制原则的同时,还强调收付实现制原则:

① 当年计提并且缴纳的,允许在汇算清缴时扣除;

② 当年计提但在次年汇算清缴前实际缴纳的,视为报告年度支付,也允许在汇算清缴时扣除;

③ 当年计提但在次年汇算清缴前还没有缴纳的,不允许在汇算清缴前扣除,但以后 5 个年度支付的,应按照《国家税务总局关于企业所得税应纳税所得额若干税务处理问题的公告》(国家税务总局公告 2012 年第 15 号)的规定回到原所属年度按照相关规定扣除。

④ 补缴以前年度的社会保险,如果以前年度未作账务处理,需在会计上做会计差错更正后,方能追溯扣除。

(3)不管纳税人采用的基数如何,如果纳税人的政策执行未超过上述范围和标准,此时就认可账载金额,并以此作为税收金额。如果超过的,则要以其采用的基数、适用的限制比率与标准重新计算,并结合限额标准来确定税收金额,而不是以税收金额为基数来计算纳税调整的金额。

依据《企业所得税法实施条例》第 35 条、《财政部 国家税务总局关于基本养老保险费基本医疗保险费失业保险费住房公积金有关个人所得税政策的通知》(财税〔2006〕10 号)的规定,企业超范围和标准为职工缴纳的基本养老保险、医疗保险、失业保险、工伤保险、生育保险、基本社会保险和住房公积金等,不得在所得税前扣除。(税总办函〔2014〕652 号)

4. 住房公积金税会差异

(1)财务会计规定。住房公积金是指小企业按照国务院《住房公积金管理条例》规定的基准和比例计算,向住房公积金管理机构缴存的住房公积金。

根据《建设部 财政部 中国人民银行关于住房公积金管理若干具体问题的指导意见》(建金管〔2005〕5 号)的规定,单位和职工缴存比例不应低于 5%,原则上不高于 12%。缴存住房公积金的月工资基数,原则上不应超过职工工作地所在设区城市统计部门公布的上一年度职工月平均工资的 2 倍或 3 倍,具体标准由各地根据实际情况确定。职工月平均工资应按国家统计局规定列入工资总额统计的项目计算。

(2)税法规定。《企业所得税法实施条例》

第 35 条规定,企业依照国务院有关主管部门或省级人民政府规定的范围和标准为职工缴纳的住房公积金,准予扣除。

单位和个人分别在不超过职工本人上一年度月平均工资 12% 的幅度内,其实际缴存的住房公积金,允许在个人应纳税所得额中扣除。单位和职工个人缴存住房公积金的月平均工资不得超过职工工作地所在设区城市上一年度职工月平均工资的 3 倍,具体标准按照各地有关规定执行。单位和个人超过上述规定比例和标准缴付的住房公积金,应将超过部分并入个人当期的工资、薪金收入,计征个人所得税。个人实际领(支)取原提存的基本养老保险金、基本医疗保险金、失业保险金和住房公积金时,免征个人所得税。(财税〔2006〕10 号)

(3)差异分析。会计核算是按规定标准计提数,A105050 表中基本社会保障性缴款和住房公积金的账载金额仅为企业承担的部分。税法还强调必须是实际缴纳的住房公积金,如果企业计入当期损益的住房公积金实际发生数大于实际缴纳数,应做纳税调增,反之,不作任何纳税调整。

5. 工会经费税会差异

(1)财务会计规定。工会经费是工会组织开展各项活动所需要的费用。工会经费的拨缴方式有两种:

① 先缴再返。按每月全部职工工资薪金总额的 2% 计算出工会经费全额,向工会组织拨缴,取得《工会经费收入专用收据》;或者向受委托代收工会经费的税务机关缴纳,取得工会经费代收凭据,上级工会组再按规定比例(一般为 60%)转拨给缴费企业基层工会。

② 分级拨缴。按每月全部职工工资薪金总额的 2% 计算出工会经费后,按当地规定比例(一般为 40%)向受委托代收工会经费的税务机关缴纳,取得工会经费代收凭据;留成部分(一般为 60%)由企业同时拨付给其所在的基层工会,取得本单位基层工会开具的《工会经费收入专用收据》。

根据《基层工会经费收支管理办法》(总工办发〔2017〕32 号)的规定,基层工会经费主要用于为职工服务和开展工会活动。基层工会经费支出范围包括职工活动支出、维权支出、业务支出、资本性支出、事业支出和其他支出。

(2)税法规定。《企业所得税法实施条例》第 41 条规定,企业拨缴的工会经费,不超过工资薪金总额 2% 的部分,准予扣除。

(3)差异分析。工资薪金总额是指当年税前扣除的工资薪金,需要企业提供可证明的证据。之前年度纳税调增部分不得转移以后年度扣除,形成永久性差异。工会经费强调的是拨缴工会,注意是拨缴,不是计提,只计提不拨缴不得扣除。"拨缴的工会经费"也不是发生的工会经费支出,要凭工会组织开具的《工会经费拨缴款专用收据》《工会经费收入专用收据》或税务机关代开的收据才能在税前扣除。以前年度调增的提而未缴的工会经费,应在 5 年内追补扣除在以前年度。

6. 职工教育经费税会差异

(1)财务会计规定。

①"职工教育经费按照国家规定的比例,专项用于企业职工后续职业教育和职业培训"。(《企业财务通则》第 44 条)

② 一般企业按照职工工资总额的 1.5% 足额提取教育培训经费,从业人员技术要求高、培训任务重、经济效益较好的企业可按 2.5% 提取,列入成本开支。(财建〔2006〕317 号)

③ 小企业要按规一般企业按照职工工资总额的 1.5% 足额提取教育培训经费,从业人员技术要求高、培训任务重、经济效益较好的企业可按 2.5% 提取,列入成本开支费的 60% 以上应用于一线职工的教育和培训,企业职工在岗技能提升培训和高技能人才培训所需费用从职工教育经费列支。对自身没有能力开展职工培训,以及未开展高技能人才培训的企业,县级以上地方人民政府可依法对其职工教育经费实行统筹,人力资源社会保障部门会同有关部门统一组织培训服务。(国发〔2010〕36 号)

职工教育经费的 60% 以上应用于一线职工的教育和培训,重点投向职工岗前培训、在岗技能提升培训、高技能人才培训和职业技能鉴定等。(国办发〔2012〕34 号)

要落实职工教育经费的企业所得税税前扣除政策,对列入的普及性员工质量管理培训费用,按

照法律法规的规定在企业所得税前扣除。(工信部联科〔2011〕337号)

④ 职工教育培训经费必须专款专用,面向全体职工开展教育培训,特别是要加强各类高技能人才的培养。企业职工教育培训经费列支范围规定如下:(财建〔2006〕317号)

第一,上岗和转岗培训。

第二,各类岗位适应性培训。

第三,岗位培训、职业技术等级培训、高技能人才培训。

第四,专业技术人员继续教育。

第五,特种作业人员培训。

第六,企业组织的职工外送培训的经费支出。

第七,职工参加的职业技能鉴定、职业资格认证等经费支出。

第八,购置教学设备与设施。

第九,职工岗位自学成才奖励费用。

第十,职工教育培训管理费用。

第十一,经单位批准参加继续教育以及政府有关部门集中举办的专业技术、岗位培训、职业技术等级培训、高技能人才培训所需经费,可从职工所在企业职工教育培训经费中列支。

第十二,经单位批准或按国家和省、市规定必须到本单位之外接受培训的职工,与培训有关的费用由职工所在单位按规定承担。

第十三,矿山和建筑企业等聘用外来农民工较多的企业,以及在城市化进程中接受农村转移劳动力较多的企业,对农民工和农村转移劳动力培训所需的费用,可从职工教育培训经费中支出。

第十四,企业职工参加社会上的学历教育以及个人为取得学位(如 MBA、EMBA)而参加的在职教育,所需费用应由个人承担,不能挤占企业的职工教育培训经费,不能从职工教育经费扣除。

第十五,对于企业高层管理人员的境外培训和考察,其一次性单项支出较高的费用应从其他管理费用中支出,避免挤占日常的职工教育培训经费开支。

⑤ 企业要按照规定足额提取职工教育经费,在岗农民工教育和培训所需费用从职工教育培训经费中列支。(国办发〔2010〕11号)

⑥ 资格证考试费用可作为职工教育经费在税前扣除。

⑦ 企业内部专职治安保卫人员的专业培训支出,据实作为安全保护费用,并从职工教育经费中列支。(财企〔2010〕290号)

⑧ 企业要从职工教育经费当中适当划出部分费用用于本企业开展岗位练兵和技能比武活动。(人社部函〔2012〕184号)

(2)税法规定。工资薪金总额的基数按照《关于企业工资薪金及职工福利费扣除问题的通知》(国税函〔2009〕3号)确定。政治思想学习及组织职工观看电影、纪念馆等教育活动,应作为职工教育经费项目税前扣除。

企业发生职工教育培训经费支出以实际发生额为准,分三种情形扣除,实务操作时应加以区别:

① 第一种情形:一般企业从 2.5% 提高到 8%。除另有规定外,企业发生的职工教育经费支出,不超过工资薪金总额 2.5% 的部分,准予扣除;超过部分,准予在以后纳税年度结转扣除。(《企业所得税法实施条例》第42条)

自 2018 年 1 月 1 日起,企业发生的职工教育经费支出,不超过工资薪金总额 8% 的部分,准予在计算企业所得税应纳税所得额时扣除;超过部分,准予在以后纳税年度结转扣除。(财税〔2018〕51号)

② 第二种情形:高新技术企业与技术先进型服务企业为 8%。自 2015 年 1 月 1 日起,高新技术企业发生的职工教育经费支出,不超过工资薪金总额 8% 的部分,准予在计算企业所得税应纳税所得额时扣除;超过部分,准予在以后纳税年度结转扣除。(财税〔2015〕63号)

自 2017 年 1 月 1 日起,在全国范围内,对经认定的技术先进型服务企业发生的职工教育经费支出,不超过工资薪金总额 8% 的部分,准予在计算应纳税所得额时扣除;超过部分,准予在以后纳税年度结转扣除(财税〔2017〕79号)

文化创意和设计服务企业发生的职工教育经费支出,不超过工资薪金总额 8% 的部分,准予在计算应纳税所得额时扣除。(国发〔2014〕10号)

③ 第三种情形:单独核算的职工培训费据实扣除。自 2008 年 1 月 1 日起,集成电路设计企业

和符合条件软件企业的职工培训费用,应单独进行核算并按实际发生额在计算应纳税所得额时扣除。(财税〔2012〕27 号、财税〔2016〕49 号)

经认定的动漫企业自主开发、生产动漫产品,职工培训费用全额税前扣除。(财税〔2009〕65 号)

航空企业空勤训练费。航空企业实际发生的飞行员养成费、飞行训练费、乘务训练费、空中保卫员训练费等空勤训练费用,根据《企业所得税法实施条例》第 27 条的规定,可以作为航空企业运输成本在税前扣除。(国家税务总局公告 2011 年第 34 号)

核电厂操纵员培养费。核力发电企业为培养核电厂操纵员发生的培养费用,可作为企业的发电成本在税前扣除。企业应将核电厂操纵员培养费与员工的职工教育经费严格区分,单独核算,员工实际发生的职工教育经费支出不得计入核电厂操纵员培养费直接扣除。(国家税务总局公告 2014 年第 29 号)

(3) 差异分析。① 会计上采用的是计提制,纳税申报表"账载金额"填计提数,会计核算按工资总额计提;除另有规定以外,税前扣除标准是当年年度税前扣除工资薪金的 2.5%(8%),纳税申报表"税收金额"填实际支出与 2.5%(8%)等几个标准的较小值(全额允许扣除也在其内)。小企业发生的职工教育经费超过工资薪金总额 2.5%(8%)的部分,准予在以后纳税年度结转扣除,形成可抵扣暂时性差异,应作纳税调整项目处理。超过规定标准的部分,准予往以后纳税年度无限制结转,这就实际上是允许企业发生的职工教育经费支出准予全额扣除,只是在扣除时间上作了相应递延。

职工教育经费每年实发工资总额的 2.5%(8%)作为扣除限额,先按照提取数与实际使用数对比,采用孰低原则与扣除限额比较,确定在税前扣除金额。若提取数大于允许扣除金额,调增所得,其中提取数并使用的金额超过扣除限额的部分,允许在以后年度扣除。若提取数小于允许扣除数的金额,动用了可递延抵扣的新结余,则应调减所得。对于可递延至以后年度的金额对企业所得税的影响,应通过"递延所得税资产"科目核算可抵扣的暂时性业务核算。当以前年度调增的金额在本年度纳税调减时,应当核算转回前期已确认的相应的递延所得税资产,如既不能在本年度调减所得,也不得结转以后年度调减,则应冲减递延所得税资产。

对于会计处理中已计提但未实际发生培训行为、未实际使用的职工教育经费支出不得从税前扣除。

② 职工教育经费支出不包含应由职工个人负担的支出,如企业职工参加社会上的学历教育以及个人为取得学位而参加的在职教育,所需费用应由个人承担,不能挤占企业的职工教育培训经费。

如果企业从教育经费中报销学费,则必须纳税调增应纳税所得额缴纳企业所得税,并将报销的学费并入个人的当期工资薪金扣缴个人所得税。

③ 对于企业高层管理人员的境外培训和考察,其一次性单项支出较高的费用应从其他管理费用中支出,避免挤占日常的职工教育培训经费开支。

④ 计提的职工教育经费不够开支的,可从企业工会年度内按规定留成的工会经费中列支。

⑤ 职工异地培训涉及的交通费、餐费、住宿费,作为职工教育经费税前扣除。

⑥ 职工福利费、职工教育经费和工会经费税前扣除限额的计算基数为实际发生的合理的工资薪金总额,即申报表填报的工资薪金的税收金额。当工资薪金发生调整时,三项附加费应进行相应的调整。

⑦ 职工教育经费的支出形成的且取得了符合规定的抵扣凭证,只要不是用于《增值税暂行条例》第 10 条和《财政部　国家税务总局关于全面推开营业税改征增值税试点的通知》(财税〔2016〕36 号)规定不得抵扣项目的,可以抵扣进项税额,即可以按照正常进行抵扣。如企业购买的图书获取进项税额(专票)、财务人员参加职业和财会培训获取进项税额(专票),都能按照相关规定进项税额抵扣。

7. 因解除与职工的劳动关系给予补偿的税会差异

(1) 财务会计规定。根据《中华人民共和国劳动合同法》第47条的规定,劳动合同解除或终止后,用人单位应当按照劳动者在本单位工作的年限,每满1年支付1个月工资的标准向劳动者支付经济补偿。6个月以上不满1年的,按1年计算;不满6个月的,支付半个月工资的经济补偿。

小企业在职工劳动合同尚未到期之前解除与职工的劳动关系等情况下根据国家有关规定给予职工的经济补偿,即辞退福利。当解除与职工的劳动关系给予的补偿满足准则规定的预计负债确认条件时,应当确认一项负债,同时计入当期管理费用。

(2)税法规定。企业根据公司财务制度为职工提取离职补偿费,在进行年度企业所得税汇算清缴时,对当年度"预提费用"科目发生额进行纳税调整,待职工从企业离职并实际领取离职补偿费后,企业可按规定进行税前扣除。(税总函〔2015〕299号)

(3)差异分析。小企业与受雇人员解除劳动合同,支付给职工的一次性补偿金,在不超过《中华人民共和国劳动合同法》规定的标准和当地政府相关部门规定标准的部分,可以在税前扣除。因解除与职工的劳动关系给予补偿属于职工薪酬核算的范围,但不属于税法中规定的工资薪金范畴,不能作为计提三项工资附加费的基数。在填制汇算清缴申报表时,可将小企业实际列支的"离职补偿金"在"A104000期间费用明细表"第24行"其他"栏次填列。在职工劳动合同到期前解除与职工的劳动关系而预计的因解除与职工的劳动关系给予补偿,不能在当期扣除,应调增应纳税所得额。该调增的金额形成可抵扣暂时性差异,实际支付时作纳税调减处理。

8. 补充养老保险费、补充医疗保险费的税会差异

(1)会计规定。补充养老保险的企业缴费总额在工资总额4%以内的部分,从成本(费用)中列支。企业缴费总额超出规定比例的部分,不得由企业负担,企业应当从职工个人工资中扣缴。个人缴费全部由个人负担,企业不得提供任何形式的资助。(财企〔2008〕34号)

上述费用在规定标准以内的,直接计入有关的成本费用科目,但超过规定标准的部分应当计入"福利费"科目。(《企业财务通则》第43条)

(2)税收规定。《企业所得税法实施条例》第35条规定,企业为投资者或者职工支付的补充养老保险费、补充医疗保险费,在国务院财政、税务主管部门规定的范围和标准内,准予扣除。

自2008年1月1日起,企业根据国家有关政策规定,为在本企业任职或者受雇的全体员工支付的补充养老保险费、补充医疗保险费,分别在不超过职工工资总额5%标准内的部分,在计算应纳税所得额时准予扣除;超过的部分,不予扣除。(财税〔2009〕27号)

(3)差异分析。

① 企业年金必须建立在参加基本养老保险、基本医疗保险的基础上,为在本企业任职或者受雇的全体员工支付的补充养老保险费、补充医疗保险费才能扣除。根据《企业年金办法》(人力资源和社会保障部 财政部令第36号)的规范,企业缴费每年不超过本企业职工工资总额的8%。企业和职工个人缴费合计不超过本企业职工工资总额的12%。另外,由于企业年金采取的是自愿原则,并不一定涉及所有职工。因此,对于企业按照社保部门规定缴纳的年金,只要体现普惠性就符合《财政部 国家税务总局关于补充养老保险费补充医疗保险费有关企业所得税政策问题的通知》(财税〔2009〕27号)的政策本义,可以就实际参加补充养老保险和补充医疗保险的职工工资总额为基数计算扣除。

② 企业要么扣除企业年金,要么扣除补充养老保险,不得重复扣除。对于补充养老、补充医疗保险的扣除:应按照工资总额4%以内的比例或按省级以上人民政府规定的比例计提,并进行税前扣除。虽然对国有企业超过工资总额4%的部分不能在成本(费用)中列支,但在年度企业所得税申报时,对于企业年金不超过上年度职工工资总额5%标准内的部分仍可以在税前扣除,对超过1%的部分应当调减应纳税所得额处理。

二、应付职工薪酬的分配和计量

《小企业会计准则》条文及主旨:
第五十条 小企业应当在职工为其提供服务的会计期间,将应付的职工薪酬确认为负债,并根

据职工提供服务的受益对象,分别下列情况进行会计处理:

(一)应由生产产品、提供劳务负担的职工薪酬,计入产品成本或劳务成本。

(二)应由在建工程、无形资产开发项目负担的职工薪酬,计入固定资产成本或无形资产成本。

(三)其他职工薪酬(含因解除与职工的劳动关系给予的补偿),计入当期损益。

【条文主旨】本条是关于职工薪酬分配的规定。

(一)应付职工薪酬的分配

小企业应当在职工为其提供服务的会计期间,根据职工提供服务的受益对象,将应确认的职工薪酬(包括货币性薪酬和非货币性福利)计入相关资产成本或当期损益,同时确认为应付职工薪酬,但解除劳动关系补偿(下称"辞退福利")除外。具体应分别下列情况处理。

1. 应由生产产品、提供劳务负担的职工薪酬计入产品成本或劳务成本

小企业在生产产品、提供劳务过程中直接从事产品生产的工人以及生产车间管理人员和直接提供劳务的人员发生的职工薪酬,作为直接人工成本计入生产成本或劳务成本,即构成存货成本。在具体进行账务处理时,小企业在生产产品、提供劳务过程中生产车间管理人员发生的职工薪酬,先通过"制造费用"科目进行归集,月末再分配结转至"生产成本"科目。

2. 应由在建工程负担的职工薪酬计入固定资产成本

小企业自行建造固定资产过程中直接从事工程建造和管理的人员发生的职工薪酬,只要是在竣工决算前发生的,就应当计入建造固定资产成本;在竣工决算后发生的,应当计入管理费用。在具体进行账务处理时,小企业自行建造固定资产过程中直接从事工程建造和管理的人员发生的职工薪酬,先通过"在建工程"科目进行归集,在办理竣工决算手续后再结转至"固定资产"科目。

3. 应由无形资产开发项目负担的职工薪酬计入无形资产成本

小企业自行开发无形资产过程中直接从事开

发项目的人员发生的职工薪酬,只要符合资本化条件,就应当计入所开发无形资产成本;但是不符合资本化条件的,应当计入管理费用。在具体进行账务处理时,小企业自行开发无形资产过程中直接从事开发项目的人员发生的职工薪酬,先通过"研发支出"科目进行归集,在达到预定用途时再结转至"无形资产"科目。

4. 上述三项之外的其他职工薪酬计入当期损益

除直接生产人员、直接提供劳务人员、生产车间管理人员、建造固定资产人员、无形资产开发人员等以外的职工,包括小企业行政管理部门人员的职工薪酬,以及难以确定直接对应的受益对象的人员的职工薪酬,以及因解除与职工的劳动关系给予的补偿,均应当在发生时计入当期损益,即管理费用。

(二)应付职工薪酬的计量

1. 货币性职工薪酬

(1)应付职工薪酬计量时,国家规定了计提基础和计提比例的,应当按照国家规定的标准计提,如"五险一金"、工会经费和职工教育经费等。

《企业财务通则》第43条规定,企业应当依法为职工支付基本医疗、基本养老、失业、工伤等社会保险费,所需费用直接作为成本(费用)列支。

已参加基本医疗、基本养老保险的企业,具有持续盈利能力和支付能力的,可以为职工建立补充医疗保险和补充养老保险,所需费用按照省级以上人民政府规定的比例从成本(费用)中提取。超出规定比例的部分,由职工个人负担。

《企业财务通则》第44条规定,企业为职工缴纳住房公积金以及职工住房货币化分配的财务处理,按照国家有关规定执行。

职工教育经费按照国家规定的比例提取,专项用于企业职工后续职业教育和职业培训。

工会经费按照国家规定比例提取并拨缴工会。

《中华人民共和国工会法》规定,工会经费主要用于为职工服务和工会活动。建立工会组织的企业、事业单位、机关按每月全部职工工资总额的2%向工会拨缴经费。

《关于企业职工教育经费提取与使用管理的意见》(财建〔2006〕317号)规定,一般企业按照职工工资总额的 1.5% 足额提取教育培训经费,从业人员技术要求高、培训任务重、经济效益较好的企业可按 2.5% 提取,列入成本开支。

(2) 没有规定计提基础和计提比例的,企业应当根据历史经验数据和实际情况,合理预计当期应付职工薪酬。当期实际发生金额大于预计金额的,应当补提应付职工薪酬;当期实际发生金额小于预计金额的,应当冲回多提的应付职工薪酬。

根据《财政部关于实施修订后的〈企业财务通则〉有关问题的通知》(财企〔2007〕48 号)的规定,自 2007 年 1 月 1 日起,企业不再按工资总额的 14% 提取职工福利费,应付福利费账面余额(不含外商投资企业从税后利润中提取的职工福利及奖励基金余额)为赤字的,转入年初未分配利润,余额为结余的,继续按照原有规定使用,待结余使用完毕后,再按照修订后的《企业财务通则》执行。

企业依法为职工支付基本医疗、基本养老、失业、工伤等社会保险费,所需费用直接作为成本、费用列支。

2. 非货币性职工薪酬

"非货币性福利"一词源自国际会计准则第 19 号"雇员福利",按照中国会计习惯称之为"职工薪酬"。

小企业以其自产产品作为非货币性福利发放给职工的,应当根据受益对象,按照该产品的销售价格,计入相关资产成本或当期损益,同时确认应付职工薪酬,即会计上要作收入处理。小企业以外购货物发放福利的,按照其购进价格连同增值税一并计入相关资产成本或当期损益,同时确认应付职工薪酬。

小企业将拥有的房屋等资产无偿提供给职工使用的,应当根据受益对象,将住房每期应计提的折旧计入相关资产成本或当期损益,同时确认应付职工薪酬。租赁住房等资产供职工无偿使用的,应当根据受益对象,将每期应付的租金计入相关资产成本或当期损益,并确认应付职工薪酬。

3. 向职工提供企业支付了补贴的商品或服务

小企业有时以低于企业取得资产或服务成本的价格向职工提供资产或服务,比如以低于成本的价格向职工出售住房,以低于小企业支付的价

格向职工提供医疗保健服务。以提供包含补贴的住房为例,企业在出售住房等资产时,应当将出售价款与成本的差额(即相当于小企业补贴的金额)分情况处理:

(1) 如果出售住房的合同或协议中规定了职工在购得住房后至少应当提供服务的年限,小企业应当将该项差额作为长期待摊费用处理,并在合同或协议规定的服务年限内平均摊销,根据受益对象分别计入相关资产成本或当期损益。

(2) 如果出售住房的合同或协议中未规定职工在购得住房后必须服务的年限,小企业应当将该项差额直接计入出售住房当期损益,因为在这种情况下,该项差额相当于是对职工过去提供服务成本的一种补偿,不以职工的未来服务为前提,因此,应当立即确认为当期损益。

小企业应当注意将以补贴后价格向职工提供商品或服务的非货币性福利,与企业直接向职工提供购房补贴、购车补贴等区分开来,后者属于货币性补贴,与其他货币性薪酬如工资一样,应当在职工提供服务的会计期间,按照企业各期预计补贴金额,确认企业应承担的薪酬义务,并根据受益对象计入相关资产的成本或当期损益。

(三) 税会差异分析

小企业应当在职工为其提供服务的会计期间,按照职工所处的"岗位"而不是"身份"进行分配。在实际应用时,应把握以下两点。

1. 分配期间

职工为小企业提供服务的会计期间,通常是按月来确定。也就是说,小企业既不能提前(比如,职工还没有为企业提供服务),也不能推后(比如,职工已经为企业提供了服务)确认职工薪酬。

2. 受益对象

职工为小企业提供服务所实现的工作成果,如生产的产品、销售的产品或商品、对外提供的劳务、所管理的生产经营活动、建造的固定资产、自行研发的无形资产等。

企业所得税法遵从会计应付职工薪酬处理的结果进行税务处理,但强调必须实际发放后方能税前扣除。

三、应付职工薪酬账务处理

（一）科目设置

小企业应当设置"应付职工薪酬"科目，核算小企业根据有关规定应付给职工各种薪酬的提取、结算、使用等情况。该科目贷方登记已分配计入有关成本费用项目的职工薪酬的数额，借方登记实际发放职工薪酬的数额以及实际结算金额；该科目期末贷方余额，反映小企业应付未付的职工薪酬。"应付职工薪酬"科目应当按照"职工工资""奖金、津贴和补贴""职工福利费""社会保险费""住房公积金""工会经费""职工教育经费""非货币性福利""辞退福利"等项目进行明细核算。外商投资企业按规定从净利润中提取的职工奖励及福利基金也在本科目核算。

（二）企业发生应付职工薪酬的主要账务处理

业务9-7　企业发生应付职工薪酬的会计处理。

（1）生产部门人员的职工薪酬，借记"生产成本""制造费用""劳务成本"等科目；应由在建工程、研发支出负担的职工薪酬，借记"在建工程"

"研发支出"等科目；管理部门人员、销售人员的职工薪酬，借记"管理费用""销售费用"等科目，贷"应付职工薪酬"科目。

借：生产成本
　　制造费用
　　劳务成本
　　管理费用
　　销售费用
　　在建工程
　　研发支出
　　贷：应付职工薪酬——职工工资
　　　　　　——奖金、津贴和补贴
　　　　　　——职工福利费
　　　　　　——社会保险费
　　　　　　——住房公积金
　　　　　　——工会经费
　　　　　　——职工教育经费
　　　　　　——非货币性福利
　　　　　　——辞退福利

业务9-8　企业发生非货币性福利的会计处理。

（2）小企业以其自产产品发放给职工作为职工薪酬的，借记"管理费用""生产成本""制造费用"等科目，贷记"应付职工薪酬"科目。

借：生产成本
　　制造费用
　　管理费用等
　　贷：应付职工薪酬——非货币性福利

无偿向职工提供住房等固定资产使用的，按应计提的折旧额：

借：生产成本
　　制造费用
　　管理费用等
　　贷：应付职工薪酬——非货币性福利

同时：

借：应付职工薪酬——非货币性福利
　　贷：累计折旧

租赁住房等资产供职工无偿使用的，按每期应支付的租金：

借：生产成本
　　制造费用
　　管理费用等
　　贷：应付职工薪酬——非货币性福利

上述非货币性福利应在成本费用明细账上进行职工福利费的明细核算，归集汇总后和其他福利费按标准扣除。

（3）外商投资企业的职工奖励及福利基金，经董事会确定继续提取的，应当明确用途、使用条件和程序，确认为应付职工薪酬。企业（外商）按规定从净利润中提取的职工奖励及福利基金时，借记"利润分配——提取的职工奖励及福利基金"科目，贷记"应付职工薪酬"科目。

借：利润分配——提取的职工奖励及福利基金
　　贷：应付职工薪酬——提取的职工奖励及福利基金

（二）企业发放职工薪酬的主要账务处理

业务9-9　企业应付职工薪酬结算的会计处理。

（1）小企业向职工支付工资、奖金、津贴、福利费等，从应付职工薪酬中扣还的各种款项（代垫的家属药费、个人所得税）等：

借：应付职工薪酬——职工工资
　　　　　　　　——奖金、津贴和补贴
　　　　　　　　——职工福利费
　　贷：银行存款
　　　　库存现金
　　　　其他应收款
　　　　其他应付款
　　　　应交税费——应交个人所得税

（2）小企业支付工会经费和职工教育经费用于工会活动和职工培训：

借：应付职工薪酬——工会经费
　　　　　　　　——职工教育经费
　　贷：银行存款、库存现金

（3）小企业按照国家有关规定缴纳社会保险费和住房公积金：

借：应付职工薪酬——社会保险费
　　　　　　　　——住房公积金
　　贷：银行存款

（4）小企业以其自产产品发放给职工的，按公允价值确认收入，同时结转产成品的成本。涉及增值税销项税额的，还应进行相应的处理：

借：应付职工薪酬——非货币性福利
　　贷：主营业务收入
　　　　应交税费——应交增值税（销项税额）

借：主营业务成本
　　贷：库存商品

支付租赁住房等资产供职工无偿使用所发生的租金：

借：应付职工薪酬——非货币性福利
　　贷：银行存款

需要注意的是，小企业无论是以自产产品还是外购商品作为福利发放给职工，在进行账务处理时，都应当先通过"应付职工薪酬"科目归集当期应计入生产成本或当期损益的职工薪酬金额，以确定完整、准确的小企业人工成本金额。

【例9-13】　2022年4月，甲公司应付工资总额462 000元，工资费用分配汇总表中列示生产人员工资为320 000元，车间管理人员工资为

70 000 元,企业行政管理人 60 400 元,销售人员工资为 11 600 元。甲公司会计处理如下:

借:生产成本——基本生产成本　　　320 000
　　制造费用　　　　　　　　　　　　70 000
　　管理费用　　　　　　　　　　　　60 400
　　销售费用　　　　　　　　　　　　11 600
　　贷:应付职工薪酬——职工工资　　　　462 000

2022 年 4 月,甲公司根据"工资结算汇总表"结算本月应付职工工资总额 462 000 元,代扣职工房租 40 000 元,企业代垫职工家属医药费 2 000 元,实发工资 420 000 元,款项通过基本账户直接由开户银行结算发放。甲公司会计处理如下:

(1)由开户行发放工资。

借:应付职工薪酬——职工工资　　　420 000
　　贷:银行存款——基本账户　　　　　420 000

(2)代扣款项。

借:应付职工薪酬——职工工资　　　42 000
　　贷:其他应收款——职工房租　　　　40 000
　　　　　　　　　——代垫医药费　　　2 000

【例 9-14】　乙公司下设一所职工食堂,每月根据在岗职工数量及岗位分布情况、相关历史经验数据等计算需要补贴食堂的金额,从而确定小企业每期因职工食堂而需要承担的福利费金额。2022 年 11 月,企业在岗职工共计 100 人,其中管理部门 20 人,生产车间 80 人。企业的历史经验数据表明,对于每个职工企业每月需补贴食堂 120 元。乙公司会计处理如下:

借:生产成本　　　　　　　　　　　9 600
　　管理费用　　　　　　　　　　　2 400
　　贷:应付职工薪酬——职工福利　　　12 000

2022 年 11 月,乙公司以银行存款共支付 12 000 元补贴给食堂。另外,以现金支付职工张某生活困难补助 800 元。乙公司会计处理如下:

借:应付职工薪酬——职工福利　　　12 800
　　贷:银行存款　　　　　　　　　　　12 000
　　　　库存现金　　　　　　　　　　　800

【例 9-15】　丙公司为小家电生产企业,共有职工 200 名,其中 170 名为直接参加生产的职工,30 名为总部管理人员。2022 年 12 月,丙公司以其生产的每台成本为 900 元的电暖器作为春节福利发放给公司每名职工。该型号的电暖器市场售价为每台 1 000 元,丙公司适用的增值税税率为 13%。丙公司会计处理如下:

借:生产成本——基本生产成本　　　192 100
　　管理费用　　　　　　　　　　　33 900
　　贷:应付职工薪酬——非货币性福利　226 000

丙公司向职工发放电暖器作为福利,同时要根据相关税收规定,视同销售计算增值税销项税额。丙公司会计处理如下:

借:应付职工薪酬——非货币性福利　226 000
　　贷:主营业务收入　　　　　　　　　200 000
　　　　应交税费——应交增值税(销项税额)26 000

借:主营业务成本　　　　　　　　　180 000
　　贷:库存商品——电暖器　　　　　　180 000

【例 9-16】　2022 年 12 月,乙公司为各部门经理级别以上职工提供汽车免费使用,同时为副总裁以上高级管理人员每人租赁一套住房。乙公司共有部门经理级别以上职工 12 名,每人提供一辆捷达汽车免费使用,假定每辆捷达汽车每月计提折旧 1 000 元;该公司共有副总裁以上高级管理人员 5 名,公司为每人租赁一套带有家具和电器的公寓,每套月租金为 4 000 元。乙公司会计处理如下:

(1)确认乙企业提供给职工的非货币性福利。

应确认的应付职工薪酬 = $12 \times 1\,000 + 5 \times 4\,000 = 12\,000 + 20\,000 = 32\,000$(元)

借:管理费用　　　　　　　　　　　32 000
　　贷:应付职工薪酬——非货币性福利　32 000

(2)每月计提免费提供给部门经理级别以上职工使用的捷达汽车折旧。

借:应付职工薪酬——非货币性福利　12 000
　　贷:累计折旧　　　　　　　　　　　12 000

(3)支付副总裁以上高级管理人员住房租金。

借:应付职工薪酬——非货币性福利　20 000
　　贷:银行存款　　　　　　　　　　　20 000

【例 9-17】　2022 年 4 月,根据国家和省级人民政府规定的计提标准和比例计算,甲公司"五险一金"计提情况见表 9-2。

表9-2 计提情况

项目	基本养老保险	基本医疗保险	失业保险	工伤保险	生育保险	住房公积金	合计
生产成本——基本生产成本	64 000	25 600	6 400	6 400	3 200	38 400	144 000
制造费用	14 000	5 600	1 400	1 400	700	8 400	31 500
管理费用	12 080	4 832	1 208	1 208	604	7 248	27 180
销售费用	2 320	928	232	232	116	1 392	5 220
合计	92 400	36 960	9 240	9 240	4 620	55 440	207 900

甲公司会计处理如下：

借：生产成本——基本生产成本 144 000
　　制造费用 31 500
　　管理费用 27 180
　　销售费用 5 220
　　贷：应付职工薪酬——社会保险费（基本养老保险）
　　　　　　　　　　　　　　　　92 400
　　　　　　——社会保险费（基本医疗保险）
　　　　　　　　　　　　　　　　36 960
　　　　　　——社会保险费（失业保险）
　　　　　　　　　　　　　　　　9 240
　　　　　　——社会保险费（工伤保险）
　　　　　　　　　　　　　　　　9 240
　　　　　　——社会保险费（生育保险）
　　　　　　　　　　　　　　　　4 620
　　　　　　——住房公积金 55 440

甲公司以银行存款向税务部门缴纳社会保险,向住房公积金管理中心缴纳住房公积金,甲公司会计处理如下：

借：应付职工薪酬——社会保险费（基本养老保险）
　　　　　　　　　　　　　　　　92 400
　　　　　——社会保险费（基本医疗保险）
　　　　　　　　　　　　　　　　36 960
　　　　　——社会保险费（失业保险）
　　　　　　　　　　　　　　　　9 240
　　　　　——社会保险费（工伤保险）
　　　　　　　　　　　　　　　　9 240
　　　　　——社会保险费（生育保险）
　　　　　　　　　　　　　　　　4 620
　　　　　——住房公积金 55 440
　　贷：银行存款 207 900

【例9-18】 2022年4月,根据国家规定的计提标准和比例计算,甲公司"工会经费和职工教育经费计提情况见表9-3。

表9-3 计提情况

项目	工会经费	职工教育经费	合计
生产成本——基本生产成本	6 400	8 000	14 400
制造费用	1 400	1 750	3 150
管理费用	1 208	1 510	2 718
销售费用	232	290	522
合计	9 240	11 550	20 790

甲公司会计处理如下：

借：生产成本——基本生产成本 14 400
　　制造费用 3 150
　　管理费用 2 718
　　销售费用 522
　　贷：应付职工薪酬——工会经费 9 240
　　　　　　——职工教育经费 11 550

【例9-19】 2022年4月,甲公司向当地工会拨缴工会经费9 240元,取得《工会经费收入专用收据》。甲公司会计处理如下：

借：应付职工薪酬——工会经费 9 240
　　贷：银行存款 9 240

【例9-20】 2022年4月,甲公司当月共支付职工参加的职业技能鉴定、职业资格认证等经费支出8 500元,以银行存款支付。甲公司会计处理如下：

借：应付职工薪酬——职工教育经费经费 8 500
　　贷：银行存款 8 500

第十章

小企业应交税费财税处理

政策依据：

《小企业会计准则》（财会〔2011〕17号）；

《增值税暂行条例》及其实施细则；

《企业所得税法》及其实施条例；

《增值税会计处理规定》（财会〔2016〕22号）。

第一节　应交税费核算内容及科目设置

一、应交税费核算内容

应交税费，是指企业按照税法等规定应缴纳的各种税金和规费，主要包括增值税、消费税、企业所得税、资源税、环境保护税、土地增值税、城市维护建设税、房产税、土地使用税、车船税、教育费附加、文化事业建设费、残疾人保障金以及企业代扣代缴的个人所得税等。

小企业在一定时期内取得的营业收入、实现的利润以及从事了其他应税项目，应按照税法规定向国家缴纳各种税金，包括增值税、消费税、城市维护建设税、企业所得税、资源税、环境保护税、土地增值税、城镇土地使用税、房产税、车船税和教育费附加等。按照权责发生制的要求，这些应交的税金应当计入相关科目。这些应交的税金在尚未缴纳之前暂留在小企业，形成了小企业的一项负债，构成了小企业的应交税费。

小企业在日常生产经营活动中除了应向国家缴纳各种税金，还应按照国家有关规定缴纳各种税费，包括教育费附加、地方教育费附加、文化事业建设费等，实质上也具有税的性质，都是国家依据法定的权力向企业征收的。按照权责发生制的要求，这些应交的税费应当计入"税金及附加"科目。这些应交的税费在尚未缴纳之前暂留在小企业，形成了小企业的负债，也构成了小企业的应交税费。

从经济意义来看，应交税费这项负债实质上反映了小企业与国家之间纳税和征税的关系。

二、应交税费科目设置

《小企业会计准则》应用指南

2221　应交税费

一、本科目核算小企业按照税法等规定计算应缴纳的各种税费。包括：增值税、消费税、城市维护建设税、环境保护税、企业所得税、资源税、土地增值税、城镇土地使用税、房产税、车船税和教育费附加、矿产资源补偿费、排污费等。

小企业代扣代缴的个人所得税等，也通过本科目核算。

二、本科目应按照应交的税费项目进行明细核算。

应交增值税还应当分别"进项税额""销项税额""出口退税""进项税额转出""已交税金"等设置专栏。

小规模纳税人只需设置"应交增值税"明细科目,不需要在"应交增值税"明细科目中设置上述专栏。

三、应交税费的主要账务处理。

四、本科目期末贷方余额,反映小企业尚未交纳的税费;期末如为借方余额,反映小企业多交或尚未抵扣的税费。

小企业应该设置"应交税费"科目,核算小企业应交税费的形成和缴纳情况。凡是能够预计应交税费数额并与税务机关等发生清算或结算关系的税费,都应通过"应交税费"科目核算;企业代收代缴、代扣代缴的税费也应通过"应交税费"科目核算;小企业直接交纳不需要预计应交数的税金,不通过"应交税费"科目核算,如印花税、耕地占用税、车辆购置税、契税等,印花税直接作为税金及附加核算,耕地占用税、车辆购置税计入固定资产成本,契税计入固定资产或无形资产成本。"应交税费"科目贷方登记应交纳的各种税费等,借方登记实际交纳的税费。

"应交税费"应按照应交的税费项目进行明细核算。一般纳税人应交增值税还应当分"进项税额""销项税额""出口退税""进项税额转出""已交税金"等设置专栏。小规模纳税人只需设置"应交增值税"明细科目,不需要在"应交增值税"明细科目中设置上述专栏。本科目期末贷方余额,反映小企业尚未缴纳的税费;期末如为借方余额,反映小企业多交或尚未抵扣的税费。

贷记"应交税费"的同时,借记的情况如下:

增值税作为价外税,在"应交税费——应交增值税"科目独立完成,与当期损益没有直接关系。

小企业开展日常生产经营活动应负担的消费税、城市维护建设税、资源税、土地增值税、城镇土地使用税、房产税、车船税、印花税和教育费附加、地方教育费附加、文化事业建设费等相关税费,通过"税金及附加"科目核算。

与最终确认营业外收入或营业外支出相关的税费,在"固定资产清理""无形资产"等科目核算,不在本科目核算。如房地产企业的土地增值税通过"税金及附加"科目核算,土地使用权与地上建筑物及其附着物一并在"固定资产"科目核算的通过"固定资产清理"科目核算。土地使用权在"无形资产"科目核算的,土地使用权转让收入扣除无形资产账面价值和土地增值税等相关税费后的余额,计入"营业外收入"或"营业外支出"科目。

第二节　一般纳税人应交增值税财税处理

增值税贯穿于小企业经营活动各环节,与小企业的管理和效益息息相关。小企业依据纳税人身份区分增值税一般纳税人和小规模纳税人,分别进行增值税会计处理,增值税纳税人及相关规定见本书第一章第二节内容。

一、增值税会计处理依据

政策依据:

《营业税改征增值税试点实施办法》(财税〔2016〕36 号附件 1);

《增值税会计处理规定》(财会〔2016〕22 号);

《财政部增值税会计处理规定有关问题解读》;

关于《关于深化增值税改革有关政策的公告》适用《增值税会计处理规定》有关问题的解读。

《营业税改征增值税试点实施办法》第 8 条规定,纳税人应当按照国家统一的会计制度进行增值税会计核算。《增值税会计处理规定》(财会〔2016〕22 号)要求,增值税纳税人,包括营改增纳税人发生的与增值税相关的交易和事项按《增值税会计处理规定》进行会计核算。

二、一般纳税人会计科目设置及账户体系

(一)一般纳税人会计科目及专栏设置

增值税一般纳税人应当在"应交税费"科目下设置"应交增值税""未交增值税""预交增值税"

"待抵扣进项税额""待认证进项税额""待转销项税额""增值税留抵税额""简易计税""转让金融商品应交增值税""代扣代交增值税""增值税检查调整"等明细科目。

（1）增值税一般纳税人应在"应交增值税"明细账内设置"进项税额""销项税额抵减""已交金""转出未交增值税""减免税款""出口抵减内销产品应纳税额""销项税额""出口退税""进项税额转出""转出多交增值税"等专栏。其中：

①"进项税额"专栏，记录一般纳税人购进货物、加工修理修配劳务、服务、无形资产或不动产而支付或负担的、准予从当期销项税额中抵扣的增值税额。

②"销项税额抵减"专栏，记录一般纳税人按照现行增值税制度规定因扣减销售额而减少的销项税额。

③"已交税金"专栏，记录一般纳税人当月已缴纳的应交增值税额。

④"转出未交增值税"和"转出多交增值税"专栏，分别记录一般纳税人月度终了转出当月应交未交或多交的增值税额。

⑤"减免税款"专栏，记录一般纳税人按现行增值税制度规定准予减免的增值税额。

⑥"出口抵减内销产品应纳税额"专栏，记录实行"免、抵、退"办法的一般纳税人按规定计算的出口货物的进项税抵减内销产品的应纳税额。

⑦"销项税额"专栏，记录一般纳税人销售货物、加工修理修配劳务、服务、无形资产或不动产应收取的增值税额。

⑧"出口退税"专栏，记录一般纳税人出口货物、加工修理修配劳务、服务、无形资产按规定退回的增值税额。

⑨"进项税额转出"专栏，记录一般纳税人购进货物、加工修理修配劳务、服务、无形资产或不动产等发生非正常损失以及其他原因而不应从销项税额中抵扣、按规定转出的进项税额。

（2）"未交增值税"明细科目，核算一般纳税人月度终了从"应交增值税"或"预交增值税"明细科目转入当月应缴未缴、多缴或预缴的增值税额，以及当月缴纳以前期间未缴的增值税额。

（3）"预交增值税"明细科目，核算一般纳税人

转让不动产、提供不动产经营租赁服务、提供建筑服务、采用预收款方式销售自行开发的房地产项目等，以及其他按现行增值税制度规定应预缴的增值税额。

（4）"待抵扣进项税额"明细科目，核算一般纳税人已取得增值税扣税凭证并经税务机关认证，按照现行增值税制度规定准予以后期间从销项税额中抵扣的进项税额。包括：一般纳税人自2016年5月1日至2019年3月31日取得并按固定资产核算的不动产、不动产在建工程，按增值税制度规定准予以后期间从销项税额中抵扣的进项税额；实行纳税辅导期管理的一般纳税人取得的尚未交叉稽核比对的增值税扣税凭证上注明或计算的进项税额；转登记小规模纳税人，转登记前的期末留抵税额结转到转登记后的小规模纳税人"应交税费——待抵扣进项税额"中。

（5）"待认证进项税额"明细科目，核算一般纳税人由于未经税务机关认证而不得从当期销项税额中抵扣的进项税额。包括：一般纳税人已取得增值税扣税凭证、按照现行增值税制度规定准予从销项税额中抵扣，但尚未经税务机关认证的进项税额；一般纳税人已申请稽核但尚未取得稽核相符结果的海关缴款书进项税额。

（6）"待转销项税额"明细科目，核算一般纳税人销售货物、加工修理修配劳务、服务、无形资产或不动产，已确认相关收入（或利得）但尚未发生增值税纳税义务而需于以后期间确认为销项税额的增值税额。

（7）"增值税留抵税额"明细科目，核算兼有销售服务、无形资产或者不动产的原增值税一般纳税人，截至纳入营改增试点之日前的增值税期末留抵税额按照现行增值税制度规定不得从销售服务、无形资产或不动产的销项税额中抵扣的增值税留抵税额。

（8）"简易计税"明细科目，核算一般纳税人采用简易计税方法发生的增值税计提、扣减、预缴、缴纳等业务。

（9）"转让金融商品应交增值税"明细科目，核算增值税纳税人转让金融商品发生的增值税额。

（10）"代扣代交增值税"明细科目，核算纳税人购进在境内未设经营机构的境外单位或个人在

境内的应税行为代扣代缴的增值税。

(11)"增值税检查调整"明细科目,《国家税务总局关于印发〈增值税日常稽查办法〉的通知》(国税发〔1998〕44号)附件2《增值税检查调账方法》规定,增值税检查后的账务调整,应设立"应交税费——增值税检查调整"专门账户。

凡检查后应调减账面进项税额或调增销项税额和进项税额转出的数额,借记有关科目,贷记本科目;凡检查后应调增账面进项税额或调减销项税额和进项税额转出的数额,借记本科目,贷记有关科目;全部调账事项入账后,应结出本账户的余额,并对该余额进行处理。

① 若余额在借方,全部视同留抵进项税额,按借方余额数,借记"应交税费——应交增值税(进项税额)"科目,贷记本科目。

② 若余额在贷方,且"应交税费——应交增值税"账户无余额,按贷方余额数,借记本科目,贷记"应交税费——未交增值税"科目。

③ 若本账户余额在贷方,"应交税费——应交增值税"账户有借方余额且等于或大于这个贷方余额,按贷方余额数,借记本科目,贷记"应交税费——应交增值税"科目。

④ 若本账户余额在贷方,"应交税费——应交增值税"账户有借方余额但小于这个贷方余额,应将这两个账户的余额冲减,其差额贷记"应交税费——未交增值税"科目。

(二)一般纳税人账户体系

一般纳税人增值税会计核算账户之间关系复杂,构成了一个完整账户体系,见图10-1。

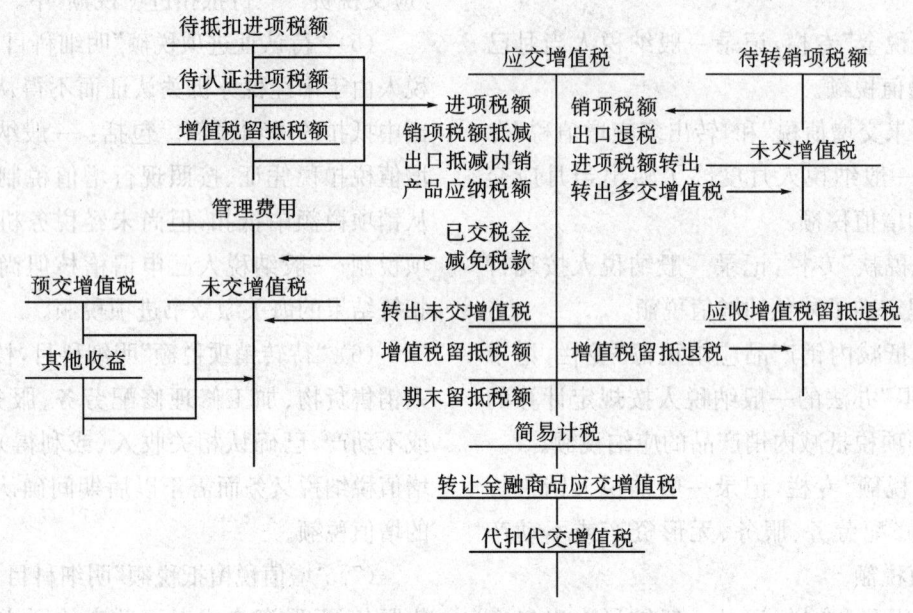

图10-1 一般纳税人增值税核算账户体系图

三、取得资产或接受劳务等业务的账务处理

(一)采购等业务进项税额允许抵扣的账务处理

由于增值税属于价外税,在进行采购业务账务处理的时候,需要注意价税分离。按照是否认证(不论扫描认证还是查询勾选认证)区分为按当月已认证的可抵扣增值税额,借记"应交税费——应交增值税(进项税额)"科目;按当月未认证的可

抵扣增值税额,借记"应交税费——待认证进项税额"科目,区分两种不同的会计核算方式。

1. 取得抵扣凭证当期认证且抵扣或按规定抵扣

业务10-1 取得抵扣凭证当期认证且抵扣的处理。

一般纳税人购进货物、加工修理修配劳务、服务、无形资产或不动产,按应计入相关成本费用或资产的金额,借记"在途物资"或"原材料""库存商品""生产成本""无形资产""固定资产""管理费用"等科目,按当月已认证的可抵扣增值税额,借记"应交税费——应交增值税(进项税额)"科目,按应付或实际支付的金额,贷记"应付账款""应付票据""银行存款"等科目。

> 借:在途物资/原材料/库存商品/生产成本/无形资产/固定资产/管理费用等
> 　应交税费——应交增值税(进项税额)
> 　贷:应付账款/应付票据/银行存款等

发生退货的,如原增值税专用发票已做认证,应根据税务机关开具的红字增值税专用发票作如下会计处理:

> 借:银行存款等
> 　贷:原材料
> 　　应交税费——应交增值税(进项税额)

【例 10-1】 以下主干例题仍以甲公司为主体,其他非主干例题以其他公司为例,甲公司为增值税一般纳税人,销售货物适用的增值税税率为13%,原材料按实际成本核算,销售商品价格为不含增值税的公允价格。2022 年 6 月发生交易或事项以及相关的会计处理如下:

(1) 5 日,购入原材料一批,增值税专用发票上注明的价款为 120 000 元,增值税税额为 15 600 元,材料尚未到达,全部款项已用银行存款支付。

> 借:在途物资　　　　　　　　　 120 000
> 　应交税费——应交增值税(进项税额) 15 600
> 　贷:银行存款　　　　　　　　　　　 135 600

(2) 10 日,收到 5 日购入的原材料并验收入库,实际成本总额为 120 000 元。同日,与运输公司结清运输费用,增值税专用发票上注明的运输费用为 5 000 元,增值税税额为 450 元,运输费用和增值税税额已用转账支票付讫。

> 借:原材料　　　　　　　　　　 125 000
> 　应交税费——应交增值税(进项税额)　 450
> 　贷:银行存款　　　　　　　　　　　　 5 450
> 　　在途物资　　　　　　　　　　　 120 000

(3) 15 日,购入不需要安装的生产设备一台,增值税专用发票上注明的价款为 30 000 元,增值税税额为 3 900 元,款项尚未支付。

> 借:固定资产　　　　　　　　　　 30 000
> 　应交税费——应交增值税(进项税额) 3 900
> 　贷:应付账款　　　　　　　　　　　 33 900

(4) 25 日,企业管理部门委托外单位修理机器设备,取得对方开具的增值税专用发票上注明的修理费用为 20 000 元,增值税税额为 2 600 元,款项已用银行存款支付。

> 借:管理费用　　　　　　　　　　 20 000
> 　应交税费——应交增值税(进项税额) 2 600
> 　贷:银行存款　　　　　　　　　　　 22 600

(5) 25 日,甲公司购进一幢简易办公楼作为固定资产核算,并投入使用。已取得增值税专用发票并经税务机关认证,增值税专用发票上注明的价款为 1 500 000 元,增值税税额为 135 000 元,全部款项以银行存款支付。不考虑其他相关因素。

> 借:固定资产　　　　　　　　　 1 500 000
> 　应交税费——应交增值税(进项税额)
> 　　　　　　　　　　　　　　　 135 000
> 　贷:银行存款　　　　　　　　　　 1 635 000

2. 取得抵扣凭证当期未认证,后期认证抵扣

业务 10-2 　取得抵扣凭证当期未认证后期认证抵扣的处理。

一般纳税人购进货物、加工修理修配劳务、服务、无形资产或不动产,按应计入相关成本费用或资产的金额,借记"在途物资"或"原材料""库存商品""生产成本""无形资产""固定资产""管理费用"等科目,按专用发票证明的增值税额,借记"应交税费——待认证进项税额"科目,按应付或实际支付的金额,贷记"应付账款""应付票据""银行存款"等科目。

(1) 购进时:

> 借:在途物资/原材料/库存商品/生产成本/无形资产/固定资产/管理费用等
> 　应交税费——待认证进项税额
> 　贷:应付账款/应付票据/银行存款等

(2) 以后期间勾选认证时:

> 借:应交税费——应交增值税(进项税额)
> 　贷:应交税费——待认证进项税额

【例 10-2】 乙建筑公司系一般纳税人,对外提供建筑服务,2022年7月20日采购建材一批,材料已点收,款项已支付,取得对方开具的增值税专用发票1张,票载金额100万元,税额13万元。

(1)2022年7月20日记账时,发票尚未认证。会计处理如下:

借:原材料 1 000 000
　应交税费——待认证进项税额 130 000
　贷:银行存款 1 130 000

(2)2022年9月12日,该纳税人将此票勾选认证并于10月申报期申报抵扣。会计处理如下:

借:应交税费——应交增值税(进项税额)
　　　　　　　　　　　　　130 000
　贷:应交税费——待认证进项税额 130 000

(二)购进农产品增值税抵扣的账务处理

根据《关于深化增值税改革有关政策的公告》(财政部　税务总局　海关总署公告2019年第39号)的规定,自2019年4月1日起,纳税人自农业生产者(含农民专业合作社)购进的免税农业产品,增值税进项税额扣除率调整为9%。纳税人购进用于生产或者委托加工13%税率货物的农产品,按照10%的扣除率计算进项税额,但分两步抵扣,购进时扣9%,领用时加计扣除1%。目前,对于企业购进农产品抵扣进项税,有两种抵扣方式,一种是凭票抵扣,称为购进扣除;另一种是核定扣除,即实耗扣除。

1.农产品进项税额购进扣除

业务10-3　农产品进项税额购进扣除的处理。

农产品增值税进项税额抵扣凭证,包括增值税专用发票或海关进口增值税专用缴款书、农产品收购发票或销售发票。农产品收购发票与销售发票票面都是农业生产者销售自产农产品,区别在于收购发票是买方开具,发票左上角打印"收购"两字。纳税人向农业生产者个人购买自产农产品,开具收购发票;纳税人向农业生产者个人以外的单位和个人购买农产品,应当向对方索取增值税专用发票或普通发票,不得开具收购发票。农产品销售发票,是指农业生产者销售自产农产品适用免征增值税政策而开具的普通发票。纳税人从批发、零售环节购进适用免征增值税政策的蔬菜、部分鲜活肉蛋而取得的普通发票,不得作为

计算抵扣进项税额的凭证。

(1)从增值税一般纳税人处购进农产品,依法取得增值税专用发票的,购进时:

借:原材料——××农产品
　　应交税费——应交增值税(进项税额)
　贷:银行存款

注意:按照票面金额和税额填写,认证(勾选)后在申报表附表二第1、第2、第3栏反映。

(2)从小规模纳税人购进农产品,取得3%专用发票,则购进时先按照票面金额9%计算出进项税额,并操作如下:

借:原材料——××农产品
　　应交税费——应交增值税(进项税额)
　贷:银行存款

注意:总金额是价税合计数,进项税额按照计算得出后填写,并在附表二第6栏反映。

(3)纳税人将购进的农产品用于生产销售或委托受托加属于深加工税率货物时,按照规定计算准予加计扣除进项税额(1%),在领用时可以作如下处理:

借:生产成本
　　应交税费——应交增值税(进项税额——农产品加计扣除)
　贷:原材料——××农产品

注意:必须是分别核算的,加计扣除按差额计算后得出进项税额填写,并在附表二第8a栏反映。

【例10-3】 2022年6月20日,甲公司购入农产品一批,农产品收购发票上注明的买价为200 000元,规定的扣率为9%,货物尚未到达,价款已用银行存款支付。

借:在途材料 182 000
　应交税费——应交增值税(进项税额) 18 000
　贷:银行存款 200 000

进项税额=购买价款扣除率=200 000×9%=18 000(元)。

【例10-4】 B食品油加工企业为增值税一般纳税人,农产品抵扣采用购进扣税法,2022年10月收购菜籽100吨,每吨收购价为5 000元,开具的主管税务机关核准使用的收购凭证上收购款总计为500 000元。会计处理如下:

（1）购进时按收购发票注明金额的9%计提进项税额：

借：原材料——菜籽　　　　　　455 000

　　应交税费——应交增值税（进项税额）45 000

　　　贷：银行存款　　　　　　500 000

（2）假定该批菜籽当月全部领用，并分别核算：

借：生产成本　　　　　　　　450 000

　　应交税费——应交增值税（进项税额——农产品

　　　　加计扣除）　　　　　　5 000

　　　贷：原材料——××农产品　455 000

2. 农产品进项税额核定扣除

业务 10-4　农产品进项税额核定扣除的处理。

《关于在部分行业试行农产品增值税进项税额核定扣除办法的通知》（财税〔2012〕38号）给出了核定扣除的三种具体实施办法，分别为投入产出法、成本法、参照法，核心方法是投入产出法和成本法。这两种方法的设计思路本质上是相同的，均是计算出销售产品所包含的进项税额来扣除。投入产出法下，当期允许抵扣农产品增值税进项税额＝当期农产品耗用数量×农产品平均购买单价×扣除率÷（1＋扣除率）。成本法下，当期允许抵扣农产品增值税进项税额＝当期主营业务成本×农产品耗用率×扣除率÷（1＋扣除率）。

农产品进项税额核定扣除纳税人应当按照国家统一的会计制度规定设置账簿，根据合法、有效凭证核算。对购进的各类农产品，应按供货对象（农业生产者、非农业生产者）分大类、品名、数量、金额等，按国家统一的会计制度要求设立账簿进行明细核算。生产加工产品领用的外购农产品，对其投入、产出、产品销售等，应按国家统一的会计制度要求，设立相关账簿进行明细分类核算。设立原材料、产品或半成品仓库账簿，库存实物按月盘存，发生盘盈（亏）情况的，应及时登记调整库存账簿。发生委托加工业务，应按《委托加工业务增值税管理办法（试行）》设立"委托加工物资"科目进行核算，建立委托加工材料和产品出入库制度。

（1）购进农产品：

借：原材料

　　贷：应付账款等

（2）确认收入、结转成本：

借：应收账款等

　　贷：主营业务收入/其他业务收入

　　　应交税费——应交增值税（销项税额）

借：主营业务成本/其他业务成本

　　贷：库存商品/原材料

（3）核定扣除的进项税额：

借：应交税费——应交增值税（进项税额）

　　贷：主营业务成本/其他业务成本

【例 10-5】　C纺织厂系增值税一般纳税人，以外购皮棉为原料生产棉纱。2022年5月8日，C纺织厂自某商贸小规模纳税人处收购皮棉200吨，取得对方代开的增值税专用发票1张，金额80万元，税额2.4万元，款项尚未支付。该企业皮棉无期初库存，当月对外直接销售皮棉90吨，每吨含税售价4 400元，假定当地税务机关核定的损耗率为5%。

（1）购进时：

借：原材料　　　　　　　　　824 000

　　贷：应付账款　　　　　　　824 000

（2）销售时：

借：应收账款　　　　　　　396 000.00

　　贷：其他业务收入　　　　363 302.75

　　　应交税费——应交增值税（销项税额）

　　　　　　　　　　　　　　32 697.25

（3）皮棉期末平均购买单价为824 000÷200＝4 120（元/吨）。

核定扣除的进项税额＝当期销售农产品数量÷（1－损耗率）×农产品平均购买单价×9%÷（1＋9%）＝90÷（1－5%）×4 120÷（1＋9%）×9%＝32 227.91（元）。

其他业务成本＝90÷（1－5%）÷（1＋9%）×4 120＝358 087.88（元）

借：其他业务成本　　　　　　358 087.88

　　应交税费——应交增值税（进项税额）

　　　　　　　　　　　　　　32 227.91

　　贷：原材料　　　　　　　39 0315.79

应纳税额＝4 400×90×9%÷(1＋9%)－32 227.91＝469.34(元)。

3. 农产品增值税进项税额扣除标准备案

业务 10-5　农产品增值税进项税额扣除标准备案。

(1)申请条件。纳入农产品增值税进项税额核定扣除试点范围的纳税人,购进农产品直接销售、购进农产品用于生产经营且不构成货物实体扣除标准的核定采取备案制。试点纳税人购进农产品直接销售、购进农产品用于生产经营且不构成货物实体的,应在申报缴纳税款时向主管税务机关备案。

(2)设定依据。《财政部　国家税务总局关于在部分行业试行农产品增值税进项税额核定扣除办法的通知》(财税〔2012〕38号)第13条第2款。

(3)注意事项。

① 自2019年4月1日起,纳税人购进农产品,原适用10%扣除率的,扣除率调整为9%。纳税人购进用于生产或者委托加工13%税率货物的农产品,按照10%的扣除率计算进项税额。

② 试点纳税人购进农产品直接销售的,农产品增值税进项税额按照以下方法核定扣除:当期允许抵扣农产品增值税进项税额＝当期销售农产品数量÷(1－损耗率)×农产品平均购买单价×扣除率(1＋扣除率);其中,损耗率＝损耗数量÷购进数量。

③ 试点纳税人购进农产品用于生产经营且不构成货物实体的(包括包装物、辅助材料、燃料、低值易耗品等),增值税进项税额按照以下方法核定扣除:当期允许抵扣农产品增值税进项税额＝当期耗用农产品数量×农产品平均购买单价×扣除率÷(1＋扣除率)。

(三)购进国内旅客运输服务抵扣的处理

业务 10-6　购进国内旅客运输服务抵扣的处理。

政策依据:

> 《关于深化增值税改革有关政策的公告》(财政部、税务总局、海关总署公告2019年第39号);
>
> 《关于国内旅客运输服务进项税抵扣等增值税征管问题的公告》(国家税务总局公告2019年第31号)。

表 10-1　相关规定

财政部、税务总局、海关总署公告 2019 年第 39 号	国家税务总局公告 2019 年第 31 号
六、纳税人购进国内旅客运输服务,其进项税额允许从销项税额中抵扣。 (一)纳税人未取得增值税专用发票的,暂按照以下规定确定进项税额: 1.取得增值税电子普通发票的,为发票上注明的税额; 2.取得注明旅客身份信息的航空运输电子客票行程单的,为按照下列公式计算进项税额: 航空旅客运输进项税额＝(票价＋燃油附加费)÷(1＋9%)×9% 3.取得注明旅客身份信息的铁路车票的,为按照下列公式计算的进项税额: 铁路旅客运输进项税额＝票面金额÷(1＋9%)×9% 4.取得注明旅客身份信息的公路、水路等其他客票的,按照下列公式计算进项税额: 公路、水路等其他旅客运输进项税额＝票面金额÷(1＋3%)×3% (二)《营业税改征增值税试点实施办法》(财税〔2016〕36号印发)第27条第6项和《营业税改征增值税试点有关事项的规定》(财税〔2016〕36号印发)第2条第1项第5点中"购进的旅客运输服务、贷款服务、餐饮服务、居民日常服务和娱乐服务"修改为"购进的贷款服务、餐饮服务、居民日常服务和娱乐服务"。	自2019年9月16日起, 一、关于国内旅客运输服务进项税抵扣 (一)《关于深化增值税改革有关政策的公告》(财政部　税务总局　海关总署公告2019年第39号)第6条所称"国内旅客运输服务",限于与本单位签订了劳动合同的员工,以及本单位作为用工单位接受的劳务派遣员工发生的国内旅客运输服务。 (二)纳税人购进国内旅客运输服务,以取得的增值税电子普通发票上注明的税额为进项税额的,增值税电子普通发票上注明的购买方"名称""纳税人识别号"等信息,应当与实际抵扣税款的纳税人一致,否则不予抵扣。 (三)纳税人允许抵扣的国内旅客运输服务进项税额,是指纳税人2019年4月1日及以后实际发生,并取得合法有效增值税扣税凭证注明的或依据其计算的增值税税额。以增值税专用发票或增值税电子普通发票为增值税扣税凭证的,为2019年4月1日及以后开具的增值税专用发票或增值税电子普通发票。

1. 政策规定

如表 10-1 所示，纳税人购进国内旅客运输服务，其进项税额允许从销项税额中抵扣。纳税人未取得增值税专用发票的，暂按以下规定确定进项税额：

（1）取得增值税电子普通发票的，为发票上注明的税额。

（2）取得注明旅客身份信息的航空运输电子客票行程单的，按照下列公式计算进项税额：

$$航空旅客运输进项税额 = \frac{票价 + 燃油附加费}{1 + 9\%} \times 9\%$$

（3）取得注明旅客身份信息的铁路车票的，按照下列公式计算进项税额：

$$铁路旅客运输进项税额 = \frac{票面金额}{1 + 9\%} \times 9\%$$

（4）取得注明旅客身份信息的公路、水路等其他客票的，按照下列公式计算进项税额：

$$公路、水路等其他旅客运输进项税额 = \frac{票面金额}{1 + 3\%} \times 3\%$$

2. 旅客运输服务可抵扣凭证

（1）增值税专用发票。

（2）增值税电子普通发票。

（3）注明旅客身份信息的航空运输电子客票行程单。

（4）注明旅客身份信息的铁路车票。

（5）注明旅客身份信息的公路、水路等其他客票。

未注明旅客个人信息的如定额发票、观光游览车票、出租车机打发票，均不得作为抵扣凭证。航空和铁路按 9% 抵扣，其他客运按 3% 抵扣。

3. 纳税人购进国内旅客运输服务进项税抵扣注意事项

（1）国内旅客运输。只有国内旅客运输服务才可以抵扣进项税。国际运输适用零税率或免税，不存在进项抵扣问题。

（2）注明身份信息。除增值税发票外的旅客运输扣税凭证，只有注明旅客身份信息才可以计算抵扣进项税，手写无效。

（3）符合抵扣规定。需要符合进项抵扣的基本规定，如用于免税、简易计税的不得抵扣，用于集体福利、个人消费、非正常损失等情形的不得抵扣等。

旅行社或网上订的飞机票，取得电子发票，如果发票税收编码属于"旅客运输"，同时税率栏是 9% 或 3% 的，可以抵扣发票上注明的税额；如果发票税收编码属于"旅游服务"或税率栏是 6%，不属于旅客运输，不能抵扣进项税额。

（4）建立合法用工关系。对于劳务派遣的用工形式，劳务派遣人员发生的旅客运输费用，应由用工单位抵扣进项税额，而不是劳务派遣单位抵扣。

4. 会计处理

借：管理费用——差旅费

应交税费——应交增值税（进项税额）

贷：银行存款

【例 10-6】 C 纺织厂系增值税一般纳税人，2022 年 4 月发生如下旅客运输业务：

（1）4 月 5 日，取得客运增值税专用发票，发票上注明不含税金额 100 元，增值税税额 9 元。

（2）2022 年 4 月 7 日，取得客运增值税电子普通发票，发票上注明不含税金额 200 元，增值税税额 18 元。

（3）2022 年 4 月 10 日，取得航空客票行程单，行程单上注明票价 1 000 元，燃油附加费 100 元，机场建设费 50 元，合计金额 1 150 元。（注意：机场建设费不可以计算抵扣进项税）

（4）2022 年 4 月 15 日，取得高铁票，票上注明金额 500 元；

（5）2019 年 4 月 20 日，取得客运大巴的发票，发票上注明金额 200 元。（注意：公路、水路的客票只能抵扣 3%）

① 取得增值税专用发票：不含税金额 100 元，可抵扣进项税 9 元。

② 取得其他扣税凭证：增值税电子普通发票、航空客票行程单、高铁票、客运大巴的发票。

计入管理费用金额 $= 100 + 200 + (1\,000 + 100) \div (1 + 9\%) + 50 + 500 \div (1 + 9\%) + 200 \div (1 + 3\%) = 2\,012.05$（元）

可抵扣进项税额 $= 9 + 18 + (1\,000 + 100) \div (1 + 9\%) \times 9\% + 500 \div (1 + 9\%) \times 9\% + 200 \div (1 + 3\%) \times 3\% = 164.95$（元）

会计处理如下：

借：管理费用——差旅费　　　　　2 012.05
　应交税费——应交增值税（进项税额）164.95
　　贷：银行存款　　　　　　　　2 117.00

（四）增值税加计抵减的处理

业务 10-7　增值税加计抵减的处理。

政策依据：

《关于深化增值税改革有关政策的公告》（财政部、税务总局、海关总署公告 2019 年第 39 号）；

《国家税务总局关于深化增值税改革有关事项的公告》（国家税务总局公告 2019 年第 14 号）；

《关于国内旅客运输服务进项税抵扣等增值税征管问题的公告》（国家税务总局公告 2019 年第 31 号）；

《关于明确生活性服务业增值税加计抵减政策的公告》（财政部、税务总局公告 2019 年第 87 号）；

《关于增值税发票管理等有关事项的公告》（国家税务总局公告 2019 年第 33 号）；

《财政部　税务总局关于促进服务业领域困难行业纾困发展有关增值税政策的公告》（财政部、税务总局公告 2022 年第 11 号）。

1. 政策规定

表 10-2　相关规定

财政部、税务总局、海关总署公告 2019 年第 39 号	财政部、税务总局公告 2019 年第 87 号	国家税务总局公告 2019 年第 14 号	国家税务总局公告 2019 年第 33 号
七、自 2019 年 4 月 1 日至 2021 年 12 月 31 日，允许生产、生活性服务业纳税人按照当期可抵扣进项税额加计 10%，抵减应纳税额（以下称"10%加计抵减政策"）。	一、2019 年 10 月 1 日至 2021 年 12 月 31 日，允许生活性服务业纳税人按照当期可抵扣进项税额加计 15%，抵减应纳税额（以下称"加计抵减 15%政策"）。	八、按照《关于深化增值税改革有关政策的公告》（财政部　税务总局　海关总署公告 2019 年第 39 号）规定，适用加计抵减政策的生产、生活性服务业纳税人，应在年度首次确认适用加计抵减政策时，通过电子税务局（或前往办税服务厅）提交《适用加计抵减政策的声明》。适用加计抵减政策的纳税人，同时兼营邮政服务、电信服务、现代服务、生活服务的，应按照四项服务中收入占比最高的业务在《适用加计抵减政策的声明》中勾选确定所属行业。	一、符合《财政部　税务总局关于明确生活性服务业增值税加计抵减政策的公告》（财政部　税务总局公告 2019 年第 87 号）规定的生活性服务业纳税人，应在年度首次确认适用 15%加计抵减政策时，通过电子税务局（或前往办税服务厅）提交《适用 15%加计抵减政策的声明》。

《财政部　税务总局　海关总署关于深化增值税改革有关政策的公告》（财政部、税务总局、海关总署公告 2019 年第 39 号）第 7 条和《财政部　税务总局关于明确生活性服务业增值税加计抵减政策的公告》（财政部　税务总局公告 2019 年第 87 号）规定的生产、生活性服务业增值税加计抵减政策，执行期限延长至 2022 年 12 月 31 日。（财政部　税务总局公告 2022 年第 11 号）

2. 会计处理

如表 10-2 所示，2019 年 4 月 23 日，财政部会计司发布《关于〈关于深化增值税改革有关政策的公告〉适用〈增值税会计处理规定〉有关问题的解读》，明确生产、生活性服务业纳税人取得资产或接受劳务时，应当按照《增值税会计处理规定》的相关规定对增值税相关业务进行会计处理；实际缴纳增值税时，按应纳税额借记"应交税费——未交增值税"等科目，按实际纳税金额贷记"银行存款"科目，按加计抵减的金额贷记"其他收益"科目。根据《企业会计准则第 16 号——政府补助》（财会〔2017〕15 号），此次政策规定的抵减应纳税额属于与企业经营相关，应当适用政府补助准则予以规范，计入"其他收益"，并入企业所得税收入总额。

借：应交税费——未交增值税
　　贷：银行存款
　　　其他收益

【例 10-7】 丁公司符合加计抵减增值税政策规定,2021 年 7 月销项税额 10.5 万元,进项税额 10 万元,当期计提加计抵减金额 1 万元。月底,销项税额减进项税额为 0.5 万元,当月计提加计抵减额 1 万元可以用于实际抵减 0.5 万元,期末余额 0.5 万元就是加计抵减结余金额。

(1)月末结转应交增值税:

借:应交税费——应交增值税(转出未交增值税)
  5 000
  贷:应交税费——未交增值税 5 000

(2)实际抵减时:

借:应交税费——未交增值税 5 000
  贷:其他收益 5 000

(五)采购等业务进项税额不得抵扣的账务处理

表 10-3 财务处理

《增值税暂行条例》	《营业税改征增值税试点实施办法》(财税〔2016〕36 号附件 1)	财政部、税务总局、海关总署公告 2019 年第 39 号
第十条 下列项目的进项税额不得从销项税额中抵扣: (一)用于简易计税方法计税项目、免征增值税项目、集体福利或者个人消费的购进货物、劳务、服务、无形资产和不动产。 (二)非正常损失的购进货物,以及相关的劳务和交通运输服务。 (三)非正常损失的在产品、产成品所耗用的购进货物(不包括固定资产)、劳务和交通运输服务。 (四)国务院规定的其他项目。	第二十七条 下列项目的进项税额不得从销项税额中抵扣: (一)用于简易计税方法计税项目、免征增值税项目、集体福利或者个人消费的购进货物、加工修理修配劳务、服务、无形资产和不动产。其中涉及的固定资产、无形资产、不动产,仅指专用于上述项目的固定资产、无形资产(不包括其他权益性无形资产)、不动产。 纳税人的交际应酬消费属于个人消费。 (二)非正常损失的购进货物,以及相关的加工修理修配劳务和交通运输服务。 (三)非正常损失的在产品、产成品所耗用的购进货物(不包括固定资产)、加工修理修配劳务和交通运输服务。 (四)非正常损失的不动产,以及该不动产所耗用的购进货物、设计服务和建筑服务。 (五)非正常损失的不动产在建工程所耗用的购进货物、设计服务和建筑服务。 纳税人新建、改建、扩建、修缮、装饰不动产,均属于不动产在建工程。 (六)购进的旅客运输服务、贷款服务、餐饮服务、居民日常服务和娱乐服务。 (七)财政部和国家税务总局规定的其他情形。 本条第(四)项、第(五)项所称货物,是指构成不动产实体的材料和设备,包括建筑装饰材料和给排水、采暖、卫生、通风、照明、通讯、煤气、消防、中央空调、电梯、电气、智能化楼宇设备及配套设施。	六、(二)《营业税改征增值税试点实施办法》(财税〔2016〕36 号印发)第 27 条第(六)项和《营业税改征增值税试点有关事项的规定》(财税〔2016〕36 号印发)第二条第(一)项第 5 点中"购进的旅客运输服务、贷款服务、餐饮服务、居民日常服务和娱乐服务"修改为"购进的贷款服务、餐饮服务、居民日常服务和娱乐服务"。

业务 10-8 采购等业务进项税额不得抵扣的处理。

如表 10-3 所示,一般纳税人购进货物、加工修理修配劳务、服务、无形资产或不动产,用于简易计税方法计税项目、免征增值税项目、集体福利或个人消费等,其进项税额按照现行增值税制度规定不得从销项税额中抵扣的,取得增值税专用发票时,应借记相关成本费用或资产科目,借记"应交税费——待认证进项税额"科目,贷记"银行存款""应付账款"等科目。经税务机关认证,根据有关"进项税额""进项税额转出"专栏及"待认证进项税额"明细科目的核算内容,先转入"进项税额"专栏,借记"应交税费——应交增值税(进项税额)"科目,贷记"应交税费——待认证进项税额"科目;按现行增值税制度规定转出时,记入"进项税额转出"专栏,借记相关成本费用或资产科目,贷记"应交税费——应交增值税(进项税额转出)"科目。

(1)购进时:

借:在途物资/原材料/库存商品/生产成本/无形资产/固定资产/管理费用等
  应交税费——待认证进项税额
  贷:应付账款/应付票据/银行存款等

（2）以后期间勾选认证时：

借：应交税费——应交增值税（进项税额）

贷：应交税费——待认证进项税额

（3）转出不得抵扣的进项税额：

借：待处理财产损益/在途物资/原材料/库存商品/生产成本/无形资产/固定资产/管理费用等

贷：应交税费——应交增值税（进项税额转出）

【例 10-8】 乙建筑公司系一般纳税人，2022 年 4 月 20 日采购建材一批，全部用于简易计税项目，材料已点收，款项已支付，取得对方开具的增值税专用发票 1 张，票载金额 100 万元，税额 13 万元。

（1）购进时：

借：原材料　　　　　　　　　　1 000 000

应交税费——待认证进项税额　　130 000

贷：银行存款　　　　　　　　　1 130 000

（2）以后期间勾选认证时：

借：应交税费——应交增值税（进项税额）

　　　　　　　　　　　　　　　130 000

贷：应交税费——待认证进项税额　130 000

（3）转出不得抵扣的进项税额：

借：工程施工　　　　　　　　　130 000

贷：应交税费——应交增值税（进项税额转出）

　　　　　　　　　　　　　　　130 000

【例 10-9】 承接［例 10-1］，2022 年 6 月，甲公司发生进项税额转出事项如下：

（1）6 月 10 日，库存材料因管理不善发生火灾损失，材料实际成本为 20 000 元，相关增值税专用发票上注明的增值税税额为 2 600 元。甲公司将毁损库存材料作为待处理财产损溢入账。

借：待处理财产损溢——待处理流动资产损溢

　　　　　　　　　　　　　　　22 600

贷：原材料　　　　　　　　　　20 000

应交税费——应交增值税（进项税额转出）

　　　　　　　　　　　　　　　2 600

② 6 月 18 日，领用一批外购原材料用于集体福利，该批原材料的实际成本为 60 000 元，增值税专用发票上注明的增值税税额为 7 800 元。

借：应付职工薪酬——职工福利费　67 800

贷：原材料　　　　　　　　　　60 000

应交税费——应交增值税（进项税额转出）

　　　　　　　　　　　　　　　7 800

【例 10-10】 承接［例 10-1］，2022 年 6 月 28 日，甲公司外购空调扇 300 台作为福利发放给直接从事生产的职工，取得的增值税专用发票上注明的价款为 150 000 元、增值税税额为 19 500 元，以银行存款支付了购买空调扇的价款和增值税进项税额，增值税专用发票尚未认证。甲公司会计处理如下：

（1）购入时：

借：库存商品——空调扇　　　　150 000

应交税费——待认证进项税额　　19 500

贷：银行存款　　　　　　　　　169 500

（2）经认证不可抵扣时：

借：应交税费——应交增值税（进项税额）19 500

贷：应交税费——待认证进项税额　19 500

同时：

借：库存商品——空调扇　　　　19 500

贷：应交税费——应交增值税（进项税额转出）

　　　　　　　　　　　　　　　19 500

（3）实际发放时：

借：应付职工薪酬——非货币性福利　169 500

贷：库存商品——空调扇　　　　169 500

（六）货物等已验收入库但尚未取得增值税扣税凭证的账务处理

业务 10-9　货物等已验收入库但尚未取得增值税扣税凭证的处理。

一般纳税人购进的货物等已到达并验收入库，但尚未收到增值税扣税凭证并未付款的，应在月末按货物清单或相关合同协议上的价格暂估入账，暂估入账的金额不包含增值税进项税额，不需要将增值税的进项税额暂估入账。下月月初，用红字冲销原暂估入账金额，待取得相关增值税扣税凭证并经认证后，按应计入相关成本费用或资产的金额，借记"原材料""库存商品""固定资产""无形资产"等科目，按可抵扣的增值税额，借记"应交税费——应交增值税（进项税额）"科目，按应付金额,贷记"应付账款"等科目。一般纳税人购进劳务、服务等但尚未取得增值税扣税凭证的,比照处理。

(1) 月末暂估入库:

借:原材料
　　贷:应付账款——暂估应付款

(2) 下月初用红字冲回:

借:原材料(红字)
　　贷:应付账款——暂估应付款(红字)

(3) 待取得相关增值税扣税凭证并经认证后:

借:原材料等
　　应交税费——应交增值税(进项税额)
　　贷:应付账款等

【例10-11】 2022年6月,甲公司入库一批应税货物,用于生产产品,已经验收入库,但尚未收到增值税扣税凭证并未付款,应在月末按货物清单或相关合同协议上的价格260 000元暂估入账。2022年7月取得上述货物增值税专用发票,发票上注明金额为260 000元,税额为33 800元,并于当月末在增值税发票查询平台对该发票进行了勾选确认。会计处理如下:

(1) 2022年6月,月末尚未收到增值税扣税凭证并未付款的,应在月末按货物清单或相关合同协议上的价格260 000元暂估入账,但不需要将增值税的进项税额暂估入账。

借:原材料　　　　　　　　　　260 000
　　贷:应付账款　　　　　　　　　260 000

(2) 2022年7月1日,用红字冲销原暂估入账金额。

借:应付账款　　　　　　260 000(红字)
　　贷:原材料　　　　　　 260 000(红字)

(3) 2022年7月取得该项业务的增值税专用发票,未勾选抵扣。

借:原材料　　　　　　　　　　260 000
　　应交税费——待认证进项税额　33 800
　　贷:应付账款　　　　　　　　　293 800

(4) 2022年8月在增值税发票查询平台对该发票进行了勾选确认。

借:应交税费——应交增值税(进项税额) 33 800
　　贷:应交税费——待认证进项税额　　 33 800

(七)购买方作为扣缴义务人的账务处理

业务 10-10　购买方作为扣缴义务人的处理。

(1) 按照现行增值税制度规定,境外单位或个人在境内发生应税行为,在境内未设有经营机构的,以购买方为增值税扣缴义务人。境内一般纳税人购进服务、无形资产或不动产,按应计入相关成本费用或资产的金额,借记"生产成本""无形资产""固定资产""管理费用"等科目,按可抵扣的增值税额,借记"应交税费——应交增值税(进项税额)"科目(小规模纳税人应借记相关成本费用或资产科目),按应付或实际支付的金额,贷记"应付账款"等科目,按应代扣代缴的增值税额,贷记"应交税费——代扣代交增值税"科目。

借:生产成本、无形资产、固定资产、管理费用等
　　应交税费——应交增值税(进项税额)
　　贷:应付账款等
　　　 应交税费——代扣代交增值税

(2) 实际缴纳代扣代缴增值税时,按代扣代缴的增值税额,借记"应交税费——代扣代交增值税"科目,贷记"银行存款"科目。

借:应交税费——代扣代交增值税
　　贷:银行存款

【例10-12】 2022年4月,乙公司支付境外单位咨询费10.6万元,该项设计服务属于在境内发生应税行为,境外单位在境内未设有经营机构,由该一般纳税人代扣代缴增值税的税额为0.6万元[10.6÷(1+6%)×6%],取得代收代缴税收缴款凭证和完税证明材料。甲公司会计处理如下:

借:管理费用——咨询费　　　　　　100 000
　　应交税费——应交增值税(进项税额) 6 000
　　贷:银行存款　　　　　　　　　 100 000
　　　 应交税费——代扣代交增值税　　 6 000

实际缴纳代扣代缴增值税时:

借:应交税费——代扣代交增值税　　　 6 000
　　贷:银行存款　　　　　　　　　　 6 000

四、销售等业务的账务处理

(一)正常销售业务的账务处理

业务 10-12　正常销售业务的处理。

增值税属于价外税,在理解和应用《增值税会

计处理规定》（财会〔2016〕22号）文件进行账务处理时，要时刻提醒增值税属于价外税这个关键点，然后再去看具体相关账务处理规定和特殊事项处理。所谓的增值税属于价外税，纳税人销售货物、加工修理修配劳务、服务、无形资产或不动产取得的含税销售额，需要先进行价税分离，将收入换算成不含税销售额，再按照不含税销售额与增值税税率之间的乘积确认销项税额，也就是说取得含税销售额，价税分离后对应"价"的部分就是收入，对应的"税"就是一般计税方法的销项税额或简易计税方法的应纳税额。

（1）小企业销售货物、加工修理修配劳务、服务、无形资产或不动产，应当按应收或已收的金额，借记"应收账款""应收票据""银行存款"等科目，按取得的收入金额，贷记"主营业务收入""其他业务收入""固定资产清理""工程结算"等科目，按现行增值税制度规定计算的销项税额（或采用简易计税方法计算的应纳增值税额），贷记"应交税费——应交增值税（销项税额）"或"应交税费——简易计税"科目。

借：银行存款、应收账款、应收票据等
  贷：主营业务收入、其他业务收入、固定资产清理、工程结算等
    应交税费——应交增值税（销项税额）

（2）发生销售退回的，应根据按规定开具的红字增值税专用发票作相反的会计处理。

借：应收账款、应收票据等（红字）
  贷：主营业务收入、其他业务收入、固定资产清理、工程结算等（红字）
    应交税费——应交增值税（销项税额）（红字）

【例10-13】 承接[例10-1]，2022年6月，甲公司发生与销售相关的交易或事项如下：

（1）15日，销售产品一批，开具增值税专用发票上注明的价款为3 000 000元，增值税税额为390 000元，提货单和增值税专用发票已交给买方，款项尚未收到。

借：应收账款   3 390 000
  贷：主营业务收入   3 000 000
    应交税费——应交增值税（销项税额）390 000

（2）28日，为外单位代加工电脑桌500个，每个收取加工费80元，已加工完成。开具增值税专用发票上注明的价款为40 000元，增值税税额为5 200元，款项已收到并存入银行。

借：银行存款   45 200
  贷：主营业务收入   40 000
    应交税费——应交增值税（销项税额） 5 200

（二）小企业会计准则确认收入时点早于增值税纳税义务发生时点

业务10-13 小企业会计准则确认收入时点早于增值税纳税义务发生时点的处理。

按照国家统一的会计制度确认收入或利得的时点早于按照增值税制度确认增值税纳税义务发生时点的，这种情况主要发生在建筑业。建筑小企业提供建筑服务，在向业主办理工程价款结算时，借记"应收账款"等科目，贷记"工程结算"科目，贷记"应交税费——应交增值税（销项税额）"等科目，企业向业主办理工程价款结算的时点早于增值税纳税义务发生的时点的，应贷记"应交税费——待转销项税额"等科目。

借：应收账款/应收票据/银行存款等
  贷：主营业务收入/其他业务收入/固定资产清理/工程结算
    应交税费——待转销项税额

待增值税纳税义务发生时再转入"应交税费——应交增值税（销项税额）"等科目。

借：应交税费——待转销项税额
  贷：应交税费——应交增值税（销项税额）

【例10-14】 乙建筑公司为增值税一般纳税人，其中甲工程项目与机构所在地在同一县，甲项目适用一般计税方法，2022年7月15日业主计量甲项目已完工程量4 360元。9月20日，该公司按照合同付款比例自业主收取工程款3 270元，并向其开具增值税专用发票，金额为3 000元，税额为270元。会计处理如下：

（1）2022年7月15日，凭验工计价单确认工程结算数额：

借：应收账款   4 360
  贷：工程结算   4 000
    应交税费——待转销项税额   360

（2）2022 年 9 月 20 日，收取款项并开具增值税专用发票：

借：银行存款　　　　　　　　　3 270
　　贷：应收账款　　　　　　　　　　3 270

借：应交税费——待转销项税额　　270
　　贷：应交税费——应交增值税（销项税额）　270

（三）增值税销售实现时间早于小企业会计准则收入确认时间

业务 10-14　增值税销售实现时间早于小企业会计准则收入确认时间的处理。

按照增值税制度确认增值税纳税义务发生时点早于按照国家统一的会计制度确认收入或利得的时点的，应将应纳增值税额，借记"应收账款"等科目，贷记"应交税费——应交增值税（销项税额）"科目，按照国家统一的会计制度确认收入或利得时，应按扣除增值税销项税额后的金额确认收入。

借：应收账款/应收票据/银行存款等
　　贷：应交税费——应交增值税（销项税额）
　　　　预收账款

增值税纳税义务发生的时点早于企业向业主办理工程价款结算的，应借记"银行存款"等科目，

贷记"应收账款""应交税费——应交增值税（销项税额）"等科目。

借：应收账款/应收票据/银行存款/预收账款等
　　贷：主营业务收入/其他业务收入/固定资产清理/工程结算

【例 10-15】　2022 年 7 月，丙公司出租一栋不动产，适用一般计税方法计税，7 月 1 日收取 2 年租金 523.2 万元，已向承租方开具增值税专用发票，金额为 480 万元，税额为 43.2 万元。

（1）2022 年 7 月 1 日收取 2 年租金开具增值税专用发票时发生纳税义务，税率为 9%，会计处理如下：

借：银行存款　　　　　　　　5 232 000
　　贷：预收账款　　　　　　　　　4 800 000
　　　　应交税费——应交增值税（销项税额）432 000

（2）每月末按不含税口径确认收入＝480÷2÷12＝20（万元）。

借：预收账款　　　　　　　　　200 000
　　贷：其他业务收入　　　　　　　　200 000

（四）视同销售的账务处理

业务 10-15　视同销售的处理。

表 10-4　相关规定

《增值税暂行条例实施细则》	《营业税改征增值税试点实施办法》
第四条　单位或者个体工商户的下列行为，视同销售货物： （一）将货物交付其他单位或者个人代销。 （二）销售代销货物。 （三）设有两个以上机构并实行统一核算的纳税人，将货物从一个机构移送其他机构用于销售，但相关机构设在同一县（市）的除外。 （四）将自产或者委托加工的货物用于非增值税应税项目。 （五）将自产、委托加工的货物用于集体福利或者个人消费。 （六）将自产、委托加工或者购进的货物作为投资，提供给其他单位或者个体工商户。 （七）将自产、委托加工或者购进的货物分配给股东或者投资者。 （八）将自产、委托加工或者购进的货物无偿赠送其他单位或者个人。	第十四条　下列情形视同销售服务、无形资产或者不动产： （一）单位或者个体工商户向其他单位或者个人无偿提供服务，但用于公益事业或者以社会公众为对象的除外。 （二）单位或者个人向其他单位或者个人无偿转让无形资产或者不动产，但用于公益事业或者以社会公众为对象的除外。 （三）财政部和国家税务总局规定的其他情形。

如表 10-4 所示，小企业发生税法上视同销售的行为，应当按照企业会计准则制度相关规定进行相应的会计处理，并按照现行增值税制度规定计算的销项税额（或采用简易计税方法计算的应纳增值税额），借记"应付职工薪酬""利润分配""营业外支出"等科目，贷记"应交税费——应交增值税（销项

税额）"或"应交税费——简易计税"科目。

《企业会计准则第 7 号——非货币性资产交换》规定，换出资产为存货的，应当视同销售处理，根据新《企业会计准则第 14 号——收入》按公允价值确认商品销售收入，同时结转商品销售成本；《企业会计准则第 9 号——职工薪酬》应用指南明

确,"企业向职工提供非货币性福利的,应当按照公允价值计量。如企业以自产的产品作为非货币性福利提供给职工的,应当按照该产品的公允价值和相关税费确定职工薪酬金额,并计入当期损益或相关资产成本。相关收入的确认、销售成本的结转以及相关税费的处理,与企业正常商品销售的会计处理相同。"

小企业在会计处理上还应结合《企业所得税法实施条例》规定,判断是否确认收入,如发生的事项是否属内部资产处置、所有权属是否改变、经济利益是否流入企业、能否可靠计量等。

(1) 将自产、委托加工的货物用于集体福利或者个人消费,其中销售额(主营业务收入额)按照市场公允价确定,即纳税人最近时期同类货物的平均销售价格。

借:应付职工薪酬——非货币性福利
　　贷:主营业务收入、其他业务收入
　　　　应交税费——应交增值税(销项税额)

如果是外购货物用于集体福利属于进项税额转出,不属于增值税视同销售。会计处理如下:

借:库存商品等
　　应交税费——应交增值税(进项税额)
　　贷:银行存款

借:应付职工薪酬
　　贷:库存商品等
　　　　应交税费——应交增值税(进项税额转出)

(2) 将货物交付其他单位或者个人代销(非买断方式)。

发出代销商品,会计处理如下:

借:发出商品(或委托代销商品)
　　贷:库存商品

收到代销清单时,会计处理为:

借:应收账款
　　贷:主营业务收入
　　　　应交税费——应交增值税(销项税额)

销售代销货物方,售出代销商品时,会计处理如下:

借:银行存款(或应收账款)
　　贷:应付账款
　　　　应交税费——应交增值税(销项税额)

(3) 设有两个以上机构并实行统一核算的纳税人,将货物从一个机构移送其他机构用于销售,相关机构不在同一县(市)移送货物的一方。会计处理如下:

借:其他应收款/应收账款
　　贷:库存商品/主营业务收入
　　　　应交税费——应交增值税(销项税额)

接受货物的一方,会计处理如下:

借:库存商品
　　应交税费——应交增值税(进项税额)
　　贷:其他应付款/应付账款

(4) 将自产、委托加工或者购进的货物作为投资,提供给其他单位或者个体工商户,其中销售额(主营业务收入额)按照市场公允价确定,将自产、委托加工货物作为投资,销售额为纳税人最近时期同类货物的平均销售价格;将购进的货物作为投资,销售额为纳税人的实际采购成本。会计处理如下:

借:长期股权投资
　　贷:主营业务收入、其他业务收入
　　　　应交税费——应交增值税(销项税额)

《营业税改征增值税试点实施办法》第10条规定,销售服务、无形资产或者不动产,是指有偿提供服务、有偿转让无形资产或者不动产。有偿,是指取得货币、货物或者其他经济利益。纳税人将土地和房产进行投资的行为,属于取得经济利益,属于销售不动产行为,应缴纳增值税。

(5) 将自产、委托加工或者购进的货物分配给股东或者投资者,其中销售额(主营业务收入额)按照市场公允价确定,将自产、委托加工货物作为投资,销售额为纳税人最近时期同类货物的平均销售价格;将购进的货物作为投资,销售额为纳税人的实际采购成本。会计处理如下:

借:应付利润
　　贷:主营业务收入/其他业务收入/库存商品
　　　　应交税费——应交增值税(销项税额)

(6) 将自产、委托加工或者购进的货物无偿赠送其他单位或者个人(包括对外捐赠),其中销售额(主营业务收入额)按照市场公允价确定,将自产、委托加工货物作为投资,销售额为纳税人最近

时期同类货物的平均销售价格;将购进的货物作为投资,销售额为纳税人的实际采购成本。会计处理如下:

借:营业外支出
    贷:库存商品(成本价格)
        应交税费——应交增值税(销项税额)(售价×税率)

【例10-16】 承接[例10-1]2022年6月,甲公司发生的视同销售交易或事项如下:

(1)10日,以公司生产的产品对外捐赠,该批产品的实际成本为200 000元,市场不含税售价为250 000元,开具的增值税专用发票上注明的增值税税额为32 500元。

借:营业外支出　　　　　　232 500
    贷:库存商品　　　　　　200 000
        应交税费——应交增值税(销项税额) 32 500

甲公司以自产产品对外捐赠应交的增值税销项税额=250 000×13%=32 500(元)。

(2)25日,甲公司用一批原材料对外进行长期股权投资。该批原材料实际成本为600 000元,双方协商不含税价值为750 000元,开具的增值税专用发票上注明的增值税税额为97 500元。

借:长期股权投资　　　　　697 500
    贷:原材料　　　　　　600 000
        应交税费——应交增值税(销项税额) 97 500

甲公司对外投资原材料应交的增值税销项税额=750 000×13%=97 500(元)。

(7)视同销售服务,会计处理为:

借:营业外支出、销售费用等
    贷:应交税费——应交增值税(销项税额)(计税价格×税率)

(8)无偿转让无形资产或者不动产,会计处理为:

借:营业外支出
    累计摊销
    贷:无形资产
        固定资产清理
        应交税费——应交增值税(销项税额)(计税价格×税率÷征收率)

五、差额征税的账务处理

(一)企业发生相关成本费用允许扣减销售额的账务处理

业务10-16 企业发生相关成本费用允许扣减销售额的差额征税处理。

按现行增值税制度规定企业发生相关成本费用允许扣减销售额的,发生成本费用时,按应付或实际支付的金额,借记"主营业务成本""存货""工程施工"等科目,贷记"应付账款""应付票据""银行存款"等科目。

借:主营业务成本、存货、工程施工
    贷:应付账款、应付票据、银行存款等

待取得合规增值税扣税凭证且纳税义务发生时,按照允许抵扣的税额,借记"应交税费——应交增值税(销项税额抵减)"或"应交税费——简易计税"科目,贷记"主营业务成本""工程施工"等科目。

借:应交税费——应交增值税(销项税额抵减)
        ——简易计税
    贷:主营业务成本、工程施工等

【例10-17】 某企业是从事旅游服务的一般纳税人,选择差额征税方式,销售额按总额法计入,2022年7月共取得旅游收入53万元,其中包含向其他单位支付的住宿费12.36万元、餐饮费51 500元、交通费30 900元、门票费11.2万元。开具增值税专用发票注明金额为20万元,税额为12 000元,开具增值税普通发票31.8万元,不考虑其他情况。该企业会计处理如下:

借:银行存款　　　　　　　530 000
    贷:主营业务收入　　　　500 000
        应交税费——应交增值税(销项税额) 30 000

借:主营业务成本　　　　　318 000
    贷:银行存款　　　　　　318 000

借:应交税费——应交增值税(销项税额抵减)
                                18 000
    贷:主营业务成本——住宿费等　18 000

(二)金融商品转让按规定以盈亏相抵后的余额作为销售额的账务处理

业务10-17 金融商品转让会计处理。

金融商品转让,是指转让外汇、有价证券、非货物期货和其他金融商品所有权的业务活动。金融商品实际转让月末,如产生转让收益,则按应纳税额借记"投资收益"等科目,贷记"应交税费——转让金融商品应交增值税"科目;如产生转让损失,则按可结转下月抵扣税额,借记"应交税费——转让金融商品应交增值税"科目,贷记"投资收益"等科目。

借:投资收益

贷:应交税费——转让金融商品应交增值税

或:借:应交税费——转让金融商品应交增值税

贷:投资收益

交纳增值税时,应借记"应交税费——转让金融商品应交增值税"科目,贷记"银行存款"科目。

借:应交税费——转让金融商品应交增值税

贷:银行存款

年末,本科目如有借方余额,则借记"投资收益"等科目,贷记"应交税费——转让金融商品应交增值税"科目。

借:投资收益

贷:应交税费——转让金融商品应交增值税

【例 10-18】 丁公司为增值税一般纳税人,2022 年 4 月买入国债,买入价为 106 万元。2012 年 9 月将其卖出,卖出价为 127.2 万元。该国债按短期投资核算。不含税销售额 $=(127.2-106)\div(1+6\%)=20$ 万元,应纳税额 $=20\times6\%=1.2$(万元)。会计处理如下:

(1)出售国债时。

借:银行存款   1 272 000

贷:应交税费——转让金融商品应交增值税   12 000

短期投资   1 060 000

投资收益   200 000

(2)缴纳税款时。

借:应交税费——转让金融商品应交增值税   12 000

贷:银行存款   12 000

六、出口退税的账务处理

为核算纳税人出口货物应收取的出口退税款,设置"其他应收款——应收出口退税款"科目,该科目借方反映销售出口货物按规定向税务机关申报应退回的增值税、消费税等,贷方反映实际收到的出口货物应退回的增值税、消费税等。期末借方余额,反映尚未收到的应退税额。

(一)未实行"免、抵、退"办法的一般纳税人

业务 10-18 未实行"免、抵、退"办法出口退税处理。

未实行"免、抵、退"办法的一般纳税人出口货物按规定退税的,按规定计算的应收出口退税额,借记"其他应收款——应收出口退税款"科目,贷记"应交税费——应交增值税(出口退税)"科目,收到出口退税时,借记"银行存款"科目,贷记"其他应收款——应收出口退税款"科目;退税额低于购进时取得的增值税专用发票上的增值税额的差额,借记"主营业务成本"科目,贷记"应交税费——应交增值税(进项税额转出)"科目。

(1)按规定计算的应收出口退税额。

借:其他应收款——应收出口退税款

贷:应交税费——应交增值税(出口退税)

(2)收到出口退税:

借:银行存款

贷:其他应收款——应收出口退税款

(3)退税额低于购进时取得的增值税专用发票上的增值税额的差额:

借:主营业务成本

贷:应交税费——应交增值税(进项税额转出)

【例 10-19】 某公司出口货物,该公司出口货物零税率,可退回的增值税的进项税额;如果没有全额退回,则未退部分的增值税计入主营业务成本。2022 年 4 月进货 100 万元,以 150 万元全部销售完毕。该商品税率为 13%,退税率为 9%。

(1)购进商品时:

借:库存商品   1 000 000

应交税费——应交增值税(进项税额)   130 000

贷:银行存款   1 130 000

(2)出口时:

借:银行存款   1 500 000

贷:主营业务收入   1 500 000

借：主营业务成本　　　　　　　1 000 000
　　贷：库存商品　　　　　　　　　　1 000 000

（3）计算应收出口退税款：

借：其他应收款——应收出口退税款　90 000
　　贷：应交税费——应交增值税（出口退税）90 000

（4）不得退税的金额：

借：主营业务成本　　　　　　　　40 000
　　贷：应交税费——应交增值税（进项税额转出）
　　　　　　　　　　　　　　　　　　40 000

（二）实行"免、抵、退"办法的一般纳税人

业务 10-19　实行"免、抵、退"办法出口退税处理。

实行"免、抵、退"办法的一般纳税人出口货物，在货物出口销售后结转产品销售成本时，按规定计算的退税额低于购进时取得的增值税专用发票上的增值税额的差额，借记"主营业务成本"科目，贷记"应交税费——应交增值税（进项税额转出）"科目；按规定计算的当期出口货物的进项税抵减内销产品的应纳税额，借记"应交税费——应交增值税（出口抵减内销产品应纳税额）"科目，贷记"应交税费——应交增值税（出口退税）"科目。在规定期限内，内销产品的应纳税额不足以抵减出口货物的进项税额，不足部分按有关税法规定给予退税的，应在实际收到退税款时，借记"银行存款"科目，贷记"应交税费——应交增值税（出口退税）"科目。

（1）货物出口并确认收入实现时的会计处理：

借：应收账款
　　贷：主营业务收入

（2）计算出"免抵退税不予免征和抵扣税额"时的会计处理：

借：主营业务成本
　　贷：应交税费——应交增值税（进项税额转出）

（3）计算出"应退税额"时的会计处理：

借：其他应收款——应收出口退税款
　　贷：应交税费——应交增值税（出口退税）

（4）计算出"免抵税额"时的会计处理：

借：应交税费——应交增值税（出口抵减内销应纳税额）
　　贷：应交税费——应交增值税（出口退税）

（5）收到退税款时的会计处理：

借：银行存款
　　贷：其他应收款——应收出口退税款

【例 10-20】 具有进出口经营权 B 生产企业（一般纳税人），2022 年 4 月，报关出口了一批 105 万美元（CIF 价）的 A 产品，运保费 5 万美元，在当期全部收齐单证且信息齐全。发生内销销售收入（不含税价）200 万元，销项税额为 26 万元。购进原材料 4 705 882 元，进项税额 80 万元（约等数），上期无留抵税额。假设当月 1 日外汇中间价为 6.3，A 产品的征税率为 13%，退税率为 10%。

第一步申报纳税：

（1）内销销售收入 200 万元，销项税额为 26 万元。

借：应收账款——××公司　　　　2 260 000
　　贷：主营业务收入——内销收入　　2 000 000
　　　　应交税费——应交增值税（销项税额）260 000

（2）购进原材料 4 705 882 元（约等数），进项税额为 80 万元（成本核算会计分录略）。

借：原材料　　　　　　　　　　4 705 882
　　应交税费——应交增值税（进项税额）
　　　　　　　　　　　　　　　　　800 000
　　贷：银行存款　　　　　　　　　5 505 882

（3）当月出口销售收入＝（1 050 000－50 000）×6.3＝6 300 000（元）。

运保费＝50 000×6.3＝315 000（元）。

借：银行存款——外汇账款（国外客户）6 615 000
　　贷：主营业务收入——外销收入　　6 300 000
　　　　其他应付款——运保费　　　　315 000

（4）当期免抵退税不得免征和抵扣税额＝1 000 000×6.3×（13%－10%）＝189 000（元）。

借：主营业务成本——出口商品　　189 000
　　贷：应交税费——应交增值税（进项税额转出）
　　　　　　　　　　　　　　　　　189 000

（5）当期应纳税额＝当期销项税额－（当期进项税额－当期不得免征和抵扣税额）＝260 000－（800 000－189 000）＝－351 000（元）。

当期免抵退税额＝1 000 000×6.3×10%＝630 000（元）。

在 5 月征期前，填报增值税纳税申报表及

附表。

第二步：在 5 月征期前申报免抵退税。

（6）由于当期期末留抵税额小于免抵退税额，当期应退税额＝当期期末留抵税额＝351 000（元）。

当期免抵税额＝当期免抵退税额－当期应退税额＝630 000－351 000＝279 000（元）。同时，在申报期内于 5 月 15 日前向税务机关申报"免、抵、退"税（不考虑节假日顺延）。

① 报表类：

《免抵退税申报资料情况表》；

《免抵退税申报汇总表》及其附表；

《生产企业出口货物免抵退税申报明细表》（不含营改增报表）。

② 单证类：

出口货物报关单；收汇资料；出口发票以及税务机关要求的其他资料。

未收齐的 40 万元出口额，在下期收齐单证申报退税。

第三步，作账计税。

（7）5 月末，根据税务机关审批的免抵退税汇总表进行作账。

借：其他应收款——应收出口退税（增值税）
351 000

应交税费——应交增值税（出口抵减内销产品应纳税额）279 000

贷：应交税费——应交增值税（出口退税）630 000

（8）当收到退税款时。

借：银行存款 351 000

贷：其他应收款——应收出口退税（增值税）
351 000

七、进项税额抵扣情况发生改变的账务处理

业务 10-20 进项税额抵扣情况发生改变的处理。

（1）因发生非正常损失或改变用途等，原已计入进项税额、待抵扣进项税额或待认证进项税额，但按现行增值税制度规定不得从销项税额中抵扣的，借记"待处理财产损溢""应付职工薪酬""固定资产""无形资产"等科目，贷记"应交税费——应交增值税（进项税额转出）""应交税费——待抵扣进项税额"或"应交税费——待认证进项税额"科目。

借：待处理财产损溢/应付职工薪酬/固定资产/无形资产等

贷：应交税费——应交增值税（进项税额转出）

——待抵扣进项税额

——待认证进项税额

【例 10-21】 2022 年 7 月，丁公司购入一批材料，增值税专用发票上注明的增值税额为 15.6 万元，材料价款为 120 万元。材料已入库，货款已经支付（假如该企业材料采用实际成本进行核算）。材料入库后，该企业将该批材料全部用于发放职工福利。根据该项经济业务，丁公司会计处理如下：

① 材料入库时：

借：原材料 1 200 000

应交税费——应交增值税（进项税额）
156 000

贷：银行存款 1 356 000

② 用于发放职工福利时：

借：应付职工薪酬 1 356 000

贷：应交税费——应交增值税（进项税额转出）
156 000

原材料 1 200 000

（2）原不得抵扣且未抵扣进项税额的固定资产、无形资产等，因改变用途等用于允许抵扣进项税额的应税项目的，应按允许抵扣的进项税额，借记"应交税费——应交增值税（进项税额）"科目，贷记"固定资产""无形资产"等科目。固定资产、无形资产等经上述调整后，应按调整后的账面价值在剩余尚可使用寿命内计提折旧或摊销。

借：应交税费——应交增值税（进项税额）

贷：固定资产/无形资产等

八、月末转出多交增值税和未交增值税的账务处理

业务 10-22 月末转出多交增值税和未交增值税的处理。

月度终了，企业应当将当月应交未交或多交的增值税自"应交增值税"明细科目转入"未交增值税"明细科目。对于当月应交未交的增值税，借记"应交税费——应交增值税（转出未交增值税）"

科目,贷记"应交税费——未交增值税"科目。

借:应交税费——应交增值税(转出未交增值税)
　　贷:应交税费——未交增值税

对于当月多交的增值税,借记"应交税费——未交增值税"科目,贷记"应交税费——应交增值税(转出多交增值税)"科目。

借:应交税费——未交增值税
　　贷:应交税费——应交增值税(转出多交增值税)

【例 10-22】 承接[例 10-1]至[例 10-21],2022 年 6 月,甲公司当月发生增值税销项税额合计为 525 200 元,增值税进项税额转出合计为 29 900 元,增值税进项税额合计为 195 050 元。甲公司 6 月应交增值税 = 525 200+29 900-195 050=360 050(元)。月末结转应交增值税,会计处理如下:

借:应交税费——应交增值税(转出未交增值税)
　　　　　　　　　　　　　　　　360 050
　　贷:应交税费——未交增值税　　360 050

九、交纳增值税的账务处理

业务 10-23 交纳增值税的处理。

(一)交纳当月应交增值税的账务处理

企业交纳当月应交的增值税,借记"应交税费——应交增值税(已交税金)"科目,贷记"银行存款"科目。

借:应交税费——应交增值税(已交税金)
　　贷:银行存款

享受加计抵减的生产、生活性服务业纳税人,实际缴纳增值税时,按应纳税额借记"应交税费——未交增值税"等科目,按实际纳税金额贷记"银行存款"科目,按加计抵减的金额贷记"其他收益"科目。

借:应交税费——未交增值税
　　贷:银行存款
　　　　其他收益

其他收益部分并入应纳税所得额征收企业所得税,如果增加的"其他收益"导致临界点的企业不能

享受小型微利企业所得税优惠,小企业合理的选择应该是放弃享受进项税加计抵减优惠政策。

(二)交纳以前期间未交增值税的账务处理

企业交纳以前期间未交的增值税,借记"应交税费——未交增值税"科目,贷记"银行存款"科目。

借:应交税费——未交增值税
　　贷:银行存款

【例 10-24】 2022 年 7 月 10 日,甲公司缴纳 6 月增值税 360 050 元。会计处理如下:

借:应交税费——未交增值税　　　　360 050
　　贷:银行存款　　　　　　　　　　360 050

(三)预缴增值税的账务处理

企业预缴增值税时,借记"应交税费——预交增值税"科目,贷记"银行存款"科目。

借:应交税费——预交增值税
　　贷:银行存款

月末,企业应将"预交增值税"明细科目余额转入"未交增值税"明细科目,借记"应交税费——未交增值税"科目,贷记"应交税费—预交增值税"科目。房地产开发企业等在预缴增值税后,应直至纳税义务发生时方可从"应交税费——预交增值税"科目结转至"应交税费——未交增值税"科目。

借:应交税费——未交增值税
　　贷:应交税费——预交增值税

(四)当期直接减免增值税的会计处理

对于当期直接减免的增值税,小企业应当根据《增值税会计处理规定》(财会〔2016〕22 号)的相关规定进行会计处理,借记"应交税费——应交增值税(减免税款)"科目,贷记"其他收益"科目,在利润表"营业收入"项目中反映。

借:应交税费——应交增值税(减免税款)
　　贷:其他收益

十、增值税留抵退税的账务处理

政策依据:

《关于深化增值税改革有关政策的公告》(财政部、税务总局、海关总署公告 2019 年第 39 号);

《关于进一步加大增值税期末留抵退税政策实施力度的公告》(财政部、税务总局公告 2022 年第 14 号);

《关于办理增值税期末留抵税额退税有关事项的公告》（国家税务总局公告 2019 年第 20 号，第二条废止、附件废止）；

《关于进一步加大增值税期末留抵退税政策实施力度有关征管事项的公告》（国家税务总局公告 2022 年第 4 号）。

为落实党中央、国务院关于留抵退税的部署，支持小微企业和制造业等行业发展，提振市场主体信心、激发市场主体活力，财政部、税务总局联合发布了《财政部 税务总局关于进一步加大增值税期末留抵退税政策实施力度的公告》（财政部 税务总局公告 2022 年第 14 号）。与 2019 年财政部、税务总局、海关总署发布的《关于深化增值税改革有关政策的公告》（财政部 税务总局 海关总署公告 2019 年第 39 号）相比，加大了小微企业以及"制造业""科学研究和技术服务业""电力、热力、燃气及水生产和供应业""软件和信息技术服务业""生态保护和环境治理业"和"交通运输、仓储和邮政业"（以下称"制造业等行业"）的留抵退税力度，将先进制造业按月全额退还增值税增量

留抵税额政策范围扩大至小微企业和制造业等行业，并一次性退还其存量留抵税额，如表 10-5 所示。在 2019 年建立留抵退税制度时，为便利纳税人办理留抵退税，税务总局发布了《关于办理增值税期末留抵税额退税有关事项的公告》（国家税务总局公告 2019 年第 20 号），明确了留抵退税办理各环节的征管事项。2022 年，为进一步加大留抵退税力度，在 2019 年第 20 号公告基础上，结合 2022 年出台新政策具体情况，国家税务总局公告又发布了《关于进一步加大增值税期末留抵退税政策实施力度有关征管事项的公告》（国家税务总局公告 2022 年第 4 号），对个别征管事项作补充规定。

（一）政策安排

政策安排见表 10-5。

表 10-5　相关政策

财政部 税务总局 海关总署 2019 年第 39 号公告	财政部 税务总局 2022 年第 14 号公告
八、自 2019 年 4 月 1 日起，试行增值税期末留抵税额退税制度。 （一）同时符合以下条件的纳税人，可以向主管税务机关申请退还增量留抵税额： 1. 自 2019 年 4 月税款所属期起，连续 6 个月（按季纳税的，连续两个季度）增量留抵税额均大于 0，且第 6 个月增量留抵税额不低于 50 万元； 2. 纳税信用等级为 A 级或者 B 级； 3. 申请退税前 36 个月未发生骗取留抵退税、出口退税或虚开增值税专用发票情形的； 4. 申请退税前 36 个月未因偷税被税务机关处罚两次及以上的； 5. 自 2019 年 4 月 1 日起未享受即征即退、先征后返（退）政策的。 （二）本公告所称增量留抵税额，是指与 2019 年 3 月底相比新增加的期末留抵税额。 （三）纳税人当期允许退还	一、加大小微企业增值税期末留抵退税政策力度，将先进制造业按月全额退还增值税增量留抵税额政策范围扩大至符合条件的小微企业（含个体工商户，下同），并一次性退还小微企业存量留抵税额。 （一）符合条件的小微企业，可以自 2022 年 4 月纳税申报期起向主管税务机关申请退还增量留抵税额。在 2022 年 12 月 31 日前，退税条件按照本公告第三条规定执行。 （二）符合条件的微型企业，可以自 2022 年 4 月纳税申报期起向主管税务机关申请一次性退还存量留抵税额；符合条件的小型企业，可以自 2022 年 5 月纳税申报期起向主管税务机关申请一次性退还存量留抵税额。 二、加大"制造业""科学研究和技术服务业""电力、热力、燃气及水生产和供应业""软件和信息技术服务业""生态保护和环境治理业"和"交通运输、仓储和邮政业"（以下称制造业等行业）增值税期末留抵退税政策力度，将先进制造业按月全额退还增值税增量留抵税额政策范围扩大至符合条件的制造业等行业企业（含个体工商户，下同），并一次性退还制造业等行业企业存量留抵税额。 （一）符合条件的制造业等行业企业，可以自 2022 年 4 月纳税申报期起向主管税务机关申请退还增量留抵税额。 （二）符合条件的制造业等行业中型企业，可以自 2022 年 7 月纳税申报期起向主管税务机关申请一次性退还存量留抵税额；符合条件的制造业等行业大型企业，可以自 2022 年 10 月纳税申报期起向主管税务机关申请一次性退还存量留抵税额。 三、适用本公告政策的纳税人需同时符合以下条件： （一）纳税信用等级为 A 级或者 B 级； （二）申请退税前 36 个月未发生骗取留抵退税、骗取出口退税或虚开增值税专用发票情形； （三）申请退税前 36 个月未因偷税被税务机关处罚两次及以上； （四）2019 年 4 月 1 日起未享受即征即退、先征后返（退）政策。 四、本公告所称增量留抵税额，区分以下情形确定： （一）纳税人获得一次性存量留抵退税前，增量留抵税额为当期期末留抵税额与 2019 年 3 月 31 日相比新增加的留抵税额。

(续表)

2019 年第 39 号公告	2022 年第 14 号公告
的增量留抵税额,按照以下公式计算: 　允许退还的增量留抵税额 = 增量留抵税额 × 进项构成比例 × 60% 　进项构成比例,为 2019 年 4 月至申请退税前一税款所属期已抵扣的增值税专用发票(含带有"增值税专用发票"字样全面数字化的电子发票、税控机动车销售统一发票)、收费公路通行费增值税电子普通发票、海关进口增值税专用缴款书、解缴税款完税凭证注明的增值税额占同期全部已抵扣进项税额的比重。 　(四)纳税人应在增值税纳税申报期内,向主管税务机关申请退还留抵税额。 　(五)纳税人出口货物劳务、发生跨境应税行为,适用免抵退税办法的,办理免抵退税后,仍符合本公告规定条件的,可以申请退还留抵税额;适用免退税办法的,相关进项税额不得用于退还留抵税额。 　(六)纳税人取得退还的留抵税额后,应相应调减当期留抵税额。按照本条规定再次满足退税条件的,可以继续向主管税务机关申请退还留抵税额,但本条第(一)项第 1 点规定的连续期间,不得重复计算。 　(七)以虚增进项、虚假申报或其他欺骗手段,骗取留抵退税款的,由税务机关追缴其骗取的退税款,并按照《中华人民共和国税收征收管理法》等有关规定处理。 　(八)退还的增量留抵税额中央、地方分担机制另行通知。	(二)纳税人获得一次性存量留抵退税后,增量留抵税额为当期期末留抵税额。 　五、本公告所称存量留抵税额,区分以下情形确定: 　(一)纳税人获得一次性存量留抵退税前,当期期末留抵税额大于或等于 2019 年 3 月 31 日期末留抵税额的,存量留抵税额为 2019 年 3 月 31 日期末留抵税额;当期期末留抵税额小于 2019 年 3 月 31 日期末留抵税额的,存量留抵税额为当期期末留抵税额。 　(二)纳税人获得一次性存量留抵退税后,存量留抵税额为零。 　六、本公告所称中型企业、小型企业和微型企业,按照《中小企业划型标准规定》(工信部联企业〔2011〕300 号)和《金融业企业划型标准规定》(银发〔2015〕309 号)中的营业收入指标、资产总额指标确定。其中,资产总额指标按照纳税人上一会计年度年末值确定。营业收入指标按照纳税人上一会计年度增值税销售额确定;不满一个会计年度的,按照以下公式计算: $$增值税销售额(年) = \frac{上一会计年度企业实际存续期间增值税销售额}{企业实际存续月数} \times 12$$ 　本公告所称增值税销售额,包括纳税申报销售额、稽查查补销售额、纳税评估调整销售额。适用增值税差额征税政策的,以差额后的销售额确定。 　对于工信部联企业〔2011〕300 号和银发〔2015〕309 号文件所列行业以外的纳税人,以及工信部联企业〔2011〕300 号文件所列行业但未采用营业收入指标或资产总额指标划型确定的纳税人,微型企业标准为增值税销售额(年)100 万元以下(不含 100 万元);小型企业标准为增值税销售额(年)2 000 万元以下(不含 2 000 万元);中型企业标准为增值税销售额(年)1 亿元以下(不含 1 亿元)。 　本公告所称大型企业,是指除上述中型企业、小型企业和微型企业外的其他企业。 　七、本公告所称制造业等行业企业,是指从事《国民经济行业分类》中"制造业""科学研究和技术服务业""电力、热力、燃气及水生产和供应业""软件和信息技术服务业""生态保护和环境治理业"和"交通运输、仓储和邮政业"业务相应发生的增值税销售额占全部增值税销售额的比重超过 50% 的纳税人。 　上述销售额比重根据纳税人申请退税前连续 12 个月的销售额计算确定;申请退税前经营期不满 12 个月但满 3 个月的,按照实际经营期的销售额计算确定。 　八、适用本公告政策的纳税人,按照以下公式计算允许退还的留抵税额: 　允许退还的增量留抵税额 = 增量留抵税额 × 进项构成比例 × 100% 　允许退还的存量留抵税额 = 存量留抵税额 × 进项构成比例 × 100% 　进项构成比例,为 2019 年 4 月至申请退税前一税款所属期已抵扣的增值税专用发票(含带有"增值税专用发票"字样全面数字化的电子发票、税控机动车销售统一发票)、收费公路通行费增值税电子普通发票、海关进口增值税专用缴款书、解缴税款完税凭证注明的增值税额占同期全部已抵扣进项税额的比重。 　九、纳税人出口货物劳务、发生跨境应税行为,适用免抵退税办法的,应先办理免抵退税。免抵退税办理完毕后,仍符合本公告规定条件的,可以申请退还留抵税额;适用免退税办法的,相关进项税额不得用于退还留抵税额。 　十、纳税人自 2019 年 4 月 1 日起已取得留抵退税款的,不得再申请享受增值税即征即退、先征后返(退)政策。纳税人可以在 2022 年 10 月 31 日前一次性将已取得的留抵退税款全部缴回后,按规定申请享受增值税即征即退、先征后返(退)政策。 　纳税人自 2019 年 4 月 1 日起已享受增值税即征即退、先征后返(退)政策的,可以在 2022 年 10 月 31 日前一次性将已退还的增值税即征即退、先征后返(退)税款全部缴回后,按规定申请退还留抵税额。 　十一、纳税人可以选择向主管税务机关申请留抵退税,也可以选择结转下期继续抵扣。纳税人应在纳税申报期内,完成当期增值税纳税申报后申请留抵退税。2022 年 4 月至 6 月的留抵退税申请时间,延长至每月最后一个工作日。

（续表）

2019 年第 39 号公告	2022 年第 14 号公告
	纳税人可以在规定期限内同时申请增量留抵退税和存量留抵退税。同时符合本公告第一条和第二条相关留抵退税政策的纳税人,可任意选择申请适用上述留抵退税政策。 十二、纳税人取得退还的留抵税额后,应相应调减当期留抵税额。 如果发现纳税人存在留抵退税政策适用有误的情形,纳税人应在下个纳税申报期结束前缴回相关留抵退税款。 以虚增进项、虚假申报或其他欺骗手段,骗取留抵退税款的,由税务机关追缴其骗取的退税款,并按照《中华人民共和国税收征收管理法》等有关规定处理。 十三、适用本公告规定留抵退税政策的纳税人办理留抵退税的税收管理事项,继续按照现行规定执行。 十四、除上述纳税人以外的其他纳税人申请退还增量留抵税额的规定,继续按照《财政部 税务总局 海关总署关于深化增值税改革有关政策的公告》(财政部 税务总局 海关总署公告 2019 年第 39 号)执行,其中,第八条第三款关于"进项构成比例"的相关规定,按照本公告第八条规定执行。 十五、各级财政和税务部门务必高度重视留抵退税工作,摸清底数、周密筹划、加强宣传、密切协作、统筹推进,并分别于 2022 年 4 月 30 日、6 月 30 日、9 月 30 日、12 月 31 日前,在纳税人自愿申请的基础上,集中退还微型、小型、中型、大型企业存量留抵税额。税务部门结合纳税人留抵退税申请情况,规范高效便捷地为纳税人办理留抵退税。 十六、本公告自 2022 年 4 月 1 日施行。

2022 年第 14 号公告,将先进制造业按月全额退还增值税增量留抵税额政策范围扩大,符合条件的纳税人可以在每月申报期对增值税期末留抵进行退税操作,不需要受连续 6 个月增量的限制,退税比例没有 60% 限制(为 100%)。退税并非强制,需要纳税人自行掌握政策要点,可以选择向主管税务机关申请留抵退税,也可以选择结转下期继续抵扣。

不符合 2022 年第 14 号公告增值税期末留抵退税政策的,但符合 2019 年第 39 号公告规定的,可以按 2019 年第 39 号公告退税。

1. 享受 2022 年第 14 号公告留抵退税政策的企业范围见表 10-6

表 10-6　相关政策

(1) 符合条件的小微企业(小型企业、微型企业)(含个体工商户)	(2) 制造业等行业企业,是指从事《国民经济行业分类》中"制造业""科学研究和技术服务业""电力、热力、燃气及水生产和供应业""软件和信息技术服务业""生态保护和环境治理业"和"交通运输、仓储和邮政业"业务相应发生的增值税销售额占全部增值税销售额的比重超过 50% 的纳税人。(含个体工商户)。

2. 享受 2022 年第 14 号公告申请退还项目:增量留抵税额与存量留抵税额

相关政策见表 10-7。

表 10-7　相关政策

2022 年第 14 号公告	退(抵)税申请表填写
纳税人可以在规定期限内同时申请增量留抵退税和存量留抵退税。 (1) 增量留抵税额,区分以下情形确定: ① 纳税人获得一次性存量留抵退税前,增量留抵税额为当期期末留抵税额与 2019 年 3 月 31 日相比新增加的留抵税额。 ② 纳税人获得一次性存量留抵退税后,增量留抵税额为当期期末留抵税额。 例如,某纳税人 2019 年 3 月 31 日的期末留抵税额为 100 万元,2022 年 7 月 31 日的期末留抵税额为 120 万元,在 8 月纳税申报期申请增量留抵退税时,如果此前未获得一次性存量留抵退税,该纳税人的增量留抵税额为 20 万元(120-100);如果此前已获得一次性存量留抵退税,该纳税人的增量留抵税额为 120 万元。 (2) 存量留抵税额,区分以下情形确定:	纳税人根据其选择退还的留抵税额类型,可同时勾选"存量留抵税额"和"增量留抵税额"或其中一项。

（续表）

2022 年第 14 号公告	退(抵)税申请表填写
① 纳税人获得一次性存量留抵退税前,当期期末留抵税额≥2019 年 3 月 31 日期末留抵税额的,存量留抵税额为 2019 年 3 月 31 日期末留抵税额;当期期末留抵税额＜2019 年 3 月 31 日期末留抵税额的,存量留抵税额为当期期末留抵税额。 ② 纳税人获得一次性存量留抵退税后,存量留抵税额为零。 例如,某微型企业 2019 年 3 月 31 日的期末留抵税额为 100 万元,2022 年 4 月申请一次性存量留抵退税时,如果当期期末留抵税额为 120 万元,该纳税人的存量留抵税额为 100 万元;如果当期期末留抵税额为 80 万元,该纳税人的存量留抵税额为 80 万元。该纳税人在 4 月份获得存量留抵退税后,将再无存量留抵税额。	

3. 享受 2022 年第 14 号公告申请增量留抵税额与存量留抵税额的具体时间

相关规定见表 10-8。

表 10-8　相关规定

增量留抵税额	存量留抵税额
按照 2022 年第 14 号公告规定,符合条件的小微企业和制造业等行业纳税人,均可以自 2022 年 4 月纳税申报期起向主管税务机关申请退还增量留抵税额。	按照 2022 年第 14 号公告规定,符合条件的小微企业和制造业等行业企业,申请存量留抵退税的起始时间如下: (1) 微型企业,可以自 2022 年 4 月纳税申报期起向主管税务机关申请一次性退还存量留抵税额; (2) 小型企业,可以自 2022 年 5 月纳税申报期起向主管税务机关申请一次性退还存量留抵税额; (3) 制造业等行业中的中型企业,可以自 2022 年 7 月纳税申报期起向主管税务机关申请一次性退还存量留抵税额; (4) 制造业等行业中的大型企业,可以自 2022 年 10 月纳税申报期起向主管税务机关申请一次性退还存量留抵税额。 需要说明的是,上述时间为申请一次性存量留抵退税的起始时间,当期未申请的,以后纳税申报期也可以按规定申请。

4. 享受 2022 年第 14 号公告留抵退税大、中、小、微型企业划型标准

相关规定见表 10-9。

表 10-9　相关规定

2022 年第 14 号公告	退(抵)税申请表填写
(1) 中型企业、小型企业和微型企业 ① 一般情况下,中型企业、小型企业和微型企业,按照《中小企业划型标准规定》(工信部联企业〔2011〕300 号)和《金融业企业划型标准规定》(银发〔2015〕309 号)中的营业收入指标、资产总额指标确定。统计上大中小微型企业划分标准见第一章第一节表 1-1。其中,资产总额指标按纳税人上一会计年度年末值确定。营业收入指标按照纳税人上一会计年度增值税销售额确定;不满一个会计年度的,按照以下公式计算: 增值税销售额(年) = 上一会计年度企业实际存续期间增值税销售额÷企业实际存续月数×12 增值税销售额,包括纳税申报销售额、稽查查补销售额、纳税评估调整销售额。适用增值税差额征税政策的,以差额后的销售额确定。 ② 特殊情况下,对于工信部联企业〔2011〕300 号和银发〔2015〕309 号文件所列行业以外的纳税人,以及工信部联企业〔2011〕300 号文件所列行业但未采用营业收入指标或资产总额指标划型确定的纳税人,微型企业标准为增值税销售额(年)100 万元以下(不含 100 万元);小型企业标准为增值税销售额(年)2 000 万元以下(不含 2 000 万元);中型企业标准为增值税销售额(年)1 亿元以下(不含 1 亿元)。 (2) 大型企业,是指除上述中型企业、小型企业和微型企业外的其他企业。	(1) 营业收入: 按照上一会计年度增值税销售额确定;不满一个会计年度的,按照以下公式计算:增值税销售额(年)=上一会计年度企业实际存续期间增值税销售额÷企业实际存续月数×12。增值税销售额包括纳税申报销售额、稽查查补销售额、纳税评估调整销售额,适用增值税差额征税政策的,以差额后的销售额确定。 (2) 资产总额: 按照上一会计年度年末值填写。 (3) 企业划型: 按照 2022 年第 14 号公告的规定,根据退(抵)税申请表填报的"国民经济行业""营业收入""资产总额"信息,勾选"微型企业""小型企业""中型企业"或"大型企业"中的一项。

5. 享受 2022 年第 14 号公告留抵退税制造业等 6 个行业的确定

相关规定见表 10-10。

表 10-10 相关规定

2022 年第 14 号公告	退(抵)税申请表填写
2022 年第 14 号公告所称制造业等行业企业,是指从事《国民经济行业分类》中"制造业""科学研究和技术服务业""电力、热力、燃气及水生产和供应业""软件和信息技术服务业""生态保护和环境治理业"和"交通运输、仓储和邮政业"业务相应发生的增值税销售额占全部增值税销售额的比重超过 50% 的纳税人。 上述销售额比重根据纳税人申请退税前连续 12 个月的销售额计算确定;申请退税前经营期不满 12 个月但满 3 个月的,按照实际经营期的销售额计算确定。 例如,某纳税人 2021 年 5 月至 2022 年 4 月共取得增值税销售额 1 000 万元,其中:生产销售设备销售额 300 万元,提供交通运输服务销售额 300 万元,提供建筑服务销售额 400 万元。该纳税人 2021 年 5 月至 2022 年 4 月期间发生的制造业等行业销售额占比为 60%[(300＋300)/1 000]。因此,该纳税人当期属于制造业等行业纳税人。	(1) 国民经济行业 对照《2017 年国民经济行业分类(GB/T 4754—2017)》中列明的行业小类填写。 (2) 营业收入: 按照上一会计年度增值税销售额确定;不满一个会计年度的,按照以下公式计算:增值税销售额(年)＝上一会计年度企业实际存续期间增值税销售额÷企业实际存续月数×12。增值税销售额包括纳税申报销售额、稽查查补销售额、纳税评估调整销售额,适用增值税差额征税政策的,以差额后的销售额确定。

6. 留抵退税条件

相关规定见表 10-11。

表 10-11 相关规定

2019 年第 39 号公告	2021 年第 14 号公告
同时符合以下条件的一般纳税人,可以向主管税务机关申请退还增量留抵税额: (1) 自 2019 年 4 月税款所属期起,连续 6 个月(按季纳税的,连续两个季度)增量留抵税额均大于零,且第 6 个月增量留抵税额不低于 50 万元; (2) 纳税信用等级为 A 级或者 B 级; (3) 申请退税前 36 个月未发生骗取留抵退税、出口退税或虚开增值税专用发票情形的; (4) 申请退税前 36 个月未因偷税被税务机关处罚两次及以上的; (5) 自 2019 年 4 月 1 日起未享受即征即退、先征后返(退)政策的。 增量留抵税额,是指与 2019 年 3 月底相比新增加的期末留抵税额。	办理留抵退税的小微企业、制造业等行业纳税人,需同时符合以下条件: (1) 纳税信用等级为 A 级或者 B 级; (2) 申请退税前 36 个月未发生骗取留抵退税、骗取出口退税或虚开增值税专用发票情形; (3) 申请退税前 36 个月未因偷税被税务机关处罚两次及以上; (4) 2019 年 4 月 1 日起未享受即征即退、先征后返(退)政策。

7. 留抵退税额计算

相关规定见表 10-12。

表 10-12 相关规定

2019 年第 39 号公告	2021 年第 14 号公告
纳税人当期允许退还的增量留抵税额,按照以下公式计算: 允许退还的增量留抵税额 ＝ 增量留抵税额×进项构成比例×60% 进项构成比例,为 2019 年 4 月至申请退税前一税款所属期已抵扣的增值税专用发票(含带有"增值税专用发票"字样全面数字化的电子发票、税控机动车销售统一发票)、收费公路通行费增值税电子普通发票、海关进口增值税专用缴款书、解缴税款完税凭证注明的增值税额占同期全部已抵扣进项税额的比重。	适用 2022 年第 14 号公告政策的纳税人,按照以下公式计算允许退还的留抵税额: 允许退还的增量留抵税额 ＝ 增量留抵税额×进项构成比例×100% 允许退还的存量留抵税额 ＝ 存量留抵税额×进项构成比例×100% 进项构成比例,为 2019 年 4 月至申请退税前一税款所属期已抵扣的增值税专用发票(含带有"增值税专用发票"字样全面数字化的电子发票、税控机动车销售统一发票)、收费公路通行费增值税电子普通发票、海关进口增值税专用缴款书、解缴税款完税凭证注明的增值税额占同期全部已抵扣进项税额的比重。

(续表)

按照2022年第14号公告的有关规定,计算进项构成比例涉及的扣税凭证种类进行了微调,增加了含带有"增值税专用发票"字样全面数字化的电子发票、收费公路通行费增值税电子普通发票两类。调整后的进项构成比例,为2019年4月至申请退税前一税款所属期已抵扣的增值税专用发票(含带有"增值税专用发票"字样全面数字化的电子发票、税控机动车销售统一发票)、收费公路通行费增值税电子普通发票、海关进口增值税专用缴款书、解缴税款完税凭证注明的增值税额占同期全部已抵扣进项税额的比重。需要说明的是,上述计算进项构成比例的规定,不仅适用于2022年第14号公告规定的留抵退税政策,同时也适用于2019年第39号公告规定的留抵退税政策。

在计算允许退还的留抵税额的进项构成比例时,纳税人在2019年4月至申请退税前一税款所属期内按规定转出的进项税额,无需从已抵扣的增值税专用发票(含带有"增值税专用发票"字样全面数字化的电子发票、税控机动车销售统一发票)、收费公路通行费增值税电子普通发票、海关进口增值税专用缴款书、解缴税款完税凭证注明的增值税额中扣减。(国家税务总局公告2022年第4号第二条)

例如,某制造业纳税人2019年4月至2022年3月取得的进项税额中,增值税专用发票500万元,道路通行费电子普通发票100万元,海关进口增值税专用缴款书200万元,农产品收购发票抵扣进项税额200万元。2021年12月,该纳税人因发生非正常损失,此前已抵扣的增值税专用发票中,有50万元进项税额按规定作进项税转出。该纳税人2022年4月按照14号公告的规定申请留抵退税时,进项构成比例的计算公式为:进项构成比例=(500+100+200)÷(500+100+200+200)×100%=80%。进项转出的50万元,在上述计算公式的分子、分母中均无需扣减。

8. 符合条件的微型企业、小型企业(含个体工商户)增值税期末留抵退税政策

相关规定见表10-13。

表10-13　相关规定

符合条件的微型企业(含个体工商户)增值税期末留抵退税政策	符合条件的小型企业(含个体工商户)增值税期末留抵退税政策
符合条件的微型企业,可以自2022年4月纳税申报期起的每个申报期向主管税务机关申请一次性退还存量留抵税额; 符合条件的微型企业,可以自2022年4月纳税申报期起的每个申报期向主管税务机关申请退还增量留抵税额。 2022年4月至6月的留抵退税申请时间,延长至每月最后一个工作日。	符合条件的小型企业,可以自2022年5月纳税申报期起向主管税务机关申请一次性退还存量留抵税额。 符合条件的小型企业,可以自2022年4月纳税申报期起向主管税务机关申请退还增量留抵税额。

9. 符合条件的制造业等行业增值税期末留抵退税政策

相关规定见表10-14。

表10-14　相关规定

(1)符合条件的制造业等行业企业(不分大、中、小、微企业),可以自2022年4月纳税申报期起向主管税务机关申请退还增量留抵税额。	(2)符合条件的制造业等行业中型企业,可以自2022年7月纳税申报期起向主管税务机关申请一次性退还存量留抵税额。 (3)符合条件的制造业等行业大型企业,可以自2022年10月纳税申报期起向主管税务机关申请一次性退还存量留抵税额。

10. 留抵退税与即征即退、先征后返(退)的交叉享受

相关规定见表10-15。

表10-15　相关规定

2021年第14号公告	政策解读
纳税人自2019年4月1日起已取得留抵退税款的,不得再申请享受增值税即征即退、先征后返(退)政策。纳税人可以在2022年10月31日前一次性将已取得的留抵退税款全部缴回后,按规定申请享受增值税即征即退、先征后返(退)政策。 纳税人自2019年4月1日起已享受增值税即征即退、先征后返(退)政策的,可以在2022年10月31日前一次性将已退还的增值税即征即退、先征后返(退)税款全部缴回后,按规定申请退还留抵税额。	(1)纳税人按规定缴回已退还的增值税即征即退、先征后返(退)税款的,什么时候可以申请办理留抵退税? 解答:纳税人在2022年10月31日前将已退还的增值税即征即退、先征后返(退)税款一次性全部缴回后,即可在规定的留抵退税申请期内申请办理留抵退税。 (2)纳税人按规定缴回已退还的全部留抵退税款的,什么时候可以申请适用增值税即征即退或先征后返(退)政策? 解答:纳税人在2022年10月31日前将已退还的增值税留抵退税款一次性全部缴回后,即可在缴回后的增值税纳税申报期内按规定申请适用即征即退、先征后返(退)政策。 (3)2021年第14号公告规定的一次性申请缴回留抵退税或即征即退,是否只能申请一次? 解答:2021年第14号公告规定,纳税人可以在2022年10月31日前一次性将已取得的留抵退税款全部缴回后,按规定申请享受增值税即征即退、先征后返(退)政策。纳税人自2019年4月1日起已享受增值税即征即退、先征后返(退)政策的,可以在2022年10月31日前一次性将已取得的增值税即征即退、先征后返(退)税款全部缴回后,按规定申请留抵退税。 上述规定中的一次性全部缴回,是指纳税人在2022年10月31日前缴回相关退税款的次数为一次。

11. 申请缴回已退还的全部留抵退税款

相关规定见表 10-16。

表 10-16   相关规定

国家税务总局公告 2022 年第 4 号第三条	政策解读
纳税人按照 2022 年第 14 号公告第十条的规定,需要申请缴回已退还的全部留抵退税款的,可通过电子税务局或办税服务厅提交《缴回留抵退税申请表》。税务机关应自受理之日起 5 个工作日内,依申请向纳税人出具留抵退税款缴回的《税务事项通知书》。纳税人在缴回已退还的全部留抵退税款后,办理增值税纳税申报时,将缴回的全部退税款在《增值税及附加税费申报表附列资料(二)》(本期进项税额明细)第 22 栏"上期留抵税额退税"填写负数,并可继续按规定抵扣进项税额。	纳税人按规定向主管税务机关申请缴回已退还的全部留抵退税款时,可通过电子税务局或办税服务厅提交《缴回留抵退税申请表》。纳税人在一次性缴回全部留抵退税款后,可在办理增值税纳税申报时,相应调增期末留抵税额,并可继续用于进项税额抵扣。 举例说明:某纳税人在 2019 年 4 月 1 日后,陆续获得留抵退税 100 万元。因纳税人想要选择适用增值税即征即退政策,于 2022 年 4 月 3 日向税务机关申请缴回留抵退税款,4 月 5 日,留抵退税 100 万元已全部缴回入库。该纳税人在 4 月 10 日办理 2022 年 3 月(税款所属期)的增值税纳税申报时,可在《增值税纳税申报表附列资料(二)(本期进项税额明细)》第 22 栏"上期留抵税额退税"填写"－100 万元",将已缴回的 100 万元留抵退税款调增期末留抵税额,并用于当期或以后期间继续抵扣。

(二)留抵退税操作实务

业务 10-24   《退(抵)税申请表》的提交

纳税人可以选择向主管税务机关申请留抵退税,也可以选择结转下期继续抵扣。办理留抵退税的具体流程,包括退税申请、受理、审核、退库等环节。纳税人申请留抵退税,应在规定的留抵退税申请期间,完成本期增值税纳税申报后,通过电子税务局或办税服务厅提交《退(抵)税申请表》,该表适用于办理汇算结算、误收税款退税和留抵退税。

(1)提交方式与样式。

《退(抵)税申请表》可通过电子税务局线上提交,也可以通过办税服务厅线下提交。纳税人退税账户与原缴税账户不一致的,须另行提交资料,并经税务机关确认。《退(抵)税申请表》一式四联,纳税人一联、税务机关三联,具体样式见表 10-17。

表 10-17   退(抵)税申请表

金额单位:元,至角分

申请人名称			纳税人□ 扣缴义务人□		
纳税人名称			统一社会信用代码 (纳税人识别号)		
联系人			联系电话		
申请退税类型	汇算结算退税 □ 误收退税 □ 留抵退税 □		纳税信用等级		

一、汇算结算、误收税款退税

	税种	品目名称	税款所属时期	税票号码	实缴金额
原完税情况					
	合计(小写)				
申请退税金额(小写)					

（续表）

二、留抵退税

留抵退税 申请文件 依据	□《财政部　税务总局　海关总署关于深化增值税改革有关政策的公告》(2019 年第 39 号) □《财政部　税务总局关于进一步加大增值税期末留抵退税政策实施力度的公告》(2022 年第 14 号)	退税 企业 类型	□小微企业 　□微型企业 　□小型企业 □特定行业 　□制造业 　□科学研究和技术服务业 　□电力、热力、燃气及水生产和供应业 　□软件和信息技术服务业 　□生态保护和环境治理业 　□交通运输、仓储和邮政业 □一般企业
申请退还项目			□存量留抵税额　　□增量留抵税额

企业经营情况	国民经济行业		营业收入		资产总额	
	企业划型		□微型企业　□小型企业　□中型企业　□大型企业			

留抵退税 申请类型	1. 退税企业类型勾选"一般企业"	连续六个月（按季纳税的,连续两个季度）增量留抵税额均大于零的起止时间： ___年___月至___年___月
	2. 退税企业类型勾选"特定行业"	___年___月至___年___月,从事《国民经济行业分类》中"制造业""科学研究和技术服务业""电力、热力、燃气及水生产和供应业""软件和信息技术服务业""生态保护和环境治理业"和"交通运输、仓储和邮政业"业务相应发生的增值税销售额___元,同期全部销售额___元,占比___%。

留抵退税 申请条件	申请退税前 36 个月未发生骗取留抵退税、骗取出口退税或虚开增值税专用发票情形	是□　否□
	申请退税前 36 个月未因偷税被税务机关处罚两次及以上	是□　否□
	2019 年 4 月 1 日起未享受即征即退、先征后返(退)政策	是□　否□
	出口货物劳务、发生跨境应税行为,适用免抵退税办法	是□　否□

留抵退税 计算		本期已申报免抵退税应退额	
		申请退税前一税款所属期的增值税期末留抵税额	
		2019 年 3 月期末留抵税额	
		存量留抵税额	
	2019 年 4 月至申 请退税前 一税款所 属期	已抵扣的增值税专用发票(含带有"增值税专用发票"字样全面数字化的电子发票、税控机动车销售统一发票)、收费公路通行费增值税电子普通发票注明的增值税额	
		已抵扣的海关进口增值税专用缴款书注明的增值税额	
		已抵扣的解缴税款完税凭证注明的增值税额	
		全部已抵扣的进项税额	
		进项构成比例	
		本期申请退还的期末留抵税额	
		其中：本期申请退还的存量留抵税额	
		本期申请退还的增量留抵税额	

（续表）

退税申请理由			经办人(签章): 年 月 日
授权声明	如果你已委托代理人申请,请填写下列资料: 　　为代理相关税务事宜,理授权_____ _____(地址)____为本纳税人的代理申请人,任何与本申请有关的往来文件,都可寄予此人。 　　　　　　授权人(签章):	申请人声明	本申请表是根据国家税收法律法规及相关规定填写的,我确定它是真实的、可靠的、完整的。 　　　　　申请人(签章):

以下由税务机关填写

受理情况		受理人: 年 月 日
核实部门意见: 　退还方式:退库□　抵扣欠税□ 　退税类型:汇算结算退税□ 　　　　　误收退税□ 　　　　　留抵退税□ 　退税发起方式:纳税人自行申请□ 　　　　　税务机关发现并通知□ 　退(抵)税金额: 经办人:　　　　负责人: 年 月 日　　年 月 日		主管税务机关负责人意见: 　　　　　签字(公章): 　　　　　　　　　年 月 日

（2）基本信息填写。

① 申请人名称:填写纳税人或扣缴义务人名称。如申请留抵退税,应填写纳税人名称。

② 申请人身份:选择"纳税人"或"扣缴义务人"。如申请留抵退税,应选择"纳税人"。

③ 纳税人名称:填写税务登记证所载纳税人的全称。

④ 统一社会信用代码(纳税人识别号):填写纳税人统一社会信用代码或税务机关统一核发的税务登记证号码。

⑤ 申请退税类型:纳税人根据需要办理的事项,选择"汇算结算退税""误收退税"或"留抵退税"。

⑥ 纳税信用等级:填写申请退税时的纳税信用等级。

（3）汇算结算、误收税款退税填写。

① 原完税情况:填写与汇算结算和误收税款退税相关信息。分税种、品目名称、税款所属时期、税票号码、实缴金额等项目,填写申请办理退税的已入库信息,上述信息应与完税费(缴款)凭证复印件、完税费(缴款)凭证原件或完税电子信息一致。

② 申请退税金额:填写与汇算结算和误收税款退税相关的申请退(抵)税的金额,应小于等于原完税情况实缴金额合计。

（4）留抵退税填写。

留抵退税信息的填写结合下述讲解进行。

（5）税务机关填写信息。

① 受理情况：填写核对接受纳税人、扣缴义务人资料的情况。 ② 退还方式：申请汇算结算或误收税款退税的，退还方式可以单选或多选，对于有欠税的纳税人，一般情况应勾选"抵扣欠税"，对于勾选"抵扣欠税"情况，可以取消该选择，将全部申请退税的金额，以"退库"方式办理。申请留抵退税的，可同时勾选"退库"和"抵扣欠税"。如果纳税人既有增值税欠税，又有期末留抵税额，按照《国家税务总局关于办理增值税期末留抵税额退税有关事项的公告》（国家税务总局公告 2019 年第 20 号）第九条第三项规定，以最近一期增值税纳税申报表期末留抵税额，抵减增值税欠税后的余额确定允许退还的增量留抵税额。	③ 退税类型：税务机关依据纳税人申请事项，勾选"汇算结算退税""误收退税"或"留抵退税"。 ④ 退税发起方式：纳税人申请汇算结算或误收税款退税的，税务机关勾选"纳税人自行申请"或"税务机关发现并通知"；纳税人申请留抵退税的，税务机关勾选"纳税人自行申请"。 ⑤ 退（抵）税金额：填写税务机关核准后的退（抵）税额。

业务 10-25 《退（抵）税申请表》中增值税留抵退税项目的填写

（1）选择留抵退税申请文件依据和退税企业类型见表 10-18。

表 10-18 相关类型

留抵退税申请文件依据	退税企业类型
根据申请留抵退税的文件依据，选择《财政部 税务总局 海关总署关于深化增值税改革有关政策的公告》（2019 年第 39 号）或《财政部 税务总局关于进一步加大增值税期末留抵退税政策实施力度的公告》。	勾选"《财政部 税务总局 海关总署关于深化增值税改革有关政策的公告》（2019 年第 39 号）"的，"退税企业类型"选择"一般企业"。 勾选"《财政部 税务总局关于进一步加大增值税期末留抵退税政策实施力度的公告》（2022 年第 14 号）"的，"退税企业类型"按照企业实际经营情况选择"小微企业"或"特定行业"。其中： "小微企业"按照 2022 年第 14 号公告规定的划型标准勾选"微型企业""小型企业"其中一项； "特定行业"按照销售收入占比最高的主营业务勾选"制造业""科学研究和技术服务业""电力、热力、燃气及水生产和供应业""软件和信息技术服务业""生态保护和环境治理业"和"交通运输、仓储和邮政业"其中一项。 同时符合"小微企业"和"特定行业"退税条件的，可勾选"小微企业"其中一项或"特定行业"其中一项。

（2）选择留抵退税申请类型见表 10-19。

表 10-19 相关类型

纳税人根据勾选的退税企业类型选择对应的项目填写。

退税企业类型勾选"一般企业"	退税企业类型勾选"特定行业"
应填写"连续六个月（按季纳税的，连续两个季度）增量留抵税额均大于零的起止时间：___年___月至___年___月"栏次，本栏填写纳税人自 2019 年 4 月税款所属期起，连续 6 个月（按季纳税的，连续 2 个季度）增量留抵税额均大于零，且第 6 个月增量留抵税额不低于 50 万元的起止时间。	应填写"___年___月至___年___月，从事《国民经济行业分类》中'制造业''科学研究和技术服务业''电力、热力、燃气及水生产和供应业''软件和信息技术服务业''生态保护和环境治理业'和'交通运输、仓储和邮政业'业务相应发生的增值税销售额___元，同期全部销售额___元，占比___％"栏次。如申请退税前经营期满 12 个月的，本栏起止时间填写申请退税前 12 个月的起止时间，本栏销售额填写申请退税前 12 个月对应项目的销售额；如申请退税前经营期不满 12 个月但满 3 个月的，本栏起止时间填写实际经营期的起止时间，本栏销售额填写实际经营期的销售额。

（3）留抵退税计算填写。

① 本期已申报免抵退税应退税额见表 10-20。

表 10-20　相关规定

2022 年第 14 号公告	退(抵)税申请表填写
纳税人出口货物劳务、发生跨境应税行为,适用免抵退税办法的,应先办理免抵退税。免抵退税办理完毕后,仍符合本公告规定条件的,可以申请退还留抵税额;适用免退税办法的,相关进项税额不得用于退还留抵税额。	填写享受免抵退税政策的纳税人本期申请退还的免抵退税额。

② 申请退税前一税款所属期的增值税期末留抵税额。

根据申请退税前一税款所属期的《增值税及附加税费申报表(一般纳税人适用)》主表"一般项目"期末留抵税额栏次填写。

③ 2019 年 3 月期末留抵税额。

根据 2019 年 3 月税款所属期的《增值税及附加税费申报表(一般纳税人适用)》主表"一般项目"期末留抵税额栏次填写,如 2019 年 3 月所属期未进行增值税一般纳税人申报,则该栏次金额为 0。

④ 存量留抵税额见表 10-21。

表 10-21　相关规定

获得过一次性存量留抵退税前,填写本表"申请退税前一税款所属期的增值税期末留抵税额"栏次与"2019 年 3 月期末留抵税额"栏次孰小值。	获得过一次性存量留抵退税后,本栏为 0。

⑤ 2019 年 4 月至申请退税前一税款所属期相关指标见表 10-22。

表 10-22　相关指标

指标名称	退(抵)税申请表填写
已抵扣的增值税专用发票(含带有"增值税专用发票"字样全面数字化的电子发票、税控机动车销售统一发票)、收费公路通行费增值税电子普通发票注明的增值税额	填写 2019 年 4 月至申请退税前一税款所属期抵扣的增值税专用发票(含带有"增值税专用发票"字样全面数字化的电子发票、税控机动车销售统一发票)、收费公路通行费增值税电子普通发票注明的增值税额。取得不动产或者不动产在建工程的进项税额不再分 2 年抵扣后一次性转入的进项税额,视同取得增值税专用发票抵扣的进项税额,也填入本栏。
已抵扣的海关进口增值税专用缴款书注明的增值税额	填写 2019 年 4 月至申请退税前一税款所属期抵扣的海关进口增值税专用缴款书注明的增值税额。
已抵扣的解缴税款完税凭证注明的增值税额	填写 2019 年 4 月至申请退税前一税款所属期抵扣的解缴税款完税凭证注明的增值税额。
全部已抵扣的进项税额	填写 2019 年 4 月至申请退税前一税款所属期全部已抵扣进项税额。
进项构成比例	进项构成比例=退(抵)税申请表〔已抵扣的增值税专用发票(含带有"增值税专用发票"字样全面数字化的电子发票、税控机动车销售统一发票)、收费公路通行费增值税电子普通发票注明的增值税额+已抵扣的海关进口增值税专用缴款书注明的增值税额+已抵扣的解缴税款完税凭证注明的增值税额〕÷全部已抵扣的进项税额

⑥ 本期申请退还的期末留抵税额见表 10-23。

表 10-23　相关规定

退税企业类型勾选为"小微企业"和"特定行业"	退税企业类型勾选为"一般企业"
A. 申请退还项目仅勾选"存量留抵税额" 本期申请退税的期末留抵税额=退(抵)税申请表"存量留抵税额"×"进项构成比例"×100% B. 申请退还项目仅勾选"增量留抵税额" 本期申请退税的期末留抵税额=退(抵)税申请表("申请退税前一税款所属期的增值税期末留抵税额"−"存量留抵税额")×"进项构成比例"×100% C. 申请退还项目同时勾选"存量留抵税额"以及"增量留抵税额" 本期申请退税的期末留抵税额=退(抵)税申请表"申请退税前一税款所属期的增值税期末留抵税额"×"进项构成比例"×100%	本期申请退税的期末留抵税额=退(抵)税申请表("申请退税前一税款所属期的增值税期末留抵税额"−"存量留抵税额")×进项构成比例×60%

⑦ 本期申请退还的存量留抵税额见表10-24。

表 10-24 相关规定

申请退还项目勾选"存量留抵税额"	申请退还项目仅勾选"增量留抵税额"
本期申请退还的存量留抵税额＝退(抵)税申请表"存量留抵税额"×"进项构成比例"×100%	本期申请退还的存量留抵税额＝0。

⑧ 本期申请退还的增量留抵税额。

本期申请退还的增量留抵税额＝退(抵)税申请表"本期申请退还的期末留抵税额"－"本期申请退还的存量留抵税额"

(4) 退税申请理由填写。

简要概述退税申请理由,如果本次退税账户与原缴税账户不一致,需在此说明,并另行提交资料,报经税务机关确认。

(三) 会计处理

纳税人取得退还的留抵税额后,应相应调减当期留抵税额。如果发现纳税人存在留抵退税政策适用有误的情形,纳税人应在下个纳税申报期结束前缴回相关留抵退税款。以虚增进项、虚假申报或其他欺骗手段,骗取留抵退税款的,由税务机关追缴其骗取的退税款,并按照《中华人民共和国税收征收管理法》等有关规定处理。

增值税期末留抵税额的退还意味着未来可抵扣的进项税额减少,不属于政府补助,对公司的损益并不产生影响,所以增值税留底退税不计入"其他收益"。小企业收到退税款项的当月,应将退税额从增值税进项税额中转出。收到退还的期末留抵时:

借:银行存款
　　贷:应交税费——应交增值税(进项税额转出)

【例 10-23】 E食品制造企业系增值税一般纳税人,符合2022年第14号公告规定的小型企业标准,2022年4月,向主管税务机关申请退还增量留抵税额8万元。2022年5月,向主管税务机关申请一次性退还存量留抵税额21万元。E食品制造企业取得留抵退税的会计处理如下:

(1) 2022年4月,取得退还的增量留抵税额8万元。

借:银行存款　　　　　　　　　 80 000
　　贷:应交税费——应交增值税(进项税额) 80 000

(2) 2022年5月,取得退还的存量留抵税额21万元。

借:银行存款　　　　　　　　　 210 000
　　贷:应交税费——应交增值税(进项税额)
　　　　　　　　　　　　　　　 210 000

十一、增值税税控系统专用设备和技术维护费用抵减增值税额的账务处理

业务 10-26 增值税税控系统专用设备和技术维护费用抵减增值税额的处理。

(一) 政策规定

《财政部 国家税务总局关于增值税税控系统专用设备和技术维护费用抵减增值税税额有关政策的通知》(财税〔2012〕15号)第一条规定,增值税纳税人2011年12月1日(含)以后初次购买增值税税控系统专用设备(包括分开票机)支付的费用,可凭购买增值税税控系统专用设备取得的增值税专用发票,及缴纳的技术维护费,可凭技术维护服务单位开具的技术维护费发票,在增值税应纳税额中全额抵减(抵减额为价税合计额),不足抵减的可结转下期继续抵减。

根据上述文件规定,2011年12月1日以后,企业初次购买增值税税控系统专用设备支付的费用以及缴纳的技术维护费,具体抵扣进项税额还是抵减增值税应纳税额分以下几种情况:

(1) 纳税人初次购买专用设备支付的费用,全额抵减增值税应纳税额,不得进行申报抵扣进项税额,不足抵减的可结转下期继续抵减。

(2) 纳税人非初次购买专用设备支付的费用,按规定进行申报抵扣进项税额,不得全额抵减增值税应纳税额。

(3) 购买非增值税税控系统专用设备(如打印机和电脑),按规定进行申报抵扣进项税额,不得全额抵减增值税应纳税额。

(4) 缴纳的技术维护费(不含补缴的2011年11月30日以前的技术维护费),可凭技术维护服

务单位开具的技术维护费发票,在增值税应纳税额中全额抵减,不足抵减的可结转下期继续抵减。

(二)会计处理

《财政部关于印发〈增值税会计处理规定〉的通知》(财会(2016)22号)规定,按现行增值税制度规定,企业初次购买增值税税控系统专用设备支付的费用以及缴纳的技术维护费允许在增值税应纳税额中全额抵减的,按规定抵减的增值税应纳税额,借记"应交税费——应交增值税(减免税款)"科目,贷记"管理费用"等科目。

(1)购买增值税税控系统专用设备支付的费用以及缴纳的技术维护费当期,没有简易计税项目或一般计税方法项目需要缴纳增值税。

借:应交税费——应交增值税(减免税款)
　　贷:管理费用——税控技术维护费等科目

(2)购买增值税税控系统专用设备支付的费

用以及缴纳的技术维护费当期,只有简易计税项目或者简易计税项目应纳税额可全额抵减完。

借:应交税费——简易计税(减免税款)
　　贷:管理费用——税款技术维护费等科目

【例10-24】 F物业公司是提供物业服务的一般纳税人,2022年5月,用银行存款支付初次购买增值税税控系统专用设备支付的费用226元(含税价)、缴纳的技术维护费296.8元(含税价),取得一张增值税专用发票。会计处理如下:

(1)购买增值税税控系统专用设备及支付技术服务费用:

借:管理费用　　　　　　　　522.80
　　贷:银行存款　　　　　　　　522.80

(2)按规定抵减的增值税应纳税额:

借:应交税费——应交增值税　　522.80
　　贷:管理费用　　　　　　　　522.80

第三节　小规模纳税人增值税会计处理

一、小规模纳税人账户设置

小规模纳税人增值税实行简易计税方法,会计核算时,只需在"应交税费"科目下设置"应交增值税"明细科目(不需要设置相关专栏)及"转让金融商品应交增值税""代扣代交增值税"三个明细科目。

(一)应交税费——应交增值税

核算小规模纳税人除转让金融商品以及代扣代缴业务以外的应纳税额;小规模纳税人发生纳税义务计提增值税在本科目贷方反映,扣减、预缴、缴纳、减免均在本科目借方反映;按照国家统一的会计制度确认收入或利得的时点早于按照增值税制度确认增值税纳税义务发生时点的,不需要将相关应增值税进行账务处理。

(1)"应纳税额"记录小规模纳税人销售货物、加工修理修配劳务、服务、无形资产或不动产时,应收取的全额增值税额,在本明细科目的贷方反映。

(2)"扣减应纳税额"记录小规模纳税人销售货物、加工修理修配劳务、服务、无形资产或不动产时,按照现行增值税制度规定因扣减销售额而

减少的应纳税额,在本明细科目的借方反映。

(3)"预缴税额"记录小规模纳税人转让不动产、提供不动产经营租赁服务、提供建筑服务、采用预收款方式销售自行开发的房地产项目,以及其他按现行增值税制度规定应预缴的增值税额,在本明细科目的借方反映。

(4)"减免税款"记录小规模纳税人按现行增值税制度规定准予减免的增值税额,如购买税控专用设备和技术维护费、销售自己使用过的固定资产,按简易办法依3%的征收率,减按2%征收增值税,减征的1%,在本明细科目的借方反映,同时根据实际情况确认"管理费用""其他收益"等科目。

(5)"未交税额"记录小规模纳税人当月应缴未缴、多缴或预缴的增值税额,以及当月缴纳以前期间未缴的增值税额。

(二)应交税费——转让金融商品应交增值税

(1)核算增值税纳税人转让金融商品发生的增值税额。

(2)核算纳税人采用转让金融商品发生的增值税计提、扣减、减免、缴纳等业务。

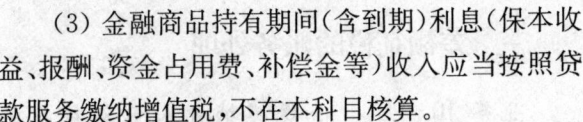

(3) 金融商品持有期间(含到期)利息(保本收益、报酬、资金占用费、补偿金等)收入应当按照贷款服务缴纳增值税,不在本科目核算。

(三) 应交税费——代扣代交增值税

(1) 核算纳税人购进在境内未设经营机构的境外单位或个人在境内的应税行为代扣代缴的增值税。

(2) "应交税费——代扣代交增值税"科目仅核算代扣代缴的对象是"在境内未设经营机构的境外单位或个人",不包括代境内其他个人去税务机关代开增值税发票代缴的增值税。

(3) "应交税费——代扣代交增值税"科目属于过渡性科目。

(4) "应交税费——代扣代交增值税"科目期末贷方余额应在资产负债表中的"应交税费"项目列示。

二、正常业务账务处理

业务 10-28　小规模纳税人正常业务增值税处理。

(一) 采购业务

小规模纳税人购买物资、服务、无形资产或不动产,取得增值税专用发票上注明的增值税应计入相关成本费用或资产,不通过"应交税费——应交增值税"科目核算。

借:原材料等
　　贷:银行存款等

(二) 销售业务

小规模纳税人销售货物、加工修理修配劳务、服务、无形资产或不动产,应当按应收或已收的金额,借记"应收账款""应收票据""银行存款"等科目,按取得的收入金额,贷记"主营业务收入""其他业务收入""固定资产清理""工程结算"等科目,按现行增值税制度规定计算的增值税额,贷记"应交税费——应交增值税"科目。发生销售退回的,应根据按规定开具的红字增值税普通发票做相反的会计分录。

借:银行存款、应收账款、应收票据等
　　贷:主营业务收入、其他业务收入、固定资产清理、工程结算等
　　　　应交税费——应交增值税

(三) 预缴及交纳当月应交增值税的账务处理

小规模纳税人预交增值税以及交纳当月应交的增值税:

借:应交税费——应交增值税
　　贷:银行存款

【例 10-25】　A 企业为增值税小规模纳税人,适用增值税税率为 3%,按季申报纳税,原材料按实际成本核算。该企业 2022 年第 3 季度发生经济交易如下:购入原材料一批,取得的专用发票中注明货款 240 000 元,增值税 31 200 元,款项以银行存款支付,材料验收入库。假设该季度销售产品所开出的普通发票中注明的货款(含税)分别为 278 100 元、473 800 元。A 企业会计处理分别如下:

(1) 假定该季度销售货款(含税)278 100 元。

① 购入原材料:

借:原材料　　　　　　　　　　271 200
　　贷:银行存款　　　　　　　　　271 200

② 销售产品:

借:银行存款　　　　　　　　　278 100
　　贷:主营业务收入　　　　　　　270 000
　　　　应交税费——应交增值税　　8 100

不含税销售额＝含税销售额÷(1＋征收率)＝278 100÷(1＋3%)＝270 000(元)。

应纳增值税＝不含税销售额×征收率＝270 000×3%＝8 100(元)。

为进一步巩固拓展减税降费成效,自 2022 年 1 月 1 日起,暂继续执行增值税小规模纳税人征收率由 3% 减按 1% 征收增值税优惠政策。您可暂按原政策文件规定申报享受优惠(原减免性质代码继续使用)。待正式文件出台后,以正式文件为准。需了解有关情况可咨询主管税务机关或 12366 纳税缴费服务热线。

③ 减免增值税:

自 2021 年 4 月 1 日至 2022 年 12 月 31 日,对月销售额 15 万元以下(含本数)的增值税小规模纳税人免征增值税。A 企业季度销售额 270 000 元,免征增值税。

借:应交税费——应交增值税　　8 100
　　贷:其他收益　　　　　　　　　8 100

（2）假定该季度销售货款（含税）473 800 元。

① 购入原材料：

借：原材料　　　　　　　　271 200
　　贷：银行存款　　　　　　　271 200

② 销售产品：

借：银行存款　　　　　　　473 800
　　贷：主营业务收入　　　　　460 000
　　　　应交税费——应交增值税　13 800

不含税销售额＝含税销售额÷（1＋征收率）＝473 800÷（1＋3%）＝460 000（元）。

应纳增值税＝不含税销售额×征收率＝460 000×3%＝13 800（元）。

③ 交纳增值税：

借：应交税费——应交增值税　13 800
　　贷：银行存款　　　　　　　13 800

【例 10-30】　某酒店为增值税小规模纳税人，增值税按季缴纳。

（1）2022 年第 3 季度购进食材 6 180 元。

借：原材料　　　　　　　　　6 180
　　贷：银行存款　　　　　　　6 180

（2）该酒店第 3 季度取得餐饮、住宿服务收入 77 250 元。

借：银行存款　　　　　　　77 250
　　贷：主营业务收入　　　　　75 000
　　　　应交税费——应交增值税　2 250

（3）该酒店第 3 季度去税务局申请代开增值税专用发票（住宿服务）共 15 450 元，上交增值税 450 元。

借：应交税费——应交增值税　　450
　　贷：银行存款　　　　　　　　450

（4）该酒店第 3 季度应交增值税 1 800 元（2 250－450），但由于第 3 季度销售额为 75 000 元，达不到起征点 450 000 元。该餐饮企业第 3 季度不需要缴纳增值税。

借：应交税费——应交增值税　1 800
　　贷：其他收益　　　　　　　1 800

三、差额征税的账务处理

业务 10-29　小规模纳税人差额征税的处理。

小规模纳税人提供应税服务，试点期间按照营业税改征增值税有关规定允许从销售额中扣除其支付给非试点纳税人价款的，按规定扣减销售额而减少的应交增值税应直接冲减"应交税费——应交增值税"科目。

企业接受应税服务时，按规定允许扣减销售额而减少的应交增值税，借记"应交税费——应交增值税"科目，按实际支付或应付的金额与上述增值税额的差额，借记"主营业务成本"等科目，按实际支付或应付的金额，贷记"银行存款""应付账款"等科目。对于期末一次性进行账务处理的企业，期末，按规定当期允许扣减销售额而减少的应交增值税，借记"应交税费——应交增值税"科目，贷记"主营业务成本"等科目。

1. 发生纳税义务时

借：银行存款、应收账款等（实际收取或者应当收取的全部价款和价外费用）
　　贷：主营业务收入、工程结算等（不含税金额）
　　　　应交税费——应交增值税（以全额口径计算的应纳税额）

2. 取得符合条件的扣除凭证时

借：主营业务成本、工程施工等（不含税金额）
　　应交税费——应交增值税（扣除项目对应的税额）
　　贷：银行存款、应付账款等（实际支付或者应当支付的价款）

【例 10-26】　G 劳务公司属于小规模纳税人，提供劳务派遣服务选择差额征税，征收率为 5%。2022 年 4 月，外派劳务含税销售额 80 000 元，支付给劳务派遣员工工资、福利和为其办理社会保险及住房公积金的费用 60 000 元。

（1）确认收入的会计处理：

借：银行存款　　　　　　　80 000
　　贷：主营业务收入　　　　　76 190
　　　　应交税费——应交增值税　3 810

（2）支付给劳务派遣员工工资、福利和为其办理社会保险及住房公积金,按规定允许扣减销售额而减少的应交增值税 $60\,000\div(1+5\%)\times5\%=2\,857$ 元,会计处理为:

借:应交税费——应交增值税　　　　2 857
　　主营业务成本　　　　　　　　　57 143
　　贷:银行存款　　　　　　　　　　　60 000

四、减免增值税的账务处理

(一) 符合免税标准的免税

业务 10-30 符合免税标准的纳税人免征增值税处理。

根据《财政部 税务总局关于明确增值税小规模纳税人免征增值税政策的公告》(财政部、税务总局公告 2021 年第 11 号,以下简称"11 号公告")的规定,自 2021 年 4 月 1 日至 2022 年 12 月 31 日,小规模纳税人发生增值税应税销售行为,合计月销售额未超过 15 万元(以 1 个季度为 1 个纳税期的,季度销售额未超过 45 万元,下同)的,免征增值税。应当按照《增值税会计处理规定》(财会〔2016〕22 号)的相关规定进行会计处理,将有关应交增值税转入"其他收益"科目,在利润表"营业收入"项目中反映。做借记"应交税费——应交增值税",贷记"其他收益"处理:

借:应交税费——应交增值税
　　贷:其他收益

(二) 符合条件的减按 1% 纳税

业务 10-31 符合条件的小规模纳税人减按 1% 纳税。

根据《财政部 税务总局关于支持个体工商户复工复业增值税政策的公告》(财政部、税务总局公告 2020 年第 13 号)、《财政部 税务总局关于延长小规模纳税人减免增值税政策执行期限的公告》(财政部、税务总局公告 2020 年第 24 号)以及《财政部 税务总局关于延续实施应对疫情部分税费优惠政策的公告》(财政部、税务总局公告 2021 年第 7 号)的规定,自 2020 年 3 月 1 日至 2021 年 12 月 31 日(湖北省自 2021 年 4 月 1 日至 2021 年 12 月 31 日),适用 3% 征收率的应税销售收入,减按 1% 征收率征收增值税;适用 3% 预征率的预缴增值税项目,减按 1% 预征率预缴增值税。

其中,销售额=含税销售额/(1+1%)。

自 2022 年 1 月 1 日起,暂继续执行小规模纳税人减征增值税政策。对增值税小规模纳税人适用 3% 征收率的应税销售收入,暂减按 1% 征收率征收增值税;适用 3% 预征率的预缴增值税项目,暂减按 1% 预征率预缴增值税。您在开具发票选择征收率时,请暂按上述政策执行。待正式文件出台后,以正式文件为准。

【**例 10-27**】 L 公司是小规模纳税人,2021 年第 4 季度发生餐饮服务,不含税销售额 300 000 元,开具增值税普通发票。同时出租部分店面取得租赁费不含税 50 000 元,开具增值税普通发票。餐饮服务适用 3% 的征收率,减按 1% 缴纳增值税。而出租店面属于不动产经营租赁,征收率 5%,不适用减按 1% 的优惠政策。会计处理如下:

借:银行存款　　　　　　　　　　355 500
　　贷:主营业务收入　　　　　　　　300 000
　　　　其他业务收入　　　　　　　　 50 000
　　　　应交税费——应交增值税　　　　5 500

五、购进税控收款机及税控设备税额抵免

业务 10-32 购进税控收款机及税控设备税额抵免的处理。

(1) 自 2004 年 12 月 1 日起,增值税小规模纳税人购置税控收款机,可凭购进税控收款机取得的增值税专用发票,按照发票上注明的增值税税额,抵免当期应纳增值税税额。当期应纳税额不足抵免的,未抵免部分可在下期继续抵免。(财税〔2004〕167 号)

借:固定资产
　　应交税费——应交增值税
　　贷:管理费用

(2) 自 2011 年 12 月 1 日起,增值税纳税人购买增值税税控系统专用设备支付的费用,可凭购买增值税税控系统专用设备取得的增值税专用发票,在增值税应纳税额中全额抵减(抵减额为价税合计额),不足抵减的可结转下期继续抵减。(财

税〔2012〕15号）

借：应交税费——应交增值税

贷：管理费用

【例10-28】 G物业公司是提供物业服务的小规模纳税人，2022年5月，用银行存款支付初次购买增值税税控系统专用设备支付的费用226元（含税价）、缴纳的技术维护费296.8元（含税价），取得一张增值税专用发票。会计处理如下：

① 购买增值税税控系统专用设备及支付技术服务费用：

借：管理费用　　　　　　　　　522.80

贷：银行存款　　　　　　　　　522.80

② 按规定抵减的增值税应纳税额：

借：应交税费——应交增值税　　522.80

贷：管理费用　　　　　　　　　522.80

第四节　应交消费税财税处理

一、消费税会计核算特点

消费税在生产、委托加工和进口环节征收，一旦出了生产环节进入流通领域，不再征收消费税（烟批发环节、金银首饰零售环节、超豪华小汽车零售环节除外）。一般而言，消费税仅为生产企业和进口企业交纳并核算。

二、科目设置

小企业按规定交纳的消费税，在"应交税费——应交消费税"明细科目核算，贷方登记按规定应交的消费税，借方登记实际交纳的消费税和待扣的消费税。期末贷方余额反映尚未交纳的消费税，期末借方余额反映多交或待扣的消费税。

小企业应缴纳的消费税计入"税金及附加"科目，期末将本科目余额转入"本年利润"科目。

三、生产销售应税消费品

（一）直接销售应税消费品

业务10-34　直接销售应税消费品的处理

小企业将生产的应税消费品直接对外销售的，对外销售产品应交纳的消费税，通过"税金附加"科目核算；企业按规定计算出应交的消费税，借记"税金及附加"科目，贷记"应交税费——应交消费税"科目。

借：税金及附加

贷：应交税费——应交消费税

【例10-29】 2022年3月，P企业销售所生产的化妆品，价款100 000元（不含增值税），开具的增值税专用发票上注明的增值税税额为13 000元，适用的消费税税率为15%，款项已存入银行。P公司会计处理如下：

① 取得价款和税款时：

借：银行存款　　　　　　　　　113 000

贷：主营业务收入　　　　　　　100 000

应交税费——应交增值税（销项税额）13 000

② 计算应交纳的消费税：

应纳消费税税额＝100 000×15%＝15 000（元）

借：税金及附加　　　　　　　　15 000

贷：应交税费——应交消费税　　15 000

（二）视同销售应税消费品

业务10-35　视同销售应税消费品的处理。

小企业将应税消费品用于在建工程、非生产机构等其他方面：按规定应交纳的消费税应计入有关的成本。例如，企业以应税消费品用于在建工程项目，应交的消费税计入在建工程成本。

小企业将自产应税消费品用于非货币性资产交换、债务重组、在建工程、非应税项目、非生产机构、管理部门、提供劳务以及用于馈赠、赞助、集资、广告、样品、职工福利、奖励等方面的账务处理，按规定计算的应缴消费税，借记"固定资产""在建工程""营业外支出""管理费用""应付职工薪酬""生产成本""销售费用"等科目，贷记"应交

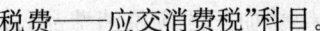

税费——应交消费税"科目。

借：在建工程、应付职工薪酬等
　　贷：应交税费——应交消费税

【例10-30】 2022年3月，Q公司（增值税一般纳税人），将自产的一辆汽车用于赞助活动，同类汽车销售价格为20万元，该汽车成本为14万元，适用的消费税税率为5％，增值税税率为13％。Q公司会计处理如下：

应交消费税＝200 000×5％＝10 000（元）

应交增值税＝200 000×13％＝26 000（元）

借：营业外支出　　　　　　176 000
　　贷：库存商品　　　　　　　140 000
　　　　应交税费——应交消费税 10 000
　　　　　　　　——应交增值税 26 000

（三）应税消费品带包装物销售

1. 税法规定

（1）《中华人民共和国消费税暂行条例实施细则》第13条规定，应税消费品连同包装物销售的，无论包装物是否单独计价以及在会计上如何核算，均应并入应税消费品的销售额中缴纳消费税。如果包装物不作价随同产品销售，而是收取押金，此项押金则不应并入应税消费品的销售额中征税。但对因逾期未收回的包装物不再退还的或者已收取的时间超过12个月的押金，应并入应税消费品的销售额，按照应税消费品的适用税率缴纳消费税。

对既作价随同应税消费品销售，又另外收取押金的包装物的押金，凡纳税人在规定的期限内没有退还的，均应并入应税消费品的销售额，按照应税消费品的适用税率缴纳消费税。

（2）根据《财政部 税务总局关于酒类产品包装物押金征税问题的通知》（财税〔1995〕53号）的规定，从1995年6月1日起，酒类产品生产企业销售酒类产品而收取的包装物押金，无论押金是否返还与会计上如何核算，均需并入酒类产品销售额中征收消费税。根据《国家税务总局关于加强增值税征收管理若干问题的通知》（国税发〔1995〕192号）的规定，从1995年6月1日起，对销售除

啤酒、黄酒外的其他酒类产品而收取的包装物押金，无论是否返还以及会计上如何核算，均应并入当期销售额征税。对销售啤酒、黄酒所收取的押金，则按一般押金的规定处理。根据《财政部 税务总局关于明确啤酒包装物押金消费税政策的通知》（财税〔2006〕20号）的规定，啤酒的包装物押金不包括供重复使用的塑料周转箱的押金。

（3）白酒生产企业向商业销售单位收取的"品牌使用费"是随着应税白酒的销售而向购货方收取的，属于应税白酒销售价款的组成部分，因此，不论企业采取何种方式以何种名义收取价款，均应并入白酒的销售额中缴纳消费税。

2. 会计处理

业务10-36 **应税消费品带包装物销售的处理。**

小企业随同产品出售但单独计价的包装物，按规定应缴纳的消费税，借记"税金及附加"科目，贷记"应交税费——应交消费税"科目。

借：税金及附加
　　贷：应交税费——应交消费税

小企业收取的除啤酒、黄酒以外酒类产品的包装物押金，按规定应缴纳的消费税，借记"其他应付款"科目，贷记"应交税费——应交消费税"科目；企业逾期未收回包装物不再退还的包装物押金和已收取1年以上的包装物押金，按规定应缴纳的消费税，借记"税金及附加"等科目，贷记"应交税费——应交消费税"科目。

借：其他应付款
　　税金及附加
　　贷：应交税费——应交消费税

【例13-31】 M公司是白酒生产企业，系增值税一般纳税人，2022年10月销售粮食白酒6 000斤，不含税销售收入80 000元，另外收取包装物押金2 260元，约定5个月后返还包装物，如逾期未能归还，没收押金。（白酒适用定率税率20％，定额税率每斤0.5元，1斤=0.5千克）

销售的白酒应交消费税＝80 000×20％＋

$6\ 000 \times 0.5 = 19\ 000$（元）。

销售白酒增值税销项税额 $= 80\ 000 \times 13\% = 10\ 400$（元）。

包装物押金应交消费税 $= 2\ 260 \div 1.13 \times 20\% = 400$（元）。

包装物押金增值税销项税额 $= 2\ 260 \div 1.13 \times 13\% = 260$（元）。

销售实现时相关会计分录如下：

借：银行存款   92 660

    贷：主营业务收入   80 000

        其他应付款   2 260

        应交税费——应交增值税（销项税额） 10 400

借：税金及附加   19 000

    贷：应交税费——应交消费税   19 000

同时，确认包装物应缴纳的增值税和消费税：

借：销售费用   660

    贷：应交税费——应交增值税（销项税额） 260

               ——应交消费税 400

3. 包装物到期

（1）如按期收回包装物时：

① 冲减计提的增值税和消费税：

借：销售费用   −600

    贷：应交税费——应交增值税（销项税额）−260

               ——应交消费税 −400

② 退还押金：

借：其他应付款   2 260

    贷：银行存款   2 260

（2）如未收回，没收包装物押金时：

借：其他应付款   2 260

    贷：其他业务收入   2 260

四、委托加工应税消费品

（一）委托加工应税消费品的含义及应税规定

委托加工的应税消费品，是指由委托方提供原料和主要材料，受托方只收取加工费和代垫部分辅助材料加工的应税消费品。对于受托方提供原材料生产的应税消费品，或者受托方先将原材料卖给委托方，然后再接受加工的应税消费品，以及由受托方以委托方名义购进原材料生产的应税消费品，不论在财务上是否作为销售处理，都不得作为委托加工应税消费品，而应当按照销售自制应税消费品缴纳消费税。

委托加工的应税消费品，除受托方为个人外，由受托方在向委托方交货时代扣代缴消费税。委托个人加工的应税消费品、由委托方收回后缴纳消费税。委托加工的应税消费品，委托方用于连续生产应税消费品的，所纳税款准予按规定抵扣。委托方将收回的应税消费品，以不高于受托方的计税价格出售的，为直接出售，不再缴纳消费税；委托方以高于受托方的计税价格出售的，不属于直接出售，需按照规定申报缴纳消费税，在计税时准予扣除受托方已代收代缴的消费税。

（二）委托加工应税消费品的会计处理

业务 10-37　委托加工应税消费品的处理。

1. 委托加工物资收回后直接用于销售

委托加工物资收回后，直接用于销售的，将由受托方代收代缴的消费税计入委托加工物资的成本，借记"委托加工物资"等科目，贷记"应付账款""银行存款"等科目。

借：委托加工物资

    贷：应付账款、银行存款等

2. 委托加工物资收回后用于连续生产应税消费品

委托加工物资收回后用于连续生产的，按税法规定准予抵扣的，将由受托方代收代缴的消费税，借记"应交税费——应交消费税"科目，贷记"应付账款""银行存款"等科目。

借：应交税费——应交消费税

    贷：应付账款、银行存款等

【例 10-32】2022 年 3 月，M 公司委托 N 公司加工一批应税消费品材料（非金银首饰），M 公司发出材料价款 200 000 元，应付加工费用 50 000 元，由受托方代收代交的消费税 5 000 元，材料已经加工完毕验收入库，加工费用尚未支付。

假如该企业材料采用实际成本核算。根据这项经济业务，M公司应作如下会计处理：

（1）如果委托方收回加工后的材料用于继续生产应税消费品，由受托方代收代交的消费税按税法规定准予抵扣，委托方的账务处理如下：

借：委托加工物资　　　　　　　　200 000
　　贷：原材料　　　　　　　　　　　200 000

借：委托加工物资　　　　　　　　50 000
　　应交税费——应交消费税　　　5 000
　　贷：应付账款　　　　　　　　　　55 000

借：原材料　　　　　　　　　　　250 000
　　贷：委托加工物资　　　　　　　250 000

（2）如果委托方收回加工后的材料直接用于销售，M公司的账务处理如下：

借：委托加工物资　　　　　　　　200 000
　　贷：原材料　　　　　　　　　　　200 000

借：委托加工物资　　　　　　　　55 000
　　贷：应付账款　　　　　　　　　　55 000

借：原材料　　　　　　　　　　　255 000
　　贷：委托加工物资　　　　　　　255 000

五、金银首饰零售业务

业务 10-38　金银首饰零售业务消费税处理。

有金银首饰零售业务以及采用以旧换新方式销售金银首饰或受托代销金银首饰的小企业，应在"应交税费"科目下设置"应交消费税"明细科目，核算金银首饰应缴纳的消费税。

（1）在营业收入实现时，按规定应缴消费税额：

借：税金及附加
　　贷：应交税费——应交消费税

（2）随同金银首饰出售但单独计价的包装物，按规定应缴纳的消费税：

借：税金及附加
　　贷：应交税费——应交消费税

（3）小企业因受托加工或翻新改制金银首饰按规定应缴纳的消费税，于企业向委托方交货时：

借：税金及附加
　　贷：应交税费——应交消费税

六、进口应税消费品

业务 10-39　进口应税消费品的处理。

小企业进口应税物资缴纳的消费税由海关代征。应交的消费税按照组成计税价格和规定的税率计算，消费税计入该项物资成本，借记"在途物资""材料采购""原材料""库存商品"科目，贷记"银行存款"等科目。

借：在途物资、原材料、库存商品等
　　贷：银行存款等

【例 10-33】2022 年 4 月，甲公司从国外进口一批需要缴纳消费税的商品，已知该商品关税完税价格为 540 000 元，按规定应缴纳关税 108 000 元，假定进口的应税消费品的消费税税率为 10%，增值税税率为 13%。货物报关后，自海关取得的"海关进口消费税专用缴款书"注明的消费税为 72 000 元、"海关进口增值税专用缴款书"注明的增值税为 93 600 元。

进口商品已验收入库，全部货款和税款已用银行存款支付。甲公司会计处理如下：

进口商品的入账成本＝540 000＋108 000＋72 000＝720 000（元）。

应交消费税税额＝[（540 000＋108 000）÷（1－10%）]×10%＝72 000（元）；应交增值税税额＝（540 000＋108 000＋72 000）×13%＝93 600（元）。

借：库存商品　　　　　　　　　　720 000
　　应交税费——应交增值税（进项税额）93 600
　　贷：银行存款　　　　　　　　　　813 600

七、免征消费税的出口应税消费品

（一）出口免税但不退税

业务 10-40　出口应税消费品免税但不退税的处理。

1. 税法规定

有出口经营权的生产性企业自营出口或生产企业委托外贸企业代理出口自产的应税消费品，

依据其实际出口数量,免征消费税,不予办理退还消费税。

2. 会计处理

生产性企业直接出口或通过外贸企业出口的物资,按规定直接予以免税的,可不计算应交消费税,不做会计处理。

(二)出口免税并退税

业务 10-41　出口应税消费品免税并退税的处理。

1. 税法规定

有出口经营权的外贸企业购进应税消费品直接出口,以及外贸企业受其他外贸企业委托代理出口应税消费品,在出口环节免征消费税,并可退还生产环节的消费税。

2. 会计处理

(1) 委托外贸企业代理出口物资的生产性企业。在计算消费税时,按应交消费税,借记"其他应收款"科目,贷记"应交税费——应交消费税"科目。

借:其他应收款
　　贷:应交税费——应交消费税

收到外贸企业退回的税金,借记"银行存款"科目,贷记"其他应收款"科目。

借:银行存款
　　贷:其他应收款

(2) 代理出口物资的外贸企业。将应税消费品出口后,收到税务部门退回生产企业缴纳的消费税,借记"银行存款"科目,贷记"其他应付款"科目。

借:银行存款
　　贷:其他应付款

外贸企业将税金退还生产企业时,借记"其他应付款"科目,贷记"银行存款"科目。

借:其他应付款
　　贷:银行存款

生产企业将应税消费品销售给外贸企业,由外贸企业自营出口的,生产企业交纳的消费税与内销会计处理相同,其交纳的消费税应借记"税金及附加"科目,贷记"应交税费——应交消费税"科目。自营出口物资的外贸企业,在物资报关出口后,申请出口退税时,借记"其他应收款"科目,贷记"主营业务成本"科目。实际收到退回的税金,借记"银行存款"科目,贷记"其他应收款"科目。

(三)出口不免税也不退税

业务 10-42　出口应税消费品不免税也不退税的处理。

1. 税法规定

除生产企业、外贸企业外的其他企业,具体是指一般商贸企业,这类企业委托外贸企业代理出口应税消费品一律不予退(免)消费税。

2. 会计处理

生产企业将应税消费品销售给一般商贸企业,再由商贸企业委托外贸企业出口的,生产企业缴纳的消费税与内销会计处理相同,其缴纳的消费税应借记"税金及附加"科目,贷记"应交税费——应交消费税"科目。委托出口的商贸企业和代理出口的外贸企业,一律不予退(免)消费税,和内销商品同样处理。

八、上交消费税及退税的账务处理

小企业按期上交消费税时,借记"应交税费——应交消费税"科目,贷记"银行存款"科目。

借:应交税费——应交消费税
　　贷:银行存款

小企业缴纳消费税后,如因销售退回或折让而收到税务机关退税时,借记"银行存款"科目,贷记"税金及附加"等科目。

借:银行存款
　　贷:税金及附加

第五节 小企业其他税费财税处理

一、应交城市维护建设税、教育费附加、地方教育费附加

小企业应交城市维护建设税、教育费附加、地方教育费附加附加税费简称为附加税费，是以依法实际缴纳的增值税、消费税税额（以下简称"两税税额"）为计税依据计算的附加税费。主要政策规定见本书第二章内容。

（一）科目设置

小企业应设置"应交税费——应交城建税""应交税费——应交教育附加""应交税费——应交地方教育费附加"科目，核算分别按规定应交的城建税、教育费附加和地方教育费附加。贷方登记应交的城建税、教育费附加和地方教育费附加，借方登记已交的城建税、教育费附加和地方教育费附加；期末贷方余额，反映尚未缴纳的城建税、教育费附加和地方教育费附加。

小企业应缴纳的城市维护建设税、教育费附加和地方教育附加计入"税金及附加"科目，期末将本科目余额转入"本年利润"科目。

（二）会计处理

业务 10-43　应交城市维护建设税、教育费附加、地方教育费附加处理。

（1）小企业按照税法规定计算的应交的城市维护建设税、教育附加和地方教育费附加，借记"税金及附加"科目，贷记"应交税费——应交城建税""应交税费——应交教育费附加""应交税费——应交地方教育费附加"科目。

借：税金及附加
　　贷：应交税费——应交城建税
　　　　应交税费——应交教育费附加
　　　　应交税费——应交地方教育费附加

（2）缴纳的城市维护建设税和教育费附加，借记"应交税费——应交城建税""应交税费——应交教育费附加""应交税费——应交地方教育附加"科目，贷记"银行存款"科目。

借：应交税费——应交城建税
　　　　——应交教育费附加
　　　　——应交地方教育费附加
　　贷：银行存款

【例10-34】 2022年6月，甲公司应交增值税360 050元，适用的城市维护建设税税率为7%，教育费附加率为3%，地方教育附加率为2%。甲公司会计处理如下：

① 计算应交城市维护建设税、教育费附加、地方教育附加。

计算应交的城市维护建设税＝360 050×7%＝25 203.5（元）。

计算应交的教育费附加＝360 050×3%＝10 801.5（元）。

计算应交的地方教育附加＝360 050×2%＝7 201（元）。

借：税金及附加　　　　　　　　43 206.00
　　贷：应交税费——应交城市维护建设税 25 203.50
　　　　——应交教育费附加　　10 801.50
　　　　——应交地方教育附加　　7 201.00

② 上交城市维护建设税、教育费附加、地方教育附加。

借：应交税费——应交城市维护建设税 25 203.50
　　　　——应交教育费附加　　10 801.50
　　　　——应交地方教育附加　　7 201.00
　　贷：银行存款　　　　　　　43 206.00

二、应交资源税

资源税是对在我国境内开采矿产品或者生产盐的单位和个人征收的税。主要政策规定见本书第二章内容。

（一）科目设置

小企业按规定应缴的资源税，在"应交税费"科目下设置"应交资源税"明细科目核算。"应交资源税"明细科目的借方发生额，反映企业已缴纳的或按规定允许抵扣的资源税；贷方发生额，反映应缴纳的资源税；期末借方余额反映多缴纳或

尚未抵扣的资源税，期末贷方余额反映尚未缴纳的资源税。

小企业应缴纳的资源税计入"税金及附加"科目，期末将本科目余额转入"本年利润"科目。

（二）会计处理

业务 10-43 **应交资源税的处理。**

1. 销售应税资源税产品

（1）小企业销售应税产品按规定应缴纳的资源税，借记"税金及附加"科目，贷记"应交税费——应交资源税"科目。

借：税金及附加
　　贷：应交税费——应交资源税

（2）小企业自产自用或非货币性资产交换、抵偿债务、对外捐赠等转出应税产品应缴纳的资源税，借记"生产成本""制造费用"等科目，贷记"应交税费——应交资源税"科目。

借：生产成本、制造费用等
　　贷：应交税费——应交资源税

2. 收购未缴税矿产品

小企业收购未缴税矿产品，按实际支付的收购款，借记"材料采购"等科目，贷记"银行存款"等科目，按代扣代缴的资源税，借记"材料采购"等科目，贷记"应交税费——应交资源税"科目。

借：材料采购
　　贷：应交税费——应交资源税
　　　　银行存款

3. 外购液体盐加工固体盐

（1）小企业外购液体盐加工固体盐的，在购入液体盐时，按所允许抵扣的资源税，借记"应交税费——应交资源税"科目，按外购价款扣除允许抵扣资源税后的数额，借记"材料采购"等科目，按应支付的全部价款，贷记"银行存款""应付账款"等科目。

借：材料采购
　　应交税费——应交资源税
　　　　贷：银行存款

（2）小企业加工成固体盐后，在销售时，按计算出的销售固体盐应缴的资源税，借记"税金及附加"科目，贷记"应交税费——应交资源税"科目。

借：税金及附加
　　贷：应交税费——应交资源税

（3）将销售固体盐应纳资源税扣抵液体盐已纳资源税后的差额上缴时，借记"应交税费——应交资源税"科目，贷记"银行存款"科目。

借：应交税费——应交资源税
　　贷：银行存款

4. 上缴资源税

小企业按规定上缴资源税时，借记"应交税费——应交资源税"科目，贷记"银行存款"科目。

借：应交税费——应交资源税
　　贷：银行存款

【例 10-35】 2022 年 6 月，N 公司本期对外销售资源税应税矿产品 3 600 吨，将自产资源税应税矿产品 800 吨用于其产品生产，税法规定每吨矿产品应交资源税 5 元。N 公司会计处理如下：

（1）计算对外销售应税矿产品应交资源税：

借：税金及附加（3 600×5）　　　　18 000
　　贷：应交税费——应交资源税　　　　18 000

（2）计算自用应税矿产品应交资源税：

借：生产成本（800×5）　　　　　　4 000
　　贷：应交税费——应交资源税　　　　4 000

（3）交纳资源税：

借：应交税费——应交资源税　　　　22 000
　　贷：银行存款　　　　　　　　　　22 000

三、应交环境保护税

环境保护税的征税范围是《中华人民共和国环境保护税法》所附《环境保护税税目税额表》《应税污染物和当量值表》规定的大气污染物、水污染物、固体废物和噪声等应税污染物。环境保护税征收后，不再征收排污费。

（一）科目设置

环境保护税按月计算，按季申报缴纳。不能按固定期限计算缴纳的，可以按次申报缴纳。小企业按规定应缴的环境保护税，在"应交税费"科目下设置"应交环境保护税"明细科目核算。贷方登记应缴数，借方登记实际缴纳数；期末贷方余额反映尚未缴纳数。

小企业应缴纳的环境保护税计入"税金及附加"科目,期末将本科目余额转入"本年利润"科目。

(二)会计处理

业务 10-44 应交环境保护税的处理。

(1)计算出环境保护税时,借记"税金及附加"科目,贷记"应交税费——应交环境保护税"科目。

借:税金及附加

　　贷:应交税费——应交环境保护税

(2)实际缴纳环境保护税款时,借记"应交税费——应交环境保护税"科目,贷记"银行存款"科目。

借:应交税费——应交环境保护税

　　贷:银行存款

四、应交土地增值税

土地增值税是对转让国有土地使用权、地上的建筑物及其附着物(简称"转让房地产")并取得增值性收入的单位和个人所征收的一种税。

(一)科目设置

小企业按规定应缴的土地增值税,在"应交税费"科目下设置"应交土地增值税"明细科目核算。"应交土地增值税"明细科目的借方发生额,反映企业已缴的土地增值税;贷方发生额,反映应缴的土地增值税;期末贷方余额反映尚未缴纳的土地增值税。

(二)会计处理

业务 10-45 应交土地增值税的处理。

根据企业对房地产核算方法不同,企业应交土地增值税的账务处理也有所区别:

1. 主营房地产业务的企业

主营房地产业务的小企业,应由当期营业收入负担的土地增值税,借记"税金及附加"科目,贷记"应交税费——应交土地增值税"科目。

借:税金及附加

　　贷:应交税费——应交土地增值税

2. 兼营房地产业务的工业企业

兼营房地产业务的工业小企业,应由当期营业收入负担的土地增值税,借记"税金及附加"科目,贷记"应交税费——应交土地增值税"科目。

借:税金及附加

　　贷:应交税费——应交土地增值税

3. 预缴土地增值税

(1)企业在项目交付使用前转让房地产取得的收入,按税法规定预缴的土地增值税,借记"应交税费——应交土地增值税"科目,贷记"银行存款"科目。

借:应交税费——应交土地增值税

　　贷:银行存款

(2)待该房地产营业收入实现时,再按上述营业业务的会计处理方法进行处理。

借:税金及附加

　　贷:应交税费——应交土地增值税

(3)该项目全部交付使用后进行清算,收到退回多缴的土地增值税,借记"银行存款"科目,贷记"应交税费——应交土地增值税"科目。

借:银行存款

　　贷:应交税费——应交土地增值税

补缴的土地增值税作相反的会计分录。

4. 土地使用权在固定资产科目核算的企业

小企业转让的土地使用权连同地上建筑物及其附着物一并在"固定资产"科目核算的,转让时应交的土地增值税,借记"固定资产清理"科目,贷记"应交税费——应交土地增值税"科目,应缴纳的增值税,贷记"应交税费——应交增值税(销项税额)"或"应交税费——简易计税"科目。

借:固定资产清理

　　贷:应交税费——应交土地增值税

　　　　——应交增值税(销项税额)或简易计税

5. 土地使用权在无形资产科目核算的企业

小企业转让的土地使用权在"无形资产"科目核算的,按实际收到的金额,借记"银行存款"科目,按应缴的土地增值税,贷记"应交税费——应交土地增值税"科目,同时冲销土地使用权账面价值,贷记"无形资产"科目,按其差额,借记"营业外支出"或贷记"营业外收入"科目。若涉及增值税和累计摊销的,还应进行相应的处理。

借:银行存款
　　营业外支出
　　贷:无形资产
　　　　应交税费——应交土地增值税
　　　　　　　　——应交增值税(销项税额)或简易
　　　　　　　　　　计税
　　　　营业外收入

6. 缴纳土地增值税

小企业缴纳土地增值税时,借记"应交税费——应交土地增值税"科目,贷记"银行存款"科目。

借:应交税费——应交土地增值税
　　贷:银行存款

【例10-43】 2022年6月,甲公司对外转让一栋厂房,根据税法规定计算的应交土地增值税为25 000元。甲公司会计处理如下:

(1)计算应交土地增值税。

借:固定资产清理　　　　　　　　25 000
　　贷:应交税费——应交土地增值税　25 000

(2)用银行存款交纳土地增值税。

借:应交税费——应交土地增值税　　25 000
　　贷:银行存款　　　　　　　　　25 000

五、应交房产税、城镇土地使用税和车船税

小企业应按国家税法规定缴纳房产税、城镇土地使用税和车船税。

(一)科目设置

小企业按规定应缴的房产税、城镇土地使用税和车船税,在"应交税费"科目下分别设置"应交房产税""应交城镇土地使用税""应交车船税"明细科目核算。贷方分别登记应缴数,借方登记实际缴纳数;期末贷方余额反映尚未缴纳数。

小企业应缴纳的房产税、城镇土地使用税和车船税均计入"税金及附加"科目,期末将本科目余额转入"本年利润"科目。

(二)会计处理

业务10-46 **应交房产税、城镇土地使用税和车船税的处理。**

(1)按规定计算应交的房产税、土地使用税、车船税。

小企业按规定计算应缴的房产税、土地使用税、车船税时,借记"税金及附加"科目,贷记"应交税费——应交房产税(或城镇土地使用税、车船税)"科目。

借:税金及附加
　　贷:应交税费——应交房产税
　　　　　　　　　——应交城镇土地使用税
　　　　　　　　　——应交车船税

(2)上缴时,借记"应交税费——应交房产税(或城镇土地使用税、车船税)"科目,贷记"银行存款"科目。

借:应交税费——应交房产税
　　　　　　　——应交城镇土地使用税
　　　　　　　——应交车船税
　　贷:银行存款

【例10-36】 2022年6月,甲公司按税法规定本期应交纳房产税160 000元、车船税38 000元、城镇土地使用税45 000元。甲公司会计处理如下:

(1)计算出应缴的房产税、土地使用税、车船税。

借:税金及附加　　　　　　　　　　243 000
　　贷:应交税费——应交房产税　　　160 000
　　　　　　　　　——应交城镇土地使用税　45 000
　　　　　　　　　——应交车船税　　38 000

(2)上缴时,借记"应交税费——应交房产税(或城镇土地使用税、车船税)"科目,贷记"银行存款"科目。

借:应交税费——应交房产税　　　　160 000
　　　　　　　——应交城镇土地使用税　45 000
　　　　　　　——应交车船税　　　　38 000
　　贷:银行存款　　　　　　　　　243 000

六、应交印花税

业务 10-47　应交印花税处理。

印花税是对书立、领受购销合同等凭证行为征收的税款,实行由纳税人根据规定自行计算应纳税额,购买并一次贴足印花税票的缴纳方法。

小企业缴纳的印花税,不会发生应付未付税款的情况,不需要预计应纳税金额,同时也不存在与税务机关结算或清算的问题。因此,小企业缴纳的印花税不需要通过"应交税费"科目核算,直接借记"税金及附加"科目,贷记"银行存款"科目。

借:税金及附加
　贷:银行存款

【例 10-37】 2022 年 6 月,甲公司按税法规定应缴纳印花税 16 000 元。甲公司会计处理如下:

借:税金及附加　　　　　　　　16 000
　贷:银行存款　　　　　　　　　　16 000

一次购买印花税票金额较大,且分期使用的,可以先借记"预付账款"科目,贷记"银行存款"科目;待实际使用时,再借记"税金及附加"科目,贷记"预付账款"科目。

七、应交耕地占用税

业务 13-34　应交耕地占用税处理。

耕地占用税以实际占用的耕地面积计税,按规定税额一次征收。小企业缴纳的耕地占用税,不需要通过"应交税费"科目核算。小企业按规定计算缴纳耕地占用税时,借记"在建工程"科目,贷记"银行存款"科目。

由于耕地占用税是在实际占用耕地之前一次性缴纳的,不存在与征税机关清算和结算的问题,因此企业按规定缴纳的耕地占用税,可以不通过"应交税费"科目核算。

(1)企业为购建固定资产而交纳的耕地占用税,作为固定资产价值的组成部分,记入"在建小工程"科目。

借:在建工程
　贷:银行存款

(2)房地产开发企业购买土地缴纳的耕地占用

税、契税,先计入"无形资产——土地使用权成本"核算,待房地产企业正式开发建设时,再转入"开发成本——土地征用及拆迁补偿费"会计科目核算。

借:无形资产——土地使用权成本
　贷:银行存款
借:开发成本——土地征用及拆迁补偿费
　贷:无形资产——土地使用权成本

八、应交契税

业务 10-48　应交契税处理。

小企业取得土地使用和不动产,按规定缴纳的契税,计入所取得土地使用权和房屋所有权的成本。其中:企业缴纳的契税,不需要通过"应交税费"科目核算,直接借记"固定资产""无形资产"等科目,贷记"银行存款"科目。

借:固定资产、无形资产
　贷:银行存款

九、应交车辆购置税

业务 10-49　应交车辆购置税处理。

小企业购置应税车辆,按规定缴纳的车辆购置税,以及购置的减税、免税车辆改制后用途发生变化的,按规定应补缴的车辆购置税,借记"固定资产"科目,贷记"银行存款"科目。

借:固定资产
　贷:银行存款

【例 10-38】 2022 年 8 月,甲公司从汽车 4S 店(增值税一般纳税人)购买 2.0 升排量的乘用车,支付价款 169 500 元,另支付汽车 4S 店代办保险费 3 000 元,代办车辆牌照费 600 元。会计处理如下:

应纳车辆购置税 = 169 500 ÷ (1 + 13%) × 10% = 15 000(元)。

借:固定资产　　　　　　　　　168 600
　应交税费——应交增值税(进项税额)19 500
　贷:应交税费——应交车辆购置税　　15 000
　　银行存款　　　　　　　　　　173 100

十、应交企业所得税

业务 10-50　应交企业所得税处理。

小企业按期计算的所得税通过"所得税费用"

和"应交税费——应交所得税"核算。

（一）按期计算企业所得税时

借：所得税费用

　　贷：应交税费——应交企业所得税

（二）期末结转时

借：本年利润

　　贷：所得税费用

（三）缴纳企业所得税时

借：应交税费——应交企业所得税

　　贷：银行存款

小企业所得税的详细处理见本书第十五章内容。

十一、应交个人所得税

（一）代扣代缴个人所得税

小企业职工按规定应交纳的个人所得税通常由单位代扣代缴。

1. 科目设置

小企业代扣代缴的个人所得税等，通过"应交税费——应交个人所得税"科目核算。

2. 代扣综合所得——工资薪金个人所得税会计处理

业务 10-51　　代扣代缴个人所得税处理。

（1）小企业按规定计算的代扣代缴的职工个人所得税，借记"应付职工薪酬"科目，贷记"应交税费——应交个人所得税"科目。

借：应付职工薪酬

　　贷：应交税费——应交个人所得税

（2）小企业缴纳个人所得税时，借记"应交税费——应交个人所得税"科目，贷记"银行存款"科目。

借：应交税费——应交个人所得税

　　贷：银行存款

【例 10-39】 2022 年 6 月，甲公司结算本月应付职工工资总额 300 000 元，按税法规定应代扣代缴的职工个人所得税共计 3 000 元，实发工资 297 000 元。甲公司会计处理如下：

（1）代扣个人所得税。

借：应付职工薪酬——工资　　　　　3 000

　　贷：应交税费——应交个人所得税　　3 000

（2）缴纳个人所得税：

借：应交税费——应交个人所得税　　3 000

　　贷：银行存款　　　　　　　　　　3 000

3. 代扣综合所得——劳务报酬所得、稿酬所得、特许权使用费所得个人所得税会计处理

（1）小企业支付给个人劳务报酬、稿酬、特许权使用费时，借记"生产成本""管理费用""销售费用"等科目，贷记"银行存款""库存现金""应交税费——代扣代交个人所得税"等科目。

借：生产成本、管理费用、销售费用等

　　贷：银行存款

　　　　应交税费——应交个人所得税

（2）实际缴纳代扣的个人所得税时，借记"应交税费——代扣代交个人所得税"科目，贷记"银行存款"科目。

借：应交税费——应交个人所得税

　　贷：银行存款

（3）扣缴税款手续费的会计处理

执行《小企业会计准则》的企业作为个人所得税的扣缴义务人，根据《中华人民共和国个人所得税法》收到的扣缴税款手续费，应当计入"其他收益"科目，并计缴增值税，在利润表"营业收入"项目中反映。

借：银行存款

　　贷：其他收益

　　　　应交税费——应交增值税（销项税额）

（二）应交个人所得税

个体工商户、个人独资企业、合伙企业等取得经营所得的个人，需要自行申报缴纳个人所得税。

（1）按规定计算应缴纳的个人所得税，借记"所得税费用"，贷记"应交税费——应交个人所得税"。

借：所得税费用

　　贷：应交税费——应交个人所得税

（2）实际缴纳代扣的个人所得税时，借记"应交税费——代扣代交个人所得税"科目，贷记"银行存款"科目。

借：应交税费——应交个人所得税

　　贷：银行存款

十二、应交文化事业建设费

政策依据：

《国务院关于进一步完善文化经济政策的若干规定》(国发〔1996〕37号)；

《关于对小微企业免征有关政府性基金的通知》(财税〔2014〕122号)；

《关于营业税改征增值税试点有关文化事业建设费政策及征收管理问题的通知》(财税〔2016〕25号)；

《关于营业税改征增值税试点有关文化事业建设费政策及征收管理问题的补充通知》(财税〔2016〕60号)；

《关于营业税改征增值税试点有关文化事业建设费登记与申报事项的公告》(国家税务总局公告2013年第64号)；

《关于调整部分政府性基金有关征管事项的公告》(国家税务总局公告2019年第24号)；

《关于调整部分政府性基金有关政策的通知》(财税〔2019〕46号)；

《关于电影等行业税费支持政策的公告》(财政部、税务总局公告2020年第25号)；

《关于延续实施应对疫情部分税费优惠政策的公告》(财政部、税务总局公告2021年第7号)。

(一)征收机关

文化事业建设费，由主管税务机关征收。文化事业建设费的缴纳义务发生时间、缴纳期限和缴纳地点，与缴纳义务人的增值税纳税义务发生时间、缴纳期限和纳税地点相同。

(二)征收范围

表 10-25　征收范围

财税〔2016〕25号	财税〔2016〕60号
在中华人民共和国境内提供广告服务的广告媒介单位和户外广告经营单位，应按照本通知规定缴纳文化事业建设费。 中华人民共和国境外的广告媒介单位和户外广告经营单位在境内提供广告服务，在境内未设有经营机构的，以广告服务接受方为文化事业建设费的扣缴义务人。	在中华人民共和国境内提供娱乐服务的单位和个人，应缴纳文化事业建设费。
广告服务，是指利用图书、报纸、杂志、广播、电视、电影、幻灯、路牌、招贴、橱窗、霓虹灯、灯箱、互联网等各种形式为客户的商品、经营服务项目、文体节目或者通告、声明等委托事项进行宣传和提供相关服务的业务活动。包括广告代理和广告的发布、播映、宣传、展示等。(财税〔2016〕36号注释)	娱乐服务，是指为娱乐活动同时提供场所和服务的业务。具体包括：歌厅、舞厅、夜总会、酒吧、台球、高尔夫球、保龄球、游艺(包括射击、狩猎、跑马、游戏机、蹦极、卡丁车、热气球、动力伞、射箭、飞镖)。(财税〔2016〕36号注释)

(三)计费依据(含税价款和价外费用)和费率

表 10-26　计费依据

广告服务(财税〔2016〕25号)	娱乐服务(财税〔2016〕60号)
应缴费额＝计费销售额×3％，应扣缴费额＝支付的广告服务含税价款×费率。 计费销售额，为纳税义务人提供广告服务取得的全部含税价款和价外费用，减除支付给其他广告公司或广告发布者的含税广告发布费后的余额。 缴纳义务人减除价款的，应当取得增值税专用发票或国家税务总局规定的其他合法有效凭证，否则不得减除。 缴纳义务人计算缴纳文化事业建设费时，允许从其提供相关应税服务所取得的全部含税价款和价外费用中扣除相关价款的，应根据取得扣除项目的合法有效凭证逐一填列《应税服务扣除项目清单》，作为申报表附列资料，向主管税务机关同时报送。	应缴费额＝娱乐服务计费销售额×3％ 娱乐服务计费销售额，为缴纳义务人提供娱乐服务取得的全部含税价款和价外费用。

（四）免征情形

表 10-27　免征情形

财税〔2014〕122 号	财税〔2016〕25 号	财税〔2016〕60 号	财税〔2019〕46 号	财政部　税务总局公告2020 年第 25 号、财政部　税务总局公告 2021 年第 7 号
一、自 2015 年 1 月 1 日起至 2017 年 12 月 31 日，对按月纳税的月销售额或营业额不超过 3 万元（含 3 万元），以及按季纳税的季度销售额或营业额不超过 9 万元（含 9 万元）的缴纳义务人，免征教育费附加、地方教育附加、水利建设基金、文化事业建设费。	七、增值税小规模纳税人中月销售额不超过 2 万元（按季纳税 6 万元）的企业和非企业性单位提供的应税服务，免征文化事业建设费。自 2015 年 1 月 1 日起至 2017 年 12 月 31 日，对按月纳税的月销售额不超过 3 万元（含 3 万元），以及按季纳税的季度销售额不超过 9 万元（含 9 万元）的缴纳义务人，免征文化事业建设费。	三、未达到增值税起征点的缴纳义务人，免征文化事业建设费。	一、自 2019 年 7 月 1 日至 2024 年 12 月 31 日，对归属中央收入的文化事业建设费，按照缴纳义务人应缴费额的 50% 减征；对归属地方收入的文化事业建设费，各省（区、市）财政、党委宣传部门可以结合当地经济发展水平、宣传思想文化事业发展等因素，在应缴费额 50% 的幅度内减征。各省（区、市）财政、党委宣传部门应当将本地区制定的减征政策文件抄送财政部、中共中央宣传部。	三、自 2020 年 1 月 1 日至 2021 年 12 月 31 日，免征文化事业建设费。四、本公告发布之日前，已征的按照本公告规定应予免征的税费，可抵减纳税人和缴费人以后月份应缴纳的税费或予以退还。

（五）会计处理

业务 10-52　文化事业建设费的处理。

小企业按规定计算缴纳的文化事业建设费，通过"应交税费——应交文化事业建设费"科目核算，计入"税金及附加"科目。

【例 10-40】 R 广告公司是增值税一般纳税人，2022 年 7 月实现广告发布收入开具增值税专用发票金额 100 万元，税额 6 万元，价税合计 106 万元，将部分发布业务分包给个人 A，取得了由 A 在税务机关代开的增值税普通发票，含税金额为 16 万元。R 公司会计处理如下：

应缴纳增值税 = 1 000 000×6% = 60 000（元）

应缴文化事业建设费 = 计费销售额×3% = (1 060 000−160 000)×3% = 27 000（元）

（1）实现收入时：

借：银行存款　　　　　　　　　1 060 000

　　贷：主营业务收入　　　　　　　　　1 000 000

　　　　应交税费——应交增值税（销项税额）60 000

（2）分包取得发票时：

借：主营业务成本　　　　　　　160 000

　　贷：银行存款　　　　　　　　　　　160 000

（3）计算应交文化事业建设费时：

借：税金及附加　　　　　　　　27 000

　　贷：应交税费——应交文化事业建设费　27 000

（4）实际上缴文化事业建设费时：

借：应交税费——应交文化事业建设费　27 000

　　贷：银行存款　　　　　　　　　　　27 000

十三、应交残疾人就业保障金

政策依据：

《中华人民共和国残疾人保障法》；

《残疾人就业条例》（国务院令第 488 号）；

《残疾人就业保障金征收使用管理办法》（财税〔2015〕72 号）；

《关于取消、调整部分政府性基金有关政策的通知》（财税〔2017〕18 号）；

《关于降低部分政府性基金征收标准的通知》（财税〔2018〕39 号）；

《关于完善残疾人就业保障金制度 更好促进残疾人就业的总体方案》（发改价格规〔2019〕2015 号）；

《财政部关于调整残疾人就业保障金征收政策的公告》（财政部公告 2019 年第 98 号）。

（一）残疾人就业保障金征收政策

表 10-28　相关政策

发改价格规〔2019〕2015 号第二条	财政部公告 2019 第 98 号
自 2020 年 1 月 1 日起 （三）实行分档征收。 　将残保金由单一标准征收调整为分档征收，用人单位安排残疾人就业比例 1%（含）以上但低于本省（区、市）规定比例的，3 年内按应缴费额 50% 征收；1% 以下的，3 年内按应缴费额 90% 征收。 　（四）暂免征收小微企业残保金。对在职职工总数 30 人（含）以下的企业，暂免征收残保金。 　（五）明确社会平均工资口径。残保金征收标准上限仍按当地社会平均工资的 2 倍执行，社会平均工资的口径为城镇私营单位和非私营单位就业人员加权平均工资。 　（六）合理认定按比例安排就业形式。探索残疾人按比例就业多种实现形式，为用人单位更好履行法定义务提供更多选择。用工单位依法以劳务派遣方式接受残疾人在本单位就业的，残疾人联合会（以下简称"残联"）在审核残疾人就业人数时相应计入并加强动态监控。	一、残疾人就业保障金征收标准上限，按照当地社会平均工资 2 倍执行。当地社会平均工资按照所在地城镇非私营单位就业人员平均工资和城镇私营单位就业人员平均工资加权计算。 　二、用人单位依法以劳务派遣方式接受残疾人在本单位就业的，由派遣单位和接受单位通过签订协议的方式协商一致后，将残疾人数计入其中一方的实际安排残疾人就业人数和在职职工人数，不得重复计算。 　三、自 2020 年 1 月 1 日起至 2022 年 12 月 31 日，对残疾人就业保障金实行分档减缴政策。其中：用人单位安排残疾人就业比例达到 1%（含）以上，但未达到所在地省、自治区、直辖市人民政府规定比例的，按规定应缴费额的 50% 缴纳残疾人就业保障金；用人单位安排残疾人就业比例在 1% 以下的，按规定应缴费额的 90% 缴纳残疾人就业保障金。 　四、自 2020 年 1 月 1 日起至 2022 年 12 月 31 日，在职职工人数在 30 人（含）以下的企业，暂免征收残疾人就业保障金。 　五、本公告自 2020 年 1 月 1 日起执行。

（二）会计处理

业务 10-53　残疾人就业保障金处理。

企业根据《残疾人就业保障金征收使用管理办法》（财税〔2015〕72 号）的规定，应缴纳的残疾人就业保障金，应当计入"管理费用"科目；企业超比例安排残疾人就业或者为安排残疾人就业做出显著成绩，按规定收到的奖励，计入"其他收益"科目；企业未按规定缴纳残疾人就业保障金，按规定缴纳的滞纳金，计入"营业外支出"科目。

1. 计提残疾人就业保障金

借：税金及附加
　　贷：应交税费——应交残疾人就业保障金

2. 缴纳

借：应交税费——应交残疾人就业保障金
　　贷：银行存款

3. 直接减免

（1）若全部减免，可以不必计提；
（2）若部分减免，可以仅就减免后实际应缴金额计提。

【例 10-41】 M 公司于 2013 年成立，2021 年全年在职职工 200 人，其中持有残疾证员工 3 人，在职职工"应付职工薪酬——工资、奖金、津贴和补贴"年借方发生额 1170 万元，"应付职工薪酬——职工福利费——工资、奖金、津贴和补贴"

年借方发生额 30 万元；季节性用工（春秋两季）8 人，"应付职工薪酬——工资、奖金、津贴和补贴"年借方发生额 56 万元；接受劳务派遣用工 40 人，全年工资 40 万元。M 公司 2022 年应申报缴纳残疾人保障金金额是多少？假设当地年平均工资 4 万元，残疾人就业比例为 1.5%。M 公司会计处理如下：

在职职工人数 $=200+8\div2+0=204$（人）

M 公司的残疾人就业比例 $=3\div204=1.47\%>1\%$，因此可减缴 50%。

季节性用工应当折算为年平均用工人数。以劳务派遣用工的，计入派遣单位在职职工人数。

工资总数 $=1170+30+56+0=1256$（万元）

用人单位在职职工年平均工资 6.1569 万元（$1256\div204$），小于 8 万元（4×2），则按照实际平均工资计算计征残疾人就业保障金。

保障金年缴纳额 $=$（上年用人单位在职职工人数 × 所在地省、自治区、直辖市人民政府规定的安排残疾人就业比例 − 上年用人单位实际安排的残疾人就业人数）× 上年用人单位在职职工年平均工资 $=(204\times1.5\%-2)\times6.1569\times50\%=3.2632$（万元）

借：税金及附加——残疾人就业保障金　32 632
　　贷：应交税费——应交残疾人就业保障金　32 632

第十一章

小企业非流动负债财税处理

政策依据：

《小企业会计准则》(财会〔2011〕17号)；

《企业会计准则第17号——借款费用》(财会〔2006〕3号)；

《企业会计准则第12号——债务重组》(财会〔2019〕9号)。

第一节　小企业非流动负债概述

一、非流动负债的概念

> 《小企业会计准则》条文及主旨：
>
> 第五十一条　小企业的非流动负债，是指流动负债以外的负债。
>
> 小企业的非流动负债包括：长期借款、长期应付款等。
>
> 【条文主旨】本条是关于非流动负债的定义和构成的规定。

小企业的非流动负债，是指流动负债以外的负债，包括长期借款、长期应付款、递延收益等。小企业会计准则在分类的时候，实际上采用了"二分法"，即一项负债只要不属于流动负债，就是非流动负债，但是前提是先认定是否为流动负债。非流动负债除具有负债的共同特征外，与流动负债相比，还具有债务金额大、偿还期限长、可以分期偿还等特点。

二、非流动负债的计量原则

> 《小企业会计准则》条文及主旨：
>
> 第五十二条　非流动负债应当按照其实际发生额入账。
>
> 长期借款应当按照借款本金和借款合同利率在应付利息日计提利息费用，计入相关资产成本或财务费用。
>
> 【条文主旨】本条是关于非流动负债计量的规定。

小企业非流动负债应当按照其实际发生额入账，即小企业所发生的非流动负债，不需要考虑时间价值因素和市价因素，只需按照实际发生额入账。小企业的非流动负债一旦入账，在非流动负债的存续期间不允许按照市价或其他公允价值进行调整。

第二节　小企业借款费用财税处理

《小企业会计准则》第三条第一款规定："执行本准则的小企业，发生的交易或者事项本准则未作规范的，可以参照《企业会计准则》中的相关规定进行处理。"

小企业会计准则简化了借款费用的会计处理，资本化金额按照资本化期间内借款费用的实际发生额计算确定，也就是说，借款费用资本化金额的确定，仅限定了借款费用资本化的起止时点(包括暂停资本化的情况)，而不考虑购建支出的进度，借款费用资本化金额的确定不与资产支出挂钩。

一、小企业借款费用的构成内容

小企业借款费用包括借款利息、借款辅助费用和外币借款发生的汇兑差额。

(一) 借款利息

借款利息是指小企业向其他组织、个人借用资金而支付的利息,包括企业向银行或者其他金融机构等借入资金发生的利息。

(二) 借款辅助费用

借款辅助费用是指企业在借款过程中发生的诸如手续费、佣金等费用。向银行借款时作为利息外的顾问费属于其他具有利息性质的费用。

(三) 外币借款发生的汇兑差额

外币借款发生的汇兑差额是指由于汇率变动对外币借款本金及其利息的记账本位币金额所产生的影响金额。

二、借款费用的列支去向

小企业借款费用应予资本化的借款范围包括各种借款,含长期借款和短期借款,也含银行借款与向第三方借款等。

(1) 可直接归属于符合资本化条件的资产的购建或者生产的借款费用应当予以资本化,计入相关资产成本。

(2) 其他借款费用应当在发生时根据其发生额确认为财务费用,计入当期损益。

小企业符合资本化条件的资产,限定为固定资产、无形资产和经过 12 个月以上的建造才能达到预定可销售状态的存货。这些资产通常需要经过相当长时间的建造或生产过程才能达到预定可使用或者可销售状态。在有关资产购置、建造期间发生的合理的借款费用,应当作为资本性支出计入有关资产的成本。其他借款费用应当在发生时根据其发生额确认为费用,计入当期损益。小企业借款费用列支去向见图 11-1。

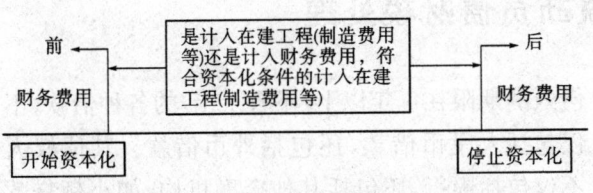

图示 11-1　小企业借款费用列支去向

三、资本化期间的确定

借款费用资本化期间,是指从借款费用开始发生时至停止资本化时点的期间,包括借款费用暂停资本化的期间。

(一) 借款费用开始资本化时点的确定

企业会计准则规定:借款费用只有在同时符合以下三个条件时才能开始资本化。

1. 资产支出已经发生

资产支出已经发生只包括支付现金、转移非现金资产或者承担带息债务形式发生的支出。支付现金,是指用货币资金支付符合资本化条件的资产的购建或者生产支出;转移非现金资产,是指小企业将自己的非现金资产直接用于符合资本化条件的资产的购建或者生产;承担带息债务,是指小企业为了购建或者生产符合资本化条件的资产所需物资等而承担的带息应付款项(如带息应付票据)。

2. 借款费用已经发生

借款费用已经发生,是指企业已经发生了因购建或者生产符合资本化条件的资产而专门借入款项的借款费用或者所占用的一般借款的借款费用。

3. 为使资产达到预定可使用或者可销售状态所必要的购建或者生产活动已经开始

为使资产达到预定可使用或者可销售状态所必要的购建或者生产活动已经开始,是指符合资本化条件的资产的实体建造或者生产工作已经开始,如主体设备的安装、厂房的实际开工建造等。它不包括仅仅持有资产但没有发生为改变资产形态而进行的实质上的建造或者生产活动。

小企业借款费用开始资本化时点即借款费用开始发生的时点,包括取得借款支付的辅助费用、应付日应支付的利息、期末汇兑差额、符合资本化条件后的任何一种情况。

(二) 借款费用暂停资本化的条件

企业会计准则规定,同时满足两个条件的借款费用暂停资本化:

(1) 符合资本化条件的资产在购建或者生产过程中发生非正常中断。

(2) 中断时间连续超过 3 个月。

非正常中断与正常中断显著不同。正常中断

通常仅限于因购建或者生产符合资本化条件的资产达到预定可使用或者可销售状态所必要的程序，或者事先可预见的不可抗力因素导致的中断。非正常中断，通常是企业管理决策上的原因或者其他不可预见的原因等导致的中断。在会计实务中，企业应当遵循"实质重于形式"等原则来判断借款费用暂停资本化的时间，如果相关资产购建或者生产的中断时间较长而且满足其他规定条件的，相关借款费用应当暂停资本化。

（三）借款费用停止资本化时点的确定

购建或者生产符合资本化条件的资产达到预定可使用或者可销售状态时，借款费用应当停止资本化。所购建或者生产的符合资本化条件的资产的各部分分别完工，且每部分在其他部分继续建造或者生产过程中可供使用或者可对外销售，且为使该部分资产达到预定可使用或可销售状态所必要的购建或者生产活动实质上已经完成的，

应当停止与该部分资产相关的借款费用的资本化，因为该部分资产已经达到了预定可使用或者可销售状态。但是，如果企业购建或者生产的资产的各部分分别完工，但必须等到整体完工后才可使用或者对外销售的，应当在该资产整体完工时停止借款费用的资本化。

小企业停止资本化时点：竣工决算前、达到预定用途、达到预定可销售状态前的任何一种情况。

四、小企业借款利息资本化金额的确定

小企业资本化金额按照资本化期间内借款费用的实际发生额计算确定，而不考虑购建支出的进度，借款费用资本化金额的确定不与资产支出挂钩，简化了会计处理。

五、小企业借款费用税会差异分析

具体见表11-1。

表11-1　差异分析

《小企业会计准则》第五十二条	《企业所得税法实施条例》第三十七条	《企业所得税法实施条例》第三十八条
非流动负债应当按照其实际发生额入账。长期借款应当按照借款本金和借款合同利率在应付利息日计提利息费用，计入相关资产成本或财务费用。	企业发生的合理的不需要资本化的借款费用准予税前扣除。企业为购置、建造固定资产、无形资产和经过12个月以上的建造才能达到预定可销售状态的存货发生借款的，在有关资产购置、建造期间发生的合理的借款费用，应当作为资本性支出计入有关资产的成本，并依照本条例的规定扣除。	企业在生产经营活动中发生的下列利息支出，准予扣除：（一）非金融企业向金融企业借款的利息支出、金融企业的各项存款利息支出和同业拆借利息支出、企业经批准发行债券的利息支出。分析：以上三项规定的利息支出可以全额扣除。
	税务分析：1. 借款费用应否资本化与借款期间长短无直接关系。如果某纳税年度企业发生长期借款，并且没有指定用途，当期也没有发生购置固定资产支出，则其借款费用全部可直接扣除。但是，从事房地产开发业务的企业为开发房地产而借入资金所发生的借款费用，在房地产完工前，应计入有关房地产的开发成本。2. 予以资本化的只能是购置建造"期间""之前"和"之后"的借款费用都应该费用化。	（二）非金融企业向非金融企业借款的利息支出，不超过按照金融企业同期同类贷款利率计算的数额的部分。

差异分析：为简便小企业会计核算、减轻所得税纳税调整负担，本条采取了与企业所得税法相一致的规定，即在应付利息日计提利息费用。这一点与企业会计准则的规定有差异，小企业应当予以注意。

第三节　小企业非流动负债财税处理

一、长期借款

（一）长期借款概述

长期借款是指小企业向银行或其他金融机构借入的期限在1年以上（不含1年）的各种借款，不仅包括人民币借款，还包括外币借款。其债权人不仅包括银行，还包括其他金融机构，如小额贷款公司等。如果在实务中，小企业存在向第三方（如

个人)借入的款项并且应负担利息费用,也视同长期借款进行会计处理,但如果期限在 1 年以内,则应视同短期借款进行会计处理。

由于长期借款的使用关系到小企业的生产经营规模和效益,小企业除了要遵守有关的贷款规定、编制借款计划并要有不同形式的担保,还应监督借款的使用、按期支付长期借款的利息以及按规定的期限归还借款本金等。因此,长期借款会计处理的基本要求是反映和监督小企业长期借款的借入、借款利息的结算和借款本息的归还情况,促使小企业遵守信贷纪律、提高信用等级,同时也要确保长期借款发挥效益。

(二)科目设置

> 《小企业会计准则》应用指南
>
> ### 2501 长期借款
>
> 一、本科目核算小企业向银行或其他金融机构借入的期限在 1 年以上的各项借款本金。
>
> 二、本科目应按照借款种类、贷款人和币种进行明细核算。
>
> 三、长期借款的主要账务处理。
>
> (一)小企业借入长期借款,借记"银行存款"科目,贷记本科目。
>
> (二)在应付利息日,应当按照借款本金和借款合同利率计提利息费用,借记"财务费用""在建工程"等科目,贷记"应付利息"科目。
>
> (三)偿还长期借款本金,借记本科目,贷记"银行存款"科目。
>
> 四、本科目期末贷方余额,反映小企业尚未偿还的长期借款本金。

小企业应设置"长期借款"科目,核算小企业长期借款本金的借入、归还等情况。贷方登记借入长期借款本金的增加额,借方登记本金的偿还减少额,期末贷方余额表示小企业尚未偿还的长期借款本金。本科目按照借款种类、贷款人和币种进行明细核算。

(三)会计处理

业务 11-1　长期借款的会计处理。

(1)小企业借入长期借款,借记"银行存款"科目,贷记"长期借款"科目。

借:银行存款
　　贷:长期借款

(2)在应付利息日,应当按照借款本金和借款合同利率计提利息费用,借记"财务费用""在建工程"等科目,贷记"应付利息"科目。

借:财务费用、在建工程等
　　贷:应付利息

对于长期借款利息费用的会计处理,关键把握两点:

① 长期借款利息费用的计提时点为借款合同所约定的应付利息日,既不是实际支付利息日,也不是资产负债表日(如月末、季末、年末),即不需要预提利息费用。

② 长期借款利息费用要区分两种情况进行会计处理。

一是符合资本化条件的,应计入相关资产的成本,比如固定资产、无形资产、存货等。

二是不符合资本化条件的,应计入财务费用。

(3)偿还长期借款本金,借记"长期借款"科目,贷记"银行存款"科目。

借:长期借款
　　贷:银行存款

【例 11-1】　甲公司于 2021 年 11 月 30 日从工商银行借入资金 400 000 元,借款期限为 2 年,年利率为 8.4%,利息到期时随同本金一并支付,所借款项已存入银行。

12 月 2 日,甲公司用该借款于当日购买不需安装的设备一台,价款 350 000 元,增值税 45 500 元,另支付运杂费及保险等费用 1 000 元取得普通发票,设备已于当日投入使用。甲公司会计处理如下:

(1)取得借款时:

借:银行存款　　　　　　　　400 000
　　贷:长期借款——工商银行　　　400 000

(2)支付设备款和运杂费、保险费时:

借:固定资产　　　　　　　　351 000
　　应交税费——应交增值税(进项税额)45 500
　　贷:银行存款　　　　　　　　396 500

(3)甲公司于 2023 年 11 月 30 日计提长期借款利息:

2023 年 11 月 30 日计提的长期借款利息 = 400 000×8.4%×2 = 67 200(元)。

借：财务费用　　　　　　　　　67 200
　　贷：应付利息　　　　　　　　　67 200

（4）2023年12月1日，归还长期借款本息：

借：长期借款——工商银行　　　400 000
　　应付利息　　　　　　　　　67 200
　　贷：银行存款　　　　　　　　467 200

二、长期应付款

长期应付款是指小企业除长期借款以外的其他各种长期应付款项，包括应付融资租入固定资产的租赁费、以分期付款方式购入固定资产发生的应付款项等。

（一）科目设置

> **《小企业会计准则》应用指南**
>
> **2701 长期应付款**
>
> 一、本科目核算小企业除长期借款以外的其他各种长期应付款项。包括：应付融资租入固定资产的租赁费、以分期付款方式购入固定资产发生的应付款项等。
>
> 二、本科目应按照长期应付款的种类和债权人进行明细核算。
>
> 三、长期应付款的主要账务处理。
>
> （一）小企业融资租入固定资产，在租赁期开始日，按照租赁合同约定的付款总额和在签订租赁合同过程中发生的相关税费等，借记"固定资产"或"在建工程"科目，贷记本科目等科目。（融资性售后回租属于贷款服务，增值税不允许抵扣）
>
> （二）以分期付款方式购入固定资产，应当按照实际支付的购买价款和相关税费（不包括按照税法规定可抵扣的增值税进项税额），借记"固定资产"或"在建工程"科目，按照税法规定可抵扣的增值税进项税额，借记"应交税费——应交增值税（进项税额）"科目，贷记本科目。
>
> 四、本科目期末贷方余额，反映小企业应付未付的长期应付款项。

小企业应设置"长期应付款"科目，核算小企业长期应付款的发生、归还等情况。贷方登记长期应付款的增加额，借方登记长期应付款减少额，期末贷方余额表示小企业应付未付的长期应付款项。本科目应按照长期应付款的种类和债权人进行明细核算。

（二）会计处理

1. 融资租入固定资产

业务11-2　融资租入固定资产的处理。

小企业融资租入固定资产，在租赁期开始日，按照租赁合同约定的付款总额和在签订租赁合同过程中发生的相关税费等，借记"固定资产"或"在建工程"科目，按照税法规定可抵扣的增值税进项税额，借记"应交税费——应交增值税（进项税额）"科目，贷记"长期应付款"科目等科目。（融资性售后回租属于贷款服务，增值税不允许抵扣）

借：固定资产、在建工程等
　　应交税费——应交增值税（进项税额）
　　贷：长期应付款

【例11-2】 2022年1月，乙企业采用融资租赁方式租入生产线一条，其账面价值为150 000元，按租赁协议确定的租赁价款为计180 000元（包括租赁期结束购买该生产线应付的价款），另付运费20 000元，增值税1 800元，以银行存款支付。租赁价款分5年每年年底平均支付，并支付相应的增值税款。

（1）租入生产线时：

借：固定资产——融资租入固定资产　200 000
　　应交税费——应交增值税（进项税额）　1 800
　　贷：长期应付款——应付融资租赁款　180 000
　　　　银行存款　　　　　　　　　21 800

（2）每年支付租赁费：

借：长期应付款——应付融资租赁款（180 000÷5）
　　　　　　　　　　　　　　　　　36 000
　　应交税费——应交增值税（进项税额）（36 000×13%）
　　　　　　　　　　　　　　　　　4 680
　　贷：银行存款　　　　　　　　　40 680

（3）计提折旧（假设在租赁期内平均折旧，不考虑残值）：

借：制造费用（200 000÷5）　　　40 000
　　贷：累计折旧　　　　　　　　　40 000

（4）租赁期满，资产产权留归承租企业：

借：固定资产——生产经营用固定资产　200 000
　　贷：固定资产——融资租入固定资产　200 000

2. 分期付款方式购入固定资产

业务11-3　分期付款方式购入的处理。

以分期付款方式购入固定资产，应当按照实

际支付的购买价款和相关税费(不包括按照税法规定可抵扣的增值税进项税额),借记"固定资产"或"在建工程"科目,按照税法规定可抵扣的增值税进项税额,借记"应交税费——应交增值税(进项税额)"科目,贷记"长期应付款"科目。

借:固定资产、在建工程等
　应交税费——应交增值税(进项税额)
　贷:长期应付款

偿还长期应付款,借记"长期应付款"科目,贷记"银行存款"科目。

借:长期应付款
　贷:银行存款

【例11-3】　甲公司2022年1月1日从C公司购入N型机器作为固定资产使用,该机器已收到,不需安装。购货合同约定,N型机器的含税总价款为226万元,已开具增值税专用发票,款项分2次支付,2022年12月31日支付126万元,2023年12月31日支付100万元。甲公司会计处理如下:

(1)2022年1月1日,确认固定资产入账价值

和长期应付款金额:

借:固定资产　　　　　　　　　　　2 000 000
　应交税费——应交增值税(进项税额)　260 000
　贷:长期应付款——C公司　　　　　2 260 000

(2)2022年12月31日,支付第一笔长期应付款126万元:

借:长期应付款——C公司　　　　　1 260 000
　贷:银行存款　　　　　　　　　　1 260 000

(3)2023年12月31日,支付第二笔长期应付款100万元:

借:长期应付款——C公司　　　　　1 000 000
　贷:银行存款　　　　　　　　　　1 000 000

三、递延收益

递延收益是指小企业已经收到但应在以后期间计入损益的政府补助。

具体核算内容见第十五章第三节"政府补助财税处理"部分。

第四节　小企业债务重组财税处理

《小企业会计准则》第三条第一款规定:"执行本准则的小企业,发生的交易或者事项本准则未作规范的,可以参照《企业会计准则》中的相关规定进行处理。"

一、债务重组的定义和重组方式

(一)债务重组的定义

根据《企业会计准则第12号——债务重组》(财会〔2019〕9号,以下简称"债务重组准则"),债务重组是指在不改变交易对手方的情况下,经债权人和债务人协定或法院裁定,就清偿债务的时间、金额或方式等重新达成协议的交易。债务重组不强调在债务人发生财务困难的背景下进行,也不论债权人是否作出让步。

(二)债务重组的方式

债务重组的方式主要包括:债务人以资产清偿债务、将债务转为实收资本等权益工具、修改

其他条款,以及前述一种以上方式的组合。这些债务重组方式都是通过债权人和债务人重新协定或者法院裁定达成的,与原来约定的偿债方式不同。

二、债务重组的会计处理

(一)以资产清偿债务

1. 以金融资产清偿债务

业务11-4　以金融资产清偿债务的债务重组处理。

(1)债务人会计处理。债务人以单项或多项金融资产清偿债务的,债务的账面价值与偿债金融资产账面价值的差额,记入"投资收益"科目。

(2)债权人会计处理。债权人受让包括现金在内的单项或多项金融资产的,金融资产初始确认时应当以其公允价值计量,金融资产确认金额与债权终止确认日账面价值之间的差额,记入"投

资收益"科目。

【例11-4】 2022年5月10日,甲公司销售一批材料给乙公司,不含税价格为100 000元,增值税税率为13%。当年6月20日,乙公司无法按合同规定偿还债务,经双方协议,甲企业同意减免乙公司20 000元债务,余额用银行存款立即偿清。

(1)乙公司的会计处理:

借:应付账款 113 000
　贷:银行存款 93 000
　　投资收益 20 000

(2)甲公司的会计处理:

借:银行存款 93 000
　投资收益 20 000
　贷:应收账款 113 000

甲公司债务重组损失的税前扣除见本书第五章内容。

2. 以非金融资产清偿债务

业务11-5　以非金融资产清偿债务的债务重组处理。

(1)债务人会计处理。债务人以单项或多项非金融资产(如固定资产、日常活动产出的商品或服务等)清偿债务,或者以包括金融资产和非金融资产在内的多项资产清偿债务的,不需要区分资产处置损益和债务重组损益,也不需要区分不同资产的处置损益,而应将所清偿债务账面价值与转让资产账面价值之间的差额,记入当期损益"其他收益——债务重组收益"科目。例如,债务人以存货清偿债务进行债务重组的,不应作为存货的销售处理、所清偿债务账面价值与存货账面价值之间的差额,记入其他收益"科目。

债务人以包含非金融资产的处置组清偿债务的,应当将所清偿债务和处置组中负债的账面价值之和,与处置组中资产的账面价值之间的差额,记入当期损益"其他收益——债务重组收益"科目。处置组所属的资产组或资产组组合按照《企业会计准则第8号——资产减值》分摊了企业合并中取得的商誉的,该处置组应当包含分摊至处置组的商誉。处置组中的资产已计提减值准备的应结转已计提的减值准备。

(2)债权人会计处理。债权人初始确认受让的金融资产以外的资产时,应当按照下列原则以成本计量:

① 存货的成本,包括放弃债权的公允价值和使该资产达到当前位置和状态所发生的可直接归属于该资产的税金、运输费装卸费、保险费等其他成本。

② 对联营企业或合营企业投资的成本,包括放弃债权的公允价值和可直接归属于该资产的税金等其他成本。

③ 投资性房地产的成本,包括放弃债权的公允价值和可直接归属于该资产的税金等其他成本。

④ 固定资产的成本,包括放弃债权的公允价值和使该资产达到预定可使用状态前所发生的可直接归属于该资产的税金、运输费装卸费、安装费、专业人员服务费等其他成本。

⑤ 生物资产的成本,包括放弃债权的公允价值和可直接归属于该资产的税金、运输费、保险费等其他成本。

⑥ 无形资产的成本,包括放弃债权的公允价值和可直接归属于使该资产达到预定用途所发生的税金等其他成本。

放弃债权的公允价值与账面价值之间的差额,应当记入当期损益"投资收益"科目。

【例11-5】 2022年6月18日,甲公司向乙公司销售一批商品,应收乙公司款项的入账金额为95万元。2022年10月18日,双方签订债务重组合同,乙公司以一项作为无形资产核算的非专利技术偿还该欠款。该无形资产的账面余额为100万元,累计摊销为10万元。10月22日,双方办理完成该无形资产转让手续,甲公司支付评估费用4万元,作为无形资产核算。假设不考虑相关税费。

(1)甲公司(债权人)的会计处理:

2022年10月22日,甲公司取得该无形资产的成本为债权公允价值87万元与评估费用4万元,合计91万元。甲公司会计处理如下:

借:无形资产 910 000
　投资收益 80 000
　贷:应收账款 950 000
　　银行存款 40 000

(2)乙公司(债务人)10月22日的会计处理:

```
借：应付账款                950 000
    累计摊销                100 000
    贷：无形资产                  1 000 000
        其他收益——债务重组收益        50 000
```

(二)债务人将债务转为权益工具

业务 11-6　债务人将债务转为权益工具的处理。

债务人以将债务转为权益工具方式进行债务重组的,债务人初始确认权益工具时应当按照权益工具的公允价值计量,权益工具的公允价值不能可靠计量的,应当按照所清偿债务的公允价值计量。所清偿债务账面价值与权益工具确认金额之间的差额,应当记入当期损益"投资收益"科目。债务人因发行权益工具而支出的相关税费等,应当依次冲减资本溢价、盈余公积、未分配利润等。

上述债权债务的"账面价值"如有利息的还应加上应计未付利息,如长期借款。对用于清偿债务的资产中的增值税应税项目,债权人和债务人还要考虑是否另行收付增值税款。

三、债务重组的所得税处理

政策依据:

> 《财政部　国家税务总局关于企业重组业务企业所得税处理若干问题的通知》(财税〔2009〕59 号,以下简称《通知》);
>
> 《企业重组业务企业所得税管理办法》(国家税务总局公告 2010 年第 4 号,以下简称"公告")。

(一)一般性税务处理

1. 所得税处理(《通知》第 4 条)

(1)以非货币资产清偿债务,应当分解为转让相关非货币性资产、按非货币性资产公允价值清偿债务两项业务,确认相关资产的所得或损失。

(2)发生债权转股权的,应当分解为债务清偿和股权投资两项业务,确认有关债务清偿所得或损失。

(3)债务人应当按照支付的债务清偿额低于债务计税基础的差额,确认债务重组所得;债权人应当按照收到的债务清偿额低于债权计税基础的差额,确认债务重组损失。

(4)债务人的相关所得税纳税事项原则上保持不变。

2. 备案资料(国家税务总局公告 2010 年第 4 号第 11 条)

企业发生《通知》第 4 条第 2 项规定的债务重组,应准备以下相关资料,以备税务机关检查。

(1)以非货币资产清偿债务的,应保留当事各方签订的清偿债务的协议或合同,以及非货币资产公允价格确认的合法证据等。

(2)债权转股权的,应保留当事各方签订的债权转股权协议或合同。

债务重组企业准备资料分为两类,一般性税务处理需要备查资料,而特殊性税务处理需要备案资料。备查资料主要是合同、协议以及重组资产公允价值的证据证明。

3. 正确理解债务重组的含义

例如,A 公司欠 B 公司 1 000 万元,将自己计税基础为 500 万元,公允价值为 800 万元的资产用于偿债。在该交易中,应实现所得 500 万元,其中视同销售所得 300 万元,债务重组 200 万元。不能说 500 万元全是债务重组所得。因此,计算债务重组所得是否占应纳税所得额 50% 应当按照 200 万元计算。

4. 债转股债务重组债务人所得税事项原则上保持不变

债务重组(尤其是债转股),只是资本结构的一般调整,债务人所得税事项原则上是保持不变的。债务重组是资本结构一般变化的一例,实际上,所有的资本结构的一般变化,所得税事项都保持不变。例如,外资转内资属于资本结构的一般调整,不需要清算,其亏损可以继续弥补。国家税务总局在对广东省的《国家税务总局关于江门市新江煤气有限公司亏损弥补问题的批复》(国税函〔2009〕254 号)函也说明了该问题。

(二)特殊性税务处理

1. 所得税处理(《通知》第 6 条)

企业债务重组确认的应纳税所得额占该企业当年应纳税所得额 50% 以上,可以在 5 个纳税年度的期间内,均匀计入各年度的应纳税所得额。

企业发生债权转股权业务,对债务清偿和股权投资两项业务暂不确认有关债务清偿所得或损失,股权投资的计税基础以原债权的计税基础确定。企业的其他相关所得税事项保持不变。

2. 备查资料（国家税务总局公告 2010 年第 4 号第 22 条）

债务重组特殊性税务处理备案资料要求虽被《国家税务总局关于企业重组业务企业所得税征收管理若干问题的公告》（国家税务总局公告 2015 年第 48 号）宣告废止,但仍需留存备查资料,企业可根据《国家税务总局关于发布〈企业重组业务企业所得税管理办法〉的公告》（国家税务总局公告 2010 年第 4 号）第 22 条要求进行准备。

（1）发生债务重组所产生的应纳税所得额占该企业当年应纳税所得额 50％ 以上的,债务重组所得要求在 5 个纳税年度的期间内,均匀计入各年度应纳税所得额的,应准备以下资料:

① 当事方的债务重组的总体情况说明（如果采取申请确认的,应为企业的申请,下同）,情况说明中应包括债务重组的商业目的。

② 当事各方所签订的债务重组合同或协议。

③ 债务重组所产生的应纳税所得额、企业当年应纳税所得额情况说明。

④ 税务机关要求提供的其他资料证明。

（2）发生债权转股权业务,债务人对债务清偿业务暂不确认所得或损失,债权人对股权投资的计税基础以原债权的计税基础确定,应准备以下资料:

① 当事方的债务重组的总体情况说明。情况说明中应包括债务重组的商业目的。

② 双方所签订的债转股合同或协议。

③ 企业所转换的股权公允价格证明。

④ 工商部门及有关部门核准相关企业股权变更事项证明材料。

⑤ 税务机关要求提供的其他资料证明。

第十二章

小企业所有者权益财税处理

政策依据:

《小企业会计准则》(财会〔2011〕17号);

《中华人民共和国民法典》;

《中华人民共和国市场主体登记管理条例》(国务院令第746号)。

第一节 小企业所有者权益概述

《小企业会计准则》条文及主旨:

第五十三条 所有者权益,是指小企业资产扣除负债后由所有者享有的剩余权益。

小企业的所有者权益包括:实收资本(或股本,下同)、资本公积、盈余公积和未分配利润。

【条文主旨】本条是关于所有者权益的定义和构成的规定。

一、所有者权益的概念和特征

(一)所有者权益的概念

小企业为维持其正常的生产经营活动,需要拥有或控制一系列必要的资源,这些资源从来源来看,无外乎来自两个方面:一是投资者提供或小企业经营所得,二是债权人提供。对于投资者提供的资源,就形成了小企业的所有者权益。

所有者权益,是指小企业资产扣除负债后由所有者享有的剩余权益。小企业的所有者权益包括实收资本(或股本,下同)、资本公积、盈余公积和未分配利润。

(二)所有者权益的特征

作为剩余权益,与负债相比,小企业的所有者权益具有如下特征:

(1)所有者权益通常不像负债那样需要偿还,没有固定的偿还期限和偿还金额。除非小企业发生减资、清算,否则小企业不需要将所有者权益返还给其投资者。

(2)小企业清算时,负债将优先偿还,而所有者权益只有在负债得到偿还后,才能得到返还,其权益滞后于债权人。

(3)所有者权益产生于权益性投资行为,投资人能够分享利润,而负债通常不能参与利润的分配。因此,所有者权益是所有者对小企业资产的剩余索取权,具有比债权人权益更大的风险。它既可反映所有者投入资本的保值增值情况,又体现了保护债权人权益的理念。

二、所有者权益的构成

(一)所有者投入的资本

所有者投入的资本是指所有者投入小企业的资本部分,它既包括构成小企业注册资本或者股本部分的金额,即实收资本,也包括投入资本超过注册资本或者股本部分的溢价金额,即资本公积。

(二)留存收益

留存收益是小企业历年实现的净利润留存于小企业的部分,包括盈余公积和未分配利润。

三、所有者权益的确认条件

所有者权益的确认、计量主要取决于资产、负债、收入、费用等其他会计要素的确认和计量。所有者权益即小企业的净资产,是小企业资产总额中扣除债权人权益后的净额,反映所有者(股东)财富的净增加额。通常小企业收入增加时,会导致资产的增加,相应地会增加所有者权益;小企业发生费用时,会导致负债增加,相应地会减少所有者权益。因此,小企业日常经营的好坏和资产负债的质量直接决定着小企业所有者权益的增减变化和资本的保值增值。

四、合伙制小企业所有者权益

合伙制小企业也应当执行小企业会计准则,按照企业会计准则的规定进行会计处理。

合伙企业是指自然人、法人和其他组织依照《中华人民共和国合伙企业法》在中国境内设立的普通合伙企业和有限合伙企业。其中,普通合伙企业由普通合伙人组成,合伙人对合伙企业债务承担无限连带责任。合伙企业的规模通常较小。

由于合伙企业与公司制企业在法人资格、投资者责任、投资者与管理者关系、权益设置及转让等方面都有不同,因此,合伙企业在所有者权益的核算上与公司制企业存在不同。合伙企业一般不设置"资本公积"科目和"盈余公积"科目,合伙企业实现的利润一般通过提款或追加投资方式全部分给合伙人。

公司是目前国际上最主要的企业组织形式,本章将以公司这一企业组织形式说明其所有者权益的会计核算。

五、税会差异分析

《企业所得税法》及其实施条例则从收入、扣除和资产的税务处理几个方面对应纳税所得额进行了规定,有关所有者权益的规定实质上主要是体现在有关收入上。

小企业会计准则根据基本准则关于所有者权益要素定义以及构成要求的基本原则,并考虑了小企业的实际情况,对小企业的所有者权益定义及构成进行了规定。

第二节 小企业实收资本财税处理

《小企业会计准则》条文及主旨:

第五十四条 实收资本,是指投资者按照合同协议约定或相关规定投入到小企业、构成小企业注册资本的部分。

(一)小企业收到投资者以现金或非货币性资产投入的资本,应当按照其在本企业注册资本中所占的份额计入实收资本,超出的部分,应当计入资本公积。

(二)投资者根据有关规定对小企业进行增资或减资,小企业应当增加或减少实收资本。

【条文主旨】本条是关于实收资本的定义及会计处理的规定。

一、市场主体登记

2021年7月27日,国务院总理李克强签署第746号国务院令,公布《中华人民共和国市场主体登记管理条例》(以下简称《条例》),自2022年3月1日起施行。

公司、非公司企业法人、个人独资企业、合伙企业、农民专业合作社(联合社)以及它们的分支机构,个体工商户,外国公司分支机构,以及法律、行政法规规定的其他市场主体,应当依照《条例》办理市场主体登记。市场主体登记包括设立登记、变更登记和注销登记。除法律、行政法规规定无需办理登记的外,未经登记,不得以市场主体名义从事经营活动。国务院市场监督管理部门主管全国市场主体登记管理工作,县级以上地方人民政府市场监督管理部门主管本辖区市场主体登记管理工作。

二、公司注册资本认缴登记

公司登记属于商事登记,公司登记内容主要包括公司名称、住所、法定代表人、注册资本、公司类型、经营范围、有限责任公司股东或者股份有限公司、发起人姓名或者名称。上述内容变化的,要做相应的变更登记。此外,公司歇业或注销等,也要办理相应登记。公司登记内容,是由公司根据相关规定自己填报的,公司登记机关对公司填报的内容进行形式审核后在国家设立的相关企业信息平台上公示。登记的主要目的是保障交易安全和接受国家对商事主体的行政监管。

2013 年 12 月 28 日，第十二届全国人民代表大会常务委员会第六次会议审议通过了关于修改《公司法》的决定，将注册资本实缴登记制改为认缴登记制，并于 2014 年 3 月 1 日开始正式实施。

(一) 公司注册资金认缴年限

在认缴登记制下，登记机关只登记公司股东（发起人）认缴的出资总额（注册资本），股东（发起人）实际缴纳的出资额（实收资本）由公司股东自主约定并记载于公司章程，公司实收资本不再作为登记事项，市场监督管理部门也不再要求企业提交验资报告。注册资本大小和注册资本认缴年限都是由股东自行约定（一般的周期是 10 ～ 20 年），只要在公司章程中载明就可以，但认缴金额、认缴期限等信息都将向社会公布。

(二) 实缴"改为"认缴"并不意味"只认不缴"

注册资本实缴"改为"认缴"并不意味着注册资本可以"只认不缴"，小企业应在承诺的认缴期限内缴纳完毕，同时以认缴的出资额为限承担责任。在交易过程中，"只认不缴"会影响公司的诚信度；市场监督管理部门会对企业进行抽查，如果企业未兑现认缴的承诺，市场监督管理部门将按照《公司法》进行处罚，并将其拉入"经营异常名录"向社会公示，甚至可能写进全国联网的"黑名单"，导致"一处违法，处处受限"。

(三) 认缴制如何验资

实行注册资本认缴制的主体，认缴是指股东承诺在章程规定的出资期限内股东的出资情况。而承诺何时兑现？也就是实收资本是否到位，何时到位，以及资产负债表中的实收资本何时入账等情形下，需提供什么样的证据，实务中有如下三种选择：

(1) 由会计师事务所出具验资报告。（法律并未取消验资报告）

(2) 由开户银行出具银行询证函。

(3) 直接由全体股东出具出资证明书。

上述三种选择中，都需要下述证明材料：

必须是以股东名义转入到设立公司的验资账户（或基本账户），而且用途必须写明是"投资款"。取得的证据就是进账单。

公司自身包含有投资款流水的当月银行对账单，银行回单。

(四) 如何正确填写注册资金

按照《公司法》规定，只要其他法律、法规没有例外规定，设立公司对注册资本金额不再有具体要求，而且对于何时缴纳也不做强制性规定，只要求股东按照公司章程约定的时间足额缴纳即可。但注册资本设定多少，股东就要承担多少责任。《公司法》第 3 条第 2 款规定，有限责任公司的股东以其认缴的出资额为限对公司承担责任；股份有限公司的股东以其认购的股份为限对公司承担责任。请注意，认缴并不等于不缴，公司清算的时候一定要见到钱。而且公司遇到债务纠纷，引起了官司赔偿，法院是会追缴认缴资本进行赔偿的。

三、注册资本与实收资本

(一) 注册资本

注册资本也叫法定资本，是公司制企业章程规定的全体股东或发起人认缴的出资额或认购的股本总额，并在公司登记机关依法登记，这也是营业执照上的注册资本。

1. 有限责任公司

有限责任公司的注册资本，是在公司登记机关登记的全体股东认缴的出资额。

2. 股份有限公司

发起设立的，股份有限公司的注册资本，是在公司登记机关登记的全体发起人认购的股本总额。募集设立的，股份有限公司的注册资本，是在公司登记机关登记的实收股本总额。

3. 特殊规定

(1) 法律、行政法规以及国务院对有限责任公司、股份有限公司注册资本实缴、注册资本最低限额另有规定的，从其规定。主要是商业银行、金融业、保险业、证券期货等与金融保险相关的 26 类行业。

(2)《个人独资企业法》《合伙企业法》仅笼统地规定投资人、合伙人的出资义务和出资方式，并没有规定必须在市场主体登记部门登记认缴出资额、最低出资限额和出资期限。

（3）《个体工商户条例》仅规定"有经营能力的公民，依照本条例规定经工商行政管理部门登记，从事工商业经营的，为个体工商户"，并没有规定必须在市场主体登记部门登记认缴出资额、最低出资限额和出资期限。

（二）实收资本

实收资本是指小企业按照章程规定或合同、协议的约定，接受投资者投入小企业的资本。实收资本的构成比例，表明投资人对企业的控股关系，是确定投资者在小企业所有者权益中份额的基础，是小企业进行利润分配的主要依据。

（1）有限责任公司、合伙企业、个人独资企业的投入资本计入"实收资本"科目。例如，A有限责任公司注册资本20万元，其股东实缴10万元，那么这10万元就是实收资本。

（2）合伙企业、个人独资企业实收投资可不计入"实收资本"科目，计入"合伙人资本""业主投资"或"其他往来"科目。

（3）股份制公司、企业的投入资本计入"股本"科目，股本就是实收资本，两者内涵一致。

（三）注册资本、实收资本的联系和区别

1. 联系

注册资本实缴制下，注册资本与实收资本通常一致；注册资本认缴制下，注册资本与实收资本通常不一致；注册资本缴足前，实收资本低于注册资本；一旦缴足全部出资，则实收资本与注册资本相等。

2. 区别

注册资本是公司在设立时章程载明并经公司登记机关登记注册的资本，是投资者、股东认缴或认购的出资额。实收资本是公司成立时实际收到投资者、股东的出资额，是公司现实拥有的资本。

3. 财务报表中实收资本项目列报金额是否为注册资本

注册资本是公司登记注册时的法定资本金，它在资产负债表中以"实收资本"列示，如投资款100%到位，则实收资本等于注册资本；如果未足额到位，则以实际到位金额列示。

四、科目设置

《小企业会计准则》应用指南

3001 实收资本

一、本科目核算小企业收到投资者按照合同协议约定或相关规定投入的、构成注册资本的部分。

小企业（股份有限公司）应当将本科目的名称改为"3001 股本"科目。

小企业收到投资者出资超过其在注册资本中所占份额的部分，作为资本溢价，在"资本公积"科目核算，不在本科目核算。

二、本科目应按照投资者进行明细核算。

小企业（中外合作经营）根据合同规定在合作期间归还投资者的投资，应在本科目设置"已归还投资"明细科目进行核算。

三、实收资本的主要账务处理。

（一）小企业收到投资者的出资，借记"银行存款""其他应收款""固定资产""无形资产"等科目，按照其在注册资本中所占的份额，贷记本科目，按照其差额，贷记"资本公积"科目。

（二）根据有关规定增加注册资本，借记"银行存款""资本公积""盈余公积"等科目，贷记本科目。

根据有关规定减少注册资本，借记本科目、"资本公积"等科目，贷记"库存现金""银行存款"等科目。

小企业（中外合作经营）根据合同规定在合作期间归还投资者的投资，应当按照实际归还投资的金额，借记本科目（已归还投资），贷记"银行存款"等科目；同时，借记"利润分配——利润归还投资"科目，贷记"盈余公积——利润归还投资"科目。

四、本科目期末贷方余额，反映小企业实收资本总额。

小企业从设立形式看，大多为有限责任公司，小企业（有限股份公司）投资人投入企业的资本，通过"实收资本"科目核算。小企业（股份有限公司）应当将本科目的名称改为"3001 股本"科目。本章主要讲述实收资本的核算。

小企业应当设置"实收资本"科目，核算小企业投资者按照合同协议约定或相关规定投入小企业、构成小企业注册资本的部分。贷方登记小企业实际收到投资者投入的资本数额；借方登记按规定程序减少的资本数额；期末贷方余额，反映小企业实收资本总额。该科目应按投资者设置明细

科目,具体反映各投资者投入资本的情况。

小企业(中外合作经营)根据合同规定在合作期间归还投资者的投资,应在"实收资本"科目下设置"已归还投资"明细科目进行核算。

五、有限责任公司实收资本的核算

(一)实收资本的计量

实收资本的计量,取决于投资者的出资方式,应区分以下两种情况分别确定。

1. 以现金方式出资的计量

现金出资方式包括投入的人民币和各种外币。小企业收到投资者以外币投入资本的,应当按收到外币出资额当日的即期汇率折算为人民币。小企业收到投资者的货币出资,应当按照其在小企业注册资本或股本中所占的份额确认实收资本,实际收到或者存入小企业开户银行的金额超过实收资本的差额,确认为资本公积。

2. 以非货币性资产出资的计量

对于投资者以非货币性资产出资,小企业应当区别取得资产的计量和实收资本的计量分别加以确定。其中,取得的非货币性资产的金额根据公司法的要求,应采用评估价值确定;而实收资本的金额应根据投资合同协议或公司章程的约定按照投资者在其中所占份额来确定,超出部分应当计入资本公积。

(二)有限责任公司实收资本的核算要求

有限责任公司由50人以下的股东出资设立,股东以其出资额为限对公司承担责任,公司以其全部资产对公司的债务承担责任。

(1)按照公司章程所规定的出资方式、出资额和出资交纳期限出资。为明确责任,分享权益,需要按出资股东设置明细账,分别反映各个股东的投入资本情况。

(2)有限责任公司新设立时,股东按照合同、章程投入公司的资本,应全部记入"实收资本"科目,实收资本应等于公司的注册资本;在有限责任公司增资扩股时,如有新投资者介入,新投资者交纳的出资额大于其按约定比例计算的在公司注册资本中所占的份额部分,应作为资本溢价,记入"资本公积"科目;而独资公司不存在资本溢价问题。

(3)股东按照出资比例分享红利,公司新增资

本时,股东可以优先出资认缴;股东之间可以相互转让其全部出资或者部分出资,但股东向股东以外的人转让其出资时,必须经全体股东过半数同意,不同意转让的股东应当购买该转让的出资,如果不购买该转让的出资,就视为同意转让;经股东同意转让的出资,在同等条件下,其他股东对该出资有优先购买权。

(三)投入资本的核算

小企业收到所有者投入企业的资本后,应根据有关原始凭证(如投资清单、银行通知单等),分不同的出资方式进行会计处理。

1. 收到投资者以现金投入的资本

业务 12-1　收到投资者以现金投入资本的处理。

公司设立时,若全部注册资本均属于认缴,无须进行会计处理。小企业收到投资者以现金投入的资本,应当将货币出资足额存入有限责任公司在银行开设的账户,按照实际收到并存入企业开户银行的实有金额借记"银行存款"科目,按照其注册资本中所占的份额贷记"实收资本"科目,按照其超过份额的差额贷记"资本公积"科目。

【例12-1】 ABC有限责任公司经批准依法成立,注册资金30万元,由A、B、C分别出资10万元人民币构成,款项已全部投资到位,存入企业银行账户。

```
借:银行存款                    300 000
  贷:实收资本——A                      100 000
            ——B                      100 000
            ——C                      100 000
```

2. 收到投资者投入的非现金资产

业务 12-2　收到投资者投入的非现金资产的处理。

小企业接受投资者以非现金资产投资,应当依法办理其财产权的转移手续。一方面要确认接受资产的入账成本,另一方面要确认实收资本的金额。按照《小企业会计准则》规定,小企业接受投资的非现金资产一律以评估价值入账,不得高估或者低估作价,取得增值税专用发票符合抵扣条件的,其增值税计入进项税额予以抵扣;实收资本应当按照投资合同协议约定其在本企业注册资本中所占的份额入账,超出的部分,应当计入资本公积。

（1）接受投入的固定资产。

【例 12-2】 甲有限责任公司于设立时收到乙公司作为资本投入的不需要安装的机器设备一台，该机器设备的评估价值等于计税基础价值为 200 000 元，增值税进项税额为 26 000 元取得增值税专用发票，投资合同约定按评估价值增加实收资本。甲公司会计处理如下：

借：固定资产　　　　　　　　　　　200 000
　　应交税费——应交增值税（进项税额）26 000
　　贷：实收资本——乙公司　　　　　　　　226 000

（2）接受投入的材料物资。

【例 12-3】 乙有限公司于设立时收到 B 公司作为资本投入的原材料一批，该批原材料投评估价值（不含可抵扣的增值税进项税额部分）为 100 000 元，增值税进项税额为 13 000 元，取得增值税专用发票。假设投资合同约定计入实收资本的份额为 100 000 元。乙公司会计处理如下：

借：原材料　　　　　　　　　　　　100 000
　　应交税费——应交增值税（进项税额）13 000
　　贷：实收资本——B 公司　　　　　　　　100 000
　　　　资本公积——资本溢价　　　　　　　　13 000

（3）接受投入的无形资产。

【例 12-4】 丙有限责任公司于设立时收到 A 公司作为资本投入的非专利技术一项，该非专利技术评估价值为 60 000 元，取得专用发票，注明增值税 3 600 元。收到 B 公司作为资本投入的土地使用权一项，评估价值为 800 000 元，取得专用发票，注明增值税 72 000 元。假设丙公司接受该非专利技术和土地使用权符合国家注册资本管理的有关规定，按评估价值和相应增值税作实收资本入账，不考虑其他因素。丙公司会计处理如下：

借：无形资产——非专利技术　　　　　60 000
　　　　　　　——土地使用权　　　　800 000
　　应交税费——应交增值税（进项税额）75 600
　　贷：实收资本——A 公司　　　　　　　　63 600
　　　　　　　　——B 公司　　　　　　　872 000

（四）实收资本增减变动的核算

业务 12-3　实收资本增减变动的处理。

一般情况下，小企业的实收资本应相对固定不变，但在某些特定情况下，实收资本也可能发生增减变化。我国《企业法人登记管理条例施行细则》规定，除国家另有规定外，企业的注册资金应当与实收资本相一致，当实收资本比原注册资金增加或减少超过 20％时，应持资金使用证明或者验资证明，向原登记主管机关申请变更登记。如擅自改变注册资本或抽逃资金，要受到市场监督管理部门的处罚。

《公司登记管理条例》规定，公司增加注册资本的，有限责任公司股东认缴新增资本的出资和股份有限公司的股东认购新股，应当分别依照《公司法》设立有限责任公司缴纳出资和设立股份有限公司缴纳股款的有关规定执行。公司法定公积金转增为注册资本的，验资证明应当载明留存的该项公积金不少于转增前公司注册资本的 25％。公司减少注册资本的，应当自公告之日起 45 日后申请变更登记，并应当提交公司在报纸上登载公司减少注册资本公告的有关证明和公司债务清偿或者债务担保情况的说明。公司减资后的注册资本不得低于法定的最低限额。公司变更实收资本的，应当提交依法设立的验资机构出具的验资证明，并应当按照公司章程载明的出资时间、出资方式缴纳出资。公司应当自足额缴纳出资或者股款之日起 30 日内申请变更登记。

1. 增资

一般企业增加资本主要有三种途径：接受投资者追加投资、资本公积转增资本和盈余公积转增资本。由于资本公积和盈余公积均属于所有者权益，用其转增资本时，如果是独资企业比较简单，直接结转即可。如果是股份公司或有限责任公司应该按照原投资者各出资比例相应增加各投资者的出资额。另外，债务重组中，将债务转为资本，也会增加实收资本。

（1）追加投资。在企业按规定接受投资者额外投入实现增资时，为了补偿原投资者在企业资本公积和留存收益中享有的权益或补偿企业未确认的自创商誉，新加入的投资者的出资额并不一定全部作为实收资本处理。企业应按实际收到的款项或其他资产，借记"银行存款"等科目，按增加的实收资本金额，贷记"实收资本"科目，按两者之间的差额，贷记"资本公积——资本溢价"科目。

借：银行存款等
　　贷：实收资本
　　　　资本公积——资本溢价

【例 12-5】　承接[例 12-1]，ABC 有限责任公司欲追加投资，经协商，D 投资 200 000 元，占四分之一股份(25%)，投资款已存入企业账户。ABC 公司会计处理如下：

借：银行存款　　　　　　　　　200 000
　　贷：实收资本——D　　　　　　100 000
　　　　资本公积　　　　　　　　100 000

(2) 资本公积或盈余公积转增资本。企业采用资本公积或盈余公积转增资本时，企业应按照转增资本金额，借记"资本公积"或"盈余公积"科目，贷记"实收资本"科目。

借：资本公积、盈余公积
　　贷：实收资本

需要注意的是，由于资本公积和盈余公积均属于所有者权益，用其转增资本时，如果是独资企业比较简单，直接结转即可。如果是股份有限公司或有限责任公司应该按照原投资者各自出资比例相应增加各投资者的出资额。

(3) 债务转为资本。企业将重组债务转为资本的，应按重组债务的账面余额，借记"应付账款"等科目，

按债权人因放弃债权而享有本企业注册资本的份额，贷记"实收资本"科目，按股份享有的份额与相应的实收资本之间的差额，贷记或借记"资本公积——资本溢价"科目，按其差额，贷记"营业外收入——债务重组利得"科目。

2. 减资

(1) 减资条件。一般情况下企业的实收资本不能随意减少。在特殊情况下，企业实收资本减少的原因主要有两种：一是资本过剩；二是企业发生重大亏损，短期内无力弥补而需要减少实收资本。资本减少应符合相关条件：

① 减资应事先通知所有债权人，债权人无异议方允许减资。

② 经股东会议同意，并经有关部门批准。

③ 公司减资后的注册资本不得低于法定注册资本的最低限额。

(2) 小企业因资本过剩而减资，一般要发放股款。小企业按照法定程序报经批准减少注册资本时，应按照减资金额，借记"实收资本"科目，贷记"库存现金""银行存款"等科目。

(3) 中外合作经营企业在合作期间归还投资者投资。

根据《中华人民共和国中外合作经营企业法》的规定，中外合作者在合作企业合同中约定合作期满时，合作企业的全部固定资产归中国合作者所有的，可以在合作企业合同中约定外国合作者在合作期限内先行收回投资。其实质上是一种减资行为，应当减少实收资本，但又不同时减少注册资本。考虑到我国实行注册资本制并且投资者各方通常都是按照各方注册资本中所占份额享有所有者权益，因此，为了保持小企业的实收资本始终同注册资本相一致，小企业会计准则在"实收资本"科目下单独设置了"已归还投资"明细科目进行核算，并且在资产负债表中在"实收资本(或股本)"项目下增加"减：已归还投资"项目单独列示，以清晰地反映小企业的注册资本和已归还投资的情况。

小企业(中外合作经营)根据合同规定在合作期间归还投资者的投资，应当按照实际归还投资的金额，借记"实收资本——已归还投资"科目，贷记"银行存款"等科目；同时，借记"利润分配——利润归还投资"科目，贷记"盈余公积——利润归还投资"科目。

中外合作经营企业清算时，借记"实收资本"或"股本""资本公积""盈余公积""利润分配——未分配利润"等科目，贷记"实收资本"或"股本"(已归还投资)、"银行存款"等科目。

六、"认缴制"下注册资本的涉税风险

(一) 印花税

资金账簿印花税计税依据为企业账面实收资本金额加上资本公积金额，在"认缴制"下，公司按股东实缴的实收资本申报缴纳印花税，而未缴足部分暂不缴纳印花税，补充缴纳部分应当对"实收资本"增加的部分补贴印花。

自 2018 年 5 月 1 日起，对按 0.5‰ 税率贴花的资金账簿减半征收印花税，对按件贴花 5 元的其他账簿免征印花税。(财税〔2018〕50 号)

合伙企业没有注册资本的要求,其投资款一般在"合伙人资本"科目核算,不在"实收资本"和"资本公积"科目核算。因此,合伙企业的出资款不需要缴纳营业账簿印花税。

(二)个人所得税

因账务处理不恰当可能导致未缴足"注册资本"的自然人股东被计征个人所得税。如将个人股东未缴足资本金计入往来科目,借记"其他应收款——出资款——××股东",贷记"实收资本"科目。税务口径对该事项的认定,一是企业账面"实收资本"金额增加,需要缴纳"资金账簿"印花税;二是可能被认定为股东向被投资企业借款,需缴纳个人所得税。《财政部 国家税务总局关于规范个人投资者个人所得税征收管理的通知》(财税〔2003〕158号)第2条规定,纳税年度内个人投资者从其投资企业(个人独资企业、合伙企业除外)借款,在该纳税年度终了后既不归还,又未用于企业生产经营的,其未归还的借款可视为企业对个人投资者的红利分配,依照"利息、股息、红利

所得"项目计征个人所得税。

(三)企业所得税

根据《国家税务总局关于企业投资者投资未到位而发生的利息支出企业所得税前扣除问题的批复》(国税函〔2009〕312号)的规定,凡企业投资者在规定期限内未缴足其应缴资本额的,该企业对外借款所发生的利息,相当于投资者实缴资本额与在规定期限内应缴资本额的差额应计付的利息,它不属于企业合理的支出,应由企业投资者负担,不得在计算企业应纳税所得额时扣除。

根据《国家税务总局关于企业所得税若干问题的公告》(国家税务总局公告2011年第34号)第5条的规定,投资企业从被投资企业撤回或减少投资,其取得的资产中,相当于初始出资的部分应确认为投资收回;相当于被投资企业累计未分配利润和累计盈余公积按减少实收资本比例计算的部分,应确认为股息所得;其余部分确认为投资资产转让所得。

第三节　小企业资本公积财税处理

> 《小企业会计准则》条文及主旨:
>
> 第五十五条　资本公积,是指小企业收到的投资者出资额超过其在注册资本或股本中所占份额的部分。
>
> 小企业用资本公积转增资本,应当冲减资本公积。小企业的资本公积不得用于弥补亏损。
>
> 【条文主旨】本条是关于资本公积的定义、用途及会计处理的规定。

一、资本公积的内容和用途

资本公积,是指小企业收到的投资者出资额超过其在注册资本中所占份额的部分。

资本公积与实收资本虽然都属于资本范畴,但也有区别。实收资本是投资人投入的为谋求价值增值的原始投资,属于法定资本,最终应与企业注册资本相一致,因此,实收资本无论是在来源上还是金额上都有比较严格的限制。实收资本通常视为永久性资本,不得任意支付给股东,只有在企

业清算时,才将清偿负债后的部分返还给投资者。小企业的资本公积源于投资者投入,它是投入资本超过设定价值的部分,也归投资人所有,只是由于法律的规定无法直接以资本的名义出现,资本公积归所有投资人所有。因此,与小企业的生产经营所得(净利润)无关,不是一个利润实现的过程,而是与实收资本共同反映了小企业与其投资者之间出资和资本投入的关系。

小企业的资本公积只能用于转增资本,不得用于弥补亏损。小企业用资本公积转增资本应当冲减资本公积。

二、科目设置

> 《小企业会计准则》应用指南
>
> **3002 资本公积**
>
> 一、本科目核算小企业收到投资者出资超出其在注册资本中所占份额的部分。

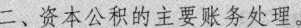

二、资本公积的主要账务处理。

（一）小企业收到投资者的出资，借记"银行存款""其他应收款""固定资产""无形资产"等科目，按照其在注册资本中所占的份额，贷记"实收资本"科目，按照其差额，贷记本科目。

（二）根据有关规定用资本公积转增资本，借记本科目，贷记"实收资本"科目。

根据有关规定减少注册资本，借记"实收资本"科目、本科目等科目，贷记"库存现金""银行存款"等科目。

三、本科目期末贷方余额，反映小企业资本公积总额。

小企业应该设置"资本公积"科目，核算小企业资本公积的增减变动和结存情况。贷方登记小企业收到投资者的出资超过其在注册资本中所占份额的部分，借方登记根据有关规定用资本公积转增资本的数额以及根据有关规定减少注册资本相应减少的资本公积部分。期末贷方余额，反映小企业资本公积总额。本科目不进行明细核算。

三、会计处理

业务 12-3　资本公积的处理。

在企业创立之初，投资者所认缴的出资额应全部作为实收资本，记入"实收资本"科目。在企业创立之后，如追加投资或有新的投资者加入，其出资额未必全部作为实收资本处理，其原因是：一方面，在企业正常经营过程中投入与企业创立之时同样数额的资本其获利能力未必相同，企业创立时要经过筹建、试营业、为产品寻觅市场、开辟市场等一系列艰辛的创立过程，从资本投入到取得投资回报，需要许多时间，冒着较大风险，其间的资本利润率又源于企业创办之初必要的垫支资本，企业的创办者为此付出了代价。相应的，投资者享有的权利也相对更多，这样新加入的投资者为了取得一定的投资比例，往往需要付出大于按这一投资比例计算实收资本额。企业经营过程中因盈利因素形成的留存收益是企业所有者的权

益，但未转入实收资本，新加入的投资者如果分享这部分留存收益，也应该付出按一定投资比例计算的实收资本额。投资者投入的资本大于按其投资比例计算的实收资本额部分，企业应记入"资本公积"科目。

外币投入资本与相应的货币性项目的记账本位币之间不产生外币资本折算差额。但是如果折算后金额超出其在注册资本或股本中所占份额，超过部分应当计入资本公积，但是在其他期间不会再产生由汇率不同导致的折算差额。

（1）小企业收到投资者的出资，借记"银行存款""其他应收款""固定资产""无形资产"等科目，贷记"实收资本"科目，按其差额，贷记"资本公积"科目。

借：银行存款等
　　贷：实收资本
　　　　资本公积

（2）根据有关规定用资本公积转增资本，借记"资本公积"科目，贷记"实收资本"科目。

借：资本公积
　　贷：实收资本

根据有关规定减少注册资本，借记"实收资本""资本公积"等科目，贷记"库存现金""银行存款"等科目。

借：实收资本、资本公积等
　　贷：银行存款等

（3）小企业的资本公积不得出现借方余额的情况，即资本公积的结转至零为止。

【例 12-6】 承接[例 12-1]，因扩大经营规模需要，经批准，ABC 有限责任公司按原出资比例将资本公积 300 000 元转增资本。ABC 有限责任公司会计处理如下：

借：资本公积　　　　　　　　　　300 000
　　贷：实收资本——A　　　　　　　　100 000
　　　　　　　　——B　　　　　　　　100 000
　　　　　　　　——C　　　　　　　　100 000

第四节　小企业留存收益财税处理

一、留存收益的内容

留存收益是指小企业从历年实现的利润中提取或形成的留存于企业的内部积累。它是从小企业经营所得的净利润中积累而形成的，也属于所有者权益，但不同于实收资本和资本公积。其区别在于，实收资本和资本公积来源于企业的资本投入，而留存收益则来源于企业资本增值。留存收益主要包括盈余公积和未分配利润两部分，如图 12-1 所示。

$$\text{留存收益}\begin{cases}\text{盈余公积}\begin{cases}\text{法定盈余公积（按税后利润的 10\% 提取）}\\\text{任意盈余公积（按董事会决议提取）}\end{cases}\text{"盈余公积"}\\\text{未分配利润} \quad\quad\quad\quad\quad\quad\quad\text{"利润分配——未分配利润"}\end{cases}$$

图 12-1　留存收益的内容

（一）盈余公积的组成

> 《小企业会计准则》条文及主旨：
>
> 第五十六条　盈余公积，是指小企业按照法律规定在税后利润中提取的法定公积金和任意公积金。
>
> 小企业用盈余公积弥补亏损或者转增资本，应当冲减盈余公积。小企业的盈余公积还可以用于扩大生产经营。
>
> 【条文主旨】本条是关于盈余公积的定义及其会计处理的规定。

盈余公积源于小企业实现的利润。盈余公积是小企业按照法律规定在税后利润中提取的法定公积金和任意公积金。相对于未分配利润，盈余公积可以理解为限定用途的利润，而未分配利润是未限定用途的利润。

1. 一般企业和非公司制企业的盈余公积

（1）法定盈余公积。法定盈余公积，是指企业按照法律规定的比例从净利润中提取的盈余公积。《公司法》第 166 条对公司制小企业法定公积金提取作了规定，具体包括以下四层意思：

① 提取法定公积金的基础：小企业当年实现的税后利润，即净利润。

② 提取法定公积金的比例：10%。

③ 提取法定公积金的最低限额：法定公积金累计额达到公司注册资本的 50% 以上时，可以不再提取。

④ 提取法定公积金的顺序：法定公积金不足以弥补以前年度亏损的，应当先用当年净利润弥补亏损后，如有余额，再按照上述规定提取法定公积金。

（2）任意盈余公积。任意盈余公积，是指企业经股东大会或类似机构批准按照规定的比例从净利润中提取的盈余公积。《公司法》第 166 条对公司制小企业任意公积金提取作了规定，具体包括以下五层意思：

① 提取任意公积金的基础：小企业当年实现的税后利润，即净利润。

② 提取任意公积金的比例：公司法没有规定提取的具体比例，而是根据公司自治的立法精神，由企业自行确定。

③ 提取任意公积金的最低限额：公司法没有规定任意公积金的提取的最低限额。

④ 提取任意公积金的顺序：提取法定公积金后，再提取任意公积金。

⑤ 有权决定提取任意公积金的机构：只能是由小企业的股东会或股东大会决议。

2. 外商投资小企业的盈余公积

因我国有关外商投资企业法律的特别规定，外商投资企业的盈余公积的组成内容与一般企业和股份有限公司有所不同，具体包括以下内容：

（1）储备基金。储备基金，是指按照法律、行政法规规定从净利润中提取的，经批准用于弥补亏损和增加资本的储备基金。

（2）企业发展基金。企业发展基金，是指按照法律、行政法规规定从净利润中提取的，用于企业发展和经批准用于增加资本的企业发展基金。

（3）利润归还投资。利润归还投资，是指中外合作经营企业按规定在合作期间以利润归还投资者的投资。

中外合作经营小企业依据有关法律，根据合同规定在合作期间归还投资者的投资，实质上为了保护外方投资者的权益向外方投资者单方面分配利润，但是根据法律上同股同权的原则，也应同时向中方投资者分配利润，但是并不直接进行支付，因此，同金额增加盈余公积，在以后期间用于向投资者分配。

注意：外商投资小企业根据有关法律规定，在税后利润中提取的职工奖励及福利基金不作为盈余公积进行会计处理，而作为应付职工薪酬。应在"应付职工薪酬"科目单独设置"职工奖励及福利基金"明细科目进行核算。

（二）盈余公积的用途

小企业的盈余公积可以用于弥补亏损或者转增资本，还可以用于扩大生产经营。

1. 弥补亏损

根据《公司法》和税法等相关法律规定，企业发生经营亏损的弥补方式有三种：一是用以后年度税前利润弥补，按规定企业亏损在规定期限（现行制度规定为 5 年）内可由税前利润弥补；二是用以后年度税后利润弥补，即指超过税前利润弥补期的剩余亏损额应由税后利润弥补；三是用盈余公积补亏，用盈余公积弥补亏损应当由董事会提议，股东大会或者由类似的机构批准。

2. 转增资本

小企业经股东会或经股东大会决议，可将盈余公积转增资本。转增时，应先办理增资手续并经股东大会或类似的机构批准，再按所有者（股东）的原出资比例增加资本。按《公司法》规定，用法定公积金转增资本后，其所留存的法定公积金不得少于转增前公司注册资本的 25%。

3. 用于扩大生产经营

当小企业累积的盈余公积比较多，而生产经营资金又比较匮乏时，为了弥补资金不足，小企业的盈余公积还可以用于扩大生产经营。在实务中，不需要进行专门的账务处理。

（三）未分配利润

> 《小企业会计准则》条文及主旨：
> 　第五十七条　未分配利润，是指小企业实现的净利润，经过弥补亏损、提取法定公积金和任意公积金、向投资者分配利润后，留存在本企业的、历年结存的利润。
> 　【条文主旨】本条是关于未分配利润的规定。

小企业实现了利润，向投资者进行分配，是维护投资者合法权益的应有之义。但是，小企业应否就利润进行分配，按照什么样的标准进行分配，何时进行分配，这些问题涉及小企业与投资者之间的分配关系的处理问题，应当由国家相关的法律法规作出规定。相关法律法规的规定参见本准则第七十二条的规定，见本书第十八章内容。

未分配利润，是指小企业实现的净利润，经过弥补亏损、提取法定公积金和任意公积金、向投资者分配利润后留存在本企业的、历年结存的利润。

未分配利润作为小企业尚未向投资者分配的净利润，包括小企业以前年度积存的留待以后年度分配的净利润和当年的待分配的净利润。从数量上看，未分配利润是期初未分配利润，加上本期实现的净利润，减去提取的各种盈余公积和分配利润后的余额。未分配利润由两种含义：一是留待以后年度处理的利润；二是未指定用途的利润。所以，小企业在使用未分配利润上有较大的自主权，受国家法律法规限制比较小。

二、科目设置

（一）"盈余公积"科目

《小企业会计准则》应用指南

3101 盈余公积

一、本科目核算小企业（公司制）按照公司法规定在税后利润中提取的法定公积金和任意公积金。

小企业（外商投资）按照法律规定在税后利润中提取储备基金和企业发展基金也在本科目核算。

二、本科目应当分别"法定盈余公积""任意盈余公积"进行明细核算。

小企业（外商投资）还应当分别"储备基金""企业发展基金"进行明细核算。

小企业（中外合作经营）根据合同规定在合作期间归还投资者的投资,应在本科目设置"利润归还投资"明细科目进行核算。

三、盈余公积的主要账务处理。

（一）小企业（公司制）按照公司法规定提取法定公积金和任意公积金,借记"利润分配——提取法定盈余公积、提取任意盈余公积"科目,贷记本科目（法定盈余公积、任意盈余公积）。

小企业（外商投资）按照规定提取储备基金、企业发展基金、职工奖励及福利基金,借记"利润分配——提取储备基金、提取企业发展基金、提取职工奖励及福利基金"科目,贷记本科目（储备基金、企业发展基金）、"应付职工薪酬"科目。

（二）用盈余公积弥补亏损或者转增资本,借记本科目,贷记"利润分配——盈余公积补亏"或"实收资本"科目。

小企业（中外合作经营）根据合同规定在合作期间归还投资者的投资,应当按照实际归还投资的金额,借记"实收资本——已归还投资"科目,贷记"银行存款"等科目;同时,借记"利润分配——利润归还投资"科目,贷记本科目（利润归还投资）。

四、本科目期末贷方余额,反映小企业（公司制）的法定公积金和任意公积金总额,小企业（外商投资）的储备基金和企业发展基金总额。

小企业应该设置"盈余公积"科目,核算小企业（公司制）按照公司法规定在税后利润中提取的法定公积金和任意公积金。贷方登记按照公司法规定提取法定公积金和任意公积金数额、外商投资企业按照规定提取的储备基金、企业发展基金、职工奖励及福利基金数额以及中外合作经营企业根据合同规定在合作期间归还投资者的投资数额;借方登记用盈余公积弥补亏损或者转增资本数额。期末贷方余额,反映小企业（公司制）的法定公积金和任意公积金总额,小企业（外商投资）的储备基金和企业发展基金总额。

一般公司制小企业"盈余公积"科目应当分别"法定盈余公积""任意盈余公积"进行明细核算。小企业（外商投资）还应当分别"储备基金""企业发展基金"进行明细核算。小企业（中外合作经营）根据合同规定在合作期间归还投资者的投资,应在本科目设置"利润归还投资"明细科目进行核算。

小企业的盈余公积不得出现借方余额的情况,即盈余公积的结转至零为止。

（二）"本年利润"科目

"本年利润"科目的设置具体内容见本书第十五章内容。

（三）"利润分配"科目及"利润分配——未分配利润"明细科目

"利润分配"科目及"利润分配——未分配利润"明细科目的设置具体内容见本书第十五章内容。

三、会计处理

（一）盈余公积的会计处理

业务 12-4　盈余公积的处理。

1. 盈余公积的提取

（1）小企业（公司制）按照公司法规定提取法定公积金和任意公积金,借记"利润分配——提取法定盈余公积、提取任意盈余公积"科目,贷记"盈余公积——法定盈余公积、任意盈余公积"科目。

借:利润分配——提取法定盈余公积
　　　　　　——提取任意盈余公积
　贷:盈余公积——法定盈余公积
　　　　　　——任意盈余公积

（2）小企业（外商投资）按照规定提取储备基金、企业发展基金,借记"利润分配——提取储备基金"、借记"利润分配——提取企业发展基金"科目,贷记"盈余公积——储备基金"科目、"盈余公积——企业发展基金"。小企业（外商投资）按照规定提取职工奖励及福利基金,借记"利润分配——提取职工奖励及福利基金"科目,贷记"应付职工薪酬"科目。

借:利润分配——提取储备基金
　　　　　　——提取企业发展基金
　　　　　　——提取职工奖励及福利基金
　贷:盈余公积——储备基金
　　　　　　——企业发展基金
　　应付职工薪酬

（3）小企业（中外合作经营）根据合同规定在合作期间归还投资者的投资，应当按照实际归还投资的金额，借记"利润分配——利润归还投资"科目，贷记"盈余公积——利润归还投资"科目；同时，借记"实收资本——已归还投资"科目，贷记"银行存款"等科目。

借：利润分配——利润归还投资

　　贷：盈余公积——利润归还投资

借：实收资本——已归还投资

　　贷：银行存款

2. 盈余公积的使用

（1）用盈余公积弥补亏损，借记"盈余公积"科目，贷记"利润分配——盈余公积补亏"。

借：盈余公积——法定盈余公积

　　　　　　——任意盈余公积

　　贷：利润分配——盈余公积补亏

（2）用盈余公积转增资本，借记"盈余公积"科目，贷记"实收资本"科目。

借：盈余公积——法定盈余公积

　　　　　　——任意盈余公积

　　贷：实收资本

【例 12-7】 2022 年 12 月，甲公司有关留存收益业务及会计处理如下：

（1）本年度实现税后利润 1 000 000 元，按 10% 的比例计提法定盈余公积，按 5% 的比例计提任意盈余公积。

借：利润分配——提取法定盈余公积　　100 000

　　　　　　——提取任意盈余公积　　 50 000

　　贷：盈余公积——法定盈余公积　　　100 000

　　　　　　　　——任意盈余公积　　　 50 000

（2）甲公司决定用以前年度的盈余公积弥补本年度的亏损，弥补数额为 200 000 元。

借：盈余公积——法定盈余公积　　　　200 000

　　贷：利润分配——盈余公积补亏　　　200 000

（3）该企业经批准，将盈余公积 500 000 元用于转增资本。

借：盈余公积——法定盈余公积　　　　500 000

　　贷：实收资本　　　　　　　　　　500 000

（二）未分配利润的会计处理

未分配利润的会计处理，包括未分配利润期末结转的会计处理、分配利润的会计处理以及未分配利润弥补亏损的会计处理，具体内容见第十五章"小企业利润与利润分配财税处理"。

第十三章

小企业收入财税处理

第一节　小企业收入概述

政策依据：

《小企业会计准则》（财会〔2011〕17号）；

《增值税暂行条例》及其实施细则；

《营业税改征增值税试点实施办法》（财税〔2016〕36号附件1）；

《企业所得税法》及其实施细则；

《国家税务总局关于确认企业所得税收入若干问题的通知》（国税函〔2008〕875号）。

一、收入的概念和特征

《小企业会计准则》条文及主旨：

第五十八条　收入，是指小企业在日常生产经营活动中形成的、会导致所有者权益增加、与所有者投入资本无关的经济利益的总流入。包括：销售商品收入和提供劳务收入。

【条文主旨】本条是关于收入的定义和收入的分类的规定。

（一）收入的概念

收入，是指小企业在日常生产经营活动中形成的、会导致所有者权益增加、与所有者投入资本无关的经济利益的总流入。包括：销售商品收入和提供劳务收入。

（二）收入的特征

收入是小企业生存和发展的必要条件，是利润形成的前提条件，是企业的投资者取得投资回报、债权人如银行收取利息和本金的主要来源。小企业会计准则中的收入要素具有下列三个特征。

1. 收入是小企业在日常活动中形成的

日常活动是指小企业为完成其经营目标所从

事的经常性活动以及与之相关的活动。例如，农业小企业生产和销售农产品，工业小企业制造和销售产品，建筑业小企业建筑房屋，零售业小企业销售商品，交通运输业小企业提供道路货物运输服务，仓储业小企业提供货物仓储服务，邮政业小企业提供小件物品的收集、运输和发送服务，住宿业小企业提供旅馆住宿服务，餐饮业小企业提供快餐服务，信息传输业小企业通过互联网为客户提供信息服务，软件和信息技术服务业小企业为客户提供计算机软件设计、程序编制、分析、测试、修改和咨询服务，房地产开发经营业小企业进行房屋建设并销售商品房，物业管理业小企业向业主提供物业服务，租赁业小企业开展建筑工程机械租赁业务，商务服务业小企业为某政府机关提供后勤服务，等等，均属于小企业的日常活动。小企业的日常活动通常可以划分为生产、销售、管理、融资等活动。明确界定日常活动是为了将收入与营业外收入相区分，日常活动是确认收入的重要判断标准，凡是日常活动所形成的经济利益的流入（如销售商品取得现金或应收账款）应当确认收入，反之，非日常活动所形成的经济利益的流入不能确认为收入，而应当计入营业外收入。比如，小企业转让固定资产属于非日常活动，这是因为小企业持有固定资产的主要目的是通过使用生产产品而不是为了出售。因此，转让固定资产所形成的经济利益的流入就不应确认为收入，而应计入营业外收入。再如，小企业因某项固定资产暂时闲置而出租取得的租金收入属于小企业的日常活动所形成的，应当确认为收入。

2. 收入会导致小企业所有者权益增加

与收入相关的经济利益的流入应当会导致小

企业所有者权益的增加,不会增加小企业所有者权益的经济利益的流入不符合收入的定义,不应确认为收入。例如,小企业向银行借入款项,尽管也导致了经济利益流入小企业,表现为增加了小企业的现金或银行存款,但该笔借款的取得并不会增加小企业的所有者权益,反而会使小企业承担了一项现时义务,表现为对银行的欠款。因此,不应将其确认为收入,而应当确认为一项负债。基于本特征,收入区别于负债。收入也不包括为第三方或客户代收的款项。如小企业代税务机关向客户收取的增值税(即销项税额)。这些代收的款项,一方面增加小企业的资产(如现金),一方面增加小企业的负债,而不是增加小企业的所有者权益,也不属于该小企业的经济利益,不能作为该小企业的收入。

3. 收入是与小企业所有者投入资本无关的经济利益的总流入

小企业收入的本质表现,一是导致经济利益流入了小企业,体现为增加了小企业的资产(如现金、银行存款、应收账款等);二是总流入是一个全额而不是净额的概念,通俗来讲,是毛收入,一不需要扣除费用;三是收入不是小企业的投资者投入的资本,或者说,小企业投资者投入的资本不能作为小企业的收入。例如,小企业销售商品,应当在收到客户支付的现金或者在未来有权收到客户支付的现金,从而增加了小企业的资产,才表明该交易符合收入的定义。但是,小企业经济利益的增加有时是由其所有者投入资本所导致的,所有者投入资本的增加不应当确认为收入,应当将其直接确认为所有者权益。

二、收入的分类

(一) 按企业从事日常活动的性质不同分类

收入按小企业从事日常活动的性质不同,分为销售商品收入、提供劳务收入和让渡资产使用权收入。

1. 销售商品收入

销售商品收入是指小企业通过销售商品(或产成品、材料,下同)实现的收入。这里的商品包括企业为销售而生产的产品和为转售而购进的商品。小企业销售的其他存货如原材料、包装物等

也视同商品。

2. 提供劳务收入

提供劳务收入是指小企业提供劳务的收入,是指小企业从事建筑安装、修理修配、交通运输、仓储租赁、咨询经纪、文化体育、科学研究、技术服务、教育培训、餐饮住宿、中介代理、卫生保健、社区服务、旅游、娱乐、加工以及其他劳务服务活动取得的收入。

3. 让渡资产使用权收入

考虑到让渡资产使用权收入主要表现为金融企业对外贷款形成的利息收入和企业转让无形资产(如商标权、专利权、专营权、版权)等资产的使用权形成的使用费收入,而小企业会计准则不适用于金融企业。再者,目前,我国小企业无形资产种类较少,通常以自用为主,金额较小,在资产中所占比例较低。因此,小企业会计准则仅将收入分为销售商品收入和提供劳务收入两类,没有引入让渡资产使用权收入这一类。如果小企业因某项固定资产暂时闲置而出租取得的租金收入属于小企业的日常活动所形成的,应当确认为收入。但是出租包装物和商品的租金收入确认为非日常活动形成的营业外收入。

考虑到让渡资产使用权收入主要表现为金融企业对外贷款形成的利息收入和企业转让无形资产(如商标权、专利权、专营权、版权)等资产的使用权形成的使用费收入,而本准则不适用于金融企业。再者,目前,我国小企业无形资产种类较少,通常以自用为主,金额较小,在资产中所占比例较低。因此,本准则仅将收入分为销售商品收入和提供劳务收入两类,没有引入让渡资产使用权收入这一类。

(二) 收入按企业经营业务的主次不同分类

收入按企业经营业务的主次不同,分为主营业务收入和其他业务收入。

1. 主营业务收入

主营业务收入是指小企业为完成其经营目标所从事的经常性活动实现的收入。可以根据小企业营业执照上注明的主要业务范围来确定。主营业务收入一般占企业总收入的比重较大,对企业的经济效益产生较大影响。不同行业企业的主营业务收入所包括的内容不同,比如,工业企业的主

营业务收入主要包括销售商品、自制半成品、代制品、代修品,提供工业性劳务等实现的收入;商贸企业的主营业务收入主要包括销售商品实现的收入;咨询公司的主营业务收入主要包括提供咨询服务实现的收入;安装公司的主营业务收入主要包括提供安装服务实现的收入。

企业实现的主营业务收入通过"主营业务收入"科目核算,并通过"主营业务成本"科目核算为取得主营业务收入发生的相关成本。

2. 其他业务收入

其他业务收入是指小企业为完成其经营目标所从事的与经常性活动相关的活动实现的收入。可以通过小企业营业执照上注明的兼营业务范围来确定。其他业务收入属于企业日常活动中次要交易实现的收入,一般占企业总收入的比重较小。不同行业企业的其他业务收入所包括的内容不同,比如,工业小企业的其他业务收入主要包括销售材料、对外出租固定资产、提供非工业性劳务等实现的收入。

企业实现的原材料销售收入、固定资产租金收入等,通过"其他业务收入"科目核算,企业进行权益性投资或债权性投资取得的现金股利收入和利息收入,通过"投资收益"科目核算,包装物出租租金收入,通过"营业外收入"科目核算。通过"其他业务收入"科目核算的其他业务收入,需通过"其他业务成本"科目核算为取得其他业务收入发生的相关成本。

三、收入概念与分类税会差异分析

(一)企业所得税采用收入总额的概念

基于资产负债表观,企业所得税法采用了收入总额概念。收入总额概念是指纳税人从各种来源、以各种方式取得的全部收入,税法明确规定不征税的除外。

1. 按收入来源分类

企业所得税按收入来源分为销售货物收入、提供劳务收入、转让财产收入、股息、红利等权益性投资收益、利息收入、租金收入、特许权使用费收入、接受捐赠收入和其他收入共九类。《企业所得税法实施条例》对这九类收入作了进一步明确,具体如下:

(1)销售货物收入,是指企业销售商品、产品、原材料、包装物、低值易耗品以及其他存货取得的收入。(《企业所得税法实施条例》第14条)

(2)提供劳务收入,是指企业从事建筑安装、修理修配、交通运输、仓储租赁、金融保险、邮电通信、咨询经纪、文化体育、科学研究、技术服务、教育培训、餐饮住宿、中介代理、卫生保健、社区服务、旅游、娱乐、加工以及其他劳务服务活动取得的收入。(《企业所得税法实施条例》第15条)

(3)转让财产收入,是指企业转让固定资产、生物资产、无形资产、股权、债权等财产取得的收入。(《企业所得税法实施条例》第16条)

(4)股息、红利等权益性投资收益,是指企业因权益性投资从被投资方分配取得的收入。(《企业所得税法实施条例》第17条)

(5)利息收入,是指企业将资金提供他人使用但不构成权益性投资,或者因他人占用本企业资金取得的收入,包括存款利息、贷款利息、债券利息、欠款利息等收入。(《企业所得税法实施条例》第18条)

(6)租金收入,是指企业提供固定资产、包装物或者其他有形资产的使用权取得的收入。(《企业所得税法实施条例》第19条)

(7)特许权使用费收入,是指企业提供专利权、非专利技术、商标权、著作权以及其他特许权的使用权取得的收入。(《企业所得税法实施条例》第20条)

(8)接受捐赠收入,是指企业接受的来自其他企业、组织或者个人无偿给予的货币性资产、非货币资产。(《企业所得税法实施条例》第21条)

(9)其他收入,是指企业取得的除企业所得税法第6条第1项至第8项规定的收入外的其他收入,包括企业资产溢余收入、逾期未退包装物押金收入、确实无法偿付的应付款项、已作坏账损失处理后又收回的应收款项、债务重组收入、补贴收入、违约金收入、汇兑收益等。(《企业所得税法实施条例》第22条)

2. 按收入表现形式分类

按收入表现形式分为货币收入和非货币收入。企业取得收入的货币形式,包括库存现金、银行存款、应收账款、应收票据、准备持有至到期的债券投资以及债务的豁免等。企业取得收入的非货币形式,包括固定资产、生物资产、无形资产、股权投资、存货、不准备持有至到期的债券投资、劳务以及有关权益等。(《企业所得税法实施条例》第12条)

企业以非货币形式取得的收入,应当按照公允价值确定收入额。

公允价值,是指按照市场价格确定的价值。(《企业所得税法实施条例》第13条)

(二)税会差异分析

1. 收入形式的比较

税法上的货币形式与会计上的货币性资产的标准一致,都包括:(1)企业持有的现金或货币资金,这里税法上的"现金"和会计上的"货币资金"范围一致。(2)将以固定或可确定金额收取的现金或货币资金,主要是对准备持有至到期的债券投资进行的界定。(3)税法强调了债务的豁免,作为货币形式的收入,会计上豁免的债务作为"营业外收入"记账,不符合资产的定义,没有界定为货币性资产,但最终并入到会计利润,和税法的处理结果是一致的。

非货币形式的收入,税法除了包括会计界定的非货币性资产,还强调了劳务以及有关权益也属于非货币形式的收入。非货币形式的收入,其主要特征在于能为企业带来经济效益,但其具体金额是难以确定的。因此,税法规定,企业以非货币形式取得的收入,应当按照公允价值(市场价格)确定收入额。市场价格,可以理解为熟悉情况的买卖双方在公平交易的条件下所确定的价格,或无关联的双方在公平交易的条件下就一项资产达成的交易价格。

2. 收入概念的比较

小企业会计准则关于收入的定义与企业所得税关于收入的界定有共同之处,也有不同的方面。两者相同之处在于都强调了收入能够给小企业带来经济利益,表现为货币形式或非货币形式的经济利益;两者不同的地方在于,分类基础或标准不同,从而出现了交叉或分离的情况,但是从对当期利润的影响来看,又是一致的。

小企业会计准则中,除销售商品收入、提供劳务收入、租金收入(出租固定资产取得的租金收入)和特许权使用费收入以外企业所得税法所规定的收入不作为会计上的收入来认定,而是在其他章节中进行规定。例如,企业所得税法所规定的股息、红利等权益性投资收益,转让财产收入(转让股权、股票、债券取得的收入)以及利息收入(债券利息收入)不在小企业会计准则的"收入"章予以规定,而是在短期投资和长期投资中的"投资收益"予以规范。企业所得税法所规定的转让财产收入(转让固定资产、生物资产、无形资产等财产取得的收入)、租金收入(出租包装物和商品取得的租金收入)、接受捐赠收入和其他收入作为小企业非日常活动取得的收入在本准则"营业外收入"进行会计处理。小企业会计准则做这种与企业所得税法在收入上不同的处理,主要原因在于,两者对收入的分类基础不同,企业所得税法按照收入的来源分类,以体现税收政策待遇的不同,小企业会计准则按照收入的稳定性和经常性(或者说日常活动和非日常活动)分类,以反映小企业盈利能力的稳定性和可持续性。

第二节　小企业销售商品收入财税处理

一、小企业销售商品收入的确认

《小企业会计准则》条文及主旨:

第五十九条　销售商品收入,是指小企业销售商品(或产成品、材料,下同)取得的收入。

通常,小企业应当在发出商品且收到货款或取得收款权利时,确认销售商品收入。

(一)销售商品采用托收承付方式的,在办妥托收手续时确认收入。

(二)销售商品采取预收款方式的,在发出商品时确认收入。

（三）销售商品采用分期收款方式的,在合同约定的收款日期确认收入。

（四）销售商品需要安装和检验的,在购买方接受商品以及安装和检验完毕时确认收入。安装程序比较简单的,可在发出商品时确认收入。

（五）销售商品采用支付手续费方式委托代销的,在收到代销清单时确认收入。

（六）销售商品以旧换新的,销售的商品作为商品销售处理,回收的商品作为购进商品处理。

（七）采取产品分成方式取得的收入,在分得产品之日按照产品的市场价格或评估价值确定销售商品收入金额。

【条文主旨】本条是关于小企业销售商品收入的定义、销售商品收入确认的条件及各种销售方式下销售商品收入确认时点的规定。

（一）销售商品收入的概念

1. 小企业会计准则销售商品收入

销售商品收入中所指的商品是一个宽泛的概念,不仅指批发业和零售业小企业销售的商品,还包括制造业小企业生产和销售的产成品、代制品、代修品以及小企业销售的其他构成存货的资产,如原材料、周转材料（包装物、低值易耗品）、消耗性生物资产。

2. 增值税法销售货物

增值税销售额为纳税人销售货物或者应税劳务向购买方收取的全部价款和价外费用。（《增值税暂行条例》第6条）

货物,是指有形动产,包括电力、热力、气体在内。（《增值税暂行条例实施细则》第2条）

3. 企业所得税法销售货物

销售货物收入,是指企业销售商品、产品、原材料、包装物、低值易耗品以及其他存货取得的收入总额。（《企业所得税法实施条例》第14条）

4. 差异分析

小企业会计准则所称的销售商品收入与企业所得税法所规定的销售货物收入在构成上是一致的,会计销售商品收入和所得税销售货物收入均是对销售存货取得的收入,销售（处置）其他资产均不构成会计销售商品收入和所得税销售货物收入,但销售固定资产属于增值税货物收入。价外费用是增值税销售额的范围,会计和所得税不存在价外费用概念。

（二）销售商品收入确认的条件

1. 小企业会计准则规定

根据收入的定义并考虑便于小企业实务操作和所得税汇算清缴,对销售商品收入确认做了原则性规定:一般情况下,小企业应当在发出商品且收到货款或取得收款权利时,确认销售商品收入。这一收入确认原则表明,确认销售商品收入有两个标志:一是物权的转移,表现为发出商品;二是收到货款或取得收款权利。这两个标志是经济利益能够流入小企业的最直接的标志,符合《小企业会计准则》第58条所规定的收入的定义。小企业销售商品同时满足这两个条件时,通常就应当确认收入。发出商品通常是指小企业将所售商品交付给购买方或购买方已提取所购商品,但是所售商品是否离开企业并不是发出商品的必要条件。如果小企业已经完成销售手续,如购买方直接采取交款提货方式,在发票已经开出,货款已经收到,提货单也已经交给购买方时,无论商品是否已被购货方提取,都应作为发出商品处理。因为此时商品所有权已经转移给购买方,购买方随时可以凭单提货,销售方此时只是起代购买方保管商品的作用。

2. 增值税法规定

《增值税暂行条例》第19条规定,发生应税销售行为,增值税纳税义务发生时间为收讫销售款项或者取得索取销售款项凭据的当天;先开具发票的,为开具发票的当天。

3. 企业所得税法规定

《国家税务总局关于确认企业所得税收入若干问题的通知》（国税函〔2008〕875号）明确,除企业所得税法及实施条例另有规定外,企业销售收入的确认,必须遵循权责发生制原则和实质重于形式原则。企业销售商品同时满足下列条件的,应确认收入的实现:

（1）商品销售合同已经签订,企业已将商品所有权相关的主要风险和报酬转移给购货方。

（2）企业对已售出的商品既没有保留通常与所

有权相联系的继续管理权,也没有实施有效控制。

(3) 收入的金额能够可靠地计量。

(4) 已发生或将发生的销售方的成本能够可靠地核算。

4. 税会差异分析

为便于小企业执行,减少纳税调整负担,满足汇算清缴的需要,小企业采用发出货物和收取款项作为标准,减少关于风险报酬转移的职业判断,同时就几种常见的销售方式明确规定了收入确认的时点。

(三) 不同销售方式销售收入确认的时点

1. 小企业会计准则规定

小企业通常应当在发出商品且收到货款或取得收款权利时,确认销售商品收入。不同销售方式下销售含义及收入确认见表 13-1。

表 13-1　不同销售方式销售确认时点表

销售方式	销售含义及收入确认	确认收入的重要标志
1. 采用现金、支票、汇兑、信用证等方式销售商品	由于不存在购买方承付的问题,商品一经发出即收到货款或取得收款权利,因而在商品办完发出手续时即应确认收入。	发出商品是确认收入的重要标志。
2. 托收承付销售商品	是指小企业根据合同发货后,委托银行向异地购买方收取款项,购买方根据合同验货后,向银行承诺付款的销售方式。在这种销售方式下,小企业发出商品且办妥托收手续时,通常表明小企业已经取得收款的权利。因此,可以确认收入。	办妥托收手续是确认收入的重要标志。
3. 预收款销售商品	是指购买方在商品尚未收到前按合同或协议约定分期付款,销售方在收到最后一笔款项时才交货的销售方式。在这种销售方式下,小企业发出商品即意味着小企业作为销售方已经收到了购买方支付的最后一笔款项,应将收到的货款全部确认为收入,在此之前预收的货款应确认为负债,如确认为预收账款。	收到最后一笔款项是确认收入的重要标志。
4. 分期收款销售商品	是指商品已经交付,但货款分期收回的销售方式。企业所得税法实施条例考虑到在整个回收期内企业确认的收入总额是一致的,同时考虑到与增值税政策的衔接,规定以分期收款方式销售货物的,按照合同约定的收款日期确认收入的实现。为了简化核算,便于小企业实务操作,本准则对分期收款销售商品的收入确认时点,采用了与企业所得税法实施条例相同的规定。	按照合同约定开出销售发票是确认收入的重要标志。
5. 商品需要安装和检验的销售	是指售出的商品需要经过安装、检验等过程的销售方式。在这种销售方式下,所售商品的安装和检验工作是销售合同或协议的重要组成部分。在购买方接受交货以及安装和检验完毕前,销售方一般不应确认收入,只有在购买方接受商品以及安装和检验完毕时才能确认收入。但如果安装程序比较简单,可以在发出商品时确认收入。	完成安装和检验是确认收入的重要标志。
6. 采用支付手续费方式委托代销商品	是指委托方和受托方签订合同或协议,委托方根据代销商品数量和金额向受托方支付手续费的销售方式。在这种销售方式下,委托方发出商品时,并不知道受托方能否将商品销售出去,能够销售多少。因此,委托方在发出商品时通常不应确认收入,而在收到受托方开出的代销清单时,能够确定受托方销售商品的数量、金额确认收入。 受托方应在所受托商品销售后,将按合同或协议的约定计算确定收取的手续费确认为收入。	取得受托方开出的代销清单是确认收入的重要标志。

(续表)

销售方式	销售含义及收入确认	确认收入的重要标志
7. 以旧换新销售商品	是指销售方在销售商品的同时回收与所售商品相同的旧商品或其他旧商品。在这种销售方式下,应将销售和回收分别进行会计处理:销售的商品作为商品销售进行处理确认收入,回收的商品作为购进商品处理,即作为存货采购处理。	发出新商品和取得旧商品是确认收入的重要标志。
8. 产品分成	是指多家企业在合作进行生产经营的过程中,合作各方对合作生产出的产品按照约定进行分配,并以此作为生产经营收入。在分得产品之日按照产品的市场价格或评估价值确定销售商品收入金额。	分得产品是确认收入的重要标志。

2. 增值税法规定

(1)销售货物增值税纳税义务发生时间。《增值税暂行条例实施细则》第 38 条规定,条例第 19 条第 1 款第 1 项规定的收讫销售款项或者取得索取销售款项凭据的当天,按销售结算方式的不同,具体为:

① 采取直接收款方式销售货物,不论货物是否发出,均为收到销售款或者取得索取销售款凭据的当天。

② 采取托收承付和委托银行收款方式销售货物,为发出货物并办妥托收手续的当天。

③ 采取赊销和分期收款方式销售货物,为书面合同约定的收款日期的当天,无书面合同的或者书面合同没有约定收款日期的,为货物发出的当天。

④ 采取预收货款方式销售货物,为货物发出的当天,但生产销售生产工期超过 12 个月的大型机械设备、船舶、飞机等货物,为收到预收款或者书面合同约定的收款日期的当天。

⑤ 委托其他纳税人代销货物,为收到代销单位的代销清单或者收到全部或者部分货款的当天。未收到代销清单及货款的,为发出代销货物满 180 天的当天。

⑥ 销售应税劳务,为提供劳务同时收讫销售款或者取得索取销售款的凭据的当天。

⑦ 纳税人发生本细则第 4 条第 3 项至第 8 项所列视同销售货物行为,为货物移送的当天。

《国家税务总局关于增值税纳税义务发生时间有关问题的公告》(国家税务总局公告 2011 年第 40 号)进一步明确,纳税人生产经营活动中采取直接收款方式销售货物,已将货物移送对方并暂估销售收入入账,但既未取得销售款或取得索

取销售款凭据也未开具销售发票的,其增值税纳税义务发生时间为取得销售款或取得索取销售款凭据的当天;先开具发票的,为开具发票的当天。本公告自 2011 年 8 月 1 日起施行。纳税人此前对发生上述情况进行增值税纳税申报的,可向主管税务机关申请,按本公告规定做纳税调整。

(2)营改增应税行为纳税义务发生时间。《营业税改征增值税试点实施办法》第 45 条规定,营改增应税服务增值税纳税义务发生时间为:

① 纳税人发生应税行为并收讫销售款项或者取得索取销售款项凭据的当天;先开具发票的,为开具发票的当天。收讫销售款项,是指纳税人销售服务、无形资产、不动产过程中或者完成后收到款项。取得索取销售款项凭据的当天,是指书面合同确定的付款日期;未签订书面合同或者书面合同未确定付款日期的,为服务、无形资产转让完成的当天或者不动产权属变更的当天。

② 纳税人提供租赁服务采取预收款方式的,其纳税义务发生时间为收到预收款的当天。

③ 纳税人从事金融商品转让的,为金融商品所有权转移的当天。

④ 纳税人发生本办法第 14 条规定(视同销售)情形的,其纳税义务发生时间为服务、无形资产转让完成的当天或者不动产权属变更的当天。

⑤ 增值税扣缴义务发生时间为纳税人增值税纳税义务发生的当天。

3. 企业所得税法规定

《国家税务总局关于确认企业所得税收入若干问题的通知》(国税函〔2008〕875 号)规定,符合收入确认四个条件,采取下列商品销售方式的,应按以下规定确认收入实现时间:

（1）销售商品采用托收承付方式的，在办妥托收手续时确认收入。

（2）销售商品采取预收款方式的，在发出商品时确认收入。

（3）销售商品需要安装和检验的，在购买方接受商品以及安装和检验完毕时确认收入。如果安装程序比较简单，可在发出商品时确认收入。

（4）销售商品采用支付手续费方式委托代销的，在收到代销清单时确认收入。

（5）销售商品以旧换新的，销售商品应当按照销售商品收入确认条件确认收入，回收的商品作为购进商品处理。

二、小企业销售商品收入的计量

《小企业会计准则》条文及主旨：

第六十条 小企业应当按照从购买方已收或应收的合同或协议价款，确定销售商品收入金额。

销售商品涉及现金折扣的，应当按照扣除现金折扣前的金额确定销售商品收入金额。现金折扣应当在实际发生时，计入当期损益。

销售商品涉及商业折扣的，应当按照扣除商业折扣后的金额确定销售商品收入金额。

前款所称现金折扣，是指债权人为鼓励债务人在规定的期限内付款而向债务人提供的债务扣除。商业折扣，是指小企业为促进商品销售而在商品标价上给予的价格扣除。

【条文主旨】本条是关于销售商品收入金额计量原则及计量销售商品收入金额时应考虑因素的规定。

第六十一条 小企业已经确认销售商品收入的售出商品发生的销售退回（不论属于本年度还是属于以前年度的销售），应当在发生时冲减当期销售商品收入。

小企业已经确认销售商品收入的售出商品发生的销售折让，应当在发生时冲减当期销售商品收入。

前款所称销售退回，是指小企业售出的商品由于质量、品种不符合要求等原因发生的退货。销售折让，是指小企业因售出商品的质量不合格等原因而在售价上给予的减让。

【条文主旨】 本条是关于销售商品收入金额计量原则及计量销售商品收入金额时应考虑因素的规定。

（一）小企业会计准则规定

（1）小企业应当按照从购买方已收或应收的合同或协议价款，确定销售商品收入金额，即交易时的发票价格。

$$商品销售收入 = \sum（销售数量 \times 销售单价）$$

增值税纳税人销售货物，销售收入一律以不含税价格确认，在销售时如果含税定价开具普通发票，在计算商品销售收入时应价税分离，还原为不含税价格确认为收入。

$$不含税销售额 = 含税销售额 \div [1 + 税率（征收率）]$$

小企业向购买方销售商品通常会根据《中华人民共和国合同法》签订销售合同或协议，其中有关所售商品的价格、数量、规格和价款的约定是销售合同或协议的重要组成内容，并且是经过交易双方充分协商，按照公平交易原则达成的，充分体现了交易双方的意愿。因此，可以作为销售商品收入金额的确定依据。该价款收到与否不影响对其收入金额的确定。

按照《中华人民共和国合同法》第10条的规定，合同当事人订立的合同有书面形式、口头形式和其他形式。因此，如果小企业销售商品时仅与购买方达成了口头协议，而没有签订书面形式的合同或协议，在这种情况下，只要口头形式的合同或协议具有法律效力，也可以按照口头协议所达成的销售价款计量收入的金额。

（2）小企业在销售商品过程中，有时会代第三方或客户收取一些款项，这些代收款应作为暂收款记入相关的负债类科目，不作为企业的收入处理。因此，"合同或协议价款"不包括小企业作为增值税一般纳税人在销售商品时按照《增值税暂行条例》的规定应向购买方收取的增值税销项税额。

（3）小企业销售商品涉及现金折扣的，应当按照扣除现金折扣前的金额确定销售商品收入金额。现金折扣应当在实际发生时，计入当期损益。现金折扣，是指债权人为鼓励债务人在规定的期限内付款而向债务人提供的债务扣除。

销售商品涉及商业折扣的，应当按照扣除商业折扣后的金额确定销售商品收入金额。商业折扣，是指小企业为促进商品销售而在商品标价上给予的价格扣除。

（4）小企业已经确认销售商品收入的售出商

品发生的销售退回(不论属于本年度还是属于以前年度的销售),应当在发生时冲减当期销售商品收入。销售退回,是指小企业售出的商品由于质量、品种不符合要求等原因发生的退货。

小企业已经确认销售商品收入的售出商品发生的销售折让,应当在发生时冲减当期销售商品收入。销售折让,是指小企业因售出商品的质量不合格等原因而在售价上给予的减让。

(二)增值税法规定

根据《增值税暂行条例》及其实施细则以及《营业税改征增值税试点实施办法》的规定,销售额为纳税人发生应税销售行为收取的全部价款和价外费用,但是不包括收取的销项税额。价外费用,是指价外收取的各种性质的收费,但不包括以下项目:

(1)代为收取并符合规定的政府性基金或者行政事业性收费。

(2)以委托方名义开具发票代委托方收取的款项。

(3)销售货物的同时代办保险等而向购买方收取的保险费,以及向购买方收取的代购买方缴纳的车辆购置税、车辆牌照费。

销售额以人民币计算。纳税人按照人民币以外的货币结算销售额的,应当折合成人民币计算,折合率可以选择销售额发生的当天或者当月1日的人民币汇率中间价。纳税人应当在事先确定采用何种折合率,确定后12个月内不得变更。

(4)纳税人取得的财政补贴收入,与其销售货物、劳务、服务、无形资产、不动产的收入或者数量直接挂钩的,应按规定计算缴纳增值税。纳税人取得的其他情形的财政补贴收入,不属于增值税

应税收入,不征收增值税。(国家税务总局公告2019年第45号第7条)

(三)企业所得税法规定

《国家税务总局关于确认企业所得税收入若干问题的通知》(国税函〔2008〕875号)规定,企业为促进商品销售而在商品价格上给予的价格扣除属于商业折扣,商品销售涉及商业折扣的,应当按照扣除商业折扣后的金额确定销售商品收入金额。

债权人为鼓励债务人在规定的期限内付款而向债务人提供的债务扣除属于现金折扣,销售商品涉及现金折扣的,应当按扣除现金折扣前的金额确定销售商品收入金额,现金折扣在实际发生时作为财务费用扣除。

企业因售出商品的质量不合格等原因而在售价上给的减让属于销售折让;企业因售出商品质量、品种不符合要求等原因而发生的退货属于销售退回。企业已经确认销售收入的售出商品发生销售折让和销售退回,应当在发生当期冲减当期销售商品收入。

《企业所得税法实施条例》第129条规定,企业所得以人民币以外的货币计算的,预缴企业所得税时,应当按照月度或者季度最后一日的人民币汇率中间价,折合成人民币计算应纳税所得额。年度终了汇算清缴时,对已经按照月度或者季度预缴税款的,不再重新折合计算,只就该纳税年度内未缴纳企业所得税的部分,按照纳税年度最后一日的人民币汇率中间价,折合成人民币计算应纳税所得额。

三、科目设置

《小企业会计准则》应用指南

5001 主营业务收入

一、本科目核算小企业确认的销售商品或提供劳务等主营业务的收入。

二、本科目应按照主营业务的种类进行明细核算。

三、主营业务收入的主要账务处理。

小企业销售商品或提供劳务实现的收入,应当按照实际收到或应收的金额,借记"银行存款""应收账款"等科目,按照税法规定应交纳的增值税额,贷记"应交税费——应交增值税(销项税额)"科目,按照确认的销售商品收入,贷记本科目。

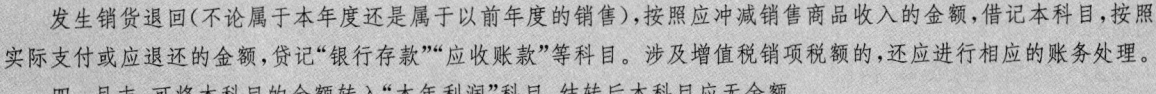

发生销货退回(不论属于本年度还是属于以前年度的销售),按照应冲减销售商品收入的金额,借记本科目,按照实际支付或应退还的金额,贷记"银行存款""应收账款"等科目。涉及增值税销项税额的,还应进行相应的账务处理。

四、月末,可将本科目的余额转入"本年利润"科目,结转后本科目应无余额。

5051 其他业务收入

一、本科目核算小企业确认的除主营业务活动以外的其他日常生产经营活动实现的收入。包括:出租固定资产、出租无形资产、销售材料等实现的收入。

二、本科目应按照其他业务收入种类进行明细核算。

三、其他业务收入的主要账务处理。

小企业确认的其他业务收入,借记"银行存款""其他应收款"等科目,贷记本科目。涉及增值税销项税额的,还应进行相应的账务处理。

四、月末,可将本科目余额转入"本年利润"科目,结转后本科目应无余额。

5401 主营业务成本

一、本科目核算小企业确认销售商品或提供劳务等主营业务收入应结转的成本。

二、本科目应按照主营业务的种类进行明细核算。

三、主营业务成本的主要账务处理。

(一)月末,小企业可根据本月销售各种商品或提供各种劳务实际成本,计算应结转的主营业务成本,借记本科目,贷记"库存商品""生产成本""工程施工"等科目。

(二)本月发生的销货退回,可以直接从本月的销售数量中减去,得出本月销售的净数量,然后计算应结转的主营业务成本,也可以单独计算本月销售退回成本,借记"库存商品"等科目,贷记本科目。

四、月末,可将本科目的余额转入"本年利润"科目,结转后本科目应无余额。

5402 其他业务成本

一、本科目核算小企业确认的除主营业务活动以外的其他日常生产经营活动所发生的支出。包括:销售材料的成本、出租固定资产的折旧费、出租无形资产的摊销额等。

二、本科目应按照其他业务成本的种类进行明细核算。

三、其他业务成本的主要账务处理。

小企业发生的其他业务成本,借记本科目,贷记"原材料""周转材料""累计折旧""累计摊销""银行存款"等科目。

四、月末,可将本科目余额转入"本年利润"科目,结转后本科目应无余额。

小企业应按主营业务和附营业务分别设置收入、成本科目,进行收入的核算。

(一)"主营业务收入"科目

小企业应设置"主营业务收入"科目,核算小企业确认的销售商品或提供劳务等主营业务的收入。本科目贷方登记小企业销售商品或提供劳务实现的收入应当按照实际收到或应收的金额,借方登记发生销货退回(不论属于本年度还是属于以前年度的销售)应冲减销售商品收入的金额,以及月末结转"本年利润"科目的金额。月末结转后本科目应无余额。本科目应按照主营业务的种类进行明细核算。涉及增值税销项税额的,还应进行相应的账务处理。

(二)"主营业务成本"科目

小企业应设置"主营业务成本"科目,核算小企业确认的销售商品或提供劳务等主营业务收入应结转的成本。小企业的主营业务成本一般在月末集中登记,本科目借方登记小企业本月实现销售各种商品或提供各种劳务的销售成本,贷方登记本月销售退回成本,以及月末结转"本年利润"科目的金额。月末结转后本科目应无余额。本科目应按照主营业务的种类进行明细核算。

(三)"其他业务收入"科目

小企业应设置"其他业务收入"科目,核算小企业确认的除主营业务活动以外的其他日常生产经营活动实现的收入。包括:出租固定资产、出租无形资产、销售材料等实现的收入。本科目贷方登记小企业其他销售实现的收入金额,借方登记月末结转"本年利润"科目的金额。月末结转后本科目应无余额。本科目应按照其他业务收入种类进行明细核算。涉及增值税销项税额的,还应进行相应的账务处理。

(四)"其他业务成本"科目

小企业应设置"其他业务成本"科目,核算小企业确认的除主营业务活动以外的其他日常生产经营活动发生的支出。包括:销售材料的成本、出租固定资产的折旧费、出租无形资产的摊销额等。本科目借方登记小企业发生的其他业务成本,贷方登记月末结转"本年利润"科目的金额。月末结转后本科目应无余额。本科目应按照其他业务成本的种类进行明细核算。

(五)"税金及附加"科目

小企业应设置"税金及附加"科目,核算小企业开展日常生产经营活动应负担的消费税、城市维护建设税、资源税、环境保护税、土地增值税、城镇土地使用税、房产税、车船税、印花税和教育费附加、地方教育费附加等相关税费。与最终确认营业外收入或营业外支出相关的税费,在"固定资产清理""无形资产"等科目核算,不在本科目核算。本科目借方登记小企业按照规定计算确定的与其日常生产经营活动相关的税费,贷方登记月末结转"本年利润"科目的金额。月末结转后本科目应无余额。本科目应按照税费种类进行明细核算。

四、通常情况下小企业销售商品的会计处理

业务 13-1　通常情况下销售商品的处理。

(1)确认销售商品收入时,小企业应按已收或应收的合同或协议价款确认收入,并计提增值税销项税额:

借:银行存款、应收账款、应收票据等
　贷:主营业务收入
　　　应交税费——应交增值税(销项税额)

(2)月末,结转销售商品的实际成本:

借:主营业务成本
　贷:库存商品

(3)月末,结转税金及附加:

借:税金及附加
　贷:应交税费——应交消费税等

【例13-1】 2022年4月,甲公司采用托收承付结算方式销售一批商品,开出的增值税专用发票上注明售价为600 000元,增值税税额为78 000元;商品已经发出,并已向银行办妥托收手续;该批商品的成本为420 000元,甲公司会计处理如下:

(1)销售实现时:

借:应收账款　　　　　　　　678 000
　贷:主营业务收入　　　　　　　600 000
　　　应交税费——应交增值税(销项税额) 78 000

(2)月末,结转销售成本时:

借:主营业务成本　　　　　　420 000
　贷:库存商品　　　　　　　　　420 000

本例为采用托收承付方式销售商品,在这种销售方式下,销售商品采用托收承付方式的,在办妥托收手续时确认收入。托收承付方式销售商品收入确认,小企业会计准则与企业会计准则收入确认的条件不同。小企业会计准则下,办妥托收手续时确认收入。企业会计准则下,企业通常应在发出商品且办妥托收手续时确认收入。如果商品已经发出且办妥托收手续,但由于各种原因与发出商品所有权有关的风险和报酬没有转移的,企业不应确认收入。

【例13-2】 2022年4月,甲公司向乙公司销售一批商品,开出的增值税专用发票上注明售价为300 000元,增值税税额为39 000元;甲公司已收到乙公司支付的货款339 000元,并将提货单送交乙公司。该批商品成本为240 000元。甲公司会计处理如下:

(1)销售实现时:

借:银行存款　　　　　　　　339 000
　贷:主营业务收入　　　　　　　300 000
　　　应交税费——应交增值税(销项税额) 39 000

(2)月末,结转销售成本时:

借:主营业务成本　　　　　　240 000
　贷:库存商品　　　　　　　　　240 000

本例为采用交款提货方式销售商品。交款提货销售商品,是指购买方已根据企业开出的发票账单支付货款并取得提货单的销售方式。在这种方式下,购货方支付货款取得提货单,企业尚未交付商品,销售方保留的是商品所有权上的次要风险和报酬,商品所有权上的主要风险和报酬已经

转移给购货方,通常应在开出发票账单收到货款时确认收入。

本例中,甲公司已经完成销售手续并确认销售收入,若乙公司在月末未提走所购商品,甲公司应将该批售出商品作为代管商品,单独设置"代管商品"备查簿进行登记。

【例 13-3】 2022 年 4 月,甲公司向乙公司销售商品一批,开出的增值税专用票上注明售价为 400 000 元,增值税额为 52 000 元;甲公司收到乙公司开出的不带息银行承兑汇票一张,票面金额为 452 000 元,期限为 2 个月;该批商品已经发出,甲公司以银行存款代垫运杂费 2 000 元,增值税 180 元,所垫运费尚未收到;该批商品成本为 320 000 元。甲公司会计处理如下:

(1)销售实现时:

借:应收票据 452 000
　　应收账款 2 180
　　贷:主营业务收入 400 000
　　　　应交税费——应交增值税(销项税额) 52 000
　　　　银行存款 2 180

(2)月末,结转销售成本时:

借:主营业务成本 320 000
　　贷:库存商品 320 000

五、特殊情况下小企业销售商品的会计处理

(一)预收款销售商品的处理

业务 13-2　预收款销售商品的处理。

预收款销售商品,是指购买方在商品尚未收到前按合同或协议约定分期付款,销售方在收到最后一笔款项时才交货的销售方式。在这种方式下,销售方直到收到最后一笔款项才将商品交付购货方,小企业通常应在发出商品时确认收入,在此之前预收的货款应确认为负债。

【例 13-3】 2022 年 4 月,甲公司与乙公司签订协议,采用预收款方式向乙公司销售一批商品。该批商品实际成本为 600 000 元。协议约定,该批商品销售价格为 800 000 元,增值税额为 104 000 元;乙公司应在协议签订时预付 60%的货款(按销售价格计算),剩余货款于 2 个月后支付,发货结清货款时一并开具专用发票。甲公司会计

处理如下:

(1)收到 60%货款时:

借:银行存款 480 000
　　贷:预收账款 480 000

(2)收到剩余货款及增值税税款时:

借:预收账款 480 000
　　银行存款 424 000
　　贷:主营业务收入 800 000
　　　　应交税费——应交增值税(销项税额)104 000

借:主营业务成本 600 000
　　贷:库存商品 600 000

(二)分期收款销售

业务 13-3　分期收款销售商品的处理。

采用分期收款销售方式的小企业,可增设"分期收款发出商品"科目,核算已经发出但尚未结转的商品成本。小企业在发出商品时,按商品的实际成本,借记"分期收款发出商品"科目,贷记"库存商品"科目;按合同约定的收款日期确认销售实现时,应按本期应收的货款金额,借记"应收账款""银行存款"科目,按当期实现的销售收入,贷记"主营业务收入"科目,按增值税发票上注明的增值税金额,贷记"应交税费——应交增值税(销项税额)"科目。同时按商品全部销售成本与全部销售收入的比率计算出本期应结转的销售成本,借记"主营业务成本"科目,贷记"分期收款发出商品"科目。

【例 13-4】 2022 年 6 月 1 日,甲公司采用分期收款方式销售 A 商品一台,售价 500 000 元,增值税税率为 13%,实际成本为 300 000 元,合同约定款项分 5 年平均收回,每年的付款日期为当年 6 月 1 日,开具专用发票,并在商品发出后先支付第一期货款。每年收回货款 500 000÷5=100 000(元)。甲公司会计处理如下:

(1)发出商品时:

借:分期收款发出商品 300 000
　　贷:库存商品 300 000

(2)每年 6 月 1 日:

借:应收账款(或银行存款) 113 000
　　贷:主营业务收入 100 000
　　　　应交税费——应交增值税(销项税额) 13 000

（3）同时结转商品成本＝300 000÷500 000×100 000＝60 000（元）。

借：主营业务成本　　　　　　　60 000
　　贷：分期收款发出商品　　　　　　　60 000

（三）需要安装和检验的商品销售

业务 13-4　需要安装和检验商品销售的处理。

1. 小企业会计准则规定

销售商品需要安装和检验的,在购买方接受商品以及安装和检验完毕时确认收入。如果安装程序比较简单,可在发出商品时确认收入。如某电梯生产企业销售电梯,电梯已发出,发票账单已交付购买方,购买方已预付部分贷款。但根据合同约定,销售方须负责安装且在销售方安装并经检验合格后,购买方才支付余款。在此业务中,销售方发出电梯时不能确认收入,而应当在安装完毕并检验合格后才确认收入。

2. 增值税法规定

《国家税务总局关于明确中外合作办学等若干增值税征管问题的公告》（国家税务总局公告2018 年第 42 号）第 6 条规定,一般纳税人销售自产机器设备的同时提供安装服务,应分别核算机器设备和安装服务的销售额,安装服务可以按照甲供工程选择适用简易计税方法计税。一般纳税人销售外购机器设备的同时提供安装服务,如果已经按照兼营的有关规定,分别核算机器设备和安装服务的销售额,安装服务可以按照甲供工程选择适用简易计税方法计税。

【例 13-5】 A 公司为机器设备生产企业,系一般纳税人。2022 年 8 月与 X 公司签订设备销售合同并负责安装,总价款为 16.45 万元,其中设备价款 11.3 万元（含增值税）,安装服务价款 5.15 万元（含增值税）,机器设备和安装服务分别核算。A公司会计处理如下：

（1）机器设备销售。

借：银行存款　　　　　　　　　113 000
　　贷：主营业务收入　　　　　　　　100 000
　　　　应交税费——应交增值税（销项税额）13 000

（2）安装服务收入。

借：银行存款　　　　　　　　　51 500
　　贷：主营业务收入　　　　　　　　50 000
　　　　应交税费——简易计税　　　　　1 500

安装服务适用简易计税,应纳税额＝51 500÷（1＋3％）×3％＝1 500（元）。

（四）委托代销商品

委托代销商品分为视同买断方式委托代销商品和支付手续费方式委托代销商品。

1. 视同买断方式委托代销商品

业务 13-5　视同买断方式委托代销商品的处理。

视同买断方式委托代销商品,是指委托方和受托方签订合同或协议,委托方按合同或协议收取代销的货款,实际售价由受托方自定,实际售价与合同或协议价之间的差额归受托方所有的销售方式。如果委托方和受托方之间的协议明确标明,受托方在取得代销商品后,无论是否能够卖出、是否获利,均与委托方无关,那么委托方和受托方之间的代销商品交易,与委托方直接销售商品给受托方没有实质区别。在符合销售商品收入确认条件时,受托方应确认相关的销售商品收入。如果委托方和受托方之间的协议明确标明,将来受托方未售出的商品可以退回给委托方,或受托方因代销商品出现亏损时可以要求委托方补偿,那么委托方在交付商品时通常不应确认收入,受托方也不作购进商品处理。受托方将商品销售后,按实际售价确认销售收入,并向委托方开具代销清单;委托方收到代销清单时,再确认本企业的销售收入。

【例 13-6】 2022 年 4 月,甲公司委托乙公司销售某批商品 200 件,协议价为 100 元/件,该商品成本为 60 元/件,增值税率为 13％。假定商品已经发出,根据代销协议,乙公司不能将没有代销出去的商品退回甲公司;甲公司将该批商品交付乙公司时发生增值税纳税义务,金额为 2 600 元。乙公司对外销售该批商品的售价为 120 元/件,并收到款项存入银行。

甲公司会计处理如下：

（1）甲公司将该批商品交付乙公司。

借：应收账款——乙公司　　　　22 600
　　贷：主营业务收入——销售××商品　20 000
　　　　应交税费——应交增值税（销项税额）2 600

借：主营业务成本——销售××商品　12 000
　　贷：库存商品——××商品　　　　12 000

（2）收到乙公司代销商品货款 22 600 元。

借：银行存款　　　　　　　　　　 22 600
　　贷：应收账款——乙公司　　　　　　 22 600

乙公司会计处理如下：

（1）收到该批商品。

借：库存商品——××商品　　　　　 20 000
　　应交税费——应交增值税（进项税额）　2 600
　　　贷：应付账款——甲公司　　　　　 22 600

（2）对外销售该批商品。

借：银行存款　　　　　　　　　　 27 120
　　贷：主营业务收入——销售××商品　 24 000
　　　　应交税费——应交增值税（销项税额）　3 120

借：主营业务成本——销售××商品　 20 000
　　贷：库存商品——××商品　　　　　 20 000

（3）按合同协议价将代销款付给甲公司。

借：应付账款——甲公司　　　　　　 22 600
　　贷：银行存款　　　　　　　　　　 22 600

2. 支付手续费方式委托代销商品

业务 13-6　支付手续费方式委托代销商品的处理。

支付手续费方式委托代销商品，是指委托方和受托方签订合同或协议，委托方根据代销商品金额或数量向受托方支付手续费的销售方式。在这种方式下，委托方发出商品时，商品所有权上的主要风险和报酬并未转移，委托方在发出商品时通常不应确认销售商品收入，仍然应当按照有关风险和报酬是否转移来判断何时确认收入。通常可在收到受托方开出的代销清单时确认销售商品收入；受托方应在商品销售后，按合同或协议约定的方法计算确定的手续费确认收入。

【例 13-7】 2022 年 4 月，甲公司委托丙公司销售商品 200 件，商品已经发出，每件成本为 60 元。合同约定丙公司应按每件 100 元对外销售，甲公司按不含增值税的销售价格的 10% 向丙公司支付手续费。丙公司对外实际销售 100 件，开出的增值税专用发票上注明的销售价格为 10 000 元，增值税额为 1 300 元，款项已经收到。甲公司收到丙公司开具的代销清单时，向丙公司开具一张相同金额的增值税专用发票。假定甲公司发出商品时纳税义务尚未发生，不考虑其他因素。

甲公司会计处理如下：

（1）发出商品。

借：发出商品——丙公司　　　　　　 12 000
　　贷：库存商品——××商品　　　　　 12 000

（2）收到代销清单时，同时发生增值税纳税义务。

借：应收账款——丙公司　　　　　　 11 300
　　贷：主营业务收入——销售××商品　 10 000
　　　　应交税费——应交增值税（销项税额）　1 300

借：主营业务成本——销售××商品　　6 000
　　贷：发出商品——丙公司　　　　　　 6 000

借：销售费用——代销手续费　　　　　1 000
　　贷：应收账款——丙公司　　　　　　 1 000

（3）收到丙公司支付的货款。

借：银行存款　　　　　　　　　　 10 300
　　贷：应收账款——丙公司　　　　　　 10 300

丙公司会计处理如下：

（1）收到商品。

借：代理业务资产（或受托代销商品）——甲公司
　　　　　　　　　　　　　　　　 20 000
　　贷：代理业务负债（或受托代销商品款）——甲公司
　　　　　　　　　　　　　　　　 20 000

（2）对外销售。

借：银行存款　　　　　　　　　　 11 300
　　贷：应付账款——甲公司　　　　　　 10 000
　　　　应交税费——应交增值税（销项税额）　1 300

（3）收到增值税专用发票。

借：应交税费——应交增值税（进项税额）　1 300
　　贷：应付账款——甲公司　　　　　　 1 300

借：代理业务负债（或受托代销商品款）——甲公司
　　　　　　　　　　　　　　　　 10 000
　　贷：代理业务资产（或受托代销商品）——甲公司
　　　　　　　　　　　　　　　　 10 000

（4）支付货款并计算代销手续费。

借：应付账款——甲公司　　　　　　 11 300
　　贷：银行存款　　　　　　　　　　 10 300
　　　　其他业务收入——代销手续费　　1 000

（五）以旧换新销售

业务 13-7 以旧换新销售处理。

以旧换新销售，是指销售方在销售商品的同时回收与所售商品相同的旧商品。在这种销售方式下，应将销售和回收分别进行会计处理：销售的商品应当按照销售商品收入确认条件确认收入，回收的商品作为购进商品处理。因为销售货物与有偿收购旧的货物是两项不同的业务活动，销售额与收购额不能相互抵减，即销售的商品应当按照销售商品收入确认条件确认收入，回收的商品作为购进商品处理。

【例 13-8】 2022 年 4 月，P 公司采取以旧换新方式销售产品 4 台给 Q 公司，单位售价 50 000 元，单位成本 30 000 元，同时收回 4 台同类旧商品，每台回收价为 5 000 元（不含税），款项已收存银行，增值税税率为 13%。P 公司会计处理如下：

（1）销售新货。

```
借：银行存款                    226 000
    贷：主营业务收入                  200 000
        应交税费——应交增值税（销项税额）26 000

借：主营业务成本                120 000
    贷：库存商品                      120 000
```

（2）换回旧货。

```
借：库存商品                     20 000
    贷：银行存款                       20 000
```

（六）采取产品分成方式取得的收入

业务 13-8 采取产品分成方式取得收入的处理。

由于产品分成是以实物代替货币作为收入的，而产品的价格又随着市场供求关系而波动，因此，只有在分得产品之日按照产品的市场价格确认收入的实现，才能够体现生产经营的真实所得。但是，如果所分得的产品不存在市场价格或市场价格显失公允，应当请专业评估机构对其价值进行评估确定。因此，产品分成收入应在分得产品之日按照产品的市场价格或评估价值确定销售商品收入金额。

《企业所得税法实施条例》第 24 条做出了同样的规定，采取产品分成方式取得收入的，按照企业分得产品的日期确认收入的实现，其收入额按照产品的公允价值确定。

【例 13-9】 2022 年 4 月，P 公司与 Q 公司以合作方式生产 M 商品，Q 公司共支付 8 万元成本费用，分得产品时公允价值 10 万元，该商品增值税税率为 13%。

（1）发生合作生产成本：

```
借：生产成本                     80 000
    贷：银行存款等                     80 000
```

（2）分成取得 M 商品，公允价值 10 万元：

```
借：库存商品——M 商品           113 000
    贷：主营业务收入                  100 000
        应交税费——应交增值税（销项税额）13 000
```

（七）销售商品涉及商业折扣

商业折扣是指企业为促进商品销售而在商品标价上给予的价格扣除，折扣额用"%"表示。

1. 商业折扣

业务 13-9 销售商品发生商业折扣的处理。

商业折扣仅限于货物价格的折扣，销售额和折扣额在计算对象和数量上是一致的，所指的都是同一批次的货物。

（1）小企业会计准则与企业所得税法规定。《小企业会计准则》第 60 条、《国家税务总局关于确认企业所得税收入若干问题的通知》（国税函〔2008〕875 号）规定相同，商品销售涉及商业折扣的，应当按照扣除商业折扣后的金额确定销售商品收入金额。

（2）增值税法规定。《增值税若干具体问题的规定》（国税发〔1993〕154 号）规定，纳税人采取折扣方式销售货物，如果销售额和折扣额在同一张发票上分别注明的，可按折扣后的销售额征收增值税；如果将折扣额另开发票，不论其在财务上如何处理，均不得从销售额中减除折扣额。

《国家税务总局关于折扣额抵减增值税应税销售额问题通知》（国税函〔2010〕56 号）规定，纳税人采取折扣方式销售货物，销售额和折扣额在同一张发票上分别注明是指销售额和折扣额在同一张发票上的"金额"栏分别注明的，可按折扣后的销售额征收增值税。未在同一张发票"金额"栏注明折扣额，而仅在发票的"备注"栏注明折扣额的，折扣额不得从销售额中减除。所以，企业仅在专用发票"备注"栏注明的折扣额不能从当期应税销售额中减除。

【例13-10】 2022年4月,甲公司赊销一批商品,按价目表的价钱盘算,货款金额总计100 000元,给买方的商业折扣为10%,适用增值税税率为13%。甲公司会计处理如下:

(1)销售商品,发生商业折扣时:

借:应收账款　　　　　　　　　101 700

　　贷:主营业务收入　　　　　　90 000

　　　　应交税费——应交增值税(销项税额)　11 700

(2)收到货款时:

借:银行贷款　　　　　　　　　101 700

　　贷:应收账款　　　　　　　　101 700

2. 销售返利

业务13-10 销售商品发生销售返利的处理。

销售返利是生产企业通过返还资金方式弥补商业企业的损失,对商业企业返还利润。

《国家税务总局关于纳税人折扣折让行为开具红字增值税专用发票问题的通知》(国税函〔2006〕1279号)规定,纳税人销售货物并向购买方开具增值税专用发票后,由于购货方在一定时期内累计购买货物达到一定数量,或者由于市场价格下降等原因,销货方给予购货方相应的价格优惠或补偿等折扣、折让行为,销货方可按现行《增值税专用发票使用规定》的有关规定开具红字增值税专用发票。

《国家税务总局关于商业企业向货物供应方收取的部分费用征收流转税问题的通知》(国税发〔2004〕136号)规定,商业企业向供货方收取的各种收入,一律不得开具增值税专用发票。对商业企业向供货方收取的与商品销售量、销售额挂钩(如以一定比例、金额、数量计算)的各种返还收入,均应按照平销返利行为的有关规定冲减当期增值税进项税额。当期应冲减进项税额=当期取得的返还资金÷(1+所购货物适用增值税税率)×所购货物适用增值税税率。

【例13-11】 2022年10月,W大型连锁超市为特定食品生产企业销售100万元的食品(不含税价),月末返还现金2.26万元,所购货物进项税率

为13%。W超市会计处理如下:

借:银行存款　　　　　　　　　22 600

　　贷:主营业务成本　　　　　　20 000

　　　　应交税费——应交增值税(进项税额转出)　2 600

现金返利的涉税事项,一方面冲减成本,增加了应纳税所得额,要缴纳相应的企业所得税;另一方面,减少了增值税的进项税额,从而要缴纳相应的增值税。

3. 实物折扣(买一赠一)

业务13-11 买一赠一的处理。

(1)会计处理。会计上没有作出具体的规定,但在实际操作中,类似于商业折扣的会计处理办法,见表13-2。

表13-2　处理办法

实物折扣形式	会计处理
1. 买1送1、买10送1等降价销售(送同类同型号产品)。	减少开票单价;送的产品直接结转成本。
2. 买1送1等捆绑销售(送同类不同型号的产品、送非同类产品、赠送小礼品、有奖销售)。	不做销售;送的产品直接结转成本。

(2)企业所得税处理。《国家税务总局关于确认企业所得税收入若干问题的通知》(国税函〔2008〕875号)第3条规定,企业以买一赠一等方式组合销售本企业商品的,不属于捐赠,应将总的销售金额按各项商品的公允价值的比例来分摊确认各项的销售收入。因此,在企业所得税法中,"买一赠一"是将随货赠送视同捆绑销售看待的,不做视同销售。

(3)个人所得税处理。《财政部 国家税务总局关于企业促销展业赠送礼品有关个人所得税问题的通知》(财税〔2011〕50号)第1条规定,企业在销售商品(产品)和提供服务过程中向个人赠送礼品,属于下列情形之一的,不征收个人所得税:

① 企业通过价格折扣、折让方式向个人销售商品(产品)和提供服务。

② 企业在向个人销售商品(产品)和提供服务的同时给予赠品,如通信企业对个人购买手机赠

话费、入网费,或者购话费赠手机等。

③ 企业对累积消费达到一定额度的个人按消费积分反馈礼品。

(4) 增值税处理。《增值税暂行条例实施细则》第 4 条第(八)项规定,纳税人将自产、委托加工或者购进的货物无偿赠送其他单位或者个人视同销售,缴纳增值税。

《财政部关于加强企业对外捐赠财务管理的通知》(财企〔2003〕95 号)明确,对外捐赠是指企业自愿无偿将其有权处分的合法财产赠送给合法的受赠人用于与生产经营活动没有直接关系的公益事业的行为。买一赠一的实质不是无偿赠送,而是有条件的赠送,即不应视同销售行为进行税务处理。赠品仅指企业已按库存管理的商品。"买一赠一"销售的主货物与赠送的货物发生于同一交易行为中,不包括后续的补充赠送或新交易的赠送,但对赠品的领用、寄送时间可与正常销售发出商品时间不一致。对"赠一"的货物是否征收增值税,各地执行不一。为避免纳税风险,小企业应遵从当地主管税务机关的规定,主要是为了防止纯粹的"无偿赠送"混入"买一赠一"之类的有偿赠送。

在实体认定方面,"买一赠一"可以不做视同销售,但在形式要件方面,应具有严格的要求,即必须提供充分证明"有偿赠送"的证据。一般来看,这些证据材料包括:第一,有公司内部销售协议,作为开展活动的依据,同时明确活动的起止时间;第二,在结转销售成本时,必须同步结转主商品和赠送品的价值;第三,也是最重要的一点,必须依据《国家税务总局关于折扣额抵减增值税应税销售额问题通知》(国税函〔2010〕56 号)的规定,在同一张发票上注明主商品和赠送品。如果在促销活动中没有开具发票,或者开具发票不符合规定,那就无法令人信服地解释为随物赠送,就要按照无偿赠送做视同销售处理。

发票开具的方法是,将主货物和赠品开具在同一张发票上,并将总的销售金额按各项商品的公允价值的比例来分摊确认各项的销售收入;如果购买主商品满一定金额才送赠品且主商品为单件开具发票,那么可以在任一主商品的单件发票上同时开具赠品;如果赠品数量多、单价小,不易

分摊,那么可以采用另外一种开票方法,即除了将主货物和赠品开具在同一张发票上,还要在金额栏按各商品的公允价值分别填列,按赠品价值合计作为折扣额单独填列在金额栏。

【例 13-12】 2022 年 10 月,W 超市业为促销,购买笔记本电脑者赠送高档背包一只,背包成本 300 元,笔记本电脑成本 6 000 元,假设笔记本电脑公允价值 9 500 元,背包公允价值 500 元。

超市按 9 500 元将笔记本电脑和背包组合销售。W 超市会计处理如下:

(1) 确认收入。

借:银行存款　　　　　　　　　　　　10 735

　　贷:主营业务收入——笔记本(9 500×9 500÷

　　　　　　　　10 000)　　　　　　　　9 025

　　　　主营业务收入——背包(9 500×500÷10 000)

　　　　　　　　　　　　　　　　　　　475

　　　　应交税费——应交增值税(销项税额)(9 500

　　　　　　×13%)　　　　　　　　　　1 235

(2) 结转成本。

借:主营业务成本——笔记本　　　　　6 000

　　主营业务成本——背包　　　　　　300

　　贷:库存商品——笔记本　　　　　6 000

　　　　库存商品——背包　　　　　　300

(八) 销售商品涉及现金折扣

业务 13-12　销售商品涉及现金折扣的处理。

现金折扣是指债权人为鼓励债务人在规定的期限内付款而向债务人提供的债务扣除。现金折扣一般用符号"折扣率/付款期限"表示,例如"2/10,1/20,n/30"表示:

现金折扣的前置条件是赊销商品。现金折扣的会计处理、增值税处理、所得税处理相同:全部采用总价法核算。总价法是指销售方在计量应收账款和销售收入金额时,按照包括现金折扣在内的总价确认。现金折扣发生时计入发生期的"财务费用"。总价法的缺点是虚增资产,虚增收入。

【例 13-13】 2022 年 3 月 1 日,甲公司销售 A 商品 10 000 件,每件商品的标价为 20 元(不含增值税),每件商品的实际成本为 12 元,A 商品适用的增值税税率为 13%;由于是成批销售,甲公司给

以购货方 10％ 的商业折扣,并在销售合同中规定现金折扣条件为 2/10,1/20,n/30;A 商品于 3 月 1 日发出,购货方于 3 月 9 日付款。假定计算现金折扣时考虑增值税。

本例涉及商业折扣和现金折扣的问题,首先需要计算确定销售商品收入的金额。根据销售商品收入的金额确定的有关规定,销售商品收入的金额应是扣除商业折扣但包含现金折扣的金额,现金折扣应在实际发生时计入当期财务费用。因此,甲公司应确认的销售商品收入金额为 180 000 元(20×10 000−20×10 000×10％),增值税销项税额为 23 400 元(180 000×13％)。购货方于销售实现后的 10 日内付款,享有的现金折扣为 4 068 元[(180 000＋23 400)×2％]。甲公司会计处理如下:

(1)3 月 1 日销售实现时:

借:应收账款 203 400
　贷:主营业务收入 180 000
　　应交税费——应交增值税(销项税额) 23 400

借:主营业务成本(12×10 000) 120 000
　贷:库存商品 120 000

(2)3 月 9 日收到货款时:

借:银行存款 199 332
　财务费用 4 068
　贷:应收账款 203 400

(九)销售折让

业务 13-13　销售折让的处理。

销售折让是指企业因小企业售出商品的质量不合格等原因而在售价上给予的减让。小企业将商品销售给买方后,如买方发现商品在质量、规格等方面不符合要求,但不影响其使用或对外销售,可能要求卖方在价格上给予一定的减让。这一价格减让会影响到已确认收入的金额。

销售折让如发生在确认销售收入之前,则应在确认销售收入时直接按扣除销售折让后的金额确认;对于已确认销售商品收入的售出商品发生销售折让的,不论此销售业务是发生在本年度还是以前年度,小企业均应当在该笔折让实际发生时冲减当期(通常为当月)的销售商品收入。这一规定不考虑资产负债表日后事项,体现了小企业会计准则简化核算的要求。

【例 13-14】 2022 年 4 月,甲公司销售一批商品给乙公司,开出的增值税专用发票上注明的售价为 100 000 元,增值税税额为 13 000 元。该批商品的成本为 70 000 元。货到后乙公司发现商品质量不合格,要求在价格上给予 5％ 的折让。乙公司提出的销售折让要求符合原合同的约定,甲公司同意并办妥了相关手续,按规定开具了红字增值税专用发票。假定此前甲公司已确认该批商品的销售收入,销售款项尚未收到,发生的销售折让允许扣减当期增值税销项税额。甲公司会计处理如下:

(1)销售实现时:

借:应收账款 113 000
　贷:主营业务收入 100 000
　　应交税费——应交增值税(销项税额) 13 000

借:主营业务成本 70 000
　贷:库存商品 70 000

(2)发生销售折让时:

借:主营业务收入(100 000×5％) 5 000
　应交税费——应交增值税(销项税额) 650
　贷:应收账款 5 650

(3)实际收到款项时:

借:银行存款 107 350
　贷:应收账款 107 350

(十)销售退回

业务 13-14　销售退回的处理。

销售退回是指小企业售出的商品由于质量、品种不符合要求,并且影响其使用或对外销售而发生的退货。从发生退货的商品的销售时间来看,可能有两种情况:第一种情况是当期(如当月、当年)销售的商品在当期发生了退货,具体可分为三种情形:①当月销售当月退货;②上月销售本月退货;③年初销售年底退货。第二种情况是以前期间(如以前年度)销售的商品在本年度发生了退货。从发生退货的商品的销售数量来看,也有两种情形:一是所售商品全部退货;二是所售商品部分退货。

对于已确认销售商品收入的售出商品发生销售退回的,不论此销售业务是发生在本年度还是以前年度,小企业均应当在该笔退货实际发生时冲减退货当期(通常为当月)的销售商品收入。这一规定体现了简化核算的要求。尚未确认销售商品收入的售出商品发生销售退回的,应当冲减"发出商品",同时增加"库存商品"。

在企业所得税处理时,企业已经确认销售收入的售出商品发生销售折让和销售退回,应当在发生当期冲减当期销售商品收入。(国税函〔2008〕875号)

【例13-15】 甲公司2022年3月20日销售一批A商品,增值税专用发票上注明售价为350 000元,增值税税额为45 500元;该批商品成本为182 000元。A商品于2022年3月20日发出,购货方于3月27日付款。甲公司对该项销售确认了销售收入。2022年9月15日,该批商品质量出现严重问题,购货方将该批商品全部退回给甲公司。甲公司同意退货,于退货当日支付了退货款,并按规定向购货方开具了红字增值税专用发票。甲公司会计处理如下:

(1)销售实现时:

借:应收账款　　　　　　　　　395 500
　　贷:主营业务收入　　　　　　　350 000
　　　　应交税费——应交增值税(销项税额) 45 500

借:主营业务成本　　　　　　　182 000
　　贷:库存商品　　　　　　　　　182 000

(2)收到货款时:

借:银行存款　　　　　　　　　395 500
　　贷:应收账款　　　　　　　　　395 500

(3)销售退回时:

借:主营业务收入　　　　　　　350 000
　　应交税费——应交增值税(销项税额) 45 500
　　贷:银行存款　　　　　　　　　395 500

借:库存商品　　　　　　　　　182 000
　　贷:主营业务成本　　　　　　　182 000

(十一)由税务机关确定(核定)的销售额

1. 销售货物与劳务

根据《增值税暂行条例实施细则》第16条的规定,纳税人发生应税销售行为的价格明显偏低并无正当理由的,由主管税务机关按下列顺序确定销售额:

(1)按纳税人最近时期同类货物的平均销售价格确定。

(2)按其他纳税人最近时期同类货物的平均销售价格确定。

(3)按组成计税价格确定。组成计税价格的公式为:

$$组成计税价格＝成本×(1＋成本利润率)$$

属于应征消费税的货物,其组成计税价格中应加计消费税额。

公式中的成本是指:销售自产货物的为实际生产成本,销售外购货物的为实际采购成本。公式中的成本利润率由国家税务总局确定。

组成计税价格公式中的成本利润率为10%。

2. 销售服务、无形资产与不动产

根据《营业税改征增值税试点实施办法》第44条的规定,纳税人发生应税行为价格明显偏低或者偏高且不具有合理商业目的的,或者发生本办法第14条所列行为而无销售额的,主管税务机关有权按照下列顺序确定销售额:

(1)按照纳税人最近时期销售同类服务、无形资产或者不动产的平均价格确定。

(2)按照其他纳税人最近时期销售同类服务、无形资产或者不动产的平均价格确定。

(3)按照组成计税价格确定。组成计税价格的公式为:

$$组成计税价格＝成本×(1＋成本利润率)$$

成本利润率由国家税务总局确定。

不具有合理商业目的,是指以谋取税收利益为主要目的,通过人为安排,减少、免除、推迟缴纳增值税税款,或者增加退还增值税税款。

(十二)销售材料等存货

业务13-15　销售材料的处理。

小企业在日常活动中还可能发生对外销售不需用的原材料、随同商品对外销售单独计价的包装物等业务。小企业销售原材料、包装物等存货也视同商品销售,其收入确认和计量原则比照商品销售。小企业销售原材料、包装物等存货实现的收入作为其他业务收入处理,结转的相关成本作为其他业务成本处理。

企业销售原材料、包装物等存货实现的收入以及结转的相关成本,通过"其他业务收入""其他业务成本"科目核算。

【例 13-16】 甲公司销售一批原材料,开出的增值税专用发票上注明的售价为 10 000 元,增值税税额为 1 300 元,款项已由银行收妥。该批原材料的实际成本为 9 000 元。甲公司会计处理如下:

(1)取得原材料销售收入:

借:银行存款　　　　　　　　11 300
　　贷:其他业务收入　　　　　　　10 000
　　　　应交税费——应交增值税(销项税额)　1 300

(2)结转已销原材料的实际成本:

借:其他业务成本　　　　　　　9 000
　　贷:原材料　　　　　　　　　　9 000

第三节　小企业提供劳务收入财税处理

一、劳务的范围和内涵

(一)小企业劳务的范围

劳务是无形的商品,是指为他人提供服务的行为,包括体力和脑力劳动。小企业会计准则所列举的提供劳务收入所涉及的行业较为广泛,既包括工业,也包括第三产业等。具体包括建筑安装、修理修配、交通运输、仓储租赁、邮电通信、咨询经纪、文化体育、科学研究、技术服务、教育培训、餐饮住宿、中介代理、卫生保健、社区服务、旅游、娱乐、加工以及其他劳务服务活动等。

(二)小企业劳务的内涵

根据《国民经济行业分类》(GB/T4754—2017)的规定,各项劳务的具体内涵如下:

(1)建筑安装。属于建筑业范畴,是指建筑物主体工程竣工后,建筑物内各种设备的安装活动,以及施工中的线路敷设和管道安装。不包括工程收尾的装饰,如对墙面、地板、天花板、门窗等处理活动。

(2)修理修配。通常是指受托方对损伤和丧失功能的货物进行修复,使其恢复原状和功能的业务。所涉及的行业很多,例如,机动车、电子产品和日用产品修理,金属制品、机械和设备修理业等。

(3)交通运输。包括:①铁路运输业,指铁路客运、货运及相关的调度、信号、机车、车辆、检修、工务等活动。②道路运输业,包括公路旅客运输、道路货物运输、道路运输辅助活动等。③水上运输业,包括水上旅客运输、水上货物运输、水上运输辅助活动。④航空运输业,包括航空客货运输、通用航空服务、航空运输辅助活动。⑤管道运输业。⑥装卸搬运和其他运输服务业等。

(4)仓储租赁。包括仓储和租赁两部分。仓储是指专门从事货物仓储、货物运输中转仓储,以及以仓储为主的物流送配活动,如谷物、棉花等农产品仓储。租赁包括两类:一是机械设备租赁,指不配备操作人员的机械设备的租赁服务,包括汽车租赁、农业机械租赁、建筑工程机械与设备租赁、计算机及通信设备租赁、其他机械与设备租赁等;二是文化及日用品出租,包括图书及音像制品出租、其他文化及日用品出租等。

(5)邮电通信。包括邮电和通信两部分。邮政业和交通运输、仓储列为一类,主要包括国家邮政,即国家邮政系统提供的邮政服务,以及其他寄递服务,即国家邮政系统以外的单位所提供的包裹、小件物品的收集、运输、发送服务。通信包括电信、广播电视和卫星传输服务,互联网和相关服务等。

(6)咨询经纪。咨询业包括会计、审计及税务服务、社会经济咨询以及其他专业咨询;经纪业是指商品经纪人等活动。

(7)文化体育。文化业包括新闻和出版业,广播、电视、电影和像视录音制作业,文化艺术业等,体育业包括体育组织、体育场馆及其他体育活动。

(8)科学研究。主要指为了增加知识(包括有关自然、工程、人类、文化和社会的知识),以及运用这些知识创造新的应用所进行的系统的、创造性的活动。该活动仅限于对新发现、新理论的研究,新技术、新产品、新工艺的研制。研究和试验发展包括基础研究、应用研究和试验发展,即自然科学研究和试验发展、工程和技术研究和试验发展、农业科学研究和试验发展、医学研究和试验发展、社会人文科学研究和试验发展等。

(9)技术服务。包括专业技术服务业和科技推广和应用服务业两类。前者包括气象服务、地震服务、海洋服务、测绘服务及技术监测、环境监测、工程技术与规划管理等;后者包括技术推广服务、科技中介服务和其他科技服务。

(10)教育培训。包括学前教育、初等教育、中等教育、高等教育以及其他教育(职业技能培训、特殊教育等)。

(11)餐饮住宿。餐饮业包括正餐服务、快餐服务、饮料及冷饮服务以及其他餐饮服务;住宿业包括旅游饭店、一般旅馆及其他住宿服务。

(12)中介代理。中介包括房地产中介服务、职业中介服务等,代理包括贸易、金融领域的代理等。

(13)卫生保健。包括医院、卫生院及社区医疗活动、门诊部医疗活动、计划生育技术服务活动、妇幼保健活动、专科疾病防治活动、疾病预防控制及防疫活动以及其他卫生保健活动。

(14)社区服务。主要包括居民服务业和其他服务业。

(15)旅游。包括旅行社服务业,是指为社会各界提供商务、组团和散客旅游的服务。包括向顾客提供咨询、旅游计划和建议、日程安排、导游、食宿和交通等服务。

(16)娱乐。包括室内娱乐活动、游乐园、休闲健身娱乐活动及其他娱乐活动。

(17)加工。属于制造业的范畴,包括农副食品加工业,木材加工和木、竹、藤、棕、草制品业,石油加工、炼焦及核燃料加工业、黑色金属冶炼和压延加工业、有色金属冶炼和压延加工业,废弃资源综合利用业等。

(三)企业所得税劳务范围

《企业所得税法实施条例》第15条明确规定,企业所得税法所称提供劳务收入,是指企业从事建筑安装、修理修配、交通运输、仓储租赁、金融保险、邮电通信、咨询经纪、文化体育、科学研究、技术服务、教育培训、餐饮住宿、中介代理、卫生保健、社区服务、旅游、娱乐、加工以及其他劳务服务活动取得的收入。

小企业会计准则所称提供劳务收入与企业所得税法实施条例所界定的范围基本一致,唯一区别是小企业会计准则所称提供劳务收入不包括从事金融保险所取得的收入,这是因为《小企业会计准则》第2条规定,小企业会计准则不适用于金融机构和其他具有金融性质的小企业。

(四)增值税劳务范围

增值税区分劳务和服务。增值税劳务是指纳税人提供的加工、修理修配劳务。加工是指受托加工货物,即委托方提供原料及主要材料,受托方按照委托方的要求制造货物并收取加工费的业务;修理修配是指受托对损伤和丧失功能的货物进行修复,使其恢复原状和功能的业务。增值税服务是指应营改增转入的交通运输服务、邮政服务、电信服务、建筑服务、金融服务、现代服务、生活服务。

二、科目设置

小企业应当根据本条规定,结合自身实际情况,设置"5001 主营业务收入"和"505 其他业务收入"等两个会计科目。小企业如果提供劳务属于主营业务(如专门从事建筑安装),则通过"5001 主营业务收入"科目核算;如果提供劳务属于兼营业务(如出租固定资产、出租无形资产),则通过"5051 其他业务收入"科目核算。

企业对外提供劳务发生的支出一般先通过"劳务成本"科目予以归集,待确认为费用时,再由"劳务成本"科目转入"主营业务成本"或"其他业务成本"科目。"劳务成本"科目的设置和运用比照"生产成本"科目进行。

三、小企业劳务收入的确认和计量

《小企业会计准则》条文及主旨:

第六十三条 同一会计年度内开始并完成的劳务,应当在提供劳务交易完成且收到款项或取得收款权利时,确认提供劳务收入。提供劳务收入的金额为从接受劳务方已收或应收的合同或协议价款。

劳务的开始和完成分属不同会计年度的,应当按照完工进度确认提供劳务收入。年度资产负债表日,按照提供劳务收入总额乘以完工进度扣除以前会计年度累计已确认提供劳务收入后的金额,确认本年度的提供劳务收入;同时,按照估计的提供劳务成本总额乘以完工进度扣除以前会计年度累计已确认营业成本后的金额,结转本年度营业成本。

【条文主旨】本条是关于小企业提供劳务收入确认和计量的规定。

小企业提供劳务的种类很多,提供劳务的内容不同,完成劳务的时间也不等。有的需要耗费较长时间才能完成,如建筑安装、教育培训、技术服务等,有的一次就能完成且一般为现金交易,如修理修配、餐饮住宿、旅游等。为简化核算,便于小企业实务操作,小企业会计准则根据小企业完成劳务的时间不同,以一个会计年度为限,区分同一会计年度开始并完成的劳务(即不跨会计年度的劳务)和劳务的开始和完成分属不同会计年度(即跨会计年度的劳务)分别对相关劳务收入确认的时点和金额作了原则性规定。

(一) 不跨会计年度的劳务收入的确认和计量

业务 13-16　不跨会计年度的劳务收入的处理。

1. 不跨会计年度的劳务收入的确认

同一会计年度内开始并完成的劳务收入,应当在提供劳务交易完成且收到款项或取得收款权利时,确认提供劳务收入。这一确认原则包含了两个条件,并且应当同时具备:

(1) 收入确认的前提是劳务已经完成。

(2) 收到款项或取得收款的权利,表明收入金额能够可靠确定并且该经济利益能够流入小企业。

2. 不跨会计年度的劳务收入的计量

不跨会计年度的劳务收入,提供劳务收入的金额为从接受劳务方已收或应收的合同或协议价款。由于不跨会计年度的劳务与销售商品非常类似,只是所提供商品的形态不同,一个是不具有实物形态,另一个是具有实物形态。因此,"合同或

协议价款"的理解参照销售商品收入金额规定进行理解。

【例 13-17】乙公司属于一般纳税人,从事建筑安装服务,于 2022 年 3 月 10 日接受一项设备安装任务。该安装任务可一次完成,合同总价款为 9 810 元(含增值税),实际发生安装成本 5 000 元。乙公司应在安装完成时作如下会计处理:

借:应收账款(或银行存款)　　　　9 810
　　贷:主营业务收入　　　　　　　　　9 000
　　　　应交税费——应交增值税(销项税额)　810

借:主营业务成本　　　　　　　　5 000
　　贷:银行存款等　　　　　　　　　　5 000

若上述安装任务需花费一段时间(不超过本会计期间)才能完成,则应在为提供劳务发生有关支出时:

借:劳务成本　　　　　　　　　　5 000
　　贷:银行存款等　　　　　　　　　　5 000

借:应收账款(或银行存款)　　　　9 810
　　贷:主营业务收入　　　　　　　　　9 000
　　　　应交税费——应交增值税(销项税额)　810

借:主营业务成本　　　　　　　　5 000
　　贷:劳务成本　　　　　　　　　　　5 000

(二) 跨会计年度的劳务收入的确认和计量

业务 13-17　跨会计年度的劳务收入的处理。

1. 跨会计年度的劳务收入的确认

跨会计年度的劳务,通常是指小企业受托加工制造机械设备等,以及从事建筑、安装、装配工程业务或者提供劳务等,持续时间超过 12 个月。

《小企业会计准则》规定,劳务的开始和完成分属不同会计年度的,应当按照完工进度确认提供劳务收入。这实质上就是企业会计准则所规定的完工百分比法。完工百分比法,是指按照提供劳务交易的完工进度确认收入和费用的方法。在这种方法下,确认的提供劳务收入金额能够提供不同会计年度关于提供劳务交易及其业绩的有用信息。其关键是合理确定所提供劳务的完工进度。

小企业确定提供劳务交易的完工进度,可以选用下列方法:

（1）已完工工作量的测量，如完成的工程形象进度。比如，某小企业负责为某社区建造居民活动中心大楼，共3层，在18个月的时间内完成，第1年年底盖完了2层，则第1年完成的工程进度为66.7%。

（2）已经提供的劳务量占应提供劳务总量的比例，如已挖土石方量占总土石方量的比例。比如，某小企业负责为某工地挖地基，总土方石量为1 000立方米，时间为2022年7月1日至2023年6月30日，在2022年12月31日，经测算共挖土石方量为600立方米，则2022年完成的工程进度为60%。

（3）已经发生的成本占估计的提供劳务成本总额的比例，比如，某工程概算成本为100万元，分3年完工，第1年实际发生的工程成本为30万元，则第1年完成的工程进度为30%。

2. 跨会计年度的劳务收入的计量

劳务的开始和完成分属不同会计年度的，在年度资产负债表日，按照提供劳务收入总额乘以完工进度扣除以前会计年度累计已确认提供劳务收入后的金额，确认本年度提供劳务收入；同时，按照估计的提供劳务成本总额乘以完工进度扣除以前会计年度累计已确认劳务成本后的金额，结转营业成本。本计量要求应从以下三个方面来把握：

（1）确认劳务收入和结转劳务成本的时点均为年度资产负债表日（12月31日）。

（2）规定了劳务收入金额的确定方法，按照提供劳务收入总额乘以完工进度扣除以前会计年度累计已确认提供劳务收入后的金额，确认本年度提供劳务收入。在按照该方法具体确定劳务收入金额时，把握两个关键点：一是完工进度，二是提供劳务收入总额。完工进度按照以上解释来应用。下面重点解释提供劳务收入总额的确定。

提供劳务收入总额一般根据交易双方签订的合同或协议注明的交易总金额确定。也就是说，提供劳务收入总额通常在合同或协议中规定了明确的金额，即合同金额，但是也不排除随着劳务的提供可能会根据实际情况增加或减少交易总金额。在这种情况下，小企业作为劳务提供方应当

及时调整劳务收入总额并且区分不同情况进行会计处理，如果该调整金额相对原合同金额比例较小（如不超过10%），为简化核算，便于小企业实务操作，可以将该调整金额直接计入最后一个会计年度的收入中，不需要在不同会计年度之间进行重新分配；反之，应当将该调整金额在调整所在会计年度和以后剩余的会计年度之间进行重新分配。

本年提供劳务收入金额可按照下列公式计算确定：

$$\begin{aligned}\text{本年确认的提供}\atop\text{劳务收入金额} &= {\text{提供劳务}\atop\text{收入总额}} \times {\text{截至本年年末}\atop\text{劳务的完工程度}} \\ &\quad - {\text{以前年度已确认的提供}\atop\text{劳务收入累计金额}}\end{aligned}$$

（3）规定了应结转提供劳务成本金额的确定方法，按照估计的提供劳务成本总额乘以完工进度扣除以前会计年度累计已确认营业成本后的金额，结转本年度营业成本。在按照该方法具体确定本年度提供劳务应结转的营业成本金额时，也需要把握两个关键点：一是完工进度，二是提供劳务成本总额。完工进度与确定提供劳务收入所使用的完工进度完全相同。下面重点解释提供劳务成本总额的确定。

提供劳务成本总额在劳务最终完成之前实际上是一个估计的金额，只有等到劳务最终完成时才能确定实际发生的劳务成本总额。由于这类劳务属于跨会计年度的劳务，按照完工百分比法确认提供劳务收入的同时，应当结转所提供劳务相应的营业成本。因此，需要在劳务提供的过程中计算确定应结转的营业成本。在这种情况下，可行的做法只能是采用估计的提供劳务成本总额。基于此考虑，小企业会计准则规定中采用"估计的提供劳务成本总额"这一概念。

提供劳务成本总额既然是一个估计金额，根据提供劳务的成本发生的不同特点，提供劳务成本总额可以采用两种方法进行估计：

（1）"完全估计法"。"完全估计法"即在劳务开始提供之前，小企业根据有关因素确定的该劳务的概算成本。

（2）"实际发生+部分估计法"。"实际发生+部分估计法"即按照至年度资产负债表日止已经

实际发生的成本和完成劳务以后年度将要发生的成本来确定，其中"至年度资产负债表日止已经实际发生的成本"可以从"生产成本"或"劳务成本"科目的借方发生额分析取得。但是无论采用哪一种方法确定劳务成本总额，同样不排除随着劳务的提供可能会根据实际情况增加或减少劳务成本总额。在这种情况下，小企业作为劳务提供方应当及时调整劳务成本总额并且区分不同情况进行会计处理，如果该调整金额相对原劳务成本总额比例较小（如不超过10%），为简化核算，便于小企业实务操作，可以将该调整金额直接计入最后一个会计年度的营业成本之中，不需要在不同会计年度之间进行重新分摊；反之，应当将该调整金额在调整所在会计年度和以后剩余的会计年度之间进行重新分摊。

本年由提供劳务应结转营业成本的金额可按照下列公式计算确定：

$$本年结转的营业成本金额 = 估计的提供劳务成本总额 \times 截至本年年末劳务的完工程度 - 以前年度已结转的营业成本累计金额$$

【例 13-18】 2022 年 12 月 1 日，乙公司与丁公司签订一项为期 6 个月的非工业性劳务合同，合同总收入为 436 万元（含增值税），当天预收劳务款100 万元。至 12 月 31 日，实际发生劳务成本50 万元（以银行存款支付），估计为完成合同还将发生劳务成本150 万元。假定甲公司按实际发生的成本占估计总成本的比例确定劳务的完工进度。乙会计处理如下：

（1）预收劳务款时：

借：银行存款　1 000 000
　　贷：预收账款　1 000 000

（2）实际发生劳务成本时：

借：劳务成本　500 000
　　贷：银行存款　500 000

（3）12 月 31 日确认提供劳务收入并结转劳务成本时：

借：预收账款　1 090 000
　　贷：主营业务收入　1 000 000
　　　　应交税费——应交增值税（销项税额）90 000

借：其他业务成本　500 000
　　贷：劳务成本　500 000

【例 13-19】 某咨询公司属于一般纳税人，2022 年 7 月 1 日，与客户签订一项咨询合同。合同规定，咨询期为两年，咨询费为 240 000 元（不含增值税），客户分三次等额支付，第一次在项目开始时支付，第二次在项目中期支付，第三次在项目结束时支付。估计总成本为 160 000 元（假定均为咨询人员薪酬），其中，2022 年发生成本 38 000 元，2023 年发生成本 80 000 元，2024 年发生成本42 000 元。假定成本估计十分准确，咨询费也很可能收回，该公司按照已提供的劳务占应提供劳务总量的比例（按时间比例）确定该项劳务的完工程度，该公司按年编制财务报表。公司应作如下会计处理：

（1）2022 年实际发生成本时：

借：劳务成本　38 000
　　贷：应付职工薪酬　38 000

预收账款时：

借：银行存款　80 000
　　贷：预收账款　80 000

2022 年 12 月 31 日按完工百分比法确认收入和费用：劳务的完工进度＝6÷24＝25%。

应确认的收入＝240 000×25%－0＝60 000（元）。
应确认的费用＝160 000×25%－0＝40 000（元）。

借：预收账款　63 600
　　贷：主营业务收入　60 000
　　　　应交税费——应交增值税（销项税额）3 600

借：主营业务成本　40 000
　　贷：劳务成本　40 000

（2）2023 年实际发生成本时：

借：劳务成本　80 000
　　贷：应付职工薪酬　80 000

预收账款时：

借：银行存款　80 000
　　贷：预收账款　80 000

2023 年 12 月 31 日按完工百分比法确认收入和费用：劳务的完工进度＝18÷24＝75%。

应确认的收入＝240 000×75%－60 000＝

120 000(元)。

应确认的费用＝160 000×75％－40 000＝80 000(元)。

借：预收账款　　　　　　127 200
　　贷：主营业务收入　　　　120 000
　　　　应交税费——应交增值税(销项税额)　7 200

借：主营业务成本　　　　　80 000
　　贷：劳务成本　　　　　　80 000

(3) 2024年实际发生成本时：

借：劳务成本　　　　　　　42 000
　　贷：应付职工薪酬　　　　42 000

预收账款时：

借：银行存款　　　　　　　80 000
　　贷：预收账款　　　　　　80 000

2024年7月1日完工时确认剩余收入和费用：

借：预收账款　　　　　　　63 600
　　贷：主营业务收入　　　　60 000
　　　　应交税费——应交增值税(销项税额)　3 600

借：主营业务成本　　　　　40 000
　　贷：劳务成本　　　　　　40 000

(三) 建筑、安装、装配工程业务劳务收入的确认和计量

小企业从事建筑、安装、装配工程业务或提供劳务，如果持续时间超过12个月，属于小企业会计准则所规定的跨会计年度的劳务，应当采用完工百分比法确认提供劳务收入的金额和应结转的营业成本。这类业务通常交易金额较大、完成所需时间较长，交易双方责任较重，通常具有两个显著的特征：一是交易双方通常会签订工程合同，按照合同开展相关工作；二是发包方通常需持续向承包方支付工程价款，就可能会出现工程施工和工程价款的结算是不相匹配的问题。小企业作为工程承包方既有为工程垫款的情况，也有向发包方预收工程价款的情况。小企业会计准则专门为小企业的该类建筑业务设置了"4401 工程施工"科目。"4401 工程施工"科目核算小企业(建筑业)实际发生的各种工程成本。针对小企业(建筑业)及其内部独立核算的施工单位、机械站和运输队使

用自有施工机械和运输设备进行机械作业(含机械化施工和运输作业等)所发生的各项费用专门设置了"4403 机械作业"科目进行核算。

"工程施工"和"机械作业"的核算见本书第17章内容。

(四) 增值税应税服务收入的确认

《营业税改征增值税试点实施办法》第45条规定，纳税人发生应税行为并收讫销售款项或者取得索取销售款项凭据的当天；先开具发票的，为开具发票的当天。收讫销售款项，是指纳税人销售服务、无形资产、不动产过程中或者完成后收到款项。取得索取销售款项凭据的当天，是指书面合同确定的付款日期；未签订书面合同或者书面合同未确定付款日期的，为服务、无形资产转让完成的当天或者不动产权属变更的当天。

(五) 企业所得税劳务收入的确认

《国家税务总局关于确认企业所得税收入若干问题的通知》(国税函〔2008〕875号)第2条规定，企业在各个纳税期末，提供劳务交易的结果能够可靠估计的，应采用完工进度(完工百分比)法确认提供劳务收入。

(1) 提供劳务交易的结果能够可靠估计，是指同时满足下列条件：

① 收入的金额能够可靠地计量。

② 交易的完工进度能够可靠地确定。

③ 交易中已发生和将发生的成本能够可靠地核算。

(2) 企业提供劳务完工进度的确定，可选用下列方法：

① 已完工作的测量。

② 已提供劳务占劳务总量的比例。

③ 发生成本占总成本的比例。

(3) 企业应按照从接受劳务方已收或应收的合同或协议价款确定劳务收入总额，根据纳税期末提供劳务收入总额乘以完工进度扣除以前纳税年度累计已确认提供劳务收入后的金额，确认为当期劳务收入；同时，按照提供劳务估计总成本乘以完工进度扣除以前纳税期间累计已确认劳务成本后的金额，结转为当期劳务成本。

(六) 税会差异分析

(1) 为简化核算，便于小企业实务操作，小企

业会计准则根据小企业完成劳务的时间不同,以一个会计年度为限,区分同一会计年度开始并完成的劳务(即不跨会计年度的劳务)和劳务的开始和完成分属不同会计年度(即跨会计年度的劳务)分别对相关劳务收入确认的时点和金额作了原则性规定,与《企业所得税法实施条例》的规定相一致。

(2)为了简化核算,便于小企业实务操作,减少纳税调整负担,满足汇算清缴的需要,小企业会计准则仅要求小企业在年度资产负债表日对跨会计年度的劳务按照完工百分比法确定提供劳务的收入和应结转的营业成本。在一个会计年度中间的各个月份,允许小企业进行简化核算,可以按照当月收到的合同款项确认收入,记入"主营业务收入"或"其他业务收入"账户,当月发生的劳务成本记入"生产成本"或"劳务成本"账户,如果当月需要向税务机关报送财务报表,可以采用"表结法"或称"调表不调账"的做法,将当期实际发生的劳务成本,填入利润表的"营业成本"项目。这种做法保证了"劳务成本"科目统一归集小企业提供该劳务所发生的成本,能够全面反映劳务成本,便于在年末使用完工百分比法计算确定本年度应结转的营业成本,即记入"主营业务成本"或"其他业务成本"科目的金额。但是,在编制年度利润表时,应当做到"账表一致",即"营业收入"项目中劳务收入的金额与"主营业务收入"(或"其他业务收入")科目的发生额相一致,"营业成本"项目中结转的劳务的营业成本金额与"主营业务成本"(或"其他业务成本")科目的发生额相一致。也就是说,从一个会计年度来看,"主营业务收入"(或"其他业务收入")科目记录的劳务收入金额与按照完工百分比法计算确定的金额完全相同,同样,"主营业务成本"(或"其他业务成本")科目记录的结转劳务营业成本的发生额与按照完工百分比法计算确定的金额完全相同。如果不同,应当按照完工百分比法计算确定的金额,对"主营业务收入"(或"其他业务收入")、"主营业务成本"(或"其他业务成本")、"生产成本"(或"劳务成本")科目的发生额进行调整,使其与按照完工百分比法计算确定的金额相一致。

(3)小企业在年度资产负债表日按照完工百分比法计算确定提供劳务的收入和应结转的营业成本时,所采用的完工进度的确定方法,应当在该劳务提供的过程中原则上保持一致,不得随意调整,除非该调整可以更加切实地反映其完工进度。在这种情况下,如果对完工进度进行了调整,应当在调整所在会计年度和以后会计年度按照调整后的方法确定完工进度,对原先已确认的收入和成本不再追溯调整,也就是采用企业会计准则所规定的未来适用法进行相应的会计处理。

四、小企业特殊劳务收入的确认和计量

(一)包含销售商品和提供劳务的混合合同的确认和计量

业务 13-18　包含销售商品和提供劳务的混合合同的处理。

> 《小企业会计准则》条文及主旨:
> 　　第六十四条　小企业与其他企业签订的合同或协议包含销售商品和提供劳务时,销售商品部分和提供劳务部分能够区分且能够单独计量的,应当将销售商品的部分作为销售商品处理,将提供劳务的部分作为提供劳务处理。
> 　　销售商品部分和提供劳务部分不能够区分,或虽能区分但不能够单独计量的,应当作为销售商品处理。
> 　　【条文主旨】本条文是关于包含销售商品和提供劳务的混合合同或协议的收入确认原则的规定。

1. 小企业会计准则处理

小企业在日常经济活动中,可能会发生一项合同或协议既包含销售商品又包含提供劳务的混业经营情况。这种情况相对单纯的销售商品或提供劳务来讲,比较复杂。比如,销售电梯的同时负责安装工作、销售设备的同时负责培训工作、销售财务软件后继续提供技术支持、设计产品同时负责生产等。小企业会计准则对这种混业经营的收入确认作出了原则性规定,并且与企业所得税法实施条例的相关规定相一致。

(1)"能拆尽拆"原则。先应当考虑将销售商品和提供劳务尽可能分拆开,也就是做到"一个合同、两笔交易"分别确认销售商品收入和提供劳务收入。如果实在无法进行分拆,再作为"一笔交易"即将整个合同视为销售商品确认收入。

（2）"可计量"原则。在对混业经营进行分拆时，相对来讲，可以从交易形式或完成交易结果等方面比较容易地区分销售商品和提供劳务，但是在实际确定或分配其各自的交易金额时有时候是存在困难的，在这种情况下，只有单独计量销售商品的金额和提供劳务的金额时，才能按照"能拆尽拆"原则作为"两笔交易"分别确认收入。本条所称"单独计量"，是指能够客观、合理、公正地确定相关金额。客观就是要尽可能避免人为干扰和操纵，合理就是要尽可能做到有理有据，符合交易实际情况，如实反映交易，公正就是要尽可能实现不偏不倚，既不夸大销售商品，也不贬低提供劳务，反之亦然。

（3）"简化"原则。为了简化核算，便于小企业实务操作，减少纳税调整负担，满足汇算清缴以及流转税的需要，销售商品部分和提供劳务部分实在分拆不开，一是不能区分；二是虽能区分但不能单独计量，应当将整个销售合同全部作为销售商品处理。

2. 增值税处理

对于混业经营，增值税区分为混合销售和经营行为。

（1）混合销售。

业务 13-19　混合销售的增值税处理。

《营业税改征增值税试点实施办法》第40条规定，一项销售行为如果既涉及服务又涉及货物，为混合销售。从事货物的生产、批发或者零售的单位和个体工商户的混合销售行为，按照销售货物缴纳增值税；其他单位和个体工商户的混合销售行为，按照销售服务缴纳增值税。本条所称从事货物的生产、批发或者零售的单位和个体工商户，包括以从事货物的生产、批发或者零售为主，并兼营销售服务的单位和个体工商户在内。"以从事货物的生产、批发或者零售为主，并兼营非增值税应税劳务"的具体标准是指纳税人的年货物销售额与非增值税应税劳务营业额的合计数中，年货物销售额超过50%，非增值税应税劳务营业额不到50%。

（2）兼营行为。

业务 13-20　兼营行为的增值税处理。

兼营行为，是指纳税人的经营范围既包括销售货物和加工修理修配劳务，又包括销售服务、无形资产或者不动产等两种以上不同税率的增值税应税行为。但是，销售货物、加工修理修配劳务、服务、无形资产或者不动产不同时发生在同一项销售行为中，即这两项以上经营活动间并无直接的联系和从属关系，业务的发生是相互独立的。

《营业税改征增值税试点实施办法》第39条规定，纳税人兼营销售货物、劳务、服务、无形资产或者不动产，适用不同税率或者征收率的，应当分别核算适用不同税率或者征收率的销售额；未分别核算的，从高适用税率。

分别核算应做到四点：一是在合同或协议中按照独立交易原则分别列明销售额；二是在开具发票时，应当选择不同的税收编码；三是分别核算收入；四是分别核算成本。

（3）特殊规定。

业务 13-21　销售活动板房、机器设备、钢结构件等自产货物的同时提供建筑、安装服务。

① 自2017年5月1日起，纳税人销售活动板房、机器设备、钢结构件等自产货物的同时提供建筑、安装服务，不属于《营业税改征增值税试点实施办法》（财税〔2016〕36号）第40条规定的混合销售，应分别核算货物和建筑服务的销售额，分别适用不同的税率或者征收率。（国家税务总局公告2017年第11号第1条）

业务 13-22　销售机器设备的同时提供安装服务。

② 一般纳税人销售自产机器设备的同时提供安装服务，应分别核算机器设备和安装服务的销售额，安装服务可以按照甲供工程选择适用简易计税方法计税。一般纳税人销售外购机器设备的同时提供安装服务，如果已经按照兼营的有关规定，分别核算机器设备和安装服务的销售额，安装服务可以按照甲供工程选择适用简易计税方法计税。纳税人对安装运行后的机器设备提供的维护保养服务，按照"其他现代服务"缴纳增值税。（国家税务总局公告2018年第42号第6条）

【例 13-20】 A企业与B企业签订合同，向B企业销售一部电梯并负责安装。A企业开出的增值税专用发票上注明的价款合计为246 600元（含增值税），其中电梯的销售价格为200 000元，增值税为 26 000 元,安装费为 20 000 元,增值税 600 元。电梯的成本为 156 000 元。电梯安装过程中发生的安装费为 15 000 元,均为安装人员薪酬。假定电梯已经安装完成并经验收合格,款项尚未收到;安装工作是销售合同的重要组成部分。A 公司会计处理如下:

(1) 电梯发出时:

借:发出商品　　　　　　　　156 000
　　贷:库存商品　　　　　　　　　156 000

(2) 发生安装费用 15 000 元:

借:劳务成本　　　　　　　　15 000
　　贷:应付职工薪酬　　　　　　　15 000

(3) 电梯销售实现确认收入 200 000 元并结转电梯成本:

借:应收账款　　　　　　　　226 000
　　贷:主营业务收入——电梯收入　200 000
　　　　应交税费——应交增值税(销项税额) 26 000

借:主营业务成本　　　　　　156 000
　　贷:发出商品　　　　　　　　　156 000

(4) 确认安装收入 20 000 元并结转安装成本 15 000 元:

借:应收账款　　　　　　　　20 600
　　贷:主营业务收入——电梯安装费 20 000
　　　　应交税费——简易计税　　　　600

借:主营业务成本　　　　　　15 000
　　贷:劳务成本　　　　　　　　　15 000

【例 13-21】 承接[例 13-20]A 企业与 B 企业签订合同,向 B 企业销售一部电梯并负责安装。A 企业开出的增值税专用发票上注明的价款合计为 200 000 元,增值税为 26 000 元,包括电梯销售价格和安装费用,但是两者无法区分。电梯安装过程中发生的安装费为 12 000 元,均为安装人员薪酬。假定电梯已经安装完成并经验收合格,款项尚未收到;安装工作是销售合同的重要组成部分。A 公司会计处理如下:

(1) 电梯发出时,甲企业的账务处理如下:

借:发出商品　　　　　　　　156 000
　　贷:库存商品　　　　　　　　　156 000

(2) 发生安装费用 12 000 元:

借:劳务成本　　　　　　　　12 000
　　贷:应付职工薪酬　　　　　　　12 000

(3) 销售实现确认收入 200 000 元,并结转电梯成本:

借:应收账款　　　　　　　　226 000
　　贷:主营业务收入　　　　　　　200 000
　　　　应交税费——应交增值税(销项税额) 26 000

借:主营业务成本　　　　　　168 000
　　贷:发出商品　　　　　　　　　156 000
　　　　劳务成本　　　　　　　　　12 000

(二)小企业其他特殊劳务收入的确认

《小企业会计准则》和《国家税务总局关于确认企业所得税收入若干问题的通知》(国税函〔2008〕875 号)对以下特殊劳务收入的确认是一致的。

1. 安装费

业务 13-23　安装费的处理。

安装费应根据安装完工进度确认收入。安装工作是商品销售附带条件的,安装费在确认商品销售实现时确认收入。

(1) 如果安装费是与商品销售分开的,则在资产负债表日根据安装的完工进度确认收入。

(2) 如果安装费是商品销售收入的一部分,则应与所销售的商品同时确认收入。

2. 宣传媒介的收费

业务 13-24　宣传媒介收费的处理。

宣传媒介的收费(广告费收入)。应在相关的广告或商业行为出现于公众面前时确认收入。广告的制作费,应根据制作广告的完工进度确认收入。

(1) 宣传媒介的佣金收入。应在相关的广告或商业行为开始出现于公众面前时予以确认收入。

(2) 广告的制作佣金收入。在资产负债表日根据广告制作的完工进度确认收入。

3. 软件费

业务 13-25　软件费的处理。

为特定客户开发软件的收费(不包括开发的商品化软件),应在资产负债表日根据开发的完工进度确认收入。

4. 包括在商品售价内可区分的服务费

业务 13-26　包括在商品售价内可区分服务费的处理。

包括在商品售价内可区分的服务费，在提供服务的期间内分期确认收入。

商品的售价内包括可区分的在售后一定期限内的服务费，应在商品销售实现时，按售价扣除该项服务费后的余额确认为商品销售收入。服务费递延至提供服务的期间内确认为收入。在这种情况下，企业可设置"递延收益"科目，核算所售商品的售价中包含的可区分的售后服务费。

【例 13-22】 甲公司 2022 年 5 月 1 日，与乙公司签订协议销售一批商品，增值税专用发票上注明销售价格为 1 000 万元，增值税额为 130 万元。商品已发出，款项已收到。该协议规定，该批商品销售价格的 20% 属于商品售出后 5 年内提供维护的服务费。该批商品的实际成本为 700 万元。

(1) 销售商品时（单位：万元，下同）：

借：银行存款　　　　　　　　　　　　1 130
　　贷：主营业务收入　　　　　　　　　　800
　　　　递延收益　　　　　　　　　　　　200
　　　　应交税费——应交增值税（销项税额）130
借：主营业务成本　　　　　　　　　　　700
　　贷：库存商品　　　　　　　　　　　　700

(2) 以后每年提供服务时：

借：递延收益　　　　　　　　　　　　　40
　　贷：其他业务收入　　　　　　　　　　40

5. 艺术表演、招待宴会和其他特殊活动的收费

业务 13-27　艺术表演、招待宴会和其他特殊活动收费的处理。

艺术表演、招待宴会和其他特殊活动的收费，在相关活动发生时确认收入。收费涉及几项活动的，预收的款项应合理分配给每项活动，分别确认收入。

6. 申请入会费和会员费收入的确认应以所提供服务的性质为依据

业务 13-28　申请入会费和会员费收入的处理。

(1) 如果所收费用只允许取得会籍，而所有其他服务或商品都要另行收费，则在款项收回不存在任何不确定性时确认为收入。

(2) 如果所收费用能使会员在会员期内得到各种服务或商品，或者以低于非会员的价格购买商品或接受劳务，则该项收费应在整个受益期内分期确认收入。

7. 属于提供设备和其他有形资产的特许权费

业务 16-28　属于提供设备和其他有形资产特许权费的处理。

(1) 属于提供设备和其他有形资产的部分，应在这些资产的所有权转移时确认收入。

(2) 属于提供初始及后续服务的特许权费，在提供服务时确认收入。

8. 长期为客户提供重复的劳务收取的劳务费

业务 13-29　长期为客户提供重复劳务收取劳务费的处理。

长期为客户提供重复的劳务收取的劳务费通常指物业管理费，在相关劳务活动发生时确认收入。

【例 13-23】 H 物业公司与某住宅小区物业业主签订合同，为该住宅小区所有住户提供维修、清洁、绿化、保安及代收水电费等劳务，每月月末收取劳务费 53 000 元（含增值税）。假定月末款项均已收到，不考虑其他因素。H 公司会计处理如下：

借：银行存款　　　　　　　　　　　　53 000
　　贷：主营业务收入——提供劳务　　　50 000
　　　　应交税费——应交增值税（销项税额）3 000

(三) "三代"手续费收入

政策依据：

《财政部　税务总局　人民银行关于进一步加强代扣代收代征税款手续费管理的通知》（财行〔2019〕11 号）

业务 13-30　"三代"手续费处理

1. "三代"范围

"三代范围"见表 13-3。

表 13-3 "三代"范围

代扣代缴	代收代缴	委托代征
代扣代缴是指税收法律、行政法规已经明确规定负有扣缴义务的单位和个人在支付款项时,代税务机关从支付给负有纳税义务的单位和个人的收入中扣留并向税务机关解缴的行为。	代收代缴是指税收法律、行政法规已经明确规定负有扣缴义务的单位和个人在收取款项时,代税务机关向负有纳税义务的单位和个人收取并向税务机关缴纳的行为。	委托代征是指税务机关根据《中华人民共和国税收征收管理法》及其实施细则关于有利于税收控管和方便纳税的要求,按照双方自愿、简便征收、强化管理、依法委托的原则和国家有关规定,委托有关单位和人员代征零星、分散和异地缴纳的税收的行为。

税务机关应依据国家税务总局有关规定,对负有代扣代缴、代收代缴的扣缴义务人办理登记。对法律、行政法规没有规定负有代扣代缴、代收代缴税款义务的单位和个人,税务机关不得要求履行代扣代缴、代收代缴税款义务。税务机关应严格按照法律、行政法规,以及国家税务总局委托代征相关规定确定委托代征范围,不得将法律、行政法规已确定的代扣代缴、代收代缴税款,委托他人代征。

2. "三代"税款手续费支付比例和限额

"三代"税款手续费支付比例和限额见表 13-4。

表 13-4 相关比例和限额

代扣代缴、代收代缴	手续费比例	委托代征	手续费比例
法律、行政法规规定的代扣代缴税款,没有明确规定手续费比例的。	不超过代扣税款的 2% 且年度最高限额 70 万元。	委托交通运输部门海事管理机构代征船舶车船税。	不超过代征税款的 5%。
法律、行政法规规定代扣代缴,明确了手续费比例的。	按规定比例(如:依据《中华人民共和国个人所得税法(2018 版)》相关规定,对扣缴义务人按照所扣缴的税款,付给 2% 的手续费)。	委托代征人代征车辆购置税。	每辆车支付 15 元。
法律、行政法规规定的代收代缴车辆车船税。	不超过代收税款的 3%。	委托证券交易所或证券登记结算机构代征证券交易印花税。	不超过代征税款的 0.03% 且支付给单个代征人年度最高限额 1 000 万元。
法律、行政法规规定的代收代缴委托加工消费税。	不超过代收税款的 2%(委托受托双方存在关联关系的不得支付)。	委托有关单位代售印花税票。	不超过代售金额 5%。
法律、行政法规规定的代收代缴其他税款。	不超过代收税款的 2%。	委托邮政部门代征税款。	不超过代征税款的 3%。
		委托代征农贸市场、专业市场等税收以及其他零星分散、异地缴纳的税收。	不超过代征税款的 5%。

3. 支付管理

(1) 税务机关应按照国库集中支付制度和规定支付"三代"税款手续费。

(2) 税务机关对单位和个人未按照法律、行政法规或者委托代征协议规定履行代扣、代收、代征义务的,不得支付"三代"税款手续费。

(3) 税务机关之间委托代征税款,不得支付手续费。

(4) 除法律、行政法规另有规定外,各级税务机关均不得从税款中直接提取手续费或办理退库,各级国库不得办理"三代"税款手续费退库。

(5) "三代"单位所取得的手续费收入应单独核算,计入本单位收入,用于与"三代"业务直接相关的办公设备、人员成本、信息化建设、耗材、交通费等管理支出。上述支出内容,国家已有相关支出标准的,严格执行有关规定;没有支出标准的,参照当地物价水平及市场价格,按需支出。单位取得的"三代"税款手续费以及手续费的使用,应按照法律、法规有关规定执行。

（6）代扣、代收扣缴义务人和代征人应于每年3月30日前，向税务机关提交上一年度"三代"税款手续费申请相关资料，因"三代"单位或个人自身原因，未及时提交申请的，视为自动放弃上一年度"三代"税款手续费。各级税务机关应严格审核"三代"税款手续费申请情况，并以此作为编制下一年度部门预算的依据。代扣、代收扣缴义务人和代征人在年度内扣缴义务终止或代征关系终止的，应在终止后3个月内向税务机关提交手续费申请资料，由税务机关办理手续费清算。

4. 财税处理

（1）会计处理。"三代"手续费是企业提供了一定劳务后取得的收入。根据财政部2018年9月

5日关于2018年度一般企业财务报表格式有关问题的解读，对于"三代"手续费收入，应记入"其他收益"科目，用于与"三代"业务直接相关的办公设备、人员成本、信息化建设、耗材、交通费等管理支出应冲减"其他收益"科目。

（2）增值税处理。一般纳税人收到"三代"手续费收入，应按照"商务辅助服务——经纪代理服务——代理服务"6%的税率申报缴纳增值税。

（3）所得税处理。企业取得的手续费收入作为应税收入，计入纳税年度的收入总额。

个人办理代扣代缴税款手续，按规定取得的扣缴手续费，暂免征收个人所得税。（财税字〔1994〕20号）

第四节　小企业让渡资产使用权使用费收入财税处理

一、小企业让渡资产使用权收入的内容

让渡资产使用权收入包括利息收入、使用费收入、租金收入等。

（一）利息收入

利息收入，主要是指金融企业对外贷款形成的利息收入，以及同业之间发生往来形成的利息收入等。金融企业不执行小企业会计准则，因此，利息收入不属于小企业让渡资产使用权收入的核算内容。小企业的存款利息收入冲减财务费用。

（二）使用费收入

使用费收入，主要是指小企业转让无形资产（如商标权、专利权、专营权、软件、版权）等资产的使用权形成的使用费收入。

（三）租金收入

租金收入，是指小企业对外出租资产收取的租金取得的收入。小企业租金收入主要包括出租固定资产租金收入，小企业出租包装物和商品的租金收入计入营业外收入。

小企业会计准则将小企业出租包装物和商品的租金收入认定为营业外收入，这主要有两方面的考虑，一是从小企业持有包装物和商品的目的来看，小企业持有包装物和商品的主要目的是通过用于生产或用于销售取得收入实现经济利益，

而出租包装物和商品仅是为了利用这两类资产暂时闲置取得非经常性收入或偶然性收入，这是主要原因；二是从会计账务处理上，如果出租包装物和商品取得的租金收入作为营业收入，记入"其他业务收入"账户，则根据收入与费用相配比原则的要求，应将该包装物和商品的成本由"周转材料"或"库存商品"账户结转至"其他业务成本"账户，这会造成包装物或商品账实不符。正是基于这些考虑，本准则将小企业出租包装物和商品取得的租金收入作为营业外收入处理。而出租固定资产取得的租金收入则不同，应将其作为营业收入，记入"其他业务收入"。

（四）税法规定

（1）利息收入，是指企业将资金提供他人使用但不构成权益性投资，或者因他人占用本企业资金取得的收入，包括存款利息、贷款利息、债券利息、欠款利息等收入。（《企业所得税法实施条例》第18条）

（2）租金收入，是指企业提供固定资产、包装物或者其他有形资产的使用权取得的收入。（《企业所得税法实施条例》第19条）

（3）特许权使用费收入，是指企业提供专利权、非专利技术、商标权、著作权以及其他特许权的使用权取得的收入。（《企业所得税法实施条

例》第 20 条）

二、固定资产租金收入

业务 13-31　固定资产租金收入的处理。

租金收入按照权责发生制原则分期确认收入。

固定资产租金收入计入"其他业务收入"科目,将其折旧额记入"其他业务成本"科目核算,以满足收入与费用相配比原则的要求。

一般纳税人有形动产租赁按 13% 税率缴纳增值税;出租不动产新项目按 9% 税率缴纳增值税,老项目按 5% 税率缴纳增值税。

如果交易合同或协议中规定租赁期限跨年度,且租金提前一次性支付的,出租人可对上述已确认的收入,在租赁期内,分期均匀计入相关年度收入,缴纳企业所得税。(国税函〔2010〕79 号)

【例 13-24】 2022 年 4 月 1 日,D 租赁公司临时租赁吊车一台,不配备操作人员,租期 6 个月,月租金 10 000 元,租金按月收取。D 公司会计处理如下:

借:银行存款　　　　　　　　10 900
　贷:主营业务收入　　　　　　　10 000
　　　应交税费——应交增值税(销项税额)　900

三、使用费收入

业务 13-32　使用费收入的处理。

(1) 如果合同或协议规定一次性收取使用费,

且不提供后续服务的,应当视同销售该项资产一次性确认收入;提供后续服务的,应在合同或协议规定的有效期内分期确认收入。

(2) 合同或协议规定分期收取使用费的,应按合同或协议规定的收款时间和金额或规定的收费方法计算确定的金额分期确认收入。

【例 13-25】 2022 年 4 月,甲公司向乙公司转让某技术的使用权,符合增值税免税条件,一次性收取使用费 60 000 元,不提供后续服务,款项已经收回。甲公司确认使用费收入的会计处理如下:

借:银行存款　　　　　　　　60 000
　贷:其他业务收入　　　　　　　60 000

【例 13-26】 2022 年 1 月 1 日,甲公司向丙公司转让某专利权的使用权,符合增值税免税条件,协议约定转让期为 5 年,每年年末收取使用费 200 000 元。2022 年该专利权计提的摊销额为 120 000 元,每月计提金额为 10 000 元。假定不考虑其他因素。甲公司会计处理如下:

(1) 2022 年年末确认使用费收入:

借:应收账款(或银行存款)　　200 000
　贷:其他业务收入　　　　　　　200 000

(2) 2022 年每月计提专利权摊销额:

借:其他业务成本　　　　　　10 000
　贷:累计摊销　　　　　　　　　10 000

第五节　小企业视同销售财税处理

一、视同销售的含义

视同销售是在纳税人的商品或者劳务发生转移后产生的一种税务行为。在视同销售行为产生以后,纳税人在会计上一般不用作为销售核算,但是在税收上应当作为销售进行处理,即要确认收入并计缴税款。

视同销售要按不同的税种分别进行处理,不能混用。会计上没有做收入核算的资产或劳务,企业所得税对其差价征税,应分别在"视同销售收入"和"视同销售成本"中调整反映。不能理解为会计上已确认了一次成本费用,视同销售成本就

不能再调减。另外,视同销售收入可以作为业务招待费、广告费、业务宣传费三项费用扣除的基数。视同销售必定会增加流转税,但最终可能不增加应纳税所得额,这与视同销售一定会增加企业所得税税负的认识有所出入。

二、增值税视同销售行为

(一) 货物视同销售行为

《增值税暂行条例实施细则》第 4 条规定,单位或者个体工商户的下列行为,视同销售货物:

(1) 将货物交付其他单位或者个人代销。

(2) 销售代销货物。

（3）设有两个以上机构并实行统一核算的纳税人，将货物从一个机构移送其他机构用于销售，但相关机构设在同一县（市）的除外。

（4）将自产或者委托加工的货物用于非增值税应税项目。

（5）将自产、委托加工的货物用于集体福利或者个人消费。

（6）将自产、委托加工或者购进的货物作为投资，提供给其他单位或者个体工商户。

（7）将自产、委托加工或者购进的货物分配给股东或者投资者。

（8）将自产、委托加工或者购进的货物无偿赠送其他单位或者个人。

（二）营改增视同销售行为

《营业税改征增值税试点实施办法》第14条规定，下列情形视同销售服务、无形资产或者不动产：

（1）单位或者个体工商户向其他单位或者个人无偿提供服务，但用于公益事业或者以社会公众为对象的除外。

（2）单位或者个人向其他单位或者个人无偿转让无形资产或者不动产，但用于公益事业或者以社会公众为对象的除外。

（3）财政部和国家税务总局规定的其他情形。

（三）增值税视同销售和进项税额转出的比较

分析具体见表13-5。

表13-5　相关比较

货物类型	用途	税务处理
自产、委托加工的货物	用于非增值税应税项目；集体福利或个人消费；投资；分配；无偿赠送。	视同销售，所涉及的购进货物的进项税额，符合规定可以抵扣。
购买的货物	用于非应税项目；集体福利或个人消费。	该货物已经进行过流通，且已是流转环节的最末端不视同销售，所涉及的进项税额不得抵扣，已抵扣的，作进项税转出处理。
	投资；分配；无偿赠送。	将外购货物用于投资或分配，它没有进入流转节的最末端，需视同销售，所涉及的购进货物的进项税额，符合规定可以抵扣。

（1）自产和委托加工的货物不管是向外部移送还是内部使用，均视同销售进行处理，计算销项税额。

（2）外购的货物：如果是向企业外部移送，视同销售处理；如果是内部使用，其进项不允许抵扣，已抵扣的，要将进项转出。

（3）视同销售计提销项额后，其进项税额允许抵扣。

（四）税法视同销售的目的

一是保证增值税税款抵扣制度的实施，不致因发生上述行为而造成各相关环节税款抵扣链条的中断，如委托代销和受托代销；二是避免因发生上述行为而造成应税销售行为之间税收负担不平衡的矛盾，防止以上述行为逃避纳税的现象；三是体现增值税计算的配比原则，购进时抵扣了进项税额，出现视同销售行为时就需要计算销项税额。

（五）视同销售行为销售额的确定

1. 视同销售货物

根据《增值税暂行条例实施细则》第16条的规定，纳税人有本细则第4条所列视同销售货物行为而无销售额者，按下列顺序确定销售额：

（1）按纳税人最近时期同类货物的平均销

售价格确定。

（2）按其他纳税人最近时期同类货物的平均销售价格确定。

（3）按组成计税价格确定。组成计税价格的公式为：

$$组成计税价格＝成本×(1＋成本利润率)$$

属于应征消费税的货物，其组成计税价格应加计消费税税额。计算公式为：

$$组成计税价格＝成本×(1＋成本利润率)＋消费税税额$$

$$或：\ 成本×(1＋成本利润率)÷(1－消费税税率)$$

式中"成本"分为两种情况：属于销售自产货物的为实际生产成本；属于销售外购货物的为实

际采购成本。

"成本利润率"为10％。但属于应从价定率征收消费税的货物,其组成计税价格公式中的成本利润率,为《消费税若干具体问题的规定》(国税发〔1993〕156号)中规定的成本利润率。

2. 视同销售服务

根据《营业税改征增值税试点实施办法》第44条的规定,纳税人发生本办法第14条所列行为而无销售额的,主管税务机关有权按照下列顺序确定销售额:

(1)按照纳税人最近时期销售同类服务、无形资产或者不动产的平均价格确定。

(2)按照其他纳税人最近时期销售同类服务、无形资产或者不动产的平均价格确定。

(3)按照组成计税价格确定。组成计税价格的公式为:

$$组成计税价格＝成本\times(1＋成本利润率)$$

成本利润率由国家税务总局确定。

三、企业所得税视同销售行为

(一)企业所得税视同销售的原则性规定

企业发生非货币性资产交换,以及将货物、财产、劳务用于捐赠、偿债、赞助、集资、广告、样品、职工福利或者利润分配等用途的,应当视同销售货物、转让财产或者提供劳务,但国务院财政、税务主管部门另有规定的除外。(《企业所得税法实施条例》第25条)

(二)企业所得税内部处置资产与视同销售的比较分析

业务13-33　企业所得税内部处置资产与视同销售的处理。

《国家税务总局关于企业处置资产所得税处理问题的通知》(国税函〔2008〕828号)就企业处置资产的所得税处理问题进行了明确,见表13-6。

表13-6　相关比较分析

内部处置资产,相关资产的计税基础延续计算	外部处置资产视同销售：确认视同销售收入和视同销售成本
一、企业发生下列情形的处置资产,除将资产转移至境外以外,由于资产所有权属在形式和实质上均不发生改变,可作为内部处置资产,不视同销售确认收入,相关资产的计税基础延续计算。 (一)将资产用于生产、制造、加工另一产品; (二)改变资产形状、结构或性能; (三)改变资产用途(如,自建商品房转为自用或经营); (四)将资产在总机构及其分支机构之间转移; (五)上述两种或两种以上情形的混合; (六)其他不改变资产所有权属的用途。	二、企业将资产移送他人的下列情形,因资产所有权属已发生改变而不属于内部处置资产,应按规定视同销售确定收入。 (一)用于市场推广或销售; (二)用于交际应酬; (三)用于职工奖励或福利; (四)用于股息分配; (五)用于对外捐赠; (六)其他改变资产所有权属的用途。

国税函〔2008〕828号应属企业所得税法人税制的典范。一是资产在不同法人之间流转,获得了现金性质的对价,主要方式是销售;二是资产在不同法人之间的流转,没有获得现金性质的对价,则视同销售;三是资产在法人内部的流转及形态变化,由于资产所有权权属在法人内部未发生变化,不符合法人税制要求,不需要视同销售。

企业发生《国家税务总局关于企业处置资产所得税处理问题的通知》(国税函〔2008〕828号)第二条规定情形的,除另有规定外,应按照被移送资产的公允价值确定销售收入。(国家税务总局公告2016年第80号)

企业将货物、资产、劳务用于捐赠、广告等用途时,进行视同销售纳税调整后,对应支出的会计处理与税收规定有差异需纳税调整的金额填报在《纳税调整项目明细表》(A105000)第30行"(十七)其他"。(国家税务总局公告2019年第41号)

第30行"(十七)其他":填报其他因会计处理与税收规定有差异需纳税调整的扣除类项目金额,企业将货物、资产、劳务用于捐赠、广告等用途时,进行视同销售纳税调整后,对应支出的会计处理与税收规定有差异需纳税调整的金额填报在本行。若第1列≥第2列,第3列"调增金额"填报第1—2列金额。若第1列<第2列,第4列"调减金额"填报第1—2列金额的绝对值。通过上述调增调减,把视同销售导致的该部分纳税调整金额(注:视同销售行为会增加企业计算招待费、广告宣传费的销售收入确认基数,可能会间接影响招待费和广告宣传费的纳税调整额)变为0。这也就意味着企业不需对该行为再额外支付税款。

【例13-25】 2022年10月,甲公司业将一批自产产品用于市场推广,该批货物账面成本为80万元,同类商品不含税市场售价为100万元,购进时的增值税税率为13%。

(1)该笔业务企业的会计处理为:

借:销售费用 930 000
　贷:库存商品 800 000
　　应交税费——应交增值税(销项税额)130 000

(2)纳税申报:

在《视同销售和房地产开发企业特定业务纳税调整明细表》(A105010)第3行"(二)用于市场推广或销售视同销售收入"填写100万元,第13行"(二)用于市场推广或销售视同销售成本"填写80万元,视同销售纳税调整增加20万元。再将视同销售所得作纳税调减。填入《纳税调整项目明细表》(A105000)第30行"(十七)其他"第4列,纳税调减20万元。

四、小企业会计准则的相关规定

(1)企业将自产或委托加工的货物用于在建工程、管理部门等非应税项目,应当作为小企业内部发生的经济事项,属于小企业内部不同资产之间相互转换,不属于收入实现的过程,不应确认收入,应当按照成本进行结转。

(2)小企业发生非货币性资产交换、偿债,以及将货物用于捐赠、赞助、集资、广告、样品、职工福利和利润分配,应当作为小企业与外部发生的交易,属于收入实现的过程,视同销售商品,按小企业会计准则规定确认收入。

第十四章

小企业费用与成本财税处理

政策依据：

《企业所得税法》及其实施条例；

《小企业会计准则》（财会〔2011〕17号）；

《企业产品成本核算制度（试行）》（财会〔2013〕17号）。

第一节　小企业费用概述

《小企业会计准则》条文及主旨：

第六十五条　费用，是指小企业在日常生产经营活动中发生的、会导致所有者权益减少、与向所有者分配利润无关的经济利益的总流出。

小企业的费用包括：营业成本、税金及附加、销售费用、管理费用、财务费用等。

（一）营业成本，是指小企业所销售商品的成本和所提供劳务的成本。

（二）税金及附加，是指小企业开展日常生产经营活动应负担的消费税、城市维护建设税、资源税、环境保护税、土地增值税、城镇土地使用税、房产税、车船税、印花税和教育费附加、地方教育费附加、文化事业建设费、残疾人就业保障金等。

（三）销售费用，是指小企业在销售商品或提供劳务过程中发生的各种费用。包括：销售人员的职工薪酬、商品维修费、运输费、装卸费、包装费、保险费、广告费、业务宣传费、展览费等费用。

小企业（批发业、零售业）在购买商品过程中发生的费用（包括：运输费、装卸费、包装费、保险费、运输途中的合理损耗和入库前的挑选整理费等）也构成销售费用。

（四）管理费用，是指小企业为组织和管理生产经营发生的其他费用。包括：小企业在筹建期间内发生的开办费、行政管理部门发生的费用（包括：固定资产折旧费、修理费、办公费、水电费、差旅费、管理人员的职工薪酬等）、业务招待费、研究费用、技术转让费、相关长期待摊费用摊销、财产保险费、聘请中介机构费、咨询费（含顾问费）、诉讼费等费用。

（五）财务费用，是指小企业为筹集生产经营所需资金发生的筹资费用。包括：利息费用（减利息收入）、汇兑损失、银行相关手续费、小企业给予的现金折扣（减享受的现金折扣）等费用。

【条文主旨】本条是关于费用的定义、分类（或范围）及内涵的规定。

一、费用的概念与特征

费用作为会计要素或会计报表要素的构成内容之一，是和收入相对应而存在的。《小企业会计准则》将费用定义为：费用，是指小企业在日常生产经营活动中发生的、会导致所有者权益减少、与向所有者分配利润无关的经济利益的总流出。同时，它规定"为生产产品或提供劳务发生的对象化的费用构成产品或者劳务成本，在确认产品或劳务收入时，计入当期损益；无法对象化的费用直接计入发生当期损益"。

小企业费用具有如下三个特征：

（一）费用是小企业在日常活动中发生的

费用必须是小企业在其日常活动中所发生

的,这些日常活动的界定与收入定义中涉及的日常活动的界定相一致。因日常活动所发生的费用通常包括营业成本、销售费用、财务费用、管理费用等。将费用界定为日常活动所发生的,目的是将其与营业外支出(即损失)相区分,小企业非日常活动所形成的经济利益的流出不能确认为费用,而应当计入营业外支出(即损失)。

(二)费用会导致所有者权益的减少

与费用相关的经济利益的流出(如支付现金和银行存款、承担债务等)应当会导致所有者权益的减少。不会导致所有者权益减少的经济利益的流出不符合费用的定义,不应确认为费用。比如小企业为第三方代收代付的款项,如代收的水电费,表现为小企业现金的增加和负债的增加,但不会产生费用。

(三)费用是与向所有者分配利润无关的经济利益的总流出

费用的发生应当会导致经济利益的流出,从而导致资产的减少或者负债的增加(最终也会导致资产的减少)。其表现形式包括现金或银行存款的支付,存货、固定资产和无形资产等的销售、转让或者消耗等。小企业向所有者分配利润也会导致经济利益流出小企业,而该经济利益的流出属于对投资者投资回报的分配,是所有者权益的直接抵减项目,不应确认为费用,应当将其排除在费用的定义之外。

二、费用的分类

(一)费用按照功能进行分类

小企业费用按照功能分为从事生产经营业务发生的成本、销售费用、管理费用和财务费用。这种分类有助于小企业财务报表的使用者了解费用发生的活动领域,更能揭示小企业经营业绩的主要来源和构成。

(二)费用按照性质进行分类

小企业费用按照性质分为耗用的材料费、职工薪酬费用、折旧费、摊销费等。这种分类有助于小企业财务报表的使用者预测小企业未来现金流量。

小企业的日常活动通常可以划分为生产、销售、管理、融资等活动,每一种活动上所发生的费用发挥的功能并不相同。因此,小企业会计准则按照费用功能对小企业的费用进行了分类,具体分为营业成本、税金及附加、销售费用、管理费用、财务费用等。通俗地讲,营业成本主要发生在生产和销售活动中,税金及附加主要发生在生产、销售和管理活动中,销售费用主要发生在销售活动中,管理费用主要发生在管理活动中,财务费用主要发生在融资活动中。

小企业会计准则之所以采用了"费用功能"分类法,主要考虑有四个方面:第一,满足小企业对外编制利润表的需要,详见本书第十七章有关利润表的表述;第二,满足企业所得税汇算清缴的需要,企业所得税法实际上也是按照费用功能分别规定了成本、费用和税金的扣除标准,以费用功能的利润表为基础计算企业应纳税所得额;第三,满足银行发放贷款的需要,银行以费用功能利润表评判小企业的偿债能力;第四,简化核算,减轻小企业纳税调整的负担,小企业会计准则所规定的费用的范围和内涵与企业所得税所规定的成本、费用和税金基本一致。

三、小企业费用的构成内容

小企业的费用包括:营业成本、税金及附加、销售费用、管理费用、财务费用等。

(一)营业成本

企业为生产产品、提供劳务而发生的各项能够对象化的耗费,如材料耗费、薪金支出、折旧费用等即是产品或劳务成本(通称成本)。营业成本可以是小企业所销售商品的成本,也可以是小企业所提供劳务的成本。小企业一般在确认销售商品、提供劳务等主营业务收入时,或在月末,将已销售商品、已提供劳务的成本结转计入营业成本。在会计核算上区分为主营业务成本和其他业务成本。

1. 主营业务成本

主营业务成本是指企业销售商品、提供劳务等经常性活动所发生的成本。

2. 其他业务成本

其他业务成本是指企业除主营业务活动外的企业经营活动所发生的成本,如销售材料发生的成本,对外出租固定资产、无形资产发生的成本等。

在会计处理上,"主营业务成本"科目与"主营业务收入"科目在内容上相匹配,"其他业务成本"科目与"其他业务收入"科目在内容上相匹配。如果销售商品是小企业的主营业务,则销售商品的成本应在"主营业务成本"科目核算,如果销售商品是小企业的其他业务,则销售商品的成本应在"其他业务成本"科目核算。如果提供劳务是小企业的主营业务,则提供商品的成本应在"主营业务成本"科目核算。如果提供劳务是小企业的其他业务,则提供劳务的成本应在"其他业务成本"科目核算。

(二)税金及附加

税金及附加是指小企业开展日常生产经营活动应负担的消费税、城市维护建设税、资源税、环境保护税、土地增值税、城镇土地使用税、房产税、车船税、印花税和教育费附加、地方教育费附加、文化事业建设费等相关税费。

(1)税金及附加是兜底概念,实际上是指小企业除企业所得税、允许抵扣的增值税以外的各种税金及附加。企业所得税在"所得税费用"中反映,允许抵扣的增值税在"应交税费——应交增值税(进项税额)"中反映。

(2)税金及附加通常是小企业与税务部门之间发的生税务关系。但是小企业向税务机关交纳的税收滞纳金及罚款不构成税金及附加,而应作为营业外支出。

(3)在进行会计处理时,小企业无论是主营业务还是其他业务发生的税金及附加,均在"税金及附加"核算,而不应在"主营业务成本"科目和"其他业务成本"科目核算。但是,与最终确认为营业外收入或营业外支出的交易或事项(即小企业非日常活动产生的)相关的税费均不在"税金及附加"科目核算,而分别在"固定资产清理""营业外收入""营业外支出"等科目核算。

(三)销售费用

销售费用是指小企业在销售商品或提供劳务过程中发生的各种费用。包括:销售人员的职工薪酬、商品维修费、运输费、装卸费、包装费、保险费、广告费和业务宣传费、展览费等费用。

(四)管理费用

管理费用是指小企业为组织和管理生产经营发生的其他费用。包括:小企业在筹建期间内发生的开办费、行政管理部门发生的费用(包括:固定资产折旧费、修理费、办公费、水电费、差旅费、管理人员的职工薪酬等)、业务招待费、研究费用、技术转让费、相关长期待摊费用摊销、财产保险费、聘请中介机构费、咨询费(含顾问费)、诉讼费等费用。

(五)财务费用

财务费用是指小企业为筹集生产经营所需资金发生的筹资费用。包括:利息费用(减利息收入)、汇兑损失、银行相关手续费、小企业给予的现金折扣(减享受的现金折扣)等费用。

四、费用构成内容的税会差异分析

(一)企业所得税法规定

企业实际发生的与取得收入有关的、合理的支出,包括成本、费用、税金、损失和其他支出,准予在计算应纳税所得额时扣除。(《企业所得税法》第8条)

1. 成本

《企业所得税法》第8条所称成本,是指企业在生产经营活动中发生的销售成本、销货成本、业务支出以及其他耗费。(《企业所得税法实施条例》第29条)

(1)销售成本。销售成本主要是针对以制造业为主的生产性企业而言。生产性企业在生产产品过程中,将耗费产品所需的原材料、直接人工以及耗费在产品上的辅助材料、物料等,这些都属于销售成本的组成部分。

(2)销货成本。销货成本主要是针对以商业企业为主的流通性企业而言。流通性企业本身并不直接制造可见的成品,而是通过向生产性企业购买成品或者经过简单包装、处理就能出售的产品,通过购入价与售出价的差额等来获取相应的利润。所以,此类企业的成本主要是所销售货物的成本,而所销售的货物是购置于生产性企业,应以购买价(包括生产性企业所获取的利润)为主体部分,加上可直接归属于销售货物所发生的支出,就是销货成本。

(3)业务支出。业务支出主要是针对服务业企业而言的成本概念。与制造业企业和商业企业不同,服务业企业提供的服务,从广义上也可以称为"产品",但是从根本上说这种"产品"往往是无形的劳务,虽然在提供服务过程中也可能需要一定的辅助材料,但是它必须借助服务业企业特有的人工或者技术,所以服务业企业的成本就被称为业务支出,以区别于制造业企业和商业企业,它的成本主要包括提供服务过程中直接耗费的原材料、服务人员的工资、薪金等直接可归属于服务的其他支出。

2. 费用

《企业所得税法》第8条所称费用,是指企业在生产经营活动中发生的销售费用、管理费用和财务费用,已经计入成本的有关费用除外。(《企业所得税法实施条例》第30条)

3. 税金

《企业所得税法》第八条所称税金,是指企业发生的除企业所得税和允许抵扣的增值税以外的各项税金及其附加。(《企业所得税法实施条例》第31条)

从以上企业所得税法和企业所得税法实施条例有关成本、费用和税金的规定可以看出,为了实现公平税负、避免损害国家税收利益,企业所得税法在税前扣除上是遵循收入相关性原则和合理性原则来规定和具体界定的。对相关性的具体判断一般是从支出发生的根源和性质方面进行分析,而不是从费用支出的结果。合理性的具体判断,主要是看发生支出的计算和分配方法是否符合一般经营常规。

(二)税会差异分析

小企业会计准则从会计要素的角度出发对费用做了定义,同时为简化核算,便于小企业执行,减轻纳税调整负担,满足汇算清缴的需要,并结合目前小企业普遍发生的各种费用,本准则还规定了费用的分类(或范围)及内涵,小企业的费用包括:营业成本、税金及附加、销售费用、管理费用、财务费用等。

小企业会计准则所规定的费用与企业所得税法规定的成本、费用、税金的区别与联系,概括起来体现为以下几个方面:

(1)企业所得税法所规定的成本,在范围和内涵上实质上对应于本准则所规定的费用而不是资产。通俗地讲,资产是时点概念,指某一时刻存在的状态,费用是时间概念,指某一时间内发生的变化。因此,企业所得税法所规定的成本也是本准则所规定的费用,其关系可以用公式表示为:

小企业会计准则所规定的营业成本(销售商品的成本+提供劳务的成本)=企业所得税法所规定的成本(销售成本+销货成本+业务支出+其他耗费)

其中:

小企业会计准则所规定的商品销售成本=企业所得税法所规定的销售成本+销货成本+其他耗费

小企业会计准则所规定的提供劳务的成本=企业所得税法所规定的业务支出+其他耗费

(2)企业所得税法所规定的费用,在范围和内涵上对应于本准则所规定的销售费用、管理费用和财务费用。其关系可以用公式表示为:

$$小企业会计准则所规定的销售费用 = 企业所得税法所规定的销售费用$$

$$小企业会计准则所规定的管理费用 = 企业所得税法所规定的管理费用$$

$$小企业会计准则所规定的财务费用 = 企业所得税法所规定的财务费用$$

(3)企业所得税法所规定的税金,在范围和内涵上对应于本准则所规定的税金及附加。其关系可以用公式表示为:

$$小企业会计准则所规定的税金及附加 = 企业所得税法所规定的税金$$

(4)从当期利润或损益的影响来看,本准则所规定的费用的影响与企业所得税法所规定的成本、费用和税金的影响可以讲完全相同,可能存在的差异主要归纳为两个方面:

一是有些费用项目在计量上存在不同,企业所得税法规定了一些费用项目税前扣除标准,如职工福利费、工会经费、职工教育经费、业务招待费、广告费和业务宣传费、研究开发费用等;小企业会计准则要求这些费用据实计入当期损益。

二是个别费用项目在确认上存在不同,企业所得税法所规定的成本、费用和税金强调了与收入的相关性原则和这些支出的合理性原则;小企业会计准则要求符合费用定义的费用全部计入当期。

五、费用的确认和计量

（一）费用确认原则

小企业会计准则作了原则性规定,通常情况下,小企业发生的费用应当在发生时进行确认,记入会计账簿。在具体应用费用确认原则时,应重点掌握两点：

第一,符合费用的定义;第二,费用确认的时点是费用发生之时。

小企业会计准则所讲费用的"发生"包括以下三种情形：

（1）实际支付相关费用。如小企业向保险公司投保财产险支付的财产保险费。

（2）虽然没有实际支付,但是小企业应当承担相应义务。比如,小企业行政管理部门当月使用自来水和电力,到月末虽然还没有通过银行转账支付,但也应于使用水和电的当月将应承担的水电费作为管理费用予以确认,记入"管理费用"账户。比如,小企业行政管理部门使用的固定资产,虽然每个月并不需要支付折旧费,但也应在月末将计提折旧费作为管理费用予以确认,记入"管理费用"账户。又如,小企业向银行借款的付息日到期,虽然由于小企业存款余额暂时不足没有向银行支付,但小企业在此时开始承担了向银行付息的义务,应当确认利息费用,记入"财务费用"账户。

（3）虽然没有实际支付,但是小企业为与收入相配比,结转已销售商品的成本或已提供劳务的成本。主要体现为营业成本的确认,表现为登记"主营业务成本"或"其他业务成本"

账户。

小企业会计准则要求费用在实际发生时予以确认,一是体现了会计上权责发生制的要求,二是便于小企业计算确定各月的利润。

（二）费用的计量原则

小企业会计准则做了原则性规定,通常情况下,小企业的费用应当按照其发生额计入当期损益。通俗地讲,就是据实列支原则。这里的"实"主要包括两种情况：一是实际发生或者真实发生,不是虚假的或虚构的;二是既包括实际支付又包括虽未实际支付但已经发生。

小企业费用的发生额通常有三种确定方式：

（1）实际支付的金额,如小企业到超市购买办公用品实际花费的金额,又如小型饭店在菜市场购买蔬菜实际花费的金额。

（2）外部凭据列明的金额,如小企业收到的电话费收费单据上列明的使用电话应支付的电话费。

（3）内部凭据列明的金额,如小企业自制工资分配表或工资单列明的工资薪金额,又如,小企业自制固定资产折旧分配表列明的折旧费。

为了简化核算,小企业在对费用进行具体账务处理时,既可以在费用发生的当时登记入账,也可以在费用发生的当月月末登记入账,但是在编制年度财务报表时必须将当年发生的各项费用全部登记入账。同样,对于营业成本的结转,既可以在确认收入时完成,也可以在实现收入的当月月末完成,但是在编制年度财务报表时必须将当年发生的营业成本全部登记入账。

如果小企业在日常生产经营管理中,采用售价核算所购入的商品,在符合营业成本结转条件时,应将与所销售商品相关的进销差价一并进行结转,由"商品进销差价"科目结转至"主营业务成本"和"其他业务成本",必须保证所结转的对外销售商品的成本是实际成本或进价。也就是说,"主营业务成本"和"其他业务成本"最终应当反映的是所销售商品的实际成本（或进价）或所提供劳务的实际成本。

第二节　小企业成本核算原理

> 《小企业会计准则》条文及主旨：
>
> 第十四条　小企业应当根据生产特点和成本管理的要求，选择适合于本企业的成本核算对象、成本项目和成本计算方法。
>
> 小企业发生的各项生产费用，应当按照成本核算对象和成本项目分别归集。
>
> （一）属于材料费、人工费等直接费用，直接计入基本生产成本和辅助生产成本。
>
> （二）属于辅助生产车间为生产产品提供的动力等直接费用，可以先作为辅助生产成本进行归集，然后按照合理的方法分配计入基本生产成本；也可以直接计入所生产产品发生的生产成本。
>
> （三）其他间接费用应当作为制造费用进行归集，月度终了，再按一定的分配标准，分配计入有关产品的成本。
>
> 【条文主旨】本条是关于小企业生产成本核算的规定。

一、成本的界定

在现代企业会计中，成本一词在不同情况下有不同的含义。在本章内容中，根据《小企业会计准则》要求，成本核算是指产品成本和劳务成本的核算。本节主要讲解产品成本的核算。

产品是指企业日常生产经营活动中持有以备出售的产成品、自制半成品以及自制材料、自制工具、自制设备等。产品成本是指企业为生产产品而发生的各种经济资源的耗费（支出），但不包括期间费用。产品成本核算是对生产经营过程中实际发生的各种成本进行计算、归集和分配的过程。产品成本核算合理、准确与否直接关系到小企业的生存和发展，是小企业一项极其重要的会计事项。

二、成本核算的要求

（一）做好各项基础工作

为进行成本核算，小企业应当建立健全各项原始记录，并做好各项材料物资的计量、收发、领退、转移、报废和盘点工作，包括材料物资收发领用、劳动用工和工资发放机器设备交付使用以及水、电、暖等消耗的原始记录，并做好相应的管理工作以及定额的制定和修订工作等。同时，产品成本计算，往往需要以产品原材料和工时的定额消耗量和定额费用作为分配标准，因此，也需要制定或修订材料、工时、费用的各项定额，使成本核算具有可靠的基础。

小企业应当充分利用现代信息技术，编制、执行企业产品成本预算，对执行情况进行分析、考核，落实成本管理责任制，加强对产品生产事前、事中、事后的全过程控制加强产品成本核算与管理各项基础工作。

（二）正确划分各种费用支出的界限

产品成本是为生产产品而发生的各种耗费的总和，通常是小企业存货的主要构成内容。成本着重于按产品进行归集，一般以成本计算单或成本汇总表及产品入库单等为计算依据。为正确计算产品成本，必须正确划分以下五个方面的费用界限：

（1）正确划分收益性支出和资本性支出的界限。

（2）正确划分成本费用、期间费用和营业外支出的界限。

（3）正确划分本期成本费用与以后期间成本费用的界限。

（4）正确划分各种产品成本费用的界限。

（5）正确划分本期完工产品与期末在产品成本的界限。

上述五方面成本费用的划分应当遵循受益原则，即谁受益谁负担、何时受益何时负、负担费用应与受益程度成正比。上述成本费用划分的过程，也是产品成本的计算过程。

（三）根据生产特点和管理要求选择适当的成本计算方法

产品成本的计算，关键是选择适当的产品成本计算方法。产品成本计算的方法必须根据产品的生产特点、管理要求及工艺过程等予以确定。

否则,产品成本就会失去真实性,无法进行成本分析和考核。目前,企业常用的产品成本计算方法有品种法、分批法、分步法、分类法、定额法、标准成本法等。

(四)遵守一致性原则

小企业产品成本核算采用的会计政策和会计估计一经确定,不得随意变更。在成本核算中,各种会计处理方法要前后一致,使前后各项的成本资料相互可比。比如,企业应根据企业会计准则的规定正确确定固定资产的折旧方法、使用年限、预计净残值、无形资产的摊销方法、摊销期限等。各种方法一经确定,应保持相对稳定,不能随意变更。

(五)编制产品成本报表

小企业一般应当按月编制产品成本报表,全面反映企业生产成本、成本计划执行情况产品成本及其变动情况等。小企业可以根据自身管理要求,确定成本报表的具体格式和列报方式。

三、产品成本核算的一般程序

产品成本核算的一般程序,是指对企业在生产经营过程中发生的各项生产费用和期间费用,按照成本核算的要求,逐步进行归集和分配,最后计算出各种产品的生产成本和各项期间费用的过程。成本核算的一般程序如下:

(1)根据生产特点和成本管理的要求,确定成本核算对象。

(2)确定成本项目。企业计算产品生产成本,一般应当设置"直接材料""燃料及动力""直接人工""制造费用"等成本项目。

(3)设置有关成本和费用明细账,如生产成本明细账、制造费用明细账、产成品和自制半成品明细账等。

(4)收集确定各种产品的生产量、入库量、在产品盘存量以及材料、工时、动力消耗等,并对所有已发生生产费用进行审核。

(5)归集所发生的全部生产费用,并按照确定的成本计算对象予以分配,按成本项目计算各种产品的在产品成本、产成品成本和单位成本。

(6)结转产品销售成本。

四、确定成本核算对象

小企业应当根据生产特点和成本管理的要求,选择适合本企业的成本核算对象、成本项目和成本计算方法。

成本核算对象,是指确定归集和分配生产成本的具体对象。成本计算对象的确定,是设立成本明细分类账户,归集和分配生产成本以及正确计算成本的前提。具体的成本核算对象主要应根据企业生产的特点加以确定,同时还应考虑成本管理上的要求。

由于产品工艺、生产方式、成本管理等要求不同,产品项目不等于成本核算对象。一般情况下,对小企业(工业)而言,生产一种或几种产品的,以产品品种为成本核算对象;分批、单件生产的产品,以每批或每件产品为成本核算对象;多步骤连续加工的产品,以每种产品及各生产步骤为成本核算对象;产品规格繁多的,可将产品结构、耗用原材料和工艺过程基本相同的各种产品,适当合并作为成本核算对象。

小企业内部管理有相关要求的,还可以按照现代企业多维度、多层次的管理要求,确定多元化的产品成本核算对象。多维度是指以产品的最小生产步骤或作业为基础,按照企业有关部门的生产流程及其相应的成本管理要求,利用现代信息技术,组合出产品维度、工序维度、车间班组维度、生产设备维度、客户订单维度、变动成本维度和固定成本维度等不同的成本核算对象。多层次是指根据企业成本管理需要,划分为企业管理部门、工厂、车间和班组等成本管理层次。

成本核算对象确定后,各种会计、技术资料的归集应当与此一致,一般不应中途变更,以免造成成本核算不实、经济责任不清的弊端。成本核算对象的确定,有利于细化项目成本核算和考核成本管理绩效。

五、确定产品成本项目

为具体反映计入产品生产成本的生产费用的各种经济用途,还应将其进一步划分为若干个项目,即产品生产成本项目,简称产品成本项目或成本项目。设置成本项目可以反映产品成本的构成情况,满足成本管理的目的和要求,有利于了解企业生产费用的经济用途,便于小企业分析和考核产品成本计划的执行情况。

(一)工业企业产品成本项目

工业企业按照成本支出的经济性质,可以设置直接材料、燃料和动力、直接人工、制造费用等成本项目。

(1)直接材料,是指小企业在生产产品过程中实际消耗的、直接用于产品生产、构成产品实体的原材料、辅助材料、备品配件、外购半成品、周转材料(包装物、低值易耗品)和材料在使用过程中发生运输、装卸、整理等费用。

(2)燃料和动力,是指小企业直接用于产品生产的外购和自制的燃料和动力。

(3)直接人工,是指小企业在生产产品过程中直接从事产品生产工人的职工薪酬。直接人工和间接人工的划分依据通常是生产工人是否与所生产的产品直接相关(即可否直接确定其服务的产品对象)。

(4)制造费用,是指小企业生产车间(部门)为生产产品和提供劳务而发生的各项间接费用。制造费用是一种间接生产成本,包括小企业生产车间(部门)管理人员的职工薪酬、折旧费、机物料消耗、固定资产修理费、办公费、水电费、劳动保护费、季节性和修理期间的停工损失等。

实际过程中,企业也可根据本企业的生产特点和管理要求,适当地增设某些成本项目,如废品损失、停工损失等成本项目。

(二)农业企业产品成本项目

农业企业按照成本支出的经济性质,可以设置直接材料、直接人工、机械作业费、其他直接费、制造费用等成本项目。

直接材料,是指种植业生产中耗用的自产或外购的种子、种苗、饲料、肥料、农药、燃料和动力、原材料以及其他材料等;养殖业生产中直接用于养殖生产的苗种、饲料、肥料、燃料、动力、畜禽医药费等。

直接人工,是指直接从事农业生产人员的职工薪酬。

机械作业费,是指种植业生产过程中农用机械进行耕耙、播种、施肥、除草、喷药、收割、脱粒等

机械作业所发生的支出。

其他直接费,是指除直接材料、直接人工和机械作业费以外的其他直接费用。

制造费用,是指应摊销、分配计入成本核算对象的间接生产费用。

(三)建筑业成本项目

建筑业企业按照成本支出的经济用途,可以设置人工费、材料费、机械使用费、其他直接费和间接费用等成本项目。施工企业将部分工程分包的,还可以设置分包成本项目。

人工费,是指按照国家规定支付给施工过程中直接从事建筑安装工程施工的工人以及在施工现场直接为工程制作构件和运料、配料等工人的基本工资、工资性津贴、奖金等。

材料费,是指在施工过程中所耗用的、构成工程实体的材料、结构件和有助于工程形成的其他材料以及周转材料的摊销费和租赁费等。

机械使用费,是指施工过程中使用自有施工机械所发生的机械使用费,使用外单位施工机械的租赁费,以及按照规定支付的施工机械进出场费等。

其他直接费,是指施工过程中发生的材料二次搬运费、临时设施摊销费、生产工具用具使用费、检验试验费、工程定位复测费、工程点交费、场地清理费等。

间接费,是指企业各施工单位为组织和管理工程施工所发生的支出。

分包成本,是指支付给分包单位的工程价款。

六、确定成本计算方法

小企业在进行成本计算时,必须根据其生产经营特点、生产经营组织类型和成本管理要求,确定成本计算方法。

(一)生产特点对产品成本计算的影响

根据生产工艺过程的特点,工业企业的生产可分为单步骤生产和多步骤生产两种。根据生产组织的特点,工业企业生产可分为大量生产、成批生产和单件生产三种。结合两者考虑,工业企业的生产可分为大量大批单步骤生产、大量大批连续式多步骤生产、大量大批平行式加工多步骤生

产、单件小批平行式加工多步骤生产。不同的生产工艺和生产组织，形成不同的生产类型，从而对成本管理的要求也不同。确定产品成本计算方法的主要因素有：成本计算对象、成本计算期及生产费用在完工产品与在产品之间的分配。上述三方面是相互联系、相互影响的，其中生产类型对成本计算对象的影响是主要的。不同的成本计算对象决定了不同的成本计算期和生产费用在完工产品与在产品之间的分配。因此，成本计算对象的确定，是正确计算产品成本的前提，也是区别各种成本计算方法的主要标志。

（二）产品成本计算的基本方法

适应各种类型生产的特点和管理要求，产品成本计算的三种基本方法为：以产品品种为成本计算对象的品种法；以产品批别为成本计算对象的分批法；以产品生产步骤为成本计算对象的分步法。各种产品成本计算方法的适用范围如表14-1所示。

表 14-1　产品成本计算的基本方法

产品成本计算方法	成本计算对象	生产类型		
		生产组织特点	生产工艺特点	成本管理
品种法	产品品种	大量大批生产	单步骤生产	
			多步骤生产	不要求分步计算成本
分批法	产品批别	单件小批生产	单步骤生产	
			多步骤生产	不要求分步计算成本
分步法	生产步骤	大量大批生产	多步骤生产	要求分步计算成本

除上述三种基本方法外，在产品的品种、规格繁多的工业企业中，为简化成本计算，可采用分类法；在定额管理工作有一定基础的工业企业中，为配合和加强生产费用和产品成本的定额管理，还可以采用定额法。

第三节　小企业品种法成本计算财税处理

一、品种法概述

（一）品种法特点

品种法，是指以产品品种作为成本核算对象，归集和分配生产成本，计算产品成本的一种方法。这种方法适用于单步骤、大量生产的企业，如发电、供水、采掘等企业。在这种类型的生产中，产品的生产技术过程不能从技术上划分为步骤，比如，企业或车间的规模较小，或者车间是封闭的，也就是从材料投入到产品产出的全部生产过程都是在一个车间内进行的，或者生产按流水线组织，管理上不要求按照生产步骤计算产品成本，都可以按照品种计算产品成本。

品种法计算成本的主要特点：一是成本核算对象是产品品种。如果企业只生产一种产品，全部生产成本都是直接成本，可直接计入该产品生产成本明细账的有关成本项目中，不存在在各成本核算对象之间分配成本的问题。如果生产多种产品，间接生产成本则要采用适当的方法，在各成本核算对象之间进行分配。二是品种法下一般定期（每月月末）计算产品成本。三是月末一般不存在在产品，如果有在产品，数量也很少，所以一般不需要将生产费用在完工产品与在产品之间进行划分，当期发生的生产费用总和就是该种完工产品的总成本；如果企业月末有在产品，要将生产成本在完工产品和在产品之间进行分配。

（二）品种法成本核算的一般程序

（1）按产品品种设立成本明细账，根据各项费用的原始凭证及相关资料编制有关记账凭证并登记有关明细账，并编制各种费用分配表分配各种要素费用。

（2）根据费用分配表和其他有关资料，登记辅助生产明细账、基本生产明细账、制造费用明细账等。

（3）根据辅助生产明细账编制辅助生产成本分配表，分配辅助生产成本。

（4）根据制造费用明细账编制制造费用分配表，在各种产品之间分配制造费用，并据以登记基本生产成本明细账。

（5）根据各产品基本生产明细账编制产品成本计算单，分配完工产品成本和在产品。

（6）编制产成品的成本汇总表，结转产成品成本。

（三）成本核算使用的主要科目

《小企业会计准则》应用指南

4001 生产成本

一、本科目核算小企业进行工业性生产发生的各项生产成本。包括：生产各种产品（产成品、自制半成品等）、自制材料、自制工具、自制设备等。

小企业对外提供劳务发生的成本，可将本科目改为"4001 劳务成本"科目，或单独设置"4002 劳务成本"科目进行核算。

二、本科目可按照基本生产成本和辅助生产成本进行明细核算。

三、生产成本的主要账务处理。

（一）小企业发生的各项直接生产成本，借记本科目（基本生产成本、辅助生产成本），贷记"原材料""库存现金""银行存款""应付职工薪酬"等科目。

各生产车间应负担的制造费用，借记本科目（基本生产成本、辅助生产成本），贷记"制造费用"科目。

（二）辅助生产车间为基本生产车间、管理部门和其他部门提供的劳务和产品，可在月末按照一定的分配标准分配给各受益对象，借记本科目（基本生产成本）"销售费用""管理费用""其他业务成本""在建工程"等科目，贷记本科目（辅助生产成本）；也可在提供相关劳务和产品时，借记本科目、"销售费用""管理费用""其他业务成本""在建工程"等科目，贷记"原材料""库存现金""银行存款""应付职工薪酬"等科目。

（三）小企业已经生产完成并已验收入库的产成品以及入库的自制半成品，可在月末，借记"库存商品"等科目，贷记本科目（基本生产成本）。

四、本科目期末借方余额，反映小企业尚未加工完成的在产品成本。

4101 制造费用

一、本科目核算小企业生产车间（部门）为生产产品和提供劳务而发生的各项间接费用。

小企业经过 1 年期以上的制造才能达到预定可销售状态的产品发生的借款费用，也在本科目核算。

小企业行政管理部门为组织和管理生产经营活动而发生的管理费用，在"管理费用"科目核算，不在本科目核算。

二、本科目应按照不同的生产车间、部门和费用项目进行明细核算。

三、制造费用的主要账务处理。

（一）生产车间发生的机物料消耗和固定资产修理费，借记本科目，贷记"原材料""银行存款"等科目。

（二）发生的生产车间管理人员的工资等职工薪酬，借记本科目，贷记"应付职工薪酬"科目。

（三）生产车间计提的固定资产折旧费，借记本科目，贷记"累计折旧"科目。

（四）生产车间支付的办公费、水电费等，借记本科目，贷记"银行存款""应付利息"等科目。

（五）发生季节性和修理期间的停工损失，借记本科目，贷记"原材料""应付职工薪酬""银行存款"等科目。

（六）小企业经过 1 年期以上的制造才能达到预定可销售状态的产品在制造完成之前发生的借款利息，在应付利息日根据借款合同利率计算确定的利息费用，借记本科目，贷记"应付利息"科目。制造完成之后发生的利息费用，借记"财务费用"科目，贷记"应付利息"科目。

（七）将制造费用分配计入有关的成本核算对象，借记"生产成本——基本生产成本、辅助生产成本"等科目，贷记本科目。

（八）季节性生产小企业制造费用全年实际发生额与分配额的差额，除其中属于为下一年开工生产做准备的可留待下一年分配外，其余部分实际发生额大于分配额的差额，借记"生产成本——基本生产成本"科目，贷记本科目；实际发生额小于分配额的差额，做相反的会计分录。

四、除季节性的生产性小企业外，本科目期末应无余额。

1. 生产成本"科目

小企业应该设置"生产成本"科目,核算小企业进行工业性生产发生的各项生产成本,包括生产各种产品(产成品、自制半成品等)、自制材料、自制工具、自制设备等。借方登记企业生产过程中发生的各项生产费用,即直接材料、直接人工和制造费用;贷方登记生产完成并已验收入库的产成品、自制半成品、自制材料、自制工具、自制设备以及提供加工劳务的实际成本,期末借方余额反映企业尚未加工完成的各项在产品成本。期末借方余额,反映小企业尚未加工完成的在产品成本。

"生产成本"科目下一般应设置"基本生产成本"和"辅助生产成本"两个二级科目。基本生产成本应当分别按照基本生产车间和成本核算对象(如产品的品种、类别、订单、批别、生产阶段等)设置明细账(或成本计算单,下同),并按照规定的成本项目设置专栏,具体格式见下述例题。

小企业对外提供劳务发生的成本,可将本科目改为"4001　劳务成本"科目,或单独设置"4002　劳务成本"科目进行核算。其明细科目的设置可参照"生产成本"进行。

2. "制造费用"科目

小企业应该设置"制造费用"科目,核算小企业生产车间(部门)为生产产品和提供劳务而发生的各项间接费用,小企业经过1年期以上的制造才能达到预定可销售状态的产品发生的借款费用,也在本科目核算。小企业行政管理部门为组织和管理生产经营活动而发生的管理费用,在"管理费用"科目核算,不在本科目核算。

"制造费用"科目可按不同的生产车间、部门和费用项目进行明细核算。生产车间发生的机物料消耗、管理人员的工资等职工薪酬、计提的固定资产折旧、支付的办公费、水电费等、发生季节性的停工损失等记入本科目的借方;将制造费用分配计入有关的成本核算对象记入本科目的贷方。季节性生产小企业制造费用全年实际发生额与分配额的差额,除其中属于为下一年开工生产做准备的可留待下一年分配外,其余部分实际发生额与分配额的差额计入"生产成本"借方和本科目贷方。除季节性的生产性企业外,本科目期末应无余额。

对小型制造企业而言,也可以将"生产成本"和"制造费用"两个会计科目合并为"生产费用"一个会计科目,下设"基本生产成本""辅助生产成本""制造费用"三个二级明细科目。单独核算废品损失和停工损失的企业,还可以另外增设相应的明细科目。

品种法下成本计算账户体系见图14-1。

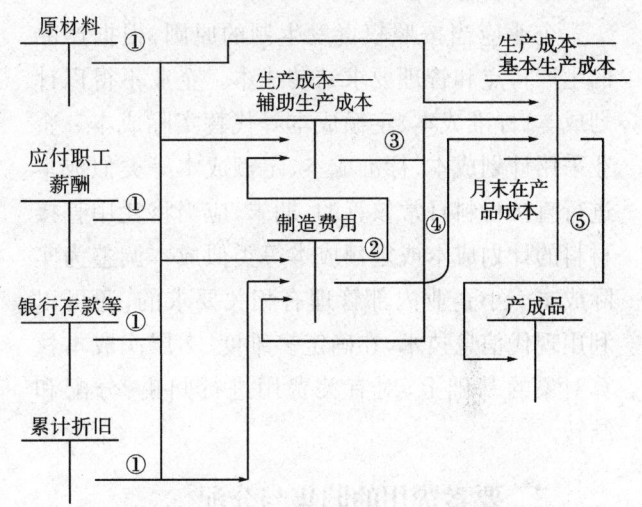

图示 14-1　品种法下成本计算账户体系

说明:
① 分配各项要素费用;
② 分配辅助生产车间制造费用;
③ 分配辅助生产费用;
④ 分配基本生产车间制造费用;
⑤ 结转产品成本。

(四) 费用归集和分配原则

成本核算实际上就是成本按照用途或发生部门的归集、在各成本计算对象之间的分配和成本计算的会计处理。小企业所发生的生产费用,能确定由某一成本核算对象负担的,应当按照所对应的产品成本项目类别,直接计入产品成本核算对象的生产成本;由几个成本核算对象共同负担的,应当选择合理的分配标准分配计入生产成本。企业应当根据生产经营特点,以正常生产能力水平为基础,按照资源耗费方式确定合理的分配标准。具体原则有:

一是受益性原则,即谁受益、谁负担,负担多少视受益程度而定。

二是及时性原则,即要及时将各项成本费用

分配给受益对象,不应将本应在上期或下期分配的成本费用分配给本期。

三是成本效益性原则,即成本分配所带来的效益要远大于分配成本。

四是基础性原则,即成本分配要以完整、准确的原始记录为依据。

五是管理性原则,即成本分配要有助于企业加强成本管理。

企业应当按照权责发生制的原则,根据产品的生产特点和管理要求结转成本。企业不得以计划成本、标准成本、定额成本等代替实际成本。企业采用计划成本、标准成本、定额成本等类似成本进行直接材料日常核算的,期末,应当将耗用直接材料的计划成本或定额成本等类似成本调整为实际成本。小企业内部管理有相关要求的,还可以利用现代信息技术,在确定多维度、多层次成本核算对象的基础上,对有关费用进行归集、分配和结转。

二、要素费用的归集与分配

(一)材料、燃料、动力费用的归集和分配

业务 14-1 材料、燃料、动力费用归集和分配的处理。

制造业企业发生的直接材料,能够直接计入成本核算对象的,应当直接计入成本核算对象的生产成本,否则应当按照合理的分配标准分配计入。

制造业企业外购燃料和动力的,应当根据实际耗用数量或者合理的分配标准对燃料和动力费用进行归集分配,生产部门直接用于生产的燃料和动力,直接计入生产成本。生产部门间接用于生产(如照明、取暖)的燃料和动力,计入制造费用。

无论是外购的还是自制的,发生材料、燃料和动力等各项要素费用时,对于直接用于产品生产、构成产品实体的原材料,一般分产品领用,应根据领退料凭证直接计入相应产品成本的"直接材料"项目。

对于不能分产品领用的材料,如化工生产中为几种产品共同耗用的材料,需要采用适当的分配方法,分配计入各相关产品成本的"直接材料"

成本项目。分配标准的选择可依据材料消耗与产品的关系,对于材料、燃料耗用量与产品重量、体积有关的,按其重量或体积分配,如以生铁为原材料生产各种铁铸件,应以生产的铁铸件的重量比例为分配依据,燃料也可以按照所耗用的原材料作为分配标准,动力一般按用电(或水)度(或吨)数,也可按产品的生产工时或机器工时进行分配。相应的计算公式为:

$$\frac{材料、燃料、动力}{费用分配率} = \frac{材料、燃料、动力消耗总额}{分配标准(如产品重量、耗用的原材料、生产工时等)}$$

$$\begin{aligned}某种产品应负担的材\\料、燃料、动力费用\end{aligned} = \begin{aligned}该产品的重量、耗用的\\原材料、生产工时等\end{aligned} \times \begin{aligned}材料、燃料、\\动力费用分配率\end{aligned}$$

在消耗定额比较准确的情况下,原材料、燃料也可按照产品的材料定额消耗量比例或材料定额费用比例进行分配。按材料定额消耗量比例分配材料费用的计算公式如下:

$$\begin{aligned}某种产品材\\料定额消耗量\end{aligned} = \begin{aligned}该种产品\\实际产量\end{aligned} \times \begin{aligned}单位产品\\材料消耗定额\end{aligned}$$

$$\frac{材料消耗}{量分配率} = \frac{材料实际总消耗量}{各种产品材料定额消耗量之和}$$

$$\begin{aligned}某种产品应分\\配的材料费用\end{aligned} = \begin{aligned}该种产品的材\\料定额消耗量\end{aligned} \times \begin{aligned}材料消耗\\量分配率\end{aligned} \times \begin{aligned}材料\\单价\end{aligned}$$

【例 14-1】 甲公司基本生产车间生产 A、B 两种产品。2022 年 5 月,领用原材料 2 106 千克,单价 200 元,材料成本合计 421 200 元,生产 A 产品 400 件,B 产品 300 件。A 产品材料消耗定额 12 千克,B 产品材料消耗定额 11 千克。分配结果如下:

分配率=421 200÷(400×12+300×11)=52

应分配的材料成本:

A 产品=400×12×52=249 600(元)

B 产品=300×11×52=171 600(元)

合计 421 200(元)

在实际工作中,材料、燃料、动力费用的分配,一般通过材料、燃料、动力分配表进行。材料、燃料分配表应根据领退料凭证和有关资料

编制,其中,退料凭证的数额可以从相应的领料凭证的数额中扣除;对外购电力而言,动力分配表应根据有关的转账凭证或付款凭证等资料编制。

【例14-2】 承接[例14-1],2022年5月,甲公司编制的材料费用分配表如表14-2所示。

表14-2 材料成本分配表

2022年5月   单位:元

分配对象	明细项目	原材料成本			辅助材料成本	合计
		直接计入	分配计入	合计		
A产品	材料费	10 000	249 600	259 600		259 600
B产品	材料费	8 000	171 600	179 600		179 600
基本生产车间	材料费				1 000	1 000
行政管理部门	材料费				500	500
合计		18 000	421 200	439 200	1 500	440 700

根据发料凭证汇总表,会计处理如下:

借:生产成本——基本生产成本(A产品)
            259 600
  ——基本生产成本(B产品)179 600
 制造费用   1 000
 管理费用   500
 贷:原材料   440 700

(二)职工薪酬费用的归集与分配

业务14-2 **职工薪酬费用归集与分配的处理。**

职工薪酬是企业在生产产品或提供劳务活动过程中所发生的各种直接和间接人工费用的总和。对于职工薪酬的分配,实务中通常有两种处理方法:一是按本月应付金额分配本月职工薪酬费用,该方法适用于月份之间职工薪酬差别较大的情况;二是按本月支付职工薪酬金额分配本月职工薪酬费用,该方法适用于月份之间职工薪酬差别不大的情况。

职工薪酬的归集,必须有一定的原始记录作为依据:计时工资,以考勤记录中的工作时间记录为依据;计件工资,以产量记录中的产品数量和质量记录为依据;计时工资和计件工资以外的各种奖金、津贴、补贴等,按照国家和企业的有关规定计算。

工资结算和支付的凭证为工资结算单或工资单,为便于成本核算和管理,一般按车间、部门分别填制,是职工薪酬分配的依据。直接进行产品生产的生产工人的职工薪酬,直接计入产品成本的"直接人工"成本项目;不能直接计入产品成本的职工薪酬,按工时、产品产量、产值比例等方式进行合理分配,计入各有关产品成本的"直接人工"项目。相应的计算公式为:

$$\frac{\text{生产职工薪酬}}{\text{费用分配率}} = \frac{\text{各种产品生产}}{\text{职工薪酬总额}} \div \frac{\text{各种产品}}{\text{生产工时之和}}$$

$$\frac{\text{某种产品应分配}}{\text{的生产职工薪酬}} = \frac{\text{该种产品}}{\text{生产工时}} \times \frac{\text{生产职工薪酬}}{\text{费用分配率}}$$

如果取得各种产品的实际生产工时数据比较困难,而各种产品的单件工时定额比较准确,也可按产品的定额工时比例分配职工薪酬,相应的计算公式如下:

$$\frac{\text{某种产品耗用}}{\text{的定额工时}} = \frac{\text{该种产品}}{\text{投产量}} \times \frac{\text{单位产品}}{\text{工时定额}}$$

$$\frac{\text{生产职工薪酬}}{\text{费用分配率}} = \frac{\text{各种产品生产}}{\text{职工薪酬总额}} \div \frac{\text{各种产品}}{\text{定额工时之和}}$$

$$\frac{\text{某种产品应分配的}}{\text{生产职工薪酬}} = \frac{\text{该种产品}}{\text{定额工时}} \times \frac{\text{生产职工薪酬}}{\text{费用分配率}}$$

【例14-3】 2022年5月,甲公司第一基本生产车间生产A、B两种产品,累计发生的生产工人的工资薪酬合计24 200元,工时统计表记录的总工时为11 000小时,其中A产品的生产工时为6 800小时,B产品的生产工时为4 200小时。分配结果如下:

分配率=24 200÷11 000=2.2

应分配的人工成本:

A 产品＝6 800×2.2＝14 960(元)

B 产品＝4 200×2.2＝9 240(元)

合计 24 200(元)

在实际工作中,职工薪酬的分配,应通过职工薪酬分配表进行。该表根据职工薪酬结算单和有关的分配标准等资料编制。

【例 14-4】 承接[例 14-3],2022 年 5 月,甲公司 5 月工资薪酬结算分配汇总表如表 14-3 所示。

表 14-3 职工薪酬分配表

2022 年 5 月 单位:元

分配对象		人工成本		合计
		直接计入	分配计入	
基本生产成本	A 产品	7 000	14 960	21 960
	B 产品	3 000	9 240	12 240
	小计	10 000	24 200	34 200
制造费用	一车间	6 000		6 000
管理费用		13 000		13 000
合计		29 000	24 200	53 200

根据职工薪酬分配表,会计处理如下:

借:生产成本——基本生产成本(A 产品) 21 960

　　　　　　——基本生产成本(B 产品) 12 240

　　制造费用 6 000

　　管理费用 13 000

　　贷:应付职工薪酬 53 200

(三)辅助生产费用的归集与分配

业务 14-3　辅助生产费用的归集与分配的处理。

企业的辅助生产,主要是指为基本生产服务而进行的产品生产或劳务供应。辅助生产有的只生产一种产品或提供一种劳务,如供电、供气、运输等;有的则生产多种产品或提供多种劳务,如从事工具、模型、备件的制造,以及机器设备的修理等。辅助生产成本是指企业辅助生产车间发生的各项成本。属于辅助生产车间为生产产品提供的动力等直接费用,可以先作为辅助生产成本进行归集,然后按照合理的方法分配计入基本生产成本;也可以直接计入所生产产品发生的生产成本。据此,小企业对辅助生产成本的核算有两种方式可供选择,但一经确定,不得随意变更。

1. 单独核算辅助生产成本

小企业对辅助生产车间发生的各项成本单独设置"生产成本——辅助生产成本"明细科目或"辅助生产成本"科目进行核算,即小企业对辅助生产车间发生的各项成本单独设置"生产成本——辅助生产成本"明细科目或"辅助生产成本"科目进行核算。

发生的各项直接材料、直接工资薪酬,直接或者分配后借记"生产成本(辅助生产成本)"科目,发生的各项间接成本,应先计入"制造费用"科目,期末再转入"生产成本——辅助生产成本"科目(辅助生产车间规模较小,发生的制造费用较少时,可直接记入该科目)。但由于所生产的产品和提供的劳务不同,辅助生产完成时所归集的成本,分配转出的方法不一样。若为制造工具、模型、备件等产品发生的辅助生产成本,完工时作为自制工具或材料入库,借记"周转材料"或"原材料"科目,贷记"生产成本(辅助生产成本)"科目;若为提供水、电、汽和运输、修理等劳务所发生的辅助生产成本,通常按受益单位耗用的劳务数量在各单位之间进行分配,分配时,借记"制造费用"或"管理费用"等科目,贷记"生产成本——辅助生产成本"科目。

辅助生产提供的产品和劳务,主要是为基本生产车间和管理部门使用和服务的。但在某些辅助生产车间之间也有相互提供产品和劳务的情况。例如,锅炉车间为供电车间供气取暖,供电车间也为锅炉车间提供电力。这样,为了计算供气成本,就要确定供电成本;为了计算供电成本,又要确定供气成本。这里就存在一个辅助生产成本在各辅助生产车间交互分配的问题。

辅助生产成本的分配,应通过"辅助生产成本分配表"进行。辅助生产成本的分配方法通常有直接分配法、交互分配法、计划成本分配法、代数分配法和顺序分配法等。下面仅以直接分配法和交互分配法为例说明辅助生产成本的分配方法：

（1）直接分配法。直接分配法就是不考虑辅助生产车间内部相互提供的劳务，直接将辅助生产车间发生的成本分配给辅助生产车间以外的各个受益单位或产品。计算公式如下：

$$\text{辅助生产分配率} = \frac{\text{辅助生产成本总额}}{\text{辅助生产产品或劳务的总量（不包括辅助生产各车间内部提供的产品和劳务量）}}$$

$$\text{某受益单位应分配的成本} = \text{辅助生产分配率} \times \text{该车间、产品或部门的耗用量}$$

【例 14-5】 某企业有修理和运输两个辅助生产车间，2022 年 7 月在分配辅助生产成本以前，修理车间共发生成本为 4 773 元，提供修理劳务合计 2 010 小时。其中，运输部门 50 小时，第一基本生产车间 850 小时，第二基本生产车间 810 小时，行政管理部门 300 小时。运输部门共发生成本为 7 324 元，提供运输劳务合计 7 400 吨公里。其中，修理车间运输 200 吨公里，第一基本生产车间 4 250 吨公里，第二基本生产车间 1 850 吨公里，行政管理部门 1 100 吨公里。该企业辅助生产车间制造费用不通过"制造费用"科目核算。

该企业 2022 年 7 月有关辅助生产成本的资料见表 14-4。

表 14-4 辅助生产成本分配表（直接分配法）

2022 年 7 月

金额单位：元

辅助生产车间名称			修理	运输	合计
待分配辅助生产成本			4 773	7 324	12 097
辅助生产车间以外各受益对象受益数量			1 960	7 200	
成本分配率			2.435 2	1.017 2	
基本生产车间	第一车间	耗用数量	850	4 250	
		分配金额	2 070	4 323	6 393
	第二车间	耗用数量	810	1 850	
		分配金额	1 973	1 882	3 855
	分配金额小计		4 050	6 205	10 255
行政管理部门	耗用数量		300	1 100	
	分配金额		730	1 119	1 849
分配金额合计			4 773	7 324	12 097

注：表内分配率的小数保留四位，第五位四舍五入；分配的金额个位数取整数，小数点后四舍五入，尾差计入行政管理部门。

根据辅助生产成本分配表，编制会计分录：

借：制造费用——第一车间　　　　6 393
　　　　　　　——第二车间　　　　3 855
　　管理费用　　　　　　　　　　1 849
　　贷：生产成本——辅助生产成本（修理车间）　4 773
　　　　　　　　——辅助生产成本（运输车间）　7 324

直接分配法计算工作简便，但在辅助生产车间相互受益程度差异较大时，分配结果的正确性差。它适用于辅助生产车间相互提供劳务不多或差异不大的情况。

（2）交互分配法。辅助生产成本采用这种分配方法，就是对辅助生产成本应进行两次分配。先根据各辅助生产车间相互提供劳务的数量和交互分配前的分配率进行一次交互分配；然后再将各辅助生产车间交互分配后的实际成本（即交互分配前的成本，加上交互分配转入的成本，减去交互分配转出的成本），按对外提供劳务的数量，在辅助生产车间以外的各受益产品或部门进行分配。计算公式如下：

$$\text{辅助生产交互分配率} = \frac{\text{辅助生产成本总额}}{\text{辅助生产产品或劳务的总量（包括辅助生产各车间内部相互提供的产品和劳务量）}}$$

$$\begin{array}{l}\text{某受益单位} \\ \text{应分配的成本}\end{array} = \begin{array}{l}\text{辅助生产} \\ \text{交互分配率}\end{array} \times \begin{array}{l}\text{该车间或部门} \\ \text{的耗用量}\end{array}$$

$$\begin{array}{l}\text{辅助生产} \\ \text{对外分配率}\end{array} = \dfrac{\text{交互分配后的成本总额}}{\begin{array}{l}\text{辅助生产产品或劳务的总量（不包括辅助} \\ \text{生产各车间内部相互提供的产品和劳务量）}\end{array}}$$

$$\begin{array}{l}\text{某受益单位} \\ \text{应分配的成本}\end{array} = \begin{array}{l}\text{辅助生产} \\ \text{对外分配率}\end{array} \times \begin{array}{l}\text{该车间、产品或} \\ \text{部门的耗用量}\end{array}$$

【例 14-6】 承接[例 14-5]资料，用一次交互分配法分配辅助生产成本如表 14-5 所示。

表 14-5 辅助生产成本分配表（交互分配法）

2022 年 7 月　　　　　　　　　　　　　　　　　　　　单位：元

项目			交互分配			对外分配		
辅助生产车间名称			修理	运输	合计	修理	运输	合计
待分配辅助生产成本			4 773	7 324	12 097	4 853	7 244	12 097
供应劳务总量			2 010	7 400		1 960	7 200	
成本分配率			2.374 6	0.989 7		2.476 0	1.006 1	
辅助生产车间	应借"辅助生产成本"科目	修理车间 耗用数量		200				
		修理车间 分配金额		199	199			
		运输车间 耗用数量	50					
		运输车间 分配金额	119		119			
	分配金额小计		119	199	318			
基本生产车间	应借"制造费用"科目	第一车间 耗用数量				850	4 250	
		第一车间 分配金额				2 105	4 276	6 381
		第二车间 耗用数量				810	1 850	
		第二车间 分配金额				2 006	1 861	3 867
	分配金额小计					4 111	6 137	10 248
行政管理部门	应借"管理费用"科目	耗用数量				300	1 100	
		分配金额				742	1 107	1 849
分配金额合计						4 853	7 244	12 097

注：表内分配率的小数保留四位，第五位四舍五入；分配的金额个位数取整数，小数点后四舍五入，尾差计入行政管理部门。

根据辅助生产成本分配表，编制会计分录：

（1）交互分配。

借：生产成本——辅助生产成本（修理车间）199
　　　　　——辅助生产成本（运输车间）119
　贷：生产成本——辅助生产成本（运输车间）199
　　　　　——辅助生产成本（修理车间）119

（2）对外分配。

借：制造费用第——第一车间　　　　6 381
　　　　——第二车间　　　　3 867
　　管理费用　　　　　　　　1 849
　贷：生产成本——辅助生产成本（修理车间）4 853
　　　　——辅助生产成本（运输车间）7 244

交互分配法进行两次分配，增加了计算工作量，但提高了分配结果的正确性。它适用于各辅助生产车间较多，相互提供劳务量差异较大的情况。

2. 不单独核算辅助生产成本

小企业对辅助生产车间发生的各项成本不单独设置"生产成本——辅助生产成本"明细科目或"辅助生产成本"科目进行核算，而是直接计入"生产成本"科目。

（四）制造费用的归集与分配

业务 14-4　制造费用归集与分配的处理。

制造费用是指小企业生产车间（部门）为生产产品和提供劳务而发生的各项间接费用，包括生产车间发生的机物料消耗、管理人员的工资薪酬、计提的固定资产折旧、支付的办公费、水电费以及发生季节性的停工损失等。为了使各期产品生产成本资料可比,制造费用项目一经确定,不得随意变更。制造费用应通过"制造费用"账户进行归集,月末按照一定的方法分配转入有关成本计算对象。

1. 制造费用的归集

小企业的制造费用应计入产品或劳务的成本。制造费用的发生和归集是通过"制造费用"科目进行的,核算中还应按不同的车间设立明细账,并按费用的具体项目分设专栏,分别反映各车间各项制造费用的发生和结转情况。基本生产车间和辅助生产车间发生的直接用于生产但没有专设成本项目的各项费用以及用于组织和管理生产活动的各项费用,一般应借记"制造费用"及其明细账(基本生产车间或辅助生产车间)的相关成本项目,贷记"原材料""应付职工薪酬""累计折旧""银行存款"等科目。

(1)生产车间发生的机物料消耗。

借:制造费用
　　贷:原材料

(2)发生的生产车间管理人员的工资等职工薪酬。

借:制造费用
　　贷:应付职工薪酬

(3)生产车间计提的固定资产折旧。

借:制造费用
　　贷:累计折旧

(4)生产车间支付的办公费、水电费等。

借:制造费用
　　应交税费——应交增值税(进项税额)
　　贷:银行存款等

(5)发生季节性的停工损失。

借:制造费用
　　贷:原材料
　　　　应付职工薪酬
　　　　银行存款等

【例14-7】 甲公司2022年7月第一基本生产车间归集的制造费如表14-6所示。

表14-6 制造费用明细账

2022年7月　　　　　　　　　　　　　　　　单位:元

摘　要	材料费	工资薪酬	折旧费	季节性停工损失	办公费	水电费	其他	合计	转出
付款凭证					600	400	100	1 100	
材料成本分配表	1 000							1 000	
工资结算分配表		6 840						6 000	
折旧计算表			10 000					10 000	
停工损失计算表				600				600	
合　计	1 000	6 840	10 000	600	600	400	100	19 600	19 540

2. 制造费用的分配

在生产一种产品的车间中,制造费用可直接计入其产品成本。在生产多种产品的车间中,就要采用合理的分配方法,将制造费用分配计入各种产品成本。企业应根据制造费用的性质、产品的性质以及生产方式,结合自身的实际情况,对正常生产活动发生的制造费用,合理选择分配方法。由于企业各个生产车间或部门的生产任务、技术装备程度、管理水平和费用水准各不相同,因此,制造费用的分配一般应按生产车间或部门进行。

小企业应当根据制造费用的性质,合理选择分配方法。也就是说,企业所选择的制造费用分配方法,必须与制造费用的发生具有比较密切的相关性,并且使分配到每种产品上的制造费用金额基本合理,同时还应当适当考虑计算手续的简便。在各种产品之间分配制造费用的方法,通常有:生产工人工时比例法、生产工人工资比例法、机器工时比例法、耗用原材料的数量或成本比例法、直接成本(材料、生产工资等职工薪酬之和)比例法和产成品产量比例法等。企业具体选用哪种分配方法,由企业自行决定。分配方法一经确定,不得随意变更。如需变更,应当在附注中予以说明。

以生产工人工时比例法为例来说明制造费用分配与结转。生产工人工时比例法,即按照各种产品所用生产工人工时的比例分配制造费用的方法。生产工人工时可以是各种产品实际耗用的生产工时,在产品的工时定额比较准确的情况下,也可用各种产品的定额工时。计算公式为:

$$\frac{制造费用}{分配率}=\frac{制造费用总额}{车间各种产品生产工时之和}$$

$$\begin{array}{l}某产品应分配\\的制造费用\end{array}=\begin{array}{l}该产品\\生产工时\end{array}\times\begin{array}{l}制造费用\\分配率\end{array}$$

季节性生产企业基本生产车间的制造费用,一般可按制造费用的全年或停工月度预算数和产品的全年计划产量,确定计划分配率,据以计算分配。如果制造费用的实际发生数、产品的实际产量与预算数、计划产量相差较大时,应当及时调整计划分配率。年度终了,季节性生产企业制造费用全年实际发生额与分配额的差额,除其中属于为下一年开工生产做准备的可留待下一年分配外,其余部分实际发生额大于分配额的差额,借记"生产成本——基本生产成本"科目,贷记"制造费用"科目;实际发生额小于分配额的差额用红字登记。

【例 14-8】 2022 年 7 月月终,甲公司第一基本生产车间发生的制造费用进行分配结转,该车间生产 A、B 两种产品,A 产品实际生产工时 6 000 小时,B 产品实际生产工时 3 770 小时。按生产工时比例法计算分配如表 14-7 所示。

表 14-7 制造费用分配表

2022 年 7 月　　　　　　　　单位:元

分配对象	生产工时	分配率	分配金额(元)
A 产品	6 000		12 000
B 产品	3 770		7 540
合　计	9 770	2	19 540

根据制造费用分配表,编制会计分录:

借:生产成本——基本生产成本(A 产品) 12 000
　　　　　　　——基本生产成本(B 产品) 7 540
　　贷:制造费用 19 540

按生产工人工时比例分配制造费用,能够较好地将各种产品所负担的制造费用与劳动生产率的高低结合起来。劳动生产率提高了,单位产品耗用工时就会减少,所负担的制造费用也会相应降低。因此,这种方法是一种常用的比较合理、简便的方法。

(五)废品损失和停工损失的核算

业务 14-5 **废品损失和停工损失的处理。**

生产损失是指企业在生产过程中因原材料质量不符合要求、生产工人违规操作、机器设备故障等原因而发生的各种损失。生产损失都是与产品生产直接有关的损失,因此生产损失应由产品生产成本承担,是产品生产成本的组成部分。如果企业生产损失经常发生,在产品成本中所占的比重较大,则需要进行单独核算,单独归集生产损失,或增设"废品损失""停工损失"成本项目,在产品成本组成中单独列示。

1. 废品损失的核算

废品是指不符合规定的技术标准,不能按照原定用途使用,或者需要加工修理后才能使用的在产品、半成品和产成品,包括可修复废品和不可修复废品。废品损失就是因产生废品而造成的损失,包括在生产过程中发现的、入库后发现的各种废品的报废损失和修复成本。

报废损失=不可修复废品的生产成本-回收材料或废料价值

修复成本是可修复废品在返修中所发生的修复成本,扣除应由废品的过失单位和个人负担的赔款后的净额。

废品损失不包括:降价出售不合格品的降价损失;因管理不善而损坏变质的损失;企业三包产品售出后发生的一切损失。

为了核算生产过程中发生的废品损失,加强废品损失的控制,企业应根据具体情况,增设"废品损失"科目进行废品损失的归集和分配。该科目借方登记企业发生的不可修复废品已耗的生产成本和可修复废品的修复成本,贷方登记废品残值和责任人的赔偿款,期末借方余额为本月发生的废品净损失,应由本期完工的产品成本负担,月终,从"废品损失"科目贷方转入"生产成本(基本生产成本)"科目借方,结转后"废品损失"科目无余额。"废品损失"科目应按生产车间设置明细科目进行明细核算。

2. 停工损失的核算

停工损失是指企业生产车间或班组在停工期间所发生的各项成本,包括停工期间需支付的生产工人的职工薪酬和应负担的制造费用等。企业的停工可分为计划内停工和计划外停工,计划内停工是指计划规定的停工,计划外停工是指各种事故造成的停工。

为了简化计算工作,停工不满一个工作日的,一般不计算停工损失。对于因季节性生产或大修理停工而发生的停工期间的一切费用,列入制造费用,由开工期内生产的产品成本负担,不单独核算其停工损失。

如果需要单独核算停工损失,应设置"停工损失"科目,该科目借方登记发生的停工损失,贷方登记分配结转的停工损失,月末一般无余额。"停工损失"科目应按车间设置明细科目,并按计划内停工和计划外停工分设专栏进行明细核算。

企业发生的停工损失,应根据不同情况分别处理:应由责任者(或单位)和保险公司负担的赔款,以及因自然灾害造成的停工损失,应借记"其他应收款""营业外支出"科目,贷记"停工损失"科目。发生的计划内停工损失,应计入开工后所生产的产品成本,借记"生产成本(基本生产成本)"科目,贷记"停工损失"科目。如果该车间生产多种产品,停工损失可参照制造费用的分配方法,在各种产品之间进行分配。

三、生产费用在完工产品和在产品之间的归集和分配

通过上述各项成本的归集和分配,基本生产车间在生产过程中发生的各项成本,已经集中反映在"生产成本(基本生产成本)"科目,及其明细账的借方,这些成本都是本月发生的生产成本,并不是本月完工产品的成本。要计算出本月完工产品的成本,还要将本月发生的生产成本,加上月初在产品成本,然后再将其在本月完工产品和月末在产品之间进行分配,以求得本月完工产品成本。本月发生的生产成本和月初、月末在产品成本及完工产品成本之间的关系,可用公式表示为:

$$\begin{matrix}月初在\\产品成本\end{matrix}+\begin{matrix}本月生\\产成本\end{matrix}=\begin{matrix}本月完工\\产品成本\end{matrix}+\begin{matrix}月末在\\产品成本\end{matrix}$$

在产品数量及成本的计算是计算完工产品成本的基础。

(一) 在产品数量的核算

业务 14-6 在产品数量核算的处理。

在产品是指没有完成全部生产过程,不能作为商品销售的产品,包括正在车间加工的在产品、需要继续加工的半成品、等待验收入库的产品、正在返修和等待返修的废品。不包括对外销售的自制半成品和不可修复的废品。

在产品数量的核算主要包括在产品收发结存的日常核算和在产品的清查。车间在产品收发结存的日常核算,通过在产品收发结存账(在产品台账)进行,在产品台账分车间按在产品的品种和名称设置,反映各车间各种在产品的转入、转出和结存数量,根据成本计算的需要,有的还应进一步按照加工工序进行在产品数量的核算。在产品应定期进行清查,以取得在产品的实际盘存数量,并于日常核算进行核对,确定在产品实际数量,以便于正确计算在产品成本。

在产品发生盘盈时,盘盈在产品的成本,借记"生产成本"科目,并计入相应的生产成本明细账各成本项目,贷记"待处理财产损溢"科目;按管理权限经批准进行处理时,借记"待处理财产损溢"科目,贷记"管理费用"科目。在产品发生盘亏和毁损时,借记"待处理财产损溢"科目,贷记"生产成本"科目,并从相应的生产成本明细账各成本项目中转出,冲减在产品成本;毁损在产品的残值,借记"原材料"科目,贷记"待处理财产损溢"科目;按管理权限报经批准进行处理时,应借记"待处理财产损溢"科目,贷记"管理费用""其他应收款"等有关科目。

(二) 生产成本在完工产品和在产品之间的分配

业务 14-7 生产成本在完工产品和在产品之间分配的处理。

月度终了,当产品成本明细账中按照成本项目归集了该种产品的本月生产成本后,如果产品已经全部完工,产品成本明细账中归集的生产成本,就是该种产品本月完工产品成本。如果产品全部没有完工,产品成本明细账中归集的生产成本,就是该种产品本月在产品成本。如果产品没

有全部完工,既有完工产品又有在产品,产品成本明细账中归集的生产成本就应该选择适当的分配方法在完工产品和月末在产品之间进行分配,以计算确定本月的完工产品和在产品成本。

完工产品和在产品成本之间的关系如下:

$$\text{本月完工产品成本} = \text{本月发生的生产成本} + \text{月初在产品成本} - \text{月末在产品成本}$$

根据这一关系,结合生产特点,小企业应当根据在产品数量的多少、各月在产品数量变化的大小、各项成本比重的大小以及定额管理基础的好坏等具体条件,采用适当的分配方法将直接材料、直接人工和制造费用等基本生产成本在完工产品和在产品之间进行分配。常用的分配方法有:不计算在产品成本法、在产品按固定成本计价法、在产品按所耗直接材料计价法、约当产量比例法、在产品按定额成本计价法、定额比例法等。

1. 不计算在产品成本法

这种方法适用于月末在产品数量很少,在产品成本对完工产品成本影响不大,为了简化核算工作,可以不计算在产品成本,即在产品成本是零。本月发生的成本就是本月完工产品的成本。

2. 在产品按年初固定成本计算法

这种方法适用于月末在产品数量很少,或者在产品数量较多但各月之间数量变动不大,月初、月末在产品成本的变化对完工产品成本影响较小。为简化核算工作,各月在产品成本可以固定按年初数计算。本月发生的生产成本就是本月完工产品的成本。但年终时,应根据实地盘点的在产品数量,具体计算实际在产品的成本,以避免影响成本计算的正确性。

3. 在产品按其所耗用的直接材料成本计算法

这种方法是在产品成本按照其所耗用的直接材料成本计算,其他费用全部由完工产品成本负担,即月末在产品成本只计算所耗用的材料成本,不计算人工等其他加工成本。这种方法适应于在产品成本中直接材料成本所占比重较大,而且材料是在生产开始时一次就全部投入的产品。

4. 在产品按定额成本计算法

这种方法是事先经过调查研究、技术测定或按定额资料,对各个加工阶段上的在产品,直接确定一个单位定额成本,月终根据在产品数量,分别乘以各项单位定额成本,计算出月末在产品的定额成本。将月初在产品成本加上本月发生成本,减去月末在产品的定额成本,计算完工产品的成本。该方法适用于各项消耗定额比较准确、稳定,各月在产品数量变化不大的产品。

5. 约当产量比例法

约当产量是指将月末在产品数量按照完工程度折算为完工产品的数量。比如,在产品10件,平均完工40%,则约等于完工产品4件。约当产量比例分配法,就是将月末结存的在产品,按其完工程度折合成约当产量,然后再将产品应负担的全部生产成本,按完工产品产量和在产品约当产量的比例进行分配的一种方法。计算公式如下:

$$\text{在产品约当产量} = \text{在产品数量} \times \text{完工程度}$$

$$\text{某成本项目分配率} = \frac{\text{月初在产品成本} + \text{本月发生成本}}{\text{完工产量} + \text{在产品约当产量}}$$

$$\text{完工产品某成本项目应分配的成本} = \text{完工产品产量} \times \text{该成本项目分配率}$$

$$\text{在产品某成本项目应分配的成本} = \text{在产品约当产量} \times \text{该成本项目分配率}$$

采用这种方法分配成本,应按成本项目进行分配,在分配直接材料成本时,应根据产品生产时材料的不同投料方式,采用不同的计算方法。如果材料是在生产开始时一次投入,这种情况下无论在产品加工程度如何,在产品都应和完工产品负担同样的材料成本,即在产品的完工程度可视为100%。如果材料是随着生产过程陆续投入的,则在产品的直接材料负担额应按照各工序投入的材料的成本在全部材料中所占的比例计算材料的约当比例(即完工程度),确定在产品的约当产量计算。对于直接人工成本及其他费用,在产品应根据完工程度确定在产品数量计算。

材料随生产过程陆续投入,在产品完工程度的计算公式为:

(1)各工序逐步投料。

$$\text{完工程度} = \frac{\text{前面各工序材料定额之和} + \text{本工序材料定额} \times 50\%}{\text{各工序材料定额之和}}$$

(2)各工序逐步投料,但在每一工序开始时一次投料。

$$\text{完工程度} = \frac{\text{前面各工序材料定额之和} + \text{本工序材料定额} \times 100\%}{\text{各工序材料定额之和}}$$

如果企业具备比较健全的产品工时定额,在产品的完工程度可以按照各工序的工时定额确定,计算公式为:

$$\frac{某道工序}{完工程度}=\frac{前面各工序工时定额之和+本工序工时定额\times50\%}{各工序工时定额之和}$$

【例14-9】 某企业生产甲产品,本月完工300件,月末在产品40件,该产品期初在产品成本和本期生产成本总额125 800元,其中,直接材料71 400元,直接人工25 600元,制造费用28 800元。原材料在生产开工时一次投入,月末在产品完工程度为50%。要求:按约当产量法分配完工产品和在产品成本。

根据以上资料计算分配如下:

在产品约当产量=40×50%=20(件)。

(1)直接材料的分配。

直接材料分配率=71 400÷(300+40)=210。

在产品应负担的直接材料=40×210=8 400(元)。

完工产品应负担的直接材料=300×210=63 000(元)。

(2)直接人工的分配。

直接人工分配率=25 600÷(300+20)=80。

在产品应负担的直接人工=20×80=1 600(元)。

完工产品应负担的直接人工=300×80=24 000(元)。

(3)制造费用的分配。

制造费用分配率=28 800÷(300+20)=90。

在产品应负担的制造费用=20×90=1 800(元)。

完工产品应负担的制造费用=300×90=27 000(元)。

(4)完工产品和在产品的成本。

期末在产品成本=8 400+1 600+1 800=11 800(元)。

本月完工产品成本63 000+24 000+27 000=114 000(元)。

【例14-10】 某企业生产甲产品,原材料在生产开始时一次投入,顺序经过三个加工工序完成,各工序工时定额、期末在产品数量见表14-8,产品本月完工500件,期初在产品成本和本月发生的各项生产成本见表14-9。要求:根据各工序工时定额计算各工序完工程度并按约当产量法分配完工产品和期末在产品成本,完成生产成本明细账。

表14-8 相关数据

工序	工时定额(小时)	在产品产量(件)
1	10	100
2	30	20
3	10	80
合计	50	200

表14-9 生产成本明细账

产品名称:甲产品

投料方式:一次投料　　　　　　　年　月　　　　　　　完工产量:500件

年		凭证号数	摘要	成本项目(元)			
月	日			直接材料	直接人工	制造费用	合计
			期初在产品成本	19 600	4 872	16 576	41 048
			本期发生成本	36 400	45 448	30 784	112 632
			生产成本合计	56 000	50 320	47 360	153 680
			分配率(单位成本)	80	85	80	245
			完工产品成本	40 000	42 500	40 000	122 500
			期末在产品成本	16 000	7 820	7 360	31 180

根据以上资料分析计算:

直接材料在生产开始时一次投入,其期末在产品约当产量为200件。

直接人工、制造费用期末在产品约当产量计算如表14-10所示。

表 14-10

工序	工时定额(小时)	完工程度	在产品产量(件)	在产品约当产量(件)
1	10	10×50%÷50＝10%	100	10
2	30	(10＋30×50%)÷50＝50%	20	10
3	10	(10＋30＋10×50%)÷50＝90%	80	72
合计	50		200	92

6. 定额比例法

定额比例法,就是产品的生产成本在完工产品和在产品之间按照两者之间的定额消耗量或定额成本的比例进行分配的方法。通常直接材料成本按直接材料的定额消耗量或定额成本比例分配,直接人工等加工成本,可以按定额成本的比例分配,也可以按定额工时比例分配。该方法适用于定额管理基础比较好,各项消耗定额或成本定额比较准确、稳定,且月末在产品数量变动较大的产品。

计算公式如下:

$$\frac{材料成本}{分配率}=\frac{月初在产品材料成本＋本月发生材料成本}{完工产品定额材料成本＋月末在产品定额材料成本}$$

$$\frac{完工产品应}{分配的材料成本}=\frac{完工产品定}{额材料成本}×\frac{材料成本}{分配率}$$

$$\frac{月末在产品}{材料成本}=\frac{月末在产品}{定额材料成本}×\frac{材料成本}{分配率}$$

$$\frac{人工(或其他)}{成本分配率}=\frac{月初在产品人工(或其他)成本＋本月发生人工(或其他)成本}{完工产品定额工时＋月末在产品定额工时}$$

$$\frac{完工产品人工}{(或其他)成本}=\frac{完工产品}{定额工时}×\frac{人工(或其他)}{成本分配率}$$

$$\frac{月末在产品人工}{(或其他)成本}=\frac{月末在产}{品定额工时}×\frac{人工(或其他)}{成本分配率}$$

【例 14-11】 某产品期初在产品直接材料成本4 000 元,直接人工成本 600 元,制造费用200 元;本月发生的直接材料成本12 000 元,直接人工成本3 000 元,制造费用800 元。本月完工产品300 件,每件产品的材料定额消耗量为 5 千克,工时定额为 10 小时,期末在产品材料定额耗用量共计 500 千克,期末在产品定额工时共计 1 000 小时。要求:按定额比例法计算完工产品期末在产品成本。

根据以上资料分析计算:

(1) 直接材料的分配。

直接材料分配率＝(4 000＋12 000)÷(300×5＋500)＝8。

在产品应负担的直接材料＝500×8＝4 000(元)。

完工产品应负担的直接材料＝300×5×8＝12 000(元)。

(2) 直接人工的分配。

直接人工分配率＝(600＋3 000)÷(300×10＋1 000)＝0.9。

在产品应负担的直接人工＝1 000×0.9＝900(元)。

完工产品应负担的直接人工＝300×10×0.90＝2 700(元)。

(3) 制造费用的分配。

制造费用分配率＝(200＋800)÷(300×10＋1 000)＝0.25。

在产品应负担的制造费用＝1 000×0.25＝250(元)。

完工产品应负担的制造费用＝300×10×0.25＝750(元)。

(4) 完工产品和在产品的成本。

期末在产品成本＝4 000＋900＋250＝5 150(元)。

本月完工产品成本＝12 000＋2 700＋750＝15 450(元)。

(三)联产品和副产品的成本分配

1. 联产品成本的分配

业务 14-8 联产品成本分配的处理。

联产品,是指使用同种原料,经过同一生产过程同时生产出来的两种或两种以上的主要产品。

联产品的生产特点是:在生产开始时,各产品尚未分离,同一加工过程中对联产品的联合加工。当生产过程进行到一定生产步骤,产品才会分离。在分离点以前发生的生产成本,称为联合成本。

"分离点",是指在联产品生产中,投入相同原料,经过同一生产过程,分离为各种联产品的时点。分离后的联产品,有的可以直接销售,有的还需进一步加工才可供销售。联产品成本的计算,通常分为两个阶段进行:一是联产品分离前发生的生产成本即联合成本,可按一个成本核算对象设置一个成本明细账进行归集,然后将其总额按一定分配方法如:售价法、实物数量法等,在各联产品之间进行分配;二是分离后按各种产品分别设置明细账,归集其分离后所发生的加工成本。

联产品成本计算的一般程序为:

(1)将联产品作为成本核算对象,设置成本明细账。联产品的特点决定了联产品在分离之前,不可能按各种产品分别计算成本,只能按联产品作为成本核算对象。

(2)归集联产品成本,计算联合成本。联产品发生的成本为联合成本。联产品的在产品一般比较稳定,可不计算期初、期末在产品成本,本期发生的生产成本全部为联产品的完工产品成本。

计算各种产品的成本联产品的联合成本在分离点后,可按一定分配方法如:售价法、实物数量法等,在各联产品之间进行分配,分别确定各种产品的成本。

① 售价法。在售价法下,联合成本是按分离点上每种产品的销售价格比例进行分配的。采取这种方法,要求每种产品在分离点时的销售价格有可靠地计量。

如果联产品在分离点上即可供销售,则可采用销售价格进行分配。如果这些产品尚需进一步加工后才可供销售,则需要对分离点上的销售价格进行估计。此时,也可采用可变现净值进行分配。

【例14-12】某公司生产E产品和F产品。E产品和F产品为联产品。2022年8月发生加工成本120 000元。E产品和F产品在分离点上的销售价格总额为150 000元,其中E产品的销售价格总额为90 000元,F产品的销售价格总额为60 000元。

采用售价法分配联合成本:

E产品:120 000÷(90 000+60 000)×90 000=72 000(元)。

F产品:120 000÷(90 000+60 000)×60 000=48 000(元)。

② 实物数量法。采用实物数量法时,联合成本是以产品的实物数量为基础分配的。这里的"实物数量"可以是数量、重量。实物数量法通常适用于所生产的产品的价格很不稳定或无法直接确定。

$$单位数量(或重量)成本=\frac{联合成本}{各联产品的总数量(总重量)}$$

【例14-12】承接[例14-11],同时假定E产品为700个,F产品为300个。

采用实物数量法分配联合成本:

E产品:120 000÷(700+300)×700=84 000(元)。

F产品:120 000÷(700+300)×300=36 000(元)。

联产品分离后继续加工的,按各种产品分别设置明细账,归集其分离后所发生的加工成本。

2. 副产品成本的分配

业务14-9 副产品成本分配的处理。

副产品,是指在同一生产过程中,使用同种原料,在生产主要产品的同时附带生产出来的非主要产品。它的产量取决于主产品的产量,随主产品产量的变动而变动,如甘油是生产肥皂这个主产品时的副产品。由于副产品价值相对较低,且在全部产品生产中所占的比重较小,因而可以采用简化的方法确定其成本,将副产品和主产品作为一个成本核算对象,从总成本中扣除副产品的成本,其余额就是主产品的成本。比如,副产品可以按预先规定的固定单价确定成本。

在分配主产品和副产品的生产成本时,通常先确定副产品的生产成本,然后确定主产品的生产成本。

【例14-13】某公司在生产主要产品的同时,还生产了某种副产品。该种副产品可直接对外出售,公司规定的售价为每千克100元。某月主要产品和副产品发生的生产成本总额为500 000元,副产品的产量为500千克。假定该公司按预先规定的副产品的售价确定副产品的成本。

副产品的成本=100×500=50 000(元)。

主要产品应负担的成本=500 000-50 000=

450 000(元)。

(四)完工产品成本的结转

企业发生的生产成本,在各成本计算对象之间以及完工产品与月末在产品之间分配后,就可以确定完工产品的成本并进行完工产品的成本结转。

企业的完工产品,包括产成品、自制材料、自制工具和模具等。根据产品成本计算单(或生产成本明细账)所确定的完工产品的成本,从"生产成本(基本生产成本)"科目的贷方转入"库存商品""周转材料"等科目的借方,结转后"生产成本(基本生产成本)"科目的期末余额,就是基本生产尚未加工完成的在产品的成本。

【例14-14】 2022年7月,甲公司第一基本生产车间生产A、B两种产品,期初在产品成本和本月发生的各项生产成本见表14-11、表14-12,已知本月A产品全部完工,完工产品数量2 000件,B产品未全部完工,其中,完工产品数量1 000件,未完工的期末在产品数量500件。该企业按约当产量法分配完工产品和期末在产品成本,B产品所耗材料为月初一次投入,月末在产品的完工程度为20%。要求:完成生产成本明细账结转完工产品成本。根据以上资料完成生产成本明细账如下:

表 14-11 生产成本明细账

车间:第一基本生产车间　　　　　　　　　　　　　　　　　　　　　　　　　　　　产品名称:A产品

| 年 | | 摘 要 | 成本项目(单位:元) | | | |
月	日		直接材料	直接人工	制造费用	合计
	1	期初在产品成本	300	600	300	1 200
	31	材料成本	12 496			12 496
	31	人工成本		25 035		25 035
	31	制造费用			12 000	12 000
	31	生产成本合计	12 796	25 635	12 300	50 731
	31	完工产品成本	12 796	25 635	12 300	50 731
	31	期末在产品成本	0	0	0	0

表 14-12 生产成本明细账

车间:第一基本生产车间　　　　　　　　　　　　　　　　　　　　　　　　　　　　产品名称:B产品

| 年 | | 摘 要 | 成本项目(单位:元) | | | |
月	日		直接材料	直接人工	制造费用	合计
	1	期初在产品成本	200	300	100	600
	31	材料成本	9 716			9 716
	31	人工成本		13 954		13 954
	31	制造费用			7 540	7 540
	31	生产成本合计	9 916	14 254	7 640	31 810
	31	分配率(单位成本)	6.61	12.96	6.95	26.52
	31	完工产品成本	6 610	12 960	6 950	26 520
	31	期末在产品成本	3 306	1 294	690	5 290

B产品各成本项目分配率计算如下:

月末在产品的约当产量=500×20%=100(件)。

材料成本分配率=9 916÷(1 000+500)=

6.61。

人工成本分配率=14 254÷(1 000+100)=12.96。

制造费用分配率＝7 640÷(1 000＋100)＝6.95。

根据A、B两种产品的生产成本明细账,编制产成品成本汇总表如表14-13所示。

表14-13 产成品成本汇总表　　　　　　　　　单位:元

产品名称	产量(件)	成本(元)	直接材料	直接人工	制造费用	成本合计
A产品	2 000	总成本	12 796	25 635	12 300	50 731
		单位成本	6.4	12.82	6.15	25.37
B产品	1 000	总成本	6 610	12 960	6 950	26 520
		单位成本	6.61	12.96	6.95	26.52
成本合计			19 460	38 595	19 250	77 251

根据产成品成本汇总表(或生产成本明细账)会计处理如下:

借:库存商品——A产品　　　　　　　50 731
　　　　　　——B产品　　　　　　　26 520
　贷:生产成本——基本生产成本(A产品)50 731
　　　　　　——基本生产成本(B产品)26 520

第四节　小企业工程成本计算财税处理

一、工程成本核算的特点

工程施工是施工企业的主要任务。工程成本核算就是将工程施工过程中发生的各项生产费用,如支付给工人的工资、耗用的各种材料、使用机械设备所发生的机械使用费等,根据内部有关部门提供的手续完备的凭证资料进行汇总,然后再直接计入或分配计入有关成本核算对象,计算出各工程的实际成本。

一般来说,施工企业应该以每一个单位工程作为成本核算对象,这是因为施工图预算是按单位工程编制的,所以按单位工程来确定其实际成本,便于与预算成本相比较,以检查工程预算的执行情况。但是,一个施工企业要承包多个建设项目,每个建设项目的具体情况往往很不相同,有的工程规模很大,工期很长;有的是一些规模较小,工期短的零星改、扩建工程;还有的建设项目,在一个工地上有若干个结构类型相同的单位工程同时施工,交叉作业,共同耗用现场堆放的大堆材料等。因此,工程成本核算对象的确定,一般要根据与施工图预算相适应的原则,以每一独立编制施工图预算的单位工程为依据,根据承包工程的规模大小、结构类型、工期长短以及施工现场条件等具体情况,结合本企业施工组织的特点和加强成本管理的要求,确定建筑安装工程成本核算对象。具体地讲,主要有以下几种划分方法:

(1)建筑安装工程一般应以每一独立编制施工图预算的单位工程为成本核算对象。

(2)一个单位工程由几个施工单位共同施工时,各施工单位都应以同一单位为成本核算对象,各自核算自行完成的部分。

(3)规模大、工期长的单位工程,可以将工程划分为若干部位,以分部的工程作为成本核算对象。

(4)同一建设项目,由同一单位施工,同一施工地点、同一结构类型、开竣工时间相接近的若干个单位工程,可以合并作为一个成本核算对象。

(5)改建、扩建的零星工程,可以将开竣工时间相接近、属于同一建设项目的各个单位工程,合并作为一个成本核算对象。

(6)土石方工程、打桩工程,可以根据实际情况和管理需要,以一个单位工程为成本核算对象,或将同一施工地点的若干个工程量较小的单项工程合并作为一个成本核算对象。

(7)独立施工的装饰工程的成本核算对象,应与土建工程成本核算对象一致。

(8)工业设备安装工程,可按单位工程或专业项目,如机械设备、管道、通风设备的安装、工业筑炉等作为工程成本核算对象。变电所、配电站、锅炉房等可按所、站、房等安装工程作为成本核算对象。

工程成本核算对象一经确定,不得任意变更,并应及时通知企业内部各有关部门,以统一工程成本核算口径。为了集中反映各个成本核算对象本期应负担的施工费用,企业财会部门应按每一成本核算对象分别设置工程成本明细账(卡),并按成本项目分设专栏,以便归集和分配各成本核算对象的施工费用并计算其工程成本。

二、工程成本的构成

建造合同成本主要是指工程成本,包括建筑企业为进行一项工程的施工所发生的直接人工、直接材料、机械使用费、其他直接费用和间接费用的总和。具体内容见表14-14。

表 14-14　工程成本项目及成本构成

成本项目	成本构成
人工费	直接从事于建筑安装工程施工的人员开支的各项费用。包括工资、工资性补贴、辅助工资、福利费及劳动保护费。
材料费	施工过程中耗用的构成工程实体的原材料、辅助材料、构配件、零件、半成品的费用和周转材料的摊销或租赁费用。
机械使用费	使用机械作业所发生的机械使用费以及机械安、拆和进出场费。包括折旧费、大修理费、经常修理费、安拆费及场外运输费、燃料动力费、车船使用费及保险费。涉及租赁机械设备的还包括设备租赁费。
其他直接费用	设计和技术援助费、冬雨季施工增加费、夜间施工增加费、施工现场材料的二次搬运费、仪器、仪表使用费、生产工具和用具使用费、检验试验费、特殊工程培训费、工程定位复测费、工程点交费、特殊地区施工增加费、场地清理费、临时设施摊销费用、水电费。
间接费用	企业下属各施工单位(工程处、施工队、工区、项目经理部)或生产单位(船舶、飞机、大型机械设备等制造企业的生产车间)为组织和管理施工生产活动所发生的费用:包括施工、生产单位管理人员工资、奖金、职工福利费、劳动保护费、固定资产折旧费及修理费、物料消耗、低值易耗品摊销、取暖费、水电费、办公费、差旅费、财产保险费、工程保修费、排污费等。

三、会计科目设置

《小企业会计准则》应用指南

4401 工程施工

一、本科目核算小企业(建筑业)实际发生的各种工程成本。

二、本科目应按照建造合同项目分别"合同成本"和"间接费用"进行明细核算。

三、工程施工的主要账务处理。

(一)小企业进行合同建造时发生的人工费、材料费、机械使用费以及施工现场材料的二次搬运费、生产工具和用具使用费、检验试验费、临时设施折旧费等其他直接费用,借记本科目(合同成本),贷记"应付职工薪酬""原材料"等科目。

发生的施工、生产单位管理人员职工薪酬、财产保险费、工程保修费、固定资产折旧费等间接费用,借记本科目(间接费用),贷记"累计折旧""银行存款"等科目。

期(月)末,将间接费用分配计入有关合同成本,借记本科目(合同成本),贷记本科目(间接费用)。

(二)确认合同收入和合同费用时,借记"应收账款""预收账款"等科目,贷记"主营业务收入"科目;按照应结转的合同成本,借记"主营业务成本"科目,贷记本科目(合同成本)。

四、本科目期末借方余额,反映小企业尚未完工的建造合同成本和合同毛利。

4403 机械作业

一、本科目核算小企业(建筑业)及其内部独立核算的施工单位、机械站和运输队使用自有施工机械和运输设备进行机械作业(含机械化施工和运输作业等)所发生的各项费用。

小企业及其内部独立核算的施工单位,从外单位或本企业其他内部独立核算的机械站租入施工机械发生的机械租赁费,在"工程施工"科目核算,不在本科目核算。

二、本科目应按照施工机械或运输设备的种类等进行明细核算。

小企业内部独立核算的机械施工、运输单位使用自有施工机械或运输设备进行机械作业所发生的各项费用,应按照成本核算对象和成本项目进行归集。

成本项目一般分为:职工薪酬、燃料及动力费、折旧及修理费、其他直接费用、间接费用(为组织和管理机械作业生产所发生的费用)。

三、机械作业的主要账务处理。

(一)小企业发生的机械作业支出,借记本科目,贷记"原材料""应付职工薪酬""累计折旧"等科目。

(二)期(月)末,小企业及其内部独立核算的施工单位、机械站和运输队为本企业承包的工程进行机械化施工和运输作业的成本,应转入承包工程的成本,借记"工程施工"科目,贷记本科目。

对外单位、专项工程等提供机械作业(含运输设备)的成本,借记"生产成本(或劳务成本)"科目,贷记本科目。

四、本科目期末应无余额。

为了总括核算和监督小企业工程施工过程中各项施工费用的发生、归集和分配情况,正确计算工程成本,施工企业应设置"工程施工"和"机械作业"会计科目。

(一)"工程施工"科目

"工程施工"科目核算小企业(建筑业)实际发生的各种工程成本。借方登记进行合同建造时发生的人工费、材料费、机械使用费以及施工现场材料的二次搬运费、生产工具和用具使用费、检验试验费、临时设施折旧费等其他直接费用,以及工程施工发生的各项间接费用。期末借方余额,反映小企业尚未完工的建造合同成本和合同毛利。

"工程施工"科目应按照建造合同项目分别"合同成本"和"间接费用"进行明细核算。

(二)"机械作业"科目

"机械作业"科目核算小企业(建筑业)及其内部独立核算的施工单位、机械站和运输队使用自有施工机械和运输设备进行机械作业(含机械化施工和运输作业等)所发生的各项费用。借方登记发生的机械作业支出,贷方登记分配转出的机械作业费;结转本期机械作业费后,本科目没有余额。

四、工程成本的核算

施工企业在工程施工过程中发生人工费、材料费、机械使用费、其他直接费和间接费用,首先应按确定的工程成本核算对象和规定的成本项目进行归集。其中,能够分清受益对象的费用,如生产工人工资及工资附加费、材料费、机械费等,应直接计入受益的工程成本核算对象;不能分清受益对象的费用,如间接费用,则应采用一定的方法分配计入各成本核算对象。

(一)各种要素费用的归集和分配

1. 人工费的核算

业务 14-10 建筑人工费的处理。

建筑企业不论是采用计件工资还是计时工资,能够正确区分建筑工人劳动的服务对象,根据工资结算凭证,直接计入各受益的成本核算对象。借记"工程施工"科目,贷记"应付职工薪酬"科目。

如果建筑工人同时为多项工程工作,就需要将发生的工资在各个核算对象之间进行分配,通常按实际耗用工日数和日平均工资进行分配。其计算公式如下:

$$\frac{日平均}{计时工资} = \frac{当月计时}{工资总额} \div \frac{当月施工作}{业工日总数}$$

$$\frac{某成本核算对象}{应分配的人工费} = \frac{该成本核算对象当月}{施工作业工日数} \times \frac{日平均}{计时工资}$$

【例 14-15】 2022 年 12 月,丙建筑公司同时承建丁公司厂房和仓库两项建筑工程。根据工资结算汇总表和用工记录、工时利用月报等有关资料,编制"工程施工人员人工费分配表",如表 14-15 所示。

表 14-15　工程施工人员人工费分配表

2022 年 12 月

单位:元

工程成本核算对象	实耗工日	日平均工资	工资总额	非货币性福利	劳动保护费	合计
厂房工程	2 200		132 000	12 000	6 000	150 000
仓库工程	1 400		84 000	6 800	4 200	95 000
合计	3 600	60	216 000	18 800	10 200	245 000

根据工程施工人员人工费分配表,会计分录如下:

借:工程施工——合同成本——厂房(人工费)
　　　　　　　　　　　　　　150 000
　　　　　　　　——仓库(人工费)　95 000
　　贷:应付职工薪酬——工资　216 000
　　　　　　　　——非货币性福利　18 800
　　　　　　　　——劳动保护费　10 200

2. 材料费用的核算

业务 14-11　建筑材料费用的处理。

建筑企业的建筑安装活动中需要耗费大量的材料,材料品种非常多,大堆材料比重大,各工程往往在同一施工现场,同一时间进行施工。租赁费用。施工企业的材料,除了主要用于工程施工,还用于临时设施、福利设施等专项工程支出以及其他非生产性耗用。因此,企业必须建立健全材料管理制度,根据发出材料的用途,严格划分工程耗用与其他耗用的界限,只有直接用于工程的材料才能计入成本核算对象的"材料费"成本项目。

借:工程施工
　　贷:原材料、周转材料

材料费用的核算应注意以下几点:

(1) 直接用于工程施工的各种材料,凡能够确认受益成本核算对象的,应直接计入受益的成本核算对象。

(2) 由几个成本核算对象共同使用的材料,应确认合理的分配标准,在受益的成本核算对象之间进行分配。

(3) 租用周转材料的租赁费,应直接计入工程施工科目。

(4) 使用自有周转材料的摊销价值,应按规定的摊销方法一次或分次计入受益的成本核算对象。

(5) 采用按实际成本计价进行材料日常核算的企业,耗用材料实际成本的计算方法,可以在"先进先出法""加权平均法""移动加权平均法""个别计价法"中选定一种。

(6) 采用按计划成本计价进行材料日常核算的企业,必须将耗用材料的计划成本调整为实际成本。材料计划成本与实际成本的差异,一般应当按照材料类别进行核算,不能将所有材料都使用一个综合差异率,且材料成本差异的计算期必须与成本计算期相同,按期分摊,不得在年末一次计算。耗用材料应负担的材料成本差异,应使用当期的实际差异率。

(7) 施工现场储备的材料,应当作为企业库存材料处理,不得计入合同成本。实际耗用的材料,必须按照成本计算期内实际耗用的数量计算,不得以领代用。已领用的材料,下期不用的,应及时办理退料手续;下期继续使用的,要办理"假退料"手续。

(8) 工程竣工后,应将剩余材料退回仓库,已经计入合同成本的,要冲减合同成本。现场回收的可利用废料,按可利用价值,冲减合同成本。

【例 14-16】 2022 年 12 月,丙建筑公司承建丁公司厂房和仓库工程耗用材料情况,如表 14-16 所示。

表 14-16　材料发出汇总分配表

2022 年 12 月　　　　　　　　　　　　　　　　　　　　　　　　单位：元

材料类别		成本差异率	厂房工程		仓库工程		合计	
			计划成本	成本差异	计划成本	成本差异	计划成本	成本差异
主要材料	钢材	3%	300 000	9 000	200 000	6 000	500 000	15 000
	水泥	2%	200 000	4 000	150 000	3 000	350 000	7 000
	木材	1.5%	120 000	1 800	100 000	1 500	220 000	3 300
	其他	−5%	40 000	−2 000	30 000	−1 500	70 000	−3 500
	小计		660 000	12 800	480 000	9 000	1 140 000	21 800
结构件		2%	150 000	3 000	120 000	2 400	270 000	5 400
合计			810 000	15 800	600 000	11 400	1 410 000	27 200

根据材料发出汇总分配表，结转已耗材料成本，会计处理如下：

借：工程施工——合同成本——厂房（材料费）

　　　　　　　　　　　　　　810 000

　　贷：原材料——主要材料　　660 000

　　　　　　　　——结构件　　150 000

借：工程施工——合同成本——仓库（材料费）

　　　　　　　　　　　　　　600 000

　　贷：原材料——主要材料　　480 000

　　　　　　　　——结构件　　120 000

结转材料成本差异：

借：工程施工——合同成本——厂房（材料费）

　　　　　　　　　　　　　　15 800

　　贷：材料成本差异——主要材料　12 800

　　　　　　　　　　——结构件　　3 000

借：工程施工——合同成本——仓库（材料费）

　　　　　　　　　　　　　　11 400

　　贷：材料成本差异——主要材料　9 000

　　　　　　　　　　——结构件　　2 400

3. 机械使用费的核算

业务 14-12　建筑机械使用费的处理。

企业在施工过程中使用的机械有租赁的和自有的两种，应采取不同方法核算：

（1）租入机械费用的核算。从外单位或本企业其他内部独立核算的机械站租入施工机械支付的租赁费，一般可以根据"机械租赁费结算账单"所列金额，直接计入有关成本核算对象的"机械使用费"成本项目如果发生的租赁费应由两个或两个以上成本核算对象共同负担的，应根据所支付的租赁费总额和各个成本核算对象实际使用台班数分配计入各有关成本核算对象。计算公式如下：

$$平均台班租赁费 = \frac{支付的租赁费总额}{租入机械作业台班数}$$

$$某合同工程应负担的租赁费 = 该合同工程实际使用台班数 \times 平均台班租赁费$$

期末，结转各合同成本应负担的租入机械支付的租赁费，作如下会计分录：

借：工程施工——机械使用费

　　贷：银行存款

（2）自有机械费用的核算。使用自有施工机械或者运输设备进行机械作业所发生的各项费用，首先应该通过"机械作业"科目，按机械类别或每台机械分别归集，月末再根据各个成本核算对象使用施工机械的情况计算各成本核算对象应分摊的施工机械使用费。小企业应在"机械作业"科目下，按机械类别或者每台机械设置明细账，并按成本项目分设专栏，进行明细核算。

小企业发生的机械作业支出作如下会计分录：

借：机械作业——机械使用费

　　贷：原材料、应付职工薪酬、累计折旧等

期末，应将发生的机械使用费按一定方法分配计入各合同成本。分配方法通常采用台班分配法和作业量分配法。

① 台班分配法：

按各合同成本使用机械的台班数分配机械使用费，它适用于单机核算。计算公式如下：

$$\begin{matrix}机械单位台\\班实际成本\end{matrix} = \begin{matrix}机械实际发\\生费用总额\end{matrix} \div \begin{matrix}机械实际工\\作台班总数\end{matrix}$$

$$\begin{matrix}某合同工程应分\\配的机械使用费\end{matrix} = \begin{matrix}该合同工程实际\\使用机械台班数\end{matrix} \times \begin{matrix}机械单位台\\班实际成本\end{matrix}$$

② 作业量分配法：

以各种机械所完成的工作量为基础分配机械费用。适用于可计算其完成的实物工程量的机械,如汽车运输作业。计算公式如下：

$$\begin{matrix}机械完成单位作\\业量的实际成本\end{matrix} = \begin{matrix}机械实际发\\生费用总额\end{matrix} \div \begin{matrix}机械实际完\\成的作业总量\end{matrix}$$

$$\begin{matrix}某合同工程应分\\配的机械使用费\end{matrix} = \begin{matrix}机械为该合同工程\\所完成的作业量\end{matrix} \times \begin{matrix}机械完成单位作\\业量的实际成本\end{matrix}$$

期末,结转各合同成本应负担的自有机械发生的费用,作如下会计分录：

借：工程施工
　　贷：机械作业

【例 14-17】 丙建筑公司承建丁公司厂房好仓库工程,2022 年 12 月机械使用费发生情况如下：自有塔吊 1 台,本月实际发生机械作业费用 18 000 元,实际工作 120 个台班,其中,为厂房工程工作 80 个台班,为仓库工程工作 40 个台班；自有混凝土搅拌机 3 台,本月实际发生机械作业费用 33 000 元,两项工程预算中的搅拌机使用费总额为 220 000 万元,其中,厂房工程预算使用费 140 000 元,仓库工程预算使用费 80 000 元；自有载重汽车 3 辆,本月实际发生费用 16 000 元,提供运输作业 3 200 吨公里,其中,为厂房工程提供的作业量 2 000 吨公里,为仓库工程提供的作业量 1 200 吨公里。月末在两项工程间分配机械使用费,塔吊使用费按工作台班分配,搅拌机使用费按预算比例分配,载重汽车使用费按作业量分配。分配情况如表 14-18 所示。

表 14-18　机械使用费分配表

2022 年 12 月

工程成本核算对象	塔吊		混凝土搅拌机		载重汽车		机械使用费合计(元)
	每台班成本 150 元		分配率 15%		每吨公里成本 5 元		
	台班	金额(元)	预算机械使用费	金额(元)	作业量	金额(元)	
厂房工程	80	12 000	140 000	21 000	2 000	10 000	43 000
仓库工程	40	6 000	80 000	12 000	1 200	6 000	24 000
合计		18 000	220 000	33 000	3 200	16 000	67 000

其中：

塔吊台班实际成本 = 18 000÷120 = 150(元/台班)

搅拌机实际作业费占预算总额的比率 = 33 000÷220 000×100% = 15%。

载重汽车单位作业量实际成本 = 16 000÷3 200 = 5(吨公里)。

根据机械使用费分配表,作会计分录,并登记工程成本明细账：

借：工程施工——合同成本——厂房(机械使用费)

　　　　　　　　　　　　　　　　43 000

　　　　　　　　——仓库(机械使用费)　24 000

　　贷：机械作业——塔吊　　　　　　　18 000

　　　　　　　　——混凝土搅拌机　　　33 000

　　　　　　　　——载重汽车　　　　　16 000

4. 间接费用的核算

业务 14-13　建筑间接费用的处理。

间接费用是指企业各施工单位为组织和管理工程施工所发生的全部支出,包括施工单位管理人员工资、奖金、职工福利费、固定资产折旧费及修理费、物料消耗、周转材料摊销、取暖费、水电费、办公费、差旅费、财产保险费、检验试验费、工程保修费、劳动保护费、排污费及其他费用等。

间接费用是各项工程共同发生的费用,一般不易直接划清成本受益对象。在费用发生时,先通过"工程施工——间接费用"科目归集,期末按适当的分配标准将间接费用合理地分配计入各工程成本核算对象的"间接费用"成本项目。间接费用的分配方法有直接费用比例分配法、人工费用比例分配法。

（1）直接费用比例分配法。是以各合同工程实际发生的直接费用为基数来分配间接费用的一种分配方法。计算公式如下：

$$\text{间接费用分配率}=\frac{\text{当期实际发生的间接费用总额}}{\text{当期各合同工程实际发生的直接费用之和}}\times100\%$$

$$\text{某合同工程应分配的间接费用}=\text{该合同工程当期实际发生的直接费用}\times\text{间接费用分配率}$$

（2）人工费用比例分配法。人工费用比例法，是以各合同工程实际发生的人工费用为基数来分配间接费用的一种分配方法。计算公式如下：

$$\text{间接费用分配率}=\frac{\text{当期实际发生的间接费用总额}}{\text{当期各合同工程实际发生的人工费用之和}}\times100\%$$

$$\text{某合同工程应分配的间接费用}=\text{该合同工程当期实际发生的人工费用}\times\text{间接费用分配率}$$

【例14-18】2022年12月，丙建筑公司为丁公司建造厂房和仓库两项工程12月共发生间接费用49 000元，采用人工费用比例法进行分配，编制"间接费用分配表"，如表14-19所示。

表14-19　间接费用分配表

2022年12月　　　　　　　单位：元

工程成本核算对象	人工费用	分配率	间接费用
厂房工程	150 000		30 000
仓库工程	95 000		19 000
合计	245 000	0.2	49 000

其中：

间接费用分配率＝49 000÷245 000×100％＝20％

会计处理如下：

借：工程施工——合同成本——厂房（间接费用）
　　　　　　　　　　　　　　　30 000
　　　　　　　　　　——仓库（间接费用）
　　　　　　　　　　　　　　　19 000
　贷：工程施工——间接费用　　49 000

（二）计算和结转已完工程实际成本

业务14-14　计算和结转已完工程实际成本的处理。

在成本计算期末，应对该工程进行盘点，确定哪些是"已完工程"，哪些是"未完工程"。本月已完工程实际成本的计算公式为：

$$\text{本月已完工程实际成本}=\text{月初未完施工成本}+\text{本月工程实际成本}-\text{月末未完施工成本}$$

上述公式中，"月初未完施工成本"和"本月工程实际成本"可直接从"工程施工"有关明细账中取得。

如果月末未完施工量在全部工程量中所占比重较小，而且月初、月末未完工程数额变化不大，为了简化成本核算手续，通常可以把期末未完施工的预算成本视同它的实际成本，且不分摊间接费用。其计算公式为：

$$\text{月末未完施工预算成本}=\text{月末未完施工折合已完工程实物量}\times\text{该分部分项工程预算单价}$$

【例14-19】丙建筑公司承建的某餐厅工程，按已完工程进度确认的本期收入为1 800 000元，确定本期已完工程部分的成本为1 600 000元。账务处理如下：

借：应收账款　　　　　　　　1 800 000
　贷：主营业务收入　　　　　　1 800 000

按照应结转的合同成本：

借：主营业务成本　　　　　　1 600 000
　贷：工程施工——合同成本　　1 600 000

第五节　小企业期间费用财税处理

《小企业会计准则》条文及主旨：

第六十五条　费用，是指小企业在日常生产经营活动中发生的、会导致所有者权益减少的、与向所有者分配利润无关的经济利益的总流出。

小企业的费用包括：营业成本、税金及附加、销售费用、管理费用、财务费用等。

（一）营业成本，是指小企业所销售商品的成本和所提供劳务的成本。

（二）税金及附加，是指小企业开展日常生产经营活动应负担的消费税、城市维护建设税、资源税、土地增值税、城镇土地使用税、房产税、车船税、印花税和教育费附加、地方教育费附加等。

（三）销售费用，是指小企业在销售商品或提供劳务过程中发生的各种费用。包括：销售人员的职工薪酬、商品维修费、运输费、装卸费、包装费、保险费、广告费、业务宣传费、展览费等费用。

小企业（批发业、零售业）在购买商品过程中发生的费用（包括：运输费、装卸费、包装费、保险费、运输途中的合理损耗和入库前的挑选整理费等）也构成销售费用。

（四）管理费用，是指小企业为组织和管理生产经营发生的其他费用。包括：小企业在筹建期间内发生的开办费、行政管理部门发生的费用（包括：固定资产折旧费、修理费、办公费、水电费、差旅费、管理人员的职工薪酬等）、业务招待费、研究费用、技术转让费、相关长期待摊费用摊销、财产保险费、聘请中介机构费、咨询费（含顾问费）、诉讼费等费用。

（五）财务费用，是指小企业为筹集生产经营所需资金发生的筹资费用。包括：利息费用（减利息收入）、汇兑损失、银行相关手续费、小企业给予的现金折扣（减享受的现金折扣）等费用。

【条文主旨】本条是关于费用的定义、分类（或范围）及内涵的规定。

第六十六条　通常，小企业的费用应当在发生时按照其发生额计入当期损益。

小企业销售商品收入和提供劳务收入已予确认的，应当将已销售商品和已提供劳务的成本作为营业成本结转至当期损益。

【条文主旨】本条是关于费用的确认和计量原则的规定。

期间费用是小企业本期发生的不能直接或间接归入某种产品或劳务成本的、直接计入当期损益的各项费用，包括管理费用、销售费用和财务费用。

一、管理费用

（一）管理费用的核算内容

管理费用，是指小企业为组织和管理生产经营发生的各种费用。这是区分管理费用与营业成本、销售费用和财务费用的关键所在。管理费用实际上也是一个兜底概念，小企业发生的费用，在具体界定其类型时，如果不属于营业成本，不属于税金及附加，不属于销售费用，也不属于财务费用，则应全部归为管理费用，从而保证了小企业费用范围的完整性。它具体包括以下几个方面：

（1）小企业在筹建期间内发生的开办费。

（2）行政管理部门发生的费用，包括固定资产折旧费、修理费、办公费、水电费、差旅费、管理人员的职工薪酬等。

（3）业务招待费。

（4）研究费用、技术转让费。

（5）相关长期待摊费用摊销。

（6）财产保险费。

（7）法律、会计事务方面的费用，包括聘请中介机构费、咨询费（含顾问费）、诉讼费。

（8）其他费用。

（二）科目设置

《小企业会计准则》应用指南

5602 管理费用

一、本科目核算小企业为组织和管理生产经营发生的其他费用。包括：小企业在筹建期间内发生的开办费、行政管理部门发生的费用（包括：固定资产折旧费、修理费、办公费、水电费、差旅费、管理人员的职工薪酬等）、业务招待费、研究费用、技术转让费、相关长期待摊费用摊销、财产保险费、聘请中介机构费、咨询费（含顾问费）、诉讼费等费用。

小企业（批发业、零售业）管理费用不多的，可不设置本科目，本科目的核算内容可并入"销售费用"科目核算。

二、本科目应按照费用项目进行明细核算。

三、管理费用的主要账务处理。

（一）小企业在筹建期间内发生的开办费（包括：相关人员的职工薪酬、办公费、培训费、差旅费、印刷费、注册登记费以及不计入固定资产成本的借款费用等费用），在实际发生时，借记本科目，贷记"银行存款"等科目。

（二）行政管理部门人员的职工薪酬，借记本科目，贷记"应付职工薪酬"科目。

（三）行政管理部门计提的固定资产折旧费和发生的修理费，借记本科目，贷记"累计折旧""银行存款"等科目。

（四）行政管理部门发生的办公费、水电费、差旅费，借记本科目，贷记"银行存款"等科目。

（五）小企业发生的业务招待费、相关长期待摊费用摊销、技术转让费、财产保险费、聘请中介机构费、咨询费（含顾问费）、诉讼费等，借记本科目，贷记"银行存款""长期待摊费用"等科目。

（六）小企业自行研究无形资产发生的研究费用，借记本科目，贷记"研发支出"科目。

四、月末，可将本科目的余额转入"本年利润"科目，结转后本科目应无余额。

小企业应当设置"管理费用"科目，核算小企业管理费用的发生和期末向"本年利润"的结转情况。借方登记发生的各项管理费用，贷方登记期末结转"本年利润"数，期末结转后本科目无余额。本科目应按照费用项目进行明细核算。

小企业（批发业、零售业）管理费用不多的，可不设置本科目，本科目的核算内容可并入"销售费用"科目核算。

（三）财税处理

小企业的管理费用应当在发生时按照其发生额计入当期损益。

1. 开办费

业务 14-14　开办费的处理。

（1）会计处理。小企业在筹建期间内发生的开办费（包括：相关人员的职工薪酬、办公费、培训费、差旅费、印刷费、注册登记费以及不计入固定资产成本的借款费用等费用），在实际发生时，借记"管理费用"科目，贷记"银行存款"等科目。

小企业在筹建期间发生的开办费，包括筹建人员工资（含保险、福利费等）、筹建机构办公费（含通信费、会议费）、差旅费（含市内交通费）、培训费、印刷费、咨询费、可行性研究费、注册登记费开业典礼费以及不计入固定资产成本的借款费用等在实际发生时，借记"管理费用（开办费）"科目，贷记"银行存款"等科目。发生的业务招待费，借记"管理费用（业务招待费）"科目，贷记"银行存款"等科目。筹建期间发生的业务招待费不属于开办费范畴，应在"管理费用（业务招待费）"科目列支。开办费不通过"长期待摊费用"进行核算，而直接计入管理费用。

借：管理费用
　　贷：银行存款

（2）所得税处理。企业所得税法中开（筹）办费未明确列作长期待摊费用，小企业可以在开始经营之日的当年一次性扣除，也可以按照新税法有关长期待摊费用的处理规定处理，但一经选定，不得改变。[《国家税务总局关于企业所得税若干税务事项衔接问题的通知》（国税函〔2009〕98号）第9条]

企业自开始生产经营的年度，为开始计算企业损益的年度。企业从事生产经营之前进行筹办活动期间发生筹办费用支出，不得计算为当期的亏损，应按照《国家税务总局关于企业所得税若干税务事项衔接问题的通知》（国税函〔2009〕98号）第9条规定执行。[《国家税务总局关于贯彻落实企业所得税法若干税收问题的通知》（国税函〔2010〕79号）]

企业在筹建期间，发生的与筹办活动有关的业务招待费支出，可按实际发生额的60%计入企业筹办费，并按有关规定在税前扣除；发生的广告费和业务宣传费，可按实际发生额计入企业筹办费，并按有关规定在税前扣除。[《国家税务总局关于企业所得税应纳税所得额若干税务处理问题的公告》（国家税务总局公告2012年第15号）]

（3）差异分析。小企业会计准则为了简化核算，同时考虑资产定义的要求，规定小企业在筹建期间内发生的开办费直接作为管理费用，计入筹建当期的管理费用，而不得分期计入管理费用。这样做，一是符合企业所得税法的相关规定；二是考虑了资产和费用的定义要求；三是有助于维护小企业债权人利益；四是与企业会计准则保持了一致。

考虑到新企业在筹建期间未办理工商登记和税务登记,其发生的筹建费用由出资方或筹备组垫付,税前扣除凭证抬头为出资方或筹备组符合经营常规,因此在确认筹建支出真实且与筹备的新企业相关的情况下,可凭抬头为出资方或筹备组的扣除凭证在新企业税前扣除。

2. 公司经费

业务 14-15 公司经费的处理。

(1)会计处理。董事会和行政管理部门在企业的经营管理中发生的或者应由企业统一负担的公司经费(包括行政管理部门职工工资及福利费、物料消耗、低值易耗品摊销、办公费和差旅费等)按实际发生额计入"管理费用"科目列支。借记"管理费用"(工资薪金、差旅费、会议费、董事会费)科目,按规定允许抵扣的增值税计入"应交税费——应交增值税(进项税额)",贷记"应付职工薪酬""原材料""周转材料""银行存款""库存现金"等科目。

> 借:管理费用
>   应交税费——应交增值税(进项税额)
>   贷:应付职工薪酬、累计折旧、银行存款等

(2)增值税处理。购买办公用品、物料、低值易耗品取得的专用发票抵扣进项税额。

2014年6月1日以后,企业发生的电话费、上网费,凭电信企业开具的抬头为本企业的增值税专用发票抵扣进项税额。

(3)企业所得税处理。纳税人发生的与其经营活动有关的合理的差旅费、会议费、董事会费,主管税务机关要求提供证明资料的,应能够提供证明其真实性的合法凭证,否则,不得在税前扣除。

① 差旅费的扣除。

业务 14-16 差旅费的扣除。

企业申报税前扣除差旅费,应能够提供证明其真实性的有效凭证和相关证明材料,否则,不得在税前扣除。差旅费的证明材料应包括出差人员姓名、地点、时间、工作任务、支付凭证等。纳税人支付的差旅费补贴,同时符合下列条件的准予扣除:

第一,企业制订了较为规范的差旅费报销、包干和补助办法(包括对不同职级的职工采取不同的报销、包干和补助标准),有严格的内部财务管理制度。

第二,费用标准符合行业及区域经济状况和消费水平。

第三,有关费用支出管理办法不以减少或逃避税款为目的。

第四,企业职工因公出差乘坐交通工具发生的人身意外保险费支出,准予企业在计算应纳税所得额时扣除。(国家税务总局公告2016年第80号)

② 会议费的扣除。

业务 14-17 会议费的扣除

企业税前扣除的会议费用除应能够提供合法凭证外,还应准备下列能证明其真实性的材料,以备税务机关核查(无需报送):

第一,会议名称、时间、地点、内容、目的、费用标准、支付凭证及参加会议人员花名册。

第二,会议材料(会议议程、讨论专件、领导讲话)。

第三,会议召开地酒店(饭店、招待处)出具的服务业专用发票。

第四,外部会议的邀请函。

企业不能提供上述资料的,其发生的会议费一律不得扣除。

③ 业务招待费扣除。

业务 14-18 业务招待费的扣除。

企业发生的与生产经营活动有关的业务招待费支出,按照发生额的60%扣除,但最高不得超过当年销售(营业)收入的5‰。纳税人申报扣除的业务招待费,主管税务机关要求提供证明资料的,应提供能证明真实性的足够的有效凭证或资料。不能提供的,不得在税前扣除。(《企业所得税法实施条例》第43条)

业务招待费扣除限额的计算基数为销售收入合计。(国税函〔2009〕202号)

$$\frac{销售收入}{合计}=\frac{主营业务}{收入}+\frac{其他业务}{收入}+\frac{视同销售}{收入}$$

证明资料内容包括支出金额、商业目的、与被

招待人的业务关系、招待的时间地点。企业投资者或雇员的个人娱乐支出和业余爱好支出不得作为业务招待费申报扣除。

（4）税会差异分析。会计上"公司经费"有具体所指，税法遵从会计口径，会计据实扣除，但税前扣除有具体的规范要求，不符合税法规定条件的不得扣除。电信业营改增后，企业经营管理中取得的电信服务增值税专用发票准予抵扣增值税。

3. 研究开发费用

业务 14-19　研究开发费用的处理。

（1）会计处理。研究开发费用发生时通过"研发支出"归集，借记"研发支出"科目，贷记"银行存款""应付职工薪酬"等科目。

借：研发支出——费用化支出
　　　　　　——资本化支出
　贷：银行存款、应付职工薪酬

月末，将研究费用和不符合资本化条件的开发支出结转管理费用。

借：管理费用——研究费用
　贷：研发支出——费用化支出
　　　　　　——资本化支出

（2）所得税处理。企业开展研发活动中实际发生的研发费用，未形成无形资产计入当期损益的，在按规定据实扣除的基础上，在 2018 年 1 月 1 日至 2023 年 12 月 31 日，再按照实际发生额的 75% 在税前加计扣除；形成无形资产的，在上述期间按照无形资产成本的 175% 在税前摊销。（财政部、税务总局公告 2021 年第 6 号）

制造业企业开展研发活动中实际发生的研发费用，未形成无形资产计入当期损益的，在按规定据实扣除的基础上，自 2021 年 1 月 1 日起，再按照实际发生额的 100% 在税前加计扣除；形成无形资产的，自 2021 年 1 月 1 日起，按照无形资产成本的 200% 在税前摊销。（财政部、税务总局公告 2021 年第 13 号）

研发费用加计扣除信息处理见本书第六章第四节内容。

4. 劳动保护费

业务 14-20　劳动保护费的处理。

（1）会计处理。会计上，劳动保护支出是指确因工作需要为雇员配备或提供工作服、手套、安全保护用品、防暑降温用品等所发生的支出，劳动保护支出通过"制造费用""管理费用"核算。

（2）所得税处理。纳税人实际发生的合理的劳动保护支出，可以扣除。（《企业所得税法实施条例》第 48 条）

企业根据其工作性质和特点，由企业统一制作并要求员工工作时统一着装所发生的工作服饰费用，可以作为企业合理的支出给予税前扣除。［《国家税务总局关于企业所得税若干问题的公告》（国家税务总局公告 2011 年第 34 号）］

（3）差异分析。在实际工作应注意以下两点：①劳动保护支出坚持凭据报销，《劳动保护用品监督管理规定》（国家安全生产监督管理总局令 1 号）第 15 条规定，生产经营单位不得以货币或者其他物品替代应当按规定配备的劳动防护用品。②劳动保护支出不是生活福利待遇。《劳动保护用品监督管理规定》第十五条同时规定，劳动防护用品是指由生产经营单位为从业人员配备的，使其在劳动过程中免遭或者减轻事故伤害及职业危害的个人防护装备。

5. 商业保险费

业务 14-21　商业保险费的处理。

（1）会计处理。小企业按照有关法律、法规为特殊工种人员缴纳的法定人身安全保险费属于职工薪酬。根据职工提供服务的受益对象分别计入相关成本费用。

（2）所得税处理。除企业依照国家有关规定为特殊工种职工支付的人身安全保险费和国务院财政、税务主管部门规定可以扣除的其他商业保险费外，企业为投资者或者职工支付的商业保险费，不得扣除。（《企业所得税法实施条例》第 36 条）

（3）差异分析。在国务院财政、税务主管部门规定的范围和标准内，准予扣除。超过标准的部分本期及以后年度均不得扣除，调整应纳税所得额。

《特种作业人员安全技术培训考核管理规定》（国家安全生产监督管理总局令第 30 号，自 2010 年 7 月 1 日起施行），明确现有十大类特殊工种，即电工作业、焊接与热切割作业、高处作业、制冷与空调作业、煤矿安全作业、金属非金属矿山安全作业、石油天然气安全作业、冶金(有色)生产安全作业、危险化学品安全作业、烟花爆竹安全作业。

6. 租赁费

业务 14-22 租赁费的处理。

(1) 会计处理。租赁分为经营租赁和融资租赁。支付的经营性租赁的租金按照权责发生制原则分期确认;支付的融资性租赁费计入融资租赁固定资产原值分期折旧扣除。

(2) 所得税处理。《企业所得税法实施条例》第 47 条规定,企业根据生产经营活动的需要租入固定资产支付的租赁费,按照以下方法扣除。

① 以经营租赁方式租入固定资产发生的租赁费支出,按照租赁期限均匀扣除;

② 以融资租赁方式租入固定资产发生的租赁费支出,按照规定构成融资租入固定资产价值的部分应当提取折旧费用,分期扣除。

(3) 差异分析。

① 小企业由于生产经营需要,租入其他企业或具有营运资质的个人的交通运输工具(含班车),发生的租赁费及与其相关的费用,按照合同(协议)约定,凭租赁合同(协议)及合法凭证,准予扣除。

② 小企业由于生产经营需要,向具有营运资质以外的个人租入交通运输工具(含班车),发生的租赁费及相关费用(油费、修理费、过路费等租赁期间发生的与企业取得收入有关的、合理的变动费用),凭租赁合同(协议)及合法凭证准予扣除,租赁费以外的其他各项费用(租赁车辆的保险费及车船税、车辆购置附加税、挂牌费、车辆年审费等)不得税前扣除。

③ 小企业向员工或业主支付租赁费时应按"财产租赁所得"税目,代扣代缴个人所得税,适用 20% 的税率。

7. 管理费用期末结转本年利润

业务 14-23 管理费用期末结转本年利润的处理。

月末,可将本科目的余额转入"本年利润"科目,结转后本科目应无余额,借记"本年利润"科目,贷记"管理费用"科目。

借:本年利润
　　贷:管理费用

【例 14-20】 甲公司 2022 年 6 月发生下列管理费用:

(1) 开出转账支票,支付本月发生应由本月负担的业务招待费等费用,共计 7 400 元。

(2) 按规定计提行政管理部门固定资产折旧费 2 100 元,结算行政管理部门人员工资 4 300 元,结转低值易耗品实际成本 280 元(一次摊销)。

(3) 以现金支付行政管理部门用房的修理费 750 元。

要求:根据以上资料编制相关会计分录及结账会计分录。

```
借:管理费用                    14 830
　　贷:银行存款                      7 400
　　　　累计折旧                      2 100
　　　　周转材料——低值易耗品          280
　　　　应付职工薪酬                  4 300
　　　　库存现金                        750

借:本年利润                    14 830
　　贷:管理费用                    14 830
```

二、销售费用

(一) 销售费用的核算内容

管理费用,是指小企业在销售商品或提供劳务过程中发生的各种费用。包括:销售人员的职工薪酬、商品维修费、运输费、装卸费、包装费、保险费、广告费和业务宣传费、展览费等费用。

小企业(批发业、零售业)在购买商品过程中发生的费用(包括:运输费、装卸费、包装费、保险费、运输途中的合理损耗和入库前的挑选整理费等),也属于销售费用的内容。这一规定与企业会计准则的规定不同,企业会计准则要求这些费用计入所购入商品的成本,在所购入商品未对外销售之前一同构成企业的存货。但是,企业所得税法规定这些费用在计算应纳税所得额时企业可以直接计入当期销售费用。因此,本准则为了简化核算,便于小企业执行,减轻纳税调整负担也将这些作为销售费用的组成部分来规定。

(二) 科目设置

> **《小企业会计准则》应用指南**
>
> **5601 销售费用**
>
> 一、本科目核算小企业在销售商品或提供劳务过程中发生的各种费用。包括：销售人员的职工薪酬、商品维修费、运输费、装卸费、包装费、保险费、广告费和业务宣传费、展览费等费用。
>
> 小企业(批发业、零售业)在购买商品过程中发生的费用(包括：运输费、装卸费、包装费、保险费、运输途中的合理损耗和入库前的挑选整理费等)，也在本科目核算。
>
> 二、本科目应按照费用项目进行明细核算。
>
> 三、销售费用的主要账务处理。
>
> 小企业在销售商品或提供劳务过程中发生的销售人员的职工薪酬、商品维修费、运输费、装卸费、包装费、保险费、广告费、业务宣传费、展览费等费用，借记本科目，贷记"库存现金""银行存款"等科目。
>
> 小企业(批发业、零售业)在购买商品过程中发生的运输费、装卸费、包装费、保险费、运输途中的合理损耗和入库前的挑选整理费等，借记本科目，贷记"库存现金""银行存款""应付账款"等科目。
>
> 四、月末，可将本科目余额转入"本年利润"科目，结转后本科目应无余额。

小企业应当设置"销售费用"科目，核算小企业销售费用的发生和期末向"本年利润"的结转情况。借方登记发生的各项销售费用，贷方登记期末结转"本年利润"数，期末结转后本科目无余额。本科目应按照费用项目进行明细核算。

小企业(批发业、零售业)管理费用不多的，可不设置本科目，本科目的核算内容可并入"销售费用"科目核算。

(三) 财税处理

小企业的销售费用应当在发生时按照其发生额计入当期损益。

1. 日常销售费用

业务 14-23　日常销售费用的处理。

小企业在销售商品或提供劳务过程中发生的销售人员的职工薪酬、商品维修费、运输费、装卸费、包装费、保险费、广告费、业务宣传费、展览费等费用，借记"销售费用"科目，按规定允许抵扣的增值税计入"应交税费——应交增值税(进项税额)"，贷记"库存现金""银行存款""应付职工薪酬""累计折旧"等科目。

　　借：销售费用
　　　　应交税费——应交增值税(进项税额)
　　　　　贷：库存现金、银行存款、应付职工薪酬、累计折旧等

2. 小企业(批发业、零售业)在购买商品过程中发生的采购费用

业务 14-24　小企业(批发业、零售业)在购买商品过程中发生采购费用的处理。

小企业(批发业、零售业)在购买商品过程中发生的运输费、装卸费、包装费、保险费、运输途中的合理损耗和入库前的挑选整理费等，借记"销售费用"科目，按规定允许抵扣的增值税计入"应交税费——应交增值税(进项税额)"，贷记"库存现金""银行存款""应付账款"等科目。

　　借：销售费用
　　　　应交税费——应交增值税(进项税额)
　　　　　贷：库存现金、银行存款等

3. 销售佣金和手续费的扣除

业务 14-25　销售佣金和手续费扣除的处理。

小企业发生与生产经营有关的手续费及佣金支出，按与具有合法经营资格中介服务机构或个人(不含交易双方及其雇员、代理人和代表人等)所签订服务协议或合同确认的收入金额的5%计算限额。企业应当如实向当地主管税务机关提供当年手续费及佣金计算分配表和其他相关资料，并依法取得合法真实凭证。(财税〔2009〕29号)

支付手续费及佣金的形式，除委托个人代理外，不得以现金等非转账方式支付，即除支付给个人的外，不得用现金支付。

4. 广告费和业务宣传费的扣除

业务 14-26　广告费和业务宣传扣除的处理。

企业发生的符合条件的广告费和业务宣传费支出，除国务院财政、税务主管部门另有规定外，不超过当年销售(营业)收入15%的部分，准予扣

除;超过部分准予在以后纳税年度结转扣除。(《企业所得税法实施条例》第44条)

5. 销售费用期末结转"本年利润"

业务 14-27 销售费用期末结转"本年利润"的处理。

月末,可将本科目余额转入"本年利润"科目,结转后本科目应无余额。借记"本年利润"科目科目,贷记"销售费用"科目。

借:本年利润
　　贷:销售费用

【例 14-20】 甲公司 2022 年 6 月发生如下销售费用:

(1) 开出转账支票,支付运输费 10 000 元,增值税 900 元,装卸费、广告费等 3 680 元。

(2) 根据发料凭证汇总表,登记产品销售领用包装材料 2 400 元。

(3) 结转本月专设销售机构职工工资及福利费 720 元。其中,工资 650 元,福利费 70 元。

借:销售费用	16 800
应交税费——应交增值税(进项税额)	900
贷:银行存款	14 580
原材料	2 400
应付职工薪酬——工资薪金	650
——职工福利费	70
借:本年利润	16 800
贷:销售费用	16 800

三、财务费用

(一)财务费用的核算内容

财务费用,是指小企业为筹集生产经营所需资金发生的筹资费用。包括利息费用(减利息收入)、汇兑损失、银行相关手续费、小企业给予的现金折扣(减享受的现金折扣)等费用。小企业为购建固定资产、无形资产和经过 1 年期以上的制造才能达到预定可销售状态的存货发生的借款费用,符合资本化条件的在"在建工程""研发支出""制造费用"等科目核算,不在财务费用核算。

(1) 小企业的利息费用既包括小企业向金融企业借款的利息费用,也包括向非金融企业或个人借款的利息费用;既包括短期借款的利息费用,也包括长期借款的利息费用,还包括小企业将持有的未到期商业汇票向银行贴现支付的贴现利息。

(2) 小企业从金融企业或非金融企业取得的利息收入,应冲减当期财务费用。这里的利息收入仅指小企业取得的存款利息收入和欠款利息收入。存款利息是小企业将自有资金存入银行,从而由银行向其定期支付的利息收入。欠款利息是其他企业或个人不能按期履行对小企业支付款项的义务,而使得本来应该属于小企业的资金在一段时间内仍属于有支付款项义务的企业或个人所有而支付的利息收入。对于债券的利息收入应当计入投资收益,而不是冲减财务费用。

(3) 最终计入财务费用的利息费用实际上是利息净支出,利息费用扣除利息收入后的净额,如果一旦出现了利息净收入的情况,也应计入当期财务费用,即冲减财务费用。

(4) 财务费用中的银行相关手续费,是指小企业与银行开展中间业务而向银行支付的手续费。如小企业向银行支付承兑汇票的手续费。

(5) 在《小企业会计准则》下,小企业发生的汇兑损失计入财务费用,汇兑收益计入营业外收入。这一规定也与企业所得税法实施条例相一致。有关汇兑损失和汇总收益的计算确定详见本书第十六章外币业务。

(二)科目设置

> **《小企业会计准则》应用指南**
>
> **5603 财务费用**
>
> 一、本科目核算小企业为筹集生产经营所需资金发生的筹资费用。包括:利息费用(减利息收入)、汇兑损失、银行相关手续费、小企业给予的现金折扣(减享受的现金折扣)等费用。
>
> 小企业为购建固定资产、无形资产和经过 1 年期以上的制造才能达到预定可销售状态的存货发生的借款费用,在"在建工程""研发支出""制造费用"等科目核算,不在本科目核算。
>
> 小企业发生的汇兑收益,在"营业外收入"科目核算,不在本科目核算。
>
> 二、本科目应按照费用项目进行明细核算。
>
> 三、财务费用的主要账务处理。

（一）小企业发生的利息费用、汇兑损失、银行相关手续费、给予的现金折扣等，借记本科目，贷记"应付利息""银行存款"等科目。

（二）持未到期的商业汇票向银行贴现，应当按照实际收到的金额（即减去贴现息后的净额），借记"银行存款"科目，按照贴现息，借记本科目，按照商业汇票的票面金额，贷记"应收票据"科目（银行无追索权情况下）或"短期借款"科目（银行有追索权情况下）。

（三）发生的应冲减财务费用的利息收入、享受的现金折扣等，借记"银行存款"等科目，贷记本科目。

四、月末，可将本科目余额转入"本年利润"科目，结转后本科目应无余额。

小企业应当设置"财务费用"科目，核算小企业财务费用的发生和期末向"本年利润"的结转情况。借方登记发生的各项财务费用，贷方登记期末结转"本年利润"数，期末结转后本科目无余额。本科目应按照费用项目进行明细核算。

（三）财税处理

小企业的财务费用应当在发生时按照其发生额计入当期损益。

1. 利息费用

业务 14-27　利息费用的处理。

（1）会计处理。小企业发生的利息费用、汇兑损失、银行相关手续费、给予的现金折扣等，借记"财务费用"科目，贷记"应付利息""银行存款"等科目。

借：财务费用
　　贷：应付利息等

（2）税务处理。小企业贷款利息增值税不予抵扣。

《企业所得税法实施条例》第 37 条规定，企业发生的合理的不需要资本化的借款费用准予税前扣除。企业为购置、建造固定资产、无形资产和经过 12 个月以上的建造才能达到预定可销售状态的存货发生借款的，在有关资产购置、建造期间发生的合理的借款费用，应当作为资本性支出计入有关资产的成本，并依照本条例的规定扣除。

《企业所得税法实施条例》第 38 条规定，非金融企业向金融企业借款的利息支出准予扣除。非金融企业向非金融企业借款的利息支出，不超过按照金融企业同期同类贷款利率计算的数额的部分准予扣除。《国家税务总局关于企业所得税应纳税所得额若干税务处理问题的公告》（国家税务总局公告 2012 年第 15 号）明确，"金融企业的同期同类贷款利率情况说明"中，应包括在签订该借款合同当时，本省任何一家金融企业提供同期同类贷款利率情况。该金融企业应为经政府有关部门批准成立的可以从事贷款业务的企业，包括银行、财务公司、信托公司等金融机构。"同期同类贷款利率"是指在贷款期限、贷款金额、贷款担保以及企业信誉等条件基本相同下，金融企业提供贷款的利率。它既可以是金融企业公布的同期同类平均利率，也可以是金融企业对某些企业提供的实际贷款利率。

2. 商业汇票贴现

业务 14-27　商业汇票贴现的处理。

持未到期的商业汇票向银行贴现，应当按照实际收到的金额（即减去贴现息后的净额），借记"银行存款"科目，按照贴现息，借记"财务费用"科目，按照商业汇票的票面金额，贷记"应收票据"科目（银行无追索权情况下）或"短期借款"科目（银行有追索权情况下）。

借：银行存款
　　财务费用（贴现息）
　　贷：应收票据或短期借款

3. 冲减财务费用

业务 14-28　冲减财务费用的处理。

发生的应冲减财务费用的利息收入、享受的现金折扣等，借记"银行存款"等科目，贷记"财务费用"科目。小企业的存款利息收入和欠款利息收入都应当在合同约定的债务人应付利息之日确认利息收入的实现。

借：银行存款
　　贷：财务费用

4. 财务费用期末结转"本年利润"

业务 14-29　财务费用期末结转"本年利润"的处理。

月末，可将本科目余额转入"本年利润"科目，结转后本科目应无余额。借记"本年利润"科目，贷记"财务费用"科目。

借：本年利润
　　贷：财务费用

【例 14-21】 甲公司 2022 年 6 月发生如下财务费用：

（1）计提费用化的工行短期借款利息 8 500 元。

（2）接建行计息通知当月基本户存款利息 420 元。

甲公司 2022 年 6 月会计分录如下：

借：财务费用——利息支出　　　　8 500
　　贷：应付利息　　　　　　　　　　　8 500

借：银行存款　　　　　　　　　　420
　　贷：财务费用——利息收入　　　　　420

借：本年利润　　　　　　　　　　8 080
　　贷：财务费用　　　　　　　　　　8 080

第十五章

小企业利润及利润分配财税处理

政策依据:

《企业所得税法》及其实施条例;

《小企业会计准则》(财会〔2011〕17 号);

《国家税务总局关于企业所得税若干政策征管口径问题的公告》(国家税务总局公告 2021 年第 17 号);

《企业所得税税前扣除凭证管理办法》(国家税务总局公告 2018 年第 28 号)。

第一节 小企业利润构成财税处理

《小企业会计准则》条文及主旨:

第六十七条 利润,是指小企业在一定会计期间的经营成果。包括:营业利润、利润总额和净利润。

(一)营业利润,是指营业收入减去营业成本、营业税金及附加、销售费用、管理费用、财务费用,加上投资收益(或减去投资损失)后的金额。

前款所称营业收入,是指小企业销售商品和提供劳务实现的收入总额。投资收益,由小企业股权投资取得的现金股利(或利润)、债券投资取得的利息收入和处置股权投资和债券投资取得的处置价款扣除成本或账面余额、相关税费后的净额三部分构成。

(二)利润总额,是指营业利润加上营业外收入,减去营业外支出后的金额。

(三)净利润,是指利润总额减去所得税费用后的净额。

【条文主旨】本条文是关于利润及构成的规定。

一、利润的定义及构成

(一)利润的定义

利润是小企业在一定会计期间的经营成果,它是小企业在一定会计期间内实现的收入减去费用后的净额。通常情况下,如果小企业实现了利润,表明企业的所有者权益将增加,业绩得到了提升;反之,如果小企业发生了亏损(即利润为负数),表明企业的所有者权益将减少,业绩下降。利润是小企业盈利能力的重要体现。利润也是小企业向税务机关申报企业所得税的基础。

(二)利润的构成

利润由收入减去费用后的净额、投资收益、营业外收入、营业外支出和所得税费用共同构成。其中,收入减去费用后的净额和投资收益反映小企业日常活动的经营业绩,营业外收入和营业外支出反映小企业非日常活动取得的或发生的。

利润是一个净额概念,利润的确认主要依赖于收入和费用以及营业外收入和营业外支出的确认,其金额的确定也主要取决于收入、费用、营业外收入、营业外支出金额的计量。

利润根据其构成内容的不同,具体可以分为营业利润、利润总额和净利润三个概念。小企业会计准则之所以作这种划分,主要考虑有两个:一是反映不同利润的构成内容不同;二是满足多步式列报利润表的需要,便于财务报表的使用者理解小企业经营成果的不同来源。小企业会计准则要求小企业利润表采用多步式编制和列示。利润的三个概念层次实际上是编制利润表的三个步骤。

（三）企业所得税法规定

《企业所得税法》第6条规定,企业以货币形式和非货币形式从各种来源取得的收入,为收入总额,包括:①销售货物收入;②提供劳务收入;③转让财产收入;④股息、红利等权益性投资收益;⑤利息收入;⑥租金收入;⑦特许权使用费收入;⑧接受捐赠收入;⑨其他收入。

《企业所得税法》第8条规定,企业实际发生的与取得收入有关的、合理的支出,包括成本、费用、税金、损失和其他支出,准予在计算应纳税所得额时扣除。

（四）税会差异分析

利润是小企业向税务机关申报企业所得税的基础。《企业所得税法实施条例》为了公平税负、保证国家税收从收入、扣除、资产的税务处理三个方面对企业应纳税所得额的计算进行了规定。

（1）企业所得税法规定的9类收入,从小企业会计准则的角度理解,可以归纳为以下三种类型:

第一类,销售货物收入、提供劳务收入、租金收入和特许权使用费收入。对于第一类收入,实际上对应小企业会计准则所规定的营业收入。

第二类,股息、红利等权益性投资收益、转让财产收入(转让股权、股票、债券取得的收入)和利息收入(债券利息收入)。对于第二类收入,实际上对应小企业会计准则所规定的投资收益。

第三类,转让财产收入(转让固定资产、生物资产、无形资产等财产取得的收入)、租金收入(出租包装物和商品取得的租金收入)、接受捐赠收入和其他收入。对于第三类收入,实际上对应于小企业会计准则所规定的营业外收入。由于在会计上营业外收入直接构成企业的利润,不需要与成本相匹配,并且对利润具有独立影响,因此小企业会计准则单独设置一条即第68条予以规定。详见下述对营业外收入的讲解。

（2）《企业所得税法实施条例》规定的五类支出,从本准则的角度理解,可以归纳为以下两种类型:

第一类,成本、费用、税金。

第二类,损失和其他支出。

对于第一类支出,实际上对应小企业会计准则所规定的费用,详见本书第十四章讲解。

对于第二类支出,实际上对应于小企业会计准则所规定的营业外支出。由于在会计上营业外支出直接构成企业的利润,不需要与收入相匹配,并且对利润具有独立影响,因此,《小企业会计准则》单独设置第70条予以规定。

（3）《企业所得税法实施条例》规定的固定资产、生物资产、无形资产、长期待摊费用、投资资产、存货等资产的税务处理,实际上对应于本准则所规定的各类资产,详见本书第六章至第十章的讲解。

二、营业利润的构成

小企业的营业利润是由营业收入减去营业成本、税金及附加、销售费用、管理费用、财务费用,加上投资收益(或减去投资损失)后的金额确定的。

其中:营业收入是指小企业销售商品和提供劳务所实现的收入总额。营业收入与营业成本之间存在配比关系。

投资收益由小企业股权投资取得的现金股利(或利润)、债券投资取得的利息收入和处置股权投资和债券投资取得的处置价款扣除成本或账面余额、相关税费后的净额三部分构成。

营业成本、税金及附加、销售费用、管理费用和财务费用详见本书第十七章讲解。

营业利润可用公式表示如下:

$$\text{营业利润} = \text{营业收入} - \text{营业成本} - \text{税金及附加} - \text{销售费用} - \text{管理费用} - \text{财务费用} + \text{投资收益} \left(- \text{投资损失} \right)$$

其中:

$$\text{营业收入} = \text{主营业务收入} + \text{其他业务收入} + \text{销售商品收入} + \text{提供劳务收入}$$

$$\text{营业成本} = \text{主营业务成本} + \text{其他业务成本} + \text{销售商品成本} + \text{提供劳务成本}$$

$$\text{投资收益} = \text{现金股利(或利润)} + \text{债券利息收入} + \text{处置股权投资和债券投资取得的价款与成本之间的差额}$$

三、利润总额的构成

小企业的利润总额是由营业利润加上营业外

收入,减去营业外支出后的金额确定的。利润总额可用公式表示如下:

利润总额＝营业利润＋营业外收入－营业外支出

其中:营业外收入是指小企业发生的与其日常活动无直接关系的各项收入,营业外支出是指小企业发生的与其日常活动无直接关系的各项支出。

四、净利润的构成

小企业的净利润是由利润总额减去所得税费用后的金额。净利润可用公式表示如下:

净利润＝利润总额－所得税费用

其中:所得税费用是指小企业按照税法规定计算的当期应纳税额。

第二节 小企业营业外收入财税处理

《小企业会计准则》条文及主旨:

第六十八条 营业外收入,是指小企业非日常生产经营活动形成的、应当计入当期损益、会导致所有者权益增加、与所有者投入资本无关的经济利益的净流入。

小企业的营业外收入包括:非流动资产处置净收益、政府补助、捐赠收益、盘盈收益、汇兑收益、出租包装物和商品的租金收入、逾期未退包装物押金收益、确实无法偿付的应付款项、已作坏账损失处理后又收回的应收款项、违约金收益等。

通常,小企业的营业外收入应当在实现时按照其实现金额计入当期损益。

【条文主旨】本条是关于营业外收入的定义、范围及内涵和确认计量原则的规定。

一、营业外收入的定义和特征

营业外收入,是指小企业非日常生产经营活动形成的、应当计入当期损益、会导致所有者权益增加、与所有者投入资本无关的经济利益的流入。小企业的营业外收入应同时具有以下四个特征。

(一)营业外收入是小企业在非日常活动中形成的

日常活动是确认收入的重要判断标准,凡是日常活动所形成的经济利益的流入(如销售商品取得现金或应收账款)应当确认收入,反之,非日常活动所形成的经济利益的流入不能确认为收入,而应当计入营业外收入。比如,小企业转让固定资产属于非日常活动,这是因为小企业持有固定资产的主要目的是通过使用生产产品而不是为

了出售。因此,转让固定资产所形成的经济利益的流入就不应确认为收入,而应计入营业外收入。再如,小企业因某项固定资产暂时闲置而出租取得的租金收入属于小企业的日常活动所形成的,应当确认为收入。与收入相比,营业外收入实际上是一种纯收入,而不是毛收入,不可能也不需要与有关费用进行配比。因此,在会计处理上,应当严格区分营业外收入与营业收入的界限。

(二)营业外收入应当计入当期损益

这一特征是指营业外收入应当计入利润,作为小企业利润的重要组成部分,而不是计入所有者权益。这一特征的存在主要是为了将营业外收入与企业会计准则所规定的"直接计入所有者权益的利得"区别开来。

(三)营业外收入会导致所有者权益的增加

第(三)项特征的讲解见本书第十三章对收入特征讲解部分。

(四)营业外收入是与所有者投入资本无关的经济利益的流入

第(四)项特征的讲解见本书第十三章对收入特征讲解部分。

二、营业外收入的范围及内涵

《企业所得税法实施条例》

第十六条 企业所得税法第六条第(三)项所称转让财产收入,是指企业转让固定资产、生物资产、无形资产、股权、债权等财产取得的收入。

第十九条 企业所得税法第六条第(六)项所称租金收入,是指企业提供固定资产、包装物或者其他有形资产的使用权取得的收入。

> 租金收入，按照合同约定的承租人应付租金的日期确认收入的实现。
>
> 第二十条　企业所得税法第六条第(七)项所称特许权使用费收入，是指企业提供专利权、非专利技术、商标权、著作权以及其他特许权的使用权取得的收入。
>
> 特许权使用费收入，按照合同约定的特许权使用人应付特许权使用费的日期确认收入的实现。
>
> 第二十一条　企业所得税法第六条第(八)项所称接受捐赠收入，是指企业接受的来自其他企业、组织或者个人无偿给予的货币性资产、非货币性资产。
>
> 接受捐赠收入，按照实际收到捐赠资产的日期确认收入的实现。
>
> 第二十二条　企业所得税法第六条第(九)项所称其他收入，是指企业取得的除企业所得税法第六条第(一)项至第(八)项规定的收入外的其他收入，包括企业资产溢余收入、逾期未退包装物押金收入、确实无法偿付的应付款项、已作坏账损失处理后又收回的应收款项、债务重组收入、补贴收入、违约金收入、汇兑收益等。

小企业会计准则结合小企业的实际情况，并考虑企业所得税法实施条例规定，列举了构成小企业营业外收入的主要类型，包括以下几种。

(一) 非流动资产处置净收益

小企业处置非流动资产实现的净收益，包括处置固定资产、无形资产、生产性生物资产、长期待摊费用等，但不包括处置长期债券投资和长期股权投资实现的净收益，后者应计入投资收益。

其中，固定资产处置净收益，是指小企业处置固定资产所取得价款扣除固定资产账面价值、相关税费和清理费用后的净收益，如为净损失，则为营业外支出。

无形资产处置净收益，是指小企业处置无形资产所取得价款扣除无形资产账面价值、相关税费和清理费用后的净收益，如为净损失，则为营业外支出。

处置生产性生物资产与处置固定资产类似。处置长期待摊费用通常都应当是损失，应计入营业外支出。如果某些特殊情况下，比如，处置经营租入固定资产的改建支出，如果已经对其摊销完毕即余额为零，但最后还取得了一些残料收入，在这种情况下，应将残料收入计入营业外收入。

非流动资产处置净收益对应于《企业所得税法实施条例》第16条所规定的转让财产收入中的转让固定资产、生物资产、无形资产等财产取得的收入。

(二) 政府补助

指小企业从政府无偿取得货币性资产或非货币性资产。详见本章第三节讲解。

政府补助对应于《企业所得税法实施条例》第22条规定的补贴收入。该条规定，企业取得国家财政性补贴和其他补贴收入，除国务院和国务院财政、税务主管部门规定不计入损益者外，都应当作为计算应纳税所得额的依据，依法缴纳企业所得税。

(三) 捐赠收益

指小企业接受来自其他企业、组织或者个人无偿给予的货币性资产和非货币性资产。小企业在捐赠收益的认定方面，应把握以下三个要点：

(1) 捐赠是无偿给予的资产。捐赠的基本特征在于其无偿性，这也是捐赠区别于其他财产转让的标志。无偿性即出于某种原因，不支付金钱或付出其他相应代价而取得某项财产，如公益事业捐赠等。《中华人民共和国合同法》对赠与合同专节做了规定，赠与合同是赠与人将自己的财产无偿给予受赠人，受赠人表示接受赠与的合同；赠与的财产依法需要办理登记等手续的，应当办理有关手续；具有救灾、扶贫等社会公益、道德义务性质的赠与合同或者经过公证的赠与合同，赠与人不交付赠与的财产的，受赠人可以要求交付。基于捐赠的无偿性，合同法规定了赠与人和受赠人相应的权利义务。《中华人民共和国公益事业捐赠法》也规定捐赠应当是自愿和无偿的，并对自然人、法人或者其他组织自愿无偿向依法成立的公益性社会团体和公益性非营利的事业单位捐赠财产用于公益事业的做了特别规定。

(2) 捐赠人是其他企业、组织或者个人。其他组织，包括事业单位、社会团体等。

(3) 捐赠财产范围，包括货币性资产和非货币性资产。捐赠收益对应《企业所得税法实施条例》第21条规定的接受捐赠收入。

(四) 盘盈收益

盘盈收益是指小企业在清查财产过程中查明

的各种财产盘盈,包括材料、产成品、商品、库存现金、固定资产等溢余。通俗地讲,它就是小企业的所有资产出现了实存大于账存的情况。

盘盈收益对应《企业所得税法实施条例》第22条规定的其他收入中的企业资产溢余收入。

(五) 汇兑收益

指小企业在资产负债表日将外币交易所产生的外币货币性项目进行折算由于汇率不同而产生的汇兑收益。详见本书第十六章外币业务讲解。

汇兑收益对应《企业所得税法实施条例》第22条规定的其他收入中的汇兑收益。

(六) 出租包装物和商品的租金收入

指小企业由于暂时闲置,将不用的包装物或库存产成品、商品出租给第三方使用并取得的租金收入。出租包装物和商品实际上转让的是这两类流动资产的使用权,如果转让的是所有权,则属于包装物或商品的销售。

出租包装物和商品的租金收入对应《企业所得税法实施条例》第19条规定的租金收入中的提供包装物或者其他有形资产的使用权取得的收入。

(七) 逾期未退包装物押金收益

包装物押金是指小企业为销售商品而向购买方出租或出借包装物所收取的押金。小企业按照双方约定向购买方收取的包装物押金当时不构成小企业的销售商品收入而是负债,因为不会增加小企业的所有者权益。一旦小企业收取的押金按照双方约定逾期未返还购买方的,则会增加小企业的所有者权益,但不返还押金不是小企业的一项日常活动,属于偶发性,因此,应确认为小企业的营业外收入。

逾期未退包装物押金收益相对应于《企业所得税法实施条例》第22条规定的其他收入中的逾期未退包装物押金收入。

《小企业会计准则》将小企业出租包装物和商品的租金收入认定为营业外收入,这主要是有两方面的考虑,一是从小企业持有包装物和商品的目的来看,小企业持有包装物和商品的主要目的是通过用于生产或者用于销售取得收入实现经济利益,而出租包装物和商品是为了利用这两类资产暂时闲置取得非常性收入或偶然收入,这是主要原因;二是从会计财务处理上,如果出租包装物和商品取得的收入作为营业收入,记入“其他业务收入”账户,则根据收入与费用配比原则的要求,应将该包装物或商品的成本由“周转材料”或“库存商品”账户结转至“其他业务成本”账户,这会造成包装物和商品账实不符。正是基于这些考虑,小企业会计准则将小企业出租包装物和商品取得的租金收入作为营业外收入处理。

(八) 确实无法偿付的应付款项

在市场经济条件下,小企业应当诚实守法经营,小企业发生的各种应付款项应当按期予以偿还或支付。但是,一旦出现了确实无法支付的情况,就可能会产生确定无法偿付的应付款项,从而构成小企业的营业外收入。对于确实无法偿付的应付款项,应当把握以下两个原则:

(1) 应付款项的范围,主要包括应付票据、应付账款、预收账款、应付职工薪酬、其他应付款、长期应付款等。

(2) 确实无法偿付是一个严格条件。通常包括三种情形:

第一种情形:小企业的债权人放弃了收款的权利,如小企业的债权人进行了破产清算,没有清理这一块债权。

第二种情形:小企业的债权人在小企业作为债务人发生财务困难的情况下对小企业做了让步,减免了债务人的部分债务本金或者利息、降低了债务人应付利息的利率等。这实质上就是企业会计准则所规定的债务重组的情形。从这个意义上讲,本准则实质上在确实无法偿付的应付款项中包含了债务重组收益。债务重组的方式主要包括以资产清偿债务、将债务转为资本、修改其他债务条件,如减少债务本金、减少债务利息等,以及以上三种方式的组合等。

第三种情形:小企业债权人丧失了相关权利。比如,《中华人民共和国担保法》第6章第89条规定:“当事人可以约定一方向对方给付定金作为债权的担保。债务人履行债务后,订金应当抵作价款或者收回。给付订金的一方不履行约定的债务的,无权要求返还定金;收受定金的一方不履行约定的债务的,应当双倍返还定金。”小企业如果收受了另一方的定金,但是对方违约,则在这种情况下，根据《中华人民共和国担保法》第89条的规定，对方丧失了对该定金的所有权，则小企业无需返还该定金，形成了小企业的营业外收入。

确实无法偿付的应付款项对应于《企业所得税法实施条例》第22条规定的其他收入中的确定无法偿付的应付款项。

（九）已作坏账损失处理后又收回的应收款项

小企业在日常生产经营中发生的应收款项如果符合《小企业会计准则》第10条规定的条件，可以作为坏账损失计入当期营业外支出。但是，如果以后期间，小企业又收回了全部或部分该笔已核销坏账损失的应收款项，仍应当作为小企业的资产进行入账，计入营业外收入。

对于已作坏账损失处理后又收回的应收款项，应当把握以下两个原则：

（1）应收款项的范围，主要包括：应收票据、应收账款、预付账款、应收利息、其他应收款等。

（2）前提是已作坏账损失处理，已经在以前年度作为坏账损失进行了会计处理，也就是已经以前年度实现的利润中得到了扣减，或者说已经反映在本年年初未分配利润中。

已作坏账损失处理后又收回的应收款项对应于《企业所得税法实施条例》第22条规定的其他收入中的已作坏账损失处理后又收回的应收款项。

（十）违约金收益

违约金是合同一方当事人不履行合同或者履行合同不符合约定时，向另一方当事人支付的用于赔偿损失的金额。《中华人民共和国合同法》第114条规定："当事人可以约定一方违约时应当根据违约情况向对方支付一定数额的违约金，也可以约定因违约产生的损失赔偿额的计算方法。"在这种情况下，小企业取得的对方支付的违约金应当作为营业外收入处理。

违约金收益相对应于《企业所得税法实施条例》第22条规定的其他收入中的违约金收入。

三、税会差异分析

（1）小企业会计准则结合目前小企业的实际情况，并考虑了企业所得税法和企业所得税法实施条例的规定，包括产生的来源、表现形式和项目名称，采用了列举方式尽可能明确构成小企业营

业外收入的各种常见来源，主要包括非流动资产处置净收益、政府补助、捐赠收益、盘盈收益、汇兑收益、出租包装物和商品的租金收入、逾期未退包装物押金收益、确实无法偿付的应付款项、已做坏账损失处理后又收回的应收款项、违约金收益等。

（2）《企业所得税法实施条例》对企业的收入作了规定，其中与小企业会计准则营业外收入相对应的主要是转让财产收入中的转让固定资产、生物资产、无形资产、应收账款等财产取得的收入，租金收入中的出租包装物和商品取得的租金收入，接受捐赠收入和其他收入。

（3）《小企业会计准则》规定的营业外收入与《企业所得税法实施条例》规定的转让财产收入中转让固定资产、生物资产、无形资产、应收账款等财产取得的收入，租金收入中的出租包装物和商品取得的租金收入，接受捐赠收入和其他收入相一致。两者的关系可用公式表示如下：

$$
\begin{aligned}
\text{小企业会计准则的营业外收入} = & \text{企业所得税法转让财产收入中转让固定资产、生物资产、无形资产、应收账款等财产取得的收入} \\
& + \text{租金收入中的出租包装物和商品取得的租金收入} \\
& + \text{接受捐赠收入} + \text{其他收入}
\end{aligned}
$$

四、营业外收入的确认和计量

（一）营业外收入的确认

小企业会计准则对营业外收入的确认做了原则性规定，即通常情况下，小企业的营业外收入应当在实现时计入当期损益。在具体应用营业外收入确认原则时，应当重点掌握两点：第一，符合营业外收入的定义；第二，营业外收入确认的时点是实现之时。营业外收入的"实现"包括以下三种情形：

1. 有关交易事项完成之时

在有关交易完成时确认营业外收入的实现，举例如下：

（1）在固定资产清理完毕时，将净收益作为非流动资产处置净收益确认为营业外收入。

（2）对于捐赠收益应当在小企业实际收到捐赠资产之日确认为营业外收入。这主要基于两方

面的考虑：一个考虑是赠与合同法律上的特殊性。一般合同在签订时成立，并确认为此时财产已经转移；而赠与合同则是在赠与财产实际交付时才成立，才在法律上确认为财产已经转移。根据《中华人民共和国合同法》第186条规定："赠与人在赠与财产的权利转移之前可以撤销赠与。具有救灾、扶贫等社会公益、道德义务性质的赠与合同或者经过公证的赠与合同，不适用前款规定。"也就是说，一般情况下，在赠与财产的权利转移之前，即使双方已经订立赠与合同，该合同在法律上都不能视为成立。只有救灾、扶贫等社会公益、道德义务性质的赠与合同或者经过公证的赠与合同，才能在法律上视为在赠与合同订立时已经成立。第二个考虑是接受捐赠以无偿性为基本特征，即受赠人一般不需要支付代价，接受捐赠收入的成本较小或者没有成本。因此，在很多情况下不存在收入与费用相配比的问题。

（3）小企业财产清查完成之时，将财产清查中出现的实存大于账存的材料、产成品、商品、现金、固定资产等溢余作为盘盈收益确认为营业外收入。

（4）小企业收回了全部或部分已作为坏账损失核销的应收款项，应作为已作坏账损失处理后又收回的应收款项确认为营业外收入。

2. 所要求的相关条件满足之时

所要求的相关条件满足之时确认营业外收入的实现，举例如下：

（1）小企业收到财政补贴资金符合财政部门规定的条件时作为政府补助确认为营业外收入。

（2）小企业收取的包装物押金按照双方约定逾期未返还购买方的，作为逾期未退包装物押金收益确认为营业外收入。

（3）小企业如果收受了另一方的定金，但是对方违约，则应该将定金作为确实无法偿付的应付款项确认为营业外收入。

（4）在对方违约的情况下，小企业取得的对方支付的违约金，应当将违约金收益作为营业外收入处理。

3. 在约定或特定的日期

在约定或特定的日期确认营业外收入的实现，举例如下：

（1）小企业根据本准则的规定，在资产负债表

日将外币交易所产生的外币货币性项目进行折算由于汇率不同而产生汇兑收益确认为营业外收入。

（2）小企业将包装物或商品出租给其他企业或个人使用，按照合同约定的承租人应付租金的日期将出租包装物和商品的租金收入确认为营业外收入。

（二）营业外收入的计量

小企业会计准则对营业外收入的计量做了原则性规定，即通常情况下，小企业的营业外收入应当按照实现金额计入当期损益。通俗地讲，就是据实计量原则。

实现金额应当能够反映最终给小企业带来的经济利益，通常是一个净额概念，也就是扣除相关金额后的净额。因此，在确定营业外收入的实现金额时，根据产生的来源不同，应区分以下情况分别确定。

1. 实际收到或应收的金额

比如，政府补助中的货币性资产、捐赠收益中的货币性资产、盘盈收益的现金、出租包装物和商品的租金收入、逾期未退包装物押金收益、确实无法偿付的应付款项、已作坏账损失处理后又收回的应收款项和违约金收益等。

2. 市场价格或评估价值

比如，政府补助中的非货币性资产、捐赠收益中的非货币性资产和盘盈收益中的非现金资产等，应当按照取得的非货币性资产的同类或类似资产的市场价格，考虑新旧程度后作为实现金额，如果不存在同类或类似资产的市场价格，也可以采用评估价值作为实现金额。

3. 根据小企业会计准则计算确定的金额

比如，非流动资产处置净收益和汇兑收益等。

（三）营业外收入执行中应注意的问题

（1）小企业如果发生了非货币性资产交换、偿债收益，在会计和所得税法上都应当视同处置非流动资产，确认为营业外收入。

以非货币资产清偿债务，应当分解为转让相关非货币性资产、按非货币性资产公允价值清偿债务两项业务，确认相关资产的所得；发生债权转股权的，应当分解为债务清偿和股权投资两项业务，确认有关债务清偿所得；债务人应当按照支付

431

的债务清偿额低于债务计税基础的差额,确认债务重组所得。(财税〔2009〕59号)

企业发生债务重组,应在债务重组合同或协议生效时确认收入的实现。(国税函〔2010〕79号)

(2)小企业如果将应收款项转让给其他企业或个人,且不承担追索责任的,转让应收款项取得的收入也计入营业外收入。与《企业所得税法实施条例》有关转让财产收入的规定相一致。

(3)小企业的短期借款、长期借款、应交税费、应付利息、应付利润、递延收益这些负债,通常不会出现"确实无法偿付"的情况。但是,如果由于小企业发生财务困难,资金周转出现了问题,经营陷入困境或者其他原因,导致小企业无法或没有能力按原定条件偿还债务的情况,经银行同意不需要全额偿还的短期借款、长期借款的本息属于债务重组收益,也应当作为营业外收入计入当期损益。同样道理,如果小企业经税务机关同意不需要交纳相关税费,原已确认的税费也应作为营业外收入计入当期损益。

(4)逾期未退包装物押金收益与确实无法偿付的应付款项这两类营业外收入,其性质实质上完全相同,都是小企业不需要偿付的负债。小企业会计准则为简化核算,便于小企业执行,减轻小企业纳税调整负担,将其作为两类营业外收入进行规定,与《企业所得税法实施条例》相一致。

(5)小企业的汇兑收益应当计入营业外收入,而不是冲减财务费用。主要是基于四点考虑:一是其性质不属于筹资费用,财务费用是小企业为筹集生产经营所需资金发生的筹资费用。在以前企业发生汇兑损益主要由企业与银行进行外汇买卖发生的,属于企业筹集外币资金发生的筹资费用;目前,小企业产生的汇兑损益主要是由外币货币性项目在资产负债日折算时的汇率不同产生的。因此,小企业汇兑损益的性质发生了变化,更接近于营业外收入和营业外支出,而不是财务费用。二是与税法保持一致。《企业所得税实施条例》第22条规定,其他收入包括汇兑收益。三是可以避免在实务中由于汇兑收益计入财务费用而出现财务费用为负数的异常情况;四是简化核算,可以减轻小企业纳税调整的负担。

四、科目设置

《小企业会计准则》应用指南

5301 营业外收入

一、本科目核算小企业实现的各项营业外收入。包括:非流动资产处置净收益、政府补助、捐赠收益、盘盈收益、汇兑收益、出租包装物和商品的租金收入、逾期未退包装物押金收益、确实无法偿付的应付款项、已作坏账损失处理后又收回的应收款项、违约金收益等。

小企业收到出口产品或商品按照规定退回的增值税款,在"其他应收款"科目核算,不在本科目核算。

二、本科目应按照营业外收入项目进行明细核算。

三、营业外收入的主要账务处理。

(一)小企业确认非流动资产处置净收益,比照"固定资产清理""无形资产"等科目的相关规定进行账务处理。

(二)确认的政府补助收入,借记"银行存款"或"递延收益"科目,贷记本科目。

(三)小企业按照规定实行企业所得税、增值税(不含出口退税)、消费税等先征后返的,应当在实际收到返还的企业所得税、增值税、消费税等时,借记"银行存款"科目,贷记本科目。

(四)确认的捐赠收益,借记"银行存款""固定资产"等科目,贷记本科目。

(五)确认的盘盈收益,借记"待处理财产损溢——待处理流动资产损溢、待处理非流动资产损溢"科目,贷记本科目。

(六)确认的汇兑收益,借记有关科目,贷记本科目。

(七)确认的出租包装物和商品的租金收入、逾期未退包装物押金收益、确实无法偿付的应付款项、违约金收益等,借记"其他应收款""应付账款""其他应付款"等科目,贷记本科目。

(八)确认的已作坏账损失处理后又收回的应收款项,借记"银行存款"等科目,贷记本科目。

四、月末,可将本科目余额转入"本年利润"科目,结转后本科目应无余额。

小企业应设置"营业外收入"科目,核算小企业实现的各项营业外收入,包括非流动资产处置净收益、政府补助、捐赠收益、盘盈收益、汇兑收益、出租包装物和商品的租金收入、逾期未退包装物押金收益、确实无法偿付的应付款项、已作坏账损失处理后又收回的应收款项、违约金收益等。贷方登记取得的各项营业外收入,借方登记期末结转"本年利润"科目的当期营业外收入,结转后"营业外收入"科目应无余额。本科目应按照营业外收入项目进行明细核算。

五、会计处理

(一)非流动资产处置净收益

业务 15-1　非流动资产处置净收益处理。

小企业确认非流动资产处置净收益,比照"固定资产清理""无形资产"等科目的相关规定进行账务处理。

根据《国家税务总局关于企业取得财产转让等所得企业所得税处理问题的公告》(国家税务总局公告 2010 年第 19 号)的规定,企业取得财产(包括各类资产、股权、债权等)转让收入、债务重组收入、接受捐赠收入、无法偿付的应付款收入等,不论是以货币形式、还是非货币形式体现,除另有规定外,均应一次性计入确认收入的年度计算缴纳企业所得税。

【例 15-1】　2022 年 6 月,甲公司将固定资产报废清理的净收益 8 000 元转作营业外收入。会计处理如下:

借:固定资产清理　　　　　　　　8 000
　　贷:营业外收入　　　　　　　　　　8 000

(二)先征后返的税款

业务 15-2　先征后返税款的处理。

小企业按照规定实行企业所得税、增值税(不含出口退税)、消费税等先征后返的,应当在实际收到返还的企业所得税、增值税、消费税等时,借记"银行存款"科目,贷记"营业外收入"科目。

借:银行存款
　　贷:营业外收入

【例 15-2】　甲公司实行增值税先征后返 60% 的优惠政策,2022 年 11 月,该公司实际缴纳增值税 800 000 元。2022 年 12 月,实际收到税务机关返还的增值税额 480 000 元。会计处理如下:

借:银行存款　　　　　　　　　480 000
　　贷:营业外收入　　　　　　　　　480 000

(三)接受捐赠收益

业务 15-3　接受捐赠收益的处理。

确认的捐赠收益,借记"银行存款""固定资产"等科目,贷记"营业外收入"科目。

借:银行存款、固定资产等
　　贷:营业外收入

【例 15-3】　2022 年 6 月,甲公司收到合作开发新产品的合作单位捐赠的一台测量仪器,增值税专用发票注明价款 100 000 元,增值税税额 13 000 元。会计处理如下:

借:固定资产　　　　　　　　100 000
　　应交税费——应交增值税(进项税额) 13 000
　　贷:营业外收入　　　　　　　　113 000

(四)盘盈收益

业务 15-4　盘盈收益的处理。

确认的盘盈收益,借记"待处理财产损溢——待处理流动资产损溢、待处理非流动资产损溢"科目,贷记"营业外收入"科目。

借:待处理财产损溢——待处理流动资产损溢、待处
　　　　　　　　理非流动资产损溢
　　贷:营业外收入

【例 15-3】　2022 年 12 月,经批准,甲公司结转盘盈的库存商品 1 800 元。会计处理如下:

借:待处理财产损溢——待处理流动资产损溢
　　　　　　　　　　　　　　　　1 800
　　贷:营业外收入　　　　　　　　　1 800

(五)包装物和商品的租金收入

业务 15-5　包装物和商品租金收入的处理。

确认的出租包装物和商品的租金收入、逾期未退包装物押金收益、确实无法偿付的应付款项、违约金收益等,借记"其他应收款""应付账款""其他应付款"等科目,贷记"营业外收入"科目。

借:其他应收款、应付账款、其他应付款等
　　贷:营业外收入
　　　　应交税费——应交增值税
　　　　　　　　　——应交消费税

【例 15-4】　2022 年 12 月,经批准,甲公司结转确实无法偿付的应付 A 公司货款 11 700 元。会计分录如下:

借:应付账款——A 公司　　　　　11 700
　　贷:营业外收入　　　　　　　　　11 700

（六）收回坏账

业务 15-5　收回坏账的处理。

确认的已作坏账损失处理后又收回的应收款项,借记"银行存款"等科目,贷记"营业外收入"科目。

借:银行存款益
　　贷:营业外收入

（七）营业外收入结转本年利润

业务 15-5　营业外收入结转本年利润的处理。

月末,可将"营业外收入"科目余额转入"本年利润"科目,结转后本科目应无余额。借记"营业外收入"科目,贷记"本年利润"科目。

借:营业外收入
　　贷:本年利润

【例 15-5】　甲公司"本年利润"采用"表结法"结转,2022 年 12 月,结转"营业外收入"721 000 元。

借:营业外收入　　　　　　　　721 000
　　贷:本年利润　　　　　　　　　　　721 000

第三节　小企业政府补助财税处理

《小企业会计准则》条文及主旨:

第六十九条　政府补助,是指小企业从政府无偿取得货币性资产或非货币性资产,但不含政府作为小企业所有者投入的资本。

（一）小企业收到与资产相关的政府补助,应当确认为递延收益,并在相关资产的使用寿命内平均分配,计入营业外收入。

收到的其他政府补助,用于补偿本企业以后期间的相关费用或亏损的,确认为递延收益,并在确认相关费用或发生亏损的期间,计入营业外收入;用于补偿本企业已发生的相关费用或亏损的,直接计入营业外收入。

（二）政府补助为货币性资产的,应当按照收到的金额计量。

政府补助为非货币性资产的,政府提供了有关凭据的,应当按照凭据上标明的金额计量;政府没有提供有关凭据的,应当按照同类或类似资产的市场价格或评估价值计量。

（三）小企业按照规定实行企业所得税、增值税、消费税等先征后返的,应当在实际收到返还的企业所得税、增值税(不含出口退税)、消费税时,计入营业外收入。

【条文主旨】本条是关于小企业政府补助的定义、确认原则和计量原则的规定。

一、政府补助的概念、特征和形式

（一）政府补助的概念

政府补助是指小企业从政府无偿取得货币性资产或非货币性资产,但不包括政府作为企业所有者投入的资本。同时,小企业从政府取得的经济资源,如果与销售商品或提供服务等活动密切相关,且是企业商品或服务的对价或者是对价组成部分的,应该做收入处理。

其中,政府包括各级人民政府及其所属部门和机构,如人民政府、财政部门、工信部门、科技部门、税务机关等。如果政府以企业所有者身份向小企业投入资本,则将拥有小企业相应的所有权,分享小企业利润。在这种情况下,政府与小企业之间的关系是投资者与被投资者的关系,属于互惠交易。这与其他单位或个人对小企业的投资在性质上是一致的,不属于政府补助范畴。政府的资本性投入无论采用何种形式,均不属于政府补助。小企业会计准则规范的政府补助主要有如下两大特征:

1. 无偿性

无偿性是政府补助的基本特征,政府并不因此享有小企业的所有权,小企业将来也不需要向政府偿还。这一特征将政府补助与政府作为小企业所有者投入的资本、政府采购等政府与小企业之间双向、互惠的经济活动区分开来。

政府补助通常附有一定的条件,主要包括:

（1）政策条件。小企业只有符合政府补助政策的规定,才有资格申请政府补助。符合政策规定不一定都能够取得政府补助;不符合政策规定、不具备申请政府补助资格的,不能取得政府补助。

(2)使用条件。小企业已获批准取得政府补助的,应当按照政府规定的用途使用。政府补助通常附有一定的条件,但是这与政府补助的无偿性并无矛盾,并不表明该项补助是有偿的,而是小企业经法定程序申请取得政府补助后,应当按照政府规定的用途和要求使用该项补助。

2. 直接取得资产

政府补助是小企业从政府直接取得的资产,包括货币性资产和非货币性资产,形成小企业的收益。比如,小企业取得政府拨付的补助,先征后返(退)、即征即退等办法返还的税款。

不涉及资产直接转移的经济支持不属于小企业会计准则规范的政府补助,比如,政府与小企业间的债务豁免,除税收返还外的税收优惠,如直接减征、免征、抵免税额、加计扣除等。另外,增值税出口退税实质上是政府归还企业事先垫付的资金,不属于政府补助。

(二)政府补助的形式和分类

1. 政府补助的形式

政府对小企业的补助表现为政府向小企业转移资产,通常为货币性资产,也可能为非货币性资产,政府补助的形式主要有财政拨款、财政贴息和税收返还等。具体如下:

(1)财政拨款。财政拨款是政府无偿拨付给小企业的资金,通常在拨款时明确规定了资金用途。比如,财政部门拨付给小企业用于购建固定资产或进行技术改造的专项资金、鼓励小企业安置职工就业而给予的奖励款项、拨付给小企业的粮食定额补贴、拨付小企业开展研发活动的研发经费补助等,均属于财政拨款。

(2)财政贴息。财政贴息是政府为支持特定产业或区域的发展,根据国家宏观经济形势和政策目标,对承贷小企业的银行贷款利息给予的补贴。财政贴息主要有两种方式:

① 财政部门将贴息资金直接拨付给受益小企业。

② 财政部门将贴息资金拨付给向小企业提供贷款的银行,由贷款银行以政策性优惠利率向小企业提供贷款,受益小企业按照实际发生的利率计算和确认利息费用。

(3)税收返还。税收返还是政府按照国家有关规定采取先征后返(退)、即征即退等办法向企业返还的税款,属于以税收优惠形式给予的一种政府补助。但是需要注意的是,增值税出口退税不属于政府补助。

除税收返还外,税收优惠还包括直接减征、免征、抵免税额、加计扣除等形式。这类税收优惠并未直接向企业无偿提供资产,不作为本准则规范的政府补助。

企业政府补助的主要形式见表15-1。

表15-1　政府补助的主要形式

政府补助方式		适用情况	主要特征
财政拨款		政府为了支持企业而无偿拨付的款项。	具有严格的政策条件,只有符合申报条件的企业才能申请拨款;同时附有明确的使用条件,政府在批准拨款时就规定了资金的具体用途。
财政贴息	贴息资金直接支付给受益企业。	为支持特定领域或区域发展,根据国家宏观经济形势和政策目标,对承贷企业的银行贷款利息给予的补贴。	财政贴息的补贴对象通常是符合申报条件的某类项目。
	贴息资金直接拨付贷款银行,由贷款银行以低于市场利率的政策性优惠利率向企业提供贷款。		
税收返还	先征后返	企业所得税	以税收优惠形式给予的一种政府补助
	先征后退	增值税、消费税	
	即征即退	增值税、消费税	

2. 政府补助的分类

《小企业会计准则》规定，小企业不论通过何种形式（如财政拨款、财政贴息、税收返还）取得的政府补助（如货币性资产和非货币性资产），都应当根据其政策效应划分为与资产相关的政府补助和其他政府补助两类。对于这一分类原则，实际上是"二分法原则"，即只要不是与资产相关的政府补助，就全部属于其他政府补助，不存在第三类的情况。

（1）与资产相关的政府补助。与资产相关的政府补助，是指小企业取得的、用于购建或以其他方式形成长期资产的政府补助。比如，小企业收到政府拨付的一笔财政资金，用于资助企业在建的生产线，这笔财政资金就属于与资产相关的政府补助。这类政府补助的目的在于支持小企业通过购建固定资产等长期资产，促进小企业长期发展，或者说，这类政府补助的政策效应会惠及小企业的多个年度，是一种长期效应，通常是通过小企业对长期资产的使用逐步实现的。

（2）其他政府补助。其他政府补助，是指除与资产相关的政府补助之外的政府补助。这类政府补助的目的在于弥补小企业当年或以前年度的经营亏损，也有可能是对小企业未来可能出现的经营亏损的弥补。或者说，这类政府补助的政策效应仅惠及小企业的某个年度，可能当年，可能是以前年度，也可能是未来的某个年度，是一种短期效应，通常与小企业长期资产的使用没有直接关联。

这里的资产是指形成固定资产、无形资产的长期资产。通常情况下，政府补助为与收益相关的政府补助，因为根据市场经济条件下政府补助的原则和理念，政府补助主要是对企业特定产品由于非市场因素导致的价格低于成本的一种补偿。与资产相关的政府补助最终也是与收益相关，只是暂时作为递延收益处理，在相关资产形成、投入使用并提取折旧或摊销时从递延收益转入当期损益。

（三）税会差异分析

（1）《企业所得税法实施条例》第22条中的补贴收入就是指企业取得国家财政性补贴和其他补贴收入。小企业会计准则与企业所得税法在政府补助的范围上不存在差异。

（2）小企业认定政府补助的关键是正确界定政府与企业发生关系时的身份。在我国社会主义市场经济条件下，政府具有"三重身份集一身"的显著特点。第一重身份是社会管理者，对全社会各类企业进行公平公正对待、管理和服务；第二种身份是国有资产的出资人，对国有及国有企业进行出资，享有作为企业所有者的权利；第三重身份是市场交易者，与社会各类企业之间开展政府采购。因此，不能简单地认为，小企业从政府取得的钱全部为政府补助，计入当期损益，增加小企业的利润。正因为政府具有三重身份，所以小企业在与政府发生交易时应界定政府的身份。

① 如果政府是以市场交易者的身份出现，则小企业与政府发生的交易应当作为日常活动，确认营业收入和营业成本，而不是营业外收入。

② 如果政府是以国有资产出资人的身份出现，则小企业与政府发生的交易，应当作为政府对小企业的资本投资，确认实收资本（股本）或资本公积，而不是营业外收入。

③ 如果政府是以社会管理者的身份出现，则小企业与政府发生的交易应当作为政府补助，确认营业外收入。

二、政府补助的确认和计量

（一）政府补助的确认

1. 与资产相关的政府补助的确认

小企业收到与资产相关的政府补助，由于政府补助对小企业的效应是长期的，因此不能直接确认为当期损益而应当确认为递延收益，并在相关资产的使用寿命内平均分配，计入营业外收入。这一确认原则，应当从以下几个方面加以把握：

（1）确认的时点：小企业收到政府给予的补助，即收到政府以货币性资产和非货币性资产之时。通常，小企业向政府申请政府补助按照相关规定都应当经过政府部门的审核批准。因此，小企业实际收到政府给予的补助，实际上都发生在政府部门审批之后。

（2）分配的起点：相关固定资产开始计提折旧之时或相关无形资产开始摊销之时。

（3）分配的期间：相关固定资产的折旧期间或相关无形资产的摊销期间，也就是政府补助所惠及的期间。

（4）分配的方法：直线法，即分期确认法。

（5）例外原则：相关资产在使用寿命结束前被处置的，如处置了相关的固定资产和无形资产，应将尚未分配的递延收益余额一次性转入资产处置当期的营业外收入，不再继续进行分配。

2. 其他政府补助的确认

小企业收到的其他政府补助，用于补偿小企业以后期间的相关费用或亏损的，确认为递延收益，并在确认相关费用或发生亏损的期间，计入营业外收入；用于补偿小企业已发生的相关费用或亏损的，直接计入营业外收入。这一确认原则，应当从以下几个方面加以把握：

（1）确认的时点：小企业实际收到政府给予的补助，即收到政府以货币性资产和非货币性资产之时。

（2）政府补助的目的：补偿小企业生产经营的亏损，主要有两种情形：其一，由于小企业销售不畅、产品积压，收入不足以补偿费用，造成小企业亏损；其二，由于小企业原材料等涨价，收入不足以补偿费用，造成小企业亏损。

（3）政府补助惠及的期间：以前期间、当期和未来期间都有可能。

（4）分配的方法：一次性全部确认。

① 用于补偿以前期间的费用或亏损的政府补助，一次性计入收到当期的营业外收入。不调整以前年度的利润表。

② 用于补偿当期的费用或亏损的政府补助，一次性计入收到当期的营业外收入。在当年内可以在各个月份之间进行平均分配。

③ 用于补偿以后期间的费用或亏损的政府补助，应当在收到时作为负债计入递延收益，在以后期间符合政府补助所规定的条件时，一次性计入营业外收入。

（二）政府补助的计量

1. 货币性资产形式的政府补助的计量

小企业收到的政府补助为货币性资产的，如小企业收到政府拨付的财政资金，应当按照实际收到的金额计量。

2. 非货币性资产形式的政府补助的计量

以政府是否提供有关凭据为标志，具体分为以下两种情况：

（1）小企业收到的政府补助为非货币性资产的，政府提供了有关凭据的，应当按照凭据上标明的金额计量。

政府补助为非货币性资产的，如该资产附带政府提供的有关文件、发票、报关单等凭据，以凭据上标明的金额作为该笔政府补助的金额进行计量，再分别与资产相关的政府补助还是其他政府补助进行相应的会计处理。

（2）政府没有提供有关凭据的，应当按照同类或类似资产的市场价格或评估价值计量。

三、科目设置

《小企业会计准则》应用指南

2401 递延收益

一、本科目核算小企业已经收到、应在以后期间计入损益的政府补助。

二、本科目应按照相关项目进行明细核算。

三、递延收益的主要账务处理。

（一）小企业收到与资产相关的政府补助，借记"银行存款"等科目，贷记本科目。

在相关资产的使用寿命内平均分配递延收益，借记本科目，贷记"营业外收入"科目。

（二）收到的其他政府补助，用于补偿本企业以后期间的相关费用或亏损的，应当按照收到的金额，借记"银行存款"等科目，贷记本科目。在发生相关费用或亏损的未来期间，应当按照应补偿的金额，借记本科目，贷记"营业外收入"科目。

用于补偿本企业已发生的相关费用或亏损的，应当按照收到的金额，借记"银行存款"等科目，贷记"营业外收入"科目。

四、本科目期末贷方余额，反映小企业已经收到、但应在以后期间计入损益的政府补助。

小企业应设置"递延收益"科目,核算小企业已经收到,应在以后期间计入损益的政府补助。贷方登记小企业收到与资产相关的政府补助,以及用于补偿本企业以后期间的相关费用或亏损的金额;借方登记在相关资产的使用寿命内平均分配递延收益金额,以及在发生相关费用或亏损的未来期间应补偿的金额;期末贷方余额,反映小企业已经收到,但应在以后期间计入损益的政府补助。本科目应按照政府补助相关项目进行明细核算。

小企业计入损益的政府补助,可以在"营业外收入"核算,也可以增加设置"其他收益"科目核算。

四、税务处理

(一)增值税处理

业务 15-6   小企业取得财政补贴收入征税问题。

自 2020 年 1 月 1 日起,纳税人取得的财政补贴收入,与其销售货物、劳务、服务、无形资产、不动产的收入或者数量直接挂钩的,应按规定计算缴纳增值税。纳税人取得的其他情形的财政补贴收入,不属于增值税应税收入,不征收增值税。(国家税务总局公告 2019 年第 45 号第 7 条)

小企业常见的政府补助项目是否征收增值税,见表 15-2。

表 15-2   常见的政府补助项目是否征收增值税列表

补贴项目	补贴依据	是否征收增值税	原因分析
稳岗补贴	针对企业上一年未裁员或裁员比例较少,给予一定金额的补贴。	否	企业取得这项补贴并未提供任何增值税应税行为,不征收增值税。
地方财政返还	地方政府招商引资等承诺给予企业缴纳的各项税收按一定比例给予返还。	否	企业取得这项补贴并未提供任何增值税应税行为,不征收增值税。
个人所得税手续费返还	按照企业代扣代缴个人所得税金额给予 2% 的手续费。	是	个人所得税手续费返还征收增值税的原因并非直接是财政补贴,而是税务机关认为,企业为税务机关提供了代扣代缴个人所得税的增值税应税服务,取得了服务对价,所以需要征收增值税。
涉农贷款增量奖励	县域金融机构涉农贷款增量奖励,是指财政部门对上年涉农贷款平均余额增长幅度超过一定比例,且贷款质量符合规定条件的县域金融机构,对余额超增的部分给予一定比例的奖励。财政部门对县域金融机构上年涉农贷款平均余额同比增长超过 15% 的部分,按 2% 的比例给予奖励。对上年末不良贷款率同比上升的县域金融机构,不予奖励。(财金〔2009〕30 号)	否	涉农贷款增量奖励并非直接根据金融机构发放涉农贷款的金额或数量给的,他是余额同比增长 15% 的部分,同时还要限定上年末不良贷款率不同比上升。这种补贴发放并不和金融机构发放涉农贷款的金额或数量直接相关,也不应征收增值税。
新能源行业电价补贴	发改委根据新能源行业上网电价给予特殊价格,比如对于风电、光伏发电,国家按每千瓦时定价,上网电价在当地燃煤机组标杆上网电价(含脱硫、脱硝、除尘电价)以内的部分,由当地省级电网结算;高出部分由国家可再生能源发展基金予以补贴。	是	这部分补贴是和纳税人提供增值税应税行为的数量(每千瓦时)直接相关的,需要征收增值税。(对于中央财政补贴收入在 2020 年 1 月 1 日前仍然按总局公告 2013 年第 3 号不征收增值税)
厨房垃圾处理补贴	政府按照企业搜集的处理垃圾吨位给予定额补贴,垃圾处理企业用厨房垃圾生成肥料后对外销售。	否	参照货劳司关于废旧电子产品处理补贴的原则,这个关系属于"间接"因果关系,而非"直接"。

补贴项目	补贴依据	是否征收增值税	原因分析
污水处理厂财政补贴	政府给予污水处理厂固定资产、管网建设财政专项补贴;政府给予污水处理厂实际处理水量不达设计产能的补贴。比如当初污水处理厂设计产能50万吨/日,如果实际处理水量达不到,政府给予产能缺口补贴。	否	对于第一类补贴,政府是直接给予污水处理厂管网和固定资产投入的补贴,不属于与收入直接相关,不征收增值税。对于第二类补贴,对照货劳司关于航线补贴的答复,政府给予污水处理厂这种处理产能缺口的补贴,也是一种产能不达标的运营成本弥补,不影响污水处理厂提供污水处理的收费,也应该不征收增值税。但是,实际中污水处理企业可能情愿去缴纳。因为不征收增值税,企业害怕在企业所得税上不能作为营业收入享受"三免三减半"的企业所得税优惠。
PPP项目中的政府财政补贴	严格的PPP项目中的政府财政补贴不属于政府购买服务。但在PPP项目中,可以采用政府付费或者使用者付费不够时,由政府支付或者补贴的方式进行。	具体交易具体判断	PPP中的政府补贴现实中非常复杂,有些实际是变相政府购买服务,有些是真正的PPP付费方式。因此,实务中要判断,政府补贴究竟是与纳税人提供增值税应税行为取得收入或数量是否直接相关,是直接按照收入给予的补充,还是对纳税人运营成本或费用的补贴。

(二)企业所得税处理

业务 15-7　小企业取得政府财政资金收入时间确认的问题。

2021年及以后年度汇算清缴时,企业按照市场价格销售货物、提供劳务服务等,凡由政府财政部门根据企业销售货物、提供劳务服务的数量、金额的一定比例给予全部或部分资金支付的,应当按照权责发生制原则确认收入。除上述情形外,企业取得的各种政府财政支付,如财政补贴、补助、补偿、退税等,应当按照实际取得收入的时间确认收入。(国家税务总局公告2021年第17号第6条)

《国家税务总局关于企业所得税若干政策征管口径问题的公告》(国家税务总局公告2021年第17号,以下简称17号公告)依据《企业所得税法》的法理精神和实质重于形式的原则,对企业取得财政补贴等政府支付款项计算收入的确认时点,依据是否与企业取得收入相关进行了分类处理

1. 与企业取得收入相关的财政补贴收入

与企业取得收入相关的财政补贴收入,按权责发生制原则确认收入。所谓与企业取得收入相关,是指企业按照市场价格销售货物、提供劳务服务,凡由政府根据企业销售货物、提供劳务服务的数量、金额的一定比例给予全部或部分资金支付的,企业取得财政补贴等政府支付款项收入的确认时点与企业取得其他收入的确认时点一致。

2. 与企业取得收入不相关的财政补贴收入

与企业取得收入不相关的财政补贴收入,如财政补贴、补助、退税、补偿,按收付实现制确认收入需要注意的是,《国家税务总局关于取消增值税扣税凭证认证确认期限等增值税征管问题的公告》(国家税务总局公告2019年第45号)第7条规定:"纳税人取得的财政补贴收入,与其销售货物、劳务、服务、无形资产、不动产的收入或者数量直接挂钩的,应按规定计算缴纳增值税。纳税人取得的其他情形的财政补贴收入,不属于增值税应税收入,不征收增值税。"与17号公告对比,两个文件的精神实质是一致的,有利于不同税种处理的协调。

五、会计处理

(一)与资产相关的政府补助

业务 15-5　与资产相关政府补助的处理。

(1)企业应当在实际收到款项时,借记"银行

存款"等科目,贷记"递延收益"科目。

```
借:银行存款
    贷:递延收益
```

(2) 企业将政府补助用于购建长期资产。该长期资产的购建与企业正常的资产购建或研发处理一致,通过"在建工程""研发支出"等科目归集,完成后转为固定资产或无形资产。

```
借:固定资产、无形资产
    贷:在建工程、研发支出等
```

(3) 该长期资产交付使用。自长期资产可供使用时起,按照长期资产的预计使用期限,将递延收益平均分摊转入当期损益。借记"递延收益"科目,贷记"营业外收入"科目。

```
借:递延收益
    贷:营业外收入或其他收益
```

① 递延收益分配的起点是"相关资产可供使用时",对于应计提折旧或摊销的长期资产,即为资产开始折旧或摊销的时点。

② 递延收益分配的终点是"资产使用寿命结束或资产被处置时(孰早)"。

相关资产在使用寿命结束时或结束前被处置(出售、转让、报废等),尚未分摊的递延收益余额应当一次性转入资产处置当期的收益,不再予以递延。

【例 15-6】 2022 年 11 月,甲公司收到财政拨款 150 000 元,要求用于购买节能设备。11 月 15 日,甲公司购入节能设备 1 台(假定不需安装),实际成本为 150 000 元,增值税 19 500 元,预计使用寿命为 5 年,预计净残值为零。甲公司会计处理如下:

(1) 收到财政拨款确认政府补助:

```
借:银行存款              150 000
    贷:递延收益              150 000
```

(2) 购入设备:

```
借:固定资产              150 000
    应交税费——应交增值税(进项税额) 19 500
    贷:银行存款              169 500
```

(3) 设备使用期间按月计提折旧和分配递延收益:

```
借:管理费用                    2 500
    贷:累计折旧                    2 500
借:递延收益                    2 500
    贷:营业外收入                    2 500
```

(二)其他政府补助

业务 15-6 其他政府补助的处理。

(1) 收到的其他政府补助,用于补偿本企业以后期间的相关费用或亏损的,应当按照收到的金额,借记"银行存款"等科目,贷记"递延收益"科目。

```
借:银行存款
    贷:递延收益
```

在发生相关费用或亏损的未来期间,应当按照应补偿的金额,借记"递延收益"科目,贷记"营业外收入"科目。

```
借:递延收益
    贷:营业外收入
```

(2) 用于补偿本企业已发生的相关费用或亏损的,应当按照收到的金额,借记"银行存款"等科目,贷记"营业外收入"科目。

```
借:银行存款
    贷:营业外收入
```

【例 15-7】 2022 年 11 月 20 日,按照国家相关规定,甲公司收到先征后返的增值税税款 250 000 元。甲公司会计处理如下:

```
借:银行存款              250 000
    贷:营业外收入              250 000
```

(三)政府补助返还的会计处理

业务 15-7 政府补助返还的处理。

在会计上已确认的政府补助需要返还的,应当分别下列情况处理:存在相关递延收益的,冲减相关递延收益账面余额,超出部分计入当期损益(营业外支出);不存在相关递延收益的,直接计入当期损益。

【例 15-8】 乙公司 2021 年按照有关规定为公司自主创新的高科技研发项目申报政府财政贴息,申报材料中表明该项目已于 2022 年启动,项目当年完成。计划贷款 2 000 000 元,已与银行签订贷款协议,协议规定贷款年利率 5%,贷款期 2 年。

经审核,2022年政府批准拨付该公司贴息资金1 000 000元,分别在 2022 年和 2023 年支付600 000 元和 400 000 元。根据上述资料,该公司的会计处理如下:

(1) 2022 年实际收到贴息资金 600 000 元:

借:银行存款　　　　　　　　600 000

　贷:递延收益　　　　　　　　　　600 000

(2) 2022 年,在项目期内每月分配递延收益:

借:递延收益　　　　　　　　 50 000

　贷:营业外收入　　　　　　　　　 50 000

(3) 2023 年实际收到贴息资金 400 000 元,由于项目已经研发完成,政府补助直接记入当期营业外收入:

借:银行存款　　　　　　　　400 000

　贷:营业外收入　　　　　　　　　400 000

(四)税收返还的专门规定

业务 15-8　税收返还的所得税处理。

1. 小企业从税务机关取得的代扣代缴、代收代缴、委托代征类的手续费返还

根据《财政部　税务总局　人民银行关于进一步加强代扣代收代征税款手续费管理的通知》(财行〔2019〕11 号)的规定,代扣代缴、代收代缴和委托代征(简称"三代")单位所取得的手续费收入应单独核算,计入本单位收入,用于与"三代"业务直接相关的办公设备、人员成本、信息化建设、耗材、交通费等管理支出。因此,从税务机关取得"三代"手续费返还应当缴纳企业所得税。

2. 直接减免的增值税税款

根据《财政部　国家税务总局关于财政性资金、行政事业性收费、政府性基金有关企业所得税政策问题的通知》(财税〔2008〕151 号)的规定,企业取得的各类财政性资金,除属于国家投资和资金使用后要求归还本金的以外,均应计入企业当年收入总额。本条所称财政性资金,是指企业取得的来源于政府及其有关部门的财政补助、补贴、贷款贴息,以及其他各类财政专项资金,包括直接减免的增值税和即征即退、先征后退、先征后返的各种税收,但不包括企业按规定取得的出口退税款。因此,享受减免税的增值税税款应当缴纳企业所得税。

3. 即征即退的增值税税额

根据《财政部　国家税务总局关于进一步鼓励软件产业和集成电路产业发展企业所得税政策的通知》(财税〔2012〕27 号)的规定,符合条件的软件企业按照《财政部　国家税务总局关于软件产品增值税政策的通知》(财税〔2011〕100 号)规定取得的即征即退增值税款,由企业专项用于软件产品研发和扩大再生产并单独进行核算,可以作为不征税收入,在计算应纳税所得额时从收入总额中减除。因此,除上述条件以外的即征即退增值税款,均应缴纳企业所得税。

4. 增值税加计抵减进项税额

由于增值税加计抵减形成的收益不属于不征税收入范围,因此,应计入应税收入缴纳企业所得税。

5. 收到增值税留抵退税税款

由于增值税留抵退税税款属于对可结转抵扣的进项税额的退还,不涉及收入确认,不属于企业所得税征收范围。

6. 取得的出口退税款

根据《财政部　国家税务总局关于财政性资金、行政事业性收费、政府性基金有关企业所得税政策问题的通知》(财税〔2008〕151 号)的规定,企业取得的各类财政性资金,除属于国家投资和资金使用后要求归还本金的以外,均应计入企业当年收入总额。本条所称财政性资金,是指企业取得的来源于政府及其有关部门的财政补助、补贴、贷款贴息,以及其他各类财政专项资金,包括直接减免的增值税和即征即退、先征后退、先征后返的各种税收,但不包括企业按规定取得的出口退税款。因此,企业取得的出口退税款不需要缴纳企业所得税。

六、不征税收入与政府补助和差异分析

(一)税法对不征税收入的界定

1. 不征税收入的构成

《企业所得税法》第7条规定,收入总额中的下列收入为不征税收入:

(1) 财政拨款。

(2) 依法收取并纳入财政管理的行政事业性收费、政府性基金。

（3）国务院规定的其他不征税收入。

2. 小企业取得财政性资金不征税的条件

业务 15-9 小企业取得财政性资金不征税的处理。

《财政部　国家税务总局关于专项用途财政性资金企业所得税处理问题的通知》（财税〔2011〕70 号）规定，自 2011 年 1 月 1 日起，对小企业从县级以上各级人民政府财政部门及其他部门取得的应计入收入总额的财政性资金，凡同时符合以下三个条件的，可以作为不征税收入，在计算应纳税所得额时从收入总额中减除，第一，企业能够提供规定资金专项用途的资金拨付文件；第二，财政部门或其他拨付资金的政府部门对该资金有专门的资金管理办法或具体管理要求；第三，企业对该资金以及以该资金发生的支出单独进行核算。

上述不征税收入用于支出所形成的费用，不得在计算应纳税所得额时扣除；用于支出所形成的资产，其计算的折旧、摊销不得在计算应纳税所得额时扣除。小企业将符合规定条件的财政性资金作不征税收入处理后，在 5 年（60 个月）内未发生支出且未缴回财政部门或其他拨付资金的政府部门的部分，应计入取得该资金第六年的应税收入总额；计入应税收入总额的财政性资金发生的支出，允许在计算应纳税所得额时扣除。

（二）差异分析

会计对政府补助收入的确认采用权责发生制。税法对补贴收入按收付实现制确认收益，除税法规定国务院、财政部和国家税务总局规定不计入损益外，应一律并入实际收到补助收入年度的应税所得额，征收企业所得税。会计和税法对政府补助收入确认时间的差异，主要表现为确认收入的原则不同，这一差异的性质为暂时性差异。

差异的调整，当会计上将收到补贴收入确认为递延收益时，税收上确认为补贴收入，在当期填报企业所得税纳税申报表时，进行纳税调增的处理；当会计上将递延收益确认为营业外收入时，企业所得税纳税申报时应调减应纳税所得额。

【例 15-9】 2021 年 12 月，甲公司申请某国家级研发项目补贴，申请财政拨款 150 万元。2022 年 1 月 1 日，主管部门批准了 A 公司的申请，该项目为期 3 年，签订的补贴协议规定：批准甲公司补贴申请，共补贴款项 150 万元，分两次拨付。合同签订日拨付 100 万元，结项验收时支付 50 万元（如果不能通过验收，则不支付第二笔款项）。假设该补贴收入按税法规定属于应税收入的其他收入。

（1）2022 年 1 月 1 日，实际收到拨款 100 万元。

借：银行存款　　　　　　　　1 000 000
　　贷：递延收益　　　　　　　　1 000 000

（2）自 2022 年 12 月 31 日、2023 年 12 月 31 日，分配递延收益（假设按年分配）。

借：递延收益　　　　　　　　500 000
　　贷：营业外收入　　　　　　　500 000

（3）2024 年项目完工，假设通过验收，于 12 月 1 日实际收到拨付款 50 万元。

借：银行存款　　　　　　　　500 000
　　贷：营业外收入　　　　　　　500 000

甲公司取得财政拨款，税法规定按收付实现制确认收入，而会计按权责发生制确认收入，2022 年收到拨款时，税法按 100 万元确认收入，而会计上 2022 年和 2023 年分别确认 50 万元，则应按税法规定调整，2022 年调增应纳税所得额 50 万元，2023 年调减应纳税所得额 50 万元。2024 年会计处理与税务处理一致。

第四节　小企业营业外支出财税处理

《小企业会计准则》条文及主旨：

第七十条　营业外支出，是指小企业非日常生产经营活动发生的、应当计入当期损益、会导致所有者权益减少、与向所有者分配利润无关的经济利益的净流出。

小企业的营业外支出包括：存货的盘亏、毁损、报废损失，非流动资产处置净损失，坏账损失，无法收回的长期债

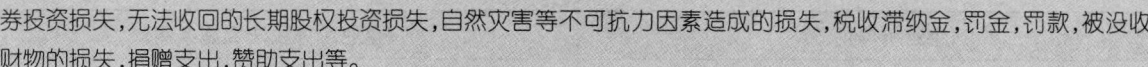

券投资损失,无法收回的长期股权投资损失,自然灾害等不可抗力因素造成的损失,税收滞纳金,罚金,罚款,被没收财物的损失,捐赠支出,赞助支出等。

通常,小企业的营业外支出应当在发生时按照其发生额计入当期损益。

【条文主旨】本条是关于营业外支出的定义、范围及内涵和确认计量原则的规定。

一、营业外支出的概念和特征

营业外支出,是指小企业非日常生产经营活动发生的、应当计入当期损益、会导致所有者权益减少、与向所有者分配利润无关的经济利益的净流出。小企业的营业外支出从概念来看,同时具有以下四个特征。

(一)营业外支出是小企业在非日常活动中发生的

明确界定日常活动是为了将营业外支出与费用相区分,日常活动是确认费用的重要判断标准。凡是日常活动所产生的经济利益的流出(如支付现金或形成应付账款)应当确认费用。反之,非日常活动所产生的经济利益的流出不能确认为费用,而应当计入营业外支出。比如,小企业转让固定资产属于非日常活动,这是因为小企业持有固定资产的主要目的是通过使用生产产品而不是为了出售,因此,转让固定资产所产生的经济利益的流出就不应确认为费用,而应计入营业外支出。再如,小企业因某项固定资产暂时闲置而出租取得的租金收入属于小企业的日常活动所形成的,应当确认为营业收入,相应计提的折旧,应当确认

为营业成本。与费用相比,营业外支出实际上是一种纯损失,不可能也不需要与有关收入进行配比。因此,在会计处理上,应当严格区分营业外支出与费用的界限。

(二)营业外支出应当计入当期损益

这一特征是指营业外支出应当计入利润,作为小企业利润减少的重要组成部分,而不是计入所有者权益。这一特征的存在主要为了将营业外支出与企业会计准则所规定的"直接计入所有者权益的损失"区别开来,例如,企业会计准则规定,可供出售金融资产应当采用公允价值计量,公允价值变动应当计入所有者权益,该公允价值减少实际上就是所谓的"直接计入所有者权益的损失"。

(三)营业外支出会导致所有者权益的减少

第(三)项特征与费用相同,详见本书第十四章关于费用的讲解。

(四)营业外支出是与向所有者分配利润无关的经济利益的流出

第(四)项特征与费用相同,详见本书第十四章关于费用的讲解。

二、营业外支出的范围及内涵

表 15-3 相关规定

《企业所得税法》	《企业所得税法实施条例》
第八条 企业实际发生的与取得收入有关的、合理的支出,包括成本、费用、税金、损失和其他支出,准予在计算应纳税所得额时扣除。 第九条 企业发生的公益性捐赠支出,在年度利润总额12%以内的部分,准予在计算应纳税所得额时扣除。超过年度利润总额12%的部分,准予结转以后3年内在计算应纳税所得额时扣除。 第十条 在计算应纳税所得额时,下列支出不得扣除: (一)向投资者支付的股息、红利等权益性投资收益款项; (二)企业所得税税款; (三)税收滞纳金; (四)罚金、罚款和被没收财物的损失;	第三十二条 企业所得税法第八条所称损失,是指企业在生产经营活动中发生的固定资产和存货的盘亏、毁损、报废损失,转让财产损失,呆账损失,坏账损失,自然灾害等不可抗力因素造成的损失以及其他损失。 企业发生的损失,减除责任人赔偿和保险赔款后的余额,依照国务院财政、税务主管部门的规定扣除。 企业已经作为损失处理的资产,在以后纳税年度又全部收回或者部分收回时,应当计入当期收入。 第五十三条 企业发生的公益性捐赠支出,不超过年度利润总额12%的部分,准予扣除。超过年度利润总额12%的部分,准予结转以后3年内在计算应纳税所得额时扣除。 年度利润总额,是指企业依照国家统一会计制度的规定计算的年度会计利润。

（续表）

《企业所得税法》	《企业所得税法实施条例》
（五）本法第九条规定以外的捐赠支出； （六）赞助支出； （七）未经核定的准备金支出； （八）与取得收入无关的其他支出。	第五十四条　企业所得税法第十条第（六）项所称赞助支出，是指企业发生的与生产经营活动无关的各种非广告性质支出。

如表15-3所示，小企业会计准则结合目前小企业的实际情况，参考企业所得税法及其实施条例规定，列举了构成小企业营业外支出的主要类型，包括：

（一）存货的盘亏、毁损和报废净损失

存货的盘亏损失，是指小企业在清查财产过程中查明的存货短缺。通俗地讲，就是小企业的存货出现了账存大于实存的情况。存货的毁损净损失，是指小企业因工人操作过程中的操作和使用失误等所引起的损失。存货的报废净损失，是指因磨损、技术进步等原因引发的报废存货产生的损失。作为存货的盘亏、毁损和报废损失最终计入营业外支出的金额是盘亏、毁损或报废存货的成本扣除残料收入后的净额。

存货的盘亏、毁损和报废净损失对应于《企业所得税法实施条例》第32条规定的存货的盘亏、毁损和报废损失。

（二）非流动资产处置净损失

小企业处置非流动资产发生的净损失，包括处置固定资产、无形资产、生产性生物资产、长期债券投资、长期股权投资、长期待摊费用等，但不包括无法收回的长期债券投资损失和长期股权投资损失，后者应单独作为损失计入营业外支出。

其中，固定资产处置净损失，是指小企业处置固定资产所取得的价款扣除固定资产账面价值、相关税费和清理费用后的净损失，如为净收益，则为营业外收入。详见本书第四章有关固定资产处置的讲解。

无形资产处置净损失，是指小企业处置无形资产所取得的价款扣除无形资产账面价值、相关税费和清理费用后的净损失，如为净收益，则为营业外收入。详见本书第六章有关无形资产处置的讲解。

处置生产性生物资产与处置固定资产类似。处置长期待摊费用通常都应当是损失，应计入营业外支出。如果某些特殊情况下，比如处置经营租入固定资产的改建支出，如果已经对其摊销完毕即余额为零，但最后还取得了一些残料收入，在这种情况下，应将残料收入计入营业外收入。

非流动资产处置净损失对应于《企业所得税法实施条例》第32条所规定的固定资产的盘亏、毁损和报废损失，转让财产损失中的转让固定资产、生物资产、无形资产等财产发生的净损失。

（三）坏账损失和无法收回的长期债券投资损失

坏账损失指小企业无法收回或者收回的可能性极小的应收及预付款项。坏账损失和无法收回的长期债券投资损失的认定条件由本书第二章有关坏账损失的讲解。无法收回的长期债券投资损失与处置长期债券投资净损失虽然都表现为长期债券投资的减少，但也存在一些细微差异，无法收回的长期债券投资损失是被动所为，由于债务人无法偿还而不得不承担的损失，而处置长期债券投资净损失则是小企业主动而为，不一定是债务人出现了违约等情况。

坏账损失和无法收回的长期债券投资损失对应于《企业所得税法实施条例》第32条规定的坏账损失。

（四）无法收回的长期股权投资损失

小企业无法收回的长期股权投资损失的认定条件由《小企业会计准则》第26条予以规定，详见本书第八章有关长期股权投资部分的讲解。无法收回的长期股权投资损失与处置长期股权投资净损失虽然都表现为长期股权投资的减少，但也存在一些细微差异，无法收回的长期股权投资损失是一种被动所为，由于被投资单位破产清算等无法退回而不得不承担的损失，而处置长期股权投资净损失则是小企业主动而为，不一定是因为被投资单位出现了问题。

无法收回的长期股权投资损失对应于《企业

所得税法实施条例》第32条规定的其他损失。

（五）自然灾害等不可抗力因素造成的损失

自然灾害等不可抗力因素造成的损失指小企业因非人力所能抗拒或者阻止的原因等发生的资产损失，如发生火灾将厂房烧毁，地震造成房屋塌陷，泥石流冲毁库存原材料，等等。

自然灾害等不可抗力因素造成的损失对应于《企业所得税法实施条例》第32条规定的自然灾害等不可抗力因素造成的损失。

（六）税收滞纳金

税收滞纳金是税务机关对未按规定期限缴纳税款的纳税人按比例附加征收的。纳税人未按照法律、行政法规规定或者税务机关依照法律、行政法规的规定确定的缴纳期限缴纳税款，扣缴义务人未按照上述规定解缴税款的，都属于税款的滞纳。征收税收滞纳金主要目的是督促纳税人按期缴纳税款，减少欠税，保证税款及时入库。

税收滞纳金对应于《企业所得税法》第10条规定的税收滞纳金。

（七）罚金

罚金是人民法院判处犯罪分子强制向国家缴纳一定数额金钱的刑罚方法，主要适用于破坏经济秩序和其他谋取非法利益有联系的犯罪，以及少数较轻的犯罪。罚金作为一种附加刑，并不剥夺犯罪人的人身自由权，也不会对犯罪人产生直接的人身痛苦和社会后果等，判处罚金以犯罪人是否触犯刑律，且是否属于财产刑为先决条件。罚金的目的是对犯罪分子除了在刑罚上给予处罚，在经济上亦给予制裁的一种手段，是一种附加刑。

罚金对应于《企业所得税法》第10条规定的罚金。

（八）罚款

罚款是行政处罚的一种，是指行为人的行为没有违反刑法的规定，而是违反了治安管理、工商行政、税务等各行政法规的规定，行政执法部门依据行政法规的规定和程序决定对行为人采取的一种行政处罚。罚款不由人民法院判决，因此在性质上与没收财产、罚金有本质上的区别。

罚款对应于《企业所得税法》第10条规定的罚款。

（九）被没收财物的损失

没收财产，是指将犯罪人的财物、现金、债权等财产收归国家所有，以弥补因其犯罪造成的损失，同时断绝其犯罪活动的经济来源。没收财产，属于财产刑事处罚，可以单处也可以并处。

被没收财物的损失对应于《企业所得税法》第10条规定的被没收财物的损失。

（十）捐赠支出

捐赠支出是指小企业对外进行捐赠发生的支出，不论其是否符合企业所得税法税前扣除条件。小企业计入营业外支出的捐赠支出包括：企业所得税实施条例允许税前扣除的公益性捐赠支出，企业所得税法实施条例不允许税前扣除的公益性捐赠支出，以及非公益性捐赠支出。

捐赠支出对应于《企业所得税法》第九条规定的公益性捐赠支出和第10条规定的捐赠支出。公益性捐赠支出扣除规定如下：

1. 捐赠渠道

企业或个人通过公益性社会组织、公益性群众团体、县级以上人民政府及其部门等国家机关，用于符合法律规定的公益慈善事业捐赠支出，准予按税法规定在计算应纳税所得额时扣除。（财政部、税务总局、民政部公告2020年第27号，财政部、税务总局、民政部公告2021年第20号）

2. 公益性社会组织和群众团体税前扣除资格确认

对符合条件的公益性社会组织和公益性群众团体，按照上述管理权限，由财政部、税务总局和省、自治区、直辖市、计划单列市财政、税务部门分别联合公布名单。为方便纳税主体查询，省级以上财政、税务部门应当及时在官方网站上发布具备公益性捐赠税前扣除资格的公益性社会组织和公益性群众团体名单公告。企业或个人可通过上述渠道查询群众团体公益性捐赠税前扣除资格及有效期。（财政部、税务总局、民政部公告2020年第27号，财政部、税务总局、民政部公告2021年第20号）

3. 公益性捐赠扣除票据

公益性社会组织和公益性群众团体在接受捐赠时，应按照行政管理级次分别使用由财政部或省、自治区、直辖市财政部门监（印）制的公益事业捐赠票据,并加盖本单位的印章;对个人索取捐赠票据的,应予以开具。企业或个人将符合条件的公益性捐赠支出进行税前扣除,应当留存相关票据备查。(财政部、税务总局、民政部公告2020年第27号,财政部、税务总局、民政部公告2021年第20号)

4. 关于公益性捐赠支出相关费用的扣除问题

企业在非货币性资产捐赠过程中发生的运费、保险费、人工费用等相关支出,凡纳入国家机关、公益性社会组织开具的公益捐赠票据记载的数额中的,作为公益性捐赠支出按照规定在税前扣除;上述费用未纳入公益性捐赠票据记载的数额中的,作为企业相关费用按照规定在税前扣除。(国家税务总局公告2021年第17号)

4. 扶贫捐赠

自2019年1月1日至2022年12月31日,企业通过公益性社会组织或者县级(含县级)以上人民政府及其组成部门和直属机构,用于目标脱贫地区的扶贫捐赠支出,准予在计算企业所得税应纳税所得额时据实扣除。(财政部、税务总局、国家乡村振兴局公告2019年第49号)

5. 新冠肺炎疫情防控捐赠

自2020年1月1日至2021年3月31日,企业和个人通过公益性社会组织或者县级以上人民政府及其部门等国家机关,捐赠用于应对新型冠状病毒感染的肺炎疫情的现金和物品,允许在计算应纳税所得额时全额扣除。企业和个人直接向承担疫情防治任务的医院捐赠用于应对新型冠状病毒感染的肺炎疫情的物品,允许在计算应纳税所得额时全额扣除。捐赠人凭承担疫情防治任务的医院开具的捐赠接收函办理税前扣除事宜。(财政部、税务总局公告2020年第9号、财政部税务总局公告2021年第7号)

6. 北京2022年冬奥会、冬残奥会捐赠

对企业、社会组织和团体赞助、捐赠北京2022年冬奥会、冬残奥会、测试赛的资金、物资、服务支出,在计算企业应纳税所得额时予以全额扣除。(财税〔2017〕60号)

7. 公租房捐赠

事业单位、社会团体、其他组织、以及个人符合规定的捐赠住房作为公租房,按公益性捐赠支

出在企业所得税、个人所得税税前扣除。(财政部税务总局公告2019年第61号)

(十一)赞助支出

赞助支出指小企业发生的与生产经营活动无关的各种非广告性质支出。

认定赞助支出,主要是要区别它与公益性捐赠支出和广告费支出的差别。所谓公益性捐赠支出,是指企业用于公益事业的捐赠,不具有有偿性,所捐助范围也是公益性质,而赞助支出具有明显的商业目的,所捐助范围一般也不具有公益性质,两者容易区分。广告费支出,是企业为了推销或者提高其产品、服务等的知名度和认可度,通过一定的媒介,公开地对不特定公众所进行的宣传活动所发生的支出,与企业的生产经营活动密切相关,而赞助支出与企业的生产经营活动无关。

赞助支出对应于《企业所得税法》第10条规定的赞助支出。

三、营业外支出税会差异分析

《企业所得税法》和《企业所得税法实施条例》对企业可扣除的支出和不得扣除的支出作了规定,其中与小企业会计准则营业外支出相对应的主要是可扣除的支出中的损失、其他支出和公益性捐赠支出和不得扣除的支出。

不得税前扣除的营业外支出。与企业所得税规定不得扣除的支出基本上是相一致的,主要有六项,包括:税收滞纳金、罚金、罚款、被没收财物的损失、其他捐赠支出、赞助支出等。

不得税前扣除的支出有一个共同特点:与小企业生产经营无关。税收滞纳金、罚金、罚款和被没收财物的损失不得在税前扣除的主要原因:真实、合法和合理是纳税人在经营活动中发生的费用支出可以税前扣除的基本原则。不管费用是否实际发生、合理与否,如果是非法支出,就不能在税前扣除。税收滞纳金、罚金、罚款和被没收财物的损失,本质上都是违反了国家法律、法规或行政性规定,属于非法支出,因此,不允许在税前扣除。

公益性捐赠以外的其他捐赠支出和赞助支出不得税前扣除的主要原因:一是捐赠支出本身并不是与取得经营收入有关正常、合理的支出,不符

合税前扣除的基本原则,原则上不允许税前扣除;二是如果允许公益性捐赠以外的其他捐赠支出和赞助支出在税前扣除,纳税人往往会以捐赠、赞助支出名义开支不合理、甚至非法的支出,容易出现纳税人滥用国家税法,导致税收流失,不利于加强对公益性捐赠以外的其他捐赠支出和赞助支出的税收管理。

以上关系可用公式表示如下:

$$\frac{会计上营}{业外支出} = \frac{税法上可税前扣除的损失、}{其他支出和公益性捐赠支出} + \frac{税法上不得税}{前扣除的支出}$$

小企业会计准则规定的损失比企业所得税法实施条例对损失的认定口径要大一些,包括了不得税前扣除的损失。这一点对一些小企业来讲,可能会出现纳税调整问题,应引起注意。比如,小企业支付的税收滞纳金,由于不允许在税前扣除,因而不属于《企业所得税法实施条例》第32条规定的损失的组成内容,但符合本条对营业外支出的定义,应作为小企业的营业外支出进行会计处理,需在所得税年度汇算清缴时进行纳税调整。

四、营业外支出的确认和计量

(一)营业外支出的确认

小企业会计准则对营业外支出的确认作了原则性规定,即通常情况下,小企业的营业外支出应当在发生时计入当期损益。在具体应用营业外支出确认原则时,应当重点掌握两点:第一,符合营业外支出的定义;第二,营业外支出确认的时点是发生之时。本准则所讲营业外支出的"发生"包括以下两种情形。

1. 有关交易事项完成之时

在有关交易事项完成之时确认营业外支出,举例如下:

(1)小企业财产清查完成之时,将财产清查中出现的账存大于实存的材料、产成品、商品、现金、固定资产等短缺作为盘亏损失确认为营业外支出。

(2)在固定资产清理完毕时,将净损失作为非流动资产处置净损失确认为营业外支出。

(3)小企业由自然灾害等不可抗力因素造成损失时,在自然灾害如地震、泥石流、洪灾等发生后将所产生的存货、固定资产等资产的净损失确认为营业外支出。

(4)小企业按照规定实际支付了税收滞纳金、罚金、罚款和赞助款项之时将所产生的损失确认为营业外支出。

(5)对于捐赠支出应当在小企业实际已将捐赠资产交到接受捐赠的中间对象(公益性社会团体或县级以上人民政府及其部门)控制范围之日,将所产生的损失确认为营业外支出,即代表所捐资产所有权转移的凭证等已经为接受捐赠的中间对象法律意义上掌控。这主要基于赠与合同法律上的特殊性。一般合同在签订时成立,并确认为此时财产已经转移;而赠与合同则是在赠与财产实际交付时才成立,才在法律上确认为财产已经转移。根据《中华人民共和国合同法》第186条的规定:"赠与人在赠与财产的权利转移之前可以撤销赠与。具有救灾、扶贫等社会公益、道德义务性质的赠与合同或者经过公证的赠与合同,不适用前款规定。"也就是说,一般情况下,在赠与财产的权利转移之前,即使双方已经订立赠与合同,该合同在法律上都不能视为成立。只有救灾、扶贫等社会公益、道德义务性质的赠与合同或者经过公证的赠与合同,才能在法律上视为在赠与合同订立时视为已经成立。

(6)对于赞助支出应当在小企业实际已将赞助资产交到接受赞助方之日,将所产生的损失确认为营业外支出。

2. 所要求的相关条件满足之时

所要求的相关条件满足之时确认营业外支出,如小企业发生的坏账损失、无法收回的长期股权投资损失在符合《小企业会计准则》第10条和第26条规定的条件并经税务机关批准后将这些损失确认为营业外支出。

(二)营业外支出的计量

小企业会计准则对营业外支出的计量作了原则性规定,即通常情况下,小企业的营业外支出应当在发生时按照其发生额计入当期损益。通俗地讲,就是据实列支原则。

发生额应当能够反映最终给小企业造成的经济利益流出,通常是一个净额概念,也就是扣除相关收入金额后的净额。因此在确定营业外支出的发生额时,根据产生的来源不同,应区分以下情况分别确定:

（1）按实际发生的金额计量，如税收滞纳金、罚金、罚款、以现金对外捐赠、以现金对外赞助。

（2）按账面价值计量，如存货的盘亏、毁损、报废损失，非流动资产处置净损失，坏账损失，无法收回的长期股权投资损失，自然灾害等不可抗力因素造成的损失，被没收财物的损失，以非现金资产对外捐赠，以非现金资产对外赞助等。再如小企业由于遭受洪灾，导致库存原材料全部毁损，仅有残料收入或价值为 1 000 元，该原材料的账面价值即"原材料"科目的借方余额为 100 000 元，则小企业因自然灾害计入营业外支出的金额为 99 000 元（100 000－1 000）。

（三）营业外支出会计处理中应注意的问题

（1）营业外支出是一个净额的概念，是净损失，也就是扣除残料变价收入或残料价值，责任人的赔偿，保险公司的赔款，应收账款、长期债券投资和长期股权投资的可收回的金额后的净额。

（2）小企业如果发生了非货币性资产交换、偿债损失，在会计和所得税法上都应当视同处置非流动资产，确认营业外支出。

（3）小企业将固定资产、生物资产、无形资产等用于捐赠、赞助、集资、广告、样品、职工福利和利润分配，在会计上确认为营业外支出，但在所得税法上可能无法全额扣除。例如，小企业将 1 辆小汽车捐赠给另一家企业，不符合企业所得税法实施条例规定的公益性捐赠支出的条件。该汽车的账面价值 10 万元（即"固定资产"科目的借方余额减去"累计折旧"科目的贷方余额后的净额），市场价格为 8 万元（不考虑相关税费）。根据本准则第 70 条的规定，该小企业应当确认 10 万元的营业外支出，而根据企业所得税法相关规定，应当先作为转让资产，确认 2 万元（10－8）营业外支出（以清单申报方式可税前扣除）；再按照非公益性捐赠事项，将会计上计入营业外支出的 10 万元作纳税调整。实际企业纳税调增金额为 8 万元（10－2），可税前扣除的营业外支出仅 2 万元，在这一点存在会计与企业所得税法的差异，应当引起注意。

（4）小企业已经作为营业外支出处理的资产，在以后会计年度全部收回或者部分收回时，应当计入收回当期的营业外收入，不得冲减当期的营业外支出或作其他处理。

（5）营业外支出与营业外收入既有共同性又有差异性。两者的共同性表现为"四个共同点"；两者的差异性表现为"三个不同点"：①对利润总额的影响方向不同，营业外支出减少利润总额，营业外收入增加利润总额。②两者之间不存在配比关系，因此，并不是说有营业外支出一定有营业外收入，反之亦然。③两者之间不得相互抵销，既不能以营业外支出冲减营业外收入，也不能以营业外收入冲减营业外支出。

而营业收入与营业成本都是总额概念，两者之间存在配比关系，共同决定营业利润进而决定利润总额。

四、科目设置

《小企业会计准则》应用指南

5711 营业外支出

一、本科目核算小企业发生的各项营业外支出。包括：存货的盘亏、毁损、报废损失，非流动资产处置净损失，坏账损失，无法收回的长期债券投资损失，无法收回的长期股权投资损失，自然灾害等不可抗力因素造成的损失，税收滞纳金，罚金，罚款，被没收财物的损失，捐赠支出，赞助支出等。

二、本科目应按照支出项目进行明细核算。

三、营业外支出的主要账务处理。

（一）小企业确认存货的盘亏、毁损、报废损失，非流动资产处置净损失，自然灾害等不可抗力因素造成的损失，借记本科目，"生产性生物资产累计折旧""累计摊销"等科目，贷记"待处理财产损溢——待处理流动资产损溢、待处理非流动资产损溢""固定资产清理""生产性生物资产""无形资产"等科目。

（二）根据小企业会计准则规定确认实际发生的坏账损失、长期债券投资损失，应当按照可收回的金额，借记"银行存款"等科目，按照应收账款、预付账款、其他应收款、长期债券投资的账面余额，贷记"应收账款""预付账款""其他

应收款""长期债券投资"等科目,按照其差额,借记本科目。

(三)根据小企业会计准则规定确认实际发生的长期股权投资损失,按照可收回的金额,借记"银行存款"等科目,按照长期股权投资的账面余额,贷记"长期股权投资"科目,按照其差额,借记本科目。

(四)支付的税收滞纳金、罚金、罚款,借记本科目,贷记"银行存款"等科目。

(五)确认被没收财物的损失、捐赠支出、赞助支出,借记本科目,贷记"银行存款"等科目。

四、月末,可将本科目余额转入"本年利润"科目,结转后本科目应无余额。

小企业应设置"营业外支出"科目,核算小企业发生的各项营业外支出。包括:存货的盘亏、毁损、报废损失,非流动资产处置净损失,坏账损失,无法收回的长期债券投资损失,无法收回的长期股权投资损失,自然灾害等不可抗力因素造成的损失,税收滞纳金,罚金,罚款,被没收财物的损失,捐赠支出,赞助支出等。借方登记发生的各项营业外支出,贷方登记期末结转"本年利润"科目的当期营业外支出,结转后"营业外支出"科目应无余额。本科目应按照营业外支出项目进行明细核算。

五、会计处理

(一)营业外支出发生的处理

业务 15-10 营业外支出发生的处理。

(1)小企业确认存货的盘亏、毁损、报废损失,非流动资产处置净损失,自然灾害等不可抗力因素造成的损失,借记"营业外支出""生产性生物资产累计折旧""累计摊销"等科目,贷记"待处理财产损溢——待处理流动资产损溢、待处理非流动资产损溢""固定资产清理""生产性生物资产""无形资产"等科目。

借:营业外支出
　　生产性生物资产累计折旧、累计摊销等
　　贷:待处理财产损溢——待处理流动资产损溢
　　　　　　　　　　　——待处理非流动资产损溢
　　　　固定资产清理、生产性生物资产、无形资产等

(2)根据《小企业会计准则》规定确认实际发生的坏账损失、长期债券投资损失,应当按照可收回的金额,借记"银行存款"等科目,按照应收账款、预付账款、其他应收款、长期债券投资的账面余额,贷记"应收账款""预付账款""其他应收款""长期债券投资"等科目,按照其差额,借记"营业外支出"科目。

借:银行存款
　　营业外支出
　　贷:应收账款、预付账款、其他应收款、长期债券投资等

(3)根据《小企业会计准则》规定确认实际发生的长期股权投资损失,按照可收回的金额,借记"银行存款"等科目,按照长期股权投资的账面余额,贷记"长期股权投资"科目,按照其差额,借记"营业外支出"科目。

借:银行存款
　　营业外支出
　　贷:长期股权投资

(4)支付的税收滞纳金、罚金、罚款,借记"营业外支出"科目,贷记"银行存款"等科目。

借:营业外支出
　　贷:银行存款

(5)确认被没收财物的损失、捐赠支出、赞助支出,借记"营业外支出"科目,贷记"银行存款"等科目。

借:营业外支出
　　贷:银行存款

(二)营业外支出结转本年利润

业务 15-11 营业外支出结转本年利润的处理。

月末,可将"营业外支出"科目余额转入"本年利润"科目,结转后本科目应无余额。借记"本年利润"科目,贷记"营业外支出"等科目。

【例 15-10】 2022 年 4 月,甲公司将已经发生的原材料意外灾害损失 95 600 元转作营业外支出。会计处理如下:

借:营业外支出　　　　　　　　　　　　95 600
　　贷:待处理财产损溢——待处理流动资产损溢
　　　　　　　　　　　　　　　　　　　95 600

【例 15-11】 2022 年 4 月,甲公司结转出售不需用的运输货车的损失 23 600 元。会计处理如下:

借:营业外支出　　　　　　　　　23 600
　　贷:固定资产清理　　　　　　　23 600

【例 15-12】 2022 年 4 月末,甲公司经确认应收 A 公司所欠货款 85 000 元无法收回,确认为坏账。会计处理如下:

借:营业外支出　　　　　　　　　85 000
　　贷:应收账款——A 公司　　　　85 000

【例 15-13】 2022 年 4 月,乙公司用银行存款支付税款滞纳金 30 000 元。会计处理如下:

借:营业外支出　　　　　　　　　30 000
　　贷:银行存款　　　　　　　　　30 000

【例 15-14】 2022 年 4 月,乙公司将拥有的一项非专利技术出售,取得价款 900 000 元,应交增值税为 45 000 元。该非专利技术的账面余额为 1 000 000 元,累计摊销额为 100 000 元。会计处理如下:

借:银行存款　　　　　　　　　　900 000
　　累计摊销　　　　　　　　　　100 000
　　营业外支出　　　　　　　　　 54 000
　　贷:无形资产　　　　　　　　1 000 000
　　　　应交税费——应交增值税(销项税额)54 000

【例 15-15】 2022 年 4 月,乙公司持有 A 公司的 5 年期债券的账面余额 152 000 元(面值 150 000 元、应计利息 2 000 元),因 A 公司依法宣告破产,该债券收回金额 50 000 元并存入银行。根据上述资料,该公司会计处理如下:

借:银行存款　　　　　　　　　　 50 000
　　营业外支出　　　　　　　　　102 000
　　贷:长期债券投资——面值　　　150 000
　　　　　　　　　　——应计利息　　2 000

【例 15-16】 甲公司"本年利润"采用"表结法"结转,2022 年 4 月,结转"营业外支出"共计 390 200 元。

借:本年利润　　　　　　　　　　390 200
　　贷:营业外支出　　　　　　　390 200

第五节　小企业利润形成财税处理

一、科目设置

《小企业会计准则》应用指南

3103 本年利润

一、本科目核算小企业当期实现的净利润(或发生的净亏损)。

二、本年利润的主要账务处理。

(一)期(月)末结转利润时,小企业可以将"主营业务收入""其他业务收入""营业外收入"科目的余额,转入本科目,借记"主营业务收入""其他业务收入""营业外收入"科目,贷记本科目;将"主营业务成本""其他业务成本""税金及附加""销售费用""管理费用""财务费用""营业外支出""所得税费用"科目的余额,转入本科目,借记本科目,贷记"主营业务成本""其他业务成本""税金及附加""销售费用""管理费用""财务费用""营业外支出""所得税费用"科目。将"投资收益"科目的贷方余额,转入本科目,借记"投资收益"科目,贷记本科目;如为借方余额,做相反的会计分录。结转后本科目的贷方余额为当期实现的净利润;借方余额为当期发生的净亏损。

(二)年度终了,应当将本年收入和支出相抵后结出的本年实现的净利润,转入"利润分配"科目,借记本科目,贷记"利润分配——未分配利润"科目;如为净亏损,做相反的会计分录。结转后本科目应无余额。

小企业应设置"本年利润"科目,核算小企业实现的净利润或发生的净亏损。该科目贷方登记转入的各项收入和收益以及转入"利润分配"科目的本期净亏损;借方登记转入的各项成本、费用和税金以及转入"利润分配"科目的本期净利润;结转后本科目应无余额。

二、本年利润形成的"账结法"与"表结法"

会计期末,结转本年利润的方法有表结法和账结法两种。

（一）表结法

表结法下,各损益类科目每月末只需结计出本月发生额和月末累计余额,不结转到"本年利润"科目,只有在年末时才将全年累计余额结转入"本年利润"科目。但每月末要将损益类科目的本月发生额合计数填入利润表的本月数栏,同时将本月末累计余额填入利润表的本年累计数栏,通过利润表计算反映各期的利润(或亏损)。表结法下,年中损益类科目无须结转入"本年利润"科目,从而减少了转账环节和工作量,同时并不影响利润表的编制及有关损益指标的利用。

（二）账结法

账结法下,每月末均需编制转账凭证,将在账上结计出的各损益类科目的余额结转入"本年利润"科目。结转后"本年利润"科目的本月余额反映当月实现的利润或发生的亏损,"本年利润"科目的本年余额反映本年累计实现的利润或发生的亏损。账结法在各月末均可通过"本年利润"科目提供当月及本年累计的利润(或亏损)额,但增加了转账环节和工作量。

（三）小企业会计准则的选择

为了简化核算,便于小企业实务操作,减少按月编制财务报表的负担,小企业会计准则允许小企业采用两种方法编制各月利润表。

一般来说,所得税费用若采用分月结转方式,本年利润的结转既可以采用账结法也可以采用表结法;如果所得税费用采用年末一次结转方式,由于平时不结转所得税费用,费用构成不完整,只宜采用表结法。

三、利润形成的会计处理

业务 15-11 **利润形成的处理。**

会计期末,小企业应将"主营业务收入""其他业务收入""营业外收入"等科目的余额分别转入"本年利润"科目的贷方,将"主营业务成本""其他业务成本""税金及附加""销售费用""管理费用""财务费用""营业外支出""所得税费用"等科目的余额分别转入"本年利润"科目的借方;小企业还应将"投资收益"科目的净收益转入"本年利润"科目的贷方,将"投资收益"科目的净损失转入"本年利润"科目的借方。结转后"本年利润"科目如为贷方余额,表示当年实现的净利润;如为借方余额,表示当年发生的净亏损。

年度终了,小企业还应将"本年利润"科目的本年累计余额转入"利润分配——未分配利润"科目。如"本年利润"为贷方余额,借记"本年利润"科目,贷记"利润分配——未分配利润"科目;如为借方余额,作相反的会计分录。结转后,"本年利润"科目应无余额。

【例 15-17】 甲公司采用账结法结转本年利润,2022 年 12 月月末,各损益类账户余额如表 15-4 所示:

表 15-4 甲公司 2022 年 12 月益类账户余额

单位:元

科目名称	借或贷	结账前余额
主营业务收入	贷	1 500 000
主营业务成本	借	700 000
税金及附加	借	50 000
管理费用	借	48 000
销售费用	借	20 000
财务费用	借	12 000
其他业务收入	贷	80 000
其他业务成本	借	70 000
投资收益	贷	26 000
营业外收入	贷	2 000
营业外支出	借	1 600
所得税费用	借	121 505

根据上述资料,该公司会计处理如下:

(1) 将各收益类账户余额转入"本年利润"科目:

借:主营业务收入 1 500 000
　其他业务收入 80 000
　投资收益 26 000
　营业外收入 2 000
　贷:本年利润 1 608 000

(2) 将各成本、费用类账户余额转入"本年利润"科目:

借:本年利润 1 023 105
　贷:主营业务成本 700 000
　　税金及附加 50 000
　　管理费用 48 000
　　销售费用 20 000
　　财务费用 12 000
　　其他业务成本 70 000
　　营业外支出 1 600
　　所得税费用 121 505

通过上述结转,"本年利润"科目的贷方余额为584 895元,即小企业本年实现的净利润。

（3）年末,将"本年利润"科目的贷方余额584 895元转入"利润分配——未分配利润"科目:

```
借:本年利润                      584 895
   贷:利润分配——未分配利润            584 895
```

第六节　小企业所得税费用财税处理

《小企业会计准则》条文及主旨:

第七十一条　小企业应当按照企业所得税法规定计算的当期应纳税额,确认所得税费用。

小企业应当在利润总额的基础上,按照企业所得税法规定进行纳税调整,计算出当期应纳税所得额,按照应纳税所得额与适用所得税率为基础计算确定当期应纳税额。

【条文主旨】本条是关于所得税费用的计算原则和方法的规定。

所得税费用是小企业计算净利润时从利润总额中扣减的一项费用。

$$净利润=利润总额-所得税费用$$
$$所得税费用=应交所得税$$

一、所得税费用的计算方法

（一）所得税费用的三种计算方法

所得税费用的计算有三种方法:一是应付税款法,二是纳税影响会计法,三是资产负债表债务法。

应付税款法,是指企业不确认时间性差异对所得税的影响金额,按照当期计算的应交所得税确认为当期所得税费用的方法。

纳税影响会计法,是指企业确认时间性差异对所得税的影响金额,按照当期应交所得税和时间性差异对所得税影响金额的合计,确认为当期所得税费用的方法。在这种方法下,时间性差异对所得税的影响金额,递延和分配到以后各期。纳税影响会计法又具体区分为递延法和债务法两种方法。

资产负债表债务法,是指从资产负债表出发,通过比较资产负债表上列示的资产、负债,按照企业会计准则规定确定的账面价值与按照企业所得税法规定确定的计税基础,对于两者之间的差异分别应纳税暂时性差异与可抵扣暂时性差异,确认相关的递延所得税负债与递延所得税资产,并在此基础上确定每一会计期间利润表中的所得税费用。三种方法比较见表15-5:

表15-5　所得税费用的计算方法

	应付税款法	纳税影响会计法	资产负债表债务法
计算基础	从利润表出发来计算的,也就是从收入、费用出发计算的。	同应付税款法	从资产负债表出发计算的,也就是从资产、负债出发计算的。
适用范围	《企业会计制度》《小企业会计准则》	《企业会计制度》	《企业会计准则》

（二）企业所得税法规定

企业的应纳税所得额乘以适用税率,减除依照本法关于税收优惠的规定减免和抵免的税额后的余额,为应纳税额。（《企业所得税法》第22条）

$$\frac{应纳}{税额}=\frac{应纳税}{所得额}\times\frac{适用}{税率}-\frac{减免}{税额}-\frac{抵免}{税额}$$

公式中的减免税额和抵免税额,是指依照企业所得税法和国务院的税收优惠规定减征、免征和抵免的应纳税额。

（三）差异分析

小企业会计准则为了简化核算,便于小企业执行,减轻小企业纳税调整的负担,满足汇算清缴的要求,采用了应付税款法。也就是说,小企业根据企业所得税法的规定计算当期应缴纳的所得税,同时确认为所得税费用,即当期应交所得税=当期所得税费用。在实务中,具体表现为:利润表中的"所得税费用"的金额等于《中华人民共和国企业所得税年度纳税申报表》(A 类,2017 年版)中第 28 行"应纳税额"的金额。

二、小企业所得税费用的计算原则

小企业会计准则规定,小企业应当按照企业所得税法规定计算的当期应纳税额,确认所得税费用。小企业所得税费用的计算应把握好以下两个原则。

(一)计算依据:企业所得税法而不是小企业会计准则

小企业应当根据《企业所得税法》第 22 条和《企业所得税法实施条例》第 76 条的规定计算当期所得税费用。尽管小企业会计准则在制定思想上坚持了简化原则和实现与企业所得税法相一致的原则,但是由于会计与税法的目的不同、收入和费用口径不同,还会存在会计与税法之间的永久性差异,而在计算所得税费用时由于依据的是企业所得税法而不是小企业会计准则,因此仍需要进行必要的纳税调整。

(二)应纳税额等于所得税费用

应纳税额是一个税法概念和税收口径,企业所得税法的应纳税额,是指企业依法应当缴纳的企业所得税税额,直接关系到纳税人企业的实际税负水平,关系到企业的切身利益。

小企业会计准则为了简化小企业的核算,也同时为了提高税务机关对小企业财务报表使用的效率,建立起小企业利润表与企业所得税年度纳税申报表之间的直观勾稽关系,将应纳税额直接确认为当期所得税费用,即"所得税费用"科目的发生额与"应交税费——应交所得税"科目的发生额相同。这样,既有助于小企业直观地掌握实际计提的所得税费用的金额,又有助于税务机关对小企业实行查账征收企业所得税,提高双方的沟通能力,减轻了小企业的负担,提高了税务机关的税收征管水平和效率,从而实现公平税负和保证国家税收的目的。

三、所得税费用的计算方法

业务 15-11　*所得税费用的处理。*

小企业会计准则规定,小企业应当在利润总额的基础上,按照企业所得税法规定进行纳税调整,计算出当期应纳税所得额,以应纳税所得额与适用所得税税率为基础计算确定当期应纳税额。

(一)计算公式

$$所得税费用 = 应纳所得税额$$

$$应纳所得税额 = 应纳税所得额 \times 适用税率 - 减免税额 - 抵免税额$$

其中,应纳所得税额的计算有两种方法:

1. 直接计算法

$$应纳税所得额 = 收入总额 - 不征税收入 - 免税收入 - 各项扣除 - 弥补以前年度亏损$$

2. 间接计算法

$$应纳税所得额 = 利润总额 + 纳税调整增加额 - 纳税调整减少额 - 免税减税收入及加计扣除 + 境外应税所得弥补境内亏损 - 所得减免 - 弥补以前年度亏损 - 抵扣应纳税所得额$$

(二)计算基础(起点):利润总额

小企业在计算所得税费用时,应当以利润总额为基础(起点)来计算。以利润总额为基础(起点)有三层含义:一是利润总额是依据小企业会计准则计算的结果,不是依据企业所得税法计算的结果;二是小企业在计算所得税费用时,不得因为企业所得税法的规定与小企业会计准则的规定不同而调整会计账簿记录的结果,除非原记录是错误的;三是税务机关也不得依据企业所得税法的规定要求小企业对利润总额的会计账簿记录进行调整。

(三)计算方法:纳税调整

小企业会计准则基于税务部门是小企业会计信息的主要外部使用者之一,为了简化核算,便于小企业执行,减轻小企业纳税调整的负担,满足汇算清缴的要求,降低小企业纳税遵循成本和税收管理成本,在资产、负债、所有者权益、收入、费用、利润等方面的会计处理都尽可能与企业所得税法相一致。但是,企业所得税法和小企业会计准则实现的目的不尽相同,小企业会计和税法存在差异是必然的,对税会差异进行纳税调整又是必要和必须的。

1. 会计和税法的关系

(1)小企业在日常会计处理时按照《小企业会

计准则》进行,税法不得干预会计处理。

(2)在计算应纳税所得额时,企业财务、会计处理办法与税收法律、行政法规的规定不一致的,应当依照税收法律、行政法规的规定计算。(《企业所得税法》第21条)

(3)企业所得税法规定不明确的,在没有明确规定之前,暂按企业财务、会计规定计算。

在计算应纳税所得额时,需要对小企业会计准则与企业所得税法的规定不一致的项目进行调整,即纳税调整。

2. 关于税前扣除规定与企业实际会计处理之间的协调问题

根据《企业所得税法》第21条的规定,对企业依据财务会计制度规定,并实际在财务会计处理上已确认的支出,凡没有超过《企业所得税法》和有关税收法规规定的税前扣除范围和标准的,可按企业实际会计处理确认的支出,在企业所得税前扣除,计算其应纳税所得额。(国家税务总局公告2012年第15号)

3. 关于以前年度发生应扣未扣支出的税务处理问题

对企业发现以前年度实际发生的、按照税收规定应在企业所得税前扣除而未扣除或者少扣除的支出,企业做出专项申报及说明后,准予追补至该项目发生年度计算扣除,但追补确认期限不得超过5年。企业由于上述原因多缴的企业所得税税款,可以在追补确认年度企业所得税应纳税款中抵扣,不足抵扣的,可以向以后年度递延抵扣或申请退税。亏损企业追补确认以前年度未在企业所得税前扣除的支出,或盈利企业经过追补确认后出现亏损的,应首先调整该项支出所属年度的亏损额,然后再按照弥补亏损的原则计算以后年度多缴的企业所得税款,并按前款规定处理。(国家税务总局公告2012年第15号)

4. 纳税调整的事项:收入类和扣除类

根据国家税务总局制定的《中华人民共和国企业所得税年度纳税申报表》《纳税调整项目明细表》(A105000)的要求,并结合目前小企业的实际情况和小企业会计准则的规定,构成小企业纳税调整的事项主要有两类15个项目,分别是收入类和扣除类。

第一类:收入类调整项目,主要包括:免税收入,减计收入和减、免税项目所得等3个项目。

第二类:扣除类调整项目,主要包括:职工福利费支出、职工教育经费支出、工会经费支出、业务招待费支出、广告费和业务宣传费支出、捐赠支出、利息支出、罚金、罚款和被没收财物的损失,税收滞纳金、赞助支出、与取得收入无关的支出和加计扣除等12个项目。

上述收入类和扣除类调整项目即通常讲的永久性差异。永久性差异是会计利润和应纳税所得额之间的计算口径规定不同而产生的差异,这种差异在当期产生,按照税法规定进行纳税调整后,不能在以后各期转回。常见永久性差异见表15-6。

表15-6 常见永久性差异表

① 会计确认收益 税法不确认收益	② 会计不确认收益 税法确认收益	③ 会计扣除税法不允许扣除	④ 会计不扣除税法允许扣除
不征税收入	关联交易纳税调整	不征税收入用于支出形成的费用、折旧及摊销。	加计扣除
免税收入	视同销售收入	税法不允许扣除的支出。	加计摊销
先征后返的税款		不符合扣除条件的支出、超标的支出。	视同销售成本
减计收入			会计未加速折旧但税法允许加速折旧的折旧额
减免所得额			

5. 纳税调整的方式:调表不调账

就是以小企业会计账簿记录的构成利润总额的资料为依据,不改变会计账簿记录的结果,按照企业所得税法的要求编制《中华人民共和国企业所得税年度纳税申报表》,从而在《中华人民共和国企业所得税年度纳税申报表》上实现企业所得税法的要求,并计算出应纳税额,这一过程并不改变或影响会计账簿记录的结果。

6. 纳税调整的时点:年度汇算清缴时

《企业所得税法》第54条规定,企业所得税汇算清缴,是指纳税人在纳税年度终了后,依照税收法律、法规、规章及其他有关企业所得税的规定,自行计算全年应纳税所得额和应纳所得税额,根据月度或季度预缴所得税的数额,确定该年度应补或者应退税额,并填写年度企业所得税纳税申报表,向主管税务机关办理年度企业所得税纳税申报、提供税务机关要求提供的有关资料、结清全年企业所得税税款的行为。

(四) 计算步骤:分为四步

第一步,计算出小企业的应纳税所得额。

第二步,计算出减除减免所得税额和抵免所得税额前的应纳税额。

第三步,计算出小企业享受的减免所得税额和抵免所得税额等优惠税额。

第四步,最终计算出应纳税额,即所得税费用。

(五) 计算出小企业的应纳税所得额

根据《企业所得税法》第5条的规定,应纳税所得额的计算公式如下:

$$\text{应纳所得税额} = \text{应纳税所得额} \times \text{适用税率} - \text{减免税额} - \text{抵免税额} \quad (\text{公式一})$$

$$\text{应纳税所得额} = \text{收入总额} - \text{不征税收入} - \text{免税收入} - \text{扣除额} - \text{允许弥补的以前年度亏损} \quad (\text{公式二})$$

根据《中华人民共和国企业所得税年度纳税申报表》(2017年版)的要求,小企业的应纳税所得额的计算公式通常可表示如下:

$$\text{应纳税所得额} = \text{利润总额} + \text{纳税调整增加额} - \text{纳税调整减少额} - \text{弥补以前年度亏损} \quad (\text{公式三})$$

由公式三可以看出,根据企业所得税法的规定计算应纳税所得额的过程实际上就是在本准则核算的利润总额的基础上,按照企业所得税法的规定,进行纳税调整的过程。

公式三还可以表示如下:

$$\text{纳税调整后所得} = \text{利润总额} + \text{纳税调整增加额} - \text{纳税调整减少额} \quad (\text{公式四})$$

实务中,纳税调整增加额和纳税调整减少额是通过填制《企业所得税纳税调整表》完成的,纳税调整项目按照"收入类调整项目""扣除类调整项目"等设置。数据栏分别设置"账载金额""税收金额""调增金额""调减金额"四个栏次,其中,"账载金额"是指纳税人在计算主表"利润总额"时,按照会计核算计入利润总额的项目金额;"税收金额"是指纳税人在计算主表"应纳税所得额"时,按照税收规定计入应纳税所得额的项目金额。

"收入类调整项目":"税收金额"减去"账载金额"后的余额为正数,填报在"调增金额";余额为负数,将其绝对值填报在"调减金额";"扣除类调整项目":"账载金额"减去"税收金额"后的余额为正数,填报在"调增金额";余额为负数,将其绝对值填报在"调减金额"。

在公式四中,各个项目的具体确定方法如下:

(1) 利润总额的计算,其数据直接取自小企业"利润表"第31行数据。

(2) 构成小企业纳税调整增加额的项目主要是收入类和扣除类调整项目。

收入类调整项目通常有2项,具体包括:

① "视同销售收入"项目。填报税收上作为视同销售项目的收入。第3列"调增金额"取自附表一相关栏次,第1列"账载金额"、第2列"税收金额"和第4列"调减金额"不填。具体视同销售收入的内容见第十三章"视同销售财税处理"部分。

② "不征税收入"项目。这个项目的金额从小企业"营业外收入"账户的贷方发生额分析取得。

不征税收入与免税收入不同,不征税收入是指从性质和根源上不属于企业营利性活动带来的经济利益、不负有纳税义务并不作为应纳税所得额组成部分的收入。不属于税收优惠的范畴,这些收入不属于营利性活动带来的经济利益,是专门从事特定目的的收入,这些收入从企业所得税原理上讲应永久不列为征税范围的收入范畴。具体不征税收入的内容见本章第三节收入部分。

"不征税收入"填报纳税人本期在会计上确认为收入,按照税收规定属于不征税收入的金额,其中,第3列"调增金额"填写不符合条件转为应税收入的金额。

扣除类调整项目通常有 19 项,具体包括:

①"视同销售成本"项目。第 2 列"税收金额"填报视同销售收入相对应的成本费用。第 4 列"调减金额"取自附表二相关栏次。视同销售成本的具体内容见本书第十三章讲解。

②"工资薪金支出"项目。这个项目的金额可以从小企业"应付职工薪酬"账户贷方发生额分析取得。

第 1 列"账载金额"填报纳税人根据小企业会计准则计入成本费用的职工工资、奖金、津贴和补贴;第 2 列"税收金额"填报按照税收规定可在本期税前扣除的工资薪金;第 1 列>第 2 列时,第 1 列与第 2 列的差额填入第 3 列"调增金额";第 1 列<第 2 列时,第 1 列与第 2 列的差额的绝对值填入第 4 列"调减金额"。工资薪金加计扣除部分不在本行填列,而应填报《免税、减计收入及加计扣除优惠明细表》(A107010)有关栏次后再在本表"加计扣除"项目填报"调减金额"。工资薪金支出的具体内容见本书第九章讲解。

③"职工福利费支出"项目。这个项目的金额可以从小企业"应付职工薪酬"账户贷方发生额分析取得。

第 1 列"账载金额"填报纳税人根据小企业会计准则计入成本费用的职工福利费;第 2 列"税收金额"填报按照税收规定可在本期税前扣除的职工福利费;第 1 列>第 2 列时,第 1 列与第 2 列的差额填入第 3 列"调增金额";第 1 列<第 2 列时,第 1 列与第 2 列的差额的绝对值填入第 4 列"调减金额"。职工福利费支出的具体内容见本书第九章讲解。

④"职工教育经费支出"项目。这个项目的金额可以从小企业"应付职工薪酬"账户贷方发生额分析取得。

第 1 列"账载金额"填报纳税人根据小企业会计准则计入成本费用的职工教育经费支出;第 2 列"税收金额"填报按照税收规定可在本期税前扣除的职工教育经费支出;第 1 列>第 2 列时,第 1 列与第 2 列的差额填入第 3 列"调增金额";第 1 列<第 2 列时,第 1 列与第 2 列的差额的绝对值填入第 4 列"调减金额"。职工教育经费支出的具体内容

见本书第九章讲解。

⑤"工会经费支出"项目。这个项目的金额可以从小企业"应付职工薪酬"账户贷方发生额分析取得。

第 1 列"账载金额"填报纳税人根据小企业会计准则计入成本费用的工会经费支出;第 2 列"税收金额"填报按照税收规定可在本期税前扣除的工会经费支出;第 1 列>第 2 列时,第 1 列与第 2 列的差额填入第 3 列"调增金额";第 1 列<第 2 列时,第 1 列与第 2 列的差额的绝对值填入第 4 列"调减金额"。工会经费支出的具体内容见本书第九章讲解。

⑥"各类基本社会保障性缴款"项目。这个项目的金额可以从小企业"应付职工薪酬"账户贷方发生额分析取得。

第 1 列"账载金额"填报纳税人根据小企业会计准则核算的计入成本费用的各类基本社会保障性缴款的金额,包括基本医疗保险费、基本养老保险费、失业保险费、工伤保险费和生育保险费;第 2 列"税收金额"填报纳税人按照税收规定允许税前扣除的各类基本社会保障性缴款的金额。第 4 列"调减金额"填报会计核算中未列入本期费用,按税收规定允许当期扣除的金额。第 1 列>第 2 列时,第 1 列与第 2 列的差额填入第 3 列"调增金额"。第 1 列<第 2 列时,第 1 列与第 2 列差额的绝对值填入第 4 列"调减金额"。各类基本社会保障性缴款的具体内容见本书第九章讲解。

⑦"住房公积金"项目。这个项目的金额可以从小企业"应付职工薪酬"账户贷方发生额分析取得。

第 1 列"账载金额"填报纳税人根据小企业会计准则核算的计入成本费用的住房公积金金额;第 2 列"税收金额"填报纳税人按照税收规定允许税前扣除的住房公积金的金额。第 1 列与第 2 列的差额填入第 3 列"调增金额";第 4 列"调减金额"不填。工住房公积金的具体内容见本书第九章讲解。

⑧"补充养老保险"项目。这个项目的金额可以从小企业"应付职工薪酬"账户贷方发生额分析取得。

第 1 列"账载金额"填报纳税人根据小企业会

计准则核算的计入成本费用的补充养老保险金额;第2列"税收金额"填报纳税人按照税收规定允许税前扣除的补充养老保险金额;第4列"调减金额"填报会计核算中未列入本期费用,按税收规定允许当期扣除的金额。第1列>第2列时,第1列与第2列的差额填入第3列"调增金额";第1列<第2列时,第1列与第2列差额的绝对值填入第4列"调减金额"。补充养老保险的具体内容见本书第九章讲解。

⑨"补充医疗保险"项目。这个项目的金额可以从小企业"应付职工薪酬"账户贷方发生额分析取得。

第1列"账载金额"填报纳税人根据小企业会计准则核算的计入成本费用的补充医疗保险金额;第2列"税收金额"填报纳税人按照税收规定允许税前扣除的补充医疗保险金额;第4列"调减金额"填报会计核算中未列入本期费用,按税收规定允许当期扣除的金额。第1列>第2列时,第1列与第2列的差额填入第3列"调增金额"。第1列<第2列时,第1列与第2列差额的绝对值填入第4列"调减金额"。补充医疗保险的具体内容见本书第九章讲解。

⑩"业务招待费支出"项目。这个项目的金额可以从小企业"管理费用"账户借方发生额分析取得。

第1列"账载金额"填报企业发生的业务招待费;第2列"税收金额"经比较后填列,即比较"第1列×60%"与"附表一《收入明细表》'营业收入与视同销售收入合计'×5‰"两数,孰小值填入第2列;如第1列≥第2列,第1列减去第2列的余额填入第3列"调增金额";第4列"调减金额"不填。业务招待费支出的具体内容见本书第十四章讲解。

⑪"广告费和业务宣传费支出"项目。这个项目的金额可以从小企业"销售费用"账户借方发生额分析取得。

第1列"账载金额"填报企业当年发生的广告费与业务宣传费及以前年度结转待扣除的广告费与业务宣传费;第2列"税收金额"填列按"附表一《收入明细表》'营业收入与视同销售收入合计'×15%"的金额或国务院财政、税务主管部门另有规定的金额,如第1列≥第2列,第1列减去第2列的差额填入第3列"调增金额",如第1列<第2列,则第3列不填,第4列"调减金额"填列企业以前年度结转待扣除的广告费与业务宣传费支出,结转扣除的最大金额为第2列减去第1列的差额。广告费和业务宣传费支出的具体内容见本书第十四章讲解。

⑫"捐赠支出"项目。捐赠支出包括两个部分,公益性捐赠支出和非公益性捐赠支出。对于公益性捐赠支出可在扣除限额内扣除。对于非公益性捐赠支出不得在税前扣除。

这个项目的金额可以从小企业"营业外支出"账户借方发生额分析取得。

第1列"账载金额"填报纳税人根据小企业会计准则核算的捐赠支出额;第2列"税收金额"填报纳税人按照税收规定允许税前扣除的捐赠支出的金额。如第1列>第2列时,第1列与第2列的差额填入第3列"调增金额";如第1列<第2列,则第3列不填;第4列"调减金额"不填。捐赠支出的具体内容见本书第十四章讲解。

⑬"利息支出"项目。这个项目的金额可以从小企业"财务费用"账户借方发生额分析取得。

第1列"账载金额"填报纳税人根据小企业会计准则核算的向非金融企业借款计入财务费用的利息支出额;第2列"税收金额"填报纳税人向非金融机构借款按照税收规定允许在税前扣除的利息支出额。第1列与第2列的差额填入第3列"调增金额";第4列"调减金额"不填。利息支出的具体内容见本书第十四章讲解。

⑭"不符合税收规定的销售折扣和折让"项目。填报纳税人不符合税收规定的销售折扣和折让应进行纳税调整的金额。

第1列"账载金额"填报纳税人根据小企业会计准则规定,销售货物给购货方的销售折扣和折让金额。第2列"税收金额"填报纳税人按照税收规定可以税前扣除的销售折扣和折让的金额。第3列"调增金额"填报第1列与第2列的差额。第4列"调减金额"不填。

⑮"罚金、罚款和被没收财物的损失"项目。这个项目的金额从小企业"营业外支出"账户的借方发生额分析取得。

第1列"账载金额"填报纳税人根据小企业会计准则核算的不得在税前扣除的罚金、罚款和被罚没财物损失金额。第3列"调增金额"等于第1列。

⑯"税收滞纳金"项目。这个项目的金额从小企业"营业外支出"账户的借方发生额分析取得。

第1列"账载金额"填报纳税人根据小企业会计准则核算的税收滞纳金的金额。第3列"调增金额"等于第1列。

⑰"赞助支出"项目。这个项目的金额从小企业"营业外支出"账户的借方发生额分析取得。

赞助支出：第1列"账载金额"填报纳税人根据小企业会计准则核算的不得在税前扣除的赞助支出金额，包括直接向受赠人的捐赠、各种赞助支出等。第3列"调增金额"等于第1列。

广告性的赞助支出按广告费和业务宣传费的规定处理，在"广告费与业务宣传费支出"中填报。

⑱"与取得收入无关的支出"项目。这个项目的金额从小企业"营业外支出"账户的借方发生额分析取得。

第1列"账载金额"填报纳税人根据小企业会计准则核算的、与取得收入无关的支出金额。第3列"调增金额"等于第1列；第2列"税收金额"和第4列"调减金额"不填。

⑲"不征税收入用于支出所形成的费用"项目。这个项目的金额从小企业有关成本费用账户的借方发生额分析取得。

第1列"账载金额"填报纳税人根据小企业会计准则核算的、不征税收入用于支出形成的成本费用(包括不征税收入购置的固定资产、无形资产等折旧(摊销)计入当期的成本费用)的金额。第3列"调增金额"等于第1列。

(3)构成小企业纳税调整减少额的项目主要是收入类调整项目和扣除类调整项目中的加计扣除合计5个项目。

①"不征税收入"项目。这个项目的金额从小企业"营业外收入"账户的贷方发生额分析取得。

"不征税收入"：填报纳税人本期在会计上确认为收入，按照税收规定属于不征税收入的金额。第4列"调减金额"填写本期在会计上确认为收入，按照税收规定属于不征税收入的金额。

②"免税收入"项目。这个项目的金额从小企业"投资收益"账户的贷方发生额分析取得。

免税收入是指属于企业的应税所得但按照税法规定免予征收企业所得税的收入。免税收入属于税收优惠的范畴。免税收入与小企业直接相关的收入主要是国债利息收入和符合条件的居民企业之间的股息、红利等权益性投资收益。

③减计收入。

这个项目的金额从小企业"主营业务收入"或"其他业务收入"账户的贷方发生额分析取得。

减计收入是指按照税法规定准予对企业某些经营活动取得的应税收入，按一定比例减少计入收入总额，进而减少应纳税所得额的一种税收优惠措施。和加计扣除方式类似，减计收入也是一种间接优惠方式。

④减、免税项目所得。减、免税项目所得包括免税所得，减税所得，从事国家重点扶持的公共基础设施项目投资经营的所得，从事符合条件的环境保护、节能节水项目的所得，符合条件的技术转让所得和其他六个部分，但是与目前小企业有关主要有免税所得，减税所得，从事符合条件的环境保护、节能节水项目的所得，符合条件的技术转让所得四个部分。

这些项目的金额从小企业(农、林、牧、渔业)的"主营业务收入"或"其他业务收入"账户的贷方发生额分析取得。

⑤加计扣除。加计扣除包括开发新技术、新产品、新工艺发生的研究开发费用，安置残疾人员所支付的工资和国家鼓励安置的其他就业人员所支付的工资三个部分，在加计扣除比例上主要有两个，分别是75%和100%。

A. 开发新技术、新产品、新工艺发生的研究开发费用。研究开发费用的具体加计扣除方式有两种。

一是未形成无形资产的研发费用，计入当期损益，在按规定实行100%扣除基础上，一般企业按研究开发费用的75%加计扣除。制造业企业从2021年1月1日开始按100%加计扣除。

这个项目的金额从小企业的"管理费用"账户的借方发生额分析取得。

比如，某小企业(非制造业)2022年全年实际发生属于新产品、新技术、新工艺的研究开发费用共计 10 万元，假定不符合资本化条件，全部计入管理费用，则在计算 2022 年应纳税所得额时，该笔研究开发费用可以按照 75% 加计扣除，即按照 7.5 万元加计扣除，最终在税前扣除的金额为 17.5 万元。

二是形成无形资产的研究开发费用，一般企业按无形资产成本的 175% 进行摊销。制造业企业从 2021 年 1 月 1 日起按 100% 进行摊销。

比如，某小企业（非制造业）2022 年全年实际发生属于新产品、新技术、新工艺的研究开发费用共计 10 万元，其中符合资本化条件计入无形资产的金额为 8 万元，假定分 10 年摊销，从 2023 年 1 月 1 日开始摊销。则计入管理费用的金额为 2 万元，计入无形资产的金额为 8 万元。则在计算 2022 年应纳税所得额时，该笔研究开发费用计入管理费用的部分可以按照 75% 加计扣除，即按照 1.5 万元加计扣除，2022 年最终在税前扣除的金额为 3.5 万元。在 2023 年按照小企业会计准则摊销的金额为 0.8 万元（8÷10），按照企业所得税法摊销的金额为 1.4 万元 $[(8+8×75\%)÷10]$，2023 年最终在税前扣除的金额为 1.4 万元。

这个项目的金额从小企业的"无形资产"账户的借方发生额和"累计摊销"账户的贷方发生额分析取得。

也就是说，企业所得税法实施条例按照研究开发费用是否资本化为标准，分两种方式来加计扣除，但其准予税前扣除的总额是一样的，即最终都是实际发生的研究开发费用的 150%，只是出现时间上递延。

特别提醒，根据《财政部　税务总局关于进一步完善研发费用税前加计扣除政策的公告》（财税〔2021〕13 号）的规定，制造业企业开展研发活动中实际发生的研发费用，未形成无形资产计入当期损益，在按规定据实扣除的基础上，自 2021 年 1 月 1 日起，再按照实际发生额的 100% 在税前加计扣除，形成无形资产的自 2021 年 1 月 1 日起，按照无形资产成本的 200% 在税前扣除。

B. 安置残疾人员所支付的工资。这个项目的金额从小企业的"应付职工薪酬"账户的贷方发生额分析取得。

根据《企业所得税法实施条例》第 96 条的规定，小企业安置残疾人员所支付的工资的加计扣除，是指小企业安置残疾人员的，在按照支付给残疾职工工资据实扣除的基础上，按照支付给残疾职工工资的 100% 加计扣除。残疾人员的范围适用《中华人民共和国残疾人保障法》的有关规定。小企业每安置 1 名国家鼓励安置的残疾人员就业，如果小企业支付的月工资为 2 000 元，则小企业在计算应纳税所得额时，不仅可据实扣除 2 000 元，还可另外再多扣除 2 000 元，也就是说，在适用税率为 25% 的情况下，小企业每安置 1 名国家鼓励安置的残疾人员就业，将可享受到 500 元的税收减免优惠。

（六）纳税调整后所得弥补以前年度亏损后确认应纳税所得额

根据公式四确定了"纳税调整后所得"的金额，再考虑"弥补以前年度亏损"的金额，就可以最终确定应纳税所得额，见下列公式五：

$$\text{应纳税所得额} = \text{纳税调整后的所得} - \text{弥补以前年度亏损} \qquad (公式五)$$

1. 弥补亏损的税法规定

弥补以前年度的亏损，是指根据企业所得税法的规定可用以后年度的所得弥补的以前年度的亏损。《企业所得税法》第 18 条规定："企业纳税年度发生的亏损，准予向以后年度结转，用以后年度的所得弥补，但结转年限最长不得超过五年。"

自 2018 年 1 月 1 日起，当年具备高新技术企业或科技型中小企业资格（以下统称资格）的企业，其具备资格年度之前 5 个年度发生的尚未弥补完的亏损，准予结转以后年度弥补，最长结转年限由 5 年延长至 10 年。（财税〔2018〕76 号）

受疫情影响较大的困难行业企业 2020 年度发生的亏损（注：不是所有年度），最长结转年限由 5 年延长至 8 年。困难行业企业，包括交通运输、餐饮、住宿、旅游（指旅行社及相关服务、游览景区管理两类）四大类，具体判断标准按照现行《国民经济行业分类》（GB/T 4754—2017）执行。困难行业企业 2020 年度主营业务收入须占收入总额（剔除不征税收入和投资收益）的 50% 以上。（财政部 税务总局公告 2020 年第 8 号）

受疫情影响较大的困难行业企业按照《财政

部 国家税务总局关于支持新型冠状病毒感染的肺炎疫情防控有关税收政策的公告》(财政部 国家税务总局2020年第8号)第4条规定,适用延长亏损结转年限政策的,应当在2020年度企业所得税汇算清缴时,通过电子税务局提交《适用延长亏损结转年限政策声明》(国家税务总局公告2020年第4号)。

"弥补以前年度亏损"的具体计算参见《中华人民共和国企业所得税年度纳税申报表》中的《税前弥补亏损明细表》(A1054000)。

2. 弥补亏损的会计处理

(1)会计上的"利润"是年末"本年利润"科目未结转之前本科目的贷方余额,结转后"利润分配——未分配利润"科目的贷方余额,即为企业累积的未分配利润。会计上的"亏损"是年末"本年利润"科目未结转之前本科目的余额为借方余额,结转后"利润分配——未分配利润"科目的借方余额,即为未弥补的亏损额。

(2)企业发生的亏损可以次年实现的税前利润弥补,次年弥补不完的,可往后延期,还可以税后利润弥补。在以次年或以后年度实现的税前利润(或税后利润)弥补以前年度亏损时,企业当年实现的利润从"本年利润"科目的借方转入"利润分配——未分配利润"科目的贷方,"利润分配——未分配利润"科目的贷方发生额与"利润分配——未分配利润"科目的借方余额自然抵补。因此,企业无论是以税前利润还是以税后利润弥补以前年度结转的未弥补亏损时,不需要进行专门的账务处理。如果企业用盈余公积弥补亏损,则需作账务处理,借记"盈余公积"科目,贷记"利润分配——其他转入"科目。

3. 差异分析

会计上的"亏损"与税法上的"亏损"不是同一概念,税法上的"亏损"是在会计"利润"的基础上经主管税务机关按税法规定调整后的金额。小企业应按税法规定进行亏损弥补。

(七)计算出减除减免所得税额或抵免所得税额前的应纳税额

根据应纳税额的计算公式(公式一)可知,在确定了应纳税所得额后,就可以计算出减除减免所得税额和抵免所得税额前的应纳税额,计算公式如下:

$$\text{除减免所得税额和抵免所得税额前的应纳税额} = \text{应纳税所得额} \times \text{适用税率} \quad (\text{公式六})$$

其中,适用税率为企业所得税率规定的税率25%。

(八)计算出小企业享受的减免所得税额和抵免所得税额等优惠税额

根据应纳税额的计算公式(公式一)可知,在确定了减除减免所得税额和抵免所得税额前的应纳税额后,还需要确定小企业可以享受的减免所得税额和抵免所得税额这两项优惠税额。

1. 减免所得税额的确定

小企业可能会享受的减免所得税额的项目主要有3项,包括:符合条件的小型微利企业、国家需要重点扶持的高新技术企业和民族自治地方的企业应缴纳的企业所得税中属于地方分享的部分。

(1)符合条件的小型微利企业。

① 小型微利企业判断标准。小型微利企业是指从事国家非限制和禁止行业,且同时符合年度应纳税所得额不超过300万元、从业人数不超过300人、资产总额不超过5 000万元等三个条件的企业。预缴企业所得税时,小型微利企业的资产总额、从业人数、年度应纳税所得额指标,暂按当年度截至本期申报所属期末的情况进行判断。(国家税务总局公告2019年第2号)

从业人数,包括与企业建立劳动关系的职工人数和企业接受的劳务派遣用工人数。所称从业人数和资产总额指标,应按企业全年的季度平均值确定。具体计算公式如下:

季度平均值=(季初值+季末值)÷2

全年季度平均值=全年各季度平均值之和

年度中间开业或者终止经营活动的,以其实际经营期作为一个纳税年度确定上述相关指标。

② 减半征收政策内容。根据《财政部 税务总局关于实施小微企业和个体工商户所得税优惠政策的公告》(财政部 税务总局公告2021年第12号)和《国家税务总局关于落实支持小型微利企业和个体工商户发展所得税优惠政策有关事项的公告》(国家税务总局公告2021年第8号)的规定,2021年1月1日至2022年12月31日,规定,小

型微利企业年应纳税所得额不超过 100 万元的部分,减按12.5%计入应纳税所得额,按 20%的税率缴纳企业所得税;年应纳税所得额超过 100 万元但不超过 300 万元的部分,减按 50%计入应纳税所得额,按 20%的税率缴纳企业所得税。(国家税务总局公告 2019 年第 2 号、国家税务总局公告 2021 年第 8 号)

小型微利企业年应纳税所得额不超过 100 万元的部分,按 2.5%计税(实际税负 2.5%)。

根据《财政部　税务总局关于进一步实施小微企业所得税优惠政策的公告》(财政部　税务总局公告 2022 年第 13 号)的规定,2022 年 1 月 1 日至 2024 年 12 月 31 日,对小型微利企业年应纳税所得额超过 100 万元但不超过 300 万元的部分,减按 25%计入应纳税所得额,按 20%的税率缴纳企业所得税。

小型微利企业年应纳税所得额超过 100 万元但不超过 300 万元的部分,按 5%计税(实际税负 5%)。

③ 应纳税额和减免税额计算方法。2022 年 1 月 1 日至 2024 年 12 月 31 日小型微利企业年应纳税所得额不超过 100 万元、超过 100 万元但不超过 300 万元的部分,分别减按12.5%、25%计入应纳税所得额,按 20%的税率缴纳企业所得税,实际税负分别下降至 2.5%和 5%。

【例 15-18】 A 企业符合小型微利企业条件。2022 年第 1 季度应纳税所得额为 50 万元。A 企业在第 1 季度预缴申报时,可享受小型微利企业所得税优惠政策,实际应纳所得税额=50×12.5%×20%=1.25(万元),减免所得税额=50×25%-1.25=11.25(万元)。

A 企业 2022 年第 1～2 季度累计应纳税所得额为 150 万元。A 企业第 2 季度预缴申报时,可继续享受小型微利企业所得税优惠政策,实际应纳所得税额=100×12.5%×20%+(150-100)×25%×20%=2.5+2.5=5(万元),减免所得税额=150×25%-5=32.5(万元)。

④ 享受税收优惠政策的程序。企业享受企业所得税优惠事项均采取"自行判别、申报享受、相关资料留存备查"的办理方式,企业只需通过填写企业所得税纳税申报表相关栏次即可享受,同时将以下资料留存备查:所从事行业不属于限制和禁止行业的说明;从业人数的计算过程;资产总额的计算过程。

(2) 个体工商户减半征收个人所得税。(财政部税务总局公告 2021 年第 12 号)

自 2021 年 1 月 1 日至 2022 年 12 月 31 日,个体工商户年应纳税所得额不超过 100 万元的部分,在现行优惠政策基础上,再减半征收所得税。不区分征收方式,均可享受。在预缴税款时即可享受。取消代开货物运输业发票预征个人所得税有关事项。

减免税额=(个体工商户经营所得应纳税所得额不超过 100 万元部分的应纳税额-其他政策减免税额×个体工商户经营所得应纳税所得额不超过 100 万元部分÷经营所得应纳税所得额)×(1-50%)

减免税额填入对应经营所得纳税申报表"减免税额"栏次,并附报《个人所得税减免税事项报告表》。

(3) 国家需要重点扶持的高新技术企业。国家需要重点扶持的高新技术企业,减按 15%的税率征收企业所得税。

《高新技术企业认定管理办法》(国科发火〔2016〕32 号)第 11 条规定,认定为高新技术企业须同时满足以下条件:

① 企业申请认定时须注册成立 1 年以上。

② 企业通过自主研发、受让、受赠、并购等方式,获得对其主要产品(服务)在技术上发挥核心支持作用的知识产权的所有权。

③ 对企业主要产品(服务)发挥核心支持作用的技术属于《国家重点支持的高新技术领域》规定的范围。

④ 企业从事研发和相关技术创新活动的科技人员占企业当年职工总数的比例不低于 10%;

⑤ 企业近 3 个会计年度(实际经营期不满 3 年的按实际经营时间计算,下同)的研究开发费用总额占同期销售收入总额的比例符合如下要求:最近一年销售收入小于 5 000 万元(含)的企业,比例不低于 5%;最近 1 年销售收入在 5 000 万元至 2 亿元(含)的企业,比例不低于 4%;最近一年销售收入在 2 亿元以上的企业,比例不低于 3%。其中,企业在中国境内发生的研究开发费用

总额占全部研究开发费用总额的比例不低于60%。

⑥近一年高新技术产品（服务）收入占企业同期总收入的比例不低于60%。

⑦企业创新能力评价应达到相应要求；

⑧企业申请认定前1年内未发生重大安全、重大质量事故或严重环境违法行为。

无论从事何种行业的企业，只要符合《高新技术企业认定管理办法》的要求即可申请高新技术企业认定。申报时看企业主要产品（服务）发挥核心支持作用的技术属于《国家重点支持的高新技术领域》规定的范围中的哪一项，请根据自己企业情况查找，高企认定对于行业领域没有要求。事业单位按《高新技术企业认定管理办法》要求符合条件的，也可以申请认定。高新技术企业的认定条件通过《高新技术企业优惠情况及明细表》（A107041）得以体现，只要具有高新资格，无论享不享受高新税率优惠，必须填写A107041表。

（4）民族自治地方的企业应缴纳的企业所得税中属于地方分享的部分。

《企业所得税法》第29条规定，民族自治地方的自治机关对本民族自治地方的企业应缴纳的企业所得税中属于地方分享的部分，可以决定减征或者免征。自治州、自治县决定减征或者免征的，须报省、自治区、直辖市人民政府批准。

《企业所得税法实施条例》第94条规定，民族自治地方，是指依照《中华人民共和国民族区域自治法》的规定，实行民族区域自治的自治区、自治州、自治县。对民族自治地方内国家限制和禁止行业的企业，不得减征或者免征企业所得税。

2. 抵免所得税额的确定

《企业所得税法》第34条规定，企业购置用于环境保护、节能节水、安全生产等专用设备的投资额，可以按一定比例实行税额抵免。

《企业所得税法实施条例》第100条规定，企业购置并实际使用《环境保护专用设备企业所得税优惠目录》《节能节水专用设备企业所得税优惠目录》和《安全生产专用设备企业所得税优惠目录》规定的环境保护、节能节水、安全生产等专用设备的，该专用设备的投资额的10%可以从企业当年的应纳税额中抵免；当年不足抵免的，可以在以后

5个纳税年度结转抵免。享受前款规定的企业所得税优惠的企业，应当实际购置并自身实际投入使用前款规定的专用设备；企业购置上述专用设备在5年内转让、出租的，应当停止享受企业所得税优惠，并补缴已经抵免的企业所得税税款。

小企业可能会享受的抵免所得税额的项目主要有3项，购置并实际使用《环境保护专用设备企业所得税优惠目录》《节能节水专用设备企业所得税优惠目录》和《安全生产专用设备企业所得税优惠目录》规定的环境保护、节能节水、安全生产等专用设备，可以按专用设备投资额的10%抵免当年企业所得税应纳税额；小企业当年应纳税额不足抵免的，可以向以后年度结转，但结转期不得超过5个纳税年度。

专用设备投资额，是指购买专用设备发票价税合计价格，但不包括按有关规定退还的增值税税款以及设备运输、安装和调试等费用。实行企业所得税税额抵免的设备不仅仅限于国产设备，还包括进口设备。但小企业利用财政拨款购置专用设备的投资额，不得抵免企业应纳所得税额。

这个项目的金额从小企业的"固定资产"账户的借方发生额分析取得。

（九）最终计算出应纳税额即所得税费用

根据应纳税额的计算公式（公式一）可知，在确定了减除减免所得税额和抵免所得税额前的应纳税额和小企业可以享受的减免所得税额和抵免所得税额这两项优惠税额后，就可以最终确定小企业当年的应纳税额，从而确定出小企业当年的所得税费用。

$$\frac{\text{应纳}}{\text{税额}} = \frac{\text{应纳税}}{\text{所得额}} \times \frac{\text{适用}}{\text{税率}} - \frac{\text{减免}}{\text{税额}} - \frac{\text{抵免}}{\text{税额}} \quad (\text{公式一})$$

小企业当年记入"所得税费用"和"应交税费——应交所得税"账户的金额即为上述公式一计算的金额。

【例15-19】 甲公司2022年度利润总额（税前会计利润）为3 800 000元，所得税税率为25%。甲公司全年实发工资、薪金为2 000 000元，职工福利费300 000元，工会经费50 000元，职工教育经费210 000元；经查，甲公司当年营业外支出中有120 000元为税收滞纳罚金。假定甲公司全年无其他纳税调整因素。

企业所得税法规定,企业发生的合理的工资、薪金支出准予据实扣除;企业发生的职工福利费支出,不超过工资、薪金总额14%的部分准予扣除;企业拨缴的工会经费,不超过工资、薪金总额2%的部分准予扣除;除国务院财政、税务主管部门另有规定外,企业发生的职工教育经费支出,不超过工资、薪金总额8%的部分准予扣除,超过部分准予结转以后纳税年度扣除。

本例中,按企业所得税法规定,企业在计算当期应纳税所得额时,可以扣除工资薪金支出2 000 000元,扣除职工福利费支出280 000元(2 000 000 × 14%),工会经费支出40 000元(2 000 000×2%),职工教育经费支出160 000元(2 000 000×8%)。甲公司有两种纳税调整因素:一是已计入当期费用但超过企业所得税法规定标准的费用支出;二是已计入当期营业外支出但按企业所得税法规定不允许扣除的税收滞纳金,这两种因素均应调整增加应纳税所得额。甲公司当期所得税的计算如下:

纳税调整增加额=(300 000−280 000)+(50 000−40 000)+(210 000−160 000)+12 0000=200 000(元)。

应纳税所得额=税前会计利润+纳税调整增加额=3 800 000+200 000=4 000 000(元)。

当期应交所得税额=4 000 000×25%=1 000 000(元)。

【例15-16】 某乡镇企业(小型企业)主要生产粮食白酒,2022年度生产经营情况如下:

(1)取得产品销售收入总额860万元(已扣除了给购货方的回扣20万元)。

(2)应扣除产品销售成本540万元。

(3)发生产品销售费用80万元、管理费用120万元、财务费用40万元(其中含逾期归还银行贷款的罚息3万元)。

(4)应缴纳的增值税30万元、税金及附加70万元。

(5)营业外支出14万元(其中含缴纳税收滞纳金4万元)。

该乡镇企业当年度应缴的企业所得税计算如下:

支付给购货方的回扣,不得税前扣除;

逾期归还银行贷款的罚息3万元,属于非行政性罚款,允许在税前扣除。

增值税属于价外税,不得在税前扣除。

税收滞纳金4万元,不得在税前扣除。

(1)应纳税所得额=860+20−540−80−120−40−70−(14−4)=20(万元)。

(2)2022年度应缴企业所得税=20×2.5%=0.5(万元)。

【例15-20】 某服务企业职工人数25人,总资产2 800万元,2022年销售收入430万元,销售成本375万元,管理费用25万元,其中招待费3万元,符合条件的技术开发费2万元,财务费用5万元,计算其2022年度应纳所得税。

该企业应缴纳的企业所得税计算如下:

业务招待费扣除限额:3×60%=1.8(万元)<430×5‰=2.15(万元);

允许扣除业务招待费金额1.8万元;

技术开发费可以加计扣除2×75%=1.5(万元);

应纳税所得额=430−375−25+(3−1.8)−1.5−5=24.7(万元);

应纳所得税=24.7×2.5%=6 175(元)。

【例15-21】 某企业2022年实现销售收入5 000万元,销售成本3 600万元,管理费用100万元,财务费用80万元,广告费500万元、业务宣传费300万元,其他销售费用300万元,计算该企业应纳所得税。

该企业应缴纳的企业所得税计算如下:

该企业发生广告费和业务宣传费(300+500)=800(万元)。

本年度允许扣除广告费和业务宣传费5 000×15%=750(万元)。

不应扣除的广告费和业务宣传费800−750=50万元结转以后年度扣除。

应纳税所得额5 000−3 600−100−80−300−750=170(万元)。

应纳所得税100×2.5%+70×10%=9.5(万元)。

【例15-22】 某企业2022年应税销售收入总额为380万元,成本费用支出为200万元(其中广告费和业务宣传费共65万元),向贫困地区直接捐赠10万元,通过非盈利的公益性组织的捐赠20万元,支付税收滞纳金罚款5万元,计算企业2022年应纳税所得额。

该企业应缴纳的企业所得税计算如下:

(1) 2022年度利润总额 = $380 - 200 - 10 - 20 - 5 = 145$(万元)。

(2) 直接向贫困地区的捐赠10万元不可以税前扣除。

(3) 通过非盈利性组织的捐赠扣除限额 = $145 \times 12\% = 17.4$(万元),该项调增所得额 $20 - 17.4 = 2.6$(万元),可在以后3个年度内结转扣除。

(4) 广告费和业务宣传费扣除限额 = $380 \times 15\% = 57$(万元),该项调增所得额 = $65 - 57 = 8$(万元)。

(5) 税收罚款滞纳金5万元不可以税前扣除。

应纳税所得额 = $145 + 10 + 2.6 + 8 + 5 = 170.6$(万元)。

假定该企业职工人数和资产总额全部符合小型微利企业条件。

应纳所得税额 = $100 \times 2.5\% + 70.6 \times 10\% = 9.56$(万元)。

四、执行中需要注意的问题

(一)房地产开发企业的纳税调整

对于从事房地产开发的小企业,在计算应纳税所得额时,有一个比较特别的纳税调整项目是按照预售收入计算的预计利润,指小企业本期取得的预售收入,按照税收规定的预计利润率计算的预计利润,作为纳税调整增加额;如果本期将预售收入转为销售收入,其结转的预售收入已按照税收规定的预计利润率计算的预计利润转加数,作为纳税调整减少额。

(二)共同费用的分摊问题

小企业同时从事适用不同企业所得税待遇的项目的,其优惠项目应当单独计算所得,并合理分摊企业的期间费用;没有单独计算的,不得享受企业所得税优惠。这一规定,小企业应当注意以下两个方面。

1. 税收优惠项目必须单独核算

《企业所得税法》和《企业所得税法实施条例》规定了涉及促进技术创新和科技进步、鼓励基础设施建设、鼓励农业发展及环境保护与节能、支持安全生产、促进公益事业和照顾弱势群体等诸多方面的税收优惠,小企业完全可能同时从事适用不同企业所得税待遇的项目。为了保证企业所得税优惠政策真正落到国家鼓励发展、需要税收扶持的项目上,《企业所得税法实施条例》第102条规定对优惠项目应单独进行核算。单独进行核算,是指对该优惠项目有关的收入、成本、费用应单独核算,向税务机关提供单独的生产、财务核算资料,并计算相应的应纳税所得额和应纳税额,而对于不享受企业所得税优惠的项目,则另行计算其应纳税所得额。如果小企业没有单独计算的,很难区分哪些收入和支出属于优惠项目,为了防止小企业滥用税收优惠规定,《企业所得税法实施条例》第102条规定不得享受企业所得税优惠。

2. 共同费用必须进行分摊

在优惠项目和非优惠项目之间合理分摊小企业的期间费用,包括销售费用、管理费用和财务费用。这些期间费用可以根据小企业、行业的特点,根据经营收入、职工人数或工资总额、资产总额等因素在各生产经营项目之间进行分摊,否则不得扣除。

五、小企业所得税费用的核算

(一)科目设置

> **《小企业会计准则》应用指南**
>
> **5801 所得税费用**
>
> 一、本科目核算小企业根据企业所得税法确定的应从当期利润总额中扣除的所得税费用。
>
> 小企业根据企业所得税法规定补交的所得税,也通过本科目核算。
>
> 小企业按照规定实行企业所得税先征后返的,实际收到返还的企业所得税,在"营业外收入"科目核算,不在本科目核算。
>
> 二、所得税费用的主要账务处理。
>
> 年度终了,小企业按照企业所得税法规定计算确定的当期应纳税额,借记本科目,贷记"应交税费——应交企业所得税"科目。
>
> 三、年度终了,应将本科目的余额转入"本年利润"科目,结转后本科目应无余额。

1."所得税费用"科目

小企业应当设置"所得税费用"科目,核算小企业根据税法规定确认的应从当期利润总额中扣除的所得税费用。该科目的借方登记小企业按照企业所得税法规定计算确定的当期应缴所得税,贷方登记年终结转"本年利润"科目的全年所得税费用,结转后本科目应无余额。

小企业根据企业所得税法规定补缴的所得税,也通过本科目核算。小企业按照规定实行企业所得税先征后返的,实际收到返还的企业所得税,在"营业外收入"科目核算,不在本科目核算。

2."应交税费——应交所得税"科目

小企业应当设置"应交税费——应交所得税"科目,核算小企业根据税法规定确认的应交所得税。该科目的贷方登记小企业按照企业所得税法规定计算确定的当期应纳税税额,借方登记已缴纳的所得税。该科目的贷方余额反映小企业尚未缴纳的所得税,借方余额反映小企业多交的所得税。

(二)会计处理

1.季度预缴所得税

业务15-13　季度预缴所得税处理。

(1)按税法确定的每季度应交所得税

借:所得税费用

　　贷:应交税费——应交所得税

(2)按季缴纳的所得税:

借:应交税费——应交所得税

　　贷:银行存款

2.年度汇算清缴

业务15-14　年度汇算清缴所得税处理。

鉴于小企业的具体情况,小企业的年度汇算清缴应与会计年度决算一并进行。小企业在纳税年度内预缴企业所得税税款少于应缴税款的,应在汇算清缴期内结清应补缴的企业所得税税款。纳税人在纳税年度内预缴企业所得税税款超过汇算清缴应纳税款的,纳税人应及时申请退税,主管税务机关应及时按有关规定办理退税,不再抵缴其下一年度应缴企业所得税税款。(国家税务总局公告2021年第34号第2条)

(1)补税:

借:所得税费用

　　贷:应交税费——应交所得税

(2)退税:

借:应交税费——应交所得税

　　贷:所得税费用

3.年终结转全年已预交的所得税费用

业务15-14　年终结转全年已预交所得税费用的处理。

借:本年利润

　　贷:所得税费用

【例15-23】　某企业2022年主营业务利润180万元,其他业务利润16万元,营业外收入5万元,营业外支出3万元(其中税收滞纳金1万元),第一至第四季度预缴所得税2.69万元。

应纳税所得额=180+16+5-3+1=199(万元)。

应交所得税=100×2.5%+99×10%=12.4(万元)。

应补缴所得税=12.4-2.69=9.71(万元)。

借:所得税费用　　　　　　　　　　　97 100

　　贷:应交税费——应交所得税　　　　97 100

第七节　小企业利润分配财税处理

《小企业会计准则》条文及主旨:

第七十二条　小企业以当年净利润弥补以前年度亏损等剩余的税后利润,可用于向投资者进行分配。

小企业(公司制)在分配当年税后利润时,应当按照公司法的规定提取法定公积金和任意公积金。

【条文主旨】本条是关于小企业利润分配的规定。

利润分配是指小企业根据国家有关规定和小企业章程、投资者协议等,对小企业当年可供分配的利润所进行的分配。

一、小企业利润分配的法律法规规定

利润的分配过程和结果,不仅关系到所有者的合法权益是否得到保护,而且还关系到小企业能否长期、稳定地发展。小企业取得的净利润,应当按国家规定进行分配。目前,我国有关企业利润分配的法律法规除了《小企业会计准则》外主要有四部,分别是《中华人民共和国公司法》《中华人民共和国外资企业法实施细则》《中华人民共和国中外合资经营企业法实施条例》和《中华人民共和国中外合作经营企业法实施细则》。各部法律法规中有关利润分配的规定,具体如下:

(一)《中华人民共和国公司法》(2018 年 10 月 26 日第十三届全国人民代表大会常务委员会第六次会议《关于修改〈中华人民共和国公司法〉的决定》第四次修正)

《中华人民共和国公司法》第 166 条规定,公司分配当年税后利润时,应当提取利润的 10% 列入公司法定公积金。公司法定公积金累计额为公司注册资本的 50% 以上的,可以不再提取。公司的法定公积金不足以弥补以前年度亏损的,在依照前款规定提取法定公积金之前,应当先用当年利润弥补亏损。公司从税后利润中提取法定公积金后,经股东会或者股东大会决议,还可以从税后利润中提取任意公积金。公司弥补亏损和提取公积金后所余税后利润,有限责任公司依照本法第 35 条的规定分配;股份有限公司按照股东持有的股份比例分配,但股份有限公司章程规定不按持股比例分配的除外。股东会、股东大会或者董事会违反前款规定,在公司弥补亏损和提取法定公积金之前向股东分配利润的,股东必须将违反规定分配的利润退还公司。公司持有的本公司股份不得分配利润。

可见,公司制小企业用于分配的利润应当是税后利润,在分配顺序上,又区分两种情况:

一是公司的法定公积金足以弥补以前年度亏损的,利润分配顺序如下:

(1)提取法定公积金。

(2)提取任意公积金。

(3)向投资者分配。

二是公司的法定公积金不足以弥补以前年度亏损的,利润分配顺序如下:

(1)弥补以前年度亏损。

(2)提取法定公积金。

(3)提取任意公积金。

(4)向投资者分配。

(二)《中华人民共和国外资企业法实施细则》(2014 年 2 月 19 日《国务院关于废止和修改部分行政法规的决定》第二次修订)

《中华人民共和国外资企业法实施细则》第 56 条规定,外资企业依照中国税法规定缴纳所得税后的利润,应当提取储备基金和职工奖励及福利基金。储备基金的提取比例不得低于税后利润的 10%,当累计提取金额达到注册资本的 50% 时,可以不再提取。职工奖励及福利基金的提取比例由外资企业自行确定。外资企业以往会计年度的亏损未弥补前,不得分配利润;以往会计年度未分配的利润,可与本会计年度可供分配的利润一并分配。

可见,外资小企业税后利润分配的顺序为:

(1)提取储备基金;

(2)提取职工奖励及福利基金;

(3)弥补以前年度亏损;

(4)向投资者分配。

(三)《中华人民共和国中外合资经营企业法实施条例》(根据 2014 年 2 月 19 日《国务院关于废止和修改部分行政法规的决定》第五次修订)

《中华人民共和国中外合资经营企业法实施条例》第 76 条规定,合营企业按照《中华人民共和国企业所得税法》缴纳所得税后的利润分配原则如下:

(1)提取储备基金、职工奖励及福利基金、企业发展基金,提取比例由董事会确定。

(2)储备基金除用于垫补合营企业亏损外,经审批机构批准也可以用于本企业增加资本,扩大生产。

(3)按照本条第(一)项规定提取三项基金后的可分配利润,董事会确定分配的,应当按合营各方的出资比例进行分配。

《中华人民共和国中外合资经营企业法实施条例》第77条规定，以前年度的亏损未弥补前不得分配利润。以前年度未分配的利润，可以并入本年度利润分配。

可见，外资小企业税后利润分配的顺序为：

(1) 提取储备基金。

(2) 提取职工奖励及福利基金。

(3) 弥补以前年度亏损。

(4) 向投资者分配。

(四)《中华人民共和国中外合作经营企业法实施细则》(根据2017年3月1日《国务院关于修改和废止部分行政法规的决定》第二次修订)

第43条规定，中外合作者可以采用分配利润、分配产品或者合作各方共同商定的其他方式分配收益。采用分配产品或者其他方式分配收益的，应当按照税法的有关规定，计算应纳税额。

第44条规定，中外合作者在合作企业合同中约定合作企业合同期限届满时，合作企业的全部固定资产无偿归中国合作者所有的，外国合作者在合作期限内，可以在按照投资或者提供合作条件进行分配的基础上，在合作企业合同中约定扩大外国合作者的收益分配比例，先行回收其投资。外国合作者依照前款规定在合作期限内先行回收投资的，中外合作者应当依照有关法律的规定和合作企业合同的约定，对合作企业的债务承担责任。

第45条规定，合作企业的亏损未弥补前，外国合作者不得先行回收投资。

第46条规定，合作企业应当按照国家有关规定聘请中国注册会计师进行查账验证。合作各方可以共同或者单方自行委托中国注册会计师查账，所需费用由委托查账方负担。

可见，中外合作经营小企业利润分配的顺序为：

(1) 分配利润或分配产品。

(2) 弥补以前年度亏损。

(3) 外国合作者在合作企业缴纳所得税前回收投资。

(五)《小企业会计准则》

《小企业会计准则》第72条规定，小企业以当年净利润弥补以前年度亏损等剩余的税后利润，

可用于向投资者进行分配。小企业(公司制)在分配当年税后利润时，应当按照公司法的规定提取法定公积金和任意公积金。

小企业会计准则本条主要规定的是，如果国家相关的法律法规规定小企业应当向投资者分配利润，在这种情况下，小企业可向投资者分配的利润应当如何确定即利润分配的顺序。也就是说，小企业利润分配应当遵循有关法律法规的规定，这是本条应用的前提。同时，考虑到本准则所适用的小企业尽管是按照规模来划型的，但是还可分为公司制小企业和非公司制小企业。其中，公司制小企业是我国现代企业制度改革的发展方向，是目前和今后我国小企业的主要形式。本准则以公司制的小企业的交易和事项为基础进行了设计。因此，在本条还直接引用公司法的规定，对公司制的小企业的利润分配作了规定。

二、小企业利润分配的程序和内容

小企业本年实现的净利润加上年初未分配利润为可供分配的利润。利润分配的基本思路是：本年实现的净利润有两个去向，一是留下来，形成留存收益；二是分出去，形成应付利润。留存收益又分为两部分，指定用途部分称为盈余公积，未指定用途部分称为未分配利润。

(一) 以当年净利润为基础

小企业当年只有实现了净利润才有可能进行利润分配，因此小企业的利润分配是以当年净利润为基础。"以当年净利润为基础"包括以下三层意思：

(1) 当年实现了净利润。

(2) 有的法律法规要求，企业当年实现的净利润进行利润分配前，还需弥补以前年度亏损。

(3) 当年实现的净利润进行利润分配后的余额还可以与以前年度累计的未分配利润一并向投资者进行分配。

(二) 按照当年净利润进行的利润分配

有关法律法规不同，企业进行利润分配的内容和顺序也不同，具体如下：

1. 公司制小企业按照当年净利润进行的利润分配顺序

(1) 弥补以前年度亏损。

（2）提取法定公积金。

（3）提取任意公积金。

2. 外资小企业按照当年净利润进行的利润分配顺序

（1）提取职工奖励及福利基金。

（2）提取储备基金。

（3）弥补以前年度亏损。

3. 中外合资经营小企业按照当年净利润进行的利润分配顺序

（1）提取职工奖励及福利基金。

（2）提取储备基金。

（3）提取企业发展基金。

（4）弥补以前年度亏损。

4. 中外合作经营小企业按照当年净利润进行的利润分配顺序

（1）分配利润或分配产品。

（2）弥补以前年度亏损。

（3）外国合作者在合作企业缴纳所得税前回收投资。

（三）可供投资者分配的利润

小企业当年实现的净利润按照上述规定进行利润分配后的余额和以前年度累计的未分配利润合计作为可供投资者分配的利润，可以供投资者进行利润分配。用公式表示如下：

$$可供投资者分配的利润 = 当年净利润 - 按照当年净利润分配的利润 + 以前年度累计的未分配利润$$

（四）小企业利润分配的内容和顺序

参见《小企业会计准则》附注中"利润分配表"，小企业利润分配的内容和顺序如下：

（1）净利润

加：年初未分配利润

（2）可供分配的利润

减：提取法定盈余公积

提取任意盈余公积

提取职工奖励及福利基金

提取储备基金

提取企业发展基金

利润归还投资

（3）可供投资者分配的利润

减：应付利润

（4）未分配利润

其中，"加：年初未分配利润"，如果年初未分配利润为亏损，则意味着当年实的净利润首先弥补以前年度的亏损，再向下作为可供分配的利润。

"提取法定盈余公积"和"提取任意盈余公积"是指公司制小企业按照公司法规定进行的利润分配。

"提取职工奖励及福利基金""提取储备基金"和"提取企业发展基金"是指外资小企业和中外合资小企业按照相关法律法规规定进行的利润分配。

"利润归还投资"是指中外合作经营小企业按照法律法规规定在合作期内以税前利润先行归还外国合作者的投资。

可供投资者分配的利润，经过上述分配后，为未分配利润（或未弥补亏损）。未分配利润可留待以后年度进行分配。小企业如发生亏损，可以按规定由以后年度利润进行弥补。小企业未分配的利润（或未弥补的亏损）应当在资产负债表的所有者权益项目中单独反映。

三、科目设置

《小企业会计准则》应用指南

3104 利润分配

一、本科目核算小企业利润的分配（或亏损的弥补）和历年分配（或弥补）后的余额。

二、本科目应按照"应付利润""未分配利润"等进行明细核算。

三、利润分配的主要账务处理。

（一）小企业根据有关规定分配给投资者的利润，借记本科目（应付利润），贷记"应付利润"科目。

（二）用盈余公积弥补亏损，借记"盈余公积"科目，贷记本科目（盈余公积补亏）。

小企业（中外合作经营）根据合同规定在合作期间归还投资者的投资，应按照实际归还投资的金额，借记"实收资本——已归还投资"科目，贷记"银行存款"等科目；同时，借记本科目（利润归还投资），贷记"盈余公积——利润归还投资"科目。

　　四、年度终了，小企业应当将本年实现的净利润，自"本年利润"科目转入本科目，借记"本年利润"科目，贷记本科目（未分配利润）；为净亏损的，做相反的会计分录。同时，将"利润分配"科目所属明细科目（应付利润、盈余公积补亏）的余额转入本科目明细科目（未分配利润）。结转后，本科目除"未分配利润"明细科目外，其他明细科目应无余额。

　　五、本科目年末余额，反映小企业的未分配利润（或未弥补亏损）。

　　小企业应设置"利润分配"科目，本科目核算小企业利润的分配（或亏损的弥补）和历年分配（或弥补）后的余额。在"利润分配"科目下分别设置以下明细科目：

　　（1）"盈余公积补亏"，核算小企业用盈余公积弥补的亏损。

　　（2）"提取法定盈余公积"明细科目，核算小企业按规定提取的法定盈余公积。

　　（3）"提取任意盈余公积"明细科目，核算小企业提取的任意盈余公积。

　　（4）"应付利润"明细科目，核算小企业分配给投资者的利润。

　　（5）"提取职工奖励及福利基金"，核算外资小企业和中外合资经营小企业按规定提取的职工奖励及福利基金。

　　（6）"提取储备基金"明细科目，核算外资小企业和中外合资经营小企业按规定提取的储备基金。

　　（7）"提取企业发展基金"明细科目，核算外资小企业和中外合资经营小企业按规定提取的企业发展基金。

　　（8）"利润归还投资"明细科目，核算中外合作经营小企业根据合同规定在合作期间归还投资者的投资。

　　（9）"未分配利润"明细科目，核算小企业全年实现的净利润（或净亏损）、利润分配和尚未分配利润（或尚未弥补的亏损）。年度终了，小企业将全年实现的净利润（或净亏损）自"本年利润"科目转入"未分配利润"明细科目；同时，将"利润分配"科目下的其他明细科目的余额转入"未分配利润"明细科目。年度终了后，除"利润分配"科目中的

"未分配利润"明细科目外，其他明细科目应无余额。年度终了，"利润分配"科目中的"未分配利润"明细科目如为贷方余额，反映小企业历年积存的尚未分配的利润；如为借方余额，反映小企业累积尚未弥补的亏损。

四、会计处理

（一）弥补亏损的会计处理

业务 15-16　弥补亏损的处理

1. 用利润弥补亏损的处理。

　　小企业在生产经营过程中既可能实现盈利，也可能发生亏损。当年发生的亏损，从"本年利润"科目的贷方，转到"利润分配——未分配利润"明细科目的借方。然后，通过"利润分配"科目核算有关亏损的弥补情况。

　　小企业发生的亏损，首先用税前利润弥补（5年），然后用税后利润弥补。用税前和税后利润弥补亏损，都是直接从"本年利润"科目转入"利润分配——未分配利润"明细科目的贷方自然抵补，均无需作专门的会计分录，所不同的是计算交纳所得税的处理不同。在用税前利润弥补的情况下，其弥补的数额可以抵减当期企业应纳税所得额，而用税后利润弥补的数额，则不能作为应纳税所得额的扣除项目。

　　【例 15-23】　某企业 2020 年发生亏损 1 200 000 元。在年度终了时，企业结转当年发生的亏损时：

　　借：利润分配——未分配利润　　1 200 000

　　　贷：本年利润　　　　　　　　　　　1 200 000

　　假设 2021 年到 2025 年，该企业每年均实现利润 200 000 元。按照现行税法规定，企业在发

生亏损后的 5 年内可以用税前利润弥补。该企业 2021 年到 2025 年年终,均应编制如下会计分录:

借:本年利润　　　　　　200 000
　　贷:利润分配——未分配利润　　200 000

至 2025 年年末,"利润分配——未分配利润"明细科目仍有借方余额 200 000 元。假设该企业 2026 年实现税前利润 400 000 元,按税法规定,该企业 2020 年发生的亏损,从 2026 年开始用税后利润弥补,假设无纳税调整项目,适用所得税率为 25%,当年应纳所得税额 100 000 元(400 000 × 25%),年末,应编制如下会计分录:

(1) 计算全年应交所得税:

借:所得税费用　　　　　100 000
　　贷:应交税费——应交所得税　　100 000

借:本年利润　　　　　　100 000
　　贷:所得税费用　　　　　100 000

(2) 结转本年利润,弥补以前年度亏损:

借:本年利润　　　　　　300 000
　　贷:利润分配——未分配利润　　300 000

(3) 2026 年末,"利润分配——未分配利润"明细科目的贷方余额 = -200 000 + 300 000 = 100 000(元)。

2. 用盈余公积弥补亏损

经企业董事会或类似机构批准,用盈余公积弥补亏损时:

借:盈余公积——法定盈余公积
　　贷:利润分配——盈余公积补亏

企业以前年度亏损未弥补完,不能提取法定盈余公积和法定公益金。

(二)公司制小企业的利润分配

业务 15 - 17　公司制小企业利润分配的处理。

1. 提取盈余公积

公司制小企业按规定从净利润中提取盈余公积时,应借记"利润分配——提取法定盈余公积""利润分配——提取任意盈余公积"科目,贷记"盈余公积——法定盈余公积""盈余公积——任意盈余公积"科目。

借:利润分配——提取法定盈余公积
　　利润分配——提取任意盈余公积
　　贷:盈余公积——法定盈余公积
　　　　盈余公积——任意盈余公积

在提取法定盈余公积和法定公益金前,不得向投资者分配利润。

2. 向投资者分配利润

小企业根据有关规定分配给投资者的利润,借记"利润分配——应付利润",贷记"应付利润"科目。

借:利润分配——应付利润
　　贷:应付利润

【例 15 - 24】　甲公司 2022 年实现净利润 50 000 元,按 10% 提取法定盈余公积;按 5% 提取法定公益金;并分配给投资者利润 10 000 元。根据上述业务,甲公司会计处理如下:

(1) 结转本年利润:

借:本年利润　　　　　　50 000
　　贷:利润分配——未分配利润　　50 000

(2) 提取法定盈余公积和公益金:

借:利润分配——提取法定盈余公积　5 000
　　　　——提取法定公益金　　　2 500
　　贷:盈余公积　　　　　　7 500

(3) 分配利润:

借:利润分配——应付利润　　10 000
　　贷:应付利润　　　　　　10 000

(4) 结转利润分配科目中的明细科目:

借:利润分配——未分配利润　17 500
　　贷:利润分配——提取法定盈余公积　5 000
　　　　　　——提取法定公益金　　2 500
　　　　　　——应付利润　　　　10 000

(三)外商投资小企业的利润分配

业务 15 - 18　外商投资小企业利润分配的处理。

1. 提取储备基金、企业发展基金、职工奖励及福利基金

外商投资小企业按照规定提取的储备基金、企业发展基金、职工奖励及福利基金,借记"利润分配——提取储备基金""利润分配——提取企业发展基金""利润分配——提取职工奖励及福利基

金"科目,贷记"盈余公积——储备基金""盈余公积——企业发展基金""应付职工薪酬"科目。

> 借:利润分配——提取储备基金
> 　　　　——提取企业发展基金
> 　　　　——提取职工奖励及福利基金
> 　　贷:盈余公积——储备基金
> 　　　　　　——企业发展基金
> 　　　应付职工薪酬

2. 归还投资者的投资

小企业(中外合作经营)根据合同规定在合作期间归还投资者的投资,应当按照实际归还投资的金额,借记"利润分配——利润归还投资"科目,贷记"盈余公积——利润归还投资"科目;同时,借记"实收资本——已归还投资"科目,贷记"银行存款"等科目。

> 借:利润分配——利润归还投资
> 　　贷:盈余公积——利润归还投资

> 借:实收资本——已归还投资
> 　　贷:银行存款

3. 向投资者分配利润

> 借:利润分配——应付利润
> 　　贷:应付利润

第十六章

小企业外币业务财税处理

第一节　小企业外币业务构成

改革开放以来，尤其是"一带一路（B&R）"的持续推进，给小企业带来了无限机遇，小企业外币业务不断增加，外币业务已构成小企业的一项重要的日常业务。小企业会计准则正是基于对我国小企业的现实情况对小企业的外币业务的会计处理进行了规范。

外币业务是指企业以记账本位币以外的其他货币进行的款项收付、往来结算和计价等经济业务。小企业发生的外币业务在实务中，可以分为两种类型：外币交易和外币财务报表折算。

一、外币交易

外币交易，通俗地讲，就是小企业以外币开展的各种交易活动，如小企业向美国出口商品，按照国际贸易规则，要以美元结算该笔货款。这类交易就属于外币交易。

当然，不是以货币来界定外币交易，而是以交易所使用的货币与本企业记账的货币是否相同来界定。有关外币交易的具体解释，详见下节介绍。

二、外币财务报表折算

外币财务报表折算，通俗地讲，就是小企业取得了一份以美元、日元、欧元等计价的财务报表，如资产负债表、利润表、现金流量表，这种情况的出现可能有两个原因：

一是小企业在境外的子公司按照当地的货币记账并编制财务报表，对于这种情况，小企业会计准则不涉及，因为本准则第二条规定，如果小企业是企业集团的母公司，应当执行企业会计准则而不是本准则。

二是小企业在日常记账中采用人民币以外的其他货币记账，但是在年末，按照会计法和企业所得税法的规定，应当以人民币反映小企业的财务报表，以供商业银行、税务机关等方面使用，就涉及外币财务报表的折算问题或转换问题。本准则要解决的是这一种情况。

三、企业所得税法规定

《企业所得税法》第56条规定，依照本法缴纳的企业所得税，以人民币计算。所得以人民币以外的货币计算的，应当折合成人民币计算并缴纳税款。企业所得税法规定企业所得以人民币以外的货币计算的，应当折合成人民币计算并缴纳税款，这是人民币作为法定货币的要求和体现。

第二节　小企业外币交易财税处理

一、外币交易及类型

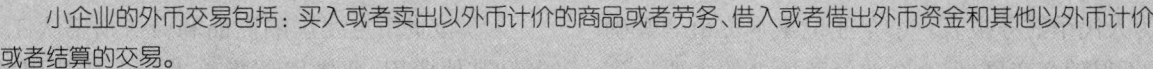

　　小企业的外币交易包括：买入或者卖出以外币计价的商品或者劳务、借入或者借出外币资金和其他以外币计价或者结算的交易。

　　前款所称外币，是指小企业记账本位币以外的货币。记账本位币，是指小企业经营所处的主要经济环境中的货币。

　　【条文主旨】本准则是关于外币交易的定义和类型的规定。

（一）外币的定义

外币有狭义和广义之分。狭义的外币是指本国货币以外的其他国家和地区的货币，包括各种纸币和铸币等。广义的外币是指所有以外国货币表示的，能够用于国际结算的支付手段，除了国外的纸币和铸币外，还包括企业所拥有的外国的有价证券、外币支付凭证、和其他货币资金（如各种外币汇款、进出口贸易的外币性贷款等）。

会计上的外币是相对于记账本位币而言的，记账本位币以外的货币均为外币。通常来讲，我国小企业日常采用人民币记账，因此，人民币以外的货币，就是外币。如甲小企业选定人民币作为记账本位币，则美元、日元、欧元等就是外币；如果选定美元为记账本位币，则人民币、日元、欧元等就是外币。因此，会计中的"外币"与日常生活中的外币在概念上有很大差别。

（二）外币交易的内容

外币交易，是指小企业以外币计价或者结算的交易。小企业外币交易包括：

（1）买入或者卖出以外币计价的商品或者劳务。买入或者卖出以外币计价的商品或者劳务，通常情况下指以外币买卖商品，或者以外币结算劳务合同。需要注意的是，这里所说的商品可以是有实物形态的存货、固定资产等，也可以是无实物形态的无形资产等。比如，以人民币为记账本位币的国内甲小企业向国外乙公司出口商品，以美元结算货款。又如，小企业与银行发生货币兑换业务，包括与银行进行结汇或售汇，是将货币作为商品，以另一种货币等价来表示并以另一种货币结算，因此，也属于外币交易。

（2）借入或者借出外币资金。借入或者借出外币资金，是指小企业向银行或非银行金融机构借入以记账本位币以外的货币表示的资金。例如，以人民币为记账本位币的甲小企业从中国银行借入欧元、美元、日元等。

（3）其他以外币计价或者结算的交易，如外币兑换业务，即一种货币兑换为另一种货币的业务；投入外币资本业务，即投资人以外币作为资本投入企业的业务；接受外币现金捐赠等。

二、记账本位币

《小企业会计准则》条文及主旨：

第七十五条　小企业应当选择人民币作为记账本位币。业务收支以人民币以外的货币为主的小企业，可以选定其中一种货币作为记账本位币，但编报的财务报表应当折算为人民币财务报表。

小企业记账本位币一经确定，不得随意变更，但小企业经营所处的主要经济环境发生重大变化除外。

小企业因经营所处的主要经济环境发生重大变化，确需变更记账本位币的，应当采用变更当日的即期汇率将所有项目折算为变更后的记账本位币。

前款所称即期汇率，是指中国人民银行公布的当日人民币外汇牌价的中间价。

【条文主旨】本条是关于记账本位币的确定和变更的规定。

（一）记账本位币的定义

记账本位币是指用于日常登记账簿时用以表示计量的货币。记账本位币是指小企业经营所处的主要经济环境中的货币，通常这一货币是企业主要收、支现金的经济环境中的货币。例如，我国企业一般以人民币作为记账本位币，也就是以人民币记账，包括对资产、负债、所有者权益、收入、费用和利润都按照人民币记账，也以人民币编制财务报表。

（二）记账本位币的确定

《小企业会计准则》第七十五条规定，小企业应当选择人民币为记账本位币。业务收支以人民币以外的货币为主的小企业，可以选定其中一种货币作为记账本位币,但编报的财务报表应当折算为人民币财务报表。小企业记账本位币一经确定,不得随意变更,但小企业经营所处的主要经济环境发生重大变化除外。小企业因经营所处的主要经济环境发生重大变化,确需变更记账本位币的,应当采用变更当日的即期汇率将所有项目折算为变更后的记账本位币。这里的即期汇率,是指中国人民银行公布的当日人民币外汇牌价的中间价。

1. 小企业记账本位币的确定原则

(1)基本原则。小企业应当选择人民币作为记账本位币。本原则体现了中国人民银行法、会计法和企业所得税法的要求。

《中国人民银行法》第16条规定,中华人民共和国的法定货币是人民币,以人民币支付中华人民共和国境内的一切公共的和私人的债务,任何单位和个人不得拒收。

《会计法》第12条规定,会计核算以人民币为记账本位币。业务收支以人民币以外的货币为主的单位,可以选定其中一种货币作为记账本位币,但是编报的财务会计报告应当折算为人民币。

《企业所得税法》第56条规定,依照本法缴纳的企业所得税,以人民币计算。所得以人民币以外的货币计算的,应当折合成人民币计算并缴纳税款。

(2)例外原则。业务收支以人民币以外的货币为主的小企业,可以选定其中一种货币作为记账本位币,但编报的财务报表应当折算为人民币财务报表。

本原则体现了会计法的要求,即允许小企业选择非人民币作为记账本位币。业务收支以人民币以外的货币为主的小企业,可以选定其中一种货币作为记账本位币。其中"业务收支以人民币以外的货币为主"的具体认定,应当主要考虑下列三个因素,这些因素与《企业会计准则第19号——外币折算》的规定相一致。

① 该货币主要影响商品和劳务销售价格,通常以该货币进行商品和劳务销售价格的计价和结算。比如,国内甲公司为从事国际贸易的小企业,90%以上的商品销售收入以美元计价和结算。美元是主要影响甲公司商品和劳务销售价格的

货币。

② 该货币主要影响商品和劳务所需人工、材料和其他费用,通常以该货币进行上述费用的计价和结算。比如,国内乙公司为工业小企业,所需机器设备、厂房、人工,以及原材料等在欧盟市场采购,以欧元计价和结算。欧元是主要影响商品和劳务所需人工、材料和其他费用的货币。实务中,小企业选定记账本位币,通常应综合考虑上述两项因素,而不是仅考虑其中一项,因为小企业的经营活动往往是收支并存的。

③ 融资活动获得的资金以及保存从经营活动中收取款项时所使用的货币。在有些情况下,小企业根据收支情况难以确定记账本位币,需要在收支基础上结合融资活动获得的资金或保存从经营活动中收取款项时所使用的货币,进行综合分析后作出判断。例如,国内丙公司为外贸自营出口小企业,超过70%的营业收入来自向欧盟各国的出口,其商品销售价格主要受欧元的影响,以欧元计价,因此,从影响商品和劳务销售价格的角度看,丙公司应选择欧元作为记账本位币。如果丙公司除厂房设施、30%的人工成本在国内以人民币采购外,生产所需原材料、机器设备及70%以上的人工成本以欧元在欧盟市场采购,则可确定丙公司的记账本位币是欧元。但是,如果丙公司的人工成本、原材料及相应的厂房设施、机器设备等95%以上在国内采购并以人民币计价,则难以判定丙公司的记账本位币应选择欧元还是人民币,还需要结合第3个因素予以确定。如果丙公司取得的欧元营业收入在汇回国内时直接换成了人民币存款,丙公司可以确定其记账本位币为人民币。

又如,丁公司为国内一家配方奶粉加工小企业,其原材料牛奶全部来自澳大利亚,主要加工技术、机器设备及主要技术人员均由澳大利亚方面提供,生产的配方奶粉面向国内出售。小企业依据第1、2个因素难以确定记账本位币。需要考虑第3个因素。假定为满足采购原材料牛奶等所需澳元的需要,丁公司向澳大利亚某银行借款100万澳元,期限为5年,该借款是丁公司当期流动资金净额的4倍。由于原材料采购以澳元结算,且小企业经营所需要的营运资金,即融资获得的资金也

使用澳元,因此,丁公司可以澳元作为记账本位币。

需要说明的是,在确定小企业的记账本位币时,上述因素的重要程度因小企业具体情况不同而不同,需要小企业根据实际情况进行判断,但是,这并不能说明小企业可以根据需要随意选择记账本位币,而是根据实际情况确定的记账本位币只能有一种货币。

(三) 记账本位币的变更

1. 小企业记账本位币的变更应当遵循的原则

(1) 基本原则。小企业记账本位币一经确定,不得随意变更。也就是说,小企业的记账本位币应当保持稳定,这样既保证小企业会计账簿记录的稳定性和完整性,又方便小企业执行,减轻小企业会计核算的负担。

(2) 例外原则。小企业经营所处的主要经济环境发生重大变化。主要经济环境发生重大变化,通常是指小企业主要产生和支出现金的环境发生重大变化,使用该环境中的货币最能反映小企业的主要交易业务的经济结果。这一例外原则,小企业应当极少情况下可能会用到。

2. 记账本位币变更的会计处理

小企业会计准则规定,小企业因经营所处的主要经济环境发生重大变化,确需变更记账本位币的,应当采用变更当日的即期汇率将所有项目折算为变更后的记账本位币。即期汇率,是指中国人民银行公布的当日人民币外汇牌价的中间价。

也就是说,小企业因经营所处的主要经济环境发生重大变化,确实需要变更记账本位币的,应当采用变更当日的即期汇率将所有项目折算为变更后的记账本位币,折算后的金额作为以新的记账本位币计量的历史成本,由于采用同一即期汇率进行折算,不会产生汇兑差额。

但是,小企业需要提供确凿的证据证明小企业经营所处的主要经济环境确实发生了重大变化,并应当在附注中披露变更的理由。

三、交易日的会计处理

小企业外币交易的会计处理包括外币交易发生日的会计处理和期末(资产负债表日)的会计处理两部分。

> 《小企业会计准则》条文及主旨:
> 第七十六条　小企业对于发生的外币交易,应当将外币金额折算为记账本位币金额。
> 外币交易在初始确认时,采用交易发生日的即期汇率将外币金额折算为记账本位币金额;也可以采用交易当期平均汇率折算。
> 小企业收到投资者以外币投入的资本,应当采用交易发生日即期汇率折算,不得采用合同约定汇率和交易当期平均汇率折算。
> 【条文主旨】本准则是关于外币交易初始确认和计量的规定。

本条主要解决交易日的记账问题,参照了《企业会计准则第 19 号——外币折算》有关外币交易在交易日会计处理的规定,并将 19 号准则中规定的"采用按照系统合理的方法确定的、与交易发生日即期汇率近似的汇率",为了简化核算,直接明确为交易当期平均汇率。第 77 条则主要解决期末的记账问题。这两条共同构成了小企业外币交易的会计处理规定。

(一) 外币交易会计处理(记账)的原则

小企业发生的外币交易,都应当将外币金额折算为记账本位币金额入账,记入相关资产或负债,不得只以外币直接记账。

(二) 交易发生日

外币交易进行会计处理的时点是交易发生日。外币交易的交易发生日,是指小企业外币交易的发生日或完成日。如取得外币借款的日期、以外币购入原材料、固定资产等的日期或者出口商品实现收入的日期。

(三) 外币交易所采用的折算汇率

小企业在外币交易进行折算时涉及折算汇率的选择,小企业会计准则规定了两种折算汇率,即交易发生日的即期汇率和交易当期平均汇率。

在对外币交易进行初始确认时,一般应采用交易发生日的即期汇率将外币金额折算为记账本位币金额;当汇率变动不大时,为简化核算,小企业也可以选择交易当期平均汇率进行折算。

1. 交易发生日的即期汇率

汇率又称"汇价",即两种货币之间的比价,也就是一种货币兑换成另一种货币的比率。对一个国家来说,汇率的变化是经常的,它受许多因素的影响,既有政治因素,也有经济因素。我国外汇汇率由中国人民银行公布市场汇价,自 1995 年 4 月 1 日起,只公布人民币对美元、日元、港元的基准汇价,各外汇银行以此为依据,在中国人民银行规定的浮动范围内自行挂牌,对客户买卖外汇。

(1)汇率的标价方法。

① 直接标价法。直接标价法是指以一定数量的外国货币来表示可兑换多少本国货币的金额作为计价标准的汇率。例如,以我国人民币为本国货币,美元为外币,则:100 美元＝640 元人民币。在直接标价法下,外国货币的数额固定不变,称为"基准货币",本国货币的数额随外国货币和本国货币的币值对比情况发生变化,称为"报价货币",表明单位外国货币可以兑换多少本国货币。在这种方法下,汇率和本国币值成反比例变化。目前,世界上大多数国家均采用直接标价法,我国人民币汇率采用直接标价法。

② 间接标价法。间接标价法是指以一定数量的本国货币表示可兑换多少外国货币的金额作为计价标准的汇率。例如,同样以我国人民币为本国货币,美元为外币,则:100 元人民币＝15.625 美元。在间接标价法下,本国货币的数额固定不变,称为"基准货币";外国货币的数额随外国货币和本国货币的币值对比情况发生变化,称为"报价货币"。在这种方法下,汇率和本国币值呈正比例变化。

(2)汇率的种类。汇率按不同的分类标准具有不同的分类,其中主要有以下几种:

① 按照汇率体现的具体时间分为现行汇率和历史汇率。现行汇率是指企业发生涉及外币经济业务的基准汇率。历史汇率是指企业以前涉及外币经济业务发生时的汇率。现行汇率和历史汇率是相对的,前一交易日的基准汇率相对于当日来说是历史汇率,当日的现行汇率相对于次日来说又是历史汇率。

② 按汇率记入账的时间分为记账汇率和账面汇率。记账汇率是指企业发生外币经济业务发生时进行会计处理所采用的汇率。账面汇率是指已经入账的账面上的历史汇率。

③ 按从事外汇经营的银行买卖外汇的角度分为买入汇率、卖出汇率和中间汇率。买入汇率也称"买入价",是指银行向客户买入外币时所采用的汇率,即银行收取外币时愿意支付的价格。卖出汇率也称"卖出价",是指银行向客户出售外币时所采用的汇率,即银行出让某种外币时愿意接受的价格。

中间汇率也称"中间价",是指银行买入汇率与卖出汇率之间的平均汇率,即根据某日的买入汇率和卖出汇率之和计算的简单算术平均数。银行的卖出价一般高于买入价,以获取其中的差价。中间价用公式表示如下:

中间价＝(买入价＋卖出价)÷2

④ 按外汇买卖成交期的不同分为即期汇率和远期汇率。无论买入价还是卖出价,均是立即交付的结算价格,也就是即期汇率,即期汇率是相对于远期汇率而言的,远期汇率是在未来某一日交付时的结算价格。即期汇率,通常是指中国人民银行公布的当日人民币外汇牌价的中间价。

我国外汇汇率由中国人民银行公布市场汇价,自 1995 年 4 月 1 日起,中国人民银行每日仅公布银行间外汇市场人民币兑美元、欧元、日元、港元的中间价。小企业发生的外币交易只涉及人民币与这四种货币之间折算的,可直接采用公布的人民币汇率的中间价作为即期汇率进行折算;小企业发生的外币交易涉及人民币与其他货币之间折算的,应以国家外汇管理局公布的各种货币对美元折算率采用套算的方法进行折算;小企业发生的外币交易涉及人民币以外的货币之间折算的,可直接采用国家外汇管理局公布的各种货币对美元折算率进行折算。

⑤ 按外汇的制定和使用方式分为基准汇率和法定汇率。基准汇率是指外汇市场上由交易双方供求关系形成的汇率,这种汇率经常随市场的行情变化而波动;法定汇率又称官方汇率,是由各国政府根据政府发展经济的政策和交易性质而制定的汇率。

⑥ 按汇率是否固定分为固定汇率和浮动汇率。固定汇率是指某一国家的货币与其他国家的货币兑换比例是基本固定不变的。浮动汇率是指某一国家（或地区）的货币与其他国家（或地区）货币的兑换比例根据外汇市场的供求情况而相应变动的汇率。浮动汇率又分为自由浮动和管理浮动两种。

2. 交易当期的平均汇率

交易当期平均汇率通常与交易发生日的即期汇率近似。为了简化核算，小企业会计准则所称交易当期平均汇率，是指外币交易当期的月初即期汇率与月末即期汇率的平均汇率，即中国人民银行公布的月初人民币汇率的中间价与中国人民银行公布的月末人民币汇率的中间价的平均值。可用公式表示如下：

交易当期平均汇率＝（中国人民银行公布的月初人民币汇率的中间价＋中国人民银行公布的月末人民币汇率的中间价）÷2

比如，以美元兑人民币的月平均汇率为例，假定美元兑人民币 6 月 1 日的即期汇率为 6.6，6 月 30 日的即期汇率为 6.5，6 月份的平均汇率为 $(6.6＋6.5)÷2＝6.55$。

小企业无论采用交易日的即期汇率还是采用交易当期的平均汇率，应当前后期保持一致。

（四）外币账户

小企业在核算外币业务时，应当设置相应的外币账户。外币账户包括现汇账户和非现汇账户。现汇账户包括外币现金、外币银行存款账户。非现汇账户有外币结算的应收账款、应收票据、预付账款、短期借款、长期借款、应付账款、应付票据、应付职工薪酬、应付股利、预收账款等债权债务账户。不允许设立现汇账户的企业，可以设置外币现金和外币银行存款以外的其他外币账户。在外币业务核算中也涉及到一些非外币账户，如原材料、固定资产、实收资本（股本）等。

（五）外币兑换业务

外币兑换业务包括企业把外币卖给银行、向银行结汇、购汇，以及用一种外币向银行兑换成另一种外币等业务。

1. 把外币卖给银行

业务 16-1　把外币卖给银行的处理。

小企业把持有的外币卖给银行，银行按买入价将人民币支付给企业，小企业按实得人民币金额借记"银行存款（人民币户）"，按实际兑出的外币额与按企业选用的记账（折算）汇率折算的人民币金额贷记"银行存款（外币户）"，因银行买入价与折算汇率不同而产生的汇兑差额记入"财务费用"账户。

【例 16-1】 2022 年 4 月，甲公司将 1 000 美元卖给银行，当天美元买入价为 1：6.8 实收人民币 6 800 元。企业采用的记账折算汇率为 1：6.9。会计处理如下：

```
借：银行存款（人民币户）              6 800
    财务费用                            100
    贷：银行存款（美元户）(1 000×6.9)    6 900
```

2. 向银行结汇

业务 16-2　向银行结汇的处理

不允许开立现汇账户的企业，取得的外汇要及时结汇给银行，即向银行结汇。企业向银行结汇时，银行按买入价将人民币兑付给企业。企业记账时，按实际收到的人民币金额借记"银行存款"科目，按实际向银行结售的外币金额与按企业选定的折算汇率折合的人民币金额贷记"应收账款"等科目，借贷方差额记入"财务费用"账户。

【例 16-2】 2022 年 4 月，甲公司以人民币为记账本位币，采用业务发生当日市场汇率作为折合汇率。4 月 15 日出口产品，售价 10 000 美元，当日市场汇率为 1 美元＝6.4 人民币元，29 日收到外汇并向银行结汇，当日市场汇率为 1 美元＝6.9 人民币元，结汇银行的当日买入价为 1 美元＝6.7 人民币元，企业实际收到人民币 67 000 元（不考虑增值税）。

4 月 15 日：

```
借：应收账款(10 000×6.4)            64 000
    贷：主营业务收入                   64 000
```

4 月 29 日：

```
借：银行存款（人民币户）             67 000
    财务费用                          2 000
    贷：应收账款（美元户）(1 000×6.9)  69 000
```

"应收账款"科目借贷方差额在期末作为汇兑损益处理。

3. 向银行购汇

业务 16-3 向银行购汇的处理。

企业向银行购入外汇时,银行按卖出价向企业收取人民币。企业实际支付的人民币金额与按企业选定的折算汇率折合的人民币之间的差额记入财务费用。

【例 16-3】 2022 年 4 月,甲公司从银行买入美元 5 000 元,当天银行卖出价为 1∶8.0,企业实付人民币 40 000 元。企业折算汇率采用当月 1 日汇率 1∶7.9。会计处理如下:

借:银行存款(美元户)(5 000×7.9) 39 500
　　财务费用 500
　　贷:银行存款(人民币户) 40 000

【例 16-4】 乙企业无现汇账户,2022 年 4 月,采用业务发生当日市场汇率作为折合汇率。2 月 20 日为偿还一笔 50 000 美元的长期借款而向银行购入外汇,当日市场汇率为 1 美元＝8.5 人民币元,当天银行卖出价为 1 美元＝8.7 人民币元,企业实付人民币 435 000 元。

借:长期借款(50 000×8.5) 425 000
　　财务费用 10 000
　　贷:银行存款(人民币户)(50 000×8.7) 435 000

(六)外币借款业务

业务 16-4 外币借款业务的处理。

小企业借入外币时,按照借入外币时的市场汇率将外币折算为记账本位币入账,同时按照借入外币的金额登记相关外币账户。偿还外币时,按照偿还外币时的市场汇率将外币折算为记账本位币入账,同时按照偿还外币的金额登记相关外币账户。

【例 16-5】 丙公司 2022 年 10 月 8 日从中国银行借入港币。100 万元用于购买设备,期限为 6 个月,借入的外币暂存中国银行。借入时的基准汇率为 1 港元＝0.9 人民币元。此时,该企业借入港币折算为人民币 90 万元,除登记记账本位币户外,还应按照借入的港币金额登记有关外币(港币)账户。会计处理如下:

借:银行存款——港币户(1 000 000 港元×0.9)
　　　　　　 900 000
　　贷:短期借款——港币户(1 000 000 港元×0.9)
　　　　　　 900 000

【例 16-6】 丙公司在 6 个月后,按期向中国

银行归还借入的港币 100 万元,借款利息港币 6 万元,共归还本息 106 万元。归还借款时的基准汇率为 1 港元＝0.88 人民币元。此时,该企业归还中国银行港币折算为人民币 93.28 万元,在登记记账本位币账户外,还应按照归还的港币金额登记有关外币(港币)账户。会计处理如下:

借:短期借款——港币户(1 000 000 港元×0.88)
　　　　　　 880 000
　　财务费用(60 000 港元×0.88) 52 800
　　贷:银行存款——港币户(1 060 000 港元×0.88)
　　　　　　 932 800

"短期借款"科目借贷方差额在期末作为汇兑损益处理。

(七)外币购销业务

业务 20-5 外币购销业务的处理。

小企业从国外或境外购进原材料、商品或引进设备,按照当日的市场汇率将支付的外币或应支付的外币折算为人民币记账,以确定购入原材料等货物及债务的入账价值,同时按照外币的金额登记有关外币账户。

【例 16-7】 丁公司为增值税一般纳税人,其外币业务采用业务发生时的市场汇率折算。2022 年 9 月 1 日从境外购入一批工业原料,价款为 10 万美元,购入该商品时当日基准汇率为 1 美元＝6.4 人民币元,款项尚未支付。以银行存款支付进口增值税 83 200 元,关税 50 000 元人民币。会计处理如下:

借:原材料(100 000 美元×6.4+50 000) 690 000
　　应交税费——应交增值税(进项税额) 83 200
　　贷:应付账款——美元户(100 000 美元×6.4)
　　　　　　 640 000
　　　　银行存款 133 200

企业出口商品或产品时,按照当日的市场汇率将外币销售收入折算为人民币入账,对于出口销售取得的款项或发生的债权,按照折算为人民币的金额入账,同时按照外币的金额登记有关外币账户。

(八)接受外币资本投资业务

业务 16-5 接受外币资本投资业务的处理。

小企业收到投资者以外币投入的资本,应当采用交易发生日即期汇率折算,不得采用合同约定汇率和交易当期平均汇率折算。也就是说,外

币投入资本与相应的货币性项目的记账本位币之间不产生外币资本折算差额。

【例 16-8】 2022 年 10 月,甲公司收到作为资本投资者之一的外商投入的资本 20 万美元,收到款项时即期汇率为 1 美元＝6.35 人民币元。会计处理如下:

借:银行存款——美元户(200 000 美元×6.35)

　　　　　　　　　　　　　　　　1 270 000

　　贷:实收资本(200 000 美元×6.35)　1 270 000

【例 16-9】 A 公司以人民币作为记账本位币,其外币交易在初始确认时采用交易日即期汇率折算。2022 年度甲公司发生的有关外币交易或事项如下:

(1) 以人民币向银行买入 200 000 欧元。当日即期汇率为 1 欧元＝9.69 人民币元,当日银行卖出价为 1 欧元＝9.75 人民币元。

(2) 从国外购入一批原材料,总价款为 400 000 欧元。该原材料已验收入库,货款尚未支付。当日即期汇率为 1 欧元＝9.64 人民币元。另外,以银行存款支付该原材料的进口关税 644 000 元,增值税 501 280 元。

(3) 出口销售一批商品,销售价款为 600 000 欧元,货款尚未收到。当日即期汇率为 1 欧元＝9.41 人民币元。假设不考虑相关税费。

(4) 收到应收账款 300 000 欧元,款项已存入银行。当日即期汇率为 1 欧元＝9.54 人民币元。

A 公司应编制如下会计分录:

(1) 借:银行存款——××银行(欧元)(200 000×9.69)

　　　　　　　　　　　　　　　　1 938 000

　　　　财务费用——汇兑差额　　12 000

　　贷:银行存款——××银行(人民币)

　　　　(200 000×9.75)　　　　1 950 000

(2) 借:原材料(400 000×9.64＋644 000)

　　　　　　　　　　　　　　　　4 500 000

　　　　应交税费——应交增值税(进项税额)

　　　　　　　　　　　　　　　　501 280

　　贷:应付账款——××单位(欧元)(400 000×

　　　　9.64)　　　　　　　　　3 856 000

　　　　银行存款——××银行(人民币)

　　　　　　　　　　　　　　　　1 145 280

(3) 借:应收账款——××单位(欧元)(600 000×9.41)

　　　　　　　　　　　　　　　　5 646 000

　　贷:主营业务收入　　　　　　5 646 000

(4) 借:银行存款——××银行(欧元)(300 000×9.54)

　　　　　　　　　　　　　　　　2 862 000

　　贷:应收账款——××单位(欧元)(300 000×

　　　　9.54)　　　　　　　　　2 862 000

四、期末(资产负债表日)的会计处理

> **《小企业会计准则》条文及主旨:**
>
> **第七十七条**　小企业在资产负债表日,应当按照下列规定对外币货币性项目和外币非货币性项目进行会计处理:
>
> (一) 外币货币性项目,采用资产负债表日的即期汇率折算。因资产负债表日即期汇率与初始确认时或者前一资产负债表日即期汇率不同而产生的汇兑差额,计入当期损益。
>
> (二) 以历史成本计量的外币非货币性项目,仍采用交易发生日的即期汇率折算,不改变其记账本位币金额。
>
> 前款所称货币性项目,是指小企业持有的货币资金和将以固定或可确定的金额收取的资产或者偿付的负债。货币性项目分为货币性资产和货币性负债。货币性资产包括:库存现金、银行存款、应收账款、其他应收款等;货币性负债包括:短期借款、应付账款、其他应付款、长期借款、长期应付款等。非货币性项目,是指货币性项目以外的项目。包括:存货、长期股权投资、固定资产、无形资产等。
>
> **【条文主旨】** 本条是关于外币交易在资产负债表日会计处理的规定。

本条主要解决期末的记账问题,本条参照了《企业会计准则第 19 号——外币折算》有关外币交易在资产负债表日会计处理的规定。在资产负债表日对外币交易的结果进行会计处理,即进行期末汇兑损益的计算与调整。小企业会计准则将小企业的资产和负债分为外币货币性项目和外币非货币性项目分别进行会计处理。

(一)资产负债表日
资产负债表日,通常是月末。

(二)货币性项目与非货币性项目的内涵
为了便于在资产负债表日对外币交易的结果

进行会计处理,小企业会计准则将小企业的资产和负债分为外币货币性项目和外币非货币性项目。

1. 货币性项目

货币性项目又分为货币性资产和货币性负债。

货币性资产包括库存现金、银行存款、应收账款、其他应收款,还包括应收票据和长期债券投资等。

货币性负债包括:短期借款、应付账款、其他应付款、长期借款、长期应付款等。

2. 非货币性项目

非货币性项目,是指货币性项目以外的项目。包括:存货、长期股权投资、固定资产、无形资产等。这些项目有一个共同特点是:都是采用历史成本计量。

(三)科目设置

小企业应当根据本条规定,结合自身实际情况,设置"5603 财务费用"和"5301 营业外收入"等两个会计科目进行汇兑损益的核算。

(四)货币性项目的会计处理

业务 16-6 资产负债表日货币性项目的处理。

(1)折算所采用的汇率:资产负债表日的即期汇率。

(2)汇兑差额的处理。汇兑差额,是指对同样数量的外币金额采用不同的汇率折算为记账本位币金额所产生的差额。

因资产负债表日即期汇率与初始确认时的即期汇率(或交易当期平均汇率)或者前一资产负债表日即期汇率不同而产生的汇兑差额,计入当期损益,其中,属于汇兑收益的计入"营业外收入"科目;属于汇兑损失的计入"财务费用"科目。

对于外币货币性项目的在资产负债表日可能产生的汇兑差额,主要有两种情况:

① 在外币交易发生当年,由于外币交易的交易发生日与资产负债表日通常不是同一天,汇率就可能不同,因此,在资产负债表日对货币性项目的余额进行折算时就可能会产生汇兑差额,即资产负债表日的即期汇率与外币交易初始确认时

(即交易发生日)的即期汇率(或交易当期平均汇率)不同而产生的差额,计入当期损益。

比如,A 小企业的记账本位币为人民币。2022 年 12 月 1 日出口商品实现销售收入的金额为 100 万美元,假定当日的即期汇率为:1 美元=6.2 人民币元,该笔美元收入折算为人民币为 620 万元(100×6.2)。在资产负债表日(2022 年 12 月 31 日)对该笔银行存款 100 万美元进行折算时,当日的即期汇率为:1 美元=6.1 人民币元,该笔美元收入按资产负债表日的即期汇率进行折算为人民币 610 万元(100×6.1),与初始确认时的折算金额 620 万人民币元之间的差额-10 万人民币元(610-620),其经济意义为银行存款人民币金额的减少,属于汇兑损失,应当计入 2022 年的财务费用。

需要注意的是,外币交易初始确认时的即期汇率,如果初始确认当时采用的平均汇率,则在计算汇兑差额时,为简化核算,也可以按照汇率与资产负债表日的即期汇算进行比较。

② 在外币交易发生后的各个年度,由于外币交易所产生的货币性项目在资产负债表日的即期汇率与前一资产负债表日的即期汇率不同而产生的汇兑差额,计入当期损益。

接上例,假定 2023 年 12 月 31 日,该笔银行存款的余额仍为 100 万美元,该日的即期汇率为:1 美元=6.15 人民币元,则折算的人民币金额为 615 万元(100×6.15),与前一资产负债日(2022 年 12 月 31 日)即期汇率折算的人民币金额 610 万元之间存在差额,该差额加上 5 万人民币元(615-610)为汇兑收益,应当计入 2023 年的营业外收入。

(五)汇兑收益

业务 16-8 汇兑收益的处理。

确认的汇兑收益,借记有关科目,贷记"营业外收入"科目。

借:有关科目
　　贷:营业外收入

【例 16-10】 甲公司对外币业务采用发生日的即期汇率进行核算,按月计算汇兑损益。2022 年 7 月"应收账款——美元户"的相关记录见表 16-1。

表 16-1　应收账款——美元户

日期		摘要	借方			贷方			余额		
			美元	汇率	人民币元	美元	汇率	人民币元	美元	汇率	人民币元
7	1	月初余额							50 000	6.4	320 000
	8	出口	100 000	6.3	630 000				150 000		950 000
	22	收回货款				50 000	6.35	317 500	100 000		632 500
	31	汇兑损益			2 500				100 000	6.35	635 000

根据上述资料,会计处理如下:

借:应收账款——美元户　　　　2 500
　　贷:营业外收入　　　　　　　　　2 500

(六)非货币性项目的会计处理

业务 16-9　资产负债表日非货币性项目的处理。

1. 折算所采用的汇率

小企业会计准则规定,对于外币非货币性项目,仍采用交易发生日的即期汇率折算,即采用历史汇率进行折算。

2. 不会产生汇兑差额

对于以历史成本计量的外币非货币性项目,已在交易发生日按当日的即期汇率(如果当时采用的是当期平均汇率,则指当期平均汇率)进行了折算,资产负债表日不应改变其原记账本位币金额,不会产生汇兑差额。这是因为,这些项目在取得时已按取得时的汇率进行了折算,从而构成这些项目的历史成本,如果再按资产负债表日的即期汇率进行折算,就会导致这些项目的价值处于不断变动之中,从而使这些项目的折旧费、摊销额随之不断变动。这与这些项目的实际情况不符。

比如,甲小企业的记账本位币为人民币。2022 年 3 月 1 日进口机器 1 台,价款为 100 万美元已经支付,当日的即期汇率为:1 美元 =6.3 人民币元。假定不考虑相关税费,该机器属于小企业的固定资产,在购入时已按当日即期汇率折算为人民币 630 万元。2022 年 3 月 31 日的即期汇率为:1 美元 =6.25 人民币元。由于固定资产属于非货币性项目,因此,2022 年 3 月 31 日,不需要按当日的即期汇率进行调整,不会产生汇兑差额。

(七)税会差异分析

汇兑收益作为企业所得税法的其他收入。

(《企业所得税法实施条例》第 22 条)

企业在货币交易中,以及纳税年度终了时将人民币以外的货币性资产、负债按照期末即期人民币汇率中间价折算为人民币时产生的汇兑损失,除已经计入有关资产成本以及与向所有者进行利润分配相关的部分外,准予扣除。(《企业所得税法实施条例》第 39 条)

汇兑损益是在持有外币货币性资产和负债期间,由于外币汇率变动而引起的外币货币性资产或负债的价值发生变动而产生的损益。外币货币性项目,采用资产负债表日的即期汇率折算。因资产负债表日即期汇率与初始确认时或者前一资产负债表日即期汇率不同而产生的汇兑差额,计入当期损益。

为简化小企业外币业务的核算并且和税法结合,外币折算的汇兑损失计入当期财务费用,汇兑收益计入营业外收入。以历史成本计量的外币非货币性项目,仍采用交易发生日的即期汇率折算,不改变其记账本位币金额。

【例 16-9】 承接[例 16-8],2022 年 12 月 31 日,即期汇率为 1 欧元 =9.61 人民币元。A 公司计算期末产生的汇兑差额:

(1)银行存款欧元户余额 =200 000＋300 000＝500 000(欧元)。

按当日即期汇率折算为人民币金额 =500 000×9.61＝4 805 000(人民币元)。

汇兑差额:4 805 000－(1 938 000＋2 862 000)＝5 000(人民币元)(汇兑收益)。

(2)应收账款欧元户余额 =600 000－300 000＝300 000(欧元)。

按当日即期汇率折算为人民币金额 =300 000×9.61＝2 883 000(人民币元)。

汇兑差额 =2 883 000－(5 646 000－2 862 000)＝

99 000(人民币元)(汇兑收益)。

(3) 应付账款欧元户余额＝400 000(欧元)。

按当日即期汇率折算为人民币金额＝400 000×9.61＝3 844 000(人民币元)。

汇兑差额＝3 844 000－3 856 000＝－12 000(人民币元)(汇兑收益)。

(4) 应计入当期损益的汇兑差额＝5 000＋99 000＋12 000＝116 000(人民币元)(汇兑收益)。

表16-2　外币账户期末余额

项目	外币账户金额(美元)	即期汇率	记账本位币金额(人民币元)
银行存款	200 000	6.40	1 280 000
应收账款	100 000	6.40	640 000
应付账款	50 000	6.40	320 000

B公司12月发生如下外币业务(为便于理解,本例中有关税费略):

(1) 12月8日销售产品一批,售价20万美元,当日的基准汇率为1美元＝6.3人民币元,款项尚未收到。

(2) 12月12日从国外进口材料一批,价款共计12万美元,款项由外币存款支付,当日基准汇率为1美元＝6.3元人民币。

(3) 12月18日赊购配件一批,价款共计6万美元,款项尚未支付,当日基准汇率为1美元＝6.35人民币元。

该企业对于12月的外币业务会计处理如下:

(1) 日常会计处理。

① 12月8日,该企业对外赊销的销售收入应按当日的汇率折算为人民币入账,并确认相应的债权;同时按照美元数登记外币应收账款账户。

借:应收账款——美元户(200 000 美元×6.3)
　　　　1 260 000
　　贷:主营业务收入　　1 260 000

② 12月12日,该企业支付的美元货款按照当日汇率折算的数额登记银行存款及其相应的外币存款账户,同时将采购的材料登记入账。

借:原材料　　756 000
　　贷:银行存款——美元户(120 000 美元×6.3)
　　　　756 000

③ 12月18日,该企业应付的美元货款按照

当日汇率折算的数额登记应付账款及其相应的外币应付账款账户,同时将采购的配件登记入账。

借:原材料　　381 000
　　贷:应付账款——美元户(60 000 美元×6.35)
　　　　381 000

(2) 期末汇兑损益的计算。

12月31日率为:1美元＝6.20人民币元

① 应收账款账户汇兑损益:

300 000×6.2－(100 000×6.4＋200 000×6.3)＝－40 000(元)。

② 应付账款汇兑损益:

110 000×6.2－(50 000×6.4＋60 000×6.35)＝－19 000(元)。

③ 银行存款账户汇兑损益:

80 000×6.2－(200 000×6.4－120 000×6.3)＝－28 000(元)。

(3) 期末汇兑损益的会计处理。

① 结转汇兑损失时:

借:财务费用　　68 000
　　贷:银行存款　　28 000
　　　　应收账款　　40 000

② 结转汇兑收益时:

借:应付账款　　19 000
　　贷:营业外收入　　19 000

12月31日,编制会计报表时有关科目外币账户和记账本位币账户余额如表16-3所示。

借:银行存款——××银行(欧元)　　5 000
　　应收账款——××单位(欧元)　　99 000
　　应付账款——××单位(欧元)　　12 000
　　贷:营业外收入——汇兑差额　　116 000

【例16-11】　B公司外币业务采用发生时的即期汇率进行折算,并按月计算汇兑损益。该企业2022年11月30日即期汇率为1美元＝6.4人民币元,该日有关外币账户期末余额如表16-2所示。

表 16-3 外币账户期末余额

项目	外币账户金额(美元)	汇率	记账本位币账户金额(人民币元)
银行存款	80 000	6.20	496 000
应收账款	300 000	6.20	1 860 000
应付账款	110 000	6.20	682 000

第三节 小企业外币财务报表折算财税处理

《小企业会计准则》条文及主旨:

第七十八条 小企业对外币财务报表进行折算时,应当采用资产负债表日的即期汇率对外币资产负债表、利润表和现金流量表的所有项目进行折算。

【条文主旨】本条是关于外币财务报表折算会计处理的规定。

一、小企业需要对外币财务报表进行折算的原因

如果小企业在日常记账中采用了人民币以外的其他货币记账,即采用非人民币作为记账本位币,如美元、欧元、日元等,但是在年末,按照会计法和企业所得税法的规定,应当以人民币反映小企业的财务报表,以供商业银行、税务机关等方面使用,就涉及外币财务报表的折算问题或转换问题。

外币财务报表折算主要涉及两个会计问题:首先,选用何种汇率对外币财务报表项目进行折算;其次,对由于外币财务报表各项目采用不同的折算汇率而产生的报表折算差额应如何处理。

二、外币财务报表的折算

业务 16-10 外币财务报表折算的处理。

在资产负债表日,按照当日的即期汇率去乘外币资产负债表、利润表和现金流量表中所有项目的外币金额,从而将各项目的外币金额全部折算为人民币金额,即相当于对外币资产负债表、利润表和现金流量表的所有项目同时扩大相同的倍数,三张报表中合计额、总计额和差额也都会扩大相同的倍数,不会由于同一张报表的不同项目采用不同汇率折算和不同报表采用不同汇率折算所带来的报表折算差额问题。本准则作这样的规定,一是考虑到外币财务报表折算对绝大多数小

企业来说不是一项普遍业务,比较符合小企业的实际;二是可以大大减轻小企业的工作量;三是不会改变原来外币财务报表各项目之间的勾稽关系和财务指标的相对比例。

三、税会差异分析

《企业所得税法》第56条规定,依照本法缴纳的企业所得税,以人民币计算。所得以人民币以外的货币计算的,应当折合成人民币计算并缴纳税款。

《企业所得税法实施条例》第129条规定,企业所得以人民币以外的货币计算的,预缴企业所得税时,应当按照月度或者季度最后一日的人民币汇率中间价,折合成人民币计算应纳税所得额。年度终了汇算清缴时,对已经按照月度或者季度预缴税款的,不再重新折合计算,只就该纳税年度内未缴纳企业所得税的部分,按照纳税年度最后一日的人民币汇率中间价,折合成人民币计算应纳税所得额。

经税务机关检查确认,企业少计或者多计前款规定的所得的,应当按照检查确认补税或者退税时的上一个月最后一日的人民币汇率中间价,将少计或者多计的所得折合成人民币计算应纳税所得额,再计算应补缴或者应退的税款。

小企业会计准则的规定体现了人民币作为法定货币的要求和体现。本条所称的"月度或者季度最后一日的人民币汇率中间价"即指本准则

月末或季末当日的即期汇率,即对应纳税所得额亦即利润按照资产负债表日的即期汇率进行折算。

小企业会计准则为了简化核算,便于小企业执行,对于外币资产负债表、利润表、现金流量表的折算作了大大简化,全部采用资产负债表日的即期汇率进行折算。这一点与企业所得税法实施条例的规定相一致,但与《企业会计准则第 19 号——外币折算》的规定有很大差异。小企业对这一差异应引起注意。

第十七章

小企业财务报表财税处理

第一节　小企业财务报表概述

一、小企业财务报表的意义

财务报表，是指对小企业财务状况、经营成果和现金流量的结构性表述。财务报表作为会计信息的重要载体，是财务会计确认和计量的最终成果，是小企业向外部会计信息使用者提供会计信息的重要途径和方法。

《会计法》第 20 条规定，财务会计报告应当根据经过审核的会计账簿记录和有关资料编制，并符合本法和国家统一的会计制度关于财务会计报告的编制要求、提供对象和提供期限的规定；其他法律、行政法规另有规定的，从其规定。财务会计报告由会计报表、会计报表附注和财务情况说明书组成。向不同的会计资料使用者提供的财务会计报告，其编制依据应当一致。有关法律、行政法规规定会计报表、会计报表附注和财务情况说明书须经注册会计师审计的，注册会计师及其所在的会计师事务所出具的审计报告应当随同财务会计报告一并提供。

小企业在开展生产经营活动的同时，根据本准则的规定，进行日常会计核算，需要定期通过一套完整的结构化的报表体系来科学地列报其生产经营的有关情况。财务报表应当能够较为全面、系统、概括地反映小企业在某一会计期间经营活动和财务收支的全貌。投资者、债权人和税务机关等财务报表的外部使用者则通过全面阅读和综合分析上述报表，可以了解和掌握小企业过去和当前的状况，预测小企业的未来发展趋势，从而作出相关决策。因此，财务报表既是小企业会计核算工作的总结，是通过对日常核算的资料进行整理、分类、计算和汇总编制而成的；同时，也是沟通投资者、债权人、税务部门等财务报表外部使用者与小企业管理层之间信息的桥梁和纽带。

小企业会计准则对财务报表采用了与企业会计准则相同的定义。但是，在财务报表的组成上，考虑到小企业规模较小，股东权益比较简单，不如大中型企业和上市公司那么复杂，因此，本准则没有强制要求小企业对外提供所有者权益变动表。这一点与企业会计准则的规定有差异。

二、小企业财务报表的构成

小企业的财务报表，是指对小企业财务状况、经营成果和现金流量的结构性表述。小企业的财务报表至少应当包括下列组成部分：

（1）资产负债表。

（2）利润表。

（3）现金流量表。

（4）附注。

小企业的财务报表至少应当包括资产负债表、利润表、现金流量表以及附注。通俗地讲，财务报表＝3 张会计报表＋附注（三表一注）。

其中，资产负债表、利润表和现金流量表分别从不同角度反映小企业的财务状况、经营成果和现金流量。附注是财务报表不可或缺的组成部分,是对在资产负债、利润表和现金流量表等报表中列示项目的文字描述或明细资料,以及对未能在这些报表中列示项目的说明等。小企业财务报表的构成见表 17-1 所示。

表 17-1 小企业财务报表构成体系

	编号	报表名称	编报期
报表	会小企 01 表	资产负债表	月报、年报
	会小企 02 表	利润表	月报、年报
	会小企 03 表	现金流量表	月报、年报
附注		编号	报表名称
		会小企 01 表附表 1	应付职工薪酬明细表
		会小企 01 表附表 2	应交税费明细表
		会小企 01 表附表 3	利润分配表
	说明		

三、编制依据和时间规定

《小企业会计准则》条文及主旨:

第八十七条 小企业应当根据实际发生的交易和事项,按照本准则的规定进行确认和计量,在此基础上按月或者按季编制财务报表。

【条文主旨】本条是关于财务报表编制依据和编制时间的规定。

(一)财务报表的编制依据

小企业应当以实际发生的交易和事项为依据,按照小企业会计准则的规定进行确认、计量和报告。

(1)小企业应将实际发生的交易和事项,根据小企业会计准则的规定确认为资产、负债、所有者权益、收入、费用和利润,并如实反映在财务报表中。

(2)小企业不得根据虚构的、没有发生的或者尚未发生的交易和事项按照本准则的规定进行确认、计量和报告。

(二)财务报表的编制时间

企业包括小企业对外提供财务报告是一项法定义务。小企业的财务报表分为年度、季度和月度财务报表。月度、季度财务报表是指在月度和季度终了时小企业编制和提供的财务报表;年度

财务报表是指在年度终了时小企业编制和提供的财务报表。小企业编制和提供财务报表应把握以下原则:

(1)一般情况下,在一个会计年度内,小企业应当按月编制财务报表。

(2)如果按月编制财务报表有困难,或者小企业财务报表外部使用者不要求企业按月提供财务报表,则可以按季编制财务报表。

(3)年度财务报表小企业必须编制。

(4)除国家另有规定外,小企业对外提供财务报表的频率(即按月、按季、按年提供财务报表)由财务报表外部使用者确定,如税务机关、银行等债权人、市场监督管理机关、小企业主管部门等确定。

(三)相关规定

1. 公司法

第 164 条规定,公司应当在每一会计年度终了时编制财务会计报告,并依法经会计师事务所审计。财务会计报告应当依照法律、行政法规和国务院财政部门的规定制作。

第 165 条规定,有限责任公司应当依照公司章程规定的期限将财务会计报告送交各股东。股份有限公司的财务会计报告应当在召开股东大会年会的 20 日前置备于本公司,供股东查阅;公开发行股票的股份有限公司必须公告其财务会计报告。

2. 企业所得税法

企业所得税法对企业纳税申报的时间并要求同时提供财务报表作了规定。《企业所得税法》第 54 条规定,企业所得税分月或者分季预缴。企业应当自月份或者季度终了之日起 15 日内,向税务机关报送预缴企业所得税纳税申报表,预缴税款。企业应当自年度终了之日起 5 个月内,向税务机关报送年度企业所得税纳税申报表,并汇算清缴,结清应缴应退税款。企业在报送企业所得税纳税申报表时,应当按照规定附送财务会计报告和其他有关资料。

《企业所得税法实施条例》第 127 条规定,企业所得税分月或者分季预缴,由税务机关具体核定。企业根据《企业所得税法》第 54 条规定分月或者分季预缴企业所得税时,应当按照月度或者季度的实际利润额预缴;按照月度或者季度的实际利润

额预缴有困难的,可以按照上一纳税年度应纳税所得额的月度或者季度平均额预缴,或者按照经税务机关认可的其他方法预缴。预缴方法一经确定,该纳税年度内不得随意变更。

《企业所得税法实施条例》第128条规定,企业在纳税年度内无论盈利或者亏损,都应当依照《企业所得税法》第54条规定的期限,向税务机关报送预缴企业所得税纳税申报表、年度企业所得税纳税申报表、财务会计报告和税务机关规定应当报送的其他有关资料。

(四) 差异分析

小企业财务会计报告由会计报表、会计报表附注和财务情况说明书组成。向不同的会计资料使用者提供的财务会计报告,其编制依据应当一致。有关法律、行政法规规定会计报表、会计报表附注和财务情况说明书须经注册会计师审计的,注册会计师及其所在的会计师事务所出具的审计报告应当随同财务会计报告一并提供。

小企业会计准则根据小企业的实际情况,并考虑了会计法、公司法、企业所得税法、税收征管法等法律法规的规定,要求小企业在一个会计年度中间,既可以按月编制财务报表,也可以按季编制财务报表。

四、执行中应注意的问题

(1) 凡是要求小企业提供"财务报表",即意味着必须同时提供资产负债表、利润表、现金流量表和附注,而不得只提供资产负债表、利润表和现金流量表。

(2) 小企业外部有关方面要求或小企业自愿对外提供所有者权益变动表,小企业会计准则予以鼓励。请小企业参照企业会计准则规定的所有者权益变动表的格式并结合自身的实际情况进行适当简化后再进行编制和提供。

(3) 财务报表中相关项目所反映的交易和事项,小企业没有发生的,不得在该项目中按"0"填列,而应空置。这是因为这两者表示的经济意义不同。以"0"填列,表明该项目所反映的交易或事项当期已经发生但余额为0,比如,某工业类小企业2022年资产负债表中"生产性生物资产"项目的金额为0,则表明该小企业在2022年曾经持有生产性生物资产,但是在年末时已经出售,而实际情况是这家小企业根本就不存在生产性生物资产,这样就给该小企业财务报表的外部使用者带来误导性信息。对于这种情况,正确的处理是2022年资产负债表中"生产性生物资产"项目不填列任何数字。对于"0"与"空置"的差别来讲,小企业会计人员、小企业财务报表外部使用者和小企业财务软件开发人员都应当引起足够重视。

第二节 小企业资产负债表财税处理

《小企业会计准则》条文及主旨:

第八十条 资产负债表,是指反映小企业在某一特定日期的财务状况的报表。

(一) 资产负债表中的资产类至少应当单独列示反映下列信息的项目:

1.货币资金;2.应收及预付款项;3.存货;4.长期债券投资;5.长期股权投资;6.固定资产;7.生产性生物资产;8.无形资产;9.长期待摊费用。

(二) 资产负债表中的负债类至少应当单独列示反映下列信息的项目:

1.短期借款;2.应付及预收款项;3.应付职工薪酬;4.应交税费;5.应付利息;6.长期借款;7.长期应付款。

(三) 资产负债表中的所有者权益类至少应当单独列示反映下列信息的项目:

1.实收资本;2.资本公积;3.盈余公积;4.未分配利润。

(四) 资产负债表中的资产类应当包括流动资产和非流动资产的合计项目;负债类应当包括流动负债、非流动负债和负债的合计项目;所有者权益类应当包括所有者权益的合计项目。

资产负债表应当列示资产总计项目,负债和所有者权益总计项目。

【条文主旨】本条是关于资产负债表的定义、组成项目及汇总金额的规定。

一、资产负债表的定义和作用

（一）资产负债表的定义

资产负债表，是指反映小企业在某一特定日期的财务状况的报表。资产负债表以"资产＝负债＋所有者权益"的会计等式为基础进行编制，反映了小企业在某一特定日期的资产、负债及所有者权益的状况。对资产负债表的定义，应注意把握好以下几个方面：

（1）资产负债表是一张反映某一特定时点的会计报表，而不是某一特定期间的会计报表。从会计科目的角度来看，反映的是会计科目在某一时点的结余额。

（2）小企业在某一特定时点的财务状况通常是通过资产、负债和所有者权益及其相互的关系来反映的。

（3）按年度编制的资产负债表，反映的是小企业在每年 12 月 31 日的财务状况。

（4）按月份编制的资产负债表，反映的是小企业在每个月月末最后一天的财务状况。如果按季度编制资产负债表，反映的是小企业在每个季度末最后一天的财务状况。

（二）资产负债表的作用

（1）通过资产负债表，可以提供某一日期资产的总额及其结构，表明小企业拥有或控制的资源及其分布情况，有助于小企业财务报表的外部使用者可以一目了然地从资产负债表上了解小企业在某一特定日期所拥有的资产总量及其结构。

（2）通过资产负债表，可以提供某一日期的负债总额及其结构，表明小企业未来需要用多少资产或劳务来清偿债务以及清偿时间的早晚。

（3）通过资产负债表，可以反映小企业的所有者在小企业所拥有的权益，从而有助于小企业的所有者据以判断资本保值、增值的情况以及其在小企业拥有的权益对小企业负债的保障程度。

二、资产负债表的结构和组成项目

（一）资产负债表的设计理念

资产负债表遵循了"资产＝负债＋所有者权益"这一会计恒等式的要求，把小企业在特定时日所拥有的经济资源和与之相对应的小企业所承担的债务及偿债以后属于所有者的权益充分反映出来。因此，本准则对小企业的资产负债表采用了账户式结构。

账户式资产负债表是左右结构，左方列示资产，右方列示负债和所有者权益。左方为资产项目，大体按资产的流动性强弱排列，流动性强的资产如"货币资金""应收账款"等排在前面，流动性弱的资产如"长期股权投资""固定资产原价""无形资产""长期待摊费用"等排在后面。右方为负债及所有者权益项目，一般按要求清偿时间的先后顺序排列，"短期借款""应付票据""应付账款"等需要在 1 年内或超过 1 年的一个正常营业周期内偿还的流动负债排在前面，"长期借款"等在 1 年以上才需偿还的非流动负债排在中间，在小企业清算之前不需要偿还的所有者权益项目排在后面。

账户式资产负债表中的资产各项目的总计等于负债和所有者权益各项目的总计，即资产负债表左方和右方保持平衡。

（二）资产负债表的格式和组成项目

资产负债表的格式由表头、正表两部分构成。表头部分包括资产负债表的名称、编号、编制单位、编表时间和金额单位等内容。正表部分是资产负债表的主体，由构成小企业资产、负债、所有者权益三个要素的具体项目和制表组成。小企业资产负债表统一格式和组成项目参见表 17-2。

表 17-2　资产负债表

编制单位：　　　　　　　　　　　年　月　日　　　　　　　　　　　　会小企 01 表

单位：元

资产	行次	期末余额	年初余额	负债和所有者权益	行次	期末余额	年初余额
流动资产：				流动负债：			
货币资金	1			短期借款	31		
短期投资	2			应付票据	32		

（续表）

资产	行次	期末余额	年初余额	负债和所有者权益	行次	期末余额	年初余额
应收票据	3			应付账款	33		
应收账款	4			预收账款	34		
预付账款	5			应付职工薪酬	35		
应收股利	6			应交税费	36		
应收利息	7			应付利息	37		
其他应收款	8			应付利润	38		
存货	9			其他应付款	39		
其中：原材料	10			其他流动负债	40		
在产品	11			流动负债合计	41		
库存商品	12			非流动负债：			
周转材料	13			长期借款	42		
其他流动资产	14			长期应付款	43		
流动资产合计	15			递延收益	44		
非流动资产：				其他非流动负债	45		
长期债券投资	16			非流动负债合计	46		
长期股权投资	17			负债合计	47		
固定资产原价	18						
减：累计折旧	19						
固定资产账面价值	20						
在建工程	21						
工程物资	22						
固定资产清理	23						
生产性生物资产	24			所有者权益（或股东权益）：			
无形资产	25			实收资本（或股本）	48		
开发支出	26			资本公积	49		
长期待摊费用	27			盈余公积	50		
其他非流动资产	28			未分配利润	51		
非流动资产合计	29			所有者权益（或股东权益）合计	52		
资产总计	30			负债和所有者权益（或股东权益）总计	53		

　　注：小企业（中外合作经营）根据合同规定在合作期间归还投资者的投资，应在"实收资本（或股本）"项目下增加"减：已归还投资"项目单独列示。

　　小企业会计准则在资产负债表的组成项目上根据小企业的实际情况进行了适当简化和调整，但是在资产负债表的定义和汇总金额的要求上与企业会计准则相一致。

三、资产负债表列报的总体要求

（一）分类别列报

　　资产负债表列报的最根本的目标就是应如实

反映小企业在资产负债表日所拥有的资源、所承担的负债以及所有者所拥有的权益。因此,资产负债表应当按照资产、负债和所有者权益(或股东权益)三大类别分类列报。

(二)资产和负债按流动性列报

资产和负债应当按照流动性分别分为流动资产和非流动资产、流动负债和非流动负债进行列示。资产负债表应先列报流动性强的资产或负债,再列报流动性弱的资产或负债。流动性,通常按资产的变现或耗用时间长短或者负债的偿还时间长短来确定。

(三)列报的汇总金额

根据所反映信息范围大小的不同,在资产负债表中应单独列示的汇总额包括以下三类,按照从小到大的顺序:

(1)资产类有两个合计额:流动资产合计和非流动资产合计。

(2)负债类有三个合计额:流动负债合计、非流动负债合计和负债合计。

(3)所有者权益(或股东权益)类有一个合计额:所有者权益(或股东权益)合计。

(4)有两个总计额:资产总计、负债和所有者权益总计。

小企业会计准则要求上述各项汇总金额,应保证下列各项等式始终成立:

(1)资产总计=流动资产合计+非流动资产合计;

(2)流动负债合计+非流动负债合计=负债合计;

(3)资产总计=负债和所有者权益(或股东权益)总计=负债合计+所有者权益(或股东权益)合计。

四、资产负债表的编制

(一)资产负债表项目的填列方法

资产负债表采用比较报表,设有"期末余额"和"年初余额"两栏,其中,"年初余额"栏内各项数字,应根据上年末资产负债表的"期末余额"栏内所列数字填列。如果上年末资产负债表的项目名称和内容与本年末资产负债表不一致,应对上年末资产负债表项目的名称和数字按本年末资产负

债表的规定进行调整,并填入"年初余额"栏。"期末余额"栏主要有以下几种填列方法。

1. 根据总账科目余额填列

业务 17-1 **根据总账科目余额填列的资产负债表项目处理。**

如"短期投资""应收票据""应收股利""应收利息""其他应收款""其他流动资产""长期债券投资""长期股权投资""固定资产原价""累计折旧""在建工程""工程物资""固定资产清理""开发支出""长期待摊费用""短期借款""应付票据""应付账款""应付职工薪酬""应交税费""应付利息""应付利润""其他应付款""其他流动负债""长期借款""长期应付款""递延收益""实收资本(或股本)""资本公积""盈余公积"等项目,应根据有关总账科目的余额直接填列。有些项目则需根据几个总账科目的期末余额计算填列,如"货币资金"项目,应根据"库存现金""银行存款"和"其他货币资金"三个总账科目期末余额的合计数填列。

【例 17-1】 甲公司 2022 年 12 月 31 日结账后的"库存现金"科目余额为 10 000 元,"银行存款"科目余额为 4 000 000 元,"其他货币资金"科目余额为 1 000 000 元。

甲公司 2022 年 12 月 31 日资产负债表中的"货币资金"项目金额为:10 000+4 000 000+1 000 000=5 010 000(元)。本例中,企业应当按照"库存现金""银行存款"和"其他货币资金"三个总账科目余额加总后的金额,作为资产负债表中"货币资金"项目的金额。

【例 17-2】 甲公司 2022 年 3 月 1 日向银行借入 1 年期借款 320 000 元,向其他金融机构借款 230 000 元,无其他短期借款业务发生。

甲公司 2022 年 12 月 31 日资产负债表中的"短期借款"项目金额为:320 000+230 000=550 000(元)。本例中,甲公司直接以"短期借款"总账科目余额填列在资产负债表中。

【例 17-3】 甲公司 2022 年 12 月 31 日应付 A 企业商业票据 32 000 元,应付 B 企业商业票据 56 000 元,应付 C 企业商业票据 680 000 元,尚未支付。

甲公司在 2022 年 12 月 31 日资产负债表中"应付票据"项目金额为:32 000+56 000+680 000=

768 000(元)。本例中,甲公司直接以"应付票据"总账科目余额填列在资产负债表中。

【例17-4】　甲公司2022年12月31日应付管理人员工资300 000元,应计提福利费42 000元,应付车间工作人员工资57 000元,无其他应付职工薪酬项目。

甲公司2022年12月31日资产负债表中"应付职工薪酬"项目金额为:300 000＋42 000＋57 000＝399 000(元)。本例中,管理人员工资、车间工作人员工资和福利费都属于职工薪酬的范围,应当以各种应付未付职工薪酬加总后的金额,即"应付职工薪酬"总账科目余额填列在资产负债表中。

2. 根据明细账科目余额计算填列

如"未分配利润"项目,应根据"利润分配"科目中所属的"未分配利润"明细科目期末余额填列。

3. 根据总账科目和明细账科目余额分析计算填列

业务17-22　根据总账科目和明细账科目余额分析计算填列的资产负债表项目处理。

如"应收账款"项目,应根据"应收账款"和"预收账款"科目所属的相关明细科目的期末借方余额合计数填列;"预付账款"项目,应根据"预付账款"总账科目余额扣除"预付账款"科目所属的明细科目中超过1年期的预付账款余额后的金额计算填列;"应付账款"项目,应根据"应付账款"和"预付账款"科目所属的相关明细科目的期末贷方余额合计数填列;"预收账款"项目,应根据"预收账款"科目的期末余额减去超过1年期的预收账款余额后的金额填列;"长期借款"项目,需要根据"长期借款"总账科目余额扣除"长期借款"科目所属的明细科目中将在1年内到期的长期借款后的金额计算填列;"长期待摊费用"项目,需要根据"长期待摊费用"总账科目余额扣除"长期待摊费用"科目所属的明细科目中将在1年内到期的长期待摊费用后的金额计算填列;"其他流动资产""其他流动负债""其他非流动资产"和"其他非流动负债"项目,也应根据有关总账科目和明细账科目的余额分析计算填列。

【例17-5】　甲公司2022年12月31日结账后有关科目所属明细科目借贷方余额如表17-3所示:

表17-3　甲公司结账后有关科目所属明细
科目借贷方余额　　　　单位:元

科目名称	明细科目借方余额合计	明细科目贷方合计
应收账款	1 600 000	100 000
预付账款	800 000	60 000
应付账款	400 000	1 800 000
预收账款	600 000	1 400 000

甲公司2022年12月31日资产负债表中相关项目的金额为:

(1)"应收账款"项目金额为:1 600 000＋600 000＝2 200 000(元)。

(2)"预付账款"项目金额为:800 000＋400 000＝1 200 000(元)。

(3)"应付账款"项目金额为:60 000＋1 800 000＝1 860 000(元)。

(4)"预收账款"项目金额为:1 400 000＋100 000＝1 500 000(元)。

【例17-6】　乙公司某企业长期借款情况如表17-4所示:

表17-4　乙公司长期借款情况

借款起始日期	借款期限(年)	金额(元)
2022年1月1日	3	1 000 000
2020年1月1日	5	2 000 000
2019年6月1日	4	1 500 000

乙公司2022年12月31日资产负债表中"长期借款"项目金额为:1 000 000＋2 000 000＝3 000 000(元)。本例中,企业应当根据"长期借款"总账科目余额4 500 000元,减去1年内到期的长期借款1 500 000元,作为资产负债表中"长期借款"项目的金额,即3 000 000元。将在1年内到期的长期借款1 500 000元,应当填列在流动负债下"其他流动负债"项目中。

【例17-7】　丙公司2022年"长期待摊费用"科目的期末余额为375 000元,将于1年内摊销的数额为204 000元。

丙公司2022年12月31日资产负债表中的"长期待摊费用"项目金额为:375 000－204 000＝171 000(元)。本例中,丙公司应当根据"长期待摊费用"总账科目余额 375 000 元,减去将于 1 年内摊销的金额 204 000 元,作为资产负债表中"长期待摊费用"项目的金额,即 171 000 元。将于 1 年内摊销完毕的 204 000 元,应当填列在流动资产下"其他流动资产"项目中。

4. 根据有关科目余额减去其备抵科目余额后的净额填列

如"生产性生物资产""无形资产"项目,应根据相关科目的期末余额扣减相关累计折旧或累计摊销后的净额填列。

5. 综合运用上述填列方法分析填列

业务 17-3 综合计算分析填列项目的处理。

如"存货"项目,应根据"材料采购""在途物资""原材料""生产成本""库存商品""委托加工物资""周转材料""消耗性生物资产"等科目的期末余额合计填列,材料采用计划成本核算,以及库存商品采用计划成本核算或售价核算的小企业,还应按加或减"材料成本差异""商品进销差价"后的金额填列。

【例 17-8】 丙公司采用计划成本核算材料,2022 年 12 月 31 日结账后有关科目余额为:"材料采购"科目余额为 140 000 元(借方),"原材料"科目余额为 2 400 000(借方),"周转材料"科目余额为 1 800 000 元(借方),"库存商品"科目余额为 1 600 000 元(借方),"生产成本"科目余额为 600 000 元(借方),"材料成本差异"科目余额为 120 000 元(贷方)。

丙公司 2022 年 12 月 31 日资产负债表中的"存货"项目金额为:140 000+2 400 000+1 800 000+1 600 000+600 000-120 000=6 420 000(元)本例中,丙公司应当以"材料采购"(表示在途材料采购成本)、"原材料""周转材料"(比如包装物和低值易耗品等)、"库存商品""生产成本"(表示期末在产品金额)各总账科目余额加总后,加上或减去"材料成本差异"总账科目的余额(若为贷方余额,应减去;若为借方余额,应加上),作为资产负债表中"存货"项目的金额。

6. 根据有关项目的合计额填列

如"流动资产合计""非流动资产合计""资产总计""流动负债合计""非流动负债合计""负债合计""所有者权益(或股东权益)合计""负债和所有者权益(或股东权益)总计"等项目,应根据表中的相关项目的合计额填列。"固定资产账面价值"项目则需要根据"固定资产原价"项目金额减去"累计折旧"项目金额后的余额填列。

7. 不得填列金额的 5 个特殊项目

分别是"流动资产"项目、"非流动资产"项目、"流动负债"项目、"非流动负债"项目和"所有者权益(或股东权益)"项目。

(二)资产负债表项目的内容及填列说明

1. 资产类项目的内容及填列说明

(1)"货币资金"项目,反映小企业库存现金、银行存款、其他货币资金的合计数。本项目应根据"库存现金""银行存款"和"其他货币资金"科目的期末余额合计填列。

(2)"短期投资"项目,反映小企业购入的能随时变现并且持有时间不准备超过 1 年的股票、债券和基金投资的余额。本项目应根据"短期投资"科目的期末余额填列。

(3)"应收票据"项目,反映小企业收到的未到期收款也未向银行贴现的应收票据(银行承兑汇票和商业承兑汇票)。本项目应根据"应收票据"科目的期末余额填列。

(4)"应收账款"项目,反映小企业因销售商品、提供劳务等日常生产经营活动应收取的款项。本项目应根据"应收账款"的期末余额分析填列。如"应收账款"科目期末为贷方余额,应当在"预收账款"项目列示。

(5)"预付账款"项目,反映小企业按照合同规定预付的款项,包括根据合同规定预付的购货款、租金、工程款等。本项目应根据"预付账款"科目的期末借方余额填列;如"预付账款"科目期末为贷方余额,应当在"应付账款"项目列示。

属于超过 1 年期的预付账款的借方余额应当在"其他非流动资产"项目列示。

(6)"应收股利"项目,反映小企业应收取的现金股利或利润。本项目应根据"应收股利"科目的期末余额填列。

(7)"应收利息"项目,反映小企业债券投资应收取的利息。小企业购入一次还本付息债券应收的利息,不包括在本项目内。本项目应根据"应收利息"科目的期末余额填列。

(8)"其他应收款"项目,反映小企业除应收票据、应收账款、预付账款、应收股利、应收利息等以外的其他各种应收及暂付款项。它包括各种应收的赔款、应向职工收取的各种垫付款项等。本项目应根据"其他应收款"科目的期末余额填列。

(9)"存货"项目,反映小企业期末在库、在途和在加工中的各项存货的成本。它包括各种原材料、在产品、半成品、产成品、商品、周转材料(包装物、低值易耗品等)、消耗性生物资产等。本项目应根据"材料采购""在途物资""原材料""材料成本差异""生产成本""库存商品""商品进销差价""委托加工物资""周转材料""消耗性生物资产"等科目的期末余额分析填列。

(10)"其他流动资产"项目,反映小企业除以上流动资产项目外的其他流动资产(含1年内到期的非流动资产)。本项目应根据有关科目的期末余额分析填列。

(11)"长期债券投资"项目,反映小企业准备长期持有的债券投资的本息。本项目应根据"长期债券投资"科目的期末余额分析填列。

(12)"长期股权投资"项目,反映小企业准备长期持有的权益性投资的成本。本项目应根据"长期股权投资"科目的期末余额填列。

(13)"固定资产原价"和"累计折旧"项目,反映小企业固定资产的原价(成本)及累计折旧。这两个项目应根据"固定资产"科目和"累计折旧"科目的期末余额填列。

(14)"固定资产账面价值"项目,反映小企业固定资产原价扣除累计折旧后的余额。本项目应根据"固定资产"科目的期末余额减去"累计折旧"科目的期末余额后的金额填列。

(15)"在建工程"项目,反映小企业尚未完工或虽已完工,但尚未办理竣工决算的工程成本。本项目应根据"在建工程"科目的期末余额填列。

(16)"工程物资"项目,反映小企业为在建工程准备的各种物资的成本。本项目应根据"工程物资"科目的期末余额填列。

(17)"固定资产清理"项目,反映小企业因出售、报废、毁损、对外投资等原因处置固定资产所转出的固定资产账面价值以及在清理过程中发生的费用等。本项目应根据"固定资产清理"科目的期末借方余额填列;如"固定资产清理"科目期末为贷方余额,以"一"号填列。

(18)"生产性生物资产"项目,反映小企业生产性生物资产的账面价值。本项目应根据"生产性生物资产"科目的期末余额减去"生产性生物资产累计折旧"科目的期末余额后的金额填列。

(19)"无形资产"项目,反映小企业无形资产的账面价值。本项目应根据"无形资产"科目的期末余额减去"累计摊销"科目的期末余额后的金额填列。

(20)"开发支出"项目,反映小企业正在进行的无形资产研究开发项目满足资本化条件的支出。本项目应根据"研发支出"科目的期末余额填列。

(21)"长期待摊费用"项目,反映小企业尚未摊销完毕的已提足折旧的固定资产的改建支出、经营租入固定资产的改建支出、固定资产的大修理支出和其他长期待摊费用。本项目应根据"长期待摊费用"科目的期末余额分析填列。

(22)"其他非流动资产"项目,反映小企业除以上非流动资产以外的其他非流动资产。本项目应根据有关科目的期末余额分析填列。

2. 负债类项目内容及填列说明

(23)"短期借款"项目,反映小企业向银行或其他金融机构等借入的期限在1年内的、尚未偿还的各种借款本金。本项目应根据"短期借款"科目的期末余额填列。

(24)"应付票据"项目,反映小企业因购买材料、商品和接受劳务等日常生产经营活动开出、承兑的商业汇票(银行承兑汇票和商业承兑汇票)尚未到期的票面金额。本项目应根据"应付票据"科目的期末余额填列。

(25)"应付账款"项目,反映小企业因购买材料、商品和接受劳务等日常生产经营活动尚未支付的款项。本项目应根据"应付账款"科目的期末余额填列。如"应付账款"科目期末为借方余额,应当在"预付账款"项目列示。

(26)"预收账款"项目,反映小企业根据合同规定预收的款项。它包括预收的购货款、工程款等。本项目应根据"预收账款"科目的期末贷方余额填列;如"预收账款"科目期末为借方余额,应当在"应收账款"项目列示。属于超过1年期的预收账款的贷方余额应当在"其他非流动负债"项目列示。

（27）"应付职工薪酬"项目，反映小企业应付未付的职工薪酬。本项目应根据"应付职工薪酬"科目期末余额填列。

（28）"应交税费"项目，反映小企业期末未交、多交或尚未抵扣的各种税费本项目应根据"应交税费"科目的期末贷方余额填列；如"应交税费"科目期末为借方余额，以"－"号填列。

（29）"应付利息"项目，反映小企业尚未支付的利息费用。本项目应根据"应付利息"科目的期末余额填列。

（30）"应付利润"项目，反映小企业尚未向投资者支付的利润。本项目应根据"应付利润"科目的期末余额填列。

（31）"其他应付款"项目，反映小企业除应付账款、预收账款、应付职工薪酬、应交税费、应付利息、应付利润等以外的其他各项应付、暂收的款项。包括：应付租入固定资产和包装物的租金、存入保证金等。本项目应根据"其他应付款"科目的期末余额填列。

（32）"其他流动负债"项目，反映小企业除以上流动负债以外的其他流动负债（含1年内到期的非流动负债）。本项目应根据有关科目的期末余额填列。

（33）"长期借款"项目，反映小企业向银行或其他金融机构借入的期限在1年以上的、尚未偿还的各项借款本金。本项目应根据"长期借款"科目的期末余额分析填列。

（34）"长期应付款"项目，反映小企业除长期借款以外的其他各种应付未付的长期应付款项。包括：应付融资租入固定资产的租赁费、以分期付款方式购入固定资产发生的应付款项等。本项目应根据"长期应付款"科目的期末余额分析填列。

（35）"递延收益"项目，反映小企业收到的、应在以后期间计入损益的政府补助。本项目应根据"递延收益"科目的期末余额分析填列。

（36）"其他非流动负债"项目，反映小企业除以上非流动负债项目以外的其他非流动负债。本项目应根据有关科目的期末余额分析填列。

3. 所有者类权益项目的内容及填列说明

（37）"实收资本（或股本）"项目，反映小企业收到投资者按照合同协议约定或相关规定投入的、构成小企业注册资本的部分。本项目应根据"实收资本（或股本）"科目的期末余额分析填列。

（38）"资本公积"项目，反映小企业收到投资者投入资本超出其在注册资本中所占份额的部分。本项目应根据"资本公积"科目的期末余额填列。

（39）"盈余公积"项目，反映小企业（公司制）的法定公积金和任意公积金，小企业（外商投资）的储备基金和企业发展基金。本项目应根据"盈余公积"科目的期末余额填列。

（40）"未分配利润"项目，反映小企业尚未分配的历年结存的利润。本项目应根据"利润分配"科目的期余额填列。未弥补的亏损，在本项目内以"－"号填列。

（三）资产负债表中各项目之间的勾稽关系

行15＝行1＋行2＋行3＋行4＋行5＋行6＋行7＋行8＋行9＋行14，即流动资产合计＝货币资金＋短期投资＋应收票据＋应收账款＋预付账款＋应收股利＋应收利息＋其他应收款＋存货＋其他流动资产。

行9≥行10＋行11＋行12＋行13，即存货≥原材料＋在产品＋库存商品＋周转材料。

行29＝行16＋行17＋行20＋行21＋行22＋行23＋行24＋行25＋行26＋行27＋行28，即非流动资产合计＝长期债券投资＋长期股权投资＋固定资产账面价值＋在建工程＋工程物资＋固定资产清理＋生产性生物资产＋无形资产＋开发支出＋长期待摊费用＋其他非流动资产。

行20＝行18－行19，即固定资产账面价值＝固定资产原价－累计折旧。

行30＝行15＋行29，即资产总计＝流动资产合计＋非流动资产合计。

行41＝行31＋行32＋行33＋行34＋行35＋行36＋行37＋行38＋行39＋行40，即流动负债合计＝短期借款＋应付票据＋应付账款＋预收账款＋应付职工薪酬＋应交税费＋应付利息＋应付利润＋其他应付款＋其他流动负债。

行46＝行42＋行43＋行44＋行45，即非流动负债合计＝长期借款＋长期应付款＋递延收益＋其他非流动负债。

行 47＝行 41＋行 46，即负债合计＝流动负债合计＋非流动负债合计。

行 52＝行 48＋行 49＋行 50＋行 51，即所有者权益（或股东权益）合计＝实收资本（或股本）＋资本公积＋盈余公积＋未分配利润。

行 53＝行 47＋行 52＝行 30，即负债和所有者权益（或股东权益）总计＝负债合计＋所有者权益（或股东权益）合计＝资产总计。

（四）资产负债表编制举例

见本章第六节内容。

五、资产负债表的分析与利用

资产负债表所反映的期初、期末数据，通过计算可以生成反映小企业财务状况的重要指标，这些指标对于了解掌握小企业的发展状况具有重要意义，有助于财务报表外部使用者作出相关决策。

（1）利用流动资产合计和流动负债合计可以计算生成流动比率，利用速动资产与流动负债合计可以计算生成速动比率，利用资产总额和负债总额可以计算生成资产负债率，利用负债合计与所有者权益合计可以计算出产权比率，反映小企业短期和长期偿债能力。

（2）资产负债表的期末、期初数据变动可以反映小企业财务状况的变动趋势。利用期初、期末固定资产金额可以计算分析小企业固定资产投资的扩张程度和固定资产的新旧程度；利用期初、期末所有者权益合计可以计算分析资本保值增值率等。

第三节　小企业利润表财税处理

> 《小企业会计准则》条文及主旨：
>
> 第八十一条　利润表，是指反映小企业在一定会计期间的经营成果的报表。
>
> 费用应当按照功能分类，分为营业成本、税金及附加、销售费用、管理费用和财务费用等。
>
> 利润表至少应当单独列示反映下列信息的项目：
>
> （一）营业收入；（二）营业成本；（三）税金及附加；（四）销售费用；（五）管理费用；（六）财务费用；（七）所得税费用；（八）净利润。
>
> 【条文主旨】本条是关于小企业利润表的定义、费用分类的标准及组成项目的规定。

一、利润表的定义和作用

（一）利润表的定义

利润表，是指反映小企业在一定会计期间的经营成果的报表。对利润表的定义，应注意把握好以下几个方面：

（1）利润表是一张反映某一特定会计期间经营成果的动态报表而不是某一特定时点的静态会计报表。从会计科目的角度来看，反映的是会计科目在某一会计期间的发生额。

（2）小企业在某一特定会计期间的经营成果通常是通过收入、费用和利润及其相互的关系来反映的。

（3）按年度编制的利润表，反映的是小企业每年从 1 月 1 日起至 12 月 31 日止整个会计年度这一会计期间累计实现的经营成果。

（4）按月份编制的利润表，反映的是小企业在每个月月初第一天起至月末最后一天止这一会计期间实现的经营成果，有时也包括小企业从当年 1 月 1 日起至报告月份月末最后一天止这一会计期间累计实现的经营成果。按季度编制利润表时，反映的是小企业在每个季度第一天起至本季度末最后一天止这一会计期间实现的经营成果。

（二）利润表的作用

通过利润表，可以反映小企业在一定会计期间的收入、费用、利润（或亏损）的金额和构成情况，帮助财务报表的外部使用者全面了解小企业的经营成果，分析小企业的获利能力及盈利增长趋势，从而为其作出经济决策提供依据。

二、利润表的结构和组成项目

（一）利润表的设计理念

利润表遵循了"收入－费用＝利润"这一会计恒等式的要求，把小企业在某一特定会计期间完成的收入、发生的费用和实现的利润充分反映出来。因此,小企业会计准则对小企业的利润表采用了多步式利润表,即通过对当期的收入和费用项目加以归类,按利润形成的主要环节列示一些中间性利润指标,分步计算当期净利润,目的是便于财务报表的外部使用者理解小企业经营成果的不同来源和盈利能力。利润表通常按照各项收入、费用以及构成利润的各个项目分类分项列示。

小企业可以分如下三个步骤编制利润表:

第一步,以营业收入为基础,减去营业成本、税金及附加、销售费用、管理费用和财务费用,加上投资收益(减去投资损失),计算出营业利润。

第二步,以营业利润为基础,加上营业外收入,减去营业外支出,计算出利润总额。

第三步,以利润总额为基础,减去所得税费用,计算出净利润(或净亏损)。

(二)利润表中费用的分类标准

费用是利润表的重要组成内容。在利润表中,费用按照不同的分类标准进行分类,可以产生不同格式的利润表。通常,费用有两种分类标准:一是费用按照功能分类,即按照费用在小企业所发挥的经济功能进行分类列报,分为营业成本、税金及附加、销售费用、管理费用和财务费用等。二是费用按照性质分类,即按照费用在小企业所反映的经济性质进行分类列报,分为材料费、人工费、折旧费、融资费等。

小企业会计准则对费用采用了功能分类标准,主要考虑有四个方面:一是对于小企业而言,其日常生产经营活动通常可以划分为生产、销售、管理、融资等,每一种活动上发生的费用所发挥的功能并不相同,因此,按照费用功能法将其分开列报,有助于财务报表的外部使用者了解费用发生的活动领域。比如,小企业为销售产品发生了多少费用,为一般行政管理发生了多少费用,为筹措资金发生了多少费用,等等。这种方法通常能向财务报表的外部使用者提供具有结构性的信息,能更清楚地揭示小企业经营业绩的主要来源和构成。二是与企业会计准则的规定相一致。三是与企业所得税法的规定相衔接,便于小企业进行纳税申报。四是符合我国企业长期以来形成的按费用功能报告利润的惯例和会计人员的习惯。

(三)利润表的格式和组成项目

利润表的格式由表头、正表两部分构成。表头部分包括利润表的名称、编号、编制单位、编表时间和金额单位等内容。正表部分是利润表的主体,反映小企业形成经营成果的各个项目和计算过程。按照多步式利润表格式,分别列示小企业的营业利润、利润总额及净利润的构成内容和形成过程。小企业会计准则在利润表的组成项目上根据小企业的实际情况进行了适当简化和调整,但是在利润表的定义和费用的分类标准上与企业会计准则相一致。小企业利润表统一格式和组成项目参见表17-5。

表 17-5　利润表

会小企 02 表

编制单位:　　　　　　　　　　　　　年　月　　　　　　　　　　　　　　单位:元

项目	行次	本月金额	本年累计金额
一、营业收入	1		
减:营业成本	2		
税金及附加	3		
其中:消费税	4		
城市维护建设税	5		
资源税	6		
环境保护税	7		

项目	行次	本月金额	本年累计金额
土地增值税	8		
城镇土地使用税、房产税、车船税、印花税	9		
教育费附加、地方教育费附加、文化事业建设费	10		
销售费用	11		
其中：商品维修费	12		
广告费和业务宣传费	13		
管理费用	14		
其中：开办费	15		
业务招待费	16		
研究费用	17		
财务费用	18		
其中：利息费用（收入以"－"号填列）	19		
加：投资收益（损失以"－"号填列）	20		
二、营业利润（亏损以"－"号填列）	21		
加：营业外收入	22		
其中：政府补助	23		
减：营业外支出	24		
其中：坏账损失	25		
无法收回的长期债券投资损失	26		
无法收回的长期股权投资损失	27		
自然灾害等不可抗力因素造成的损失	28		
税收滞纳金	29		
三、利润总额（亏损总额以"－"号填列）	30		
减：所得税费用	31		
四、净利润（净亏损以"－"号填列）	32		

注：本表根据最新会计和税法规定，做了适当调整。

三、利润表的编制

（一）利润表项目的填列方法

利润表中一般设有"本年累计金额"和"本月金额"两栏，其填列方法如下：

1."本月金额"栏各项目的填列方法

利润表中"本月金额"栏反映各项目的本月实际发生额。不编制月度利润表的小企业，在编制季度利润表时，应将"本月金额"栏改为"本季度金额"栏，反映各项目的本季度实际发生额。小企业编制年度利润表时，应将"本月金额"栏改为"上年金额"栏，填列上年全年实际发生额。"本月金额"栏各项目的填列方法见表17-6。

表 17-6　"本月金额"栏各项目的填列方法

项目名称	填列方法
营业收入	"主营业务收入"科目发生额＋"其他业务收入"科目发生额
营业成本	"主营业务成本"科目发生额＋"其他业务成本"科目发生额
税金及附加	"税金及附加"科目发生额
销售费用	"销售费用"科目发生额
管理费用	"管理费用"科目发生额
财务费用	"财务费用"科目发生额
投资收益	"投资收益"科目发生额(如为投资损失,以"－"号填列)
营业利润	营业收入－营业成本－税金及附加－销售费用－管理费用－财务费用＋投资收益(如为亏损,以"－"号填列)
营业外收入	"营业外收入"科目发生额
营业外支出	"营业外支出"科目发生额
利润总额	营业利润＋营业外收入－营业外支出
所得税费用	"所得税费用"科目的发生额
净利润	利润总额－所得税费用(如为净亏损,以"－"号填列)

2. "本年累计金额"栏各项目的填列方法

"本年累计金额"栏各项目反映小企业利润形成各项目自年初起至报告期末(月末、季末、年末)止的累计实际发生额。月度的利润表应当根据上月利润表的"本年累计金额"栏的数字,加上本月利润表的"本月金额"栏的数字,计算出各项目的"本年累计金额"填列;编制年度利润表的"本年累计金额"就是 12 月份利润表的"本年累计金额",可以直接转抄。

3. "上年金额"栏各项目的填列方法

"上年金额"栏各项目反映小企业上年全年累计实际发生数,在编制年度利润表时填列,目的是便于与"本年累计金额"栏各项目进行比较。一般情况下,上年度利润表与本年度利润表的各项目的名称和数字一致,"上年金额"栏各项目可以直接将上年度利润表中"本年累计金额"栏各项目的数字转抄在本年度利润表的"上年数"栏各项目中。

如果上年度利润表的项目名称和内容与本年度利润表不一致,应对上年度利润表项目的名称和数字按本年度的规定进行调整,填入报表的"上年金额"栏。

(二)利润表项目的内容及填列说明

1. 收入类项目的内容及填列说明

业务 17-5　收入类项目填列处理。

"营业收入"项目,反映小企业销售商品和提供劳务所实现的收入总额。本项目应根据"主营业务收入"科目和"其他业务收入"科目的发生额合计填列。

【例 17-9】 甲公司 2022 年度"主营业务收入"科目的贷方发生额为 3 000 000 元,借方发生额为 200 000 元(系 11 月发生的购买方退货),"其他业务收入"科目的贷方发生额为 200 000 元。

甲公司 2022 年度利润表中"营业收入"的项目金额为:3 000 000－200 000＋200 000＝3 000 000(元)。本例中,甲公司应当以"主营业务收入"和"其他业务收入"两个总账科目的贷方发生额之和,作为利润表中"营业收入"项目金额。当年发生销售退回的,以应冲减销售退回主营业务收入后的金额,填列"营业收入"项目。

2. 费用类项目的内容及填列说明

业务 17-6　费用类项目填列处理。

(1)"营业成本"项目,反映小企业所销售商品的成本和所提供劳务的成本。本项目应根据"主营业务成本"科目和"其他业务成本"科目的发生额合计填列。

【例 17-10】 甲公司 2022 年度"主营业务成本"科目的借方发生额为 3 000 000 元;2022 年 12 月 8 日,当年 9 月销售给某单位的一批产品由于质量问题被退回,该项销售已确认成本 200 000 元;"其他业务成本"科目借方发生额为

200 000 元。

甲公司 2022 年度利润表中的"营业成本"的项目金额为:3 000 000－200 000＋200 000＝3 000 000(元)本例中,甲公司应当以"主营业务成本"和"其他业务成本"两个总账科目的借方发生额之和,作为利润表中"营业成本"的项目金额。当年发生销售退回的,应当减去销售退回商品成本后的金额,填列"营业成本"项目。

(2)"税金及附加"项目,反映小企业开展日常生产活动应负担的消费税、城市维护建设税、资源税、环境保护税、土地增值税、城镇土地使用税、房产税、车船税、印花税和教育费附加、地方教育费附加、文化事业建设费等。本项目应根据"税金及附加",科目的发生额填列。

(3)"销售费用"项目,反映小企业销售商品或提供劳务过程中发生的费用。本项目应根据"销售费用"科目的发生额填列。

(4)"管理费用"项目,反映小企业为组织和管理生产经营发生的其他费用。本项目应根据"管理费用"科目的发生额填列。

(5)"财务费用"项目,反映小企业为筹集生产经营所需资金发生的筹资费用。本项目应根据"财务费用"科目的发生额填列。

(6)"投资收益"项目,反映小企业股权投资取得的现金股利(或利润)、债券投资取得的利息收入和处置股权投资和债券投资取得的处置价款扣除成本或账面余额、相关税费后的净额。本项目应根据"投资收益"科目的发生额填列;如为投资损失,以"－"号填列。

3.利润类项目的内容及填列说明

(1)"营业利润"项目,反映小企业当期开展日常生产经营活动实现的利润。本项目应根据营业收入扣除营业成本、税金及附加、销售费用、管理费用和财务费用,加上投资收益后的金额填列。如为亏损,以"－"号填列。

(2)"营业外收入"项目,反映小企业实现的各项营业外收入金额。包括:非流动资产处置净收益、政府补助、捐赠收益、盘盈收益、汇兑收益、出租包装物和商品的租金收入、逾期未退包装物押金收益、确实无法偿付的应付款项、已作坏账损失处理后又收回的应收款项、违约金收益等。本项

目应根据"营业外收入"科目的发生额填列。

(3)"营业外支出"项目,反映小企业发生的各项营业外支出金额。它包括存货的盘亏、毁损、报废损失,非流动资产处置净损失,坏账损失,无法收回的长期债券投资损失,无法收回的长期股权投资损失,自然灾害等不可抗力因素造成的损失,税收滞纳金,罚金,罚款,被没收财物的损失,捐赠支出,赞助支出等。本项目应根据"营业外支出"科目的发生额填列。

(4)"利润总额"项目,反映小企业当期实现的利润总额。本项目应根据营业利润加上营业外收入减去营业外支出后的金额填列。如为亏损总额,以"－"号填列。

(5)"所得税费用"项目,反映小企业根据企业所得税法确定的应从当期利润总额中扣除的所得税费用。本项目应根据"所得税费用"科目的发生额填列。

(6)"净利润"项目,反映小企业当期实现的净利润。本项目应根据利润总额扣除所得税费用后的金额填列。如为净亏损,以"－"号填列。

(三)本表中各项目之间的勾稽关系

行 21＝行 1－行 2－行 3－行 11－行 14－行 18＋行 20,即营业利润＝营业收入－营业成本－税金及附加－销售费用－管理费用－财务费用＋投资收益。

行 3≥行 4＋行 5＋行 6＋行 7＋行 8＋行 9＋行 10,即税金及附加≥消费税＋城市维护建设税＋资源税＋环境保护税＋土地增值税＋城镇土地使用税、房产税、车船税、印花税＋教育费附加、地方教育费附加、文化事业建设费。

行 11≥行 12＋行 13,即销售费用≥商品维修费＋广告费和业务宣传费。

行 14≥行 15＋行 16＋行 17,即管理费用≥开办费＋业务招待费＋研究费用。

行 18≥行 19,即财务费用≥利息费用。

行 30＝行 21＋行 22－行 24,即利润总额＝营业利润＋营业外收入－营业外支出。

行 22≥行 23,即营业外收入≥政府补助。

行 24≥行 25＋行 26＋行 27＋行 28＋行 29,即业外支出≥坏账损失＋无法收回的长期债券投资损失＋无法收回的长期股权投资损失＋自然灾

害等不可抗力因素造成的损失＋税收滞纳金。

行 32＝行 30－行 31,即净利润＝利润总额－所得税费用。

(四)利润表编制举例

见本章第六节内容。

四、利润表的分析与使用

(1) 利用利润表本期和上期净利润可以计算生成净利润增长率,反映小企业获利能力的增长情况和长期的盈利能力趋势。利用净利润和营业收入可以计算生成销售利润率,反映小企业经营的获利能力。利用净利润、营业成本、销售费用、管理费用和财务费用可以计算生成成本费用利润率,反映小企业投入产出的情况。

(2) 利用利润表数据与其他报表或有关资料,可以生成反映小企业投资回报等有关情况的指标。比如,利用净利润和净资产可以计算净资产收益率,反映小企业自有资金投资收益水平。

第四节　小企业现金流量表财税处理

一、现金流量表的定义和作用

《小企业会计准则》条文及主旨:

第八十二条　现金流量表,是指反映小企业在一定会计期间现金流入和流出情况的报表。

现金流量表应当分别经营活动、投资活动和筹资活动列报现金流量。现金流量应当分别按照现金流入和现金流出总额列报。

前款所称现金,是指小企业的库存现金以及可以随时用于支付的存款和其他货币资金。

【条文主旨】本条是关于现金流量表的定义、现金流量表的列报要求和现金的定义的规定。

(一)现金流量表的定义

现金流量表,是指反映小企业在一定会计期间现金流入和流出情况的报表。对现金流量表的定义,应注意把握好以下几个方面:

(1) 现金流量表是一张反映某一特定会计期间而不是某一特定时点的动态会计报表。从会计科目的角度来看,反映的是会计科目在某一会计期间的发生额。

(2) 小企业在某一特定会计期间的现金流量的情况通常是通过现金流入、现金流出及其相互的关系来反映的。

(3) 按年度编制的现金流量表,反映的是小企业每年从 1 月 1 日起至 12 月 31 日止整个会计年度这一会计期间累计发生的现金流量情况。

(4) 按月份编制的现金流量表,反映的是小企业在每个月月初第一天起至月末最后一天止这一会计期间发生的现金流量情况。按季度编制现金流量表时,反映的是小企业在每个季度第一天起至本季度末最后一天止这一会计期间发生的现金流量情况。

(二)现金流量及现金的范围

现金流量是指一定会计期间内小企业现金的流入(即收到现金)和流出(即支付现金)。作为现金流量表中反映的现金,必须是可以随时用于支付的,不能随时用于支付的不属于现金。"可以随时用于支付"意味着该现金的使用不受第三方的限制,小企业有支配权可以使用和支付。据此,小企业的现金即"货币资金"的范畴,主要包括:

(1) 库存现金,是指小企业持有可随时用于支付的现金,与"库存现金"科目的核算内容一致;

(2) 银行存款,是指小企业存入银行或其他金融机构、可以随时用于支取的存款,与"银行存款"科目核算内容一致;

(3) 其他货币资金,是指存放在银行或其他金融机构的银行汇票存款、银行本票存款、信用卡存款、信用证保证金存款、外埠存款和存出投资款等,与"其他货币资金"科目核算内容一致。

需要说明的是,现金流量是指小企业与外部第三方之间发生的现金收付,外部第三方主要包括:材料供应商、销售客户、职工、投资者、债权人、政府部门等。因此,在现金流量表中,库存现金、银行存款和其他货币资金被视为一个整体,小企业现金形式的转换不会产生现金的流入和流出。比如,小企业从银行提取现金,是小企业现金存放形式的转换,现金并未流出企业,不构成现金流量。

（三）现金流量表的作用

现金流量表是企业财务报表的重要组成部分。可以说，利润表从权责发生制的角度来反映企业的盈利能力，而现金流量表是从收付实现制的角度来反映企业的盈利能力。从企业长远发展来看，企业都必须要重视现金管理，既要保持一定的存量，又要保持合理的流量，现金流量表可以发挥重要的不可替代的作用。企业和财务报表的外部使用者应将利润表和现金流量结合起来使用，从而更加科学合理地评价企业的盈利能力和发展潜力。因此，企业包括小企业都应当重视现金流量表的编制和使用。

（1）通过现金流量表，可以为财务报表使用者提供小企业一定会计期间内现金流入和流出的信息，便于使用者了解和评价企业获取现金的能力，据以预测企业未来现金流量，有助于评价小企业支付能力、偿债能力和周转能力。

（2）通过现金流量表，有助于预测小企业未来现金流量。

（3）通过现金流量表，有助于分析小企业利润质量及影响现金净流量的因素，掌握小企业经营活动、投资活动和筹资活动的现金流量，可以从现金流量的角度了解净利润的质量，为分析和判断企业的财务前景提供有用的会计信息。

二、小企业现金流量表的列报要求

（一）现金流量表应当分别经营活动、投资活动和筹资活动列报现金流量

根据小企业日常经营活动的性质和现金流量的来源，现金流量表将小企业一定期间产生的现金流量分为三类：经营活动现金流量、投资活动现金流量和筹资活动现金流量。其中，经营活动是指小企业投资活动和筹资活动以外的所有交易和事项；投资活动是指小企业固定资产、无形资产、其他非流动资产的购建和短期投资、长期债券投资、长期股权投资及其处置活动；筹资活动是指导致小企业资本及债务规模和构成发生变化的活动。

（二）现金流量应当分别按照现金流入和现金流出总额列报

根据"收支两条线"原则列报，现金流量表中的三种活动涉及现金流量时，应分别现金流入和现金支出列示，不得以相互抵销后的净额进行列示，以全面揭示小企业现金流量的方向、规模和结构。

需要说明的是，处置固定资产、无形资产和其他长期资产所收到的现金，与处置活动支付的现金，两者在时间上比较接近，也紧密相关，以净额更能准确反映处置活动对小企业现金流量的影响。因此，"处置固定资产、无形资产和其他非流动资产收回的现金净额"以净额进行反映。

（三）现金流量表的格式和组成项目

现金流量表的格式由表头、正表两部分构成。表头部分包括现金流量表的名称、编号、编制单位、编表时间和金额单位等内容。正表部分是现金流量表的主体，反映小企业经营活动、投资活动和筹资活动产生的现金流入、现金流出及现金流量净额。我国小企业现金流量表采用报告式结构。

小企业会计准则根据小企业的实际情况对现金流量表的列报要求、组成项目和现金的定义进行了适当简化，但是在现金流量表的定义上与企业会计准则相一致。小企业现金流量表统一格式和组成项目参见表17-7。

表17-7 现金流量表　　　　　　　　　　会小企03表

编制单位：　　　　　　　　　　年　月　　　　　　　　　　单位：元

项目	行次	本年累计金额	本月金额
一、经营活动产生的现金流量：			
销售产成品、商品、提供劳务收到的现金	1		
收到其他与经营活动有关的现金	2		
购买原材料、商品、接受劳务支付的现金	3		
支付的职工薪酬	4		

(续表)

项目	行次	本年累计金额	本月金额
支付的税费	5		
支付其他与经营活动有关的现金	6		
经营活动产生的现金流量净额	7		
二、投资活动产生的现金流量:			
收回短期投资、长期债券投资和长期股权投资收到的现金	8		
取得投资收益收到的现金	9		
处置固定资产、无形资产和其他非流动资产收回的现金净额	10		
短期投资、长期债券投资和长期股权投资支付的现金	11		
购建固定资产、无形资产和其他非流动资产支付的现金	12		
投资活动产生的现金流量净额	13		
三、筹资活动产生的现金流量:			
取得借款收到的现金	14		
吸收投资者投资收到的现金	15		
偿还借款本金支付的现金	16		
偿还借款利息支付的现金	17		
分配利润支付的现金	18		
筹资活动产生的现金流量净额	19		
四、现金净增加额	20		
加:期初现金余额	21		
五、期末现金余额	22		

三、现金流量表的编制和填列方法

(一)现金流量表的编制方法

小企业在具体编制现金流量表时,可以采用工作底稿法或 T 型账户法,也可以根据有关科目记录分析填列。

1. 工作底稿法

业务 17-8 现金流量表编制的工作底稿法。

采用工作底稿法编制现金流量表,是以工作底稿为手段,以资产负债表和利润表数据为基础,对每一项目进行分析并编制调整分录,从而编制现金流量表。工作底稿法的程序是:

第一步,将资产负债表的期初数和期末数过入工作底稿的期初数栏和期末数栏。

第二步,对当期业务进行分析并编制调整分录。编制调整分录时,要以利润表项目为基础从"营业收入"开始,结合资产负债表项目逐一进行

分析。在调整分录中,有关现金的事项,并不直接借记或贷记现金,而是分别计入"经营活动产生的现金流量""投资活动产生的现金流量""筹资活动产生的现金流量"有关项目。借记表示现金流入,贷记表示现金流出。

第三步,将调整分录过入工作底稿中的相应部分。

第四步,核对调整分录,借方、贷方合计数均已经相等,资产负债表项目期初数加减调整分录中的借贷金额以后,也等于期末数。

第五步,根据工作底稿中的现金流量表项目部分编制正式的现金流量表。

2. T 型账户法

业务 17-9 现金流量表编制的 T 型账户法。

采用 T 型账户法编制现金流量表,是以 T 型账户为手段,以资产负债表和利润表数据为基础,对每一项目进行分析并编制调整分录,从而编制

现金流量表。T 型账户法的程序是：

第一步，为所有的非现金项目(包括资产负债表项目和利润表项目)分别开设 T 型账户，并将各自的期末期初变动数过入各相关账户。如果项目的期末数大于期初数，则将差额过入和项目余额相同的方向；反之，过入相反的方向。

第二步，开设一个大的"现金"T 型账户，每边分为经营活动、投资活动和筹资活动三个部分，左边记现金流入，右边记现金流出。与其他账户一样，过入期末期初变动数。

第三步，以利润表项目为基础，结合资产负债表分析每一个非现金项目的增减变动，并据此编制调整分录。

第四步，将调整分录过入各 T 型账户，并进行核对，该账户借贷相抵后的余额与原先过入的期末期初变动数应当一致。

第五步，根据大的"现金"T 型账户编制正式的现金流量表。

以上两种方法实际上是服务于手工记账和编表的情况。在实务中，已经采用财务软件进行日常会计核算的小企业，在财务软件中已经按照小企业会计准则的规定固化好现金流量表的编制程序，小企业只需根据自身的实际情况进行适当调整即可，因此，小企业现金流量表的编制实际上是由电脑完成的，并不会增加小企业和会计人员过多的工作量。借助财务信息系统编制现金流量表，既快捷又准确，还减轻了会计人员的工作负担。

(二) 现金流量表项目的填列方法

(1) 现金流量表中设有"本年累计金额"和"本月金额"两栏，其填列方法如下：

"本年累计金额"栏反映各项目自年初起至报告期末(月末、季末、年末)止的累计实际发生额。

"本月金额"栏反映各项目的本月实际发生额。不编制月度现金流量表的小企业，在编制季度现金流量表时，应将"本月金额"栏改为"本季度金额"栏，反映各项目的本季度实际发生额。小企业编制年度现金流量表时，应将"本月金额"栏改为"上年金额"栏，填列上年全年实际发生额。如果上年度现金流量表的项目名称和内容与本年度现金流量表不一致，应对上年度现金流量表项目

的名称和数字按本年度的规定进行调整，填入报表的"上年金额"栏。

(2) 现金流量表中"一、经营活动产生的现金流量"项目、"二、投资活动产生的现金流量"项目和"三、筹资活动产生的现金流量"项目这 3 个项目不得填列金额。

(三) 现金流量表项目的填列说明

1. 经营活动产生的现金流量

(1) "销售产成品、商品、提供劳务收到的现金"项目，反映小企业本期销售产成品、商品、提供劳务收到的现金。本项目可以根据"库存现金""银行存款"和"主营业务收入"等科目的本期发生额分析填列。

(2) "收到其他与经营活动有关的现金"项目，反映小企业本期收到的其他与经营活动有关的现金。本项目可以根据"库存现金"和"银行存款"等科目的本期发生额分析填列。

(3) "购买原材料、商品、接受劳务支付的现金"项目，反映小企业本期购买原材料、商品、接受劳务支付的现金。本项目可以根据"库存现金""银行存款""其他货币资金""原材料""库存商品"等科目的本期发生额分析填列。

(4) "支付的职工薪酬"项目，反映小企业本期向职工支付的薪酬。本项目可以根据"库存现金""银行存款""应付职工薪酬"科目的本期发生额填列。

(5) "支付的税费"项目，反映小企业本期支付的税费。本项目可以根据"库存现金""银行存款""应交税费"等科目的本期发生额填列。

(6) "支付其他与经营活动有关的现金"项目，反映小企业本期支付的其他与经营活动有关的现金。本项目可以根据"库存现金""银行存款"等科目的本期发生额分析填列。

2. 投资活动产生的现金流量

(1) "收回短期投资、长期债券投资和长期股权投资收到的现金"项目，反映小企业出售、转让或到期收回短期投资、长期股权投资而收到的现金，以及收回长期债券投资本金而收到的现金，不包括长期债券投资收回的利息。本项目可以根据"库存现金""银行存款""短期投资""长期股权投资""长期债券投资"等科目的本期发生额分析

填列。

（2）"取得投资收益收到的现金"项目，反映小企业因权益性投资和债权性投资取得的现金股利或利润和利息收入。本项目可以根据"库存现金""银行存款""投资收益"等科目的本期发生额分析填列。

（3）"处置固定资产、无形资产和其他非流动资产收回的现金净额"项目，反映小企业处置固定资产、无形资产和其他非流动资产取得的现金，减去为处置这些资产而支付的有关税费等后的净额。本项目可以根据"库存现金""银行存款""固定资产清理""无形资产""生产性生物资产"等科目的本期发生额分析填列。

（4）"短期投资、长期债券投资和长期股权投资支付的现金"项目，反映小企业进行权益性投资和债权性投资支付的现金。包括：企业取得短期股票投资、短期债券投资、短期基金投资、长期债券投资、长期股权投资支付的现金。本项目可以根据"库存现金""银行存款""短期投资""长期债券投资""长期股权投资"等科目的本期发生额分析填列。

（5）"购建固定资产、无形资产和其他非流动资产支付的现金"项目，反映小企业购建固定资产、无形资产和其他非流动资产支付的现金。包括：购买机器设备、无形资产、生产性生物资产支付的现金、建造工程支付的现金等现金支出，不包括为购建固定资产、无形资产和其他非流动资产而发生的借款费用资本化部分和支付给在建工程和无形资产开发项目人员的薪酬。为购建固定资产、无形资产和其他非流动资产而发生借款费用资本化部分，在"偿还借款利息支付的现金"项目反映；支付给在建工程和无形资产开发项目人员的薪酬，在"支付的职工薪酬"项目反映。本项目可以根据"库存现金""银行存款""固定资产""在建工程""无形资产""研发支出""生产性生物资产""应付职工薪酬"等科目的本期发生额分析填列。

3. 筹资活动产生的现金流量

（1）"取得借款收到的现金"项目，反映小企业举借各种短期、长期借款收到的现金。本项目可以根据"库存现金""银行存款""短期借款""长期借款"等科目的本期发生额分析填列。

（2）"吸收投资者投资收到的现金"项目，反映小企业收到的投资者作为资本投入的现金。本项目可以根据"库存现金""银行存款""实收资本""资本公积"等科目的本期发生额分析填列。

（3）"偿还借款本金支付的现金"项目，反映小企业以现金偿还各种短期、长期借款的本金。本项目可以根据"库存现金""银行存款""短期借款""长期借款"等科目的本期发生额分析填列。

（4）"偿还借款利息支付的现金"项目，反映小企业以现金偿还各种短期、长期借款的利息。本项目可以根据"库存现金""银行存款""应付利息"等科目的本期发生额分析填列。

（5）"分配利润支付的现金"项目，反映小企业向投资者实际支付的利润。本项目可以根据"库存现金""银行存款""应付利润"等科目的本期发生额分析填列。

（四）本表中各项目之间的勾稽关系

行 7＝行 1＋行 2－行 3－行 4－行 5－行 6，即经营活动产生的现金流量净额＝销售产成品、商品、提供劳务收到的现金＋收到其他与经营活动有关的现金－购买原材料、商品、接受劳务支付的现金－支付的职工薪酬－支付的税费－支付其他与经营活动有关的现金。

行 13＝行 8＋行 9＋行 10－行 11－行 12，即投资活动产生的现金流量净额＝收回短期投资、长期债券投资和长期股权投资收到的现金＋取得投资收益收到的现金＋处置固定资产、无形资产和其他非流动资产收回的现金净额－短期投资、长期债券投资和长期股权投资支付的现金－购建固定资产、无形资产和其他非流动资产支付的现金。

行 19＝行 14＋行 15－行 16－行 17－行 18，即筹资活动产生的现金流量净额＝取得借款收到的现金＋吸收投资者投资收到的现金－偿还借款本金支付的现金－偿还借款利息支付的现金－分配利润支付的现金；

行 20＝行 7＋行 13＋行 19，即现金净增加额＝经营活动产生的现金流量净额＋投资活动产生的现金流量净额＋筹资活动产生的现金流量净额。

行 22＝行 20＋行 21，即期末现金余额＝现金净增加额＋期初现金余额。

四、经营活动现金流量及其列报

> 《小企业会计准则》条文及主旨：
> 第八十三条　经营活动，是指小企业投资活动和筹资活动以外的所有交易和事项。
> 小企业经营活动产生的现金流量应当单独列示反映下列信息的项目：
> （一）销售产成品、商品、提供劳务收到的现金；
> （二）购买原材料、商品、接受劳务支付的现金；
> （三）支付的职工薪酬；
> （四）支付的税费。
> 【条文主旨】本条是关于经营活动的定义及其现金流量组成项目的规定。

（一）经营活动的定义

经营活动，是指小企业投资活动和筹资活动以外的所有交易和事项。各类小企业由于行业特点不同，对经营活动的认定存在一定差异。对于工业和批发业、零售业的小企业而言，经营活动主要包括销售商品、提供劳务、购买商品、接受劳务、支付职工薪酬和交纳税费等。

需要明确的是，现金流量表中的经营活动有其特定的含义，大家通常所讲的某企业的日常经营活动的概念，是相对于投资活动和筹资活动而言的，实际上是一个兜底的概念，即小企业日常发生的各种活动（体现为交易和事项）在对其发生的现金流量进行认定时，只要不属于投资活动和筹资活动，则应全部认定为经营活动。也可理解为，小企业的投资活动、筹资活动和经营活动共同构成了其日常生产经营活动。

（二）经营活动现金流量的列报方法

经营活动现金流量的列报方法直接法和间接法两种。

1. 直接法

直接法，是指按照现金收入和现金支出的主要类别直接反映小企业经营活动产生的现金流量，如销售产成品、商品、提供劳务收到的现金；购买原材料、商品、接受劳务支付的现金等就是按现金收入和支出的类别直接反映的。在直接法下，一般是以利润表中的营业收入为起算点，调节与经营活动有关的项目的增减变动，然后计算出经营活动产生的现金流量。

2. 间接法

间接法，是指以净利润为起算点，调整不涉及现金的收入、费用、营业外收支等有关项目，剔除投资活动、筹资活动对现金流量的影响，据此计算出经营活动产生的现金流量。由于净利润是按照权责发生制原则确定的，且包括了与投资活动和筹资活动相关的收益和费用，将净利润调节为经营活动现金流量，实际上就是将按权责发生制原则确定的净利润调整为现金净流入，并剔除投资活动和筹资活动对现金流量的影响。

采用直接法编报的现金流量表，便于分析小企业经营活动产生的现金流量的来源和用途，预测小企业现金流量的未来前景；采用间接法编报现金流量表，便于将净利润与经营活动产生的现金流量净额进行比较，了解净利润与经营活动产生的现金流量差异的原因，从现金流量的角度分析净利润的质量。

为了更直观地反映小企业经营活动产生的现金流量，增强现金流量相关信息的可理解性，同时也减轻小企业信息披露的负担，小企业会计准则在经营活动现金流量的列报上采用了直接法，而没有采用间接法。

（三）经营活动现金流量的组成项目及其构成内容

小企业会计准则根据小企业的实际情况对经营活动现金流量的组成项目进行了适当简化，但在经营活动的认定上与企业会计准则相一致。小企业经营活动产生的现金流量包括以下项目：

（1）"销售产成品、商品、提供劳务收到的现金"项目，反映小企业本期（月或季、年，下同）销售产成品、商品、提供劳务收到的体现销售收入的现金。该项目的金额主要由以下 5 部分构成：

① 本期销售产成品收到的现金，主要是针对工业类小企业而言的，包括销售产成品、半成品收到的现金。

② 本期销售商品收到的现金，主要是针对批发业类和零售业类小企业而言的。

③ 本期提供劳务收到的现金。

④ 本期收到前期销售产成品、商品、提供劳务

的现金。

⑤ 本期预收的货款等。

在此,需要明确的有四点:一是销售材料收到的现金也构成该项目的内容。二是代购代销业务收到的现金也构成该项目的内容。三是销售产成品、商品、提供劳务收到的增值税销项税额不构成该项目的内容,而应属于"收到其他与经营活动有关的现金"项目的构成内容。四是如果在本期因退回销售(包括本期销售和前期销售)的产成品和商品而支付的现金,应从该项目中扣除。

(2)"收到其他与经营活动有关的现金"项目,反映小企业除"销售产成品、商品、提供劳务收到的现金"项目以外,收到的其他与经营活动有关的现金。该项目的金额主要由以下6部分构成:

① 收到的增值税销项税额。

② 收到的各种税费返还及政府补助的其他现金。

③ 经营租赁收到的现金(体现为租金收入)。

④ 由个人赔偿的现金收入和保险理赔的现金收入。

⑤ 收到捐赠的现金。

⑥ 收取的押金、保证金、违约金等。

(3)"购买原材料、商品、接受劳务支付的现金"项目,反映小企业本期购买原材料、商品、接受劳务支付的体现购货款的现金。该项目的金额主要由以下5部分构成:

① 本期购买原材料支付的现金,主要是针对工业类小企业而言的,包括购买原材料、周转材料支付的现金以及委托加工材料等支付的现金。

② 本期购买商品支付的现金,主要是针对批发业类和零售业类的小企业而言的,包括购买商品支付的现金以及委托加工商品等支付的现金。

③ 本期接受劳务支付的现金。

④ 本期支付前期购买原材料、商品、接受劳务的未付款项。

⑤ 本期支付的预付款项等。

在此,需要明确四点,一是购买原材料、商品、接受劳务支付的增值税进项税额不构成该项目的内容,而应属于"支付的税费"项目的构成内容。二是如果在本期因发生购货退回收到的现金,应从该项目中扣除。三是支付的已资本化在存货中

的借款费用不构成该项目的内容,而应属于"偿还借款利息支付的现金"项目的构成内容。四是代购代销业务支付的现金也构成该项目的内容。

(4)"支付的职工薪酬"项目,反映小企业本期向职工支付的薪酬。该项目的金额主要由以下7部分构成:

① 支付给职工的职工工资、奖金、津贴和补贴。

② 支付给职工或用于职工的职工福利费。

③ 支付给社会保险机构的医疗保险费、养老保险费、失业保险费、工伤保险费和生育保险费等社会保险费。

④ 支付给住房公积金管理机构的住房公积金。

⑤ 支付的或用于职工的工会经费和职工教育经费。

⑥ 因解除与职工的劳动关系给予的现金补偿。

⑦ 其他与获得职工提供的服务相关而支付的现金等。

需要明确的是,这里的职工包括小企业中从事在建工程的人员和从事无形资产开发项目的人员。

(5)"支付的税费"项目,反映小企业本期支付的税费,包括增值税、消费税、城市维护建设税、企业所得税、资源税、土地增值税、城镇土地使用税、房产税、车船税和教育费附加、印花税、矿产资源补偿费、排污费等。该项目的金额主要由以下3部分构成:

① 本期发生并支付的税费。

② 本期支付以前各期发生的税费。

③ 本期预交的税金等。

在此,需要明确三点:一是支付的税收滞纳金也构成该项目的内容。二是代扣代缴的个人所得税也构成该项目的内容。三是本期退回的增值税、所得税等税费不构成该项目的内容,而应属于"收到其他与经营活动有关的现金"项目的构成内容。

(6)"支付其他与经营活动有关的现金"项目,反映小企业除"购买原材料、商品、接受劳务支付的现金"项目、"支付的职工薪酬"项目和"支付的

税费"项目以外,本期支付的其他与经营活动有关的现金。该项目的金额主要由以下 10 部分构成:

① 支付的商品维修费。

② 在销售商品过程中支付的运输费、装卸费、包装费、保险费。

③ 支付的广告费和业务宣传费、展览费。

④ 支付的开办费。

⑤ 支付的行政管理部门发生的费用。

⑥ 支付的业务招待费、研究费用、技术转让费、财产保险费、聘请中介机构费、咨询费(含顾问费)、诉讼费。

⑦ 支付的罚金、罚款。

⑧ 经营租赁支付的现金(体现为租金费用)。

⑨ 对外捐赠的现金。

⑩ 对外赞助的现金等。

在此,需要明确的是,小企业(批发业、零售业)在购买商品过程中支付的运输费、装卸费、包装费、保险费等,也构成该项目的内容。

五、投资活动现金流量及其列报

《小企业会计准则》条文及主旨:

第八十四条 投资活动,是指小企业固定资产、无形资产、其他非流动资产的购建和短期投资、长期债券投资、长期股权投资及其处置活动。

小企业投资活动产生的现金流量应当单独列示反映下列信息的项目:

(一) 收回短期投资、长期债券投资和长期股权投资收到的现金;

(二) 取得投资收益收到的现金;

(三) 处置固定资产、无形资产和其他非流动资产收回的现金净额;

(四) 短期投资、长期债券投资和长期股权投资支付的现金;

(五) 购建固定资产、无形资产和其他非流动资产支付的现金。

【条文主旨】本条是关于投资活动的定义及其现金流量组成项目的规定。

(一) 投资活动的定义

投资活动,是指小企业固定资产、无形资产、其他非流动资产的购建和短期投资、长期债券投资、长期股权投资及其处置活动。对投资活动的

定义需要把握以下几点:

(1) 投资活动实质上主要是针对非流动资产的购建和处置活动,当然也包括对外短期投资。

(2) 投资活动既包括实物资产投资,也包括非实物资产投资。

① 实物资产投资,主要包括外购和自行建造固定资产、外购和自行营造或繁殖生产性生物资产等。

② 非实物资产投资,主要包括外购无形资产、自行开发无形资产以及短期投资、长期债券投资、长期股权投资。

(3) 投资活动既包括对外投资也包括对内投资。

① 对外投资,主要包括短期投资、长期债券投资、长期股权投资等。

② 对内投资,主要包括外购和自行建造固定资产、外购和自行营造或繁殖生产性生物资产、外购无形资产和自行开发无形资产等。

(二) 投资活动现金流量的组成项目及其构成内容

小企业会计准则根据小企业的实际情况对投资活动现金流量的组成项目进行了适当简化,但是在投资活动的认定上与企业会计准则相一致。小企业投资活动产生的现金流量包括以下项目:

(1) "收回短期投资、长期债券投资和长期股权投资收到的现金"项目,反映小企业出售、转让或到期收回短期投资、长期股权投资而收到的现金,以及收回长期债券投资本金而收到的现金。该项目的金额主要由以下 4 部分构成:

① 本期出售短期权益性投资收到的现金。

② 本期出售或到期收回短期债权性投资收到的现金。

③ 本期转让长期股权投资收到的现金。

④ 本期转让或到期收回长期债券投资本金收到的现金等。

需要明确的是,到期收回的短期债权性投资和长期债券投资的利息收入不构成该项目的内容,而应属于"取得投资收益收到的现金"项目的构成内容。

(2) "取得投资收益收到的现金"项目,反映小企业因权益性投资和债权性投资取得的现金股利或利润和利息收入。该项目的金额主要由以下

3 部分构成：

① 本期取得被投资单位发放的现金股利收到的现金。

② 本期取得被投资分配的利润收到的现金。

③ 本期取得短期债权性投资和长期债券投资的利息收入收到的现金等。

需要明确的是，取得的股票股利由于不产生现金流量：不构成该项目的内容。

（3）"处置固定资产、无形资产和其他非流动资产收回的现金净额"项目，反映小企业处置固定资产、无形资产和其他非流动资产取得的现金，减去为处置这些资产而支付的有关税费等后的净额。该项目的金额主要由以下 4 部分组成：

① 本期处置固定资产收到的现金。

② 本期处置无形资产收到的现金。

③ 本期处置其他非流动资产收到的现金，如处置生产性生物资产收到的现金等。

④ 本期处置固定资产、无形资产和其他非流动资产支付的有关税费等，如支付的契税、运输费等。

在此需要明确两点：一是由于自然灾害等原因所造成的固定资产等非流动资产报废、毁损而收到的保险理赔收入不构成该项目的内容，而应属于"收到其他与经营活动有关的现金"项目的构成内容。二是处置固定资产、无形资产和其他长期资产所收回的现金净额如为负数，仍构成该项目的内容。

（4）"短期投资、长期债券投资和长期股权投资支付的现金"项目，反映小企业进行权益性投资和债权性投资支付的现金。包括：小企业取得短期股票投资、短期债券投资、短期基金投资、长期债券投资、长期股权投资支付的现金。该项目的金额主要由以下 6 部分组成：

① 本期取得短期股票投资支付的现金。

② 本期取得短期债券投资支付的现金。

③ 本期取得短期基金投资支付的现金。

④ 本期取得长期债券投资支付的现金。

⑤ 本期取得股权投资支付的现金。

⑥ 本期取得短期投资、长期债券投资和长期股权投资支付的相关税费等，如支付的印花税、佣金、手续费等。

在此，需要明确的是，小企业购买股票和债券时，实际支付的价款中包含的已宣告但尚未领取的现金股利或已到付息期但尚未领取的债券利息，不构成该项目的内容，而应属于"支付其他与经营活动有关的现金"项目的构成内容。

（5）"购建固定资产、无形资产和其他非流动资产支付的现金"项目，反映小企业购建固定资产、无形资产和其他非流动资产支付的现金。包括：购买机器设备、无形资产、生产性生物资产支付的现金、建造工程支付的现金等现金支出，不包括为购建固定资产、无形资产和其他非流动资产而发生的借款利息资本化部分和支付给在建工程和无形资产开发人员的薪酬。该项目的金额主要由以下 6 部分组成：

① 本期外购机器设备等固定资产支付的现金，包括融资租入固定资产支付的各期租赁费。

② 本期外购无形资产支付的现金。

③ 本期外购生产性生物资产支付的现金。

④ 本期建造工程支付的现金。

⑤ 本期自行开发无形资产支付的现金。

⑥ 本期自行营造和繁殖生产性生物资产支付的现金等。

在此，需要明确两点：一是为购建固定资产、无形资产和其他非流动资产而发生的借款费用资本化部分的现金不构成该项目的内容，而应属于"偿还借款利息支付的现金"项目的构成内容。二是支付给在建工程和无形资产开发人员的薪酬不构成该项目的内容，而应属于"支付的职工薪酬"项目的构成内容。

六、筹资活动现金流量及其列报

《小企业会计准则》条文及主旨：

第八十五条　筹资活动，是指导致小企业资本及债务规模和构成发生变化的活动。

小企业筹资活动产生的现金流量应当单独列示反映下列信息的项目：

（一）取得借款收到的现金；

（二）吸收投资者投资收到的现金；

（三）偿还借款本金支付的现金；

（四）偿还借款利息支付的现金；

（五）分配利润支付的现金。

【条文主旨】本条是关于筹资活动现金流量的规定。

（一）筹资活动的定义

筹资活动，是指导致小企业资本及债务规模和构成发生变化的活动。小企业的经营需要外部资源（如资金、技术、机器设备、厂房等）的支持，表现为向外部筹资，不外乎借款和吸收投资。借款通常是向银行等金融机构借款，有固定的期限并要承担利息费用；吸收投资通常向其他企业或个人吸收资本，没有固定的期限但应向其分配利润，以使其得到投资回报。因此，在实务中，小企业的筹资活动主要包括吸收投资、取得借款、分配利润、偿还借款本息等。

需要明确的是，应付账款、应付票据等是由信用购买所产生的，实质上也是一种筹资，但其主要是产生于购买原材料和商品，将作为经营活动而不是筹资活动来处理。

（二）筹资活动现金流量的组成项目及其构成内容

小企业会计准则根据小企业的实际情况对筹资活动现金流量的组成项目进行了适当简化，但是在筹资活动的认定上与企业会计准则相一致。小企业筹资活动产生的现金流量包括以下项目：

（1）"取得借款收到的现金"项目，反映小企业举借各种短期、长期借款而收到的现金。该项目的金额主要由以下两部分构成：

① 本期取得短期借款收到的现金。

② 本期取得长期借款收到的现金。

（2）"吸收投资者投资收到的现金"项目，反映小企业收到的投资者作为资本投入的现金。该资本既可以体现为实收资本，也可以体现为资本公积，但必须是以现金形式投入小企业的。

（3）"偿还借款本金支付的现金"项目，反映小企业以现金偿还各种短期、长期借款的本金。该项目的金额主要由以下两部分构成：

① 本期偿还短期借款本金支付的现金。

② 本期偿还长期借款本金支付的现金。

在此，需要明确两点：一是该项目所指的借款本金不需要考虑借款的用途。二是本期无论偿还的是本期到期的借款本金还是前期到期的借款本金，只要以现金进行了偿还即属于该项目的构成内容。

（4）"偿还借款利息支付的现金"项目，反映小企业以现金偿还各种短期、长期借款的利息。该项目的金额主要由以下两部分构成：

① 本期偿还短期借款利息支付的现金。

② 本期偿还长期借款利息支付的现金。

在此，需要明确三点：一是该项目所指的借款利息不需要考虑借款的用途及借款利息是否予以资本化。二是本期无论偿还的是本期到期的借款利息还是前期到期的借款利息，只要以现金进行了偿还即属于该项目的构成的内容。三是以现金偿还的除利息费用以外的辅助费用等借款费用也构成该项目的内容。

（5）"分配利润支付的现金"项目，反映小企业向投资者实际支付的利润。该项目的金额主要由以下两部分构成：

① 本期以现金向投资者支付本期分配的利润。

② 本期以现金向投资者支付前期分配的利润。

七、现金流量表编制举例

详细内容见本章第六节内容。

第五节 小企业财务报表附注

《小企业会计准则》条文及主旨：

第八十六条 附注，是指对在资产负债表、利润表和现金流量表等报表中列示项目的文字描述或明细资料，以及对未能在这些报表中列示项目的说明等。

附注应当按照下列顺序披露：

（一）遵循小企业会计准则的声明。

（二）短期投资、应收账款、存货、固定资产项目的说明。

（三）应付职工薪酬、应交税费项目的说明。

（四）利润分配的说明。

（五）用于对外担保的资产名称、账面余额及形成的原因；未决诉讼、未决仲裁以及对外提供担保所涉及的金额。

（六）发生严重亏损的，应当披露持续经营的计划、未来经营的方案。

（七）对已在资产负债表和利润表中列示项目与企业所得税法规定存在差异的纳税调整过程。

（八）其他需要在附注中说明的事项。

【条文主旨】本条是关于附注的定义、附注披露的顺序及内容的规定。

一、附注的定义和作用

附注是财务报表不可或缺的组成部分，是对在资产负债表、利润表和现金流量表等报表中列示项目的文字描述或明细资料，以及对未能在这些报表中列示项目的说明等。

资产负债表、利润表和现金流量表等报表中的数字是经过分类与汇总后的结果，是对小企业发生的经济业务的高度简化和浓缩的数字。对于一些小企业财务报表的外部使用者而言，仅仅阅读上述报表，而没有理解这些数字所披露的信息，财务报表就不可能充分发挥效用。因此，附注与资产负债表、利润表、现金流量表等报表具有同等的重要性，是财务报表的重要组成部分。财务报表的外部使用者要了解小企业的财务状况、经营成果和现金流量，应当全面阅读附注。

小企业会计准则根据小企业的实际情况并考虑了成本效益原则的要求，一方面要减轻小企业会计核算的工作量，降低小企业财务报表包括附注的编制成本，另一方面也要兼顾各方面对小企业会计信息的需求情况，进行了大幅度简化，但是小企业执行本准则必须要树立起附注是财务报表完整的组成部分的准则意识并且必须重视和加强附注的披露工作；小企业财务报表外部使用者也应当树立起附注是财务报表完整组成的准则意识并且重视和加强对附注的使用和评价工作。对小企业附注披露的内容相对于企业会计准则对附注的定义和作用，应当注意把握好以下几个方面：

（1）附注披露的信息应是定量、定性信息的结合，表现为明细资料和文字描述，从而能从量和质两个角度对小企业的经济事项完整地进行反映，也才能满足小企业财务报表外部使用者的信息需求。

（2）附注应当按照一定的结构进行系统合理的排列和分类，有顺序地披露信息。由于附注的内容较多，因此，更应按逻辑顺序排列，分类披露，条理清晰，具有一定的组织结构，以便于财务报表外部使用者理解和掌握，也能更好地实现财务报表的可比性。

（3）附注相关信息应当与资产负债表、利润表和现金流量表等报表中列示的项目相互参照，以有助于财务报表外部使用者联系相关联的信息，并由此从整体上更好地理解财务报表。

二、附注披露的顺序及内容

小企业报表附注应当按照下列顺序和内容进行披露。

（一）遵循小企业会计准则的声明

业务 17-11 遵循小企业会计准则声明的处理。

小企业应当声明编制的财务报表符合小企业会计准则的要求，真实、完整地反映了小企业的财务状况、经营成果和现金流量等有关信息，由此承诺所提供的财务会计信息不存在任何虚假记载、误导性陈述或者重大遗漏，并对其内容的真实性、准确性和完整性承担相应的责任。以此明确小企业编制财务报表所依据的制度基础。

执行小企业会计准则的小企业，如发生的交易或者事项因本准则未作规范而执行了企业会计准则的相关规定，应当在此部分如实披露如下信息：

（1）发生交易的情况。

（2）参照执行企业会计准则的原因。

（3）所依据的企业会计准则的相关规定。

（4）该交易的处理结果对企业带来的影响，包括对财务状况和经营成果的影响。

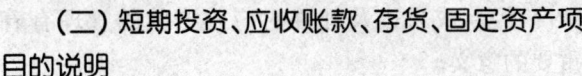

(二) 短期投资、应收账款、存货、固定资产项目的说明

业务 17-12 短期投资、应收账款、存货、固定资产项目的附注说明。

为简化小企业会计核算并尽可能减少纳税调整,小企业会计准则要求小企业的资产按照成本计量,不计提资产减值准备。同时,考虑到小企业资产的质量,尤其是其可变现能力对债权人影响较大,因此,本条要求小企业应在附注中对几项重要资产的市场价格信息、持有时间的长短和新旧程度进行明细说明,以在一定程度上缓解对资产不计提减值准备可能产生的影响。

1. 披露格式

短期投资、应收账款、存货、固定资产项目的详细说明,参见下列给定的披露格式。

(1) 短期投资的披露格式如表 17-8 所示。

表 17-8　短期投资的披露说明

项目	期末账面余额	期末市价	期末账面余额与市价的差额
1. 股票			
2. 债券			
3. 基金			
4. 其他			
合计			

附注中,短期投资项目应按照股票投资、债券投资、基金等短期投资的种类分别说明各类投资的期末账面余额、期末市价以及期末账面余额与市价的差额,以反映小企业短期投资期末时的真正价值。

(2) 应收账款按账龄结构披露的格式如表 17-9 所示。

表 17-9　应收账款的披露说明

账龄结构	期末账面余额	年初账面余额
1 年以内(含 1 年)		
1 年至 2 年(含 2 年)		
2 年至 3 年(含 3 年)		
3 年以上		
合计		

附注中,应收账款项目的说明主要按账龄结构提供期末账面余额和年初账面余额等信息,以使报表使用者了解应收账款的收款、欠款情况,判断欠款的可收回程度和可能发生的损失,并有利于小企业管理当局加强对应收账款的管理。

(3) 存货的披露格式如表 17-10 所示。

表 17-10　存货的披露说明

存货种类	期末账面余额	期末市价	期末账面余额与市价的差额
1. 原材料			
2. 在产品			
3. 库存商品			
4. 周转材料			
5. 消耗性生物资产			
……			
合计			

附注中,存货项目的说明主要按存货种类提供各类存货的期末账面余额、期末市价及期末账面余额与市价的差额等信息,以正确反映小企业存货期末的价值,对于客观、公正地反映企业财务状况、经营成果以及加强对应收账款的管理有着重要的意义。

(4)固定资产的披露格式如表 17-11 所示。

表 17-11　固定资产的披露说明

项目	原价	累计折旧	期末账面价值
1. 房屋、建筑物			
2. 机器			
3. 机械			
4. 运输工具			
5. 设备			
6. 器具			
7. 工具			
……			
合计			

附注中,固定资产项目的说明按照固定资产项目提供固定资产的原价、累计折旧以及期末账面价值等信息。小企业固定资产的账面价值是该项资产的成本减去累计折旧后的金额,是小企业会计核算中账面记载的固定资产价值。固定资产项目的期末账面价值的信息披露,有助于报表使用者客观评价小企业投资价值,以作出最佳投资决策。

2. 披露时需要明确三点

(1)期末,是指财务报表对外报告的当期期末,包括月末、季末和年末。具体视报告时间而言,按月对外报告的,期末指月末;按季对外报告的,期末指季末;按年对外报告的,期末指年末。

(2)期末账面余额,是指各项目在"短期投资"明细账的期末借方余额,但其合计额必须与资产负债表中"短期投资"项目的金额相一致,不得出现差异。

(3)期末市价,是指各项目在期末的市场价格,其中,股票、债券、基金通常是收盘价。

(三)应付职工薪酬、应交税费项目的说明

业务 17-13　应付职工薪酬、应交税费项目的附注说明。

应付职工薪酬和应交税费是职工、债权人、税务部门和政府其他部门等相关方面重点关注的内容,因此,本准则要求进行"明细表"形式的披露,这两张明细表构成了资产负债表的附表。有关披露格式如下:

(1)应付职工薪酬的披露格式如表 17-12 所示:

表 17-12　应付职工薪酬明细表　　　　　　　　　　　　会小企 01 表附表 1

编制单位　　　　　　　　　　　　　　　　年　月　　　　　　　　　　　　单位:元

项目	期末账面余额	年初账面余额
1. 职工工资		
2. 奖金、津贴和补贴		
3. 职工福利费		
4. 社会保险费		
5. 住房公积金		

（续表）

项目	期末账面余额	年初账面余额
6. 工会经费		
7. 职工教育经费		
8. 非货币性福利		
9. 辞退福利		
10. 其他		
合计		

附注中，应付职工薪酬项目的说明需要编制应付职工薪酬明细表。应付职工薪酬明细表是小企业资产负债表的附表，该明细表按照应付职工薪酬的项目详细披露了小企业应付职工薪酬各项目期末账面余额和年初账面余额，从而提高了会计信息质量，有助于报表使用者作出正确决策。

（2）应交税费的披露格式如表17-13所示：

表17-13　应交税费明细表　　　　会小企01表附表2

编制单位：　　　　　　　　　年　月　　　　　　　　　单位：元

项目	期末账面余额	年初账面余额
1. 增值税		
2. 消费税		
3. 城市维护建设税		
4. 企业所得税		
5. 资源税		
6. 环境保护税		
7. 土地增值税		
8. 城镇土地使用税		
9. 房产税		
10. 车船税		
11. 教育费附加		
12. 地方教育费附加		
13. 文化事业建设费		
14. 残疾人就业保障金		
15. 代扣代缴的个人所得税		
……		
合计		

附注中，应交税费项目的说明需要编制应交税费明细表。应交税费明细表是小企业资产负债表的附表，该明细表按照税收的项目详细披露了小企业应交税费各项目期末账面余额和年初账面余额，从而有利于分析纳税人贯彻税法，认真履行义务，维护纳税人的合法权益等。

（四）利润分配的说明

业务17-14　利润分配的附注说明。

小企业的利润分配应当遵循相关法律法规的规定。本准则提供的利润分配表综合考虑了公司法、外商投资企业法等相关法律的要求,但是小企业在具体应用时应根据其适用的法律进行编制,如果其中有些项目不适用,则不应填列任何数字,空置即可。

(1)利润分配表的格式如表17-14所示。

表17-14　利润分配表　　　　　　　　　　　　　会小企01表附表3

编制单位　　　　　　　　　　　　年度　　　　　　　　　　　　　　单位:元

项目	行次	本年金额	上年金额
一、净利润	1		
加:年初未分配利润	2		
其他转入	3		
二、可供分配的利润	4		
减:提取法定盈余公积	5		
提取任意盈余公积	6		
提取职工奖励及福利基金*	7		
提取储备基金*	8		
提取企业发展基金*	9		
利润归还投资**	10		
三、可供投资者分配的利润	11		
减:应付利润	12		
四、未分配利润	13		

*提取职工奖励及福利基金、提取储备基金、提取企业发展基金这3个项目仅适用于小企业(外商投资)按照相关法律规定提取的3项基金。 **利润归还投资这个项目仅适用于小企业(中外合作经营)根据合同规定在合作期间归还投资者的投资。

附注中,利润分配项目的说明需要编制利润分配表。利润分配表是小企业资产负债表的附表,小企业应对利润分配的详细情况作出说明,提供利润分配或亏损弥补等信息,帮助报表使用者了解小企业实现净利润的分配情况或亏损的弥补情况,了解利润分配的构成,以及年末未分配利润的数据。

(2)利润分配表各项目的填列方法。

由于小企业会计准则不强制要求小企业编制所有者权益变动表,并考虑到利润分配表主要是要解决三个问题:一是按照相关法律进行利润分配情况,二是向投资者提供的投资回报情况,三是确定未分配利润的余额,因此,本准则将利润分配表作为资产负债表的附表看待,反映小企业利润分配的情况和未分配利润结余的情况。该表"本年金额"栏,根据当年"利润分配"总账及其所属各明细账的记录分析填列。"上年金额"栏根据上一年"利润分配表"中的"本年金额"栏数字填列。

利润分配表各项目的填列方法如下:

①"净利润"项目,反映小企业当年实现的净利润,如为净亏损,以"-"号填列。本项目的数字应与"利润表"中"本年累计金额"栏的"净利润"项目相一致。

②"年初未分配利润"项目,反映小企业年初未分配的利润。如为未弥补的亏损,以"-"号填列。

③"其他转入"项目,反映小企业按规定用盈余公积弥补亏损等转入的数额。

④"提取法定盈余公积"和"提取任意盈余公积"项目,反映小企业按照公司法规定当年提取的法定公积金和任意公积金。

⑤"提取职工奖励及福利基金""提取储备基金""提取企业发展基金"项目,仅反映小企业(外商投资)按照外商投资企业法规定提取的职工奖励及福利基金、储备基金和企业发展基金。

⑥"利润归还投资"项目,仅反映小企业(中外

合作经营）按外商投资企业法规定和合同约定在合作期间以利润归还投资者的投资。

⑦"应付利润"项目，反映小企业当年分配给投资者的利润。

⑧"未分配利润"项目，反映小企业年末尚未分配的利润。如为未弥补的亏损，以"－"号填列。本项目的数字应与"资产负债表"中"期末余额"栏的"未分配利润"项目相一致。

（五）用于对外担保的资产名称、账面余额及形成的原因；未决诉讼、未决仲裁以及对外提供担保所涉及的金额

业务 17-15　对外担保、未决诉讼、未决仲裁的附注说明。

1. 用于对外担保的资产名称、账面余额及形成的原因

小企业在日常生产经营中会遇到资金短缺的问题，需要向银行等金融机构申请贷款或向第三方借入资金，有些情况资金提供者要求小企业以自身的资产作出担保，这些资产虽然其所有权未发生改变，但其使用权、处置权、收益权等受到债权人的一定限制，与其他未作为担保物使用的资产不同。因此，本准则要求对这类资产作出专门披露。具体披露内容和要求如下：

（1）用于对外担保的资产名称，指其具体名称，而不是资产性质或类别，目的是使财务报表外部使用者能够直接认定该项资产。如用于向工商银行贷款 100 万元的担保物是位于×街×号的某房产，而不是泛泛地讲某项固定资产。

（2）用于对外担保的资产的账面余额，通常是指其科目余额，但是，对于固定资产、无形资产和生产性生物资产类的资产，还要披露其累计折旧和累计摊销。比如用于担保的某房产，成本为 200 万元，已提折旧 50 万元，账面价值为 150 万元。

（3）用资产进行担保的原因。比如某年某月某日从某银行借入 3 年期贷款 100 万元，年利率 5.6%，银行要求本企业用资产进行担保。

实务中，有时小企业的出资人或业主会以个人财产代小企业向债权作出担保。在这种情况下，尽管这些财产不属于小企业的资产，但是也会给小企业带来不利影响，因此，针对这种情况，也应比照本条的规定进行披露。

2. 未决诉讼、未决仲裁所涉及的金额

小企业在日常生产经营活动中有时产生一些法律纠纷、合同争议，需要诉诸于法律和仲裁机构进行审理和裁决。这类事项的发生，虽然当期不会马上给小企业带来损失，但是最终的结果可能会给企业造成损失，当然，也可能会带来收益。因此，小企业会计准则要求小企业对这类事项也应当作出披露，具体包括事由、目前进展情况和所涉及的金额。

3. 对外提供担保所涉及的金额

小企业在日常生产经营活动中需要向银行等金融机构申请贷款或向第三方借入资金，有些情况下，资金提供者要求小企业以自身的资产作出担保；个别情况下，小企业也有为业主或其他第三方提供担保。这些情况的存在也可能会给企业带来损失，因此，本准则要求小企业对这类事项也应当作出披露，具体包括事由、目前进展情况、所涉及的金额和以及用于担保的资产名称、账面余额，即本条应与"用于对外担保的资产名称、账面余额及形成的原因"结合起来进行披露。

（六）发生严重亏损的，应当披露持续经营的计划、未来经营的方案

业务 17-16　严重亏损的附注说明。

小企业在日常生产经营活动中是存在风险的，由于规模较小，抗市场风险能力较弱，可能会出现严重亏损的情况，如资不抵债。这种情况的发生，可能会导致小企业破产清算。一旦出现破产清算的情况，就会对职工、税务机关、债权人、投资者等相关方产生不利影响。因此，本准则要求小企业对这种情况下的持续经营计划、未来经营方案等补救和改进措施作出披露。

（七）对已在资产负债表和利润表中列示项目与企业所得税法规定存在差异的纳税调整过程

业务 17-17　税会差异纳税调整附注说明。

小企业会计准则尽可能地与企业所得税法实现了一致，但也不可避免地还存在个别差异。

小企业所得税纳税调整是指纳税人在计算应纳税所得额时其财务会计处理与税收规定不一致的，应按税法规定进行调整。为了反映小企业纳税调整的核算符合规范以及正确的调整，附注中应披露已在资产负债表和利润表中列示项目与企

业所得税法规定存在差异的纳税调整过程,具体参见《中华人民共和国企业所得税年度纳税申报表》(2017 年版)。

小企业常见的纳税调整事项参见本书第十五章第六节内容。有关《中华人民共和国企业所得税年度纳税申报表》的具体编制,参见《中华人民共和国企业所得税年度纳税申报表(A 类)》填报说明,见表 17-15。

表 17-15 中华人民共和国企业所得税年度纳税申报表(A100000)

行次	类别	项　目	金额
1	利润总额计算	一、营业收入(填写 A101010\101020\103000)	
2		减:营业成本(填写 A102010\102020\103000)	
3		税金及附加	
4		销售费用(填写 A104000)	
5		管理费用(填写 A104000)	
6		财务费用(填写 A104000)	
7		资产减值损失	
8		加:公允价值变动收益	
9		投资收益	
10		二、营业利润(1-2-3-4-5-6-7+8+9)	
11		加:营业外收入(填写 A101010\101020\103000)	
12		减:营业外支出(填写 A102010\102020\103000)	
13		三、利润总额(10+11-12)	
14	应纳税所得额计算	减:境外所得(填写 A108010)	
15		加:纳税调整增加额(填写 A105000)	
16		减:纳税调整减少额(填写 A105000)	
17		减:免税、减计收入及加计扣除(填写 A107010)	
18		加:境外应税所得抵减境内亏损(填写 A108000)	
19		四、纳税调整后所得(13-14+15-16-17+18)	
20		减:所得减免(填写 A107020)	
21		减:弥补以前年度亏损(填写 A106000)	
22		减:抵扣应纳税所得额(填写 A107030)	
23		五、应纳税所得额(19-20-21-22)	
24	应纳税额计算	税率(25%)	
25		六、应纳所得税额(23×24)	
26		减:减免所得税额(填写 A107040)	
27		减:抵免所得税额(填写 A107050)	
28		七、应纳税额(25-26-27)	
29		加:境外所得应纳所得税额(填写 A108000)	
30		减:境外所得抵免所得税额(填写 A108000)	
31		八、实际应纳所得税额(28+29-30)	

(续表)

行次	类别	项　目	金额
32	应纳税额计算	减：本年累计实际已缴纳的所得税额	
33		九、本年应补(退)所得税额(31－32)	
34		其中：总机构分摊本年应补(退)所得税额(填写 A109000)	
35		财政集中分配本年应补(退)所得税额(填写 A109000)	
36		总机构主体生产经营部门分摊本年应补(退)所得税额(填写 A109000)	
37	实际应纳税额计算	减：民族自治地区企业所得税地方分享部分：(□ 免征　□ 减征：减征幅度　%)	
38		十、本年实际应补(退)所得税额(33－37)	

(八) 其他需要说明的事项

这是一个兜底条款，也是一个鼓励性条款。本准则鼓励小企业在上述七项要求外，增加披露信息。比如，如果小企业有应收票据、预付账款、长期应收款、其他应收款，比照应收账款按照账龄结构进行披露等。

三、编制要求

附注是财务报表的重要组成部分，小企业会计准则对附注的规定和要求与对资产、负债、所有者权益、收入、费用和利润的会计处理以及资产负债表、利润表和现金流量表编制的规定和要求是同等重要的，仅是披露的事项上进行了适当简化，但简化并不意味着降低要求。因此，小企业在日常会计核算工作中必须要重视附注的编制工作。根据《会计法》的要求，对附注信息的编制同样需要有相关凭证和证据作为依据，因此，在对附注信息进行编制时，应做好相关资料的收集和使用工作。具体来讲，包括以下几种情形：

(1) 直接使用会计账簿记录资料。如应收账款的账龄结构、固定资产的原价、累计折旧、应付职工薪酬的明细资料、应交税费的明细资料等。

(2) 需要单独建立有关资产市场价格信息的备查簿，并进行连续、完整记录，如短期投资的市场价格、存货的市场价格等。

(3) 使用会计报表和会计账簿记录相结合编制，如利润分配表的编制、企业所得税纳税申报表的编制。

(4) 需要使用相关合同或经营计划进行编制，如对外担保合同、未决诉讼和未决仲裁文书、发生严重亏损后的持续经营计划、未来经营方案等。

四、财务报表附注的披露举例

详细内容见本章第六节部分。

第六节　小企业财务报告编制综合案例

一、资产负债表编制

ABC 新时代公司是一家制造业，增值税一般纳税人，适用增值税率 13%，适用所得税率 25%，原材料按照计划成本计价核算。

(1) ABC 新时代公司 2021 年 12 月 31 日的资产负债表见表 17-16。

表 17-16　资产负债表

会小企 01 表

编制单位：ABC 新时代公司　　　　　　　　　　2021 年 12 月 31 日　　　　　　　　　　单位：元

资产	行次	期末余额	年初余额(略)	负债和所有者权益	行次	期末余额	年初余额(略)
流动资产：				流动负债：			
货币资金	1	1 447 560		短期借款	31	360 000	
短期投资	2	118 000		应付票据	32		

（续表）

资产	行次	期末余额	年初余额（略）	负债和所有者权益	行次	期末余额	年初余额（略）
应收票据	3	295 200		应付账款	33	1 144 560	
应收账款	4	358 920		预收账款	34		
预付账款	5	120 000		应付职工薪酬	35	132 000	
应收股利	6			应交税费	36	43 920	
应收利息	7			应付利息	37	1 200	
其他应收款	8	6 000		应付利润	38		
存货	9	3 096 000		其他应付款	39	60 000	
其中：原材料	10	660 000		其他流动负债	40		
在产品	11	760 000		流动负债合计	41	1 741 680	
库存商品	12	1 256 000		非流动负债：			
周转材料	13	105 660		长期借款	42	1 920 000	
其他流动资产	14			长期应付款	43		
流动资产合计	15	5 441 680		递延收益	44		
非流动资产：				其他非流动负债	45		
长期债券投资	16	240 000		非流动负债合计	46	1 920 000	
长期股权投资	17	300 000		负债合计	47	3 661 680	
固定资产原价	18	1 800 000					
减：累计折旧	19	480 000					
固定资产账面价值	20	1 320 000					
在建工程	21	1 800 000					
工程物资	22						
固定资产清理	23						
生产性生物资产	24			所有者权益（或股东权益）：			
无形资产	25	720 000		实收资本（或股本）	48	6 000 000	
开发支出	26	120 000		资本公积	49		
长期待摊费用	27			盈余公积	50	120 000	
其他非流动资产	28			未分配利润	51	160 000	
非流动资产合计	29	4 500 000		所有者权益（或股东权益）合计	52	6 280 000	
资产总计	30	9 941 680		负债和所有者权益（或股东权益）总计	53	9 941 680	

（2）ABC 新时代公司 2022 年发生下列经济业务：

① 购入原材料一批，用银行存款支付货款900 000 元、增值税税款为 117 000 元，款项已付，材料未到。

② 收到原材料一批，实际成本 800 000 元，计划成本 740 000 元，材料已验收入库，货款已于采购时支付。

③ 用银行存款支付前欠购货款 120 000 元。

④ 销售产品一批，销售价款为 360 000 元（不

含增值税),产品已发出,货款未收到。

⑤ 购入不需安装的设备一台,用于公司的职工浴室,价款、包装费、运输费为 108 216 元,增值税 12 984 元。价款、包装费、运输费、增值税均以银行存款支付,设备已交付使用。

⑥ 购入建造仓库的工程物资一批,价款 180 000 元,增值税 23 400 元,已用银行存款支付。

⑦ 以银行存款支付仓库工程建筑劳务费 200 000 元,增值税 18 000 元。

⑧ 仓库工程完工,计算应予资本化的长期借款利息 180 000 元。

⑨ 仓库工程完工,交付生产使用,已办理竣工手续,固定资产造价 1 680 000 元。

⑩ 基本生产车间一台车床报废,原价 240 000 元,已提折旧216 000元,清理费用600元,残值收入 900 元,应收增值税 117 元,款项均通过银行存款收支。该项固定资产已清理完毕。

⑪ 从银行借入 3 年期借款 480 000 元,款项已存入银行。

⑫ 以银行存款支付财产保险费 12 000 元、增值税 720 元,基本生产车间固定资产修理费 108 000 元、增值税 14 040 元。

⑬ 公司将持有的股票(短期投资)出售,该股票的账面成本为 18 000 元,出售价格为 19 000 元,应交增值税 60 元,款项已存入银行。

⑭ 销售产品一批,销售价款 840 000 元,应收的增值税额 109 200 元,货款银行已收妥。

⑮ 公司将要到期的一张面值为 240 000 元的无息银行承兑汇票,连同解讫通知和进账单交银行办理转账。收到银行盖章退回的进账单一联。款项银行已收妥。

⑯ 收到现金股利 36 000 元(该项投资按成本法核算,被投资公司适用所得税税率为 25%),已存入银行。

⑰ 出售一台不需用设备,该设备购进时已抵扣增值税进项税额,收到价款 360 000 元,增值税 46 800 元,该设备原价为 480 000 元,已提折旧 180 000 元。

⑱ 用银行存款支付产品展览宣传费12 000 元、广告费 12 000 元、增值税 1 440 元。

⑲ 采用商业承兑汇票结算方式销售一批产品,价款 300 000 元,增值税额为 39 000 元,收到一张商业承兑汇票,票面金额 339 000 元。

⑳ 将上述承兑汇票到银行办理贴现,贴现息为 24 000 元。

㉑ 归还短期借款本金 300 000 元,利息 15 000 元(利息已预提)。

㉒ 分配应支付的职工工资610 400元,其中生产人员工资 376 200 元,车间管理人员工资 13 680元,行政管理部门人员工资20 520元,研发人员工资 200 000 元。

㉓ 以银行基本存款户发放工资 606 600 元,代扣个人所得税 3 800 元。

㉔ 以银行存款发放职工福利费 87 360 元,其中生产人员 53 200 元,车间管理人员 1 960 元,行政管理人员 4 200 元,研发人员 28 000 元。

㉕ 计提并上交社会保险 109 872 元,其中生产人员 67 716 元,车间管理人员 2 462.4 元,行政管理部门人员 3 693.6 元,研发人员 36 000 元。

㉖ 提取应计入本期损益的借款利息共 25 800 元,其中,短期借款利息 13 800 元,长期借款利息 12 000 元。

㉗ 基本生产领用原材料,计划成本 840 000 元;领用低值易耗品,计划成本 60 000 元(低值易耗品采用一次摊销法摊销),研发支出领用原材料 100 000 元。

㉘ 结转领用原材料应分摊的材料成本差异,材料成本差异率为 5%。

㉙ 摊销无形资产 72 000 元。

㉚ 计提固定资产折旧 135 000 元。其中,计入制造费用 96 000 元,计入管理费用 24 000 元,计入销售费用 15 000 元。

㉛ 收到应收账款 61 200 元,存入银行。

㉜ 以银行存款支付办公费 60 000 元,业务招待费等 60 000 元,税收滞纳金 3 800 元。

㉝ 向目标脱贫区域扶贫捐赠本企业产品,成本价 80 000 元,公允价 100 000 元,取得捐赠发票。

㉞ 计算并结转制造费用。

㉟ 经成本计算,期末在产品成本885 338.4 元,计算并结转本期完工产品成本。

㊱ 增值税无留抵税额,计算当年应交增值税。

㊲ 计提城市维护建设税 7%、教育费附加

3%、地方教育费附加2%。

㊳ 用银行存款缴纳增值税73 000元（包含转让金融商品应交增值税60元）、城市维护建设税5 100元、教育费附加2 600元，地方教育费附加1 400元。

㊴ 偿还长期借款200 000元。

㊵ 本年度研发支出中，研究费用共计100 000元，公司一研发项目于12月10日达到预定用途，开发阶段资本化支出共计200 000元。

㊶ 结转本期产品销售成本900 000元。

㊷ 将各损益科目结转至本年利润。

㊸ 纳税调整后计算并结转应交所得税。

㊹ 结转本年利润。

㊺ 按净利润10%提取法定盈余公积金，分配普通股现金股利100 000元。

㊻ 将利润分配各明细科目的余额转入"未分配利润"明细科目。

㊼ 用银行存款缴纳所得税21 000元。

（3）根据上述资料，ABC新时代公司会计处理如下：

① 借：材料采购　　　　　　　　900 000
　　　应交税费——应交增值税（进项税额）
　　　　　　　　　　　　　　117 000
　　　　贷：银行存款　　　　　1 017 000

② 借：原材料　　　　　　　　　740 000
　　　材料成本差异　　　　　　　60 000
　　　　贷：材料采购　　　　　　800 000

③ 借：应付账款　　　　　　　　120 000
　　　　贷：银行存款　　　　　　120 000

④ 借：应收账款　　　　　　　　406 800
　　　　贷：主营业务收入　　　　360 000
　　　　　　应交税费——应交增值税（销项税额）
　　　　　　　　　　　　　　46 800

⑤ 借：固定资产　　　　　　　　121 200
　　　　贷：银行存款　　　　　　121 200

购买货物用于职工福利，增值税不得抵扣。

⑥ 借：工程物资　　　　　　　　180 000
　　　应交税费——应交增值税（进项税额）
　　　　　　　　　　　　　　23 400
　　　　贷：银行存款　　　　　　203 400

⑦ 借：在建工程　　　　　　　　200 000
　　　应交税费——应交增值税（进项税额）
　　　　　　　　　　　　　　18 000
　　　　贷：银行存款　　　　　　218 000

⑧ 借：在建工程　　　　　　　　180 000
　　　　贷：应付利息　　　　　　180 000

⑨ 借：固定资产　　　　　　　1 680 000
　　　　贷：在建工程　　　　　1 680 000

⑩ 借：固定资产清理　　　　　　24 000
　　　累计折旧　　　　　　　　216 000
　　　　贷：固定资产　　　　　　240 000

借：固定资产清理　　　　　　　　600
　　贷：银行存款　　　　　　　　600

借：银行存款　　　　　　　　　1 017
　　贷：固定资产清理　　　　　　900
　　　　应交税费——应交增值税（销项税额）117

借：营业外支出——处置固定资产净损失 23 700
　　贷：固定资产清理　　　　　23 700

⑪ 借：银行存款　　　　　　　　480 000
　　　　贷：长期借款　　　　　　480 000

⑫ 借：管理费用　　　　　　　　12 000
　　　制造费用　　　　　　　　108 000
　　　应交税费——应交增值税（进项税额）
　　　　　　　　　　　　　　14 760
　　　　贷：银行存款　　　　　　134 760

⑬ 借：银行存款　　　　　　　　19 060
　　　　贷：短期投资　　　　　　18 000
　　　　　　应交税费——转让金融商品应交增值税
　　　　　　　　　　　　　　　60
　　　　　　投资收益　　　　　　1 000

金融商品转让差额纳税，应纳税额＝（19 000－18 000）×6%＝60（元）。

⑭ 借：银行存款　　　　　　　　949 200
　　　　贷：主营业务收入　　　　840 000
　　　　　　应交税费——应交增值税（销项税额）
　　　　　　　　　　　　　　109 200

⑮ 借：银行存款　　　　　　　　240 000
　　　　贷：应收票据　　　　　　240 000

⑯ 借：银行存款　　　　　　　　36 000
　　　　贷：投资收益　　　　　　36 000

⑰ 借：固定资产清理 300 000
累计折旧 180 000
贷：固定资产 480 000

借：银行存款 406 800
贷：固定资产清理 360 000
应交税费——应交增值税（销项税额） 46 800

借：固定资产清理 60 000
贷：营业外收入——处置固定资产净收益 60 000

⑱ 借：销售费用 24 000
应交税费——应交增值税（进项税额） 1 440
贷：银行存款 25 440

⑲ 借：应收票据 339 000
贷：主营业务收入 300 000
应交税费——应交增值税（销项税额） 39 000

⑳ 借：银行存款 315 000
财务费用 24 000
贷：应收票据 339 000

㉑ 借：短期借款 300 000
应付利息 15 000
贷：银行存款 315 000

㉒ 借：生产成本 376 200
制造费用 13 680
管理费用 20 520
研发支出 200 000
贷：应付职工薪酬——工资 610 400

㉓ 借：应付职工薪酬——工资 610 400
贷：应交税费——应交个人所得税 3 800
银行存款 606 600

㉔ 借：生产成本 53 200
制造费用 1 960
管理费用 4 200
研发支出 28 000
贷：应付职工薪酬——福利费 87 360

借：应付职工薪酬——福利费 87 360
贷：银行存款 87 360

㉕ 借：生产成本 67 716.0
制造费用 2 462.4
管理费用 3 693.6
研发支出 36 000.0
贷：应付职工薪酬——社保费 109 872.0

借：应付职工薪酬——社保费 109 872
贷：银行存款 109 872

㉖ 借：财务费用 25 800
贷：应付利息 25 800

小企业借款计提的利息，全部通过"应付利息"核算。

㉗ 借：生产成本 840 000
研发支出 100 000
贷：原材料 940 000

借：制造费用 60 000
贷：周转材料 60 000

㉘ 借：生产成本 42 000
制造费用 3 000
研发支出 5 000
贷：材料成本差异 50 000

㉙ 借：管理费用——无形资产摊销 72 000
贷：累计摊销 72 000

㉚ 借：制造费用 96 000
管理费用 24 000
销售费用 15 000
贷：累计折旧 135 000

㉛ 借：银行存款 61 200
贷：应收账款 61 200

㉜ 借：管理费用——办公费 60 000
——业务招待费 60 000
营业外支出——税收滞纳金 3 800
贷：银行存款 123 800

㉝ 借：营业外支出 93 000
贷：库存商品 80 000
应交税费——应交增值税（销项税额） 13 000

㉞ 借：生产成本 285 102.4
贷：制造费用 285 102.4

㉟ 借：库存商品 1 538 880
贷：生产成本 1 538 880

完工产品成本＝760 000＋1 664 218.4－885 338.4＝1 538 880（元）

㊱ 计算当年应交增值税

销项税额＝254 917 元，进项税额＝174 600 元，应纳税额＝80 317 元，转让金融商品应纳增值税额

60 元,当年应纳增值税额 80 377 元。

借:应交税费——应交增值税(转出未交增值税)

80 317

贷:应交税费——未交增值税　80 317

㊲ 借:税金及附加　9 638.04

贷:应交税费——应交城市维护建设税

5 622.19

——应交教育费附加　2 409.51

——应交地方教育费附加

1 606.34

㊳ 借:应交税费——未交增值税　72 940

——转让金融商品应交增值税

60

——应交城市维护建设税

5 100

——应交教育费附加　2 600

——应交地方教育费附加

1 400

贷:银行存款　82 100

㊴ 借:长期借款　200 000

贷:银行存款　200 000

㊵ 借:管理费用——研究费用　100 000

无形资产　200 000

贷:研发支出　300 000

㊶ 借:主营业务成本　900 000

贷:库存商品　900 000

㊷ 借:主营业务收入　1 500 000

营业外收入　60 000

投资收益　37 000

贷:本年利润　1 597 000

借:本年利润　1 475 351.64

贷:主营业务成本　900 000.00

税金及附加　9 638.04

销售费用　39 000.00

管理费用　356 413.60

财务费用　49 800.00

营业外支出　120 500.00

㊸ 纳税调整项目:

工资及代扣个人所得税作为合理工资薪金据实扣除 610 400 元。

社保费在扣除范围内,据实扣除。

工资福利费实发 87 360 元,扣除标准为

85 456 元(610 400×14%),纳税调增 1 904 元。

业务招待费实际支付 60 000 元,扣除标准 8 000 元[36 000×60%=21 600(元)与(1 500 000＋100 000)×0.5%=8 000 元孰低],纳税调增 52 500 元。

广告宣传费实际支付 24 000 元,扣除标准 240 000 元(1 500 000＋100 000)×15%),可全额扣除。

利息符合规定,全额扣除。

税收滞纳金 3 800 元,纳税调增。

扶贫捐赠 93 000 元,扣除标准 14 598 元(121 648.36×12%),纳税调增 78 402 元,可在以后 3 个年度内结转扣除。视同销售所得调增 20 000 元,同时在"其他"栏调减 20 000 元,对应纳税所得额无影响。

研发费用加计扣除(72 000＋100 000)×100%=172 000(元)。

应纳税所得额=121 648.36＋1 904＋52 000＋3 800＋78 402－172 000=85 754.36(元)。

本年应交所得税=85 754.36×25%=21 438.59(元)。

借:所得税费用　21 438.59

贷:应交税费——应交所得税　21 438.59

借:本年利润　21 438.59

贷:所得税费用　21 438.59

㊹ 借:本年利润　100 209.77

贷:利润分配——未分配利润　100 209.77

㊺ 借:利润分配——提取法定盈余公积

10 020.98

贷:盈余公积——法定盈余公积　10 020.98

借:利润分配——应付利润　100 000

贷:应付利润　100 000

㊻ 借:利润分配——未分配利润　110 020.98

贷:利润分配——提取法定盈余公积

10 020.98

——应付股利　100 000

㊼ 借:应交税费——应交所得税　21 000

贷:银行存款　21 000

(4)根据上述账务处理,编制 ABC 新时代公司本期各总账科目发生额及余额汇总表见表 17-17。

表 17-17 总账科目及明细科目发生额及余额汇总表   单位：元

会计科目名称	期初余额		本期发生额		期末余额	
	借方	贷方	借方	贷方	借方	贷方
库存现金	2 400				2 400	
银行存款	1 445 160		2 508 277	3 386 132	567 305	
短期投资	118 000			18 000	100 000	
应收票据	295 200		339 000	579 000	55 200	
应收账款	358 920		406 800	61 200	704 520	
预付账款	120 000				120 000	
其他应收款	6 000				6 000	
材料采购	270 000		900 000	800 000	370 000	
原材料	660 000		740 000	940 000	460 000	
周转材料	105 660			60 000	45 660	
库存商品	1 256 000		1 538 880	980 000	1 814 880	
材料成本差异	44 340		60 000	50 000	54 340	
长期债券投资	240 000				240 000	
长期股权投资	300 000				300 000	
固定资产	1 800 000		1 801 200	720 000	2 881 200	
累计折旧		480 000	396 000	135 000		219 000
工程物资			180 000		180 000	
在建工程	1 800 000		380 000	1 680 000	500 000	
固定资产清理			384 600	384 600		
无形资产	720 000		200 000		920 000	
累计摊销				72 000		72 000
研发支出	120 000		369 000	300 000	189 000	
短期借款		360 000	300 000			60 000
应付账款		1 144 560	120 000			1 024 560
其他应付款		60 000				60 000
应付职工薪酬		132 000	807 632	807 632		132 000
应交税费		43 920	358 017	370 170.63		56 073.63
应付利润				100 000		100 000
应付利息		1 200	15 000	205 800		192 000
长期借款		1 920 000	200 000	480 000		2 200 000
实收资本		6 000 000				6 000 000
盈余公积		120 000		10 020.98		130 020.98
利润分配		160 000	220 041.96	210 230.75		150 188.79
本年利润			1 597 000	1 597 000		

（续表）

会计科目名称	期初余额		本期发生额		期末余额	
	借方	贷方	借方	贷方	借方	贷方
生产成本	760 000		1 664 218.40	1 538 880	885 338.40	
制造费用			285 102 40	285 102 40		
主营业务收入			1 500 000	1 500 000		
投资收益			37000	37000		
营业外收入			60 000	60 000		
主营业务成本			900 000	900 000		
税金及附加			9 638.04	9 638.04		
销售费用			39 000	39 000		
管理费用			356 413.60	356 413.60		
财务费用			49 800	49 800		
营业外支出			120 500	120 500		
所得税费用			21 438.59	21 438.59		
合计	10 421 680	10 421 680	18 864 558.99	18 864 558.99	10 395 843.40	10 395 843.40

（5）根据总账科目发生额及余额汇总表，编制资产负债表，见表17-18。

表 17-18　资产负债表

会小企 01 表

编制单位：ABC 新时代公司　　　　　　　2022 年 12 月 31 日　　　　　　　单位：元

资产	行次	期末余额	年初余额	负债和所有者权益	行次	期末余额	年初余额
流动资产：				流动负债：			
货币资金	1	569 705	1 447 560	短期借款	31	60 000	360 000
短期投资	2	100 000	118 000	应付票据	32		
应收票据	3	55 200	295 200	应付账款	33	1 024 560	1 144 560
应收账款	4	704 520	358 920	预收账款	34		
预付账款	5	120 000	120 000	应付职工薪酬	35	132 000	132 000
应收股利	6			应交税费	36	56 073.63	43 920
应收利息	7			应付利息	37	192 000	1 200
其他应收款	8	6 000	6 000	应付利润	38	100 000	
存货	9	3 630 218.4	3 096 000	其他应付款	39	60 000	60 000
其中：原材料	10	460 000	660 000	其他流动负债	40		
在产品	11	885 338.4	760 000	流动负债合计	41	1 624 633.63	1 741 680
库存商品	12	1 814 880	1 256 000	非流动负债：			
周转材料	13	45 660	105 660	长期借款	42	2 200 000	1 920 000
其他流动资产	14			长期应付款	43		
流动资产合计	15	5 185 643.4	5 441 680	递延收益	44		
非流动资产：				其他非流动负债	45		

（续表）

资产	行次	期末余额	年初余额	负债和所有者权益	行次	期末余额	年初余额
长期债券投资	16	240 000	240 000	非流动负债合计	46	2 200 000	1 920 000
长期股权投资	17	300 000	300 000	负债合计	47	3 824 633.63	3 661 680
固定资产原价	18	2 881 200	1 800 000				
减：累计折旧	19	219 000	480 000				
固定资产账面价值	20	2 662 200	1 320 000				
在建工程	21	500 000	1 800 000				
工程物资	22	180 000					
固定资产清理	23						
生产性生物资产	24			所有者权益（或股东权益）：			
无形资产	25	848 000	720 000	实收资本（或股本）	48	6 000 000	6 000 000
开发支出	26	189 000	120 000	资本公积	49		
长期待摊费用	27			盈余公积	50	130 020.98	120 000
其他非流动资产	28			未分配利润	51	150 188.79	160 000
非流动资产合计	29	4 919 200	4 500 000	所有者权益（或股东权益）合计	52	6 280 209.77	6 280 000
资产总计	30	10 104 843.40	9 941 680	负债和所有者权益（或股东权益）总计	53	10 104 843.40	9 941 680

二、利润表编制

根据 ABC 新时代公司 2022 年损益类科目的发生额，见表 17-17，编制该年度利润表，见表 17-19。

表 17-19 利润表 　　　　　　　　会小企 02 表

编制单位：ABC 新时代公司　　　　　　　2022 年 12 月　　　　　　　单位：元

项目	行次	本年金额	上年金额（略）
一、营业收入	1	1 500 000	
减：营业成本	2	900 000	
税金及附加	3	9 638.04	
其中：消费税	4		
城市维护建设税	5	5 622.19	
资源税	6		
环境保护税	7		
土地增值税	8		
城镇土地使用税、房产税、车船税、印花税	9		
教育费附加、地方教育费附加、文化事业建设费	10	4 015.85	
销售费用	11	39 000	
其中：商品维修费	12		

（续表）

项目	行次	本年金额	上年金额（略）
广告费和业务宣传费	13	24 000	
管理费用	14	356 413.6	
其中：开办费	15		
业务招待费	16	60 000	
研究费用	17	100 000	
财务费用	18	49 800	
其中：利息费用（收入以"－"号填列）	19	49 800	
加：投资收益（损失以"－"号填列）	20	37 000	
二、营业利润（亏损以"－"号填列）	21	182 148.36	
加：营业外收入	22	60 000	
其中：政府补助	23		
减：营业外支出	24	120 500	
其中：坏账损失	25		
无法收回的长期债券投资损失	26		
无法收回的长期股权投资损失	27		
自然灾害等不可抗力因素造成的损失	28		
税收滞纳金	29	3 800	
三、利润总额（亏损总额以"－"号填列）	30	121 648.36	
减：所得税费用	31	21 438.59	
四、净利润（净亏损以"－"号填列）	32	100 209.77	

三、现金流量表编制

根据 ABC 时代公司资产负债表（表17-21）和利润表（表 17-22）及相关资料，分析编制 ABC 新时代公司 2022 年现金流量表，见表 17-23。

表 17-23　现金流量表　　　　　　　　　　　　　　　　　　会小企 03 表

编制单位：ABC 新时代公司　　　　　　2022 年度　　　　　　　　　　单位：元

项目	行次	本年累计金额	本年金额（略）
一、经营活动产生的现金流量：			
销售产成品、商品、提供劳务收到的现金	1	1 456 200	
收到其他与经营活动有关的现金	2	156 117	
购买原材料、商品、接受劳务支付的现金	3	1 020 000	
支付的职工薪酬	4	803 832	
支付的税费	5	277 640	
支付其他与经营活动有关的现金	6	267 800	
经营活动产生的现金流量净额	7	－756 955	
二、投资活动产生的现金流量：			

（续表）

项目	行次	本年累计金额	本年金额（略）
收回短期投资、长期债券投资和长期股权投资收到的现金	8	18 060	
取得投资收益收到的现金	9	37 000	
处置固定资产、无形资产和其他非流动资产收回的现金净额	10	360 300	
短期投资、长期债券投资和长期股权投资支付的现金	11	60	
购建固定资产、无形资产和其他非流动资产支付的现金	12	501 200	
投资活动产生的现金流量净额	13	−85 900	
三、筹资活动产生的现金流量：			
取得借款收到的现金	14	480 000	
吸收投资者投资收到的现金	15		
偿还借款本金支付的现金	16	500 000	
偿还借款利息支付的现金	17	15 000	
分配利润支付的现金	18		
筹资活动产生的现金流量净额	19	−35 000	
四、现金净增加额	20	−877 855	
加：期初现金余额	21	1 447 560	
五、期末现金余额	22	569 705	

第十八章

小企业会计政策变更、会计估计变更和会计差错更正

> 《小企业会计准则》条文及主旨：
>
> 第八十八条 小企业对会计政策变更、会计估计变更和会计差错更正应当采用未来适用法进行会计处理。
>
> 前款所称会计政策，是指小企业在会计确认、计量和报告中所采用的原则、基础和会计处理方法。会计估计变更，是指由于资产和负债的当前状况及预期经济利益和义务发生了变化，从而对资产或负债的账面价值或者资产的定期消耗金额进行调整。前期差错包括：计算错误、应用会计政策错误、应用会计估计错误等。未来适用法，是指将变更后的会计政策和会计估计应用于变更日及以后发生的交易或者事项，或者在会计差错发生或发现的当期更正差错的方法。
>
> 【条文主旨】本条是关于会计政策变更、会计估计变更和会计差错更正会计处理的规定。

《企业会计准则第28号——会计政策、会计估计变更和差错更正》对企业发生的会计政策变更、会计估计变更和会计差错更正进行了规定。小企业会计准则根据小企业的实际情况，并考虑了成本效益原则的要求，简化了对会计政策变更、会计估计变更和会计差错更正的会计处理，要求小企业一律采用未来适用法进行相关会计处理，无需考虑相关事项对以前期间的影响，并对未来适用法的定义和应用作了适当简化。

第一节 小企业会计政策变更财税处理

一、会计政策变更的内涵

（一）会计政策的定义

会计政策，是指小企业在会计确认、计量和报告中所采用的原则、基础和会计处理方法。对会计政策的定义，应注意把握以下几个方面：

（1）原则，是指小企业会计准则规定的、适合于小企业会计核算所采用的具体会计原则，如收入确认原则、借款费用资本化原则、自行研发支出资本化原则等。

（2）基础，是指为了将会计原则应用于交易或者事项而采用的基础，主要是计量基础（即计量属性），指历史成本这一计量基础。

（3）会计处理方法，是指小企业按照法律、行政法规或者国家统一的会计制度等规定采用或者选择的、适合于本企业的具体会计处理方法。如确定发出存货的计价方法（先进先出法、加权平均法、个别计价法）、长期股权投资采用成本法核算、资产损失采用实际转销法等。需要说明的是，在实务中，对材料核算采用计划成本法，对商品采用售价法，实际上并不构成会计处理方法，而是为了简化核算而采用的会计核算技巧。

（二）小企业常见的会计政策

（1）短期投资、存货、长期债券投资、长期股权投资、固定资产、无形资产、生产性生物资产等资产，取得时按照成本计量。

（2）发出存货的计价方法，如发出存货成本的计量是采用先进先出法、加权平均法还是个别计价法。

（3）将土地使用权与房屋分开核算。

（4）小企业内部研究开发项目开发阶段的支出符合资本化条件确认为无形资产。

（5）债券的折价或者溢价在债券存续期间内于确认相关债券利息收入时进行摊销。

（6）长期股权投资在持有期间采用成本法核算。

（7）投资者投入的非货币性资产按照评估价值计量。

（8）资产损失实际发生时予以确认。

（9）收入确认的原则。

（10）符合资本化条件的借款费用进行资本化。

小企业会计准则规定的上述这些会计政策，实际上只有发出存货的计价方法作为会计政策可以发生变更，其他的通常不能发生变更，因为小企业会计准则只规定了一种方法，除非小企业会计准则作了修订，才可能进行变更。

（三）会计政策变更的内涵

会计政策变更，是指小企业对相同的交易或者事项由原来采用的会计政策改用另一会计政策的行为。

为保证会计信息的可比性，使财务报表使用者在比较小企业一个以上期间的财务报表时，能够正确判断小企业的财务状况、经营成果和现金流量的趋势，一般情况下，小企业采用的会计政策在每一会计期间内和前后各期之间应当保持一致，不得随意变更。否则，势必削弱会计信息的可比性。但是，满足下列条件之一的，可以变更会计政策：

（1）法律、行政法规或者小企业会计准则等要求变更。这种情况是指，按照法律、行政法规、小企业会计准则以及财政部的规定，要求小企业采用新的会计政策，则小企业应当按照法律、行政法规、小企业会计准则以及财政部的规定改变原会计政策，按照新的会计政策执行。比如，财政部2011年10月18日发布的《财政部关于印发〈小企业会计准则〉的通知》（财会〔2011〕17号）规定，从2013年1月1日起所有小企业都必须执行小企业会计准则，则所有的小企业都从2013年1月1日起由《小企业会计制度》转换为小企业会计准则就属于这种情形。

（2）会计政策变更能够提供更可靠、更相关的会计信息。由于经济环境、客观情况的改变，使小企业原采用的会计政策所提供的会计信息，已不能恰当地反映企业的财务状况、经营成果和现金流量情况。在这种情况下，应改变原有会计政策，按变更后新的会计政策进行会计处理，以便对外

提供更可靠、更相关的会计信息。比如，小企业原来采用期末一次加权平均法核算发出存货成本，现在由于采用计算机信息系统进行会计核算，大大提高了会计管理水平，能够对存货实现精细化管理，此时采用个别计价法可以更及时、准确地反映发出存货的价值。这种情况下，该企业可以将发出存货的计价方法变更为个别计价法。

二、会计政策变更的会计处理

业务 18-1　会计政策变更的处理。

小企业对会计政策变更应当采用未来适用法进行会计处理。

未来适用法，是指将变更后的会计政策和会计估计应用于变更日及以后发生的交易和事项，或者在会计差错发生或发现的当期更正差错的方法。

未来适用法，即通俗讲的"老业务新办法、新业务新办法"。在未来适用法下，在变更会计政策时，在变更日之前发生的交易和事项按照原会计政策进行会计处理，在变更日和变更日之后原先已发生的交易和事项的延续和新发生的交易和事项均按照变更后的会计政策进行处理。在实务操作上，即意味着在变更日不调整原先的会计账簿记录和财务报表，在变更日开始按照变更后的会计政策进行相关交易和事项进行账务处理即可。

【例18-1】 从2020年1月1日起，乙小企业采用先进先出法计算确定发出A材料的成本。2022年7月1日，由于采用财务软件进行核算，可以对发出材料实现更加精细化的核算，决定将发出A材料（或所有材料）的成本计算方法由先进先出法变更为个别计价法，就属于发生了会计政策变更。在具体进行账务处理时，对于2022年7月1日之前采用先进先出法计算结转的A材料成本不进行调整，从2022年7月1日开始对发出A材料的成本以及新购入B材料的发出成本采用个别计价法进行计算和结转即可。虽然采用个别计价法计算的A材料成本与采用先进先出法计算的A材料成本有差异，但也不进行调整，就是小企业会计准则所讲的未来适用法的具体应用和体现。

第二节　小企业会计估计变更财税处理

一、会计估计的概念

会计估计，是指小企业对结果不确定的交易或者事项以最近可利用的信息为基础所作的判断。由于小企业日常生产经营活动中内在的不确定因素影响，不少交易和事项不能精确地计量，而只能加以估计。小企业常见的会计估计有：

（1）固定资产的使用寿命、预计净残值的确定，固定资产折旧方法的选择。

（2）生产性生物资产的使用寿命、预计净残值的确定，生产性生物资产折旧方法的选择。

（3）无形资产摊销期的确定、无形资产摊销所采用的年限平均法。

（4）长期待摊费用摊销期的确定、无形资产摊销所采用的年限平均法。

（5）建造合同或劳务合同完工进度的确定。

（6）债券的折价或者溢价，在债券存续期间内于确认相关债券利息收入的摊销时采用直接法。

（7）市场价格或评估价值的确定。

二、会计估计变更的内涵

会计估计变更，是指由于资产和负债的当前状况及预期经济利益和义务发生了变化，从而对资产或负债的账面价值或者资产的定期消耗金额进行调整。对于会计估计变更的定义，应注意把握以下几个方面：

（1）会计估计变更的原因是资产和负债的当前状况及预期经济利益和义务发生了变化。

会计估计实际上是依据现有的资料对未来所作的判断。随着时间的推移，如果赖以进行估计的基础发生了变化，或者由于取得了新的信息，积累了更多的经验可能不得不对估计进行修订，但会计估计变更的依据应当真实、可靠。其中，经济利益对应于资产，义务对应于负债。

【例18-2】 乙小企业的房屋，原先按照50年计提折旧；相关法律如2008年开始实施的《企业所得税法实施条例》规定，房屋可以按照20年计提折旧，则小企业可以选择将房屋的折旧年限缩短至

20年。在该例中，"资产"是指该房屋，"资产的当前的状况及预期经济利益发生了变化"是指2008年《企业所得税法实施条例》的实施使得房屋给小企业带来的经济利益的年限缩短至20年，主要表现为税前可抵扣的折旧费用，但并不意味着其物理使用年限缩短了。

（2）会计估计变更的结果是对资产或负债的账面价值或者资产的定期消耗金额进行了调整。

对于小企业而言，会计估计变更的结果主要体现为对资产的定期消耗金额进行调整。比如，通过改变折旧年限、预计净残值和折旧方法对固定资产的折旧费进行调整。也就是说，通常所讲的固定资产的折旧政策实际上并不是会计政策，而是属于会计估计，因为它符合会计估计和会计估计变更的定义。又如，通过改变折旧年限、预计净残值和折旧方法对生产性生物资产的折旧费进行调整。再如，通过改变摊销期和摊销方法对无形资产和长期待摊费用的摊销费进行调整。

（3）会计估计变更，并不意味着以前期间会计估计是错误的，只是情况发生变化，或者掌握了新的信息，积累了更多的经验，使得变更会计估计能够更好地反映小企业的财务状况和经营成果。如果以前期间的会计估计是错误的，则属于会计差错。

三、会计估计变更的会计处理

业务18-2　会计估计变更的处理。

小企业对会计估计变更应当采用未来适用法进行处理，即"老业务新办法、新业务新办法"，在未来适用法下，在变更会计估计时，在变更日之前发生的交易和事项按照原会计估计进行会计处理，在变更日和变更日之后原先已发生的交易和事项的延续和新发生的交易和事项均按照变更后的会计估计进行处理。在实务操作中也就意味着在变更日不调整原先的会计账簿记录和财务报表，在变更日开始按照变更后的会计估计进行相关交易和事项进行账务处理即可。

【例18-3】 从2022年1月1日起，乙小企业

采用直线法对 C 机器设备计提折旧。2023 年 12 月 1 日,由于技术进步,乙小企业决定对 C 机器设备(或所有机器设备)改用年数总和法计提折旧,就属于发生了会计估计变更。在具体进行账务处理时,对于 2023 年 12 月 1 日之前对 C 机器设备采用直线法计算结转的折旧费不进行调整,从 2023 年 12 月 1 日开始对 C 机器设备和新购入的 D 机器设备采用年数总和法计提折旧即可,这就是小企业会计准则条所讲的未来适用法的具体应用和体现。

【例 18-4】 乙公司有一台管理用设备,原价为 84 000 元,预计使用寿命为 8 年,净残值为 4 000 元,自 2020 年 1 月 1 日起按直线法计提折旧。2022 年 1 月,由于新技术的发展等原因,需要对原预计使用寿命和净残值作出修正,修改后的预计使用寿命为 6 年,净残值为 2 000 元。

乙公司对上述会计估计变更的会计处理如下:

(1) 不调整以前各期折旧,也不计算累积影响数。

(2) 变更日以后发生的经济业务改按新估计使用寿命提取折旧。

按原估计,每年折旧额为 10 000 元,已提折旧 4 年,共计 40 000 元,固定资产净值为 44 000 元,则第 5 年相关科目的期初余额如下:

固定资产	84 000
减:累计折旧	40 000
固定资产净值	44 000

改变估计使用寿命后,2022 年 1 月 1 日起每年计提的折旧费用为 21 000 元,[(44 000－2 000)÷(6－4)]。2022 年不必对以前年度已提折旧进行调整,只需按重新预计的尚可使用寿命和净残值计算确定的年折旧费用,会计处理如下:

借:管理费用	21 000
贷:累计折旧	21 000

由于税法不承认企业会计估计变更,不允许按变更后的折旧额在税前扣除。该设备仍应按 8 年折旧,每年折旧 10 000 元,2022 年和 2023 年每年对多计提的折旧 11 000 元进行纳税调增。2024 年和 2025 年会计不再计提折旧,税法每年折旧仍 10 000 元,对此进行纳税调减。设备报废时,再对其处置结果进行纳税调整。

第三节　小企业会计差错更正财税处理

一、会计差错的内涵

会计差错,是指在会计核算时,在确认、计量和报告等方面出现的错误,包括计算错误、应用会计政策错误、应用会计估计错误等。需要说明的是,在实务中,编制会计凭证错误、登记会计账簿错误等账簿记录虽然属于《会计基础工作规范》所规范的范畴,实际上也是一种会计差错。

二、会计差错更正的会计处理

业务 18-3　会计差错更正的处理。

小企业对会计差错更正应当采用未来适用法进行会计处理。在具体应用未来适用法时,要区分以下两种情况。

(一) 当期发生的会计差错当期发现

当期发生了各种会计差错,在发生的当时(如当日、当月、当季、当年)按照小企业会计准则规定的正确会计处理进行更正即可。至于说在当日、当月、当季还是当年来更正,取决于财务报表编制的时间。如果按月编制财务报表,则应当在当日、当月更正;如果按季编制财务报表,则应当在当日或当月或当季更正;如果按年编制财务报表,则应当在编制年度财务报表之前更正即可。

(二) 当期发现以前期间发生的会计差错

如果会计差错发生的当期没有发现,包括被外部相关方面如税务机关发现,当期才发现了以前期间发生会计差错,则应当在发现的当时(如当日、当月、当季、当年)按照小企业会计准则规定的正确会计处理进行更正即可。至于说在当日、当月、当季还是当年来更正,也是取决于财务报表编制的时间。与上述(一)相同。

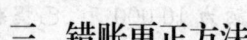

三、错账更正方法

账簿记录发生错误,不准涂改、挖补、刮擦或者用药水消除字迹,不准重新抄写,必须按下列方法更正。

(一)划线更正法

在结账前发现账簿记录有文字或数字错误,而记账凭证没有错误,采用划线更正法。更正时,可在错误的文字或数字上划一条红线,在红线的上方填写正确的文字或数字,并由记账及相关人员在更正处盖章。对于错误的数字,应全部划红线更正,不得只更正其中的错误数字。对于文字错误,可只划去错误的部分。划销时必须注意使原来的错误字迹仍可辨认。更正后,经办人应在划线的一端盖章,以示负责。

(二)红字更正法

记账后在当年内发现记账凭证所记的会计科目错误,或者会计科目无误而所记金额大于应记金额,从而引起记账错误,采用红字更正法。更正方法是:记账凭证会计科目错误时,用红字填写一张与原记账凭证完全相同的记账凭证,以示注销原记账凭证,然后用蓝字填写一张正确的记账凭证,注明"订正20××年××月×号凭证",并据以记账;记账凭证会计科目无误而所记金额大于应记金额时,按多记的金额用红字编制一张与原账凭证应借、应贷科目完全相同的记账凭证,以冲销多记的金额,注明"订正20××年××月×号凭证",并据以记账。应用红字更正法是为了正确反映账簿中的发生额和科目对应关系。

(三)补充登记法

记账后发现记账凭证填写的会计科目无误,只是所记金额小于应记金额时,采用补充登记法。更正方法是:按少记的金额用蓝字编制一张与原记账凭证应借、应贷科目完全相同的记账凭证,以补充少记的金额,并在摘要栏注明"补充×年×月×日×号凭证少记金额"并据以记账。

红字更正法和补充登记法都是用来更正因记账错误而产生的记账差错。如果记账凭证无错,只是登记入账时发生误记,这种非因记账凭证误记的差错,无论何时发现(在实际工作中,由于定期核对账目,不可能经过很长时间才被发现),都不能用这两种方法更正,而应用划线法进行更正。因为记账必须以凭证为根据,一张记账凭证不仅是登记明细账的根据,也是汇总登记总账的根据。在同一记账根据的基础上,不一定两种账同时都记错,假如总账未记错,只是某一明细科目记错了数字,如果为订正这一明细科目差错,而采用了红字更正法或补充登记法,势必影响总账发生变动,即将原来的正确数订正为错误数。所以,非因记账凭证误记的差错只能用划线更正法进行更正。

以上只是对当年内发现填写记账凭证或登记账簿错误而采用的方法,如果发现以前年度记账凭证中有错误(指科目和金额)并导致账簿登记错误的,应当用蓝字填制一张更正的记账凭证。

错账的查找是一项非常复杂和细致的工作,往往为了查找一笔差错需要花费很长的时间,有时甚至影响结账,延误决算时间。因此,在日常工作中必须以高度的责任感,尽可能地减少差错。这就要求广大财会人员熟练地掌握本准则的规定,不断提高业务技术水平和技能,记一笔复核一笔,减少和防止差错的发生,提高核算水平。

需要说明的是,此处介绍的账簿记录错误的更正方法主要是针对手工记账而言的,对于计算机记账条件下的账簿记录错误的更正,应执行财政部发布的相关规定。

第十九章
小企业财税焦点与风险防控

第一节 以数治税与金税四期风险防控

政策依据:

《中共中央办公厅 国务院办公厅关于进一步深化税收征管改革的意见》(简称《意见》);

《中华人民共和国税收征收管理法》;

《中华人民共和国税收征收管理法实施细则》。

一、"以数治税"大格局下的税收风险防控

税收,一头连着"政",一头连着"民"。税收征管改革既是顺应纳税人、缴费人期盼的民心工程,又是服务国家治理现代化的制度建设,更是推进新发展阶段税收现代化的重大举措。2021年3月,《关于进一步深化税收征管改革的意见》中首次提出实现从"以票管税"向"以数治税"分类精准监管转变的税务征管新思路。在监管、服务、执法方面构建起全新体系,见图19-1。

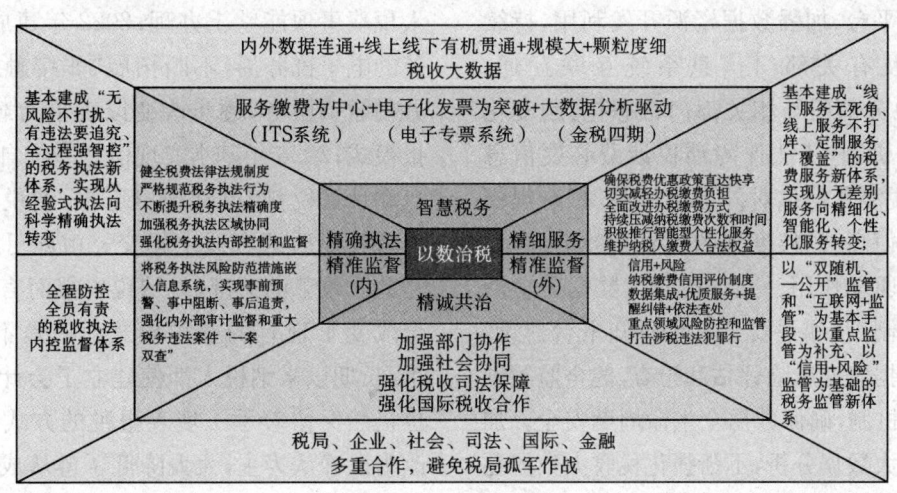

图 19-1 全新体系

(一)税收征管改革主要目标

到2022年,税务执法规范性、税费服务便捷性、税务监管精准性取得重要进展。到2023年,基本建成"无风险不打扰、有违法要追究、全过程强智控"的税务执法新体系,实现从经验式执法向科学精确执法转变;基本建成"线下服务无死角、线上服务不打烊、定制服务广覆盖"的税费服务新体系,实现从无差别服务向精细化、智能化、个性化服务转变;基本建成以"双随机、一公开"监管和"互联网+监管"为基本手段、以重点监管为补充、以"信用+风险"监管为基础的税务监管新体系,实现从"以票管税"向"以数治税"分类精准监管转

变。到 2025 年,深化税收征管制度改革取得显著成效,基本建成功能强大的智慧税务,形成国内一流的智能化行政应用系统,全方位提高税务执法、服务、监管能力。

(二)加快推进智慧税务建设

充分运用大数据、云计算、人工智能、移动互联网等现代信息技术,着力推进内外部涉税数据汇聚联通、线上线下有机贯通,驱动税务执法、服务、监管制度创新和业务变革,进一步优化组织体系和资源配置。2022 年基本实现法人税费信息"一户式"、自然人税费信息"一人式"智能归集,2023 年基本实现税务机关信息"一局式"、税务人员信息"一员式"智能归集,深入推进对纳税人缴费人行为的自动分析管理、对税务人员履责的全过程自控考核考评、对税务决策信息和任务的自主分类推送。2025 年实现税务执法、服务、监管与大数据智能化应用深度融合、高效联动、全面升级。

(三)深化税收大数据共享应用

探索区块链技术在社会保险费征收、房地产交易和不动产登记等方面的应用,并持续拓展在促进涉税涉费信息共享等领域的应用。不断完善税收大数据云平台,加强数据资源开发利用,持续推进与国家及有关部门信息系统互联互通。2025 年建成税务部门与相关部门常态化、制度化数据共享协调机制,依法保障涉税涉费必要信息获取;健全涉税涉费信息对外提供机制,打造规模大、类型多、价值高、颗粒度细的税收大数据,高效发挥数据要素驱动作用。完善税收大数据安全治理体系和管理制度,加强安全态势感知平台建设,常态化开展数据安全风险评估和检查,健全监测预警和应急处置机制,确保数据全生命周期安全。加强智能化税收大数据分析,不断强化税收大数据在经济运行研判和社会管理等领域的深层次应用。

(四)以数治税对小企业纳税人的影响

以"以数治税、智慧税务"为核心的新征管体制,体现了以服务纳税人缴费人为中心的现代征管理念,构建以"规范性、便捷性、精准性"为特征的现代征管业务体系,打造"系统集成优化"的现代征管组织体系,推进"全社会税收共治"的现代征管格局,必将给包括小企业在内的所有纳税人、

缴费人产生深刻的影响,需要小企业尽快适应"以数治税、智慧税务"大环境。

1. 发票管理

发票是指在购销商品、提供或者接受服务以及从事其他经营活动中,开具、收取的收付款凭证,包括纸质发票和电子发票。长期以来,开具发票、认证发票及财务记账均成为纳税人、缴费人重要的纳税成本。《意见》指出,2021 年建成全国统一的电子发票服务平台,24 小时在线免费为纳税人、缴费人提供电子发票申领、开具、交付、查验等服务,并有序推进铁路、民航等领域发票电子化;2025 年基本实现发票全领域、全环节、全要素电子化。这意味着,此次改革将给纳税人、缴费人带来实实在在的便利——足不出户便可完成发票的全流程管理,从而全面降低制度性交易成本,并且以逐步与企业财务管理融合,真正实现企业从开具发票到财务记录的信息一体化。

2. 纳税申报

纳税是每一个纳税人应尽的义务,也是税务管理中的核心环节。因此,纳税申报是否便利是实现税收管理现代化的关键性因素。《意见》指出,2021 年基本实现企业税费事项能网上办理,个人税费事项能掌上办理;2022 年建成全国统一规范的电子税务局,不断拓展"非接触式""不见面"办税缴费服务,逐步改变以表单为载体的传统申报模式;2023 年基本实现信息系统自动提取数据、自动计算税额、自动预填申报,纳税人、缴费人确认或补正后即可线上提交。由此可见,智慧税务是此次改革的关键,就纳税申报而言,智慧税务完全改变了现有的办税模式。一是不再需要填报了,长期以来纳税人即使建立了会计信息化系统,也仍然保留着手工填表报税的方式;二是由填写改为以确认为主,大大降低了遵从成本;三是由到税务机关去申报改为了"非接触式""不见面"的办税缴费方式。按照纳税管理的相关规定,纳税人通常需要每月办理一次纳税申报,此次变革对于减轻纳税人报税的负担是根本性的飞跃。同时,《意见》指出,持续压减纳税缴费次数和时间,大力推进税(费)种综合申报,依法简并部分税种征期,减少申报次数和时间,加快企业出口退税事项全环节办理速度,2022 年税务部门办理正常出口退

税的平均时间压缩至 6 个工作日以内,对高信用级别企业将进一步缩短办理时间。纳税申报的便利,节省了纳税人的时间成本及遵从成本,有利于我国优化税收营商环境,提升国家竞争力。

3. 纳税服务

此次改革中税费优惠政策的直达快享有两大特点:一是精准推送,同步解读,使符合税费优惠条件的纳税人、缴费人及时获得准确的信息;二是由审批制、备案制改为以自行判断为主,是"放管服"的典型表现,有利于进一步提高纳税人、缴费人的满意度及获得感。

4. 风险管理

对于纳税人而言,避免出现税务风险是提升企业价值的关键,一旦出现风险,不但有可能涉及刑事或行政责任,并且还会损害企业的商誉,带来间接的经济损失。长期以来,税务风险管理对于纳税人是一件困难的事情。此次,《意见》指出,2022 年基本实现法人税费信息"一户式"、自然人税费信息"一人式"智能归集;2023 年基本实现税务机关信息"一局式"、税务人员信息"一员式"智能归集;2025 年实现税务执法、服务、监管与大数据智能化应用深度融合、高效联动、全面升级。这意味着,此次改革会显著提高税收风险管理的科学性水平。以企业纳税人为例,由于有了"一户式"智能归集,一个企业的各项税费信息一目了然,解决了由于区域差异等造成的信息不对称问题,同时,由于数据的归集,企业集团可以全面统筹管理,使业务、财务及税务有效融合,防范风险并实现价值创造,全面提升市场主体的竞争力。

《意见》指出,建立健全以"信用＋风险"为基础的新型监管机制,健全守信激励和失信惩戒制度,充分发挥纳税信用在社会信用体系中的基础性作用,健全以"数据集成＋优质服务＋提醒纠错＋依法查处"为主要内容的自然人税费服务与监管体系。这是风险管理的又一创新,通过引导纳税人、缴费人主动遵从,提升纳税信用等级的方式实现风险管理的目标,也保障了以严格的标准防范逃避税。

5. 涉税争议

在《意见》中,优化税务执法方式是重要的内容,将有利于促进纳税人、缴费人依法纳税缴费和公平竞争。《意见》指出,创新行政执法方式,有效运用说服教育、约谈警示等非强制性执法方式,让执法既有力度又有温度,做到宽严相济、法理相融,同时,税务执法领域研究推广"首违不罚"清单制度。此次改革所采用的柔性管理方式,是我国税务执法的创新,其坚持包容审慎原则,有助于实现税务执法的准确性,同时充分考虑到纳税人的现实困难,减轻纳税人的负担,优化税企关系。

二、金税四期下小企业面临的税收风险

(一)金税四期简介

金税四期是国家推行的金税工程计划中的第四期,是第三期的升级版。金税工程,作为经国务院批准的国家级电子政务工程十二金之一,是吸收国际先进经验,运用高科技手段结合我国增值税管理实际设计的高科技管理系统,是以数治税和智慧税务的重要手段。

金税四期由一个网络、四个子系统构成。一个网络是指国家税务总局与省、地、县国家税务局四级计算机网络;四个子系统是指增值税防伪税控开票子系统、防伪税控认证子系统、增值税稽核子系统和发票协查子系统。金税工程实际上就是利用覆盖全国税务机关的计算机网络,对增值税专用发票和企业增值税纳税状况进行严密监控的一个体系。

如果说金税三期,实现了国地税数据合并,完成了内部流程的贯通和统一,实现了对税务系统全流程的全监控,至此税务体系内部不再存在标准不一等等导致的死角。而金税四期,则首次纳入了"非税"业务,不仅通过多种数据汇总实现对税收情况进行全面监控,更与各个部委、中国人民银行以及其他机构建立了更加完善的信息共享和核查机制,通过不同数据的比对,很多事情就看的清楚了。

(二)金税四期下的办税便利

1. 办税服务厅智能办税

当纳税人进入办税服务厅,会有智能机器人引导办税,通过扫码认证、身份识别、语音引导办理各类涉税业务。今后会有越来越多的无人式、无窗式办税服务厅提供各类智慧办税业务。

2. 纳税申报表智能预填

金税四期后,企业财务需要填报增值税、企业所得税等各类复杂报表时,金税四期会根据企业当期发票开具、取得等数据,智能预填申报表。而财务需要做的只是审核报表,轻松一点就可以自动申报缴税,省去了财务人员每个月月初埋头填表的大量时间。

3. 涉税业务实名认证

为防控风险,金税四期将全面推行实名办税。无论是线下窗口办,还是线上电子税务局、掌上APP办理,办税人员都需要通过严格的身份认证,认证途径主要有身份证取号、人脸扫码认证、税控开票设备验证、数字签名认证、指纹认证等。

4. 业务办理区域交互

金税四期启动后,涉税业务将从目前常见的同城通办向推动更大范围的省内通办、区域通办、全国通办,通办的业务数量和范围也将逐步扩大。在不久的将来,家住北京的公司财务,可以为深圳分公司办理发票领用、日常申报、税款缴纳、优惠备案,也可以与西安分公司的税局管理员、稽查局检查人员视频连线、线上约谈、沟通交流。

5. 电子发票全面普及

根据《国家税务总局关于在新办纳税人中实行增值税专用发票电子化有关事项的公告》(国家税务总局公告 2020 年第 22 号)的规定,自 2021 年 1 月 21 日起,在全国新设立登记的纳税人(以下简称"新办纳税人")中实行增值税专用发票电子化(以下简称"专票电子化")。

(1)电子专票节约成本。纸质发票是有成本的,发票的开具、物流、录入、打印、管理都是需要大量的人力物力,这些成本在电子发票时代,都可以大大降低了。

(2)电子专票简化流程。关于发票而产生的分歧会大大减少,企业员工及消费者还有各部门之间沟通的流程,都可能产生简化。电子专票可以直接报销,省了时间。

(3)电子专票规范财务制度。专票和普票都电子化,那么以前通过发票进行各种不规范操作的行为,基本就被终结了。企业的业务、财务和税务数据很可能实现一体化。在这样的情况下,有什么违规的行为也更加容易被发现。这对于企业

财务规范化的要求进一步提高了。

(4)便利。

① 发票样式更加简洁。电子专票将"货物或应税劳务、服务名称"栏次名称简化为"项目名称",取消了原"销售方:(章)"栏次,进一步简化了发票票面样式。

② 领用方式更加便捷。纳税人可选择电子税务局渠道领用电子专票,实现"全程网上办",大幅减少往返办税服务厅的次数,大大节省了纳税人的时间。

③ 远程交付更加高效。电子专票的使用,使纳税人可以通过电子邮件等方式远程交付和接收,减少了现场领取、邮寄等环节,既提高了发票交付速度,又避免了发票丢失和损毁的风险。

④ 管理成本更加低廉。使用电子专票对税务机关和企业来说,都在管理成本上起到节约的作用。对纳税人来说,可以大幅节约因开具纸质专票产生的打印、交付、保管等费用负担;对税务机关来说,可以降低发票印制等管理成本。

6. 税务检查精准靶向

在税务检查方面,金税四期以税收大数据为支撑,以打击偷税(逃避缴纳税款)、逃避追缴欠税、骗税、抗税、虚开发票等为主要目标,分析研判企业涉税风险点,精准选取企业开展税务检查。

7. 职能部门数据共享

银行、市场监管、海关、公安等各职能部门的数据相互共享。这些源自税局、企业之外第三方的数据,与企业生产经营、物流、仓储、供应、投融资等有着密切关系,是税局开展风险分析和核查、精准选户开展检查的重要参考和依据。

(三)金税四期下小企业的涉税风险

金税四期背景下,国家的"监管之网"织得越来越严密。小企业在此情形下应关注以下风险。

1. 小企业收入

有些企业利用私户、微信、支付宝等收取货款来隐匿部分收入,或存在大额收款迟迟不开发票,或给客户多开发票等现象,以后这样的操作要避免。

金税四期不仅仅通过小企业申报的数据,增值税申报收入与企业所得税申报收入来核实是否异常,可能还会通过小企业银行账户、企业相关人员的银行账户、上下游企业相关账本数据、同行业

收入、成本、利润情况等来稽查比对。且央行早已施行了大额现金管理试点，公转私、私转私都将会严查！这三种企业收入的情况，会被重点监管：

（1）任何账户的现金交易，超过 5 万元。

（2）公户转账，超过 200 万元。

（3）私户转账超 20 万元（境外）或 50 万元（境内）。

2. 小企业成本费用

主营成本长期大于主营收入；公司没有车，却存在大量的加油费；差旅费、会议费、咨询费等异常；工资多申报或少申报；买发票多结转成本，后期红冲或补发票；计提了费用却迟迟没有发票等等。这些都是严查的重点。

3. 小企业利润

报送的资产负债表与利润表勾稽关系有出入；利润表里的利润总额与企业所得税申报表中的利润总额有出入；企业常年亏损，却屹立不倒；与同行业相比，利润偏低等。

4. 小企业的库存

金税四期上线后，小企业库存会进一步的透明化，企业进多少货，出多少货，从哪儿进货，货卖给谁，可能比纳税人自己还清楚，如果库存账实不一致，企业务必引起重视，及时查找原因。在此提醒小企业一定要做好存货管理，统计好进销存，定期盘点库存，做好账实差异分析表，尽量避免库存账实不一致。

5. 小企业交纳的税额

增值税收入长期大于企业所得税收入；税负率异常，如果企业平均税负率上下浮动超过 20%，税务机关就会对其进行重点调查；企业大部分员

工长期在个税起征点以下；员工个税申报表中的工资与企业申报的工资不一致；实收资本增加，印花税未缴纳；盈余公积转增资本，个人股东却未缴个税等。

6. 小企业的银行账户

国家在 2019 年实施了"企业信息联网核查系统"，银行、工业和信息化部、国家税务总局、国家市场监督管理总局等纳入企业信息联网核查系统，实施信息共享及核查通道。税务局、银行等机构可以通过系统核实企业纳税信息及纳税人营业状态等情况。

7. 小企业社保

试用期不入社保；代别人挂靠社保；未足额或未缴纳社保；员工自愿放弃社保，就不入缴纳；不签合同就不缴社保；档案未转就不给交社保等，均属于违法行为。

近期，金税四期热度也越来越大。随着征管力度的加大，已有越来越多的企业充分认识到税务合规的重要性。殊不知，在生活中，仍然存在很多无法取得合规票据的情况。还有部分小企业对发票的想法是：采购物品，张三没有提供发票，担心税务查到，就通过各种途径去搞到一张李四开的发票来进行账务处理。存在这种情况的企业要注意了，随着国家税务总局的"金税四期"系统上线升级，这种行为将被系统自动识别，一查一个准儿，企业不要再存侥幸心理。根据有关法规，一旦发现企业存在这种违规抵扣的情况，当事企业不仅要全额补交当初抵扣的税款，而且还会产生滞纳金和罚款，严重的还要追究相关责任人的刑事责任。

第二节　发票电子化风险防控

一、发票电子化

电子发票指按照税务机关要求的格式，使用税务机关确定的开票软件开具的电子收付款凭证，电子发票包括增值税电子普通发票和增值税电子专用发票。

2015 年，国家税务总局启动增值税电子普通发票试点工作；2017 年，财政部启动财政电子票据

试点工作；2018 年，海关总署推行电子海关专用缴款书试点；2019 年，中国铁路总公司高铁电子客票试点，南方航空公司推出电子行程单；2020 年上半年，国家税务总局启动增值税专用发票电子化试点工作；2021 年新型"全电发票"试点启用。

（一）稳步实施发票电子化改革

2021 年建成全国统一的电子发票服务平台，24 小时在线免费为纳税人提供电子发票申领、开

具、交付、查验等服务。制定出台电子发票国家标准，有序推进铁路、民航等领域发票电子化，2025年基本实现发票全领域、全环节、全要素电子化，着力降低制度性交易成本。

为贯彻落实国务院关于加快电子发票推广应用的部署安排，国家税务总局发布《关于在新办纳税人中实行增值税专用发票电子化有关事项的公告》（国家税务总局公告2020年第22号），本着积极稳妥的原则，决定采用先在部分地区新设立登记的纳税人（以下简称"新办纳税人"）中实行增值税专用发票电子化（以下简称"专票电子化"），此后逐步扩大地区和纳税人范围的工作策略。一是先在新办纳税人中实行专票电子化，在完善系统、积累经验的基础上，再考虑在其他纳税人中实行专票电子化。二是对于新办纳税人，从2020年9月1日起先逐步在宁波、石家庄和杭州开展专票电子化试点，在此基础上再分两步在全国实行：第一步，自2020年12月21日起，在天津等11个地区的新办纳税人中实行专票电子化，受票方范围为全国；第二步，自2021年1月21日起，在北京等25个地区的新办纳税人中实行专票电子化，受票方范围为全国。实行专票电子化的新办纳税人具体范围由国家税务总局各省、自治区、直辖市和计划单列市税务局（以下简称"各省税务局"）确定。

（二）电子专票的优点

电子专票属于增值税专用发票，其法律效力、基本用途、基本使用规定等与增值税纸质专用发票（以下简称"纸质专票"）相同。与纸质专票相比，电子专票具有以下几方面优点：

一是发票样式更简洁。电子专票进一步简化发票票面样式，采用电子签名代替原发票专用章，将"货物或应税劳务、服务名称"栏次名称简化为"项目名称"，取消了原"销售方：（章）"栏次，使电子专票的开具更加简便。

二是领用方式更快捷。纳税人可以选择办税服务厅、电子税务局等渠道领用电子专票。通过网上申领方式领用电子专票，纳税人可以实现"即领即用"。

三是远程交付更便利。纳税人可以通过电子邮箱、二维码等方式交付电子专票，与纸质专票现场交付、邮寄交付等方式相比，发票交付的速度更快。

四是财务管理更高效。电子专票属于电子会计凭证，纳税人可以便捷获取数字化的票面明细信息，并据此提升财务管理水平。同时，纳税人可以通过全国增值税发票查验平台（https://inv-veri.chinatax.gov.cn）下载增值税电子发票版式文件阅读器，查阅电子专票并验证电子签名有效性，降低接收假发票的风险。

五是存储保管更经济。电子专票采用信息化存储方式，与纸质专票相比，无需专门场所存放，也可以大幅降低后续人工管理的成本。此外，纳税人还可以从税务部门提供的免费渠道重新下载电子专票，防范发票丢失和损毁风险。

六是社会效益更显著。电子专票交付快捷，有利于交易双方加快结算速度，缩短回款周期，提升资金使用效率。同时，电子专票的推出，还有利于推动企业财务核算电子化的进一步普及，进而对整个经济社会的数字化建设产生积极影响。

（三）新型"全电发票"试点启用

根据广东省税务局、上海市税务局和内蒙古自治区税务局三地发布的通知，自2021年12月1日起，依托全国统一的电子发票服务平台，试点开展全面数字化的电子发票（以下简称"全电发票"），24小时在线免费为纳税人提供全电发票开具、交付、查验等服务，实现发票全领域、全环节、全要素电子化。

（1）全电发票的法律效力、基本用途与现有纸质发票相同。其中，带有"增值税专用发票"字样的全电发票，其法律效力、基本用途与现有增值税专用发票相同；带有"普通发票"字样的全电发票，其法律效力、基本用途与现有普通发票相同。

（2）全电发票无联次，发票基本内容包括：动态二维码、发票号码、开票日期、购买方信息、销售方信息、项目名称、规格型号、单位、数量、单价、金额、税率/征收率、税额、合计、价税合计（大写、小写）、备注、开票人。

（3）全电发票的发票号码为20位，其中：第1~2位代表公历年度后两位，第3~4位代表行政区划代码，第5位代表全电发票开具渠道等信息，第6~20位代表顺序编码。

（4）试点纳税人通过实名验证后，无需使用税控专用设备,无需办理发票票种核定,无需领用全电发票,使用电子发票服务平台即可开票。

(5)税务机关对试点纳税人开票实行开具金额总额度管理。开具金额总额度,是指在一个自然月内,试点纳税人发票开具总金额(不含增值税)的上限额度。

① 试点纳税人开具全电发票以及纸质增值税专用发票、纸质增值税普通发票等使用增值税发票管理系统开具的发票,共用同一个开具金额总额度。

② 税务机关依据纳税人的风险程度、纳税信用级别、实际经营情况等因素,确定初始开具金额总额度,并进行动态调整。

③ 试点纳税人开具金额总额度不足,可向主管税务机关提出调整开具金额总额度。税务机关依据纳税人的风险程度、纳税信用级别、实际经营情况等因素调整其开具金额总额度。

(6)试点纳税人的电子发票服务平台税务数字账户自动归集发票数据,供试点纳税人查询、下载、打印。

(7)试点纳税人可以通过电子发票服务平台税务数字账户自动交付全电发票,也可通过电子邮件、二维码等方式自行交付全电发票。

(8)试点纳税人取得增值税扣税凭证用于申报抵扣增值税进项税额或申请出口退税、代办退税的,应通过电子发票服务平台确认用途。试点纳税人确认用途有误的,可向主管税务机关申请更正。

非试点纳税人取得全电发票用于申报抵扣增值税进项税额或申请出口退税、代办退税的,应通过增值税发票综合服务平台确认用途。

(9)试点纳税人可通过电子发票服务平台标记发票入账标识。纳税人以全电发票报销入账归档的,按照财政和档案部门的相关规定执行。

(10)试点纳税人发生开票有误、销货退回、服务中止、销售折让等情形,需要开具红字全电发票的,按以下规定执行:

① 受票方未做增值税用途确认及入账确认的,开票方全额开具红字全电发票,无需受票方确认。

② 受票方已做增值税用途确认或入账确认的,开票方或受票方均可发起冲红流程,经对方确认后,生成《红字发票信息确认单》,开票方全额或部分开具红字全电发票。

受票方已将全电发票用于增值税申报抵扣的,应当暂依《红字发票信息确认单》所列增值税税额从当期进项税额中转出,待取得开票方开具的红字全电发票后,与《红字发票信息确认单》一并作为记账凭证。

(11)单位和个人可以通过电子发票服务平台或全国增值税发票查验平台(https://inv-veri.chinatax.gov.cn)查验全电发票信息。

(12)电子发票服务平台暂不支持开具纸质发票,开具纸质发票功能的上线时间另行公告。功能上线前,试点纳税人可通过增值税发票管理系统开具纸质发票。

电子发票服务平台暂不支持开具成品油、稀土、机动车(含二手车)、卷烟、出口、通行费等特定业务全电发票,开具上述全电发票的上线时间另行公告。功能上线前,试点纳税人可通过增值税发票管理系统开具上述发票。

(13)试点纳税人应当按照规定依法、诚信、如实使用全电发票,不得虚开、虚抵、骗税,并接受税务机关依法检查。

(四)电子专票税收风险防范

作为新一种形式的票据,即使电子发票的存在,仍是一种载体,还需要注意防范新的风险。

1. 鉴识虚假真伪

现在,通过发票系统平台开的电子发票都由电子签名代替发票专用章,所以票面上是看不到发票专用章及显示开票单位。但是电子签名是经过税务数字证书监制与验证的。因此,企业取得电子发票没有专用章时,可以验证电子签名是否有效,防范出现虚假电子发票。也许有人产生疑问,经税务数字证书监制与验证的,怎么会出现虚假发票?即使信息发达,优劣还是并存的,也会存在缺陷。目前来说,电子发票由各省税局管理,特别是在特殊情况的发票,是有电子发票专用章和单位盖章字样。因此,收到这类发票不用担忧,可从专业的角度来鉴识真伪验证。

提示小企业:单位和个人可以通过全国增值税发票查验平台(https://inv-veri.chinatax.gov.

cn)对电子专票信息进行查验。

2. 注意重复入账

当然,很多人担心电子专票重复报销的问题。电子发票本身就是电子形式,可采取打印方式体现。在报销中,结合目前的技术上来说,存在被重复打印和改动的风险。因此,企业有必要采取防止重复使用的措施,也可以借助防重复报销的软件进行管理。发票系统是由税务局更新而成的,后续,会不会提供纳税人更好地防范电子发票的重复使用功能,一切皆可能,可随时关注并使用。

提示小企业:使用第三方重复报销的软件中,需要与第三方建立必要的保密保障的合同约定。确保企业的信息安全问题。

3. 重视电子存档

根据《财政部 国家档案局关于规范电子会计凭证报销入账归档的通知》(财会〔2020〕6 号)的规定,符合条件的单位除了可使用电子发票的会计凭证进项报销入账归档,还应以电子发票的纸质打印件作为报销入账存档依据,同时重视保存打印纸质文件的电子发票凭证。因此,对于取得电子发票的企业,应将电子发票打印并入账保存,及其电子信息存档。通过发票系统平台开具发票,如果保存的电子发票文件丢失,可以进入系统再次获取信息。但对其他系统开具的,需要企业重视妥善保管。

提示小企业:根据发票相关规定,开具发票的单位和个人应当按照税务机关的规定存放和保管发票,不得擅自损毁。未按照规定存放和保管发票的,由税务机关责令改正,可以处 1 万元以下的罚款;有违法所得的予以没收。因此,纳税人应当注意保存电子发票。

第三节　异常扣税凭证风险防控

政策依据:

《异常增值税扣税凭证处理操作规程》(税总发〔2017〕46 号);

《关于走逃(失联)企业开具增值税专用发票认定处理有关问题的公告》(国家税务总局公告 2016 年第 76 号);

《关于异常增值税扣税凭证管理等有关事项的公告》(国家税务总局公告 2019 年第 38 号);

《关于做好全面推开营改增行业税负分析有关工作的通知》(税总发〔2016〕172 号);

《税收违法案件发票协查管理办法(试行)》(税总发〔2013〕66 号);

《企业所得税税前扣除凭证管理办法》(以下简称《办法》)(国家税务总局公告 2018 年第 28 号)。

一、异常增值税扣税凭证的界定

列入异常增值税扣税凭证的增值税专用发票有两类,一类是直接判定为异常增值税扣税凭证的增值税专用发票,另一类是申报抵扣了异常增值税扣税凭证后对应开具的增值税专用发票。

(一)直接判定为异常增值税扣税凭证的增值税专用发票

根据《国家税务总局关于异常增值税扣税凭证管理等有关事项的公告》(国家税务总局公告 2019 年第 38 号)的规定,符合下列情形之一的增值税专用发票,列入异常凭证范围。

(1)纳税人丢失、被盗税控专用设备中未开具或已开具未上传的增值税专用发票。

(2)非正常户纳税人未向税务机关申报或未按规定缴纳税款的增值税专用发票。

(3)增值税发票管理系统稽核比对发现"比对不符""缺联""作废"的增值税专用发票。

(4)经税务总局、省税务局大数据分析发现,纳税人开具的增值税专用发票存在涉嫌虚开、未按规定缴纳消费税等情形的。

(5)走逃(失联)企业存续经营期间发生下列情形之一的,所对应属期开具的增值税专用发票列入异常增值税扣税凭证(以下简称"异常凭证")范围。[国家税务总局公告 2016 年第 76 号第 2 条第(1)项]

① 商贸企业购进、销售货物名称严重背离的;

生产企业无实际生产加工能力且无委托加工，或生产能耗与销售情况严重不符，或购进货物并不能直接生产其销售的货物且无委托加工的。

② 直接走逃失踪不纳税申报，或虽然申报但通过填列增值税纳税申报表相关栏次，规避税务机关审核比对，进行虚假申报的。

（二）申报抵扣了异常增值税扣税凭证后对应开具的增值税专用发票

增值税一般纳税人申报抵扣异常凭证，同时符合下列情形的，其对应开具的增值税专用发票列入异常凭证范围：

（1）异常凭证进项税额累计占同期全部增值税专用发票进项税额 70%（含）以上的；

（2）异常凭证进项税额累计超过 5 万元的。

纳税人尚未申报抵扣、尚未申报出口退税或已作进项税额转出的异常凭证，其涉及的进项税额不计入异常凭证进项税额的计算。

二、取得异常增值税扣税凭证的处理

根据《国家税务总局关于异常增值税扣税凭证管理等有关事项的公告》（国家税务总局公告 2019 年第 38 号）的规定，增值税一般纳税人取得的增值税专用发票列入异常凭证范围的，应按照以下规定处理：

（一）纳税信用 A 级以外的纳税人

（1）尚未申报抵扣增值税进项税额的，暂不允许抵扣。已经申报抵扣增值税进项税额的，除另有规定外，一律作进项税额转出处理。

（2）尚未申报出口退税或者已申报但尚未办理出口退税的，除另有规定外，暂不允许办理出口退税。适用增值税免抵退税办法的纳税人已经办理出口退税的，应根据列入异常凭证范围的增值税专用发票上注明的增值税额作进项税额转出处理；适用增值税免退税办法的纳税人已经办理出口退税的，税务机关应按照现行规定对列入异常凭证范围的增值税专用发票对应的已退税款追回。

纳税人因骗取出口退税停止出口退（免）税期间取得的增值税专用发票列入异常凭证范围的，尚未申报抵扣增值税进项税额的，暂不允许抵扣。已经申报抵扣增值税进项税额的，除另有规定外，

一律作进项税额转出处理。

（3）消费税纳税人以外购或委托加工收回的已税消费品为原料连续生产应税消费品，尚未申报扣除原料已纳消费税税款的，暂不允许抵扣；已经申报抵扣的，冲减当期允许抵扣的消费税税款，当期不足冲减的应当补缴税款。

（二）纳税信用 A 级的纳税人

纳税信用 A 级纳税人取得异常凭证且已经申报抵扣增值税、办理出口退税或抵扣消费税的，可以自接到税务机关通知之日起 10 个工作日内，向主管税务机关提出核实申请。经税务机关核实，符合现行增值税进项税额抵扣、出口退税或消费税抵扣相关规定的，可不作进项税额转出、追回已退税款、冲减当期允许抵扣的消费税税款等处理。纳税人逾期未提出核实申请的，应于期满后参照上述纳税信用等级 A 级以外的纳税人规定作相关处理。

（三）对异常增值税扣除凭证的异议

纳税人对税务机关认定的异常凭证存有异议，可以向主管税务机关提出核实申请。经税务机关核实，符合现行增值税进项税额抵扣或出口退税相关规定的，纳税人可继续申报抵扣或者重新申报出口退税；符合消费税抵扣规定且已缴纳消费税税款的，纳税人可继续申报抵扣消费税税款。

（四）税务机关处理异常凭证的工作流程

税务机关处理异常凭证的工作流程的依据是《异常增值税扣税凭证处理操作规程》（税总发〔2017〕46 号）。

1. 异常凭证的推送

自认定为异常凭证之日起 10 个工作日内，主管税务机关应将异常凭证信息通过手工录入或批量导入方式，录入《抵扣凭证审核检查管理信息系统》（以下简称"抵扣凭证审查系统"），并推送至异常凭证接受方所在地税务机关进行处理。各省税务局通过抵扣凭证审查系统，将接收到的异常凭证信息，定期推送至《出口退（免）税审核系统》。

2. 异常凭证的受理

接受异常凭证的纳税人所在地主管税务机关，通过抵扣凭证审查系统接收异常凭证信息，并自收到之日起 10 个工作日内，向接受异常凭证的纳税人发出《税务事项通知书》，通知其所取得的

异常凭证暂不得申报抵扣或用于出口退税,已经申报抵扣或用于出口退税的,应按有关规定处理。同时,主管税务机关应当告知接受异常凭证的纳税人,如对税务机关认定的异常凭证存有异议的,应当自收到《税务事项通知书》之日起20个工作日内,向主管税务机关提出核查申请,并提交业务合同、银行凭证、运输仓储证明等有关说明材料。

3. 异常凭证的解除

走逃(失联)企业重新与主管税务机关取得联系,履行完毕相关涉税义务、调查澄清相关涉税事项后,纳入税务机关正常监管的,主管税务机关应当解除其走逃(失联)企业身份,同时可解除异常凭证的认定,并在10个工作日内通过抵扣凭证审查系统,将解除信息推送至异常凭证接受方所在地主管税务机关,允许纳税人继续申报抵扣或办理出口退税。各省税务局通过抵扣凭证审查系统,将接收到的解除异常凭证信息,定期推送至出口退(免)税审核系统。

4. 异常凭证的核实

接受异常凭证的纳税人,对税务机关认定的异常凭证存有异议,提出核查申请的,主管税务机关一般应自接收申请之日起90个工作日内完成异常凭证的核实。

异常凭证经税务机关核实后,未发现异常情形,符合现行增值税进项抵扣或出口退税有关规定的,主管税务机关出具《税务事项通知书》,允许纳税人按照现行规定,继续申报抵扣或办理出口退税。异常凭证的开具方和接受方涉嫌虚开发票、虚抵进项,骗取出口退税以及其他需要稽查立案的,移交稽查部门查处。

5. 录入核实处理信息

接受异常凭证的纳税人所在地主管税务机关,在完成异常凭证(或解除异常凭证)的核实处理后,应当在5个工作日内将核实结果录入抵扣凭证审查系统。

(五)异常凭证稽查处理流程

税务机关异常凭证稽查处理流程的依据是《税收违法案件发票协查管理办法(试行)》(税总发〔2013〕66号)。

1. 收集相关资料并列出清单

(1)基本证据。

① 主管税务机关核实确认并出具企业未按规定按期办理各类纳税申报及地址变更等涉税事项的已经失联证明。

② 检查人员实地核查企业的注册登记地址和生产经营地址,制作现场检查笔录,通过经营场所照片、证人证言(如物业公司、街道办事处、村委会管理人员和经营注册地址实际使用人员或其他相关人员的书面陈述或口述记录)、物业相关证据,证实在经营注册地址未能找到企业,或企业经营注册地址根本不存在。

③ 检查人员通过已知的联系人及联系方式(包括从互联网渠道所查询的联系信息)联系企业相关人员的录像(视频)、电话录音、电话笔录或第三方人员的证人证言。能够联系到企业代理记账、报税人员等的,取得相关人员的笔录或其他证明材料。

④ 其他相关情形和判定材料。

(2)征管信息相关情况及证据。

① 检查人员通过主管税务机关查询原始登记(包括变更登记)资料以及企业报送的有关征管资料,进行复印取证,由主管税务机关确认。

② 检查人员从金税三期税收管理系统查询并打印企业报送的登记信息、纳税申报资料、财务报表、银行账户报告表以及发票领购记录等,由主管税务机关确认。

(3)增值税专用发票相关情况及证据。

① 检查人员从增值税发票管理新系统(升级前为防伪税控系统)、稽核系统查询并打印企业取得、开具的增值税专用发票有关信息,由主管税务机关确认。

② 检查人员通过协查、外调等方式,取得企业增值税专用发票有关信息与上下游开票、受票企业相应发票信息是否一致的相关证据。

(4)资金流相关情况及证据。

检查人员调取资金流信息,从企业报送的《企业存款账户报告表》以及增值税专用发票信息获得企业的有关银行账户信息,经审批后凭《检查存款账户许可证明》向相关银行、其他金融机构查询走逃(失联)企业所有已知银行账户及相关联人员个人账户(包括在检查中发现的其他银行账户)的银行流水账单,核对资金流,取得以下资金支付证据材料：

① 交易资金信息不真实,如利用银行账户回流资金等。

② 大宗交易未付款或虚假现金支付。

③ 利用银行承兑汇票虚假结算。

(5) 生产经营真实性核定情况。

检查人员核实企业是否有实际生产加工场所;注册经营地生产场所是否真正为企业生产场地(可能是他人生产场所,企业借用、租用虚假挂牌等);生产设备是否能够生产其所开具增值税专用发票上载明的货物,有无委托加工;生产能耗与销售是否相符;购进货物是否能直接生产其销售的货物,有无委托加工等。

(6) 其他情况及证据资料。

检查人员取得的走逃(失联)企业涉嫌虚开的其他证据。如公安机关已控制犯罪嫌疑人的,取得相关笔录;下游受票企业定性接受虚开的证明材料等。

2. 交易真实性的判定

在取得上述资料之后,稽查部门对走逃(失联)企业开具增值税专用发票行为进行认真分析,充分利用已取得的资料,对交易的真实性作出结论。在分析过程中,要重点关注以下情形:

(1) 商贸企业购进、销售货物名称严重背离的;生产企业无实际生产加工能力且无委托加工,或生产能耗与销售情况严重不符,或购进货物并不能直接生产其销售的货物且无委托加工的。

(2) 直接走逃失踪不纳税申报,或虽然申报但通过填列增值税纳税申报表相关栏次,规避税务机关审核比对,进行虚假申报的。

(3) 同一代码、号码的增值税专用发票,存根联与抵扣联的货物品名或受票单位名称不一致的。

(4) 同一代码、号码的增值税专用发票,纸质发票与增值税发票管理新系统信息不一致的。

(5) 已查实全部或部分交易资金信息不真实的(如利用银行账户回流资金)、大宗交易未付款或虚假现金支付等。

(6) 涉案人员承认无货交易,且有旁证或相应书证、物证等证据辅助证明的。

(7) 下游受票企业已认定接受虚开的。

3. 走逃(失联)企业检查处理程序

税务机关按法定程序对走逃(失联)企业开展检查,并注意以下事项:

(1) 公告送达各类执法文书。对走逃(失联)企业,在其他送达方式无法送达的情况下,税务机关应通过公告送达方式送达各类执法文书。公告送达可以在主管税务机关办税服务厅、纳税人注册登记地址张贴公告,或通过主管税务机关门户网站、当地主流新闻媒体发布公告(具体发布渠道由各单位根据实际情况选择)。在纳税人注册登记地址张贴公告的,应当采取拍照、录像等方式记录张贴过程。

(2) 集体审理决定。对走逃(失联)企业,稽查部门可通过集体审理程序,充分审查有关证据,分析认定事实和适用法律,提出相应的审理意见。

(3) 后续处理。根据审理意见定性虚开的,稽查部门出具《已证实虚开通知单》并附相关证据材料,发往下游受票企业所在地税务机关依法处理。达到刑事案件移送标准的,按照相关规定移送公安机关。

4. 其他事项

对税务检查开始后走逃(失联)的企业,参照本通知相关规定开展检查和处理。对走逃(失联)企业开具增值税专用发票判定虚开后,如下游受票企业也走逃(失联)的,所在地税务机关可参照本通知开展检查和处理。

走逃(失联)企业所在地税务机关作出认定后,向受票企业所在地税务机关出具虚开认定文书,并附相关证据,说明企业基本情况和已走逃(失联)状况。如有异议的,由开票地、受票地税务机关共同再确认定性。

(六)《已证实虚开通知单》的协查处理

税务机关《已证实虚开通知单》(以下简称《通知单》)协查处理的依据是《税收违法案件发票协查管理办法(试行)》(税总发〔2013〕66 号)。《通知单》是税务机关的内部过程性文书,不单独对外发生法律效力,是不可诉的内部行政行为。税务机关和企业均应正确对待《通知单》,受托方税务机关不能将《通知单》作为定性取得虚开的主要证据,企业也不能认为委托方税务机关发出《通知单》的行政行为违法,单就《通知单》径向委托方税务机关提起行政诉讼。

（1）已确定虚开发票案件的协查，委托方应当按照受托方一户一函的形式出具《已证实虚开通知单》及相关证据资料，并在所附发票清单上逐页加盖公章，随同《税收违法案件协查函》寄送受托方。

通过协查信息管理系统发起已确定虚开发票案件协查函的，委托方应当在发送委托协查信息后5个工作日内寄送《已证实虚开通知单》以及相关证据资料。

（2）有下列情形之一的，受托方应当按照《税务稽查工作规程》有关规定立案检查：

① 委托方已开具《已证实虚开通知单》的。

② 委托方提供的证据资料证明协查对象有税收违法嫌疑的。

③ 受托方检查发现协查对象有税收违法嫌疑的。

④ 上级税务局稽查局要求立案检查的。

三、非正常户与走逃（失联）企业异常凭证

具体见表19-1。

表19-1 异常凭证

非正常户	走逃户
已办理税务登记的纳税人未按照规定的期限申报纳税，在税务机关责令其限期改正后，逾期不改正的，税务机关应当派员实地检查，查无下落并且无法强制其履行纳税义务的，由检查人员制作非正常户认定书，存入纳税人档案，税务机关暂停其税务登记证件、发票领用簿和发票的使用。[《税务登记管理办法》第38条（国家税务总局令第36号）]	走逃（失联）企业是指不履行税收义务并脱离税务机关监管的企业。根据税务登记管理有关规定，税务机关通过实地调查、电话查询、涉税事项办理核查以及其他征管手段，仍对企业和企业相关人员查无下落的，或虽然可以联系到企业代理记账、报税人员等，但其并不知情也不能联系到企业实际控制人的，可以判定该企业为走逃（失联）企业。（国家税务总局公告2016年第76号第1条）

非正常户与走逃（失联）企业的共同点：都不履行税收义务且查无下落，非正常户纳税人未向税务机关申报或未按规定缴纳税款的增值税专用发票，走逃（失联）企业开具的规定情形的增值税专用发票都会被列入异常凭证范围。

不同点：非正常户的认定制定非正常户认定书，走逃失联企业并不制定。

（一）非正常户的认定与解除

根据《关于异常增值税扣税凭证管理等有关事项的公告》（国家税务总局公告2019年第38号）的规定，非正常户的认定与解除按以下规定办理：

（1）已办理税务登记的纳税人未按照规定的期限进行纳税申报，税务机关依法责令其限期改正。纳税人逾期不改正的，税务机关可以按照《中华人民共和国税收征收管理法》（以下简称"税收征管法"）第72条规定处理。

纳税人负有纳税申报义务，但连续3个月所有税种均未进行纳税申报的，税收征管系统自动将其认定为非正常户，并停止其发票领用簿和发票的使用。

（2）对欠税的非正常户，税务机关依照税收征管法及其实施细则的规定追征税款及滞纳金。

（3）已认定为非正常户的纳税人，就其逾期未申报行为接受处罚、缴纳罚款，并补办纳税申报的，税收征管系统自动解除非正常状态，无需纳税人专门申请解除。

（二）非正常户税收管理及涉税风险

1. 非正常户的认定流程

（1）经税务机关派员实地核查，查无下落。

（2）如有欠税且有可以强制执行的财物的，税务机关应按照《税收征收管理法》第40条的规定采取强制执行措施。

（3）纳税人无可以强制执行的财物或虽有可以强制执行的财物但经采取强制执行措施仍无法使其履行纳税义务的，方可认定为非正常户。[《国家税务总局关于进一步完善税务登记管理有关问题的公告》（国家税务总局公告2011年第21号）]。

2. 对非正常户的公告

税务机关应在非正常户认定的次月，在办税场所或者广播、电视、报纸、期刊、网络等媒体上公告非正常户。纳税人为企业或单位的，公告企业或单位的名称、纳税人识别号、法定代表人或负责人姓名、居民身份证或其他有效身份证件号码、经

营地点;纳税人为个体工商户的,公告业户名称、业主姓名、纳税人识别号、居民身份证或其他有效身份证件号码、经营地点。[《国家税务总局关于进一步完善税务登记管理有关问题的公告》(国家税务总局公告2011年第21号)]。

3. 非正常户的税务登记是否仍然有效

纳税人被列入非正常户超过3个月的,税务机关可以宣布其税务登记证件失效,其应纳税款的追征仍按《税收征收管理法》及其实施细则的规定执行。

对没有欠税且没有未缴销发票的纳税人,认定为非正常户超过2年的,税务机关可以注销其税务登记证件。[《税务登记管理办法》(国家税务总局令第7号,2018年版)第39条]。

4. 认定为非正常户,对法人或财务负责人的影响

(1)有非正常户记录或者由非正常户直接责任人员注册登记或者负责经营的,纳税信用级别直接判为D级。D级纳税人的影响详见:黑名单、联合惩戒及D级纳税人管理。

(2)对非正常户纳税人的法定代表人或经营者申报办理新的税务登记的,税务机关核发临时税务登记证及副本,限量供应发票。税务机关发现纳税人的法定代表人或经营者在异地为非正常户的法定代表人或经营者的,应通知其回原税务机关办理相关涉税事宜。纳税人的法定代表人或经营者在原税务机关办结相关涉税事宜后,方可申报转办正式的税务登记。

(3)对法人或财务负责人曾任非正常户的法人或财务负责人的纳税人,主管税务机关可以严格控制其增值税专用发票发放数量及最高开票限额。[《国家税务总局关于发布《纳税信用管理办法(试行)》的公告》(国家税务总局公告2014年第40号)、《国家税务总局关于进一步完善税务登记管理有关问题的公告》(国家税务总局公告2011年第21号)、《国家税务总局关于加强增值税发票数据应用防范税收风险的指导意见》(税总发〔2015〕122号)]。

5. 非正常户信息查询

社会公众可以通过报刊、网站、信息公告栏等公开渠道查询税收政策、重大税收违法案件信息、非正常户认定信息等依法公开的涉税信息。[《国家税务总局关于发布《涉税信息查询管理办法》的公告》(国家税务总局公告2016年第41号)]。

6. 非正常户认定对出口企业的影响

(1)由退税改为适用增值税免税政策。出口企业购进货物的供货纳税人有属于办理税务登记2年内被税务机关认定为非正常户或被认定为增值税一般纳税人2年内注销税务登记,且符合下列情形之一的,自主管其出口退税的税务机关书面通知之日起,在24个月内出口的适用增值税退(免)税政策的货物劳务服务,改为适用增值税免税政策。

①外贸企业使用上述供货纳税人开具的增值税专用发票申报出口退税,在连续12个月内达到200万元以上(含本数,下同)的,或使用上述供货纳税人开具的增值税专用发票,连续12个月内申报退税额占该期间全部申报退税额30%以上的。

②生产企业在连续12个月内申报出口退税额达到200万元以上,且从上述供货纳税人取得的增值税专用发票税额达到200万元以上或占该期间全部进项税额30%以上的。

③外贸企业连续12个月内使用3户以上上述供货纳税人开具的增值税专用发票申报退税,且占该期间全部供货纳税人户数20%以上的。

④生产企业连续12个月内有3户以上上述供货纳税人,且占该期间全部供货纳税人户数20%以上的。

本条所称“连续12个月内”,外贸企业自使用上述供货纳税人开具的增值税专用发票申报退税的当月开始计算,生产企业自从上述供货纳税人取得的增值税专用发票认证当月开始计算。[《财政部　国家税务总局关于防范税收风险若干增值税政策的通知》(财税〔2013〕112号)]。

(2)不得出具《出口货物转内销证明》。主管税务机关在审核外贸企业《出口货物转内销证明申报表》时,发现提供的增值税专用发票是在供货企业税务登记被注销或被认定为非正常户之后开具的不得出具《出口货物转内销证明》。[《国家税务总局关于出口货物劳务增值税和消费税有关问题的公告》(国家税务总局公告2013年第65号)]。

7. 纳税人如何解除非正常户

被税务机关认定为非正常户的纳税人,需恢复履行纳税义务的,应向税务机关提出办理解除非正常户,并报送《纳税人提供情况说明和解除非正常状态的理由》。

对纳税人提交资料齐全、符合法定形式的予以受理,税务人员根据管理部门反馈情况,要求纳税人办理补充申报、补缴税款、滞纳金、罚款等未结事项。纳税人未结事项已办结的,解除非正常户,制作《税务事项通知书》(解除非正常户通知),并送达纳税人;纳税人未结事项尚未办结的,不予解除非正常户,制作《税务事项通知书》并送达纳税人。

8. 认定为非正常户,对纳税信用评价的影响

纳税人本年度被列为非正常户的或者纳税人是由非正常户的直接责任人员注册登记或者负责经营的,该纳税人本年度的纳税信用评价将会被直接判为 D 级。[《国家税务总局关于发布〈纳税信用管理办法(试行)〉的公告》(国家税务总局公告 2014 年第 40 号)]。

9. 身份证件被冒用登记注册的法定代表人、财务负责人和其他办税人员,如何解除其与非正常户的关联关系

税务机关对主张身份证件被冒用于登记注册的法定代表人,根据登记机关登记信息的变化情况,更改该法定代表人与纳税人的关联关系;对主张身份证件被冒用的财务负责人和其他办税人员,根据其出具的个人声明、公安机关接报案回执等相关资料,解除其与纳税人的关联关系。需报送的资料包括:A01082《个人声明》,离职证明,公安接报案回执。上述条件报送资料的报送条件为:①离职证明的报送条件为相关人员(法定代表人除外)离职后原任职单位未及时报告税务机关

维护的;②公安接报案回执的报送条件为相关人员个人身份信息被冒用的。

10. 处于非正常状态纳税人如何办理税务注销手续

处于非正常状态纳税人在办理税务注销前,需先解除非正常状态,补办纳税申报手续。符合以下情形的,税务机关可打印相应税种和相关附加的《批量零申报确认表》,经纳税人确认后,进行批量处理:①非正常状态期间增值税、消费税和相关附加需补办的申报均为零申报的;②非正常状态期间企业所得税月(季)度预缴需补办的申报均为零申报,且不存在弥补前期亏损情况的。[《国家税务总局关于深化"放管服"改革更大力度推进优化税务注销办理程序工作的通知》(税总发〔2019〕64 号)]。

四、不合规扣税凭证税前扣除风险防控

政策依据:

> 《企业所得税税前扣除凭证管理办法》(国家税务总局公告 2018 年第 28 号,以下简称《办法》)。

《办法》第 12 条规定,企业取得私自印制、伪造、变造、作废、开票方非法取得、虚开、填写不规范等不符合规定的发票(以下简称"不合规发票"),以及取得不符合国家法律、法规等相关规定的其他外部凭证(以下简称"不合规其他外部凭证"),不得作为税前扣除凭证。

(一)未按规定取得税前扣除凭证的补救处理

具体见表 19-2。

表 19-2 补救处理

政策规定	政策理解
第十三条 企业应当取得而未取得发票、其他外部凭证或者取得不合规发票、不合规其他外部凭证的,若支出真实且已实际发生,应当在当年度汇算清缴期结束前,要求对方补开、换开发票、其他外部凭证。补开、换开后的发票、其他外部凭证符合规定的,可以作为税前扣除凭证。	企业应当取得而未取得或者取得不合规外部凭证,是企业在经营活动中有可能遇到的问题。为不影响企业当年度税款计算与缴纳,《办法》根据"尊重事实、宽严相济"的原则,制定了补救措施,既体现了企业所得税"实际发生"的扣除原则,又保障纳税人合法权益。根据《办法》规定,纳税人可以分步骤实施补救措施:

(续表)

政策规定	政策理解
第十四条　企业在补开、换开发票、其他外部凭证过程中，因对方注销、撤销、依法被吊销营业执照、被税务机关认定为非正常户等特殊原因无法补开、换开发票、其他外部凭证的，可凭以下资料证实支出真实性后，其支出允许税前扣除： 　（一）无法补开、换开发票、其他外部凭证原因的证明资料（包括工商注销、机构撤销、列入非正常经营户、破产公告等证明资料）； 　（二）相关业务活动的合同或者协议； 　（三）采用非现金方式支付的付款凭证； 　（四）货物运输的证明资料； 　（五）货物入库、出库内部凭证； 　（六）企业会计核算记录以及其他资料。 　前款第一项至第三项为必备资料。 　第十五条　汇算清缴期结束后，税务机关发现企业应当取得而未取得发票、其他外部凭证或者取得不合规发票、不合规其他外部凭证并且告知企业的，企业应当自被告知之日起60日内补开、换开符合规定的发票、其他外部凭证。其中，因对方特殊原因无法补开、换开发票、其他外部凭证的，企业应当按照本办法第十四条的规定，自被告知之日起60日内提供可以证实其支出真实性的相关资料。 　第十六条　企业在规定的期限未能补开、换开符合规定的发票、其他外部凭证，并且未能按照本办法第十四条的规定提供相关资料证实其支出真实性的，相应支出不得在发生年度税前扣除。 　第十七条　除发生本办法第十五条规定的情形外，企业以前年度应当取得而未取得发票、其他外部凭证，且相应支出在该年度没有税前扣除的，在以后年度取得符合规定的发票、其他外部凭证或者按照本办法第十四条的规定提供可以证实其支出真实性的相关资料，相应支出可以追补至该支出发生年度税前扣除，但追补年限不得超过五年。	1. 汇算清缴期结束前的税务处理 　（1）能够补开、换开符合规定的发票、其他外部凭证的，相应支出可以税前扣除。 　（2）因对方注销、撤销、依法被吊销营业执照、被税务机关认定为非正常户等特殊原因无法补开、换开符合规定的发票、其他外部凭证的，凭相关资料证实支出真实性后，相应支出可以税前扣除。 　（3）未能补开、换开符合规定的发票、其他外部凭证并且未能凭相关资料证实支出真实性的，相应支出不得在发生年度税前扣除。 　2. 汇算清缴期结束后的税务处理 　（1）由于一些原因（如购销合同、工程项目纠纷等），企业在规定的期限内未能取得符合规定的发票、其他外部凭证或者取得不合规发票、不合规其他外部凭证，企业主动没有进行税前扣除的，待以后年度取得符合规定的发票、其他外部凭证后，相应支出可以追补至该支出发生年度扣除，追补扣除年限不得超过5年。其中，因对方注销、撤销、依法被吊销营业执照、被税务机关认定为非正常户等特殊原因无法补开、换开符合规定的发票、其他外部凭证的，企业在以后年度凭相关资料证实支出真实性后，相应支出也可以追补至该支出发生年度扣除，追补扣除年限不得超过5年。 　（2）税务机关发现企业应当取得而未取得发票、其他外部凭证或者取得不合规发票、不合规其他外部凭证，企业自被告知之日起60日内补开、换开符合规定的发票、其他外部凭证或者按照《办法》第十四条规定凭相关资料证实支出真实性后，相应支出可以在发生年度税前扣除。否则，该支出不得在发生年度税前扣除，也不得在以后年度追补扣除。 　以上制度安排，畅通了"不合规外部凭证不得作为税前扣除凭证—换开合规外部凭证—因特殊原因不能换开—具有相应资料可以证实支出真实性—允许扣除"这一税前扣除管理流程，既兼顾了征管效率，又尊重了客观实际，还贯彻了诚信理念，切实有效保障了纳税人的正当权益。

　风险提示：

　（1）《办法》第13条会出现补开发票时间和财税处理时间不一致的情况，比如2022年4月补开或换开的发票，在2021年汇算清缴时申报扣除。对于补开、换开的发票，需要加强痕迹管理和台账管理，补开、换开的发票和凭证的抬头、内容、金额等，必须和原发票、凭证相符，和账务处理相符。

　（2）《办法》第14条无法补开、换开发票、其他外部凭证原因的证明资料　如果因对方注销、撤销、依法被吊销营业执照、被税务机关认定为非正常户等，对方的法律主体已经消失或者处于"停滞"状态，企业无法正常补开、换开发票、其他外部凭证的，《办法》第十四条规定，企业确实无法从对方取得补开、换开发票、其他外部凭证的，在具有相关资料且足以证实其支出真实性的情况下，允许税前扣除。可以看出，交易对方的状态情况是企业实施这一特殊补救措施的前提条件，企业应当积极主动获取线索和信息，及时维护自身的涉税权益。目前，获取对方状态的渠道已经非常畅通，企业可以登陆国家企业信用信息公示系统、有关部门网站，并将网站发布的公示文件或者截图等作为资料留存。

(续表)

(3)《办法》第14条规定的六方面资料中,第三项必备资料为"采用非现金方式支付的付款凭证"。在对方法律主体消失或者处于"停滞"状态的情况下,现金方式支付的真实性将无从考证,为此《办法》对支付方式作出了限制性规定。采用非现金方式支付的付款凭证是一个相对宽泛的概念,既包括银行等金融机构的各类支付凭证,也包括支付宝、微信支付等第三方支付账单或支付凭证等。《办法》第14条并不是取得非正常户发票可税前扣除的万能药,上游的凭证到下游抵扣被发现异常有时需要较长时间。因开票方非正常户等原因而导致取票方可将异常凭证税前扣除的前提是交易过程中完整的业务证据链保留,这种情况需仰赖企业具备良好的内控体系。

(4)《办法》第15条"特殊原因"发现的时间应当符合《税收征管法》第52条第2款的规定,为3～5年,如果属于偷逃骗抗,则为无限期。这里的税务机关包括税务稽查局。一个可能存在的问题是,如果在税务检查中发现企业有不合规发票及其他外部凭证,要等告知60日期满后视企业补开、换开发票的结果才能作出处理和处罚决定? 这会严重影响税务检查的效率。《税务稽查案件办理程序规定》(国家税务总局令第52号)第18条规定,调取纳税人、扣缴义务人以前会计年度的账簿、记账凭证、报表和其他有关资料的,应当经县以上税务局局长批准,并在3个月内完整退还;调取纳税人、扣缴义务人当年的账簿、记账凭证、报表和其他有关资料的,应当经设区的市、自治州以上税务局局长批准,并在30日内退还。

(5)《办法》第16条补开、换开符合规定的发票、其他外部凭证的规定期限,企业在规定的期限未能补开、换开符合规定的发票、其他外部凭证,并且未能按本办法第十四条的规定提供相关资料证实其支出真实性的,相应支出不得在发生年度进行税前扣除。这里的"规定期限"包括两种情形:在汇算清缴期结束前,是指《企业所得税法》规定的汇算清缴期,在汇算清缴期结束后,是指《办法》第十五条中规定的期限,即自被税务机关告知之日起60日内。《办法》在加强企业所得税管理、减轻纳税人负担、保障纳税人合法权益、优化税收环境等方面均进行了很多探索和创新,对税前扣除凭证的种类、填写内容、取得时间、补开换开要求等方面进行了详细的规定,企业应在准确理解基本概念的基础上全面学习和掌握相关内容,并在日常工作中规范管理税前扣除凭证,减少税收风险。

(6)《办法》将汇算清缴期是否结束作为分界线,当年度汇算清缴期结束前,如果企业能够及时主动取得相关凭证,准予税前扣除。如果企业在汇算清缴期结束前未能取得,考虑到由于各种原因(如购销合同、工程项目纠纷等),企业的支出在规定的期限未能取得合规发票、合规其他外部凭证,企业也没有进行税前扣除。针对此类情况,《办法》第十七条规定,待以后取得符合规定的发票、其他外部凭证或收集相关资料证实支出真实性后,相应支出可以追补至该支出发生年度扣除,但追补年限不得超过5年。支出追补扣除应满足二个条件:一是以前年度应当取得而未取得发票、其他外部凭证或者取得不合规发票、不合规其他外部凭证,企业在支出发生年度主动没有进行税前扣除;二是在以后年度取得的发票、其他外部凭证应是合规的发票、其他外部凭证,或者因对方特殊原因无法补开、换开发票、其他外部凭证的,应按《办法》第十四条规定提供证实支出真实性的相关资料。这里要强调的是:企业支出没有取得合法凭证或者取得不合规发票、不合规其他外部凭证但相应支出在该年度已经扣除,税务机关在后续管理中发现且根据规定要求该支出不得税前扣除的,该支出不得在以后年度追补扣除,不适用本办法第十七条规定。

1.《办法》第13条至第17条的内在逻辑关系

具体见图19-20。

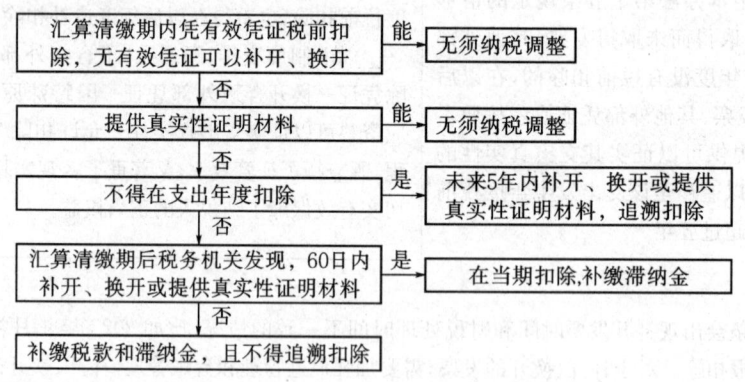

图19-2 逻辑关系

2. 未按规定取得税前扣除凭证的操作实务

(1)企业在汇缴期满前应取得未取得税前扣除凭证的,应主动作纳税调整。

企业在汇算清缴期间(次年1月1日至5月31日)发现纳税年度允许扣除的金额应取得未取得税前扣除凭证的,应当要求对方补开、换开税前扣除凭证,如果能够在汇缴期满前取得补开、换开的税前扣除凭证,允许扣除,不作纳税调整。

企业在补开、换开发票、其他外部凭证过程中,因对方注销、撤销、依法被吊销营业执照、被税务机关认定为非正常户等特殊原因无法补开、换开发票、其他外部凭证的,可凭《办法》第14条要求提供的资料证实支出真实性后,其支出允许税前扣除。

若未能在汇缴期满前取得补开、换开的税前扣除凭证,或者属于特殊原因无法补开、换开税前扣除凭证又不能提供《办法》第14条规定的能够证实支出真实性资料的,暂不允许税前扣除,作纳税调增处理。

(2)企业在汇缴期满后5年内自行取得补开或换开税前扣除凭证的,允许追补扣除。

企业以前年度应当取得而未取得税前扣除凭证,且相应支出在该年度没有税前扣除的,在以后年度取得补开、换开的税前扣除凭证或者属于特殊原因无法补开、换开税前扣除凭证但能够提供《办法》第14条规定的可以证实其支出真实性相关资料的,相应支出可以追补至该支出发生年度税前扣除,但追补年限不得超过5年。追补期5年是指从支出发生年度的次年起连续计算的5年。

(3)汇缴期满之后税务机关发现企业应取得

未取得税前扣除凭证并告知企业限期补开、换开期限届满仍未取得的,不得在税前扣除。

企业汇算清缴结束后,被税务机关发现纳税年度已作税前扣除的金额应取得未取得税前扣除凭证的,由税务机关书面告知企业60日内补开、换开税前扣除凭证,企业补开、换开期限届满仍未取得税前扣除凭证,或者属于特殊原因无法补开、换开税前扣除凭证自被告知之日起60日内未能提供《办法》第14条规定的可以证实其支出真实性相关资料的,相应支出不得在发生年度税前扣除。值得注意的是,一经税务机关告知限期补开、换开税前扣除凭证仍未取得被纳税调整的,不再适用追补期5年的规定。

此外,凡是应取得而未取得税前扣除凭证,未作纳税调整而减少了应纳税所得额,并且导致支出年度少缴企业所得税的,即便是在追补期内取得了补开、换开的税前扣除凭证或被税务机关告知60日内取得了补开、换开税前扣除凭证,应从税款滞纳之日起加收滞纳金。具体见表19-3。

表19-3 相关规定

情形	项目内容	汇算清缴结束前取得	汇算清缴结束后取得
情形一	能够补开、换开符合规定的发票、其他外部凭证的	相应支出可以税前扣除	追补至该支出发生年度扣除,追补年限不得超过5年
情形二	因对方注销、撤销、依法被吊销营业执照、被税务机关认定为非正常户等特殊原因无法补开、换开发票、其他外部凭证的,但凭相关资料可证实其支出真实性的	相应支出可以税前扣除	追补至该支出发生年度扣除,追补年限不得超过5年
情形三	无法取得上述凭证,且未能凭相关资料证实其支出真实性的	不得在发生年度税前扣除	
情形四	税务机关发现企业应取得而未得以上凭证的	自被告知之日起60日内取得以上凭证,或凭相关资料证实支出真实性的,相应支出可以在发生年度税前扣除。否则,该支出不得在发生年度税前扣除,也不得在以后年度追补扣除。	
备注	上述能证实其支出真实性的资料: (一)无法补开、换开发票、其他外部凭证原因的证明资料(包括工商注销、机构撤销、列入非正常经营户、破产公告等证明资料); (二)相关业务活动的合同或者协议; (三)采用非现金方式支付的付款凭证; (四)货物运输的证明资料; (五)货物入库、出库内部凭证; (六)企业会计核算记录以及其他资料。 前款第一项至第三项为必备资料。		

【例19-1】 责令纳税人60日内提交合法扣税凭证,是否缴纳滞纳金问题。

A公司2018年10月向B公司支付销售佣金100万元,未付款且未取得发票,该公司会计账簿记载销售费用 100 万元,且在汇算清缴时未作纳税调增,并在企业所得税前扣除。2020 年 10 月,稽查局发现该问题后,按照《企业所得税税前扣除凭证管理办法》(国家税务总局公告 2018 年第 28 号)第 15 条要求,责令 A 公司在 60 日内提供合法扣税凭证。

第一,如果 A 公司提供了合法扣税凭证,是否还需要加收 2019 年 6 月 1 日至 2020 年 10 月期间的滞纳金?税前扣除凭证只是为了证实支出的真实发生而已,并不是说因为取得了凭证才立马取得了扣除资格,从这个意义上来说,本情形无需加收滞纳金。

然而不加收滞纳金也会出现一个不公平的问题,如果另外一家公司甲公司有同样的事项,甲公司在 2018 年度汇缴时,做了纳税调增,假设 2020 年 10 月,甲公司也取得了扣除凭证,此时允许追溯调整至 2018 年度扣除。如此说来,A 公司因为其未纳税遵从在 2018 年度调增的行为得到了两年提前扣除的税收利益,造成了纳税遵从度低的纳税人获益的不公平局面。

对于该问题,如果按照概括性理解,稽查局只能对已经在汇算清缴年度扣除的 A 公司责令 60 日内提交税前扣除凭证,那么本问题可以理解为,A 公司虽然得到了提前扣除的利益,但是税务局一旦发现,则 5 年内补扣的权利就缩水到了 60 日,因此甲公司可以得到心理上的平衡。

第二,如果 A 公司在 60 日内不能提交合法的扣税凭证或资料,应当如何税务处理?

如果 A 公司在 60 日内不能提供,说明其将不能扣除在费用扣除了 2018 年度,因此应补缴税款,并加收滞纳金。

(二)纳税人滥用税前扣除凭证补救构成税收风险具体见表 19-4。

表 19-4 税收风险

应当取得而故意不取得符合规定的扣除凭证,抱着侥幸的心理,滥用在业务发生当年的汇算清缴时故意不做纳税调整,等着税务检查人员发现时,再予以补开、换开。

《企业所得税税前扣除凭证管理办法》(国家税务总局公告 2018 年第 28 号)对税前扣除凭证的取得要求:

第一步,业务发生时取得:

第五条　企业发生支出,应取得税前扣除凭证,作为计算企业所得税应纳税所得额时扣除相关支出的依据。(属正常情况,符合规定可以扣除)

第二步,汇算清缴期结束前取得:

第六条　企业应在当年度企业所得税法规定的汇算清缴期结束前取得税前扣除凭证。(第一次补救,符合规定可以扣除)

第三步,税务检查时补救:

第十五条　汇算清缴期结束后,税务机关发现企业应当取得而未取得发票、其他外部凭证或者取得不合规发票、不合规其他外部凭证并且告知企业的,企业应当自被告知之日起 60 日内补开、换开符合规定的发票、其他外部凭证。其中,因对方特殊原因无法补开、换开发票、其他外部凭证的,企业应当按照本办法第十四条的规定,自被告知之日起 60 日内提供可以证实其支出真实性的相关资料。(第二次补救之一,适用的范围应属于无意之失没有按照规定在汇算清缴时纳税调整的情况,补救的期限不得超过 5 年。1. 不能补开、换开的,不能扣除;2. 即使能够补开、换开的,如果超过 5 年,即使重新取得也不能扣除。)

第四步,自行调整,待重新取得时追补

第十六条　除发生本办法第十五条规定的情形外,企业以前年度应当取得而未取得发票、其他外部凭证,且相应支出在该年度没有税前扣除的,在以后年度取得符合规定的发票、其他外部凭证或者按照本办法第十四条的规定提供可以证实其支出真实性的相关资料,相应支出可以追补至该支出发生年度税前扣除,但追补年限不得超过 5 年。(第二次补救之二,自己已经按照规定做了纳税调整,可以在 5 年内追补。)

从以上规定可见,《企业所得税税前扣除凭证管理办法》(国家税务总局公告 2018 年第 28 号)对税前扣除凭证的取得规定的条例清晰、步步为营。

(1)业务发生、取得凭据;

(2)未及时取得,在汇算清缴结束前延时取得;

(3)未能取得,税前调整,在实际取得时追补确认。

所以,在汇算清缴结束前取得符合规的扣除凭证,应当是一种常识。

而能够取得而未取得或者取得的是不符合规定的凭证并且未做纳税调整的情形,应当是属于偶然的小概率事件。

所以,在税务检查时,如果税务人员发现被检查对象存在有应当取得而未取得税前扣除凭证的,第一反应会对这种情形有职业的判断:是无意之失?还是故意为之?

在税务检查时,如果发现应当取得而未取得扣除凭证,已经造成少缴税款的,并且有违法的故意时,一般会按照《税收征管法》第 63 条"纳税人伪造、变造、隐匿、擅自销毁账簿、记账凭证,或者在账簿上多列支出或者不列、少列收入,或者经税务机关通知申报而拒不申报或者进行虚假的纳税申报,不缴或者少缴应纳税款的,是偷税。对纳税人偷税的,由税务机关追缴其不缴或者少缴的税款、滞纳金,并处不缴或者少缴的税款 50% 以上 5 倍以下的罚款;构成犯罪的,依法追究刑事责任"的规定,予以判定为偷税。

并且因为购买方应当取得未按照规定取得发票而导致他人少缴税款的,按照《发票管理办法》第四十一条:"违反发票管理法规,导致其他单位或者个人未缴、少缴或者骗取税款的,由税务机关没收违法所得,可以并处未缴、少缴或者骗取的税款 1 倍以下的罚款。"的规定而受到行为处罚。

因此,《企业所得税税前扣除凭证管理办法》(国家税务总局公告 2018 年第 28 号)对企业所得税的扣除凭证补救条款,不是一个可乘之机。如果因此而不积极、及时取得真实、合法、关联的凭证,其实是给自己置于一个非常不利的境地。

第四节 虚开发票法律责任

一、虚开的界定

政策依据：

《中华人民共和国发票管理办法》及其实施细则；

《中华人民共和国刑法》；

《最高人民法院关于适用〈全国人民代表大会常务委员会关于惩治虚开、伪造和非法出售增值税专用发票犯罪的决定〉的若干问题的解释》（法发〔1996〕30号）；

《关于纳税人对外开具增值税专用发票有关问题的公告》（国家税务总局公告2014年第39号）；

《关于进一步做好税收违法案件查处有关工作的通知》（税总发〔2017〕30号）；

《关于增值税一般纳税人发生偷税行为如何确定偷税数额和补税罚款的通知》（国税发〔1998〕66号）；

《关于纳税人取得虚开的增值税专用发票处理问题的通知》（国税发〔1997〕134号）；

《国家税务总局关于〈国家税务总局关于纳税人取得虚开的增值税专用发票处理问题的通知〉的补充通知》（国税发〔2000〕182号）；

《最高人民法院关于虚开增值税专用发票定罪量刑标准有关问题的通知》（法〔2018〕226号）；

《关于充分发挥检察职能服务保障"六稳""六保"的意见》（2020年7月22日）。

（一）虚开行为

具体见表19-5。

表19-5 虚开行为

《发票管理办法》第二十二条	《刑法》第二百零五条第三款	法发〔1996〕30号第一条
任何单位和个人不得有下列虚开发票行为： （1）为他人、为自己开具与实际经营业务情况不符的发票； （2）让他人为自己开具与实际经营业务情况不符的发票； （3）介绍他人开具与实际经营业务情况不符的发票。	虚开增值税专用发票或者虚开用于骗取出口退税、抵扣税款的其他发票，是指有为他人虚开、为自己虚开、让他人为自己虚开、介绍他人虚开行为之一的。 在刑法上，上述条款列明了涉及虚开增值税专用发票罪的三类虚开行为：即交易不存在、开具的增值税专用发票与实际数量、金额不符以及代替他人开具发票。	虚开增值税专用发票的，构成虚开增值税专用发票罪。虚开增值税专用发票的犯罪行为包括以下三类： （1）没有货物购销或者没有提供或接受应税劳务而为他人、为自己、让他人为自己、介绍他人开具增值税专用发票； （2）有货物购销或者提供或接受了应税劳务但为他人、为自己、让他人为自己、介绍他人开具数量或者金额不实的增值税专用发票； （3）进行了实际经营活动，但让他人为自己代开增值税专用发票。

营改增后，上述行为包括销售应税服务、销售无形资产和销售不动产。

（1）为他人虚开：是指拥有增值税专用发票的单位和个人，为他人开具内容不实的发票的行为。所谓拥有，既包括合法拥有，也包括非法拥有；所谓内容不实，既包括部分不实，也包括全部不实。

（2）为自己虚开：是指拥有增值税专用发票的单位和个人，开具内容不实的发票，供自己使用的行为。

（3）让他人为自己虚开：是指行为人让拥有增值税专用发票的单位和个人，为自己开具内容不实的发票的行为。

（4）介绍他人虚开：是指在虚开增值税专用发票过程中起中介作用的行为。

(二) 虚开认定

具体见表 19-6。

表 19-6　虚开认定

国家税务总局公告 2014 年第 39 号	税总发〔2017〕30 号
纳税人通过虚增增值税进项税额偷逃税款,但对外开具增值税专用发票同时符合以下情形的,不属于对外虚开增值税专用发票: 　　一、纳税人向受票方纳税人销售了货物,或者提供了增值税应税劳务、应税服务; 　　二、纳税人向受票方纳税人收取了所销售货物、所提供应税劳务或者应税服务的款项,或者取得了索取销售款项的凭据; 　　三、纳税人按规定向受票方纳税人开具的增值税专用发票相关内容,与所销售货物、所提供应税劳务或者应税服务相符,且该增值税专用发票是纳税人合法取得,并以自己名义开具的。 　　受票方纳税人取得的符合上述情形的增值税专用发票,可以作为增值税扣税凭证抵扣进项税额。 　　本公告自 2014 年 8 月 1 日起施行。此前未处理的事项,按照本公告规定执行。	税务机关要严格依照税收相关法律、行政法规、规章及规范性文件对案件进行定性和处理。被查对象经通知而未提供对其有利的证据,或者逃避检查走逃的,税务机关可以综合所掌握的优势证据,依法定性处理。 　　1. 开具的增值税专用发票内容与"实际经营业务情况"是否相符是行政执法判定虚开的核心。"实际经营业务要素的确定"可以参照合同法的规定,一般包括以下内容:交易当事人的名称或者姓名和住所、标的、数量、质量、价款或者报酬、履行期限、地点和方式、违约责任以及解决争议的方法。而发票票面记载的主要交易要素包括购货与销货单位名称(纳税人识别号)、货物或应税劳务品名、数量、单价、金额、税额等,如发票记载的要素中一项或多项要素与实际经营情况不符,一般应属于《发票管理办法》所称的"与实际经营业务情况不符"。 　　2. 认定"专用发票是虚开的"以客观事实为依据,确定虚开责任必须证明"主观故意"。虚开违法行为的认定,包含"定票"和"定责"两个方面。根据《发票管理办法》的规定,"虚开"违法行为包括两层含义:一是专用发票是虚开的,可以称为"定票";二是虚开行为是主观故意而为之的,并且由谁承担虚开责任,可以称为"定责"。"定票"主要以法律事实为依据,"定责"必须有主观故意。因此,只要取得的证据能够证明"专用发票开具或者载明的内容与实际经营业务情况不符"是客观存在,就可以认定增值税专用发票是"虚开的"。同时,应当取得有关证据,证明各行政相对人"知道或者应当知道"的程度和参与虚开的具体行为和事实,以确定虚开责任。 　　3. 不能因为"进项虚开"推定"销项虚开",或者因为"销项虚开"推定"进项虚开",应当分别证明和认定。虽然"进项虚开"和"销项虚开"具有一定的关联性,但没有必然性,因此不能互相推定。

(三) 不以骗税为目的、未造成国家税款损失的行为,不构成虚开增值税专用发票罪

2018 年 12 月 4 日(国家宪法日),最高人民法院召开新闻发布会,发布第二批人民法院充分发挥审判职能作用保护产权和企业家合法权益典型案例,本批案例共 6 个,其中首个案例即为"张某强虚开增值税专用发票案"。最高院在本案例中明确指出:不具有骗取国家税款的目的,未造成国家税款损失,其行为不构成虚开增值税专用发票罪。

(四) 一般不宜认定为虚开增值税专用发票犯罪的行为

(1) 为虚增营业额、扩大销售收入或者制造虚假繁荣,相互对开或环开增值税专用发票的行为。

(2) 在货物销售过程中,一般纳税人为夸大销售业绩,虚增货物的销售环节,虚开进项增值税专用发票和销项增值税专用发票,但依法缴纳增值税并未造成国家税款损失的行为。

(3) 为夸大企业经济实力,通过虚开进项增值税专用发票虚增企业的固定资产、但并未利用增值税专用发票抵扣税款,国家税款亦未受到损失的行为。

依据最高人民法院于 2004 年 11 月 24 日至 27 日在苏州市召开了全国部分法院经济犯罪案件审判工作座谈会,并形成了《全国法院经济犯罪案件审判工作座谈会综述》。

(五) 虚开增值税专用发票征补税款规定

自 2012 年 8 月 1 日起,纳税人虚开增值税专用发票,未就其虚开金额申报并缴纳增值税的,应按照其虚开金额补缴增值税;已就其虚开金额申报并缴纳增值税的,不再按照其虚开金额补缴增值税。税务机关对纳税人虚开增值税专用发票的行为,应按《中华人民共和国税收征收管理法》及《中华人民共和国发票管理办法》的有关规定给予处罚。纳税人取得虚开的增值税专用发票,不得作为增值税合法有效的扣税凭证抵扣其进项税额。(国家税务总局公告 2012 年第 33 号)

(六) 虚开税款数额认定

具体见表 19-7。

表 19-7　相关认定

无真实交易单向虚开案	无真实交易双向虚开案
甲公司由于当期销货量大，为了减少当期的增值税销项税额，寻求乙公司向其开具虚假的增值税专用发票，两者之间没有真实交易。乙公司向甲公司开具增值税专用发票，价款为 113 万元，增值税销项税额为 13 万元。 　本案中，甲乙公司之间没有真实货物购销交易，双方经合谋由乙公司向甲公司开具虚假的增值税专用发票，虚开税款数额为 13 万元。	甲、乙公司之间没有真实的货物购销交易。甲公司向乙公司开具虚假的增值税专用发票，价款为 200 万元，增值税销项税额为 26 万元。甲、丙公司之间没有真实的货物购销交易。丙公司向甲公司开具虚假的增值税专用发票，价款为 100 万元，增值税销项税额为 13 万元。 　本案中，甲、乙、丙公司均构成虚开增值税专用发票。甲公司虚开税款数额为 39 万元，乙公司虚开税款税额为 26 万元，丙公司虚开税款税额 13 万元。

　《关于增值税一般纳税人发生偷税行为如何确定偷税数额和补税罚款的通知》（国税发〔1998〕66 号）见表 19-8。

表 19-8　相关规定

一、关于偷税数额的确定 　（一）由于现行增值税制采取购进扣税法计税，一般纳税人有偷税行为，其不报、少报的销项税额或者多报的进项税额，即是其不缴或少缴的应纳增值税额。因此，偷税数额应当按销项税额的不报、少报部分或者进项税额的多报部分确定。如果销项、进项均查有偷税问题，其偷税数额应当为两项偷税数额之和。 　（二）纳税人的偷税手段如属账外经营，即购销活动均不入账，其不缴或少缴的应纳增值税额即偷税额为账外经营部分的销项税额抵扣账外经营部分中已销货物进项税额后的余额。已销货物的进项税额按下列公式计算： 　已销货物进项税额＝账外经营部分购货的进项税额－账外经营部分存货的进项税额 　（三）如账外经营部分的销项税额或已销货物进项税额难以核实，应当根据《中华人民共和国增值税暂行条例实施细则》第十六条第（三）项规定，按照组成计税价格公式核定销售额，再行确定偷税数额。凡销项税额难以核实的，以账外经营部分已销货物的成本为基础核定销售额；已销货物进项税额难以核实的，以账外经营部分的购货成本为基础核定销售额。（本条款失效）	二、关于税款的补征 　偷税款的补征入库，应当视纳税人不同情况处理，即：根据检查核实后一般纳税人当期全部的销项税额与进项税额（包括当期留抵税额），重新计算当期全部应纳税额，若应纳税额为正数，应当作补税处理，若应纳税额为负数，应当核减期末留抵税额（企业账务调整的具体方法，见《增值税日常稽查办法》）。 三、关于罚款 　对一般纳税人偷税行为的罚款，应当按照本通知第一条的规定计算确定偷税数额，以偷税数额为依据处理。

二、虚开的法律责任

政策依据：

　《发票管理办法》及其实施细则；
　《税收征管法》及其实施细则；
　《国家税务总局关于纳税人取得虚开的增值税专用发票处理问题的通知》（国税发〔1997〕134 号）；
　《国家税务总局关于〈国家税务总局关于纳税人取得虚开的增值税专用发票处理问题的通知〉的补充通知》（国税发〔2000〕182 号）；
　《重大税收违法失信主体信息公布管理办法》（国家税务总局令第 54 号）；
　《关于对重大税收违法案件当事人实施联合惩戒措施的合作备忘录（2016 版）》（发改财金〔2016〕2798 号）。

(一)税收行政处理

具体见表 19-9、表 19-10。

表 19-9　相关处理

国税发〔1997〕134 号	政策理解
一、受票方利用他人虚开的专用发票,向税务机关申报抵扣税款进行偷税的,应当依照《中华人民共和国税收征收管理法》及有关法规追缴税款,处以偷税数额五倍以下的罚款;进项税金大于销项税金的,还应当调减其留抵的进项税额。利用虚开的专用发票进行骗取出口退税的,应当依法追缴税款,处以骗税数额五倍以下的罚款。 　　二、在货物交易中,购货方从销售方取得第三方开具的专用发票,或者从销售地以外的地区取得专用发票,向税务机关申报抵扣税款或者申请出口退税的,应当按偷税、骗取出口退税处理,依照《中华人民共和国税收征收管理法》及有关法规追缴税款,处以偷税、骗税数额五倍以下的罚款。 　　三、纳税人以上述第一条、第二条所列的方式取得专用发票未申报抵扣税款,或者未申请出口退税的,应当依照《中华人民共和国发票管理办法》及有关法规,按所取得专用发票的份数,分别处以一万元以下的罚款;但知道或者应当知道取得的是虚开的专用发票,或者让他人为自己提供虚开的专用发票的,应当从重处罚。 　　四、利用虚开的专用发票进行偷税、骗税,构成犯罪的,税务机关依法进行追缴税款等行政处理,并移送司法机关追究刑事责任。	虚开增值税专用发票的纳税人,以其所取得的虚开的增值税专用发票向税务机关申报抵扣进项税额或者申请出口退税的,构成偷税或者骗取出口退税,依照《中华人民共和国税收征收管理法》及有关规定追缴税款,并予以处罚。 　　纳税人虚开的增值税专用发票,未以其取得的专用发票申报抵扣进项税款,或者申请出口退税的,应依照《中华人民共和国发票管理办法》及有关规定予以处罚。

　　纳税人虚开增值税专用发票,未就其虚开金额申报并缴纳增值税的,应按照其虚开金额补缴增值税;已就其虚开金额申报并缴纳增值税的,不再按照其虚开金额补缴增值税。税务机关对纳税人虚开增值税专用发票的行为,应按《中华人民共和国税收征收管理法》及《中华人民共和国发票管理办法》的有关规定给予处罚。纳税人取得虚开的增值税专用发票,不得作为增值税合法有效的扣税凭证抵扣其进项税额。(国家税务总局公告 2012 年第 33 号)

表 19-10　相关处理

国税发〔2000〕182 号	政策理解
为了严格贯彻执行《关于纳税人取得虚开的增值税专用发票处理问题的通知》(国税发〔1997〕134 号,以下简称 134 号文件),严厉打击虚开增值税专用发票活动,保护纳税人的合法权益,现对有关问题进一步明确如下: 　　有下列情形之一的,无论购货方(受票方)与销售方是否进行了实际的交易,增值税专用发票所注明的数量、金额与实际交易是否相符,购货方向税务机关申请抵扣进项税款或者出口退税,对其均应按偷税或者骗取出口退税处理。 　　一、购货方取得的增值税专用发票所注明的销售方名称、印章与其进行实际交易的销售方不符的,即国税发〔1997〕134 号文件第 2 条法规的"购货方从销售方取得第三方开具的专用发票"的情况。 　　二、购货方取得的增值税专用发票为销售方所在省(自治区、直辖市和计划单列市)以外地区的,即国税发〔1997〕134 号文件第 2 条法规的"从销货地以外的地区取得专用发票"的情况。 　　三、其他有证据表明购货方明知取得的增值税专用发票系销售方以非法手段获得的,即国税发〔1997〕134 号文件第 1 条法规的"受票方利用他人虚开的专用发票,向税务机关申报抵扣税款进行偷税"的情况。	(1)增值税专用发票的开具及取得,只能在实际发生交易的双方之间进行。只要在货物交易、增值税应税劳务或服务中,购买方(含货物、应税劳务或应税服务的购买方,下同)从销售方(含货物、应税劳务或应税服务的销售方,下同)取得由第三方开具的专用发票,即购货方取得的增值税专用发票所注明的销售方名称、印章与其进行实际交易的销售方名称、印章不相符合的,即认定构成虚开。 　　(2)在现行增值税制度下,增值税具有一定的地域性,因此开具专用发票的销售方所开具的增值税专用发票,必须是其所在地或者实际经营地的增值税专用发票,纳税人不能开具其所在地或者实际经营地以外的发票。只要在货物交易、增值税应税劳务或服务中,从销货方所在地以外的地区取得专用发票,即购买方取得的增值税专用发票系为销售方所在省(自治区、直辖市和计划单列市)以外地区的,即为虚开。 　　(3)受票方利用他人虚开的专用发票,向税务机关申报抵扣税款进行偷税的,即虽然购买方取得的增值税专用发票所注明的销售方名称、印章与其进行实际交易的销售方名称、印章是符合的,并且该增值税专用发票也系销售方所在省(自治区、直辖市和计划单列市)的专用发票,但有其他证据表明,购买方明知取得的专用发票系销售方以非法手段获得的,如系盗窃、骗取等手段获得的,则无论购买方与销售方是否进行了实际的交易,专用发票所注明的数量、金额与实际交易是否相符,购买方向税务机关申请抵扣进项税款或者出口退税的,均认定构成"虚开"。

　　《国家税务总局关于纳税人取得虚开的增值税专用发票处理问题的通知》(国税发〔2000〕182 号)虽然是对国税发〔1997〕134 号的补充,但从内容上看,规定了对取得虚开的增值税专用发票处罚以行为人主观上"明知"为前提,并强调对"明知"这一情节需要税务机关负证明责任,同时赋予了税务机关"推定"权,这在纳税人权益保护方面前进了一步。

1. 缴税

具体见表 19-11。

表 19-11　缴税

已废止政策	国家税务总局公告 2012 年第 33 号
对纳税人虚开代开的增值税专用发票，一律按票面所列货物的适用税率全额征补税款，并按《税收征收管理法》的规定给予处罚；对纳税人取得虚开代开的增值税专用发票，不得作为增值税合法的抵扣凭证抵扣进项税额。（国税发〔1995〕192 号）第 2 条） 对代开、虚开专用发票的，一律按票面所列货物的适用税率全额征补税款，并按《税收征收管理法》的法规给予处罚。（国税函发〔1995〕415 号）	自 2012 年 8 月 1 日起，纳税人虚开增值税专用发票，未就其虚开金额申报并缴纳增值税的，应按照其虚开金额补缴增值税；已就其虚开金额申报并缴纳增值税的，不再按照其虚开金额补缴增值税。税务机关对纳税人虚开增值税专用发票的行为，应按《税收征收管理办法》及《发票管理办法》的有关规定给予处罚。纳税人取得虚开的增值税专用发票，不得作为增值税合法有效的扣税凭证抵扣其进项税额。（国税发〔1995〕192 号第 2 条和国税函发〔1995〕415 号同时废止。）

2. 罚款并公告

具体见表 19-12。

表 19-12　有关规定

《发票管理办法》	《税收征管法》
第三十七条　虚开发票的，由税务机关没收违法所得；虚开金额在 1 万元以下的，可以并处 5 万元以下的罚款；虚开金额超过 1 万元的，并处 5 万元以上 50 万元以下的罚款；构成犯罪的，依法追究刑事责任。非法代开发票的，依照前款规定处罚。 第四十条　对违反发票管理规定 2 次以上或者情节严重的单位和个人，税务机关可以向社会公告。 第四十一条　违反发票管理法规，导致其他单位或者个人未缴、少缴或者骗取税款的，由税务机关没收违法所得，可以并处未缴、少缴或者骗取的税款 1 倍以下的罚款。	第六十三条　纳税人伪造、变造、隐匿、擅自销毁账簿、记账凭证，或者在账簿上多列支出或者不列、少列收入，或者经税务机关通知申报而拒不申报或者进行虚假的纳税申报，不缴或者少缴应纳税款的，是偷税。对纳税人偷税的，由税务机关追缴其不缴或者少缴的税款、滞纳金，并处不缴或者少缴的税款 50％以上 5 倍以下的罚款；构成犯罪的，依法追究刑事责任。 扣缴义务人采取前款所列手段，不缴或者少缴已扣、已收税款，由税务机关追缴其不缴或者少缴的税款、滞纳金，并处不缴或者少缴的税款 50％以上 5 倍以下的罚款；构成犯罪的，依法追究刑事责任。 第六十四条　纳税人、扣缴义务人编造虚假计税依据的，由税务机关责令限期改正，并处 5 万元以下的罚款。 纳税人不进行纳税申报，不缴或者少缴应纳税款的，由税务机关追缴其不缴或者少缴的税款、滞纳金，并处不缴或者少缴的税款 50％以上 5 倍以下的罚款。 第六十七条　以暴力、威胁方法拒不缴纳税款的，是抗税，除由税务机关追缴其拒缴的税款、滞纳金外，依法追究刑事责任。情节轻微，未构成犯罪的，由税务机关追缴其拒缴的税款、滞纳金，并处拒缴税款 1 倍以上 5 倍以下的罚款。

一、对虚开增值税专用发票或者虚开可抵扣税款的其他发票（凭证）的企业，除补缴税款、加收滞纳金外，各地税务机关要依法从严、从重处罚。对涉嫌构成犯罪的，要按有关规定及时移送公安机关，追究其法律责任。（国税函〔2004〕536 号）

二、对故意接受虚开增值税专用发票或者故意接受虚开可抵扣税款的其他发票（凭证）偷逃税款、骗取出口退税的，各地税务机关必须至少对其 3 年内的税收缴纳情况进行全面检查；凡检查发现问题的，还要依法追溯到以前年度。经调查取证认定为故意接受虚开发票的，要排除各方干扰，依法从重处罚，不得以任何理由拖延推诿。（国税函〔2004〕536 号）

（二）确定为重大税收违法失信主体（国家税务总局令第 54 号第六条）

具体见表 19-13。

表 19-13　相关规定

违法类别	案件公布标准
（一）偷税（逃避缴纳税款）。	不缴或者少缴应纳税款 100 万元以上，且任一年度不缴或者少缴应纳税款占当年各税种应纳税总额 10％以上的；不缴或者少缴已扣、已收税款，数额在 100 万元以上的。
（二）欠缴应纳税款，采取转移或者隐匿财产的手段，妨碍税务机关追缴欠缴的税款。	欠缴税款金额 100 万元以上

(续表)

违法类别	案件公布标准
（三）骗取国家出口退税款。	无数额限制
（四）以暴力、威胁方法拒不缴纳税款。	无数额限制
（五）虚开增值税专用发票或者虚开用于骗取出口退税、抵扣税款的其他发票。	无数额限制
（六）虚开普通发票。	虚开 100 份或者金额 400 万元以上
（七）私自印制、伪造、变造发票，非法制造发票防伪专用品，伪造发票监制章的。	无数额限制
（八）具有偷税、逃避追缴欠税、骗取出口退税、抗税、虚开发票等行为，经税务机关检查确认走逃（失联）的。	是指检查对象在税务局稽查局案件执行完毕前，不履行税收义务并脱离税务机关监管的。
（九）为纳税人、扣缴义务人非法提供银行账户、发票、证明或者其他方便的。	导致未缴、少缴税款 100 万元以上或者骗取国家出口退税款的。
（十）税务代理人违反税收法律行政法规造成纳税人未缴成功缴税款的。	100 万元以上
（十一）其他性质恶劣，情节严重，社会危害性较大的税收违法行为。	

（三）刑事处罚

1. 立案标准

具体见表 19-14。

表 19-14　立案标准

涉及构成虚开增值税专用发票罪	涉嫌构成虚开发票罪
（1）《最高检公安部关于公安机关管辖的刑事案件立案追诉标准的规定》第 61 条（公通字〔2010〕23 号） 虚开增值税专用发票或者虚开用于骗取出口退税、抵扣税款的其他发票，虚开的税款数额在 1 万元以上或者致使国家税款被骗数额在 5 000 元以上的，应予立案追诉。 （2）《最高人民法院关于虚开增值税专用发票定罪量刑标准有关问题的通知》（法〔2018〕226 号）。 在新的司法解释颁布前，对虚开增值税专用发票刑事案件定罪量刑的数额标准，可以参照《最高人民法院关于审理骗取出口退税刑事案件具体应用法律若干问题的解释》（法释〔2002〕30 号）第 3 条的规定执行，即虚开的税款数额在 5 万元以上的，以虚开增值税专用发票罪处 3 年以下有期徒刑或者拘役，并处 2 万元以上 20 万元以下罚金；虚开的税款数额在 50 万元以上的，认定为《刑法》第 205 条规定的"数额较大"；虚开的税款数额在 250 万元以上的，认定为《刑法》第 205 条规定的"数额巨大"。	《最高人民检察院、公安部关于印发〈最高人民检察院、公安部关于公安机关管辖的刑事案件立案追诉标准的规定（二）的补充规定〉的通知》（公通字〔2011〕47 号）规定，虚开《中华人民共和国刑法》第 205 条规定以外的其他发票，涉嫌下列情形之一的，应予移送： （1）虚开发票 100 份以上或者虚开金额累计在 40 万元以上的。 （2）虽未达到上述数额标准，但 5 年内因虚开发票行为受过行政处罚 2 次以上，又虚开发票的。 （3）其他情节严重的情形。

2. 刑事处罚

具体见表 19-15。

表 19-15　刑事处罚

法发〔1996〕30 号	《中华人民共和国刑法》第二百零五条（中华人民共和国刑法修正案（八）修正，2011 年 2 月 25 日颁布，自 2011 年 5 月 1 日起施行）
1. 虚开税款数额 1 万元以上的或者虚开增值税专用发票致使国家税款被骗取 5 000 元以上的，应当依法定罪处罚。 2. 虚开税款数额 10 万元以上的，属	1.《刑法》第 205 条第 1 款规定了三档处罚： （1）虚开增值税专用发票或者虚开用于骗取出口退税、抵扣税款的其他发票的，处三年以下有期徒刑或者拘役，并处 2 万元以上 20 万元以下罚金；

（续表）

法发〔1996〕30号	《中华人民共和国刑法》第二百零五条（中华人民共和国刑法修正案（八）修正，2011年2月25日颁布，自2011年5月1日起施行）
于"虚开的税款数额较大"；具有下列情形之一的，属于"有其他严重情节"： （1）因虚开增值税专用发票致使国家税款被骗取5万元以上的； （2）具有其他严重情节的。 3.虚开税款数额50万元以上的，属于"虚开的税款数额巨大"； 具有下列情形之一的，属于"有其他特别严重情节"： （1）因虚开增值税专用发票致使国家税款被骗取30万元以上的； （2）虚开的税款数额接近巨大并有其他严重情节的； （3）具有其他特别严重情节的。 4.利用虚开的增值税专用发票实际抵扣税款或者骗取出口退税100万元以上的，属于"骗取国家税款数额特别巨大"；造成国家税款损失50万元以上并且在侦查终结前仍无法追回的，属于"给国家利益造成特别重大损失"。利用虚开的增值税专用发票骗取国家税款数额特别巨大、给国家利益造成特别重大损失，为"情节特别严重"的基本内容。 虚开增值税专用发票犯罪分子与骗取税款犯罪分子均应当对虚开的税款数额和实际骗取的国家税款数额承担刑事责任。 利用虚开的增值税专用发票抵扣税款或者骗取出口退税的，应当依照《决定》第一条的规定定罪处罚；以其他手段骗取国家税款的，仍应依照《全国人民代表大会常务委员会关于惩治偷税、抗税犯罪的补充规定》的有关规定定罪处罚。	依有关司法解释：适用于自然人虚开税款数额1万元以上，或者虚开增值税专用发票致使国家税款被骗取5千元以上的情形。 （2）虚开的税款数额较大或者有其他严重情节的，处3年以上10年以下有期徒刑，并处5万元以上50万元以下罚金； 依有关司法解释：适用于虚开税款数额10万元以上，或者①因虚开增值税专用发票致使国家税款被骗取5万元以上的；②具有其他严重情节的情形。 （3）虚开的税款数额巨大或者有其他特别严重情节的，处10年以上有期徒刑或者无期徒刑，并处5万元以上50万元以下罚金或者没收财产。 依有关司法解释：适用于虚开税款数额50万元以上，或者①因虚开增值税专用发票致使国家税款被骗取30万元以上的；②虚开的税款数额接近巨大并有其他严重情节的；③具有其他特别严重情节的，处10年以上有期徒刑或者无期徒刑，并处5万元以上50万元以下罚金或者没收财产。 这里所说的虚开的税款，是指没有商品交易，无中生有开出的税款，或者虽有商品交易但以少开多而多出来的那部分税款。 2.《刑法》第205条第2款规定，有上述行为骗取国家税款，数额特别巨大，情节特别严重，给国家利益造成特别重大损失的，处无期徒刑或者死刑，并处没收财产。需要特别指出的是，"数额特别巨大，情节特别严重，给国家利益造成特别重大损失"是可以判处死刑必须同时具备的条件，而不是只具备其中条件之一即可判死刑。 其中，利用虚开的增值税专用发票实际抵扣税款或者骗取出口退税100万元以上的，属于"骗取国家税款数额特别巨大"；造成国家税款损失50万元以上并且在侦查终结前仍无法追回的，属于"给国家利益造成特别重大损失"。利用虚开的增值税专用发票骗取国家税款数额特别巨大、给国家利益造成特别重大损失，为"情节特别严重"的基本内容。 当然，根据《中华人民共和国刑法修正案（八）》（国家主席令第41号）32条"删去刑法第205条第二款"之规定，关于虚开增值税专用发票可适用死刑之规定，已被废止。 3.根据《刑法》第205条第3款的规定，对单位犯上述之罪的，采取双罚制原则，即对单位判处罚金，并对其直接负责的主管人员和其他直接责任人员，处3年以下有期徒刑或者拘役；虚开的税款数额较大或者有其他严重情节的，处3年以上10以下有期徒刑；虚开的税款数额巨大或者有其他特别严重情节的，处10年以上有期徒刑或者无期徒刑。

四、虚开增值税专用发票、用于骗取出口退税、抵扣税款发票案（刑法第205条）［公安部关于印发《公安机关办理危害税收征管刑事案件管辖若干问题的规定》的通知（公通字〔2004〕12号）］

为他人虚开案件，由开票企业税务登记机关所在地县级以上公安机关管辖；为自己虚开案件、让他人为自己虚开案件，由受票企业税务登记机关所在地县级以上公安机关管辖；介绍他人虚开案件，可以与为他人虚开案件、让他人为自己虚开案件并案处理。

对于自然人实施的前款规定的虚开案件，由虚开地县级以上公安机关管辖。如果几个公安机关都有权管辖的，由最初受理的公安机关管辖；必要时，可以由主要犯罪地县级以上公安机关管辖。

对为他人虚开、为自己虚开、让他人为自己虚开、介绍他人虚开等几种情况交织在一起，且几个公安机关都有权管辖的，由最初受理的公安机关管辖；必要时，由票源集中地或虚开行为集中企业的税务登记机关所在地县级以上公安机关管辖。

3.最高人民法院关于虚开增值税专用发票定罪量刑标准有关问题的通知（法〔2018〕226号）

各省、自治区、直辖市高级人民法院，解放军军事法院，新疆维吾尔自治区高级人民法院生产建设兵团分院：

为正确适用《刑法》第205条关于虚开增值税专用发票罪的有关规定，确保罪责刑相适应，现就有关问题通知如下：

（1）自本通知下发之日起，人民法院在审判工作中不再参照执行《最高人民法院关于适用〈全国人民代表大会常务委员会关于惩治虚开、伪造和非法出售增值税专用发票犯罪的决定〉的若干问题的解释》(法发〔1996〕30号)第1条规定的虚开增值税专用发票罪的定罪量刑标准。

（2）在新的司法解释颁行前，对虚开增值税专用发票刑事案件定罪量刑的数额标准，可以参照《最高人民法院关于审理骗取出口退税刑事案件具体应用法律若干问题的解释》(法释〔2002〕30号)第3条的规定执行，即虚开的税款数额在5万元以上的，以虚开增值税专用发票罪处3年以下有期徒刑或者拘役，并处2万元以上20万元以下罚金；虚开的税款数额在50万元以上的，认定为《刑法》第205条规定的"数额较大"；虚开的税款数额在250万元以上的，认定为《刑法》第205条规定的"数额巨大"。

以上通知，请遵照执行。执行中发现的新情况、新问题，请及时报告我院。

具体见表19-16。

表19-16　虚开增值税发票定罪量刑标准比较

量刑标准	原标准	新标准	量刑
刑事追诉标准	1万元以上	5万元以上	3年以下有期徒刑或者拘役，并处2万元以上20万元以下罚金
数额较大	5万元以上	50万元以上	3年以上10年以下有期徒刑，并处5万元以上50万元以下罚金
数额巨大	50万元以上	250万元以上	10年以上有期徒刑或者无期徒刑，并处5万元以上50万元以下罚金或没收财产

第五节　税收热点问题风险防控

一、同股是否一定同权的风险

持股比例、分红比例、表决权比例和剩余财产分配比例不尽一致。

（一）持股比例

持股比例就是按照各股东认缴的出资额占注册资本的比例直接计算得出的，认缴的金额和注册资本额一旦确定，持股比例自然就确定了。

（二）分红比例

分红比例是指公司在对税后利润分配时，各股东可享受的用于计算分红金额的比例。《公司法》第34条规定，股东按照实缴的出资比例分取红利；公司新增资本时，股东有权优先按照实缴的出资比例认缴出资。但是，全体股东约定不按照出资比例分取红利或者不按照出资比例优先认缴出资的除外。《公司法》第166条第4款规定，公司弥补亏损和提取公积金后所余税后利润，股份有限公司按照股东持有的股份比例分配，但股份有限公司章程规定不按持股比例分配的除外。

由此，无论是有限责任公司还是股份有限公司，均可在章程中单独约定各股东的分红比例，该比例可以和持股比例不一致。

（三）表决权比例

表决权比例是指公司在对重大事项表决时，各股东投票时，该投票权占全部投票权的比例。

《公司法》第42条规定，股东大会会议由股东按照出资比例行使表决权。但是，公司章程另有规定的除外。《公司法》第103条第1款规定，股东出席股东大会会议，所持每一股份有一表决权。但是，公司持有的本公司股份没有表决权。

由此，有限责任公司的股东可以在章程中约定各股东的表决权比例，该比例可以和持股比例不一致，而对于股份公司则不可以单独约定。对于股份公司的股东而言，股东的持股比例一旦确定，其表决权比例自然确定，与持股比例保持一致。

（四）剩余财产分配比例

剩余财产分配比例是指公司清算完成后，股东对剩余资产进行分配时，用于计算各股东应分配剩余财产的比例。

《公司法》第186条规定，公司财产在分别支付清算费用、职工的工资、社会保险费用和法定补偿金,缴纳所欠税款,清偿公司债务后的剩余财产,有限责任公司按照股东的出资比例分配,股份有限公司按照股东持有的股份比例分配。

由此,对于剩余财产的分配比例,无论对有限责任公司还是股份公司,该比例均与股东的持股比例一致,各股东不能在章程中做出与持股比例不一致的约定。

二、股权激励涉税风险

(一)如何确定激励的股权比例

拿出多少股权进行激励,取决于原股东希望对公司留存多少话语权。原股东对公司的把控分为绝对控股和相对控股两种情况。

绝对控股,指原股东对公司表决权比例在66.67%及以上。在该比例下,按照《公司法》的有关规定,公司的重大决策还是由原股东把控。原股东做出的决策,直接就可以在公司实施。

相对控股,指原股东对公司表决权比例在33.33%及以上,66.67%以下(不含66.67%)。在该比例下,原股东对公司仍然有很大的控制权,但原股东提出的重大政策,如果其他股东均否决,则该政策仍然无法实施。相反,对于其他股东提出的建议,如果原股东不同意,也可以享有否决权。

因此,在确定进行股权激励时,原股东要想好,其对公司未来的控股是想达到相对控股还是绝对控股,根据确定的结果释放适当的股权。

(二)通过平价转让股权实现激励的风险

【例19-2】　A有限责任公司2017年4月30日净资产2000万元,其中实收资本500万元。A公司原股东(均为自然人股东)决定,拟对技术骨干王五给予4%的股权激励,王五出资20万元即可成为公司股东。王五同意。常见的筹划方案如下。

A公司原股东与王五签订《股权转让协议》,将4%的股权以20万元的价格转让给王五。协议在工商部门备案并办理公司章程变更手续后,王五成为A公司股东,持有A公司4%股权。

按照《股权转让所得个人所得税管理办法(试行)》(国家税务总局公告2014年第67号)的规定,如果王五不属于原股东的特定关系人(实际上一般都不是),该转让价格属于明显不合理低价,税

务机关通常会按每股净资产核定转让价格。核定后,原股东需缴纳个人所得税的计算方法为:

原股东应纳税额=(2 000-500)×4%×20%=12(万元)。

该激励方法操作非常简单,但代价也比较大,需要原股东承担更多的税款。

(三)通过原股东代持实现激励的风险

A公司原股东——如李四,和王五签订《股权代持协议》,约定王五把20万元转至李四个人账户,李四持有A公司的股权,其中20万元(500×4%)属于替王五代持。签订协议后,他们未履行工商和税务变更手续。

按照《最高人民法院关于适用〈中华人民共和国公司法〉若干问题的规定(三)》(法释〔2011〕3号)的规定,有限责任公司的实际出资人与名义出资人订立合同,约定由实际出资人出资并享有投资权益,以名义出资人为名义股东,实际出资人与名义股东对该合同效力发生争议的,如无《合同法》第52条规定的情形,人民法院应当认定该合同有效。

签订《股权代持协议》后,由于并未发生股权名义上的变更,且未履行备案手续,暂时不涉及个人所得税问题(待实际股东显名时,发生股权变更,到时再按规定计算缴纳税款)。同时,《股权代持协议》只要不涉及例外情形,同样受到法律保护,可以考虑作为股权激励的一种方式。但是,如果公司在短期内有上市或挂牌的考虑,则股权代持就会成为一个很大的障碍。

(四)通过税收优惠进行股权激励有哪些障碍

按照《财政部国家税务总局关于完善股权激励和技术入股有关所得税政策的通知》(财税〔2016〕101号)的规定,非上市公司授予本公司员工的股票期权、股权期权、限制性股票和股权奖励,符合规定条件的,经向主管税务机关备案,可实行递延纳税政策,即员工在取得股权激励时可暂不纳税,递延至转让该股权时纳税;股权转让时,按照股权转让收入减除股权取得成本以及合理税费后的差额,适用"财产转让所得"项目,按照20%的税率计算缴纳个人所得税。

公司在实施股权激励时,如果要享受上述递延纳税的政策优惠,必须同时满足以下条件:

（1）属于境内居民企业的股权激励计划。

（2）股权激励计划经公司董事会、股东（大）会审议通过。未设股东（大）会的国有单位，经上级主管部门审核批准。股权激励计划应列明激励目的、对象、标的、有效期、各类价格的确定方法、激励对象获取权益的条件、程序等。

（3）激励标的应为境内居民企业的本公司股权。股权奖励的标的可以是技术成果投资入股到其他境内居民企业所取得的股权。激励标的股票（权）包括通过增发、大股东直接让渡以及法律法规允许的其他合理方式授予激励对象的股票（权）。

（4）激励对象应为公司董事会或股东（大）会决定的技术骨干和高级管理人员，激励对象人数累计不得超过本公司最近6个月在职职工平均人数的30%。

（5）股票（权）期权自授予日起应持有满3年，且自行权日起持有满1年；限制性股票自授予日起应持有满3年，且解禁后持有满1年；股权奖励自获得奖励之日起应持有满3年。上述时间条件须在股权激励计划中列明。

（6）股票（权）期权自授予日至行权日的时间不得超过10年。

（7）实施股权奖励的公司及其奖励股权标的公司所属行业均不属于《股权奖励税收优惠政策限制性行业目录》范围。公司所属行业按公司上一纳税年度主营业务收入占比最高的行业确定。

A公司的股权激励政策如果符合上述政策要求，并按照《国家税务总局关于股权激励和技术入股所得税征管问题的公告》（国家税务总局公告2016年第62号）的规定向税务机关履行备案手续，则王五可享受递延纳税的优惠。王五在行权时暂时不需缴纳个人所得税，等未来转让股权时，如果有增值，再按照财产转让所得计算缴纳个人所得税。该方案完全符合政策要求。问题就是操作相对复杂，稍有不慎，哪怕仅有一个条件不符合，被激励对象都要面临即时缴纳税款的风险，而且还是按照工资、薪金所得7级超额累进税率计算缴纳个人所得税。

三、个人转让股权的涉税风险

【例19-3】　A有限责任公司2022年4月30日净资产2 000万元，其中实收资本450万元。A公司股东张三决定，将其10%的股权（原值45万元）平价转让给王五（王五和张三无血缘关系，也不是A公司员工）。A公司账面没有无形资产、长期股权投资和不动产。A公司的其他股东意见：只要变更后自己的股权不被稀释，股权怎么转都无异议。

（一）股权是否可以平价转让

按照《国家税务总局关于发布〈股权转让所得个人所得税管理办法（试行）〉的公告》（国家税务总局公告2014年第67号）的规定，如果是基于国家的特殊政策或转让方和受让方之间有特殊关系，平价或低价转让股权，国家的特殊政策或转让方和受让方之间有特殊关系，平价或低价转让股权，都是合理的。这种合理的情况包括：

（1）转让方能出具有效文件，证明被投资企业因国家政策调整，生产经营受到重大影响，导致低价转让股权。

（2）继承或将股权转让给其能提供具有法律效力身份关系证明的配偶、父母、子女、祖父母、外祖父母、孙子女、外孙子女、兄弟姐妹以及对转让人承担直接抚养或者赡养义务的抚养人或者赡养人。

（3）相关法律、政府文件或企业章程规定，并有相关资料充分证明转让价格合理且真实的本企业员工持有的不能对外转让股权的内部转让。

（4）股权转让双方能够提供有效证据证明其合理性的其他合理情形。

如果个人转让股权不能满足上述情形，发生不合理低价转让股权的情形，主管税务机关会按照适当的方法核定股权转让的收入。基于此，张三转让上述股权，明显属于价格偏低的情形，一般情况下，税务不会认可。那么，税务机关会如何办呢？

（二）股权转让价格不合理会如何核定

按照《国家税务总局关于发布〈股权转让所得个人所得税管理办法（试行）〉的公告》（国家税务总局公告2014年第67号）的规定，当股权转让价格不合理时，主管税务机关会按照净资产核定法、类比法或其他合理方法核定股权转让收入，其中最常用的就是净资产核定法。

净资产核定法就是按照每股净资产或股权对应

的净资产份额(实务中,一般按照签订《股权转让协议》的上月末净资产额判定)核定股权转让收入。

当被投资企业的土地使用权、房屋、房地产企业未销售房产、知识产权、探矿权、采矿权、股权等资产占企业总资产比例超过20%的,还需要纳税人提供具有法定资质的中介机构出具的资产评估报告,以此报告所显示的净资产额核定股权转让收入。

按净资产核定法计算,上述案例中,张三平价将10%股权转让给王五,税务机关不会认可该转让价格,按净资产核定张三的股权转让价格后,张三应缴纳的个人所得税如下:

张三应缴纳个人所得税=(2 000-450)×10%×20%=31(万元)。

交税实在太多了!是否可以按照《国家税务总局关于发布〈股权转让所得个人所得税管理办法(试行)〉的公告》(国家税务总局公告2014年第67号)的要求进行适当筹划呢?

(三)为股权转让而修改章程是否适合

按照《股权转让所得个人所得税管理办法(试行)》(国家税务总局公告2014年第67号)的规定,企业章程有单独约定,并有相关资料充分证明转让价格合理且真实的本企业员工持有的不能对外转让股权的内部转让,即便股权转让收入明显偏低,也视为有正当理由。

于是,有人建议:在股权转让前,让A公司和王五签订劳动合同,并给王五发工资,让王五变为A公司员工。同时A公司修改章程,约定张三持有的股权属于本企业员工持有的,不能对外转让股权,只能在公司内部转让。章程修改完毕后到工商部门备案。备案完成再做股权转让,就可以满足平价转让的要求。

股权转让完毕后,再修改章程,把原来的约定再修改回去。如此一来,皆大欢喜,既符合政策要求,又节约了税款,看起来的确不错,好像和政策也不违背。但要注意的是,在实务操作中,税务机关对上述政策掌握的标准是:章程约定的内部转让必须是在公司设立时就已经约定或者某次股权正常转让后,新股东的股权在章程中单独约定。因此,如果是为了低价转让股权而刻意修改的章程(这是实务中遇到的真实案例),税务不予认可。

(四)通过增资进行筹划是否存在障碍

王五对A公司增资50万元,A公司注册资本增加至500万元,王五持股比例10%。该过程不涉及股权转让。同时,王五也不是公司员工,平价增资也不涉及股权激励缴纳个人所得税的问题。虽然比之前45万元多支付5万元,但却花很小的代价,就取得了A公司10%的股权,这还是比较合适的。

这样操作后,A公司其他股东的股权比例被同步稀释,如果其他股东没有不同意见,这显然是不错的方案。但问题是,其他股东不同意。

(五)可考虑的解决方法

在案例中,张三转让给王五10%的股权到底是一种什么权利需要明确。如果张三只是希望对王五进行激励,让王五在获取工资收入的同时还能取得公司发展的红利收入,并不希望给王五更多的表决权比例和剩余财产分配比例。王五自己也认为只要分红比例满足要求即可,其他的也不是自己关注的事项。

基于上述前提,张三只需转让0.1%的股权给王五,并在公司章程中约定,王五享受10%的分红权,其他权利和持股比例一致。李四的分红权减少10%,其他权利和其持股比例一致。则:

张三应缴纳个人所得税=(2 000-450)×0.1%×20%=0.31(万元)

通过筹划,张三仅需缴纳0.31万元的税款,比直接转让10%的股权少缴30.69万元(31-0.31),但同样达到了所希望的目的。

四、从公司借款的涉税风险

(一)股东从公司借款的涉税风险

为了规范股东从公司借款问题,2003年财政部和国家税务总局联合发布《财政部 国家税务总局关于规范个人投资者个人所得税征收管理的通知》(财税〔2003〕158号)文件规定,纳税年度内个人投资者从其投资的企业(个人独资企业、合伙企业除外)借款,在该纳税年度终了后既不归还,又未用于企业生产经营的,其未归还的借款可视为企业对个人投资者的红利分配,依照"利息、股息、红利所得"项目计征个人所得税。

为了强化该事项的管理,2005年,国家税务总局又单独发布《个人所得税管理办法》(国税发〔2005〕120号)文件规定,加强个人投资者从其投资企业借款的管理,对期限超过1年又未用于企业生产经营的借款,严格按照有关规定征税。

(二)员工从公司借款的税收风险

按照《财政部 国家税务总局关于企业为个人购买房屋或其他财产征收个人所得税问题的批复》(财税〔2008〕83号)的规定,企业其他人员向企业借款用于购买房屋及其他财产,将所有权登记为企业其他人员,且借款年度终了后未归还借款的,按照"工资、薪金所得"项目计征个人所得税。对于该项规定,需要从以下方面正确理解:

一是员工因公借款,年度终了未归还,不需缴纳个人所得税。

二是员工从公司借款购物,无论购买的是动产还是不动产,年度终了未归还,需要按照"工资、薪金所得"项目计征个人所得税。

三是员工个人从公司借款未购物,年度终了未归还,也不需缴纳个人所得税。

五、向股东或个人借款的税收风险

(一)增值税风险

1. 有偿借款

借款属于贷款服务,须按规定缴纳增值税。

2. 无偿借款

按照《营业税改征增值税试点实施办法》(财税〔2016〕36号附件1)的有关规定,单位或者个体工商户向其他单位或者个人无偿提供服务,视同销售,但用于公益事业或者以社会公众为对象的除外。因此,股东将资金无偿提供给自己的公司使用,他们无须缴纳增值税。

(二)个人所得税风险

1. 有偿借款

借款双方应知晓纳税义务与责任,企业从个人借款的,个人为个人所得税的纳税人义务人,而企业为代扣代缴义务人;企业未履行义务的,个人被追缴,企业被罚款。

2. 无偿借款

目前,我国个人所得税的税收政策中尚无个人无偿提供资金要按视同销售缴纳个人所得税的规定。

(三)企业所得税风险

1. 有偿借款利息扣除条件

(1)企业与非金融机构和个人之间签订了借款合同。

(2)企业在按照合同要求首次支付利息并进行税前扣除时,应提供"金融企业的同期同类贷款利率情况说明",以证明其利息支出的合理性。

(3)企业在对外支付利息时,需要取得相应的发票。如果未取得相应的发票,属于未取得税前扣除的合法凭证,税前不得扣除。

(4)支付利息时,替债权人支付的税款不得在企业所得税税前扣除。当企业向个人支付借款利息时,由企业负担的与所付利息相关的税款在完税凭证上注明的纳税人是债权人,因此不得记入债务人的支出,不得在企业所得税前扣除。

企业应注意以下风险防控措施:

① 企业向出借人借款,包括但不限于民间自然人,务必签订书面借款合同。

② 借款合同务必约定,借款人支付利息时须履行《个人所得税法》规定个人所得税的扣缴义务。

③ 借款合同务必约定,借款人凭出借人提供符合税法规定的发票支付利息,否则,需承担无法在企业所得税税前扣除的税款损失。

2. 无偿借款

自然人股东将资金无偿借给自己投资的公司,属于关联交易,股东将资金无偿提供给自己公司使用,显然不符合独立交易原则。由于公司未支付利息,自然不存在所得税纳税调整风险。

六、合同约定他人负担全部税费的税收风险

【例19-4】《山西嘉和泰房地产开发有限公司与太原重型机械(集团)有限公司土地使用权转让合同纠纷案》(最高人民法院民事判决书(2007)民一终字第62号)显示,太原重型机械(集团)有限公司(以下简称"太重公司")将土地使用权转让给山西嘉和泰房地产开发有限公司(以下简称"嘉和泰公司"),双方在《补充协议》中约定转让过程涉及应由太重公司缴纳的税费由嘉和泰公司承担。

最高人民法院判决为：虽然我国税收管理方面的法律法规对于各种税收的征收均明确规定了纳税义务人，但是并未禁止纳税义务人与合同相对人约定由合同相对人或第三人缴纳税款。税法对于税种、税率、税额的规定是强制性的，而对于实际由谁缴纳税款没有做出强制性或禁止性规定。故《补充协议》关于税费负担的约定并不违反税收管理方面的法律法规，属合法有效协议。一锤定音！合同中完全可以约定由一方或第三人承担交易税费，不违法！

（一）对于最高人民法院判决的理解

（1）纳税义务人是法定的，合同约定税费承担主体并非是对纳税人主体的变更。

（2）如果合同一方（买方）未按合同约定支付税费，则合同另一方（卖方）就需要依法自行纳税，并在纳税后，按合同约定向税费承担主体（买方）追偿。

（3）纳税人未依法纳税，导致出现滞纳金、罚款，如果合同未对该种情况约定，则该滞纳金和罚款仍由纳税人自己承担，纳税人只能对应缴纳的税费部分向税费承担主体追偿。

（二）签订税费转嫁合同风险防控

实务中遇到由自己公司承担全部税费的情形，一定要在合同中详细注明以下事项：本公司按合同约定向纳税义务人支付全部税费后，如果责任方未按时纳税，导致出现滞纳金、罚款，由责任方（纳税义务人）自行负担；无论何种原因导致纳税义务人少缴税款，事后被税务机关追缴，该追缴部分由责任方（纳税义务人）自行负担；无论何种原因导致责任方（纳税义务人）多缴税款，事后被税务机关退回，该退回部分应在责任方（纳税义务人）收到款项之日起若干个工作日内返还本公司。

七、支付个人房屋租赁服务费的税收风险

【例19-5】 出租人甲（自然人）和承租人乙签订房屋租赁合同，将甲的一处商铺出租给乙公司用于日常办公，双方约定月租金35 000元，相关税费由承租人乙负担，甲乙双方签字盖章后各自留存。

执行合同过程中，承租人乙按时向甲支付租金，出租人甲到主管税务机关（或税务机关指定

地）代开发票。当地综合征收率为12%。按照《营业税改征增值税试点有关事项的规定》（财税〔2016〕36号附件1）的规定，其他个人出租其取得的不动产（不含住房），应按照5%的征收率计算应纳税额。每次代开发票时，承租人乙需替出租人缴纳4 000元[35 000÷（1+5%）×12%]的税费。承租人乙把税交了之后取得两份凭证，一份是抬头为乙公司的35 000元租金发票，一份是抬头为出租人甲的4 000元"完税凭证"。那么乙公司替出租人甲负担的4 000元税款是否可以在税前列支？如果不能列支，有没有适合的方法规避类似风险？

（一）替出租人负担税款可否在承租人税前扣除

按照《企业所得税法》第8条的规定，企业实际发生的与取得收入有关的、合理的支出，包括成本、费用、税金、损失和其他支出，准予在计算应纳税所得额时扣除。按照《企业所得税法实施条例》的规定，《企业所得税法》所称的合理的支出，是指符合生产经营活动常规，应当计入当期损益或者有关资产成本的必要和正常的支出。

那么承租人替出租人缴纳税款是与承租人取得收入有关的、合理的支出吗？关于这个问题，仁者见仁，智者见智。本书观点认为，承租人替出租人负担的税款未包括在租金内，该款项是承租人替出租人缴纳的本应由出租人负担的税款，属于与生产经营无关的支出，税前不得列支。

（二）如何签订租赁合同可将替房东负担的税费在税前扣除

双方谈妥税后租金为35 000元，那么在合同中所列示的租金应按下列公式计算：

合同列示租金额−合同列示租金额÷（1+5%）×12%=35 000（元）。

合同列示租金额=39 516（元）。

在签订合同时，约定月租金39 516元，有关税费4 516元（39 516÷（1+5%）×12%），由出租人自行缴纳（实际还是承租人出钱）。这样，出租人缴纳税费后，最后实际得到的租金还是35 000元（39 516−4 516）。在这种情况下，出租人到税务机关代开发票，发票显示的租金额为39 516元，承租人取得该发票后即可全额列支。

（三）替房东缴纳的税款如何会计处理

（1）支付租金并取得租金发票时：

借：管理费用——租金　　　　　39 516
　　贷：银行存款　　　　　　　　35 000
　　　　其他应付款　　　　　　　 4 516

（2）替出租人缴纳税款时：

借：其他应付款　　　　　　　　 4 516
　　贷：银行存款　　　　　　　　 4 516

八、支付个人车辆租赁服务费的税收风险

（一）企业税务处理

（1）小企业由于生产经营需要，租入其他企业或具有营运资质的个人的交通运输工具（含班车），发生的租赁费及与其相关的费用，按照合同（协议）约定，凭租赁合同（协议）及合法凭证，准予扣除。

（2）小企业由于生产经营需要，向具有营运资质以外的个人租入交通运输工具（含班车），发生的租赁费及相关费用（油费、修理费、过路费等租赁期间发生的与企业取得收入有关的、合理的变动费用），凭租赁合同（协议）及合法凭证准予扣除，租赁费以外的其他各项费用（租赁车辆的保险费及车船税、车辆购置附加税、挂牌费用、车辆年审费等）不得税前扣除。

（3）小企业向员工或业主支付租赁费时应按"财产租赁所得"税目，代扣代缴个人所得税，适用20%的税率。

（二）个人税务处理

（1）个人出租车辆按不动产租赁缴纳增值税，达不到起征点的免税，超过起征点的全额纳税。

（2）扣缴义务人向个人支付的财产租赁所得，应代扣代缴个人所得税。

（三）支付个人车辆租赁服务费风险防控

（1）私车可以公用，但应签订租赁协议，且承租方需向出租方支付租金。在实际操作时，公司内部最好再制定一份《公司租用员工车辆管理办法》（以下简称《办法》），《办法》中应明确车辆使用的流程、审批程序、租赁费的计算标准等。在具体使用车辆时，应严格按照《办法》的规定履行审批手续，并做好车辆使用的记录。

（2）在满足第 1 个条件的前提下，发生的燃油费、过路过桥费、停车费可正常报销并在企业所得税税前列支。但由车主承担的车辆保险费、维修费不能报销，如果报销也不得在企业所得税税前列支。

（3）个人取得租金收入后可以向税务机关申请代开发票，达不到起征点的无须缴纳增值税。

（4）小企业向个人支付租金时，需按照财产租赁所得履行代扣代缴个人所得税的义务，并对员工的该部分财产租赁所得正常进行个人所得税申报。

九、支付餐饮服务费的税收风险

小企业日常经营过程中，发生的餐饮服务费（以下简称"餐费"）支出是否均要计入招待费？招待费到底包括哪些内容？这是会计处理必须厘清的问题。

（一）哪些费用是招待费

按照《行政事业单位业务招待费列支管理规定》（财预字〔1998〕159 号）的规定，招待费是指行政事业单位为执行公务或开展业务活动需要合理开支的接待费用，包括在接待地发生的交通费、用餐费和住宿费。

（二）出差期间的餐费是否属于招待费

按照《中央和国家机关差旅费管理办法》（财行〔2013〕531 号、财行〔2015〕497 号、财行〔2016〕1 号）的规定，差旅费是指工作人员临时到常驻地以外地区公务出差所发生的城市间交通费、住宿费、伙食补助费和市内交通费。

伙食补助费按出差自然（日历）天数计算，按规定标准包干使用。目前执行的标准是，出差目的地在新疆、青海和西藏的，每天伙食费 120 元；出差目的地在其他地方的，每天伙食费 100 元。市内交通费按出差自然（日历）天数计算，每人每天 80 元包干使用。

因此，员工在出差期间，只要每天发生的餐费支出不超过上述标准，就属于差旅费支出，而不是招待费支出。当然，如果出差期间确实发生了招待客户的餐饮支出，即便金额未超过上述标准，依然要按招待费处理。

另外，由于上述文件规范的是中央和国家机关，作为企业，是否可以适用上述政策？由于国家

有关部门并未发布针对企业的差旅费政策,在实务操作中,可参考上述政策执行。有关伙食补助标准,可由企业自定,但建议一般不要超过国家规定的标准。

(三) 会议期间的餐费是否属于招待费

按照《中央和国家机关会议费管理办法》(财行〔2016〕214 号)的规定,会议费开支范围包括会议住宿费、伙食费、会议室租金、交通费、文件印刷费、医药费等。

因此,对于企业而言,无论是召开年会还是半年会,无论召开季度总结会还是月度总结会,在会议期间发生的餐费支出,均可按会议费处理。

另外,由于上述文件是规范的中央和国家机关,作为企业,是否可以适用上述政策? 由于国家有关部门并未发布针对企业的会议费政策,在实务操作中,也可参考上述政策执行。

(四) 福利性质的餐费是否属于招待费

按照《财政部关于企业加强职工福利费财务管理的通知》(财企〔2009〕242 号)的规定,福利费包括职工食堂经费补贴。对于企业未办职工食堂,统一供应午餐支出,也属于福利费。

因此,只要设立了食堂,食堂发生的支出基本都可归入福利费;没有设立食堂,只有统一供应的午餐支出,也属于福利费。

(五) 业务招待费包括餐费,但餐费不一定都是业务招待费

(1) 员工年终聚餐是午餐费、加班餐费应计入应付福利费。

(2) 出差途中符合标准的餐费计入差旅费。

(3) 员工培训时合规的餐费计入职工教育经费。

(4) 企业管理人员在宾馆开会发生的餐费,列入会议费。

(5) 企业开董事会发生的餐费,列入董事会费。

(6) 影视企业拍影视过程中"影视剧中的餐费",属于影视成本。

(7) 企业委托加工的,对企业的形象、产品有标记宣传作用的,作为业务宣传费;企业因业务洽谈会、展览会的餐饮住宿费用作为业务宣传费;企业在搞促销活动时赠送给顾客的礼品,作为业务

宣传费。

(六) 支付餐饮服务费不得抵扣进项税额

会议费专票的税款是可以抵扣的。不过,注明了餐费的部分,得要另外开具,不能抵扣的。因此,会议费中餐费一定要分开列示,餐饮费不能合并在会议费中一并开具,应分开开具增值税发票尤其是专票,因为餐费不得抵扣。

(七) 招待费在财务和税法界定不一致时如何处理

上述所依据的文件全是财政部发布的关于餐费支出到底该属于哪一性质费用的规定,除福利费外,国家税务总局并没有与此对应的政策针对上述事项进行规范。发生了上述情况的餐费(或食品费)支出,依据有效凭证分别计入差旅费、会议费或福利费,在税法上会被认可吗? 按照《国家税务总局关于修订企业所得税年度纳税申报表的公告》(国家税务总局公告 2020 年第 24 号)的规定,在计算应纳税所得额和应纳所得税时,企业财务、会计处理办法与税法规定不一致的,应按照《企业所得税法》规定计算。《企业所得税法》规定不明确的,在没有明确规定之前,暂按企业财务、会计规定计算。

因此,企业如果平时记账时,已经把所有的餐费均计入招待费,则汇算清缴时,基本都会按招待费进行纳税调整;如果在平时记账时,按照会计政策,把不同情况发生的餐费分别计入差旅费、会议费或福利费,则在企业所得税汇算清缴时,就不需调整(如差旅费和会议费)或调整幅度可能比招待费要小(如福利费)。

十、赠送礼品的税收风险

(一) 增值税风险

自产、外购或委托加工货物作为礼品赠送给他人的,可抵扣进项税额。

不管是否抵扣,均应按《增值税暂行条例实施细则》第 4 条第 8 款无偿赠送处理,应当视同销售缴纳增值税。

(二) 个人所得税风险

1. 缴纳个人所得税情形

企业向个人赠送礼品,属于下列情形之一的,取得该项所得的个人应依法缴纳个人所得税,税

款由赠送礼品的企业代扣代缴：

（1）企业在业务宣传、广告等活动中，随机向本单位以外的个人赠送礼品，对个人取得的礼品所得，按照"偶然所得"项目，全额适用20%的税率缴纳个人所得税。

（2）企业在年会、座谈会、庆典以及其他活动中向本单位以外的个人赠送礼品，对个人取得的礼品所得，按照"偶然所得"项目，全额适用20%的税率缴纳个人所得税。

（3）企业对累积消费达到一定额度的顾客，给予额外抽奖机会，个人的获奖所得，按照"偶然所得"项目，全额适用20%的税率缴纳个人所得税。

企业赠送的礼品是自产产品（服务）的，按该产品（服务）的市场销售价格确定个人的应税所得；是外购商品（服务）的，按该商品（服务）的实际购置价格确定个人的应税所得。

2. 不征收个人所得税情形（财税〔2011〕50号第3条）

企业在销售商品（产品）和提供服务过程中向个人赠送礼品，属于下列情形之一的，不征收个人所得税：

（1）企业通过价格折扣、折让方式向个人销售商品（产品）和提供服务。

（2）企业在向个人销售商品（产品）和提供服务的同时给予赠品，如通信企业对个人购买手机赠话费、入网费，或者购话费赠手机等。

（3）企业对累积消费达到一定额度的个人按消费积分反馈礼品。

（三）企业所得税风险

企业送礼在企业所得税做视同销售处理，属于企业自制的资产，应按企业同类资产同期对外销售价格确定销售收入；如果是外购或委托加工的礼品，按照《国家税务总局关于企业所得税有关问题的公告》（国家税务总局公告2016年第80号）规定，应按照被移送资产的公允价值确定销售收入。

视同销售行为中视同销售收入应通过A105010《视同销售和房地产开发企业特定业务纳税调整明细表》转到A105000《纳税调整项目明细表》第2行作纳税调增，同时视同销售成本在第13行作纳税调减。

按照业务招待费支出发生额的60%和销售收入0.5%的部分按照孰低原则确定准予税前扣除的业务招待费支出，填入A105000《纳税调整项目明细表》第15行第2列"税收金额"，将企业实际发生的业务招待费数额大于准予税前扣除的业务招待费支出的数额填入第15行第3列。

十一、支付员工商业保险的税收风险

（一）为员工支付的补充保险是否可以税前列支

按照《财政部 国家税务总局关于补充养老保险费、补充医疗保险费有关企业所得税政策问题的通知》（财税〔2009〕27号）的规定，企业根据国家有关政策规定，为在本企业任职或者受雇的全体员工支付的补充养老保险费、补充医疗保险费，分别在不超过职工工资总额5%标准内的部分，在计算应纳税所得额时准予扣除；超过的部分，不予扣除。

实务中，如果企业和商业保险公司合作，为员工建立补充医疗保险，保险公司给企业开具发票，该保险费金额未超过职工工资总额5%，是否可以在企业所得税税前扣除呢？

按照《财政部 劳动保障部关于企业补充医疗保险有关问题的通知》（财社〔2002〕18号）的规定，企业补充医疗保险资金由企业或行业集中使用和管理，单独建账，单独管理，用于本企业个人负担较重职工和退休人员的医药费补助，不得划入基本医疗保险个人账户，也不得另行建立个人账户或变相用于职工其他方面的开支。

因此，企业只有自己为员工建立补充医疗保险，才能够满足政策的要求，通过商业保险公司建立的补充医疗保险不属于按规定可以扣除的商业保险，其支出额不能在企业所得税税前扣除。

（二）为员工支付的意外险是否可以税前列支

按照《国家税务总局关于企业所得税有关问题的公告》（国家税务总局公告2016年第80号）的规定，企业职工因公出差乘坐交通工具发生的人身意外保险费支出，准予企业在计算应纳税所得额时扣除。对于上述政策，要从以下两个方面理解：

（1）交通工具并未限定只能乘坐飞机，任何交通工具均可。

（2）职工必须是因公出差乘坐交通工具时购买的意外保险，如果员工个人旅游乘坐交通工具购买的意外保险，在账务上列支就不可以税前列支。

（三）为员工支付的特殊工种险是否可以税前列支

目前的特殊工种范围存在两种版本：一是人力资源和社会保障部公布的特殊工种目录；二是国家安全生产监督管理总局《特种作业人员安全技术培训考核管理规定》（国家安全生产监督管理总局令第 30 号）规定的高危作业人员名录。由于现有财税文件并未明确特殊工种范围或参照文件，在实际操作中企业无法准确判断。笔者倾向采用国家安全总局下发的特殊工种目录。

特种作业是指容易发生人员伤亡事故，对操作者本人、他人及周围设施的安全可能造成重大危害的作业。特种作业人员是指直接从事特种作业的从业人员。自 2010 年 7 月 1 日起，现有十大类特殊工种为：电工作业、焊接与热切割作业、高处作业、制冷与空调作业、煤矿安全作业、金属非金属矿山安全作业、石油天然气安全作业、冶金（有色）生产安全作业、危险化学品安全作业、烟花爆竹安全作业。（国家安全生产监督管理总局令第 30 号）

人身安全保险其依据必须是法定的，包括投保依据法定、保险范围、保险费率、投保对象等有明确法律法规依据。如果不是国家法律法规所强制性规定的，企业自愿为职工投保的所谓人身安全保险而发生的保险费支出是不准予税前扣除的。如《中华人民共和国建筑法》第 48 条规定，建筑施工企业必须为从事危险作业的职工办理意外伤害保险，支付保险费。《中华人民共和国煤炭法》第 44 条规定，煤矿企业必须为煤矿井下作业职工办理意外伤害保险，支付保险费。

在没有法定的前提下，如果企业基于经营需要，自愿为职工投保所谓的人身安全保险而发生的保险费支出，则不能税前扣除。

（四）为员工支付的商业健康险是否可以税前列支

按照《财政部　国家税务总局　保监会关于将商业健康保险个人所得税试点政策推广到全国范围实施的通知》（财税〔2017〕39 号）的规定，对个人购买符合规定的商业健康保险产品的支出，允许在当年（月）计算应纳税所得额时予以税前扣除，扣除限额为 2 400 元/年（200 元/月）。单位统一为员工购买符合规定的商业健康保险产品的支出，应分别计入员工个人工资、薪金，视同个人购买，按上述限额予以扣除。其中，符合规定的商业健康保险，是指保险公司参照个人税收优惠型健康保险产品指引框架及示范条款开发的、符合规定条件的健康保险产品。符合规定条件的个人税收优惠型健康保险产品，保险公司应按《中华人民共和国保险法》（以下简称《保险法》）的规定程序上报保监会审批。

根据上述政策规定，企业为员工购买商业健康险，需把控好以下几点：

（1）小企业购买的商业健康产品符合规定的条件，并且保险公司已将该商业健康产品报保监会审批通过。

（2）小企业为员工负担的补充医疗费应并入员工当月工资，正常计算缴纳个人所得税。

（3）每人每月 200 元税前扣除是在计算员工个人所得税时，从个人所得税税前扣除。

（4）公司向保险公司支付保险费后取得的发票，不是企业所得税税前扣除的有效凭证，该费用的税前扣除通过人工成本的税前列支实现。

（五）为员工支付的雇主责任险是否可以税前列支

保险人所承担的责任风险将被保险人（雇主）的故意行为列为除外责任，主要承保被保险人（雇主）的过失行为所致的损害赔偿，或者将无过失风险一起纳入保险责任范围。构成雇主责任的前提条件是雇主与雇员之间存在着直接的雇佣合同关系。

2018 年度及以后年度企业所得税汇算清缴时，企业参加雇主责任险、公众责任险等责任保险，按照规定缴纳的保险费，准予在企业所得税前扣除。（国家税务总局公告 2018 年第 52 号）

十二、支付福利费的税收风险

福利费的会计处理和企业所得税处理，见本

书第十二章内容。本处重点介绍个人所得税风险。

（一）个人取得的福利费是否免税

1. 免税福利费

《个人所得税法》第四条第四款规定，福利费免纳个人所得税。《个人所得税法实施条例》规定，免税的福利费，是指根据国家有关规定，从企业、事业单位、国家机关、社会团体提留的福利费或者工会经费中支付给个人的生活补助费。

按照《国家税务总局关于生活补助费范围确定问题的通知》（国税发〔1998〕155号）规定，生活补助费，是指由于某些特定事件或原因而给纳税人本人或其家庭的正常生活造成一定困难，其任职单位按国家规定从提留的福利费或者工会经费中向其支付的临时性生活困难补助。

《国家税务总局关于生活补助费范围确定问题的通知》（国税发〔1998〕155号），对于非免税的福利费范围进行了明确，凡是属于下列情况的，都不属于临时性生活困难补助性质的支出，都要并入员工工资、薪金所得，计算缴纳个人所得税。

（1）从超出国家规定的比例或基数计提的福利费、工会经费中支付给个人的各种补贴、补助。如各单位逢年过节超过福利费标准发放的过节费、过节礼物。

（2）从福利费和工会经费中支付给本单位职工的人人有份的补贴、补助，如各公司为员工支付的通信补贴、交通补贴等。

（3）单位为个人购买汽车、住房、电子计算机等。

2. 征税福利费

《国家税务总局关于生活补助费范围确定问题的通知》（国税发〔1998〕155号），对于非免税的福利费范围进行了明确，凡是属于下列情况的，都不属于临时性生活困难补助性质的支出，都要并入员工工资、薪金所得，计算缴纳个人所得税。

（1）从超出国家规定的比例或基数计提的福利费、工会经费中支付给个人的各种补贴、补助。如各单位逢年过节超过福利费标准发放的过节费、过节礼物。

（2）从福利费和工会经费中支付给本单位职工的人人有份的补贴、补助。如各公司为员工支付的通信补贴、交通补贴等。

（3）单位为个人购买汽车、住房、电子计算机等。

按照《国家税务总局关于生活补助费范围确定问题的通知》（国税发〔1998〕155号）的规定，这种人人有份的补贴确实要缴纳个人所得税。但在实际中没有公司会这么做，不这么做是否违反税法规定呢？对此，2012年5月7日国家税务总局纳税服务司专门进行网上答疑：对于发给个人的福利，不论是现金还是实物，均应缴纳个人所得税。但目前对于集体享受的、不可分割的、非现金方式的福利，原则上不征收个人所得税。如防暑降温支出，直接发放现金，就属于福利费，企业要代扣代缴个人所得税。但如果企业用该笔支出购买防暑降温物品，该防暑降温物品就不属于福利费，而是劳保用品，此时再将其发放给员工，就不存在个人所得税的问题。

（二）公司为员工负担的补充保险，个人是否需缴纳个税

为员工缴纳社会保险和住房公积金是公司的法定义务，是否为员工缴纳补充医疗或补充养老，则完全取决于公司的实力。实力强的企业，在基础保险之上再为员工缴纳补充保险，相当于多给了员工额外的福利。

1. 补充养老

企业为员工缴纳的补充养老金（年金），按照《财政部 人力资源社会保障部国家税务总局关于企业年金职业年金个人所得税有关问题的通知》（财税〔2013〕103号）的规定，从2014年1月1日开始，实行特殊免税政策。企业在具体执行该优惠政策时，需要注意以下几个问题：

（1）企业负担的年金，个人不需缴纳个人所得税。即企业根据国家有关政策规定的办法和标准，为员工缴付年金，其中公司负担的部分在计入个人账户时，个人暂不缴纳个人所得税。

（2）个人负担的年金部分，可以在一定标准内在个人所得税税前扣除。个人根据国家有关政策规定缴付的年金个人缴费部分，在不超过本人缴费工资计税基数的4%标准内的部分，暂从个人当期的应纳税所得额中扣除。

（3）超过标准的部分要并入当期工资、薪金所

得纳税。企业和员工超过上述第1项和第2项规定的标准缴付的年金,要并入员工个人当期的工资、薪金所得,依法计征个人所得税。税款由建立年金的单位代扣代缴,并向主管税务机关申报解缴。

(4)正确合理确定个人缴费工资计税基数。企业年金个人缴费工资计税基数为本人上一年度月平均工资。月平均工资按国家统计局规定列入工资总额统计的项目计算。月平均工资超过职工工作地所在设区城市上一年度职工月平均工资300%以上的部分,不计入个人缴费工资计税基数。

2. 补充医疗

与补充养老金不同,公司为员工缴纳补充医疗保险金,尚无明确的政策规定允许员工享受税收减免和优惠。2017年财政部、国家税务总局和保监会联合发布《财政部 国家税务总局 保监会关于将商业健康保险个人所得税试点政策推广到全国范围实施的通知》(财税〔2017〕39号),对公司为员工缴纳的满足特定条件的健康保险给予一定的个人所得税优惠。这相当于从另外一个方向为补充医疗的个人所得税优惠打开了一个口子。政策的核心内容是公司统一组织并为员工购买符合规定的商业健康保险产品的支出,应分别计入员工个人工资薪金,视同个人购买。在计算个人所得税时,可以按照每月不超过200元的限额从个人所得税税前扣除。对于该政策的使用,需要注意以下几个问题:

(1)公司为员工负担的部分,要并入员工工资、薪金所得。与补充养老金不同,公司为员工负担的健康保险金,需要并入员工当期工资、薪金所得,但该所得可以按照每月不超过200元的标准在个人所得税税前扣除,相当于对该部分给予了特定的个人所得税优惠。

(2)个人负担的部分在个人所得税税前不得扣除。如果在缴纳该健康保险时,公司和员工约定了各自负担的金额,对于员工个人负担的部分,不能在个人所得税税前列支,仍然要以工资的名义计算缴纳个人所得税。

(3)购买的健康保险需要满足规定的条件。并非企业为员工购买的所有健康保险都可以享受

税收优惠。保险公司开发的保险产品必须满足《财政部 国家税务总局 保监会关于将商业健康保险个人所得税试点政策推广到全国范围实施的通知》(财税〔2017〕39号)所规定的条件,并且还要按《中华人民共和国保险法》规定程序上报保监会审批。如果企业从保险公司购买的不是上述保险产品,即便保险合同写的是《补充医疗保险合同》,被保险的员工也无法享受上述个人所得税优惠。

十三、旅游费税收风险

(一)财务风险

《企业财务通则》第46条规定,企业不得承担属于个人的下列支出:

(1)娱乐、健身、旅游、招待、购物、馈赠等支出。

(2)购买商业保险、证券、股权、收藏品等支出。

(3)个人行为导致的罚款、赔偿等支出。

(4)购买住房、支付物业管理费等支出。

(5)应由个人承担的其他支出。

应当由个人承担的有关支出,企业不得作为职工福利费开支。上述支出应由个人自己承担,不得列入职工福利费。所以,个人行为自行承担的旅游费不得由企业财务列支,不得所得税前扣除。

(二)增值税风险

按照《营业税改征增值税试点实施办法》(财税〔2016〕36号附件1)的规定,增值税一般纳税人购进货物、加工修理修配劳务、服务、无形资产和不动产,用于简易计税方法计税项目、免征增值税项目、集体福利或者个人消费的,其进项税额不得从销项税额中抵扣。上述不得从销项税额中抵扣的事项不包括购进的服务用于不征增值税项目。

公司组织员工旅游,属于员工取得的非货币性工资所得。按照《营业税改征增值税试点实施办法》(财税〔2016〕36号附件1)的规定,单位或者个体工商户聘用的员工为本单位或者雇主提供取得工资的服务属于非经营活动,不征增值税。因此,公司将采购的旅游服务用于不征增值税项目,进项税额可以抵扣。

(三)个人所得税风险

按照《财政部 国家税务总局关于企业以免费

旅游方式提供对营销人员个人奖励有关个人所得税政策的通知》（财税〔2004〕11号）的规定，在商品营销活动中，企业和单位对营销业绩突出人员以培训班、研讨会、工作考察等名义组织旅游活动，通过免收差旅费、旅游费对个人实行的营销业绩奖励（包括实物、有价证券等），应根据所发生费用全额计入营销人员应税所得，依法征收个人所得税，并由提供上述费用的企业和单位代扣代缴。其中，对企业雇员享受的此类奖励，应与当期的工资薪金合并，按照"工资、薪金所得"项目征收个人所得税；对其他人员享受的此类奖励，应作为当期的劳务收入，按照"劳务报酬所得"项目征收个人所得税。

2012年9月24日，国家税务总局纳税服务司针对旅游费的问题进行答疑，纳税服务司明确表示，公司发生的旅游费支出，不能作为职工福利费列支。因此，公司组织员工旅游，无论是集体一起出游，还是个人在指定旅游公司的安排下分别出游（由公司统一结算），实质上都属于员工因为在公司任职而取得的一项非货币所得，应并入员工工资所得计算缴纳个人所得税。

（四）企业所得税风险

（1）企业组织职工集体旅游，是一种企业行为，属于工会组织活动的旅游支出，应在企业工会经费中列支；已在工会经费中列支的职工旅游费用，不再按工资薪金支出或职工福利费支出进行区分；企业和企业的工会共同组织活动的旅游支出，可由企业自主选择在职工福利费或工会经费支出列支，并按《企业所得税法》规定在企业所得税税前扣除。但如果企业以职工旅游的名义，列支职工家属或者其他非本单位雇员所发生的旅游费，则属于与生产经营无关的支出，不得纳入职工福利费管理，也不得税前扣除。

（2）"业务招待费"中列支的外地客商到本厂采购产品时参观本地景区的旅游费用可以扣除。

（3）"管理费用"中列支的高管旅游费，即使已按工资、薪金项目代扣代缴了个人所得税，也不得作为工资、薪金在企业所得税前扣除。

（4）"职工教育经费"中列支的企业职工外出培训学习时参观当地的景区的费用，虽然是在培训学习所在地景区发生的，但不属于培训相关的

支出，也不在列支范围内。所以，不能按"职工教育经费"在税前扣除。

（5）出国考察费用在所得税前列支要有考察报告和单位考察文件或通知。

十四、报销个人消费的税收风险

【例19-6】 根据工作安排，青岛市税务稽查人员对青岛×××自动化有限公司纳税和发票使用情况进行了纳税检查。经查，该单位法定代表人陶某购买家用电器、家装材料、家居用品用于个人消费，购买时直接支付现金，取得青岛某商业有限公司开具的普通发票25份，计入单位账簿"管理费用——办公费"30万元。事后陶某将发票交与财务人员报销，进行税前扣除，未做纳税调整，其明知道购进的物品自己消费，开具办公用品到单位报销，构成主观故意偷税。由于该公司偷税数额达8.46万元，被税务机关处以罚款4.23万元，同时偷税比例达12.14%，移送公安机关进一步处理。本案例中，陶某作为公司的法定代表人，其个人支出为何不能在公司报销呢？

（一）个人支出在公司报销可否税前列支

按照《企业所得税法》的规定，与取得收入无关的其他支出在计算应纳税所得额时，不得扣除。法定代表人的个人或家庭的消费支出（如家庭住宅的物业费支出、幼儿教育支出等），即使要求供应商将发票抬头开成企业名称，但因其消费活动不符合生产经营活动常规，也属于与收入无关的支出，税前不得列支。

（二）个人支出在公司报销是否缴纳个人所得税

按照《财政部 国家税务总局关于规范个人投资者个人所得税征收管理的通知》（财税〔2003〕158号）的规定，企业（不含个人独资企业和合伙企业）的个人投资者，以企业资金为本人、家庭成员及其相关人员支付与企业生产经营无关的消费性支出及购买汽车、住房等财产性支出，视为企业对个人投资者的红利分配，依照"利息、股息、红利所得"项目计征个人所得税。

无论是企业所得税还是个人所得税，只要上述风险发生，按照《税收征收管理法》的有关规定，同时还会伴随滞纳金和罚款的风险。

第二十章

小企业税收权益维护

第一节　纳税评估权益维护

政策依据：

《纳税评估管理办法（试行）》（国税发〔2005〕43号）。

一、税务机关纳税评估

（一）纳税评估的概念

纳税评估是指税务机关运用数据信息对比分析的方法，对纳税人和扣缴义务人（以下简称纳税人）纳税申报（包括减免缓抵退税申请，下同）情况的真实性和准确性作出定性和定量的判断，并采取进一步征管措施的管理行为。纳税评估是税收风险管理重要的组成部分和核心的手段。纳税评估工作遵循强化管理、优化服务；分类实施、因地制宜；人机结合、简便易行的原则。

纳税评估工作主要由基层税务机关负责，重点税源和重大事项的纳税评估也可由上级税务机关负责。对汇总合并缴纳企业所得税企业的纳税评估，一般由其总机构汇总合并纳税企业申报所在地税务机关实施，对分支机构汇总合并纳税成员企业的纳税评估，由对其监管的当地税务机关实施开展纳税评估工作原则上在纳税申报到期之后进行，评估的期限以纳税申报的税款所属当期为主，特殊情况可以延伸到往期或以往年度。

（二）纳税评估的工作内容

纳税评估的主要工作内容包括：根据宏观税收分析和行业税负监控结果以及相关数据设立评估指标及其预警值；综合运用各类对比分析方法筛选评估对象；对所筛选出的异常情况进行深入分析并作出定性和定量的判断；对评估分析中发现的问题分别采取税务约谈、调查核实、处理处罚、提出管理建议、移交稽查部门查处等方法进行处理；维护更新税源管理数据，为税收宏观分析和行业税负监控提供基础信息等。

（三）纳税评估的指标

纳税评估指标是税务机关筛选评估对象、进行重点分析时所选用的主要指标，分为通用分析指标和特定分析指标两大类。纳税评估通用分析指标包括：收入类评估分析指标、成本类评估分析指标、费用类评估分析指标、利润类评估分析指标和资产类评估分析指标等；纳税评估特定分析指标则是根据各个具体税种及其相关因素所运用的各种指标。纳税评估指标在使用时可结合评估工作的实际不断细化和完善。

各地税务机关根据实际情况确定纳税评估指标，测算纳税评估指标预警值。纳税评估分析时，要综合运用各类指标，并参照评估指标预警值进行配比分析。

（四）纳税评估的对象

纳税评估的对象为税务机关负责管理的所有纳税人及其应纳所有税种选纳评估对象可采用计算机自动筛选、人工分析筛选和重点抽样筛选等方法。选纳评估对象要依据税收宏观分析、行业税负监控结果等数据，结合各项评估指标及其预警值和税收管理员掌握的纳税人实际情况，参照纳税人所属行业、经济类型、经营规模、信用等级等因素进行全面综合的审核对比分析。综合审核对比分析中发现有问题或疑点的纳税人要作为重点评估分析对象；重点税源户、特殊行业的重点企业、税负异常变化、长时间零税负和负税负申报、纳税信用等级低下、日常管理和税务检查中发现较多问题的纳税人，要列为纳税评估的重点分析对象。

(五) 纳税评估的方法

纳税评估工作根据国家税收法律、行政法规、部门规章和其他相关经济法规的规定，按照属地管理原则和管户责任开展，对同一纳税人申报缴纳的各个税种的纳税评估要相互结合、统一进行，避免多头重复评估。

1. 纳税评估的主要依据及数据来源

税费信息"一户式"存储的纳税人各类纳税信息资料，主要包括：纳税人税务登记的基本情况，各项核定、认定、减免缓抵退税审批事项的结果，纳税人申报纳税资料，财务会计报表以及税务机关要求纳税人提供的其他相关资料，增值税交叉稽核系统各类票证比对结果。

税务机关通过日常管理所掌握的纳税人生产经营实际情况，主要包括生产经营规模产销量、工艺流程、成本、费用、能耗、物耗情况等各类与税收相关的数据信息。

上级税务机关发布的宏观税收分析数据，行业税负的监控数据，各类评估指标的预警值。

本地区的主要经济指标、产业和行业的相关指标数据，外部交换信息，以及与纳税人申报纳税相关的其他信息。

2. 纳税评估分析方法

纳税评估可根据所辖税源和纳税人的不同情况采取灵活多样的评估分析方法，主要有：

(1) 对纳税人申报纳税资料进行案头的初步审核比对，以确定进一步评估分析的方向和重点。

(2) 通过各项指标与相关数据的测算，设置相应的预警值，将纳税人的申报数据与预警值相比较。

(3) 将纳税人申报数据与财务会计报表数据进行比较、与同行业相关数据或类似行业同期相关数据进行横向比较。

(4) 将纳税人申报数据与历史同期相关数据进行纵向比较。

(5) 根据不同税种之间的关联性和勾稽关系，参照相关预警值进行税种之间的关联性分析，分析纳税人应纳相关税种的异常变化。

(6) 应用税务机关日常管理中所掌握的情况和积累的经验，将纳税人申报情况与其生产经营实际情况相对照，分析其合理性，以确定纳税人申报纳税中存在的问题及其原因。

(7) 通过对纳税人生产经营结构，主要产品能耗、物耗等生产经营要素的当期数据、历史平均数据、同行业平均数据以及其他相关经济指标进行比较，推测纳税人实际纳税能力。

3. 分析重点

对纳税人申报纳税资料进行审核分析时，要包括以下重点内容：

(1) 纳税人是否按照税法规定的程序、手续和时限履行申报纳税义务，各项纳税申报附送的各类抵扣、列支凭证是否合法、真实、完整。

(2) 纳税申报主表、附表及项目数字之间的逻辑关系是否正确，适用的税目、税率及各项数字计算是否准确，申报数据与税务机关所掌握的相关数据是否相符。

(3) 收入、费用、利润及其他有关项目的调整是否符合税法规定，申请减免缓抵退税，亏损结转、获利年度的确定是否符合税法规定并正确履行相关手续。

(4) 与上期和同期申报纳税情况有无较大差异。

(5) 税务机关认为应进行审核分析的其他内容。

4. 对实行定期定额(定率)征收税款的纳税人及未达起征点的个体工商户，可参照其经营情况，利用相关评估指标定期进行分析，以判断定额(定率)的合理性和是否已经达到起征点并恢复征税。

(六) 评估结果的处理

对纳税评估中发现的问题，应区别情况作出相应的处理：

(1) 对纳税评估中发现的计算和填写错误、政策和程序理解偏差等一般性问题，或存在的疑点问题经约谈、举证、调查核实等程序认定事实清楚，不具有违法嫌疑，无须立案查处的，可提请纳税人自行改正。需要纳税人自行补充的纳税资料，以及需要纳税人自行补正申报、补缴税款、调整账目的，税务机关督促纳税人按照税法规定逐项落实。

(2) 对纳税评估中发现的需要提请纳税人进行陈述说明，补充提供举证资料等问题，由主管税务机关约谈纳税人。

税务约谈要经税务机关批准并事先发出《税务约谈通知书》，提前通知纳税人。税务约谈的对象主要是企业财务会计人员。因评估工作需要，必须约谈企业其他相关人员的，应经批准后通过企业财务部门进行安排。纳税人因特殊困难不能按时接受税务约谈的，可向税务机关说明情况，经批准后延期进行。纳税人可以委托税务代理人进行税务约谈。税务代理人代表纳税人进行税务约谈时应向税务机关提交纳税人委托代理合法证明。

（3）对评估分析和税务约谈中发现的必须到生产经营现场了解情况、审核账目凭证，应经税务机关批准后，进行实地调查核实。对调查核实的情况，要认真记录。需要处理处罚的，要严格按照规定的权限和程序执行。

（4）发现纳税人有偷税、逃避追缴欠税、骗取出口退税、抗税或其他需要立案查处的税收违法行为嫌疑的，要移交税务稽查部门处理。发现外商投资和外国企业与其关联企业之间的业务往来不按照独立企业业务往来收取或支付价款、费用，需要调查、核实的，应移交上级税务机关处理。

（5）对纳税评估工作中发现的问题要作出评估分析报告，提出进一步加强征管工作的建议，并将评估工作内容、过程、证据、依据和结论等记入纳税评估工作底稿。

（七）纳税评估工作的管理

纳税评估是一项综合性工作，需要各级税务机关的相关部门密切配合，分工协作。基层税务机关要根据所辖税源的规模、管户的数量等工作实际情况，结合自身纳税评估的工作能力，制定评估工作计划，合理确定纳税评估工作量，对重点税源户，要保证每年至少重点评估分析一次。同时要充分利用现代化信息手段，广泛收集和积累纳税人各类涉税信息，不断提高评估工作水平；要经常对评估结果进行分析研究，提出加强征管工作的建议；要做好评估资料整理工作，本着"简便、实用"的原则，建立纳税评估档案，妥善保管纳税人报送的各类资料，并注重保护纳税人的商业秘密和个人隐私；要加强对从事纳税评估工作人员的培训，不断提高纳税评估工作人员的综合素质和

评估能力。

二、纳税人纳税评估权益维护

面对纳税评估，纳税人应积极配合，冷静应对。

（一）对评估做到心中有数

遇到纳税评估，特别是评估补税或出现问题要移送税务稽查时，许多纳税人首先想到的是托关系、走后门。其实，首先要正确认识。纳税评估是介于税款征收和税务稽查的中间环节，是税务机关税源管理的重要一环，而且随着税源管理的精细化、信息化、服务化，显得越来越重要，也越来越常态。对于大多数纳税人来讲，出现涉税问题多是由于对税法掌握的不精、不深、不透造成的，并不是故意为之，正是通过纳税评估可以帮助纳税人准确理解、掌握、运用税收政策，减少并解决纳税人对税法理解偏差产生的涉税问题。其次要维护权益。纳税评估有其规范的程序，也有其明确的要求，还有一些限制性条件，如纳税评估的期限以纳税申报的税款所属当期为主，特殊情况才可以延伸到往期或以往年度。一般情况下纳税评估只补缴税款、滞纳金，不处以罚款，有特殊情况如发现纳税人有偷税、逃避追缴欠税、骗取出口退税、抗税或其他需要立案查处的税收违法行为嫌疑的，才移交税务稽查部门处理等。同时，纳税评估还对税务检查进行了规范，如未经批准，税务检查人员不可以随意到纳税人、扣缴义务人业务场所进行实地检查或实施调账检查等。纳税人要了解纳税评估的有关规定，注意税务机关开展纳税评估的规范性和合法性，运用法律武器维护自身的合法权益。

（二）实地检查时积极应对

税务机关开展纳税评估，会事先通知纳税人。纳税人接到通知后，应做好评估前的准备，尽可能健全账务资料，规范会计核算，规避涉税风险，如对企业的整体财务情况和经营情况进行全面分析，对企业账务处理、经营、内部控制各个环节中所涉及的税务风险进行预测，对企业的财务数据和申报数据根据评估相关指标进行测算，及时改正纳税申报等方面存在的问题。其次在检查中认真对待。在税务机关实地检查前，一般会给被评估对象一定的自查时间，有的在确定日常检查对

象时,会给纳税人一次约谈机会,即要求纳税人对税务机关通过初步稽核评估认为的可疑之处进行核实并作出解释,如纳税人的核实结果与税务机关的纳税评估结论一致或基本一致的,则税务机关不再进行实地检查。因此,纳税人要把握机会,能澄清的问题尽量澄清,能解决的问题尽量解决。

(三)约谈中把握问题关键

税法规定,税务机关有权询问纳税人、扣缴义务人与纳税或代扣代缴、代收代缴税款有关的问题和情况;对于税务机关的询问等,纳税人和扣缴义务人有义务如实回答或解答。因此,作为纳税人,一定要积极配合,按税务机关的要求,在规定时间到税务机关接受约谈,因特殊困难不能按时接受税务约谈的,可向税务机关说明情况,经批准后延期进行。

约谈时,评估人员要与纳税人交换意见,分析存在的问题,听取纳税人的解释,宣传税收政策,纠正纳税人的错误认识和理解偏差,解答纳税人的疑难问题。评估约谈过程实际上是纳税人学习税收法律政策,提高税务处理能力和水平的过程。

对纳税评估中发现的纳税人计算和填写错误、政策和程序理解偏差等一般性问题,在经约谈、举证、调查核实等程序认定事实清楚,不具有偷税等违法嫌疑,无需立案查处的基础上,纳税人可自行改正,一般是补征税款、加收滞纳金,除特殊情况之外,不给予罚款处罚。但如果发现纳税人故意违法的,特别是存在偷、逃、骗、抗税或其他需要立案查处的税收违法行为嫌疑的,要移交税务稽查部门依法稽查,应特别引起重视。

纳税人在接受税务机关评估约谈时,还存在一个申辩、举证特别是说服税务评估人员的问题,直接对评估结果产生影响。因此,纳税人既要积极沟通又要据理力争,摆事实、讲道理,用证据说话,力争求得税务机关的理解,最大限度地降低税务处理损失,同时,对有异议或认为税务机关认定的事实有出入的,要大胆进行陈述和申辩,不要怕税务机关因此加重对自己的处理。同时,纳税人还可采取税务行政复议或税务行政诉讼维护自身的合法权益。

(四)善于借助外力

无论是评估约谈、实地检查、纳税自查,还是申请行政复议、提起行政诉讼,都有严格的时限要求,都有一套规范的程序,而现行税法又比较复杂,纳税人要在短时间内,从容面对税务机关的询问、查账、盘点等工作,确实难度较大。纳税人不妨借助税务中介的力量,他们不仅拥有深厚的理论知识,而且还有丰富的实务经验,不仅可以帮助纳税人进行纳税自查,还可以代理纳税人进行税务行政复议、行政诉讼;而且,税务中介机构具有公正性和独立性,税务机关对其代理、鉴证等事项比较认可,可以起到帮助企业规范核算、证明账务等作用。比如,在年度企业所得税申报期内,企业自行申报时其中有的指标异常,存在涉税问题,税务中介机构帮助企业纠正后并出具鉴证报告,企业只要在当年的 5 月 31 日之前进行补充申报,就可以避免税务处理。

三、纳税评估权益维护操作指引

(1)纳税人接到《纳税提示提醒函》后,根据其中风险提示内容,对照税收法律法规进行自我核查,排除其存在的涉税风险点。其中,需要更正申报的,应及时到办税服务厅进行更正申报。《纳税提示提醒函》查看路径为:

① 纳税人登陆电子税务局(纳税人端)。

② 点击"服务提醒"—"纳税人风险提醒函",在纳税人点击查看过后,该风险提醒函不在首页面显示,需点击"更多"进行查看。

③ 纳税人根据提醒函内容完成自查后,在电子税务局中进行对应的回函录入、提交处理;涉及更正申报或补缴税款的,需将更正申报表、税票相关信息作为回函的附件内容,一并进行录入、提交;回函时间为电子税务局接收到纳税人提交的提示提醒回函时间。

(2)纳税人电子税务局回函操作。

① 纳税人登录电子税务局(纳税人端)。

② 点击"我要办税"—"风险管理"—"提示提醒回函",进入操作界面。

③ 在操作按钮中点击提交。

④ 若纳税人自查发现问题,自行补充申报并补缴税款,则点击增行,录入电子税票号。

⑤ 若无需补缴税款,而涉及调减留抵税额、所得税弥补亏损等,则据实填入相关数据信息;待录

入所有信息(包含回函情况说明)后,点击"保存",保存数据。

⑥ 点击"提交",回函成功。

(3) 注意事项。点击提交后,任务在电子税务局中的状态变更为"已完成",无法再进行修改和重新提交。如需修改,纳税人需提供书面回函,应对人员在税源管理平台的回函录入中进行修改。

第二节　税务稽查风险应对

政策依据:

《税务稽查案件办理程序规定》(国家税务总局令第52号)。

一、税务稽查程序

稽查局办理税务稽查案件时,实行选案、检查、审理、执行分工制约原则,税务稽查四个环节程序见图 20-1。

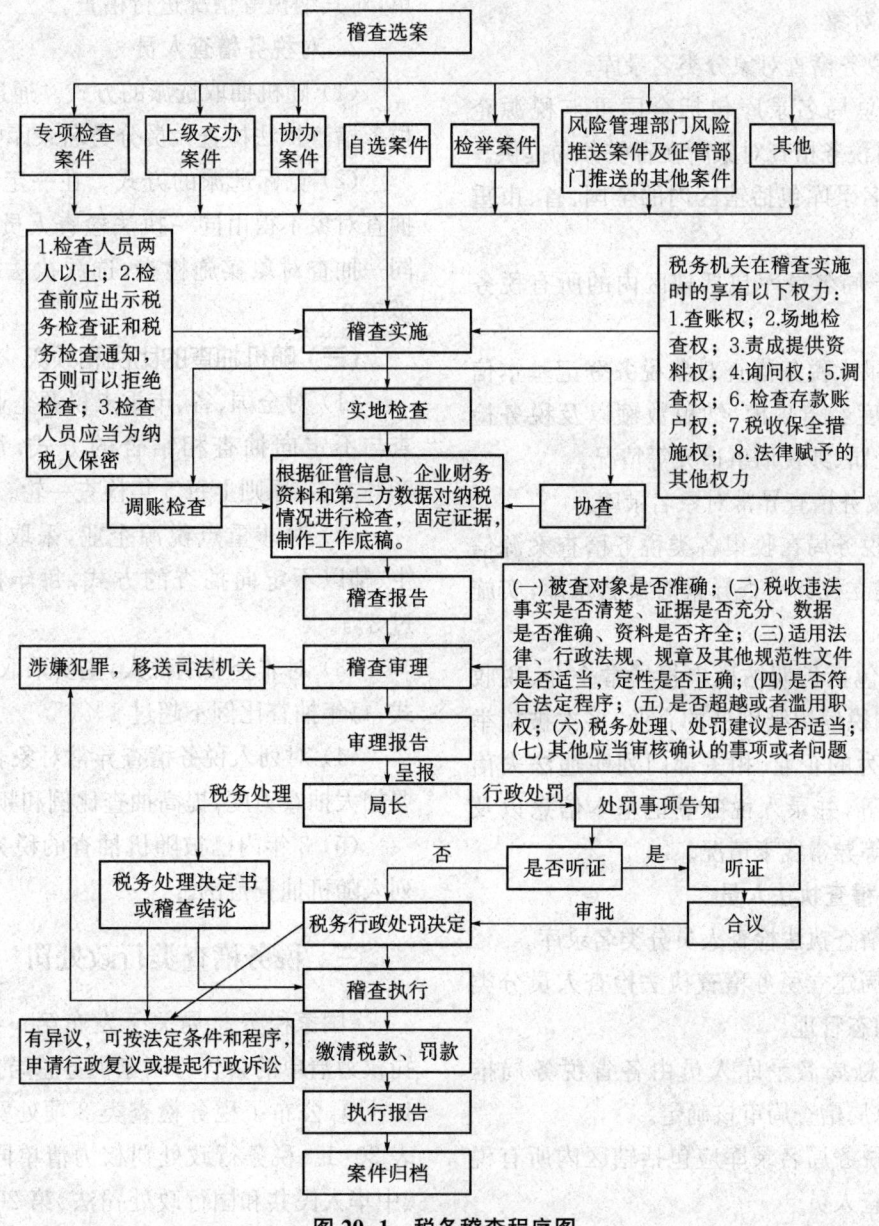

图 20-1　税务稽查程序图

二、税务稽查"双随机一公开"

政策依据：

《推进税务稽查随机抽查实施方案》（税总发〔2015〕104号）；

《税务稽查随机抽查对象名录库管理办法（试行）》（税总发〔2016〕73号）。

双随机一公开是税务机关为贯彻落实国务院"简政放权、放管结合、优化服务"要求，在税务稽查工作中建立的随机抽查机制。

（一）税务机关建立三个名录库

1. 对稽查对象

（1）建立税务稽查对象分类名录库。

国家税务总局名录库包括全国重点税源企业，相关信息由税务稽查对象所在省税务局提供。

省税务局名录库包括辖区内的全国、省、市重点税源企业。

市、县税务局名录库包括辖区内的所有税务稽查对象。

名录库应录入税务稽查对象税务登记基本信息和前三个年度经营规模、纳税数额以及税务检查、税务处理处罚、涉税刑事追究等情况。

（2）建立税务稽查异常对象名录库。

省、市、县税务局在收集各类税务稽查案源信息的基础上，建立税务稽查异常对象名录库，实施动态管理。

名录库应包括长期纳税申报异常企业、税收高风险企业、纳税信用级别低的企业、多次被检举有税收违法行为的企业、相关部门列明违法失信联合惩戒企业等，并录入税务登记基本信息以及涉嫌税收违法等异常线索情况。

2. 对税务稽查执法人员

建立税务稽查执法检查人员分类名录库。

各级税务局建立税务稽查执法检查人员分类名录库，实施动态管理。

国家税务总局名录库人员由各省税务局推荐，国家税务总局稽查局审核确定。

省、市、县税务局名录库应包括辖区内所有税务稽查执法检查人员。

名录库应录入执法检查人员基本信息及其专长、业绩等情况，并按照执法检查人员擅长检查的行业、领域、税种、案件等进行分类。

（二）随机抽查方式

1. 对稽查对象

（1）定向抽查。定向抽查是指按照税务稽查对象类型、行业、性质、隶属关系、组织架构、经营规模、收入规模、纳税数额、成本利润率、税负率、地理区域、税收风险等级、纳税信用级别等特定条件，通过摇号等方式，随机抽取确定待查对象名单，对其纳税等情况进行稽查。

（2）不定向抽查。不定向抽查是指不设定条件，通过摇号等方式，随机抽取确定待查对象名单，对其纳税等情况进行稽查。

2. 对税务稽查人员

（1）随机抽取选派的方式。通过摇号方式，从税务稽查执法检查人员分类名录库中随机选派。

（2）竞标选派的方式。在一定周期内对同一抽查对象不得由同一执法检查人员实施检查。对同一抽查对象实施检查，选派执法检查人员不得少于2人。

（三）随机抽查的比例和频次

（1）对全国、省、市重点税源企业，采取定向抽查与不定向抽查相结合的方式，每年抽查比例20%左右，原则上每5年检查一轮。

（2）对非重点税源企业，采取以定向抽查为主、辅以不定向抽查的方式，每年抽查比例不超过3%。

（3）对非企业纳税人，主要采取不定向抽查方式，每年抽查比例不超过1%。

（4）对列入税务稽查异常对象名录库的企业，要加大抽查力度，提高抽查比例和频次。

（5）3年内已被随机抽查的税务稽查对象，不列入随机抽查范围。

三、税务稽查类行政处罚

《国家税务总局关于发布第一批税务行政处罚权力清单的公告》（国家税务总局公告2015年第10号），公布了税务检查类3项处罚权力事项，见表20-1。税务行政处罚权力清单同时明确，根据《中华人民共和国行政处罚法》第20条的规定，税务行政处罚由违法行为发生地具有行政处罚权的主管税务机关管辖。法律、行政法规另有规定的　除外,见表 20-1。

表 20-1　第一批税务行政处罚权力清单

类型	违法行为	处罚依据	处罚内容	处罚主体
三、税务检查类	6. 纳税人、扣缴义务人逃避、拒绝或者以其他方式阻挠税务机关检查(包括提供虚假资料,不如实反映情况,或者拒绝提供有关资料的;拒绝或者阻止税务机关记录、录音、录像、照相和复制与案件有关的情况和资料的;在检查期间,纳税人、扣缴义务人转移、隐匿、销毁有关资料的;有不依法接受税务检查的其他情形的)。	《中华人民共和国税收征收管理法》第七十条、《中华人民共和国税收征收管理法实施细则》第 96 条。	责令改正,可以处 1 万元以下的罚款;情节严重的,处 1 万元以上 5 万元以下的罚款。	税务机关
	7. 纳税人、扣缴义务人的开户银行或者其他金融机构拒绝接受税务机关依法检查纳税人、扣缴义务人存款账户,或者拒绝执行税务机关作出的冻结存款或者扣缴税款的决定,或者在接到税务机关的书面通知后帮助纳税人、扣缴义务人转移存款,造成税款流失。	《中华人民共和国税收征收管理法》第 73 条。	处 10 万元以上 50 万元以下的罚款,对直接负责的主管人员和其他直接责任人员处 1 000 元以上 1 万元以下的罚款。	税务机关
	8. 税务机关依照税收征管法第五十四条第(五)项的规定到车站、码头、机场、邮政企业及其分支机构检查纳税人有关情况时,有关单位拒绝的。	《中华人民共和国税收征收管理法实施细则》第 95 条。	责令改正,可以处 1 万元以下的罚款;情节严重的,处 1 万元以上 5 万元以下的罚款。	税务机关

四、小企业税务稽查应对

(一)积极配合税务检查

稽查局依据法定权限和程序实施检查,一般采取实地检查、调取账簿资料、询问、查询存款账户或者储蓄存款、异地协查等方法,最为常见的就是通过调取账簿资料和问询的方式。

对采用电子信息系统进行管理和核算的被查对象,稽查局可以要求其打开该电子信息系统,或者提供与原始电子数据、电子信息系统技术资料一致的复制件。

小企业在面临税务机关检查时,应积极配合税务机关检查,不要妄图隐匿、销毁账簿资料、业务材料等涉税材料,更不可拒绝或者阻止检查人员记录、录音、录像、照相、复制与案件有关资料。

以上做法不仅无济于事,相关责任人反而会因此承担相应的行政责任,构成犯罪的甚至会追究其刑事责任。因此,当税务稽查局上门检查时,

小企业应安排专门的人员与之对接,对检查所需材料配合提供并要求税局出具调取材料的清单。

调取账簿、记账凭证、报表和其他有关资料时,稽查局向被查企业出具《调取账簿资料通知书》;需要提取证据材料原件的,稽查局向被查单位出具《提取证据专用收据》,由被查单位核对后签章确认。

但被查单位在稽查局存在违反法定程序或者其他违法行为时,也应有所应对。例如,根据《税收征收管理法》第 59 条的规定,"未出示税务检查证和税务检查通知书的,被检查人有权拒绝检查"。

(二)做好税务调查和有效沟通

由于企业一般员工与税局沟通很难达到理想效果,可以在稽查局尚未做出处理、处罚决定之前,让律师介入,这样与税务机关沟通会顺畅很多,不但能有效地解决企业面临的稽查困境,还可以规范税务机关执法,了解办案人员对于案件目

前的查处情况、定性以及未来可能的走向。

（三）做好复议、诉讼的准备

企业经营期间被税务机关稽查虽然很大程度上会面临税务处理、处罚，但一旦成为被查对象也无须过于恐慌，做好正面、专业的应对便可最大限度降低法律风险。

企业被选为检查对象后，税务机关做出处理、处罚决定的可能性会远远高于在企业不存在税收违法行为时制作的《税务稽查结论》。即便有律师介入，一旦程序启动，被查企业也很难幸免于难。因此企业也很有必要做好复议及诉讼的救济准备。

稽查部门经过选案、检查程序后，便由其内部的审理部门进行审理，并作出决定。

《税务稽查案件办理程序规定》第 42 条规定，经审理，区分下列情形分别作出处理：

（1）有税收违法行为，应当作出税务处理决定的，制作税务处理决定书；

（2）有税收违法行为，应当作出税务行政处罚决定的，制作税务行政处罚决定书；

（3）税收违法行为轻微，依法可以不予税务行政处罚的，制作不予税务行政处罚决定书；

（4）没有税收违法行为的，制作税务稽查结论。

税务处理决定书、税务行政处罚决定书、不予税务行政处罚决定书、税务稽查结论引用的法律、行政法规、规章及其他规范性文件，应当注明文件全称、文号和有关条款。

第三节　纳税信用风险与修复

政策依据：

> 《纳税信用管理办法（试行）》（国家税务总局公告 2014 年第 40 号）；
>
> 《国家税务总局关于纳税信用管理有关事项的公告》（国家税务总局公告 2020 年第 15 号）；
>
> 《国家税务总局关于纳税信用修复有关事项的公告》（国家税务总局公告 2019 年第 37 号）；
>
> 《国家税务总局关于纳税信用评价与修复有关事项的公告》（国家税务总局公告 2021 年第 31 号）。

一、纳税信用评价

纳税信用评价是根据纳税信用评价指标信息生成评价结果，运用统一的指标体系和指标信息，依据统一的评价方式和标准，得出纳税信用评价级别。纳税信用评价周期为一个纳税年度。所谓纳税年度为自然年，即公历 1 月 1 日起至 12 月 31 日止。纳税信用评价采取年度评价指标得分和直接判级方式。评价指标包括税务内部信息和外部评价信息。年度评价指标得分采取扣分方式。纳税人评价年度内经常性指标和非经常性指标信

息齐全的，从 100 分起评；非经常性指标缺失的，从 90 分起评。直接判级适用于有严重失信行为的纳税人。纳税信用评价指标由国家税务总局规定。

纳税信用评价指标包括经常性指标和非经常性指标。经常性指标包括涉税申报信息、税（费）款缴纳信息、发票与税控器具信息、登记与账簿信息等指标。非经常性指标包括纳税评估税务审计、反避税调查信息和税务稽查指标。指标信息主要从税务管理系统中采集。设计指标扣分分值时，主要考量纳税人主观态度遵从能力、实际结果和失信程度四个方面。根据纳税人涉税行为记录，区别行为中体现出的诚信态度（如按期申报、按期缴纳、银行账户设置数量大于向税务机关提供数量等指标）遵从能力（如纳税人向税务机关办理纳税申报之后的存续时间账簿与凭证的管理等指标）、实际结果（主要体现在税务检查等非经常性指标中）和影响程度（如非正常户的指标），设计了纳税信用评价等级指标对应的扣分分值和直接判级方式。

纳税信用级别设 A、B、M、C、D 五级。A 级纳税信用为年度评价指标得分 90 分以上的；B 级纳税信用为年度评价指标得分 70 分以上不满 90 分的；C 级纳税信用为年度评价指标得分 40 分以上不满 70 分的；D 级纳税信用为年度评价指标得分

不满 40 分或者直接判级确定的;未发生《信用管理办法》第 20 条所列失信行为的下列企业适用 M 级纳税信用:(1)新设立企业;(2)评价年度内无生产经营业务收入且年度评价指标得 70 分以上的企业。

二、纳税信用修复

(一)申请纳税信用修复的条件

根据《国家税务总局关于纳税信用修复有关事项的公告》(国家税务总局公告 2019 年第 37 号)的规定,税务机关对企业进行纳税信用积分评定后,如纳税人符合下列条件之一的,可在规定期限内向主管税务机关申请纳税信用修复:

(1)纳税人发生未按法定期限办理纳税申报、税款缴纳资料备案等事项且已补办的。

(2)未按税务机关处理结论缴纳或者足额缴纳税款、滞纳金和罚款,未构成犯罪,纳税信用级别被直接判为 D 级的纳税人,在税务机关处理结论明确的期限期满后 60 日内足额缴纳、补缴的。

(3)纳税人履行相应法律义务并由税务机关依法解除非正常户状态的。

根据《国家税务总局关于纳税信用评价与修复有关事项的公告》(国家税务总局公告 2021 年第 31 号)的规定,符合下列条件之一的纳税人,可向主管税务机关申请纳税信用修复:

(1)破产企业或其管理人在重整或和解程序中,已依法缴纳税款、滞纳金、罚款,并纠正相关纳税信用失信行为的。

(2)因确定为重大税收违法失信主体,纳税信用直接判为 D 级的纳税人,失信主体信息已按照国家税务总局相关规定不予公布或停止公布,申请前连续 12 个月没有新增纳税信用失信行为记录的。

(3)由纳税信用 D 级纳税人的直接责任人员注册登记或者负责经营,纳税信用关联评价为 D 级的纳税人,申请前连续 6 个月没有新增纳税信用失信行为记录的。

(4)因其他失信行为纳税信用直接判为 D 级的纳税人,已纠正纳税信用失信行为、履行税收法律责任,申请前连续 12 个月没有新增纳税信用失信行为记录的。

(5)因上一年度纳税信用直接判为 D 级,本年度纳税信用保留为 D 级的纳税人,已纠正纳税信用失信行为、履行税收法律责任或失信主体信息已按照国家税务总局相关规定不予公布或停止公布,申请前连续 12 个月没有新增纳税信用失信行为记录的。

信用修复不是简单的"洗白记录",也不是简单的"退出惩戒"。按照有限度修复的原则,《国家税务总局关于纳税信用修复有关事项的公告》(国家税务总局公告 2019 年第 37 号)明确了 19 种情节轻微或未造成严重社会影响的纳税信用失信行为,及相应的修复条件,共包括 15 项未按规定期限办理纳税申报、税款缴纳、资料备案等事项和 4 项直接判 D 级情形。《纳税信用修复范围及标准》见表 20-2。

表 20-2　纳税信用修复范围及标准

序号	指标名称	指标代码	失信扣分分值	修复加分分值和修复标准		
				30 日内纠正	30 日后本年纠正	30 日后次年纠正
1	未按规定期限纳税申报*。	010101	5 分	涉及税款 1 000 元以下的加 5 分,其他的加 4 分	2 分	1 分
2	未按规定期限代扣代缴*。	010102	5 分	涉及税款 1 000 元以下的加 5 分,其他的加 4 分	2 分	1 分
3	未按规定期限填报财务报表*。	010103	3 分	2.4 分	1.2 分	0.6 分
4	从事进料加工业务的生产企业,未按规定期限办理进料加工登记、申报、核销手续的*。	010304	3 分	2.4 分	1.2 分	0.6 分

（续表）

序号	指标名称	指标代码	失信扣分分值	修复加分分值和修复标准		
				30日内纠正	30日后本年纠正	30日后次年纠正
5	未按规定时限报送财务会计制度或财务处理办法*。	010501	3分	2.4分	1.2分	0.6分
6	使用计算机记账,未在使用前将会计电算化系统的会计核算软件、使用说明书及有关资料报送主管税务机关备案的*。	010502	3分	2.4分	1.2分	0.6分
7	纳税人与其关联企业之间的业务往来应向税务机关提供有关价格、费用标准信息而未提供的*。	010503	3分	2.4分	1.2分	0.6分
8	未按规定(期限)提供其他涉税资料的*。	010504	3分	2.4分	1.2分	0.6分
9	未在规定时限内向主管税务机关报告开立(变更)账号的*。	010505	5分	4分	2分	1分
10	未按规定期限缴纳已申报或批准延期申报的应纳税(费)款*。	020101	5分	涉及税款1 000元以下的加5分,其他的加4分	2分	1分
11	至评定期末,已办理纳税申报后纳税人未在税款缴纳期限内缴纳税款或经批准延期缴纳的税款期限已满,纳税人未在税款缴纳期限内缴纳的税款在5万元以上(含5万元)的*。	020201	11分	8.8分	4.4分	2.2分
12	至评定期末,已办理纳税申报后纳税人未在税款缴纳期限内缴纳税款或经批准延期缴纳的税款期限已满,纳税人未在税款缴纳期限内缴纳的税款在5万元以下的*。	020202	3分	涉及税款1 000元以下的加3分,其他的加2.4分	1.2分	0.6分
13	已代扣代收税款,未按规定解缴的*。	020301	11分	涉及税款1 000元以下的加11分,其他的加8.8分	4.4分	2.2分
14	未履行扣缴义务,应扣未扣,应收不收税款*。	020302	3分	涉及税款1 000元以下的加3分,其他的加2.4分	1.2分	0.6分
15	银行账户设置数大于纳税人向税务机关提供数*。	—	11分	8.8分	4.4分	2.2分
16	有非正常户记录的纳税人*。	040103	直接判D	履行相应法律义务并由税务机关依法解除非正常户状态的,税务机关依据纳税人申请重新评价纳税信用级别,但不得评价为A级。 履行相应法律义务并由税务机关依法解除非正常户状态,在被直接判为D级的次年年底之后提出修复申请且申请前连续12个月没有新增纳税信用失信行为记录的,税务机关依据纳税人申请重新评价纳税信用级别,但不得评价为A级。		

（续表）

序号	指标名称	指标代码	失信扣分分值	修复加分分值和修复标准		
				30 日内纠正	30 日后本年纠正	30 日后次年纠正
17	非正常户直接责任人员注册登记或负责经营的其他纳税户。	040104	直接判 D	非正常纳税人修复后纳税信用级别不为 D 级的，税务机关依据纳税人申请重新评价纳税信用级别。		
18	D 级纳税人的直接责任人员注册登记或负责经营的其他纳税户。	040105	直接判 D	D 级纳税人修复后纳税信用级别不为 D 级的，税务机关依据纳税人申请重新评价纳税信用级别。		
				D 级纳税人未申请修复或修复后纳税信用级别仍为 D 级，被关联纳税人申请前连续 6 个月没有新增纳税信用失信行为记录的，税务机关依据纳税人申请重新评价纳税信用级别。		
19	在规定期限内未补交或足额补缴税款、滞纳金和罚款*。	050107	直接判 D	在税务机关处理结论明确的期限期满后 60 日内足额补缴的（构成犯罪的除外），税务机关依据纳税人申请重新评价纳税信用级别，但不得评价为 A 级。		
				在税务机关处理结论明确的期限期满后 60 日内足额补缴（构成犯罪的除外），在被直接判为 D 级的次年年底之后提出修复申请且申请前连续 12 个月没有新增纳税信用失信行为记录的，税务机关依据纳税人申请重新评价纳税信用级别，但不得评价为 A 级。		
				在税务机关处理结论明确的期限期满后 60 日后足额补缴（构成犯罪的除外），申请前连续 12 个月没有新增纳税信用失信行为记录的，税务机关依据纳税人申请重新评价纳税信用级别，但不得评价为 A 级。		
20	确定为重大税收违法失信主体*。	—	直接判 D	重大税收违法失信主体信息已不予公布或停止公布，申请前连续 12 个月没有新增纳税信用失信行为记录的，税务机关依据纳税人申请重新评价纳税信用级别，但不得评价为 A 级。		
21	其他严重失信行为*。	010401 至 010413	直接判 D	已纠正纳税信用失信行为、履行税收法律责任，申请前连续 12 个月没有新增纳税信用失信行为记录的，税务机关依据纳税人申请重新评价纳税信用级别，但不得评价为 A 级。		
		030110 至 030115	直接判 D			
		060101 060102 060103 060201 060202	直接判 D			
22	因上一年度纳税信用直接判为 D 级，本年度纳税信用保留为 D 级*。	—	直接判 D	已纠正纳税信用失信行为、履行税收法律责任或重大税收违法失信主体信息已不予公布或停止公布，申请前连续 12 个月没有新增纳税信用失信行为记录的，税务机关依据纳税人申请重新评价纳税信用级别，但不得评价为 A 级。		

备注：（1）30 日内纠正，即在失信行为被税务机关列入失信记录后 30 日内（含 30 日）纠正失信行为；30 日后本年纠正，即在失信行为被税务机关列入失信记录后超过 30 日且在当年年底前纠正失信行为；30 日后次年纠正，即在失信行为被税务机关列入失信记录后超过 30 日且在次年年底前纠正失信行为。

（2）带 * 内容，是指符合修复条件的破产重整企业或其管理人申请纳税信用修复时，扣分指标修复标准视同 30 日内纠正，直接判 D 指标修复标准不受申请前连续 12 个月没有新增纳税信用失信行为记录的条件限制。

（1）纳税人发生未按法定期限办理纳税申报、税款缴纳、资料备案等事项且已补办的，加分分值根据补办时间与失信行为被税务机关列入失信记录的时间间隔确定，在 30 日内、本年内、次年内纠正的，分别能挽回 80%、40%、20% 的扣分损失。对于未按规定期限申报或缴纳已申报的税款等事项，若涉及税款金额不超过 1 000 元且纳税人能在失信行为被记录的 30 日内及时补办的，则补回 100% 的扣分分值。

（2）未按税务机关处理结论缴纳或者足额缴纳税款、滞纳金和罚款，未构成犯罪，纳税信用级别被直接判为 D 级的纳税人，应在税务机关处理结论明确的期限期满后 60 日内足额缴纳、补缴税款、滞纳金和罚款，方能申请纳税信用修复。

（3）非正常户纳税人应履行相应法律义务，经税务机关依法解除非正常状态，方能申请纳税信用修复。非正常户失信行为纳税信用修复一个纳税年度内只能申请一次。纳税年度自公历 1 月 1 日起至 12 月 31 日止。

（二）纳税信用修复的时限和程序

开展纳税信用修复以纠正失信行为为前提。非正常户失信行为纳税信用修复一个纳税年度内只能申请一次。纳税年度自公历 1 月 1 日起至 12 月 31 日止。

（1）对于符合上述修复条件第 1 项所列条件且失信行为已纳入纳税信用评价的，纳税人可在失信行为被税务机关列入失信记录的次年年底前向主管税务机关提出信用修复申请。失信行为尚未纳入纳税信用评价的，纳税人无需提出申请，由税务机关按照《纳税信用修复范围及修复标准》对纳税人该项纳税信用评价指标分值进行调整，并按照规定做好后续的纳税信用评价。上述"纳入纳税信用评价"是指税务机关已启动相应年度的纳税信用评价工作，相关失信行为的扣分情况已记入年度纳税信用评价指标得分。

（2）对于符合上述修复条件第 2 项、第 3 项所列条件的，纳税人可在纳税信用被直接判为 D 级的次年年底前向主管税务机关提出申请。税务机关根据纳税人失信行为纠正情况对该项纳税信用评价指标的状态进行调整，并重新评价纳税人纳税信用级别，但不得评价为 A 级。

（3）纳税信用修复后纳税信用级别不再为 D 级的纳税人，其直接责任人注册登记或者负责经营的其他纳税人之前被关联为 D 级的，可向主管税务机关申请解除纳税信用 D 级关联。

（4）申请纳税信用修复的纳税人向主管税务机关提交《纳税信用修复申请表》，并对纠正失信行为的真实性作出承诺。主管税务机关自受理纳税信用修复申请之日起 15 个工作日内完成审核，并向纳税人反馈信用修复结果。《纳税信用修复申请表》，样式见表 20-3。

表 20-3　纳税信用修复申请表

纳税人识别号 （统一社会信用代码）			
纳税人名称			
经办人		联系电话	
评价年度		评价结果	
具体原因			

□1. 未按法定期限办理纳税申报、税款缴纳、资料备案等事项且已补办

其中，涉及以下指标的，请填写纠正日期及说明：

□010304. 从事进料加工业务的生产企业，未按规定期限办理进料加工登记、申报、核销手续的；纠正日期及说明：

□010502. 使用计算机记账，未在使用前将会计电算化系统的会计核算软件、使用说明书及有关资料报送主管税务机关备案的；纠正日期及说明：

□010503. 纳税人与其关联企业之间的业务往来应向税务机关提供有关价格、费用标准信息而提供的；纠正日期及说明：

（续表）

□010504.未按规定（期限）提供其他涉税资料的；纠正日期及说明：_____
□020302.未履行扣缴义务，应扣未扣，应收不收税款；纠正日期及说明：_____

□2.未按税务机关处理结论缴纳或者足额缴纳税款、滞纳金和罚款
　○在处理结论的期限期满后 60 日内足额补缴
　○在处理结论的期限期满后 60 日内足额补缴，在被直接判为 D 级的次年年底之后提出修复申请且申请
　前连续 12 个月没有新增纳税信用失信行为记录
　○在处理结论的期限期满 60 日后足额补缴，连续 12 个月没有新增纳税信用失信行为记录
□3.履行相应法律义务由税务机关依法解除非正常状态
　○在被直接判为 D 级的次年年底前提出修复申请
　○在被直接判为 D 级的次年年底之后提出修复申请且申请前连续 12 个月没有新增纳税信用失信行为记录
□4.确定为重大税收违法失信主体，失信主体信息已按照国家税务总局相关规定不予公布或停止公布，连续 12 个月没有新增纳税信用失信行为记录
□5.由纳税信用 D 级纳税人或非正常户的直接责任人员注册登记或负责经营，纳税信用关联为 D 级
　○D 级纳税人或非正常户经修复后不再为 D 级
　○D 级纳税人的关联企业连续 6 个月没有新增纳税信用失信行为记录
□6.因其他失信行为纳税信用直接判为 D 级，已纠正纳税信用失信行为、履行税收法律责任，连续 12 个月没有新增纳税信用失信行为记录
□7.纳税信用保留为 D 级，已纠正纳税信用失信行为、履行税收法律责任或失信主体信息已按照国家税务总局相关规定不予公布或停止公布，连续 12 个月没有新增纳税信用失信行为记录
□8.破产重整企业已依法缴纳税款、滞纳金、罚款，并纠正相关纳税信用失信行为

谨承诺：
　1.对申请修复年度纳税信用评价结果无异议，且已对失信行为进行纠正；
　2.所填写的内容和提交的相关材料真实、有效；
　3.违背承诺自愿接受惩戒，并承担相应责任。

经办人签章： 法定代表人签字： 纳税人公章：	受理人： 受理日期　年　月　日 主管税务机关（章）

备注：1.主管税务机关自受理纳税信用修复申请之日起 15 个工作日内完成审核，并向纳税人反馈信用修复结果。
　　　2.本表一式两份，主管税务机关和纳税人各留存一份。

5. 税务机关对纳税人虚假承诺的处理

税务机关发现纳税人虚假承诺的，撤销相应的纳税信用修复，并按照《纳税信用评价指标和评价方式（试行）调整表》予以扣分，《纳税信用评价指标和评价方式（试行）调整表》样式见表 20-4。

表 20-4　纳税信用评价指标和评价方式（试行）调整表

税务内部信息	经常性指标信息	一级指标	二级指标	三级指标	扣分标准	备注
		01.涉税申报信息	0101.按照规定申报纳税	010106.故意隐瞒真实情况、提供虚假承诺办理有关事项的（按次计算）	5分	新增需要指标

（三）纳税信用修复结果

修复指标调整将与相应扣分及直接判级指标一一对应。对于修复后涉及纳税信用级别调整的，税务机关也将记录评价结果调整情况。纳税信用修复完成后，纳税人按照修复后的纳税信用级别适用相应的税收政策和管理服务措施，之前已适用的税收政策和管理服务措施不作追溯调整。税务机关发现纳税人未履行信用修复承诺，通过提交虚假材料申请纳税信用修复的，在核实后撤销已完成的纳税信用修复，并在纳税信用年

度评价中按次扣5分。

(四)纳税信用修复和纳税信用复评的关系

纳税信用修复适用于纳税人发生了失信行为并且主动纠正、消除不良影响后向税务机关申请恢复其纳税信用的情形。纳税信用复评适用于纳税人对纳税信用评价结果有异议,认为部分纳税信用指标扣分或直接判级有误或属于非自身原因导致,而采取的一种维护自身权益的行为。纳税信用修复的前提是纳税人对税务机关作出的年度评价结果无异议,如有异议,应先进行纳税信用复评后再申请纳税信用修复。

第四节　缓税缓费权益维护

政策依据:

> 《国家税务总局　财政部关于制造业中小微企业延缓缴纳2021年第四季度部分税费有关事项的公告》(国家税务总局公告2021年第30号);
>
> 《国家税务总局　财政部关于延续实施制造业中小微企业延缓缴纳部分税费有关事项的公告》(国家税务总局、财政部公告2022年第2号)。

一、继续延缓缴纳2021年第四季度部分税费

《国家税务总局　财政部关于制造业中小微企业延缓缴纳2021年第四季度部分税费有关事项的公告》(国家税务总局公告2021年第30号)规定的制造业中小微企业延缓缴纳2021年第四季度部分税费政策,缓缴期限继续延长6个月。上述企业2021年第四季度延缓缴纳的税费在2022年1月1日后本公告施行前已缴纳入库的,可自愿选择申请办理退税(费)并享受延续缓缴政策。

【例20-1】　纳税人A属于国家税务总局公告2021年第30号规定的制造业中小微企业,且按月缴纳相关税费,已经按规定缓缴了所属期为2021年11月的相关税费,缓缴期限3个月,按原政策将在2022年3月申报期结束前缴纳。国家税务总局财政部公告2022年第2号发布后,2021年11月相关税费缴纳期限自动延长6个月,可在2022年9月申报期内申报缴纳2022年8月税费时一并缴纳。

若纳税人A按季缴纳相关税费,已经按规定缓缴了2021年第四季度相关税费,缓缴期限3个月,按原政策将在2022年4月申报期结束前缴纳。国家税务总局、财政部公告2022年第2号发布后,2021年第四季度相关税费缴纳期限自动延长6个月,可在2022年10月申报期内申报缴纳2022年第三季度相关税费时一并缴纳。

【例20-2】　纳税人B是年销售额30万元的制造业个体工商户,且实行简易申报,按季缴纳,纳税人无需操作确认缓缴相关税费,税务机关2022年4月暂不划扣其2021年第四季度缓缴的个人所得税、增值税、消费税及附征的城市维护建设税、教育费附加、地方教育附加。相关税费继续延缓缴纳期限6个月,延长缓缴期限的税费在2022年10月划扣2022年第三季度应缴税费时一并划扣。

二、延缓缴纳2022年第一季度、第二季度部分税费

(一)可延缓缴纳2022年第一季度、第二季度部分税费的制造业中小微企业范围

相关范围见表20-5。

表20-5　相关范围

制造业中型企业	制造业小微型企业
国民经济行业分类中行业门类为制造业,且年销售额2 000万元以上(含2 000万元)4亿元以下(不含4亿元)的企业。	国民经济行业分类中行业门类为制造业,且年销售额2 000万元以下(不含2 000万元)的企业。

销售额是指应征增值税销售额,包括纳税申报销售额、稽查查补销售额、纳税评估调整销售额。适用增值税差额征税政策的,以差额后的销售额确定。

制造业中小微企业包含个人独资企业、合伙企业和个体工商户。

（二）制造业中小微企业年销售额的确定

（1）截至 2021 年 12 月 31 日成立满一年的企业，按照所属期为 2021 年 1 月至 2021 年 12 月的销售额确定。

【例 20-3】 纳税人 C 属于制造业企业，于 2019 年 12 月 20 日成立，截至 2021 年 12 月 31 日成立满 1 年，其 2021 年 1 月至 2021 年 12 月的销售额为 1 000 万元，按照国家税务总局、财政部公告 2022 年第 2 号规定，该纳税人属于制造业小微企业。

（2）截至 2021 年 12 月 31 日成立不满一年的企业，按照所属期截至 2021 年 12 月 31 日的销售额/实际经营月份×12 个月的销售额确定。

【例 20-4】 纳税人 D 属于制造业企业，于 2021 年 4 月 28 日成立，截至 2021 年 12 月 31 日成立不满 1 年，其实际经营月份 9 个月，总销售额为 1 200 万元，则国家税务总局 财政部公告 2022 年第 2 号所称年销售额为 1 200 万元÷9×12＝1 600（万元）。按照国家税务总局、财政部公告 2022 年第 2 号的规定，该纳税人属于制造业小微企业。

（3）2022 年 1 月 1 日及以后成立的企业，按照实际申报期销售额/实际经营月份×12 个月的销售额确定。

【例 20-5】 纳税人 E 属于制造业企业，于 2022 年 1 月 20 日成立，若按月申报，首个申报期为 2 月，销售额为 100 万元，其实际经营 1 个月，则国家税务总局 财政部公告 2022 年第 2 号所称年销售额为 100 万元÷1×12＝1 200（万元）。若按季申报，首个申报期为 2022 年 4 月，销售额为 300 万元，其实际经营 3 个月，则国家税务总局、财政部公告 2022 年第 2 号所称年销售额为 300÷3×12＝1 200（万元）。按照国家税务总局、财政部公告 2022 年第 2 号规定，该纳税人属于制造业小微企业。

计算年销售额时制造业中小微企业的成立时间，以纳税人在税务系统中办理信息确认的时间为准。

（三）缓税缓费范围和额度

相关范围见表 20-6。

表 20-6 相关范围

缓税缓费范围	缓税缓费额度
延缓缴纳的税费包括所属期为 2022 年 1 月、2 月、3 月、4 月、5 月、6 月（按月缴纳）或者 2022 年第一季度、第二季度（按季缴纳）的企业所得税、个人所得税、国内增值税、国内消费税及附征的城市维护建设税、教育费附加、地方教育附加，不包括代扣代缴、代收代缴以及向税务机关申请代开发票时缴纳的税费。	符合规定条件的制造业中小微企业，在依法办理纳税申报后，制造业中型企业可以延缓缴纳本公告规定的各项税费金额的 50%，制造业小微企业可以延缓缴纳本公告规定的全部税费，延缓的期限为 6 个月。延缓期限届满，纳税人应依法缴纳相应月份或者季度的税费。

（四）缓税缓费实务操作

1. 延缓缴纳 2022 年第一季度、第二季度部分税费操作

国家税务总局、财政部公告 2022 年第 2 号明确制造业中小微企业可延缓缴纳 2022 年第一季度、第二季度部分税费，延缓缴纳的期限为 6 个月。为了便利纳税人享受该政策，税务部门对电子税务局进行了优化，开通了缓税提示功能，纳税人可以通过电子税务局进行操作。是否符合缓税条件由纳税人根据实际经营情况自行判断，税务机关实施事后风险核查。

【例 20-6】 纳税人 F 属于符合缓税条件的制造业中型企业，且按月缴纳相关税费，在 2022 年 3 月申报期结束前，登录电子税务局依法申报 2 月相关税费后，界面自动弹出是否延缓缴纳国家税务总局、财政部公告 2022 年第 2 号规定各项税费金额 50% 的提示。纳税人需进行确认，确认不缓缴的，纳税人在该界面填写理由，并依法缴纳相关税费；确认缓缴的，界面跳转进入缴款界面并缴纳应缴税费金额的 50%，剩余部分缴纳期限自动延长 6 个月，可在 2022 年 9 月申报期内申报缴纳 2022 年 8 月相关税费时一并缴纳。

若纳税人 F 按季缴纳相关税费，在 2022 年 4 月申报期结束前依法申报 2022 年第一季度相关税费后，确认延缓缴纳的操作流程同按月缴纳的纳税人，缓缴的税费在 2022 年 10 月申报期内申报

缴纳 2022 年第三季度相关税费时一并缴纳。

【例 20-7】 纳税人 G 属于符合缓税条件的制造业小微企业，且按季缴纳相关税费，在 2022 年 4 月申报期结束前，登录电子税务局依法申报 2022 年第一季度相关税费后，界面自动弹出是否延缓缴纳国家税务总局、财政部公告 2022 年第 2 号规定各项税费的提示。纳税人需进行确认，确认不缓缴的，纳税人在该界面填写理由，并依法缴纳相关税费；确认缓缴的，国家税务总局、财政部公告 2022 年第 2 号规定的相关税费延缓缴纳，期限为 6 个月，缓缴的税费在 2022 年 10 月申报期内申报缴纳 2022 年第三季度相关税费时一并缴纳。

若纳税人 G 按月缴纳税费，在 2022 年 3 月申报期结束前申报 2022 年 2 月相关税费后，确认延缓缴纳的操作流程同按季缴纳的纳税人，缓缴的税费在 2022 年 9 月申报期内申报缴纳 2022 年 8 月相关税费时一并缴纳。

【例 20-8】 纳税人 H 是年销售额 30 万元的制造业个体工商户，且实行简易申报，按季缴纳，纳税人无需确认，2022 年 4 月暂不划扣其 2022 年第一季度应缴纳的个人所得税、增值税、消费税及附征的城市维护建设税、教育费附加、地方教育附加。相关税费延缓缴纳 6 个月，缓缴的税费在 2022 年 10 月划扣 2022 年第三季度应缴税费时一并划扣。

2. 2021 年第四季度已缓缴企业所得税的纳税人 2021 年度汇算清缴的办理

享受 2021 年第四季度缓缴企业所得税政策的制造业中小微企业，在办理 2021 年度企业所得税汇算清缴年度申报时，产生的应补税款可与 2021 年第四季度已缓缴的税款一并延后缴纳入库，产生的应退税款由纳税人按照有关规定办理。因此，享受 2021 年第四季度缓税政策的纳税人首先应当按照现行规定，在 2022 年 5 月底前进行 2021 年度企业所得税年度纳税申报，其中涉及汇算清缴补税、退税业务的，视情形分别处理。

（1）汇算清缴需要补税的纳税人，产生的应补税款可与 2021 年第四季度已缓缴的税款一并延后缴纳入库。

【例 20-9】 纳税人 K，按季预缴申报企业所得税。2022 年 1 月申报税款属期为 2021 年四季度的企业所得税时，应缴纳税款 10 万元，按照最新

政策规定，其缓缴期再延长 6 个月可推迟至 2022 年 10 月缴纳入库。2022 年 4 月，该企业完成 2021 年度的企业所得税年度纳税申报，结果显示汇算清缴需要补税 20 万元。由于其享受了 2021 年度第四季度企业所得税缓缴政策，该笔 20 万元的汇算清缴补税可与此前的 10 万元缓税一并在 2022 年 10 月缴纳入库。

（2）汇算清缴需要退税的纳税人，可以自主选择办理退税。

【例 20-10】 纳税人 L，按季预缴申报企业所得税。2022 年 1 月申报税款属期为 2021 年四季度的企业所得税时，应缴纳税款 10 万元，按照最新政策规定，其缓缴期再延长 6 个月可推迟至 2022 年 10 月缴纳入库。2022 年 4 月，该企业完成 2021 年度的企业所得税年度纳税申报，结果显示汇算清缴可退税 25 万元。相对而言，及时取得 25 万元的退税更有利于企业，因此其可以在完成企业所得税年度纳税申报后，选择申请抵减缓缴的 10 万元预缴税款，并就剩余的 15 万元办理退税。

【例 20-11】 纳税人 M，按季预缴申报企业所得税。2022 年 1 月申报税款属期为 2021 年四季度的企业所得税时，应缴纳税款 10 万元，按照最新政策规定，其缓缴期再延长 6 个月可推迟至 2022 年 10 月缴纳入库。2022 年 4 月，该企业完成 2021 年度的企业所得税年度纳税申报，结果显示汇算清缴可退税 2 万元。相对而言，继续延缓缴纳 2021 年四季度的 10 万元预缴税款更有利于企业，因此该企业可暂不办理退税业务，待 2022 年 10 月，先申请抵减 2 万元退税，再将剩余的 2021 年四季度缓缴税款 8 万元缴纳入库。

3. 2021 年第四季度已缓缴企业所得税的纳税人，在完成年度申报后延期缴纳应补税款的办理

2021 年第四季度已缓缴企业所得税的纳税人，若完成年度申报后产生应补企业所得税，纳税人无需办理延期申请，征管系统将自动延长汇算清缴应补税款的缴款期限。

4. 按月预缴申报的企业所得税纳税人，涉及多个月份缓缴企业所得税的，2021 年度汇算清缴应补税款延缓到何时缴纳

按月预缴申报的企业所得税纳税人，可能涉及多笔缓缴业务。《公告》规定了汇算清缴产生的应补

税款可与 2021 年第四季度已缓缴的税款一并延后缴纳入库,因此对于存在多笔缓缴业务的企业,可随同最后一笔缓缴税款,缴纳汇算清缴的应补税款。

【例 20-12】 纳税人 N,按月预缴申报企业所得税。于 2021 年 11 月(税款属期为 2021 年 10 月)和 2022 年 1 月(税款属期为 2021 年 12 月)享受两笔缓税,金额分别为 5 万元和 10 万元。按照最新政策规定,其缓缴期再延长 6 个月可分别推迟至 2022 年 8 月、2022 年 10 月。2022 年 4 月,该企业完成 2021 年度的企业所得税年度纳税申报,结果显示汇算清缴需要补税 20 万元。由于其享受了 2021 年度第四季度企业所得税缓缴政策,2021 年 11 月的 5 万元缓税最迟可在 2022 年 8 月缴纳入库,汇算清缴补税的 20 万元可与 2022 年 1 月的 10 万元缓税一并在 2022 年 10 月缴纳入库。

5. 纳税人登记行业与实际经营不一致的,延缓缴纳政策的享受

对符合缓缴税费条件的纳税人,登记行业与实际经营不一致等情况,区分两种情形处理:一是纳税人在市场监管部门登记信息为非制造业的,可以向税务机关提供制造业销售额占全部销售额超过 50% 的说明,享受延缓缴纳政策,后期需向市场监管部门办理行业信息更正。二是对纳税人在市场监管部门登记为制造业的,可向主管税务机关申请变更行业信息,享受延缓缴纳政策。

(四)制造业中小微企业享受缓缴税费政策后,仍可依法申请延期缴纳税款

符合缓税缓费条件的制造业中小微企业,符合《中华人民共和国税收征收管理法》及其实施细则规定可以申请延期缴纳税款的,仍然可以依法申请办理延期缴纳税款。

(五)违规处理

纳税人不符合缓税缓费条件,骗取享受缓缴税费政策的,税务机关将依照《中华人民共和国税收征收管理法》及其实施细则等有关规定严肃处理。

第五节 税收法律救济权益维护

税收法律救济是国家机关为排除税务具体行政行为对税收相对人合法权益的侵害,通过解决税收争议,制止和矫正违法或不当的税收行政侵权行为,从而使税收相对人的合法权益获得补救的法律制度的总称。税收法律救济的方式包括纠正税收违法行为、税务行政复议、税务行政诉讼和税务行政赔偿。纳税人的法律救济权,即税务当事人认为自身合法权益受到侵害时,享有通过上述三种途径要求国家机关进行救济的权利。

一、首违不罚

政策依据:

《中华人民共和国行政处罚法》;

《税务行政处罚"首违不罚"事项清单》(国家税务总局公告 2021 年第 6 号);

《第二批税务行政处罚"首违不罚"事项清单》(国家税务总局公告 2021 年第 33 号)。

(一)税务行政处罚"首违不罚"事项清单

自 2021 年 4 月 1 日起,纳税人、扣缴义务人首次发生下列清单中所列事项且危害后果轻微,在税务机关发现前主动改正或者在税务机关责令限期改正的期限内改正的,不予行政处罚。"首违不罚"事项清单见表 20-7。

表 20-7 税务行政处罚"首违不罚"事项清单

序号	事项
1	纳税人未按照税收征收管理法及实施细则等有关规定将其全部银行账号向税务机关报送
2	纳税人未按照税收征收管理法及实施细则等有关规定设置、保管账簿或者保管记账凭证和有关资料

(续表)

序号	事项
3	纳税人未按照税收征收管理法及实施细则等有关规定的期限办理纳税申报和报送纳税资料
4	纳税人使用税控装置开具发票,未按照税收征收管理法及实施细则、发票管理办法等有关规定的期限向主管税务机关报送开具发票的数据且没有违法所得
5	纳税人未按照税收征收管理法及实施细则、发票管理办法等有关规定取得发票,以其他凭证代替发票使用且没有违法所得
6	纳税人未按照税收征收管理法及实施细则、发票管理办法等有关规定缴销发票且没有违法所得
7	扣缴义务人未按照税收征收管理法及实施细则等有关规定设置、保管代扣代缴、代收代缴税款账簿或者保管代扣代缴、代收代缴税款记账凭证及有关资料
8	扣缴义务人未按照税收征收管理法及实施细则等有关规定的期限报送代扣代缴、代收代缴税款有关资料
9	扣缴义务人未按照《税收票证管理办法》的规定开具税收票证
10	境内机构或个人向非居民发包工程作业或劳务项目,未按照《非居民承包工程作业和提供劳务税收管理暂行办法》的规定向主管税务机关报告有关事项
11	纳税人使用非税控电子器具开具发票,未按照税收征收管理法及实施细则、发票管理办法等有关规定将非税控电子器具使用的软件程序说明资料报主管税务机关备案且没有违法所得
12	纳税人未按照税收征收管理法及实施细则、税务登记管理办法等有关规定办理税务登记证件验证或者换证手续
13	纳税人未按照税收征收管理法及实施细则、发票管理办法等有关规定加盖发票专用章且没有违法所得
14	纳税人未按照税收征收管理法及实施细则等有关规定将财务、会计制度或者财务、会计处理办法和会计核算软件报送税务机关备查

(二)"首违不罚"违法行为需要同时具备三个条件

适用税务行政处罚"首违不罚"必须同时满足下列三个条件:一是纳税人、扣缴义务人首次发生清单中所列事项,二是危害后果轻微,三是在税务机关发现前主动改正或者在税务机关责令限期改正的期限内改正。

1. 违法行为是法律法规明确规定"可处罚"行为,不是"应处罚"或"并处罚"行为

税务违法行为如何处罚,主要依据税收征收管理法及实施细则"法律责任"章节。可以首违不罚的违法行为,在《税收征收管理法》中应当是明确规定"可处罚"的行为,而不是不是"应处罚"或"并处罚"行为。《税务行政处罚"首违不罚"事项清单》列举的行为,都是如此。

2. 违法行为首次发生且危害后果轻微

"首违"是指当事人的违法行为首次发生。"危害后果轻微"是指当事人的违法行为带来的危害情况很轻微,判定危害后果是否轻微,一般需要从三个角度进行综合判定。

一是从行为形式上看,违法行为简单、单一,一般没有同时违反多项法律法规,不是复杂的违法行为。

二是从主观过错程度上看,当事人发生违法行为不是故意的行为,而是因为从未经历过或是很长时间没有经历过,对法律法规不甚了解而发生的行为。

三是从危害程度上看,违法行为带来的危害后果无论是影响面、影响力都比较小,违法行为易于纠正,没有造成较大损失,不会产生较大的社会影响。如纳税人首次发生未按规定办理纳税申报行为,可能只是因为不了解税法的申报规定造成的,仅仅只是违反依法申报一项法律规定,且只对纳税人自己产生危害后果,补办申报后也不会对国家税款产生危害,所以可以"首违不罚"。

3. 在行政机关发现前主动改正的或者在行政机关责令限期改正的期限内改正

"首违不罚"的违法行为不仅仅具有典型的过失性,还需要当事人能够及时认知自己的行为违法并主动予以纠正。主动纠正违法行为是"首违不罚"的必要条件,当事人认识到行为违法但拒不改正的,就不再满足"危害后果轻微"的条件,带有

强烈的主观故意性,不仅不能"不罚",更是应当依法予以处罚。当事人的纠正违法行为,可以是自行发现并纠正,也可以在收到行政机关责令改正通知后,在规定的期限内纠正。

(三) 其他没有危害后果或是后果轻微的违法也可"不罚"

在《行政处罚法》中,不罚就是不予行政处罚或是免予行政处罚,也是一种行政处罚形式。《行政处罚法》第33条不仅规定了"首违不罚",还规定了"轻微免罚""违法行为轻微并及时改正,没有造成危害后果的,不予行政处罚"。《税务行政处罚裁量权行使规则》也同时规定,当事人违法行为轻微并及时纠正,没有造成危害后果的;不满14周岁的人有违法行为的;精神病人在不能辨认或者不能控制自己行为时有违法行为的;其他法律规定不予行政处罚的,不予行政处罚。

二、行政复议

政策依据:

> 《中华人民共和国行政复议法》;
> 《中华人民共和国行政复议法实施条例》;
> 《税务行政复议规则》。

(一) 救济内容

公民、法人和其他组织(简称申请人)认为税务机关的具体行政行为侵犯其合法权益,可以书面或口头向税务行政复议机关申请行政复议。

(二) 救济途径

对各级税务局的具体行政行为不服的,向其上一级税务局申请行政复议。对税务所(分局)、各级税务局的稽查局的具体行政行为不服的,向其所属税务局申请行政复议。

(三) 救济期限

申请人可以在知道税务机关作出具体行政行为之日起60日内提出行政复议申请。

(四) 复议应对

1. 明确引发税务行政复议的原由

引发税务行政复议的前提,是征纳双方产生税收争议。在税收征管的每个环节税务机关所作出的具体行政行为都有可能引发税收争议,但是,更为普遍的情况是针对税务稽查结论所产生的税款滞补罚争议。

2. 确定解决税收争议的途径

解决这类争议的前一环节,是在主管税务机关下达《税务行政处罚事项告知书》送达后5日内,由纳税人、扣缴义务人或者委托律师向税务机关书面提出听证,由作出具体行政行为的税务机关自行审查解决纳税争议。对于律师而言,可视征纳双方争执的具体情况确定是否经过听证程序。

在《税务处理决定书》送达之后,针对税务机关作出的征税行为,可根据复议前置原则,通过行政复议程序解决税收争议;对于税务机关作出的处罚行为,采取税收保全措施和强制执行措施的行为,既可通过行政复议程序,也可直接通过司法程序进行税务行政诉讼。税务师的使命是在税务处罚听证程序中和通过税务行政复议程序,解决税收争议,依法保护纳税人、扣缴义务人的合法权益。如果需要承接税务行政诉讼程序,应由纳税人、扣缴义务人委托律师代理诉讼。

3. 固定税务行政复议证据

在行政复议中,被申请人对其作出的具体行政行为负有举证责任。证据应当具有合法性、真实性和关联性。行政复议证据包括:书证;物证;视听资料;电子数据;证人证言;当事人的陈述;鉴定意见;勘验笔录、现场笔录。在行政复议过程中,被申请人不得自行向申请人和其他有关组织或者个人收集证据。

【例20-13】 2022年6月20日,A县税务局查实某建筑企业5月采取虚假纳税申报少缴税款20万元,依照法定程序分别下达了税务处理决定书和税务行政处罚决定书,决定补缴税款20万元,按规定加收滞纳金,并处少缴税款一倍的罚款。该企业不服,在缴纳10万元的税款后于6月25日向税务局申请行政复议,市税务局于收到复议申请后的第8天以"未缴纳罚款为由"决定不予受理。该纳税人在规定时间内未向人民法院上诉,又不履行处罚决定。县税务局在屡催无效的情况下,申请人民法院扣押、依法变卖了该企业相当于应纳税款、滞纳金和罚款的财产,以拍卖所得抵缴了税款、滞纳金和罚款。

思考:

(1)该建筑企业的行政复议申请是否符合规

定？为什么？

（2）A县税务局、市税务局在案件处理过程中有哪些做法是不符合规定的？

分析：

（1）该建筑企业提出的行政复议申请不符合规定。纳税人对税务机关作出的补税、加收滞纳金决定有异议的，应先解缴税款及滞纳金或者提供相应的担保，然后可依法申请行政复议；对税务机关的罚款决定不服可直接依法申请行政复议。故建筑企业应在缴清税款及滞纳金或提供担保后才可依法申请行政复议，或者单独就行政处罚一事依法申请行政复议。

市税务局作出的不予受理决定的理由不能成立，根据《税收征收管理法》第八十八条的规定，纳税人对税务机关的处罚决定不服的，可依法申请行政复议。市税务局以"未缴纳罚款"作为不予受理复议申请的理由属于适用法律错误。

（2）不符合规定的做法包括：一是市税务局超出法定期限作出不予受理复议申请的决定。根据《税务行政复议规则》的规定，复议机关收到行政复议申请后，应当在5日内进行审查，对不符合规定的行政复议申请，决定不予受理，并书面告知申请人。因此，市税务局于收到复议申请书后的第8天才对复议申请作出不予受理的决定是不符合规定的。二是县税务局申请强制执行有误。《税收征收管理法》第八十八条第三款规定，对行政处罚税务机关可强制执行，也可申请人民法院强制执行。但税款及滞纳金应按《税收征收管理法》的相关规定自行采取强制执行措施，而不应申请人民法院强制执行。

【例20-14】 市税务局稽查局于2022年4月11日到甲加工企业稽查，发现甲加工企业在2021年1月至3月期间，少缴增值税280 000元。稽查局就甲加工企业的行为作出税务处理决定，要求其自接到《税务处理决定书》之日起15日内补缴增值税280 000元。稽查局于2022年4月20日将《税务处理决定书》送达甲加工企业。甲加工企业于5月20日将税款缴纳入库，但由于对税务局决定存在异议，于5月21日向市税务局申请行政复议。市税务局对甲加工企业的行政复议申请进行了审查，作出了不予受理的决定。

思考：

（1）市税务局是否应该受理甲加工企业的行政复议申请，并说明理由。

（2）甲加工企业是否可就不予受理行为向人民法院提起诉讼，并说明理由。

分析：

（1）市税务局应该受理甲加工企业的行政复议申请。因为该复议申请符合受理的条件：

① 该复议属于市税务局的管辖范围。纳税人对各级税务局的稽查局的具体行政行为不服的，向其所属税务局申请行政复议，属于税务行政复议的受案范围。

② 在规定的期限内提出行政复议申请。甲企业于2022年4月20日收到《税务处理决定书》，5月20日缴纳税款，5月21日申请行政复议，即在规定的期限60日内提出的申请。

③ 有明确的申请人和符合规定的被申请人等都是符合条件的。

（2）甲企业可以就不予受理行为向人民法院提起诉讼。因为对应当先向行政复议机关申请行政复议，行政复议机关决定不予受理的，申请人可以自收到不予受理决定书之日起15日内，依法向人民法院提起行政诉讼。

三、行政诉讼

政策依据：

《中华人民共和国行政诉讼法》；

《最高人民法院关于行政诉讼证据若干问题的规定》（法释〔2002〕21号）；

《行政诉讼法司法解释》（法释〔2018〕1号）；

《中华人民共和国税收征收管理法》。

（一）救济内容

公民、法人或者其他组织认为税务机关和税务工作人员的行政行为侵犯其合法权益，有权按照《中华人民共和国行政诉讼法》向人民法院提起行政诉讼。

（二）救济途径

申请人对征税行为不服的，应当先向行政复议机关申请行政复议；对行政复议决定不服的，可以向人民法院提起行政诉讼。申请人对征税行为以外的其他具体行政行为不服,可以申请行政复议,也可以直接向人民法院提起行政诉讼。

(三)救济期限

公民、法人或者其他组织直接向人民法院提起诉讼的,应当自知道或者应当知道作出行政行为之日起 6 个月内提出。法律另有规定的除外。

公民、法人或者其他组织不服复议决定的,可以在收到复议决定书之日起 15 日内向人民法院提起诉讼。复议机关逾期不作决定的,申请人可以在复议期满之日起 15 日内向人民法院提起诉讼。法律另有规定的除外。

(四)诉讼应对

1. 提起税务行政诉讼的条件

《中华人民共和国行政诉讼法》第 49 条规定,提起诉讼应当符合下列条件:

(1)原告是认为具体行政行为侵犯其合法权益的公民、法人或者其他组织。

(2)有明确的被告。

(3)有具体的诉讼请求和事实根据。

(4)属于人民法院受案范围和受诉人民法院管辖。

起诉应当向人民法院递交起诉状,并按照被告人数提出副本。

2. 提起税务行政诉讼的期限

(1)公民、法人或者其他组织直接向人民法院提起诉讼的,应当在知道作出具体行政行为之日起 6 个月内提出。

(2)公民、法人或者其他组织不服复议决定的,可以在收到复议决定书之日起 15 日内向人民法院提起诉讼。复议机关逾期不作决定的,申请人可以在复议期满之日起 15 日内向人民法院提起诉讼。法律另有规定的除外。

(3)行政机关作出具体行政行为时,未告知公民法人或者其他组织诉权或者起诉期限的,起诉期限从公民、法人或者其他组织知道或者应当知道起诉期限之日起计算但从知道或者应当知道具体行政行为内容之日起最长不得超过 1 年。

(4)公民、法人或者其他组织直接向人民法院提起诉讼的,应当自知道或者应当知道作出行政行为之日起 6 个月内提出。法律另有规定的除外。

(5)因不动产提起诉讼的案件自行政行为作出之日起超过 20 年,其他案件自行政行为作出之日起超过 5 年提起诉讼的,人民法院不予受理。

(6)公民、法人或者其他组织申请行政机关履行保护其人身权、财产权等合法权益的法定职责,行政机关在接到申请之日起 2 个月内不履行的,公民、法人或者其他组织可以向人民法院提起诉讼。法律法规对行政机关履行职责的期限另有规定的,从其规定。公民、法人或者其他组织在紧急情况下请求行政机关履行保护其人身权、财产权等合法权益的法定职责,行政机关不履行的,提起诉讼不受规定期限的限制。

(7)公民、法人或者其他组织因不可抗力或者其他不属于其自身的原因耽误起诉期限的,被耽误的时间不计算在起诉期限内。

3. 固定诉讼证据

税务行政诉讼证据包括:书证;物证;视听资料;电子数据;证人证言;当事人的陈述;鉴定意见;勘验笔录、现场笔录。以上证据经法庭审查属实,才能作为认定案件事实的根据。被告对作出的行政行为负有举证责任,应当提供作出该行政行为的证据和所依据的规范性文件。在诉讼过程中,被告及其诉讼代理不得自行向原告、第三人和证人收集证据。以非法手段取得的证据,不得作为认定案件事实的根据。

4. 当事人税务诉讼过程相关要求

(1)起诉应当向人民法院递交起诉状,并按照被告人数提出副本。

(2)当事人认为审判人员与本案有利害关系或者有其他关系可能影响公正审判,有权申请审判人员回避。

(3)当事人对已经发生法律效力的判决、裁定,认为确有错误的,可以向上一级人民法院申请再审,但判决、裁定不停止执行。

当事人的申请符合下列情形之一的,人民法院应当再审:

① 不予立案或者驳回起诉确有错误的。

② 有新的证据,足以推翻原判决、裁定的。

③ 原判决裁定认定事实的主要证据不足、未经质证或者系伪造的。

④ 原判决、裁定适用法律、法规确有错误的。

⑤ 违反法律规定的诉讼程序,可能影响公正审判的。

⑥ 原判决、裁定遗漏诉讼请求的。

⑦ 据以作出原判决裁定的法律文书被撤销或者变更的。

⑧ 审判人员在审理该案件时有贪污受贿、徇私舞弊、枉法裁判行为的。

(4) 当事人对已经发生法律效力的判决裁定,认为确有错误的,可以在判决、裁定发生法律效力后2年内向原审人民法院或者上级人民法院提出申诉,但判决、裁定不停止执行。

【例 20-15】 2022 年 8 月 23 日,稽查局作出税务行政处罚决定,认定某化工厂取得虚开增值税专用发票,取得有资金回流的增值税专用发票(失控发票)和无资金回流的增值税专用发票(失控发票)构成偷税,处少缴增值税和城市维护建设税 2 倍的罚款。该化工厂对行政处罚不服,提起行政诉讼。案件经过一审、二审和再审。法院认为,该化工厂取得××金属公司(失联)开具 25 份增值税专用发票,虽有部分资金回流,并有税务机关开具的有关销售方虚开发票的证明材料,但认定该发票系虚开的过程缺少必要的材料予以佐证;稽查局所认定的 25 份发票,也仅提供了 5 张,且无销售方账目、出库、汇款单等证据予以佐证;货款与回流差额虽为 248 710 元,占资金总额的 9%,但该回流资金是否为同一笔货款,回流原因,为何会出现差额,均无相关证据予以佐证,且现有证据材料具有向原告取证的单一性,无法形成完整的证据链,故被告所示证据尚未达到足以认定原告有让他人为自己虚开增值税专用发票的证明标准,属事实不清,证据不足。该化工厂取得失联企业的8笔发票,稽查局所示证据也具有向该化工厂取证的单一性,未取得销售方的相关凭证,对有关是否存在真实交易,原告是否明知,销售方向原告有关人员回款性质,是否为同一货款,为何有中间人转款和转款性质等均无证据明确证实,被告在此情形下根据回款事实推定原告有让他人为自己虚开发票的违法事实,缺少有效证据予以支持,故被告所示证据尚未达到足以认定原告有让他人为自己虚开增值税专用发票的证明标准,属事实不清,证据不足。法院遂判定撤销行政处罚决定。

本案中,现有证据不能证明双方无真实交易,且没有证据证明受票方有让他人为自己虚开发票或明知发票系以非法手段取得。若仅以受票方取得了虚开的发票或失控发票,则认定其构成偷税行为,将产生事实不清、证据不足问题,也与当下优化营商环境的政策取向相违背。本案提示,在虚开发票类税收违法案件中,应获取更多的证据形成证据链。

四、行政赔偿

政策依据:

> 《中华人民共和国国家赔偿法》。

(一)救济内容

税务机关及其工作人员、受税务机关委托的组织或个人违法行使职权侵犯公民、法人和其他组织的合法权益造成损害的,受害的公民、法人和其他组织有权要求赔偿。

(二)救济途径

赔偿请求人可以采取书面或口头形式自行向作为赔偿义务机关的税务机关提起行政赔偿申请,也可以委托他人提起行政赔偿申请。

(三)救济期限

赔偿请求人请求国家赔偿的时效为2年,自其知道或者应当知道国家机关及其工作人员行使职权时的行为侵犯其人身权、财产权之日起计算,但被羁押等限制人身自由期间不计算在内。

在申请行政复议或者提起行政诉讼时一并提出赔偿请求的,适用行政复议法、行政诉讼法有关时效的规定。